【城市区位】沿海和长江两大经济开发带交会处

【城市性质】国际化、现代化港口城市

【土地面积】986.73 平方千米（其中陆地面积 791.06 平方千米）

【户籍人口】92.65 万人

【所辖区镇】保税区（金港镇）、经开区（杨舍镇）、冶金园（锦丰镇）、塘桥镇、乐余镇、凤凰镇、南丰镇、大新镇、常阴沙现代农业示范园区、双山岛旅游度假区

【张家港市树】香　樟

【张家港市花】菊　花

【张家港精神】团结拼搏　负重奋进　自加压力　敢于争先

【2016 年荣誉】中国生态文明奖、全国双拥模范城（六连冠）、国家卫生城市（重新确认）、中国法治政府奖、2011—2015 年全国法治宣传教育先进单位、全国社区教育示范区、国家农产品质量安全县、全国科普示范市、全国妇幼健康优质服务示范市、国家计划生育优质服务先进单位、中国曲艺名城、2016 年“书香城市（区县级）”发现活动书香城市

南丰镇
NANFENG TOWN
中国·张家港

风韵江南
人和民丰

永联小镇

聚成苑小区

沪通铁路南丰段施工现场

江苏金陵体育器材有限公司实物样品馆

ZHANGJIAGANG ALMANAC 2017

中国年鉴全文数据库收录年鉴

張家港年鑑

张 家 港 市 人 民 政 府 主 办

中共张家港市委党史地方志办公室编

方志出版社
Publishing House of Local Records

图书在版编目（CIP）数据

张家港年鉴. 2017 / 中共张家港市委党史地方志办公室编. -- 北京 ：方志出版社，2017.9
ISBN 978-7-5144-2565-9

Ⅰ. ①张… Ⅱ. ①中… Ⅲ. ①张家港－2017－年鉴
Ⅳ. ①Z525.33

中国版本图书馆CIP数据核字（2017）第242606号

张家港年鉴（2017）

编　　者：中共张家港市委党史地方志办公室
责任编辑：丛　珺
出 版 人：冀祥德
出 版 者：方志出版社
地址　北京市朝阳区潘家园东里 9 号（国家方志馆4层）
邮编　100021
网址　http://www.fzph.org
发　　行：方志出版社图书经销中心
电话（010）67110500
经　　销：各地新华书店
印　　刷：南京凯德印刷有限公司
开　　本：889×1194　　1/16
印　　张：39.25
字　　数：1131千字
版　　次：2017年9月第1版　　2017年9月第1次印刷
印　　数：0001～2000册
ISBN 978-7-5144-2565-9　　定价：210.00元

张家港年鉴编纂委员会

《张家港年鉴（2017）》

序

中共张家港市委书记

以志为鉴谋发展 接续拼搏谱新篇
努力以过硬实绩迎接党的十九大胜利召开

在全市上下喜迎党的十九大胜利召开之际，2017卷《张家港年鉴》带着油墨的馨香问世了，这是一本决策参考、沟通交流、鼓舞士气的优质教科书，以翔实的资料、精美的图片，真实全面地记录了过去一年全市人民在众志成城、砥砺奋进中所取得的优异成绩，集中展示了全市经济社会发展所取得的重大成就。

2016年，我们克难奋进、步履铿锵。全市上下深入贯彻“强富美高”新江苏建设总要求，深入践行“两聚一高”，全力突破“聚焦转型、创新驱动、绿色发展、文明引领”“四大路径”，统筹做好改革、发展、稳定各项工作，转型升级取得进展，城市功能日趋完善，生态环境不断优化，民生福祉持续改善，管党治党成效显著，实现了“十三五”发展良好开局。全年实现地区生产总值2317.24亿元，比上年增7%；公共财政预算收入190亿元，比上年增9.1%；居民人均可支配收入达到4.48万元，比上年增8%。与此同时，我们获得了“中国生态文明奖”“中国曲艺名城”和全国双拥模范城“六连冠”等一系列重要荣誉，城市特质和品味风格进一步彰显。

2017年，是党的十九大召开的重要一年。全市上下要在与时俱进弘扬张家港精神中汲取强大动力，坚持“稳中求进、争先率先”，紧扣“两聚一高”主题，推动“四大路径”落地见效，突出创新转型，实现经济品质全面提升；突出富民惠民，让百万港城人民过上更有品质的生活；突出文明创建，推动城市品质再上新台阶，努力走在高水平全面建成小康社会前列，以过硬实绩迎接党的十九大胜利召开。

“治天下者以史为鉴，治郡国者以志为鉴”。《张家港年鉴》记录的是张家港脚步，讲述的是张家港故事，传播的是张家港声音，既是一块靓丽的文化品牌，也是一座丰厚的资料宝库，对于我们传承智慧经验、发扬优良传统具有重要的参考价值和指导意义。我们应该学好、用好这一生动教材，有效发挥其“存史、资政、育人”的功能作用，为张家港经济社会发展提供历史借鉴和智力支持。

2017年8月

市委召开全市文明引领工作推进会，提出要在高平台上走好文明引领之路，不断开辟文明城市创建新境界

部署开展培育和践行社会主义核心价值观专题行动

社会主义核心价值观宣传

开展张家港精神“再教育、再弘扬、再实践”系列主题教育活动

文明引领

CIVILIZATION LEADING

回顾张家港的文明创建历程，特别是自中共十八大起，张家港市始终以培育践行社会主义核心价值观为根本，与时俱进弘扬张家港精神，坚持“一把手抓两手，两手抓两手硬”，坚持创建为民、惠民育民，坚持全民参与、同建共享，坚持常抓常新、常态长效，以文明建设引领社会、教育市民、推动发展。

坚持精神领航，塑造文明之魂

把培育践行社会主义核心价值观与弘扬实践张家港精神相结合，塑造城市精神特质

基层道德讲堂定期开展活动

“讲文明、树新风”公益广告宣传

在乡镇建立公民道德教育馆

率先构建文化馆总分馆体系，全市人均公共文化设施面积0.41平方米，图为市文化中心

大力弘扬优秀传统文化，创新举办长江文化艺术节

开展“我们的节日”主题活动，传播展示优秀传统文化

在全国首推网格化公共文化服务，“幸福港城”网格文化系列活动贯穿全年

发挥群众文化建设主体作用，图为市民参观画展

坚持文化涵育，汇聚文明之力

大力弘扬优秀传统文化，让文化浸润整座城市，让文明滋养每个市民

发布全国首个“书香城市”建设指标评价体系

全国首个按照分级阅读理念布馆的县级少儿图书馆

在全省率先建设24小时图书馆驿站，累计开放运行32个

市青少年社会实践基地

“学党史、颂党恩、跟党走”主题教育活动

“乡村学校少年宫”实现全覆盖

推动“八礼四仪”文明养成教育进学校、进教材、进课堂

坚持立德树人，厚植文明之基

加强和改进未成年人思想道德建设，健全家庭、学校、社会三结合教育网络，开展“八礼四仪”文明养成教育，引导广大未成年人争当学习和践行社会主义核心价值观的小模范

组织万名学生参观“感动港城”道德模范、身边的人——张闻明展览

依托城乡社区，广泛开办“四点半课堂”

组织开展“感受关爱，感恩港城”新市民子女思想素质提升活动

积极引导村（居）民共同制定移风易俗公约，自觉遵守村规民约

在农村、社区开展道德评议活动，积极发挥“民间舆论场”作用

在农村、社区普遍设立“红白喜事厅”，倡导节俭新风尚

举办邻里节，倡导敦亲睦邻，图为居民共吃百家菜

举办集体婚礼，倡导节俭时尚的婚礼新风

坚持“三个注重”，弘扬文明之风

注重家庭、注重家教、注重家风，大力倡导移风易俗，全面推进美丽乡村建设，在城乡不断形成科学健康、积极向上、情趣高雅、守礼崇德的浓厚氛围

开展“晒乡景、赞乡贤、传乡风”主题活动

开展“建立家庭档案，传承文明家风”活动

开展寻访美丽乡村专题行动，集中展示全市20余个美丽乡村，图为活动海报

开展道德领域突出问题专项教育治理活动

建立“信用张家港”门户网站，完善信用信息查询、红黑榜和信用信息评定等功能，方便公众查阅，接受公众监督

在企业开展“负责任地做产品”活动，倡导诚信经营

在餐饮行业开展诚信做食品教育活动

利用各类宣传媒介，定期发布诚信“红黑榜”

坚持诚信为本，培育文明之源

推进中央文明委《关于推进诚信建设制度化的意见》，推进法治城市建设，开展诚信创建活动，进一步营造遵法守法、诚信重诺的社会环境

在商业街区开展文明诚信商户评比活动

推广商户信用信息二维码应用，市民通过手机客户端就能查询商户信用记录

开展法治宣传，推进法治城市建设

立足基层社区，把志愿服务做到基层、做进社区、做进家庭

打造市、镇、村三级志愿服务阵地

创新实施志愿服务伙伴计划，凝聚社会力量共同开展志愿服务项目

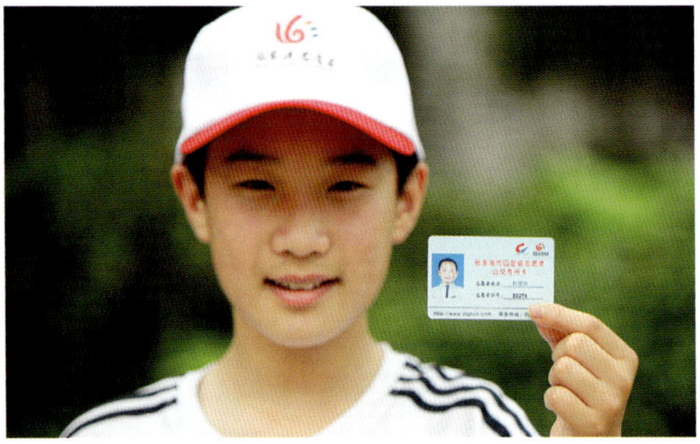

率先出台《张家港志愿者礼遇办法》，建立完善的嘉许回馈机制

每年举行嘉许典礼，表彰优秀志愿服务典型

坚持志愿先行，共筑文明之路

围绕推进志愿服务制度化，深入实施志愿文化弘扬、阵地拓展、项目伙伴、团队培育、工作保障五大计划，在全国同类城市率先出台《张家港志愿者礼遇办法》，推动志愿服务成为市民的生活态度和生活方式

张家港志愿者
ZHANGJIAGANG VOLUNTEERS

率先成立行业志愿服务联盟，实现志愿服务资源的共建共享

（市委宣传部、市文明办、市文化中心、张家港日报社等单位　提供）

江苏省张家港高新技术产业开发区揭牌仪式　　（侯江晖　摄）

“港城合伙人”峰会　　（市发改委　提供）

国家级科技企业孵化器——沙洲湖科技创业园　　（蔡春林　摄）

江苏福元高科生物科技有限公司车间　　（庞瑞和　摄）

江苏天鹏电源有限公司车间　　（侯江晖　摄）

聚力 创新

COHESION INNOVATION

2016 年，张家港市贯彻“强富美高”新江苏建设总要求，围绕全市“十三五”发展总目标，以“紧扣强富美高，全面提升品质”为总抓手，统筹做好改革发展稳定各项工作，年度各项目标任务基本完成，主要经济指标实现稳定增长，实现了“十三五”发展良好开局。全年完成地区生产总值 2317.24 亿元，比上年增 7%；公共财政预算收入 190 亿元，比上年增 9.1%；固定资产投资 724.77 亿元，进出口总额 274.17 亿美元，其中出口 142.02 亿美元。

江苏银河电子股份有限公司车间　（褚珊珊　摄）

江苏国泰新点软件有限公司技术人员调试政务自助系统　（王苗苗　摄）

张家港保税港区整车进口口岸　（苏栋汇　摄）

“大病困难群众家庭医生签约”项目实施　（市卫计委　提供）

市人大代表在保税区（金港镇）德丰社区了解社情民意　（褚珊珊　摄）

市公安局锦丰派出所民警向青少年宣讲安全知识　（褚珊珊　摄）

经开区（杨舍镇）善港村村干部走入村民家中，发放新的农村土地承包经营权权证　（王苗苗　摄）

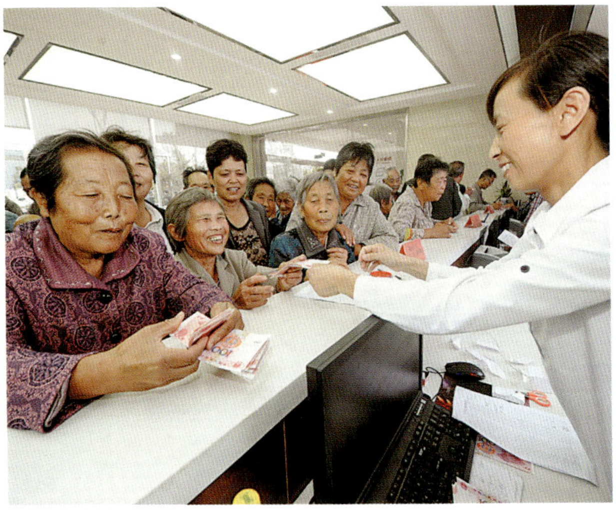

冶金园（锦丰镇）星火村为全村60周岁及以上老人送上重阳节慰问“红包”　（王苗苗　摄）

经开区（杨舍镇）金塘社区的妇女闲暇时在一起制作绢花　（褚珊珊　摄）

聚焦 富民

FOCUS
ON ENRICHING PEOPLE

2016 年，全市居民人均可支配收入 44977 元，比上年增 8.5%。落实全民参保计划，基本实现法定人员全覆盖。实施大病困难群众家庭医生签约服务 2194 户，千名老人拥有养老机构床位数 44 张，虚拟养老院综合满意度 99.8%。推进全省社区治理和服务创新实验区建设，村民自治试点列入全国农村改革试验任务。全市违法犯罪警情、刑事发案率继续下降，群众安全感和法治满意度持续保持全省前列。

学校组织开展模拟联合国大会活动　（褚珊珊　摄）

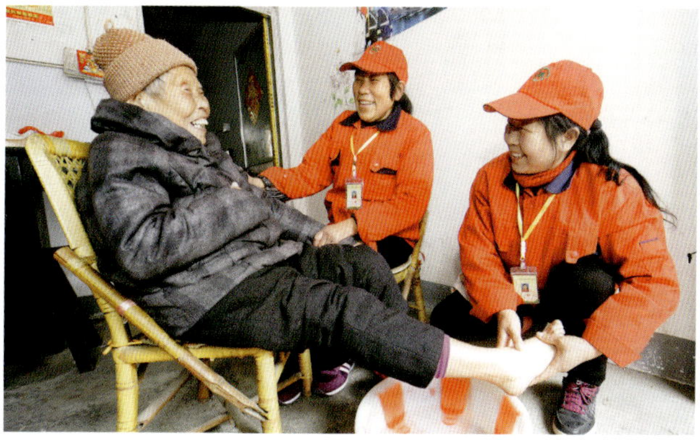

居家养老服务　（王苗苗　摄）

市民在凤凰镇吴歌人家休闲　（王苗苗　摄）

滨江新城　（王　佩　摄）

乐余镇扶海村　（蔡春林　摄）

凤凰湖　（徐溢璘　摄）

绿色发展

GREEN DEVELOPMENT

2016 年，张家港市获评全国首届、江苏省唯一的“中国生态文明奖”。全面启动生态文明综合配套改革，在全省率先开展排污许可证“一证式”管理。香山生态建设稳步推进，暨阳湖生态园创建成国家 AAAA 景区。疏港高速建成通车，通洲沙西水道三期工程全部竣工。新城开发稳步推进，建成江苏省美丽乡村建设示范村 1 个、苏州市美丽村庄示范点 1 个和三星级康居乡村 32 个。

沙洲新城中央公园　（蔡春林　摄）

城北科教新城福前片区　（经开区　提供）

4月6日，江苏省重点项目、总投资120亿元的康得新光学膜二期项目奠基开工。图为奠基仪式（褚珊珊　摄）

4月27日，市委召开全市“两学一做”学习教育工作座谈会，对张家港市开展“两学一做”学习教育进行动员部署。图为市领导在市反腐倡廉警示教育基地重温入党誓词（褚珊珊　摄）

6月5日，首届中国生态文明奖表彰暨生态文明建设座谈会在北京市召开，张家港市被授予首届“中国生态文明奖”先进集体称号。图为在永钢集团污水处理厂内利用经过处理的废水养锦鲤鱼（王苗苗　摄）

7月8日，全国双拥模范城（县）命名暨双拥模范单位和个人表彰大会在北京市举行，张家港市获全国双拥模范城“六连冠”。图为市财政局、张家港出入境检验检疫局、张家港海事局到市公安消防大队联合开展“八一慰问送深情·双拥共建谱新篇”活动（王苗苗　摄）

7月8日至14日，2016年中国足协第十九届“贝贝杯”青少年12岁男子足球赛在张家港市举行。图为开幕式（徐卫元　摄）

7月25日至28日，中共张家港市第十一次代表大会举行。图为大会会场　（褚珊珊　摄）

11月16日，张家港疏港高速公路正式通车。图为疏港高速公路
（苏栋汇　摄）

12月7日，张家港市被农业部第一批命名为国家农产品质量安全县（市）。图为市青草巷农副产品检测中心　（市城展馆　提供）

3月31日，英国教师在南丰小学永联校区为学生上课

4月8日至10日，法国巴赫—乐—蒙尼阿乐贞德中学师生访问张家港外国语学校

4月19日，美国建材采购商到市爱丽塑料有限公司查看产品生产情况

5月10日，副市长邵军民为瓦克化学集团大中华区营运副总裁胡默颁发荣誉市民证书和奖牌

5月19日，市委副书记、市长朱立凡访问美国新泽西州纽瓦克市

FRIENDLY EXCHANGES 友好往来

7月31日至8月2日，日本丸龟市代表团访问张家港市

8月24日至25日，市委副书记、代市长黄戟访问韩国浦项市

10月30日，市委副书记、代市长黄戟会见加拿大万锦市区域议员李国贤

10月31日，韩国浦项市代表团访问张家港市

12月16日至17日，乌兹别克斯坦国际商务技术协会高级经理胡森·米彦马利克夫率乌兹别克斯坦纺织行业代表团访问张家港市

（市外事办、张家港日报社　提供）

编辑说明

一、《张家港年鉴》是由中共张家港市委领导、张家港市人民政府主办、中共张家港市委党史地方志办公室负责逐年编纂的张家港市地方综合性年鉴。

二、《张家港年鉴（2017）》为第二十二卷。她全面、系统、真实地记录了2016年度张家港市自然、政治、经济、文化和社会生活等方面的基本情况，为领导决策提供依据，为中外人士了解和研究张家港提供资料，也为地方史志留下宝贵史料。

三、年鉴采用条目式记事体，分类编纂。基本结构为类目、分目、条目三个层次。《张家港年鉴（2017）》共设类目37个，下设分目242个、条目930个、表格124张。

四、年鉴彩页突出“践行四大路径，奋力谱写‘两聚一高’新篇章”这一年度特色。以“文明引领”为题，回顾张家港市的文明创建历程；以“聚力创新”为题展现张家港市坚定不移走聚焦转型、创新驱动之路；以“聚焦富民”为题体现张家港市改善民生各项举措；以“绿色发展”为题展示张家港市生态文明建设成果；同时设置“年度聚焦”“友好往来”等体现年度重点工作的栏目。后环设置“全国创建文明城市工作经验交流会在张家港市召开”专版，专载全国创建文明城市工作经验交流会的基本情况。

五、年鉴正文框架设计充分体现分类合理、主题明晰、特色鲜明的特点，与2016卷年鉴相比，2017卷类目上有少量调整。为体现2016年度重大活动，设置专文《张家港市获首届“中国生态文明奖”》《张家港市获全国双拥模范城“六连冠”》；为更科学规范，将纪检·监察类目改为中共张家港市纪律检查委员会·张家港市监察局，法治·武装类目改为法治·军事，法治政府分目改为法治政府建设，张家港市人民代表大会类目中的调查视察分目改为考察调查，文化·新闻类目中的张家港日报分目改为张家港日报社。

六、《张家港年鉴（2017）》采用的稿件由全市各区镇、各部门提供，并经相关单位领导审核。文中所列数据，原则上依据《张家港统计年鉴（2016）》，统计年鉴中没有的以主管部门统计为准。有些数据因统计口径不同而有所差异，请读者在引用时加以注意。

七、《张家港年鉴（2017）》有纸型版、光盘版和网络版三种版本。光盘版内除文字、图片外附有视频、音频资料。网络版通过手机微信二维码扫码可实现移动阅读。同时，部分类目创新性地增加视频、音频和图片文字链接，作为对该类目内容的补充，读者可通过二维码扫码实现立体化阅读。

八、根据行文实际需要，年鉴部分机构使用简称，机构全称与简称对照表列于目录前。文中“年初”“年内”“年末”指2016年年初、年内、年末，“上年”指2015年。

九、《张家港年鉴（2017）》卷首有总目和详细的中文目录、英文要目，卷末有按汉语拼音顺序排列的主题分析索引，各篇有该篇分目提示，文中信息可由目录、索引、书眉等获得。

十、年鉴征编工作，得到了上级部门和全市各区镇、各部门、各单位的支持和帮助，在此深表谢意！由于编辑水平有限，不足之处恳请广大读者批评指正。

张家港市部分机构简称、全称对照表

简　称	全　　称	简　称	全　　称
市委	中国共产党张家港市委员会	市市场监管局	张家港市市场监督管理局
市人大	张家港市人民代表大会	市人社局	张家港市人力资源和社会保障局
市政府	张家港市人民政府	市民宗局	张家港市民族宗教事务局
市政协	政协张家港市委员会	市人武部	张家港市人民武装部
市纪委	中国共产党张家港市纪律检查委员会	市国税局	张家港市国家税务局
民革市基层委员会	中国国民党革命委员会张家港市基层委员会	张家港地税局	苏州市张家港地方税务局
民盟市委	中国民主同盟张家港市委员会	张家港住房公积金中心	苏州市住房公积金管理中心张家港分中心
民建市基层委员会	中国民主建国会张家港市基层委员会	市工商联	张家港市工商业联合会（总商会）
农工党市委	中国农工民主党张家港市委员会	团市委	共青团张家港市委员会
保税区（金港镇）	张家港保税区（金港镇）	市妇联	张家港市妇女联合会
经开区（杨舍镇）	张家港经济技术开发区（杨舍镇）	市侨联	张家港市归国华侨联合会
冶金园（锦丰镇）	江苏扬子江国际冶金工业园（锦丰镇）	市文联	张家港市文学艺术界联合会
市文明办	张家港市精神文明建设委员会办公室	市社科联	张家港市哲学社会科学界联合会
市委统战部	中国共产党张家港市委统一战线工作部	市科协	张家港市科学技术协会
市委农工办	中国共产党张家港市委农村工作办公室	市残联	张家港市残疾人联合会
市委市级机关工委	中国共产党张家港市委市级机关工作委员会	市关工委	张家港市关心下一代工作委员会
市委史志办	中国共产党张家港市委党史地方志办公室	市政府口岸办	张家港市人民政府口岸办公室
市经信委	张家港市经济和信息化委员会	张家港边检站	张家港边防检查站
市安监局	张家港市安全生产监督管理局	张家港检验检疫局	张家港出入境检验检疫局
市农委	张家港市农业委员会	张家港引航站	长江引航中心张家港引航站
市科技局	张家港市科学技术局	市金融办	张家港市人民政府金融工作办公室
市文广新局	张家港市文化广电新闻出版局	市人民银行	中国人民银行张家港市支行
市卫计委	张家港市卫生和计划生育委员会	市外汇管理局	国家外汇管理局张家港市支局
市台办	张家港市人民政府台湾事务办公室（中国共产党张家港市委台湾工作办公室）	市银监办	中国银行业监督管理委员会苏州监管分局张家港监管办事处
市侨办	张家港市人民政府侨务办公室	沙钢集团	江苏沙钢集团有限公司
市外事办	张家港市人民政府外事办公室	永钢集团	江苏永钢集团有限公司
市国土局	张家港市国土资源局	国泰集团	江苏国泰国际集团有限公司
市住建局	张家港市住房和城乡建设局	东海粮油	中粮东海粮油工业（张家港）有限公司
市城管局	张家港市城市管理局	康得新	江苏康得新复合材料股份有限公司
市环保局	张家港市环境保护局	沙工	沙洲职业工学院

总　目

目　　录

专文·特载

大事记

概　　况

中共张家港市委员会

张家港市人民代表大会

张家港市人民政府

政协张家港市委员会

中共张家港市纪律检查委员会·张家港市监察局

民主党派·无党派人士联谊会·工商联·人民团体

法治·军事

张家港港

生态环境

城乡建设

交通·水利

邮电·信息化

开放型经济

民营经济

农业和农村工作

工　　业

建筑业·房地产业

服务业

市场·物流

金　融

财政·税务

综合管理

科学技术

教　　育

文化·新闻

卫生和计划生育

体　育

人力资源和社会保障

社会民生

区镇发展

人物·先进集体

统计资料

附　录

索　引

宣传画页

MainContents

Rule of Law & Military

Zhangjiagang Harbor

Ecological Environment

Urban and Rural Construction

Traffic & Water Conservancy

Post and Telecommunications & Informatization

Open Economy

Private Economy

Agriculture and Rural Work

Industry

Architecture & Real Estate

Service Industry

Markets & Logistics

Finance

Public Finance & Taxation

Comprehensive Administration

Science and Technology

Education

Culture & News

Health and Family Planning

Sports

Human Resources and Social Security

People's Livelihood

Development of Zones and Towns

Personages & Advanced Collectives

Statistics

Appendix

Index

专文·特载

Monograph & Special

城区一景　（侯一华　摄）

张家港市获首届“中国生态文明奖”

张家港市获全国双拥模范城“六连冠”

张家港市列中国社会科学院全国百强县（市）评估第三

张家港市列 2016 年全国综合实力百强县市第三

张家港市小康经济指数列全国前三

张家港市获评全国“六五”普法先进单位

张家港市首批创建成 2016—2020 年度全国科普示范市

张家港市成为首个获评“中国曲艺名城”的县级市

张家港保税区成为长江经济带转型升级示范区

落实五大发展理念，增创转型升级优势，

　全力争当“强富美高”新江苏建设排头兵

紧扣“创新富民”，突破“四大路径”，

　努力走在高水平全面建成小康社会前列

政府工作报告

张家港市获首届“中国生态文明奖”

6月5日，首届中国生态文明奖表彰暨生态文明建设座谈会在北京召开，全国人大常委会副委员长沈跃跃出席。会上，张家港市被授予中国生态文明奖先进集体称号，成为江苏唯一获此荣誉的城市。作为先进集体的代表，市委书记姚林荣代表张家港市作交流发言。

2008年5月，张家港市被环境保护部首批确定为“全国生态文明建设试点地区”。2009年4月，市委、市政府召开全市生态文明建设动员大会，专门成立张家港市生态文明建设工作领导小组，由市委书记、市长任“双组长”，分管市领导任副组长，市发改委、经信委、环保局等58个部门及各区镇主要负责人任成员，形成市委市政府统一领导、市生态文明建设工作领导小组办公室统筹协调、各成员单位联动推进、全社会力量广泛参与的良性运作机制，全力推进环境保护与生态文明建设。

2009年4月，国内首份生态文明建设规划——《张家港市生态文明建设规划》通过论证。根据这一规划，市委、市政府于2009年出台《2009—2011年张家港市生态文明建设工作意见》，2012年出台《2012—2014年张家港市生态文明建设工作意见》，2013年出台《张家港市生态文明建设三年行动计划（2013—2015）》。全市着力构建包括科学决策、市场运作、考核审计、公众参与等的生态文明制度体系。生态文明绩效考核方面，2013年，制定《张家港市生态文明建设绩效考核实施办法（试行）》，将新兴产业、腾笼换鸟、节能减排等生态指标纳入年度区镇千分制体系，持续加大考核权重，定期通报考核结果，使“绿色元素”成为科学决策考量的关键因素。生态环境责任监督方面，2015年1月，创新出台《张家港市镇（区）党政主要领导生态环境责任审计办法（试行）》。以环境治理、资源节约、生态效益、群众评价为重点，对相关领导履职情况进行任中和离任审计。凡发生严重破坏生态红线、造成恶性群体环境纠纷等情况的，坚决实行“一票否决”。审计结果归入领导干部个人档案，作为评先创优、选拔任用的重要依据。

张家港市坚持城乡统筹发展战略，按照“彰显城乡一体化特色”的总体要求，在市域规划上，按照独具特色的“整体城市、一城四区”城市总体框架，实施经济社会发展、土地利用模式、生态环境保护等规划的“多规合一”，强化主体功能区定位，构建“层次分明、相互衔接、完整统一”的城镇规划体系，使有限的城乡资源实现集中整合。在城镇建设上，按照“发展新市镇、繁荣新街道、建设新社区”总体思路，城北科教新城、城西生态新城、城南商务新城初步建成；集镇依托产业、人文、资源等特色，辅之街景改造、环境整治，新老街区融为一体，集镇形象大为改观。在农村建设上，整合空间布局、产业发展、土地利用等要素，推进农村“三集中”（农业向规模经营、工业向集中园区、居住向新型社区集中），打造一批具有江南水乡特色、体现节地节水节材的各类载体和集中居住区。全市农田规模经营比重93%，企业进区入园率95%，农民集中入住率62%。在空间管控上，按照“珍爱自然、修复生态”原则，严守耕地利用、开发强度、生态保护“三条红线”，对基本农田加以保护。加大生态修复和环境再造力度，推进市域空间“增绿、护山、活水、造景”，2013—2015年，全市共投入87亿元推进黄泗浦生态园、香山、双山岛、沙洲湖、凤凰湖等一批生态重点工程建设，市域范围林地、绿地、湿地“三地融合”的生态空间和东、中、西部三大水循环体系初步形成。

张家港市坚持“产业决定城市”理念，把加快转型升级作为生态文明建设的重中之重，力推科学发展、创新发展、绿色发展。按照三个“决不能”原则（不管发展压力多大，决不能以牺牲环境资源换取一时经济增长；不管竞争态势多激烈，决不能以牺牲长远利益换取眼前利益；不管形势如何变化，决不能以牺牲后代生存环境换取当代繁荣富足），严格建设项目环境准入门槛，对于新建项目坚持“一个优先”（优先发展科技型、环保型、资源节约型产业）、“双重控制”（实行排污总量和环境容量双重控制）、“三个坚决不办”（不符合资源单耗标准的坚决不办、不符合排放强度限值的坚决不办、不符合生态优先原则的坚决不办）。2011年起，全市先后否决或劝阻各类工业污染项目600余项。

张家港市积极实施产业替代化战略，大力培育新材料、新能源、高端装备三大战略性新兴产业。近五年，全市新兴产业投资占比提高30个百分点，新兴产业产值占比提高21.5个百分点，服务业增加值占比提高7.5个百分点。同时，张家港市以创新驱动覆盖传统产业和新兴产业，至2015年年末，高新技术企业累计达到345家。作为江苏省循环经济试点城市，张家港市在2003年就率先编制完成循环经济发展总体规划，已初步构建起企业内部“小循环”、园区工业“中循环”和经济社会“大循环”的循环经济空间布局。其中，沙钢集团钢铁生产流程由“资源—产品—废料”的单向直线型转为“资源—产品—再生资源”的圆周循环型，形成煤气、蒸汽、炉渣、废水和焦化副产品回收利用的五大循环圈，使循环经济产生效益占沙钢集团总效益的20%以上。张家港保税区以循环化链条为纽带，着力打造精细化工、棕榈油、有机硅等多条产业链，园区半数以上工业企业进入循环经济圈，成为国家级生态工业示范园区。落户张家港经济技术开发区的国家再制造产业示范基地引进英国ATP、全球变速箱、德孚激光设备等再制造标杆企业，成为国家循环化改造示范试点园区，预计3年至5年内可形成300亿元产业规模，实现节能60%、节材70%，减排污染物80%以上。

张家港市坚持把改善环境质量作为生态文明建设的第

一要务。2006年起，累计投入70亿元，连续实施三轮环保“三三三”工程（第一轮：大气污染防治三年行动计划、化工行业三年专项整治、乡镇生活污水管网建设三年规划；第二轮：大气污染防治三年行动计划、化工行业三年专项整治、水环境综合整治三年行动计划；第三轮：以大气污染综合治理、水环境整治提升、污染企业关停淘汰为重点的三年专项行动），城乡环境质量明显改善，饮用水源地水质连续保持全部达标，主要河流水质达到环境功能区要求；环境空气优良天数保持在350天以上，细颗粒物浓度持续下降。持续实施“关闭不达标企业、淘汰落后产能、改善生态环境”专项行动计划，2011—2015年关停淘汰落后企业460余家，置换土地1333.33公顷，70%用于先进制造业和现代服务业发展。近年，关停小火电等高污高排低效企业513家，创新实施“分布式能源、合同能源管理、屋顶太阳能”等绿色能源方案，城区建成全国县级市第一个“清洁能源使用区”，全市钢铁、电力行业脱硫除尘脱硝治理基本完成。全市122家重点水污染企业提标升级改造和81家企业中水回用工程全面完成，钢铁、印染行业中水回用率80%和30%。工业废水集中处理率达到80%，城镇生活污水收集处理率90%以上，农村生活污水处理设施实现“全覆盖”。加强固体废弃物规范处置，分别采取填埋、焚烧等方式，建成总库容25万立方米工业固废填埋中心、总库容220立方米生活垃圾填埋场，年处理能力1.8万吨的危险废物焚烧处置中心、日处理能力600吨的生活垃圾焚烧发电厂、日处理能力150吨的餐厨垃圾处理厂等相继投用。

张家港市坚持以群众满意度为衡量生态文明建设成效的唯一标准，通过定期开展“环境信访面对面”“环境问题大接访”等活动，及时化解一批群众关注的环境问题，特别对群众反响强烈、影响社会稳定的重大环境信访案件，实行领导干部挂牌督办和带案下访制度，有效提升环境案件调处率和政府部门公信力，近年环境信访处理率、结案率均在90%以上。与此同时，通过大力实施城市环境综合整治“931行动”（整治城郊结合部、城中村、棚户区、老旧小区、背街小巷、河道环境、低洼易涝区、建筑工地、农贸市场九大薄弱区域，规范占道经营、车辆乱停、户外广告杂乱等三大管理“顽疾”，营造一个整洁优美、和谐有序的品质家园），积极推进以“三清三绿”（清洁村庄、清洁家园、清洁河道，绿色通道、绿色屏障、绿色家园）为重点的村庄环境整治行动，全市林木覆盖率19.07%、城镇绿化覆盖率41.92%，在江苏省率先实现村庄环境整治全部达标。至2015年年末，凤凰镇和南丰镇先后获苏州市美丽城镇建设示范镇称号，全市建成11个省级美丽乡村建设示范村、12个苏州市美丽村庄示范点和42个三星级康居乡村。

张家港市坚持以弘扬生态文化作为生态文明建设的根基，努力构建“全社会参与生态文明建设”的良好局面。一方面，张家港市把生态文化教育纳入国民教育体系，并以全覆盖的镇村文化阵地和网格化的社区管理模式为平台，城乡联动开展群众富有认同感、亲近感的生态公益活动；另一方面，以巩固提升“全国文明城市”建设成果为抓手，将生态文明理念融入各行各业同创共建活动中，倡导文明新风，崇尚绿色生活，着力培育一批有特色、可以学的生态村、绿色社区、绿色学校、环境教育基地等生态细胞工程。“低碳小区”建设持续推进，生活垃圾分类收集覆盖面不断扩大，城区公共自行车网点实现“全覆盖”，清洁能源公交车占比超40%，苏州市级以上生态村占比84%，建成省绿色社区41个、省绿色学校48个，暨阳湖生态园建成全国中小学环境教育社会实践基地，绿色人文理念深入人心。

（钱秋松）

张家港市获全国双拥模范城“六连冠”

7月29日，全国双拥模范城（县）命名暨双拥模范单位和个人表彰大会在北京市召开，张家港市被授予“全国双拥模范城”称号。这是继1997年、2000年、2003年、2007年、2012年后再次获此荣誉，实现创建全国双拥模范城“六连冠”，成为江苏省唯一的全国双拥模范城“六连冠”县级市。张家港市坚持以中共十八大精神为指导，深入贯彻习近平“中国梦强军梦”战略思想要求，与时俱进弘扬张家港精神，统筹经济社会建设和国防双拥建设，把双拥工作转化为全市现代化建设“克难攻坚的底气、凝心聚力的精气、创优争先的锐气”，着力实现“富民强民、军民融合”的统一。全市围绕“抓建设与抓双拥并重，谋发展与促双拥并举”的工作理念，大力加强双拥工作组织领导，健全双拥工作领导机构，全力保障双拥工作经费，扎实开展“双拥在基层”活动，推进军民融合深度发展。各项双拥政策全面落实，随军家属就业安置、现役军人子女入学入托等热点问题得到有效解决，伤病残退役军人接收安置任务全面完成。优抚对象优待抚恤补助标准实行城乡一体自然增长机制，“爱心献功臣”行动持续推进，高平台构筑优抚对象“一站式”医疗服务保障网，重点优抚对象优先纳入全市居家养老保障体系。建立重点优抚对象精神抚慰机制，通过志愿服务、慈善项目、公益服务等形式，自觉为优抚对象献爱心、送温暖、办实事；深化退役士兵安置改革，实行退役士兵城乡一体化安置，率先实施符合条件的退役士兵“积分选岗，阳光安置”，创新推进“退役士兵村官培养工程”，扎实落实退役士兵职业教育和技能培训政策。不断创新双拥模式，倾力打造“三联”活动、科技拥军、文化拥军、社会组织拥军、产业拥军等十大拥军品牌，持续丰富双拥工作内涵，全市呈现出党政军领导高度重视、军地职能部门齐抓共管、行业系统各司其职、广大军民和社会各界广泛参与、军政军民关系融洽的生动局面。

张家港市列中国社会科学院全国百强县(市)评估第三

9月22日，中国社会科学院财经战略研究院成果《中国县域经济发展报告(2016)》发布会暨全国百强县案例报告在北京市举行。在由中国社会科学院相关课题组完成的全国百强县(市)评估中，张家港市名列第三。同时，会议正式对外发布《“文明之都”张家港案例研究——践行五大发展理念，转型再塑辉煌》，张家港市与山东省即墨市一起入选全国百强县(市)典型案例。中国社会科学院课题组在案例研究中指出，张家港市以创新发展铸就张家港精神的灵魂，以协调发展推动经济社会的再平衡，以绿色发展塑造美丽张家港的名片，以开放发展夯筑现代化城市的基础，以共享发展作出共同富裕的新阐述，这种积极践行“五大发展理念”的努力造就中国的“文明之都”——张家港。

张家港市列2016年全国综合实力百强县市第三

11月7日，中国中小城市经济发展委员会、中小城市发展战略研究院、中小城市科学发展指数研究课题组等单位，通过《人民日报》和《2016中国中小城市发展报告·绿皮书》，联合发布第12届中国中小城市科学发展指数研究成果暨“2016全国综合实力百强县市”等榜单，张家港市位居全国综合实力百强县市第三。同时，在此次公布的2016年度中国中小城市创新创业(双创)百强县市榜单、2016年度中国中小城市新型城镇化质量百强县市榜单中，张家港市分别列第5位、第7位。全市8个镇全部入选2016年综合实力千强镇，排名分别是：杨舍镇第3位、金港镇第6位、锦丰镇第32位、塘桥镇第99位、南丰镇第202位、凤凰镇第209位、乐余镇第521位、大新镇第853位。

张家港市小康经济指数列全国前三

11月28日，《中国城市小康经济指数报告》发布，张家港市在全国城市小康经济指数综合排序中位列第三，在县级城市小康经济指数一项排名中同样位列第三。近年，张家港市对照全面建成小康社会的要求和目标，迈出坚实的步伐：在“质量效益显著提升、创新动力更加强劲”方面，张家港市的创新主体集聚，全市有规模以上企业1100余家，打造创新驱动的“主力军”和“主战场”；在“居民收入持续增长、公共服务更加均衡”方面，“十二五”时期，张家港市城乡一体化建设成效显著，集中安置率遥遥领先，城乡居民人均可支配收入保持领先，五大社会保险参保率均保持在99%以上；在“生态环保不断强化、人居环境更加优化”方面，张家港市起步早、管控严，始终坚持经济与生态的统筹发展；在“社会治理深入推进、道德风尚更加良好”方面，“张家港精神”作为苏州“三大法宝之一”享誉全国，文化建设亮点纷呈，不断赋予城市文化新内涵。该指数使用数据出自年鉴、政府公开信息、权威媒体公开报道等。

张家港市获评全国“六五”普法先进单位

5月26日，第八次全国法治宣传教育工作会议在北京市召开，张家港市人民政府被中宣部、司法部表彰为全国法治宣传教育先进单位。“六五”普法期间，张家港市开展各类重点对象的法治宣传教育，将普法工作纳入“十二五”规划和全市目标责任制考核、绩效考核，深入贯彻落实“谁执法谁普法”责任制，形成坚持党委领导、人大监督、政府实施、政协支持，各部门齐抓共管，全社会共同参与的工作机制。结合“法律六进”深化各类重点对象学法，具体做到在领导干部学法上注重结合形势，提升依法决策水平；公务员学法注重考学并行，提升依法办事能力；青少年学法注重引导为主，强调学以致用；新市民学法注重实用为主，提高依法维权能力；企事业经营管理人员学法注重互动实践，提升依法经营理念;村(居)民学法注重渗透教育,保障民生民权。以加快市、镇、村三级覆盖率为重点,加快阵地建设步伐,打造市法治文化主题公园等一批广场、公园、街区等法治文化示范点,建成"法润江海"法治文化基地等具有个性特色的法治教育阵地;深化法治文化主题活动,推进项目化运作、特色化开展、个性化宣传,形成"法律之声五巡工程""法治文化月"等地方特色普法品牌。基层民主法治建设进一步深化,建成省级民主法治示范村(社区)83个,永联村和长江村分别于2012年、2015年被司法部、民政部授予"全国民主法治示范村"称号。

张家港市首批创建成2016—2020年度全国科普示范市

2月4日,中国科学技术协会公布首批2016—2020年度全国科普示范县(市、区)名单,张家港市位列其中。2014年年末,中国科学技术协会启动首批2016—2020年度全国科普示范县(市、区)创建工作。2015年10月,张家港市以高分获该称号,并作为全省典型接受中国科学技术协会全国科普示范市的检查验收。近年,张家港市实施"科教兴市"战略,在构建社会化大科普格局、重点人群科学素质提升、科普设施和阵地建设、品牌特色和创新工作方面成效明显。2015年全市居民科学素质达标率9.7%,分别高出全省、全国平均水平1.45个百分点和3.5个百分点。全国科普示范县(市、区)示范期为5年,到2020年示范期满后,重新开展下一轮全国科普示范县(市、区)的创建工作。

张家港市成为首个获评"中国曲艺名城"的县级市

7月5日,"中国曲艺名城"授牌仪式在市馨苑度假村举行,张家港市创建成为全国第二家、江苏省首家"中国曲艺名城",这在全国县级市中尚属首例。多年中,张家港市牢固确立文化强市、文化惠民的理念,固守文化根脉、突出以文化人,在推动地方曲艺事业繁荣发展方面站位高、认识深、方向准、理念新、思路明、举措实,对评话、弹词、宝卷、唱春等地方性曲种传承保护措施有力,积极整合各方面优势和力量,致力于曲艺人才的培养和造就,着力于提升曲艺队伍的整体素质,人才涌现、佳作不断,群众性曲艺活动蓬勃发展,取得了良好的社会效益和社会价值。2014年获评"中国曲艺之乡"后,又先后创建成"中国小戏小品之乡""中国宝卷之乡",群星奖、文华奖等获奖数量名列全国县(市、区)第一,"村村演""周周演""天天说"成为全市群众喜闻乐见的文化盛宴和精神食粮。

张家港保税区成为长江经济带转型升级示范区

5月25日,国家发改委公布《关于建设长江经济带国家级转型升级示范开发区的通知》,上海市、江苏省等11个省市辖下的33个开发区成为长江经济带国家级转型升级示范开发区。张家港保税区榜上有名。经过20余年的发展,张家港保税区近年主要经济指标在全国保税(港)区中名列前三位,综合发展水平在江苏开发区中居前列,获评全国生态示范工业园区,金港镇获评江苏省环境与经济协调发展示范镇。保税区(金港镇)总量规模、发展形态、功能创新、区域经济辐射影响力等方面已经具备为打造"长江经济带转型升级示范区"出样板、作典型的基础条件,并且发展形态格局完全契合于国家长江经济带战略的发展构想思路。

作为沟通国际国内、沿海经济带和沿江经济带、长江流域东中西重要前沿窗口和跳板之一,未来3年至5年,张家港保税区重点围绕长江经济带转型升级示范区建设要求,全力打造辐射效应强劲的现代服务业高地,全力建设协调发展的临港制造业样板区,全力打造长江流域别具特色的滨江商贸新城,全力争创对接上海自由贸易区政策复制先行的先导区。与此同时,立足打造物流、交易、结算、产业、总部"五大中心"任务主线,张家港保税区打造成长江流域流量经济的领跑者,通过港口物流和生产、生活资料交易平台的沟通辐射,全力服务长江腹地经济;打造成国内外高端制造业的集聚区,加快推进临港制造业提档升级,优化战略性新兴产业布局,提升产业质量能级,加快构建高端化、集约化、自主创新的新型产业体系,更好适应国家经济发展新常态;打造成长江沿线区域体制机制创新的先行区,重点把握机制体制创新中的给予,从而筑高自身平台,维持先发优势。

(史 志)

落实五大发展理念 增创转型升级优势 全力争当“强富美高”新江苏建设排头兵

——2016年7月25日在中国共产党张家港市第十一次代表大会上的报告

朱立凡

这次大会的主要任务是：以邓小平理论、“三个代表”重要思想和科学发展观为指导，以习近平总书记系列重要讲话特别是视察江苏重要讲话精神为根本遵循，回顾总结市第十次党代会以来的工作，研究部署今后五年的奋斗目标和主要任务，选举产生中共张家港市第十一届委员会和中共张家港市第十一届纪律检查委员会，团结带领全市广大党员和干部群众，为争当“强富美高”新江苏建设排头兵而努力奋斗。

一、经济发展新常态下砥砺奋进的五年

市第十次党代会以来的五年，是极不平凡的五年，是应对重大挑战、经受重大考验、取得重大成果的五年。五年来，我们深入贯彻落实中央、省委和苏州市委决策部署，与时俱进大力弘扬张家港精神，主动适应经济发展新常态，经济社会保持平稳较快发展，以“810工程”为重点的“现代化建设三年行动计划”取得明显成效，各项工作扎实推进，基本完成了市第十次党代会确定的各项目标任务。

五年奋斗，转型升级取得新突破。全市地区生产总值达2230亿元、年均增长8.2%；公共财政预算收入达174.2亿元、年均增长8.5%；五年工业投入累计达2029亿元，其中新兴产业投资占比近50%；新兴产业产值占比达42.9%，五年提高20.8个百分点；服务业增加值占比达45.2%，五年提高7.4个百分点。保税区成为长江经济带国家级转型升级示范开发区，经开区成功升格为国家级开发区，获批全国首批、华东首家“国家再制造产业示范基地”，成为全省唯一的汽车整车进口口岸；企业外债宏观审慎管理等50多项改革试点先后落户。全市销售超1亿元和入库税收超5000万元企业分别达364家、67家。沙钢集团列世界500强第274位，递进141位次。入选全国服务业500强企业数位居全省县（市）首位。新增上市公司5家、“新三板”挂牌公司33家。自主培育国家“千人计划”人才12人，省“双创计划”、“姑苏计划”人才新增数分别位居全省和苏州县市前列。新增创新创业载体面积147万平方米，大中型工业企业研发机构实现全覆盖，全社会研发投入占GDP比重达2.63%。实现全国科技进步先进市“七连冠”，获评国家知识产权示范市、国家可持续发展实验区，获批筹建省级高新区。农村社区股份合作社股权固化改革推进顺利，农村土地承包经营权确权登记颁证工作苏州领先，在全省率先实现区镇农村资源交易平台全覆盖，获评国家级农村“三资管理”示范县（市）。新增高标准农田11266.67公顷，农机化综合水平居全省第一，农业社会化服务走在全国前列，被列入首批国家农产品质量安全县创建试点单位。“腾笼换鸟”面积1613.33公顷。

五年奋斗，城乡建设彰显新内涵。城镇化率达到66%。编制完成城市总规、镇区控制性详规、保留村庄布点规划和一批专业规划。沪通铁路开工建设，沿江城际铁路进入方案论证阶段；疏港高速基本建成，锡通高速南接线开工建设；苏虞张快速通道、沿江公路等改扩建工程顺利竣工。申张线（金港段）航道整治、通洲沙西水道综合整治、走马塘拓浚延伸、三干河南延等工程如期完成，福南水道-12.5米进港航道工程前期工作全面展开，“百年一遇”江堤建设有序推进，杨锦公路、晨丰公路等道路工程相继竣工。小城河综合改造成为“江苏城建示范工程”。城北科教生态城、城东黄泗浦生态核心区加快建设，片区新城形象初显。沙工高职园区、第二职教中心、第四人民医院、金港医院易地新建，职工文体中心开工建设，曼巴特、吾悦广场等建成运营。天然气主管网实现“镇镇通”。累计竣工安置房1658万平方米，安置过渡户5.1万户。凤凰山、香山、永联小镇、暨阳湖创建为AAAA级景区。获评首批“江苏省优秀管理城市（一星级）”称号，“城市e管家、城管进社区、城警联动”在全省推广。

五年奋斗，环境质量实现新提升。累计关停污染企业274家。钢铁行业脱硫、电力行业脱硫脱硝除尘实现全覆盖。化学需氧量、氨氮、二氧化硫、氮氧化物排放总量，以及万元GDP能耗累计均下降20%以上，PM2.5均值比2013年下降13.85%。集中式饮用水源地水质达标率100%，地表水好于Ⅲ类比例达到70%。暨阳湖、一干河、沙洲湖、凤凰湖等生态系统工程全面完工，双山岛、黄泗浦、香山等生态修复工程顺利推进。建制镇均建成国家级生态乡镇，在全省率先实现村庄环境整治100%达标。在全国县级市率先制定镇（区）党政主要领导生态责任审计制度，通过国家最严格水资源管理制度试点验收和国际卫生港口、国家卫生城市复核验收。获评首届中国生态文明奖，被列为全省首家生态文明建设示范区综合配套改革试点地区。

五年奋斗，人民生活有了新改善。城乡居民人均可支配收入年均分别增长10.6%和12.1%。村均可支配收入五年翻了近一番。本市籍高校毕业生、退役军人、特困家庭劳动力、被征地农民就业率稳定在99%以上。城镇社会保险实现城乡全覆盖，城乡居民基本医疗保险参保率保持在99%以上，城乡低保实现并轨。保障性住房建设稳步推进。建成“美丽学校”示范点35个，成为首批全国义务教育发展基本均衡县（市），获评全国基础教育先进市。在全省率先全面推行“先诊疗后付费”模式，卫生信息化建设入选全国县级公立医院改革经典案例，出院患者满意度实现苏州市“八连冠”。每千名老人拥有养老机构床位数42.9张。新市民积分管理模式在全省推广。蝉联中国公益慈善七星级城市。

五年奋斗，文明法治迈出新步伐。高标准承办全国县级文明城市创建工作现场会，成为首个全国文明城市“四连冠”县级市。“一把手抓两手、加强基层宣传思想文化工作”经验成为全国典型。网格化公共文化服务模式入选国家文化创新工程重点项目，建成首批国家公共文化服务示范区和全省首批“书香城市”。长江文化艺术节被列入省重点支持的文化展示交流活动。获评“全国版权示范城市”和“中国曲艺名城”，蝉联全国文化先进市，“群星奖”、“文华奖”和“中国曲艺牡丹奖”、“中国戏剧奖”获奖数量居全国县（市、区）第一，获评全国群众体育先进市。“中国好人”上榜数居全省县（市）第一。国防动员、“双拥”共建活动扎实推进。成功承办“平安中国”现场会，荣获省社会治安安全县（市）“十连冠”、全省先进基层检察院、“全国青少年维权岗”和全国“六五”普法先进集体，矛盾纠纷调处成功率达99%以上，公众安全感和法治建设满意度保持苏州领先。试点并推广“党建引领社区治理”、“党建引领村（社区）治理法治化”模式，“政社互动”实现镇（区）全覆盖。成为首批全国和谐社区建设示范市。

五年奋斗，从严治党得到新加强。扎实开展党的群众路线教育实践活动、“三严三实”专题教育和“两学一做”学习教育。坚持思想建党和制度建党并重，严格落实全面从严治党的主体责任和监督责任。在全国率先出台服务型党组织建设指标体系，相关经验得到上级高度肯定，学习型党组织建设成为全省示范点。“小区域·大党建”“沿江党建带”“党建服务联盟”等品牌效应持续放大。新发展党员5291人。创新建立考察对象“双报告”制度和领导班子、领导干部综合分析研判机制，持续加强干部培训力度，干部结构和能力素质得到进一步优化。严格执行中央“八项规定”精神，制订出台改进作风的22条实施办法。落实党风廉政建设党委主体责任，先后建立了清单制度、问责制度和监管平台。支持纪委履行党风廉政建设监督责任，严肃查办一批重大违纪违法案件。获评中央纪委党风建设工作先进联系点、全省纪检监察工作先进集体。

与此同时，市委坚持民主集中制，积极支持市人大、政府、政协充分发挥职能作用，爱国统一战线不断巩固发展，民族、宗教、侨务和对台工作进一步加强，工会、共青团、妇联等人民团体的桥梁纽带作用得到充分发挥。统计、人防、史志、档案和关心下一代等工作得到继续加强。

五年来取得的成绩，是中央、省委、苏州市委正确领导的结果，是全市各级党组织、广大党员和全市人民共同奋斗的结果，是历届市委打下坚实基础和老领导、老同志关心支持的结果，是各民主党派、各人民团体和社会各界共同参与的结果。在此，我谨代表中共张家港市第十届委员会，向所有积极参与、关心支持我市经济社会发展的同志们、朋友们，表示衷心的感谢并致以崇高的敬意！

五年的攻坚克难、砥砺奋进，取得了可喜成绩，积累了宝贵经验。我们深深体会到：只有切实加强党的领导，充分发挥各级党委的领导核心作用、各级党组织的战斗堡垒作用和广大党员的先锋模范作用，坚持贯彻中央精神与贴近港城实际相结合，放大特色优势，突破瓶颈制约，我们才能战胜前进道路上的各种困难险阻，实现张家港发展新的跨越，再创张家港发展新的辉煌。

必须与时俱进大力弘扬张家港精神。张家港精神是我市的城市之魂、活力之源。五年来，在张家港精神激励下，全市上下始终保持攻坚克难、拼搏争先的勇气锐气，推动了经济社会平稳健康发展。特别是面对经济下行压力，我们危中求机、难中求进，取得了来之不易的成绩。实践证明，只有时刻保持奋进姿态和创业激情，才能在激烈竞争中立于不败之地，才能在严峻挑战中实现逆势突围。

必须始终坚持发展第一要务不动摇。没有经济发展，一切无从谈起。五年来，我们始终坚持产业强市战略，紧紧扭住转型升级“牛鼻子”，培育壮大新兴产业，改造提升传统产业，扶优扶强现代服务业，以优质产业带动城市发展，以城市发展增强产业承载，努力实现产城互动、产城共荣。实践证明，只有产业持续发展壮大，经济才有支撑点，城市才有竞争力，发展才能增底气。

必须不断激发改革创新这个原动力。改革创新是时代的主流、永恒的主题。五年来，我们抓牢中央全面深化改革有利契机，在改革中创新，在创新中提升。对上积极沟通对接，全力争取各类重大政策平台和先行先试政策；对内坚持问题导向，着力攻坚经济社会发展的薄弱环节和瓶颈制约。

实践证明，只有释放改革红利，激发创新活力，才能实现有质量有效益可持续的发展。

必须牢牢把握改善民生这个根本目的。民生是执政之本、为政之要。五年来，我们牢固树立以人民为中心的发展思想，坚持“尽力而为，量力而行”，促进富民增收，完善保障体系，优化公共服务；我们始终把稳定作为最大的民生，加强和创新社会治理，聚焦聚力环境保护、城市管理和安全生产。实践证明，只有扎实做好民富、民安、民享三篇文章，才能不断提升群众的幸福感和获得感。

必须持续巩固文明城市典型地位。全国文明城市是张家港最大的城市品牌。五年来，我们大力培育和践行社会主义核心价值观，不断深化文明城市创建内涵，重点在完善长效机制、打造特色亮点、促进共建共享等方面持续发力，“一把手抓两手”，抓出了综合实力和城市形象的双赢双收。实践证明，只有在文明城市创建上持续深化、继续领跑，才能进一步提升张家港的知名度、美誉度和影响力。

与此同时，我们也要清醒地看到存在的问题和不足。主要是：产业迈上中高端仍有很长的路要走，经济抗风险能力有待进一步增强；城乡居民增收、村级经济增长渠道不多，公共服务供给不足，普惠性、均衡化水平有待提升；环境容量、资源空间持续收窄，节能减排压力较大，生态文明建设仍需加强；各种累积性矛盾日渐凸显，社会治理难度加大，市民素质提升、乡风民风建设、法治德治融合有待加强；全面从严治党还存在薄弱环节，等等。这些都迫切需要我们在新一轮发展中积极应对和解决。

二、践行“四讲四有”，打造具有张家港精神特质的党员干部队伍

五年的发展昭示我们，事业成败，关键在党、关键在人。只有与时俱进大力弘扬张家港精神，充分发挥各级党员干部的先锋模范作用，才能以上率下、示范引领，推动张家港各项事业不断取得新的进步。在五年的发展过程中，我们身边涌现出了一大批优秀党员干部，他们忘我拼搏、无私奉献，在平凡的岗位上做出了不平凡的业绩。比如，汪明如和施忠华同志，他们立足本职岗位，用生命书写了对党的忠诚；以永联村、长江村、农联村党委一班人为代表的基层干部，他们密切联系群众，带领百姓共同致富，帮助解决实际问题；以沈文荣为代表的一批企业家，他们在严峻的经济形势下，克难求进、加速转型；赴新疆、西藏等地援建的同志，他们顾大家、舍小家，在艰苦的环境中默默奉献；还有很多奋斗在发展一线的普通党员干部，他们在平凡的岗位上兢兢业业、任劳任怨，勤奋刻苦地干好本职工作。他们都是我们身边的楷模和标杆，是我们学习的好榜样。但同时，也有少数同志不能适应新的形势、新的情况，不同程度存在一些问题。比如，有的作风不实，夸夸其谈，纸上谈兵，说得比做得漂亮，平时习惯于发发指令、传传文件，脱离基层、远离企业，与企业一起研究政策、对上争取越来越少；有的担当意识不强，遇事“事不关己、高高挂起”，压力传导层层递减，能推则推，不肯担风险、尽责任；有的进取精神不足，不善学习、不求上进，随波逐流，跟风盲从，缺乏主见；有的过分计较个人得失，不比贡献比职务，不比业绩比资历，和组织讨价还价，不能正确处理个人与集体、局部与整体之间的利益关系，等等。对于这些问题，全市各级党员干部必须高度重视，以有则改之、无则加勉的态度，自我审视、自我警醒。

实践反复证明，一名优秀的党员干部可以凝聚一班人、带动一批人，从而推动发展、引领发展。全市广大党员干部要认真学习贯彻习近平总书记在庆祝中国共产党成立95周年大会上的重要讲话精神，始终牢记党员身份和肩负使命，不忘初心，继续前进；始终牢记张家港这座城市的光辉历史，传承精神，凝聚力量。重点要回答好三个关键问题：

第一个问题，怎样做一名合格的党员干部？

做“四讲四有”合格党员是对党员干部最基本的要求。全市广大党员干部要做到政治上的清醒与坚定，自觉用习近平总书记系列重要讲话精神武装头脑，在增强“四个意识”上做到头脑十分清醒、态度十分坚决、行动十分自觉，在思想上政治上行动上与以习近平同志为总书记的党中央保持高度一致；做到纪律上的严格与坚守，尊崇党章党规，对纪律保持高度敬畏，无论做人做事，都要守住底线，正确处理好政商、公私和得失关系，杜绝侥幸心理；做到品德上的锤炼与坚持，把践行社会主义核心价值观作为励志修身的重要途径，以自己的模范行动和人格力量感召群众、引领风尚，唱响全社会道德文明的主旋律；做到工作上的担当与坚韧，清醒认识肩负的使命和责任，充分发挥先锋模范作用，以开拓进取、奋发有为的精神，努力创造出经得起群众和实践检验的一流业绩。

第二个问题，怎样成为具有张家港精神特质的党员干部？

张家港精神是张家港人民勤劳智慧和心血汗水的结晶，也是我们薪火相传的宝贵财富。过去张家港之所以能屡创奇迹、铸就辉煌，是全市上下在张家港精神激励下，接续奋斗、拼搏实干的结果。在新的历史时期，全市广大党员干部要发扬优良传统，永葆争先锐气，以实际行动和过硬实绩，不断赋予张家港精神新的时代内涵。要把负重奋进的优良传统与改革创新的时代背景紧密结合。当前，全市改革创新进入攻坚期和深水区，各种瓶颈制约亟须破解，各类利益诉求交织叠加，需要我们进一步发扬好传统、提振精气神，不仅要继续苦干实干，更要巧干会干，做好转型升级文章，走对跨越发展路子。全市广大党员干部一定要以更大的魄力推进改革，在政策落地、试点推进等方面出实招、求实效，争当改革的促进派和实干家；以更加创新的举措服务发展大局，深入基层、深入企业，为区域发展尽责任，为改革创新担风险，为基层群众作奉献。要把拼搏争先的勇气锐气与区域发展的内在要求紧密结合。争先进位是张家港精神的内在特质。全市广大党员干部一定要切实增强“前有标兵，后有追兵”的紧迫感和危机感，始终坚持发展第一要务不动摇，坚持“争先进位、率先发展”不动摇，时不我待，只争朝夕，敢于跟好的比、与强的赛，以铁一般的担当扛起历史使命和时代重托，为全市在新一轮发展中抢占制高点、开辟新境界做出应有贡献。

第三个问题，怎样以全面从严治党的新成效为争当

“强富美高”新江苏建设排头兵提供坚强保障？

全面从严治党，是新形势下加强党的建设的根本遵循。要坚决落实全面从严治党的主体责任，按照“八个务必从严”要求，全面加强党的建设，为全市争当“强富美高”新江苏建设排头兵提供坚强保障。

一要突出思想建党，坚定理想信念。继续加强中国特色社会主义理论体系的学习教育，持续深化习近平总书记系列重要讲话精神的学习贯彻，坚持用马克思主义中国化的最新成果武装头脑，激发全市上下解放思想、开拓进取的持久动力。坚持把党章党规作为加强党性修养的重要内容，充分发挥党校在党性教育中的主阵地作用，加快建立以实践推动党性锤炼的制度机制。做好新形势下意识形态工作，加快构建立体多样、融合发展的现代传播体系，把党和政府的声音传播好，最大限度凝聚全市推进改革发展的共识和力量。

二要突出从严管理，锤炼过硬队伍。认真落实20字“好干部”标准，旗帜鲜明弘扬“五句话”用人方略，以正确用人导向激发干部队伍活力。建立干部选任大数据系统，健全领导干部综合研判机制，畅通干部流动渠道，充分调动各级干部、各年龄段干部积极性。以按需施教、务实管用为原则，创新干部教育培训，加强干部能力建设。坚持“三个区分开来”，在推动干部“能上能下”、健全激励机制和容错纠错机制等方面加强探索实践，激励和保护那些“苦干实干、改革创新、不谋私利”的党员干部，杜绝不作为、慢作为、乱作为，促进干部想为、善为、有为，努力营造广大干部“心情舒畅、充满信心、积极作为、敢于担当”的良好氛围。

三要突出固本强基，打造坚强堡垒。从党员发展源头上优化质量和结构，严格落实党员出口机制，保证党组织的先进性和纯洁性。严防党内生活的随意化庸俗化平淡化，建立健全制度规范，提高党员参与党内政治生活的责任感和荣誉感。统筹推进法治型、服务型党组织建设，不断增强基层党组织的政治功能和服务功能，协调抓好机关、“两新”、农村和国有企业等领域党建工作，推进党组织从“有形覆盖”向“有效覆盖”转变，真正把组织优势转化为发展优势。高度重视村级班子建设，落实政治、经济等关爱机制，加强教育培养，促进能力提升，努力建设一支讲大局、有思路、肯奉献、重实干的农村党组织带头人队伍。

四要突出纪律规矩，永葆清廉本色。构建决策科学、执行坚决、监督有力的权力运行体系，把权力关进制度的笼子。坚持把纪律和规矩挺在前面，切实用好纪律处分这把戒尺，围绕“四种形态”加强执纪监督。坚定不移惩治腐败，坚持“一案双查”，以问责追究推动“两个责任”落实，真正让失责必问成为常态。严格落实基层党风廉政责任制，全面开展巡察，把压力传导到区镇、责任压实到基层，深入查处发生在群众身边的腐败问题和不正之风。

五要突出党建引领，凝聚各方力量。加强市委常委会自身建设，完善各级党委议事和决策规则，严格执行民主集中制，不断提高决策的科学化、民主化水平。充分发挥党委“总揽全局、协调各方”的领导核心作用，支持人大、政府、政协依法履行职能，加强统一战线建设，注重调动群团组织的积极性、主动性和创造性，切实把一切积极因素和力量凝聚到党组织周围，推动党的各项事业蓬勃发展。

三、全力争当“强富美高”新江苏建设排头兵

今后五年，是张家港率先全面建成高水平小康社会的决胜时期，也是积极探索开启基本实现现代化建设新征程的重要时期，更是主动适应经济发展新常态、全力增创转型升级新优势的关键时期。一方面，要看清大背景、把握大方向。从发展背景来看，世界经济在深度调整中曲折复苏，外部环境中不稳定不确定因素增多，但新一轮科技革命蓄势待发，机遇与挑战并存；国内经济长期向好的基本面没有改变，我国经济将长期保持中高速增长、迈向中高端水平。从发展方向来看，五大发展理念是中央对“十三五”发展的新部署，“强富美高”是总书记对江苏的新要求，我们必须深刻理解、牢牢把握、贯彻落实。另一方面，要抢抓新机遇、增创新优势。历史上，张家港正因为抓住了几次重要的机遇，才取得了今天的发展成就。实践证明，在机遇面前，关键要看你有没有抢的意识、有没有抓的干劲、有没有转化为现实优势的能力。当年我们抓住了小平南方谈话的机遇实现了大发展、大进步，现如今“两个一百年”“中国梦”和“强富美高”新江苏建设的光荣使命摆在眼前，我们能不能抓住这个机遇，再一次激发全体党员干部敢于争先、勇创一流的强大斗志？当年我们抓住了上海浦东开发的机遇实现了大开发、大开放，现如今上海自贸区建设如火如荼，我们能不能抓住这个机遇，再一次掀起改革创新、开发开放的热潮？当年我们抓住了沿江高速开通的机遇改变了交通区位边缘化的趋势，现如今三条铁路及枢纽站建设正加快推进，我们能不能抓住这个机遇，再一次推动港城发展新跨越？我们要在保持规模经济、城乡协调、文明城市、生态建设等原有优势的基础上，抢抓新机遇、增创新优势，为张家港新一轮发展注入新的动力。

今后五年全市工作的指导思想是：以邓小平理论、“三个代表”重要思想和科学发展观为指导，以习近平总书记系列重要讲话特别是视察江苏重要讲话精神为根本遵循，协调推进“四个全面”战略布局，落实五大发展理念，与时俱进大力弘扬张家港精神，牢牢把握发展第一要务、民生根本目的、稳定首要前提、创新核心动力、争先内在特质，围绕经济竞争力更强，全面提升产业品质；围绕群众获得感更足，全面提升生活品质；围绕环境友好度更高，全面提升生态品质；围绕文明影响力更大，全面提升文化品质，打造以港产城融合为支撑、以协调均衡为目标、以文明和谐为特征的国际化、现代化港口城市，全力争当“强富美高”新江苏建设排头兵。

根据上述指导思想，今后五年全市的目标任务是：主动适应经济发展新常态，深入推进供给侧结构性改革，把握稳中求进的总基调，聚焦转型、创新驱动、绿色发展、文明引领，全力打造现代产业集聚区、民生幸福先导区、生态宜居样板区和文明法治示范区。到2020年，全市地区生产总值、公共财政预算收入年均增长7%左右，居民人均可支配收入与劳动生产率同步提高，生态文明建设继续领先全国同类城市，张家港精神持续得到深入弘扬，文明城市影响力不断放大，经济社会发展整体水平继续走在全国县市前列。

具体推进路径上要抓好四大重点：

（一）聚焦转型

对张家港而言，转型既是顺应潮流，更是形势倒逼。近年来，张家港转型升级呈现良好势头，但产业结构仍然偏重、产出效益亟待提高。今后五年，要以提高经济质量效益为中心，加快构建先进制造业和现代服务业双向并举、新兴产业和传统优势产业共同发力的现代产业体系，争当全省“一中心一基地”建设主力军，打造张家港经济“升级版”。确保到2020年实现“456”目标：即高新技术产业产值占规上工业总产值比重达到40%，新兴产业产值占规上工业总产值比重达到50%，新兴产业投资占工业投资的比重达到60%。

牢牢把握经济工作主动权。各级党委要按照中央和上级部署，紧紧抓住发展第一要务，推进供给侧结构性改革，在政策落地落实落细中抓转型、促发展，在产业补短补缺补链中增实力、强后劲，努力在区域竞争中抢占制高点、争取主动权。区镇主要领导头脑要更加清醒，精力要更加集中，在全市大局中来考量、谋划和推动区域发展，真正把项目“选得好不好、抓得实不实、成效大不大”作为评判标准。“两区一园”要充分发挥转型升级主阵地、主力军作用，进一步明确产业发展的方向、目标和重点，以争先率先的工作成效为全市勇挑重担、创新探路。保税区要建好“长江经济带国家级转型升级示范开发区”；经开区要全力打造自主创新示范区和新兴产业先导区；冶金园要推动传统产业优化升级，加快建设现代钢铁物流集聚区。各区镇都要对接企业需求，加强跟踪服务，支持企业做大做强；立足产业基础，努力培育1个至2个新的特色优势产业，加速集聚开发，实现错位发展。

坚定不移抓项目落地、企业壮大和产业集聚。项目、企业、产业是转型升级最现实的基础，要紧盯不放、一抓到底。要依托“两新一高”，培育壮大新兴产业。以重大项目建设促进产业结构优化，大力发展“两新一高”战略性新兴产业，即以页岩气综合利用、光学膜为支柱的新材料，以锂电、LNG利用、绿色能源为主体的新能源，以智能装备、再制造为代表的高端装备产业，全力打造一个2000亿级、两个1000亿级新兴产业集群。同时，积极拓展半导体集成电路、新能源汽车、生物医药等产业，形成新的产业优势。要主动对接“中国制造2025”、工业4.0，改造提升传统产业。传统产业是我市的基础和优势。传统产业的提档升级，尤为重要、更为紧迫、最为现实。要强化企业主体地位，鼓励企业主动对接“中国制造2025”、工业4.0，不失时机向智能化方向迈进。冶金、纺织等传统企业要加快转型升级，进一步提高核心竞争力。积极支持沙钢、银河电子等加快推进“机器换人”，积极争取国家重点企业智能车间、智能工厂试点。支持永钢与宝钢加强人才技术合作，加快“普转优、优转特”。大力发扬工匠精神，支持传统产业加强技术、工艺和管理创新，以精品制造对接产业升级、消费升级。要深化“以港兴市”战略，加速发展现代服务业。深化服务业综合改革试点，推动各行业创新商业模式，加快发展服务业新兴业态。加大港口资源融合力度，推动港口提档升级。加快线下向线上延伸，不断增强化工品交易市场、玖隆电子商务平台等重点专业市场竞争力。打通境内境外两个市场，积极探索离岸金融结算，统筹推进跨境电商园区和电子商务产业园建设。加快单纯物流向综合商务延伸，完善汽车整车进口、冷链物流、进口商品等物流服务体系，推进现代物流从“大进大出”迈向“优进优出”。要立足“高效、生态”，做精做优现代农业。坚守“四个百万亩”底线，稳定水稻种植面积。推广高效技术及装备，加快农业园区提档升级。加强农业信息化建设，大力培育职业农民、家庭农场等各类新型经营主体，构建完善社会化、专业化农业服务体系。发展生态循环农业，推进农旅融合发展。深化农产品全程监管，全力保障质量安全。积极发展多种形式的农村集体经济和经济合作组织，用好“一村二楼宇”“三优三保”等优惠政策，不断做大做强村级集体经济。

更加主动服务支持企业发展。在当前形势下，要把握好“亲”“清”二字，不能为了“清”而不敢“亲”、不去“亲”，要真心实意与企业家交朋友，强化主动服务意识，努力营造国际化、法治化、便利化的亲商环境。打响供给侧结构性改革攻坚战，围绕中央确定的“五大任务”，坚持转型升级促发展，用“去”来倒逼、用“降”来优化、用“补”来提升，落实企业降本减负、降费减税等方面的系列政策，帮助协调解决实际困难，进一步提振发展实体经济的信心。坚持政府支持与企业需求同频共振，把服务企业作为重要职责，推动有限资源向优质企业倾斜，无缝对接企业在人才引进、资金融通、土地供给等方面的需求，实现资源要素有效供给。采取更多举措，帮助引进培育一批资本金融、互联网等领域的紧缺型、复合型人才。丰富金融业态，加大创投基金、融资租赁等金融机构引进力度。加强政银企互动合作，完善中小微企业投融资服务体系，努力构建良好的金融生态环境。鼓励和支持上市公司实施并购重组，推动更多优质企业对接资本市场，新增境内外上市公司和“新三板”挂牌企业超过100家。构建节约集约用地长效机制，提高用地效率，拓展发展空间，保障企业转型升级、做强做大。

（二）创新驱动

创新是引领港城发展的第一动力。对照发展需求，对标先进地区，张家港的创新竞争力还不强，创新成果转化还不快，创新创业氛围还不浓。今后五年，我们要紧紧依托现有的产业基础，紧紧依靠企业家群体和人才团队群体，坚定不移地以改革强动力、向创新要活力，走出一条具有张家港特色的创新驱动之路。

以更大的勇气和智慧推进改革。对接长江经济带等国家重大发展战略，抢抓长三角一体化发展机遇，找准战略定位，依托自身优势，抓好一批具有标杆示范作用的改革试点，通过各类先行先试保持先发优势。加快政府职能转变，以简政放权为核心，加快下放行政审批事项的承接和行政审批项目的调整，探索建立政府购买服务清单模式，强化政府债务管理，完善公共资源交易体制机制建设，推进凤凰镇强镇扩权试点，打造高效、服务、阳光政府。继续深化农村改革，加强农村集体资产运营和监管，努力实现保值增值。

以“均衡化、多元化、高效化”为方向，准确把握中央顶层设计目标要求，加快推进医药卫生、教育、养老等社会事业领域改革。

坚持开放与创新双轮驱动。学习借鉴苏州工业园区经验，抢抓跨境兼并重组的战略机遇期和自贸区建设的重要窗口期，找准切入点、结合点和着力点，完善国际化、开放型创新体系，加快集聚高端创新要素、服务要素和人才要素，更好地参与国际创新竞争。构建创新驱动发展新模式，深化苏南国家自主创新示范区建设，加快创建省转型升级综合实验区，积极探索开放与创新融合、创新与产业融合、产业与城市融合的发展道路。跟踪复制借鉴自贸区建设经验，研究争取“保税区+保税港区”政策功能创新，加速推进保税区向自由贸易区转型升级。探索建立开放型经济新体制，继续支持外贸企业开拓海外市场，持续提高新兴产业和服务业利用外资比重，加快本土企业“走出去”步伐。

把优化创新生态摆到重要位置。更加突出企业创新主体地位，优化创新型企业培育机制，支持企业瞄准市场开展关键技术攻关、引进高端人才项目、对接技术成果转化，加快培育一批创新型企业。把企业家作为最宝贵的资源，通过组织学习考察、集中培训等有效途径，帮助企业家拓宽视野、转变观念，加快培育一批坚韧不拔、勇于创业的企业家队伍，打造更多的“百强企业、百亿企业、百年企业”。优化各类科技资源配置方式，推进创新链、产业链、资金链、政策链“四链”融合。探索实施企业科技创新积分管理，引导和支持创新要素向企业集聚，实现“才有所居”、“创新有奖”。发挥张家港宜居城市的优势，以更大的魄力、更宽的视野吸纳人才，努力实现人才引得进、留得住、用得好，让“大众创业、万众创新”成为发展的新动能。五年内，确保市级领军型人才（项目）超过700项，入选上级人才计划超过400人次。

以高新区为重点建强创新载体。集聚全市创新资源，构建高新技术产业开发区“一区多园”发展格局，持续放大辐射效应，积极争创国家级高新区。科学定位智能制造、再制造、绿色能源等功能组团，推进创客空间、智慧园区建设，全力打造从创业苗圃到孵化加速、产业化的完备平台，培育1个至2个在国内外有一定影响力的创新型产业集群。强化创新载体资源整合，重点发展保税区科创园、沙洲湖科创园等一批创新载体。构建区域创新服务平台，强化科技金融、技术转让、知识产权、法律保护等服务功能，积极引导各类研究院与本土企业对接，加力突破创新成果转化“最后一公里”。

（三）绿色发展

绿色是人民对美好生活追求的重要体现。对张家港而言，无论是能耗总量大、环境容量不足的客观实际，还是生态文明建设起步早、荣誉多的先发优势，都迫切需要我们坚定不移地走绿色发展之路。今后五年，我们要落实绿色发展理念，持续推进新型城镇化和城乡发展一体化，赋予生态港城美丽新内涵，不断提升城市整体品质。

打造绿色城市。综合考虑城市规模和资源环境承载能力，按照“多规合一”要求，优化全市生产、生活、生态三大空间规划，严守“生态、耕地保护和城镇开发边界”三道红线，实现节约集约开发。积极推进沪通、沿江城际、通苏嘉城际铁路和锡通高速南接线等重大基础设施建设，加快完善城市快速路网，努力构建现代综合交通体系。积极推进城市防洪工程建设，继续完善“百年一遇”堤防体系，提高城市防洪减灾和水利保障能力。科学规划建设各片区新城，打造宜居宜业的生态绿城。老城区要多维度增加公共绿地和公共空间，减少建筑总量和降低容积率，提升城市自然环境渗透性。优化区镇分类调整方案，做好区镇、村庄与公园、景观道等的组团衔接，推进双山岛、黄泗浦、香山等生态工程，做到“一城一大景、一镇一特色”，凸显具有港城文化内涵的现代之美、特色之美。高度重视被撤并乡镇建设，明确定位，界定规模，重点在完善设施、提升形象、打造特色上下功夫，实现差别化发展。因地制宜建设美丽乡村，推进重污染河道专项整治，改善提升村庄环境，挖掘利用本地历史古迹、传统习俗和风土人情，体现人文内涵和地方特色，留住美丽乡愁。

推动绿色生产。扎实推进生态文明建设示范区综合配套改革，加快“排放减量化、产业替代化、经济循环化”进程。严格执行国家、省产业指导目录，运用生态环保倒逼机制，推动产业结构调轻调优调绿，逐步调整能源消费结构。加快发展循环经济，推进企业清洁生产。规划建设静脉产业园，打造“资源—产品—再生资源”闭环经济模式，实现变废为宝、循环利用。以铁的决心、铁的手腕、铁的纪律，更大力度实施大气、水、固废等环境综合整治，加大环境搬迁力度，推动东沙化工区关停转型，着力解决“厂夹居”等环境安全问题。探索推行企业“绿色发展领跑者”制度，激励企业争当行业绿色标杆。积极引导企业进一步强化“安全环保不是公益，而是生存之本”的意识，加大安全环保投入力度，提升企业绿色竞争力。

共建绿色社会。深入开展各类生态创建活动，加大生态文明理念向机关、企业、村（社区）、学校的传播普及力度，让绿色发展成为全民自觉。各区镇要把抓好安全环保工作当作造福一方的责任担当来常抓不懈，深化生态环保“党政同责、齐抓共管”制度，注重生态环境责任审计结果的运用，既要算好“发展账”，更要算好“生态账”。进一步完善城乡覆盖的“大城管”体系，加大环境综合整治力度，不断提升城乡环境美化、绿化、净化水平。积极培育和繁荣生态文化，促进形成绿色生活方式，倡导绿色消费、绿色居住、绿色出行，努力营造全社会共建共享生态文明的浓厚氛围。

（四）文明引领

城市综合实力竞争既体现在以经济科技为核心的“硬实力”较量，也反映于以文明建设为引领的“软实力”角逐。今后五年，我们要坚持“一把手抓两手、两手抓两手硬”，引导文明自觉，构建和谐社会，促进全面发展，为全市改革发展提供坚强的思想保证、强大的精神力量和丰润的道德滋养，持续提升“文明张家港”的新境界。

深化创建内涵。扎实推进文明城市建设制度化、科学化、常态化，确保高标准实现全国文明城市“五连冠”“六连冠”，全力争当标兵型全国文明城市。实施文明创建提升行动，重点抓好行风建设和职业道德建设，积极推动精神文明建设向新经济组织、新社会组织和科技创新单位延伸。深入推进志愿服务制度化，健全长效工作机制，壮大志愿服务组织，持续激发全社会参与志愿服务的热情。加强社会信用体系建设，健全守信激励和失信惩戒机制，落实信用信息和信用产品运用制度，不断提升“诚信张家港”建设水平。注重军民融合发展，持续开展全国双拥模范城创建。

提升人文素质。人是城市文明的决定性因素。要积极培育和践行社会主义核心价值观，深入实施公民道德建设工程，大力宣传道德模范、时代楷模、最美人物等先进典型，提高人们道德实践能力尤其是自觉实践能力，引导人们向往和追求讲道德、尊道德、守道德的生活。推进移风易俗，倡导文明新风，努力营造风正气顺、业兴人和的良好氛围。利用好优秀传统文化蕴含的丰富的思想道德资源，加大文艺精品生产推广，完善公共文化服务多元供给机制，讲好“张家港故事”，不断坚定我们的文化自信。

创新社会治理。文明的城市离不开和谐的环境。要加强探索实践，积极构建政府治理与社会自我调节、居民自治良性互动的社会治理格局。增强社区服务功能，优化社情民意收集反馈机制，探索推进城乡社区协商民主，高标准建设“全省社区治理和服务创新试验区”，打造一批国际化社区、特色化街区。健全社会矛盾有效预防和化解体系，完善重大决策社会稳定风险评估机制，加强专项治理和违法犯罪打击力度，持续提升公众安全感和法治建设满意度。不断深化对安全生产、消防、交通、食品等各领域隐患的排查整治，完善各类专业监测监管系统，提升公共安全监管能力，确保安全生产形势总体平稳。

归根到底，我们一切工作的出发点和落脚点就是保障和改善民生。全市各级党组织要认真贯彻共享发展理念，积极回应民生关切，多做“苗圃”，少做“盆景”，让改革发展成果更多惠及港城百姓。进一步完善富民增收机制，优化就业创业体系和居民收入结构，扩大中等收入群体，更加关注农民增收问题，推动经济发展与民生改善良性循环。进一步完善社会保障机制，优化社会保险体系，完善社会救助制度，提高住房保障水平。进一步完善公共产品供给机制，优化教育资源布局，推进教育优质均衡发展；完善公共卫生服务体系，促进医疗卫生资源合理配置；积极倡导全民健身，建设健康港城；稳步提升老年人、新市民、特殊人群等多元服务管理质效，切实增强群众的幸福感和获得感，以及对城市的认同感、归属感和自豪感。

习近平总书记强调，人民对美好生活的向往，就是我们的奋斗目标。全体党员干部尤其是党员领导干部，要强化宗旨意识，践行群众路线，以群众所思所想为第一信号，以群众所需所盼为第一考量，以群众满意为第一标准，依法保障人民群众各项权益，以实干为民赢得群众的理解和信任，以成果惠民赢得群众的拥护和支持。

同志们，新的目标令人鼓舞，新的征程催人奋进。让我们紧密团结在以习近平同志为总书记的党中央周围，以邓小平理论、“三个代表”重要思想和科学发展观为指导，以习近平总书记系列重要讲话特别是视察江苏重要讲话精神为根本遵循，与时俱进大力弘扬张家港精神，团结和带领全市人民，不忘初心，继续前进，为争当“强富美高”新江苏建设排头兵、谱写“中国梦”的张家港篇章而努力奋斗！

名词解释：

1.考察对象“双报告”制度：一项干部管理监督制度，指拟提拔为局镇级领导干部和拟转任重要职务的人选，由考察对象本人如实向市委组织部报告个人有关事项，同时，所在单位党（工）委（党组）也向市委组织部报告考察对象的任职资格条件、一贯表现以及廉洁自律等方面有关情况。

2.八个务必从严：2015年7月，市委十届十次全会审议通过《关于推动全面从严治党迈上新台阶的意见》，提出切实做到“八个务必从严”，即务必从严加强思想建党、务必从严规范党内生活、务必从严抓好干部管理、务必从严深化作风建设、务必从严夯实基层基础、务必从严推进反腐倡廉、务必从严强化制度治党、务必从严推动责任落实。

3.三个区分开来：2016年1月，在省部级主要领导干部学习贯彻中共十八届五中全会精神专题研讨班上，习近平指出，要做到“三个区分开来”，保护那些作风正派又敢作敢为、锐意进取的干部。即要把干部在推进改革中因缺乏经验、先行先试出现的失误和错误，同明知故犯的违纪违法行为区分开来；把上级尚无明确限制的探索性试验中的失误和错误，同上级明令禁止后依然我行我素的违纪违法行为区分开来；把为推动发展的无意过失，同为谋取私利的违纪违法行为区分开来。

4.一案双查：纪检监察机关在查处案件时，既要查清当事人的违纪问题，又要查清主管领导或分管领导的责任范围及责任。

5.一中心一基地：立足全国创新驱动发展大局，江苏省委提出，要建设具有全球影响力的产业科技创新中心（简称“一中心”）和具有国际竞争力的先进制造业基地（简称“一基地”）。

6.两新一高：新材料、新能源和高端装备。

7.三优三保：2015年1月，为促进土地空间优化配置和土地资源集约利用，提升生态环境水平，经江苏省政府批准，苏州市启动实施“三优三保”行动，即以优化建设用地空间布局保障发展，以优化农业用地结构布局保护耕地，以优化镇村居住用地布局保护权益。

8.创客空间：一种利用市场化机制、专业化服务和资本化途径构建的便利化、全要素、开放式的大众创业服务平台。创客空间通过为创业者提供良好的工作、社交和资源共享空间，开展创新创业辅导、投融资对接等众创服务，实现创新与创业相结合、线上与线下相结合、孵化与投资相结合，进而推动新技术、新模式、新服务和新业态的发展。

9.多规合一：将国民经济和社会发展规划、城乡规划、土地利用规划、生态环境保护规划等多个规划融合到一个区域上，实现一个市县一本规划、一张蓝图，解决已有各类规划自成体系、内容冲突、缺乏衔接等问题。

紧扣“创新富民” 突破“四大路径” 努力走在高水平全面建成小康社会前列

——2016年12月30日在市委十一届二次全体(扩大)会议上的讲话

朱立凡

这次会议的主要任务是:全面落实中共十八大和十八届三中、四中、五中、六中全会精神,深入贯彻习近平总书记系列重要讲话精神,按照中央经济工作会议和省委、苏州市委决策部署要求,总结2016年工作,明确2017年任务,动员全市各级党组织、广大党员和干部群众,与时俱进大力弘扬张家港精神,坚定信心,攻坚克难,凝心聚力推动“四大路径”有效突破,努力走在高水平全面建成小康社会前列。

下面,我根据市委常委会讨论的意见,讲五个方面情况。

第一个方面,“十三五”发展实现良好开局

今年以来,我们深入贯彻“强富美高”新江苏建设总要求,围绕全市“十三五”发展总目标,以“紧扣强富美高,全面提升品质”为总抓手,统筹做好改革发展稳定各项工作,年度各项目标任务基本完成,主要经济指标实现稳定增长,实现了“十三五”发展良好开局。主要抓了三件大事:一是认真贯彻中共十八届六中全会精神,结合“两学一做”学习教育,深入推进全面从严治党;二是认真贯彻省、苏州市党代会精神,围绕“两聚一高”目标定位,群策群力研究探索“创新四问”答卷;三是胜利召开张家港市第十一次党代会,提出了“聚焦转型、创新驱动、绿色发展、文明引领”四大路径,并细化分解工作任务,召开聚焦转型创新驱动推进大会,推动政府、企业、社会各个层面同频共振,加快打造张家港经济“升级版”。一年来,我们积极应对经济发展新常态,深入推进供给侧结构性改革,全市经济保持平稳运行。全年预计完成地区生产总值2300亿元,比上年增7%;公共财政预算收入190亿元,比上年增9.1%;固定资产投资725亿元,其中新兴产业投资265亿元;进出口总额265亿美元,其中出口142亿美元。

(一)转型升级取得进展

深度释放改革活力动力,扎实推进“三去一降一补”五大重点任务,制定出台企业降本减负相关政策,张家港口岸建立全国首个“三互”监管中心,保税区成为长江经济带国家级转型升级示范开发区。充分发挥创新主引擎作用,张家港高新区正式揭牌,暨阳湖金融街竣工投运,“港城合伙人”峰会成功举办,企业科技创新积分管理全面推开。沙洲湖科创园获评国家级科技企业孵化器,今园1号、集成光电谷获评国家级众创空间。新增国家“千人计划”人才1人、国家“万人计划”人才1人、省“双创计划”创新团队3个、“双创计划”人才14人、“姑苏计划”人才24人、领军型创新创业人才项目(团队)85个。省优秀研究生工作站新增数居全省第一。康得新二期、中核利柏特等重大项目开工建设,润英联润滑油添加剂、澳洋电子商务产业园等一批项目竣工投产。沙钢与世界先进钢企加强高层次合作,推进技术创新、优化产品结构。永钢加快科技创新,提升智能化水平,构建多元化发展格局。汽车口岸整车进口6000辆,增长126%;专业市场成交额4410亿元,其中线上交易1930亿元、增长9.5%。全年完成规模以上工业总产值4500亿元,其中新兴产业产值2000亿元,占比44.4%。新增上市企业1家、“新三板”挂牌企业27家。农业现代化步伐持续加快,深入开展全省首批生态循环农业示范县(市)创建,成为第一批国家农产品质量安全县(市)。

(二)城市功能日趋完善

沪通铁路及跨江大桥工程有序推进,配套项目按计划实施。沿江城际铁路进入方案论证阶段,积极争取规划预留线路和设站方案。疏港高速建成通车,锡通高速过江通道南接线开工建设。福南水道-12.5米航道整治前期工作全面展开,长江重点险工段老海坝综合整治工程全面完工。通洲沙西水道三期工程全部竣工,整治岸线18.8千米。新城开发稳步推进,城东黄泗浦核心区“山水城”景观初步成型、城北职工文体中心和国际教育交流中心开工建设、城西北延西拓区和配套设施建设积极推进、城南商务新城区域形象得到进一步提升。年内开工安置房40万平方米,竣工200万平方米,安置过渡户6500户。“新沙河环境整治、乘航疏导点、城市e管家信息平台”三个项目被列入省“931”行动创新实践案例,在全省推广。

(三)生态环境不断优化

获评全国首届、江苏唯一的“中国生态文明奖”,经开区被列入环保部产业园区规划环评“负面清单”试点。以高度的政治责任感完成中央环保督察、G20峰会环境质量保障工作。全面启动生态文明综合配套改革,在全省率先开展排污许可证“一证式”管理。扎实推进196项大气污染防治重点工程,电力行业技改升级全面完成,脱硫脱硝除尘达到新国标,PM2.5均值比2013年下降25.5%,优良天数比例达到68.9%。稳步推进农村生活污水治理,7个省控断面全部达到功能区水质要求,地表水好于Ⅲ类水质的比例稳定在70%以上。永钢、沙电等20个节能和循环经济项目加快推进。积极筹建静脉产业园。香山生态建设稳步推进，暨阳湖生态园成功创建国家AAAA景区。深入挖掘美丽村庄内涵，建成江苏省美丽乡村建设示范村1个、苏州市美丽村庄示范点1个和三星级康居乡村32个。

（四）民生福祉持续改善

全市居民人均可支配收入达到4.48万元，增长8%。高校毕业生、特困家庭劳动力、被征地农民就业率均保持在99%左右。高考本科达线率稳居苏州第一，职校对口单招达线人数连续16年位居苏州第一。大病困难群众家庭医生签约服务项目被央视《新闻联播》专题报道，公立医院出院患者满意度实现苏州市"八连冠"。每千名老人养老机构床位数达到44张，虚拟养老院综合满意度达到99.8%。基层慈善组织在全省率先实现村（社区）全覆盖。精心承办全省文明旅游工作推进会，新增"中国好人"2人、累计22人，保持全省县市最多，文明城市省级测评名列全省第一。成功创建"中国曲艺名城"，"县域文化馆总分馆体系探索与示范"项目入选2016年国家文化创新工程重点项目。恢复举办中国足协"贝贝杯"青少年男子足球赛。积极推进全省社区治理和服务创新实验区建设，在全国首创县市层面的社区发展基金会，村民自治试点列入全国农村改革试验任务，"社区协商—基层治理法治化的新探索"项目荣获"中国法治政府"奖第一名。全市违法犯罪警情、刑事发案率继续下降，群众安全感和法治满意度持续保持全省前列。实现全国双拥模范城"六连冠"。

（五）管党治党成效显著

扎实开展"两学一做"学习教育，突出分类指导，着力提升教育实效。以建强基层堡垒为目标，依托区域党建工作站探索实践"两新"党建"区域化+互联网"新模式，采用"众筹"理念将党建"十大项目"根植于基层党组织，探索实践"党建引领基层治理法治化"工作模式。以提升队伍素质为目标，持续加强干部教育，举办"激发新状态、践行新理念、担当新使命"主题轮训班，首次举办全市村（社区）书记讲坛、"年轻干部训练营"。以优化政治生态为目标，坚持常态长效抓作风，严防"四风问题"反弹变异，督促抓好准则、条例的学习教育，引导党员干部守纪律、明底线、知敬畏。年内，市镇两级党委、村（社区）"两委"换届圆满完成。与此同时，市委常委会全力支持人大、政府、政协充分发挥职能作用，积极推动对口援建和南北挂钩，统战、人民武装、工青妇、双拥、老干部、党史、残疾人和关心下一代等各项工作取得了新进展。

成绩来之不易，这既是全市广大干部合力攻坚、拼搏奋斗的结果，更凝聚着百万港城人民的心血和智慧。在肯定成绩的同时，我们也要清醒地认识到存在的问题和不足。对照聚力创新、引领发展转型升级的要求，我们的传统产业转型还处于"阵痛期"，安全环保压力较大，创新驱动的新引擎尚未成为主动力，缺少创新的高峰企业和标志性品牌，一些新的增长点还不能达到预期，"大众创业、万众创新"需要拓展更多平台、营造更浓氛围。对照聚焦富民、让百姓过上更好生活的要求，我们推动村级经济增长、城乡居民增收的办法还不多，基层治理的探索实践有待深入，群众对空气质量、小区停车、青年就业等方面的满意度仍需进一步提升。对于这些问题，我们要有清醒的认识和足够的重视，以行之有效的办法破解瓶颈、补齐短板。

第二个方面，凝心聚力推动"四大路径"有效突破

作为张家港来说，聚焦"四大路径"是高水平全面建成小康社会的务实之举，也是关键抓手。全市各级党员干部要进一步统一思想、凝聚共识，以铁一般的意志、铁一般的担当，推动"四大路径"各项任务落到实处、取得实效。

明年工作的指导思想是：全面落实中共十八大和十八届三中、四中、五中、六中全会精神，深入贯彻习近平总书记系列重要讲话精神，按照中央经济工作会议和省委、苏州市委部署要求，统筹推进"五位一体"总体布局和协调推进"四个全面"战略布局，牢固树立和贯彻新发展理念，与时俱进大力弘扬张家港精神，坚持"稳中求进、争先率先"，突出"两聚一高"主题，做足创新文章，推动精明增长；做实富民文章，实现精准发力；做强党建文章，锤炼精干队伍，凝心聚力推动"四大路径"有效突破，努力走在高水平全面建成小康社会前列，以优异成绩迎接党的十九大胜利召开。

经济社会发展的主要预期目标是：地区生产总值增长7%以上；公共财政预算收入增长7.5%；全社会固定资产投资700亿元；实际利用外资5.5亿美元；进出口及出口总额保持稳定；社会消费品零售总额增长8%；全市居民人均可支配收入增长高于地区生产总值增幅，万元地区生产总值能耗下降率、主要污染物排放总量削减率完成上级下达任务。

实现奋斗目标，关键靠人，重在实干。全市上下要在弘扬张家港精神中汲取强大动力，以咬定青山不放松的韧劲和毅力，展现张家港人的气质，干出无愧于心的业绩，努力推动经济社会各项事业迈上新台阶。

推动"四大路径"有效突破，贵在自信、重在自醒。今后一段时期，贯穿全市工作的主线就是统筹推进"四大路径"。对此，我们既要坚定信心、厚植优势，也要自我审视、补缺补短。我们要巩固提升临港经济、城乡统筹、文明建设等固有优势，全力构筑交通区位、新兴产业、服务经济等新一轮发展优势，这些都是高水平全面建成小康社会的"殷实家底"和现实依托，更是我们突破"四大路径"的信心所在、底气所在。同时，面对复杂严峻的经济形势，面对周边县市咄咄逼人的发展态势，我们要进一步增强忧患意识，切实解决好产业结构、节能减排、创新动能等焦点问题，精准发力、补齐短板，把瓶颈制约一个个破解，把难点问题一个个攻克，从而在更宽领域、更高层次上创造港城发展"加速度"。

推动"四大路径"有效突破，贵在创新、重在富民。习近平总书记强调，抓创新就是抓发展，抓民生也是抓发展。省党代会指出，聚力创新，是大势使然；聚焦富民，是民心所盼。这"两个聚"是全省未来五年工作的主攻点和发力点，也是我市今后发展的重点关键。突破"四大路径"，最核心的动力是创新，最根本的追求是富民，增进群众获得感必须靠高水平的发展来支撑。我们要抢抓转型窗口期和发展机遇期，回答好"创新四问"的张家港答卷，以创新激发内生动力，以富民检验发展成果，更加自觉地聚焦聚力"四大路径"，抓重点谋全局、抓关键求突破，让发展的"含金量"与群众"感受度"更趋一致，进一步夯实发展之基，构筑富民之梁。

推动"四大路径"有效突破，贵在担当、重在落实。担当是真作为，落实是真本事。我们能否实现"四大路径"的有效突破，关键在于担当的意识强不强、落实的决心大不大，决不能让困难扰乱我们初心、让矛盾阻碍我们前行。全体党员干部尤其是领导干部要自觉当好担当实干的表率，始终保持舍我其谁的魄力和奋发作为的状态，敢闯敢拼、敢于负责，做到守土有责、守土负责、守土尽责。全市上下都要进一步强化主人翁意识，自觉对照张家港精神特质的坐标，以铁一般的肩膀担当责任，以钉钉子的精神狠抓落实，合力推进"四大路径"加快突破，在高水平全面建成小康社会的生动实践中立足本职岗位、奉献智慧力量。

第三个方面，坚持以创新引领经济转型升级

加快转型崛起，创新是主引擎。省委李强书记强调，不创新不行，创新慢了也不行。聚力创新，关键要聚合政策、聚集资源、聚拢力量，着力培育创新型增长点，大力振兴实体经济，在港产城深度融合中厚植发展根基、积蓄发展动能，走集约节约的"精明增长"之路。

重点把握好转型和提升两大关键词：

"三大转型"：这是我们在发挥优势中加速转型必须啃下的"硬骨头"，转得好，就能凤凰涅槃、华丽转身。

一是传统产业转型。深入实施先进制造业"产业领跑"计划，推动优势传统产业调整改造、提档升级。鼓励企业主动对接"中国制造2025"、工业4.0，加大技改投入，促进"两化融合"，实施30个以上智能制造重点项目，创建10个以上智能制造示范车间；大力支持企业基于"互联网+"开展服务业态和商业模式创新，加速生产型制造业向服务型制造业转型，不断向高端环节、高价值区间迈进。加快实施沙钢集团综合技改项目，加快非钢产业发展；支持沙钢建设江苏扬子江冶金产业技术研究院，打造全国一流、国际知名的开放型冶金创新平台。加快永钢产品"普转优、优转特"，进一步提高优特钢比重。推动纺织行业增品种、提品质、创品牌，提升化工行业环境治理、节能降耗和安全生产能力，加快机电行业高端差异化发展，打造一批行业标杆型企业，引领传统产业整体提升。

二是化工园区转型。按照"绿色安全、优化结构、内涵发展"的方向，推进化工园区转型升级。扬子江化工基地要坚持走"生态化、循环化、差别化、特色化"发展之路，在逐步缩减开发面积的基础上，实施产业更新计划，重点打造有机硅、锂电池、光学膜、生物医药等产业链，加快形成技术含量高、产品附加值高、综合竞争力水平高、环境友好的现代化化工发展体系，在全省乃至全国作出示范。飞翔化工集中区要减少基础化工比例，向高端化工产业发展；要倒逼企业借鉴国际先进技术，加大环保治理投入，完成封闭化改造。东沙化工区年内除苏化系5家企业外，其他企业全部转移或关停，两年内完成整体关停。"十三五"期间，确保全市化工企业100%入园。

三是港口经济转型。加快港口经济提质增效，优化产业形态，提高效益贡献，构筑港口开发新优势。提升发展化工品交易、玖隆物流等专业市场，加快线上线下融合，推动单纯物流向综合商务延伸，年内确保专业市场成交额达4500亿元。全力争取非自贸区平贸车试点口岸政策，加快汽车改装基地入驻项目投产运营，力争汽车整车口岸销售超过100亿元。加快跨境电商园建设，培育壮大肉类生鲜、油脂、水果等进口消费品市场，确保跨境电商交易额增长40%以上。完善港口功能平台，大力实施"互联网+口岸"行动，运用信息化技术建设智慧口岸，推动大宗商品大数据中心、大宗商品研究中心等平台发展。加大岸线资源整合，突出解决陆域纵深不足、部分码头低效、化工码头分散等问题，不断增强港口承载能力。

"五大提升"：这是我们在补齐短板中创新发展必须突破的关键点，升得快，就能插柳成荫、蓄势增能。

一要提升企业的自主创新能力。强化企业创新主体地位，加速"生产制造"向"创新创造"转变。深入推进创新型企业培育工程。重点打造"一企一院""一企一港""一企一生态圈"三种创新体系，加快培育以沙钢、国泰、康得新为代表的一批技术领先、行业主导、规模效益显著的创新型高峰企业。优化企业科技创新积分管理，完善"才有所居"政策，让想创新、敢创新、能创新的企业获得更多支持。年内，新增高新技术企业60家、总数力争达到400家，销售超千万元人才企业达到70家。加快实施企业研发平台提升工程。鼓励企业加大研发投入，强化技术攻关，新增省工程技术研究中心5家、苏州市工程技术研究中心25家、市级企业研发机构30家。大力开展优秀企业家培养工程。强化企业家队伍培训，弘扬企业家精神，加快打造一支引领转型、推动发展的领军型企业家队伍；完善领军人才创业服务联盟，强化科技型企业家创业辅导，引进80个以上领军型创新创业人才（团队）。

二要提升城市对高端要素的集聚能力。高端要素需要高品质的土壤、环境和生态。要进一步厚植城市的根基和优势，增强对高端要素的"吸附"能力。增创交通区位优势。按照"多规合一"要求，加快修编城市总体规划，完善城市空间布局，提升城市功能配套，彰显舒朗开阔的城市个性。跟踪对接以沪通铁路、沿江城际铁路、锡通高速过江通道南连接线和福南-12.5米进港航道为主体的"两铁一高一水"建设，加快构建现代化大交通格局。凸显宜居宜业特色。优化多层次住房供应体系，促进供需平衡，稳定房地产市场，打造人才安居创业的成本洼地。依托国家新型城镇化改革试点，支持"双山慢岛小镇""贝贝足球小镇"等特色小镇建设，提升生产生活生态的融合度，保持宜居宜业宜人的舒适感。积极发展各类生活性服务业，完善功能定位和业态布局，更好地满足多层次多样化的消费需求。推进资本人才融合。深度融入苏南国家自主创新示范区建设，理顺高新区"一城四园"发展体制机制，加快推进科技资源共享、区域协同创新。加快完善各类创新载体功能，推动众创空间等孵化机构建设，持续优化创新创业环境。加快暨阳湖金融街（产业资本中心）建设，年内新增产业扶持基金

35亿元。加快实施"港城合伙人"计划，完成上市公司与创新创业企业结对40对。推进企业上市融资，新增上市企业1家至2家、新三板挂牌企业22家。发挥各类高校院所优势，大力发展高职教育，为高端要素集聚提供人才红利。

三要提升新兴产业的贡献能力。突出先导性和支柱性，聚焦最有条件、最具优势的细分领域，在新技术、新产业、新业态、新机制上加力突破。年内，完成新兴产业投资260亿元、占工业投资的比重72%，新兴产业产值占规模以上业总产值的比重45.8%。完善"两新一高"产业链。加快完善"两新一高"上下游产业链，确保康得新二期、爱康高效电池片、华昌加氢、玛顿重工等项目快开工、快建设，力争晶台光电二期、中核利柏特、霍尼韦尔、沙钢超薄带、泰科迈等项目早投产、早见效。培育新兴优势增长点。加快制定半导体产业专项扶持政策，积极培育发展功率半导体产业，逐步打造长三角半导体产业重要集聚地。探索发展新能源汽车、生物医药等新兴产业，抓好配套项目引进和技术研发，加快形成新的产业优势。提高重点板块贡献率。保税区要抢抓长江经济带转型升级示范区建设机遇，及时跟踪复制推广自贸区最新成果，不断缩小和自贸区的政策落差。经开区要依托智能装备、再制造、电力电子等国家级产业基地，加快产业扩容强链，打造新兴产业集群优势。冶金园要以质量效益为中心，全力服务沙钢转型发展，支持玖隆物流做强做大，加快培育医疗器械等重点产业，增创产城融合优势。

四要提升绿色发展的能力。坚决落实省委、省政府"两减六治三提升"专项行动部署，按照长江经济带建设"共抓大保护、不搞大开发"的要求，积极开展"绿色发展引领区"建设试点，探索推行企业"绿色发展领跑者"制度，全面深化生态文明建设示范区综合配套改革。推进绿色生产。完成张家港市"十三五"循环经济发展规划编制，加快"两区一园"循环化改造，积极争创国家生态工业示范园。开展工业园区(企业)达标整治，推动钢铁企业园林化改造，持续完善"碳市场"建设。启动建设总投资30亿元的静脉产业园，推进垃圾生态处置，加快资源"再生"。建立工业企业资源集约利用信息系统，加大清洁能源使用，压减煤炭消耗，实施大型中水回用工程，提升资源利用效率。强化源头治理。突出重点企业、产业和区域，严控污染排放量和环境风险，全面落实大气、水、土壤污染防治各项措施。加强化工行业废气整治，推进热电企业整合归并，抓好燃煤锅炉转型淘汰和工地扬尘污染管控，PM2.5均值较2016年下降4.25%。狠抓企业排污截污纳管，全面完成走马塘总管线工程。加快编制全市土壤污染防治实施方案，强化土壤污染和重金属污染防控。推广生态农业。坚守"四个百万亩"底线，优化农业结构确保优质水稻面积不低于1.6万公顷、生态林地面积不低于7333.33公顷。高标准推进农业机械化，积极创建省粮食生产全程机械化整体推进示范县(市)。加快推进常阴沙、双山岛现代农业提档升级，加强农产品质量管理，积极发展农业物联网，培育1个至2个三次产业融合基地，示范带动农产品提质、农业增效。

五要提升政府服务经济的能力。主动适应经济发展新常态，找准政府工作的切入点、着力点和关键点，不断提升服务经济的能力水平。坚持改革推动。牢牢把握供给侧结构性改革主线，推动"三去一降一补"五大任务取得更大进展。深化行政体制"放管服"，开展行政许可权相对集中试点，进一步提高行政审批效能，实现"一枚印章管审批"。持续放大"区镇合一""强镇扩权"等体制优势，有效释放体制改革活力。注重开放带动。"两区一园"和高新区要发挥主阵地、主力军作用，聚焦基地型、产业链和非绿地招商，进一步完善工作机制，切实发挥招商引资、招才引智对产业结构调整的推动作用。总结推广沙钢、澳洋、银河电子、长江润发等企业成功经验，支持更多企业通过资本运作提升核心竞争力。加大政策扶持力度，加快江苏一达通、国泰慧贸通等综合外贸服务平台建设，确保对外贸易平稳增长。积极稳妥推动企业"走出去"，加快打造埃塞俄比亚东方工业园等一批特色鲜明、带动力强的境外集聚式投资区。突出服务联动。领导干部要做"懂经济"的实干家，在谋划和推动发展上有思路、有重点、有抓手。党员干部要发扬"店小二"精神，在帮助解决企业困难上既要"脸好看"、更要"事好办"。认真落实聚焦转型创新驱动行动计划，全面梳理整合市级扶持奖励政策，确保政府政策措施落地见效。充分发挥工商联、青商会、行业协会的作用，加强沟通，主动联系，营造全社会尊重企业、关心企业、服务企业的浓厚氛围。

第四个方面，坚持以富民成效检验发展成色

高水平全面建成小康社会，应该是群众高度认可的小康。其中，富民是核心、共享是关键。我们聚焦富民，关键要在普惠"大多数"和提升"末尾数"上聚焦，让幸福感更实、获得感更足，在共创共建中构筑幸福港城美丽家园。

(一)富民惠民要有温度

发挥城乡发展一体化先发优势，更加注重民生改善的普惠性、均衡性，更好地造福百姓、惠及群众。居民增收要多途径。深入实施就业优先战略，筑牢就业创业服务平台，探索"互联网+就业"模式，提升创业孵化功能，发挥创业带动就业的倍增效应。探索强村富民新路径，通过实施"三优三保""腾笼换鸟"，以及设立"张家港厂房信息网"等举措，用足用好现有各类厂房，推动存量资产优化利用，实现低租地块向高租地块转移、简单厂房向功能性厂房转化、物业投资向创新资本转变。深入推进"三权分置"改革，完善村级经济与农民利益联结机制，千方百计促进农民持续增收。民生保障要广覆盖。积极推进新市民、灵活就业和新经济形态从业人员参保，有效巩固城乡社保覆盖面；深入推进机关事业单位养老保险改革。探索完善应对老龄化趋势的社保体系，在医保基金收支平衡、养老护理等方面积极探索，确保高水平、可持续。加快完善多层次养老服务体系，完善养老设施，深化"虚拟养老"服务内涵，不断提升为老服务能力。落实扶贫济困、福利慈善等各项惠民政策，切实兜牢民生底线。公共服务要均衡化。以创建"省教育现代化建设示范区"为目标，在高校错位发展、职教体系构建、教育资源扩充和新建学校管理体系改革上积极探索，持续优化教育高位优质均衡的发展机制。深度整合城乡医疗资源,落实分级诊疗制度,推进家庭医生签约服务扩面,引导社会办医错位发展,构建更加健全的公共卫生和医疗服务体系。有序推进新市民积分入医入学入户,切实让新市民感受到第二故乡的温暖。不断完善全民健身网络,有效提升公共体育服务水平。加强撤并乡镇基础设施改造,消除公共服务短板,推动优化发展。

(二)生态建设要有强度

生态环境始终是老百姓最关注的热点问题。要加大环境保护和生态建设力度,积极争创国家生态文明建设示范市(县)。落实生态责任。健全生态环境责任审计制度,优化生态考核与干部政绩评价挂钩机制。完善"一证式"管理制度,推动规划环评和建设项目环评"双评融合",建立重大项目环境风险第三方评估机制。推进环保智慧云平台建设,建强三级环境"网格化"监管体系。加强生态修复。有序推进黄泗浦生态核心区、双山、香山、通洲沙西水道等生态修复工程,切实保护水源、湿地、林木等生态资源。巩固提升"河长制"工作效能,基本完成重污染河道整治任务,启动城乡黑臭河道整治,确保农村生活污水处理率提升至80%以上。注重城市绿化景观节点设计,建好绿色廊道,完善公园绿地布局,打造生态宜居城市。营造洁美环境。深入开展省城市环境综合整治"931"接续行动,放大"大城管"功能优势,健全"大网格"管理网络,消除城市管理短板。拓展"城市e管家"便民功能,扩大用户规模,引导公众自觉参与城市管理。加大城乡环卫一体化保洁力度,推广垃圾分类"绿色积分制",建设美丽城镇、美丽乡村,留住更多美丽"乡愁"。

(三)文明创建要有广度

既要"富口袋",更要"富脑袋"。要持续深化文明创建,确保高标准实现全国文明城市"五连冠"。让文明滋养每个市民。坚持法治、德治、自治共举,强化"好人"、模范、典型引领,注重家庭、家教、家风建设,夯实多层次的城市文明基础。深化社会主义核心价值观培育践行,强化"八礼四仪"文明养成教育,加快"幸福家长驿站"建设,倡导文明旅游、文明交通等文明行为,深入推进移风易俗,积极传播城市正能量。完善文明创建参与机制和长效机制,深化"我们的节日"等群众性精神文明创建活动,以个人文明带动城市文明。推进政府、企业、个人诚信建设,培育一批诚信人物、诚信市场、诚信企业和诚信组织。深入推进志愿服务伙伴计划,积极探索"志愿者+行业服务"模式,全力支持志愿服务团队发展。让文化浸润整座城市。科学制定公共文化设施布局规划,完善覆盖城乡的公共文化设施网络,加快文化服务信息化、数字化。强化文化育人理念,完善现代公共文化服务体系和公共文化全媒体平台。深化"书香城市"建设,实施"图书馆+"计划,建好首批"最美悦读空间",培育"知书达礼"市民。繁荣文化艺术生产,丰富长江文化艺术节、村村演、天天说等文化民生活动,不断提高公共文化供给质量。深化东山村遗址等文化遗产保护,完成黄泗浦遗址新一轮考古发掘。落实文化产业扶持政策,有序发展文化市场,打造一批特色旅游文化景区及特色旅游消费街区。

(四)社会治理要有力度

推进社会治理重心下移,努力营造安定有序的社会环境。加强安全监管。更大力度落实企业主体责任和政府监管责任,创新安全监管手段,强化生产、交通、消防、危化品等领域的专项整治,做好危化品仓储企业综合评估和低效淘汰工作,坚决防止发生重大安全生产事故。坚守稳定底线。建立健全网络舆情预警处置和矛盾纠纷排查调处机制,完善多元化治安防控体系,建立社会综合治理大联动工作机制,优化整合网格管理,持续提升公众安全感和法治建设满意度。夯实基层治理。深化省级社区治理和服务创新实验区建设,全面推开村居民自治,持续深化社区协商,深入推进"三社联动",提升基层治理能力;深入实施"政社互动",大力支持社会组织发展、社工队伍建设,提升社会组织承接政府职能转移的能力;持续加强依法行政,完善政府民主决策机制,深化法治政府建设,有效推动社区自治、社会共治和政府善治的良性互动。

第五个方面,坚定不移推进全面从严治党

中共十八届六中全会以全面从严治党为主题,提出了一系列管党治党的新观点、新要求、新部署。认真贯彻落实六中全会精神,是当前和今后一个时期我市各级党组织和广大党员的首要政治任务。重点要把握好"四个结合":一是刚柔结合。刚是制度治党,柔是思想建党。会议审议通过的若干准则和党内监督条例,既是重要的制度成果,也是重大的思想成果,我们既要抓好两部党内法规的制度落实,更要深刻领会其中蕴含的管党治党新思维、新理念、新方法。二是强严结合。强是加强和规范党内政治生活,严是严格党内监督。六中全会聚焦党内政治生活和党内监督的薄弱环节,围绕理论、思想、制度构建体系,围绕权力、责任、担当设计制度,实现了党内政治生活和党内监督制度健全、覆盖到位、责任明晰和执行有力的良好局面,确保对党员的教育管理抓在日常、严在经常。三是点面结合。点是关键少数,面是全体党员。六中全会着重强调了抓"关键少数"对管党治党的重要意义。我们贯彻六中全会精神、推进全面从严治党,就是要抓领导干部,尤其是"一把手"这个"关键少数",推动以上率下和整体提升。四是惩防结合。惩是严惩腐败,防是挺纪于前。六中全会将执纪监督"四种形态"写进党内监督条例,就是要把纪律和规矩挺在法律前面,用纪律管住大多数,同时也要有腐必惩、有贪必肃,坚定不移推进惩贪肃腐,逐步构建不敢腐、不能腐、不想腐的机制,营造山清水秀的政治生态。

高水平全面建成小康社会,关键要靠人干出来。当前,我市党员干部的主流是好的,敢争先、强执行、讲奉献,传承了张家港人独有的精神气质。但我们也要看到,由于在信念、目标、压力、动力、胆气、机会、水平、责任等方面的缺失,少数党员干部积极进取的精神有所弱化,甘于平庸的想法有所抬头,消极被动的现象正在增多。我们要充分认识到,推进全面从严治党,是实现"两个一百年""中国梦"的坚强保障;突破"四大路径",努力走在高水平全面建成小康社会前列,最重要的就是要锤炼一支展现精气神、会干精细活的党员干部队伍,通过苦干、实干加巧干,干出张家港的发展气势，干出张家港的干部特质。

一要坚定信念干。行动的坚毅，来自理想信仰的引领和激励。要认真抓好意识形态工作责任的落实，坚持不懈用习近平总书记系列重要讲话精神来武装头脑，牢固确立“四种意识”，特别是核心意识和看齐意识，在思想上、政治上、行动上与以习近平同志为核心的党中央保持高度一致，从源头上打牢干部思想根基。通过建立健全党内政治生活报备、上级党组织派员列席组织生活会等务实管用制度，推动《若干准则》落细落地。围绕“两聚一高”总目标、“四大路径”总要求，分解任务、落实责任，组织系列“比学赶超”活动，努力营造全市上下抢进度、争位次、拼贡献的竞争氛围，推动市委重大决策部署不折不扣落到实处，以更大的决心和信心推动港城各项事业迈上新台阶。

二要满怀激情干。市委将全力支持新一届人大、政府、政协发挥职能作用，激励全市干部以更加饱满的激情与干劲积极投身港城建设，强化执行力，提升创新力，用实干赢得尊重，以实绩赢得赞誉。坚持以实绩论英雄，努力改进干部考核办法，强化评先评优的结果运用，探索试行明确非领导职务等正向激励手段，打破干部交流的“制度壁垒”，畅通干部能上能下的渠道。要通过创设表彰“担当作为好单位、担当作为新模范”等有效手段，推动张家港精神的具象化，激励和引领广大党员干部有定力、善创造、敢担当、重落实、守规矩。健全体现人文关怀的组织关爱机制、完善体现科学公平的待遇分配机制，以精神激励和物质激励的有效结合，调动干事创业的积极性。细化落实“三个区分开来”的原则，探索出台容错免责机制，为敢想者“开绿灯”，为敢干者“兜底线”，让勇于创新的干部轻装上阵、大胆前行，让“不作为”的干部如坐针毡，让碌碌无为的干部没有舞台。

三要身先士卒干。榜样是最强的力量，示范是最好的引领。只有上行下效、同心同向，才能形成干事的合力、创业的氛围。领导干部要以身作则，扑下身子、做出样子，说了算、定了干，以上率下带头干、统筹协调分头干，赏罚分明激励干劲，形成环环相扣、层层压实的责任链，确保各项工作有落实、见成效。广大党员要冲锋在前，始终向更高标准看齐，既要把先锋模范作用体现在岗位业绩的精益求精上，而且要时刻牢记党员身份，以自身的先进性和发展的贡献度来影响人、激励人、感召人。基层组织要发挥战斗力，持续加强服务型、法治型党组织建设，抓好党建服务“好项目”的推广运用，不断健全党员作用发挥的平台和机制。群团组织要凝聚向心力，充分发挥桥梁纽带作用，以行之有效的工作手段，广泛联系各界群众，汇聚起推动港城新一轮发展的强大动力。

四要一身正气干。广大党员干部要努力做到权力与责任的统一、干事与干净的统一，特别是领导干部作为“关键少数”，要带头讲党性、重品行、守纪律，时时自重自省、自警自励，真正做到对党有一颗赤诚之心、做事有一身肝胆正气。严格落实党风廉洁建设的党委主体责任和纪委监督责任，坚持用制度管权管事管人，推动权力公开透明、阳光运行。时刻保持警惕意识，坚决防止“四风”问题反弹变异。要坚持挺纪在前、纪严于法，抓好《问责条例》《党内监督条例》等党内法规的贯彻落实。进一步支持和推动纪检监察体制改革，特别要健全巡察工作机制，发挥巡察利剑的威慑作用。始终保持惩治腐败的高压态势，对腐败行为为“零容忍”，同时又要防止“廉而不为、廉而低效”，全力构建“风清气正、积极有为”的政治生态。

同志们，创新引领发展，实干成就梦想。让我们紧密团结在以习近平同志为核心的党中央周围，在省委、苏州市委的坚强领导下，团结和带领全市干部群众，与时俱进大力弘扬张家港精神，持续激发创新动力，全面落实富民举措，努力走在高水平全面建成小康社会前列，以优异成绩迎接中共十九大胜利召开！

名词解释

1. “三互”监管中心：进出口货物在口岸放行前，海关、边检通过信息互换、监管互认、执法互助，共同实施查验、取样、机检、初筛检测等“一站式作业”的场所。

2. 港城合伙人：全市上市公司、“新三板”挂牌企业、创新创业企业、风创投机构之间交流、分享、合作的平台，助力企业优势互补、抱团发展、合作共赢。

3. 一企一院：“企”指沙钢集团，“院”指江苏扬子江冶金产业技术研究院。沙钢集团依托扬子江冶金产业技术研究院，打造技术接轨国际前沿、绿色竞争力世界领先的开放型协同创新平台。

4. 一企一港：“企”指国泰集团，“港”指张家港保税港区。国泰集团依托张家港保税港区政策优势，创新消费品供应链管理模式，跻身国际化一流综合商社。

5. 一企一生态圈：“企”指康得新公司，“生态圈”指产业生态圈。康得新公司依托产业链、服务链、创新链、价值链高度融合的优势，打造世界一流高分子产业生态圈。

6. “两减六治三提升”专项行动：省委、省政府为解决环境质量改善突出问题，尽早实现生态环境质量根本性好转的专项行动。“两减”指减少煤炭消费总量、减少落后化工产能，“六治”指治理太湖水环境、治理生活垃圾和危险废物、治理黑臭水体、治理畜禽养殖污染、治理挥发性有机物污染、治理环境隐患，“三提升”指提升生态保护水平、提升环境经济政策调控水平、提升环境执法监管水平。

7. 企业“绿色发展领跑者”制度：针对企业绿色循环可持续发展没有科学评价指标的状况，张家港市选择钢铁、印染等行业组织第三方机构制定行业评价标准，通过评选“绿色发展领跑者”企业，支持企业争创行业标杆，引领行业提档升级、绿色发展。

8. 碳市场：通过把二氧化碳排放权商品化，促进温室气体减排的一种市场机制，通过碳价格信号引导企业以最小成本实现碳减排。

9. “一证式”管理制度：以排污许可制度为核心，整合环境影响评价、污染物排放标准、总量控制、排污交易、排污收费等环境管理制度。通过建立统一的环境管理平台，实行排污许可“一证式”管理，实现排污企业在建设、生产、关闭等生命周期不同阶段的全过程管理。

政府工作报告

——2017年1月6日在市十四届人大一次会议上的报告

黄 戟

一、本届政府的工作回顾

本届政府在中共张家港市委的正确领导下，全面落实中共十八大和十八届三中、四中、五中、六中全会精神，深入贯彻习近平总书记系列重要讲话特别是视察江苏重要讲话精神，主动适应经济发展新常态，自觉践行新发展理念，团结依靠全市人民，大力弘扬张家港精神，积极应对各种困难和挑战，着力实施“810工程”、提升“四大品质”，扎实做好增实力、补短板、打基础工作，较好完成“十二五”各项任务，为高水平全面建成小康社会奠定了坚实基础。

五年来，我们聚焦聚力推进转型升级，综合实力稳步增强。地区生产总值、公共财政预算收入年均分别增长7.3%和5.9%。康得新光学膜一期、华灿光电等40个重点产业项目竣工投产。累计完成全社会固定资产投资3735亿元，新兴产业投资占工业投资比重超过50%。实际利用外资36亿美元。新兴产业产值占规模以上工业总产值比重、服务业增加值占地区生产总值比重分别提高10.9个和6.4个百分点。上市企业、“新三板”挂牌企业总数分别达到18家和60家。

五年来，我们坚定不移打造创新驱动“主引擎”，发展动能加快转换。全社会研发投入占地区生产总值比重达到2.7%，科技进步贡献率达到61.7%。引进13家重大产学研合作载体，企业研发机构建有率居全省县市前列。累计培育国家“千人计划”“万人计划”人才12人，省“双创计划”“姑苏计划”人才总数列苏州县市第一。高新技术产业产值占规模以上工业总产值比重达到31.5%，提高21.1个百分点。实现全国科技进步先进市“七连冠”，建成国家可持续发展实验区、国家知识产权示范市。

五年来，我们积极探索绿色低碳发展新路径，生态环境持续改善。关停、淘汰不达标和落后产能企业600余家，“腾笼换鸟”盘活存量土地1600公顷。钢铁、电力行业脱硫脱硝治理成效显著。建成生活污水处理厂6座，重点区域工业污水基本实现集中处理，重污染河道综合整治取得阶段性成效。小城河综合改造、一干河、沙洲湖、香山、凤凰湖等一批生态修复工程完工，暨阳湖生态园建成国家生态公园、AAAA级景区。保护和发展农业“四个百万亩”落地上图总面积3.61万公顷。荣获首届“中国生态文明奖”。

五年来，我们着力拓展功能内涵，城乡建设品质不断提升。规划体系更加健全。城北科教新城、城东黄泗浦生态园核心区形态展现。沪通铁路及跨江大桥开工建设。疏港高速公路建成通车，一批重点交通道路工程竣工，市域一级主干路网基本形成。申张线（金港段）航道、通洲沙西水道和老海坝节点综合整治工程全面竣工。实现供排水城乡一体化、天然气主管网“镇镇通”。动迁安置、危险公寓房解危、镇区老住宅区整治、美丽乡村建设等扎实有序开展。城市管理水平走在全省前列。

五年来，我们坚持优质均衡发展民生事业，市民生活水平明显提高。投入50余亿元，实施84个民生实事项目。城乡居民人均可支配收入年均分别增长9.2%和10%。基本社保参保率稳定在99%以上。重特大疾病保障机制基本建成，医保大病救助水平全省领先。公立医院改革取得阶段性成效。首批获评全国义务教育基本均衡县市。蝉联全国文化先进市，首批建成国家公共文化服务示范区、省书香城市。养老、体育、健康等工作走在全国县市前列。“党政同责、一岗双责”安全生产责任体系基本形成，重点行业领域隐患整治成效明显。实现全国文明城市“四连冠”、全国双拥模范城“六连冠”。

五年来，我们致力深化改革转变职能，政府自身建设全面加强。扎实开展党的群众路线教育实践活动、“三严三实”专题教育和“两学一做”学习教育。办复人大代表建议1061件、政协提案1704件，办结人大议案1件。建立健全重大行政决策机制，深入实施行政审批、“强镇扩权”、商事制度等行政管理体制改革。率先推行党政机关绩效管理制度、镇（区）党政主要领导生态环境责任审计制度。自贸区政策复制、口岸大通关等改革取得新的突破。农村社区股权固化、承包土地经营权确权登记改革取得阶段性成果。获评全国“六五”普法先进集体、省级依法行政示范点。

各位代表，刚刚过去的2016年，我们以稳中求进为总基调，落实供给侧结构性改革要求，践行“聚焦转型、创新驱动、绿色发展、文明引领”四大路径，统筹推进改革发展稳定各项工作，年度各项目标任务基本完成，实现了“十三五”发展良好开局。预计完成地区生产总值2300亿元，比上年增7%；公共财政预算收入190亿元，比上年增9.1%；全社会固定资产投资725亿元；实际利用外资6亿美元；进出口总额265亿美元；社会消费品零售总额530亿元，比上年增7.2%；全市居民人均可支配收入4.48万元，比上年增8%。

经济运行稳中有进。出台落实供给侧结构性改革的意见。开展打击“地条钢”、查处违法违规钢铁产能整治行动，坚决落实整改、淘汰落后。优化土地供应调控机制，房地产市场保持稳定。落实各级降本减负政策，兑现市级财政扶持资金超10亿元。完成规模以上工业总产值4500亿元；工业开票销售收入4220亿元，比上年增3.2%；新兴产业产值占规模以上工业总产值比重达到44.4%；服务业增加值占地区生产总值比重达到46%。

重点项目扎实推进。8个省级、24个苏州市级和50个张家港市级重大项目有序实施。完成工业投资386亿元、服务业投资339亿元。扬子江石化丙烯一期、润英联一期、庄信万丰催化剂、晶台光电一期等项目竣工投产。霍尼韦尔MTO催化剂、中核利柏特等重点项目开工建设。玖隆物流园获批国家示范物流园区。保税区成为长江经济带国家级转型升级示范开发区。新建农业园区1466.67公顷。新增上市企业1家、“新三板”挂牌企业27家。

创新活力持续激发。省级张家港高新区揭牌，“一城四园”总体架构基本确立。出台“产业领跑、创新驱动、智汇港城”政策。举办首届“港城合伙人”峰会，启动设立投贷联动引导基金。落实企业科技创新积分奖励政策。新增国家“千人计划”人才1人、“万人计划”人才1人、省“双创计划”人才（团队）17人、“姑苏计划”人才24人、领军型创新创业人才项目（团队）85个。万人发明专利拥有量达到28.5件。沙洲湖科创园获评国家级科技企业孵化器。保税区、经开区通过国家知识产权试点园区验收。

生态建设力度加强。圆满完成G20峰会环境质量保障任务，坚决落实中央环保督察反馈问题整改。深化生态文明建设综合配套改革试点，在全省率先开展排污许可证“一证式”管理。关停低端落后企业140家，完成“腾笼换鸟”土地面积超133.33公顷。深入开展环境保护“百日行动”，全年立案275件，形成处罚决定208件。完成62家企业挥发性有机物治理、190台燃煤锅炉整治、43家码头堆场扬尘治理和46条重污染河道综合整治。关停不达标畜禽养殖场173家。完成河道疏浚743条、拆坝建桥150座，建设生态河道38条。细颗粒物均值比2013年下降25.8%，地表水好于Ⅲ类比例稳定在70%以上。

城市功能优化提升。完成近期建设规划和部分镇（区）总体规划修编、综合交通现代化研究、市域快速路网规划、综合管廊规划研究。沪通铁路及跨江大桥工程按计划推进，铁路枢纽站房完成方案设计，沪通铁路地方配套道路工程、锡通高速过江通道南连接线开工建设。南苑路东延和防汛隐患点整治、排水系统改造等重点市政工程竣工。完成城镇天然气改造配套3.5万户、农村生活污水治理2.74万户。农村供水管网改造工程全面完成。新增（更新）公交车140辆，其中新能源及清洁能源公交车40辆。开展城市管理“百日行动”，完成731个整治项目。

民生水平继续提高。落实全民参保计划，基本实现法定人员全覆盖。机关事业单位养老保险改革稳步推进。医保结算病种数量由10个增加到42个，向1125名困难家庭参保人员发放大额医疗救助金2422万元。新增住房公积金扩面缴存职工2.5万人。新开工安置房40万平方米，竣工200万平方米，安置过渡户6500户。公办学校实现集团化、联盟化办学全覆盖。大新实验学校、凤凰中心小学等8所学校新建完工。市第一人民医院科教综合楼开工建设，市第三人民医院门急诊楼、市第四人民医院易地新建工程竣工。实施大病困难群众家庭医生签约服务2194户。获评世界卫生组织最佳实践奖、全国妇幼健康优质服务示范市。网球学院建成，“贝贝杯”青少年男子足球赛恢复举办。创成“中国曲艺名城”，“县域文化馆总分馆体系探索与示范”入选国家文化创新工程重点项目。

社会治理创新强化。全省社区治理和服务创新实验区建设扎实推进，村民自治试点列入全国农村改革试验任务，建立全国首个县市层面社区发展基金会，在全省率先实现基层慈善组织全覆盖。获评全国民族团结进步创建示范市、全国科普示范市。成为首批国家农产品质量安全县（市）。深入实施安全生产“百日行动”，有效解决一批重点难点问题，完成68家三级政府挂牌督办安全隐患单位整改任务。违法犯罪警情、刑事发案率持续下降，公众安全感和法治建设满意度保持全省领先。

养老议案圆满完成。养老服务设施布局优化完善，智慧养老项目深入推进，亲情（虚拟）养老院扩面提质。养老机构床位数达到1.02万张，每千名老人养老机构床位数达到44张。累计建成AAA级居家养老服务中心20家、居家养老服务站140家、日间照料中心105家、老年人助餐点122家。养老护理员持证上岗率达到95.3%。顺利完成市十三届人大二次会议关于《加快发展养老事业提增我市民生福祉》的代表议案办理。

政府职能加快转变。“两学一做”学习教育深入开展。并联审批、多评合一改革有序推进，不动产统一登记全面实施，完成凤凰镇第三批行政管理权限事项下放。办复人大代表建议134件、政协提案305件。深化政府法律顾问制度，开展重大行政决策规范化建设试点。预算绩效管理、政府性债务管理机制进一步规范。“七五”普法全面启动。在全国首创关检合作“三互”监管中心工作模式。“社区协商——基层治理法治化的新探索”项目荣获第四届“中国法治政府奖”。

与此同时，对口帮扶与援建、台务侨务、民族宗教、兵役、人民防空、气象、外事、档案、地方志、妇女、儿童、残疾人和关心下一代等工作都取得了新的进步。

各位代表，这些成绩的取得，是全市人民在中共张家港市委的正确领导下，凝心聚力、奋力拼搏的结果，是市人大、市政协和社会各界监督支持的结果，是市政府历届班子接续奋斗、不懈努力的结果。在此，我谨代表市人民政府，向全市广大干部职工、企业家和全体市民，向人大代表、政协委员，离退休老领导、老同志，各民主党派、工商联和无党派人士，各人民团体、垂直部门和涉外单位，驻军指战员、武警官兵、公安民警，以及所有关心支持张家港建设发展的海内外朋友，致以崇高的敬意和衷心的感谢！

我们也清醒地认识到，全市经济社会发展中还存在着不少矛盾问题和挑战，主要表现在：一是经济持续下行压力下，部分行业、企业经营困难，项目有效投入不足，传统动能依赖较多，新的动能支撑仍不强，“转型出关”还任重道远。二是资源瓶颈、环境保护、安全生产等倒逼压力持续加大，化解结构性、累积性矛盾的任务更加紧迫而艰巨。三是富民增收的空间收窄、难度加大，基本公共服务标准化、均等化供给仍有薄弱环节，社会治理法治化水平仍需提升。四是政府职能转变还不到位，惯性思维、路径依赖还不同程度存在，政策供给的靶向性、系统性还不强，“放管服”改革的红利释放与企业、群众的期望值相比还有差距等等。对此，我们将始终坚持问题导向，求真务实、精准施策，努力破题见效。

二、新一届政府工作的总体思路和目标任务

各位代表，本次会议将选举产生新一届张家港市人民政府。新一届政府任期的五年，是决胜高水平全面建成小康社会的五年，也将是张家港经济社会发展全面实现新跨越的五年。当前，我市正处在经济结构深度调整期、新旧动能转换期、改革发展攻坚期。在经济发展新常态背景下，我们还将面临国际不确定因素增多、国内经济下行压力加大、各种社会矛盾凸显等诸多困难的考验。但我们更要看到，新一轮科技革命和产业变革正在加快孕育，“一带一路”、长江经济带、苏南国家自主创新示范区等国家战略深入实施，为我们提供了新的发展机遇。尤其是近几年来，我市以供给侧结构性改革为主线，精准发力、综合施策，所累积的许多积极效应逐步显现，正在为我市经济凤凰涅槃、华丽转身集聚强大的势能。同时，我们有雄厚的实体经济基础，有薪火相传的张家港精神，更有在张家港精神熏陶下成长起来的干部群众和企业家队伍。只要我们以只争朝夕的精神状态，谋定而动的科学态度，苦干实干加巧干，就一定能够推动我市各项事业实现新的跨越。

根据中共张家港市第十一次党代会精神，新一届政府的总体思路是：以邓小平理论、“三个代表”重要思想、科学发展观为指导，深入贯彻落实习近平总书记系列重要讲话精神，紧紧围绕“五位一体”总体布局和“四个全面”战略布局，始终坚持以人民为中心的发展思想，牢固树立和贯彻落实新发展理念，与时俱进弘扬张家港精神，聚力创新、聚焦富民，确保“四大路径”的决策部署落到实处、见到实效，努力走在高水平全面建成小康社会前列，争当“强富美高”新江苏建设排头兵。

主要目标任务是：紧扣创新和富民，围绕“经济竞争力更强、群众获得感更足、环境友好度更高、文明影响力更大”的发展目标，打造现代产业集聚区、民生幸福先导区、生态宜居样板区和文明法治示范区，建成贯彻新发展理念、体现排头兵水平、与张家港两个文明协调发展相适应、惠及全市人民的小康社会。主要体现在五个方面：

——转型升级取得新突破。先进制造业和现代服务业齐头并进、新兴产业和传统优势产业共同发力的产业发展格局基本形成。工业增加值率、全员劳动生产率和单位产出效益达到更高水平。地区生产总值和公共财政预算收入年均增长7%左右，居民收入、企业利润、财政收入“三个口袋”更加充实。

——创新能力实现新提升。创新成为推动经济社会发展的主动力。高端人才项目、高水平创新载体和高新技术企业联动发展。创新要素集聚度、区域创新浓度明显提升，创新生态系统更加开放包容。全社会研发投入占地区生产总值比重超过3%，科技进步贡献率达到65%。

——富民惠民迈上新台阶。中等收入群体持续扩大，低收入和困难家庭增收取得明显成效。教育、医疗、文化、养老、生态、健康等公共产品供给更加普惠公平、达到更高水准。基本社会保障覆盖率稳定在99%以上，人均预期寿命达到83岁。

——绿色发展增创新优势。生态文明建设领跑全国，绿色发展特色鲜明。环境整治取得重大成果，单位生产总值能耗、主要污染物排放、煤炭消费总量大幅下降，生态红线、环境风险得到有效控制。细颗粒物均值≤每立方米50微克，地表水好于Ⅲ类比例≥80%。

——文明引领开辟新境界。社会主义核心价值观深入人心，张家港精神持续弘扬。民主法治建设更加完善，社会治理水平明显提高。文明城市的内涵和影响力更加彰显，实现全国文明城市“六连冠”、全国双拥模范城“七连冠”。

我们将围绕决胜“高水平全面建成小康社会”的总目标，牢牢把握“发展水平更高、群众获得感更强”的核心要义，全面践行“四大路径”，凝心聚力抓好四件大事：

1.创新开放“双轮驱动”，全力推进产业经济向中高端攀升

全面增强创新动力、加快新旧动能转换，是引领经济发展新常态的必然选择。聚力产业创新，突出企业创新主体地位。支持培育“一企一院”“一企一港”“一企一生态圈”三种创新体系，打造具有标志性的创新高峰企业；培育具有先导性和支柱性的新兴产业、高新技术企业，促进传统制造业向高端化、智能化、绿色化、服务化、品牌化发展。高标准创建国家级高新区，着力建设优势创新载体，构建一批具有产业特色的公共技术服务平台；推动“两区一园”向创新型园区转型，形成叠加优势。集聚创新资源，完善创新生态系统。继续大力引进“高精尖缺”创新创业人才，推动各类

创新载体、创新组织与人才项目集成联动。建设张家港产业资本中心，打造集“创业投资、资本交易、金融服务、财富管理”于一体的产业金融服务平台。通过五年努力，在全省建设“具有全球影响力的产业科技创新中心和具有国际竞争力的先进制造业基地”过程中，展现张家港的特色模样，交好“创新四问”的张家港答卷。

充分发挥我市通江达海的港口优势，全面提升开放发展水平。积极对接“一带一路”、长江经济带等国家战略，找准方位，抢抓机遇，积极争取重大改革和政策试点；提升保税区和保税港区功能，全面推进长江经济带国家级转型升级示范开发区建设；推进港口资源整合，提升口岸服务功能，发展新型贸易方式。加快现代物流、交易市场等生产性服务业向专业化和价值链高端延伸，推进线上线下产业链融合，由单纯物流向综合商务拓展，由货物大进大出向优进优出转变，全面增强港口经济的核心竞争力。鼓励企业“引进来”与“走出去”相互融合，实施国际化发展战略，培育地标型跨国公司。

2.用心用情富民惠民，让人民生活更加殷实幸福

人民群众对幸福生活的向往是我们政府一切工作的出发点和落脚点。积极推进富民强村，培育新型农业经营主体，整合优化村级资源，深化农村产权制度改革，促进村集体经济整体实力和农民收入持续提高。大力鼓励创业增收，降低创业门槛，完善创业政策，支持和引导更多市民走上创业路、当上“小老板”；完善就业服务体系，促进以高校毕业生为重点的青年就业，统筹抓好就业困难人员的扶持援助，推动更加充分更高质量的就业。强化政府兜底，突出低收入和困难群体，实施精准帮扶，建立贫困家庭综合救助保障机制，更好地解决因病致贫等实际问题；织密社会保障网，加快健全以基本养老保险、企业年金和商业保险为支撑的多层次社会保障体系。

主动适应人民群众在优质医疗、教育、文化娱乐等方面的新需求，提供更多更好的公共服务产品。加快高铁、快速路网等重大基础设施建设，推进常规公交与轨道交通无缝衔接，全面融入高铁城市圈；构建智慧、绿色交通体系，让市民出行更加舒适便捷。优化教育资源配置，促进教育公平和质量提高。深化医药卫生体制改革，构建符合我市实际的分级诊疗制度。建立完善以居家为基础、社区为依托、机构为补充、医养融合发展的养老服务体系。坚持问题导向，找准民生“痛点”，每年实施一批民生实事项目。努力解决好群众最关心、最直接、最现实的利益问题，让群众有更满意的收入、更好的教育、更稳定的工作、更可靠的社会保障、更高水平的医疗卫生服务、更舒适的居住条件、更优美的环境。

3.下大决心治理生态环境，让港城更加美丽宜居

让港城天更蓝、水更清、地更绿，是全市人民的殷切期盼。大力推进绿色生产，落实长江经济带“共抓大保护”要求，改造升级沿江化工园区，调整化工产业整体布局。优化能源消费结构，大力推广新能源和清洁能源，实施压减燃煤、控车减油、治污减排、清洁降尘等系列减排工程。积极倡导绿色生活、培育绿色文化，引导广大市民践行低碳生活方式，形成绿色消费、绿色出行的社会风尚，营造全社会共建共享生态文明的浓厚氛围。

系统推进生态建设。按照“多规合一”要求，合理划定开发边界，设定禁止开发区、生态保育区，落实建设用地总量和强度“双控”机制；保护长江岸线，构筑沿江、沿河、沿路等生态走廊；接轨国家碳交易建设，探索碳积分管理，完善生态补偿机制。持续深化专项整治，突出重点打好治气、治水、治土三大攻坚战。建设一批重点生态治理项目，培育一批生态示范企业、示范区域。深化生态文明建设综合体制改革，建立完善以绿色发展为导向、环境质量为核心、多元共治为方向、制度创新为重点的生态文明建设体制。通过标本兼治、综合治理，全力打造“绿色发展引领区”。

4.致力提升社会治理能力，努力拓展文明张家港新境界

以改革为动力，不断提升社会治理能力，是适应经济转型和社会进步的迫切需要，也是文明城市建设的重要内涵。一要建设效率政府。深入推进“放管服”改革，完善审批标准化、扁平化、便利化机制，建立以权责清单为核心的阳光高效审批体制。二要建设法治政府。完善依法科学民主决策机制，自觉规范行政行为，接受社会各界监督，确保法定职责必须为、法无授权不可为。三要建设服务政府。完善“互联网+政务服务”体系，打造更加公平可及、智能便捷的政府服务平台。四要建设廉洁政府。坚决杜绝权力寻租，建立“亲”“清”政商关系；加强公共资金、公共资源等重点领域的监督管理；同时，要坚决向懒政、庸政、为官不为宣战，提振精气神，主动作为、创新有为、高效行政。

文明城市是我市的亮丽品牌。要在深入开展群众性精神文明创建的基础上，不断丰富和提升文明建设的新内涵。着力完善社会诚信体系，建立以大数据为支撑的个人和单位征信系统，切实提高每个社会成员的文明素养，切实提升每个社会法人的诚信观念和社会责任意识。培育社会组织和志愿者组织，壮大“中国好人”群体，进一步汇聚共建共享的社会治理“正能量”。推进基层民主自治，深化城乡社区民主协商制度，构建政府治理和社会自我调节、居民自治良性互动的社会治理格局，使社会遵法守信、基层民主自治成为文明张家港新的重要标志。

三、2017年重点工作安排

各位代表，2017年是新一届政府履职的第一年。我们肩负着高水平全面建成小康社会、争当“强富美高”新江苏建设排头兵的崇高使命，承载着全市人民的期盼和重托。我们要紧紧围绕市第十一次党代会和市委十一届二次全会的决策部署，突出“两聚一高”主题，做足创新文章、推动精明增长，做实富民文章、实现精准发力，以推进供给侧结构性改革为主线，稳中求进、争先率先，凝心聚力推动“四大路径”有效突破，努力走在高水平全面建成小康社会前列，以优异成绩迎接党的十九大胜利召开。

2017年经济社会发展的主要预期目标是：地区生产总值比上年增7%以上，公共财政预算收入比上年增7.5%，全社会固定资产投资700亿元；实际利用外资5.5亿美元，进出口总额保持稳定，社会消费品零售总额比上年增8%，全社会研发投入占地区生产总值比重达到2.8%，全市居民人

均可支配收入增长高于地区生产总值增速。

市政府将重点做好以下十个方面工作：

1.确保经济稳定增长

坚持稳中求进总基调，以提高发展质量效益为中心，做好稳增长、促改革、调结构、惠民生、优生态、防风险各项工作。深化供给侧结构性改革，推进“三去一降一补”。坚决落实钢铁去产能任务；认真落实各级降本减负政策；科学有序推进经营性用地出让，引导商业办公用房去库存，促进房地产市场平稳健康发展。准确把握企业追求与政府支持的同频共振点，打好政策“组合拳”，全面落实“产业领跑、创新驱动、智汇港城”系列政策，强化绩效评估，确保落地见效。大力提振实体经济，支持企业强特色、创品牌、优质量，提升核心竞争力。强化金融对实体经济的支持，设立新兴产业引导基金和产业投资基金，撬动更多社会资本有效流入实体领域。完善金融风险防控机制，打击各类非法金融活动，维护金融生态环境。

持续加强有效投入，开展重大项目“集中开工投产月”活动，着力抓好省级、苏州市级重大项目和50个张家港市级重点产业项目建设。年内计划完成工业投资360亿元，其中新兴产业投资260亿元；完成服务业投资340亿元。创新招商方式，整合优化招商队伍，完善招商引智联动、信息资源共享等机制，精准推进招商选资、招才引智。丰富商贸业态，培育新消费热点，促进更新升级型消费。稳定外贸增长，帮助企业巩固传统市场、开拓新兴市场，推进自主品牌国际化，增强一般贸易核心竞争力。

2.着力优化产业结构

大力发展新兴产业。狠抓“两新一高”项目投入，推进康得新二期、晶华新材料、晶台LED封装、绿伟锂能、银河电子新能源汽车部件等重点项目建设，确保华昌加氢新材料、芬美意香料、爱康光伏组件等重点项目开工。新兴产业产值、高新技术产业产值占规模以上工业总产值比重分别达到45.8%和32.5%。增强“两区一园”的引领辐射能力。保税区要围绕长江经济带国家级转型升级示范开发区建设，做大做强光学膜新材料、页岩气综合利用、临港装备等重点产业基地。经开区要依托高新区规划建设，发展壮大智能装备、绿色能源和光源、半导体、再制造等产业集群。冶金工业园要全力服务沙钢转型升级，支持玖隆物流做强做优，推进医疗器械等重点产业提质增效。各镇（区）要立足产业基础，优化功能布局，集中资源培育壮大1个至2个特色优势产业。

加快提升现代服务业。推进港口经济转型升级，加快建设进口整车物流园、东沙物流园等服务业集聚区，发展冷链物流等专业物流。推进港口物流、专业市场对接“互联网+”，支持长江航运交易中心建设，构建大宗商品网上交易综合平台，提升传统市场发展层次。推进阿里巴巴“一达通”、国泰慧贸通等综合外贸服务平台生态圈建设，打造综合外贸服务新模式。大力发展全域旅游，整合旅游资源，打造精品线路，完善“吃住行娱购”服务配套，实施双山慢岛、香山景区等旅游项目建设。突出产业支撑，叠加平台功能，实施市场化运作，因地制宜创建一批“特色小镇”。服务业增加值占地区生产总值比重达到47%。

加快传统产业提档升级。实施先进制造业领跑计划。推动冶金行业“控制总量、集约发展、提高质量”，瞄准国际先进水平，调整产品结构，推进智能制造，深化节能减排，加强核心技术研发。加快沙钢综合技改、超薄带项目建设，支持永钢“普转优、优转特”。推动纺织行业“提升质量效率、创新业态模式”，支持企业智能改造、品牌发展、国际合作。推动化工行业“绿色安全、优化结构、内涵发展”，全面提升产业发展品质。推动机电行业“差异化、品牌化、服务化”发展，提升自主创新能力和高端产品成套服务能力。滚动实施30个以上智能制造重点项目，年内创建10个以上智能制造示范车间。工业增加值率达到20%，规模以上工业企业全员劳动生产率达到每人32.5万元。

3.加快提升创新能力

充分发挥企业主体作用。实施高新技术企业“倍增”计划，引导企业加大研发投入，支持企业建设研究院、重点实验室、工程技术中心等创新研发机构。深化产学研合作，提高有科技载体成果转化和企业孵化能力。年内培育省级以上企业研发机构30家以上、高新技术企业60家以上。新增上市企业1家至2家、“新三板”挂牌企业22家。积极培育创新地标。支持沙钢建设江苏扬子江冶金产业技术研究院，“一企一院”协同创新，打造技术接轨国际前沿、绿色竞争力世界领先的开放型冶金创新平台；支持国泰集团依托保税港区政策功能，“一企一港”优势联动，创新消费品供应链管理模式，打造国际化综合商社；支持康得新发挥产业龙头地位和创新链、服务链、价值链融合优势，推进“一企一生态圈”聚合创新，打造世界级先进高分子材料平台企业。

优化创新生态系统。实施创新驱动能力提升和人才引领“智汇港城”计划，围绕产业链部署创新链、做强资金链、优化人才链。全面推进省级高新区建设，明确核心产业发展方向，有效集聚优质创新资源，加快构建全要素链接、全程化支持的产业科技服务平台，打造全市科技创新的策源地。引进中科院苏州纳米所，共建半导体公共技术服务平台，加快集成半导体外延技术、测试封装、产业育成等一体化服务功能。推进产业资本中心建设，办好“港城合伙人”论坛，发挥投贷联动引导基金作用，引进社会资本，创新“股权+贷款”等形式，加大对创新型企业的融资支持。年内新增产业基金35亿元。完善企业科技创新积分管理政策，激励企业引进培育高端人才、紧缺型高技能人才。年内引进领军型创新创业人才项目（团队）80个以上，新增国家、省、苏州市级人才30人以上。发挥本土高教资源作用，对接发展需求培育应用型人才。推进质量、品牌、标准和知识产权战略，支持重点骨干企业参与国际、国家行业标准制定，通过全国质量强市示范市创建验收，万人发明专利拥有量突破30件。

4.全面推进绿色发展

深入开展“两减六治三提升”和沿江化工行业优化提升整治两个专项行动。加快归并调整化工集中区和关停转迁区外化工企业。启动扬子江化工园封闭化改造，优化产业规划，逐步缩减园区面积，不断提升质量效益和绿色、安全发展水平。加快推进东沙化工区关停转型，年内关停除苏化系以外的所有化工企业。严控耗煤项目，落实减量替代措施，深化热电企业归并和燃煤锅炉关停整治。强化有机废气、扬尘和土壤污染等专项治理。全面完成劣V类河道治理三年行动计划，启动全市城镇黑臭河道整治工作。推进重点区域工业废水中水回用，乘航片区工业废水集中处置工程全面完工。细颗粒物均值较2016年下降4.25%。

编制新一轮生态文明建设规划，推进生态文明建设综合体制改革，开展“绿色发展引领区”建设试点。结合“多规合一”试点，推进“三优三保”行动，强化土地、环保、安全倒逼和生态红线管控机制，控制生态空间开发强度，建立土地利用规划动态调整机制，大力推进低效用地再开发再利用。推动规划和建设项目环评“双评融合”，建立重点行业“绿色发展领跑者”评价机制。推进排污权、碳排放交易，健全生态补偿机制，制定实施生态环境保护工作责任规定，落实污染物排放总量财政挂钩政策。完善循环经济发展规划，实施“两区一园”循环化改造。启动静脉产业园建设，筹建有机垃圾综合利用处置中心、建筑材料再生资源利用中心。完善以单位产出效益为核心的资源环境倒逼机制，建立工业企业资源集约利用信息系统，开展企业效益综合评价，引导企业低耗高效、集约发展、提升质量。

5.统筹城乡建设管理

启动城市总体规划重大修改，完成高铁生态城区域概念规划，开展海绵城市、地下管线综合规划编制。全力推进沪通铁路、跨江大桥及地方配套道路工程，启动建设沪通铁路枢纽站房、地下空间和站前广场；开工建设沿江城际铁路。推进市域快速路网建设，抓好锡通高速过江通道南连接线、S338改道晨丰公路、新泾路改建等重点交通道路工程。实施华昌路改造、暨阳东路东延、泗港路改建等市政道路工程。推进二干河、张家港河、东横河等区域防洪工程建设，基本完成五节桥港、太字圩港南延等重点河道工程。加强长江岸线保护，加快港口码头、岸线资源整合，引导货主码头公用化，提升营运效率。完成福南水道-12.5米进港航道治理工程。

优化城市功能配套。推进城东黄泗浦生态园核心区各项单体工程建设。加快建设城北科教新城职工文体中心、国际教育交流中心。建设每日20万吨深度处理水厂扩建工程，全面完成农村生活污水治理工程。铺设天然气管网250千米，配套改造城镇天然气用户3万户。推进危旧房改造，稳妥实施市区住宅房屋征收“房票”补偿政策。开展绿化与环境整治专项行动，接续推进美丽村庄建设，提升城乡环境质态。实行公交优先，完善公共交通管理，增加停车位供给，缓解重点区域、重点时段交通拥堵和停车难问题。

6.扎实做好“三农”工作

深入推进农业供给侧结构性改革。抓好“四个百万亩”保护和发展，改造提升农业基础设施，加快常阴沙、双山岛等现代农业园区建设，新建高标准农田1666.67公顷。优化农业产业布局，推行标准化生产，大力发展绿色优质农产品和本土特色品牌。推进粮食生产全程机械化，提高粮食收储能力，强化农产品质量安全监管，保障“米袋子”“菜篮子”安全。推进“互联网+现代农业”发展模式，建设农业信息化平台、物联网应用示范基地。推动农旅融合、一二三产融合发展。

完善富民强村增收机制。加大新型职业农民培育力度，完善学习资助、创业扶持、社会保险补贴等政策。强化村级经济扶持机制，结合“三优三保”，盘活村集体资产存量资源，建立村级载体数据库，设立“厂房信息网”，推动低租地块向高租地块转移、简单厂房向功能性厂房转变、物业投资向资本运作转变。加快转化农村土地确权登记颁证成果，深入推进集体经营性资产收益分配权固化改革，开展农村土地承包经营权抵押和“政经分开”改革试点，加强农村产权流转交易市场建设，切实提升富民强村实效。

7.持续改善民生质量

提升社会保障水平。支持灵活就业，发展新就业形态，加强就业服务。激发创业促增收的巨大潜力，发挥市场配置功能，鼓励建设创业园、创业街、创业社区、创客空间，以创新创业推动更高质量的就业。深入实施全民参保计划，扩大社会保障覆盖面。继续扩大医保单病种结算范围。科学推进医养融合和养老服务社会化，实施适老化设施改造，推进城区老年活动中心建设，年内新增养老床位900张。加大对困难群体的救助帮扶力度，完善社会救助关爱服务系统，促进社会互助、精准救助。完成残疾人居家无障碍改造200户。新增住房公积金缴存职工2万人。

提升基本公共服务供给水平。实施沙洲湖幼儿园、梁丰初中西校区等学校新（改）建工程，整合职业教育资源，积极创建省教育现代化建设示范区。推进公立医院综合改革和基层医疗卫生运行机制改革，加快建设市一院科教综合楼、金港医院易地新建等重点项目。丰富健康城市建设内涵，深入推进全民健身，启动建设南城文体中心。开展“宁静城市”建设，完善10分钟“公园绿地圈、体育健身圈、便民消费圈”。久久为功办好民生实事，建立完善立项科学化、民意项目化、实施精准化的实事项目征集和建设管理机制，充分对接民需，设立民生实事项目库，梯队开发、滚动推进，努力把民生实事办到市民心坎上。2017年重点建办8个大类20项民生实事项目。

8.深化文明建设内涵

高标准实现全国文明城市“五连冠”，争当标兵型全国文明城市。深入开展文明家庭、文明学校、文明社区、文明旅游、文明交通、身边好人等系列文明建设，高度重视家庭教育、社会教育与学校教育的互动，让文明基因进一步渗透进经济发展、生态环保、社会民生的各方面和全过程。完善现代公共文化服务体系，推进“最美悦读空间”、公共文化全媒体平台和有线智慧镇（社区）建设。加强文艺阵地建设，支持文艺精品创作和文艺人才培养，加强对文化产业发展的扶持，深化文化遗产保护，创新举办长江文化艺术节。

深化诚信社会建设，加快建立覆盖全社会的信用信息系统，整合信用信息资源，完善守信激励、失信惩戒机制。强化法治社会建设，推进“七五”普法，完善公共法律服务平台，健全社会矛盾多元调解机制，引导群众以理性合法方式表达诉求、维护权益。扎实推进省社区治理和服务创新实验区建设，深化城乡社区协商、村（居）民自治和社区服务社会化。加强志愿服务建设，持续推进志愿服务伙伴计划，探索"志愿者+行业服务"新模式。推进平安社会建设，完善多元化治安防控体系，建立社会综合治理大联动机制。完善食品安全全过程追溯体系，争创省级食品安全示范城市。实施企业安全生产主体责任落实三年行动计划，提升防范和遏制安全事故的能力，增强城市本质安全水平。

9.抓好重点领域和关键环节改革

大力推进"放管服"改革，以更彻底的放权、更严格的监管、更精准的服务，释放更强市场活力。做好下放审批事项承接和市级行政审批事项调整；以"一枚印章管审批"为改革目标，加快整合行政审批职能，以市本级、省级以上开发区、凤凰镇为重点，推进相对集中行政许可权改革。健全清单式投资动态管理体系，全面推行并联审批、多评合一。深化"多证合一"商事制度改革。升级"互联网+政务服务"平台功能，整合公布群众办事"套餐"清单，为企业、群众提供更加规范高效的政务服务。全力支持企业家创新创业，积极对接企业发展追求，摸准"堵点""痛点"，拉出清单，疏通化解，精准做好政府服务，主动当好"店小二"。

扩大开放发展新空间。推进保税区和保税港区功能提档升级，加快复制推广自贸区政策，积极争取汽车平行进口试点口岸。增强电子口岸功能，深化"单一窗口"试点，加快建设集中查验中心，完善外贸综合服务平台，进一步优化大通关机制。积极争取落实再制造基地进口汽车关键零部件旧件资源先行先试等政策。强化产业链、价值链中高端招商和非绿地招商，支持引进外资研发机构和地区功能性总部。鼓励有条件的企业开展跨国产能合作，支持企业瞄准技术、品牌和市场，嫁接国际创新资源，开展并购、合资、参股国际研发企业或建立海外研发平台。

10.强化政府自身建设

牢固树立政治意识、大局意识、核心意识和看齐意识，有定力、善创造、敢担当、重落实、守规矩。全面执行落实市委各项决策部署，确保政令畅通、落地见效。巩固提升群众路线教育实践活动、"三严三实"专题教育和"两学一做"学习教育成果，切实转作风、善作为、优服务。主动问政于民、问需于民、问计于民，深入基层一线，了解实情，解决难题。深化和扩大政务公开，保障群众的知情权、参与权和监督权。坚持依法行政，严格按照法定权限和程序履职尽责，深化行政执法规范化建设，健全重大行政决策机制，落实行政决策、规范性文件全程评估。

持续转作风提效能。加大对懒政怠政行为的惩治力度，严查群众身边的不正之风。强化正向激励，为敢于担当者担当。厉行勤俭节约，反对奢侈浪费，严控行政经费和一般性支出。规范和加强政府性债务管理，完善财政预算绩效管理，确保财政资金用在刀刃上。坚持廉洁从政，深入学习贯彻《关于新形势下党内政治生活的若干准则》和《中国共产党党内监督条例》，认真落实党风廉政建设责任制，突出重点领域，强化审计监督和绩效评价。自觉接受人大及其常委会的法律监督和工作监督，主动接受政协民主监督，接受司法机关、新闻舆论和社会公众监督，广泛听取各民主党派、工商联、无党派人士和人民团体的意见，认真办理人大代表建议和政协提案，不断改进政府工作，努力建设行为规范的法治政府、勤勉高效的服务政府、风清气正的廉洁政府。

同志们，目标在前，重任在肩，新一届政府将承担起光荣而艰巨的历史使命。让我们紧密团结在以习近平同志为核心的党中央周围，高举中国特色社会主义伟大旗帜，在中共张家港市委的坚强领导下，大力弘扬张家港精神，不忘初心、继续前进，求真务实、奋勇争先，为高水平全面建成小康社会，争当"强富美高"新江苏建设排头兵而努力奋斗！

名词解释：

1."万人计划"：全称为国家高层次人才特殊支持计划。于2012年8月，经中共中央、国务院批准，由中组部、人社部等11个部门和单位联合发文实施的面向国内高层次人才的支持计划。用10年左右时间，遴选支持1万名左右自然科学、工程技术、哲学社会科学和高等教育领域的杰出人才、领军人才和青年拔尖人才，形成与海外高层次人才引进计划相互补充、衔接的国内高层次创新创业人才队伍开发体系。

2.高新区"一城四园"："一城"为沙洲湖科教新城，"四园"为凤凰镇的韩国工业园、塘桥镇的新能源产业园、大新镇的先进激光（装备）产业园、南丰镇的东南工业园。

3."绿色发展引领区"：作为张家港市"绿色发展"路径的重要抓手，通过实施产能煤耗下降、工业园区提标、区外化工入园、城乡环境整治等措施，在绿色发展的空间布局、产业转型、环境改善、制度保障等方面积累经验，为经济发达县域绿色发展探索实践。

4.全域旅游：以旅游业带动和促进经济社会协调发展的一种新发展理念和模式，其主要特征表现为旅游的全覆盖、全时空、全参与。通过对区域内经济社会资源尤其是旅游资源、相关产业、生态环境、公共服务等进行系统优化提升，实现区域资源有机整合、产业融合发展、社会共建共享。

5.特色小镇：遵循五大发展理念，具有明确产业定位、文化内涵，兼具旅游和社区功能的发展平台，区别于建制镇、产业园区和景区的"非镇非区"空间经济，具有产业发展"特而精"、功能集成"聚而合"、建设形态"小而美"、运作机制"活而新"的鲜明特征。

7.静脉产业园：以静脉产业（将废弃物转换为再生资源的行业称为"静脉产业"）为主导的生态工业园，通过发展"资源—产品—再生资源"闭环经济模式，达到生活和工业垃圾变废为宝、循环利用的目的。

8.市区住宅房屋征收"房票"补偿政策：在张家港市房屋征收（协议搬迁）补偿安置政策继续执行的基础上，所增设的一种货币补偿方式。选择货币补偿的被征收人（被搬迁人）在有效期内，可凭"房票"自主选择认购本市范围内参与房票补偿的房地产开发企业已取得预售许可的新建商品房，房屋征收（协议搬迁）实施主体给予相应的购房奖励。

【编辑　沈立平】

大事记

Chronicle of Important Event

“诗歌里的城”纪念张家港撤县建市30周年诗歌会　（市文广新局　提供）

1月	7月
2月	8月
3月	9月
4月	10月
5月	11月
6月	12月

張家港年鑑(2017)

扫码欣赏

“鸟中熊猫”震旦鸦雀
惊现双山岛图片

1月

1日　冶金园(锦丰镇)一站式美食休闲购物街——大南水街开街。

5日至8日　市政协十一届五次会议举行。

6日至9日　市十三届人大五次会议举行。

10日　国家再制造汽车零部件产品质量监督检验中心揭牌。

14日　第六届中国物联网产业与智慧城市发展年会上，张家港市被授予“中国智慧城市张家港物联网应用示范基地”。

15日　江苏省野鸟会会员、绿羽生态工作室负责人、苏州湿地自然学校志愿者范如宇及队友在双山岛进行沿江湿地鸟类调查时，发现10只被誉为鸟中“大熊猫”的震旦鸦雀。

19日　江苏中孚达科技股份有限公司、江苏绿岩生态技术股份有限公司等12家企业分三批在全国中小企业股份转让系统挂牌大厅举行集中挂牌仪式。

20日　“2015年度中国正义人物”颁奖典礼在北京市举行，南丰镇司法所专职人民调解员倪永祥获“年度中国正义人物”称号。

2月

1日　全市首家“互联网+惠民通服务站”落户保税区(金港镇)塍丰社区金成小区。

3日　在北京市召开的全国妇幼健康工作会议上，张家港市被评为“国家级妇幼健康优质服务示范市”。

4日　中国科协公布首批2016—2020年度“全国科普示范县(市、区)”名单，张家港市位列其中。

3月

2日　市委、市政府召开全市经济工作会议，深入贯彻落实上级经济工作会议精神，推进供给侧结构性改革，结合实际落实好“三去一降一补”五大任务，把握大势，明确方向，落实措施，发挥企业的主体作用，强化政府的服务效能，确保完成全年目标任务，努力夺取“十三五”发展良好开局。

4日　江苏省委常委、组织部部长王炯到张家港市调研。

9日　根据江苏省文明委发文通报的2015年文明城市省级测评结果，张家港市以94.47分名列全省第一。

17日　润英联(中国)有限公司开业，总投资1.1亿美元，占地面积10公顷，生产高档润滑油添加剂。

18日　江苏中核利柏特股份有限公司核电石化装备模块项目开工奠基仪式在江苏扬子江重型装备产业园举行，总投资11.5亿元。

23日　科技部公布2015年度国家级科技企业孵化器名单，张家港沙洲湖科创园发展有限公司被认定为国家级科技企业孵化器。

4月

6日　江苏省重点项目、总投资120亿元的康得新光学膜二期项目奠基开工。项目占地32.67公顷，涵盖年产1.02亿平方米的先进高分子膜材料和年产1亿片的裸眼3D模组。

同日　张家港经济技术开发区与大连机床集团、威海华东数控股份有限公司签订大连机床集团华东基地项目投资协议，总投资45亿元，拟分2期至3期建设。

11日　江苏省文明旅游倡导工程暨“为中国加分”文明旅游公益行动(江苏)在香山风景区启动。

12日　全国政协委员、浙江省政协副主席张泽熙一行到张家港市考察黄酒产业传承发展的做法和经验。

15日　经开区(杨舍镇)举行项目集中开竣工活动。共有79个项目，总投资217亿元。

16日　中新·莺山新型城镇化项目奠基暨凤凰镇重大项目集中开竣工仪式举行。共有19个重点项目集中开竣工，总投资84.95亿元。

20日　国家认证认可监督管理委员会行文，对位于张家港保税区科技创业园的国家化工设备质量监督检验中心(江苏)进行授权。

25日　江苏新美星包装机械股份有限公司在深圳证券交易所创业板上市，股票简称“新美星”，股票代码“300509”。

同日　张家港市机关、群团统一社会信用代码赋码工作全面启动实施。

27日　市委召开全市“两学一做”学习教育工作座谈会，学习贯彻习近平重要指示和中央、省委、苏州市委座谈会精神，对全市开展“两学一做”学习教育进行动员部署。

29日　冶金园(锦丰镇)举行重点项目集中开竣工暨汽车后市场产业园项目奠基仪式。共有21个重大项目，总投资103亿元。

5月

1日　营业税改征增值税试点全面推开。

3日　江苏省副省长张雷带领省安监局、省消防总队等部门的负责人、相关专家，到张家港市调研督察安全生产工作。

9日　乐余镇举行工业项目集中开竣工暨海狮高端洗涤装备(二期)项目奠基仪式。共有12个项目，总投资13.7亿元。

同日 江苏展望文化传媒有限公司和市华田家庭农场签订全市首个“互联网+农业”合作协议，开启全市“互联网+农业”新模式。

10日 教育部公布第四批全国社区教育示范区名单，张家港市入选。

11日 江苏联合职业技术学院张家港分院挂牌仪式在张家港中等专业学校举行，标志张家港中等专业学校将以举办五年一贯制高职教育为主。

17日至25日 市委副书记、市长朱立凡率团赴美国、巴西开展招商和经贸考察活动。

25日 张家港市通过国家可再生能源建筑应用农村地区县级示范项目验收。

同日 国家发改委公布《关于建设长江经济带国家级转型升级示范开发区的通知》，张家港保税区成为长江经济带国家级转型升级示范开发区。

26日 第八次全国法治宣传教育工作会议在北京市召开，张家港市人民政府被中共中央宣传部、司法部表彰为全国法治宣传教育先进单位。

27日 全国人大常委会委员、财经委员会副主任委员、民建中央副主席辜胜阻到张家港市调研扩大民间投资。

6月

1日 “南社的红色记忆”中国南社发祥地全国巡展·张家港展开幕式在香山风景区举行。同时，中国张家港南社陈列馆、中国南社“刘氏三杰”研究中心揭幕。

同日 婴幼儿阅读能力发展测评标准发布暨学龄儿童阅读理解监控能力研究项目启动仪式在市少儿图书馆举行，会上张家港市发布全国首个0周岁至3周岁婴幼儿阅读能力发展测评标准，填补国内空白。

同日 2016年(第七届)中国对外贸易500强企业论坛发布中国对外贸易民营500强企业榜单，江苏沙钢集团有限公司列第3位，中粮四海丰(张家港)贸易有限公司列第11位，江苏永钢集团有限公司列第36位，江苏国泰汉帛贸易有限公司列第218位，张家港康得新光电材料有限公司列第425位。

5日 首届中国生态文明奖表彰暨生态文明建设座谈会在北京市召开，张家港市被授予首届“中国生态文明奖”先进集体称号。

21日 省旅游资源规划开发质量评定委员会公布国家AAAA级旅游景区，暨阳湖生态旅游区入选。

27日 张家港市不动产登记局、张家港市不动产登记中心挂牌成立。全市范围内正式实施不动产统一登记。

29日 全市领导干部会议在市馨苑度假村会议中心召开，宣布江苏省委、苏州市委关于张家港市委、市政府主要领导的调整决定：提名姚林荣为苏州市副市长人选，任昆山市委书记、昆山经济技术开发区党工委书记，免去张家港市委书记、常委、委员，张家港保税区党工委书记、委员职务；朱立凡任张家港市委书记、张家港保税区党工委书记，不再担任张家港市市长职务，免去张家港保税区管委会主任职务；黄戟任张家港市委副书记、张家港保税区党工委副书记，提名为张家港市市长候选人，任张家港保税区管委会主任。

30日 张家港市举行纪念建党95周年暨先进表彰大会，市“十佳共产党员”“十佳党务工作者”“十佳基层党组织”受到表彰。

7月

2日 以“科技引领转型，创新驱动发展”为主题的2016年张家港市科技活动周开幕。

同日 市技术转移联盟成立大会在市国贸酒店举行。联盟是由高校院所、产学研共建研发机构以及市其他技术转移和成果转化服务机构等自愿组成的专业性、非营利性创新组织。

5日 “中国曲艺名城”授牌仪式在市馨苑度假村举行，张家港市创建成为全国第二家、江苏省首家“中国曲艺名城”。

同日 长江南京以下12.5米深水航道初步贯通至南京并开始试通航，南京至长江出海口可全程通航5万吨级及以上船舶，长江张家港段主航道由福南水道改为福中水道，船舶的航行路程缩短7.5千米。

6日 江苏省委书记李强到张家港市调研。

8日 在2016年全国物流园区工作年会上，玖隆钢铁物流园首批获评国家示范物流园区。

8日至10日 2016年“永联村杯”国际男篮四国邀请赛在市体育馆举行。

8日至14日 2016年中国足协第十九届“贝贝杯”青少年12岁男子足球赛在张家港市举行。

13日 江苏郑明(张家港保税区)温控产业园举行奠基仪式，项目总投资6亿元。

20日 美国《财富》杂志发布2016年世界500强企业排行榜，沙钢集团位列第314位，成为全国民营钢铁企业中唯一一家连续8年上榜“世界500强”的企业。

19日至24日 2016年亚洲东区女子排球锦标赛在市体育馆举行。

25日 2016年全国围棋定段赛落幕，张家港市14岁围棋选手蔡文鑫从业余棋手晋级为职业棋手。这是张家港市第一位新定段围棋职业棋手，填补了苏州市近20年的空白。

25日至28日 中共张家港市第十一次代表大会在市沙洲宾馆会议中心举行。大会回顾总结市第十次党代会以后的工作，研究部署此后五年的目标任务和主要措施，选举产生中共张家港市第十一届委员会委员37人、候补委员7人，中共张家港市纪律检查委员会委员17人。大会还选举产生出席中共苏州市第十二次代表大会代表49人。

29日　全国双拥模范城（县）命名暨双拥模范单位和个人表彰大会在北京市举行，张家港市获全国双拥模范城“六连冠”。

8月

1日　文化部《关于印发2016年度国家文化创新工程项目立项名单的通知》发布，张家港市“县域文化馆总分馆体系探索与示范”项目作为重点项目入选。

3日　张家港保税区、张家港经济技术开发区通过国家知识产权试点园区考核验收。

9日　全市智慧养老实事工程腕表首发仪式暨志愿者牵手空巢老人启动仪式举行。

13日至18日　在2016年里约热内卢奥运会上，张家港籍运动员袁琦琦参加女子田径100米和4×100米接力比赛。

18日　第三届“创青春”江苏青年创新创业大赛暨第三届“创业张家港”青年精英创业大赛闭幕。大赛评出优秀组织奖6个、一等奖10个、二等奖30个、三等奖60个。

同日　江苏“最美人物”暨苏州市级重大典型“时代先锋”吴惠芳先进事迹媒体见面会在南丰镇永联小镇度假酒店举行。

24日　“助学·筑梦·铸人”——张家港市“社会妈妈”爱心助学20周年主题活动举行。

25日　全国工商联发布“2016中国民营企业500强”榜单。沙钢集团列第9位，永钢集团列第135位，华芳集团列第159位，澳洋集团列第168位，攀华集团列第220位，爱康集团列第325位。

26日　“童心里的诗篇”中国·江苏第二届全国少儿诗会颁奖典礼在张家港市举行。省委常委、宣传部部长、省文明委主任王燕文，中国作家协会党组成员、书记处书记、副主席白庚胜等出席活动并为获奖者颁奖。

27日　中国企业联合会、中国企业家协会发布“2016中国企业500强”榜单，张家港市共有4家企业入选。沙钢集团列第69位，国泰集团列第305位，华芳集团列第443位，澳洋集团列第465位。

29日　张家港市社区发展基金会成立大会在市馨苑度假村会议中心举行，首批募集基金2200余万元。

23日至30日　市委副书记、代市长黄戟率团赴韩国、日本开展招商和经贸考察活动。

9月

1日　江苏省省长石泰峰到张家港市调研危化品企业安全生产经营情况。

2日　市委举办全市领导干部“激发新状态、践行新理念、担当新使命”主题轮训班。

17日　北京金诚国际保险经纪公司江苏分公司开业。

19日　张家港市组成2个巡察组，利用1个月左右的时间，对市经信委党委、市旅游局党组、市交通运输局党委、市科协党组4个单位分别开展巡察。这是全市首次开展市委集中巡察工作。

20日　张家港3D城市形象宣传片《听见你的声音》首映暨“3D引领未来视界”推广发布活动在康得新研发大楼举行。

22日　中国社会科学院财经战略研究院成果《中国县域经济发展报告（2016）》发布会暨全国百强县案例报告在北京市举行。在全国百强县（市）评估中，张家港市名列第三。

24日　第十六届全国“村长”论坛在四川省彭州市龙门山镇宝山村举行，永联村原党委书记吴栋材被评为“中国功勋村官”，永联村被评为“中国十大国际名村”。

27日　长江三角洲城市市场信息协作网第十六次联席会议在江苏省泰州市召开，大会评选和公布长三角商业十强县（市）榜单，张家港市第八次入围榜单。

10月

9日　江苏省副省长张敬华到张家港市调研科技创新工作。

12日　全市投贷联动工作启动，通过设立张家港市投贷联动引导基金，引进和吸收社会资本成立投贷联动子基金，子基金与商业银行联合以“股权+贷款”的形式向企业提供“股权+债权”的资金支持。

18日　“港城合伙人”峰会暨首期开幕式活动在暨阳湖大酒店举行，峰会以“新经济新常态下资本驱动战略”为主题，市产业资本中心（暨阳湖金融街）首次对外公开推介。

18日至19日　江苏边防总队正规化建设推进会在张家港市召开。

26日　市委、市政府召开全市聚焦转型创新驱动工作推进大会。会上，市委书记朱立凡，市委副书记、代市长黄戟为江苏省张家港高新技术产业开发区揭牌。

31日　2016年中国（张家港）长江文化艺术节暨第七届（张家港）长江流域戏剧艺术节开幕式在保利大剧院举行。活动主要包括开幕式，第七届（张家港）长江流域戏剧艺术节，第二届中国（张家港）长江流域民间艺术博览会，“群众文艺创作大家谈”座谈会、长江流域群众文化学会座谈会和戏剧家协会座谈会，第五届“长江杯”江苏文学评论奖、第四届扬子江诗学奖活动，纪念张家港撤县建市30周年文学、摄影作品征集展示活动，“美丽中国、聚焦张家港”专题宣传活动等7项内容。

11月

7日 中小城市经济发展委员会、中小城市发展战略研究院、中国中小城市科学发展指数研究课题组等单位，通过《人民日报》和《2016中国中小城市发展报告·绿皮书》，联合发布第12届中国中小城市科学发展指数研究成果暨“2016全国综合实力百强县市”等榜单。张家港市位居综合实力百强县市第3位。张家港市分别列“2016年度中国中小城市创新创业（双创）百强县市”“2016年度中国中小城市新型城镇化质量百强县市”榜单的第5位、第7位。张家港市8个镇全部入选“2016综合实力千强镇”，排名分别是：杨舍镇第3位、金港镇第6位、锦丰镇第32位、塘桥镇第99位、南丰镇第202位、凤凰镇第209位、乐余镇第521位、大新镇第853位。

7日至8日 省人大常委会常务副主任、党组副书记蒋宏坤到张家港市调研，并参加江苏国泰国际集团帮扶泗洪县脱贫共建相关工作的座谈交流。

8日 全市首个“家文化”主题公园乘航公园开园，位于经开区（杨舍镇）乘航办事处西南角，总面积6700平方米。

11日至13日 “杨舍杯”2016年中国桌式足球公开赛暨全国青少年桌式足球赛在市福前实验小学举行。

15日 在第九届长三角投资发展论坛·长三角产业升级与中国制造2025战略峰会上，张家港市等10个县市（区）当选“长三角最强中国制造”县、市（区）。

16日 张家港疏港高速公路正式通车。该高速公路自东海路，向南经晨阳、泗港等乡镇街道，止于与沿江高速公路交叉处，路线全长19.57千米。

17日 张家港口岸“三互”（信息互换、监管互认、执法互助）监管中心工作模式开启。该模式在江苏省尚属首创。

26日 省委常委、副省长杨岳到张家港市调研“三农”工作。

28日 张家港外国语学校北校区举行奠基仪式，总用地面积8.67公顷，总建筑面积6.2万平方米。

同日 张家港农村商业银行首张信用卡——东渡信用卡举行发布仪式。

29日 《中国城市小康经济指数报告》发布，张家港市在全国城市小康经济指数综合排序中位列第三，在县级城市小康经济指数排名中同样列第三。

29日至30日 2016年农村社区学习中心（CLC）能力建设项目年会暨创新发展研讨会在浙江省宁波市举行，保税区（金港镇）社区教育中心被授牌成为联合国教科文组织“农村社区学习中心项目实验点”。

30日 全国首届“法治信访进步奖”评选暨颁奖典礼在北京市举行，张家港经济技术开发区（杨舍镇）申报的“通过社区协商推进基层信访治理法治化”项目获全国首届“法治信访进步奖”。

12月

2日 江苏省副省长张雷一行到张家港市专题调研检验检疫相关工作。

同日 “诗歌里的城”纪念张家港撤县建市30周年诗歌会在市保利大剧院举行。

同日 “爱上一座城”——纪念张家港撤县建市30周年摄影展对外展出。

5日 全国先进个体工商户表彰大会暨纪念中国个体劳动者协会成立30周年座谈会在北京人民大会堂召开，市南沙顺馨源酒店的谢清获评全国先进个体工商户。

7日 农业部下发通知，经省级农业行政主管部门严格考评，张家港市达到《国家农产品质量安全县考核办法》的要求，被命名为国家农产品质量安全县（市）。

8日 长江水利委员会主任魏山忠一行到张家港市调研长江岸线保护和开发利用情况。

10日 2016年中国名村影响力排行榜（300佳）发布，南丰镇永联村、保税区（金港镇）长江村、保税区（金港镇）长山村分别列第10名、第79名、第90名。

同日 第四届“中国法治政府奖”终评评审暨颁奖典礼在北京市举行，张家港市“社区协商：基层治理法治化的新探索”项目获“中国法治政府奖”。

14日 省委常委、苏州市委书记周乃翔，苏州市委副书记、市长曲福田带队，赴苏州沿江三市开展“两减六治三提升”专项行动暨沿江化工行业优化提升整治专项行动现场调研，并在张家港市召开动员会，专题部署苏州市“两减六治三提升”专项行动和沿江化工行业优化提升整治专项行动。

15日至16日 张家港口岸通过国家质量监督检验检疫总局口岸核心能力复核。

16日 江西银行张家港支行开业，成为入驻张家港市的第32家银行业金融机构。

28日 最高人民检察院副检察长姜建初到张家港市调研全市经济社会发展情况。

同日 中国科学院苏州纳米所张家港研究院签约仪式举行。

30日 中共张家港市委十一届二次全体（扩大）会议在市馨苑度假村会议中心召开。会议全面落实中共十八大和十八届三中、四中、五中、六中全会精神，深入贯彻习近平系列重要讲话精神，按照中央经济工作会议和省委、苏州市委决策部署要求，总结2016年工作，明确2017年任务，动员全市各级党组织、广大党员和干部群众，与时俱进大力弘扬张家港精神，坚定信心，攻坚克难，凝心聚力推动“四大路径”有效突破，努力走在高水平全面建成小康社会前列。

【编辑　沈立平】

概况

Profile

市区世纪广场　（侯一华　摄）

中国·张家港

地情概要

人文风情

文明张家港

经济建设

政治建设

文化建设

社会建设

生态文明建设

组织机构及其领导人

張家港年鑑(2017)

扫码欣赏

张家港各地方言发音

地情概要

【地理位置】张家港市位于长江下游南岸，江苏省东南部。东、东南连常熟市，西、西南接江阴市，北、东北、西北临长江，是位于沿海和长江两大经济开发带交会处的国际化、现代化港口城市。地理坐标北纬31°43′12″—32°02′，东经120°21′57″—120°52′。东南距上海市98千米；南近太湖，分别距无锡市58千米、苏州市90千米；西距常州市55千米、南京市200千米；北隔江距南通市62千米，是长江三角洲的重要组成部分。全市总面积986.73平方千米，占全省面积的0.92%、苏州市面积的11.62%。其中，陆地面积791.06平方千米，占全市总面积的80.17%；长江水域面积195.67平方千米，占19.83%。陆地东西最大直线距离44.58千米，南北最大直线距离33.71千米。北宽南窄，呈三角形。

【地质地貌】*地层*　张家港境内主要是第四系沉积物覆盖。第四系覆盖层的厚度为90米至240米，是全新统现代沉积。西南零星出露基岩属泥盆系茅山群的紫红色沙砾岩。第四系覆盖层的可耕层为2米至3米，耕层下面是沙质黏土、黏土层，隔水性能较好，厚度为50米至70米；在地面以下70米至150米之间，有含水性较好、透水性较强的细沙层、黏质沙层、中沙层、砾石层，但中间夹有含砾黏土层、黏土层等不透水层。在地面140米至240米以下是砂岩、灰岩、砾岩层。在第四系覆盖层下有白垩系的杂色砾岩、粉砂岩及灰岩，厚度约210米；三叠系青龙群的灰岩和钙质泥岩，厚600米；二叠系龙潭组的海陆交互相岩层、砂岩、灰岩、泥岩等，厚450余米；石炭系的砂岩、灰岩和泥岩等，厚450余米。

地震地质　江苏省主要的地震带是西北部的郯庐断裂地震带和沿长江的扬铜地震带。张家港市主要受扬铜地震带所控制，在大地构造上属扬子准地台下扬子古拗陷的东部，苏锡中台拱的北东部，北邻苏北中新凹陷，南部和东部与钱塘褶皱带相连，西部是常州中凹陷。张家港境内基本构造格架为“二隆二凹”构造形式。“二隆”是段山—张家港褶断束、顾山—铜官山褶断束；“二凹”是祝塘—锦丰凹陷、谢桥凹陷。境内有北北西向、北西向和北东向（华夏）构造发育，形成网络系统。根据可考文字和有关地震研究，张家港市历史上未见强震记载。从地震强度背景值而论，境内所在位置介于强震和弱震的过渡区域，受扬州—铜陵地震带所控制。

工程地质　根据市建筑设计院历年工程地质勘探资料，境内的地耐力一般为每平方米10吨左右。其中，南部黏土一般为每平方米20吨左右，亚黏土一般为每平方米18吨左右，轻亚黏土一般为每平方米10吨左右；北部粉黏土一般为每平方米8吨左右。

地貌　张家港市地跨长江三角洲平原的两个地貌副区，即长江南岸古代沙嘴区和靖江常阴古沙洲区。北面临江，双山沙（福姜沙）孑立江中，长江沿岸滩地绵长。古长江岸线把境内陆地分为南、北两个部分，南部属老长江三角洲的古代沙嘴区，成陆8000年以上，地势高亢，高程（吴淞零点，下同）为5米至8米，散落着大小10座山丘；北部属新长江三角洲，由数十个沙洲积涨连接而成，成陆最早的800余年，地势低平，高程为3米至5米。根据地面黄海高程，全境地貌可分为丘陵、高平田、平田、低平田和圩田。其中，南部地区主要为高平田、平田和低平田，北部地区均为圩田，丘陵主要散落在塘桥镇的妙桥地区、金港镇的南沙地区和凤凰镇的少量地区。

【沿江岸线】张家港市境内有沿江岸线63.57千米，其中不冻不淤的深水岸线约40千米。依托优越的沿江岸线，建有国际贸易商港张家港港，并由西向东排布着江苏省张家港保税区、江苏扬子江国际冶金工业园等各具特色的专业园区。西北部有江中小岛双山岛，离南岸1千米，是张家港港天然的避风屏障。双山岛与南岸之间的航道为福南水道。双山岛距北岸3千米，之间为福中水道和福北水道。双山环岛洲堤长16.8千米，面积20平方千米，高程4米至5米。

【自然资源】*土地资源*　据市国土资源局2016年统计发布，至2015年年末，全市实有耕地30186.84公顷、园地3470.49公顷、林地203.87公顷、城镇村及工矿用地27935.87公顷、交通运输用地6256.39公顷、水域及水利设施用地28402.72公顷、其他土地416.36公顷。

水资源　境内水资源丰富。地表水中河港蓄水量丰水年为2.36亿立方米，中等干旱年为9700万立方米。2016年全市沿江各闸共引水11.58亿立方米，排水38.59亿立方米。其中，汛期沿江各节制闸共引水5.89亿立方米，排水24.33亿立方米。全年实际用水量：地表水9.18亿立方米（火电企业用水量为全口径计算），浅层地下水106.8万立方米。全境河港纵横，土地肥沃，有大小河道9002条，总长4569.51千米。

矿产资源　境内矿产资源已发现的矿产品种主要有：砂石、砖瓦黏土、矿泉水、煤炭、天然气等。其中探明的储量有：砂石约6000万吨，煤炭约2010万吨，天然气约8000万立方米，矿泉水约8000万立方米。2003年建成凤凰地热井温泉，水温45摄氏度，日产地热水624立方米。

野生动植物资源　境内共有野生动物资源13纲292个品种。其中，鱼纲类有刀鱼、河豚、鲫鱼等96种，爬行纲类有龟、鳖、蛇等21种，鸟纲类有野鸡、野鸭、鹰、雀等105种，哺乳纲类有野兔、刺猬、鼠等8种，另有野生无脊椎动物63种。野生植物资源比较丰富，有百余科近500个品种，常见的有24个科80个品种，分布在田间、山丘、河边、滩地，可用于农、牧、渔业生产，手工编织及疾病治疗。另有常见绿化植物314种。

（黄　喆　陈　超）

【气候】*光照*　全年日照时数1770.5小时，比上年多86.9小时，年日照百分率（相对日照）为40%。与1981年至2010年平均日照1863.5小时相比少93小时，日照偏少。日照时数最多的月份是8月，为286.7小时，占月可照时数的70%；月日照时数最少的月份是10月，为61.1小时，占月可照时数的17%。

气温　全年平均气温17.1摄氏度，比上年平均高0.4摄氏度。与1981年至2010年平均气温15.9摄氏度相比高1.2摄氏度，气温偏高。7月、8月是全年最热的月份，月平均气温均为29.3摄氏度。年极端最高气温39.3摄氏度，出现在7月28日。全年达到35摄氏度的高温日数19天，比上年多7天。1月是全年最冷的月份，月平均气温为3.7摄氏度。年极端最低气温零下9摄氏度，出现在1月24日。全年日最低气温低于0摄氏度的低温日数28天，比上年多13天。

降水　全年降水量1895.1毫米，比上年多0.8毫米，与1981年至2010年平均降水量1081.7毫米相比多813.4毫米，雨量异常偏多，是有记录以来的最大值。全年降水分布不均，2月降水量最少，月降水量28.9毫米；6月降水量最多，月降水量348毫米，与1981年至2010年月平均降水量179.2毫米相比多168.8毫米，雨量偏多。4月至9月汛期降水量1337毫米，与1981年至2010年同期748.3毫米相比降水偏多。全年有12个暴雨日，是有气象记录起暴雨次数最多的年份，分别出现在5月21日，6月22日、27日、28日，7月2日、3日、14日，9月16日、30日，10月21日、22日、26日，降水量分别为83.1毫米、99.7毫米、56.8毫米、67.3毫米、68.2毫米、81.2毫米、55.1毫米、64毫米、81.5毫米、53.8毫米、59毫米、67.2毫米。梅雨期自6月20日至7月19日，降水总量586.4毫米，入梅比常年略偏迟，出梅偏迟，梅长30天，较常年偏长7天，梅雨量偏多。

霜、雪、风、霾及灾害性天气　2016年度初霜日为2015年11月27日，终霜日为3月26日，霜期121天，全年无霜期242天，与1981年至2010年平均值225天相比偏多17天。全年降雪日数9天，最大积雪深度2厘米。年平均风速每秒2.1米，8级以上大风3次。全年共有107个霾天气，比上年少16天。年内持续时间较长的三次霾天气过程分别出现在1月13日至19日、3月2日至7日、12月4日至9日。全年受到4次台风影响，台风总体影响程度偏轻，未出现重大灾害。

（张育萍）

【建制沿革】　张家港市历史悠久。8000年前，南部地区就有人类活动。商末，属勾吴之地。春秋时期，属吴国延陵郡。秦代，属会稽郡。汉高祖五年（公元前202年），建毗陵县暨阳乡，为境内有据可查的最早的乡级行政建置。晋代，置暨阳县，为境内第一个县级行政建置。南朝梁代，在暨阳之墟建梁丰县。唐代以后，分属常熟、江阴两县。清代至民国，常通港以北属南通县（今南通市）。抗日战争时期，中国共产党曾一度在北部沿江地区建立沙洲县，南部及常熟、江阴两县的边界地区设立虞西县。新中国成立后，东部属常熟县（今常熟市），西部属江阴县（今江阴市）。1962年，常熟划出14个公社和常阴沙农场，江阴划出9个公社，建立沙洲县，隶属于苏州地区。1986年9月，经国务院批准，撤销沙洲县，以天然良港——张家港港命名设立张家港市，隶属于苏州市。

【行政区划】　2016年，全市行政区划发生以下变化：3月15日，市政府批复成立乐余镇乐海社区。8月11日，市政府批复撤销锦丰镇海沙社区，成立锦丰镇久生村。10月19日，市政府批复成立塘桥镇馨塘社区。同日，市政府批复成立杨舍镇通桥社区、农鹿社区、福新苑社区、青草巷社区、新旺社区、陈东庄社区、戴巷社区。10月25日，市政府批复成立金港镇廊桥社区。至年末，全市有8个镇，1个常阴沙现代农业示范园区，1个双山岛旅游度假区；16个办事处，4个街道办事处；153个行政村，135个社区居委会。

（民政局）

2016年张家港市行政区划情况表

表1

镇（区）	面　积（平方千米）	办事处（个）	街道办事处（个）	行政村（个）	社区居委会（个）
杨舍镇	153.09	5	4	29	76
塘桥镇	94.26	2	—	14	7
金港镇	111.62	3	—	26	25
锦丰镇	114.32	2	—	24	8
乐余镇	78.58	1	—	19	4
凤凰镇	78.79	2	—	15	6
南丰镇	62.47	1	—	12	4
大新镇	40.48	—	—	10	4
常阴沙现代农业示范园区	37.45	—	—	—	—
双山岛旅游度假区	20.00	—	—	4	1
合　计	791.06	16	4	153	135

说明：常阴沙现代农业示范园区不设行政村、社区居委会，设7个社区、1个居民委员会；乐余镇另设稻麦粮种场、畜禽良种场2个场

【消亡自然村】　2016年，因环保项目、疏港高速建设等，全市消亡自然村13个。至年末，全市共有自然村2306个，其中杨舍镇368个、塘桥镇555个、金港镇246个、锦丰镇271个、乐余镇196个、凤凰镇449个、南丰镇138个、大新镇62个、常阴沙现代农业示范园区21个。

2016年张家港市消亡自然村一览表

表2

镇 名	自然村名（所属行政村）	消亡原因	镇 名	自然村名（所属行政村）	消亡原因
金港镇	小圩岸（晨阳村）	环境保护项目	金港镇	棍子圩埭（福民村）	环境保护项目
	小八圩埭（晨阳村）	疏港高速建设	杨舍镇	恩庄桥（包基社区）	安置房建设
	老太庙埭（德积村）	环境保护项目		张中房（斜桥村）	城北新区建设
	路家埭（德积村）	环境保护项目		赵林房（田垛里村）	城北新区建设
	大陈家圩（福民村）	环境保护项目		大五房（善港村）	疏港高速建设
	小陈家圩（福民村）	环境保护项目	锦丰镇	标卖三圩（郁桥村）	永安园扩建
	小毛长圩埭（福民村）	环境保护项目			

人文风情

【人口】 2016年年末，张家港市户籍登记329524户，总人口926592人，分别比上年减少2297户，增加3835人。总人口中，男性454041人，女性472551人，男女性别比为96.1∶100。0周岁至17周岁的125899人，占13.6%；18周岁至59周岁的561668人，占60.6%；60周岁及以上的239025人，占25.8%。全市出生人口9865人，出生率10.34‰，死亡人口6767人，死亡率7.09‰，人口自然增长率3.25‰。全年迁入人口3235人，迁出人口1463人，机械增长1772人。外来暂住人口67.68万人，比上年减少3.16万人。

【方言】 张家港方言主要有虞西话、澄东（澄要）话、老沙话、常阴沙话（崇明话）、江北话五大类。其中，虞西话、澄东（澄要）话、老沙话和常阴沙话分布地域最广、人口最多，成为境内有代表性的方言；江北话主要有南通话、如皋话和靖江话。其方言具体分区及其人口分布情况为：讲虞西话的约有20万人，占户籍人口的21.58%，分布在凤凰镇的全部；塘桥镇塘桥地区全部，鹿苑地区的绝大部分，妙桥地区的大部分；杨舍镇乘航地区全部，杨舍、塘市、东莱地区的绝大部分；南丰镇的小部分地域。讲澄东（澄要）话的约有21万人，占户籍人口的22.66%，分布在金港镇南沙、港区、后塍地区的绝大部分；杨舍镇泗港地区的大部分，杨舍、塘市地区的小部分地域。讲老沙话的约有24万人，占户籍人口的25.9%，分布在金港镇的德积地区、晨阳并入部分的绝大部分，港区、后塍地区的小部分；双山岛旅游度假区的绝大部分；锦丰镇合兴地区的绝大部分，锦丰地区的小部分；大新镇（含晨阳并入部分）的绝大部分；南丰镇的小部分；塘桥镇妙桥、鹿苑地区的小部分；杨舍镇泗港、东莱地区的小部分，晨阳地区的绝大部分；乐余镇和常阴沙现代农业示范园区的小部分地域。讲常阴沙话（崇明话）的约有17万人，占户籍人口的18.35%，分布在锦丰镇锦丰地区的大部分，三兴地区的绝大部分；南丰镇的部分（含东沙地区的绝大部分）；乐余镇和常阴沙现代农业示范园区的绝大部分；金港镇港区、后塍、德积地区的小部分；杨舍镇东莱、泗港地区的小部分；塘桥镇妙桥地区的小部分；大新镇的小部分地域。讲江北话的有3万余人，分布在沿江一带。

【历代名人】 据史料记载，自唐宋至清末，张家港境内共出状元、榜眼、探花等进士数百名。唐代状元陆器是苏州范围内最早的状元；章卿赵氏自宋代至清末共出39名进士；鹿苑钱氏在明代有"一门九进士"之誉；港口蒋氏在清康熙、乾隆年间出了蒋廷锡、蒋溥父子大学士。境内官至大学士、尚书、御史、总督、巡抚者代不乏人。张家港人民有着光荣的爱国斗争传统。宋代有抗金名将丘崇；明代有抗倭英烈钱泮、徐督、许蓉、朱贵等，有斗阉直臣缪昌期、黄昭。在文化艺术方面，著述宏富的经学家有北宋职方郎中陆绾、清代国子监纂修庞大坤；享誉文坛的诗人学者有号称东南文宗的钱谦益、近代诗人杨云史、南社诗人庞树柏、新文学家刘半农；史学家有主纂《江阴县志》的北宋进士郭庭坚、纂修《元史》的元末明初学士陈基、主纂《常熟县志》的清代举人钱陆灿、进士庞鸿文；书画篆刻、工艺美术名人有清代篆隶书法家杨沂孙、近代金石篆刻家赵古泥、现代工艺美术家庞熏琹；乐坛耆宿有近代民族音乐家刘天华、刘北茂，古琴学家吴景略；医药名家有明代缪希雍、清代缪柳村，近代名医周憩棠、金兰升、章成器等。在社会主义现代化建设中，张家港涌现出一大批科学家，张光斗、钱人元、曹楚南、章申、童秉纲、薛永祺、吴培亨、吴中伟等8位院士为其中的杰出代表。

【地方特产】 长江三鲜 鲥鱼、刀鱼、河豚并誉为"长江三鲜"。鲥鱼为南方水产中的珍品，《本草纲目》载，鲥鱼"夏初时有，余月则无，故名"。鲥鱼鳞可食，肥嫩清鲜。古时曾列为皇帝的"御膳"珍肴，后蜚声海外，远销新加坡、日本、美国等地。张家港境内长江水域属河口段，鲥鱼至此，体内脂肪消耗少，丰腴肥硕，肉味鲜，营养丰富。刀鱼体形狭长侧薄，颇似尖刀，银白色，肉质细嫩，但多细毛状骨刺。肉味鲜美，肥而不腻，兼有微香。宋代名士刘宰曾有诗称赞：“肩耸乍惊雷，腮红新出水，芼以姜桂椒，未熟香浮鼻。”河豚产于咸水和淡水相交处的水域里，营养丰富，腴肥鲜美且带野味，与众不同。宋《明道杂志》曾称颂它为“水族中之奇味也”。河豚有补虚去湿、舒胃、却痔疾等效用。但血液、肝脏、卵巢都有剧毒，烹煮不慎，食用后易中毒致死。河豚经处理后，可制成冻鱼片或罐头食品，还可从肝脏、卵巢中提炼出河豚素、河豚酸等名贵药品。进入21世纪，随着养殖技术的日益成熟，河豚人工养殖普遍。由于养殖河豚毒性有所降低，烹饪方法亦更多样。

长江蟹　学名中华绒螯蟹，养殖历史较久，但规模较小。进入21世纪后，在境内沿长江一带发展较快。锦丰镇、乐余镇、常阴沙现代农业示范园区等地均建有养殖基地。长江蟹营养丰富，每100克蟹肉含蛋白质14克、脂肪5.9克、碳水化合物7克，维生素A为5960国际单位，热量139千卡，为一般水产品之冠。由于其所含脂肪为不饱和脂肪，对高血压、高血脂、高血糖、血管硬化有预防作用，蟹黄中富含的卵磷脂对智力发育亦有良好的促进作用。优质的长江蟹外观表现为青背、白肚、金爪、黄毛，在肉质与口味方面表现为肥、鲜、腥、甜。长江蟹曾获首届中国“华东杯”河蟹评比大赛“最佳种质奖”和“优胜奖”。

鹿苑鸡　因产于鹿苑而得名，相传已有200年的饲养历史。鹿苑鸡的毛、皮、嘴、脚均为黄色，颈羽、尾羽和翅羽间有稀疏黑毛。公鸡脚杆高壮，傲然挺立，大的体重可达到4千克以上，有“九斤王”之称。母鸡脚杆粗矮，浑重壮实，重2千克以上，年产蛋在140个至200个之间，平均蛋重54克。该鸡肉质细嫩、肥美、香鲜、味浓。民间传说，清代同治、光绪皇帝的老师翁同龢常把鹿苑鸡作为特产，带至京城赠送亲友和同僚。2014年，鹿苑鸡被确定为国家级畜禽遗传资源保护品种。

血糯　又名“呕血糯”，或称“红莲糯”，是一种名贵的糯稻。谷粒皮壳呈浅紫色，其米殷红如鸭血，蛋白质含量高，有强身补血功效，清代列为“御米”，民间视为营养和滋补食品，是制作八宝饭的主要原料。境内塘桥镇金村、凤凰镇一带均有种植。清《常昭合志·物产志》载：“血糯，亦名红莲糯，宜粥。”金鹤翀所撰《金村小志》载：“糯米之佳者曰‘落霜青’，曰‘红莲糯’。江阴人亦来购取，云：唯产金村者为佳。”

凤凰稻　是凤凰山附近长期培育成的优良粳稻，谷粒基部有双翼（护颖），似凤凰展翅，故名凤凰稻。清代《常昭合志》中列为著名物产。凤凰稻碾成的米，色洁白如珍珠，煮饭烧粥，性黏腻，香软适口，为粳米中的上品，载誉江南。

常阴沙大米　自2009年起，常阴沙现代农业示范园区采用香港长江生命科技集团首席科学家、教授张令玉历经30余年研究创建的三安生物操作规程，在常北社区和常沙社区种植“南粳5055”“南粳46”等优质水稻良种，生产有机大米。水稻生长阶段完全不用化肥和化学农药，每公顷产量稳定在6吨以上，经南京检测中心抽样检测，各项指标均达到并超过有机大米标准，达到“无化残、无药残、低重金属”要求，被誉为顶级安全优质食品。常阴沙有机米圆润洁白，煮饭烧粥，性黏腻，香软可口。2011年，在苏州绿色风“马大嫂地产大米”评比活动中，常阴沙“有机硒米”“优精米”成为张家港市唯一获得“最受苏州老百姓喜爱的十大地产大米”金奖的农产品；在2012年海峡两岸（张家港）农业博览会上，经过市民投票，常阴沙“优精米”入选当地“十大最受市民欢迎的参展品牌农产品”。继获得国家地理标志证明商标、绿色食品A级认证后，2014年2月，常阴沙大米又获2013年度苏州名牌产品称号。

凤凰水蜜桃　在1952年引进无锡水蜜桃的基础上，经长期选育而成的优良品种。有白凤、白花、黄皮、小青等主栽品种，皮色有淡黄、乳白、微红色，具有果大、肉嫩、鲜甜、多汁、果皮易剥等特点，受到苏州、南京、上海等地居民喜爱。凤凰山和鸷山山麓是主要产地。

高峰鹿液茶　产于金港镇长山一带。长山因地处长江边，江雾迷漫，空气清新，气候湿润，适合茶叶生长。所产茶叶具有气香色清的天然品质。长山高峰茶场制成的高峰鹿液茶，条索紧结，色泽嫩绿，带有清香。用水冲泡，碧色诱人，味感鲜醇，有生津止渴、解乏提神的作用。高峰鹿液茶分春、秋两季采摘，以谷雨前为最好。曾在江苏省品茶会上获第一名。

凤凰白茶　2008年，凤凰山茶园批量引进安吉白茶良种，针对其适应性要求高的特点，改革栽培技术，创新加工工艺，形成“采摘把关、重视萎凋、注重杀青、回潮揉捻、薄摊二青、扬去末子、搓条整形、足干提香”的独特工艺流程。凤凰白茶以“叶白、脉绿、香郁、味醇”独树一帜，营养丰富，药用价值高，氨基酸含量高于普通绿茶2倍至5倍，味鲜爽不苦涩，受到消费者青睐，成为张家港市茶叶新品牌。

弄里芹菜　凤凰镇金谷村朱家弄种植的水芹，品质优良，历史悠久。在上海、苏州等地享有盛名，称“弄里芹菜”。相传宋代名将韩世忠和夫人梁红玉带兵驻守庆安，被金兵围困，军中缺粮，梁红玉率部遍寻野菜，至弄里一带见有大片野芹，味清香，采食充饥。以后，人们把野芹移植家种，称为“玉芹”，并精心培育，世代栽种。芹菜品种有大青种、小青种、红种、麻栗等，具有嫩茎（俗称白头）长、叶柄青、质地脆、香味浓、存放时间较久等特点。无论是清炒，或与豆制品素炒，或与肉类混炒，都味道鲜美，各具风味；若在开水里稍烫后，浇上酱油、麻油等佐料，拌作冷菜，则香脆、鲜嫩、爽口，能去腻、舒胃。是苏州、无锡、上海一带家庭日常生活和便宴常用的菜肴。

高庄豆腐干　凤凰高庄豆腐干始于清咸丰年间，已有100余年的历史。原料选用经精心筛选的地产小黄豆，制法独特，一般要经过磨豆、滤浆、点卤等11道工序，制作精细，风味独特。清末民初，已畅销常熟、江阴、无锡等地。高庄豆腐干有厚型、薄型两种，呈绛色，质地细实，五香佐料渗透入味，闲吃或做下酒菜，均属佳品。

拖炉饼　杨舍、塘桥等地的著名传统风味小吃，已有150余年历史。其制作工艺独特，烘烤时需用两口炉，下面为底炉（平底），上面为顶炉（尖顶，呈锥状），烘烤时两口炉同时加热吻合，并以顶炉的热量将饼吊熟，大有顶炉拖底炉之势，故称拖炉饼。拖炉饼采用上等面粉、白糖、净板油（加工过的生猪油）、荠菜、芝麻、桂花等为原辅料。口味油而不腻，甜而不黏，清香可口。集酥、甜、松、脆、香于一体，外形饱满，色泽金黄，酥层清晰。

沙洲优黄　沙洲优黄（后塍黄酒）始酿于清光绪年间，已有100余年的历史。原料选用优质大米。其制作需经过过筛、浸渍、摊冷、落缸、发酵、压榨、澄清、勾兑、煎酒等十几道工序，工艺精细。所酿黄酒具有色泽金黄、酒体协调、清亮透明、醇厚爽口等特点，不仅营养丰富，而且在文化、工艺、保健和药用等方面有重要价值。产品历经江苏张家港酿酒有限公司数十年开发，已形成沙洲优黄、江南印象、吉星高照、太湖之星等系列150余种黄酒产品，酒龄为2年、3年、5年、6年、7年、10年、15年、20年等不同规格，沙洲优黄被誉为中国半甜型黄酒的典范。产品深受上海、苏州等地消费者欢迎，还远销海外。“沙洲”“沙洲优黄”商标被认定为中国驰名商标。

【名胜古迹】　张家港境内有多处新石器时代遗址。其中，金港镇南沙东山村遗址以马家浜文化和崧泽文化为主，发现马家浜晚期和崧泽文化早中期大墓、大房址及分区埋葬现象，是长江下游最重要的史前遗址。塘桥镇境内的黄泗浦遗址是唐代鉴真大和尚第六次东渡日本并获得成功的启航地，1963年国家在鹿苑黄泗浦古址设立纪念经幢，20世纪90年代后陆续修建东渡纪念馆、碑亭和东渡禅院。金港镇香山景区古迹众多，有梅花堂、桃花涧、圣过潭、藏军洞、香山寺等，其中梅花堂由宋代大文豪苏东坡题写匾额，明代地理学家徐霞客曾在堂内小住并写下6首诗、2篇序文。张家港南部地区的集镇大多是明清以前建成的古镇。其中，杨舍镇是古暨阳、梁丰县的县治，明代多次发生抗倭斗争，当时建造的杨舍堡城是江南5座城池中规模最大的防御倭寇工程；凤凰镇恬庄古镇保留有榜眼府、杨氏孝坊以及石板街道等古迹，已完成保护性修复；塘桥镇已修复庞氏故居嘉荫堂。凤凰镇境内的永庆寺、塘桥镇境内的永昌寺均属“南朝四百八十寺”之列，其中永庆寺所在的河阳山（凤凰山）周围有秀峰、醴泉、读书台、红豆树等名胜古迹，且有多处名人墓葬。北部的乐余镇有保存较为完整的民国时期一条街——乐余老街。至2016年年末，全市有国家AAAA级旅游景区4个，分别是凤凰山景区、香山景区、永联小镇景区、暨阳湖生态旅游区；有AAA级旅游景区3个，分别是东渡苑景区、常阴沙生态农业旅游区、梁丰生态园；有AA级旅游景区1个，为张家港公园。暨阳湖生态园为省级湿地公园，双山岛旅游区为省级旅游度假区。

【革命传统纪念地】　张家港是一块英雄辈出、风雷激荡的红色热土。在战火纷飞的革命年代，张家港人民在中国共产党领导下，发动沙洲农民暴动起义，开展抗日救国运动，积极配合渡江作战，建立人民民主政权。境内重要的纪念设施有：双山渡江战役纪念碑、沙洲县抗日民主政府纪念馆、香山烈士陵园、巫山渡江战役登陆纪念碑、学勤广场、毋忘国耻纪念碑亭、南丰之战纪念广场等。重要革命机构旧址有：1926年中国共产党金村支部旧址、江南人民抗日救国军沙洲县办事处旧址、沙洲县抗日民主政府成立地旧址、蔡悲鸿办公旧址、重建后的沙洲县抗日民主政府活动地旧址、江南保安司令部警卫一团成立地、新四军六师十八旅后方医院第一疗养所旧址、新四军六师十八旅修械所旧址、地下情报站、交通站旧址等。重要历史事件纪念地有：农民暴动纪念地（后塍农民暴动纪念地、占文桥农民暴动纪念地、杨舍农民暴动纪念地、店岸福利垦殖公司暴动纪念地）、拦门沙江心遭遇战纪念地、常家埭地洞旧址、恬庄“千人坑”纪念地、谭震林抗战动员讲话纪念地暨年旺街小学党支部旧址、血战南横套纪念地、收缴伪军武装纪念地等。重要人物故居及纪念地有：孙逊群烈士纪念地、谢恺烈士故居、茅学勤烈士纪念地、范醒之故居、田平故居、许亚故居、孙洁人故居等。　（史　志）

文明张家港

【张家港精神】　1992年，在改革开放的进程中，张家港人培育、塑造“团结拼搏、负重奋进、自加压力、敢于争先”的张家港精神，实现张家港的大变化、大发展。张家港精神是一种艰苦奋斗的创业精神，是一种科学务实的创新精神，是一种敢争一流的创优精神。1995年5月13日，时任中共中央总书记的江泽民赴张家港考察，并为“张家港精神”亲笔题词；是年10月，全国精神文明建设经验交流会在张家港召开，从此“张家港精神”在全国迅速产生极为广泛的影响，并被刘云山称赞为：“张家港精神已经成为我们中华民族精神和时代精神的重要组成部分”。通过深入持久的教育和熏陶，张家港精神已经成为全市人民的自觉行动和共同追求，成为实现率先发展的强大动力，同时成为江苏“三创三先”（创业、创新、创优，争先、领先、率先）精神的一个生动典型和苏州科学发展“三大法宝”之一。在张家港精神激励下，全市文明城市创建结出丰硕成果，荣膺首批全国文明城市，成为江苏省首批全面小康达标县（市）。2015年2月，实现全国文明城市“四连冠”。至2016年年末，张家港市先后获国家级荣誉200余项。

【文明系列创建】　2016年，全市组织开展2013—2015年度江苏省文明行业和江苏省文明村镇、文明单位（社区、校园）创建工作，杨舍镇等8个镇被评为江苏省文明乡镇，杨舍镇农联村等20个村被评为江苏省文明村，杨舍镇金塘社区等5个社区被评为江苏省文明社区，张家港市人民检察院等34个单位被评为江苏省文明单位，张家港市实验小学等3个学校被评为江苏省文明校园。在2016年度张家港市文明机关、文明区镇、文明村、文明社区、文明单位评比中，市委办公室等91个部门被评为文明机关，南丰镇、经济技术开发区（杨舍镇）等2个区镇被评为文明区镇标兵，保税区（金港镇）等8个区镇被评为文明区镇，保税区（金港镇）高桥村等10个行政村被评为文明村标兵，保税区（金港镇）柏林村等101个行政村被评为文明村，保税区（金港镇）后塍中心社区等15个社区被评为文明社区标兵，保税区（金港镇）德丰社区等141个社区被评为文明社区，市公安局锦丰派出所等23个单位被评为文明单位标兵，市公安局城北派出所等77个单位被评为先进文明单位，市后塍幼儿园等329个单位被评为文明单位。年内，蒋永明、杨建平入选“中国好人榜”，蒋永明、李健、杨建平入选“江苏好人榜”，李健获评“2016年度苏州最美人物”，沈杏娣等12人（组）获评“苏州好人·百名文明市民标兵”。1月22日，“最美苏州人2015苏州道德模范精神文明建设十佳新人交流活动”在苏州市文化馆举行，张家港市纪检好干部——施忠华被评为2015年度“最美苏州人”称号。2月2日，张家港市2016年度“我们的节日·春节”新春志愿服务集市暨“晒晒我的传家宝”征文活动在南丰镇科文中心体育馆举行。2月16日，市委、市政府召开全市党建工作、文明城市建设暨先进表彰会议。3月，省文明办发文通报2015年文明城市省级测评结果，张家港市以94.47分名列全省第一。3月19日晚，由市文明办、教育局、环保局、城管局、公共机构节能办、邮政局、电信局共同主办的“为‘蓝’生活，地球一小时”公益活动在杨舍老街举行。3月31日下午，“我们的节日·清明”2016年张家港市“香山有约·文明同行”诗歌朗诵会在香山景区游客中心举行。4月11日，江苏省文明旅游倡导工程暨“为中国加分”文明旅游公益行动（江苏）启动仪式、全省文明礼仪工作推进会在张家港市召开，省文明办主任杨志纯、省旅游局局长秦景安出席启动仪式。5月11日，道德模范与身边好人现场交流活动暨2015年度张家港市十佳身边好人颁奖典礼在塘桥文体中心举行，6月23日，由省委宣传部、省文明办、省网信办主办、中国江苏网承办的“道德风尚美江苏”全国网络媒体江苏行媒体一行至张家港，深入宣传张家港市思想道德建设和精神文明建设情况。7月14日，张家港市“身边好人故事汇”演讲比赛在市文化中心星海剧场举行。7月15日，由省文明办、省教育厅等单位主办，省科技馆承办的江苏省第四届优秀科普剧全省巡演启动仪式在市文化中心星海剧场举行，省文明办副主任葛莱、省教育厅副厅长朱卫国、省广播电视总台副台长顾建国出席仪式。7月16日上午，张家港市“爱在桃花源”公益活动暨第五届凤凰水蜜桃采摘文化节在凤凰山景区游客中心广场开幕。9月3日，“落实小举动，凝聚大文明”公益徒步行活动拉开帷幕。9月9日、10日，市文明办组织道德模范、身边好人、优秀志愿者24人赴宜兴开展红色之旅。8月至10月，市文明办牵头主要围绕“公共环境、公共秩序、公共服务、公民行为”4个方面，在全市范围内组织开展“您最希望改善的不文明行为”调查活动，吸引6万余人次参与互动，直接参与投票4.8万人次，收集各类改善文明城市建设意见和建议近千条，选出身边的十大不文明行为，为高质量开展文明城市创建、高标准提升市民文明素质提供数据指引。11月11日，全省诚信示范街区创建工作会议在南通举行，张家港市委常委、宣传部部长杨芳参加会议并做交流发言。11月23日，文明城市建设长效管理工作推进会在沙洲湖酒店举行。12月27日，第二届张家港市道德模范、身边好人文艺创作大赛决赛在星海剧场举行。至年末，全市共有全国道德模范2人，江苏省道德模范4人，“中国好人”22人，“中国好人”数量位居全省县级市第一。

【社会志愿服务】 全市在志愿服务专门网站——友爱港城网登记志愿服务团队达到879支，注册志愿者人数5.38万人，累计志愿服务时长101万小时。市财政投入志愿服务专项资金150万元，各团队在友爱港城网发布实施志愿服务活动13360次，平均每天有36.6个志愿服务活动在城乡开展。3月5日，张家港市2016年度志愿服务集市暨经开区（杨舍镇）志愿服务日主题活动在吾悦广场举行。4月8日，省旅游局、省文明办发文表彰2015年度江苏省优秀旅游志愿者、优秀旅游志愿服务项目和优秀旅游志愿服务组织，钱雪英获江苏省优秀旅游志愿者称号，“绿山军”志愿服务队获江苏省优秀旅游志愿服务组织称号。5月12日，市文明办、市青商会举办志愿服务项目签约仪式，共签约志愿服务项目8项。5月25日，2015年度张家港市优秀志愿者嘉许典礼在文化中心星海剧场举行表彰优秀志愿者5人。6月13日至17日，张家港市志愿服务管理培训班在广州市志愿者学院举办。9月12日，由团省委举办的2016年江苏省青年公益项目大赛在南通举行，经开区（杨舍镇）城西街道龙潭社区“109”公益小分队的“我的玩具去新家”志愿服务项目获一等奖。9月12日，苏州市文明委发文表彰2015年度苏州市“乡风文明志愿岗”“社区金乡邻志愿岗”优秀岗位，杨舍镇黎明村“孝暖夕阳”爱心帮扶岗等15个岗位获评“乡风文明志愿岗”优秀岗位，锦丰镇合兴社区“向日葵护绿”环境美化岗等5个岗位获评“社区金乡邻志愿岗”优秀岗位。9月30日，由市文明办、文联、残联、教育局共同主办的“同圆中国梦，共创文明城”文艺志愿服务活动在特殊教育学校启动。11月5日、6日，由市文明办、市志愿者协会主办的张家港市第二届志愿者运动会在沙洲职业工学院体育馆举行。12月3日，第三届中国青年志愿服务项目大赛暨志愿服务交流会在浙江省宁波市举行，经开区（杨舍镇）城西街道龙潭社区“109”公益小分队的志愿服务项目“我的玩具去新家”获银奖。12月5日，苏州市志愿者行动协调委员会在苏州市青少年活动中心举办“责任照亮未来”2016年度国际志愿者日主题活动，金港义工联盟志愿者戴雪峰获评2016年度苏州市最美志愿者，“暨阳玫瑰”巾帼志愿服务总队获评2016

年度苏州市最佳志愿服务团队，同城伙伴志愿服务团“足印港城——关爱新市民子女计划”获评2016年度苏州市最佳志愿服务项目，美湖使者志愿服务团“珍爱生命·防止溺水”获评2016年度苏州市最佳志愿服务项目提名奖，金港镇德丰社区获评2016年度苏州市最佳“金乡邻”志愿服务社区，张家港开放大学志愿服务队姚雪明获评2016年度“苏州市十佳青年志愿者”。12月22日，张家港市文化志愿者协会被文化部评为2016年优秀文化志愿服务团队。

【未成年人思想道德建设】 全市未成年人思想道德建设常抓不懈。1月14日，张家港市葛再胜、刘玲、徐萍、俞雷、朱镁被苏州市精神文明建设指导委员会授予2013—2015年度苏州市未成年人思想道德建设工作先进个人称号。6月，市文明办和市关工委、塘桥镇关工委获评全省关心下一代工作先进集体荣誉称号。6月28日，2016年度全市青少年“学党史、知国情、爱家乡”知识竞赛决赛在市文化中心星海剧场举行。7月30日，“我眼中的新港城”2016年张家港市青少年书信文化活动启动仪式在吾悦广场正式启动。8月26日，“童心里的诗篇”——中国·江苏第二届全国少儿诗会在张家港保利大剧院举行，省委常委、宣传部部长、省文明委主任王燕文，中国作家协会党组成员、书记处书记、副主席白庚胜等出席活动并为获奖者颁奖。12月22日，全市首届“童心里的诗篇”少儿诗歌朗诵大赛在塘桥镇文化中心拉开帷幕。12月30日，苏州市文明办下发《关于授予第四届苏州市“百名美德少年”“十大美德少年标兵”荣誉称号的决定的通知》，张家港市闵家熙等9名少年获第四届苏州市“百名美德少年”称号。其中，茅迅依被评为第四届苏州市“十大美德少年标兵”。　　（赵　宇）

经济建设

【综合实力】 全年经济发展稳步增长，转型升级取得新突破，全市实现地区生产总值2317.24亿元，按可比价格计算，比上年增7%。其中，第一产业增加值31.34亿元，比上年增0.5%；第二产业增加值1214.7亿元，比上年增4.3%；第三产业增加值1071.72亿元，比上年增10.5%。三次产业的比重为1.4∶52.4∶46.2。按户籍人口计算，人均地区生产总值25.06万元，按平均汇率折3.77万美元；按常住人口计算，人均地区生产总值18.47万元，按平均汇率折2.78万美元。

财政收入　全年实现财政总收入428.56亿元，比上年增13.7%。其中，公共财政预算收入190亿元，比上年增9.1%。公共财政预算内支出184.9亿元，比上年增7.9%。增值税入库金额146.94亿元，比上年增14.81%；消费税入库金额3831万元，比上年增11.5%；营业税入库金额15.18亿元，比上年减41.44%。

固定资产投资　全年完成全社会固定资产投资额724.77亿元，比上年减4.1%。其中，完成工业投资385.67亿元，比上年减1.1%，占全社会投资额的比重为53.2%；服务业投资339.09亿元，比上年减7.3%，占全社会投资额的比重为46.8%。

【农业】 全年粮食总产量22.17万吨，油料总产量3833吨，蔬菜总产量31.1万吨，出栏生猪6.99万头、羊1.39万头，上市家禽107.53万羽，实现农、林、牧、渔业总产值59.49亿元。其中：农业产值33.45亿元，林业产值7.13亿元，牧业产值5.07亿元，渔业产值5.93亿元，农、林、牧、渔服务业产值7.91亿元。全市农业龙头企业实现销售收入270.36亿元，其中9家省级以上农业龙头企业实现销售收入235.8亿元。农机总投入7131万元，农机总动力29.99万千瓦，农机综合化水平92%。全市苏州市级以上现代农业园区增至7个，新建园区面积1103公顷。

【工业】 全年完成工业增加值1155.3亿元，比上年增4.1%。完成工业总产值5120.5亿元，比上年减2.6%。其中，规模以上工业完成总产值4571.66亿元。冶金、纺织、机电、化工、粮油食品五大行业在规模以上工业总产值中占的比重为95.3%，其中冶金占48%、纺织占14.7%、机电占14%、化工占14.1%、粮油食品占4.5%。实现主营业务收入4529.15亿元，工业利税255.35亿元，工业利润172.38亿元。工业用电量264.91亿千瓦小时，比上年减1.2%。全年销售收入超1亿元的工业企业有361家，其中超1000亿元的有1家，200亿元至1000亿元的有2家，100亿元至200亿元的有3家，50亿元至100亿元的有4家，20亿元至50亿元的有16家，10亿元至20亿元的有26家。沙钢集团连续8年入围世界500强。规模以上工业主要产品产量：食用植物油98.44万吨，比上年增15.5%；黄酒5.7万升，比上年增0.8%；布23091万米，比上年增6.8%；服装17937万件，比上年减13.7%；纯碱62.14万吨，比上年增3%；化学肥料32.91万吨，比上年增4%；化学农药8896吨，比上年减0.1%；水泥300.01万吨，比上年减5.1%；成品钢材3352.7万吨，比上年减5.8%；铜材2.93万吨，比上年减20.7%。全市民营经济平稳发展，规模以上民营企业完成工业总产值3281.74亿元，4家入围中国企业500强，6家入围中国民营企业500强，8家入围中国民营企业制造业500强。新增私营企业5657家、个体工商户12748户，新增注册资本分别为250.04亿元和15.45亿元，私营企业注册资本累计1674.23亿元。全市有上市企业17家，募集资金总额476.9亿元，另有27家企业在“新三板”挂牌，累计企业挂牌数60家，上市总数继续保持苏州市领先。

【建筑业】 全年完成建筑业总产值156.28亿元，竣工产值185.24亿元。房屋施工面积1435.4万平方米，其中新开工房屋建筑面积340.47万平方米；建筑业企业实现利税总额14.8亿元。年末，全市有建筑业资质企业373家，其中设计与施工一体化资质企业19家、施工总承包企业97家、专业承包企业205家、劳务分包企业43家，企业主、兼营（增项）涉及专业24

个。全市建筑业企业从业人员3.5万人,其中技术经济人员8685人。

【服务业】 全市实现服务业增加值1071.2亿元,比上年增6.19%,高于地区生产总值增速2.27个百分点。服务业增加值占全市地区生产总值的比重为46.23%,比上年提高1个百分点。服务业对地区生产总值增长的贡献率超五成。服务业入库税收135.89亿元,占全市税收总额的42.8%;服务业公共财政预算收入68.06亿元,占全市总量超35%。

港口物流 全年口岸完成货物吞吐量2.86亿吨,比上年增2.4%,其中金属矿石7857.9万吨、煤炭及制品6702.6万吨、钢铁4226.1万吨、矿建材料2125.8万吨、化工原料及制品1309.8万吨、粮食825.4万吨、木材625.3万吨、化肥及农药310.4万吨、石油天然气及制品163.1万吨、水泥135.4万吨、机械设备28.2万吨。外贸运量6102.6万吨,比上年增2%,其中外贸进口4126.5万吨。依托汽车整车进口口岸、粮油市场、化工品交易中心、纺织原料市场、进口消费品市场、进口肉类指定口岸等特色载体,全年进出口整车1.28万辆,进口粮食427.2万吨、葡萄酒399万升、羊毛13万吨、棉花9.6万吨、肉类10.7万吨,整车、粮食、红酒、羊毛、棉花、肉类等特色货种进口量持续位居全省同类口岸之首。集装箱运量98.3万标箱。货物吞吐量连续7年超2亿吨,保持全省领先,居全国县域口岸首位。外贸运量和集装箱运量在长江港口位列前茅。

商品贸易 年内,全市实现社会消费品零售总额535.16亿元。其中,城镇零售总额461.65亿元,农村零售总额73.51亿元。社会消费品零售总额按行业分:批发业67.76亿元,零售业389.78亿元,住宿业5.86亿元,餐饮业71.76亿元。在限额以上单位商品零售分类中,汽车类、粮油食品类、服装鞋帽针纺织品类、中西药品类、家用电器和音像器材类、通信器材类分别比上年增3.2%、1.6%、1.3%、6.6%、3.6%、4%;石油及制品类、烟酒类、日用品类、金银珠宝类分别比上年减9.1%、9.6%、1.2%、9%。全市有消费品市场69家,年成交额145.27亿元,其中农副产品综合市场成交额128.96亿元、工业品市场成交额16.31亿元。成交额超1亿元的消费品市场有20家。市生产资料市场主要经营化工、钢材、建材、汽车、木材、纺织原料、粮油、五金、家具、小商品及国际消费品等。玖隆物流园、江苏化工品交易中心、张家港保税区纺织原料市场、保税区进口消费品中心成交额分别达到1250.2亿元、2239.06亿元、332.84亿元、318.49亿元。

金融 全市银行业金融机构本外币各项存款余额2632.06亿元。其中,人民币各项存款余额2508.27亿元。外币各项存款余额17.84亿美元。人民币住户存款余额1018.23亿元,外币住户存款余额18993万美元。全市银行业金融机构本外币贷款余额2044.19亿元,其中人民币各项贷款余额1994.4亿元;外币各项贷款余额7.18亿美元。市保险业全年完成保费收入45.37亿元,其中财险收入16.35亿元、人身险收入29.02亿元。全年理赔支出15.51亿元,其中财险支出10.58亿元、人身险支出4.93亿元。全市证券开户数26.13万户,全年证券交易额4160.11亿元。

房地产 全市有房地产开发企业69家。全年完成房地产开发投资163.81亿元,比上年减0.2%。商品房施工面积1007.7万平方米,竣工面积179.61万平方米,新开工面积105.04万平方米。市区预销售面积170.05万平方米。新核准预售商品房10317套、156.03万平方米。新建商品房成交18239套、248.71万平方米,二手住房成交10984套、127.66万平方米。全市新建商品房成交均价每平方米9068元,其中市区成交均价每平方米10541元,比上年减8.93%。

交通运输 全市完成交通基础设施建设投资41.6亿元。沪通铁路、张家港疏港高速公路、申张线航道(金港段)整治工程等区域大交通项目进展顺利,晨丰公路(双鹿路至老204国道)、永泰路等市属交通工程按计划推进。全年市属公路建设项目累计完成投资1.15亿元,全年完成公路养护资金投入1.76亿元,其中国省干线公路养护性投资5500万元、乡村道路大中修投资1.21亿元,完成乡村道路拓宽改造2.89千米。全市境内公路总里程1617.13千米,其中国省干线公路188.85千米、县级公路209.72千米、乡镇公路624.16千米,村级公路594.4千米,公路密度每平方千米2.09千米。新建农村公交候车亭44座,市区公交候车亭2座。改造公交运力140辆,公共财政完成公共交通投资8900万元。全市营业性交通运输共完成公路、水路客运量3227.6万人次、客运周转量141506.1万人千米。完成公路、水路货运量1829.8万吨,货运周转量322073.3万吨千米。张家港船闸全年开放闸次21854次,放行船舶82689艘,通过量6181.23万吨。

旅游 全市旅游业接待游客913.57万人次,旅游总收入138.29亿元。暨阳湖欢乐世界、江南农耕文化园、凤凰山景区、香山景区和双山岛旅游度假区5个收费景区实现门票收入2673.27万元,景区营业收入10407.88万元。全市有旅游星级饭店9家,其中五星级3家、四星级3家、三星级3家。全年累计接待人数33.84万人次,其中境外游客3.54万人次;营业收入46763.81万元,客房平均出租率49.39%。全市有旅行社37家,其中国际社2家,在册导游187人。拥有省四星级旅行社2家,省三星级旅行社8家。全年累计组团人数12.51万人次,地接人数7.47万人次,营业总收入1.95亿元。

邮电通信 全年完成邮政业务总收入1.54亿元,通信运营商业务总收入21.34亿元。其中,中国电信股份有限公司张家港分公司收入7.12亿元、移动中国通信集团江苏有限公司张家港分公司收入9亿元、中国联合网络通信有限公司张家港市分公司收入1.54亿元。全市有固定电话用户25.19万户,其中电信公司张家港分公司固定电话用户23.5万户;移动电话用户155.65万户,其中电信公司张家港分公司移动电话用户46.3万户、移动公司张家港分公司用户92.8万户、联通张家港市分公司用户16.53万户。有宽带用户112.75万户。

【开放型经济】 对外及对港澳台贸易　全市完成对外及对港澳台进出口贸易总额274.17亿美元，其中进口总额132.15亿美元、出口总额142.02亿美元，贸易顺差9.88亿美元。一般贸易进出口仍占主导地位，为220.82亿美元，其中出口117.44亿美元，占全市出口总额的82.69%。全市有出口实绩企业2722家。其中，自营出口企业2404家，合计出口81.65亿美元，占全市出口总额的55.61%；三资企业318家，合计出口33.74亿美元，占全市出口总额的22.97%。

利用外资及港澳台资　全市新批外商及港澳台商投资项目49项，新增注册外资及港澳台资4.53亿美元，到账外资及港澳台资6亿美元。全年批办增资项目26项，新增注册外资及港澳台资2.44亿美元。新批服务业项目31项，新增服务业注册外资及港澳台资2.07亿美元，到账外资及港澳台资1.71亿美元；新批投资总额超1000万美元项目9项，注册外资及港澳台资3.67亿美元。全年战略性新兴产业和高技术项目实际使用外资及港澳台资2.4亿美元。

对外及对港澳台经济技术合作　全年新签境外工程合同额2.78亿美元，完成境外工程劳务营业额2.64亿美元，外派劳务85人。新增服务外包企业11家，服务外包企业累计120余家，年内完成接包合同额3.51亿美元，离岸执行额1.32亿美元。新批对外及对港澳台投资企业（项目）20家，对外及对港澳台投资总额4.63亿美元，其中张家港投资方协议投资额4.61亿美元。新批对外及对港澳台投资500万美元以上项目12项，张家港投资方协议投资额4.51亿美元。其中，1000万美元以上项目11项，张家港投资方协议投资额4.42亿美元。

【科技创新】 全市财政科技投入10.49亿元，占市级财政一般预算支出的5.68%。新增高新技术产品390种，新增高新技术企业75家，新增省级以上企业创新平台48家，获评苏州市级以上科学技术奖励27项，评定张家港市科学技术奖励57项，万人发明专利拥有量达到30.13件。全市新增国家国际科技合作计划2项，实现零突破；新增省国际科技合作计划1项，累计17项；新增产学研合作项目222项；累计有768家企业与260所（家）高校、科研院所建立科技合作关系。

政治建设

【党的建设】 在“十三五”发展开局之年，全市上下凝心聚力，改革创新，党建工作持续深化，从严治党得到加强。5月23日至30日，全市8个镇先后召开党代会，选举产生出席市第十一次党代会代表，并进行换届选举。7月25日至28日，中国共产党张家港市第十一次代表大会在市沙洲宾馆会议中心召开。大会审议并批准朱立凡代表中共张家港市第十届委员会所作的《落实五大发展理念，增创转型升级优势，全力争当“强富美高”新江苏建设排头兵》的工作报告。大会审议并批准张玮代表中共张家港市纪律检查委员会所作的《坚持全面从严治党，聚焦监督执纪问责，努力推动党风廉政建设和反腐败工作再迈新台阶》的工作报告。选举产生中共张家港市第十一届委员会委员37人、候补委员7人；选举产生中共张家港市纪律检查委员会委员17人；选举出席中共苏州市第十二次代表大会代表49人。全年市委共召开14次常委会研究干部调配工作，全年调整干部483人次，其中提拔使用169人。继续深化基层服务型党组织建设，以基层支部规范化建设为契机，优化调整区域化党建格局。依托智慧党建信息平台，持续运行区域活力指数绩效系统，推动机关党员走进区域参与服务。全市基层党组织建设探索点上经验，推进“党建引领基层治理法治化”善港模式，相关经验在《人民日报》《光明日报》等媒体报道。

【人大监督】 2016年年初，全市有十三届人大代表328人。年末，全市有江苏省十二届人大代表4人、苏州市十五届人大代表69人、张家港市十四届人大代表336人。市十三届人大五次会议后，市人大及其常委会紧扣经济转型升级、创新驱动、民生福祉改善和民主法治建设等工作重点，对全市对台工作、社区医疗卫生服务体系建设、国资监管和司法体制改革等工作进行督察，提出意见建议，推动工作落实。年内，市人大常委会听取和审议“一府两院”专项工作报告36项，作出决议、决定23项。全年依法任免国家机关工作人员88人次，其中任免市人大、市政府工作人员50人次，“两院”工作人员38人次。接受辞去市长职务1人、副市长职务6人，接受辞去市人大常委会委员职务1人。全年组织对《中华人民共和国产品质量法》《中华人民共和国大气污染防治法》和《中华人民共和国禁毒法》3项法律贯彻实施情况进行执法检查。就人民防空、全民健身、工业经济结构调整情况、防汛排涝、议案办理等进行考察和调查35次，撰写调研报告26篇。

【法治建设】 2016年年初，市委政法委、市依法治市领导小组办公室制定《2016年“法治张家港”建设工作要点》。2月，全面启动实施“关爱民生法治行”惠民实事工程，遴选确定“行政执法阳光透明运行机制建设”“推广食品安全责任保险”“确权建档·服务三农专项行动”等10个市级重点项目及26个一般项目，印发《2016年“关爱民生法治行”活动实施方案》，分解工作责任，纳入区镇、机关绩效考评范围。邀请市人大代表、政协委员适时对项目进展情况进行调研督察。3月，会同市委组织部开展法治型党组织建设专题调研，深化基层法治型党组织建设。4月，征集各区镇、部门开展法治实践活动优秀案例，总结推广法治建设成功经验。5月，组织开展市第二届“十大法治人物、法治事件”评选活动。6月，开展系列法治宣传活动，利用微信平台开展法治知识有奖竞答活动。7月，组织开展“百名法学家百场报告会”活动。10月，开展区镇“法治建设满意度”自测评工作。11月，举办“法治张家港”建设领导干部专题研修班。12月，开展领导干部年终述法考评工作，共评选表彰“关爱民生法治行”项目“‘爱立方’青少年维权保护”“法治公益广告提升行动”“推广食品安全责任保险”等优秀项目10项。年内，完成市社科联年度应用研究课题“浅谈依法执政报告制度”。开展法学会年度研究课题立项征集工作，共立项8个重点课题，12个一般课题。组织法学会会员参加“中国法学家论坛”征文、“法治江苏建设高层论坛”征文、“长三角法学论坛”征文、苏州市“法学会主题研讨会”征文等调研征文活动，累计撰写报送论文44篇，其中《群众法治满意度和百姓法治获得感提升路径研究》被收入第二届县域法治建设高层论坛论文集，被苏州法学会《法治研究与参考》刊载。年度张家港市法治建设满意度省测评达到98.5%，居苏州市首位。张家港市“社区协商：基层治理法治化的新探索”项目获评“中国法治政府奖”，张家港市政府获评全国法治宣传教育先进单位，金港镇获评全省普法工作先进单位。（高　双）

【政治协商】 2016年年初，市十一届政协有委员333人。年内，有16人由于工作变动等原因，不再担任该届政协委员，调整增补政协委员19人。至年末，市十一届政协有委员336人。年内，市政协组织召开各类协商议政会议7次。其中，市政协常委会议分别就加快跨境电商发展、推进大众创业、物业管理、经济社会发展及提案办理等议题，市政协主席会议分别就国土资源节约集约利用、宗教场所合理规划布局、体育产业发展、加强村级集体资产管理与监督等议题，与市政府及有关部门进行协商，形成专题调研报告3篇，提出各类意见建议70余条，专委会开展对口协商通报活动8次。市政协十一届五次会议期间，共收到提案391件，其中集体提案76件，个人提案315件。经审查，立案305件，其中经济科技类73件、城乡建设类75件、社会事业类148件、其他类9件。9月，市政协组织开展社情民意收集活动，收集社情民意信息130条，向市委、市政府报送28条，市政府及各相关部门逐一落实。

文化建设

【教育事业】 2016年，全市教育经费总投入37.26亿元，其中公共财政教育经费支出30.89亿元。招收新生5.04万人，毕业生4.56万人，年末，在校学生18.84万人，比上年增5732人，吸纳新市民子女8.15万人。全市有幼儿园60所。在园幼儿41273人（含新市民子女18093人），比上年增2844人。其中，0周岁至3周岁婴幼儿入园（所）人数500人，适龄幼儿入园率100%。全市有小学38所（含村校1所）。在校学生80146人（含新市民子女44740人），比上年增2104人。全市有中学43所，其中初中34所、普通高中9所（含完中2所）。在校学生42275人，其中初中生30769人、高中生11506人。全市有职业类院校6所，其中公办职业院校5所，民办职业院校1所。年内，职业院校招收新生90个班3866人，普职比1∶1。全市职业院校在校生12251人，毕业生2428人。全市有沙洲职业工学院、江苏科技大学张家港校区、江苏科技大学苏州理工学院、张家港开放大学4所高校。4所高校在校学生16767人、毕业学生5331人。4所高校教职工846人，专任教师594人，其中教授20人、副教授195人、讲师308人、助教56人。全市教育系统教职员工9376人，专任教师9016人。专任教师中，普通高中1321人，职业学校909人，初中2197人，小学3427人，幼儿园1061人，特殊教育学校38人，市少年宫、青少年社会实践基地等校外教育机构63人。

【文化事业】 公共文化服务　年内，市委出台《关于全面构建现代公共文化服务体系的实施意见》，全市购买2016年度文艺演出服务20场。推进镇、镇办事处文化中心建设，凤凰、乐余文化中心启用。书场（戏台）繁荣工程被列入民生实事项目，至年末全市书场达到32个。组织开展2016年中国（张家港）长江文化艺术节，“长江文化艺术节”获江苏省首批群众文化“百千万”工程优秀文化活动品牌。继续开展村村演、周周唱、天天说、月月映等群众文化活动，举办2016年“幸福港城”网格文化活动21项，文化志愿服务团队62个，注册文化志愿者达2940余人。“探索基层文化驿站新模式”获得2016年度苏州市宣传思想文化工作创新成果项目，市文广新局获第六届全国“双服务”先进集体、第五届江苏省“双服务”先进集体荣誉奖，市文化馆成为江苏省县级文化馆总分馆制建设试点单位（全省仅3家），全年开展52个重点特色服务项目1500场次，受益群众达到15万人次。组织开展2016年“全民读书月”活动，成立全国首家少儿阅读邮局，“最美悦读空间”被列为2017年度实事工程项目。召开“有线智慧镇（社区）”建设推进会，塘桥镇、乐余镇完成项目签约，数字中波接收装置和应急终端安装通过省局验收。承办全省县级应急广播建设宣传贯彻培训班，并在会上作经验交流。

文艺创作与非遗　年内，张家港市成功创建中国曲艺名城，成立江苏省曲艺创作研究基地。创排、打磨、提升一批优秀作品，表演唱《江边渔歌》入围文化部“群星奖”决赛，小品《牛二进城》入选2016年度国家艺术基金小型剧（节）目和作品创作资助项目，中篇评弹《牵手》获第九届中国曲艺牡丹奖节目奖第一名。8个项目入选2016年度江苏艺术基金资助项目，数量居县（市、区）首位。锡剧《三三》入选江苏优秀现代戏市场推广演出剧目，开展全国巡演。完成《张家港市第一次全国可移动文物普查工作报告》编制，在全省县（市、区）率先举办“全国可移动文物普查成果展”。黄泗浦遗址围绕考古遗址公园规划和“海上丝绸之路”申遗，启动测绘、调查、勘探和第三轮考古发掘工作，4个项目入选第四批省级非物质文化遗产代表性项目名录扩展名录，项目总数11个。

文化产业　年内，全市有6个项目被苏州市评为重点文化产业项目，13个项目入围2016年度文化产业发展专项引导资金评审项目。如意通动漫有限公司在全国中小企业股份转让系统挂牌。张家港软件动漫产业园申报"江苏省版权示范园区"。组织相关企业参加苏州创博会、中国杭州国际动漫节和江苏省文化创意产业交易会。市文化行政综合执法大队获评国家版权局查处侵权盗版案件有功单位三等奖、全国"扫黄打非"先进集体、江苏省文化行政综合执法先进集体和江苏省文化行政综合执法十大案件办案单位。查处的"风雨文学网侵犯著作权案"被列为江苏省版权局挂牌督办案件并入选"江苏省版权执法重大案件"。（丁洪斌）

【卫生事业】 全市有卫生计生机构429个，其中医院40个、卫生单位5个、社区卫生服务机构227个、企事业单位卫生所52个、个体诊所84个、门诊部11个、计生指导（服务）站10个；卫生计生机构人员总数11258人，比上年增加426人。全年各级各类医疗机构总诊疗人次1135.74万人次，出院病人31万人次，病床使用率87.41%；平均住院日9.1天；平均门诊人次费用198元，平均住院人次费用8584.4元。全市有卫生技术人员9283人，其中医疗人员3810人、护理人员3723人、药剂人员508人、医技人员449人，高级职称741人、中级职称2137人，社区医生667人。全市新改扩建社区卫生服务机构20家，其中15家投入使用。全市人均基本公共卫生经费70元，比上年增加20元。

【体育事业】 全市建有公共体育健身场地设施2741个，其中以健身路径为主的健身工程610个、全民健身活动站点1020个、社区体育健身俱乐部273家。全市村（社区）实现"两室一场一路径"全覆盖，80余个村（社区）达到省定一类标准，体育设施每1万人拥有量30.2个，人均占有体育场地面积3.58平方米。全市健身步道281条，合计429.45千米，每1万人拥有公共体育设施量30.2个。市少年业余体校在训学生318人，教练员21人。全市有国家级裁判员5人，一级裁判员77人次。全年向省体校输送学生30人，向苏州市级体校输送学生32人。全市有社会体育指导员6135人。全市承办国际级比赛3项、国家级比赛2项、省级比赛4项。全年新增4家民办非企业俱乐部。至年末，全市共有体育社团25家、民办非企业俱乐部43家。

社会建设

【社会民生】 全市社会民生协调发展，人民生活得到新改善。全年养老保险机关事业参保人数9111人，城镇企业参保人数733571人。失业保险参保人数643270人，医疗保险750340人，工伤保险649590人，生育保险649045人。全年开工保障性住房40万平方米，竣工200万平方米。新增住房公积金缴存职工2.58万人。

劳动就业　全年提供就业岗位7.3万个，城镇登记失业率1.88%，开发就业援助岗位1.1万个，开发公益性岗位1260个，帮助就业困难人员就业6218人，特困家庭劳动力就业率99.86%，被征地农村劳动力就业率99.14%。张家港市户籍高校毕业生就业率99%以上，特困家庭高校毕业生就业率100%。

社会福利　全市有养老机构47家，床位1.02万张。年末在册低保对象2858户、4435人，低保边缘对象944户、1005人，五保对象493户、495人，全年发放低保（含低保边缘、"五保"）补助金4874.11万元，为低保对象发放水费补贴98.42万元。实行五保对象、孤儿供养标准自然增长机制，五保对象供养标准由每月1050元调整为1134元，儿童福利机构集中供养孤儿供养标准由每月1920元调整为2080元，社会散居孤儿供养标准由每月1340元调整为1460元。全年销售福利彩票42864万元。全市有福利企业69家，职工6472人，其中安置残疾职工1909人，安置比例29.49%。

生活质量　全市农村居民人均可支配纯收入27849元，城镇居民人均可支配收入54602元。居民消费支出不断增长。农村居民人均生活消费支出18687元，恩格尔系数为28.3%。城镇居民人均生活消费支出31590元，恩格尔系数为28.6%。（史　志）

【平安建设】 1月，市委政法委牵头市公安局和各区镇综治办，排查梳理2016年市镇两级治安重点地区和突出问题26个。2月，组织召开市政法工作会议，下发年度综治平安建设工作要点。3月，组织开展春季校园及周边综合治理，排查整治52所学校8类问题隐患；推进平安寄递专项行动，市综治办督促交通、公安、安监等单位落实责任。4月，市综治办牵头公安、卫计委、民政等部门开展春季严重精神障碍患者肇事肇祸防范工作。5月，组织区镇在全市范围开展为期1个月的平安寄递宣传活动。6月，布置开展夏季防溺水工作。7月，筹备综治信息化实战应用技能比武，部署各区镇开展竞赛活动。8月，组织市镇村三级专干268人开展省信息化比武网上测试，参考率100%。9月，组织开展全市综治信息化大比武选拔赛；下旬，参加苏州市综治信息化实战应用技能比武决赛，获得团队第二名；实施提升公众安全感专项行动，部署区镇、综治成员单位开展公众安全感提升工作，开展百场优秀电影进社区（村）活动；落实秋季校园排查，排查整治46所学校存在五大类问题。10月，启动平安志愿者队伍建设，制定下发全市平安志愿者建设工作指导意见，成立市平安志愿者协会和9个乡镇平安志愿者分会，全市有36支平安志愿者服务总队人数达到4.3万人，覆盖卫生、交通、民防、司法、教育、环保、公安、住建、人社、消防等诸多行业，形成体系完备、管理规范、运行高效、保障有力的平安志愿者队伍建设工作局面。全年有7万余人次参加平安校园、平安社区、平安医院、平安企业、平安家庭等平安细胞工程创建活动。11月，召开寄递渠道安全管理领导小组成员会议，部署电商旺季期间具体工作要求；制定下发严重精神障碍患者"以奖代补"文件，推动落实精神病人有奖监护政策。12月，开展2016年度创新社会治理"以奖代补"评审工作，对3个大类61个项目进行"以奖代补”。全年做好维护社会稳定相关工作，完成春节、两会、十八届六中全会期间社会面重大矛盾、重点人员的排查和每周涉稳研判相关工作，化解社会矛盾纠纷，全市非访人次比上年下降92.5%，年度公众安全感省测评达到94%，居苏州第一。（高　双）

生态文明建设

【生态环境】 年内，全市生态文明持续优化，环境质量实现新提升。全市加强城市用地增量控制，强化耕地和基本农田保护，加强生态红线区域建设管理，生态红线区面积占国土面积20.69%。实施最严格的水资源管理制度，全市万元工业增加值用水量完成年度目标任务，农业灌溉水有效利用系数达到0.69，城镇污水处理厂尾水再生利用率20.4%。实施生态公益林保护工程，重点公益林面积增加到1420公顷，新增森林面积66.67公顷，实施森林抚育面积1000公顷。全市环境空气质量按《环境空气质量标准》（GB3095-2012）评价考核二氧化硫、二氧化氮、可吸入颗粒物PM10、细颗粒物PM2.5、一氧化碳、臭氧6项指标，环境空气质量良好以上天数占比70.5%。饮用水源地110项指标年均值均达到《地表水环境质量标准》相应要求；7条主要河流水质综合污染指数为3.15，4条城区河道水质综合污染指数为2.28；与2015年相比，城区河道水质有所好转。

【节能减排】 2016年，全年规模以上工业企业综合能源消费量为2119万吨标准煤，比上年增0.81%，全市工业主要产品单耗稳定下降率达到70.8%。抓好节能技改，沙钢集团新增1台135兆瓦发电机组、永钢集团高温高压带中间再热发电机组、沙洲电力2号机组汽轮机脱硫改造等20个节能和循环经济项目，累计完成投资8.2亿元，形成年节能能力11万吨标准煤。抓好淘汰落后产能，继续推进“腾笼换鸟”工作，规范工作流程，严格把好新增淘汰落后企业的入门审核关、事后监督关，提高淘汰落后实效，腾出容量优先发展新兴产业和高新技术产业。淘汰落后类企业140家，淘汰电动机、风机、水泵等落后高耗能生产设备320台套，完成“腾笼换鸟”土地面积156.52公顷。张家港市经济和信息化委员会获苏州市“十二五”节能工作先进集体称号；澳洋集团有限公司、江苏骏马集团有限责任公司、张家港联合铜业有限公司荣获苏州市“十二五”节能工作先进集体重点企业称号。（刘　瑾）

【城乡建设】 2016年，市中心城区建设完成投资74.62亿元。城东黄泗浦生态核心区各项单体工程建设继续推进，湖区整体形象初步展现。城南中央商务新城、城北科教新城、沙洲湖科创园初具形态，沙洲湖中央商务大楼、金茂沙洲湖大厦、金城沙洲湖大厦等工程主体建设完成。城区实施房屋搬迁501户（含非住宅91户），搬迁面积28万平方米。全年安置房在建项目共10项，总建筑面积88.53万平方米。除城区外，各区镇共投入镇村建设资金48.36亿元，新建各类建筑面积34.46万平方米，新建沥青道路27.35万平方米，铺设供水管道31.43万米，铺设排水管道38.47万米，新安装路灯1234杆，整治桥梁45座。全市完成拆（搬）迁农户协议签订609户计12.65万平方米，建设安置房28.2万平方米，竣工113.92万平方米。全市市镇建成区面积174.23平方千米，城市化率67%，农民集中居住率61%，城市功能日趋完善。

【城乡绿化】 年内，全市共投入财政绿化建设资金6484万元，开工建设绿化项目9项，全部完工。至年末，城市建成区绿地率37.16%，绿化覆盖率40.38%，人均公园绿地面积14.58平方米。全市建有森林覆盖面积15019公顷，林木覆盖率19.54%，实现林业总产值7.29亿元。全市林业绿化投入1.5亿元，绿化造林66.67公顷，实施森林抚育1000公顷，重点公益林面积增至1420公顷。年内，财政投资1376万元建成五棵松路（老204国道至新204国道）、华昌路西侧、一干河东路与张杨公路互通、职中路（振兴路至长兴路）、二职中外围等道路绿化。投资194万元完成北二环大桥、走马塘污水管网工程苏虞张南侧等绿化修复工程。全年城区公共绿地养护面积647.15万平方米，四季草花面积2.73万平方米，花境面积1.25万平方米，行道树29155棵，景观造型树369棵，花箱1744组。（史　志）

组织机构及其领导人

市级领导机构

中共张家港市第十届委员会
（至7月）

书　记　姚林荣（6月免）
朱立凡（6月任）
副书记　朱立凡（6月免）
黄　戟（6月任）　王亚方
常　委　徐仲高　杨　芳（女）
卞东方　张　伟　张　玮
蔡炳锋（2月免）　李军强
陆德峰（3月任）
委　员　（按姓氏笔画为序）
王永康　王松石　石锡贤
许剑波　应　梓　沈　彬
张　平　陆颂义　陈世海
邵军民　邵建华　季洪良
周　兵　赵志凯　赵金龙
赵建明　黄　镇　黄祥亮
常　征　葛晓明　戴建明
候补委员　（按得票多少为序）
陈亚光　孙敏彪　朱瑞栋
蔡彩虹（女）

中共张家港市第十一届委员会
（7月选举产生）

书　记　朱立凡
副书记　黄　戟　王亚方
常　委　杨　芳（女）　卞东方
张　玮　李军强　陆德峰
黄雪元　黄亚平　石锡贤
委　员　（按姓氏笔画为序）
王文伟　王松石　卢懂平
朱兴华　许剑波　吴惠芳
沈　丹（女，12月免）
张　伟（12月免）　陆忠理
陆崇珉　陈　稳　陈卫兵
陈世海　邵军民　季　宗
季洪良　赵金龙（11月免）

赵建明　秦真智(女)
夏立新　钱锦东　徐凤琪
徐仲高　徐建东　常　征
蔡　蔚
候补委员 (按得票多少为序)
沈　琳　严栋兴　万资平
朱瑞栋　邵建华　黄祥亮
王连生

张家港市第十三届人民代表大会常务委员会

主　任　高建刚
副主任　徐根法　顾　放　陆颂义
秦毅峰
委　员 (按姓氏笔画为序)
丁一红(女)　王艳辉(女)
许京海　孙朝枫　杨志刚
沈学如　宋达华　张　颖
张满兴　陈　稳　季洪良
季祖元　周志虎　赵建军
侯虎珍(女)　施菊平
闻桂才　姚金泉
格桑曲宗(女,藏族)
徐　敏(女)　徐卫袁
陶建明　黄清芬(女)
蔡彩虹(女,5月免)
缪维成　瞿刘华
党组书记　高建刚
党组副书记　徐根法
党组成员　陆颂义　秦毅峰
周群信(4月任)　周志虎

张家港市人民政府

市　长　朱立凡(6月免)
代市长　黄　戟(6月任)
副市长　徐仲高(8月免)
卞东方(8月任)　丁学东
黄雪元(8月免)
黄亚平(8月免)
石锡贤(8月免)
邵军民　赵建明
华　红(女,6月免)
陆崇珉(6月任)
李兆玮(女,12月任)
王松石　赵金龙(11月免)
周斌伟(11月任)
陈　磊(挂职,8月免)
陈进华(挂职,9月免)
胡新华(挂职,9月任)
党组书记　朱立凡(7月免)
黄　戟(7月任)
党组副书记　徐仲高(8月免)
卞东方(8月任)
党组成员　黄雪元(8月免)
黄亚平(8月免)
石锡贤(8月免)
邵军民　赵建明
华　红(女,7月免)
陆崇珉(7月任)
李兆玮(女,12月任)
王松石　常　征(8月任)
赵金龙(11月免)
周斌伟(11月任)

政协张家港市第十一届委员会

主　席　单玉珍(女)
副主席　李汉忠(1月免)
徐仲高(1月任)
张　伟(1月任)　景惠新
刘会荪　徐平观
秘书长　陶　平(1月免)
周新华(1月任)
常务委员 (按姓氏笔画为序)
王正华　王苏嘉　王国楷
王景才　卢惠兴
包惠红(女)　刘　俭
刘品贤(女)　许　峰
孙利婵(女,1月任)
杜思梅(女)　李爱平
吴　平　吴惠英(女)
邹承慧　陆爱清
陆翠珍(女)　陈奉德
陈国华　陈鹤忠
邵振江(1月任)　范义东
林振球　何　俊　张卫中
周卫君　周庆龙　周萃阶
法　禅　孟伟言
金双龙(1月任)　赵志刚
侯蔚枫(女)
姜　嵘(女)
姜志芳(女)
赵剑锋(1月任)　秦国平
钱　伟　徐卫东　徐建龙
徐锦章　高卫平
郭宏杰(女)　唐　锋
唐红英(女)　黄刻松
曹永章　梁一红(女)
蒋丽华(女)　焦　实
蓬　元　褚建新　翟二生
缪建林
党组书记　单玉珍(女)
党组副书记　李汉忠(1月免)
徐仲高(1月任)
张　伟(1月任)
景惠新(1月任)
党组成员　钱云华(11月任)
陈世海(12月任)
陶　平(1月免)
周新华(1月任)

市纪委(监察局)

中共张家港市第十届纪律检查委员会

(至7月)

书　记　张　玮
副书记　茅哲峰　陈春明(7月任)
常　委　陈春明(7月免)
徐莉萍(女,7月免)
徐文虎
瞿医蕾(女,7月任)
张成兵(7月任)
袁胜华(7月任)
委　员 (按姓氏笔画为序)
田文华　许京海　张建平
张耀明　陈飞健　庞立新
赵剑锋　赵煜斌　秦毅峰

中共张家港市第十一届纪律检查委员会

(7月选举产生)

书　记　张　玮
副书记　茅哲峰　陈春明
常　委　徐文虎　瞿医蕾(女)
张成兵　袁胜华
委　员 (按姓氏笔画为序)
任和平　李维兵　杨志刚
吴文军　张　婷(女)
张金珠(女)　张耀明
赵煜斌　顾海斌　温献民

市监察局

局　长　茅哲峰
副局长　张成兵(7月免)　江建胜

市纪委非公有制经济工作委员会

书　记　陈春明(兼,7月免)
副书记　张　婷(女,兼)

保税区、经开区、冶金园工作机构

中共张家港保税区工作委员会

书　记　姚林荣(6月免)
朱立凡(6月任)
副书记　朱立凡(6月免)
黄　戟(6月任)

卞东方(8月免)
石锡贤(8月任) 许剑波
委　员 王惠忠(5月免)
张　雷(12月免) 季　冬
黄　镇 翁羽人(女)
温献民 季　峰(6月任)
万资平(11月任)

张家港保税区管理委员会

主　任 朱立凡(6月免)
黄　戟(6月任)
副主任 卞东方(8月免)
石锡贤(8月任) 许剑波
王惠忠(5月免)
张　雷(12月免) 季　冬
黄　镇 翁羽人(女)
季　峰(6月任)
万资平(11月任)

张家港保税区党政办公室(宣传文明办公室)

主　任 潘正云
副主任 奚卫明 巫　刚(9月免)
王俊峰(4月免)
沙卫军(11月任)
杜文献(5月任)

张家港保税区外事办公室

主　任 奚卫明

张家港保税区组织人事局

局　长 虞维君
副局长 马建华 仇治君

张家港保税区财政局

局　长 赵耀新
副局长 徐　旻(女) 李春洪
丁　琪

张家港保税区规划建设局

局　长 陈　健(11月免)
副局长 闻桂才(兼,5月免)
陈　剑 徐　群(兼)

张家港保税区发展改革局(重大项目办公室)

局　长 刘忠华
副局长 赵　旭 陆大革(11月免)
包金华 陆炜炜(女,5月免)

张家港保税区招商局

局　长 张卫星
副局长 章海铭 卞　震(5月免)
卞春生 张奎军

张家港保税区科技人才局

局　长 黄菊芳(女)
副局长 卞春生(兼)
王　刚(4月免) 吴仲文

张家港保税区安全环保局

局　长 曹　东
副局长 杨忠其 王卫东(兼)

张家港保税区企业服务管理局

局　长 沈建荣
副局长 王惠忠(5月免) 邹文彪
瞿　锋

张家港保税区投资服务中心

主　任 沈建荣(兼,5月免)
副主任 王惠忠(兼,5月免)
邹文彪(兼,11月免)
瞿　锋(兼,11月免)

张家港保税区物流贸易局(张家港保税物流园区管委会办公室、服务业办公室)

局　长 彭　烨
副局长 许汉阳 廖祚根
缪　飞(5月免)

张家港保税区社会事业局

局　长 季　峰(兼,9月免)
徐敏娟(女,9月任)
副局长 季　健(兼,5月免)
杨凤娟(女,兼)
周士华(兼)

张家港保税区农村工作局

局　长 刘一平
副局长 朱建兴 陆　剑(兼)

张家港保税区政法和社会管理办公室

主　任 刘　斌(5月任)
副主任 闻玉林(兼) 吴建新

张家港保税区行政服务中心

主　任 何　萍(女)

张家港保税区纪律检查工作委员会

书　记 温献民
副书记 夏　琼(女)

张家港保税区监察室

主　任 夏　琼(女)
副主任 蒋中柱

张家港保税区(金港镇)机关党委

书　记 虞维君(兼)
副书记 卢向群(女,兼)

张家港保税区(金港镇)非公企业党工委

书　记 卢向群(兼)

张家港保税区金港资产经营有限公司

董事长、总经理 杨晓虎(4月任)

市国土资源局张家港保税区分局

局　长 季佩欣

张家港保税区国税局

局　长 徐　伟

张家港保税区地税局

局　长 赵庆明

张家港保税区工商局

局　长 顾维平

中共张家港经济技术开发区工作委员会

书　记 张　伟(8月免)
副书记 葛晓明(4月免)
谢　刚(4月免)
黄雪元(8月任)
委　员 陶惠兴 李　良
张　雷(12月任) 庞立新
张　跃(4月免)
常　征(12月免)
顾卫彬(6月任)
陆忠理(12月任)

张家港经济技术开发区管理委员会

主　任 葛晓明(4月免)
副主任 谢　刚(4月免)
黄雪元(8月任) 陶惠兴
李　良 张　雷(12月任)
张　跃(4月免)
常　征(12月免) 赵志凯
陈　辉(2月任,挂职1年)
顾卫彬(6月任)
陆忠理(12月任)
唐善林(8月任,挂职3年)

张家港经济技术开发区党政办公室(宣传文明办公室)

主　任 詹亚军
副主任 黄　明(5月免) 沈海峰
石建军(5月任)

张家港经济技术开发区招商局

局　长 顾卫彬
副局长 张海军(5月免)
杨　岷(女,兼,10月任)
陈晓娴(女)

张家港经济技术开发区商贸局

局　长 钱晓锋(7月免)
杨立清(9月任)
副局长 吴建江 崔立华(11月免)

张家港经济技术开发区发展改革局

局　长 马学锋(女,7月免)
张毓鸿(7月任)
副局长 杨立清(兼)
施伟民(5月免)
季军学(11月免) 杨浩东
张　浩(5月免)

张家港经济技术开发区科技人才局

局　长 杨　岷(女)

副局长　黄　蓉（女，10月任）
　　　　庞建东　秦建岳

张家港经济技术开发区经济服务局（安全环保局）

局　长　徐伯尧（12月免）
副局长　汤文军（5月免）
　　　　黄　蓉（女，10月免）
　　　　邱树立（兼）
　　　　魏　立（兼，11月免）
　　　　季军学（11月任）

张家港经济技术开发区建设局

局　长　蒋新峰（9月免）
　　　　李仲平（9月任）
副局长　陈俊彪（5月免）
　　　　陈　光　钱　斌

张家港经济技术开发区财政局

局　长　吉鲁平
副局长　顾汉平（5月免）　徐溪椿

张家港经济技术开发区组织人事局

局　长　张建华
副局长　徐建耀（4月免）
　　　　陈国珍（女，5月免）
　　　　金　鑫（4月任）

张家港经济技术开发区社会事业局

局　长　凌　洁（女）
副局长　叶丽娜（女，4月任）
　　　　顾国平（兼）
　　　　张耀军（5月免）
　　　　贾雪珍（女，兼）

张家港经济技术开发区农村工作局

局　长　苏　江
副局长　石丽华（女）　施亚忠
　　　　郭建锋（5月任）

张家港经济技术开发区政法和社会管理办公室

主　任　陈国庆
副主任　张玉琪（兼，4月免）

张家港经济技术开发区行政服务中心（招投标中心）

主　任　陈宣东
副主任　吴　敏（女）　柯欣荣

张家港经济技术开发区纪律检查工作委员会

书　记　庞立新
副书记　徐卫杰

张家港经济技术开发区监察室

副主任　陆卫东（兼，5月免）

张家港经济技术开发区（杨舍镇）机关党委

副书记　詹亚军（兼）

张家港经济技术开发区机关服务中心

主　任　肖建东（5月任）

国土资源局张家港经济技术开发区分局

局　长　周国强（3月任）

中共江苏扬子江国际冶金工业园工作委员会

书　记　赵建明（12月免）
　　　　常　征（12月任）
副书记　常　征（8月任，12月免）
　　　　杜永飞　严亚明（11月免）
　　　　沈晓波（11月任）
委　员　唐晓东
　　　　王静娟（女，5月任）

江苏扬子江国际冶金工业园管理委员会

主　任　杜永飞

江苏扬子江国际冶金工业园党政办公室（宣传文明办公室）

主　任　许海峰（5月任）
副主任　许海峰（5月免）
　　　　褚　辉（10月免）

江苏扬子江国际冶金工业园组织人事局

局　长　倪惠芬（女，4月任）
副局长　许海峰（兼，5月免）
　　　　丁正红（兼，5月免）
　　　　丁建东（5月任）

江苏扬子江国际冶金工业园发展改革局

局　长　黄晓东（7月任）
副局长　丁亚军（5月免）
　　　　赵学刚　赵　瑜（女）

江苏扬子江国际冶金工业园经济服务局（安全环保局、科技人才局）

局　长　蒋卫军
副局长　余耀明　徐　锋
　　　　项　伟（7月任）

江苏扬子江国际冶金工业园物流贸易局

局　长　唐晓东
副局长　王晓春（4月免）　朱国生

江苏扬子江国际冶金工业园规划建设局

局　长　张国华
副局长　钱秀华（女）
　　　　冯　春（4月免）
　　　　朱子平（4月任）

江苏扬子江国际冶金工业园财政和资产管理局

局　长　顾　青
副局长　黄冰青（女）　赵向东

江苏扬子江国际冶金工业园社会事业局（农村工作局）

局　长　田文华
副局长　陈建明（兼，5月免）
　　　　李卫忠（11月任）
　　　　钱　军（5月任）　宓武忠

江苏扬子江国际冶金工业园政法和社会管理办公室

主　任　谢建华（兼）
副主任　施正良（兼，5月免）
　　　　刘　平（12月免）

江苏扬子江国际冶金工业园纪律检查工作委员会

书　记　王静娟（女，5月任）
副书记　倪惠芬（女，兼，4月免）
　　　　丁正红（5月任）

江苏扬子江冶金工业园监察室

主　任　倪惠芬（女，兼，4月免）
　　　　丁正红（5月任）

各镇（区）领导机构

杨舍镇

中共杨舍镇委员会

党委书记　张　伟（8月免）
　　　　　黄雪元（8月任）
副书记　葛晓明（4月免）
　　　　谢　刚（4月免）
　　　　陈建新（4月任）
　　　　苏　江（5月免）
　　　　张建华（5月免）
　　　　陈国庆（5月挂任）　许瑞兴
　　　　张莉莎（女，5月任）
委　员　徐建耀（4月免）
　　　　陆卫东（12月免）
　　　　张玉琪（4月免）
　　　　叶丽娜（女，4月免）
　　　　郭广益　张莉莎（女）
　　　　金　鑫（4月免）
　　　　黄玉琪（5月任，12月免）
　　　　崔立华（11月任）
　　　　张耀军（5月任）
　　　　张　浩（5月任）
　　　　陈　楠（女，5月任）
　　　　陈　强（5月任）
纪委书记　张建华（5月免）
　　　　　张莉莎（女，5月任）
纪委副书记　陈　强（11月任）

杨舍镇人民代表大会

主　席　陶惠兴(12月免)
　　　　陆卫东(12月任)
副主席　李达明(5月免)
　　　　陈俊彪(5月任)

杨舍镇人民政府

镇　长　葛晓明(4月免)
　　　　陈建新(4月任)
副镇长　顾国平(5月免)
　　　　黄玉琪(5月免)
　　　　邱树立(5月免)
　　　　贾雪珍(女,5月免)
　　　　魏　立(5月免)
　　　　黄　明(5月任)
　　　　张海军(5月任)　石　勇
　　　　赵琦萍(女,5月任)
　　　　徐建军(5月任)
　　　　杨　悦(5月任)

市政协杨舍镇工作委员会

主　任　张建华(兼,6月免)
　　　　张莉莎(女,兼,6月任)
副主任　张莉莎(女,兼,6月免)
　　　　张　浩(兼,6月任)

杨舍镇经济服务中心(招商服务中心)

主　任　谢　刚(4月免)
　　　　汤文军(5月任)

塘桥镇

中共塘桥镇委员会

党委书记　王文伟
副书记　徐华东　沈晓波(11月免)
　　　　朱卫兵(5月免,11月任)
　　　　朱栋裕
委　员　卢建刚　庞卫刚
　　　　陈晓英(女)
　　　　薛祖民(5月免)
　　　　朱卫兵(5月任)
　　　　曹　健(4月免)　黄治平
　　　　潘晓忠　袁　飞(5月任)
　　　　陆　斌(5月挂任)
　　　　宋联军(11月任)
纪委书记　朱栋裕
纪委副书记　袁　飞(5月任)

塘桥镇人民代表大会

主　席　李　刚(12月免)
　　　　朱卫兵(12月任)
副主席　邹海兵(12月任)

塘桥镇人民政府

镇　长　徐华东
副镇长　朱卫兵(5月任,11月免)
　　　　朱　新(5月任)
　　　　张　毅(5月免)　张　溢
　　　　许建东　李　刚(4月免)
　　　　张国平　杜锁军(5月任)
　　　　郑启伟(12月任)

市政协塘桥镇工作委员会

主　任　朱栋裕
副主任　潘晓忠

塘桥镇经济服务中心(招商服务中心)

主　任　卢建刚(兼,5月任)
副主任　周爱军　朱　新(5月免)
　　　　朱俊峰(5月免)

金港镇

中共金港镇委员会

党委书记　卞东方(8月免)
　　　　　石锡贤(8月任)
副书记　季　峰(10月免)
　　　　徐敏娟(女,10月任)
　　　　虞维君(5月免)
　　　　沈建荣(5月免)
　　　　丁　峰(4月任)
　　　　孙永华(5月任)
　　　　刘　斌(5月挂任)
委　员　孙惠芳(女)
　　　　季　健(5月免)
　　　　蒋中柱(11月免)　孙永华
　　　　卢向群(女)　龚锦乾
　　　　张惠锋　缪　飞(6月任)
　　　　陈　磊
　　　　缪静艺(女,11月任)
纪委书记　丁　峰(5月任)
纪委副书记　蒋中柱(5月任,11月免)
　　　　　　缪静艺(女,11月任)

金港镇人民代表大会

主　席　闻桂才(5月免)
　　　　王惠忠(5月任)
副主席　赵建平(5月免)
　　　　方建祥(12月任)

金港镇人民政府

镇　长　季　峰(9月免)
　　　　徐敏娟(女,9月任)
副镇长　杨凤娟(女,5月免)
　　　　周士华(5月免)
　　　　闻玉林(7月免)
　　　　卞　震(5月任)
　　　　王卫东(11月免)
　　　　陆炜炜(女,5月任)
　　　　徐　群(11月免)
　　　　陆　剑(5月免)
　　　　曹　军(5月任)
　　　　袁达新(7月任)
　　　　孙　亮(12月任)
　　　　封　皎(女,12月任)

市政协金港镇工作委员会

主　任　虞维君(兼,6月免)
　　　　丁　峰(兼,6月任)
副主任　刘金坤　张惠锋(兼)

锦丰镇

中共锦丰镇委员会

党委书记　赵建明(8月免)
　　　　　常　征(8月任)
副书记　严亚明(11月免)
　　　　沈晓波(11月任)
　　　　倪惠芬(女,4月免)
　　　　谢建华(5月挂任)
　　　　周勇敏(5月免)
　　　　许海峰(5月免)
　　　　丁正红(5月任)
　　　　陈建明(5月任,12月免)
委　员　陈建明(12月免)
　　　　丁正红(5月免)
　　　　施正良(5月免)
　　　　张国华(5月任)
　　　　李　彬(5月任)
　　　　陈卫菊(女,5月任,10月免)
　　　　褚　辉(10月任)
　　　　陈　英(女,10月免)
　　　　叶海平(5月任)
　　　　刘新德(5月任)
　　　　李　春(5月任)
纪委书记　倪惠芬(女,5月免)
　　　　　丁正红(5月任)
纪委副书记　刘新德(5月任)

锦丰镇人民代表大会

主　席　黄清芬(女,12月免)
　　　　陈建明(12月任)
副主席　徐建民(5月免)
　　　　刘　平(12月任)

锦丰镇人民政府

镇　长　严亚明(11月免)
　　　　沈晓波(11月任)
副镇长　陈卫菊(女)
　　　　丁亚军(5月任)
　　　　李卫忠(11月免)

钱　军（5月免）　蒋亚东
黄　宏（女）
赵　瑜（女，11月免）
张亚芳（5月任）

市政协锦丰镇工作委员会

主　任　倪惠芬（女，兼，6月免）
丁正红（兼，6月任）
副主任　朱建芬（女，6月免）
陈　英（女，兼，10月免）
褚　辉（兼，10月任）

乐余镇

中共乐余镇委员会

党委书记　陈卫兵
副书记　张　平　陆晓平
杨建钟（4月免）　钱梁斌
张耀清（5月免）
委　员　杜秀萍（女，5月免）
苏　滨（12月免）
高建明（4月免）
徐松林（4月免）　吴永兵
沈洪源（5月任）
陈　兰（女，4月任）
钱　斌（4月任）
季　忠（11月任）　薛盘芳
杨卫兴（5月任）
陈立峰（5月挂任）
纪委书记　张耀清（5月免）
钱梁斌（5月任）
纪委副书记　杨卫兴（5月任）

乐余镇人民代表大会

主　席　吴伟明（5月免）
张耀清（6月任）
副主席　胡建州（5月免）
薛盘芳（兼，12月任）

乐余镇人民政府

镇　长　张　平
副镇长　高建明（4月免）
陆惠民（5月免）　沈洪源
许文生　李　彬（5月免）
王　忠　邹　伟（5月任）
孙顾力（5月任）

市政协乐余镇工作委员会

主　任　杨建钟（兼，6月免）
钱梁斌（兼，6月任）
副主任　吴永兵（兼）

乐余镇经济服务中心
（招商服务中心）

主　任　陆晓平（兼）
副主任　徐松林（兼，4月免）
季　忠（5月免）
仇建华（12月免）

凤凰镇

中共凤凰镇委员会

党委书记　卢懂平
副书记　王卫民　曹鹰飞（4月免）
吴文军　叶　新（4月免）
赵国锋
委　员　李　新　朱春秋（5月任）
赵文中　邓　敏（女）
黄旭东（12月免）
刘恒然（4月免）
王苏嘉（4月任）
焦频频（女，5月任）
朱洪春（11月任）
张连祥（5月挂任）
纪委书记　吴文军
纪委副书记　焦频频（女，5月任）

凤凰镇人民代表大会

主　席　缪维成（4月免）
袁雪祥（9月任）
副主席　郭其胜（12月免）
钱国平（5月免）
何正岳（12月任）

凤凰镇人民政府

镇　长　王卫民
副镇长　马宏鹏　朱春秋（5月免）
黄旭东（12月任）
何正岳（12月免）
李剑龙（7月免）
顾竹江　钱晓波
徐丹芸（女，7月任）
王海燕（女，11月任）

市政协凤凰镇工作委员会

主　任　吴文军（兼）
副主任　王苏嘉（兼，6月任）

凤凰镇经济服务中心
（招商服务中心）

主　任　庞晓畅

南丰镇

中共南丰镇委员会

党委书记　钱锦东
副书记　陈雪明　袁政国
王静娟（女，5月免）
高　翔
委　员　钱新华（女）
王卫星（女，5月免）
陆明程　金俊龙　朱建明
顾　博　戴　俭（5月任）
纪委书记　王静娟（女，5月免）
袁政国（5月任）
纪委副书记　钱新华（女）

南丰镇人民代表大会

主　席　陆一珉
副主席　钱秀玉（女，5月免）
戴　俭（兼，12月任）

南丰镇人民政府

镇　长　陈雪明
副镇长　陆明程　李伟星（4月免）
倪玉祥　朱子平（4月免）
陈　立　方荣胜（12月任）

市政协南丰镇工作委员会

主　任　王静娟（女，兼，6月免）
袁政国（兼，6月任）
副主任　顾　博（兼）

南丰镇经济服务中心
（招商服务中心）

主　任　袁政国（5月免）
邹　江（5月任）
副主任　陈　兰（女，5月免）
邹　江（5月免）
陈　波（5月免）
戴　俭（5月免）

大新镇

中共大新镇委员会

党委书记　陆忠理
副书记　何　剑　沙立平
朱志斌（5月免）
委　员　周国忠（5月免）
顾　芳（女）　黄建兴
丁国秋　闵振宇（10月免）
朱浩锋　陈晓锋（5月任）
秦燕军（11月任）
纪委书记　朱志斌（5月免）
沙立平（5月任）
纪委副书记　陈晓锋（5月任）

大新镇人民代表大会

主　席　袁剑秋
副主席　赵兰芬（兼，女，12月任）

大新镇人民政府

镇　长　何　剑
副镇长　董雪明（5月免）　张　平
张爱华　丁　德（4月免）
俞鹏科　肖　斌（7月任）

市政协大新镇工作委员会

主　任　朱志斌（兼，5月免）
沙立平（兼，5月任）

副主任　闵振宇(10月免)
　　　　秦燕军(12月任)

大新镇经济服务中心（招商服务中心）

主　任　沙立平(5月免)
　　　　赵兰芬(女,11月任)
副主任　丁国秋(5月免)
　　　　赵兰芬(女,11月免)
　　　　陈　勇(4月免)

常阴沙现代农业示范园区

中共常阴沙现代农业示范园区工作委员会

党工委书记　徐凤琪
副书记　王卫国(7月免)
　　　　钱晓锋(7月任)　张左平
　　　　王卫星(女,5月任)
委　员　张建新(5月免)
　　　　耿兴忠(5月免)　李　刚
　　　　朱红专(5月任,12月免)
　　　　杨　彬(5月任)
　　　　黄新波(女,5月任)
　　　　宋永乾(7月任)
纪工委书记　张左平

常阴沙现代农业示范园区管委会

主　任　王卫国(7月免)
　　　　钱晓锋(7月任)
副主任　李　刚(4月任)
　　　　张建新(5月免)　马海兵
　　　　朱红专(5月免)
　　　　虞伟明(5月任)
　　　　吴振宇(5月任)

市人大常阴沙现代农业示范园区工作委员会

主　任　王卫星(女,兼,9月任)
副主任　耿兴忠(兼,7月免)

市政协常阴沙现代农业示范园区工作委员会

主　任　张左平(兼)
副主任　李　刚(兼,6月免)
　　　　杨　彬(兼,6月任)

双山岛旅游度假区

中共双山岛旅游度假区工作委员会

书　记　夏立新
副书记　沈　浩(4月任)
　　　　张　晖(4月免)
　　　　戴　艳(女)　李新华
委　员　沈安邦(5月免)　李群慧
　　　　何兴娟(女,5月任)
纪工委书记　戴　艳(女)
纪工委副书记　沈安邦(5月免)
　　　　何兴娟(女,5月任)

双山岛旅游度假区管委会

主　任　夏立新(4月免)
　　　　沈　浩(4月任)
副主任　张　晖(4月免)
　　　　戴　艳(女)　李新华
　　　　丁　德(4月任)　许燕忠
　　　　孟新华(5月任)

市人武部、法院、检察院

市人民武装部

部　长　李军强
政　委　保仁贵
副部长　傅衍顺

市人民法院

党组书记、院长　徐建东
副院长　钱　平(7月免)
　　　　余爱华(女)　顾海斌
　　　　陆建忠
党组副书记　钱　平(7月免)
　　　　顾海斌(7月任)
党组成员　钱　平(7月免)
　　　　赵艳洁(女,11月免)
　　　　赵　晖　张　达　顾海斌
　　　　陆建忠
纪检组组长　张　达

市人民检察院

党组书记、检察长　蔡　蔚
副检察长　董启海(11月免)
　　　　李维兵　丁建勤　陆鹏程
党组副书记　董启海(11月免)
党组成员　李维兵　丁建勤　马建新
　　　　张　勇　刘　霞(女)
纪检组组长　马建新

市委工作机构

市委办公室

主　任　陆颂义(兼,7月免)
　　　　朱兴华(7月任)
副主任　黄晓伟(5月免)
　　　　尹　洁(女,兼,7月免)
　　　　樊建兵　陶彦斌
　　　　张毓鸿(7月免)
　　　　陶　惠(7月免)　糜　正
　　　　李建刚(9月任)
　　　　丁　浩(7月任)

市委机要局

局　长　樊建兵(兼)
副局长　程　阳　姜　中(10月免)

市委保密委员会办公室

(市国家保密局,市国家密码管理局,在市委办挂牌)

主　任(局长)　陈　刚(兼)
副主任(副局长)　龙大华
　　　　施林峰(10月任)

市委研究室

主　任　陶彦斌
副主任　施建彬(7月免)
　　　　李笑梅(女,11月免)
　　　　李建刚(9月免)
　　　　薛　奇(10月任)

市委组织部

部　长　蔡炳锋(2月免)
　　　　陆德峰(4月任)
副部长　黄亚红(女,兼)
　　　　刘　俭　杨志刚

市委非公有制企业和社会组织工作委员会

(与市委组织部合署办公)

书　记　杨志刚
副书记　成家武　沙卫军(10月免)
　　　　周　颖(女)
　　　　肖　锋(10月任)

市委党的建设工作领导小组办公室

主　任　刘　俭(兼)

市人才工作办公室

副主任　王　恒(5月任)

市委老干部局

局　长　庞赞平
副局长　朱纯敏(女)　龚向东

市委宣传部

部　长　杨　芳(女)
副部长　陈世海(兼)　袁　勋
　　　　屈荣杰(9月免)
　　　　龙凤清(兼,7月免)
　　　　何　俊　陈永泽(10月任)

市精神文明建设委员会办公室

(在市委宣传部挂牌)

主　任　何　俊
副主任　黄卫琼(女)
　　　　谭德宝(10月免)

市委对外宣传办公室

(市政府新闻办公室,在市委宣传部挂牌)

主　任　屈荣杰(兼,9月免)
　　　　陈永泽(兼,10月任)

副主任　黄　霞（女，10月任）

市委统一战线工作部

部　长　景惠新（兼，8月免）
　　　　王亚方（兼，8月任）
副部长　薛　平（7月任）
　　　　张卫中（2月免）
　　　　卢惠兴（兼，4月免）
　　　　谢正国（11月免）
　　　　赵志刚（兼）
　　　　曹鹰飞（兼，4月任）
　　　　王世芳（女，11月任）

市政府侨务办公室

主　任　陆翊农（11月免）
　　　　谢正国（11月任）
副主任　蒋卫忠（5月免）
　　　　董雪明（5月任）

市委政法委员会

书　记　王亚方（兼，8月免）
　　　　黄亚平（8月任）
副书记　蔡　蔚（兼）　徐建东（兼）
　　　　赵金龙（兼，11月免）
　　　　周斌伟（兼，11月任）
　　　　赵剑锋　郁洪兴
委　员　万学刚（兼）

市社会治安综合治理委员会

（在市委政法委员会挂牌）

主　任　赵剑锋（兼）
副主任　徐昀宇　周文英（女）
　　　　徐　健

市国家安全领导小组办公室

主　任　郁洪兴
副主任　张国良

市委农村工作办公室

（挂市政府农村集体资产管理办公室牌子）

主　任　孙敏彪
副主任　张　毅　顾永福（4月免）
　　　　张金静（女）
　　　　张　进（9月任）

市机构编制委员会办公室

主　任　黄亚红（女，兼，7月免）
　　　　孟　波（7月任）
副主任　许　健　唐爱斌（9月任）
　　　　陶晓峰

市委防范和处理邪教问题办公室

主　任　陈菊新
副主任　陆志祥（9月免）　刘　军

市委台湾工作办公室

（市政府台湾事务办公室）

主　任　秦真智（女，4月免）
　　　　卢惠兴（4月任）
副主任　展玉明　叶　锋（11月免）
　　　　瞿秋霞（女，11月任）

市委市级机关工作委员会

书　记　马狄武（7月免）
　　　　施建彬（7月任）
副书记　黄浩明（4月免）
　　　　任和平　何正贤
纪工委书记　任和平

市人大市级机关工作委员会

主　任　黄浩明（兼，4月免）
　　　　何正贤（兼，9月任）

市人大、政协机关

市人大常委会办公室

主　任　周志虎
副主任　姚金泉（11月免）　孙朝枫
　　　　顾彩萍（女）
　　　　李锦华（7月任，11月免）
　　　　徐建龙（11月任）

市人大常委会研究室

副主任　孙朝枫（兼，9月任）

市人大常委会人事代表联络工作委员会

主　任　徐　敏（女）
副主任　王新法（11月免）
　　　　唐红英（女，11月任）
　　　　陆大革（11月任）

市人大常委会内务司法工作委员会

主　任　陶建明
副主任　杨建钟（11月任）
　　　　许　娟（女）
　　　　李锦华（11月任）

市人大常委会财政经济工作委员会

主　任　张　颖
副主任　施向东（11月任）
　　　　李伟星（4月任）
　　　　李锦华（7月免）
　　　　陈晓平（7月任）

市人大常委会城建环保工作委员会

主　任　许京海
副主任　朱保明

市人大常委会教科文卫工作委员会

主　任　季祖元
副主任　苏花兰（女）
　　　　赵　敢（11月免）

市人大常委会外事民宗侨台工作委员会

主　任　格桑曲宗（女，藏族）
副主任　姚金泉（11月任）
　　　　胡　燕（女）

市政协

秘书长　陶　平（1月免）
　　　　周新华（1月任）
副秘书长　陈　飞（12月任）
　　　　　刘品贤（女）
　　　　　陈　丽（女，12月任）
　　　　　周小军（12月任）
　　　　　蔡克荣（12月任）

市政协办公室

主　任　周新华
副主任　陈　飞（12月任）
　　　　陈　丽（女）　周小军
　　　　蔡克荣
　　　　王舒凤（女，12月任）

市政协提案委员会

主　任　李爱平
副主任　潘雪平（12月任）
　　　　刘品贤（女）　朱文焰
　　　　黄晓伟（兼，6月免）
　　　　陈　刚（兼）

市政协经济科技委员会

主　任　陈奉德
副主任　李笑梅（女，12月任）
　　　　陈国平　叶　锋（12月任）
　　　　张金静（女，兼）
　　　　卢惠兴（兼，6月免）
　　　　孙利婵（女，兼）
　　　　庞建阳（兼）
　　　　卜家怡（女，兼）
　　　　解志荣（兼）
　　　　曹鹰飞（兼，6月任）

市政协社会事业委员会

主　任　张卫中
副主任　朱育才　王建东（兼）
　　　　陈永泽（兼，10月免）
　　　　何　俊（兼）
　　　　施剑杰（兼，10月免）
　　　　赵剑锋（兼）

市政协城乡建设委员会

主　任　王正华
副主任　王春松（12月任）
　　　　张永全（6月免）
　　　　蒋卫忠（6月任）　张　曲
　　　　秦国平（兼）　李建华（兼）

市政协港澳台侨（民族宗教）委员会

主　任　梁一红（女）
副主任　姜志芳（女，12月任）
　　　　张亚萍（女）

陆翊农(兼,12月免)
赵志刚(兼) 刘 俭(兼)
姜 嵘(女,兼)
秦真智(女,兼,6月免)
卢惠兴(兼,6月任)
薛 平(兼,8月任)
谢正国(兼,12月任)

市政协文史委员会

主 任 许 峰
副主任 钱新棣 高卫平(兼)
汪丽菁(女,兼)

市政府工作部门

市政府办公室

党组书记、主任 应 梓
副主任 曹跃飞 王永良(兼)
刘东兴(9月免) 毛建锋
黄晓东(7月免)
汤卫华(10月免)
巫 刚(9月任) 郭文谦
黄建浩 闵振宇(10月任)
党组成员 曹跃飞 陈 刚
刘东兴(9月免) 毛建锋
黄晓东(7月免)
汤卫华(10月免)
巫 刚(9月任) 郭文谦
黄建浩 陈剑浩
闵振宇(10月任)
阳 曦
纪检组组长 陈剑浩

市政府法制办公室

(在市政府办公室挂牌)
主 任 范一明
副主任 高 攀 周炳芳

市政府外事办公室

(在市政府办公室挂牌)
主 任 曹跃飞(兼)
副主任 徐丽花(女) 吴彦飞

市发展和改革委员会

党组书记、主任 常 征(兼,9月免)
刘东兴(9月任)
副主任 陈亚光(7月免) 张明国
刘 佾(10月免)
周国强(3月免) 曹 阳
陈 刚(4月免)
周荣兴(9月任)
党组成员 陈亚光(7月免) 张明国
周国强(3月免)
李秋菊(女) 曹 阳
陈 刚(4月免)
刘恒然(4月任)
周荣兴(9月任)
纪检组组长 刘恒然(4月任)

市经济协作办公室

(在市发展和改革委员会挂牌)
主 任 陈亚光(兼,7月免)
副主任 周国强(兼,3月免)

市企业上市工作办公室

(在市发展和改革委员会挂牌)
主 任 李秋菊(女)
副主任 严建忠(5月免)

市政府金融工作办公室

(在市发展和改革委员会挂牌)
主 任 李秋菊(女)
副主任 宋国华(9月任)
唐爱云(女,9月任)
张君华(9月任)

市服务业发展办公室

(在市发展和改革委员会挂牌)
主 任 常 征(兼,9月免)
刘东兴(兼,9月任)
副主任 严 忠 宋国华(9月免)

市重大项目推进办公室

(在市发展和改革委员会挂牌)
主 任 刘 佾(兼)
副主任 朱品香(援疆)

市经济和信息化委员会

党委书记 季 宗
主 任 季 宗(3月任)
副主任 解志荣 穆 军 徐 松
夏燕良 丁建华
蒋忠明(兼,9月免)
党委副书记 解志荣
瞿医蕾(女,7月免)
钟 桐(女,7月任)
党委委员 穆 军 徐 松 夏燕良
丁建华
纪委书记 瞿医蕾(女,7月免)
钟 桐(女,7月任)

市中小企业局

(在市经济和信息化委员会挂牌)
局 长 解志荣(兼)
副局长 何启明 袁 俊 侯 忠

市教育局

(挂市政府教育督导室牌子)
教育工委书记、局长 邵建华
副局长 钱洁雅(女) 王建东
马丽忠(10月免) 朱瑞春
王柳军(10月任)
教育工委副书记 王世芳(女,
11月免)
教育工委委员 章 骏(9月免)
钱洁雅(女)
王建东
马丽忠(10月免)
李剑龙(11月任)
朱瑞春
王柳军(10月任)
纪工委书记 王世芳(女,11月免)
李剑龙(11月任)

市科学技术局

(挂市知识产权局牌子)
党组书记、局长 沈 丹(女)
副局长 董建刚 赵建华(9月免)
王国楷 周晓成 朱晨阳
张天若(9月任)
党组成员 董建刚 赵建华(9月免)
周晓成 俞 萍(女)
朱晨阳 张天若(9月任)
纪检组组长 俞 萍(女)

市公安局

党委书记、局长、督察长
赵金龙(11月免)
周斌伟(11月任)
政 委 赵煜斌
副局长 陈菊新 闻振平
王文良(4月免)
陈群燕(女,5月免)
邬海安 徐向前(兼)
刘 斌 赵剑锋
党委副书记 赵煜斌 陈菊新
党委委员 闻振平 王文良(4月免)
陈群燕(女,5月免)
张 航(10月免)
李本清(12月任)
邬海安 徐向前 唐冬青
刘 斌 谢建华 徐晓忠
陈国庆 赵剑锋
副政委 张 航(10月免)
李本清(12月任)
纪委书记 唐冬青
政治处主任 张 航(兼,10月免)

市民政局

(挂市老龄工作委员会办公室牌子)
党委书记、局长 黄祥亮
副局长 徐 丹(9月任)
惠 红(女,9月任)
刘振渊 孙 海
顾雪峰(4月任,9月免)

徐志斌
党委副书记　徐　丹
党委委员　刘振渊　孙　海
顾雪峰（4月任）　徐志斌
惠　红（女，9月任）
纪委书记　徐　丹（9月免）
顾雪峰（9月任）

市司法局

党委书记、局长　万学刚
副局长　孙　晔　周卫君　龚　俊
陶广成
党委委员　孙　晔　龚　俊　陶广成
陈　丽（女）
纪委书记　陈　丽（女）

市财政局

（挂市政府国有资产监督管理办公室牌子）

党组书记、局长　周　兵
党组副书记　瞿永昌
副局长　瞿永昌　许啸文（女）
陈耀明　李　刚
许　佳（女）
党组成员　许啸文（女）　陈耀明
李　刚　朱龙友
纪检组组长　朱龙友

市人力资源和社会保障局

党委书记、局长　黄亚红（女）
党委副书记　潘雪平（11月免）
副局长、党委委员　郁　池
朱志斌（4月任）
丁　峰（4月免）
周晓宏
张艳丽（女）
陈晓烽
纪委书记　潘雪平（11月免）

市国土资源局

党组书记　杨惠亚（女）
局　长　季　宗（3月免）
杨惠亚（女，3月任）
副局长　季佩欣（兼）　周国强（兼）
施文军　孙建华
闻　炯（8月任）
杨惠亚（女，3月免）
党组成员　季佩欣（兼）
周国强（兼）　施　飞
施文军　孙建华
闻　炯（8月任）
纪检组组长　施　飞

市住房和城乡建设局

党委书记、局长　袁雪祥（9月免）
彭　炜（9月任）
党委副书记　邹利明
王春松（11月免）
钱凤娟（女，11月任）
副局长　丁一中　唐金洪　曹　峥
李建华　祝风红（女）
钱　耿
党委委员　丁一中　张　晖（4月任）
唐金洪　曹　峥
祝风红（女）
纪委书记　王春松（11月免）
钱凤娟（女，11月任）

市地震局

（在市住房和城乡建设局挂牌）

副局长　管长兴

市房产管理中心

（为市住房和城乡建设局下属正科级单位）

主　任　邹利明（兼）
副主任　张新红（10月免）
郁　军　郭宏杰（女）
秦　芳（女，11月任）

市规划局

党组书记、局长　彭　炜（9月免）
局　长　蒋新峰（9月任）
副局长　徐晓立　张宇洲　孟伟言
文清泽
党组成员　徐晓立　张宇洲　顾敬贤
纪检组组长　顾敬贤

市城市管理局

（挂市城市管理行政执法局牌子）

党委书记、局长　徐向前
党委副书记　钱燕秋
副局长、党委委员　林志宏　张　辉
陈洪明　惠海宁
纪委书记　钱燕秋

市交通运输局

党委书记、局长　陈　军（7月免）
陆惠忠（7月任）
党委副书记　陆新玉（女）
副局长　徐平观（兼）　沈正华
沈竹义　李　星　王晓冬
叶德元
党委委员　沈正华　沈竹义　李　星
王晓冬　叶德元
纪委书记　陆新玉（女）

市水利局

（挂市水务局牌子）

局　长　严栋兴
党委书记　陈　飞（11月免）
严栋兴（11月任）
党委副书记　严栋兴（11月免）
张秋亚（9月免）
顾　新（9月任）
副局长　陈　飞（11月免）　张海峰
翟二生　陈杏明　陶　雷
党委委员　张海峰　张永全（5月任）
陈杏明　陶　雷
纪委书记　张秋亚（9月免）
顾　新（9月任）

市农业委员会

（挂市林业局牌子）

主任、局长　徐　江
党委书记　汤卫华（10月任）
党委副书记　陈永兵（7月免）
陆　军（9月任）
副主任　汤卫华（10月任）
陈永兵（7月免）　陆　军
黄和元　孟凡珍（女）
宋向洪
党委委员　陆　军　周国忠（9月任）
顾　新（9月免）　黄和元
宋向洪
纪委书记　顾　新（9月免）
周国忠（9月任）

市商务局

党委书记、局长　薛　平（7月免）
马学锋（女，7月任）
副局长　庞建阳　叶　新（4月任）
黄　炜
陈　瑞（女，4月免）
蒋忠明　陈　龙
党委委员　庞建阳　叶　新（4月任）
黄　炜
陈　瑞（女，4月免）
蒋忠明　陈　龙
朱晓敏（女）
纪委书记　朱晓敏（女）

市文化广电新闻出版局

（挂市版权局、市文物局牌子）

党委书记、局长　陈世海
党委副书记　侯寿松
副局长　周国柱（10月免）
陈永泽（10月免）　孙建忠
王韶杰
李忠影（女，11月任）
孙天华（12月任）
党委委员　周国柱（10月免）
陈永泽（10月免）
孙建忠

李忠影(女,11月任)
孙天华(12月任)
纪委书记 侯寿松

市广播电视总台(市广播电视台)

党委书记、总台长(台长)
陈世海(兼)
党委副书记 孙建忠(10月任)
周国柱(兼,10月免)
陈永泽(兼,10月免)
陈东平
总编辑 陈永泽(兼,10月免)
孙建忠(兼,10月任)
副总台长(副台长) 周国柱(兼,10月免)
陈永泽(兼,10月免)
孙建忠(兼,10月任)
陈红霞(女)
俞 刚
党委委员 陈红霞(女) 俞 刚
纪委书记 陈东平

市卫生和计划生育委员会

党委书记、主任 朱兴华(7月免)
王卫国(7月任)
党委副书记 查敏智(女,7月免)
张金珠(女,9月任)
副主任 施剑杰(9月免) 於海良
陈红卫 黄卫星(9月任)
党委委员 施剑杰(9月免) 於海良
陈红卫 王树生
蔡 贤(9月任)
黄卫星(9月任)
纪委书记 查敏智(女,7月免)

市城乡环境卫生指导中心

(市卫生和计划生育委员会下属事业单位,5月变更为市城管局下属事业单位)

主 任 徐向前(兼,11月任)
副主任 钱凤娟(女,11月免)
徐一中(5月任)
冯 春(4月任)

市体育局

党组书记、局长 孟 波(7月免)
尹 洁(女,7月任)
副局长 邹 铜 金 涌 李 峰
党组成员 曹 平 邹 铜 金 涌
纪检组组长 曹 平

市环境保护局

党组书记、局长 万资平(11月免)
严亚明(11月任)
副局长 黄永舫(11月免) 邹建忠
秦国平 徐建龙(11月免)
孙 力 陈 贤(11月任)
党组成员 黄永舫(11月免)
邹建忠
徐建龙(11月免)
孙 力 夏 良
陈 贤(11月任)
纪检组组长 夏 良

市旅游局

党组书记、局长 沈 浩(4月免)
蔡彩虹(女,4月任)
副局长 张 舟 瞿彩娟(女)
周建江
党组成员 张 舟 瞿彩娟(女)
刘国华 周建江
纪检组组长 刘国华

市审计局

党组书记、局长 张耀明
副局长 陆小玲(女) 翟爱保
陆 嶙(女)
党组成员 陆小玲(女) 丁建平
陆 嶙(女)
纪检组组长 丁建平

市安全生产监督管理局(市安全生产委员会办公室)

党组书记、局长(主任) 沈 琳
副局长(副主任) 王彦文
钟 桐(女,7月免)
匡雄华 徐志斌
邵 浒(7月任)
党组成员 王彦文
钟 桐(女,7月免)
金 炯 匡雄华 徐志斌
邵 浒(7月任)
纪检组组长 金 炯

市市场监督管理局

(挂市食品药品监督管理局牌子)

党委书记、局长 谷晓晖
党委副书记 徐国兴(7月免)
刘辉明
副局长 曹于中(5月免) 周 枫
孙跃忠 徐 平 陈新峰
陆翠珍(女)
郑大勇(12月任)
党委委员 曹于中(5月免)
周 枫 孙跃忠
徐 平 陈新峰
王 敏(10月任)
郑大勇(12月任)
纪委书记 刘辉明

市统计局

党组书记、局长 罗晓骏
副局长 施向东(11月免)
陈建康
党组成员 施向东(11月免)
吴美兰(女) 陈建康
孙浩龙
纪检组组长 孙浩龙

市物价局

党组书记、局长 张 璇(女)
党组副书记 徐忠袁
副局长 倪雷兴 马正阳 沈 斌
党组成员 倪雷兴 吴永生(9月免)
马正阳 沈 斌
薛建华(9月任)
纪检组组长 吴永生(9月免)
薛建华(9月任)

市粮食局

党组书记、局长 邵建芳(7月免)
龙凤清(7月任)
副局长 蔡惠良 徐锦章
葛云芳(女)
党组成员 蔡惠良 葛云芳(女)
杨文杰
纪检组组长 杨文杰

市信访局

党组书记、局长 王永良
副局长 周 钧 邵继东 黄耀平
督察专员 陈 珍(女,9月任)
党组成员 周 钧 邵继东 黄耀平
陈 珍(女,9月任)

市社会调解服务中心

(挂市人民政府接访中心牌子)

主 任 王永良(兼)
副主任 周 钧(兼) 邵继东(兼)
孙 晔(兼) 黄耀平(兼)

市民防局

(挂市人民防空办公室牌子)

党组书记、局长 毛永林
党组副书记 许进华
副局长 许进华 王 强
杨 枫(女) 刘中平
党组成员 穆利中 王 强
杨 枫(女) 刘中平
纪检组组长 穆利中

市民族宗教事务局

党组书记、局长 赵志刚

副局长　吴　一（女）
侯蔚枫（女）
党组成员　吴　一（女）
周秋涛（4月任）
纪检组组长　周秋涛（4月任）

市政府派出机构

市政务服务管理办公室

党组书记　刘东兴（兼，9月免）
屈荣杰（9月任）
党组副书记、主任　徐敏娟（女，9月免）
屈荣杰（9月任）
副主任　赵继杰　顾一武
党组成员　赵继杰
徐凤娟（女，9月免）
倪雅萍（女，9月任）
顾一武
纪检组组长　徐凤娟（女，9月免）
倪雅萍（女，9月任）

市政府口岸办公室
（挂市港口管理局牌子）

主　任　朱立凡（兼，7月免）
黄　戟（兼，7月任）
党组书记、常务副主任（局长）
陆惠忠（7月免）
张小伟（7月任）
副主任（副局长）　陆　斌　李立峰
张愫阳
党组成员　陆　斌　李立峰
张愫阳　陈　强
杨耀文（9月任）
纪检组组长　杨耀文（9月任）

民主党派、社会团体

中国国民党革命委员会张家港市基层委员会

主　委　张满兴
副主委　蔡克荣　何一雷

中国民主同盟张家港市委员会

主　委　丁学东
副主委　徐卫袁（9月免）
陈国华（9月免）
姜　嵘（女）
侯蔚枫（女，9月任）
周卫君（9月任）

中国民主建国会张家港市基层委员会

主　委　刘会荪
副主委　徐建龙　葛庆贤

中国农工民主党张家港市委员会

主　委　顾　放
副主委　施菊平（9月免）
王国楷（9月免）
刘品贤（女，9月免）
翟二生（9月任）
杜思梅（女，9月任）
蒋　锋（9月任）

九三学社张家港市基层委员会

主　委　徐平观
副主委　秦国平　郭宏杰（女）
严红艳（女）

市无党派人士联谊会

会　长　徐　江
副会长　徐锦章　蓬　元
孟伟言

市工商业联合会（总商会）

党组书记　卢惠兴（4月免）
曹鹰飞（4月任）
主席（会长）　徐卫袁（10月免）
刘　佾（10月任）
副主席（副会长）　卢惠兴（4月免）
曹鹰飞（4月任）
陈志勇
许海萍（女，9月任）
杨培兴（兼）
吴建明（兼）
吴耀芳（兼）
沈　彬（兼）
沈学如（兼）
陈玉忠（兼）
邵振江（兼）
施建刚（兼）
黄庭明（兼）
副会长　朱　忻（兼）　严加彬（兼）
李兴华（兼）　邹承慧（兼）
郁霞秋（女，兼）
金双龙（兼）　徐卫民（兼）
徐卫明（兼）
徐彩君（女，兼）
唐利刚（兼）　黄和芳（兼）
黄刻松（兼）　缪向阳（兼）
党组成员　陈志勇　许海萍（女）
彭　嫣（女，12月任）
王舒凤（女，兼，9月免）
熊晓建（兼，12月任）

市总工会

主席、党组书记　季洪良
副主席　景国荣
姜志芳（女，11月免）
张燕清　孙卫忠
黄　慧（女，11月任）
丁　峰（兼，4月免）
惠　红（女，兼，9月免）
党组成员　景国荣
姜志芳（女，11月免）
张燕清　孙卫忠
黄　慧（女，11月任）

共青团张家港市委员会

书记、党组书记　陈　稳
副书记、党组成员　王苏嘉（4月免）
邱晶嘉（女）
陆吟远（女，7月任）

市青年联合会

主　席　陈　稳（兼）
副主席　钱洁雅（女，兼）
黄　蓉（女，兼）
曹鹰飞（兼）
王苏嘉（兼，4月免）
邱晶嘉（女，兼）
陆吟远（女，兼，7月任）

市妇女联合会

主席、党组书记　蔡彩虹（女，4月免）
秦真智（女，4月任）
副主席、党组成员　唐红英（女，11月免）
陈　霞（女）
曹丽华（女）

市文学艺术界联合会

主席、党组书记　吴彦刚
副主席　支坤兴　陈忠海（10月免）
高卫平　董　红（女）
党组成员　支坤兴
陈忠海（10月免）
董　红（女）

市科学技术协会

主席、党组书记　侯虎珍（女）
副主席、党组成员　周秋涛（4月免）
徐松林（4月任）
孙利婵（女）

市归国华侨联合会

主　席　姜　嵘（女，9月任）
副主席　姜　嵘（女，9月免）
唐　宏（10月免）
赵　敢（10月任）
邵忠英（女，11月任）
陈　刚（兼）

市残疾人联合会

理事长、党组书记　石国毅
副理事长、党组成员　陆　洲
瞿秋霞(女，11月免)
王新法(11月任)

市哲学社会科学界联合会

主　席　钱晓东
副主席　俞鞠敏　陈　勇(4月任)

市红十字会

副会长　蔡　贤(女)

中国国际贸易促进委员会张家港支会

会　长　薛　平(兼，7月免)
马学锋(女，兼，7月任)

直属事业单位

中共张家港市委党校

(挂张家港市行政学校牌子)

校　长　姚林荣(兼，7月免)
朱立凡(兼，7月任)
常务副校长　王连生
副校长　金善开　魏　欣　周国新
朱爽秋(7月任)

市委党校校务委员会

委　员　王连生　金善开　魏　欣
周国新　朱爽秋(7月任)

市委党史地方志办公室

主　任　陈飞健
副主任　汪丽菁(女)　卢德兴

市档案局(馆)

党组书记、局(馆)长　黄惠珍(女)
副局(馆)长、党组成员　施亦涛
孙　静(女)
王俊峰(4月任)

市委接待办公室

主　任　尹　洁(女，7月免)
陶　惠(7月任)
副主任　顾雪峰(4月免)
邵　浒(7月免)
张秀兰(女)
程艳杰(女，7月任)

张家港日报社

党组书记、总编　龙凤清(7月免)
党组书记、社长　马狄武(7月任)
党组副书记、总编　郭晓红(女，7月任)
副总编　周礼清
郭晓红(女，7月免)
钱　萍(女)
陈　红(女)
庞瑞和(9月任)
党组成员　周礼清　郭晓红(女)
张立新　钱　萍(女)
陈　红(女)
纪检组组长　张立新

市文化中心管委会办公室

主　任　孙建忠(兼，10月免)
谭德宝(10月任)
副主任　蓬　元

市级机关事务管理中心

党委书记、主任　朱丙华(4月免)
黄晓伟(5月任)
党委副书记　张新建
副主任、党委委员　毛　冀
徐一中(5月免)
王云良(5月任)
归　俊　毛信东
纪委书记　张新建

市土地储备中心

主任、党组书记　张小伟(7月免)
邵建芳(7月任)
副主任　陆惠民(5月任)　秦洪祥
王云良(5月免)　许晓明
党组成员　陆惠民(5月任)　秦洪祥
王云良(5月免)　黄利忠
许晓明
纪检组组长　黄利忠

市新市民事务中心

主　任　闻振平
副主任　杨建钟(4月任，11月免)
惠　红(女，9月免)
徐　伟(女)
张松祥(4月免)
顾　平(9月任)

市便民服务中心

主　任　江建胜
副主任　孙屹东　刘庆雅(女)

市国有资产管理办公室

主　任　瞿永昌(兼)
副主任　王利刚　牛建平(女)

市供销合作总社

党委书记、主任　唐雷刚
副主任　钱　剑　戴德荣
郑建龙(7月免)　张　建
党委委员　钱　剑　戴德荣　陈　浩
郑建龙(7月免)　张　建
纪委书记　陈　浩

市检验检测中心

(2015年11月设立)

党组书记　徐国兴(7月任)
主　任　徐国兴
副主任　王　刚(4月任)
李　刚(4月任)
季春丰(9月任)
党组成员　王　刚(7月任)
李　刚(7月任)
季春丰(9月任)

市城市建设基金管理办公室

主　任　朱瑞栋(兼，5月免)
张满兴(9月任)
副主任　张满兴(9月免)
李仲平(9月免)
宋华东(兼，5月免)
孙国兵(兼，5月免)
陈维清(5月任，9月免)

沙洲职业工学院

党委书记　王亚方(兼)
院　长　钱东东
党委副书记　钱东东　邵建华
副院长、党委委员　伍建国
纪委书记　王春林(6月任)
机关党委书记　钱东东(兼)
机关党委副书记　易顺明　黄中浩

张家港开放大学

校　长　王建东
党委书记　章　骏(9月免)
王建东(9月任)
党委副书记　王建东(9月免)
陆盘忠
副校长　章　骏(9月免)
沈利民(7月免)
孙伟宏(10月免)
黄黎燕(女)
李剑龙(7月任，11月免)
党委委员　沈利民(7月免)
孙伟宏(10月免)
黄黎燕(女)
李剑龙(7月任，11月免)
纪委书记　陆盘忠

江苏省梁丰高级中学

党委书记、校长　王柳军

市属企业

市城市投资发展集团有限公司

党委书记、董事长、总经理　朱瑞栋
副总经理　张满兴(5月免)

李仲平（5月免）
宋华东　孙国兵
徐东晖（9月任）
季敏峰（9月任）
党委副书记、纪委书记　陈维清（5月免）
党委委员　李仲平（5月免）
宋华东　孙国兵
李　军（9月任）
季敏峰（9月任）
高维华
纪委书记　李　军（9月任）

市金茂投资发展有限公司

党委书记、董事长　陈建兴
副总经理　姚　辉
陆文朝（5月任）
纪　峰（7月任）
党委委员　姚　辉　陆文朝（5月任）
纪　峰（7月任）
邱月花（女，9月免）
纪委书记　丁中群（女，9月任）

市金港投资担保有限公司

董事长　陈建兴（兼）
总经理　姚　辉（兼）

市金城投资发展有限公司

党委书记　蔡建林（11月免）
董事长　蔡建林
副总经理　赵　晖　宋一兵　王向军
张永华（2月任）
党委委员　赵　晖　宋一兵　王向军
邱月花（女，9月任）
张永华
纪委书记　邱月花（女，9月任）
总会计师　刘颖虹（女，2月任）

市暨阳湖开发发展有限公司

总经理　陆江山
副总经理　张满兴（兼，9月免）

江苏沙钢集团有限公司

党委书记　沈　彬
党委副书记　龚　盛　陈晓东
杨石林（6月免）
季永新（6月任）
党委常委　沈文荣（6月免）
刘　俭（6月免）　何春生
季永新（6月免）　施一新
黄永林　马　毅（回族）
雷学民（女，瑶族）
王　科（6月任）
杨龙胜（6月任）
纪委书记　季永新

江苏国泰国际集团有限公司

党委书记　张子燕
董事长　张子燕（4月免）
孙岩纹（12月任）
总　裁　陈晓东（4月免）
党委副书记　陈晓东　谭秋斌（女）
才东升
常务副总裁　才东升（4月免）
副总裁　杨　革（回族，4月免）
常仁丰（4月免）
唐朱发（4月免）
张　斌（4月免）
纪委书记　谭秋斌（女）
总经济师　韩　伟（4月免）

江苏华昌（集团）有限公司

党委书记　路　江（9月免）
胡　波（9月任）
董事长　胡　波
副董事长、总经理　张光耀
党委副书记　胡　波（9月免）
张光耀
贺小伟（9月任）
副总经理　曹凌云　谭　旋
纪委书记　陈饶忠

张家港沙洲电力有限公司

党委书记　张集英（4月任）
总经理　巩家富
党委副书记　巩家富　张铨平
副总经理　鲁玉强　李东辉　赵　祥
朱世春
纪委书记　顾成琪（7月免）
赵　祥（10月任）
纪委副书记　俞红星（10月任）

条线管理部门、涉外单位

市国家税务局

党组书记、局长　徐福友（9月免）
江伟男（9月任）
党组成员、副局长　陈卫东　肖维贤
俞　羚（9月免）
唐建国（10月任）
纪检组组长　徐　喆（女，11月免）

苏州市张家港地方税务局

党组书记、局长　李　炜
党组副书记　丁　敏（女，2月任）
副局长　潘　德　陆宇坤
周　玲（女）
党组成员　潘　德　陆宇坤
周　玲（女）
包军英（女，2月免）
纪检组组长　包军英（女，2月免）
丁　敏（女，2月任）

市邮政局

（9月，变更为中国邮政集团公司江苏省张家港市分公司）

党委书记、局长　席林仙（女，8月任）
党委副书记、副局长
席林仙（女，主持工作，8月免）
副局长、纪委书记　王　俊
副局长　蒋祖明

中国邮政集团公司江苏省张家港市分公司

党委书记、总经理　席林仙
副总经理、纪委书记　王　俊
副总经理　蒋祖明

中国电信股份有限公司张家港分公司

党委书记、总经理　王少波
副总经理、纪委书记
邓汉清（10月任）
副总经理、党委委员　邵建锋

中国移动通信集团江苏有限公司张家港分公司

总经理　徐若海
副总经理　朱洪斌　潘江峰

中国联合网络通信有限公司张家港市分公司

总经理　陈　华
副总经理　李　华　回传栋　张军辉

市气象局

局　长　王建明
副局长　邹天晴

市盐务管理局

局　长　杨　勇
副局长　侯　军

市烟草专卖局

局　长　石冬萍（女）
副局长　荆　辉　吴雪峰

苏州市住房公积金管理中心张家港分中心

主　任　陈文裔（女）
副主任　张新华　顾　斌

中国人民银行张家港市支行

党组书记、行长　卜家怡（女）
副行长、党组成员　童　琳（女）
周利兴
纪检组组长　周利兴

中国工商银行股份有限公司张家港分行

行　长　朱晨辉（4月免）

赵　霆(4月任)
副行长　邵　健　许　雷
陈　敏(女)
纪委书记　陆群一

中国农业银行股份有限公司张家港分行

行　长　李　颖(女)
副行长　陆　锋　张宏岗　徐　峰
陈一意

中国农业发展银行张家港市支行

行　长　陈晓宇
副行长　孙晓东

江苏张家港农村商业银行股份有限公司

党委书记、董事长　王自忠
行　长　季　颖
监事长　朱建新
党委副书记　季　颖
高进生(5月免)
副行长　陈步杨　高进生(5月免)
顾晓菲(女)　孙　瑜(女)
陆亚明　郭卫东(5月任)
纪委书记　朱建新
董事会秘书　张　平

中国建设银行股份有限公司张家港分行

行　长　万海敏
副行长　刘晓戎(女)　刘艳琴(女)
胡　环(女)　贺永强

中国建设银行股份有限公司张家港港城支行

行　长　盛景新(女)
副行长　屈陈州　任　伟　成　冲

中国银行股份有限公司张家港分行

行　长　钱海刚
副行长　倪卫红(女)　吴贤芳(女)
尚秀胜
纪委书记　尚秀胜

交通银行股份有限公司张家港分行

行　长　秦晓红(女)
副行长　陈小茹(女)　李　仁
杜艳营

中国邮政储蓄银行张家港市支行

行　长　陈　军(2月免)
刘　学(2月任)
副行长　刘　学(2月免)　郭海斌

江苏银行股份有限公司张家港支行

行　长　李小虎

中信银行股份有限公司张家港支行

行　长　陈　晔

中信银行股份有限公司张家港金港支行

行　长　郑红霞(女)

中国民生银行股份有限公司张家港支行

行　长　蒋海峰

上海浦东发展银行股份有限公司张家港支行

行　长　徐　晨
副行长　张晓红(女)　陈　雷

招商银行股份有限公司张家港支行

行　长　翁长根

中国光大银行股份有限公司张家港支行

行　长　王世峰
副行长　张建岚(女)

江苏张家港渝农商村镇银行股份有限公司

行　长　康　波
副行长　马天明

华夏银行股份有限公司张家港支行

行　长　黄少杰
副行长　周　红(女)

苏州银行股份有限公司张家港支行

行　长　黄　波(11月免)
陈利红(11月任)
副行长　童　炜

兴业银行股份有限公司张家港支行

行　长　潘肇明(1月免)
秦　巍(1月任,3月免)
杨　磊(3月任)

市供电公司

(5月,更名为国网江苏省电力公司张家港市供电公司)

总经理、党委副书记
陆立民(6月免)
任孝峰(6月任)
党委书记、副总经理　管建明
纪委书记　钱建兵
副总经理　孙晓辉(2月免)
顾马荣　钱祖建　邱　峰
张国庆(4月任)

中国人民财产保险股份有限公司张家港中心支公司

总经理　季　力
副总经理　俞晓英(女)　吴金虎

中国人寿保险股份有限公司张家港支公司

总经理　杨正清
副总经理　徐国强　陈　莹(女)
蔡　伟

中国太平洋财产保险股份有限公司张家港中心支公司

党委书记、总经理　许兴达
副总经理　赵文敏(女,5月免)
张建华(女)
纪委书记　张建华(女)

中国太平洋人寿保险股份有限公司张家港中心支公司

总经理　于年中

紫金财产保险股份有限公司张家港支公司

总经理　唐　伟
副总经理　赵　晖　曹志宏

中国石化销售有限公司江苏苏州张家港石油分公司

经　理　朱　林

张家港海关

关　长　胡克宏(6月免)
陈解平(6月任)
副关长　林　骏　王　飞

张家港保税港区海关

关　长　张宗琪
副关长　尹聚技　郭学文

长江航运公安局苏州分局

党委书记、局长　孙国华(1月免)
蒋　健(12月任)
纪委书记、政委　陶建东

张家港出入境检验检疫局

局　长　韦　锋
副局长　樊惠良　倪慎新　杜国兴
殷厚德　尹　军(9月任)
纪检组组长　孙洪生(1月免)
尹　军(1月任,9月免)

张家港海事局

党组书记、局长　沈贵平
政委、党组副书记、纪检组组长
王燕辰
副局长　黄　梅(女,6月免)
陈俊杰(3月任)　苏　健
彭树林(3月免)

张家港引航站

站　长　葛剑平
党支部书记　范冬青

张家港边防检查站

站　长　包笑望
政　委　徐向阳
副站长　傅柏青　王永军　刘建勇
副政委　王锡华

【编辑　黄宏庆】

中共张家港市委员会

Zhangjiagang Municipal Committee of the CPC

中国共产党张家港市第十一次代表大会会场　（褚珊珊　摄）

党代会
市委全会
重要决策
重大活动
调查研究
组织
宣传
统战

机构编制管理
市级机关工委
老干部工作
党校
史志
档案
公务接待
保密工作

扫码欣赏

江苏“最美人物”
吴惠芳先进事迹视频

党 代 会

【市第十一次党代会】 7月25日至28日，中国共产党张家港市第十一次代表大会在市沙洲宾馆会议中心召开。应到党员代表390人，因事因病请假16人，实到代表374人。代表中，有领导干部239人，占61.3%；专业技术人员78人，占20%；先进模范71人，占18.2%；解放军、武警2人，占0.5%。妇女97人，占24.9%；大专以上文化380人，占97.4%；45岁以下158人，占40.5%。大会审议并批准朱立凡代表中共张家港市第十届委员会所作的《落实五大发展理念，增创转型升级优势，全力争当“强富美高”新江苏建设排头兵》的工作报告。大会审查并批准张玮代表中共张家港市纪律检查委员会所作的《坚持全面从严治党，聚焦监督执纪问责，努力推动党风廉政建设和反腐败工作再迈新台阶》的工作报告。选举产生中共张家港市第十一届委员会委员37人、候补委员7人；选举产生中共张家港市纪律检查委员会委员17人；选举出席中共苏州市第十二次代表大会代表49人。市委换届后，11名市委常委平均年龄47.4岁，比换届前下降0.3岁，配备35岁左右的干部1名和女干部1名，实现了以45岁左右干部为主体的合理梯次结构；具有研究生学历的占54.5%，大学以上学历的占100%。

【镇党委换届工作完成】 5月23日至30日，全市8个镇先后召开党代会，选举产生出席市第十一次党代会代表，并进行换届选举。换届后，8个镇党委班子成员共85人，其中杨舍镇11人、塘桥镇11人、金港镇11人、锦丰镇11人、乐余镇11人、凤凰镇11人、南丰镇10人（1人援疆，不参加选举）、大新镇9人。平均年龄43.2岁，比换届前下降0.5岁；大专以上文化的85人，其中本科以上80人，占总数的94.1%。

2016年张家港市各镇党代会情况表

表3 单位：人

单 位	届 次	召开时间	代表人数		选举情况		
			应到人数	实到人数	书 记	副书记	委 员
杨舍镇	十三	5月23日	198	189	1	3	7
塘桥镇	十二	5月25日	130	128	1	3	7
金港镇	八	5月30日	179	175	1	3	7
锦丰镇	十一	5月23日	130	129	1	3	7
乐余镇	十一	5月26日	119	118	1	3	7
凤凰镇	十二	5月23日	128	124	1	3	7
南丰镇	十一	5月27日	96	92	1	2	6
大新镇	十一	5月25日	89	88	1	2	6

【确立全力争当“强富美高”新江苏建设排头兵奋斗目标】 市十一次党代会确立今后五年的目标是主动适应经济发展新常态，深入推进供给侧结构性改革，把握稳中求进的总基调，聚焦转型、创新驱动、绿色发展、文明引领，全力打造现代产业集聚区、民生幸福先导区、生态宜居样板区和文明法治示范区。到2020年，全市地区生产总值、公共财政预算收入年均增长7%左右，居民人均可支配收入与劳动生产率同步提高，生态文明建设继续领先全国同类城市，张家港精神持续得到深入弘扬，文明城市影响力不断放大，经济社会发展整体水平继续走在全国县市前列。 （陶叶萍）

市 委 全 会

【市委十一届一次全体会议】 7月28日在市沙洲宾馆会议中心召开。会议选举产生中共张家港市第十一届委员会常委，中共张家港市第十一届委员会书记、副书记，通过中共张家港市纪律检查委员会第一次全体会议的选举结果。会议强调，要大力弘扬张家港精神，不忘初心、继续前进，永葆争先率先的志气，永葆改革创新的勇气，永葆担当实干的锐气。紧扣转型升级核心，在聚焦转型、创新驱动、绿色发展、文明引领上持续发力。落实共享发展理念，牢记宗旨、执政为民，处理好民生改善与经济发展的关系、提升普惠与保障特惠的关系、倾听民声与回应民意的关系、尽力而为和量力而行的关系。会议指出，切实用市第十一次党代会精神统一思想、凝聚力量，实现“十三五”发展良好开局。

【市委十一届二次全体（扩大）会议】 12月30日在市馨苑度假村会议中心召开。会议听取并讨论市委书记朱立凡代表市委常委会所作的《紧扣“创新富民”，突破“四大路径”，努力走在高水平全面建成小康社会前列》的报告，审议通过《中国共产党张家港市第十一届委员会第二次全体会议决议》。会议强调，凝心聚力推动“四大路径”有效突破，贵在自信、重在自醒，贵在创新、重在富民，贵在担当、重在落实。会议明确2017年工作的指导思想是：全面落实中共十八大和十八届三中、四中、五中、六中全会精神，深入贯彻中共中央总书记习近平系列重要讲话精神，按照中央经济工作会议和省委、苏州市委部署要求，统筹推进“五位一体”总体布局和协调推进“四个全面”战略布局，牢固树立和贯彻新发展理念，与时俱进大力弘扬张家港精神，坚持“稳中求进、争先率先”，突出“两聚一高”主题，做足创新文章，推动精明增长；做实富民文章，实现精准发力；做强党建文章，锤炼精干队伍，凝心聚力推动“四大路径”有效突破，努力走在高水平全面建成小康社会前列，以优异成绩迎接党的十九大胜利召开。会议指出，要坚持以创新引领经济转型升级，重点把握好“三大转型”和“五大提升”。“三大转型”，即传统产业转型、化工园区转型、港口经济转型。“五大提升”，即提升企业的自主创新能力、提升城市对高端要素的集聚能力、提升新兴产业的贡献能力、提升绿色发展的能力、提升政府服务经济的能力。要坚持以富民成效检验发展成色，富民惠民要有温度，生态建设要有强度，文明创建要有广度，社会治理要有力度。要坚定不移推进全面从严治党，坚定信念干，满怀激情干，身先士卒干，一身正气干。

重要决策

【概况】 2016年，市委召开常委会会议24次，全市领导干部会议9次。市委、市政府联合发文14份，市委发文37份。重要决策涉及聚焦转型创新驱动、生态文明建设、文明城市建设、“法治张家港”建设、全面从严治党等方面。

【实施聚焦转型创新驱动行动计划决策】 12月7日，市委、市政府联合印发《关于实施聚焦转型创新驱动行动计划的决定》，提出充分发挥企业主体作用，强化政府引导、激励和扶持，实现企业追求与政府支持的同频共振，全面推进产业发展高新化、智能化、绿色化、集群化，打造张家港经济“升级版”，努力当好全省“一中心一基地”、苏州“一基地一高地”建设主力军。到2020年，产业转型升级加快新突破，全市规模以上传统产业经济总量保持基本稳定，工业增加值率力争达到21%，新兴产业产值占全市规模以上工业产值比重超过50%；科技创新能力实现新提升，全社会研发投入占GDP比重达到3%，科技进步贡献率达到65%，高新技术企业累计超过700家，每1万人发明专利拥有量超过36件；科技人才引领凸显新优势，创新创业领军人才项目总数达到700项，入选上级人才计划超过350人次，1万人拥有高层次人才230人，高技能人才占技能劳动者比例达到35%。主要抓手是实施“产业领跑、创新驱动、智汇港城”三大计划。是日，市委、市政府联合印发《张家港市先进制造产业领跑计划实施意见》，提出加快推进冶金、纺织、机电、化工、食品等优势传统产业调整改造、提档升级，提升产业竞争力，实现做强做大；印发《张家港市创新驱动能力提升计划实施意见》，提出推进“二市一区一中心”建设，“二市”即创新型城市、知识产权示范市，“一区”即高新区，“一中心”即沙洲湖创新中心。12月13日，市委、市政府联合印发《张家港市人才引领智汇港城计划实施意见》，提出深入实施“磁石聚才、创业小巨人、筑巢引凤、无忧保障”4项人才工程，吸引汇聚各类人才到张家港创新创业，努力打造区域性产业人才高地。

【深化文明城市建设实施意见出台】 7月19日，市委印发《关于做好移风易俗工作深化文明城市建设的实施意见》，提出以培育和践行社会主义核心价值观为主线，以坚决遏制大操大办之风、封建迷信之风、奢靡低俗之风、逾矩失范之风为着力点，坚持教育引导与建章立制相结合，坚持整体推进与重点突破相结合，通过搭建平台、创设载体，全面发动、全民参与，推动形成勤俭节约、科学健康、情趣高雅、崇德守礼的良好生活方式和文明社会风尚，努力当好思想文化和道德风尚两个高地建设的排头兵。主要任务是实施“移风易俗·婚礼新风”行动、“移风易俗·文明乡风”行动、“移风易俗·文明殡葬”行动、“移风易俗·党员示范”行动、“移风易俗·文明家庭”行动、“移风易俗·舆论引导”行动。

【“法治张家港”建设新规划出台】 9月14日，市委、市政府联合印发《关于在全市公民中开展法治宣传教育的第七个五年规划(2016—2020年)》，提出法治宣传教育是全面落实依法治国基本方略，深入推进“法治张家港”建设的一项基础性、先导性工程，要通过五年不懈努力，使法治宣传教育工作机制进一步健全，普法队伍进一步壮大，普法阵地进一步加强，普法渠道进一步拓宽，市民法治意识进一步提高，全民法治思维与法治信仰基本确立。主要任务是深入学习宣传习近平关于全面依法治国的重要论述，进一步加强全社会宪法宣传教育，深入宣传中国特色社会主义法治体系，大力弘扬社会主义法治精神，加强社会主义法治文化建设，强化服务经济社会发展的法律法规宣传教育。工作措施是夯实法治宣传教育基础，贯彻落实国家机关“谁执法谁普法、谁主管谁负责”责任制，深化“法律六进”活动，严格领导干部和国家工作人员学法用法制度，推进新媒体应用，推动媒体公益法治宣传制度的落实，深化多层次多领域依法治理。9月26日，市委、市政府联合印发《张家港市贯彻落实〈法治政府建设实施纲要(2015—2020年)〉实施方案》，提出深入推进依法行政，坚持法治政府与法治社会一体建设，使“法治”成为全市继“文明”之后又一张靓丽的城市名片。

【实施市委巡察工作决策】 12月29日，市委印发《中共张家港市委关于开展市委巡察工作的实施办法(试行)》，提出聚焦全面从严治党，坚定政治方向、坚持问题导向、坚守价值取向，发现问题、形成震慑，推动改革、促进发展，努力营造风清气正的政治生态。明确聚焦全面从严治党，紧扣“六项纪律”，对党的组织和党的领导干部尊崇党章、党的领导、党的建设和党的路线方针政策落实情况，履行全面从严治党责任、执行党的纪律、落实中央八项规定精神、党风廉政建设和反腐败工作以及选人用人情况进行巡察。

重大活动

【干部学习培训活动】 市委、市政府全年先后举办领导干部菜单式讲座11期，参训5500余人次。内容涉及党史与国史；大数据对未来社会的影响；推进依法行政；生态文明与绿色GDP；政府廉政与勤政建设；互联网时代政府管理模式的进化与创新；质量强市对城市的影响；中德质量文化的比较与启示；亚健康与健康管理；大众创业，万众创新；危机管理与媒体沟通等。举办主体班44期，8500

余人次参加。9月，组织全市800余名副科职以上领导干部开展为期4天的“激发新状态、践行新理念、担当新使命”主题轮训班；10月，组织47名副科职以上干部开展为期7天的第六期领导干部中央党校研修班；8月至10月，组织50名行政文秘型干部在市委党校、复旦大学举办为期40天的第四期行政文秘（复旦）培训班。

【党政领导考察活动】 3月7日至11日，市委书记姚林荣，市委副书记、市长朱立凡带领党政代表团赴广东、浙江学习考察，学习两省在落实“五大发展理念”、主动适应经济新常态、推进供给侧结构性改革等方面的先进理念、典型经验和做法。8月5日，市委书记朱立凡，市委副书记、代市长黄戟带领党政代表团赴苏州工业园区、昆山市学习考察，学习两地在产业转型、创新创业等方面的成功经验。10月27日至28日，市委书记朱立凡，市委副书记、代市长黄戟带领党政代表团赴宿迁市宿豫区参观考察，就加强合作、实现互惠共赢进行深入交流，签订新一轮共建园区合作协议。

【项目签约、奠基、开业等活动】 年内，全市共举办重大项目签约、奠基、竣工开业等活动近20次。项目签约活动主要有大连机床集团华东基地项目签约仪式、盛威科国际集团华东地区生产基地签约仪式、中科院苏州纳米所张家港研究院签约仪式等。项目奠基活动主要有康得新光学膜二期项目奠基开工、江苏中核利柏特股份有限公司核电石化装备模块项目开工奠基仪式、中新·莺山新型城镇化项目奠基仪式、汽车后市场产业园项目奠基仪式、霍尼韦尔新催化剂项目奠基仪式等。项目开业活动主要有润英联（中国）有限公司开业仪式、戴铂新材料（张家港）有限公司新型复合材料项目开业典礼、庄信万丰（张家港）贵金属材料科技有限公司开业仪式、苏州晶台光电有限公司开业庆典等。

【重大文化、教育、科技、体育活动】 年内，全市共举办重大文化、教育、科技、体育活动近20次。其中，文化、体育活动主要有2016年中国（张家港）长江文化艺术节暨第七届（张家港）长江流域戏剧艺术节、第二届中国（张家港）长江流域民间艺术博览会、第五届民族文艺会演、第六届迎新年万人健步行活动、2016年“市长杯”校园篮球总决赛暨张家港市中小学生“三大球”联赛、第五届侨界运动会等。科技、教育活动主要有2016年张家港市科技活动周、2016年（第八届）苏州国际精英创业周张家港分会场活动、第三届“创青春”江苏青年创新创业大赛暨第三届“创业张家港”青年精英创业大赛项目集中推介会、庆祝第32个教师节暨“美丽教师”事迹宣讲会等。

【“两学一做”学习教育】 4月26日，市委书记姚林荣专题调研党建工作并召开座谈会，听取区镇、部门、村（社区）对开展“两学一做”学习教育的意见建议。4月27日，市委召开全市“两学一做”学习教育工作座谈会，深入学习贯彻习近平重要指示和中央、省委、苏州市委座谈会精神，对全市开展“两学一做”学习教育进行动员部署，印发《关于在全市党员中开展“学党章党规、学系列讲话，做合格党员”学习教育的实施方案》。是日，市委组织部层转中共江苏省委组织部《印发〈“两学一做”学习教育一把手职责任务清单〉的通知》，明确“一把手”组织推进学习教育的八项职责和带头参加学习教育的八项任务。全年市委常委结合包挂党建“书记项目”、“民生面对面”、蹲点联系制度等载体，赴基层联系点讲党课10次、专题调研20余次，并以普通党员身份参加所在支部学习教育。4月至12月，在“张家港先锋”微信公众号开展“每周先锋”专栏，年内推送基层典型48人。5月至8月，在“张家港先锋”微信平台举办“学党章党规，争当学习先锋”知识竞答活动，共有14948人次参与竞答。5月，市“两学一做”学习教育协调小组制定《基层党支部“两学一做”学习教育分类指导安排表》，区分农村、社区、机关、“两新”组织等不同基层党组织，及领导干部、普通党员、在职党员、离退休党员等不同党员群体，对学习教育的目标任务、内容安排、组织方式、工作举措等分别提出具体要求。5月18日，市委常委会召开专题学习会，学习毛泽东的《党委会的工作方法》和习近平重要批示精神。5月，在机关党员中开展“佩党徽、亮身份、树形象”活动，机关党员在参加党的会议和活动、下基层走访调研、开展志愿服务活动时，要佩戴党徽、亮明身份、接受监督。至5月末，市级机关共有78个机关单位领取8500个党徽。6月3日，市委组织部下发《关于在“两学一做”学习教育中认真组织开展支部专题讨论的通知》，对各党支部开展新时期共产党员思想行为规范、学习系列讲话强化

全市“两学一做”学习教育工作座谈会　　（市委组织部　提供）

"四个意识"、做"四讲四有"合格党员等三次专题讨论，明确具体要求。6月8日，市纪委、市委组织部、市委宣传部、市文明办、市委市级机关工委、市妇联联合下发《在"两学一做"学习教育中开展"领导干部立家规，共产党员正家风"主题活动的实施方案》，开展"家规家训"评选、"好家风好家训"巡讲、好家庭助廉家训格言征集、"好家规好家风"展演等四大主题活动，促进党员干部加强家庭建设、培养良好家风。6月16日，市委组织部、市委宣传部在市广播电视台演播厅举办"薪火相传"党员年代秀活动，通过"红色光影""入党故事""薪火相传"等主题活动，展示不同年龄段党员的先锋风采。上半年，以"两学一做"为主题，开展"微党课、微视频、微情景剧"党员教育"微套餐"征集评选活动，共征集到教案102篇。经综合评定、现场竞赛等程序后，6月20日，在市锡剧艺术中心剧场举行"党员教育微套餐"展示活动，3篇微党课、3部微视频、3部微情景剧进行公开展评。在6月20日首场演出后，系列微情景式党课"一诺终生""责任在肩""不负使命"组成的情景剧合集《誓言永恒》，植入"《七月阳光》进区域"系列活动，在13个党建区域巡回演出。6月30日，举行纪念建党95周年暨先进表彰大会，市四套班子领导参加"加强警示教育、重温入党誓词"活动，评选表彰市级"三个十佳"(十佳基层党组织、十佳共产党员、十佳党务工作者)。"七一"前，开展"党员关爱帮扶行动月"活动，包括市委常委在内的广大党员干部向生活困难党员群众发放党员关爱基金666.49万元，惠及3855户困难群众、2614名生活困难党员和老党员。7月13日，举办"好家风好家训"首场宣讲。之后，志愿宣讲团赴各区镇、各单位开展巡讲，整个巡讲活动在8月末完成。7月14日，市委中心组举行专题学习会，以"学习党章党规、提高政治素养和政策水平"为主题开展学习讨论。9月13日，市委中心组以"学习系列讲话、增强'四个意识'"为主题召开专题学习会。8月末至9月初，市"两学一做"学习教育协调小组对全市学习教育开展情况进行集中检查，3个督导组走访抽查10个区镇党工委，78个机关、办事处、村(社区)、企业等基层党组织及相关下属党支部，并将检查情况予以通报，要求全市各级党组织严肃自查。年内，根据上级要求，部署开展党代会代表和党员违纪违法未给予相应处理情况的排查清理工作，在全市范围推进党员组织关系集中排查。　（杨方勇　陶叶萍）

调查研究

【概况】 年内，市委研究室起草第十一次党代会、市委十一届二次全会、聚焦转型创新驱动工作推进大会等各类重要文稿材料170余篇，90余万字。全年就推动创新型经济发展、加速传统制造业转型升级、优化农村社区治理等重大课题组织调研280余人次，形成系列调研报告、内参等，为市委科学决策提供参考。

【专题调研】 围绕全市在全国首创企业科技创新积分管理，市委研究室对创新积分管理制度的改革内容、奖励模式、积分应用情况进行梳理，总结积分政策在整合科技资源、收集企业科技活动大数据、引导企业把握国家科技创新方向、推动科技创新资源透明化等方面起到的积极作用，形成全市推动科技创新的有益经验。围绕传统制造业转型升级，市委研究室对全市冶金、机械、纺织等制造业主要板块进行深入调研，实地走访新美星、海狮机械、联宏集团、海陆重工、广大机械等5家企业，详细了解全市传统制造企业的转型路径和困惑需求，提出全市传统制造业应强化"思维创新、产品创新、技术创新、营销创新、管理创新"理念等建议。围绕培育盈利能力强、贡献率高的企业，市委研究室对2015年工业增加值率排名居全市前两位的艾迪尔和酿酒公司走访调研，从行业发展前景、企业资产状况、产品附加值、市场占有率等方面进行分析研究，提出企业应专注细分领域、轻资产运作、精益求精做强品质等启示。围绕新型城镇化背景下的农村社区治理，市委研究室以南丰镇新丰拆迁社区为切入点进行实地走访调研，深度挖掘该社区创新社区治理工作的具体做法，并用"多元主体、多元平台、多元服务、多元项目、多元治理机制""五个多元共治"对社区管理经验进行提炼，为推动城市商业社区治理改进提供实践方向。围绕全市集成电路产业发展，市委研究室实地走访宏云技术、沿芯微电子、意发功率半导体等芯片生产企业，在分析研究集成电路产业发展前景、市场规模及全市相关企业发展情况的基础上，针对产业发展存在规模小、发展慢、融资难、人才少等制约因素，提出应通过争取大产业基金、培育龙头企业、引领错位发展、优化金融服务、加强招才引智等方式推动集成电路产业发展的对策和建议。围绕特色小镇建设，市委研究室赴浙江省宁波、绍兴、嘉兴部分县市区学习考察，通过现场走访、座谈交流，详细了解宁波鄞州区"现代电车小镇"、绍兴市柯桥区"黄酒小镇"和"酷玩小镇"、嘉兴桐乡市乌镇"互联网小镇"、嘉兴嘉善县"云澜湾温泉小镇"和"歌斐颂巧克力小镇"的建设模式和运行情况，梳理总结特色小镇"非镇非区"、融"产城人文"一体等经验做法，为全市推进特色小镇建设提供借鉴参考。　（李宏燕）

组　织

【概况】 2016年，全市新成立党委9个[锦丰镇建设村党委，乐余镇常丰村党委，凤凰镇凤凰村党委，张家港保税科技股份有限公司党委，张家港澳洋医院有限公司党委，江苏爱康实业集团有限公司党委，陶氏(张家港)生产基地党委，张家港市实验小学党委，张家港市外国语学校党委]。至年末，共有基层党组织4720个，其中党委136个、党总支275个、党支部4309个，另有党工委36个。新发展党员820人，转入2231人，减少2622人。至年末，有中共党员69103人。全市有副科级(副镇级)以上干部1462人。其中，女干部258人，占17.6%；非中共党员58人，占3.97%；大专以上学历1441人，占98.6%。年内，市委组织部完成“关于全市干部担当作为状况的调研报告”“发挥党组织在基层治理法治化中的核心作用——张家港市推进基层依法治理的实践与思考”等重点调研课题。加强组工信息工作，向上级组织部门和市委办报送组工信息133篇，出刊《张家港组工信息》12期、《人才工作信息》8期，“张家港先锋”微信平台推送信息47期，“人才张家港”微信平台推送信息74期，在《张家港日报》刊出《今日党建》12期。加大人才引进力度，全年新增国家“千人计划”专家1人、省“双创计划”创新团队3个、“双创计划”人才14人（位居全省县市首位）、“姑苏计划”人才24人（连续五年列苏州县市第一）。

领导班子和干部队伍建设　全年市委共召开14次市委常委会研究干部调配工作，调整干部483人次，其中提拔重用169人。169人中，有女干部45人、35岁以下干部25人、大学学历以上干部149人、党外干部4人。13个党外干部需配部门中有9个部门配备党外干部，11个优先配备女干部的部门全部配备女干部。1月和7月，选派2批共8名任职年限不长的市管干部赴信访部门开展为期半年的挂职锻炼。8月，选派35名中青年干部在市级机关、垂直单位与开发区、区镇之间开展新一轮为期1年的双向挂职。探索干部正向激励，开展职务职级并行，对各个层级、各种类型干部情况逐一分析研判，年内有310名市管干部实现职级晋升。市委组织部会同机关工委和党校，围绕“机关干部担当作为”和“创新构建干部激励机制”主题开展专题调研，通过问卷调查、个别访谈、集体座谈等形式摸情况、想对策，形成专题调研报告。坚持干部从严管理，全面实施领导干部个人重大事项抽查核实工作，年内，共对251名干部填报的个人重大事项进行抽查核实，对其中61名干部信息进行进一步核查完善。对市委教育工委书记、市教育局局长邵建华，市财政局党组书记、局长周兵，市委农工办主任孙敏彪，市安监局党组书记、局长沈琳，乐余镇党委书记陈卫兵等5个单位主要领导实施“三责联审”。对市经济和信息化委员会原主任钱锦东，市卫计委原党委书记、原主任朱兴华，市商务局原党委书记、原局长兼贸促会张家港支会原会长薛平，市体育局原党组书记、原局长孟波，市交通运输局原党委书记、原局长陈军，市粮食局原党组书记、原局长邵建芳，市住建局原党委书记、原局长袁雪祥，市公安局原党委书记、原局长赵金龙等8个单位主要领导实施离任经济责任审计。继续推进干部消化整改工作，全面完成各镇领导班子（包括经服中心、办事处、街道办）的干部整改消化工作，至年末，全市共消化干部职数387人，其中消化领导职数90人、非领导职数297人，完成整改消化任务的99.5%。组织开展领导干部在企业兼（任）职规范清理“回头看”，着重抓好国泰集团、城投集团规范清理工作。加强对出国（境）人员的监督和管理，全年审查领导干部因公出国（境）68批226人次，审批因私出国（境）102批106人次。

基层党组织和党员队伍建设　年内，市委组织部继续深化基层服务型党组织建设，以基层支部规范化建设为契机，优化调整区域化党建格局。依托智慧党建信息平台，持续运行区域活力指数绩效系统，推动机关党员走进区域参与服务。1月，市委组织部引进“众筹”理念，采用党群部门点题与各级党组织申报相结合的方式，确定并发布2016年度市级十大重点党建项目，解决一批基层党建难题；同时，深化市委常委带头，各级党组织书记包挂联系“书记项目”制度，以上率下提升项目实效。持续加强党建服务平台建设，全市新建基层党员服务中心11个。不断加大对党建项目的资助力度，共拨付项目经费390.3万元，占年度基层党组织建设专项资金的62%。7月，市委组织部、市民政局、市财政局联合下发《关于印发〈张家港市社区党组织为民服务专项经费使用管理办法（试行）〉的通知》，是年起，按每个社区每年20万元标准，设立“社区党组织为民服务专项经费”，纳入全市社区发展基金会整体运作，增强社区党组织的服务功能和政治功能。夯实基层党建工作基础，修改调整党（工）委党建工作动态考核细则，出台《2016年度党（工）委抓基层党建工作责任制考核标准》，严把承诺、述职、考核、激励、问责关，加强对党建工作的过程化管控。从严整顿帮扶薄弱党组织，对8个村、9个社区建立市领导挂钩联系制度，并下派5名“第一书记”，划拨51万元专项经费，提升帮扶成效。10月26日，苏州市委书记周乃翔，市委常委、组织部部长陆新，市委常委、市委秘书长黄爱军等，到杨舍镇善港村、金港镇滕丰社区、张家港保税区外企党建集群服务中心、中粮东海粮油工业（张家港）有限公司、金港镇长江村调研基层党建工作。从严加强农村带头人队伍建设，11月2日，在市委党校举办全市首届村（社区）党组织书记讲坛，编印下发《农村工作36计》，加强换届后村（社区）党组织书记队伍建设。实施“后备书记”培养工程，创设“一亩三分地”论坛，全面提高村级中青年后备人才能力素质水平。从严推进“两新”党建，依托41个区域党建工作站，探索实践“区域化+互联网”党建新模式。11月，建立“两新”党组织组织生活旁听制度。全年市科技局、市经信委、市住建局等“两新”工委成员单位，对全市29家非公企业党支部和民办学校、民营医院等4个社会组织党支部开展党课教育、“四讲四有”合格党员大讨论、民主评议党员等33次旁听活动。12月，编印《嗨！张家港》非公党建特刊在全国发行。加强党员教育管理，进一步完善党员发展流程管理系统，继续实施发展对象和新党员标准化培训机制，年内共有1645名入党对象参加轮训。3月，市委组织部层转中共中央组织部《关于开展党员组织关系集中排查的通知》的通知，在全市范围组织深入开展党员组织关系集中排查工作。深化党员分类管理和积分考核工作，探索考核倒逼与正向激励相结合的积分运用机制，全市参与积分的党员，占全市党员总数的81%。举办“远程教育培训周”活动，开展“党建文化下基层”巡演，专题片《圆梦》获“苏州市党员教育微视频创作展播评比活动”一等奖。

首期"年轻干部训练营"开班仪式　　（市委组织部　提供）

【首期"年轻干部训练营"举办】 6月至11月，市委组织部遴选50名35岁以下中层干部，举办首期"年轻干部训练营"，加强年轻干部系统培养和日常考察。训练营为中长期培训，每年举办一期，每期为期半年，每两周集中2天至3天开展训练活动。采用"1+X"训练模式，"1"为课程培训，"X"为训练活动。6月，在市民兵训练基地进行封闭式军训，组织学员赴上海交通大学进行脱产培训。7月，在市委党校进行课程培训，开展辩论比赛。拟定10个调研课题，明确5人一组开展调查研究。8月，在市委党校开展课程培训，举行辩论比赛决赛和全明星赛，以小组为单位开展"五色"志愿服务。9月，在市委党校开展课程培训，举办专题读书交流会，以小组为单位开展知识竞赛，以文艺表演、趣味游戏等形式开展训练营联谊活动。10月，组织学员赴江西干部学院开展党性锻炼，组织开展训练营运动会。11月，在市委党校组织调研答辩，举行结业仪式。

【基层法治型党组织建设】 年内，全市基层党组织建设探索点上经验，推进"党建引领基层治理法治化"善港模式，通过发挥党组织在基层治理各个环节中的政治引领作用，推动村、社区治理法治化转型，相关经验在《人民日报》《光明日报》等媒体报道。加快面上推进，加强对各级各类基层党组织的督促指导，坚持问题导向，强化分类推进。其中，党组织书记党建责任审计制度、机关党建"四位一体"责任清单体系、南丰镇"三约三会"民主管理制度、西湖苑社区法治引领民主自治等做法入选苏州市委组织部《建设法治型党组织40例》。落实制度机制，贯彻市委《关于建设法治型党组织的实施意见》，加强对全市层面的33项重点任务跟踪落实。12月，"社区协商：基层治理法治化的新探索"项目获评"中国法治政府奖"。

（陶叶萍）

宣　　传

【概况】 2016年，全市宣传思想文化战线把握"两个巩固"根本任务，与时俱进弘扬张家港精神，为实现"十三五"良好开局提供坚强思想保证、强大精神力量、丰润道德滋养和有利文化条件，张家港市被省委组织部、省委宣传部授予"2015—2016年度全省基层党员冬训工作示范市"，张家港市委宣传部被苏州市委宣传部授予苏州市第十届精神文明建设"五个一工程"组织奖、2016年苏州市网络文化季组织推广奖，"探索县域文化馆的张家港模式"获2015年度全省宣传思想文化工作创新奖提名奖、入选文化部"国家文化创新工程"重点项目，课题"打造24小时图书馆驿站，提升公共阅读服务效能"被苏州市政府授予苏州市第十三次哲学社会科学优秀成果三等奖，课题"诚信张家港与企业社会责任建设研究"被江苏省思想政治工作研究会授予"2015年度江苏省思想政治工作课题研究成果二等奖"，"张家港市率先实现县域文化数字化，百姓足不出户享受文化盛宴"获2016年度"苏州市精神文明建设十佳新事"提名。

理论武装　市委宣传部把学习宣传贯彻习近平总书记系列重要讲话精神作为首要政治任务，推动全市各级党组织、全体党员及时跟进学、原原本本学、联系实际学，做到学而信、学而用、学而行。1月，开展2015—2016年度基层党员干部冬训工作，在《张家港日报》开设"2016年度党员冬训之窗——'读原文，双跟进'主题征文"专栏，开展"与时俱进弘扬张家港精神，强富美高再创十三五辉煌"冬训主题党课展评及"情景式"党课和微型党课教案征集评选活动。3月，制定下发《2016年全市党委（党组）中心组专题学习计划》，9月、10月、11月市委中心组成员围绕"学习党章党规，提高政治素养和政策水平""学习系列讲话，增强'四个意识'"及"学习贯彻党的十八届六中全会精神"三大主题分批进行交流研讨，全年市委中心组组织集体学习20次。4月，下发《关于贯彻落实党委（党组、党工委）意识形态工作责任制的实施方案》，推动各级各方面细化责任清单、健全制度机制。6月，举办全市政工干部暨理论宣讲骨干培训班，赴浙江大学公共管理学院进行封闭式业务培训。启动2016年张家港"民生讲堂"巡讲，选拔29名理论宣讲志愿者，分赴基层开展政策理论、文明法治"五进"宣讲。继续办好"冬日阳光"融媒体导学平台，开设"空中民生讲堂"，综合利用广播、网站、微信、微博等媒介资源，全方位、多时空推送。组织开展"理论微故事征集、理论微征文竞赛、开设微理论学习专栏、理论微宣讲竞赛、理论微巡讲、电波微宣讲"六大活动，评出"理论微故事"获奖稿件18篇、张家港市"百姓名嘴"10人、苏州市"百姓名嘴"3

人，市委宣传部被授予苏州市“百姓名嘴”理论微宣讲竞赛活动优秀组织奖。9月，组建宣讲团，从全市选聘宣讲志愿者，开展市第十一次党代会精神宣讲，开展撤县建张家港市30周年宣讲，开展吴惠芳、郁霞秋、沈彬、陈春明、倪永祥、仲斐斐等典型人物的巡回宣讲。12月，成立市委宣传思想文化工作领导小组、市委网络安全和信息化领导小组，建立健全市互联网管理联席会议制度，落实全市讲坛讲座分级分类管理制度，集中开展以净化网络内容为重点的网上舆论引导专项行动。完成2016年度全市思想政治工作者中、高级专业技术资格评审送审工作，对23名参评人员发放专业资格证。年内，张家港市获评2015年度全省基层党员冬训工作示范市，杨舍镇获评2015年度全省基层党员冬训工作示范镇。金港镇后塍办事处党工委书记陈磊获评2015—2016年度全省基层党员冬训工作先进个人。杨舍镇“‘杨舍故事汇’助力冬训更精彩”获评苏州市2015—2016年度全市基层党员冬训工作创新项目。锦丰镇党校“‘百名书记’讲党课”项目与常阴沙现代农业示范园区党校“‘田园党校流动党课’助力强社富民工程”分别获评2016年度苏州市基层党校“争先创优”活动一类优秀项目和二类优秀项目。《打造永不打烊的24小时图书馆驿站》入选全国基层宣传思想工作百例，被评为省委宣传部优秀调研文章。

舆论引导 市委宣传部严格宣传纪律，把好正确导向，稳妥把握敏感问题的报道，有序引导社会舆论。3月，开展习近平“2·19”重要讲话精神“大学习、大讨论”活动。4月，开展第十三届张家港新闻奖评选。5月，组织人员参加苏州统一组织的新闻战线集中培训。8月，省级主流媒体集中采访报道“最美复转军人”吴惠芳。10月，组织全市45个重点单位的新闻发言人赴浙江大学开展为期5天的专题学习培训。年内，举行新闻发布会和集中采访30余场，围绕“十三五”开局、转型升级、深化改革、生态文明、法治建设、文明城市创建等宣传重点，开设《弘扬张家港精神，实现“十三五”良好开局》《开局“十三五”，港城再出发》《争当排头兵，开启新征程——贯彻党代会精神访谈》《供给侧改革的港城样本》《行进港城，精彩故事》等常年挂牌栏目，推出《张家港淘汰高耗能企业，腾笼换凤显成效》《张家港举行“港城合伙人”首期峰会》《张家港获首届生态文明奖》等重点系列报道，开展“走进转型一线，感受创新力量——触摸港城经济新脉动”集中宣传报道活动。围绕市第十一次党代会、“两学一做”学习教育、2016年长江文化艺术节等市委、市政府阶段性工作重点，多次组织新华社和《新华日报》《苏州日报》等各级主流媒体集中采访，推出《“两学一做”，知行合一》《“两学一做”，我的入党故事》专栏专题，推出《“四大路径”勾勒“强富美高”新港城》《张家港：三问勾勒“文化繁荣图”》等一批重点报道，全方位、多角度展示各区镇、部门工作经验成效。市“一报两台”常年开设“新闻110”“好人帮”“政风行风民生热线”等民生互动专栏，做好涉及就医就业就学、生态环保、食品卫生、道路安全等民生问题的舆论引导。

媒体宣传 组织“文明张家港”“港城合伙人”“省文明旅游现场会”“张家港获首届中国生态文明奖”“2016中国（张家港）长江文化节”“美丽中国，聚焦张家港”等专题进行外宣报道，发布全国首部裸眼3D城市微电影《听见你的声音》，在“张家港城事”官方微信平台开展城市形象宣传语征集活动，在苏州市级以上主流媒体刊发重点稿件150余篇（条）。其中，《人民日报》刊发《江苏张家港探索“互联网+党建”载体，让“两新”党建活起来》（4月26日），人民网刊发《江苏张家港举办长江文化艺术节，引领城市发展》（11月1日），《光明日报》刊发《文化智慧润港城——江苏张家港公共文化成体系》（1月10日头版头条）、《大连机床华东基地项目落户张家港》（4月7日）、《凭江绘出绿意盎然——江苏克服特殊省情探索生态保护新路》（4月20日）、《张家港：三问勾勒“文化繁荣图”》（5月4日头版头条）、《张家港3D宣传片首映》（9月21日）、《文化点亮张家港》（11月28日），新华社刊发《张家港举行“港城合伙人”首期峰会》（10月18日）、《中国长江文化艺术节惠民戏票低至10元》（11月1日），新华社《要情动态》刊发《公共文化服务供给侧改革的张家港路径》，《科技日报》刊发《张家港推行“积分管理”激发企业“洪荒之力”》（8月21日），央视财经频道刊播《长江调研行：张家港淘汰高耗能企业，腾笼换凤显成效》（4月14日），《新华日报》刊发《志愿者给文明游客点个赞》（2月7日头版）、《张家港踏上“强富美高”新征程》（2月15日头版）、《张家港获首届生态文明奖》（6月6日头版）、《颠覆性创新，闯入高端市场“蓝海”》（7月19日头版）、《张家港把产业发展基点凝聚到创新上——创新驱动，构建产业新体系》（7月26日）、《怀揣梦想，“师首长”回乡当村官——记张家港永联村党委书记吴惠芳》（8月24日）、《引进“合伙人”聚力“资本+”》（10月20日）、《“四大路径”勾勒“强富美高”新港城》（10月28日）、《张家港：“路径优化”决胜全面小康》（11月8日头版），《半月谈》内部版第4期刊发《张家港：从“制造”到“智造”》，《江苏领导参考》刊发《制造业高地转型升级的张家港路径》（1月），《苏州日报》刊发《过硬作风创出转型加速度》（2月23日头版头条）、《文明张家港的溢出效应》（4月11日头版）、《张家港荣膺“中国曲艺名城”》（7月6日头版）、《1200余企业分享8000万元创新奖金》（7月27日头版）、《精耕细作打造创新创业“生态圈”》（8月16日头版）、《聚焦“四大路径”聚力“强富美高”》（10月21日头版）、《港城书写“强富美高”新篇章》（11月2日头版头条）。裸眼3D城市形象片《听见你的声音》，获2016年第五届中国先进影像作品奖优秀奖。

互联网建设和管理 发挥互联网联席会议的协调管理职能，市委宣传部对全市新增的以发布综合信息为主的微信平台进行排查摸底，对违法违规行为教育纠正和打击整治，面向全市机关中层干部开展互联网与媒体应对培训。互联网协会新成立文化艺术传播和互联网金融两个专业委员会。

推进报网、台网融合，全市媒体微信公众号关注者总数近60万人，其中，“张家港日报”“张家港新闻”“第一视线”“张家港交通广播”“张家港在线”等主流媒体微信公众号关注者均超过1万人。“张家港城事”官方微信年发布信息2600余条、关注者8万人，多条微信推送阅读超10万人，在苏州区县政务微信排行榜中始终名列前茅。以“张家港城事”官方微信为龙头，整合全市两级官方微信，建立由40个区镇、部门政务微信平台组成的政务微信圈。年内，全市获评苏州网络文化季活动优秀组织奖。

【省、苏州市媒体集中采访永联村党委书记吴惠芳】 8月18日，江苏“最美人物”暨苏州市级重大典型“时代先锋”吴惠芳先进事迹媒体见面会在永联小镇度假酒店举行，《新华日报》、江苏省广电总台、《扬子晚报》、《苏州日报》等10余家省级、苏州市级新闻媒体齐聚永联，集中采访永联村党委书记吴惠芳的先进事迹。市委常委、宣传部部长杨芳参加媒体见面会。吴惠芳具体事迹参见第390页〖吴惠芳获江苏“最美复转军人”称号〗条目。

【“张家港民生讲堂”理论巡讲】 6月至8月，2016年“张家港民生讲堂”理论巡讲志愿活动完成，这是全市连续第三年举办“民生讲堂”理论宣讲活动。活动中，29名宣讲志愿者按部门、行业搭配为14个宣讲小组，共为全市23个村（社区）、企事业单位、学校等进行理论宣讲23场，同时通过开设“空中民生讲堂”，录制专题访谈节目，丰富宣教形式，拓展传播渠道，扩大社会影响。 （丁洪斌）

统 战

【概况】 2016年，市委统战部发挥统一战线的优势和作用，为全市“夺取‘十三五’良好开局”提供有力支持。2月19日，召集各民主党派相关负责人召开座谈会，研究部署2016年全市民主党派工作。3月、4月、6月、8月、10月、12月，市委分别就党风廉政建设和反腐败主要工作、文明城市创建工作、推进基层社会治理加快民主法制建设情况、生态文明建设情况、供给侧结构性改革情况及全市经济社会发展情况召开各民主党派、工商联和无党派人士座谈会6次，270余人次参会，征求到意见和建议120余条。3月至9月，市委统战部组织民主党派和无党派人士联谊会就推进港口建设、对接一带一路、海绵城市建设等课题赴广西钦州及福建厦门和广东深圳等地开展调研，11月初向市委、市政府上报《增创港口发展新优势，助力‘长江经济带’建设》《关于重视我市海绵城市建设的建议》等6个调研报告。3月28日，召开市委统战工作会议，出台《中共张家港市委关于贯彻〈中国共产党统一战线工作条例（试行）〉的实施意见》，从机制、体制上进行规范，长期制约统战工作的基层统战专职工作人员、党派专职工作人员等问题在一定程度上得到缓解。5月，设立市民主党派服务中心，进一步增强服务民主党派的力量。协助民主党派、工商联（总商会）加强自身建设。7月30日，协助民建基层委员会完成换届工作。9月25日、27日，分别协助民盟市委、农工党市委召开民盟张家港市第五次代表大会和农工党张家港市第五次代表大会，完成两个党派换届工作。11月30日，协助市工商联合会（总商会）召开第十次会员代表大会，完成换届工作。至年末，完成政协张家港市第十二届委员会335名委员的协商提名推荐工作。全市有副科级以上党外领导干部47人。有民盟市委、农工党市委、九三学社基层委员会、民革基层委员会、民建基层委员会5个民主党派组织和1个市无党派人士联谊会。年内新发展民盟16人、农工党8人、九三学社8人、民建12人、无党派人士联谊会6人。至年末，全市民主党派和无党派人士联谊会共有成员787人，其中民盟235人、农工党210人、九三学社104人、民革78人、民建94人，无党派人士联谊会66人。

【统战宣传信息工作培训】 6月27日至30日，市统战宣传信息工作培训班在省社会主义学院开班。全市各区镇，统战口各单位，各民主党派、无党派人士联谊会以及部分新的社会阶层人士代表近50名学员参加培训。培训围绕中央统战工作会议精神及统战理论研究、统战宣传信息工作、统战实践创新等主题开展，强化做好新形势下统战工作的意识、能力和水平。

（周卫国）

2016年民生讲堂理论巡讲走进永钢集团 （市委宣传部 提供）

机构编制管理

【概况】 年内，市机构编制委员会办公室（简称市编办）围绕全市转型发展“四大路径”，统筹推进行政体制改革,政府职能转变取得阶段进展。稳步实施行政审批制度改革,动态调整行政审批事项目录,实行严格的行政审批“准入制”。改革机关群团事业单位统一社会信用代码制度。1月,全市启动机关、群团、事业法人统一社会信用代码新赋码和存量代码转换工作。3月,完成全市事业单位法人统一社会信用代码的换发工作。12月,完成机关、群团统一社会信用代码换发工作。对原有机关、群团、事业法人的组织机构代码证进行统一收缴,组织机构代码证退出历史舞台。加强机构编制管理,全年受理机构编制申请事项166项,提请市机构编制委员会召开2次编委会,同意新设立市民主党派服务中心、市民族宗教管理服务站、市公安技术保障中心等10个事业单位,整合撤销市公安机动车辆检测中心、市卫生进修学校、市健康教育所等8个事业单位,编制只减不增。年末,全市共有党政群机关75个,事业单位431个。强化机构编制的监督检查,7月,市编办、市委组织部、市审计局开展领导干部“三责联审”工作,其中市编办分别对市财政局、市教育局、市委农工办、市安监局、乐余镇主要领导实施机构编制责任审核。是月,市编办启动“双随机、一公开”监管抽查工作,建立抽查事项清单、事业单位名录库和执法人员名录库,明确34项抽查事项和457个被检查单位。年内共开展执法检查4次,做出书面检查记录68份,确保检查过程全程留痕,实现责任可追溯。规范事业单位登记管理,年内共办理事业单位设立登记31个,变更登记215个,注销登记4个。11月,全市推进权力清单标准化工作会议召开,全面启动政府部门权力清单“(省市县)三级(权力名称、编码、依据、类型)四同”标准化工作。全市37个市级部门梳理出行政权力6938项,13个垂直管理部门梳理出行政权力2205项。指导部门为所有行政权力事项编制对应办事指南,并统一在江苏政务服务网上公示。

【行政审批制度改革】 年内,市编办对照上级政府公布的取消和下放行政审批事项相关文件,及时做好行政审批事项目录的动态调整,实行严格的行政审批“准入制”,确保全市对应行政审批事项的取消、下放和承接工作落实到位。3月,《市政府关于取消、调整、新设、承接、更名、接受上级委托实施部分行政审批项目的通知》印发,行政审批事项共新设(含承接)3项,取消20项,更名17项,调整类别8项,受委托实施7项。调整后,全市共保留行政审批事项253项。加强事中事后监管,指导全市42个审批部门对保留和取消的行政许可事项完成事中事后监管措施分类备案。

【机关、区镇绩效考核】 3月,市编办牵头组织完成全市绩效考核主要指标的梳理,形成《关于印发2016年全市主要指标目标和责任分解的通知》,共涉及经济发展、科技人才、生态文明、民生实事等44项指标。4月,修订完善《2016年度市级机关(单位)绩效考核工作实施办法》和《2016年度区镇绩效考核工作实施办法》。5月,组织全市92个单位梳理出2016年度职能工作目标指标共398个,其中市定指标177个,自定指标221个。6月,组织各区镇梳理2016年关键绩效指标和重点项目节点计划,形成《2016区镇关键绩效指标和重点项目重要节点计划》。5月至10月,组织各市级机关(单位)对市绩效管理系统进行在线测试。7月至10月,牵头组织相关部门分别对供给侧结构性改革、重点产业项目、科技人才、生态文明建设、民生工程等5个领域开展专题绩效督察。10月,召开首次绩效考核情况通报会。10月至12月,完成市、镇两级年度绩效考核工作。年内编发《绩效比拼动态》12期、《绩效评估报告》10期,均在全市范围内通报。

市级机关工委

【概况】 全年市级机关新发展党员42人。其中,女性12人,占28.6%;大学以上学历41人,占97.6%。年度转正党员47人。至年末,市级机关工委下辖党委9个,党总支22个,直属党支部45个;二级党总支1个,二级党支部134个。年内完成换届选举工作的党组织有72个。建制调整党组织2个,市检验检测中心党总支由市市场监督管理局党委划入;市旅游局党总支调整为市旅游局党支部。市级机关有党员3628名,其中在职党员2773名,离退休党员855名。下辖工会组织80个、团组织24个、妇女组织68个。全年评出市级机关先进党组织21个、优秀共产党员150人。年内,市级机关工委获评全省县级机关信息工作先进单位、苏州市机关党建信息工作优秀单位。

机关党建工作 1月,会同市委组织部、市财政局下发《关于明确市级机关党建工作几个具体问题的通知》,对机关党组织隶属关系、机关党务干部选配管理、机关基层党组织活动经费等几个具体问题进行明确,加强和改进机关党的各项工作。3月16日,召开市级机关党的工作会议暨党务干部综合培训班。与75个机关直属党组织签订2016年度党建工作目标责任书,分别从严格落实主体责任、充分发挥政治功能、严格落实工作制度、有效强化服务绩效和注重加强信息沟通5个方面,对20项具体党建工作进行细化,推动党建责任细化落实。汇总编发《市级机关党建服务项目手册》,77个党建服务项目实施ABC管理制度,对工委“四化”服务打造在职党员进社区“升级版”、财政助力企业科技创新积分管理等10个A类项目实行重点跟踪推进。自4月起,按照全市统一部署,认真组织开展“两学一做”学习教育,下发市级机关党支部“两学一做”学习教育计划,运用专题学习、党课教育、讨论交流等形式,推动市级机关各级党组织抓在日常、严在经常。开展市级机关微党课评比、优秀情景式党课展演评审活动,编印《优秀微型党课教案汇编》、录制《市级机关优秀情景式党课》光盘,发放至基层各党组织供学习参考。牵头负责市“两学一做”学习教育督导二组工作,通过随机抽查、听取汇报、专项调研、参加学习讨论、列席组织生活会等方式,做好53个市级机关部门的日常联络和督导工作。4月,在市级机关推动建立"机关开放日"活动制度,对开放主体、活动内容、主要形式等明确具体要求,在组织形式上采取邀请相关服务对象、政风行风监督员、社会各界代表走进机关部门、服务窗口,通过情况汇报、现场观摩、座谈交流等方式,加强机关与基层的互动交流,切实帮助基层解决实际困难和问题。5月,联合市委组织部在市级机关党员中开展"佩党徽、亮身份、树形象"活动,《张家港日报》头版、新华网等媒体进行宣传报道,《江苏机关党建工作简报》(2016年第7期)刊发活动做法给予肯定。7月18日,召开市级机关党代会,150名市级机关党代表参加会议,选举产生出席中共张家港市第十一次代表大会代表38人。8月至9月,按照全市统一部署,认真做好基层党组织换届选举工作,72个基层党组织完成换届选举工作。9月,参加南京长三角机关党建工作研讨会,作《贯彻新理念,找准发力点,推动机关党建更好服务"十三五"发展》的书面交流。深化机关党建联盟建设,新建报业大厦"新文惠民"和金融系统"金融服务"2个党建联盟,机关党建联盟达到7家。推动市发改委、经信委、规划局等部门建立12个学习研究兴趣小组,结合市委中心工作和部门职能确定研究课题,为全市经济社会发展出谋划策。

机关人大工作　在市十三届人大五次会议上,市级机关人大代表提出代表建议15条。2月,召开机关人大工作座谈会;3月至4月,市级机关人大代表围绕选民关心的文明交通、食品安全等专题,赴粮食局、市水资源管理处等单位开展专题考察或学习调研。4月,市级机关人大工委报送的《张家港:"四抓四提增"强化机关代表建议质量》获评2015年苏州人大新闻奖三等奖。9月,按照全市统一部署,在市级机关启动人大换届选举工作。召开市级机关市人大换届选举工作会议,进行换届选举业务培训。结合实际情况合理划分确定16个选区,举办选民登记信息系统业务培训,确保选民登记不错、不漏、不重。积极动员广大选民广泛参与提名推荐,5.7万名选民参与民主协商,其中38442位参与联名推荐,参提率达到66.9%,共提名推荐212名初步代表候选人,经组织协商产生正式代表候选人41人。11月,市人大常委会副主任秦毅峰到市级机关人大工委专题调研机关人大换届选举工作。12月5日,经各选区投票选举产生市第十四届人大代表25人。12月下旬,市级机关人大组织新一届市级机关的市人大代表分组赴市场监督管理局、环保局开展考察活动。

机关群团活动　4月至10月,市级机关团委开展"'强富美高'悦读登高"主题读书活动,收到读书征文和体会文章198篇,评出一等奖5篇、二等奖8篇、三等奖10篇,优秀组织奖5个。6月至8月,会同市文明办联合举办张家港市道德模范、身边好人进机关现场交流暨好人故事汇基层巡讲活动,联合市有关部门举办"好家风好家训"宣讲活动,引导激励广大机关党员讲党性、重品行、作表率。7月,加强区域共建,与结对社区联合开展"健康伴我行,夕阳别样红"党员趣味运动会。年内,结合重要时间节点开展丰富多彩的群团活动,举办乒乓球、5人制足球、羽毛球等4项体育比赛,开展"三八"维权周广场志愿服务、机关妇女干部"科普体验行"、团干部赴保税区团委互看互学等活动,会同市卫计委、红十字会、体育局等开展健康教育进机关、应急救护培训、健身培训等。

机关干部教育培训　全年市级机关工委共组织开展各类教育培训6期(次),参训人员近2000人次。1月14日至15日,结合全市党员冬训在市委党校组织开展第二轮机关党员轮训活动,270名机关党员参加培训。3月16日,举办机关党务干部综合能力培训班,邀请上海静安区凯迪克大厦联合党支部书记、工会主席肖素华作《"两新"党建,我十年的坚守与责任》、上海同济大学马克思主义学院教授李占才作《如何做好思想政治工作》的专题讲座。3月至4月,联合市纪委在全市组织开展"学准则条例、做勤廉表率"知识竞赛活动,全市6580人次党员参与竞赛答题。3月末至4月初,举办市级机关第30期发展对象培训班,57个单位(部门)的253名学员参加培训。组织52名2015年度新发展党员开展"守纪律、讲规矩"警示教育活动,进行集体宣誓,参观市反腐倡廉和预防职务犯罪警示教育基地,听取《坚决把纪律挺在前面》的主题廉政党课。开设市级机关"党性大讲堂",邀请市委党史地方志办公室副主任、市政协文史委副主任汪丽菁作"甘守'冷门'写春秋"专题讲座。5月,邀请省委省级机关工委研究室调研员、《工作与学习》执行主编卢春庭为市级机关党务干部、基层党组织书记作"学习贯彻《党章》和《条例》,加强机关党的工作"专题讲座,促进机关党务干部规范高效履职。6月至8月,会同市委宣传部举办"张家港民生讲堂"理论巡讲活动,在浙江大学公共管理学院举办全市党教理论骨干和"张家港民生讲堂"讲师培训班。7月6日至10日,组织50名市级机关党务干部在河南兰考焦裕禄干部学院举办党性教育专题培训班。

【机关干部担当作为专题调研】　8月至10月,市级机关工委、市委组织部、市委党校按照市第十一次党代会提出的"努力营造广大干部'心情舒畅、充满信心、积极作为、敢于担当'的良好氛围"要求,就干部担当作为、干部激励机制进行联合专题调研。调研组通过走访部分区镇和市级机关部门的领导干部,与部分基层一线的同志以及一些在职和退居二线的机关干部座谈,随机发放调查问卷500份,集中收集相关情况,形成《关于全市干部担当作为状况的调研报告》。调研报告着重围绕当前干部担当作为的现状及原因分析、推动干部担当作为的基本思路、推动干部担当作为的实践路径等三个方面进行阐述和分析,提出意见建议,为市委提供决策参考,获市委书记朱立凡签批。调研报告中提出的通过创设表彰"担当作为好单位、担当作为新模范"等有效手段激励干部担当作为、探索建立容错免责机制等建议被市委采纳,并出台相应的考核方案和实施办法。

(钱艳虹　范颖飞)

老干部工作

【概况】 年末，全市有离休干部133人，比上年减12人。享受县处级以上待遇的退休干部65人，比上年增1人。离休干部中，除易地安置张家港的6人和部省属单位的12人外，享受地市级待遇的2人，享受县处级待遇的43人，享受乡科级待遇的70人。年内，在经开区（杨舍镇）梁丰社区进行离退休党员“一方隶属，多重管理”党建工作试点。在市老干部书画协会、艺术团建立临时党支部。10月，市委老干部局在全省老干部活动中心主任会议上作“搭建四大平台、铸就坚强堡垒，深入推进老干部兴趣团队党组织建设”经验交流。

老干部政治待遇 年内，市委老干部局为全市离休干部和市级老领导订阅《银潮》《中国老年报》，免费赠阅《张家港日报》和《秋韵》内刊，发放学习材料，认真落实文件阅读、听报告、参加重要会议和重大活动制度。宣传老干部先进典型，顾秉钧、姚章华、徐国祥3人被评为苏州市正能量活动兼职导师，文化中心综合展示馆、优居壹佰养生公寓、沙洲县抗日民主政府纪念馆和市青少年社会实践基地4个单位被评为苏州市正能量活动现场教育基地。全年市委老干部局刊发老干部宣传信息220篇。1月，组织市级老领导40余人，列席政协张家港市第十一届委员会五次会议和张家港市第十三届人大五次会议；举行市级老领导情况通报会，市委书记姚林荣向43名市级老领导通报全市2015年经济社会发展情况和2016年工作思路。3月，组织部分离退休女干部赴苏州白马涧生态园参观。5月，举办全市老干部党支部书记培训班，70余人参加。8月，举行上半年度县处级以上离退休干部情况通报会，市委副书记、代市长黄戟向48名老干部通报全市上半年经济社会发展情况和下半年主要工作安排。3月、6月、9月、12月，先后组织市级老领导赴保税区（金港镇）、经开区（杨舍镇）、冶金园（锦丰镇）、江阴市现代农业园参观考察。

市老干部艺术团赴塘桥镇文化中心专场演出 （市委老干部局 提供）

老干部生活待遇 市委老干部局坚持做好经常上门走访慰问，在春节、夏季高温和中秋节，分片组走访慰问全市离休干部、市级老领导以及离休干部遗属，并送去慰问信和慰问金。春节前夕，市领导蔡炳锋带队走访看望因身体原因住院和在家的高龄市级老领导。5月，市委老干部局组织市级老领导33人赴安徽宣城进行为期一周的保健疗养。8月，组织全市市级老领导、离休干部共200余人进行健康体检，邀请13名专家为离休干部和市级老领导进行一对一健康咨询和体检报告解读。全年慰问生病住院离退休干部80余人次。为市离休干部和75周岁及以上市级老领导配备智能腕表，共发放腕表80余块。

【老干部活动】 年内，市委老干部局结合元旦、春节、重阳等节日，组织老干部开展各类文体活动60余次；组织11个老干部兴趣团队（协会）开展文体活动，活动人数近7000人次。1月，组织召开老干部兴趣团队负责人座谈会，11个老干部兴趣团队主要负责人参加会议；组织市老干部书画协会走进机关、社区和企业，现场书写和赠送春联1000余幅。2月，举办“银铃乐新春、欢乐闹元宵”老干部综艺活动，设置欢乐猜灯谜、幸运摸奖、趣味飞镖、团团圆圆套福圈等4个游戏项目，市级机关280余位副镇（局）级以上离退休干部参加。3月，组织8名老干部志愿者到市儿童福利院，开展“爱在春天传递”志愿活动，老干部志愿者给孩子们过生日、讲故事、做游戏，并赠送学习和生活用品，送上特殊的关爱。4月，会同市委组织部、市人社局联合下发通知，开展纪念建党95周年系列活动；开展老干部“晚霞生辉”进企业活动，组织老干部书画协会8名老同志走进鹿港科技有限公司，现场创作并赠送书画作品20余幅；开展“铭记党恩情，增添正能量”老干部读书征文活动，收到征文70篇。5月，举办“港城风采”摄影作品展，记录港城的发展变化，展现改革开放的成就。6月，与常熟联合举办老干部纪念建党95周年书画展，展出书画作品80余幅；编印“夕阳情怀——纪念中国共产党成立95周年”老干部书画作品集，收录老干部书画作品117幅；组织老干部艺术团到塘桥镇文化中心，为当地群众进行专场演出。7月，组织老干部开展“学党章、学条例”知识抢答；组织市委老干部局离退休党员和老干部兴趣团队临时党支部部分成员20余人，开展捐款献爱心活动，为盐城龙卷风灾区人民捐款。9月，会同市委组织部、市人社局联合举办全市老干部“夕阳映港城，共圆中国梦”专题文艺会演，共12个节目、300余人参加。10月，组织老干部书画协会赴乐余镇常丰村书画沙龙，开展为90岁及以上老人祝寿庆重阳活动,现场书写“寿”字赠送给在场高龄老人。11月,举办纪念撤县建市30周年摄影展,展示摄影作品100余幅;举办“纪念长征胜利80周年”图片展,展示珍贵历史照片50余幅,300余人前往观看。全年组织老干部参加苏州市台球、书画展、麻将等赛事,组织老干部兴趣团队与常州、昆山、常熟及张家港市老年大学等有关团队进行交流;播放电影24场;开展大型增添正能量活动10次,700人次参与,受益人数2000人次。（施翠萍）

党　校

【概况】 2016年,市委党校举办市领导干部“激发新状态、践行新理念、担当新使命”主题轮训班、生态文明建设与环境保护专题培训班、“法治张家港”建设专题研修班、依法行政专题培训班、第四期行政文秘培训班、首期“年轻干部训练营”培训班、村级中青年后备干部培训班、村(社区)党组织书记菜单式讲座等各类培训班130期,培训轮训党员干部3.1万人次;依托“红色讲坛”“百场万人理论巡回宣讲”“民生大讲堂”等平台,开展党的十八届五中、六中全会精神、市第十一次党代会精神、“两学一做”学习教育等主题宣讲307场,《张家港日报》在8月16日头版头条进行报道。7月28日至8月1日、8月15日至19日,市委党校牵头举办市党员干部赴井冈山党性教育培训班两期,常阴沙现代农业示范园区、市行政服务中心、市公积金中心、市供销总社、市科协及市委党校等单位的102名党员干部参加培训。培训班以“增强党性、坚定理想信念、传承井冈山精神”为主题,设置专题讲座、现场教学、拓展训练、红色故事会等培训内容,通过穿红军服、学唱革命歌曲、重走挑粮小道、党性分析等活动,锤炼参训学员的意志品质,增强党性修养,坚定理想信念。坚持科研服务市委市政府中心工作和党校教学工作“两个中心”,创设书记市长课题、校长课题研究机制,实行校长领衔制和集体攻关制,年内共完成“如何发挥党组织在基层治理法治化中的核心作用”“张家港市潜在优势产业如何转变为龙头产业的对策研究”等书记市长课题5项、“新时期村(社区)优秀书记的特质及培养途径研究”“新形势下党校校园文化在干部教育培训中的地位和作用”等校长课题11项,立结项省级课题1项、苏州市级课题1项、张家港市级课题5项,公开发表文章13篇,其中在省级以上刊物发表8篇;创建社科交流合作载体“前沿论坛”,新建“微党校”官方微信公众平台,创办社科理论季刊《前沿观察》,编印《优秀教案与调研报告集》《信念——我的入党故事》《2016年党校年鉴》《公关20年——张家港市公共关系文集》等4本书籍,上报《市情研究参考》6期。其中,《关于我市智慧城市建设的思考与建议》《如何发挥基层党组织在基层治理法治化中的核心作用》等2期得到市委领导批转。

市委党校“红色讲坛”　（市委党校　提供）

【基层党校建设】 全市有基层党校13家,其中镇党校8家,常阴沙现代农业示范园区党校1家,市级机关工委党校1家,沙钢集团、华昌集团及沙洲职业工学院党校各1家。年内,各基层党校以党的基本理论、方针政策、法律法规、经济社会发展等为培训内容,开展党员轮训、入党积极分子培训及各类专业技术培训。通过集中辅导、讨论交流、专题报告会、党课教案和微型党课演讲竞赛、党的群众路线基层巡讲等多种方式,组织广大基层党员干部学习党的十八届五中、六中全会和省委、苏州市委、张家港市委党代会精神,把握中国特色社会主义的理论精髓、实践成就和发展要求。全年共举办集中辅导230余场,巡讲、座谈交流1600余场,超过10万人次参加。创新培训途径,通过网络、手机等移动媒介,运用远程教育、网上党校、网上新社区、张家港市全民学习网、短信党课、微信、微博等新型培训方式,将企业党员、流动党员纳入培训范围,扩大受教育人群覆盖面。加强理论宣讲骨干培训,6月27日至30日,在浙江大学举办全市基层党教暨理论宣讲骨干培训班,开展《新时期意识形态建设与管理》《五大发展理念引领“十三五”发展》《当前政治、经济与社会热点分析与研讨》专题辅导。锦丰镇党校“百名书记”讲党课项目与常阴沙现代农业示范园区党校“田园党校流动党课”助力强社富民工程分别获评2016年度苏州市基层党校“争先创优”活动一类优秀项目和二类优秀项目。

【张家港市委党校对口援助新疆巩留县委党校】 7月11日,市委党校赴新疆巩留县委党校交流考察。双方互相交流了办学情况,并举行张家港市委党校对口援助新疆巩留县委党校签约仪式。张家港市委党校向巩留县委党校捐资3万元。按照双方签订的对口援助协议,“十三五”期间,张家港市委党校将每年承担相应数量的巩留县党政领导干部、各类专业技术人才及中青年后备干部的培训任务。同时，负责对巩留县委党校教师及管理人员等进行“点对点”培养，帮助巩留县委党校提升培训管理和教学业务水平。

【“微党校”官方微信公众平台创建】4月18日，市委党校“微党校”官方微信公众平台发布运行。这是市委党校利用“互联网+”拓展干部教育培训空间的一个创新。“微党校”官方微信公众平台集党课学习、理论宣传、班级管理、需求调研等为一体，设置“听党说”“跟党学”“微校园”等三大板块。其中，“听党说”有“高层吹风”“热点聚焦”2个栏目；“跟党学”有“跟着小红解政策”“跟着小红炼党性”“跟着小红学党史”“跟着小红品国学”4个栏目；“微校园”有“微班级”“微党课”“微茶吧”3个栏目。至年末，累计更新165期、推送信息480条，拥有关注者1300余人。（丁志宏）

史　志

【概况】2016年，市委党史地方志办公室发挥“存史、资政、育人”功能，以实现“十三五”开好局为动力，做好史志编纂、史志宣传、史志研究等工作。完成《张家港纪事2016》编纂。完成《中国年鉴》《江苏年鉴》《苏州纪事2016》等与张家港市相关内容的编写工作，完成《中国年鉴发展报告》《年鉴论坛》中对张家港年鉴的介绍。年内首次对区镇史志工作开展绩效考核，扣分上限为20分。市委史志办被评为苏州市二轮修志工作先进集体。

党史工作　全年推进党史第三卷专题编写工作。经过开展小组研讨和修改、领导审核，至12月末，全市123篇专题有70篇编入专题集第一、第二卷，经过三次审校，进入印刷出版程序。余下53篇继续进行修改、补充，计划编成第三卷、第四卷。完成党史第三卷正本纲目的制订、讨论、修改，提交苏州市委党史工办审核。3月，举办全市“党史与国史”专题讲座。5月，《张家港市（沙洲县）改革开放执

举办“党史国史”专题讲座　　（市委史志办　提供）

政纪事（1979—2012）》由中共党史出版社出版发行。该书主要记述改革开放以后（1978—2012）历届市（县）委、市（县）政府领导全市人民开展的重要决策、重大举措、重大事件和重大成就。全书37万字，插图片22幅。与市委组织部、宣传部、党校联合开展“红色记忆·燃情岁月——纪念建党95周年”系列活动，其中党史办负责策划编纂《红色光影》主题宣传册，通过征集、展现张家港市域内各个历史时期共产党员先锋模范、带头人进行革命和建设、创业干事的老照片，讲述其背后的故事，教育全市党员、干部继承革命传统。全书收集各类先进人物和集体48个，6月完成编印。开展改革开放口述史的征编工作。年初制定口述史征编方案和采访计划，通过录音、摄像和对征集内容的整理，形成口述史材料9篇。11月，邀请省委党史工办常浩如开展关于口述史征集的讲座，全办人员和乡镇史志人员30人聆听讲座。年内，参加新四军研究会会议和活动6次。

地方志工作　推进乡镇志、部门志编纂，坚持定镇联系、分头指导，集中研讨、以研代训。年内，《中兴镇志》完成首轮研讨修改，《后塍镇志》《塘桥镇志》《港口镇志》完成终审。《杨舍镇志》《常阴沙农场志》《南沙镇志》《港口镇志》进入出版程序。指导4部部门志编纂，《张家港市工会志》启动，《张家港市人民法院志》完成终审，《张家港市统战志》完成初稿修改，《张家港市宗教志》进入出版程序。推动中国名镇志编修。根据名镇志编纂进度安排，5部名镇志均完成初稿，其中《中国名镇志丛书·锦丰镇志》通过省地方志办和苏州市地方志办的终审，其余4部均提交苏州市地方志办初审，《中国名镇志丛书·塘桥镇志》《中国名镇志丛书·金港镇志》完成修改编排样书。

史志宣传　8月至12月，市委史志办在全市8镇1区设立市史志馆区镇分馆，实现镇镇都有史志馆的全覆盖网格。以史志分馆为载体，组织开展地情书籍赠阅、地情展览巡展、地情讲座专场等活动，以此推动读史用志。至年末，在区镇史志分馆举办讲座9场，史志展板巡展10次，受益群众、学生5000余人，向区镇赠送史志书籍2000余册。组织党史地情志愿者宣讲队伍，在镇、村（社区）、机关、企业、学校宣讲张家港党史和地情文化。先后为市博物馆、梁丰高级中学、旭东学校、关心下一代工作会议等进行党史、地情宣讲20余场。完成市社科联立项课题“张家港撤县建市30周年重大成就和主要经验研究”。开展地方志、党史征文活动。向苏州市地方志办提交论文15篇，7篇获奖，市委史志办获组织奖。向苏州市委党史工办提交论文7篇均被采用，编入《研究与探索——苏州纪念中国共产党成立95周年论文集》。先后有4篇论文被省级以上刊物录用。开展撤县建市30周年党史、地情知识竞赛，共收到答题

卡近1万份，评选出一、二、三等奖35人，组织奖5个。全年编辑出版《张家港史志》杂志4期，发行4800册。

【《张家港年鉴》获全国地方志优秀成果特等奖】 8月，《张家港年鉴》2014卷以全国县市区第一名的优异成绩获得全国地方志优秀成果特等奖。年内，市委史志办继续对《张家港年鉴》2016卷进行创新，紧扣全市特色亮点工作，高标准规划、高质量编纂、高效率推进。1月中旬召开年鉴编纂工作会议进行业务培训。8月前，完成年鉴总纂、审校、配图、印前捉差错工作。2016卷年鉴突出“争当‘强富美高’新江苏建设排头兵”主题，体现时代特色。为体现政府机构改革，类目进行调整。将原来“综合管理”篇中的“工商行政管理”“质量技术监督”分目与“卫生”篇中的“食品药品监管”合并成“市场监督管理”分目，“社会民生”篇中的“计划生育”内容移入“卫生”篇，组成“卫生和计划生育”篇，增设“卫生计生事业”“人口计生”分目。为突出城市发展特色，将原来的“港口·口岸”篇更名为“张家港港”篇，“商贸服务业·旅游业”篇更名为“服务业”篇，并增设“电子商务”分目等。10月，《张家港年鉴》2016卷由方志出版社出版。全书共设类目37个，下设分目241个、条目824个、表格126张。至12月末，向各区镇、机关及企事业单位赠送1500余册。

【市名村志系列丛书编纂】 年内，全市启动编纂村志59部，其中金港镇25部，杨舍镇22部，塘桥镇、凤凰镇各5部，锦丰镇、乐余镇各1部。为提高编纂质量，保证编纂进度，从6月起，市委史志办分3个片区组织召开村志编纂研讨会，先后在塘桥、金港、杨舍、凤凰等镇举行培训会4次。为营造浓厚的修志氛围，建立村志编修QQ群和微信群，加强业务交流，随时释疑解惑。同时，编印《张家港市名村志编纂指导手册》，汇编方志基础知识、编纂方法和规范标准，村志编纂人员人手一册。至年末，《章卿村志》《花园村志》《欧桥村志》《金谷村志》《袁家桥村志》《恬庄村志》《占文村志》等先后完成初稿，《七里庙村志》完成终审。《金村村志》《善港村志》首批入选省名村志丛书编纂，市委史志办组织人员反复研讨编纂纲目，在突出“名”字上做文章。

【市青少年史志教育馆开馆】 11月，市青少年史志教育馆完工并开馆。市青少年史志教育馆设置在市青少年社会实践基地，投资70万元，面积140平方米，以青少年喜闻乐见的形式展示张家港的地情历史、风土风物、民俗人文等内容，馆内分前言，长江南岸、滨江之城，古老土地、悠久历史，建制沿革、行政区域，沧海桑田、围垦成陆，方言民俗、非遗文化，食在港城、物产丰饶，美丽港城、宜居家园，人杰地灵、名人辈出，时代潮涌、拼搏发展，峥嵘岁月、红色印记，修志问道、以启未来，结束语等13个篇章，填补了全市青少年校外实践地情教育的空白。市青少年史志教育馆投用后，每年接受地情教育的青少年学生将不少于5万人次，大大增加史志教育的覆盖面。同时，市委史志办与市委组织部、市教育局联合在市青少年社会实践基地建设“阳光之路”青少年党史、党建教育外景基地，设置5个区域内容，互动展示中共党史，漫画展示地方党史，7月竣工。其与室内史志教育馆相互配合。年内，学生参观学习人数超过1000人次。

（史　志）

档　案

【概况】 年末，全市有综合档案馆1个，馆藏档案419610卷、446505件，资料14352册；有城建档案馆1个，馆藏档案109122卷，资料7059册；有区镇级档案馆3个，馆藏档案52341卷、213995件，资料1623册；有村级档案馆1个，馆藏档案100363卷、112696件，底图档案7350套，资料723册；有政务公开信息查阅中心1个，保存91个单位的纸质政务公开信息35835件；有图片中心1个，存贮图片档案343826张；音视频档案中心1个，存贮音视频档案12225件。全市有613个单位档案工作达到省星级规范标准，其中省五星级25个、省四星级1个、省三星级261个、省二星级266个、省一星级60个。全市有档案研究馆员1人、副研究馆员11人、馆员64人。

档案宣传教育　年内，市档案局开展“大手牵小手”“知我家乡·爱我港城”等中小学生档案主题教育实践活动，累计接待参观学生5361人。6月，市档案局在乐余镇开展“6·9国际档案日”主题宣传活动，发放《张家港市档案局公共服务指南》等宣传材料1000余份。11月，完成微电影《幸亏有你》和宣传片《张家港档案事业发展30年巡礼》的拍摄制作。“张家港档案”微信公众平台全年发布微信191期，阅读人次13.55万人，位列2016年度全国档案微信公众号传播指数排行榜第8位。3月，张家港市档案人员综合能力培训班在浙江大学开班。市档案局全年举办档案基础业务技能培训班11期，482人受训。5月，市档案学会举行档案学术研讨会，交流论文21篇。全年累计有20篇论文在省、苏州市档案学会上交流，《档案数字化校验系统》入选省档案局科技项目。市档案学会获评“全省示范性社会组织”，是唯一一家获得该荣誉的县级档案学会。

档案保管利用　年内，市档案馆共接收8个进馆单位档案47757卷、60975件。接收36个市级机关形成的政务公开信息纸质文件1079件。完成“全宗卷”的整理和17种统计台账的续补工作。建立市地情资料库，共收藏家谱族谱、志书、年鉴及反映张家港历史发展的其他出版物1567册(卷)。开展《张家港市档案馆指南》的编纂工作。按照档案保护“八防”要求落实安保措施，完成馆藏档案整体消毒，开展消防演练1次，维修档案库房设施设备6次，确保档案实体安全。开展“查档之星”评比活动，编制《张家港市档案利用事例选编(2012—2015)》，建立“查档工作群众评价”机制，通过现场查阅、信函、电话、网上查档等多种服务方式，共为社会各界提供档案利用10479人次、12067卷(件)次，提供资料60册，为市民工龄认定、房产过户、二胎审批等出具各类有效档案凭证1.1万件，群众满意率99.98%。

档案征集编研　6月至10月，市档案局完成《张家港市名人档案管理办法》后评估系列工作。全年征集梅行、秦云才、陆叙林等6位张家港籍名人档案4066件，扫描馆藏名人档案资料10495件。全年收集、整理、上传市、镇机关形成的各类图片档案1.1万张，整理张龙法摄影作品2.3万张，为社会各界提供图片档案服务3063张。征集、在线采集音视频档案3046件，提供音视频档案服务573条。征集家谱7部165册、全市重大活动档案288件、历史照片1326张、民间档案史料568件（册）。上报江苏省、苏州市档案局国家重点档案目录（第一期）。年内，联合举办“图说港城——2015现代化印记”和“爱上一座城——纪念张家港市撤县建市30周年摄影作品展”等展览，举行“档案与民生”主题展。全年编纂出版《杨舍影像》《塘桥影像》《钱耕玉公暨德配龚太夫人百龄诞辰追思录（内部资料）》等档案编研成果3部。撰写档案微信189条，编写《张家港大事记》12期，编发《张家港报刊文摘》24期。

档案监督指导　5月，开展全市重大建设项目档案登记备案工作，累计有7个省级、20个苏州市级、34个张家港市级重点建设项目完成登记工作。全省超临界燃煤发电（沙洲电厂2台100万千瓦机组）及张家港玖隆钢铁物流中心两个省级重大建设项目档案顺利通过省巡查组检查。6月，市档案局对市房产管理中心等8个单位开展档案行政执法检查。9月，配合苏州市档案局对张家港市民政系统档案工作开展专项检查。11月，会同市政府法制办制定并印发《张家港市重大行政决策档案管理意见（试行）》。12月，大新档案馆成立。全市45位非遗传承人、南丰镇建农村和丰埭33户家庭全部完成家庭档案建档工作。按省农委新标准开展农村承包地确权档案的收集整理工作，全市累计有98个行政村初步完成归档工作。年内，全市有89个单位通过省星级测评、42个单位通过省星级复查，其中永联档案馆和大新镇机关档案室通过档案工作省五星级规范测评。

档案信息化建设　全年新安装档案管理软件单位25个，累计786个。市档案局通过上门服务、电脑远程指导等方式累计提供档案信息化技术指导服务270次。杨舍档案馆、锦丰档案馆创成江苏省AAAAA数字化档案室。推进“民生档案信息共享平台”增点扩面工作，新增凤凰镇便民服务中心和大新镇龙潭村2个查阅点，民生档案共享目录累计达到122万条。完成电子档案校验系统开发工作并投入使用，共核对馆藏档案3538卷、308062件，累计全文扫描遗漏档案578626页。优化智慧档案馆一期项目各模块功能，启动机房改造工程并完成物联设备升级改造，对207275件馆藏档案加贴电子标签。12月26日，市档案局承担的“基于智慧云的档案馆管理体系研究”项目通过国家档案局专家组验收。张家港档案信息网站全年访问量为65157人次。市电子文件中心累计上载电子文件142167件，其中完全公开85024件、局部公开11634件、不公开45509件，全年查询电子文件1500人次，累计91487人次。

【非遗代表性传承人家庭建档活动】3月，市档案局联合市文广新局等单位召开非遗产代表性传承人家庭建档工作会议，确定建档范围、建档标准和工作目标，对全市收录登记的非物质文化遗产名录项目87项，51位非遗代表性传承人，逐步建立起非物质文化遗产档案和数据库，组建非遗传承人家庭建档志愿者队伍。6月9日，市档案局联合市文明办、市文广新局等单位在乐余镇召开非遗项目传承人家庭建档工作现场推进会，在活动现场组织市民观看“乐余风筝”“摸壁鬼”等非遗项目的视频介绍与现场展演，近距离地感受地方传统文化的魅力。通过优秀家庭建档成果交流与非遗项目档案数据库建设的介绍，提升公众档案意识。11月，非遗代表性传承人家庭建档成果在第二届中国（张家港）长江流域民间艺术博览会上展出。至年末，全市共有45个非遗代表性传承人家庭建档，建立市非遗档案数据库，初步实现全市非物质文化遗产的固态化管理。12月19日，姜理新、尹丽芬、陆义进等10户家庭被市文明办、市文广新局和市档案局评为“十佳非遗传承人家庭建档示范户”。

【农村承包地确权档案工作】2015年3月，市档案局启动农村土地承包经营权档案整理和保存专项行动，建立档案工作与确权工作同步计划、同步布置、同步落实的“三同时”运行机制。是年7月，市档案局在锦丰镇召开全市农村土地承包经营权确权登记档案工作现场推进会，推广锦丰镇的工作经验。是年10月，市档案局印发《张家港市农村承包地确权档案工作验收细则》。2016年2月，大新镇中山村根据省农委新标准完成土地承包经营权登记档案的归档工作。4月，张家港市的经验和做法在江苏省农村承包地确权档案工作推进会上推广。至11月，全市80%的行政村完成土地承包经营权登记档案的收集、整理、归档和信息化建设工作。12月，市档案局《确权档案服务三农专项行动》被市依法治市领导小组办公室评为“关爱民生法治行”十大优秀项目。

（陶忠华）

公务接待

【概况】2016年，市委接待办公室接待宾客523批14522人次。先后接待最高人民检察院副检察长姜建初，全国人大常委、财经委员会副主任，民建中央副主席辜胜阻，国务院参事、第十二届全国政协常委、国家统计局原副局长徐一帆，科技部副部长徐南平，水利部长江水利委员会主任魏山忠，中组部原部长张全景，中国生态文明研究与促进会常务副会长，国家环境保护总局原副局长、党组原副书记祝光耀，全国政协委员、全国政协京昆室副主任、中国文联副主席杨承志，中国作家协会党组成员、书记处书记、副主席白庚胜，国家教育咨询委员会省级统筹综合改革组组长、国家教育咨询委员会省级统筹综合改革组副组长杨希文,中国设备管理协会会长、国家发改委原副主任王金祥,国家基础教育课程教材专家工作委员会主任、教育部原副部长、江苏省原副省长王湛,中宣部宣教局原局长、江西省委原常委、江西省人大常委会原副主任张克迅,南京军区原副参谋长王海涛少将,浙江省政协副主席张泽熙,福建省政协副主席杨根生,以及李强、石泰峰、杨岳、王炯、樊金龙、王燕文、周乃翔、曹德信、蒋宏坤、刘永忠、张雷、张敬华、马秋林、徐鸣、杨新力、刘华、顾浩、冯敏刚等省(部)级领导考察指导58人次。接待江苏、新疆、西藏、贵州、浙江、山东、安徽等省、自治区、市的考察团158批,条线和调研会议181批,各地领导干部培训班79批,保障全市性活动34批。为2016年中国(张家港)长江文化艺术节,"童心里的诗篇"——第二届全国少儿诗会颁奖典礼,"G20杭州峰会"环保督察,全省文明旅游工作推进会,第三届"创青春"江苏青年创新创业大赛决赛,2016年张家港市科技活动周,中国足协第十九届"贝贝杯"青少年男子足球赛,"省长杯"安踏江苏省青少年校园足球联赛总决赛等28次重要活动和重大赛事提供接待服务。先后10次为张家港市党政团赴广东省深圳市、佛山市,浙江省杭州市、湖州市,新疆维吾尔自治区巩留县,江苏省宿迁市宿豫区及苏州市苏州工业园区、昆山市等地考察做好前期联络和组织保障工作。全年编发《接待简报》12期,累计192期,为市领导及有关部门提供相关信息。

【公务接待厉行节约】 年内,根据中央"八项规定"、省委"十项规定"、苏州市委"十二项规定"和《中共张家港市委关于改进工作作风、密切联系群众的实施办法》对接待工作提出的明确要求,市委接待办严格执行《张家港市市级机关会议费管理办法》《张家港市党政机关公务接待管理规定》及《张家港市机关单位差旅费管理的相关补充规定》。通过健全规章制度、加强日常管理,切实做到厉行节约,降低公务接待费用。 (沈 磊)

保密工作

【概况】 2016年,全市保密工作在体系建设、三大管理(定密管理、涉密人员管理、网络保密管理)、宣传教育、督促检查、服务保障等方面取得新进展。3月,市保密局根据中央保密委员会统一部署,组织全市89个党政机关单位开展涉密人员分类确定工作,按照涉密人员保密管理指导要求,抓好涉密人员各环节管理统一标准的贯彻落实。在全省权力清单标准化工作的推动下,根据《中华人民共和国保护国家秘密法》及其实施条例,以及其他规范性文件,梳理出包括行政处罚、行政强制、行政奖励、行政确认及其他权力在内的行政权力9项,并为每项权力编制办事指南。完善保密工作组织网络,组织全市99个机关单位主要负责人签订《保密工作责任书》,利用保密主官培训时机对各单位的保密主官人选进行再梳理、再更新。着力加强涉密计算机保密管理,对9个机关单位的17台涉密计算机安装"三合一"系统,涉密计算机技术防护提升。大力开展网络保密管理,组织全市103个机关单位开展互联网门户网站保密自查,促进建立健全门户网站信息公开保密审查机制。贯彻落实工作秘密保密管理工作,通过开展保密警示教育、自查自纠、签订保密工作承诺书,加强对公务人员的警醒和教育。开展重点骨干网络保密专项自查,指导全市13个涉及"金字工程"重点骨干网络的单位,严格对照检查目录开展保密自查。6月,严格落实高考保密管理和检查,督促、指导市教育局在高考前期完成对试卷保密室安全隐患的整改。7月,开展保密自查自评督察工作,从保密台账资料、信息设备和门户网站技术检测等方面,对28个机关单位开展现场督察,向各单位发放《党政干部和涉密人员保密常识必知必读》1395本。11月,召开全市保密主官业务专题培训会议,结合工作实际,将培训主题确定为保密自查自评工作业务指导,全市各区镇、有关部门和单位的保密主官共108人参加培训,发放《机关、单位保密自查自评工作指导手册》106本。全年向全市6800余名公务人员编发《保密之窗》简报6期。发动广大公务人员关注国家保密局"保密观"和苏州市保密局"苏州保密"微信订阅号,利用微信公众号的传播优势,发挥新媒体保密宣教阵地作用,进一步扩大保密宣传教育的覆盖面。开展《红色往事:镌刻在党旗上的保密故事》征订工作,全市各机关、单位共订阅1030本用于领导干部、涉密人员和保密干部的学习。年内,回收销毁各类文件资料73.2吨,电子类办公设备计算机1260台,硬盘68个,显示器打印机复印机等其余设备1686台。完成2016卷《张家港年鉴》出版前的保密审查工作,对市委党校、市档案局、张家港日报社等事业单位的年度报告进行审核,11月,为400余份即将公开的人大、政协提案答复是否公开提供保密审查指导和服务,确保信息公开不涉密。

【保密资质管理】 年内,涉密信息系统集成资质和武器装备科研生产单位保密资格认证工作取得新突破,更好实现了保密工作服务经济社会发展的作用。江苏国泰新点软件有限公司获涉密信息系统集成甲级资质,可以在全国范围内承接绝密级、机密级和秘密级信息系统的系统集成和软件开发业务,成为全国县级市中首家获涉密信息系统集成甲级资质的企业。市惠科电子有限责任公司获涉密信息系统集成乙级资质,是全市唯一一家同时拥有涉密信息系统集成资质和武器装备科研生产单位保密资格的企业,在省内属少数。武器装备科研生产单位保密资格方面,市海航船用设备制造有限公司、市广大机械制造有限公司、苏州哈工维实自动化科技有限公司相继通过省军工保密资格认定委员会的现场审查和审批,获得武器装备科研生产单位保密资格。至年末,全市共有武器装备科研保密资格企业11家,其中二级资格2家、三级资格9家。 (钱江流)

【编辑 黄宏庆】

张家港市人民代表大会

Zhangjiagang Municipal People's Congress

市十三届人大五次会议　（市人大办　提供）

人大会议

依法监督

审议与任免

执法检查

考察调查

张家港年鉴(2017)

人大会议

【市十三届人民代表大会第五次会议】 1月6日至9日召开。应到代表328人，实到305人。会议听取和审议市人大常委会工作报告、市人民政府工作报告、市人民法院工作报告、市人民检察院工作报告，审议张家港市2015年国民经济和社会发展计划执行情况与2016年国民经济和社会发展计划草案的报告，审议市2015年财政预算执行情况和2016年财政预算草案的报告。选举杨志刚、陈稳、季洪良、侯虎珍为市十三届人大常委会委员。通过《关于政府工作报告的决议》《关于张家港市2015年国民经济和社会发展计划执行情况与2016年国民经济和社会发展计划的决议》《关于张家港市2015年财政预算执行情况和2016年财政预算的决议》《关于张家港市人民代表大会常务委员会工作报告的决议》《关于张家港市人民法院工作报告的决议》《关于张家港市人民检察院工作报告的决议》《关于〈张家港市国民经济和社会发展第十三个五年规划纲要〉的决议》，收到代表建议、批评和意见134件，其中，涉及城建管理方面33件、教科文卫方面15件、交通水利方面17件、民生保障方面14件、生态环保方面2件、政法公安方面17件、三产服务业方面2件、工业经济方面8件、三农方面10件、财政金融方面3件、其他方面13件。

【市十三届人大常委会会议】 年内，市十三届人大常委会召开常委会会议12次。

第三十三次会议 1月29日召开。听取部分苏州市人大代表履职情况报告。审议市人大常委会2016年度工作要点和工作安排。

第三十四次会议 3月4日召开。审议通过有关人事任免事项。听取部分苏州市人大代表履职情况报告。审议通过《张家港市人大常委会2016年工作评议实施方案》和《张家港市人大常委会专题询问办法》。

第三十五次会议 5月5日召开。审议通过接受有关辞呈的决定和有关人事任免事项。

第三十六次会议 6月23日召开。听取和审议市人民政府关于贯彻实施《中华人民共和国产品质量法》情况的报告，听取和审议市人民政府关于贯彻实施《中华人民共和国大气污染防治法》情况的报告，听取和审议市人民政府关于“七五”普法规划情况的报告，听取市商务局、财政局、卫计委、人社局4个部门工作情况报告，进行工作评议，通过评议意见。

第三十七次会议 6月29日召开。审议通过关于接受朱立凡辞去市人民政府市长、华红辞去市人民政府副市长职务请求的决定。任命黄戟为市人民政府副市长、代理市长，陆崇珉为市人民政府副市长。

第三十八次会议 7月14日召开。审议通过有关人事任免事项。听取和审议市人民政府关于贯彻实施《中华人民共和国禁毒法》情况的报告，听取和审议市人民政府关于2015年度财政决算的报告，听取市人民政府关于2016年上半年财政预算执行情况的报告，听取和审议市人民政府关于2016年地方政府新增债券预算安排的报告，听取和审议市人民政府关于2015年度财政预算执行及其他财政收支情况的审计工作报告。

第三十九次会议 8月2日召开。审议通过关于接受徐仲高、黄雪元、黄亚平、石锡贤辞去市人民政府副市长职务请求的决定，任命卞东方为市人民政府副市长。

第四十次会议 9月23日召开。审议通过有关人事任免事项。听取市商务局、财政局、卫计委、人社局4个部门整改情况报告，进行工作评议二次审议。审议通过换届选举有关事项。

第四十一次会议 11月16日召开。审议通过关于接受赵金龙辞去市人民政府副市长职务请求的决定，任命周斌伟为市人民政府副市长，任命胡新华为市人民政府副市长（挂职）。审议通过其他有关人事任免事项。

第四十二次会议 11月30日召开。对2016年度优秀代表建议和先进承办单位进行表彰。听取和审议市人民政府关于民生实事项目实施情况的报告，听取和审议市人民政府关于代表议案办理情况的报告，听取和审议市人民政府关于代表建议办结情况的报告。

第四十三次会议 12月9日召开。会议任命李兆玮为市人民政府副市长。决定市十四届人大一次会议于2017年1月上旬召开。

第四十四次会议 12月27日召开。听取和审议市人民政府关于2016年国民经济和社会发展计划执行情况与2017年国民经济和社会发展计划草案的报告，听取和审议市人民政府关于2016年财政预算执行情况和预算调整及2017年财政预算草案的报告，听取和审议市人大常委会工作报告（草案）、市人民法院工作报告（草案）、市人民检察院工作报告（草案），审议市人民政府工作报告（草案）（书面），审议十三届人大议案办理情况报告（草案）（书面）。听取市十四届人大一次会议筹备工作情况汇报，审议通过市十四届人大一次会议的有关事项。

【市十三届人大常委会主任会议】 年内，市十三届人大常委会召开主任会议11次。

第三十八次主任会议 1月13日召开。讨论市人大常委会2016年度工作要点和工作安排，听取有关市十三届人大五次会议代表建议、批评、意见情况的报告，研究和部署市十三届人大常委会第三十三次会议准备工作。

第三十九次主任会议 2月24日召开。研究讨论《张家港市人大常委会2016年工作评议实施方案》和《张家港市人大常委会专题询问办法》，研究部署市十三届人大常委会第三十四次会议准备工作，传达省、苏州市机关作风建设会议和全市党建工作、文明城市建设暨先进表彰会议精神。

第四十次主任会议 4月12日召开。听取市人民政府关于全市对台工作情况的报告，研究和部署市十三届人大常委会第三十五次会议准备工作。

市、镇两级人大代表选举　　（塘桥镇　提供）

第四十一次主任会议　5月10日召开。听取市人民政府关于全市社区医疗卫生服务体系建设情况的报告，听取市人民政府关于贯彻落实市人大常委会《江苏省城市绿化管理条例》审议意见情况的报告，研究工作评议调查报告、讨论工作评议意见，讨论确定专题询问课题，简要传达全市“两学一做”学习教育工作座谈会精神，部署人大机关“两学一做”学习教育工作。

第四十二次主任会议　6月7日召开。讨论专题询问工作实施方案。

第四十三次主任会议　6月29日召开。听取市人民政府关于2015年财政决算情况的报告，听取市人民政府关于2015年度财政预算执行及其他财政收支审计情况的报告，研究和部署市十三届人大常委会第三十八次会议准备工作。

第四十四次主任会议　7月21日召开。听取市人民政府关于市十三届人大五次会议代表建议办理情况的报告，进行市人大常委会党组中心组集中学习和交流研讨。

第四十五次主任会议　8月24日召开。听取市人民政府关于全市国资监管工作情况的报告，传达学习苏州市人大常委会换届选举工作座谈会精神，研究和部署市十三届人大常委会第四十次会议准备工作。

第四十六次主任会议　9月9日召开。听取市人民法院、市人民检察院关于《中华人民共和国刑法》修正后实施情况和司法体制改革情况的报告，研究工作评议整改调查报告，讨论换届选举有关事项。

第四十七次主任会议　11月2日召开。听取市人民政府关于贯彻实施《张家港市“七五”普法工作规划》情况的报告，讨论市人大机关内部管理有关制度，研究和部署市十三届人大常委会第四十一次会议准备工作。

第四十八次主任会议　12月15日召开。听取市人民政府关于2016年国民经济和社会发展计划执行情况与2017年国民经济和社会发展计划草案的报告，听取市人民政府关于2016年财政预算执行情况和2017年财政预算草案的报告，讨论市人大常委会工作报告（草案），讨论市十四届人大一次会议有关事项，研究和部署市十三届人大常委会第四十四次会议准备工作。

【市、镇两级人大换届】　根据中央和省委要求以及省和苏州市人大常委会决定，2016年下半年至2017年1月，全市开展市、镇两级人大代表换届选举。2016年10月20日至11月8日，年满18周岁、具备选民资格的公民到户口所在地选区的选民登记站进行选民登记，在职人员到工作单位所在的选区登记。11月15日，公布选民榜。全市共设市级选区158个，镇级选区406个，共登记选民811913人。11月28日，市选举委员会按选区张榜公布市、镇两级人大正式代表候选人名单和基本情况，全市共产生市级人大正式代表候选人494人，镇级人大正式代表候选人1286人。12月5日至6日，市、镇两级人大正式代表候选人，都到所在选区与选民代表见面。12月8日，正式投票选举。至12月9日，共选举产生市十四届人大代表336人、镇级新一届人大代表879人。在换届选举中，共有789609名选民参加投票。市、镇两级选区的一次选举成功率分别达到99.7%和100%。在市十四届人大代表中，工人40人，占11.9%；农民106人，占31.55%；专业技术人员67人，占19.94%；党政干部代表68名，占20.24%；企业负责人32人，占9.52%；事业负责人5人，占1.49%；解放军代表3名，占0.89%；其他代表（民主党派和无党派人士、归侨及其他方面人员）15名，占4.47%；非中共党员代表129名，占38.39%；妇女代表123名，占代表数的36.61%。市十三届人大连任代表106名，占老代表总数的31.55%。12月23日至28日，全市8个区镇陆续召开新一届人民代表大会第一次会议，依法选举产生新一届人大主席、副主席，镇长、副镇长。

2016年张家港市各镇新一届人代会情况表

表4　　　　单位：人

镇名	届次	召开时间	代表人数		选举情况			
			应到数	实到数	主席	副主席	镇长	副镇长
杨舍	十八	12月25日至26日	160	158	1	1	1	6
塘桥	十六	12月26日至27日	100	100	1	1	1	6
金港	十一	12月28日至29日	160	159	1	1	1	6
锦丰	二十	12月27日至28日	130	130	1	1	1	5
乐余	十八	12月26日至27日	89	89	1	1	1	5
凤凰	十九	12月27日至28日	90	89	1	1	1	6
南丰	十七	12月26日至27日	77	76	1	1	1	4
大新	十六	12月23日至24日	73	70	1	1	1	4

依法监督

【概况】 2016年年初，全市有十三届人大代表328人。至年末，有江苏省十二届人大代表4人、苏州市十五届人大代表69人、张家港市十四届人大代表336人。市十三届人大五次会议后，市人大及其常委会围绕经济转型升级、创新驱动、民生福祉改善和民主法治建设等工作重点，对全市对台工作、社区医疗卫生服务体系建设、国资监管和司法体制改革等工作进行督察，提出意见建议，推动工作落实。持续推进“一个载体、两项制度”（“一个载体”即人大代表之家，“两项制度”即基层人大以人大代表之家为载体制定并实施的代表接待选民制度和代表向选民述职制度）建设，全市有人大代表之家43家，年内组织开展代表活动159场，开展代表接待选民日活动81次，共有45名苏州市代表和292名张家港市代表参加选民接待活动，111名市代表向选民进行述职，至10月末，十三届市、镇人大代表全部完成述职活动。加强宣传工作，年内编发《张家港市人大常委会会报》2期、《张家港人大信息》5期、《人大换届选举工作简报》8期，利用张家港人大网站以及各类新闻媒体，宣传人大及其常委会的重要活动、人大代表认真履行职责情况。

【台湾事务监督】 4月，市十三届人大常委会第四十次主任会议听取市人民政府关于全市台湾事务情况的报告。针对存在的对台招商引资工作与先进地区仍有差距，实有台企整体规模小、创新能力不足、带动作用不强，对台服务工作还有待进一步提升等问题，要求市政府及有关职能部门要坚决贯彻落实中央对台方针政策，准确把握中央对当前局势的分析判断和台湾事务的各项部署要求，切实增强做好台湾事务的责任感和使命感；继续强化对台招商引资工作，根据全市产业结构特点和发展规划，以补短板为重点，开展精准化、差异化、个性化的产业链招商，并要发挥好“青商会”和“台青会”的作用，不断深化两地经贸合作；积极协调落实相关政策，帮助企业争取各类转型升级配套扶持资金，进一步强化对台商合法权益的保护，鼓励和支持台企开展各类技术创新、技术改造，引导企业转变市场营运和销售模式，积极助推台资企业转型升级。

【社区医疗卫生服务体系建设监督】 5月，市十三届人大常委会第四十一次主任会议听取市人民政府关于全市社区医疗卫生服务体系建设情况的报告。针对城郊、乡镇之间医疗卫生机构发展不平衡，卫技人才紧缺、流失严重，医疗联合体作用发挥不大，分级诊疗制度落实程度不够等问题，要求市政府及有关职能部门要合理规划社区卫生服务机构设置，加快建立健全社区卫生服务网络，加强大医院与社区卫生机构的合作，改善社区卫生服务环境，提高社区卫生资源使用效率；理顺管理体制，建立全市社区卫生服务统一的管理模式和运行机制，加强社区基本医疗和公共卫生服务能力建设，不断扩大受益人群覆盖面，满足群众多层次服务需求；加强社区卫生人才队伍建设，全面提高社区卫技人员的综合素质和服务水平，健全考核机制，推动落实社区卫生服务机构建设、财政补助、人事分配等相关保障政策，形成全市上下全面推进全市医疗卫生服务体系建设迈上新台阶的良好氛围。

【审议意见落实情况监督】 5月，市十三届人大常委会第四十一次主任会议听取市人民政府关于贯彻落实市人大常委会《江苏省城市绿化管理条例》审议意见情况的报告。会议要求市政府及相关职能部门要进一步加大条例的宣传力度，增强广大市民的城市绿化政策法规意识，积极营造全民、全社会共同“建绿、爱绿、护绿”的良好氛围；强化绿化规划刚性，严格按照《张家港市绿地系统规划（2014—2030）》推进园林绿化建设，强化城市绿化的生态和服务功能，提高城市绿地布局的均衡性；加强中心城区城市绿地管理，提升城市绿地生态功能和景观质量，完善园林绿化市场化养护管理机制，建立健全监管措施，严肃查处毁绿、占绿等违法违规行为。

【财政运行监督】 6月，市十三届人大常委会第四十三次主任会议听取市人民政府关于2015年财政决算情况的报告和2015年度财政预算执行及其他财政收支审计情况的报告。7月，常委会听取和审议2015年度财政决算的报告，听取关于2016年上半年财政预算执行情况的报告，听取和审议2016年地方政府新增债券预算安排的报告和2015年度财政预算执行及其他财政收支情况的审计工作报告。针对预算编制不够细化，少数部门财务管理不够严格，国有资产经营管理少规范等问题，要求市政府及相关职能部门要高度重视审计发现问题的整改，坚决防止同类问题的再次发生；认真执行新预算法，着力加强全口径预算管理，细化预算编制，完善预算编制体系；切实加强国有资产（资本）经营管理，深化国有资本经营体制机制改革，努力提高国有资本经营收益和对财政贡献份额；进一步优化财政资源配置，强化财政资金的绩效管理，发挥好财政杠杆作用，为全市经济社会长远发展、健康发展、协调发展奠定坚实基础。

【国资监管工作监督】 8月，市十三届人大常委会第四十五次主任会议听取市人民政府关于全市国资监管工作情况的报告。针对全市国资公司抗风险能力有待增强，国资监管体系有待理顺，国有资本经营预算有待完善等问题，要求市政府及有关职能部门要加强深化改革的政策研究，制定与各国资企业匹配的改革实施方案，积极稳妥有序地推进各项改革，不断提升国资运行质量；推进规范的国有企业董事会建设，健全国资公司法人治理结构，推动企业管理体制机制创新，高度重视“三重一大”决策制度的贯彻落实，积极推行职业经理人制度，同时推动股权多元化，加快推进相关国有企业的上市步伐，做强做优做大国有企业；转变监管理念，完善国资监管机构职能,创新监管方式和手段,夯实国有资产基础管理,健全国有资本审计监督体系,严格责任追究制度,确保国有资产保值增值。

【农村生活污水治理工作监督】 8月,市人大常委会召开全市农村生活污水治理工作专题询问会。会议听取市人民政府关于全市农村生活污水治理工作报告,以及金港镇、凤凰镇推进农村生活污水治理工作情况报告。9名人大常委会委员和人大代表进行了询问,市政府相关职能部门主要负责人进行了应询。副市长赵建明作应询发言。会议认为,市政府及相关职能部门高度重视农村生活污水治理工作,在宣传发动、组织规划和项目管理等方面做了大量扎实有效的工作,全市农村生活污水治理总体推进比较顺利。为进一步推进全市农村生活污水治理工作,会议要求市政府及相关职能部门要统筹谋划、协调配合,做好农村生活污水治理工作;做好与各镇区对接联系和业务指导,合理安排施工,有条不紊地推进项目建设;严格执行工程建设的相关规定,督促施工、监理单位采取有效的管控措施,切实把好材料质量关、现场施工关、检查验收关,着力打造经得起时间考验的放心工程;坚持因地制宜、突出重点的原则,选择符合实际的治理模式和技术工艺,同时加紧出台运行维护管理办法,建立长效运行维护机制;充分利用各种宣传工具,广泛宣传农村生活污水治理的好处、做法和要求,营造良好氛围;加强跟踪督办,积极采取有效措施,推动有关问题的解决,真正发挥专题询问应有的作用。

【司法工作监督】 9月,市十三届人大常委会第四十六次主任会议听取市人民法院、市人民检察院关于《中华人民共和国刑法》修正后实施情况和司法体制改革情况的报告。针对案多人少矛盾突出,司法公开的方式和内容有待探索和改进,法官、检察官员额配置改革需更加科学,部门间相互协作的体制机制还需理顺等问题,建议:市人民法院、市人民检察院充分利用司法体制改革试点契机,在确保司法权独立公正行使、树立司法权威、完善司法保障制度、调动司法人员积极性等方面探索路径,科学遴选法官、检察官,全力推动司法体制改革试点取得实效;市法院要增强使命感、责任感和紧迫感,配强力量、攻坚克难,进一步推动解决“执行难”问题;市检察院要加强检察工作的性质、作用、地位、反贪污贿赂、反渎职相关知识及受案范围的宣传,同时坚持标本兼治,预防为主,深入推进反贪污贿赂、反渎职工作。

【普法工作监督】 11月,市十三届人大常委会第三十六次会议听取市人民政府关于贯彻实施《张家港市“七五”普法工作规划》情况的报告。针对普法专业型人才缺乏,个别单位对普法工作的重要性、长期性认识不够,普法的方式方法和工作机制有待完善等问题,建议市政府及相关职能部门要进一步建立健全相应的“七五”普法工作责任机制、考核机制、激励机制,把普法工作“软任务”转化为考核“硬指标”,从工作层面调动起部门和单位普法的主动性、积极性和创造性;要创新普法模式,把法治宣传教育融入执法、司法、法律服务等活动中,引导群众积极参与法治实践,自觉遵法、学法、用法,促使普法工作更具实效;要加大普法工作投入,配备完善专职普法宣传员队伍,尽量吸纳人民调解员参加,并与人民调解组织相配套,形成“纵向到底、横向到边”的法制宣传教育工作体系,推进“普法调解一体化”。

【实事项目建设监督】 11月,市十三届人大常委会第四十二次会议听取和审议市人民政府关于民生实事项目实施情况的报告。会议要求市政府及相关部门要围绕目标,把握时间节点,在确保质量的前提下加快建设进度,力争按时优质全面完成各项任务;积极探索和研究如何高标准管理、高效益发挥好民生实事项目的措施,进一步优化项目的后期管理和服务机制,让民生实事项目惠及更多的居民群众;及早谋划2017年民生实事项目,对初步确定的民生实事项目,面向社会各界广泛征求意见建议,做到与民生联系紧,让人民群众看得见、摸得着、得实惠,切实将人民群众真正所需、所求、所盼列入民生实事项目。

【政府工作评议】 市人大常委会组织对市商务局、市财政局、市卫计委、市人社局4个部门进行工作评议,深入推进依法行政。评议组深入区镇、村(社区)和企业,通过召开座谈会、明察暗访、查阅资料、民主测评、开展问卷调查等形式,从依法行政、围绕中心履职、落实人大及其常委会决议决定和办理代表议案建议、维护民生、行政效能和廉政建设等方面,广泛听取人大代表、基层群众和服务对象的意见。在市十三届人大常委会第三十六次会议上,组成人员对4个部门工作形成客观公正的评议意见。被评议各部门按照评议意见,制定整改措施,抓好整改落实。在市十三届人大常委会常委会第四十次会议上,组织工作评议二次审议,进行整改落实情况的满意度测评,将被评议部门整改落实情况作为评议的着力点,推动被评议部门依法行政、优化服务、提高效能。

【代表建议办理工作监督】 7月,市人大常委会第四十四次主任会议,听取市人民政府关于市十三届人大五次会议代表建议办理情况的报告。针对个别承办单位办理建议的方式较简单,强调客观条件,主观能动性发挥不够,办理成效有待进一步提高等问题,要求市政府要切实加强办理工作的组织领导,各承办单位要明确职责、责任到人,涉及多部门合作办理的代表建议,要各司其职,积极配合,进一步增强办理工作合力;要完善交办机制,加强建议办理工作制度化、规范化、程序化建设,规范建议办理各个环节;要加强与代表的交流互动,准确把握建议背景和真实意图,增强答复的针对性,进一步提升办理工作实际成效。年内,市政府办公室、市住建局、市卫计委、市交通运输局、市人社局、市市场监管局、市农委、市教育局、市文广新局、市水利局、市城管局、市委农工办12个单位被评为承办代表建议先进单位。

2016年张家港市优秀人大代表建议一览表

表5

建议号	建议人	建　议　事　项	承办单位
8	瞿　芳	关于加强城区小区车库管理的建议	经开区（杨舍镇）、市房管中心、市城管局、市公安局、市市场监管局、市便民服务中心
14	曹　峰	关于加强建筑垃圾和工业垃圾监管的建议	市城管局、市住建局、市环保局
18	谭　瑛	关于尽快推进市区城中村危房改造的建议	市政府
56	陆　杰	关于加大公益性助餐服务机构扶持力度的建议	市民政局
69	茅惠香	关于加强医疗单位收费项目及标准监管的建议	市人社局、市卫计委
71	袁炳忠	关于加强药店坐堂医生管理的建议	市卫计委
72	曹　峰	关于对非法办学点进行整治和管理的建议	市教育局、市市场监管局
73	葛敏卫	关于提升社区卫生服务站工作质量的建议	市政府
85	钟加龙	关于扶持村办农场和家庭农场的建议	市委农工办、市农委
88	袁达新	关于用活“三优三保”政策实现农村“强富美高”的建议	市政府
97	季　忠	关于开展新一轮淘汰落后产能的有关建议	市经信委
105	吴伟明	关于加强电动自行车管理的建议	市公安局
106	顾　平	关于加强通信网络诈骗防范宣传力度，提高市民防骗能力的建议	市政府
124	李　娟	关于提升我市农产品电子商务发展水平的建议	市农委、市商务局
125	钱秀玉	关于加强老年保健品、保健器材销售市场监管的建议	市市场监管局

审议与任免

【审议工作】 2016年，市人大常委会听取和审议“一府两院”专项工作报告36项，作出决议、决定23项。主要有：6月23日，听取和审议市政府关于贯彻实施《中华人民共和国产品质量法》情况的报告，关于贯彻实施《中华人民共和国大气污染防治法》情况的报告，关于“七五”普法规划情况的报告，并表决通过市人大常委会关于实施“七五”普法工作规划的决议；7月14日，听取和审议市政府关于贯彻实施《中华人民共和国禁毒法》情况的报告，听取和审议市政府关于2015年度财政决算的报告，并决定批准张家港市2015年度财政决算，听取和审议市政府关于2016年地方政府新增债券预算安排的报告，关于2015年度财政预算执行及其他财政收支情况的审计工作报告，并决定批准张家港市2016年地方政府新增债券预算安排；9月23日，审议通过换届选举有关事项；11月30日，听取和审议市人民政府关于民生实事项目实施情况的报告，关于代表议案办理情况的报告，关于代表建议办结情况的报告；12月27日，通过《关于批准张家港市2016年财政预算调整的决议》，通过市十四届人大一次会议的有关事项。

【人事任免】 全市坚持党管干部和人大依法任免相统一的原则，进一步规范人事任免程序，促使被任命干部强化人大意识、法治意识和责任意识，增强人大人事任免的规范性和严肃性。全年依法任免国家机关工作人员88人次，其中任免市人大、市政府工作人员50人次，市法院、市检察院工作人员38人次。接受辞去市长职务1人、副市长职务6人，接受辞去市人大常委会委员职务1人。

市人大依法人事任免　　（市人大办　提供）

2016年市人大常委会任免“一府两院”及人大机关人员情况表

表6

时　间	会　议	任　免　情　况
3月4日	市十三届人大常委会第三十四次会议	任命季宗为市经济和信息化委员会主任,任命吴鑫、郭俊成、杨扬琴、李卫伟等4人为市人民检察院检察员;免去钱锦东市经济和信息化委员会主任职务,免去唐彬斌市人民检察院检察员职务
5月5日	市十三届人大常委会第三十五次会议	决定接受蔡彩虹辞去张家港市第十三届人民代表大会常务委员会委员职务的请求,并报张家港市第十四届人民代表大会第一次会议备案;任命李伟星为市人大常委会财政经济工作委员会副主任,任命蔡彩虹为市旅游局局长;免去黄浩明兼任的市人大市级机关工委工作委员会主任职务,免去沈浩市旅游局局长职务
6月29日	市十三届人大常委会第三十七次会议	接受朱立凡辞去市人民政府市长、华红辞去市人民政府副市长职务;任命黄戟为市人民政府副市长、代理市长,任命陆崇珉为市人民政府副市长
7月14日	市十三届人大常委会第三十八次会议	任命李锦华为市人大常委会办公室副主任,任命陈晓平为市人大常委会财政经济工作委员会副主任,任命陆惠忠为市交通运输局局长,任命马学锋为市商务局局长,任命王卫国为市卫生和计划生育委员会主任,任命尹洁为市体育局局长,任命龙凤清为市粮食局局长;免去李锦华市人大常委会财政经济工作委员会副主任职务,免去耿兴忠兼任的市人大常阴沙现代农业示范园区工作委员会副主任职务,免去陈军市交通运输局局长职务,免去薛平市商务局局长职务,免去朱兴华市卫生和计划生育委员会主任职务,免去孟波市体育局局长职务,免去邵建芳市粮食局局长职务,免去钱平市人民法院副院长、审判委员会委员职务,免去张卫东市人民法院立案庭副庭长职务,免去赵剑锋市人民法院审判员职务,免去娄国良市人民法院审判员职务,免去李公乔市人民法院审判员职务,免去徐正元市人民法院审判员职务
8月2日	市十三届人大常委会第三十九次会议	接受徐仲高、黄雪元、黄亚平、石锡贤辞去市人民政府副市长职务,任命卞东方为市人民政府副市长
9月23日	市十三届人大常委会第四十次会议	任命孙朝枫兼任市人大常委会研究室副主任,任命王卫星兼任市人大常阴沙现代农业示范园区工作委员会主任,任命何正贤兼任市人大市级机关工委工作委员会主任,任命刘东兴为市发展和改革委员会主任,任命彭炜为市住房和城乡建设局局长,任命蒋新峰为市规划局局长,任命蒋晓为市人民法院审判委员会委员,任命朱伟为市人民法院审判委员会委员,任命陈晓红为市人民法院审判监督庭副庭长,任命袁斌为市人民法院民事审判第三庭副庭长,任命徐辉为市人民法院行政审判第一庭副庭长,任命沈坚为市人民法院金港人民法庭副庭长,任命吴丹为市人民法院乐余人民法庭副庭长,任命李军为市人民法院锦丰人民法庭副庭长,任命黄薇为市人民法院少年和家事综合审判庭副庭长,任命钱凌虹为市人民法院锦丰人民法庭副庭长;免去常征兼任的市发展和改革委员会主任职务,免去彭炜市规划局局长职务,免去袁雪祥市住房和城乡建设局局长职务,免去陈晓红市人民法院行政审判第一庭副庭长职务,免去袁斌市人民法院金港人民法庭副庭长职务,免去徐辉市人民法院经济技术开发区人民法庭副庭长职务,免去邓月市人民法院立案庭副庭长职务,免去丁中群、沈剑平市人民法院审判员职务
11月16日	市十三届人大常委会第四十一次会议	接受赵金龙辞去市人民政府副市长职务;任命周斌伟为市人民政府副市长、市公安局局长,任命胡新华为市人民政府副市长(挂职),任命徐建龙为市人大常委会办公室副主任,任命唐红英为市人大常委会人事代表联络工作委员会副主任,任命陆大革为市人大常委会人事代表联络工作委员会副主任,任命杨建钟为市人大常委会内务司法工作委员会副主任,任命李锦华为市人大常委会内务司法工作委员会副主任,任命施向东为市人大常委会财政经济工作委员会副主任,任命姚金泉为市人大常委会外事民宗侨台工作委员会副主任;任命严亚明为市环境保护局局长,任命缪春霞为市人民法院审判员,任命李倩为市人民法院审判员,任命左会新、周进生、张薇、郑莉、翟涛等5人为市人民检察院检察员;免去王新法市人大常委会人事代表联络工作委员会副主任职务,免去李锦华市人大常委会办公室副主任职务,免去赵敢市人大常委会教科文卫工作委员会副主任职务,免去姚金泉市人大常委会办公室副主任职务,免去赵金龙市公安局局长职务,免去万资平市环境保护局局长职务,免去赵艳洁市人民法院审判委员会委员职务,免去缪坚市人民法院审判员职务,免去董启海市人民检察院副检察长、检察委员会委员、检察员职务,免去薛建华市人民检察院检察员职务
12月9日	市十三届人大常委会第四十三次会议	任命李兆玮为市人民政府副市长

执法检查

【概况】 年内，市人大常委会自觉维护宪法和法律权威，发挥法治建设中的职能作用，推进严格执法、公正司法、全民守法，维护公平正义，促进社会和谐。全年组织对《中华人民共和国产品质量法》《中华人民共和国大气污染防治法》和《中华人民共和国禁毒法》3项法律贯彻实施情况进行执法检查。

【产品质量法执法检查】 3月，市人大常委会就全市贯彻实施《中华人民共和国产品质量法》情况进行执法检查。针对贯彻产品质量法存在的管理机制不完善、监管衔接不畅，执法人员力量不足、手段单一，部分企业主和经营管理者质量意识不强等问题，要求市政府及相关职能部门要以创建工作为契机，加大对产品生产者、经营者以及消费者的宣传力度，引导企业树立“质量为本”意识，深入贯彻实施《中华人民共和国产品质量法》；以质量为本推进转型升级，全面优化产业结构，大力发展创新型经济，实现增量的优质高效；要积极改造传统产业，推动企业开展质量攻关、质量改进、质量风险分析等活动，加快企业自主创新和技术改造，实现存量的优化升级；要积极引导企业加强品牌建设，推进技术标准战略的实施，提高企业标准水平和核心竞争力，着力打造质量强市；要加大产品质量执法监管力度，严厉打击制假售假行为，加快完善质量失信惩戒制度，完善产品质量咨询投诉举报快捷处理机制，全力保障公平有序的市场环境；要加强监管队伍能力建设，理顺监管机制，建设公共检验检测服务平台，积极培育第三方检测机构，提升产品质量执法监管水平。

【大气污染防治法执法检查】 4月上旬，市人大常委会就全市贯彻实施《中华人民共和国大气污染防治法》情况进行执法检查。针对贯彻实施大气污染防治法存在的结构性污染问题突出，监管力度不够、执法力量不足，少数企业环保主体意识不强等问题，要求市政府及相关职能部门要加强统筹协调，明确部门职责，形成相关部门齐抓共管的工作机制；要督促企业认真落实主体责任，加强污染治理设施的运行管理，积极实施清洁生产改造，严格执行大气污染物排放标准；要突出污染防治重点，加大政策和资金引导力度，大力发展循环经济，积极调整能源结构；要稳步推进对重点行业、重点区域规划环评，从严审批新上燃煤项目，加快关停淘汰落后产能，引导和促进产业合理布局；要认真贯彻实施新大气法，强化监管手段，确保法律有效实施；要加强监管机构建设，充实环保专业技术人员，提高监测设施运转效率和数据的准确率，不断提升监察能力；要加大宣传力度，及时公布大气环境质量状况等信息，对严重污染大气环境的典型案件公开曝光，完善公众参与和社会监督机制。

【禁毒法执法检查】 6月，市人大常委会就全市贯彻实施《中华人民共和国禁毒法》情况进行执法检查。针对贯彻实施禁毒法存在的宣传教育不够深入、工作力量不强、责任落实还不到位等问题，要求市政府及相关职能部门要强化区域责任，增强组织、协调、指导能力，建立多部门、多形式、多方位的禁毒缉毒工作机制，合力打击各类毒品犯罪活动；进一步深化宣传教育，深入开展形式多样、内容丰富的宣传教育活动，不断提高公众特别是青少年参与禁毒的意识和自觉抵抗毒品的能力；保障禁毒经费使用，完善缉毒设备保障，提高缉毒办案的硬件支持，始终保持对毒品违法犯罪活动的主动进攻和严打高压态势；进一步加强戒治挽救，增强戒毒康复人员回归社会的能力，提高戒毒实效。

考察调查

【概况】 年内，市人大常委会就人民防空、全民健身、工业经济结构调整情况、防汛排涝、议案办理等进行考察和调查35次，撰写调研报告26篇。

【人民防空工作考察】 3月18日，市人大常委会领导带领部分组成人员，考察人民防空工作情况，并听取相关情况汇报。针对干部群众人防意识淡化，人防工程重建轻管，人防平战结合能力有待进一步提高等问题，要求市政府及相关职能部门要坚持舆论先行，突出重点，不断加大宣传教育的力度，进一步营造推进人防建设的良好氛围；加强人防工程建设的监督管理，提升建设质量，健全长效管护机制，主动开展人防工程产权问题研究，创新平战结合、权责统一的管理

市人大考察人民防空工作 （市人大办 提供）

模式；切实把社会需求和基层、群众的关注，作为人防建设的着力点，积极谋求人民防空建设与经济建设、城市建设的协调和可持续发展，进一步提高人防为经济社会服务的能力。

【全民健身工作考察】 9月21日，市人大常委会专题组织考察全民健身工作情况，并听取相关情况汇报。考察组对全市全民健身工作给予充分肯定，针对全民健身事业发展中的问题和矛盾，建议市政府及相关职能部门将全民健身工作纳入经济社会发展总体规划、基本公共服务规划以及文明创建体系，形成“政府主导、部门协同、全社会共同参与”的全民健身工作格局；立足于现实，着眼于未来，通盘考虑，增加投入，加快全市的体育场地设施建设，满足群众的多元化的体育健身需要；体现多元发展理念，推进体育产业与健康、养老、文化、旅游等产业共同发展，切实抓好全市体育组织建设，完善全民健身骨干队伍的建设和管理，尽最大可能为群众健身创造良好条件。

【工业经济结构调整情况考察】 9月29日，市人大常委会领导带领部分组成人员对全市工业经济结构调整情况进行考察。考察组实地参观了江苏新芳科技集团股份有限公司、苏州龙杰特种纤维股份有限公司、江苏银河电子股份有限公司等三家企业，并听取相关情况汇报。考察组肯定市政府和相关职能部门主动适应经济发展新常态，聚焦聚力转型升级，着力推动工业经济提质增效，为全市工业经济结构调整做出的积极努力。针对全市工业经济结构调整中的问题和矛盾，建议市政府及相关职能部门要把淘汰落后产能作为调结构、转方式、提质量的重要举措，大力扶持优势企业，鼓励和支持优质企业兼并重组，引导中小企业走差异化、专业化发展道路，改造升级传统产业；制定和完善产业扶持和产业引导政策，突出重大项目的引进和落地，推进产业链上下游的联动发展，发展壮大新兴产业；更加突出企业创新主体地位，积极研究出台相关政策，帮助企业降低成本，采用多种方式支持企业承接和采用新技术，坚定不移推进创新驱动。

【防汛排涝工作考察】 5月27日，市人大常委会领导带领部分组成人员对全市防汛排涝工作进行考察。考察组实地查看南环路排涝泵站工程、五节桥泵闸工程、大新新南排涝站、老海坝综合整治二期工程、越洋码头至十三圩港段江堤改造工程等现场，了解工程建设情况，查看工程质量，听取相关情况汇报。考察组对全市防汛排涝工作给予充分肯定，认为全市防汛排涝工作指导思想明确，组织领导有力，工作重点突出，为全年全市安全度汛打下了较好的基础。针对全市防汛排涝方面存在的问题和薄弱环节，要求市政府及相关职能部门要增强责任意识，立足防大汛抗大灾，充分认识防汛工作的艰巨性、复杂性和极端重要性，将防汛准备工作做充分做扎实；严格落实以行政首长负责制为核心的各项防汛责任制，抓好防汛任务的分解落实，将各个环节的工作责任，都落实到具体单位、具体责任人员；要抢抓主汛期到来前的有限时间，对本辖区和管辖范围内的所有防汛排涝工程、水文通信设施及其他险工险段再进行全面细致的检查，对排查出的问题认真分析研究，分类提出处理意见，限期处理；对正在实施的防洪排涝工程，在保证质量的同时，加快进度，争取及早发挥工程效益，对于跨汛期实施的工程，要督促各责任单位制定完善度汛方案，逐一落实应急措施，确保不出问题。

【养老议案办理工作考察】 10月31日，市人大常委会领导带领部分组成人员、部分议案发起人对《加快发展养老事业，提增我市民生福祉》议案办理进展情况进行考察。考察组对议案办理工作给予肯定，针对议案办理过程中存在的相关问题，提出意见和建议。要求市政府及相关部门要继续强化养老事业发展意识，切实从体制、机制、财力保障方面作更深入的探索，使全市养老事业发展不断适应老年人多层次、多样化的需求；加大政策扶持力度，鼓励社会力量创办养老机构，同时规范管理，建立健全民办养老机构行业标准及准入、退出制度，促进民办养老机构有序良性发展；建立政府引导、社会参与、市场推动的医养融合发展模式，建设一批兼具医疗卫生与养老服务资质和能力的医疗卫生机构或养老机构，促进医疗卫生资源与养老服务有效对接；促进现有养老事业扶持政策的落实，监管养老产品和服务质量，引进和培育居家养老的品牌，统筹推动养老产业的持续健康发展。 （李　娜）

市人大考察养老议案办理工作 （市人大办　提供）

【编辑　宋佳辰】

张家港市人民政府

Zhangjiagang Municipal People's Government

市政务服务中心一角　（市政务服务中心　提供）

重大会议

政府施政

政务服务

信　访

港澳台侨事务

外事工作

对口帮扶

机关事务管理

扫码欣赏

共建园区张家港
宿豫工业园区视频

重要会议

【概况】 全年市政府召开常务会议7次。召开全市性会议52次，其中，市委、市政府联合召开17次。会议主题涉及供给侧结构性改革、稳定增长、转型升级、城市建设、社会事业、生态文明、安全稳定、学习教育、党风廉政建设等方面。主要会议有“两学一做”学习教育专题会议4次、全国“两会”精神专题报告会2次，市政府党组专题民主生活会情况通报会3次、收听收看上级电视电话会议21次、党风廉政建设专题会议4次。

【市政府常务会议】 1月13日，市十三届政府第27次常务会议听取《张家港市行政复议及应诉情况报告》，审议《张家港市征地补偿和被征地农民社会保障办法》《张家港市征地补偿和被征地农民社会保障实施细则》《张家港市版权示范单位、示范园区和优秀版权工作站评审奖励办法》和《张家港市软件正版化示范企业评审奖励办法》。

3月1日，市十三届政府第28次常务会议审议《关于推进城乡社区减负增效的实施意见》《张家港市生态文明建设三年行动计划（2016—2018）》《关于落实供给侧结构性改革的实施意见》《关于进一步降低企业成本减轻企业负担的若干措施》《张家港市创建全国质量强市示范城市工作实施方案》《张家港市“十三五”质量工作意见》《关于落实粮食安全责任制的实施意见》《2015年度“港城英才计划”资助建议方案》和《关于2015年第四批市领军人才计划列入名单的建议方案》，听取《安全生产工作情况专题汇报》和《张家港市食品安全工作汇报》。

5月9日，市十三届政府第29次常务会议审议《张家港市率先建成全国生态文明建设示范市（县）综合配套改革试点方案》《张家港市排污许可证“一证式”改革试点工作实施方案（试行）》《张家港市建设项目环境影响评价审批制度改革实施方案（试行）》《张家港市市民卡管理办法》《张家港市关于建设全省社区治理和服务创新实验区实施意见》《张家港市“十三五”体育发展规划》和《张家港市开放型经济“十三五”发展规划》，听取《关于2015年度市政府重大行政决策落实情况及2016年度工作安排的专题汇报》《关于公布2016年度张家港市重大行政决策目录的建议》和《关于建立张家港市城镇燃气安全监管联席会议制度的建议》。

7月20日，市十三届政府第30次常务会议审议《张家港市贯彻落实〈法治政府建设实施纲要（2015—2020年）〉实施方案》《关于在全市公民中开展法治宣传教育的第七个五年规划（2016—2020年）》《张家港市旅游业发展奖励补助办法》《张家港市旅游业全面提升三年行动计划（2016—2018年）》《关于加强企业环保信用评价结果运用的实施意见》《张家港市新市民积分管理办法》《张家港市临时救助实施细则》《张家港市精神卫生综合管理试点工作方案》和《关于2016年第二批市领军人才计划列入名单的建议方案》，听取《关于第二批危化品重点县（市、区）安全生产攻坚工作情况汇报》。

10月15日，市十三届政府第31次常务会议审议《张家港市社会信用体系建设三年行动计划（2016—2018）》《张家港市信用体系建设部门职责分工》《张家港市加快推进信用信息和信用产品应用工作方案》《张家港市社会信用体系建设工作考核办法》《关于加快发展养老服务业完善社会养老服务体系的实施意见》《关于在市区推行住宅房屋征收（协议搬迁）房票补偿的实施办法（试行）》《关于进一步促进房地产市场平稳健康发展的意见》《关于深化全市基层医疗卫生运行机制改革的实施意见》《关于进一步调整完善生态补偿政策的意见》《关于2016年度“人才房”购房补贴资助名单及有关问题处理建议方案》和《关于贯彻落实国务院、省政府关于机关事业单位工作人员养老保险制度改革的决定和实施意见的通知》。

11月21日，市十三届政府第32次常务会议审议《关于实施聚焦转型创新驱动行动计划的决定》《张家港市先进制造产业领跑计划实施意见》《张家港市创新驱动能力提升计划实施意见》《张家港市人才引领智汇港城计划实施意见》《关于全面推进预算绩效管理的意见》《关于进一步加强政府性债务管理的实施意见》《下放凤凰镇行政管理权限项目一览表》《张家港市粮食安全保障体系建设“十三五”规划》和《张家港市全民健身实施计划（2016—2020年）》。

12月13日，市十三届政府第33次常务会议审议《张家港市安全生产“十三五”规划》《关于2017年安全生产重大隐患政府挂牌项目的建议》《张家港市企业科技创新积分管理办法》《张家港市企业科技创新积分管理计分标准》《政府工作报告（送审稿）》《张家港市行政规范性文件制定管理办法》《2017年度基本建设项目计划及资金安排》《2017年民生实事预选项目》《张家港市服务业发展与改革引导资金管理办法》《张家港市“十三五”现代农业建设实施意见》。

政府施政

【概况】 2016年，市政府以稳中求进为总基调，落实供给侧结构性改革要求，践行“聚焦转型、创新驱动、绿色发展、文明引领”四大路径，统筹推进改革、发展、稳定工作，实现“十三五”发展良好开局。在经济工作方面，出台落实供给侧结构性改革的意见。开展打击“地条钢”、查处违法违规钢铁产能整治行动，坚决落实整改、淘汰落后产能。优化土地供应调控机制，房地产市场保持稳定。重点项目扎实推进，8个省级、24个苏州市级和50个张家港市级重大项目有序实施。在生态建设方面，完成G20峰会环境质量保障任务，落实中央环保督察反馈问题整改。深化生态文明建设综合配套改革试点，在全省率先开展排污许可证“一证式”管理。在城市建设方面，完成近期建设规划和部分镇（区）总体规划修编、综合交通现代化研究、市域快速路网规划、综合管廊规划研究。沪通铁路及跨江大桥工程按计划推进，铁路枢纽站完成方案设计，沪通铁路地方配套道路工程、锡通高速过江通道南连接线开工建设。在民生工作方面，落实全民参保计划，基本实现法定人员全覆盖。机关事业单位养老保险改革稳步推进。在优化政府服务方面，"两学一做"学习教育深入开展。并联审批、多评合一改革有序推进，不动产统一登记全面实施，完成凤凰镇第三批行政管理权限事项下放。年内，组织实施人大议案1件，办复人大代表建议134件、政协委员提案305件，办理满意率和基本满意率100%。

【国民经济和社会发展第十三个五年规划纲要出台】 2月，《张家港市国民经济和社会发展第十三个五年规划纲要》经市十三届人大五次会议审议通过，以市政府名义正式印发。规划纲要以"四个全面"为统领，坚持"创新、协调、绿色、开放、共享"五大发展理念，以"建设国际化、现代化港口城市，在高水平全面建成小康社会、积极探索开启基本实现现代化建设新征程中争当排头兵"为总定位，阐明"十三五"时期全市国民经济和社会发展的指导思想、发展目标和重点任务。提出"十三五"时期，全市经济社会发展总目标是：经济竞争力更强，全市地区生产总值、公共财政预算收入平均增7%左右，综合实力保持全国百强县（市）前三；群众获得感更足，居民人均可支配收入与劳动生产率同步提高，城乡居民收入达标人口比例达到45%；环境友好度更高，PM2.5均值下降至每平方米50微克以下，地表水好于Ⅲ类比例达到70%以上；文明影响力更大，中国梦的社会主义核心价值观深入人心，张家港精神持续得到深入弘扬。

【落实供给侧结构性改革的实施意见出台】 3月，市政府出台《关于落实供给侧结构性改革的实施意见》。意见全面落实国家供给侧结构性改革的要求，针对全市以传统产业为主、行业产能过剩、供给效率偏低的局面，以优化公共服务供给为手段，营造良好区域政策环境，进一步降低企业成本负担，提高要素投入的综合效率，提振企业发展信心；以提高经济质量效益为核心，坚持市场需求导向，推动产品结构优化和产业链延伸，发展新兴产业和高新技术产业，推动工业经济转型升级，实现经济可持续发展。在调结构、促进产业转型升级方面，提出加大工业高效投入、支持企业科技创新、鼓励企业管理创新、推进企业绿色发展、加大企业兼并重组支持力度、帮助企业拓展市场等6项举措。

【聚焦转型创新驱动行动计划"1+3"文件出台】 12月，市委、市政府联合出台聚焦转型创新驱动行动计划"1+3"文件，分别是《中共张家港市委张家港市人民政府关于实施聚焦转型创新驱动行动计划的决定》和《张家港市先进制造产业领跑计划实施意见》《张家港市创新驱动能力提升计划实施意见》《张家港市人才引领智汇港城计划实施意见》。该系列文件结合全市产业发展和科技创新实际，对接"中国制造2025""工业4.0""互联网+"和供给侧结构性改革等战略部署，以提升经济质量效益为中心，以创新驱动为"主引擎"，以实施"产业领跑、创新驱动、智汇港城"三大计划为主抓手，以土地资源利用、生态环境保护、安全生产等为倒逼，发挥企业主体作用，强化政府引导、激励和扶持，实现企业追求与政府支持的同频共振，全面推进产业发展高新化、智能化、绿色化、集群化。

【民生实事项目】 2016年确定实施的民生实事项目14项。8个项目年内完工，市第一人民医院科教综合楼新建工程、市区交通节点疏导工程、数字美术馆建设工程、学校新建工程、全市治安防控系统建设、全市农村生活污水治理工程等6个跨年度项目结转至2017年。往年结转的8个项目，市第二职教中心新建工程（2014年10月开始建设，投资额36450万元）、康乐医院易地新建工程（2014年9月开始建设，投资额2.1亿元）、医疗便民一卡通项目（2015年1月开始建设，投资额1985万元）、城中老年体育健身综合基地建设工程（2015年11月开始建设，投资额2062万元）、市一中地下停车场建设工程（2015年1月开始建设，投资额3700万元）年内完成；第三人民医院门急诊楼建设工程（2015年8月开始建设，投资额5760万元，年末完成外墙施工）、扩建每日20万吨深度处理水厂工程（因项目建设规划用地为基本农田，无法完成征地手续，开工时间另做调整）、市职工文体中心建设工程（2015年5月开始建设，投资额3.5亿元，年末完成基坑支护）结转至2017年。

（朱甲波　周　广）

在建的民生实事项目——暨阳实验小学效果图　（市教育局　提供）

2016年张家港市民生实事项目完成情况表

表7

项目名称	建设内容	总投资（万元）	完成情况
大病困难群众家庭医生签约服务	为张家港市户籍，身患重大疾病且需要后续治疗和康复的困难群众提供家庭医生个性化签约服务	350.00	12月末完成
市第一人民医院科教综合楼（市卫生进修学校、市全科医生培训中心）新建工程（跨年度工程）	位于第一人民医院内，建筑面积3.18万平方米，建筑高度54.4米，设地下1层，地上12层	15700.00	12月末开始土建施工
环境监测能力建设	建设主要河道水量水质监测体系，建设河网水量水质调度计划优化管理系统，建设地表水水质自动站16个，改（迁）建李巷桥、港丰公路桥、四水厂水质自动监测子站，建设暨阳湖、沙洲湖备用水源地水质浮标监测站以及流量自动遥测站；建设环境决策支持系统，建设南丰镇、大新镇、双山岛、沙洲湖空气自动监测站，更新塘桥镇、乐余镇、凤凰镇空气自动监测站，购置环境监测站监测仪等设备	5756.00	12月末完成
“智慧养老”平台提升	通过市虚拟养老院平台实现居家养老呼叫、GPS定位、紧急呼叫（SOS）、跌倒报警、可视对讲、健康数据分析	635.00	12月末完成
市区交通节点疏导工程（跨年度工程）	华昌路与北庄路口高架工程、南苑路与新市河路口下穿工程	9100.00	12月末完成对南苑东路帝景豪园南门至东二环段、老沙锡路至金港大道进行拓宽
公交站点建设	新建公交候车亭44座（其中市区2座、农村42座）	234.00	12月末完成
新能源公交车辆	更新10米车型LNG插电式混合动力公交车（国V排放）40辆	4000.00	12月末完成
书场（戏台）建设	对全市基层12家书场进行改造；对部分镇、镇办事处文化中心，村（社区）文化站活动室进行改造，有条件恢复张家港老书场，拟新设书场（戏台）20个	240.00	12月末完成
数字美术馆建设工程（跨年度工程）	根据美术馆的规划与定位，进行美术馆前厅和内部改造；对美术馆展馆及艺术作品进行数字化采集与网上展示；开展数字互动体验，建设数字美术墙、电子绘画区、在线培训平台等	455.00	12月末确定建设方案
学校新建工程（跨年度工程）	建设城北科教新城配套幼儿园、建设东城区域配套幼儿园、建设沙洲湖幼儿园、易地新建暨阳实验小学	15700.00	12月末完成城北科教新城配套幼儿园、沙洲湖幼儿园设计方案，暨阳小学拆迁收尾及场地平整
消防能力提升	添置高空消防、大功率泡沫消防等设备，提高高层建筑、石油化工装置、储罐及大跨度厂房火灾扑救能力	1300.00	12月末完成
畜禽养殖污染综合治理	关停129个养殖场（户）	4000.00	12月末完成
全市治安防控系统建设（跨年度工程）	治安监控补点、车型智能识别系统、设备更新、购买无人机、新改扩建治安卡口5座	3258.60	12月末治安监控补点、车型智能识别系统、购买无人机项目完成；治安卡口项目完成选址工作
全市农村生活污水治理（跨年度工程）	涉及9个镇（区）、127个行政村、86763户农户，年内计划改造27444户	179000.00	主管网输送系统建设、乡镇支管网收集系统建设完成年初计划

（朱甲波　周　广）

政务服务

【概况】 年内,市政务服务中心可办理行政许可类、行政确认类、行政征收类和其他类政务服务事项244项,其中行政许可类包括办理企业登记、建筑工程施工许可证等219项,行政确认类包括不动产登记、核发居民身份证等5项,行政征收类包括契税征收等3项,其他类包括建设工程消防设计备案抽查等17项。年内办结17.8万件,其中行政许可类办结110652件、行政确认类办结36790件、行政征收类办结29717件、其他类办结1001件,提前办结率99.83%,承诺件按期办结率100%,群众满意率99.9%。市公共资源交易服务中心招标采购完成招标采购项目937项,中标金额49.02亿元,节减8.54亿元,节减率14.84%。

【并联审批和多评合一改革】 6月24日,市政务服务中心印发《关于实行企业投资项目"多评合一"制度的实施意见》和《关于推进企业投资建设项目并联审批规范中介服务的意见》两个文件,推动并联审批和多评合一改革。《关于实行企业投资项目"多评合一"制度的实施意见》规定企业固定资产投资项目评估审批流程由串联改并联,实行统一受理、统一评估、统一评审、统一审批的服务新模式,通过企业资料网上共享,实现办理信息实时互通。至年末,为274家企业提供一次性告知服务。《关于推进企业投资建设项目并联审批规范中介服务的意见》将企业投资建设项目并联审批按流程分为前期核准、土地出让、规划设计、工程施工、竣工验收5个环节,分别由发改委、经信委、国土局(土地储备中心)、规划局和住建局等部门牵头实施,实行"一窗受理、协同办理、一窗发证"新模式。全市企业投资建设项目可在"并联审批"、绿色通道和一般审批等多种模式中自主选择,服务方式更加多元优化。至年末,发放企业投资建设项目并联审批各阶段宣传资料50份,答复相关咨询20个,试行完成并联核准项目1项。

【微信预约政务服务】 12月26日,"张家港政务服务"微信公众号运行,包括市场监管、地税、国税、公安、不动产登记、房产交易、公积金等7个进驻部门的44项服务可微信预约,属苏州地区首创。除预约服务外,市民通过"张家港政务服务"微信公众号可进行网上申报、办件查询、咨询建议,还能查看中心简介、中心地图、窗口分布情况、办事指南等内容。全市基本建成实体政务大厅、网上办事大厅、微信客户端、自助服务终端等"四位一体"政务服务平台。至年末,微信平台关注人数5685人,网上预约办理量2928件。

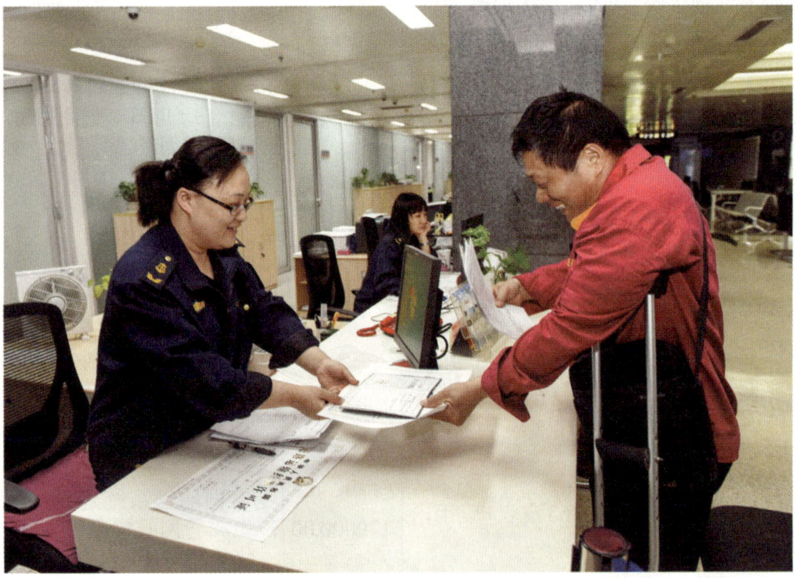

市政务服务中心热心服务群众　　(市政务服务中心　提供)

【服务第三产业新模式出台】 市政务服务中心将"互联网+政务服务"融入三产服务,12月26日,城区餐饮、休闲娱乐业等三产项目联合行政指导升级为"一键申报、一码流转、一车踏勘、一次领证"服务新模式。市民可通过张家港政务服务网、"张家港政务服务"微信公众号、政务服务大厅综合窗口等3种渠道申报涉及包括市场监管局、环保局、住建局、卫计委、消防大队、文广新局等6个部门和餐馆(饭店)、饮品、熟食(卤菜)、茶室、酒吧、足疗、浴场、KTV、游艺厅、网吧等10个行业的8项行政审批服务,实现申报材料一次递交、指导意见网上联签、踏勘结果即时获知。至年末,共有申办件26个,办结20个。该模式在全省尚属首创。

【政府采购全流程网上运行】 市公共资源交易服务中心依托全市公共资源交易网上平台,升级完善政府集中采购电子化交易系统。9月,供应商注册入库、下载招标文件、项目答疑、保证金缴纳、评标等环节实现网上运行,政府采购工作效率得到提升。在苏州市范围内率先开发投标保证金网上缴纳退付系统,实现投标保证金保密系统、银行支付系统、政府采购网上系统的互联互通,减少招标人为因素的干扰,有效避免围标串标行为。年末有546家供应商在该平台注册成功。

(刘瑛超　肖　燕)

信　访

【概况】 2016年,全市信访工作以法治化建设为主线,全年受理信访事项2162件(其中网上信访619件),比上年减39件。其中,城乡建设类690件,劳动保障类329件,"三农"类110件,涉法涉诉类261件,环保类137件,其他问题类635件。6月,实施群众依法逐级走访权益保障卡制度,群众初次走访领卡,逐级走访凭卡,处

市委书记朱立凡参加党政领导接访下访“天天听民声”活动

（市信访局　提供）

理结果记卡，保障权益用卡，实现卡网同步，卡为网据，网为卡证，卡网同一，年内共发放权益保障卡397张，通过“阳光信访”信息系统流转的信访事项发卡率100%。8月，推进依法分类处理群众信访诉求制度，市公安局、市城管局、市人力资源和社会保障局、市住建局等31个市政府组成部门根据各自法定职责分别制定分类处理清单，通过法制审核并公布，分类清单于12月汇编成册。

【群众进京非正常上访治理】 2016年，全市各部门、各板块把治理群众进京非正常上访作为信访工作重点。突出“事要解决”，把化解信访积案作为治理群众进京非正常上访基础性工作，继续实施分级编号、动态管理的党政领导包案化解信访积案制度。每周对全市各类不稳定因素分析研判，落实化解责任单位。畅通信访渠道，健全“信、访、网、电”四位一体信访诉求受理平台，推动市、镇两级党政领导干部接访下访走访。坚持依法处置，对群众信访活动中的违法行为依法处理，行政拘留2人，刑事拘留1人，判处有期徒刑1人（缓刑）。通过综合治理，全市群众进京上访比上年少27批29人，进京非正常上访2批3人次，比上年减92.5%。

2016年张家港市信访情况表

表8

信访总量（批、件）	信件（件）		上访										
					其中								
	纸质	市长信箱	批数	人次	在张家港市集访		赴苏州集访		赴省上访		赴京上访		
					批数	人次	批数	人次	批数	人次	批数	人次	
2162	467	619	1076	5952	229	4688	1	5	44	63	7	13	

（李　磊）

港澳台侨事务

【概况】 2016年，全市有归国华侨12人，海外华侨华人、侨眷、归国留学生近1万人，侨资企业350余家。有城市贵宾（市政府给在全市经济建设、社会发展、对外交流与合作等方面做出突出贡献的，并具备一定条件的华侨、港澳台同胞等人颁发的荣誉）23人。侨界有市人大代表2人，市政协委员28人。市侨办接待华侨华人50余人，接待处理华侨华人、港澳同胞、归侨侨眷信访26件，涉及中高考加分、身份证办理、墓地安置、土地纠纷、保险等方面，结案率100%，无涉侨上访事件发生。年内，走访慰问华侨华人，困难、高龄、重病归侨侨眷，侨界重点人士等60余户。搜集高层次华侨人才、项目等信息400余条，提供给人才办、“两区一园”和各镇人才项目载体。在省侨办和苏州侨办平台上发布《张家港市2016年度紧缺高层次人才资助目录》。2月，在侨界人士和侨务工作者中开展侨法知识竞赛活动，收到竞赛答卷近300份。3月1日，通过《张家港日报》等媒体宣传江苏华侨落户新政，使新政策惠及更多相关侨界人士。4月，落实好苏州市人民政府侨务办公室、苏州市归国华侨联合会和苏州市财政局联合发出《关于提高全市企业退休归侨生活补助的通知》，将企业退休归侨的生活补助标准由每人每月100元提高至每人每月200元。4月11日，牵线国家“千人计划”专家、南京中储新能源有限公司董事长赵宇光博士和中国（绵阳）科技城工业技术研究院院长高利珍一行到张家港经济技术开发区进行铝电池项目的创业洽谈。5月27日，牵线南京鼎利集团到张家港保税区考察。7月，与市商务局等单位合作，为侨企单身青年报名参加联谊交友活动，拓宽侨企青年交友婚恋渠道，维护侨企员工稳定。12月7日，牵线《欧洲时报》免费刊登专版宣传张家港。《乡情乡音》和《张家港之窗》两份电子月刊全年各编制12期。

2016年，全市新批台资企业3家，注册台资255.26万美元。至年末，累计建办台资企业865家，注册台资31.55亿美元。有23批57人次因公赴台考察、交流和培训。2月26日，

市城东街道"侨之家" （市侨办 提供）

市台办和台资企业协会举办2016年台商新春联谊会，300余名台商参加活动。3月，市人大开展"如何更好助推我市台资企业转型升级"的专题调研，走访安固橡胶等7家台资企业。4月，泰亿机械（工业）有限公司获省"紫峰奖"金钥匙奖，苏州金鸿顺汽车部件股份有限公司获省"紫峰奖"奖杯。5月18日至20日，张家港市15家台资电子信息企业和单位参展苏州电子信息博览会。11月18日至21日，2016年海峡两岸（张家港）农业博览会在市体育馆举行。12月11日，市首个台青会交流基地在市文化中心挂牌成立，成为促进台湾青年之间及张台两地青年之间创新创业、交流合作的新平台。

【城东街道获评全国社区侨务工作明星社区】 城东街道辖区内有归侨3人，海外华侨华人85人，侨眷268户900余人，是全市华侨比较集中的区域之一。2011年12月，市侨办联合城东街道成立"侨友家园"，投资10万元，占地面积1300平方米，其中主阵地"侨之家"50平方米，侨界人士服务中心近700平方米，对全市的侨界人士开放，为侨界人士提供免费学习和日常活动的场所。城东街道依托"侨友家园"构建"街道—社区—楼道"三级侨务工作网络，把侨务工作作为社区整体建设的重要组成部分，构建"社区+共建单位+社会组织"三位一体的工作模式。至年末，"侨友家园"走访慰问归侨侨眷50户，举办侨界人士联谊活动5场，送春联、义诊、捐赠等活动8次，法律、健康、理财等讲座4次，每年元旦、元宵、端午、中秋等传统节日均举办主题活动。调解涉侨纠纷，处理涉侨信访事务12次，化解率100%。在2013年"侨友家园"获评国侨办全国社区侨务工作示范单位的基础上，2016年11月，城东街道获评国侨办最高荣誉——全国社区侨务工作明星社区。

【台商和台资企业服务】 年内，市台办先后组织召开台商座谈会5次，对30余家重点台企生产一线进行调研。先后组织举办"台商现场管理实务""当前安全生产形势和思考"和"新经济常态下企业如何规避法律风险"等3次专题讲座，并组织台商参加全市新三板与中国资本市场等张家港企业家培训计划菜单式讲座。8月，组织市台资企业协会与张家港农村商业银行开展"银企对接"活动。9月，组织开展台资企业协会与张家港电信交流对接座谈会。3月，市台办协助台资企业协会开通"张家港台商"微信公众号，宣传张台两地交流活动信息、市台资企业基本情况及产品推广，公众号正常每周发布一期信息。至年末发布信息32期，关注人数579人。全年，市台办协调帮助台资企业处理合同、劳资、经济等矛盾纠纷和实际问题8件，为台商（含部分外商）协助办理居留许可及居留签注、停留延期、更换台胞证、就业证、驾驶证等50份。

（张燕红 徐 明）

外事工作

【概况】 2016年，张家港市因公出国（境）216人次。申办APEC商务旅行卡50张，累计申办383张。市外事办代理因私签证41批59人次，代发外籍人员邀请函251批303人次，代理认证250批573人次。受理并处置涉外事（案）件3起，组织2批3所学校50名学生分赴日本、韩国友城开展住家交流。接待外宾5批116人次，其中友城代表4批96人次、其他1批20人次。至年末，张家港市有友好城市4个：日本丸龟市、澳大利亚格勒奈尔格郡、美国丽浪多市、俄罗斯维亚基马市；友好交流城市3个：韩国浦项市、日本永平寺町、加拿大万锦市；有荣誉市民（市政府给在全市经济建设、社会发展、对外交流与合作等方面做出突出贡献的，并具备一定条件的外国公民颁发的荣誉）45人。12月，市外事办与市教育局、张家港韩国商会协商，设立资助贫困学生国际交流基金，自2017年起由张家港韩国商会每年出资5万元，资助家庭贫困且品学兼优的学生赴韩国修学交流，弥补了贫困学生因家庭经济困难不能参加国际交流的遗憾。

【"浦项张家港周"活动】 7月28日至8月1日，张家港市与韩国浦项市联合举办"浦项张家港周"活动。其间，张家港市派出政府、书画、演出、足球、学生、物流企业代表交流团59人访问韩国浦项市。组织举办政府议会、书画艺术、学生住家、文艺演出、少年足球等专场交流活动，举办张家港城市图片展。政府和物流企业团还参加了浦项市举办的"东北亚CEO物流企业经济论坛"。"浦项张家港周"是在国际友城首次举办的张家港市专场交流活动，是上年"张家港浦项周"活动的海外实践版。 （李 杰）

对口帮扶

【概况】 2016年，张家港市继续对口帮扶江苏省宿迁市宿豫区、陕西省子洲县、贵州省沿河土家族自治县，对口支援重庆市云阳县、西藏自治区林周县、新疆维吾尔自治区巩留县，与湖北省秭归县、陕西省汉阴县保持友好合作关系，与江西省井冈山市人武部开展“三联”（联学创新理论、联创先进组织、联建文明建设）活动，对口帮扶井冈山市古城镇。除省财政在张家港市统筹的资金（项目）外，全年对上述地区实施对口帮扶项目19项，提供援助资金3427.47万元（市财政出资2334万元，各区镇、机关企事业单位和个人对口援助1093.47万元）。其中，援助宿迁市宿豫区2042万元、子洲县160万元、云阳县36万元、沿河县100万元，井冈山市古城镇575.47万元、林周县35万元、巩留县479万元。捐赠对口地区办公用品、教学设备、体育器材、学习用品等物资价值409.95万元。

【交流培训活动】 年内，张家港市与对口地区开展形式多样的交流活动。其中，张家港市领导出访的有：1月14日，市委副书记王亚方率团赴宿迁市宿豫区开展南北挂钩和当地农业农村特色项目考察；6月15日至18日，副市长邵军民率考察组赴新疆巩留县调研对口支援工作；8月20日，省人大常委会副主任、党组副书记，省对口支援工作领导协调小组副组长史和平，率省代表团到巩留实地考察援疆项目的推进情况；9月17日至20日，市委副书记、代市长黄戟率团赴新疆巩留县考察交流对口援疆工作，慰问援疆干部、教师和医务人员；9月18日，举行张家港市“港城爱心·情暖巩留”慈善关爱捐赠活动，市委副书记、代市长黄戟，副市长丁学东向巩留县捐赠2016年慈善关爱资金250万元；10月28日，市委书记朱立凡，市委副书记、代市长黄戟率市党政代表团赴宿迁市宿豫区出席南北挂钩合作暨共建园区成立10周年交流活动，双方签订张家港宿豫2016年至2018年共建工业园区合作协议；3月10日至15日，市政协原副主席范思源带队到陕西子洲县考察商讨太阳能发电等合作事宜。对口地区领导到访的有：2月25日至26日，宿迁市宿豫区委书记、宿迁高新区党工委书记张晓伟，宿豫区委副书记、区长刘士武率领区党政代表团到市商谈新一轮南北挂钩合作事宜；3月11日至13日，贵州省沿河县县委书记任廷浬率领党政代表团到市考察工业园区发展；6月11日至12日，宿豫区委书记、宿迁市高新区党工委书记刘海红，区委副书记、区长刘士武率团到市考察对口协作事宜；6月12日，宿迁市委书记、市人大常委会主任魏国强率团到市考察，苏州市委副书记、市长曲福田，苏州市副市长王鸿声到市陪同，市委副书记、市长朱立凡和宿豫区委副书记、区长刘士武分别代表双方政府签订张家港市—宿豫区2016年度南北挂钩合作协议；7月24日至27日，贵州省沿河县县委副书记、县长何支刚率代表团到市考察城市建设工作；9月4日至7日，江西省井冈山市委常委、宣传部长周志平率团到市开展“三联”创建活动军地对接；9月10日至13日，贵州省沿河县委常委、常务副县长杨雪峰到市考察城市管理和港口经济工作；9月26日至28日，新疆巩留县委副书记、县长努尔波拉提率团到市考察生态建设等工作；10月16日至17日，新疆巩留县委书记张耀华率党政代表团到市考察经济社会发展情况。年内，新疆维吾尔自治区伊犁哈萨克自治州巩留县、贵州省沿河土家族自治县、江苏省宿迁市宿豫区共选派28名干部到张家港市经开区、经信委、教育局、卫生局等单位挂职学习。市委组织部、市委党校、市援疆办、市教育和卫生系统等为对口地区举办各类培训班15期，培训干部人才318人次。

【张家港宿豫工业园区建设】 2016年，共建园区张家港宿豫工业园区实现业务总收入15.6亿元，其中工业产品销售收入6.6亿元，出口总额6900万元，完成公共预算收入4300万元。新增500万元以上固定资产投资1.4亿元，其中张家港大厦投入6400万元，百威英博（宿迁）啤酒有限公司第3条生产线投入6000万元，澳中玻璃项目投入800万元，江苏乐乐宠物食品项目投入800万元。园区基础设施建设方面，至年末累计投入资金3.5亿元，开发区域面积2.2平方千米，铺设张家港大道（园区段）、金港路、南丰路、杨舍路、乐余路等6条道路，全长8580米，配套桥梁5座，开发区内的供水、污水处理及管网、供电、供（天然）气、供（蒸）汽、通信以及亮化、绿化等配套工程同步推进，基本实现“八通一平”。其中，金港路污水管网铺设工程（合同造价39万元）于

张家港宿豫工业园帮助引进的百威宿迁公司　　（市发改委　提供）

9月开工,12月完工。4月,共建园区获评江苏省共建园区先进单位,在江苏省苏北发展协调小组办公室对全省45个共建园区的年度考核评比中列第2位,列县(区)级共建园区第1位。

【援藏援疆工作】 年内,张家港市援疆工作组投入援疆资金386万元,完成19个干部人才交流、培训项目,分别投入25万元、15万元设立教育、医学奖励资金,对巩留县优秀教师、优秀医生进行奖励。市教育、卫生、公安、城建规划等部门及全市柔性引进的紧缺型人才79人到巩留县开展对口交流,举办专题讲座、业务指导等活动63场。两地共有14家医疗卫生机构、59所中小学及幼儿园、12个部门开展对接交流。同时,两地在业务、人才、项目、技术等方面开展了全方位合作。根据新一轮援疆工作总体要求,2016年,张家港市选派23名干部、教师、医生和农林科技人员赴巩留县开展援疆工作。张家港市塘桥镇支援西藏林周县边角林乡建设资金30万元,市粮食局资助林周县粮食局菜籽油厂建设项目5万元。由张家港市援助总投资5.65亿元的11个援疆重大项目(其中省财政统筹援疆资金1.9亿元)完成集中交付,分别是:总投资3.5亿元(省财政统筹援疆资金3500万元,2014年启动)的富民安居工程、总投资7400万元(省财政统筹援疆资金4400万元,2014年4月29日启动)的巩留县第二小学、总投资8712万元(省财政统筹援疆资金6596万元,2014年4月30日启动)的巩留县中医医院、总投资1200万元(省财政统筹援疆资金1000万元,2014年4月30日启动)的巩留县老年康复中心、总投资2800万元(省财政统筹援疆资金2300万元,2014年9月启动)的巩留县公共卫生中心和总投资514万元(2014年9月启动)的农村双语幼儿园、总投资400万元(2014年9月启动)的村级卫生室标准化改造等。产业援疆方面,总投资1亿元的同鑫精细陶瓷硅碳棒及相关产品生产线一期工程竣工投用;嘉格森硅业扩能项目投产,并在嘉格森、晶维克、鼎新等硅材料产业基础上,进一步帮助当地实施上下游延伸,做强产业链;协鑫光电有限公司总投资15亿元的150兆瓦光伏发电项目与巩留县政府签订落户协议;全疆规划最大的鲟鱼苗种全人工繁育基地——总投资1.5亿元的巩留县伊河鲟业养殖基地项目至年末建成直径10米的养殖池60座、直径20米的养殖池89座。

(谢　兵)

机关事务管理

【概况】 2016年,市机关事务管理中心履行后勤服务保障职能,先后完成市"两会"、市党代会,2016年中国(张家港)长江文化艺术节等各类会议、活动的会务和后勤保障。全年提供会议服务1231场(电视电话会议72场),用车服务安全行驶55万千米。机关事务管理中心服务5个机关集中办公区,分别是市政府机关大院、港城大厦、文化中心、市农委(供销社)大楼、张家港日报社,年内提供设备设施维修600余次,分发报刊200余万份,收发信件4.5万封、包裹8.2万个,5个机关食堂每天就餐人数超过2800人。开展全市党政机关办公用房清理"回头看",登记使用面积3.2万平方米,清理腾退办公用房2.98万平方米。集中组织公开拍租房产1.2万平方米,成交额300余万元。出台全市公务用车制度改革方案,启动公务用车管理平台建设工作。此次车改保留公务用车589辆,取消390辆,拍卖127辆,成交额402.5万元,报废263辆。做好市人大、市政协楼办公室分隔改造,完成市人大法制工作研究会办公楼、馨苑度假村会议中心、城东花苑人才公寓等维修改造工程。完成市委农工办、市外事办、市文联、市便民服务中心、市新市民事务中心、市委编办、市纪委巡查组、市老促会、市区老年活动中心城南和城北分中心用房的调配搬迁工作。

【公共机构节能工作】 年内,市机关事务管理中心高质量完成全市公共机构名录库建设及全市417家公共机构节能统计数据上报工作,统计覆盖率、准确率均为100%。推广节能灯具,累计安装LED灯管7万余支,节约电费170万元。推广可再生能源使用,在机关事务管理中心办公楼楼顶安装分布式光伏发电站,年发电量8.5万千瓦小时,可节约电费11万元。推进国家级、省级节能示范单位的创建。年内,常阴沙现代农业示范园区管委会、大新镇政府、市财政局(财税大厦)、张家港日报社(报业大厦)创建成省级节水型单位。

(汤　惠)

分布式光伏发电站　　(市机关事务中心　提供)

【编辑　景力颖】

政协张家港市委员会

Zhangjiagang Municipal Committee of the CPPCC

市政协十一届五次会议　（市政协办　提供）

政协会议

协商议政

民主监督

政协会议

【市政协十一届五次会议】 1月5日至8日在市馨苑度假村会议中心举行。应出席委员333人，实到313人。会议审议通过市政协主席单玉珍代表常务委员会所作的常委会工作报告和副主席李汉忠代表常务委员会所作的关于十一届四次会议后提案工作情况的报告。与会委员列席市十三届人大五次会议，听取并讨论市政府工作报告和其他报告。会议收到提案391件，立案305件。

【市十一届政协常委会议】 2016年，市十一届政协举行7次常委会议。

第二十五次会议 1月6日召开。听取市政协十一届五次会议各讨论组讨论市委书记姚林荣在大会开幕式上的讲话和审议市政协常委会两个报告的情况汇报，协商市政协十一届五次会议选举办法（草案），提出有关人事候选人建议名单和选举工作人员名单（草案），协商《中国人民政治协商会议江苏省张家港市第十一届委员会第五次会议决议（草案）》。

第二十六次会议 1月7日召开。听取市政协十一届五次会议各讨论组讨论政府工作报告、“十三五”规划纲要和财政报告的情况汇报，通过市政协十一届五次会议选举办法（草案），确定有关人事候选人建议名单和选举工作人员名单（草案），通过《中国人民政治协商会议江苏省张家港市第十一届委员会第五次会议决议（草案）》，通过《政协张家港市第十一届委员会2016年度工作要点（草案）》。

第二十七次会议 6月1日召开。审议通过市政协有关人事任免事项，协商加快全市跨境电商发展工作。

第二十八次会议 8月9日召开。审议通过市政协有关人事任免事项，传达全省政协工作会议和市委十一届党代会会议精神，听取市政府关于全市上半年经济社会发展及提案办理工作情况通报，协商推进大众创业工作。

第二十九次会议 10月28日召开。协商物业管理工作。

第三十次会议 12月21日召开。听取市政府关于全市经济社会发展及政协提案办理工作的情况通报，审议通过市政协有关人事任免事项，审议通过市政协常委会工作报告（草案）、提案工作报告（草案），审议通过市政协十二届一次会议议程、日程及有关事项，审议通过《关于召开市政协十二届一次会议的决定（草案）》。

第三十一次会议 12月28日召开。协商通过市十二届政协规模、界别设置和委员名单，审议通过市政协十二届一次会议有关事项。

2016年张家港市政协人事任免情况表

表9

时间	会议	任免情况
6月1日	市政协十一届二十七次常委会议	任命蒋卫忠为市政协城乡建设委员会副主任，卢惠兴兼任市政协港澳台侨（民族宗教）委员会副主任，曹鹰飞兼任市政协经济科技委员会副主任，张莉莎兼任市政协杨舍镇工作委员会主任，张浩兼任市政协杨舍镇工作委员会副主任，丁峰兼任市政协金港镇工作委员会主任，丁正红兼任市政协锦丰镇工作委员会主任，钱梁斌兼任市政协乐余镇工作委员会主任，王苏嘉兼任市政协凤凰镇工作委员会副主任，袁政国兼任市政协南丰镇工作委员会主任，沙立平兼任市政协大新镇工作委员会主任，杨彬兼任市政协常阴沙现代农业示范园区工作委员会副主任；免去张永全市政协城乡建设委员会副主任职务，免去卢惠兴兼任的市政协经济科技委员会副主任职务，免去秦真智兼任的市政协港澳台侨（民族宗教）委员会副主任职务，免去黄晓伟兼任的市政协提案委员会副主任职务，免去张建华兼任的市政协杨舍镇工作委员会主任职务，免去虞维君兼任的市政协金港镇工作委员会主任职务，免去倪惠芬兼任的市政协锦丰镇工作委员会主任职务，免去朱建芬市政协锦丰镇工作委员会副主任职务，免去杨建钟兼任的市政协乐余镇工作委员会主任职务，免去王静娟兼任的市政协南丰镇工作委员会主任职务，免去朱志斌兼任的市政协大新镇工作委员会主任职务，免去李刚兼任的市政协常阴沙现代农业示范园区工作委员会副主任职务
8月9日	市政协十一届二十八次常委会议	任命薛平兼任市政协港澳台侨（民族宗教）委员会副主任
10月28日	市政协十一届二十九次常委会议	任命褚辉兼任市政协锦丰镇工作委员会副主任；免去施剑杰、陈永泽兼任的市政协社会事业委员会副主任职务，免去陈英兼任的市政协锦丰镇工作委员会副主任职务，免去闵振宇兼任的市政协大新镇工作委员会副主任职务
12月21日	市政协十一届三十次常委会议	任命陈飞为市政协副秘书长、办公室副主任，陈丽、周小军、蔡克荣为市政协副秘书长，王舒凤为市政协办公室副主任，潘雪平为市政协提案委员会副主任，李笑梅为市政协经济科技委员会副主任，叶锋为市政协经济科技委员会副主任，王春松为市政协城乡建设委员会副主任，姜志芳为市政协港澳台侨（民族宗教）委员会副主任，谢正国兼任市政协港澳台侨（民族宗教）委员会副主任，秦燕军兼任市政协大新镇工作委员会副主任；免去陆翊农兼任的市政协港澳台侨（民族宗教）委员会副主任职务

【市十一届政协主席会议】 2016年，市十一届政协举行主席会议11次。

第四十一次会议 1月6日召开。协商讨论《政协张家港市第十一届委员会2016年度工作要点（草案）》。

第四十二次会议 3月23日召开。听取市政协十一届五次会议提案审查情况通报，研究讨论市政协主席分工督办重点提案和带案督办提案等事项。

第四十三次会议 4月25日召开。协商全市国土资源节约集约利用工作。

第四十四次会议 5月26日召开。协商讨论《关于张家港市跨境电子商务发展的调研报告》，审议通过市政协十一届二十七次常委（扩大）会议议程（草案）。

第四十五次会议 6月21日召开。协商合理规划布局宗教活动场所工作。

第四十六次会议 7月20日召开。协商讨论《关于推进全市大众创业工作的调研报告》，审议通过市政协十一届二十八次常委（扩大）会议议程（草案）。

第四十七次会议 8月26日召开。协商全市体育产业发展工作，研究市政协主席会议成员分工调整事项，研究市政协系统联系组组长调整事项。

第四十八次会议 9月21日召开。协商加强村级集体资产管理与监督工作。

第四十九次会议 10月24日召开。协商讨论《关于全市物业管理工作情况的调研报告（征求意见稿）》，审议市政协十一届二十九次常委（扩大）会议议程（草案），研究讨论市政协十二届一次会议筹备方案。

第五十次会议 11月4日召开。听取市政协办公室及各专委会关于2016年主要工作及2017年工作计划汇报，研究讨论“委员风采”宣传建议名单。

第五十一次会议 12月12日召开。听取各筹备工作组关于市政协十二届一次会议筹备工作情况汇报，审议市政协常委会工作报告（讨论稿）和提案工作报告（讨论稿），审议市政协十二届一次会议议程（草案）、日程（草案）及有关事项，审议通过市政协十一届三十次常委（扩大）会议议程（草案）。

协商议政

【概况】 2016年年初，市十一届政协有委员333人。年内，有16人由于工作变动等原因，不再担任该届政协委员。根据《中国人民政治协商会议章程》规定，经市政协十一届二十七次、二十八次、三十次常委（扩大）会议审议通过，调整增补政协委员19人。至年末，市十一届政协有委员336人。其中，界别分布为中共20人、民盟11人、农工党13人、工商联16人、无党派人士8人、总工会7人、共青团（青联）5人、妇联9人、科协8人、文艺新闻界8人、科技界16人、经济界46人、农业和农村界15人、教育界20人、体育界5人、医卫界22人、侨联界12人、民族宗教界8人、社会福利和社会保障界15人、社会科学界12人、特邀人士60人。年内，市政协组织召开各类协商议政会议7次。其中，市政协常委会议分别就加快跨境电商发展、推进大众创业、物业管理、经济社会发展及提案办理等议题，市政协主席会议分别就国土资源节约集约利用、宗教场所合理规划布局、体育产业发展、加强村级集体资产管理与监督等议题，与市政府及有关部门进行协商，形成专题调研报告3篇，提出各类意见建议70余条，专委会开展对口协商通报活动8次。

市政协常委培训活动 （市政协办 提供）

【国土资源节约集约利用协商】 4月，市政协召开主席会议，就全市推进国土资源节约集约利用工作中存在的问题及对策建议进行协商。会议围绕当前工作中存在的开发强度逼近底线、土地利用效率偏低、违法用地现象屡禁不止等问题进行讨论，提出要进一步转变发展思路，改进用地方式，破解资源紧缺的难题，更好地服务转型升级，助推经济社会科学发展和可持续发展；突出规划引领，进一步发挥规划的调控指导作用，重点在完善土地总规、加快“多规合一”、强化规划执行刚性等方面下功夫，切实维护规划的严肃性、权威性；按照“调结构、转方式”的要求，统筹用好土地指标，注重民生，保障必要的基础设施建设用地需求，统筹兼顾，助推经济社会转型发展；强化多方配合，进一步形成节约集约用地的整体合力，充分发挥职能优势，齐抓共管，协同配合，确保土地节约集约利用的各项要求落到实处。

【跨境电商发展协商】 6月，市政协召开常委会议，就加快全市跨境电商发展进行协商，形成《关于加快我市跨境电商发展的调研报告》。调研报告中针对跨境电商发展基础较弱、配套设施欠缺、通道需求不旺、新政影响较大等问题，提出要从加快外向型经济转型升级的高度，进一步充实完善全市跨境电商发展规划，重点在集聚电商产业资源、培育电商人才、降低物流成本、强化政策扶持等方面，加强重点研究，明确发展目标，细化推进方案，力求取得突破；从政策层面和操作层面，逐项研究加快推进全市跨境电商发展措施，健全机制，尽快将上级政策精神落地，真正转化为助推跨境电商发展的实际举措，为全市跨境电商发展提供强有力的政策支持；从助推发展的角度，进一步为跨境电商发展提供有力的人才支撑，以企业需求为导向，把跨境电商专业人才的培养和引进，作为一项重要的基础性工作来抓，加强与企业的沟通对接，尽快形成与全市跨境电商发展相匹配的人才队伍；从协调配合的角度，进一步形成支持跨境电商发展的强大合力，各部门条线通力协作，充分发挥职能优势，切实加强政策研究，创新工作举措，进一步支持好、服务好跨境电商发展工作等建议。市委领导做出批示，要求相关部门从园区、产业、政策、平台功能等方面，加强顶层设计和路径规划。

【合理规划布局宗教活动场所协商】 6月，市政协召开主席会议，协商合理规划布局宗教活动场所工作。会议围绕当前全市宗教活动场所布局不平衡、部分宗教活动场所承载严重超负荷、未经批准宗教活动场所屡禁不绝、部分宗教活动场所证件不齐全等问题进行讨论，提出要切实增强政治敏锐性，强化责任感和紧迫感，不断提升应对处置能力，研究务实措施，逐步妥善解决；坚持慎重稳妥的原则，充分听取宗教界人士、信教群众和有关利益主体的意见建议，把宗教活动场所的规划建设，纳入到城乡一体化建设总体规划中去；贯彻规范化、法制化要求，不断提升宗教活动场所的管理水平，一方面要提高政府依法管理的水平，另一方面要提高宗教活动场所的自我管理水平；加强协调配合，努力形成支持宗教工作的合力，各部门要立足当地实际，充分发挥自身优势，加强对宗教工作中新情况、新问题的研究和破解，进一步配合和支持宗教部门的工作。

【大众创业协商】 8月，市政协召开常委会议，就推进全市大众创业工作进行研究协商，形成《关于推进我市大众创业工作的调研报告》。调研报告针对全市大众创业环境尚须优化、融资遭遇瓶颈、创业项目、领域有限、扶持政策亟待完善等问题，提出要优化创业环境，转变政府职能，梳理完善职权部门权责清单，加强各部门协调沟通，抓好政策协同，促进落地生根，同时简化创业手续，减少创业成本，降低市场准入门槛，激发市场活力；提升创业服务水平，培育和引入第三方专业创业服务机构，探索形成指导站典型工作模式，组建全市层面的多元化创业服务体系，组织开展形式多样的创业政策宣传，全力打造“双创”黄金时代；加强创业载体建设，根据全市经济结构调整和产业转型升级需求，建立全市创业项目库和指导目录，围绕移动互联、物联网、智能制造等领域，建立满足创业者多元需求的众创空间，健全众创空间投融资体系；提供创业人才支撑，培养引进更多高层次人才，建立差异化引才新格局，进一步优化高层次人才创新创业服务，破除人才自由流动制度障碍，加快建立创业创新绩效评价机制，让一批富有创业精神、勇于承担风险的人才脱颖而出等建议。市委、市政府领导做出批示，要求在全市产业资本中心工作《港城合伙人》工作、优化服务、审批工作等方面，加以吸收和充实，把全市大众创业、万众创新工作推上一个新台阶。

【体育产业发展协商】 8月，市政协召开主席会议，协商全市体育产业发展工作。会议围绕当前体育产业和产品结构、企业规模和装备集聚度等还未形成优势、品牌影响力、整体地位与先进城市存在差距、人才队伍建设面临瓶颈等问题进行讨论，提出要加强引导，统筹发展，切实提升体育产业发展动力，合理规划各类体育产业基地的建设布局，通过培育体育制造产业集聚区，营造体育服务业集聚区，开发体育休闲集聚区，创建一批充满活力的体育产业基地；加强管理，培育市场，构建多层次、多元化的投入机制和运营模式，探索通过市场机制积极引入社会力量承办赛事，努力提高大众体育消费水平；加强合作，扩大供给，大力促进体育产业融合发展，加强体育与文化、旅游等部门的协作，促进体育与健康、养老、教育、文化、旅游、传媒等行业融合发展，推动体育与住宅、休闲、商业综合开发，积极拓展新业态、培育新需求等要求。

【村级集体资产管理与监督协商】 9月，市政协召开主席会议，协商加强村级集体资产管理与监督工作。会议围绕全市村级集体资产管理与监督力量不足、管理体制不够顺畅、监管手段相对滞后、地区管理水平不均衡、不能适应“互联网+时代”要求等问题进行讨论，提出要强化监管能力建设，创新监管方法，规范监管行为，强化监管效果，确保村级集体资产监管更加科学有效，重点在摸清家底、提升制度化管理水平、加强信息化平台整合工作等方面下功夫；强化支持配合，合力推动村级集体经济持续稳定发展，积极探索村级集体经济发展的新路径，加快实现“两个转变”，一方面要靠发展工业，向多业并举、多元发展转变，另一方面要由个体发展向联合发展、抱团发展转变；进一步拓宽选人用人的视野，真正把会发展、靠得住、有本事的人，放到村级领导岗位上去锻炼，为发展村级集体经济提供有力的人才保障。

【物业管理协商】 10月，市政协召开常委会议，就助推全市物业管理工作进行协商，形成《关于全市物业管理工作情况的调研报告》。调研报告针对全市物业管理工作责任机制落实不到位、历史遗留问题较多、热点难点问题亟待破解、物管企业服务有待规范等问题，提出要加强组织领导，强化责任落实，细化各部门之间的职责范围、管理责任和工作流程，确保各项措施落实到位，重视小区业委会队伍建设，加强日常指导和督促；全力加强行业监管，提高物业企业准入门槛，指导企业完善内部管理制度，坚持创优导向，提升物业管理水平；规范市场准入退出机制，完善合同管理，健全诚信体系和信息公开平台，强化承接查验，加强源头管理，奠定物管基础；增强小区居民自觉意识、民主监督意识和物管人员的责任意识、管理意识，加强综合治理，定期开展专项整治，着力解决物业费收缴、小区维修管理、停车等难点问题，构建和谐小区等建议。市政府领导做出批示，要求相关部门结合实际，加强研究，认真采纳，进一步推进全市物业管理工作。

苏州市政协到凤凰镇视察　　（市政协办　提供）

民主监督

【概况】 市政协十一届五次会议期间，共收到提案391件，其中集体提案76件、个人提案315件。经审查，立案305件，其中经济科技类73件、城乡建设类75件、社会事业类148件、其他类9件。市政协坚持立案抓质量、督办抓重点、“回头看”抓落实的思路，健全主席会议成员带头督办重点提案机制，选择难度较大、涉及面广、群众普遍关注的提案，由主席会议成员分工督办，配合市政府开展分管市长领办提案，通过带案调研视察、带案民主评议等形式，形成了多角度、立体式推进提案办理的新格局。市政府及相关部门高度重视提案办理，各承办单位坚持一把手亲自抓，认真落实办理措施，以提案办理促进职能工作完善。至10月末，305件提案全部办结。市政协坚持将团结民主主题贯穿政协工作全过程，注重发挥各党派团体的重要作用，密切与全市各民主党派的经常性联系，以课题为纽带，积极搭建议政建言平台，政协活动优先安排民主党派成员参加，政协会议优先安排民主党派发言，重点提案督办优先安排民主党派集体提案。认真做好民族团结进步工作，关心少数民族群众生产生活，积极开展送医下乡活动，走访慰问少数民族贫困家庭，促进社会和谐稳定。坚持政协文史工作的地方特色，扎实开展文史资料的征集整理工作，全年征集文史资料11万余字，编辑出版《张家港文史》第36辑。全年组织开展专题视察通报活动20次，提出各类合理化意见建议70余条，对相关部门更好地开展职能工作发挥了积极作用。

张家港市政协十一届五次会议优秀提案一览表

表10

提案单位（人）	案　由	承办单位
民盟市委	关于大力推进我市农产品“互联网+”的建议	市农委、市商务局、市经信委
农工党市委	关于加快推进我市质量型城市建设的建议	市政府
民革市基层委员会	关于破解养老机构设立许可难题的建议	市民政局、市规划局、市国土局、市公安局
九三学社市基层委员会	关于加强张家港水乡风貌保护的建议	市规划局
民建市基层委员会	关于加快推进“宜居民生实事工程”，全力打造国家级物联网重大示范应用项目实现产业化的建议	市综治办、市房管中心
无党派人士联谊会	关于应用“互联网+”打通社区最后100米便民服务的建议	市经信委、市房管中心、市便民服务中心
工商联	关于加快提升我市民营制造业发展水平的建议	市经信委
政协金港镇工委	关于加快电子口岸发展，建设智慧型港口的建议	市港口局
政协杨舍镇工委	关于提高社区居民文化生活质量的几点建议	市委宣传部、市教育局、市文广新局

续表10

提案单位(人)	案　　由	承办单位
政协锦丰镇工委	关于把一干河沿线打造成张家港文化旅游带的建议	市旅游局、市文广新局、市体育局、经开区(杨舍镇)、冶金园(锦丰镇)
政协大新镇工委 政协塘桥镇工委	关于推进“智慧乡镇”建设的建议 关于推进智慧社区落接智慧城市的建议 (合并提案)	市经信委
政协乐余镇工委	关于创新耕作方式解决秸秆出路的建议	市农委
政协凤凰镇工委	关于进一步完善新市民积分制度管理的建议	市新市民事务中心
政协南丰镇工委	关于解决农村教师结构性缺编问题的建议	市教育局、市编办
政协常阴沙现代农业示范园区工委	关于构建现代农产品加工园,助推我市农业转型升级的建议	市农委、市委农工办
严红艳	关于加强农村技防建设的建议	市政府
金建亚 邹志雯	关于加大力度整治占用公共车位的建议 关于及时清理商铺乱占店前公共停车位的建议 (合并提案)	市城管局
吴惠英	关于加快建设我市健康蔬菜栽培基地的建议	市农委
祁小春	关于提升我市“乡村游”发展水平的建议	市政府
何一雷	关于建立全市政府采购和工程招投标统一专家库的建议	市政府

【区镇政协工委基础作用发挥】 市政协注重发挥区镇政协工委的基础作用,进一步健全政协领导班子联系区镇政协工委制度,全市各区镇按照“五有”标准(有场所、有设施、有制度、有兼职管理员、有活动),不断健全“委员之家”建设,完善闭会期间的委员属地管理机制,改善委员联系群众、履职建言的工作环境,增强市镇联动合力。邀请政协工委主任参加常委会议、调研视察等活动,定期召开政协工委主任座谈会,不断拓展工作思路,提升基层政协工委的履职水平。各区镇政协工委围绕当地经济社会发展大局,认真履职,在协助地方党委、政府加快经济发展、解决民生问题、发展社会公益事业中,发挥了重要作用。

【委员主体作用发挥】 市政协主动适应新形势对委员履职提出的要求,着力打造“懂政协、会协商、善议政”的委员队伍。6月,组织全体政协常委赴井冈山参加集体培训,接受红色教育,感悟革命精神,坚定理想信念。结合委员关注的热点问题,开展供给侧结构性改革专题培训,努力提升委员新形势下的履职能力。完善委员管理机制,加强委员服务联络信息化建设,创建政协网络平台,依托政协网站、委员QQ群和短信平台,密切与委员间的工作互动交流,组织在张家港市的省和苏州市政协委员开展异地视察,向全体委员寄送《人民政协报》《苏州政协》《张家港政协会报》等刊物资料,为委员履职创造良好条件。

【收集社情民意信息130条】 9月,市政协组织开展社情民意收集活动,

市政协视察民生实事项目　　(市政协办　提供)

深入各区镇政协工委、各民主党派、工商联、无党派人士联谊会以及政协各系统联系组,利用“民生面对面”“民生早市”等活动载体,通过召开座谈会,走访约谈委员和居民群众等形式,共收集社情民意信息130条,经过筛选,向市委、市政府报送28条社会高度关注的社情民意,内容涉及农村河道治理、快递行业管理、儿科建设、违规停车整治、学校安全教育等多个方面。对市政协反映的社情民意,市委主要领导十分重视,专门批示办理。市政府及各相关部门逐一研究落实,并将办理情况书面通报市政协,使群众关注的一些热点问题得到妥善解决。

【通报和视察活动】 围绕群众关注的问题,市政协全年共开展20项通报和视察活动,内容涉及文化中心资源统筹与建设、医药卫生体制改革、工业企业行业协会建设、农村污水治理、民生实事项目、防汛排涝、城乡社区卫生服务中心建设、侨资企业发展等多个方面。活动邀请市分管领导和相关部门负责同志参加,与委员进行现场交流,听取委员提出的意见建议。通过政协的关注与参与,引起党政部门的重视,为促进相关民生问题的解决,发挥了积极作用。

2016年市政协委员反映的社情民意信息一览表

表11

反映单位(人)	反映信息
民革市基层委员会何一雷	关于规范我市医疗养生类节目和医药广告的建议
农工党市委曹永章	关于加强儿科建设的建议
农工党市委陆翠珍	关于梁丰生态园设置临时停车场以及规划新停车位的建议
农工党市委姚敏芳	关于小学低年级阶段增加阅读课的建议
农工党市委何斌、夏敏,民建市基层委员会王韶杰,民革许剑、蒋丽华、黄刻松	关于整治“僵尸车”“二手车”等违规停放的建议
农工党市委陈宇	关于购物公园停车管理合理化的建议
农工党市委何斌	关于关注微信营销时代食品安全问题的建议
政协乐余镇工委吴永兵	关于严格把握低保户准入门槛的建议
政协卫生系统联系组李欣欣	关于拆除华昌路与城北路交界处破旧居民楼的建议
政协卫生系统联系组张萍	关于在张家港公园北门入口处增加无障碍坡道的建议
政协南丰镇工委林洪才	关于加大对“汽车摊”的整治与管理的建议
政协卫生系统联系组邢建平	关于取消老年人免费乘车,发放老年人出行补贴的建议
民革市基层委员会焦实	关于农村河塘生态治理、恢复与重建的建议
民革市基层委员会孙溟	关于加强快递业管理的建议
民革市基层委员会蒋丽华	关于整治江帆路与张扬公路丁字路口违规停车的建议
民革市基层委员会何一雷	关于在农联花园周围建菜市场的建议
民革市基层委员会范义东	关于改善农村自来水供给的建议
民革市基层委员会范红兵	关于尽快完成黄泗浦生态公园建设的建议
民革市基层委员会朱斐	关于加强小锅炉管理的建议
政协锦丰镇工委朱亚军	关于对怡景湾南侧河道进行疏浚改造的建议
政协塘桥镇工委潘晓忠	关于打通新泾东路与新204国道的建议
政协塘桥镇工委潘晓忠	关于将防骗列入学校安全教育课程的建议
民革市基层委员会徐杰	关于对乘航河东路进行改造的建议
市无党派人士联谊会张红	关于加强无物管小区管理的建议
市无党派人士联谊会邹志雯	关于将内河景区列入常规化管理的建议
九三学社市基层委员会裴丽芳	关于关闭住宅小区内餐饮业的建议
政协教育系统联系组童先锋	关于在部分路段弹性时间设置单行道缓解交通拥堵的建议
九三学社市基层委员会丁浩	关于加强我市慈善组织信息公开工作的建议

(谭 晔)

【编辑 宋佳辰】

中共张家港市纪律检查委员会·张家港市监察局

Zhangjiagang Municipal Commission For Discipline Inspection of the CPC & Zhangjiagang Municipal Bureau of Supervision

“政府廉政与勤政建设”专题讲座　（市纪委　提供）

党风廉政体制建设

廉政宣传教育

正风肃纪

行政监察

党风廉政体制建设

党风廉政建设“两个责任”落实情况监督检查 （市纪委　提供）

【概况】 市纪委与市监察局合署办公，市纪委非公经济工委作为市纪委派出机构，与市纪委合署办公。全市共设区镇纪（工）委10个、系统纪（工）委21个、派驻纪检组（监察室）21个、市直属企业纪委8个、条线管理单位纪委（纪检组）11个和基层纪检监察工作室4个，张家港保税区、张家港经济技术开发区、江苏扬子江国际冶金工业园分别设立纪工委、监察室。另设有非公企业纪（监）委43个及纪律监督小组1052个。年内，全市各级纪检监察组织紧扣从严治党，全面履行党章赋予的职责，廉洁政治建设取得了重要阶段性成果，不敢腐的目标初步实现，不能腐的制度日益完善，不想腐的堤坝正在构筑，腐败蔓延势头得到有效遏制，党内政治生活呈现新的气象。2月，中国共产党张家港市第十届纪律检查委员会第五次全体（扩大）会议召开，市委常委、市纪委书记张玮代表市纪委常委会向大会作了题为《聚焦监督执纪问责，把纪律挺在前面，坚定不移推进党风廉政建设和反腐败斗争》的工作报告，会议审议通过了工作报告和《中国共产党张家港市第十届纪律检查委员会第五次全体（扩大）会议决议》。年末，张家港市纪委、监察局被苏州市纪委、监察局评为2016年度苏州市纪检监察工作综合考评先进集体，被苏州市信访工作领导小组评为苏州市信访工作先进单位，同时被张家港市委、市政府评为2016年度文明机关。

【市、镇两级纪委换届】 年内，市纪委同市委组织部做好市纪委、乡镇纪委换届工作，科学制订工作方案，细化分解工作流程，扎实推进各阶段工作任务。全市乡镇纪委换届选举工作从4月中旬开始，至5月末全部结束，8个镇共选举产生纪委书记8人，副书记8人，委员41人，平均年龄为43.9周岁、42.6周岁、41周岁。7月25日至28日，中国共产党张家港市第十一次代表大会在沙洲宾馆会议中心召开。市纪委第一次全体会议以无记名投票的方式，选举产生新一届市纪律检查委员会书记、副书记和常务委员会委员，并经市委十一届一次全会通过。

【党风廉政建设】 1月，市委、市政府组织签订2016年全市党风廉政建设责任书，19名市领导与市委主要领导、111个单位主要领导与市分管领导分别签订年度责任书。各单位与下属单位签订党风廉政建设责任书，逐级分解。3月，细化分解2016年党风廉政建设和反腐败各项工作任务，把6个方面44项反腐倡廉重点任务分解到相关主责单位和配合单位，有关内容录入党风廉政建设责任制监管平台，加强工作落实情况的实时监控。4月，研究制定苏州市对张家港市落实党风廉政建设责任制检查考核反馈意见的整改方案和苏州市纪委委员对张家港市履行党风廉政建设主体责任评议质询意见建议整改落实方案，并抓好相关工作落实。6月，制定下发《市纪委委员评议质询党（工）委（党组）履行党风廉政建设主体责任情况操作规程（试行）》，进一步健全党风廉政建设工作机制，推动各级党组织及其主要负责人自觉履行主体责任；8月，研究制定《关于开展市委巡察工作的实施办法（试行）》；9月，召开市委首轮巡察工作动员会，成立2个巡察组，启动对市经信委、市旅游局、市交通运输局、市科协等4个单位部门的集中巡察。年末，由市委常委带队，对全市各单位党风廉政建设责任制落实情况进行检查考核，重点检查了10个

全市纪检监察执纪审查业务培训班 （市纪委　提供）

区镇、6个机关部门。年度检查考核与领导干部述职、述廉、述法、述党建相结合，并邀请人大代表、政协委员、市纪委委员、党风廉政监督员列席检查汇报会，听取汇报、参与测评，及时发现存在不足，督促整改落实，以此推动党风廉政建设"两个责任"落地生根。坚持"一案双查""责任倒查"，严格督促全市各级党组织和党的领导干部敢于担当、勇于负责，扛起管党治党主体责任，对落实主体责任和监督责任不力的2名领导干部进行了责任追究。

【纪检监察干部选拔任用】 针对《三个提名考察办法》，8月，市纪委制定出台《张家港市乡镇（区）纪（工）委书记、副书记，市纪委派驻纪检组组长、副组长，市属企业纪委书记、副书记提名考察工作程序（试行）》，细化提名考察流程，明确工作程序，根据文件规定，年内提名考察干部40人，其中属于提拔任用的16人，外系统调入的16人。探索建立任前谈话制度，市委常委、市纪委书记张玮与30名新任基层纪检监察组织负责人进行廉政谈话，市纪委副书记茅哲峰与9名新任委局机关科室正、副主任进行廉政谈话，市纪委常委瞿医蕾与3名新进委局机关的年轻干部进行廉政谈话。印发《关于在全市干部中推荐纪检监察工作专业人才的通知》，全市25个单位推荐42名优秀人才，建立后备人才库，年内4名同志得到任用，其中提拔2人。

廉政宣传教育

【概况】 全年各级媒体发表张家港市党风廉政建设报道621篇，全方位报道全市反腐倡廉工作动态以及党风廉政建设的经验做法。其中，中央纪委监察部网站等中央级媒体19篇，省级媒体305篇。完成张家港廉政网改版升级，打造"廉e+"教育品牌，设置"廉e+"微课堂、微作业等专题栏目，组织全市党员干部在线学习。全年，张家港廉政网更新信息799篇，网站点击率71876人次。2月，以微博直播的形式，对市纪委十届五次全体（扩大）会议进行直播报道。7月23日，邀请中国人民大学教授、反腐败与廉政政策研究中心主任毛昭晖作"政府廉政与勤政建设"专题讲座。

【纪检干部培训教育】 8月31日至9月13日，市纪委举办"执纪审查业务培训班"，组织50名干部前往中国纪检监察学院参加为期两周的学习培训。以"两学一做"学习教育为抓手，印发《关于全市纪检监察系统带头学习贯彻〈廉洁自律准则〉〈纪律处分条例〉的实施方案》，创新开展"十个一"系列活动，先后2次举办《廉洁自律准则》《纪律处分条例》专题讲座。组织8名基层纪检干部到委局机关职能室跟班培训，对培训人员和带训科室提出量化指标，提升学习动力，力求培训实效。深化委局机关学习型党组织建设，选送68人次参加各条线学习培训，1人参加市委复旦文秘班，2人参加年轻干部训练营。

【纪检机关党建工作】 年内，市纪委组织委局机关党员领导干部开展扶贫帮困送温暖活动。3月，组织党员干部联合东城第五区域联合党委在城东村开展学雷锋志愿服务活动。组织委局机关党员干部赴香山烈士陵园开展集体祭扫革命先烈活动，参观"清廉香山"廉政教育展示馆，开展"好书伴我行"读书活动，"相约沙洲，清风同行"健步走活动等，督促全体干部内外兼修、树好形象。5月，委局机关召开"两学一做"学习教育专题会议，印发委局机关《关于在全体党员中开展"学党章党规、学系列讲话，做合格党员"学习教育的实施方案》，对委局机关"两学一做"学习教育进行动员部署，并举行专题党课。同时，组织委局机关党员干部开展纪念建党95周年"走基地、看变化、聚力量"主题活动，参观苏州革命博物馆，观看《韩国钧》《我的战争》等爱国主义影片。8月26日，召开委局机关党员大会，组织开展市纪委机关党总支换届选举工作，会议选举产生新一届市纪委机关党总支及下辖党支部成员。年内，市纪委理论中心组带头开展学习，编发理论学习中心组学习材料12期。完成委局全体党员干部2015—2016年度冬训工作，召开冬训动员专题会议，组织委局机关全体党员参观"六廉楼""市反腐倡廉警示教育基地"。做好东城第五区域联合党委区域共建工作。

【廉洁文化建设】 年内，市纪委丰富由市文化中心、凤凰镇河阳山歌馆、塘桥镇金村、永联小镇（江南农耕文化园）、沙洲县抗日民主政府纪念馆、香山景区（香山历史文化展示馆）和市反腐倡廉警示教育基地（廉园）7个点位组成的"港城清韵"廉洁文化旅游专线。1月27日，会同经开区（杨舍镇）在城北街道举行"美好家园，廉洁是福"廉洁文化社区行活动。现

"美好家园，廉洁是福"廉洁文化社区行活动　　（市纪委　提供）

"学准则条例，做勤廉表率"知识竞赛决赛 （市纪委 提供）

场书写新春及廉政春联赠送市民，开展廉政法治灯谜竞猜、新春文艺演出等活动，近千名党员干部、辖区居民参与。6月30日，张家港市四套班子领导在警示教育基地举行"加强警示教育、重温入党誓词"活动，基地启用一年，有一百批次4000余名党员干部接受警示教育。培育指导张家港市廉洁文化建设示范点13家。建立打造"杨舍故事汇"品牌，让好家风故事会走进村（社区）、企业、学校。收集整理鹿苑钱氏、东兴缪氏、杨舍郭氏、恬庄杨氏等名门望族的家风家训。在苏州市"廉石之光·阳澄清波"2016微言博语话廉政微作品征集活动中，张家港市报送的《为官药方》荣获一等奖。市纪委监察局获2016年度《中国纪检监察》学刊用刊工作组织奖。

【"学准则条例，做勤廉表率"系列活动】 年内，市纪委通过征文、微信答题、电视知识竞赛等形式，在全市开展学习《中国共产党廉洁自律准则》《中国共产党纪律处分条例》系列宣传活动。3月15日至4月20日，在全市开展"学准则条例，做勤廉表率"主题征文，收到征文近300篇。联合机关工委开展"学准则条例，做勤廉表率"微信答题知识竞赛，全市参与竞赛答题的党员6580人次。4月25日起，联合锦丰镇纪委，在"情牵沙洲"微信平台开辟"沙上清风"专栏，每周定期发布"微课堂"和"知识测试"，全面解读准则和条例。一个月内，共发布微课堂和知识测试各6期，全市范围内参与微课堂9107人次，参与知识测试9678人次。5月24日，在保税区（金港镇）柏林村举办"学准则条例，做勤廉表率"研讨交流会，通报征文活动评选结果，进行优秀作品交流。8月25日，在电视台演播大厅举行"金沙洲"杯"学准则条例，做勤廉表率"电视知识竞赛决赛，首次设置"队员暂时淘汰，风险题拯救队员"的环节，让廉政教育创出新意。最终冶金园（锦丰镇）代表队获一等奖，保税区（金港镇）、市国税局代表队获二等奖，市公安局、市检察院、华昌集团代表队获三等奖。全年制作准则、条例宣传彩页3万份，在全市各区镇、各单位发放。

正风肃纪

【概况】 年内，市纪委畅通新形势下密切党群干群关系的沟通渠道，加强"网上新社区"等网络载体建设，"网上村委会"累计点击量2400万余人次。突出元旦、春节、清明、五一、中秋、国庆等重要节点和公款吃喝、公款旅游、公款购买赠送节礼等重点环节，持续组织开展"清风行动"，派出督察组、暗访组50余个，组织开展作风建设专项督察10次，对部分单位存在的疑似公款购买购物卡问题进行调查核实。牵头组织开展违规吃请公款吃喝专项整治和侵害群众利益的不正之风和腐败问题监督执纪问责工作专项督察，下发整改意见通知书5份。依托党风政风监督工作信息统计系统，及时归集作风建设方面的违规违纪问题，对5起典型违规违纪问题进行点名曝光，向全体党员干部释放出言出必行、执纪必严的强烈信号，提高了执纪监督的实效性和震慑力。配合市委做好省委联合督察组到市开展落实中央巡视组巡视江苏反馈意见整改落实情况专项督察工作，对督察中发现的办公用房清理不力的2名领导干部进行问责，分别给予党内警告和诫勉谈话处分，并下发专项通报。严肃查处群众身边"四风"和腐败问题，全年共查处相关案件12起，先后给予党政纪处分或组织处理14人。

【领导干部廉洁自律】 认真落实领导干部重大事项报告工作制度，全年共有153名领导干部报告婚丧嫁娶、因私出国（境）等重大事项。严格禁止领导干部违规收受礼金礼券行为，市廉政办及"510"廉政账户共收到领导干部主动上缴礼金礼券折合人民币60万余元。为进一步加强公务员队伍建设，完善激励和保障机制，促进广大公务员廉洁从政，修订完善市廉洁从政公积金管理制度。对受到党纪或政纪处分的个人专户累积廉洁从政公积金扣除比例进行调整，财政配套标准从1∶1调整为1∶1.5。

【执纪查案】 年内，市纪委、监察局受理信访举报218件，其中信件110件、网络31件、电话6件、到访9件；其中检举控告类130件，不属业务范围24件，批评建议类1件，申诉类1件。继续加大信访举报基础设施投入，进一步完善"五位一体"信访举报网络，严格落实信访举报各项工作制度。制定出台《张家港市纪委交办信访件结信预审制度（试行）》，实现信访举报初信初访"零暂存"。共立案查处各类违纪案件348件，其中经济类案件141件，涉及乡科级干部12人，移送司法机关8人，为国家和集体挽回经济损失2000余万元。严肃查办了宋正明、张新红、朱纲、张兴祥等一批有影响力的案件。坚持惩前毖后、治病救人，维护好“森林”生态，综合运用纪律处分、组织处理、诫勉谈话等措施，开展诫勉谈话13人，批评教育18人，提醒谈话10人，免职6人，针对党员干部违纪犯错的不同情形对症下药，做到“初病早治、有病快治、重病严治”。依托PDCA（全面质量管理循环模型缩写，主要包括4个阶段：Plan—计划、Do—实施、Check—检查、Action—处理）纪检监察案件监督管理信息系统，强化全局掌控，实现监督动态化、处置及时化、管理一体化，促进案件质量持续循环提升。经省纪委案件质量检查组检查，全市所办党政纪案件质量优秀率70%，在全省位居前列。

【群众身边不正之风专项整治】 市纪委牵头组织开展侵害群众利益的不正之风和腐败问题监督执纪问责工作专项督察，研究制订并下发了《关于印发〈关于集中开展侵害群众利益的不正之风和腐败问题监督执纪问责专项行动方案〉的通知》，成立由市委常委、市纪委书记任组长，市纪委副书记任副组长，市委农工办、市相关部门纪检组（纪委）、市纪委相关职能室为成员单位的专项行动领导小组，重点对中共十八大召开后扶贫领域、集体“三资”管理和惠农等领域、土地征收流转和城市拆迁改造等领域，以及行政服务和行政执法领域侵害群众利益的不正之风和腐败问题开展集中监督执纪问责，共查处相关案件12起，先后给予党政纪处分或组织处理14人。

【运用“四种形态”处置问题】 市纪委加强对问题线索的分析研判，根据不同性质、特点，把违纪情形、对待组织态度等都放在“纪律刻度尺”中比对，准确把握监督执纪“四种形态”（经常开展批评和自我批评、约谈函询，让“红红脸、出出汗”成为常态；党纪轻处分、组织调整成为违纪处理的大多数；党纪重处分、重大职务调整的成为少数；严重违纪涉嫌违法立案审查的成为极少数）的内涵外延以及转化规则，逐步实现常态、大多数、少数、极少数的合理数量分布。2016年，全市纪检监察机关共处置各类问题线索669件，其中运用第一种形态的占49.6%，第二种形态占38.4%，第三种形态占10.8%，第四种形态占1.2%。

行政监察

【概况】 年内，市各级监察组织先后开展环保、税务、涉农补贴、生产安全事故调查处理落实情况的“四严查、四问责”检查，土地违纪违法专项监督检查、校舍环境安全专项督察等，对全市相关环境问题突出企业和污染严重的河道整治工作展开督察，同时加强对环境执法案件、建设监察执法案件开展监督检查，进行监督执纪问责，推动全市重大决策部署的落实。

“激发新状态，践行新理念，担当新使命”主题轮训　（市纪委　提供）

【执法监察】 市监察局落实上级纪委“转职能、转方式、转作风”的部署要求，找准职责定位，聚焦主业主责，进一步发挥执法监察职能作用。参与生产安全事故调查处理落实情况“四严查、四问责”专项检查，督促市安监局、市公安局（消防、交巡警）、市住建局、市交通运输局、市水利局等部门开展集中摸排，对2015年11月至2016年9月发生的工矿企业亡人事故、建筑施工亡人事故、生产经营性亡人事故、生产经营性场所火灾事故的清单、事故责任处理意见、对策措施的落实及事故备案情况开展专项检查；组织校舍环境安全专项督察，对7所拟秋季启用的新建校舍项目、近2年发生负面舆情的，以及有新建和在建塑胶跑道的校舍项目进行重点督察，推动校舍环境安全决策部署落到实处；紧盯环境保护等领域开展问责，配合相关部门做好中央环保督察组督察问题督办工作，先后对4名党员干部进行诫勉谈话；依纪依规对违法生产“地条钢”等问题开展追责问责，先后给予5名党员领导干部党纪政纪处分或组织处理。组织公务员、事业单位人员、医护人员招考的现场监察工作，确保招录过程公开、公平、公正。

【政风行风热线】 市纪委组织“12345·政风行风热线”日常直播工作，充分利用网络视频直播模式，进一步扩大政风行风热线受众，拓宽热线节目和广大听众的沟通渠道。全年“12345·政风行风热线”共直播节目140期，其中部门上线直播45期，受理群众咨询投诉790件，办结763件。做好省政风行风热线交办的投诉件调查处理，落实督办机制。全年受理省政风行风热线转办投诉98件，均已办结答复并通过系统平台上报办理结果。

（王修亮　顾正超　邵　强
王　辉　殷　石　吴　剑
包建兵　石　磊　柳　燕
金晓甜）

【编辑　宋佳辰】

民主党派·无党派人士联谊会·工商联·人民团体

Democratic Parties & Non-party Association & Association of Industry and Commerce & People's Groups

市首届职工文化艺术节开幕式　（市总工会　提供）

中国国民党革命委员会张家港市基层委员会
中国民主同盟张家港市委员会
中国民主建国会张家港市基层委员会
中国农工民主党张家港市委员会
九三学社张家港市基层委员会
张家港市无党派人士联谊会
张家港市工商业联合会（总商会）
张家港市总工会
中国共产主义青年团张家港市委员会
张家港市妇女联合会
张家港市归国华侨联合会

张家港年鉴(2017)

扫码欣赏

庆祝五一国际劳动节
特刊"力量"

中国国民党革命委员会张家港市基层委员会

【概况】 年末，中国国民党革命委员会张家港市基层委员会（简称民革市基层委员会）下属支部5个，有党员78人，其中在职党员76人，占总数的97.44%。党员中，具有高级职称的15人、中级职称的21人，分别占19.23%、26.92%；有苏州市人大代表1人、苏州市政协委员1人、张家港市人大代表1人、张家港市政协委员20人。全年召开主委办公会议6次，基层委员会中心组成员会议4次，各支部组织活动32次。年内，组织5个支部分别赴中国香港、中国澳门开展缅怀民主革命先驱孙中山活动，赴安徽省泾县新四军军部旧址开展“重温历史、同心同行”主题教育实践活动。编印《张家港民革》杂志1期，共12万字。有20条信息被《苏州民革》杂志、《江苏民革》杂志、民革江苏省委网站、《团结报》等录用。其中，苏州市级录用12条，省级录用6条，《团结报》录用2条。四支部被民革苏州市委评为民革苏州基层工作先进集体。

【参政议政】 在市政协十一届五次会议上，民革市基层委员会提交集体提案15件、个人提案及联名提案24件。在市十三届人大五次会议上，提交建议1件。其中，集体提案《关于破解养老机构设立许可难题的建议》被评为优秀提案。年内，组织党员赴宁波、常州、池州、无锡以及保税区（金港镇）、凤凰镇、塘桥镇、南丰镇等区镇开展云医院、电子商务、食品安全、家庭教育等课题调研，征集社情信息30余条。对全市急救知识普及开展第三方调查，历时2个月，实地走访、召开座谈会7场，听取相关社区主任及村民代表意见，共发放问卷调查表3173份，其中普及培训问卷调查表2222份、救护员培训问卷调查表951份，完成《张家港市急救知识社会满意度调查报告》。

【社会服务】 年内，民革市基层委员会以送爱心、送帮扶、送健康、送文化、送法律等为主题，开展系列社会服务活动。3月，组织卫生、计生等行业党员赴乐余镇开展民革党员学雷锋志愿服务活动。6月，组织党员分别赴保税区（金港镇）、市工贸学校开展“企业工伤处理法律实务”和“法律服务进校园”讲座活动。7月，成立“博爱牵手”健康讲师团，在对口联系的凤凰镇4个社区分别举办常见疾病急救、平衡膳食和合理运动、防治骨质疏松和中老年视力保健知识等专题讲座。是月，民革“环卫工人爱心驿站点”揭牌，提供环卫工人歇脚、遮阳、避雨的场所。10月，组织部分党员赴南丰镇敬老院南山公寓开展“博爱在这里”重阳敬老义诊活动。通过扶贫帮困、捐资助学、敬老爱老等活动，民革市基层委员会年内共捐资5万元。

（蔡克荣）

民革市基层委员会赴南丰镇敬老院开展义诊活动

（民革市基层委员会 提供）

中国民主同盟张家港市委员会

【概况】 年末，中国民主同盟张家港市委员会（简称民盟市委）有下属支部11个，盟员235人，平均年龄49.7岁。其中，教育界109人，科技界48人，文化界17人，医卫界29人，法律界5人，非公经济界20人，金融界7人。盟员中，具有高级职称的128人，中级职称的66人，分别占54.47%和28.09%；有苏州市人大代表2人、苏州市政协委员1人、张家港市人大代表7人、张家港市政协委员30人。全年召开民盟市委全会1次、代表大会1次、扩大会议5次，各支部组织学习活动近50次。近150人次参加各类培训班、扶贫考察和座谈交流活动。盟员40余人次获张家港市级以上各类奖项，在各级刊物发表论文近40篇，举行张家港市级以上讲座、公开课20余场。年内，开展“学盟章、讲规矩、守纪律、争作为”主题实践活动，共有10篇主题活动征文获奖。全年编印《张家港盟讯》4期；在《团结报》《江苏民盟》等各级统战条线媒体和《张家港日报》上发表文章和简讯208篇。1人获评江苏民盟2015年度社会服务工作先进个人。在纪念民盟江苏省委成立60周年活动中，1个支部获评先进基层组织，5人获评先进个人，4人入选《大道同行》江苏民盟60周年盟员风采宣传录，2人作品入选“携手奋进六十年”——庆祝中国民主同盟成立75周年暨民盟江苏省委成立60周年美术作品展。民盟市委获评民盟苏州市委2015年度社情民意信息优秀组织奖，1人获二等奖、8人获三等奖。在苏州民盟纪念中国民主同盟成立75周年活动中获评先进集体，1个支部获评基层组织先进集体，5人获评先进个人。11月16日至29日，

10个基层支部相继召开换届会议，选举产生40名支部委员，对未换届的沙中支部支委作个别调整。年末，民盟市委获民盟中央《群言》杂志社“优秀发行奖”。

【民盟张家港市第五次代表大会】 9月25日，中国民主同盟张家港市第五次代表大会在市沙洲宾馆召开，这是张家港民盟历史上首次以代表大会形式召开的换届会议。75位盟员代表参加会议。大会听取、审议并通过中国民主同盟张家港市第四届委员会工作报告，选举产生中国民主同盟张家港市第五届委员会委员13人，选举产生出席民盟苏州市第十次代表大会代表10人，审议并通过中国民主同盟张家港市第五次代表大会决议。丁学东当选为主任委员，姜嵘、侯蔚枫、周卫君当选为副主任委员，任命吴平为秘书长。第五届委员会下设办公室、组织处、宣传处、参政议政处、社会服务处、纪律监督处及民盟工作研究会。

【参政议政】 在市政协十一届五次会议上，民盟市委提交大会发言2份，集体提案10件，个人提案39件。其中，集体提案《关于大力推进我市农产品“互联网+”的建议》被列为市政协1号提案、主席督办提案，集体提案《关于推进我市地下综合管廊建设的建议》被列入市政府领导牵头领办提案；个人提案《关于加快落实步行街东首文明城市窗口形象的建议》被列为主席督办提案；集体提案《关于美丽乡村建设的几点建议》、个人提案《关于应对雾霾，中小学安装新风系统的建议》被列为市政协提案委跟踪督办提案。年内，完成中共市委统战部合作调研课题“增创港口发展新优势，助力‘长江经济带’建设”。组织相关调研组赴广西、市政府口岸办、市环保局、市旅游局、常阴沙现代农业示范园区等相关单位，就港口建设、生态保护、旅游发展、美丽乡村、特色小镇等关系民生的热点、难点问题深入调研；举办首场县级市苏州民盟“青年之家”议政沙龙，20名青年骨干盟员为全市旅游事业建言献策。全年向市政协、市委统战部和上级民盟组织提交社情民意82篇次。

【社会服务】 年内，民盟市委着力打造“五民工程”活动品牌，组织“书画亲民”“送医利民”“信息惠民”“爱心济民”“法律助民”社会服务活动21次。2月，文教服务队在张家港购物公园举办“书画亲民”迎新春送春联活动，送出春联300余对；医疗服务队赴经开区（杨舍镇）田垛里村开展送医下乡志愿活动，义诊50余人次，发放宣传资料近100份。3月，医疗服务队深入塘桥镇胡同社区开展义诊活动，诊病治病200余人次，开出处方40余张，为200余人免费检测血糖、血压，发放宣传资料近100份。4月，医疗服务队至冶金园（锦丰镇）合兴社区举办健康讲座2场。6月，举行“民盟市委·梁丰高中高校招生咨询会”，服务3000余位高考学子及其家长。7月，沙中支部在经开区（杨舍镇）暨阳湖社区举办环保公益讲座；文教服务队赴淮安市参加江苏民盟“烛光行动”，举办“十年蜕变之课程”教育专题讲座。10月，张高支部走访慰问经开区（杨舍镇）馨港社区4户困难家庭。12月，医疗服务队赴大新镇社区卫生服务中心开展义诊活动，义务诊疗100余人次，为200余人免费检测血糖、血压，发放宣传资料近100份。全年法律服务队为企业、普通居民举办法律讲座、开展法律援助6次，服务人群150余人次。盟员以各种渠道开展爱心公益活动，向井冈山革命老区、盐城灾区、患病群众、贫困学子等捐资捐物逾6万元。（周慧敏）

民盟市第五次代表大会　　（民盟市委　提供）

中国民主建国会张家港市基层委员会

【概况】 年末，中国民主建国会张家港市基层委员会（简称民建市基层委员会）下属6个支部和2个工作委员会，有会员94人，平均年龄41.2岁。会员中，有苏州市人大代表2人、苏州市政协委员2人、张家港市政协委员17人、张家港市人大代表3人。年内，民建市基层委员会和下属5个支部相继完成换届选举，全年召开全体会员大会1次、班子扩大会议4次，支部学习活动30余次。选派骨干会员近30人次参加民建中央、民建江苏省委、民建苏州市委、张家港市委统战部和张家港市政协组织的各类学习培训活动。做好上级各类媒体及《张家港日报·统战专刊》《参政议政文集》的组稿工作，在各类新闻媒体刊登新闻信息7条，其中有3条信息被民建中央网站录用。11月，在江苏东方四通科技股份有限公司建成民建市基层委员会首个支部会员活动室。

【民建市基层委员会第二届会员大会】 7月30日，民建张家港市基层委员会全体会员大会在市馨苑度假村举行，听取并审议刘会荪代表民建市基层委员会第一届委员会所作的工作报告。会议经全体会员投票选举产生民建市基层委员会第二届委员会，刘会荪任主任委员，徐建龙、葛庆贤任副主任委员，刘佾、瞿刘华、张萍、王韶杰任委员。会议宣布新增爱康支部及新设青工委、妇工委的决定。

【参政议政】 在市政协十一届五次会议上，民建市基层委员会提交集体提案7件、个人提案6件。其中集体提案《全力打造国家级物联网重大示范应用项目实现产业化》被列为主席督办提案。年内，组织会员围绕全市文明城市创建、推进基层社会治理和加快民主法治建设、生态文明建设等重点课题进行调研，撰写调研文章6篇，征集社情民意20条。组织赴江西省赣州市、福建省厦门市等地进行调研，完成《张家港市传统媒体与新兴媒体融合发展》的调研报告。

【社会服务】 年内，民建市基层委员会以送爱心、送帮扶、送文化等为主题，开展系列社会服务活动。3月8日，组织会员到保税区（金港镇）滩上村看望结对帮扶对象，为帮扶对象打扫房间、洗涤衣物，并送上5000元慰问金和会员自发捐助的毛毯、食用油等日常生活用品。4月16日，联合市文明办、市交通运输局等单位举办千名公交司机走进市文化中心“感受文化关怀、共建人文公交”主题活动，组织公交司机参观文化场馆，观看文艺演出，并赠送文化礼包。5月7日，组织10余名企业家会员与民建河南省委考察团就赴河南投资等工作进行交流讨论。10月29日，青工委部分会员带领装修人员帮助帮扶对象住宅装修改造，多次安排心血管专家为帮扶对象提供医疗服务。 （刘向民）

中国农工民主党张家港市委员会

【概况】 年末，中国农工民主党张家港市委员会（简称农工党市委）有下属支部11个，其中医卫界6个，教育界3个，经济、科技界各1个。有农工党员211人，平均年龄52岁，其中医卫界108人、文教界48人、科技界27人、经济界28人。在职党员152人，退休党员59人。党员中具有高级职称的113人，中级职称的84人，分别占53.6%和39.8%。党员中，苏州市人大代表2人，苏州市政协委员2人，张家港市人大代表2人，张家港市政协委员30人。年内，发展新党员8人，均为本科以上学历，其中研究生2人。有医卫界4人，教育界2人，经济界2人。开展“走进基层、贴近党员，培育和践行社会主义核心价值观”征文活动。4月至5月，组织学习《中共张家港市委关于〈中国共产党统一战线工作条例（试行）〉的实施意见》。6月，医卫五支部党员活动室由澳洋医药物流有限公司搬迁至澳洋优居壹佰老年公寓。邀请九三学社苏州市委委员龚震到张家港市开展社情民意信息讲座。6月，6名党员赴江苏省社会主义学院参加市委统战部宣传信息工作培训班；12月，9名新任支部主委赴江苏省社会主义学院参加农工党江苏省委新任基层组织负责人培训班；12月，农工党市委主委顾放、副主委翟二生、杜思梅、蒋锋、秘书长苏国兴赴中央社会主义学院参加农工党江苏省委地方组织领导干部培训班。11月，在苏州市第十三届委员会第一次会议上，顾放当选为农工党苏州市委常委，顾放、杜思梅当选为农工党江苏省第十二次代表大会代表。11月22日至26日，11个支部相继召开换届会议，选举产生33名支部委员。年内，开展星级支部评比，评出五星级支部1个（医卫五支部），四星级支部1个（教育二支部），三星级支部5个（医卫四支部、医卫六支部、教育一支部、经济支部、科技支部）。农工党苏州市委对2014年至2016年“争当优秀党员，创建先进支部”活动中的优秀党员、优秀基层支部和特色先进基层支部进行表彰。管卫东、何斌、刘苏霞、陆强、倪歆钰、张烨等6名党员被评为优秀农工党员，教育二支部被评为优秀基层支部，医卫四支部和医卫六支部分别被评为参政议政先进支部和社会服务先进支部。全年获市级以上表彰的农工党员有40余人次，其中1人获国家级荣誉，3人获省级以上荣誉，16人获苏州市级荣誉。党员在苏州级以上核心期刊发表论文近30篇、在苏州级以上艺术类比赛中获奖10余次。农工党张家港市委机关编印《张家港农工》4期，全年在各级农工党、统战条线和《张家港日报》等媒体上发表文章50余篇。

【农工党张家港市第五次代表大会】 9月27日，中国农工民主党张家港市第五次代表大会在市沙洲宾馆召开。大会听取并审议市人大常委会副主

农工党张家港志愿服务队在保税区（金港镇）塍丰社区开展义诊活动

（农工党市委　提供）

任、农工党张家港市第四届委员会主委顾放所作的工作报告，选举产生中国农工民主党张家港市第五届委员会委员13人及出席中国农工民主党苏州市第十次代表大会代表10人，通过大会决议。在农工党张家港市第五届委员会第一次会议上，顾放当选为主任委员，翟二生、杜思梅、蒋锋当选为副主任委员，任命苏国兴为秘书长。

【参政议政】 在苏州市政协十三届五次会议上，农工党张家港市委提交个人提案1件。在张家港市政协十一届五次会议上，农工党市委提交大会口头发言1份，书面发言2份，集体提案7件，个人提案64件。集体提案《关于加快我市质量型城市建设的建议》《关于拓宽职业学校师资来源渠道的建议》被列为市政府领导牵头领办提案，集体提案《关于加快推进“两化融合”信息化平台建设，促进中小企业转型升级的建议》《关于重视和改善我市一体化发展进程中农村养老问题的建议》和2件个人提案被列为市政协主席督办提案，集体提案《关于进一步规范小区物业公司管理的建议》和9件个人提案被列为市政协提案委跟踪督办提案。年内，围绕全国文明城市建设、民主法治建设、生态文明建设、供给侧结构性改革开展调研，完成“我市海绵城市建设”“加强农村河道管理”课题调研，参与农工党苏州市委课题“医联体建设”以及“多层次社会化养老”中的“农村养老”调研。上报社情民意信息82篇。其中，1篇被中共江苏省委办采用，2篇被中共江苏省委统战部采用，11篇被农工党江苏省委采用，43篇被农工党苏州市委采用。

【社会服务】 4月，农工党张家港志愿服务队注册成立。年内，该志愿服务队到保税区（金港镇）长山村和塍丰社区、塘桥镇鹿苑社区、乐余镇闸西村开展“健康服务行”义诊活动4次，为500余人次提供义诊咨询和健康讲座服务。4月，启动“关爱流动的花朵”助学活动，由教育一支部、教育三支部、科技支部定向帮助7名外来务工人员子女。 （顾鸣旦）

九三学社张家港市基层委员会

【概况】 年末，九三学社张家港市基层委员会有下属支社6个，社员104人。其中，在职社员89人，退休社员15人。社员中，具有高级职称的74人，中级职称的19人，分别占社员总数的71.15%和18.27%。有苏州市人大代表1人，苏州市政协委员1人，张家港市人大代表3人，张家港市政协委员17人。年内，开展纪念九三学社成立71周年系列活动，部分社员自费赴重庆开展“追寻先辈足迹，勇当吾辈责任”主题活动，组织社员开展九三纪念日徒步凤凰湖活动。3名社员撰写的3篇论文入选《江苏九三论坛》，5篇文章被九三学社《苏州社讯》录用。九三学社市基层委员会被九三学社省委评为参政议政先进集体，1人获评组织建设先进个人，1人获评参政议政先进个人。九三学社张家港市基层委员会被九三学社苏州市委表彰为组织建设先进集体、参政议政工作先进集体和宣传工作先进集体，4人获评调研提案先进个人，3人获评信息工作先进个人，2人获评宣传工作先进个人。会员蔡春林的摄影作品《阵地》和《一车当先》分获九三学社中央“中国面孔·中国梦”摄影大赛二等奖和鼓励奖。

【参政议政】 在市政协十一届五次会议上，九三学社市基层委员会提交集体提案13件、个人提案40件。年内，赴杭州市、深圳市和经开区（杨舍镇）今园一号众创空间调研，完成“发展众创空间，推进大众创新创业”课题调研。赴全国食品安全示范市和全国农产品质量安全示范市成都市调研，学习农副产品的安全监管先进经验和科学方法，完成《关于落实新食品安全法，进一步加强农副产品安全监管的建议》。完成“新常态背景下江苏再制造产业现状及对策”“科技创新主导，再攀江苏制造新高”“推行中医药诊疗标准化，有效推进中医进社区”3项九三学社江苏省委中标课题。

【社会服务】 年内，九三学社市基层委员会社工部开展科技、教育、卫生、环境保护、尊老爱幼等志愿服务活动。年初，到塘桥镇韩山老年公寓进行新年慰问演出。4月22日，九三学社（张家港）医疗专家锦丰服务站成立，全年开展大型义诊2场、专家健康讲座2场，派遣专家30余人次开展门诊6次，通过健康讲座、专家定点坐诊等形式，为近千名群众提供测血糖、血压等医疗服务，提供药品5000余元。11月，联合市国税局第五税务分局赴冶金园（锦丰镇）合兴社区开展送戏进社区活动。全年与8名贫困学生开展结对帮扶，捐资1.44万元。

（黄巧琴）

张家港市无党派人士联谊会

【概况】 年末，张家港市无党派人士联谊会有会员66人。具有高级职称的15人，具有硕士学位的13人、博士学位的1人。有苏州市人大代表2人、苏州市政协委员1人、张家港市人大代表4人、张家港市政协委员17人。联谊会下设办公室和5个专门委员会，理事13人、会长1人、副会长3人、秘书长1人、副秘书长2人。

【参政议政与社会服务】 在市十三届人大五次会议上，市无党派人士联谊会提交人大代表建议2件；在市政协十一届五次会议上，提交集体提案2件、个人提案11件。其中，集体提案《关于应用“互联网+”打通社区最后100米便民服务的建议》和个人提案《关于及时清理商铺乱占店前公共停车位的建议》被评为2016年度市政协优秀提案。年内，市无党派人士联谊会结对帮扶贫困学生15人，资助每人1000元。 （朱茂华）

张家港市工商业联合会（总商会）

【概况】 年末，全市建有商会52家，其中区镇商会9家、街道商会15家、行业商会18家、异地商会5家、村级商会5家。有工商联会员单位4231个,其中企业会员4075个、团体会员53个、个人会员103个。年内,经开区(杨舍镇)南新村、田垛里村和乐余镇永利村等3家村级商会和市文化艺术业商会、香港城商贸商会、市商业供配商会等3家行业商会先后成立。继续开展全市"基层商会建设年"活动和"五好商会"创评工作,累计10家商会通过AAA级以上等级社团评审,15家商会获评市"五好商会",南丰镇商会获评全省先进商会组织。继续开展"一会一品"建设,市电商商会创新设立"商学院",举办"博思汇"、电商讲坛等系列培训活动10场,培训会员1500人次;市塑饮机商会通过集体参展、原材料集中招标等方式帮助会员企业节支增效;市装修装饰行业商会承接政府职能,开展装饰优质工程评比,组织行业职业技能培训;经开区(杨舍镇)商会放大香樟文化产业联盟特色,出版《一步一沙洲》人文旅游手册;凤凰镇商会举办商会企业职工运动会;永联村商会通过举办江鲜美食节,增加企业、商户间的合作互动。

【市工商业联合会(总商会)第十次会员代表大会】 11月30日,市工商业联合会(总商会)第十次会员代表大会在市沙洲宾馆召开。258名会员代表参加,21个顾问单位领导应邀参加。会议回顾总结市工商联第九届执行委员会过去5年的工作,传达学习全国和省、市有关会议精神,提出以后5年的工作任务。大会选举产生市工商联(总商会)第十届执行委员会委员184人和出席苏州市工商业联合会(总商会)第十四次会员代表大会代表50人。市工商联十届一次执委会选举产生常委80人、主席1人、副主席12人和市总商会会长1人、副会长25人和秘书长1人。

【参政议政】 年内,市工商联走访180余家民营企业,开展民营企业社会责任调研,展示民营企业社会责任履行现状和典型实践。调研全市重点企业发展现状,为36家企业申报"中国民营企业500强",6家企业上榜,入围数列苏州第一。在市政协十一届五次会议上,工商界委员提交提案34件。收集党风廉政建设、生态文明建设、安全生产等各类社情民意20条。确定"住宅适老化改造""纺织行业供给侧改革的路径分析""'互联网+'形态下,加快我市电子商务发展的思路与对策"等社科应用研究课题3项,获市社科联专题立项。10月,中央统战部、全国工商联到会开展构建"亲、清新型政商关系"专题调研,16名会员企业代表和2家商会负责人专题汇报对习近平"亲、清新型政商关系"重要讲话精神的理解和具体做法,受到调研组肯定。

【会员服务】 年内,市工商联与21个职能部门共建为企服务工作圈,联合职能部门进企业走访送,零距离服务企业。与市国税局、张家港地税局联合举办"对话供给侧、推进营改增"税企交流座谈会,与市商务局联合举办企业"走出去"扶持政策宣讲会,与市经信委合作开展企业家专题培训,与市总工会联合推进行业商会工会联合会建设,打造和谐劳资关系。组织3场行业商会银企对接交流会,帮助企业解决融资难问题。推进校企合作,组织专家教授"进企业、解难题"活动,走进市塑饮机商会、市分离机械商会骨干企业,探讨解决问题10余项。组建"企业家讲师团"进校园,开设"企业家大讲堂"公开课3场。在5家行业商会建立大学生就业实习基地,组织3场行业专场招聘会,开展传统机械行业与院校工业自动化、智能机器人项目对接等系列活动4次,全年帮助行业企业建立企业研究生工作站1家,技术改造8项、项目申报2项、专利申请53件。掌握领军人才企业和本土企业的发展现状和实际需求,开展领军人才与本土企业对接会2场,开展企业沙龙、行业座谈、企业互访等大小对接活动7场,实现6家领军人才企业与4家本土企业项目对接。先后组织5批企业家考察团赴新疆、宁夏、江西、浙江等地考察交流。市工商联与宁夏回族自治区青铜峡市工商联缔结友好商会,助推会员企业与青铜峡市达成国家级"物联网+互联网"城市建设项目合作。市企业家俱乐部定期举办文化艺术品鉴、教育咨询、项目对接、招商引资、政企互通等交流活动40余场。

【"四信"教育】 年内,市工商联以"守法诚信、坚定信心"为主题,继续在全市各商会中开展"四信"教育实践活动。录制《成功路上》年度企业家励志专题电视节目,先后采访播出沙钢集团沈文荣、永钢集团吴耀芳、澳洋集团沈学如等40名企业家的创业守业经验,在社会各界引起较大反响。会刊《张家港商会》采访刊登优秀企业家、企业精英45人,成为展示正能量、引领新发展的重要载体。开展"学楷模、提信心、谋发展"主题活动,组织80余家会员企业收看励志电影《钢铁,是这样炼成的》,组织100余名会员学习全国"时代楷模"崔根良先进事迹。邀请知名教育专家、贵州大学校长郑强举办"中国梦,中华复兴之梦"专题报告会,举办"互联网+外贸""供给侧结构性改革"、电子商务发展论坛等专题培训。开展"百企帮百村"精准扶贫行动,采取"1+2"众筹模式(1个乡镇商会+2个常执委企业),多批次赴张家港市结对的宿迁市宿豫区开展扶贫。后塍商会建成全市首家区域企业联盟展示馆,会长单位张家港酿酒有限公司专门提供场地建设展馆,展示党史、联盟企业分布、企业党组织结构、企业风采、老总格言、联盟活动剪影等内容。兆丰商会"红色领航"联盟开展党员红色书籍阅读会、党员扶贫帮困进社区等系列活动,该活动获评苏州市工商联十大亮点工作之一。

【新生代企业家培养】 年内,市工商联举办"传承、发展、创新"青年企业家交流活动3场,指导和帮助青年企业家解决创业、融资、法律、人才等实际问题,提高青年企业家的经营管理水平和驾驭企业能力。举办2016年度张家港市非公经济代表人士浙江大学培训班,选拔50名青年企业家代表参加培训。组织青年企业家代表赴井冈山接受革命传统教育,重温中国革命历程。发掘优秀新生代企业家代表，沙钢集团沈彬、宝景汽车销售服务公司金双龙、天达工具公司宋虎等一批优秀新生代企业家走上基层商会领导岗位。（彭　嫣）

张家港市总工会

【概况】 年末，市总工会下辖10个区镇工会、11个系统工会。全市工会组织覆盖法人单位22590个，其中单独基层工会2890个。累计发展会员671627人。年内，市总工会落实建会目标分解责任制，以25人以上未建会企业为重点，提高单独建会的考核权重，促使部分25人以上企业从覆盖建会中剥离，工会组织覆盖率和职工入会率进一步提高。全市新增建会企业406家，其中单独建会企业80家、覆盖建会企业326家。以各类行业、新社会组织为主要对象，加强楼宇、市场等新型工会组建工作，建成行业工会6家、新社会组织工会4家。6月，市职工文体中心开工建设，位于一干河东路、职中路、长兴路之间，坐落于沙洲湖畔，总建筑面积5.5万平方米。建成后的市职工文体中心包括职工剧场、职工艺术培训中心、职工体育健身中心、职工服务中心等主要区域。“互联网+区域化服务格局、零距离+精准化服务模式”被评为全省服务职工优质项目。

【职工宣教】 年内，市总工会开发制作“港城工友健步行”APP客户端。组队参加苏州市职工运动会9个大项比赛，承办大众体育比赛，15人次获单项前三，5支队伍获团体前三。开展职工阅读活动，依托全市225家“五有标准”职工书屋、40家“书香企业”，引导职工读书学习。6月，省总工会在张家港市举办“江苏职工读书月”活动启动仪式，专题介绍推广张家港市“书香企业”创建和职工读书活动经验。开展理想信念教育，运用传统媒体和微信、官网等新媒体宣传中共路线方针政策，开展“争当文明职工、争创文明班组”等主题活动。加强与报纸、电视、电台等新闻媒体的合作，全年组织对外发稿400余篇，联办栏目、节目20余期。

【劳动竞赛】 年内，市总工会与市卫计委、市住建局、市交通运输局等单位联合开展岗位练兵、技术比武、技能竞赛17场，参赛职工2500余人。举办“行行出状元”市职业技能大赛，设置计算机实务、门机操作、西点烘焙、化学分析等项目11项，46个企事业单位、894名职工参赛，60余名职工被授予“张家港市技能状元”“张家港市技术能手”称号，获得技能等级或岗位工资晋升。深化“工人先锋号”创建，推出全国、苏州市、张家港市“工人先锋号”43个。深化群众性创新创优活动，组织“工人科技之星”推荐评选，八大类别127个团队及个人参与，评出各类科技明星40人，开发省高新技术产品390项，拥有授权发明专利1007件，产生经济效益近4亿元。以技术改造、节能减排等内容为重点，开展“五小”创新竞赛，举办“我为安全生产献一计”合理化建议暨技术创新“金点子”评选活动。

【劳模管理】 年内，组织劳动模范先进推选和宣传工作，推荐评选11名省劳动模范和其他各级各类先进典型，举办全市“庆五一”国际劳动节暨劳模先进表彰大会，在媒体上推出《致敬劳模》专刊专栏9期。以建县市以后的新老劳模为对象，拍摄《劳动筑梦》电视纪录片。加强劳动模范管理服务工作，发放劳动模范春节慰问金83万元、困难补助金30.7万元，按时做好退休劳动模范荣誉津贴发放工作。分批组织100名在职劳动模范及100名退休劳动模范疗养。开展2016年度全市劳动模范信息普查工作，以劳动模范精神邮册的形式，发放1445份劳动模范精神邮册和调查表。

【民主管理】 年内，强化劳动关系和谐企业创建工作，评比产生2015年度市劳动关系和谐企业44家，并组织拍摄专题电视片宣传推广。健全企事业单位民主管理机制，编发《关于职工代表大会制度规范化操作的若干要点》，开展上市公司厂务公开民主管理座谈会、民主管理互看互学等活动，全市50人以上单独建会企业职工代表大会、厂务公开建制率达到90%以上。推进集体协商、集体合同机制建设，举办2016年集中要约行动，分层分批组织工资协商指导员培训，召开塑料饮料机械行业工资协商现场观摩会，全市共签订工资专项集体合同2118份，工资集体协商建制率保持在95%以上。

【职工帮扶】 年内，市总工会做好“春送岗位、夏送清凉、金秋助学、冬送温暖”等特色帮扶工作。依托专场招聘会、月嫂培训班、就业信息“墙来了”等渠道，提供就业岗位3000余个。组织夏季“三送”（送清凉、送安全、送法律）活动，走访企业工地，慰问职工近5000人次，发放防暑降温物资26万元。开展“送一份助学金、上一堂普法课、建一批微助群、选一群好少年”主题助学活动，建立覆盖17个城市、59所大学的微助群13个，为101名助学对象发放助学金近35万元，评选“励志好少年”100人、“励志标兵”10人。元旦、春节期间，市、区镇两级工会共为1200余名困难职工送上慰问金230余万元。深化“急报急送”、在职病困职工家庭救助等长效帮扶机制，为163名病困职工发放医疗定补、生活定补90余万元。

【职工维权】 年内，市总工会加强普法宣传，举办工会劳动争议仲裁观摩庭、五一劳动法律宣传服务月、律师帮你微解读等特色活动，全年开展各类普法活动35次，接待法律咨询1000余人次，发放宣传资料3.5万份。加强工会劳动法律监督，建立基层工会劳动法律监督组织2752个，开展春查劳动合同签订、夏查劳动安全保障、秋查社会保险参保、冬查工资报酬支付“四季行”专项检查，检查企业175家。构建“市、区镇、企业”三级工会劳调组织体系，建立各级劳调组织2696个，受理纠纷785起，涉及职工813人、金额2000余万元。市职工服务中心接处职工信访104起。市总工会劳动争议仲裁庭立案180件，结案148件，涉及标的近400万元。

加强工会劳动保护，举办“安康杯”竞赛、“安全生产月”等活动，发放宣传资料8000余册。制定出台《企事业工会劳动保护工作规范化建设的实施意见》，在各区镇建设试点企事业工会16家。加强安全队伍建设，举办工会劳动保护监督检查员培训班，492名基层监督员参加。

【全市首届职工文化艺术节】 艺术节由市总工会联合市委宣传部、市文明办、市文广新局、市体育局、市文联等单位主办。从4月开始，至10月结束，近20万名职工参与。艺术节以“中国梦·劳动美·幸福路”为主题，开展全市庆祝五一国际劳动节文艺演出暨首届职工文化艺术节开幕式、全市十大企业职工文艺会演、全市首届职工才艺大赛、致敬劳模·邀先进劳模看大戏、全市职工书画影大赛、市第五届“工会杯”职工篮球比赛、“永远的旗帜”全市职工纪念建党95周年大型诗歌朗诵音乐会、“书香港城·智慧职工”职工读书月、“信仰的力量”纪念红军长征胜利80周年主题歌会暨首届职工文化艺术节闭幕式等十大示范性活动。其间，各区镇、系统、直属工会举办职工文艺展演、才艺展示、体育比赛、读书征文、培训讲座、技能比武等110场重点活动和赛事。首届艺术节评出优秀组织奖5个、优秀活动项目5项、优秀职工文体团队5个。 （吴 吉）

中国共产主义青年团张家港市委员会

【概况】 年末，全市有团（工）委155个、团总支205个、团支部1550个，团员84886人。新建非公企业团组织125个。有各级少先队组织12986个，少先队员8.6万人，少先队辅导员1993人。全年发展团员5320人，推优入党268人。2月，共青团市委十五届二次全体（扩大）会议召开。5月，团市委举办第十二届“张家港市十大杰出青年”表彰暨共青团“青字品牌示范行动”启动仪式，年内组织实施“青年岗位建功行动”“青少年发展阳光行动”“青年‘号岗’服务行动”“志愿风尚青在行动”等四大行动八大项目。全年新建“两新”（新经济组织和新社会组织）团组织32家。新建“青年之家”综合服务平台3家，其中冶金园（锦丰镇）悦善乐邻青年之家获评省级示范性青少年综合服务平台，保税区（金港镇）塍丰社区青年之家和经开区（杨舍镇）城北街道青年之家获评苏州市示范性青少年综合服务平台。重点打造“文化‘众包’外企区域团建”等9个区域化团建示范点。全市共青团获得全国级荣誉3项、省级荣誉14项、苏州市级荣誉13项。冶金园（锦丰镇）团委获江苏省五四红旗团委称号，市东渡志愿者协会团支部获江苏省五四红旗团支部（总支）称号，团市委获2016年度江苏省团属报刊宣传工作先进单位。“青春张家港”微信公众平台关注人数11万人。

【青少年教育】 3月，团市委举办“共享蓝天·植树青行”青少年植绿护绿行动，200余个家庭参与。5月，举行庆祝六一儿童节暨“践行社会主义核心价值观，争做向上向善好少年”少先队员主题队日活动，并表彰2016年度全市十佳少先队员、十佳少先队辅导员、优秀少先队大队、优秀红领巾小社团、优秀情景剧。6月，在张家港中等职业学校举行“梦想照进现实，创造永恒韶华”——优秀青年故事分享会。7月，在崇真中学篮球馆举办“我有一个篮球梦”张家港市非公企业青年篮球赛，骏马集团、张家港港新重装码头港务有限公司等8家非公企业参赛。7月至8月，分4期举行青少年暑期公益夏令营活动，120余名新市民子女参加暑期青少年安全自护、市情参观、红色教育等主题活动。12月，团市委联合市教育局、市少工委举办2016年市少先队辅导员培训，95名辅导员参训。

【青年商会建设】 1月，市青年商会召开“创新创优，共谋发展”会员大会，并成立共青团张家港市青年商会工作委员会。是月，张家港市青年商会智库政策服务联盟成立大会暨法律联盟签约仪式举行，联盟由20名市职能部门骨干业务科室负责人及4名律师组成。年内，市青年商会依托青年商会团工委和政策智库、金融、法律、人才、创业导师等五大服务联盟，构建青商会“1+X”工作服务体系。通过开展“对话青商”系列活动，邀请职能部门负责人与市青年商会企业互动交流，组织企业开展商业模式创新、供给侧改革等专题培训，引导青年企业家在转型升级中有所作为。10月，市青年商会一行14人赴韩国进行为期4天的友好访问。11月，市青年联合会委员以及市青年商会会员代表赴深圳学习考察。年末，举办青商企业家与创新人才共话“创新四问”暨2016年张家港市青商会年会，7名市青年商会企业家及创新人才代表展开交流讨论。

【青年志愿者行动】 2016年，团市委继续深化“青年志愿者行动”。3月，开展“365天，雷锋在身边”启动仪式暨“学雷锋、亮团徽，团员争当志愿者”集中行动，在全社会弘扬志愿服务新风尚。7月至8月，团市委组织全市126名返乡大学生开展2016年大学生暑期社会实践活动，包括导医导诊、导游导览、交通文明、青少年课业辅导、助老敬老等35类岗位志愿服务，以及社区管理、文书档案整理、青少年活动策划、企业见习等26个职业体验岗位。8月20日，在吾悦广场举办2016年全市大学生暑期社会实践表彰暨青年音乐汇。青年精英创业大赛期间，团市委组织“创业志愿者”助力创新创业，累计100余人次参与创业大赛志愿服务。年末，由团市委发起资助的“我的玩具去新家”公益项目获第三届中国青年志愿服务项目大赛银奖。

【“希望之光”助学品牌】 2016年，团市委继续做大“希望之光”助学品牌，全年累计发放助学金54.7万元，资助贫困学子610人次。其中，8月，举行ZPPS“希望之光”助学金发放仪式，资助8名贫困学生2.4万元助学金；是月，举行“希望之光·圆梦行动”奖（助）学金发放仪式，资助贫困学生16

人,资助金额6.3万元。11月,2016年张家港共青团"希望之光"国泰奖学金发放仪式在国泰集团举行,全市19所学校的114名学生获得总额33.2万元的奖学金。

【"青年商圈"团建新模式】 2016年,团市委针对城市商圈领域和楼宇经济内青年集聚的趋势,以服务草根青年创业为切入点,充分融合党团建设、"号手岗队"、志愿服务、公益互助等工作元素,打造"创新创业+党团组织建设"的"青年商圈"团建新模式。在工作机制上,通过在全市主要商圈建设服务驿站的形式,构建"服务驿站+党团建设指导员+青年志愿者"的组织构架;在工作内容上,创新提出"红绿金青"四色主题,推出包括资金支持、创业培训和宣传推广等面向商圈青年的八大福利政策。至年末,已建成步行街—曼巴特商圈、吾悦—城南商圈等5个商圈区域,建立商圈党团服务驿站红色阵地4个,为15名青年争取优惠创业贷款,授信总额325万元;开展创业类培训20余场,公益类活动30余场,覆盖和联系的商家近千户,建成党团组织17个。该模式项目被列入2016年全市十大党建项目之一,并被《中国青年报》头版报道。

【青年精英创业大赛】 8月16日至18日,第三届"创青春"江苏青年创新创业大赛暨第三届"创业张家港"青年精英创业大赛在张家港市举行。4月大赛启动后,大赛组委会走访历届"创业张家港"青年精英创业大赛落户项目,了解企业落户张家港市后的生存状态和发展情况。"创业张家港"青年精英创业大赛收到国内外185个参赛项目,其中海外项目8项、博士项目23项。"创青春"江苏青年创新创业大赛吸引国内外研究院所、高校和众多创业团队的2321个项目参赛,最终进入决赛的260个项目,涉及新能源新材料、生物技术和新医药、现代农业、节能环保、电子信息、高端装备制造等诸多领域,8月,260个参赛项目进入复评环节,其中商工组142个、现代农业和农村电商组50个、互联网组30个、APP专项赛38个,进行评审答辩。共有100个项目分获各类别一、二、三等奖。张家港市推报的项目取得一等奖1个、三等奖2个、优秀组织奖2个的成绩。赛后实现10个创新创业项目落地发展,其中4个项目已入选市领军人才计划。年内,推报2个项目参加"创青春"全国青年创新创业大赛,1个项目获得商工组创意类金奖。 (徐志超)

张家港市妇女联合会

【概况】 年内,全市各区镇、各系统、村(社区)、企事业单位以及非公企业妇联完成换届。至年末,全市有区镇妇联10个、直属机关妇联1个、部门机关妇联23个、村(社区)妇联288个。1月至9月,市妇联组织"公益玫瑰"第二届妇女儿童家庭公益创投12个签约项目的定期督察、中期评估和终期评估工作。5月,市金融系统妇联成立,全市32家银行和财务公司共60名妇女代表参加会议。7月,市妇联联合市纪委、市委组织部等在"两学一做"学习教育中开展"领导干部立家规,共产党员正家风"主题活动,组建"好家风好家训"志愿宣讲团走进17个机关单位巡讲。是月,举办市基层妇联干部培训班,58名基层妇联干部参加为期4天的培训。8月,在经开区(杨舍镇)举办女性进村(社区)"两委"专题培训,480余名基层妇女参训。是月,在上海交通大学举办2016年市女干部培训班,全市48位后备女干部参加为期5天的培训。9月,在港城大厦举办妇女社会工作能力建设专项培训班,60余名各级妇联主席和市妇女儿童公益联盟成员单位负责人参加培训。11月,在澳洋医院成立经开区(杨舍镇)民营医院行业妇联,该举措被全国妇联推广。

【妇女创业创新】 3月,市妇联举办"'三八'架金桥、春风送岗位"市女性劳动力就业专场招聘会和市第十七届女性人才市场暨青商会招聘专场,78个单位提供1700余个女性岗位,现场达成就业意向800余人。3月至8月,联合市农委、市无党派人士联谊会开展寻找"最美家庭小农场"活动,110户家庭种植果蔬,最终评比表彰20户"最美家庭小农场"。4月,市女企业家联谊会开展"健康与美同行——系列行之六走进红梅雅柏"活动。5月至7月,市农村创业致富女能手协会开展"走基地、听故事——寻找最美女能手"活动,评比表彰16位最美女能手。6月,为搭建巾帼文明岗间资源共享互助平台,市巾帼文明岗联盟成立,首批60个单位参加。是月,市妇联举办2016年全市"巾帼文明岗"创建培训班,130名创建"巾帼文明岗"单位负责人参训。8月至12月,开展"巾帼展风采、职场话新风"主题活动,推出"我眼中的最美巾帼岗位明星随手拍""岗位女职工兴趣特长作品展"等活动,展出随手拍100余张、兴趣特长作品52件。8月,举办2016年市农村创业致富女能手协会年会暨"姐妹携手基地行"之走进凤凰农业基地活动,45名会员参加活动。是月,举办2016年女性高校毕业生招聘专场,68个单位提供1021个岗位,初步达成就业意向120人。9月,组织女企业家赴新疆维吾尔自治区巩留县开展联谊交流活动,实地调研当地创业妇女现状。12月,举办2016年市女企业家协会年会。是月,举办"网上

经开区(杨舍镇)农联村妇女第十一次代表大会

(市妇联 提供)

行”培训成果验收比赛暨培训工程总结表彰会，258位农村妇女参训并获得省现代女性网络技能初级证书。该培训自2014年启动起，共培训农村妇女685人。全年发放妇女小额担保贷款15笔共280万元。年内，命名市级“巾帼文明岗”40个，评比表彰市级巾帼建功先进个人48人。张家港市“巾帼文明岗”创建经验在全省作交流。

【妇儿权益维护】 年内，聚焦反家暴、文明出行、家庭共同财产、家庭共同债务、校园欺凌、抑郁症的家庭支持系统等主题，市妇联在张家港广播电台开设“空中微课堂”6期。在“暨阳玫瑰”微信公众平台开设周三“普法课堂”栏目、周四“法制新闻”栏目。2月至12月，市妇联实施“共圆家和梦”反家暴行动，与市公安局共同推进家庭暴力告诫制度，就1例妇女受家暴案例进行联合救助，市公安局开具家庭暴力告诫书45份；与市民政局共同关注被家暴儿童庇护工作，就1例儿童受家暴案例进行联合接处；与市法院共同探讨人身保护制度可行措施，市人民法院锦丰法庭开具1份人身安全保护令。3月，联合市级机关工委开展“法治引领，平安护航”三八维权周广场志愿服务活动，发放宣传资料5000余份，接受群众咨询300余人次。6月至9月，推出“阳光伙伴”基层妇联干部维权成长计划，以社工项目开展反家暴实务、心理健康增能等维权实务专题小组活动5期。11月，召开市女司法工作者协会四届二次理事会，选举市妇联主席秦真智任会长。年内，持续实施“暨阳玫瑰，守护幸福”婚姻家庭和谐关系建设项目，全年对270对夫妻进行婚姻家庭辅导，现场劝和205对夫妻，单独辅导家庭成员98人，向有需求的家庭成员提供咨询服务32人次。市婚姻家庭纠纷专业性人民调解委员会制作婚姻家庭矛盾简易纠纷卷宗183件。全年接处群众信、访、电73件次。年内，评选表彰市“平安家庭”创建活动先进集体20个，“平安家庭”标兵户10户、示范户100户，婚姻家庭纠纷优秀调解员10人，优秀调解案例10个。婚姻辅导员沈杏娣入选“苏州好人榜”，她创立的沈阿姨调解工作室获评苏州市婚姻家庭纠纷调解示范点。市妇联被授予江苏省“平安家庭”创建活动先进集体。

【家庭文明提升】 年内，市妇联实施“暨阳玫瑰，心系未来”家庭教育志愿服务项目，依托市家庭教育协会专家志愿团队，开展“快乐阅读，伴我成长”等家教宣传普及活动15场。3月，举办“暨阳玫瑰，益路同行”纪念国际劳动妇女节106周年主题活动，表彰2015年度优秀巾帼公益项目，12个社会爱心单位认领扶持8个妇儿家庭公益项目，筹集公益资金24万元。是月，举办第九届女子羽毛球比赛，全市35个单位104名女性参赛。3月至12月，开展“暨阳玫瑰，芬芳港城”巾帼志愿服务创新项目展评活动，向全市各级妇联组织征集优秀巾帼志愿服务项目20项。3月至5月，开展寻找“最美家庭”活动，在市文化中心城展馆展出“幸福家庭，美好生活”摄影作品，共征集摄影作品256件。编印《最美是你——张家港市最美家庭家风家训故事集》，表彰张家港市“最美家庭”及提名奖各10户，周永生家庭、陈凌家庭分别获评苏州市“最美家庭”和提名奖。5月，举办“5·15”国际家庭日主题活动暨第三届家庭趣味运动会，100余户家庭参与活动。6月，开展“童心同行”亲子老游戏广场活动。7月至9月，开展“七彩夏日，守护天使”儿童暑期安全教育志愿服务系列行活动，聘请市法院、检察院、公安局专家组成巡讲团，走进村（社区）开展暑期安全宣教活动10场。8月，举办“缘分天空，情定港城”优秀单身青年交友会，135位青年参加。10月，举办全市巾帼志愿者骨干培训班，300余名巾帼志愿者骨干和巾帼志愿团队负责人参训。12月，市家庭教育协会召开第二次会员大会，选举徐彩萍为会长，分别表彰10名“最美家长”和“最美家庭教育指导师”。年内，市妇联与张家港广播电台合作录播《听见——花开的声音》16期，全新改版“港城玫瑰苑”网上平台，开通“玫瑰苑”手机APP服务平台。“暨阳玫瑰”微信公众平台全年推送信息1299条。“暨阳玫瑰”巾帼志愿服务总队获评“苏州市最佳志愿服务团队”。市妇联获苏州市全民阅读先进单位称号。

【妇儿民生服务】 年内，市妇联发挥市妇女儿童工作委员会办公室职能，编制“十三五”妇女儿童发展规划。推进市妇女儿童活动中心改造工程，初步完成女性沙龙室、舞蹈房、社会组织孵化中心等功能室的装修布置工作，工作人员和硬件设施已到位。塘桥镇妇联的“我是钱氏名人小后代”家风家训特色项目入选省“十三五”妇女儿童发展规划示范引导项目。1月，市妇联联合市文明办、市邮政局开展“让母亲温暖过冬——我为家乡送礼物”母亲邮包公益活动，为全市320名贫困母亲量身定制专属包裹。9月，组织女企业家赴新疆维吾尔自治区巩留县开展“让爱不再留守、让爱传递温情”关爱留守儿童圆梦活动，为当地留守儿童送去3000个爱心包裹和棉被、画笔等物资，价值35万元。年内，开展2016年度低保、低保边缘户“两癌”（宫颈癌和乳腺癌）患者信息采集核对工作，录入50名患者信息，5名患者获省“两癌”补助资金5万元。落实市退职离岗村妇代会主任生活补助工作，为69名退职离岗村妇代会主任发放补助款6.35万元。实施“幸福1+X”困境儿童能力提升项目、“花样妈妈”女性新市民成长计划项目，开展活动24次，惠及困境儿童和新市民女性700余人。“幸福1+X”项目获评2016年度市未成年人思想道德建设工作创新案例二等奖。市妇联被授予江苏省妇女儿童工作先进集体称号。

【“社会妈妈”20周年主题活动】 8月24日，“助学·筑梦·铸人”——张家港市“社会妈妈”爱心助学20周年主题活动在市文化中心星海剧场举行。1996年，市妇联率先启用“社会妈妈”品牌开展爱心助学活动，成为全国最早发起“社会妈妈”爱心助学活动的妇联组织。20年中，全市数千名“社会妈妈”个人和300余个“社会妈妈”团队，资助数千名贫困家庭学生完成学业。活动总结全市20年

市"社会妈妈"爱心助学20周年主题活动　　(市妇联　提供)

"社会妈妈"爱心助学活动典型经验,发表"社会妈妈"20周年主题短片和主题曲《爱之梦》,表彰"感恩一路有您"征文优秀作品10件和第十五届十佳"社会妈妈"。年内,全市有31名"社会妈妈"与困境儿童结对帮扶。

【"暨阳玫瑰先锋社群孵化基地"党建项目】 3月至11月,市妇联联合市委组织部开展。项目通过全市34个区域党建工作站和35个妇儿公益联盟成员单位合作,构建党建引领、社群联动的"党建+公益"服务基层群众新模式。该项目被列为2016年全市十大党建重点项目之一。按照"一月一主题、一月一活动"的节奏推进,开展"公益党建联盟团队凝聚力"创意党建第一次活动、"党群与社群联动下的社会服务"创意党建第二次活动、"品牌建设与项目设计"公益辅导活动、"团队建设与服务技能提升""伙伴小组"活动、"党建+公益"资源分享对接会两期、"连接改变工作"党建公益沙龙苑、"党建+公益""走看学做比"活动等10次活动,参与人员1000余人次。　　(王　琛)

张家港市归国华侨联合会

【概况】 年末,全市有"侨之家"3个,"侨务工作站"1个,张家港市侨界人大代表2人,张家港市侨界政协委员20人,侨联委员23人,海外顾问10人。市侨联全年先后接待海外侨胞7批50人次到张家港市参观考察。在春节、元宵、端午、中秋等传统节日为全市60余户归侨及困难侨眷发放慰问金和物资5万余元。2月,举办侨界庆元宵茶话会。组织3名侨界金融、法律专家,为全市60余位侨资企业家、归国创业人才、留学生代表作企业管理知识专题讲座。3月,市侨联首批获评江苏省"双'五有'侨联组织"。3月8日,向经开区(杨舍镇)城西街道邵巷社区捐赠一批办公电脑。3月21日,举行留学生家属联谊会暨部分探亲留学生座谈会,交流分享出国求学经验。3月29日,在张家港高新技术产业园(凤凰镇)举行"江苏省侨界人才创新创业基地"揭牌仪式。4月18日,邀请祖籍张家港的资深软件工程师、富士康公司驻苹果电脑公司资深技术总长郭有全开展"当代通信网络简解"讲座。4月21日,组织侨界摄影爱好者开展摄影采风活动。6月17日,配合市政协开展侨务工作"进社区、进园区、进校区"专题调研考察活动。7月7日,组织开展侨界爱心赈灾捐款活动,为突遭龙卷风冰雹袭击的盐城受灾群众募集捐款2000元。7月16日,深入高校、企业、社区等地全面开展"侨法宣传月活动"。8月,对全市部分老归侨侨眷、大病重病侨界人士进行高温走访慰问。9月7日,举办2016年"月是故乡明"市侨界人士中秋联谊会。9月12日,接待联合国华人友好协会巴西分会会长支纬中。9月30日,市侨联老归侨联谊会在市侨联会议室举行欢度九九重阳茶话会。10月15日,市侨联在市体育馆举办"荣昌涤纶杯"第五届侨界运动会,设置定点投篮、羽毛球、乒乓球等6个比赛项目,全市16支队伍、230名侨界群众参赛。10月26日,组织全市6家新侨创新企业参加在南京国际博览中心举办的"中国侨联新侨创新创业成果展"。12月20日,苏州市文艺工作者联盟和苏州市华侨书画院共50余人,调研张家港市侨界文化交流基地。年内,江苏斯威森生物医药工程研究中心获"中国侨界(创新企业)贡献奖",全市长期致力于侨联事业的4人获评中国侨联"从事侨联工作20年以上工作者"。

【海外侨界专家张家港行活动】 3月29日,为促进海外人才、技术、项目和张家港市的有效对接,由市侨联主办的2016年海外侨界专家张家港行活动在市国贸快捷酒店举行。美国、英国、德国、法国等11个国家和地区的30余名海外侨领、高层次人才参加活动。对接会上,与会嘉宾详细了解张家港市的创业投资环境,并与全市各区镇以及商务、人才等部门,进行互动交流和项目洽谈、对接,与全市的创新创业载体共达成近50个合作意向。

【庆祝中国侨联成立60周年暨迎新年书画展】 12月10日,市侨联举办的"翰墨侨韵,印象沙洲"苏州市侨界庆祝中国侨联成立60周年暨迎新年书画展在市博物馆开幕。画展展期一个月,书画展所有作品均出自华侨华人、港澳同胞、归侨侨眷之手,共展出100余幅书法、国画及油画等作品。苏州市各市(区)侨联、高校侨联的负责人,张家港市委统战部以及各区镇相关负责人,侨界书画家代表、华侨华人及归侨侨眷代表等200余人参加开幕式。侨界书画家代表,中国书法家协会会员、张家港市书法家协会副主席奚训达向经开区(杨舍镇)城东街道"侨之家"赠送作品。　(李进达)

【编辑　沈立平】

法治·军事

Rule of Law & Military

市治安警察大队在张家港购物公园巡逻　（侯江晖　摄）

法治政府建设

公　　安

检　　察

法　　院

司法行政

人民武装

武　　警

消　　防

民　　防

张家港年鉴(2017)

法治政府建设

【概况】 2016年，全市围绕建设法治政府总目标，统筹推进依法行政工作，印发《张家港市2016年度推进依法行政建设法治政府工作要点》。4月，印发《关于进一步加强行政机关法制机构履职能力建设的意见》，明确法制工作人员的配备数量、培训教育以及保障机制等要求。5月，张家港市人民政府被苏州市建设法治政府工作领导小组评为2016—2017年苏州市级依法行政示范单位，"健全法律顾问制度，助力法治政府建设"被评为依法行政示范项目。8月，全市依法行政暨行政复议应诉工作会议召开，通报2015年度全市依法行政及行政复议应诉工作情况，对全市推进依法行政加快法治政府建设工作进行全面动员和总体部署。9月，市委、市政府印发《张家港市贯彻落实〈法治政府建设实施纲要（2015—2020年）〉实施方案》，明确建设法治政府各项任务的具体措施、责任单位和完成时限。12月，张家港市人民政府"社区协商：基层治理法治化的新探索"项目获第四届"中国法治政府奖"，张家港市人民政府被江苏省全面推进依法行政工作领导小组办公室、江苏省人民政府法制办公室确定为江苏省公众参与行政程序建设示范单位。

重大行政决策　5月，全市在各区镇、各部门申报重大行政决策建议事项基础上，结合市政府年度重点工作，将"养老机构能力提升工程""调整和完善生态补偿政策"等17个涉及面较广、影响较大的决策事项纳入2016年度市政府重大行政决策事项目录。各重大行政决策承办单位按照《张家港市重大行政决策程序规定》要求，认真履行各项决策程序。至12月末，"养老机构能力提升工程""调整和完善生态补偿政策"等10个事项完成决策程序，并经市政府常务会议讨论通过后开始实施。"张家港市客运出租车运价和燃料价格联动方案""制定地下管线规划管理政策"2个决策事项，因条件不成熟、上级有相关政策而决定暂缓或终止。"张家港市'十三五'循环经济发展规划"等5个决策事项正在履行决策程序。

政府规范性文件管理　年内，市政府将《张家港市临时救助实施办法》《张家港市市民卡管理办法》等14个文件纳入2016年度市政府规范性文件制定工作计划。全年市政府法制办公室共审核市政府文件草案63件，审核通过并经市政府印发规范性文件11件，规范性文件均按规定向张家港市人大常委会和苏州市政府备案，备案及时率、规范率100%。同时，办理上级征求意见文件25件。5月，印发《关于开展2016年度市政府规范性文件和重大行政决策后评估工作的通知》，将2014年以市政府名义制定的规范性文件和"市区机动车停车场管理有关政策""建立共有产权经济适用住房制度"决策纳入后评估范围，至10月末完成后评估工作。12月，印发《张家港市行政规范性文件制定管理办法》，统一全市范围内行政规范性文件管理的标准和尺度。

行政执法监督　3月，市推进依法行政建设法治政府领导小组办公室和市政府法制办公室印发《张家港市2016年度行政执法监督工作计划》，部署安排全市行政执法监督工作。4月，组织开展行政处罚裁量权梳理工作，细化、量化处罚裁量标准，规范裁量范围、种类、幅度。5月，举办为期4天的法制干部依法行政专题培训班，全市政府部门法制科室负责人、基层执法机构负责人共91人参加培训。8月至9月，组织开展全市行政执法案卷评查活动，对22个行政执法部门共57卷行政处罚案卷和34卷行政许可案卷进行评查，查出各类问题231个，提出整改意见22份，评选优秀案卷10卷。9月至10月，在重点行政执法部门推行行政执法全过程记录制度，实现每个执法步骤都有据可查，责任可追溯。10月，印发《张家港市重大行政执法决定法制审核办法》，明确重大行政执法决定未经法制审核或者法制审核不通过，不得作出执法决定。是月，开展下放凤凰镇行政管理权限事项梳理工作，共下放行政管理权限事项2236项。开展行政执法人员和行政执法监督人员证件清理工作，至月末，共清理行政执法证件291件。11月，举办全市领导干部"推进依法行政、建设法治政府"菜单式专题讲座。12月，"行政执法阳光透明运行机制建设"项目被市依法治市领导小组办公室评为2016年度"关爱民生法治行"活动优秀项目。年内，全市各行政执法部门共移送市公安部门案件37件，有137名新任执法人员参加岗前集中培训和考试，1400余名行政执法人员参加公共法律知识考试。

行政复议　年内，市政府法制办公室完善挂职律师制度，推进挂职律师协助办理行政复议案件、参与政府行政复议诉讼应诉工作。2015年12月11日至2016年12月10日，共收到行政复议申请107件，比上年度同期减9.3%（主要集中在信息公开、行政处罚、工伤认定等领域）。其中，作出不予受理决定14件，受理102件（含结转9件），审结80件（维持46件，驳回复议请求11件，行政复议终止决定11件，撤销2件，责令履行10件）。全年市政府法制办公室组织召开听证会1次，案审会5次。加大对行政违法行为纠错力度，撤销2件，责令履行10件，占审结案件的15%。办理行政复议应诉9件，行政诉讼应诉、协调74件。年内，市政府负责人出庭应诉2人次，行政部门负责人出庭应诉150余人次。

行政调解　加强行政调解与人民调解、司法调解、信访、仲裁的衔接与互动，充分发挥行政调解在化解行政争议和民事纠纷中的作用。年内，全市共办理行政调解事件11443件。其中，申请调解1443件、占12.6%，主动调解1万件、占87.4%。行政调解达成协议11106件、占97.1%。在行政调解事件中，行政类事件991件、占8.7%，民事类事件10452件、占91.3%。

政府信息公开　年内，推进政府信息公开制度化、规范化建设，扩大公开范围，细化公开内容，增强公开时效。8月，组织开展"政府信息公开行政应诉"专题讲座，各区镇、各部门分管领导和业务人员共60余人参加。9月、11月，先后分别两次组织全市部门信息公开工作人员共40余人至苏州参加业务学习。年内,全年主动公开政府信息19775条,依申请公开630件,其中市政府一级信息公开申请54件。

【张家港市获"中国法治政府奖"】 7月,张家港市政府"社区协商:基层治理法治化的新探索"项目通过初评入围由中国政法大学法治政府研究院和中国行政法学研究会主办的第四届"中国法治政府奖"。12月,在北京举行的第四届"中国法治政府奖"终评活动中,经过项目陈述和评委投票,该项目以最高票数获奖,张家港市是这一届评奖中获该奖项的唯一县级市。"社区协商:基层治理法治化的新探索"项目是张家港市在厘清政府与村(社区)权力边界的基础上,通过设立村(居)民议事会,搭建村(居)民议事平台,紧扣村(社区)特点,按照法治与德治相结合的要求,制定自治规范,构建协商机制,把村(居)事务管理、公共服务提供、矛盾纠纷化解、村规民约执行监督纳入协商议事范围,有效激活村(社区)自治功能的1个创新项目。该项目的实施,同时也弥补了政府监管力量和执法手段的不足。

【重大行政决策规范化管理试点工作推进】 作为全省重大行政决策规范化管理首批试点单位,张家港市政府坚持不断完善重大行政决策程序操作细则,推进重大行政决策网上运行,加强重大行政决策档案管理。4月,印发《张家港市重大行政决策程序操作细则》,细化决策程序的具体步骤、方式和时限。5月,组织各区镇、各部门重大行政决策工作分管负责人和操作人员共80余人参加重大行政决策网上运行系统应用培训。全市全年共有30个重大行政决策事项(含区镇及部门13项)上网运行,22个决策事项通过网上运行系统向社会公开征求意见。在纳入市级重大行政决策目录的17个事项中,完成的有10项,暂缓和终止决策的各1项,其余的5项正在履行相关程序。11月,印发《张家港市重大行政决策档案管理工作指导意见》,对决策过程中档案完整收集、科学管理和有效利用作了规定。12月,省全面推进依法行政工作领导小组办公室、省政府法制办公室确定张家港市政府为全省公众参与行政程序建设示范单位。

【政府法律顾问考核机制完善】 年内,市政府法制办公室完善政府法律顾问考核机制,采取工作内容"必修+选修"、工作量"固定+弹性"、顾问费用"保底+绩效"方式,提升法律顾问参与政府事务的深度与广度。结合业务专长和职责分工,市政府法律顾问全年独立参与或者组团参与重大行政决策论证项目17项,参与处理重要法律事务10余件,参加行政复议案审会8人次,出庭应诉13起,提交调研报告4份,挂职律师办理行政复议案件11件,代理行政应诉案件25件。全市各区镇、各部门、学校基本实现法律顾问全覆盖,村(社区)法律顾问聘任工作取得阶段性成果。

【经开区(杨舍镇)获全国首届"法治信访进步奖"】 11月28日,全国首届"法治信访进步奖"评选暨颁奖典礼在北京举行,经开区(杨舍镇)申报的《通过社区协商推进基层信访治理法治化》,从16个省、自治区、直辖市63个单位的75个申报项目中脱颖而出,摘得全国首届"法治信访进步奖",经开区(杨舍镇)为全省唯一获该荣誉的单位。该奖项由中国行政法学研究会信访法治化专业委员会与北京市信访矛盾分析研究中心共同设立,是依据科学评价标准和公开评选程序,对信访法治化建设工作有益经验、创新制度和举措进行表彰推广的奖项。近年,针对日趋严重的社会矛盾现象,经开区(杨舍镇)不断探索社区协商的基层信访治理,并创新推出"社区协商推动信访治理法治化"项目,在法治框架下将信访工作纳入基层社会治理体系中加以考量,通过依法制定村规民约,建立独具特色的"议事会"制度,形成党组织领导—议事会民主协商—村(居)民会议民主决策—村(居)民委员会具体实施—各类社会组织参与协助—村务监督委员会、社区居民代表民主监督的村(社区)基层治理新模式,有利于信访矛盾问题的预防、化解,是信访改革和法治化建设的一项重大进步。区(镇)全年综合调解欠薪、环保等各类矛盾纠纷成功率达到99%。年末,经开区(杨舍镇)获评江苏省社会治安综合治理先进集体。

【鹿苑东渡义警服务队营造群防群治新模式】 2015年10月,鹿苑东渡义警服务队成立,主要职能是协助派出所民警开展治安巡逻、防范宣传等志愿警务活动。义警服务队每月组织3次集中巡逻活动,每次活动由队长钱安事先将活动内容发布到QQ群,由经过培训的义警自愿报名参加,每次人数20人左右。报名满额后,钱安带领队员集中到鹿苑派出所,领取统一装备后上街巡逻。年初,鹿苑街道盗窃电动车电瓶案件频发,派出所锁定了一名重要嫌疑人,将这名嫌疑人的体貌特征发到义警服务队QQ群。当天上午,队员小张在巡逻时发现一名符合嫌疑人体貌特征的人员,立即向派出所汇报,派出所民警迅速出警,成功抓获。义警们除了协助民警开展治安巡逻外,兼做义务防范宣传员。派出所发送到义警服务队QQ群的安全防范知识,他们都会第一时间通过自己的QQ群、微信群、朋友圈等途径传递给身边的每一个人。此外,义警服务队还分成若干防范宣传小组,每月定期跟随社区民警走村入户,开展安全防范知识宣传。在派出所警力有限的情况下,义警服务队起到了较好的补充和协助作用,成为群防群治的一种新模式。

(钱小潇　戴玉兴　唐林康)

公　安

【概况】 2016年,全市新增民警11人,年末共有民警1626人,其中见习民警4人、三级警司97人、二级警司223人、一级警司410人、三级警督243人、二级警督585人、一级警督64人。10个集体、8名民警受到苏州市级以上表彰奖励,452名民警完成警员职务晋升。年内,市公安局深入推进执法规范化建设，改革执法权力运行机制，健全案件归口审核制度、审讯办案制度、受案立案制度、保证金管理制度、学法培训制度、办案“见证人”制度、执法考评制度，成立执法管理委员会，办案单位全部建立案管室，全面加强执法管理，执法质量和执法公信力持续提升，实现执法复议“零变更、零撤销”、行政诉讼“零败诉”，成为省公安厅在全国率先开展县级公安机关执法质量考评后唯一“十九年连优”单位，被公安部连续第5次命名为全国公安机关执法示范单位，获评2013—2015年度江苏省文明单位，被市委、市政府授予“突出贡献奖”。

打防犯罪　年内，市公安局打防并举，推进立体化信息化社会治安防控体系建设。深化刑侦工作改革，做强刑侦专业队伍、专业技术，严打违法犯罪，刑事拘留1715人、逮捕718人、公诉1904人，分别比上年增10.86%、21.08%、1.06%；抓获1名公安部A级逃犯，抓获刑事作案人员数比上年增13.47%；破获全部10起现行命案，刑事案件破案率、“八类”（放火、爆炸、劫持、杀人、伤害、强奸、绑架、抢劫）案件破案率分别为30.76%、98%。织密防控网络，建成大数据指挥服务中心、东沙治安卡口，推进视频监控、巡防队伍建设，通过卡口抓获违法犯罪嫌疑人员1403人，违法犯罪警情和刑事发案连续八年下降，入室盗窃、盗窃车内财物、盗窃电动车案件连续三年下降。开展打击“盗抢骗”、禁毒百日攻坚、猎狐行动等10余项专项行动。破获涉毒刑事案件124起，比上年增65.33%；破获公安部督办的毒品目标案件1起，在全国首开批量打击非法运输制毒物品案件先例；破获涉黑涉恶案件167起，比上年增33.6%；破获经济案件110起，挽回经济损失1亿余元，劝返1名出逃境外经济犯罪嫌疑人。

治安管理　年内，市公安局共查破各类治安案件11741起，查获违法人员11782人。捣毁聚众赌博场所70个、涉娼窝点87个，涉娼涉赌警情比上年降50.72%，涉娼涉赌案件公诉数位列苏州下属县市第一。办理涉枪涉爆案件25起，收缴枪支22支、弹药1730发、管制刀具128把、非法储存的假冒伪劣烟花爆竹2500箱。深入开展“利剑”“清水蓝天”打击整治行动，破获环境与食品药品犯罪案件63起，抓获犯罪嫌疑人76人，保障环境和餐桌安全。

交通管理　年内，全市共发生交通事故6663起，其中一般以上交通事故575起，死亡82人、伤530人，直接经济损失349.8万元。严格交通执法，查处交通违法行为54万余起，行政拘留366人，因醉酒驾驶被追究刑事责任414人。涉及危化品车辆交通事故连续第3年零死亡；淘汰黄标车570辆，办理汽车注册登记47725辆，核发车辆检验合格标志18万辆，张家港市交警大队车辆管理所被公安部评为2014—2015年度全国一等县级车辆管理所。完善基础设施，推进“生命防护工程”建设，排查整改交通安全隐患548处，新增交通信号灯21套、道路监控系统25套，增设道路中央隔离护栏1800米、交通标志牌350套、隔离护栏1000米、减速块2000米，漆划交通标线4.7万平方米，开展交通安全宣传500余场，累计受教育群众20万余人次。

服务群众　年内，坚持民意导向，践行群众路线，警民关系进一步紧密。常态推进“走千家、访万户、送安全”活动，突出通信诈骗、网络诈骗、非法集资诈骗防范，全年走访家庭、单位8.7万家，收集、办理群众意见建议300条，通信网络诈骗警情在近几年持续上升的形势下，首次下降27.44%，查获全市首例P2P网贷非法吸收公众存款案件。“互联网+警务”有序推进，“张家港公安微警务”、31个微信公众平台上线运行，347个网上办事项目实现一网办理，68项公安业务开通手机掌上服务，27个派出所全部设立出入境业务办理点，推行居民身份证异地受理、申领驾照在市内路考、各交警中队办理部分车驾管业务和自助填表、网上预约等便民举措。

“110”接处警工作　年内，市公安局指挥中心受理报警55.92万起。其中，违法犯罪警情2.5万起，火灾警情1415起，交通警情7.29万起，纠纷警情5.51万起，群众求助警情37.34万起，其他警情3.9万起。通过快速指挥调度，直接抓获违法犯罪嫌疑人403人。

【大数据指挥服务中心建成】 年内，市公安局完成公安指挥中心升级改造，并与市应急指挥中心一体建设，建成大数据指挥服务中心。该中心建筑面积2500平方米，为局部四层结构，一层至四层分别为中心机房、办公用房、指挥大厅和指挥决策室，搭建智能化、信息化、可视化指挥平台，整合接处警、车辆智能调度、视频监控等系统，建立完善联合指挥体系，实现力量、装备、信息等资源的集约运用，提升实战指挥和快速反应能力。

【集中攻坚行动开展】 年内，市公安局开展“防风险、补短板、抓规范、提能力”集中攻坚行动，突出治安防范、安全监管、巡逻防控和规范执法等群众反映的重点问题，深入排查整改各类短板弱项。同时，突出“补短板提能力、解难题促改革”，围绕以民警体能、警务技战术等为重点的公共基础科目以及岗位专业技能，开展为期8个月的业务科目练兵考核活动，通过进行警察体能、警械装备使用、手枪应用射击等内容的考核，民警的警务实战能力、岗位业务技能、专业训练水平和训练保障能力得到进一步提升。

【全市首例P2P网贷非法吸收公众存款案件侦破】 年内，市公安局大力开展金融领域风险排查整治行动，突出非融资性担保、私募股权投资、投资理财等重点行业机构，深入排查、掌握其经营模式、经营状况和投资融资情况，防范打击金融犯罪。5月，市公安局通过对全市写字楼、社区逐门逐户走访排查，对所有500余家从事金融、理财服务公司进行梳理，排查、确定苏州澳港投资管理公司存在以P2P网络贷款为由、非法吸收公众存款的犯罪行为。经过缜密侦查，破获澳港投资管理公司非法吸收公众存款案件，抓获犯罪嫌疑人20余人，涉案总金额3000余万元，涉及投资人600余人。该案是全市首例通过P2P网贷平台,非法吸收公众存款的案件。

(刘　宇)

检　察

【概况】 2016年年末,全市有在编检察干警109人。年内,张家港市人民检察院(简称市检察院)以“双推双争”为目标,以“改革推进年”为工作主题,围绕全市经济社会发展大局,统筹推进司法办案、改革实践、队伍建设等各项工作,不断提升法律监督的能力和水平,检察工作继续保持平稳健康发展的良好态势。加强个案分析、类案研究,及时研判影响经济社会发展的苗头性、倾向性问题,报送研判报告8份,为市委、市政府提供决策参考。关于校园网络贷款快速扩张的研判报告得到最高人民检察院检察长曹建明的批示。年内,张家港市检察院被评为2013—2015年度全省先进基层检察院、2013—2015年度江苏省文明单位,被苏州市检察院评为2015年度全市检察院机关先进基层检察院,获张家港市委、市政府“综合贡献奖”。

反贪污贿赂和反渎职侵权　市检察院全年立案侦查贪污贿赂犯罪案件16件16人,其中受贿案件9件9人、行贿案件1件1人、贪污案件2件2人、挪用公款案件4件4人。立案侦查渎职犯罪案件4件4人。通过办案追缴赃款赃物和挽回其他经济损失1300余万元。

侦查监督和公诉　市检察院全年共受理公安机关提请逮捕各类刑事犯罪案件745件874人,经审查批准逮捕621件716人,不批准逮捕119件153人,其中以无逮捕必要不批准逮捕83人;受理移送审查起诉1693件1998人,其中经审查提起公诉1595件1911人,对犯罪情节轻微的53件61人决定不起诉,提出刑事抗诉1件3人,追加遗漏起诉罪行2起,追诉2人,对不构成犯罪或证据不足的不起诉10件21人。发出书面纠正违法通知书21份。

民事行政检察　市检察院全年受理民事行政检察监督案件24件,提出审判监督类检察建议2件、执行监督类检察建议5件,督促履职1件,终结审查2件,息诉和解3件。探索开展公益诉讼改革试点,加强与环保、公安、市场监管等单位的沟通联系,着力在强化线索搜集、抓好调查取证、深入履行职能等方面下功夫。

刑事执行检察　市检察院全年检察收押各类在押人员2266人,检察释放各类在押人员2280人。不断强化社区矫正对象日常监督,对严重违反监管规定或监外执行条件消失的,督促收监执行5人。开展精神病强制医疗检察4件4人。深入开展财产刑执行专项检察活动,监督执行到位10件,涉案金额5万余元。对没有继续羁押必要的39名犯罪嫌疑人监督变更强制措施。

控告申诉检察　市检察院全年共接收首次信访129件,申请检察机关进行法律监督类信访87件。办理刑事申诉案件8件,经审查向法院发出再审检察建议2件,救助特困刑事被害人1人。

职务犯罪预防　市检察院全年开展预防调查3次、犯罪分析14次,促进堵漏建制3项。受理行贿犯罪(行为)档案查询8853批。组织开展各类警示教育43批9294人次。联合市纪委共同建设的警示教育基地对外开放,接待省内外参观人员90批次3000余人。加强“正廉”指数监测运用,对72家成员单位的1980条信息进行动态采集监测,督促整改问题189项,向9家单位发送蓝色、黄色、红色三色预警函,推进社会化预防工作不断深入。

【司法责任制改革推进】 市检察院牢固树立问题导向、引领意识,坚持围绕司法责任制改革目标,以员额制改革为重心,以强化制度建设为抓手,推动改革任务和目标落到实处。员额配置实行以量定员,核定员额检察官具体工作任务,其经验做法被最高人民检察院推荐在全国司法体制改革推进会上作经验介绍。年内,市检察院遴选41名员额检察官全部配置在司法办案一线。根据案件需要,办案组织采取检察官办案组和独任检察官灵活结合的形式。严格落实省检察院制定的职权清单,加大对员额检察官的授权力度,真正实现“谁办案谁负责、谁决定谁负责”。在放权的同时,加大对员额检察官监督管理,紧扣司法责任制改革要求完善司法办案指引手册和业务流程图,进一步严格程序、明确标准。扎实开展办案流程监控和案件质量评查,不断强化对员额检察官的监督制约。员额检察官办案责任心普遍增强,对案件审查更加细致,司法规范化程度和办案质量明显提高。

【精英化专业化检察队伍打造】 市检察院始终坚持人才兴检战略,不断加强高素质检察队伍建设,着力打造精英化专业化人才队伍。扎实开展“两学一做”学习教育,组织“发展六问”(一问争先领先靠什么,二问服务经济社会发展大局做什么,三问强化检察监督用什么,四问深化规范化建设补什么,五问专业化建设干什么,六问科技强检抓什么)大讨论活动,提升队伍能力,提振争做贡献的精神面貌。组织全体干警到高校集中培训,引导干警开阔视野、拓宽思路。依托“东渡学社”,开展青年检察官大讲堂、经验乐享会等活动,促进干警之间相互交流、共同提高。举行公诉人风采大赛、职务犯罪侦查讯(询)问点评等岗位练兵活动,为干警检验自我、展示自我提供平台,推动提升干警的业务水平。检察队伍在上级检察机关组织的业务竞赛中取得良好业绩,展示了张家港检察人的风采,涌现出全省检察机关十佳公诉人、苏州市检察机关优秀侦查监督能手、苏州市优秀公诉人、苏州市民行检察业务标兵、张家港市法治人物等一批优秀人才,同时在全省首届法律职业共同体技能大赛、全省检察机关鉴定人岗位练兵和鉴定人出庭竞赛等活动中取得优异成绩。

(陈丹蕾)

法　院

【概况】 2016年年末,全市有审判员85人,助理审判员14人,书记员30

人，法警27人。年内，张家港市人民法院（简称市法院）紧紧围绕市委中心工作，坚持司法为民、公正司法工作主线，以执法办案为第一要务，以深化司法体制改革为主要抓手，落实“司法行为规范年”各项举措，全面提升执法办案水平，推动法院工作稳妥、有序、高效开展。市法院出台《司改试点过渡期法官入额工作实施办法（试行）》《司改试点过渡期法官入额业绩考核与考评实施细则（试行）》，将74名法官分2批进行推荐入额工作，未有落选。在此基础上，市法院完成法官职务套改、员额法官工资试点改革等工作，开展人员分类管理及相关人员警务化工作。全年共受理各类案件25495件，审理、执结22550件，结案标的额134.34亿元，分别比上年增13.59%、15.5%和43.85%，均创历史新高。市法院获2013—2015年度江苏省文明单位称号，被省法院记推进司法改革试点工作专项三等功，被评为2016年全省法院档案工作先进集体，获苏州法院系统宣传工作先进集体，获张家港市委、市政府“综合贡献奖”。

刑事审判　市法院全年受理刑事案件1728件，审结1649件，判处罪犯1936人，其中审结危害公共安全罪475件476人，破坏社会主义市场经济秩序罪63件103人，侵犯公民人身权利、民主权利罪152件169人，侵犯财产罪691件795人，妨害社会管理秩序罪243件367人，贪污渎职犯罪25件26人。生效判决中被判处10年以上有期徒刑的罪犯21人，被判处5年以上10年以下有期徒刑的56人，被判处5年以下有期徒刑的481人，拘役的760人，缓刑的423人，单处附加刑的84人。

民商事审判　市法院全年受理民商事案件14353件，审结13745件，涉案标的118.76亿元。其中，审结劳资纠纷1197件、交通事故纠纷1873件、婚姻家庭纠纷1646件、民间借贷纠纷1907件、物业服务纠纷783件。审结买卖合同纠纷2765件、承揽合同纠纷511件、担保类纠纷31件、保险合同纠纷152件，破产案件4件。受理知识产权案件258件，审结231件，其中著作权侵权纠纷128件，商标侵权100件，其他3件。

执行工作　市法院全年受理执行案件7432件，执结6513件，执结率87.63%，执行标的到位率36.61%，执行标的金额15.58亿元。其中，执结刑事案件273件、民事案件5650件、行政非诉审查与执行案件33件，仲裁557件。

审判监督和行政审判　市法院受理再审案件5件，审结5件。受理行政案件293件，审结259件，其中判决维持2件、判决撤销2件、履行法定职责9件、确认合法或有效8件、确认违法或无效3件、驳回诉讼请求119件，裁定驳回起诉57件、原告撤诉51件、移送8件。

【“基本解决执行难问题”目标推进工作启动】　为实现最高人民法院部署的“用两到三年时间，基本解决执行难问题”的工作目标，9月21日，市法院出台《“基本解决执行难问题”的实施意见》。该意见针对执行模式改革、执行体制改革、执行管理改革、财产处置改革、完善执行工作机制、完善执行规范体系、完善执行监督体系、完善专项治理机制等8项任务，制定24项工作措施，包括：依托苏州地区“点对点”网络执行查控系统，借助大数据、信息化手段助推网上执行；改变法院依职权包揽查人找物的传统方式，动员各方力量查找被执行人及其财产；加强执行力度，定期开展集中执行、专项执行等活动；加大对失信被执行人的惩戒力度，对未履行完毕生效法律文书义务的当事人，一律纳入失信被执行人名单，并向社会发布；加强案件质效管理，进一步明确执行实施案件结案标准，探索建立以“结案合格率”为新核心的考核机制，提升执行案件办案质效等，“基本解决执行难问题”目标推进工作启动。该意见出台后，市法院通过媒体曝光247名失信被执行人，开展“春雷行动”执行会战，执结案件2870件。

【法院审判法庭新楼落成】　5月，市法院审判法庭新楼落成并启用。新楼位于市区人民东路100号，占地面积1.21公顷，总建筑面积2.7万平方米，设有审判法庭22间（其中标准型科技法庭4间、简约型科技法庭17间、少年法庭1间）、调解室5间及诉讼服务中心、信访接待中心、档案室等公共服务设施。审判法庭新楼的启用，极大地改善了群众的诉讼环境，以诉讼服务中心为例，其设立有刑事、民事、商事、执行及行政、财务等分类立案窗口，设有导诉台，开通“12368”诉讼服务热线，设置法律驿站，配备取号机、自助立案、电脑查询、复印机等设备，并提供庭审点播、报刊书籍、饮水机具、老花眼镜、备用药箱等便民服务设施。

【丰立集团破产重整案审结】　8月23日，市法院对丰立集团破产案做出民事裁定，裁定批准重整计划。12月，苏州港口发展（集团）有限公司（简称苏州港口集团）按约支付收购价款，完成对丰立集团核心板块交接，丰立集团破产重整成功。丰立集团成立于2004年2月，公司注册资本12亿元，下属全资和实际控制的境内公司28家，境外公司13家，曾是全市骨干集团企业之一。据审计，至2014年12月31日，丰立集团及关联公司负债191.53亿元，账面资产128.06亿元，资不抵债63.47亿元。2015年8月27日，应7家债权银行申请，市法院受理丰立集团破产案。经审理查明，丰立集团结欠银行授信余额123.82亿元。审理期间，市法院在完成清产核资与债权确认的基础上，指导管理人拟定重整计划，并在债权人会议上获得通过。经过多方协调，苏州港口集团以29.29亿元收购丰立集团核心资产。　（何　薇）

司法行政

【概况】　2016年年末，市司法局有司法行政工作人员45人。全市有律师205人，公证员10人，法律服务工作者78人。年内，市司法局紧扣全市发展“十三五”规划，以打造“人民满意的服务型司法行政机关”为总定位，稳中求进，争先进位，全力推动“四个全覆盖”(矛盾纠纷排查调处全覆盖、公共法律服务全覆盖、特殊人群服务管理全覆盖、法治宣传教育全覆盖)提档升级，为全市争当“强富美高”新江苏建设排头兵提供优质高效的法律服务保障。

法治宣传　年内，制定“七五”普法规划，举办“七五”普法启动仪式暨法治文化夜市活动，开展“七五”普法公益广告宣传语征集，举办“七五”普法规划发布媒体见面会，引入社会力量成立普法志愿者大队。制定2016年度法治宣传教育工作要点，梳理汇总全市95项重点普法项目，推进“谁执法谁普法”。联合万红小学策划“游园学法”活动，承办“苏州市青少年法治故事大赛”活动，筹办第六届“法治文化月”暨第三个“国家宪法日”主题活动，举办“法律六进——走进浙江商会”、“美好城市，法律相伴”签名、送法下乡、农民工学法用法等活动，组织非人大任命领导干部任前法律考试，扩大普法影响力。发挥“张家港普法”微博、微信普法功能，编发《干部学法导读》24期，推出18路普法公交车播放普法宣传片，开设《张家港日报》《小张说法》、张家港电台《律师说法》、张家港电视台《司法传真》等栏目，广造普法声势。全年开展法治宣传教育培训1345场，培训人员51.96万人次，举办各类普法活动1071场，发放法治宣传资料60.3万册。

人民调解　年内，深化公调对接机制，选派律师入驻公安派出所，实现“律师进所服务制度”全面覆盖。筹建市人民调解委员会驻人民法院诉讼服务中心调解工作室，招聘7名人民调解员专职负责。制定《关于进一步规范全市行业性、专业性人民调解工作的指导意见》，深化行政调解和人民调解对接机制。建立人民调解协会，探索政府管理职能向行业自律管理转变。扩大人民调解案件法治督察范围，推进其法治化进程。探索人民调解案件第三方评估机制，提升工作规范性。严格日常排查、重点排查、专项排查，促进社会和谐稳定。制定人民调解员菜单培训规划，开设专题讲座、分析交流会、案例PPT视频征集等活动，实施人民调解员等级评定，革新人民调解培训教育方法。至年末，全市有各类人民调解组织1743个，全年共受理矛盾纠纷10960件，调解成功10948件，调解率100%，调解成功率99.89%。

社区矫正和安置帮教　年内，进一步规范社区矫正、安置帮教日常工作，推进“双严”(严格执法、严格管理)集中整治活动，累计给予社区服刑人员警告处分108人次，对6名社区服刑人员撤销缓刑，收监执行。建立市、镇两级安全稳定形势分析研判机制，修订《张家港市社区服刑人员季度评审工作规定》《张家港市社区矫正分级分类管理实施办法》《张家港市社区矫正执法考评细则》等规范性文件。发挥各类信息数据平台智能查询分析作用，推动矫务通、执法记录仪、电子腕带等先进装备实战应用，实现与公安数据平台信息共享；落实“积分制”教育管理制度，采用分级管理办法，加强刑满释放人员危险性评估，实现科技强矫。强化安置帮教信息平台衔接应用，推广监狱服刑人员远程视频会见系统，落实“必接必送”工作要求及后续帮教措施。依托春晓社会服务社开展新市民关爱项目、“沐浴书香，点亮人生”阅读项目、“蝶变新生”女性社区服刑人员关爱项目、“走进大墙，播撒阳光”延伸帮教等活动。全年矫正社区服刑人员855人。年末，全市在册社区服刑人员427名，五年内刑满释放人员2283人。

公共法律服务体系　年内，全面落实村(社区)法律顾问工作，建立村(社区)法律顾问人才资源库，制定工作规程，112名法律服务从业人员结对签约268个村(社区)，参与村居委员会各项事务。组建政府、学校法律顾问人才资源库，推进政府、学校法律顾问工作，有8名律师被市政府聘为政府法律顾问，22名律师被聘为各政府部门法律顾问，101所中、小学校聘请法律顾问。初步建立分类分级的律师参与化解和代理涉法涉诉信访案件工作机制，建成参与化解和代理涉法涉诉信访案件律师资源库。驻市仲裁委法律服务工作室、市法院公益律师服务岗有序运行，张家港电台《律师说法》栏目便捷惠民。举办华东政法大学张家港律师培训班，组织“青蓝相携30年”大型活动，召开第六届全市律师代表大会，规范行业管理。年内，全市律师事务所和基层法律服务所共担任法律顾问1408家，办理各类案件、事务9948件，避免和挽回经济损失50亿元；市公证处办理各类公证案件6494件；市中医医院司法鉴定所出具司法鉴定文书2167份。健全法律援助案件抽查督察、互评互查、责任追究、回访等制度，完善法律援助案

市第六次律师代表大会　　(市司法局　提供)

件质量评估体系，扩大法律援助覆盖面，对70周岁以上老年人、经济困难群众等有针对性地放开法律援助服务范围。畅通法律援助网上申请、网上咨询业务流程和预约、上门、点援等服务渠道，探索公证与司法鉴定法律援助项目。组织“法律援助质量建设年”系列活动，先后开展“法治阳光照进看守所”“送法进军营”“农民工维权服务月”等专项活动。全年共受理法律援助案件1117件，接待群众到访和电话2059人次。

【“七五”普法启动】 在前期深入调查研究、学习先进经验、召开座谈会征求意见等的基础上，市司法局制定了全市“七五”普法规划。6月23日，市人大常委会专题审议并通过《关于实施“七五”普法工作规划的决议》。7月22日，在世纪广场举办全市“七五”普法启动仪式暨2016年法治文化夜市活动。随后，各区镇结合区域重大活动和群众关心的热点领域，相继举办“七五”普法启动仪式。9月14日，市委、市政府联合下发《关于在全市公民中开展法治宣传教育的第七个五年规划（2016—2020年）》的通知。10月10日，举办“七五”普法媒体见面会，通过张家港日报社、张家港电台、张家港电视台、“张家港城事”政务微信等各类媒体，介绍、宣传全市“七五”普法规划制订情况及主要内容。

【村（社区）法律顾问工作推开】 年内，市司法局在动员律师、法律服务工作者自主报名的基础上，经过形成村（社区）法律顾问资源库、确定村（社区）及法律顾问候选名单并进行公示、签订协议书3个步骤，组织65名律师、47名基层法律服务工作者与全市268个村（社区）结对。市司法局制定下发《关于深入推进村（社区）法律顾问工作的实施方案》《张家港市村（社区）法律顾问工作规程》，规范村（社区）法律顾问工作职责、流程、要求，同时，市、区镇两级为每村（社区）提供合计1万元的政府购买法律服务经费，购买的法律服务主要包括为村（社区）自治管理提供法律意见、为村（居）民提供法律咨询、开展法治宣传活动、参与矛盾纠纷化解。8月，组织村（社区）法律顾问配合村民委员会、社区居民委员会开展换届选举工作，发挥村（社区）签约法律顾问作用，提供法律服务支持，并明确法律顾问在换届选举前、中、后的工作流程。10月，对全市村（社区）法律顾问进行首次督察。全年，村（社区）法律顾问共接待咨询781件，开展普法宣传487场，协助调解纠纷136件，提供法律援助、公证、鉴定咨询等各类服务112件，向党委政府提供法律建议、法律论证7件，向村（社区）提供法律建议、法律论证65件。

【司法行政领域社会组织建立】 根据省司法厅统一部署，张家港市司法局在市、镇、村三级大力推动建立司法行政领域社会组织，引导社会力量参与司法行政工作。2016年年末，全市有市司法行政社会组织发展指导中心、市律师协会、市法律工作者协会、市春晓社会服务社、市人民调解协会等市级司法行政社会组织5个；有南丰镇、杨舍镇、凤凰镇、锦丰镇、大新镇镇级司法行政领域社会组织各1个；有村级司法行政领域社会组织70余个。司法行政领域社会组织的建立，弥补了司法行政人员力量不足的短板，实现在人员无增长情况下司法行政服务体系的完善、服务力量的增强和服务质量的提升。其中，5月成立的南丰镇老倪调解事务所，至年末为南丰镇化解疑难矛盾纠纷17起，并针对每种类型的矛盾纠纷，设计出一套精准的调解方案，得到市司法局的肯定，并在全市进行推广。

（顾　倩）

人民武装

【概况】 2016年，市人武部围绕强军目标，以新形势下军事战略方针为统揽，深入推进政治建军、改革强军、依法治军，着力举旗铸魂，聚力备战打赢，奋力服务改革，致力夯实基础，强力正风肃纪，较好地完成了以军事斗争准备为龙头的各项工作任务。6月，市人武部党委被中央军委国防动员部党委表彰为“先进师旅团级单位党委”。6月15日，省军区政委曹德信带工作组一行在苏州军分区政委李再胜的陪同下，到位于南丰镇的江苏永钢集团调研非公企业民兵党组织建设情况，并对永钢集团非公企业民兵党组织建设情况给予充分肯定。年末，全市基干民兵中退伍军人占75%，专业对口率为85%，党团员占80%以上。共编应急队伍18个分队，支援保障队伍36个分队，储备队伍33个分队。

战备训练　年内，市人武部围绕提高战斗力这一核心，扎实推进战备值班、战备秩序和战备方案等战备工作的落实。投入30余万元，新建市人武部战备器材室。同时，大力推进区镇武装部和民兵营规范化建设。全年投入80余万元，在各区镇新建“三室一库”（兵器室、器材室、资料室和给养库），在民兵营新建“一部一室”（营部和器材室），并进一步规范工作程序，提高工作标准。高标准落实民兵整组工作。按照“抓统筹、补弱项、破难题”的思路，对全市28个整组任务单位进行部署，根据“编谁拉谁、编谁训谁、编谁考谁”的整组要求，强化各级领导责任意识。年内，先后编实建强2个森林防火应急连和3个抗洪抢险应急连，对100名抗洪抢险民兵应急分队骨干进行集中集训，从是年退伍军人中精心挑选125人编入基干民兵应急分队，从源头上提高编兵质量，为全市基干民兵逐一发放《参加基干民兵通知书》，并逐一对全市在编民兵单位进行集中点验考核。市人武部根据年度军事训练计划安排，积极展开民兵应急和专业分队集训，超计划、超指标完成任务。2月下旬，集中5天时间，深入10个区镇、28个村（社区），为整组工作进行潜力摸底调研。4月，结合民兵整组任务，按照军事训练大纲要求，先后两次对民兵应急连预编人员进行考核，保证预编人员各项指标达标。5月，在市凤凰山民兵训练基地，集中组织新预任民兵营长进行封闭式训练，主要进行理论授课、实弹射击、参观见学,交流探讨、总结提高等项目学习,进一步提高民兵队伍技能水平和能力素质。是月中旬,市民兵应急连代表苏州军分区接受省军区专项检查组的紧急拉动和电话抽查,获得全省第一名。10月,根据省军区国防动员委员会《关于开展国防动员潜力数据统计采集的通知》要求,张家港市人武部积极展开工作,对综合、人民武装、经济动员、人民防空、交通战备、信息动员、政治动员等7类潜力资源进行采集,为做好军事斗争准备,全面掌握主要方向和重点地区国防动员潜力资源打基础。

国防教育　市人武部机关始终把思想政治建设作为首要政治任务,自觉融入单位建设的全方位、全过程,在铸造军魂、听党指挥上下功夫,确保人武部建设始终保持正确方向。年内,重点学习中央军委主席习近平在军委改革工作会议、军委扩大会议上的重要讲话,通过专题学习、课题研究、对策研讨、专题党课,深刻领悟改革强军战略思想。4月至5月,苏州军分区探索非公企业民兵党组织建设试点工作在张家港市召开,张家港市人武部召集部分非公企业人武部领导召开座谈会,听取民兵党组织建设情况,征求意见、建议,围绕“组织设置、有关职责、组织生活、教育培训、考证激励、运行保障、作用发挥”等7个方面,探索完善可行性、创新性强的对策措施,制定《张家港市人武部抓建非公企业民兵党组织实施方案》,按照“六有”(有规范的组织设置和主要职责,有完善的组织制度和议事规则,有齐全的党组织和党员的基本档案,有详细的活动计划和培训方案,有完善的登记统计和相关资料,有统一的工作图板)标准,在沙钢集团人武部和永钢集团人武部先行推开民兵党组织建设,进一步规范非公企业人武部民兵党组织组成、活动场所设置和相关制度规定,初步形成“人员相对固定、场所比较齐全、制度近趋完善、活动开展经常、学习教育常态”的良好氛围。6月,市委组织部联合市人武部在市民兵训练基地组织的为期5天的全市中青年干部培训班集训期间,邀请武警张家港中队5名教官帮教队列动作,组织观看《让历史警示未来》教育片,增强年轻干部的国防意识。为增强“两学一做”(学党章党规、学系列讲话,做合格党员)学习教育实效,6月、7月,市人武部组织干部、职工和区镇专职人武干部42人,分两批远赴江西省井冈山市开展现场教学活动,引导广大党员扎根人民武装事业。7月,开展丰富多彩的党员活动,发动党员佩戴党徽,亮明党员身份,开展党员承诺践诺活动。市人武部19名党员人人承诺践诺,并进行公示。全年,市人武部宣传人武工作先进典型事迹的文章有12篇被《解放军报》和《中国民兵》等3家省级以上媒体刊登,稿件质量和数量均列苏州军分区前列。

兵役工作　年内,市人武部贯彻上级有关征兵工作精神,以提高兵员质量为基础,认真执行苏州市征兵办公室命令,鼓励高学历青年入伍。征兵期间,市委书记对征兵工作及时过问和关注,市长对征兵工作进行部署。市政府、市人武部先后2次召开征兵工作领导小组会议和5次全市专职人武干部会议统一思想认识,稳步推进工作。2016年是实行征兵工作“五率”(报名率、上站率、合格率、择优率和退兵率)考核的推进之年,也是全国网上兵役登记和应征报名的强化之年,征兵标准规定有新变化,网上操作有新要求。为适应新情况,3月,市人武部统一组织一线征兵工作人员分行业、系统地开展征兵政治考核、体检标准办法和网上兵役登记、报名等业务培训。4月,市征兵办公室工作人员多次深入江苏科技大学和沙洲职业工学院等驻地高校,利用新开辟的手机媒体进行宣传互动,用好“张家港征兵”“张家港双拥”公众号,开设征兵动态、咨询解答等栏目。针对“90后”大学生特点,市征兵办公室利用学生会、学生社团等组织在大学生中的影响力,开展征兵校园行互动,走进大学生身边,俯下身谈心,面对面宣传,对大学生提出的疑问进行现场解答,并为毕业生开通绿色通道。对符合征集条件的高校应届毕业生和高职毕业班学生,灵活采取先上站体检、后补办手续的办法,保证随到随检、单独体检、不单科淘汰。年内,江苏科技大学张家港校区和沙洲职业工学院两所高校在校学生被批准入伍人数比上年增加19人。另外,沙洲职业工学院有张家港籍应届毕业生从户籍所在地应征入伍。全市被批准入伍的适龄青年中,大学学历的占征集总数的73.2%(较上年提高11个百分点),党团员占81.2%,兵员整体质量较上年有明显提升。

【“三联”活动现成效】 张家港市响应中共中央总书记习近平“支持革命老区建设”的指示,落实原南京军区“三联”活动要求,从2015年起,计划3年投入1000万元,与井冈山市在“基础设施、产业扶持、两地交流”等9个方面开展对口帮扶。至2016年年末,张家港市已援助井冈山市古城镇帮扶资金640余万元,双方开展交流活动50余次。先后完成山背至鲇上的公路桥梁、车头桥建设,南岳陂北干渠维修,古城镇便民服务中心建设,古城产业园区路灯安装,以及高效、特色农业6个项目。另外,张家港市9个经济强村与古城镇“八村一居”开展“村一村”结对活动,两地在加强基层党组织共建联建基础上,张家港市经济强村结对古城镇8个行政村建设各自的产业基地,基本形成产业基地建设的“一村一品”。

（陈　航）

武　警

【概况】 市武警中队主要担负市看守所外围看守任务。中队依据《军队基层建设纲要》,以四项经常性工作为基点,着力打造全面过硬的标兵中队,确保以执勤、处突、反恐为中心的各项任务的圆满完成。年内,市武警中队完成临时性押解勤务63起,出动执勤兵力147人次,押送罪犯586人,行程约6.1万千米;出动兵力8人次参加7月的抗洪抢险任务;承担暨阳高级中学、沙洲职业工学院、市第二中学、市舞蹈学校、市城管局等单位和民兵预备役的军训任务。中队连续17年被武警江苏总队评为基层单位建设标兵中队,中队党支部连续15年被武警江苏总队党委评为先进党支部。年内,中队被中国人民武装警察部队党委评为先进基层党组织,获集体二等功1次,1名士兵获个人三等功1次,13名战士被评为优秀士兵。

【武警江苏总队政委到中队检查指导】4月27日,武警江苏总队政委曹红波到中队检查指导。曹红波一行边实地察看官兵宿舍、伙房饭堂、勤务值班室、哨位、菜地等场所,边询问官兵的日常学习、训练、生活、教育等情况,对中队整洁温馨的生活环境,正规的生活秩序及官兵昂扬的精神状态给予充分肯定,并指示中队一定要结合自身实际,大力弘扬先进军事文化,不断提升部队战斗力、凝聚力,高标准实现"两个确保";要利用已有资源搞好崇尚荣誉引导,激励官兵再接再厉,勇于争先,争做新一代"四有"军人;要将中队优良传统和过硬作风不断传承下去,将张家港精神融入中队的建设发展中,团结一致、齐心协力,让中队发展再上一个新台阶。

(毛海洋)

消　防

【概况】2016年,市公安消防大队认真履行各项工作职责,聚焦风险防控,聚力破解难题,加快补齐短板,服务发展大局,不断加强消防监督执法、灭火救援、消防宣传等工作,全力确保全市火灾形势的平稳可控和队伍的安全稳定。年内,该大队利用《江苏省政府专职消防队伍管理办法》出台之机,围绕政府专职队伍性质、队员身份等瓶颈性问题,积极向市委、市政府进行专题汇报和争取。在市领导的关心和相关部门的支持下,全市8支政府专职队伍在全省率先完成事业单位法人登记工作。市公安消防大队全年接处各类警情2237起。其中,火警1440起,抢险救援421起,社会救助376起,累计疏散、抢救遇险和被困群众660人,保护、抢救财产6000余万元。与上年相比,火警起数下降2.37%,抢险救援和社会救助起数下降13.28%。去除草坪、垃圾、废弃物等火情,全市共发生火灾832起,造成3人死亡、6人受伤,直接财产损失2217余万元。与上年相比,火灾起数下降5.99%。全市未发生较大以上及有影响的火灾事故。张家港市公安消防大队被张家港市政府记集体三等功,被张家港市委、市政府授予服务地方奖并获评市文明单位;被苏州市消防支队评为"基层建设先进大队"。张家港市公安消防大队党委被苏州市消防支队党委评为苏州市消防部队大队级党委"好班子"。

消防基层基础建设 年内,在编制全市"十三五"消防事业发展规划的基础上,督促指导全市8个区镇编制"十三五"消防规划。推进全市微型消防站和区域联防联勤组织建设工作,建立村(社区)微型消防站109个、消防安全重点单位微型消防站584个。在全市10个重点单位集中区建成区域联防组织,推动290个单位参与区域联防。积极争取区镇政府政策、资金扶持,大力推广各类技防设施,重点针对养老院、福利院、"三合一"场所(住宿与生产、仓储、经营一种或一种以上使用功能违章混合设置在同一空间内的建筑,该同一建筑空间可以是一独立建筑或一建筑中的一部分,且住宿与其他使用功能之间未设置有效的防火分隔)、"九小"场所(小学校或幼儿园、小医院、小商场、小餐饮场所、小旅馆、小歌舞娱乐场所、小网吧、小美容洗浴场所、小生产加工企业的总称)等单位,推广安装独立式感烟火灾探测报警器6600个、简易喷淋设施52套。

公共消防设施及车辆装备建设 年内,积极向市委、市政府争取,与市发改委、财政局等部门沟通协调,推动市政府将1辆毒液泄露处置车、1辆JP18举高喷射消防车、1辆18吨大功率水罐泡沫消防车等3辆消防车的采购工作列入2016年市民生实事项目,将1辆进口55米云梯车、1辆进口25米举高喷射消防车等2辆消防车列入2017年市民生实事项目征集计划。推动促成市政府将化工专业消防站工程纳入2017年度基本建设项目计划,并计划于2017年7月开工建设。结合全市产业结构特点,按照"结构优化、功能多样、先进实用、节能高效"原则,制定"十三五"时期全市消防车辆装备建设方案,推动全市消防车辆装备结构逐步优化,满足灭火救援的实际需要。

执勤备战 年内,坚持"一切围绕实战"理念,大胆创新战斗力生成模式,不断深化部队执勤训练成果,促进部队灭火救援专业化水平和实战能力稳步提升,确保完成各类"急难险重"灭火和抢险救援任务。大队下辖的凤凰中队、南丰中队在苏州市消防支队组织的2016年度苏州市政府专职消防队比武竞赛中取得团体第三名、第四名。大队在认真研判辖区产业结构实际和消防安全危险性的基础上,将石油化工、高层建筑、大型商业体、船舶火灾、大跨度厂房火灾、地下建筑火灾、远距离供水、危化品运输车辆、水域救援、居民房火灾等十大类事故处置课题研究任务下达到辖区中队,开展有针对性的技术、战术研训,进一步提高中队各类型灭火救援事故的攻坚作战能力。扩大中队"六熟悉"(熟悉辖区交通道路、消防水源情况;熟悉消防安全重点单位数量、分类和分布情况;熟悉消防安全重点单位建筑物结构和使用情况;熟悉消防安全重点单位重点部位情况;熟悉消防安全重点单位内部消防设施和消防组织情况;熟悉辖区主要灾害事故类型和处置对策基本程序)巡防演练范围,重点巡防熟悉所有"不放心"场所、单位,制定简易灭火预案,并在大队指挥中心建立"不放心"单位底册,一旦此类单位发生火灾,可迅速及时加强第一出动力量的调集。

消防宣传 年内,积极推进社会化消防宣传工作,印制8万册《中小学生消防安全教育读本》,发放至全市102所中小学校;联合公安机关开展"走访送"活动,张贴发放"消防安全自查表""家庭防火必备攻略"等消防宣传资料10万余份。联合张家港

电视台开设消防安全专题节目《璇子说消防》,以典型火灾案例与消防实验相结合的形式,通过直观的画面、科学的实验向广大观众传播消防安全知识和火场逃生技能,收到良好宣传效果。以"七进"(进机关、进学校、进社区、进企业、进农村、进家庭、进网站)宣传教育工作为抓手,打造报刊图文、电台电视台、信息网络、微博微信、公众媒体等宣传阵地,扩大消防宣传覆盖面,有效提升民众消防安全知晓率。

执法服务　年内,先后组织开展冬春火灾防控、人员密集场所、电气线路消防安全专项整治、夏季消防安全大检查、拆除违章搭建彩钢板临时建筑及门窗设置影响逃生灭火障碍物等专项行动。全面落实重大火灾隐患政府挂牌督办机制,完成香港城市场、前溪老年过渡房、乐余镇向群村过渡安置房等3个场所重大火灾隐患整改、销案任务。另外,旭东学校已计划搬迁,大成广场整改进度达到90%。全年,全市共监督检查单位14857个次(其中人员密集场所6676家次),督促整改火灾隐患21226处;排查出电气线路火灾隐患1222处,督促整改742处;整治"三合一"场所403家;拆除违章搭建彩钢板建筑及门窗障碍物165处、拆除面积12.2万平方米;临时查封隐患场所101家,责令"三停"(停止施工、停止使用或者停产停业)单位33个,行政拘留67人。

【消防大队跨区域驰援"4·22"泰州靖江化工火灾】　2016年4月22日上午9时40分,泰州靖江市德桥仓储有限公司突然发生重大火灾事故。张家港市公安消防大队接到跨区域增援命令后,立即调派金港中队、保税区特勤中队火速赶往现场。面对随时可能发生连环爆炸的危险和大面积流淌火迎面袭击的威胁,增援的消防官兵坚守阵地,连续奋战18小时,成功保住事故现场周边4个关键储罐及10余个相邻罐的安全,为扑灭火灾打下基础。官兵们的英勇顽强表现,得到部队上级领导和地方党政领导的赞扬。

（常　妍）

民　防

【概况】　2016年,市民防局深入学习贯彻第七次全国人民防空会议精神,着力提升履行"战时防空、平时服务、应急支援"使命能力。开展依法行政和权力清理工作,打造权力阳光,优化工作流程,全年办结各类审核服务事项478件。创新举措,主动作为,为群众提供高效、便捷的民防服务,"保民安·惠民生"服务品牌个性优势进一步凸显,全市防空防灾综合能力持续提升。张家港市被省国防动员委员会评为全省人民防空先进城市。

民防融合发展　年内,全市人民防空建设进一步融入经济建设、城市建设、应急建设和社区建设。依托区镇民防办公室、社区(村)民防工作室,持续推进民防网格化宣传服务,充分发挥民防教育展馆辐射和引领作用,不断增强群众的国防意识和民防观念。其中,市民防教育体验馆(南丰镇永丰社区)全年接待16批1863人次学习参观。5月,为南丰镇永合社区5000余户家庭配发民防应急包。9月,建成锦丰镇悦来社区民防教育馆。

人民防空工程　年内,针对相关地域、单位交通拥堵、停车难、公共租赁房紧张的问题,开工建设市一中地下停车场、妙桥人口疏散基地(二期)两个工程并完成主体施工任务。全市民防工程新立项项目15项、面积11.2万平方米,新开工项目8项、面积4.4万平方米,竣工项目15项、面积12.5万平方米,人均掩蔽面积在全省县级市保持领先。强化精品意识,全面推进精细化管理,完成全市民防工程的信息数据采集录入工作。定期组织对自建、结建工程使用、维护、管理、安全、防汛等情况逐项排查。全年共检查工程项目126项,养护面积8.5万平方米,发出限期整改通知单17份,发放维护管理通知书176份。为保证全年安全度汛,配齐各类物资器材,增加应急消防水泵12台、柴油机泵4台、移动电源50套、灭火器300个、消防箱10个,对集水井和下水通道组织专项清理,给各项自建民防工程加装不锈钢防汛挡水板。坚持民防工程服务经济社会和完善城市功能的导向,统筹兼顾战备、社会、经济效益,全市7个自建工程和2个基地平战结合(平时开发利用人民防空工程收益战时发挥战备作用)收入达到284万元。

指挥通信建设　年内,积极推进指挥信息系统融合升级工作,社区指挥所纳入人防指挥网,实现与市人防指挥所的互联互通。完成机动指挥平台采购招标工作,2次组织相关技术人员赴生产厂家现场踏勘建设安装情况,并于12月完成接装验收、业务培训工作。新增固定警报器3台、便携式警报器25台,组织"9·18"警报试鸣暨应急疏散演练活动,暨阳、悦丰、邵巷等5个社区750名群众参与应急演练活动。5月,组织开展人民防空专业队整组工作,进一步选优配强各级骨干。6月,集中组织为期3天的民防志愿者业务培训。9月,张家港市民防志愿者队在2016年"民防杯"江苏省业余无线电应急通信演练中获团体二等奖。

【苏州市重要经济目标防护建设现场会召开】　从2015年上半年开始,张家港市对重要经济目标防护建设提出并坚持"九个一"建设(健全一个指挥体制编成、建立一条信息联通指挥链、编制一套系统防护方案、组建一支过硬专业队伍、建成一张全天候监控网、探索一条常态化训演模式、配建一个标准化器材库室、制定一套规范工作制度、整理一套完整资料汇编)标准,取得重要成果。2016年5月9日至10日,苏州市重要经济目标防护建设现场会在张家港市召开,省民防局指挥通信处、苏州市及下属各市、区分管领导及有关部门负责人,中国船舶重工集团公司第723研究所、南京前景信息科技有限公司、江苏沙钢集团公司有关人员参加。会上,张家港市就重要经济目标防护建设的"九个一"建设标准作为试点经验作了交流。

（蔡燕丰）

【编辑　卢德兴】

市人民代表大会常务委员会

2016年，市人大及其常委会紧紧围绕全市中心工作，忠诚履行宪法和法律赋予的各项职责，开拓进取、积极作为，为全市经济社会发展做出积极贡献。坚决贯彻落实市委重大决策部署，围绕国资监管、财政预决算、大气污染防治等中心工作和重点任务，认真审议并及时作出决议决定，推动全市经济社会各项事业的健康发展。坚持把促进民生改善和维护社会和谐作为履职重点，通过视察、检查、工作评议以及专题询问等形式，推动社区医疗卫生服务体系改革、农村生活污水治理、养老事业等一批民生重点工作。贯彻依法治国方略，弘扬法治精神，加强对“一府两院”的监督和支持，依法选举任免干部，精心组织执法检查，深入推进法治张家港建设，促进社会公平正义。四是坚持代表主体地位，深化“一个载体、两项制度”建设，建立和推进“三联系”制度，实现“代表之家”向镇、村、组的延伸，推动建议办理从“答复型”向“落实型”转变，提升代表满意率和问题解决率。

1 1月6日，市十三届人大第五次会议召开

2 1月9日，市委书记姚林荣在市十三届人大第五次会议上讲话

3 1月6日，市人大主任高建刚在市十三届人大第五次会议上作工作报告

4 1月6日，市委副书记、市长朱立凡在市十三届人大第五次会议上作工作报告

5 9月29日，市人大常委会调研全市工业经济结构调整情况

政协张家港市委员会

2016年，市政协常委会在市委的正确领导下，紧紧围绕全市改革发展大局，牢牢把握团结和民主主题，与时俱进弘扬张家港精神，广泛调动全体委员积极性，扎实履行政治协商、民主监督、参政议政职能，为促进全市经济社会平稳较快发展做出积极贡献。一是聚焦转型升级重点，围绕推进大众创业、加快跨境电商发展、物业管理等课题，开展重点调研和协商议政活动，积极为全市产业转型升级建言献策。二是聚力助推民生改善，充分运用政协提案、社情民意、民主评议、通报视察等多种形式，积极开展民主监督，助推提升人民群众的幸福感。三是突出弘扬团结民主主题，密切与各民主党派的经常性联系，以课题为纽带，积极搭建议政建言平台，营造干事创业的政治环境，广泛凝聚社会各界智慧与力量，形成强大合力助推发展。四是创新发挥委员主体作用，加强委员学习培训，完善委员管理机制，优化委员服务联络工作，拓宽委员履职平台，积极为委员履职创造良好条件，不断提升履职能力。五是自身建设展示新形象，坚持不忘初心，与时俱进，以更高的标准、创新的举措，扎实推进政协自身建设，为推动政协工作的创新发展提供有力保证。

1 政协市第十一届五次会议开幕

2 苏州市政协副主席周向群等参观考察金港镇“政协委员之家”建设情况

3 参加苏州市政协工作电视电话会议

4 市政协召开“供给侧结构性改革与当前经济热点问题分析”专题报告会

5 市政协就民盟市委提出的《关于大力推进我市农产品“互联网+”的建议》提案进行督察

市委宣传部

2016年，全市宣传思想文化战线深入贯彻党的十八大和十八届三中、四中、五中、六中全会精神，认真学习贯彻习近平系列重要讲话特别是有关宣传思想文化领域的讲话精神，各方面工作取得新的进展和成效，为实现“十三五”良好开局提供了坚强思想保证、强大精神力量、丰润道德滋养和有利文化条件。年内，张家港市获评全省基层党员冬训工作示范市、苏州市“百姓名嘴”理论微宣讲竞赛活动优秀组织奖，获评8个省文明乡镇、20个省文明村、5个省文明社区、32个省文明单位、3所省文明校园，累计接待各地文明创建参观考察团队约120批次。市委宣传部获评苏州市第十届精神文明建设“五个一工程”组织奖，市文广新局获第六届全国“双服务”先进集体、第五届江苏省“双服务”先进集体荣誉奖，“长江文化艺术节”首批获全省群众文化“百千万”工程优秀文化活动品牌，“探索县域文化馆的张家港模式”获全省宣传思想文化工作创新奖提名奖、入选文化部“国家文化创新工程”重点项目，裸眼3D城市形象片《听见你的声音》获第五届中国先进影像作品奖优秀奖。

1 2016 年中国（张家港）长江文化艺术节新闻发布会

2 江苏“最美人物”吴惠芳先进事迹媒体见面会

3 张家港市承办“童心里的诗篇”——中国·江苏第二届全国少儿诗会颁奖典礼

4 张家港市承办“江苏省文明旅游倡导工程”启动仪式

5 张家港市 2016 年度志愿服务集市

中共张家港市纪律检查委员会、张家港市监察局

2016年，市纪委、监察局认真贯彻党的十八大精神，严格执行中央全面从严治党战略部署，全面履行党章赋予的职责，围绕监督执纪问责，积极践行“四种形态”，全市廉洁政治建设取得重要阶段性成果，“不敢腐”的目标初步实现，“不能腐”的制度日益完善，“不想腐”的堤坝正在构筑，腐败蔓延势头得到有效遏制，党内政治生活呈现新的气象。市纪委、监察局连续五年蝉联苏州市纪检监察工作综合考评先进集体，被评为全省纪检监察系统先进集体。

1 省纪委常委、苏州市委常委、苏州市纪委书记马士光到市调研
2 中国共产党张家港市纪律检查委员会第一次全体会议
3 市四套班子领导到反腐倡廉警示教育基地开展专题教育活动
4 举办全市巡察业务培训班
5 全市领导干部“准则”“条例”专题培训
6 举办“学准则条例，做勤廉表率”研讨交流会
7 举办“美好家园，廉洁是福”廉洁文化社区行活动
8 施忠华获评“苏州市道德模范十佳新人”
9 组织“走基地、看变化、聚力量”纪念建党 95 周年活动

全市领导干部《准则》《条例》专题培训
5

张家港市"学准则条例 做勤廉表率"研讨交流会
主办单位：中共张家港市纪律检查委员会
张家港市监察局
承办单位：中共江苏省张家港保税区纪律检查工作委员会
中共张家港保税区（金港镇）南沙办事处工作委员会
6

廉洁是福"廉洁文化社区行
2016
7

8

苏州革命博物館
纪念建党95周年·这三
——"走基地、看变化、聚力量"
9

市政府法制办公室

2016年，市政府法制办公室深入贯彻落实中共中央、国务院《法治政府建设实施纲要(2015—2020年)》，紧紧围绕“法治张家港”建设的总目标，落实法治政府建设各项工作任务，着力发挥政府法制在经济社会发展中的服务保障和引导推动作用，取得积极成效。年内，张家港市人民政府被苏州市建设法治政府工作领导小组评为2016—2017年苏州市级依法行政示范单位，“健全法律顾问制度，助力法治政府建设”项目被评为苏州市依法行政示范项目；张家港市人民政府被省全面推进依法行政工作领导小组办公室、省人民政府法制办公室确定为江苏省公众参与行政程序建设示范单位；“社区协商——基层治理法治化的新探索”项目以最高票获评第四届“中国法治政府奖”；市政府法制办公室被评为2016年江苏省政府法制工作成绩突出单位。

1 张家港市被授予“中国法治政府奖”颁奖现场
2 全市依法行政专题培训班
3 全市新任行政执法人员培训班
4 政府信息公开行政应诉专题讲座
5 市区房屋征收（搬迁）项目实行房票政策的实施办法（试行）专家论证会

市公安局

2016年，市公安机关聚焦全市现代化建设"四大路径"，紧扣公安改革、公安部"四项建设"（基础信息化建设、警务实战化建设、执法规范化建设、队伍正规化建设）总体布局，坚持忠诚履职、敢于担当，完善立体化、信息化社会治安防控体系，从严从实从细抓好保稳定、护安全、促和谐各项措施的落实，为全市经济社会发展创造平安稳定的社会环境。年内，市公安局被公安部命名为新一轮"全国公安机关执法示范单位"，获评2013—2015年度江苏省文明单位，被张家港市委、市政府授予"突出贡献奖"。

1 全市公安工作会议

2 2017 年 1 月 23 日，市委书记朱立凡到市公安局大数据指挥服务中心调研

3 市公安局执法规范化建设推进会

4 警风警纪监督员走进警营系列活动

5 平安流动 V 站启动仪式

6 中共张家港市第十一次代表大会安保值勤

市人民检察院

2016年，市检察院以“双推双争”为目标，以“改革推进年”为工作主题，紧紧围绕全市经济社会发展大局，统筹推进司法办案、改革实践、队伍建设等各项工作，不断提升法律监督的能力和水平，检察工作继续保持平稳健康发展的良好态势。年内，市检察院被评为2013—2015年度全省先进基层检察院、2013—2015年度江苏省文明单位，被苏州市检察院评为2015年度全市检察院机关先进基层检察院，获张家港市委、市政府“综合贡献奖”。

1 3月23日，省委政法委副书记侍鹏到市检察院调研

2 12月12日，省检察院检察长刘华到市检察院调研

3 10月13日，苏州市检察院检察长王君悦到张家港市检察院开展“三解三促”活动

4 8月8日，市委书记朱立凡到市检察院调研

5 8月17日，市委副书记、代市长黄戟到市检察院调研

6 市检察院检察长蔡蔚在市十三届人大五次会上作检察工作报告

7 检察长巡回接访

8 员额检察官宣誓仪式

9 “加强侦查监督、维护司法公正”主题开放日活动

10 “党规党纪在心中”主题教育活动知识竞赛

5

6

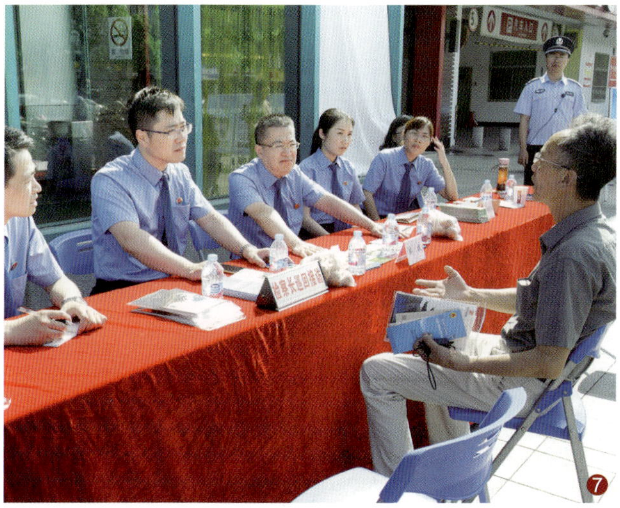
7

8

9

10

市人民法院

2016年，市法院坚持司法为民、公正司法工作主线，以“两学一做”为工作引领，以执法办案为第一要务，以深化司法体制改革为主要抓手，落实“司法行为规范年”各项举措，不断加强执法办案，全面推进队伍建设，为全市社会经济发展提供坚强有力的司法保障。全年受理各类案件25495件，审、执结22550件，结案标的额134.34亿元，分别比上年增13.59%、15.5%和43.85%，均创历史新高。年内，市法院获2013—2015年度江苏省文明单位称号，被省法院记“推进司法改革试点工作”专项三等功，被评为2016年全省法院档案工作先进集体、苏州市法院系统宣传工作先进集体，获张家港市委、市政府“综合贡献奖”。

1 省高院党组副书记、副院长周继业视察市法院工作
2 市委书记朱立凡到市法院调研
3 邀请省政协原常委、苏州市人大常委会原副主任、张家港市委原书记秦振华做“两学一做”专题讲座
4 法官深入企业车间实地调查
5 引入第三方评价机制
6 为工人集中发放企业欠薪

市司法局

2016年，市司法局紧扣港城发展“十三五”规划，以民意为导向，以创新为手段，以打造“人民满意的服务型司法行政机关”为总定位，全力推动“四个全覆盖”（矛盾纠纷排查调处全覆盖、公共法律服务全覆盖、特殊人群服务管理全覆盖、法制宣传教育全覆盖）提档升级，为张家港市争当“强富美高”新江苏建设排头兵提供优质高效的法律服务保障。夯实基础排查工作，优化多元调解机制，推动“律师进所服务”，筹建驻法院调解工作室，建立人民调解协会，探索第三方评估机制，进一步提升矛盾纠纷化解能力。市、镇两级同频共振全面启动“七五”普法，深入开展“德法同行”活动，有序推进“谁执法谁普法”机制，进一步凸显法治宣传教育品牌。完善各类规范性文件，加强科技装备实战运用，健全市、镇分析研判机制，探索循证矫正项目研究，发挥社会力量助矫，进一步夯实“两类特殊人员”管理教育。村（社区）法律顾问全面覆盖，政府、学校法律顾问工作有效推开，律师参与法治建设工作纵深推进，法律援助进入公证与司法鉴定新领域，预约、上门、点援等服务渠道畅通，“12348·法润千万家”志愿者行动、“法润沙洲·春风行动”“法治阳光照进看守所”“送法进军营”等活动广泛开展，进一步完善公共法律服务体系建设。

1 苏州市社区矫正循证矫正试点工作汇报会在张家港市召开

2 全市“七五”普法启动仪式

3 市律师协会“青蓝相携 30 年”活动

4 “法润沙洲·2016 春风行动”法律服务进社区（村居）

5 “4·8”司法日金港镇香山景区广场活动

市委市级机关工作委员会

2016年，市委市级机关工委围绕“紧扣强富美高，全面提升品质”总抓手，认真落实全面从严治党要求，扎实开展“两学一做”学习教育，切实强化机关党组织整体功能，全力推动机关党建工作开好局、起好步。年内，作为苏州唯一的县级市代表参加长三角（三省一市）机关党建工作研讨会并作书面交流。获评全省县级机关信息工作先进单位、苏州市机关党建信息工作优秀单位，蝉联市“综合贡献奖”。

1 7月18日，组织召开市级机关党代会

2 9月29日，召开市级机关市人大换届选举工作会议

3 4月1日，组织新党员复训

4 5月，在市级机关推动建立12个学习研究兴趣小组

5 6月至8月，与市文明办联合举办张家港市道德模范、身边好人进机关现场交流暨好人故事汇基层巡讲活动

6 4月至10月，举办乒乓球、5人制足球、羽毛球等体育比赛

市委农村工作办公室

2016年，市委农工办坚持以富民强村为核心，全面深化农村综合配套改革，推动农村工作持续、稳定、和谐发展，全市农村改革实现新突破。**领先推进农村综合配套改革。**全市全年社区股份股权固化和农地确权两项改革总体完成，覆盖面及进度在苏州领先；实现土地承包经营权抵押的"零突破"，推行普惠金融"整村授信"12亿元。**创新村级经济财政扶持政策。**制定出台《"十三五"期间全市村级集体经济发展的政策意见》，建立村级集体经济联合发展平台16个，总注册资本5.75亿元，全市有近80%的村实现跨村、跨镇、跨市的异地发展，有62个村集体经济总收入超千万元，形成全省最大的强村群体。**多元发展农村产权交易市场。**全市对农用地、工业用地、房屋、农业设施、工程项目、社会化服务项目等开展招拍租1350起，交易成交额3.1亿元，产权交易的广度在苏州领先。年末，市委农工办获全省农工办系统先进集体称号、全省农业农村政策创新成果奖、苏州市城乡发展一体化先进集体称号、张家港市"优胜贡献奖"。

1

2

1 市委书记朱立凡调研市委农工办工作

2 市农村土地承包经营权确权登记颁证工作领导小组第三次会议召开

3 举办市农经人员培训班

4 市政协专题协商加强村级集体资产管理及监督工作

5 组织农经干部赴井冈山开展"两学一做"党性教育专题培训

3

4

5

市发展和改革委员会

1

2

3

4

2016年，市发改委务实改进服务供给侧，倾力当好跑堂“店小二”，以排头兵的站位要求和责任担当，推动全市发展改革实践取得新突破，获年度全市机关绩效考评“优胜贡献奖”。**产业结构调优有新突破。**保税区成为长江经济带国家级转型升级示范开发区，玖隆钢铁物流园首批获评国家示范物流园区。推进“两新一高”产业基地化发展，全力提高生产性服务业核心竞争力。年内，新兴产业占比、服务业增加值占比分别提高1.5个和1个百分点，分别达到44.4%、46%。6家企业入选2016年度全国服务业500强，入选企业数全省县市第一。**重点项目提质有新突破。**省、苏州重大项目顺利完成年度目标任务；50个市级重大产业项目投入占比达到35.4%。扬子江石化丙烯一期、润英联一期等一批项目竣工投产；康得新二期、霍尼韦尔MTO催化剂、中核利柏特、能华微电子等重点项目开工建设。沙电二期煤炭等量替代加快落实，送出工程有序推进，计划2017年3月投产发电。**改革研究创新有新突破。**聚力供给侧改革，“去降补”扎实落实。研究制订“去产能”政策意见，落实压减实施方案，钢铁去产能工作有序推进。沙钢集团压减83万吨产能作为下一步压减产能的后备资源。组织14家企业直接交易电量56.07亿千瓦小时，减少企业电费支出1.57亿元。14项民生实事项目完成投入9.5亿元，3项省“补短板”项目推进顺利。**重大事项协调有新突破。**系统实施“十三五”规划，深入开展“多规合一”，完成“十三五”服务业发展规划、热电联产规划编制，研究制订煤炭消费总量控制方案。集中精力协调开展双山高尔夫球场清理、国家开发区目录上报、天然气长输管道安全隐患整治、打击“地条钢”等重大事项；先后2批8个行业22家企业拟列入国家碳交易市场。全年争取省级以上资金扶持8.76亿元。

荣誉证书

市发展和改革委员会综合规划科

在二〇一六年度工作中，深入贯彻“强富美高”新江苏建设总要求，围绕“两聚一高”目标定位，与时俱进大力弘扬张家港精神，认真践行“四大路径”，拼搏实干，争先率先，成绩显著，被授予：

机关示范科室

特发此证，以资鼓励。

张家港市绩效管理委员会
二〇一七年二月

1 市民生实事项目库启动仪式

2 承办省重点企事业单位温室气体排放报告专题培训会

3 康得新光学膜二期开工奠基仪式

4 市发改委深入居民小区开展民生问卷调查

市经济和信息化委员会

2016年，市经信委围绕“四大路径”，紧扣“聚焦转型”主题，以服务工业经济提质增效、转型升级为中心，突出政策引导，强化协调服务，全力打造工业经济“十三五”时期转型发展良好开局。制定出台《张家港市先进制造产业领跑计划实施意见》，推进传统产业向“智能制造、结构优化、创新驱动、绿色集约”的可持续发展模式转变。落实供给侧结构性改革要求，制定出台《张家港市关于落实供给侧结构性改革的实施意见》《张家港市关于进一步降低企业成本减轻企业负担的若干意见》，整理汇编、印制政策清单并下发企业1.5万份。启动推进全市工业企业大数据平台建设，建立工业企业资源集约利用信息系统。深入推进淘汰落后，制定《张家港市供给侧结构性改革去产能行动计划（2016—2018）》。积极做好“地条钢”生产企业处置工作，并配合做好违法违规钢铁产能拉网式排查工作。狠抓节能降耗，全市能效监测和统计分析系统上线运行，万元GDP能耗下降率完成上级下达目标。加快推进绿地信息综合管理系统、农业信息化综合服务平台等14个政府信息化重点项目。强化工业经济转型升级政策激励，在技术改造、淘汰落后、绿色发展等方面兑现资金1.65亿元。对上争取各类专项资金7800余万元。培训企业主管2530人次。年内，市经信委获苏州市“十二五”节能工作先进集体、2014—2015年度苏州市促进民营企业经济发展先进集体、2016年中国江苏中小企业创新创业大赛优秀组织奖等荣誉。

1 工信部节能司副司长杨铁生到市调研

2 市智能制造（机器换人）现场推进会

3 现场参观智能制造企业

4 市纺织行业智能制造推进会

5 市政协重点提案督办会

1

2

3

4

5

市科学技术局

2016年，市科技局紧扣全面融入苏南国家自主创新示范区建设目标，全力推进“二市一区一中心”（创新型城市、知识产权示范市，高新区，沙洲湖创新中心）建设，科技事业发展取得新突破。**逐步完善创新政策体系。**制定《张家港市创新驱动能力提升计划实施意见》《张家港市“十三五”知识产权发展规划》等政策文件，进一步明确发展目标、重点任务、发展路径，布局重大平台和基础设施。同时，进一步调整企业科技创新积分管理办法及计分标准。**全面推进重点科技工作。**落实2015年度企业科技创新积分资助兑现，“科顺通”科技创新综合管理服务平台投入使用。完成张家港创新展示中心改造，创新创业梦工场为全市科技型企业对外展示及融资路演提供实体化平台。**大力培育科技企业发展。**加强高新技术企业、省民营科技企业、省上市入库企业组织申报和培育工作，强化上级科技项目组织申报和辅导，其中康得新公司“超清高亮裸眼3D立体显示用液晶光学模组的研发与产业化”进入省成果转化项目现场考察。**积极推动科技项目合作。**引进建设长安大学张家港汽车研究院，成立市技术转移联盟。积极组织产学研系列活动，促进优秀科技成果及产业化项目落地生根。**深入开展载体内涵建设。**不断加大对众创空间、企业研发平台等创新载体的建设辅导，加快推进全市产业技术研究院建设和发展，孵化项目产业化步伐不断加快。**加速打造专利强市工程。**加大知识产权示范市、试点园区建设组织推进力度，重点知识产权创建结出硕果。同时，稳步推进企业专利培育工作，深入开展知识产权执法维权行动，健全完善知识产权服务机制。

1 市科技活动周开幕式
2 全市企业科技创新积分政策宣讲会
3 苏州知识产权工程师培训张家港专场
4 “4·26”世界知识产权日知识产权宣传展板进校园
5 企业科技创新访谈

市审计局

2016年，市审计局认真落实上级审计工作会议和市委、市政府要求，严格执行完善审计制度、改革试点工作部署，以助推中央和各级党委、政府重大决策贯彻落实为重点，着力助推供给侧结构性改革，着力助推经济社会发展和民生福祉优化，着力助推查案执纪，充分发挥审计监督作用，为全市"紧扣强富美高、全面提升品质"做出积极的贡献。全年完成财政审计项目14项，经责项目14项，审计发现问题172个，出具审计决定书12份，移送问题线索2条，查出管理不规范资金20.08亿元，违规金额29万元，提出审计建议181条。基建工程项目定案数258个，送审29.4亿元，核减2.5亿元，核减率8.4%，跟踪审计送审2.5亿元，核减工程进度款810万元，核减率3.23%。2016年市审计局在绩效考评中获综合贡献奖，在张家港市预防职务犯罪工作中被评为先进单位，行事审计科被授予现代化建设三年行动计划机关示范科室。

1 召开内审指导工作会议
2 关注转型升级专项资金使用情况
3 在香山廉政教育基地开展防腐倡廉现场活动
4 审计志愿者开展情系红领巾——气象科普活动
5 组织参加"走基地、看变化、聚力量"活动

市统计局

2016年，市统计部门坚持依法行政，推进改革创新，夯实统计基础，优化统计服务，为全市经济社会发展提供统计支撑和服务保障。有序开展各项统计调查，按时上报、如期公布各项统计资料。主动对接统计改革，新标准推进统计基层基础建设，强化数据质量管理体系,深入推进依法治统，全方位保障统计数据质量。发挥统计在大数据中的作用，加强统计监测和调查，深入开展经济运行分析、预测预警和信息服务，年内撰写统计分析、专题材料、信息动态450余篇。市统计局在苏州市统计系统综合考评中获得第二名，获市级机关绩效考核“优胜贡献奖”。

1 苏州市统计局局长陈鼎昌一行到张家港调研
2 苏州市统计局副局长张新泉、国家统计局苏州调查队副队长王娴一行到张家港进行三农普查工作调研
3 市委常委、常务副市长卞东方到市统计局调研
4 省统计局社会和科技统计处一行到冶金园（锦丰镇）调研
5 2016年全市统计年报会议
6 市统计局、国家统计局张家港调查队举办统计开放日活动
7 法治统计宣传活动
8 张家港市统计局代表队参加全省工业统计业务技能大赛获三等奖
9 市统计局机关党支部开展重温入党誓词宣誓活动
10 市统计局开展建党95周年“走基地、看变化、聚力量”主题活动

5

6

法统计　加快建设法治统计
张家港市统计局　国家统计局张家
7

江苏省工业统计业务技能大赛
三等奖
8

9

太湖臻品
TAIHUZHENPIN
纪念建党95周年
“走基地、看变化、聚力量”
张家港市统计局　国家统计局张家港调查队
10

市国土资源局

2016年，市国土资源局贯彻“保护资源、节约集约、维护权益，改革创新”的工作要求，结合全市实际，狠抓工作目标落地见效，较好完成既定工作任务，获评省文明单位、市综合贡献奖等荣誉。张家港市因耕地保护成效突出，成为苏州大市范围内唯一被省国土厅通报表扬的地区，节约集约综合评价居全省96个县（区）第6位，获得省国土资源节约集约利用模范市称号。此外，乐余镇获评全省耕地保护先进单位，得到200万元资金奖励；大新镇被表彰为苏州市土地执法模范乡镇。具体而言，做到了“六个坚持”：即坚持量质并举，守住人民群众的口粮田；坚持科学调控，保障经济持续平稳增长；坚持主动进取，促进节约集约用地水平；坚持部门联动，加快法治国土建设进程；坚持民生为本，取得社会各界普遍认可；坚持从严治党，提升干部队伍建设水平。

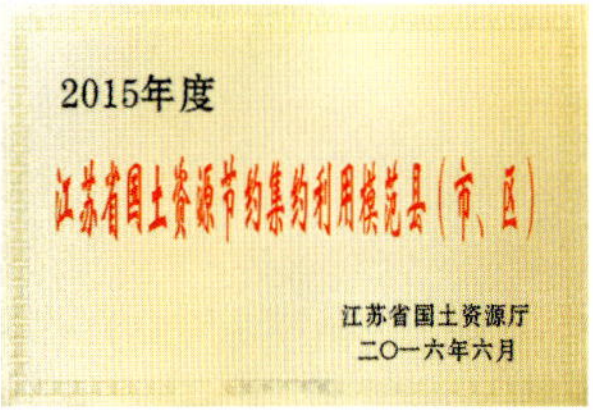

1 市不动产登记局揭牌暨首批不动产权证书颁发仪式
2 局班子成员走进政风行风热线
3 举办国土资源依法行政专题讲座
4 组织青年志愿者走进幼儿园宣传保护地球知识
5 开展“好家风好家训”宣讲活动

市城市管理局

2016年，市城管局围绕打造“打造全省最洁美文明城市，打造全省最优秀城管队伍”的目标定位，深化“大城管”机制运作，实施城市网格管理，推动各项重点工作落地见效，全市城乡环境面貌持续改善，城管执法服务水平不断提高，社会参与热情日益高涨。城乡环境管理全面推行“网格化”，健全“市、镇、街道、社区（村）”四级网络，搭建城市管理网格219个，实现全市域覆盖。完善权力清单和责任清单，细化行政处罚自由裁量权，实施执法监督、执法案卷评查等工作制度，规范行政执法行为，全年行政处罚10万余起，零复议、零诉讼。市级城管、爱卫机构整合后，调整出台《城乡大环境长效管理工作意见》，明确工作标准，强化监管考核，落实2150万元奖补资金。年内，市城管局获世界卫生组织健康城市建设最佳实践奖、江苏省文明单位、苏州市城市环境综合整治先进集体3项荣誉。

1 2016年7月19日，市委副书记、代市长黄戟督办百日整治行动
2 市人大督察建议办理情况
3 副市长周斌伟调研城管工作
4 南丰镇永谐路创建省城市管理示范路验收
5 参加苏州市城管执法队伍会操大赛
6 开展百日整治行动

1

2

3

4

5

6

市交通运输局

2016年，市交通运输局以“构建现代综合交通运输体系”为目标，以“抓建设、强服务、优管理”为重点，积极履职。全年完成交通建设投资41.6亿元，疏港高速公路建成运营，申张线航道（金港段）整治项目除袁家桥在建外已建成启用，沪通铁路及地方配套项目进展顺利。港丰公路疏港高速节点改造等4个项目建成启用，晨丰公路（双鹿路至老204国道）等6个项目稳步推进。突出责任制落实，强化行业日常监管，创新工作举措，交通运输行业安全有序发展。持续推进“绿色公交”发展，加大对公路和桥梁的养护，继续加大信息技术在交通管理服务中的应用，深化服务品牌建设，交通运输服务保障能力持续增强。坚持以“两个责任清单”落实为抓手，深入开展作风效能、行业文明建设，年内，市交通运输局被评为江苏省2012—2015年度文明单位。

1 2016 年 12 月 21 日，市委副书记、市长黄戟调研张家港公共交通

2 局长陆惠忠走访慰问公交一线职工

3 架梁施工中的沪通铁路线路段

4 建成运营的疏港高速公路（张家港保税区收费站口）

5 更新的 40 辆 LNG 插电式混合动力公交车

6 “行行出状元”职业技能大赛汽修分赛颁奖仪式

市水利局

2016年，市水利局扎实推进水安全保障、水环境改善、水资源保护、水生态修复和水文化弘扬，认真开展“两学一做”学习教育，实现了“十三五”水利发展良好开局。年内，市水利局获评“2016年度张家港市综合贡献奖”，水政监察大队获评江苏省文明单位。**防洪减灾能力持续提升。**成功抵御长江中下游自1998年起最大洪水和太湖流域自1954年起第二高水位的“两面夹击”，全市安全度汛。老海坝节点综合整治二期、奔辉至中东石化段及越洋石化至十三圩段“百年一遇”江堤升级改造全面完工，渡泾港闸站改建完成水下工程验收，新建改建排涝站22座、圩口闸20座。**水生态环境不断改善。**五节桥港拓浚、太字圩港南延等骨干河道整治相继启动，谷渎港北段整治、二支河整治等工程基本完工。农村水系连片治理持续推进，疏浚河道743条，拆坝建桥150座，建设省级农桥42座，建设生态河道38条，创建江苏省“水美乡村”4个，完成第二批重污染河道治理46条。**农村水利保障能力不断增强。**第五批中央财政高标准农田重点县项目（2013—2015）基本完成，新建高标准农田1231.33公顷，获得2014年度、2015年度江苏省绩效考核优秀等次，启动第八批中央财政小型农田水利重点县项目（2016—2018）建设。**水利管理服务机制不断创新。**河道长效管护实行分类管理、分级考核，河道保护纳入“村规民约”，获江苏省级考核优秀等次。江苏省级小型农田水利工程管护改革试点圆满完成，河湖和水利工程确权划界、农村水价改革试点等工作稳步实施。

1 长江水利委员会主任魏山忠一行调研张家港市长江岸线保护和开发利用情况
2 “节约用水”从小做起
3 五节桥港泵闸站展新颜
4 防范台风“尼伯特”
5 长江水文勘测者

市住房和城乡建设局

2016年，市住建局围绕全市“十三五”发展总目标，紧扣年度工作目标，全力助推城乡一体，精心组织工程建设，不断深化行业管理，各项工作取得新成效。全年指导完成全市房屋搬迁2304户，安置房竣工243万平方米，安置在外过渡户6713户。全年承担29个代建项目，职业技能实训基地二期、城中老年健身基地、第三人民医院门急诊楼等11个项目竣工交付。排水系统改造工程、市区桥梁拆建及维修工程、世纪广场改造工程顺利完成。农村供水改造工程三年计划全面完成，年内完成3.28万户，2014年至2016年累计完成7.83万户。稳步实施农村生活污水治理工程，全年完成2.83万户。部署新一轮美丽城镇建设工作，有序组织推进。疏港高速绿色通道、五棵松路绿化工程、北二环大桥绿化修复工程等10项绿化工程完成，建成绿地面积107万平方米。深化“虹筑之家”建筑行业党建服务品牌内涵，不断完善信用系统建设，加大行政执法力度，全年立案查处违法建设158起。加强质量安全标准化管理，深入推进工程质量治理两年行动，提升文明施工水平，创省级和苏州市级标准化示范工地64个，加快推进全市绿色建筑发展工作。突出管养并举，加大市政设施管护与整治力度。优化城区防汛指挥管理体系，提高预警能力和应急指挥水平。全年完成供水1.66亿立方米，新增城镇污水管网92.5千米，处理污水5439万立方米。完善长效管理机制，加大绿化管护工作力度，规范企业行为，不断优化城乡生态环境。努力提高服务水平，抓好公园日常管理，全年接待游客200万人次。

1

2

3

4

1 市委书记朱立凡，市委副书记、市长黄戟现场督察第三人民医院门急诊楼工程
2 苏州市水利局局长王国荣调研农村生活污水治理工程
3 副市长赵建明检查建筑工地安全生产工作
4 美丽城镇建设
5 疏港高速公路绿化工程
6 市住建局代建的市人民法院审判法庭
7 市住建局代建的金茂大厦
8 市住建局代建的金城大厦
9 庆祝建党 95 周年活动
10 住建青年沙龙活动

5

6

7

8

9

10

市文化广播新闻出版局

2016年，市文广新系统继续保持苏州、江苏乃至全国同级前列，得到了各级领导和社会各界的认可和赞誉。张家港市创成“中国曲艺名城”，入选2016年书香城市（区县级）发现活动名单，获江苏省“无小耳朵社区”创建工作标兵县（市、区）称号，建成江苏省曲艺创作研究基地、江苏省群众文化理论研究基地。市文广新局获评第六届全国服务农民、服务基层文化建设先进集体，中国曲艺家协会曲艺杂志社通联工作先进集体，获2016年度全国查处侵权盗版案件有功单位一等奖，入选全省第四批新闻出版广电（版权）依法行政示范点。市文化行政综合执法大队获评2016年度江苏省执法办案有功集体。市文化馆获全国优秀文化馆称号。市文化志愿者协会获评文化部2016年文化志愿服务典型（团队）。江苏省应急广播体系县级试点建设（张家港）项目在全省率先结项。**媒体宣传引导有力。**围绕重大主题、节庆节点和市委市政府中心工作，市广播电视台推出近50组600余集主题系列报道。电视3D城市形象片《听见你的声音》获2016年第五届中国先进影像作品奖优秀奖。广播传媒中心再获“向省台发稿优秀单位”，电视传媒中心连续24年获江苏电视新闻荧屏繁荣奖。**文化服务扎实推进。**县域文化馆总分馆体系探索与示范项目入选2016年度国家文化创新工程重点项目。张家港市文化馆成为江苏省县级文化馆总分馆制建设试点单位。长江文化艺术节、市文化馆东方艺术团分获省首批群众文化“百千万”工程优秀文化活动品牌、优秀群文团队。全国首个按分级阅读理念布馆少儿图书馆正式对外开放。**艺术生产成果丰硕。**一批文艺作品在全国全省大赛和评比中获佳绩，摘得国家级荣誉7项、省级荣誉26项，4篇理论文章获国家级奖项、11篇获省级奖项，9个广电节目获国家级奖项、13个获省级奖项。其中，中篇评弹《牵手》获第九届中国曲艺牡丹奖节目奖第一名。小品《牛二进城》和锡剧《一盅缘》入选国家艺术基金资助项目。**文化交流影响提升。**国际幽默艺术周落户张家港市。评弹《珍珠塔·妆台报喜》获第九届巴黎中国曲艺节“卢浮”银奖，为张家港戏曲曲艺赢得首个国际奖项。**文化产业实力增强。**全年张家港市文化产业增加值占地区生产总值比重达到7.3%。有6个项目被列为苏州市重点文化产业项目。原创动画片全年累计制作片长2758分钟，3部动画片在中央电视台播出，1部动画片在韩国SBS电视台播出。江苏如意通动漫有限公司在全国中小企业股份转让系统挂牌。**文化执法规范有力。**查处的“风雨文学网”侵犯文字作品著作权案入选“2016年度全国打击侵权盗版十大案件”及“剑网2016”首批网络侵权盗版案件，查处的朱某某侵犯著作权案获全国文化市场综合执法重大案件，查处的徐某某擅自从事娱乐场所经营活动案获江苏省十一届文化行政执法案卷行政处罚类优秀案卷。**版权管理成效显著。**市版权局获第六届中国国际版权博览会“CICE金慧奖·最佳组织奖”。市广播电视台创建成为省级版权示范单位，张家港软件（动漫）产业园获批江苏省版权示范园区。

5

6

1 11月1日，中央文化管理干部学院院长、中国群文学会副会长、国际民间艺术节组织（CIOFF）中国委员会常务副主席张旭出席在张家港市召开的"繁荣群众文艺创作大家谈"暨长江流域群众文化学会座谈会

2 11月9日至10日，文化部政策法规司副司长王建华对张家港市《非物质文化遗产法》执行情况进行调研和考察

3 6月27日，江苏省文化厅党组书记、厅长徐耀新到张家港市调研文化建设工作

4 12月3日至4日，湖南省文化厅党组书记、厅长李晖，江苏省文化厅党组成员、副厅长、江苏省戏曲现代戏研究会会长吴晓林观摩张家港市国家艺术基金2015年度资助项目——锡剧《三三》在湖南长沙的交流展演

5 7月5日，中国曲协分党组书记、驻会副主席、秘书长董耀鹏参加在张家港市召开的"践行五大发展理念，提升曲艺发展新境界"研讨会，并为张家港市"中国曲艺名城"授牌

6 11月22日，江苏省新闻出版广电局党组副书记、副局长申彭建到张家港市对"江苏省应急广播体系县级试点建设（张家港）"项目进行验收

7 5月9日至10日，中国曲协分党组书记、驻会副主席、秘书长董耀鹏，江苏省文联党组成员、副主席、书记处书记刘旭东到张家港市考察"中国曲艺名城"创建工作

8 1月6日，江苏省文联党组成员、副主席、书记处书记刘旭东，中国曲协副主席、江苏省文联副主席、江苏省曲协主席盛小云，江苏省曲协驻会副主席、秘书长卢明参加在张家港市召开的中篇弹词《牵手》研讨座谈会

9 4月10日，江苏省广播电视总台副总台长、党委委员、集团副总经理陈辉一行到市调研广播电视发展情况

10 9月12日，张家港市委书记朱立凡，张家港市委副书记、代市长黄戟等调研张家港市2016年民生实事项目——书场（戏台）建设工程

7

8

9

10

市体育局

1

2

3

4

2016年，全市体育工作强化服务供给。印发《张家港市全民健身实施计划（2016—2020）》，明确“十三五”期间全民健身工作发展目标、重点任务。全市新建和改建10个社区多功能运动场，新建便民健身步道35条。更新全民健身路径器材140套、篮球架40副。优化“城区5分钟、中心镇区10分钟体育健身圈”。镇区“新四个一工程”、办事处“三室一场一路径”全覆盖。全市村（社区）实现“两室一场一路径”全覆盖并向自然村巷延伸，有80多个村（社区）达到省定一类标准，占行政村总数的50%。连续2年组织短程马拉松系列赛（4站）；举办历时半年的第六届“全民健身大联赛”，超过5万人次参与；举办全民健身节、全民健身大展示、假日体育等一批传统活动；连续3年承办全国健身秧歌、健身腰鼓及手拍鼓大赛。深化教体结合。参加江苏省青少年田径锦标赛暨县组田径赛（第一赛区）获得金牌数冠军、混合团体总分第二名，连续8年跻身全省第一方阵。张家港市籍运动员袁琦琦代表中国田径队参加里约奥运会女子100米比赛、4×100米接力赛。全年向省、苏州市训练单位输送运动员30人。7月，中国足协“贝贝杯”青少年（U12）男子足球赛再次启动，全国各地24支青训足球队参赛。打造多元格局。会同公安、卫计委等部门对全市游泳场所开放进行联合执法检查，落实安全责任。指导体育企业申报2016年体育产业引导资金项目。江苏金陵体育器材股份有限公司成为里约奥运会器材供应商，被评为国家体育产业示范单位。永钢集团被评为省级体育产业示范单位。承办省青少年阳光体育运动联赛开幕式和县组田径赛、省第七届全民健身运动会风筝精英赛、中国壁球巡回赛、国际网联（ITF）男子巡回赛、全国健身秧歌健身腰鼓大赛、中国业余网球公开赛、国际象棋棋协大师赛、亚洲东区排球锦标赛、国际男篮四国邀请赛、中国桌式足球公开赛等赛事，品牌赛事辐射效应不断增强。

年内，市体育局先后获评苏州市第十四届体育运动会群众体育先进集体、省第七届全民健身运动会最佳竞赛组织奖、2016年全国健身秧歌健身腰鼓大赛及中国桌式足球公开赛优秀组织奖等荣誉，市体育总会获全省县级体育总会重点工作督察一等奖。市体育中心被命名为省青少年足球校外活动中心，市少体校获评2016—2017年度省级高水平体育后备人才单项训练基地。

5

6

7

8

9

10

1 4 月 29 日，江苏省青少年阳光体育运动联赛在市开幕

2 4 月 29 日至 5 月 2 日，江苏省青少年田径锦标赛暨县组田径比赛（第一赛区）在市举行

3 5 月 1 日，全国健身秧歌、健身腰鼓及手拍鼓大赛在市举办

4 7 月 8 日至 10 日，"永联村杯"国际男篮四国邀请赛在市举行

5 11 月 28 日，江苏省体育局局长陈刚一行到市调研

6 12 月 30 日，市第六届迎新年万人健步行活动在沙洲湖畔举行

7 7 月 19 日，亚洲东区女子排球锦标赛在市开赛

8 7 月 8 日，第十九届"贝贝杯"青少年男子足球赛在凤凰镇开幕

9 11 月 11 日至 13 日，"杨舍杯"中国桌式足球公开赛暨全国青少年桌式足球赛在福前小学举办

10 张家港市籍运动员袁琦琦（右一）代表中国田径队参加里约奥运会

市民政局

①

②

③

④

2016年，市民政局秉持“民政为民、民政爱民”理念，各项工作取得新成效。年内，全省民政工作座谈会在市召开，张家港市现代民政建设经验得到省厅高度肯定。

社会救助拓展内涵。社会救助信息网络公示实现乡镇全覆盖。探索建立第三方核查机制，开展2016年度低保（含低保边缘）家庭年审。出台《张家港市临时救助实施细则》，提升“救急难”工作效能。新增“全国综合减灾示范社区”1个，实现各区镇均有一个全国综合减灾示范社区目标。**养老服务夯实基础。**出台《关于加快发展养老服务业完善社会养老服务体系的实施意见》。启动养老机构能力提升专项行动，实施市老年活动中心梁丰生态园分中心改建工程。市亲情（虚拟）养老院“提标提质扩面”，被中科院推荐入选《新型智慧城市发展报告》（2015—2016）优秀案例。实施智慧养老实事项目，已发智能腕表1247台。**社会治理聚焦创新。**出台《张家港市关于建设全省社区治理和服务创新实验区实施意见》《关于推进城乡社区减负增效的实施意见》《张家港市乡镇社区布点规划》。村（居）民自治工作列入全国农村改革试验区新增试验任务。基于村（居）民自治成果申报的“社区协商——基层治理法治化的新探索”项目获“中国法治政府奖”第一名。在全国首创县市层面社区发展基金会，资金规模为2344万元。**双拥优抚讲求融合。**实现全国双拥模范城创建“六连冠”，永联村党委书记吴惠芳被评为江苏“最美复转军人”。开展“9·30”烈士公祭活动。实施“军民共建鱼水情”公益创投项目。为全市2908名优抚对象发放抚恤经费、节日慰问金、物价补贴合计3201.3万元，为758户义务兵家庭发放优待金2206.6万元。**慈善福利扩大影响。**“爱满港城”累计接收善款5381.83万元。开展盐城风灾援助工作，共募善款127.73万元及价值100万元的药品。实施“为爱行走·悦动港城”项目，为23个公益项目筹集善款72.48万元。“共享阳光”助学项目为困难学生1737人发放资金476.47万元。举行首个“中华慈善日”系列活动。年内基层慈善组织数达到279个，在全省县市率先实现村（社区）全覆盖。在全省首家成立“困境儿童关爱中心”，为首批28名困境儿童提供8大类48项精准、适度帮扶项目。**专项事务注重有序。**起草完成《关于推进我市殡葬改革，实现文明殡葬的调研和建议》。金港、锦丰、塘桥、南丰、大新五镇建成镇级殡仪服务中心。推进第二次地名普查，完成调查地名目录13028条。试行“婚礼式”颁证服务。年内，办理结婚登记6645对，离婚登记2279对。婚姻家庭辅导269对，有效调解204对。办理收养登记58件。救助生活无着流浪乞讨人员634人次。启动“数字化寻亲”项目，通过人像识别比对，成功查实5名滞留五年以上人员的身份信息。

5

6

7

8

1 10月14日，市第十一届村民委员会和第六届社区居民委员会换届选举工作会议召开

2 11月4日，张家港市建设省社区治理和服务创新实验区现场推进会召开

3 9月29日，市政府副市长丁学东慰问锦丰百岁老人

4 8月9日，市委宣传部副部长何俊、市民政局局长黄祥亮为新人们颁发结婚证书

5 7月12日，“爱满港城”慈善大会召开

6 8月9日，市婚姻登记处开展“缘定七夕·文明婚约”活动

7 春节前夕，社会组织为杨舍、金港部分荣立军功的现役军人赠送慰问品

8 10月30日，开展“为爱行走·悦动港城”大型公益徒步活动

市旅游局

2016年，市旅游局以推进全域旅游建设为重点，注重经济效益、社会效益和生态文明效益相统一，不断推动产业融合，提升全市旅游产业实力和竞争力。全市旅游业接待游客710.4万人次，旅游总收入149.76亿元。暨阳湖欢乐世界、江南农耕文化园、凤凰山景区、香山景区和双山岛旅游度假区5个收费景区实现门票收入2673.27万元，景区营业收入10407.88万元。全市在建涉旅项目8项，计划投资33.75亿元，完成投资35.32亿元。年内，《旅游业全面提升三年行动计划（2016—2018年）》和《旅游业发展奖励补助办法》出台，为旅游业发展提供了有力的政策保障。市旅游发展有限公司成立，初步实现对旅游资源整合、旅游项目的策划、包装和运营。暨阳湖生态旅游区创建为国家AAAA级旅游景区，田园风光亲子度假区、启园农庄创建为省四星级乡村旅游区，初见香草园、雅农生态园创建为省三星级乡村旅游区，凤凰休闲农业园创建为省自驾游基地。

1 省文明旅游倡导工程暨“为中国加分”文明旅游公益行动（江苏）启动仪式在香山风景区举行
2 市委副书记、市长黄戟调研永联旅游业
3 2016 张家港秋游季启动仪式
4 “文明旅游伴我行”广场宣传咨询活动
5 旅游安全应急演练观摩现场会

张家港港

Zhangjiagang Port

张家港港　（胡　明　摄）

港口码头

口岸与港口管理

海　　关

检验检疫

海　　事

边防检查

长江引航

长航公安

口岸服务

港口码头

【概况】 张家港港东距上海吴淞口146.5千米，西离南京港219.4千米，南与杭嘉湖地区相连，北通苏北各港。港口面江、傍河、通海，具有水水中转优势。可承接钢材、木材、化工品、粮油、煤炭、集装箱、件杂货等不同货种的中转储运。港口岸线西起长山（与江阴交界），东至东沙（与常熟接界），全长80.4千米，其中主江岸线63.6千米，包括深水岸线约40千米。岸线顺通，-10米以下深水贴岸，不冻不淤，并有江心福姜沙作天然屏障，是避风良港。口岸年平均气温15.2摄氏度，相对湿度76%，每秒风力3.8米，属亚热带海洋性气候。作为苏州、无锡、常州地区对外开放的重要门户，港口拥有富庶的经济腹地和区港一体的自然条件，是长江内河流域最早对外开放的国家一类口岸。

【码头泊位】 年内，段山港作业区重型装备制造基地码头工程试运行；奔辉码头改造工程（2个5万吨级泊位）陆域部分开展设计变更；过产业重机码头扩建工程（1个1万吨级泊位）试运行；孚宝化工码头二期工程（1个1万吨级泊位、1个3万吨级泊位）启动后方陆域道路建设；沙洲电力二期“上大压小”（上大发电机组，关停小发电机组）扩建项目配套码头工程（1个10万吨级泊位）交工；张家港港区集装箱码头改扩建工程（1个3万吨级泊位、2个2000吨级泊位）取得交通运输部岸线批复、省发改委项目核准及省交通运输厅初步设计批复；江海粮油码头及海力5号码头结构加固改造工程通过省交通运输厅竣工验收。1月，张家港港新重装码头港务有限公司2号、3号、4号泊位经省政府批准正式对外开放；2月，张家港锦隆重件码头有限公司3号泊位经省政府批准正式对外开放；9月，张家港沙洲电力有限公司一期煤炭码头通过对外开放省级验收。至年末，张家港港有大新专用航道、东沙专用航道，张家港海轮锚地、8号锚地、危险品锚地、福中锚地4个锚地。张家港口岸有26个码头单位共135个泊位，其中开放泊位82个，万吨级以上泊位72个，万吨级开放泊位66个。

【货物吞吐】 全年口岸完成货物吞吐量28677万吨，比上年增2.4%，其中金属矿石7857.9万吨、煤炭及制品6702.6万吨、钢铁4226.1万吨、矿建材料2125.8万吨、化工原料及制品1309.8万吨、粮食825.4万吨、木材625.3万吨、化肥及农药310.4万吨、石油天然气及制品163.1万吨、水泥135.4万吨、机械设备28.2万吨。外贸运量6103万吨，比上年增2%，其中外贸进口4126.5万吨。发挥进境肉类、汽车、粮食、油菜籽等4个指定口岸以及化工品交易中心、纺织原料市场、进口消费品市场等特色载体优势，全年进出口整车1.28万辆，进口粮食427.2万吨、葡萄酒399万升、羊毛13万吨、棉花9.6万吨、肉类10.7万吨，整车、粮食、红酒、羊毛、棉花、肉类等特色货种进口量持续位居全省同类口岸之首。集装箱运量98.3万标箱，比上年减2.3%。货物吞吐量继续保持全国县域口岸领先，居全省港口首位。外贸和集装箱运量在长江沿线港口位列前茅。（余佳红）

2016年年末张家港口岸码头泊位一览表

表12

作业区	码头单位	码头泊位名称	泊位个数	主要用途	前沿水深（米）		码头长度（米）	靠泊能力（吨级）	投产年月	对外开放年月
					设计水深	实际水深				
长山作业区	张家港市久盛船业有限公司	久盛码头	2	船修	-8.50	-8.00	300.00	1个30000 1个50000	2008年12月	2009年8月
长山作业区	上海振华重工（集团）张家港港机有限公司	港机厂码头	1	港机发运	-7.00	-7.50至-9.00	84.00	10000	1997年12月	1998年5月
长山作业区	张家港锦隆重件码头有限公司	锦隆重件码头	4	件杂货	-6.90至-9.00	-6.90至-9.00	540.00	2个5000 1个1000 1个8000	2011年8月	2016年2月3号泊位开放
张家港作业区	张家港港务集团有限公司	1号泊位	1	件杂货	-11.00	-11.00	185.00	13000	1994年7月	1983年5月
		2号泊位	1	件杂货	-11.00	-11.00	185.00	13000	1994年7月	1983年5月
		4、5号泊位	2	件杂货	-11.85	-11.85	581.00	100000	2001年8月	1983年5月
		6号泊位	1	件杂货	-10.50	-10.50	180.00	10000	1985年12月	1985年12月
		7号泊位	1	件杂货	-10.50	-10.50	180.00	10000	1985年12月	1985年12月
		8号泊位	1	木材	-11.62	-11.62	203.00	25000	1993年8月	1994年12月
		9号泊位	1	散货	-11.62	-11.62	185.00	20000	1993年8月	1994年12月
		10号泊位	1	液体化工	-11.62	-11.62	196.00	25000	1993年8月	1994年12月
		13号泊位	1	件杂货	-11.68	-11.68	180.00	10000	2002年6月	1988年12月

续表12

作业区	码头单位	码头泊位名称	泊位个数	主要用途	前沿水深（米）		码头长度（米）	靠泊能力（吨级）	投产年月	对外开放年月
					设计水深	实际水深				
张家港作业区	张家港港务集团有限公司	14号泊位	1	件杂货	-11.62	-11.62	195.00	13000	1992年10月	1992年12月
		15号泊位（永嘉码头）	1	集装箱	-11.62	-11.62	255.00	25000	1992年10月	1992年12月
		16号泊位（永嘉码头）	1	集装箱	-11.62	-11.62	250.00	25000	1997年10月	2015年10月
		17号泊位（永嘉码头）	1	件杂货	-11.90	-11.90	217.00	30000	2006年10月	—
	江苏省江海粮油贸易公司张家港储运部	1号泊位	1	粮油	-10.50	-9.80	180.00	50000	1987年10月	1987年12月
		2号泊位	1	粮油	-11.00	-10.00	220.00	70000	1991年11月	1991年11月
		3号泊位	1	粮油	-11.00	-10.00	210.00	70000	1996年9月	1996年9月
		4号泊位	1	件杂货	-11.40	-13.10	200.00	70000	2006年12月	2007年1月
	苏润集装箱码头有限公司	苏润码头	2	集装箱 件杂货	-13.00	-13.00	432.00	1个30000 1个10000	2007年1月	2007年7月
化学工业园作业区	张家港保税区长江国际港务有限公司	长江国际1号泊位	1	化工	-14.45	-13.00	170.00	10000 （兼靠20000）	1993年4月	1993年7月
		长江国际2号泊位	1	化工	-14.45	-13.00	280.00	30000 （兼靠50000）	2002年9月	2002年9月
		长江国际3号泊位	1	化工	-13.45	-13.00	40.40	3000 （兼靠5000）	2006年2月	2006年8月
	中粮东海粮油工业（张家港）有限公司	东海粮油1号	1	粮油	-11.20	-11.00	284.00	35000	1996年12月	1995年7月
		东海粮油2号	1	粮油	-11.20	-11.00	96.00	5000	1998年	1995年7月
		东海粮油5万吨级扩建码头	1	粮油	-11.20	-11.00	290.00	50000 （兼靠100000）	2004年2月	2004年9月
		东海粮油3号泊位	1	粮油	-6.50	-7.50	120.00	3000 （兼靠10000）	2005年1月	—
	陶氏化学（张家港）有限公司	陶氏化学	1	化工	-11.50	-14.00	244.25	25000	2002年7月	2002年6月
	张家港孚宝仓储有限公司	孚宝码头	2	液体化工	-12.50	-12.50	461.00	1个10000 1个30000 （兼靠50000）	2007年6月	2008年1月
		内港池	2	液体化工	-4.00	—	195.40	2个1000	2010年12月	—
	张家港东华能源有限公司	东华能源	1	液化气	-12.35	-11.00至-14.00	280.00	54000	1999年11月	1999年11月
		东华能源	1	液化气	-11.00至-14.00	-11.00至-14.00	217.50	20000	2010年12月	2011年11月
	双狮（张家港）物流有限公司	双狮物流液体化工泊位	1	液体化工	-14.80	-14.90	312.00	50000	2005年2月	2005年6月
		双狮物流散货泊位	1	散化	-14.78	-15.20	275.00	50000	2005年2月	2005年6月
		内港池	5	液体化工	-4.05	-4.05	403.60	5个500	2005年2月	—
段山港作业区	张家港港新重装码头港务有限公司	段山港重件码头	5	件杂货	-9.84	-9.84	898.00	3个8000 2个5000	2013年	2016年1月2号、3号、4号泊位开放
		内港池泊位	5	件杂货	-4.20	-4.20	455.00	5个2000	2014年	—
	张家港华达码头有限公司	华达码头	5	件杂货	-10.50	-10.50	908.00	3个20000 2个10000	2007年11月	2008年7月

续表12

作业区	码头单位	码头泊位名称	泊位个数	主要用途	前沿水深（米）		码头长度（米）	靠泊能力（吨级）	投产年月	对外开放年月
					设计水深	实际水深				
段山港作业区	江苏省中油泰富石油集团有限公司	公用油品码头（1号码头）	1	成品油	-9.00	-12.50	195.00	10000	2007年1月	2007年12月
		2号码头	1	成品油	-9.00	-12.50	72.00	20000	1994年10月	1995年2月
	张家港永恒码头有限公司	永恒码头	2	散货	-10.30	-11.50	307.00	2个5000	2003年7月	2003年12月
	辻产业重机（江苏）有限公司	辻产业码头	1	件杂货	-10.30	—	115.00	3000	2003年12月	2004年5月
		辻产业2号码头	1	原材料	-7.90	-7.90	46.00	3000	2005年11月	2006年2月
		辻产业扩建码头	1	原材料	-7.50	-7.50	202.00	10000（兼靠30000）	2015年1月	—
	张家港海螺水泥有限公司	张家港海螺水泥有限公司	1	散货	-6.30	-6.30	137.00	5000	2002年7月	—
		张家港海螺水泥有限公司	1	散货	-11.00	-14.50	274.00	5000（兼靠20000）	2005年10月	2005年10月
冶金工业园作业区	张家港浦项码头有限公司	浦项码头	3	废钢和成品钢	-14.00	-14.50	546.00	1个35000 2个10000	2006年9月	2006年12月
	沙钢集团（张家港海力码头有限公司）	浦沙码头	1	件杂货	-10.00	-11.50	144.50	5000	1998年7月	1998年7月
		海力0号码头	1	散货	-12.00	-12.50	289.00	50000	2007年	2009年10月
		海力1号码头	1	件杂货	-11.00	-14.20	234.00	50000	2003年4月	2003年12月
		海力2号码头	3	件杂货	-11.00	-11.20	237.00	1个5000 1个30000	1998年1月	1998年11月
							237.00	1个50000	2012年7月	2013年9月
		海力3号码头	1	钢铁辅料	-12.00	-12.00	238.00	30000	2003年	—
		海力4号码头	2	件杂货	-12.10	-12.00	450.00	1个30000 1个50000	1999年 2001年	2000年8月 2001年11月
		海力5号码头	2	钢板原料、散货	-12.10	-12.00	388.00	1个50000 1个5000	2004年10月	2005年6月
		海力6号码头	2	散货	-11.00	-11.00	453.50	1个50000 1个5000	1995年7月	2006年2月
		海力7号码头	2	散货	-12.00	-11.00	313.50	1个5000 1个10000	2003年4月	2004年8月
		海力8号码头	2	煤炭辅料	-12.00	-12.00	398.00	1个5000 1个50000	2005年5月	2009年10月
		海力9号码头	2	散货	-12.00	-13.00	640.00	2个40000	2006年12月	2007年
		宏源1号浮码头	2	重油	-5.00	-5.50	80.00	2个3000	1997年3月	—
		宏源2号浮码头	2	钢铁	-5.00	-5.50	96.00	2个3000	2000年4月	—
		宏源3号浮码头	2	钢铁	-5.00	-5.50	97.00	2个1000	2001年1月	—
		润忠三线码头	5	件杂货	-3.45	-3.45	258.00	5个1000	2001年2月	—
		海力九龙港池码头	14	散货	-2.50	-2.70	1600.00	14个1000	2001年	—
		奔辉码头	2	散货	-12.50	-22.00	481.00	2个50000（兼靠100000）	2015年1月	2000年1月

续表12

作业区	码头单位	码头泊位名称	泊位个数	主要用途	前沿水深(米)		码头长度(米)	靠泊能力(吨级)	投产年月	对外开放年月
					设计水深	实际水深				
冶金工业园作业区	张家港沙洲电力有限公司	重件码头	1	件杂货	—	—	97.00	3000	—	—
		煤炭码头	1	煤炭	−13.50	−15.00	275.00	30000(兼靠50000)	2005年12月	—
		煤炭码头	1	煤炭	−15.00	−15.00	325.00	100000	2016年11月	—
	张家港中东石化实业有限公司	中东石化码头	1	化工品	−11.20	−11.00	96.00	5000(兼靠20000)	2003年2月	2003年8月
	张家港越洋实业有限公司	越洋A码头	1	石化	−18.00	−18.00	90.00	35000	1999年6月	1999年4月
		越洋B码头	1	石化	−14.00	−14.00	90.00	10000	1999年6月	1999年4月
		越洋C码头	1	石化	−9.00	−9.00	23.00	300	1999年6月	—
东沙作业区	张家港永泰码头有限公司	永泰码头	2	钢铁	−12.00	−13.00	356.00	2个20000	2005年10月	2006年8月
	张家港宏泰码头有限公司	宏泰通用码头	2	散货	−13.10	−13.60	464.00	2个35000	2009年1月	2009年8月
	张家港盛泰码头有限公司	盛泰通用码头	3	散杂货	−13.00	−13.00	808.00	1个40000 2个50000	2012年10月	2014年6月

说明:对外开放时间为对外籍船舶开放时间,投产年月比对外开放时间晚的是重新改建的码头泊位,靠泊吨级带括号的为兼容级别

【港务集团获评中国港口年度十大最受关注企业】 张家港港务集团有限公司(简称港务集团)是苏州城市建设投资发展有限公司控股子公司,是苏州市境内历史最久、开放最早、规模最大、功能最全社会公共码头企业,有员工近3000人。集团拥有长江岸线3.5千米,15个万吨级以上泊位,最大可停靠15万吨级船舶,江心浮筒12个;内河港池1座;起重、输送、航运等大型专用装卸设备500余台;库场面积155万平方米,化工储罐48个计14万立方米,可同时停靠万吨级船舶26艘,年吞吐能力6000万吨。2016年,完成货物吞吐量6172万吨,其中外贸吞吐量1767万吨;完成集装箱吞吐量85.9万标箱。主要货种吞吐量情况:木材374万立方米、煤炭2722万吨、金属矿石1341万吨、钢材170万吨、化肥174万吨、机械设备15万立方米、水泥14万吨、化工原料35万吨。年内,港务集团收购华东木业(张家港)有限公司全部股权,拓展了堆存能力。18号泊位项目取得交通运输部岸线批复及省发改委项目核准批复,完成初步设计审查、施工图设计审查、土地指标申请。港务集团通过中国物流企业评估最高标准AAAAA级物流企业复核,质量管理体系及能源管理体系的外部监督审核。连续第9次获评江苏省文明单位,获得2016年中国港口年度十大最受关注企业、2016年度长江诚信港航企业、全国交通运输文化建设卓越单位、张家港市服务业骨干企业、张家港市高技能人才培养先进单位等称号。 (许咏梅)

【永嘉码头完成集装箱吞吐量67.5万标箱】 张家港永嘉集装箱码头有限公司(简称永嘉码头)成立于1992年5月,1992年12月正式运营,由中国远洋海运集团旗下中远海运港口有限公司与张家港港务集团有限公司合资经营,有职工260人。永嘉码头有3个万吨级泊位,可接卸5万吨级集装箱船舶。码头岸线长722米,陆域面积45万平方米,其中集装箱堆场面积35万平方米,堆箱容量4万标箱,泊位设计年吞吐能力100万标箱。码头拥有全年通过能力5.05万标箱、面积2.57万平方米的专业化危险品堆场,能够装卸、储存七类以外的危险品集装箱;拥有448标箱的冷藏箱堆场、48标箱冷危箱堆场、1000平方米的查验冷库和先进的检验设备设施、8000平方米的月台式仓库和2万平方米的查验熏蒸堆场。拥有集装箱装卸桥5台、轮胎式龙门吊14台、集铲9台以及各种拖车、拖架、叉车等70余台。公司公共驳船网络已覆盖苏南地区90%以上区域,开辟日本航线、韩国航线、长江内支线、沿海内贸线。年内,加强对无锡、常州地区的营销力度,无锡、常州地区的外贸进出口箱量29769.5标箱,比上年增30%以上。全年公司完成集装箱吞吐量67.5万标箱,其中完成外贸集装箱吞吐量32.42万标箱。 (龚华斐)

【江海粮油打造现代化粮油产业基地】 2016年,江海粮油(张家港)产业有限公司(简称江海粮油)为江苏省江海粮油集团全资子公司,占地面积55.33公顷,拥有长江深水岸线830米,万吨级码头泊位4个(分别为5万吨级1个,7万吨级3个),粮食仓容30万吨,油脂罐容28万吨,有1座日加工3000吨大豆压榨厂、1座日加工

1200吨食用油精炼厂。2016年，累计接卸外轮111艘次，完成货物吞吐量663.3万吨，其中粮食饲料418.6万吨、油脂134.7万吨、杂货110万吨。“十三五”期间，江海粮油计划投资超6亿元对码头进行升级改造。至2016年年末，散粮输送线改造项目已投入使用，输送能力从每天8000吨提升至每天2万吨；15万吨散粮筒库项目中，一期5万吨钢板仓投入使用，二期10万吨钢板仓开工建设，计划2017年投入使用；大豆压榨厂配套的小包装装船机项目进入施工阶段；易地新建的办公楼完成设计招投标，办理规划报批、立项手续。根据规划，码头预计形成每天压榨6000吨大豆、每天精炼2000吨食用油的加工能力，粮食仓容和油脂罐容分别达到50万吨，实现年货物吞吐量1000万吨，打造成全国最大的省级油脂油料生产、储存、流通基地和有领先地位的现代化粮油产业基地。 （张晓云）

【永钢集团码头通过四大体系认证】 东沙作业区永钢集团码头由宏泰物流、宏泰、盛泰3个长江码头和宏顺、永丰两个内河码头组成。宏泰物流码头于2005年投产，拥有2个万吨级散货泊位，最大靠泊能力为5万吨级。码头平台长356米，引桥1座，长1163米，宽15米，设计年吞吐能力440万吨。拥有卸船、输送、起重等大型专用装卸设备48台，堆场面积30万平方米。宏泰码头于2009年投产，拥有2个3.5万吨级（水工兼顾5万吨级）的通用泊位，最大靠泊能力7万吨级。设计年吞吐量为300万吨，其中进口110万吨、出口190万吨。引桥1座，长1124.63米，宽15米，占用岸线464米。拥有装卸、输送、起重等大型专用装卸设备60余台，库场面积10万平方米。盛泰码头拥有5万吨级散货和散杂泊位各1个，4万吨级件杂泊位1个。码头结构兼顾10万吨级散货船，设计年吞吐量884万吨，其中散货705万吨、件杂货179万吨。占用长江岸线808米，由1座长1085米，宽27米的引桥与后方陆域相连。有装卸、输送、起重等大型专用装卸设备52台，库场面积8.5万平方米。宏顺内河码头于2014年1月投产，码头长度385米，拥有6个300吨级散杂货通用泊位（水工结构兼顾500吨级），有装卸、输送、起重等大型专用装卸设备8台，堆场面积5.8万平方米。永丰内河码头于2015年11月投产，占地面积5.93公顷，采用挖入式港池形式，利用与走马塘相通的东滨河拓挖形成，拥有3个2000吨级散货装卸泊位，水工结构采用灌注桩悬臂式挡墙结构，设计年吞吐量为550万吨。拥有装卸、除尘、空压等专用装卸设备8台。2016年，永钢集团5个码头共实现货物吞吐总量2136万吨，其中外贸吞吐量889万吨，实现营业收入3.57亿元。6月，宏泰物流码头获评2015年度江苏省文明口岸先进单位。8月，盛泰码头获评国家AAAA级物流企业，宏泰物流码头通过国家AAA级物流企业复审。12月，宏泰物流码头、宏泰码头、盛泰码头分别通过能源、质量、环境、职业健康安全四个体系认证。 （周成新）

【长江国际开展甲醇期货保税交割业务】 张家港保税区长江国际港务有限公司（简称长江国际）系张家港保税科技股份有限公司控股子公司，下辖张家港保税区长江国际扬州石化仓储有限公司和张家港保税物流园区扬子江化学品运输有限公司两个子公司。公司成立于2001年4月，注册资金5.94亿元，建有两个万吨级液体散化专用码头。专业从事乙二醇、二甘醇、甲醇、甲苯、二甲苯、二辛酯等散装液体化工产品的码头接卸、保税仓储和分拨转运服务，同时为保税区内仓储、生产企业提供码头中转和管道物流配送服务。公司全年码头累计接卸船舶496艘次，接卸货物总量289.36万吨。其中，自营接卸乙二醇231.13万吨，占全国乙二醇进口量的30.54%。完成码头吞吐量325.22万吨，实现营业收入23875.76万元，利润总额10045.12万元。年内，公司通过ISO 9001、ISO 14001、OHSAS 18001三标一体化体系换证审核以及安全标准化达标复评。获批成为全国首家甲醇期货保税交割库。1月28日，郑州商品交易所发布保税交割实施细则，并从4月25日开始在长江国际保税交割仓库接受、办理甲醇期货保税标准仓单相关业务。6月14日，郑州商品交易所与张家港保税港区海关签署期货保税交割业务联系配合办法，公司甲醇期货保税交割业务由此获得监管保障。在甲醇期货保税交割虹吸效应的影响下，公司全年累计进口甲醇15.59万吨。其间，载有4.25万吨甲醇的巴拿马籍“皇后”轮于11月27日靠泊公司2号泊位，该轮船长、载重吨和单船载货量创公司开港起接卸船舶之最。（包 悦）

【保税港务开展肉类进口业务】 张家港保税港区港务有限公司（简称保税港务）成立于2007年1月，由张家港保税科技股份有限公司、张家港港务集团有限公司、张家港保税区金港资产经营有限公司共同控股，有职工243人。公司拥有万吨级泊位2个，泊位总长432米，最大可停靠5万吨级的船舶。陆域面积55万平方米，其中堆场面积15万平方米、仓库面积5万平方米。公司拥有完备的集装箱、散杂货装卸堆存机械，其中40.5吨和61吨集装箱岸桥3台，40.5吨轨道吊5台，16吨和25吨门机3台，各类叉车20余台。6月29日，公司进口肉类查验储存一体化设施通过江苏出入境检验检疫局考核验收。设施占地面积5400余平方米，建有冷库3300平方米、查验平台1100平方米，库容4000吨，实现查验、储存、检疫处理等区域全程视频监控，形成涵盖供应、物流、仓储、展示、分销等环节的完整冷链物流产业链。8月9日，装载有56吨巴西进口冷冻猪腹肉的冷藏集装箱靠泊保税港务码头，这是公司首单进口肉类业务。全年公司完成整车进出口1.28万辆。完成集装箱吞吐量18.4万标箱，其中完成外贸集装箱5.28万标箱，累计完成散杂货自然吨145万吨。

（胡陈希）

口岸与港口管理

【概况】 年内，市政府口岸办（港口管理局）协同口岸各查验单位加强开放码头规范化管理，通过业务指导、年中回访和年底考核，促进开放码头提高涉外管理水平。持续推进港口资源整合和功能调整，开展港口危化品码头、仓储企业综合整治。健全港口安全管理网络，确保危化品码头安全生产标准化通过率100%；与江苏省交通运输安全与应急科技研究中心签订“平安港口”建设战略协议，提升港口安全生产事故的预防预控和应急处置能力。推广港口起重机械油改电、船舶岸电系统等节能减排技术应用，张家港港有4家码头企业建成岸电系统15套，其中低压岸电14套、高压岸电1套。年末，开展2016年度开放码头规范化管理检查考核，长江国际、宏泰物流、东海粮油、越洋实业、中油泰富、港务集团、保税港务、孚宝仓储8家码头企业被评为张家港口岸开放码头规范化管理优秀单位。张家港口岸卫生检疫核心能力通过国家质量监督检验检疫总局验收。

【港口规划建设】 年内，市港口管理局加强岸线资源管理和保护，推进港口资源整合和功能调整，提升港口岸线利用效率。根据交通运输部和江苏省人民政府联合下发的《关于苏州港总体规划（2013—2030年）的批复》，张家港港区规划港口岸线为40千米，已开发利用27千米，剩余13千米。服务玖隆物流园、东沙物流园等市重点项目及港口各项重点工程建设，对在建港口工程项目类型、进度情况等进行分类管理，年内新增1个10万吨级泊位。严格履行港口建设管理程序，加强港口在建工程安全监管和履约考核工作，全年未发生违反港口建设程序的情况及重大港口工程质量安全事故。

【港政管理】 年末，全市有各类港口经营企业97家。年内，市港口管理局落实港口经营管理规定，严把港口经营市场准入关，通过巡查、年检等方式加强港口经营活动日常监管，维护港口经营市场秩序。新增港口经营许可证6份，变更港口经营许可证10份，办理港口经营许可证延续42份。加强港口经营许可证发放后的监管，尤其是船舶港口服务市场监管，开展港口企业信用考核评定工作，定期对港口经营企业进行监督检查，全面掌握企业经营状况。联合海事、边检、长航公安等部门开展“三无”船舶专项整治行动24次，打击口岸涉及毒品、走私、物流犯罪、偷渡、“六小船”、违规经营、违法建设等违法犯罪活动。共出动200余人次对辖区内所有码头企业、岸线进行巡查，排查各类隐患80余条。

【港口安全监管】 年内，市港口管理局以“隐患治理年”为主线，加大港口安全监管力度。落实安全生产主体责任，成立港口安全和港口设施保安专家库，与沿江码头企业签订2016年港口安全管理目标责任书。1月，开展2015年度港口安全工作目标管理考核，评定越洋实业、长江国际、东海粮油、孚宝仓储、永嘉码头、宏泰物流等6家企业达到优秀（A），其余21家企业均达到合格。全年落实引入第三方安评机构参与港口危化品监管机制，开展隐患排查工作，先后组织开展4次安全大检查，发现并处理隐患642个。加强港口应急保障体系建设，开发建设港口危险货物动态管理系统，修编《张家港沿江港口突发事故应急救援预案》。9月，联合市安监局在长江国际开展港口突发事故应急救援演练。做好春节、两会、G20峰会、汛期等特殊时段的安全保障工作，加强应急值守，突出防控重点，强化防控措施，确保安全稳定。强化港口安全教育与培训，开展“安全生产月”活动，聘请省内专家免费对港口企业进行港口安全知识培训。规范港口设施保安工作，组织100余人参加交通运输部举办的港口设施保安人员培训和复训，审批港口企业保安训练方案120余次。全年未发生等级以上的港口安全责任事故和有影响的港口设施保安事件，未发生有重大影响的港口污染事件。

【文明口岸共建】 年内，市政府口岸办与口岸相关单位签订《张家港口岸文明共建工作责任状》，坚持口岸系统一把手例会、办公室主任例会、口岸联检例会等条线例会制度。依托“金岸服务党建联盟”平台，开展“党建先锋·文明口岸”特色党建项目活动，先后开展观港口新貌、体验边防营地、净化口岸环境、走进质检科普基地等志愿者服务活动。5月，在全省文明口岸评比中，张家港口岸第四次获江苏省文明口岸称号。10月，张家港口岸“港新重装杯”体育运动会举行，口岸系统32支代表队560余名运动员参加羽毛球、乒乓球、篮球、拔河、自行车慢骑、扑克等6个项目的比赛。

【长江航道管理】 年内，长江张家港航道处完成航标维护69130座次，完成计划的102%；航道维护尺度保证率100%；航标维护正常率100%。完成维护性测量1585平方千米，完成计划的100%。航道维护船舶开航477航次，恢复失常航标138座次，设置航标21座，调整航标48座，撤销航标14座，校核航标2座。11月24日，长江张家港航道处码头开工，位于张家港港区长江福南水道右岸老沙附近、港口综合保障基地内，属于高桩码头，平台长105米、宽18米，配备相应的装卸设备，同时配套建设50平方米值班室及水手房。

【长江12.5米深水航道试通航】 交通运输部于2012年开始组织实施长江南京以下12.5米深水航道二期工程，福姜沙水道12.5米主航道原计划采用“福北单向+福中单向”方案，并在此基础上研究建设福南水道-12.5米进港航道。2016年2月24日，长江福姜沙中水道由小型船舶航路调整为深水航道，该次航路调整系长江南京以下12.5米深水航道二期工程的控制性施工节点，福姜沙中水道航道维护水深由原先实际水深4.5米提高至理论最低潮面以下9米，航道宽度由原先的150米拓宽至260米，航道通航等级大幅提高。7月5日零时，长江南京以下12.5米深水航道二期工程实现初通阶段性目标，12.5米深水航道初步贯通至南京，对船舶试行开放。南京至长江出海口可全程通航5万吨级及以上船舶，长江张家港段的主航道也随之发生变化，主航道由福南水道改为福中水道，船舶的航行路程缩短7.5千米。福南水道-12.5米进港航道治理工程取得阶段性成果，完成航道、海事、环保、水利、社会稳定风险评估、发改委工可审查等8个专项验收，12月23日，《长江下游福南水道-12.5米进港航道治理工程可行性研究报告》通过省发改委和省交通运输厅联合审查，进入施工设计阶段。

（余佳红　沈小平　武海鹏）

海　关

【概况】2016年，张家港海关、张家港保税港区海关共征收入库税款163.99亿元，比上年减4.23%。其中，关税28.1亿元，比上年减2.46%；代征进口环节税135.89亿元，比上年减4.44%；船舶吨税2100万元，比上年减4.55%。监管进出境货运量6887.9万吨，比上年增0.47%；货值225.34亿美元，比上年减9.39%；监管进出境集装箱37.29万标箱次，比上年增12.28%；监管进出境船舶7386艘次，验放进出境人员13.9万人次。审结报关单20.43万份。备案加工贸易合同2973份，合同金额12亿美元；审批特定减免税7575万美元，减免税款8130万元。落实"双随机"布控（随机选择布控、随机派员查验）要求，提高布控有效率，完成风险布控503条、风险参数844条、风险信息242条。开展企业各类稽核查155家，移交案件线索32起，补税2233万元。全年报送统计监测预警信息424篇，其中海关要情录用58篇，中央领导批示5篇，省领导批示1篇。全年报送《统计快讯》12期、《海关工作专报》12期、《关贸专报》8期。张家港海关获江苏省文明单位称号。

【海关征税改革】年内，海关深化重点税源企业专人联系制度，加强调研摸底，掌握税收动态，积极涵养税源，全年征收税款163.99亿元。加强税收申报要素审核，强化审价、归类、原产地认定，全年审价补税9024.61万元。在防腐剂进口、出口退税监管、减免税设备稽查、归类认定等领域加强部门协作，推进企业主动披露试点工作，补税入库653万元。做好企业信息管理、年报审核、企业巡查等工作，加强企业信用管理，完成4家一般认证企业、2家高级认证企业认证工作。至年末，全市有一般认证企业99家，高级认证企业11家。深化税收征管制度改革，发挥多项改革组合优势，无纸化通关率超过89%；办理区域通关一体化业务3673笔；担保验放1044笔，涉税9.4亿元；汇总征税608笔，涉税6.39亿；电子支付率超过90%。

"三互"监管中心授牌仪式　　（市政府口岸办　提供）

【"国门利剑"打击走私行动】年内，张家港海关开展"国门利剑2016"专项行动，接连破获活体动物走私案、武器弹药走私案、走私棉花系列案等一批典型案件。共立案侦办刑事案件9起，其中走私棉花系列案被海关总署列为二级挂牌督办案件，立案调查行政违法案件242起，抓获犯罪嫌疑人11人，总案值4.64亿元，涉嫌偷逃税款7248.91万元，查获鹦鹉3只、枪支4支、仿真枪9支、走私棉花3617吨、走私成品油1.83万吨，执行罚没入库2675.9万元。

【"三互"监管中心工作模式开启】11月17日，随着永嘉进口冻品监管冷库、永嘉综合查验中心、保税港务进口冻品监管冷库、保通汽车检测站4家企业的负责人接过"三互"（信息互换、监管互认、执法互助）监管中心的牌匾，张家港口岸"三互"（口岸监管信息部门的信息互通、监管互认和执法互助）监管中心工作模式开启。"三互"监管中心的设立，是张家港海关、张家港出入境检验检疫局先行先试、协同创新、促进贸易便利的重要举措，实现口岸特色敏感商品"出得快、进得好、管得巧"。自2015年南京海关、江苏检验检疫局确定张家港市创建关检合作示范区起，"三个一"（一次申报、一次查验、一次放行）模式已由最初的部分品种拓展到所有集装箱货物，集装箱货物通关流程时间压缩三分之一以上。2016年，张家港海关、检验检疫局围绕"三互"大通关作业要求，探索"一站式作业"改革，基本建成"综合查验中心+专业化查验场站"相结合的口岸关检联合监管场所体系。通过"一站式作业"，可为张家港口岸100余家码头、船舶代理、船舶服务等企业减少50%的工作量，节省30%的通关时间。张家港海关、检验检疫局深化关检合作示范区建设，就固体废物、冻品、木材等商品制定联合查验作业规范，在品名、数量、树种、材积等方面实现信息互换，"合作取样"融入关检"一次查验"工作机制，强化业务配合互认协作，优化撮合机制，进一步降低联合查验成本，提升联合验放效率。全年联合查验集装箱运进口固体废物、冻品、木材、棉花等货物484票1044个标箱，为企业节约费用43.33万元。

【"百企走访、千企座谈、万企征询"行动】 张家港海关推进江苏海关、检验检疫"百企走访、千企座谈、万企征询"行动，固化海关领导重点企业联系点制度。年内，海关领导带队走访企业90家，面向近200家企业召开各类宣讲会、座谈会、培训会，了解企业管理及通关现状，帮助解决实际问题超过60项。深化船舶监管"单一窗口"建设，探索"集中交单"试点，在伙食、绑扎、供水3类供船业务中推行；开发"船舶管理系统"移动办公APP，利用科技创新实现"口袋里的监管"；开通船舶进出口岸手续联系单网上申请功能，打通船舶监管"单一窗口""最后一公里"。发挥H986集装箱检查系统优势，降低出口查验率。实施登记免除查验费用试点，开展"复查复验"工作。登记免除查验相关费用近100万元，惠及企业600余家。优化整车进口措施，做好整车通关服务，张家港保税港区口岸全年累计进口汽车6556辆，货值3.5亿美元，征税14.6亿元。推进期货保税交割业务，全国首票甲醇期货保税交割业务顺利通关，张家港保税港区口岸进口甲醇47万吨。先行先试"仓储货物按状态分类监管"，全年批准实行仓储货物按状态分类监管企业22家，企业进出库货量130.08万吨，货值17.01亿美元。（魏　曦）

检验检疫

【概况】 2016年，张家港出入境检验检疫局共检验检疫出入境货物4万批，货值92.3亿美元。检疫出入境船舶4405艘次、出入境人员8.1万人次，完成传染病监测2010人次，查验出入境集装箱24.6万标箱。检验进口油脂120.9万吨，比上年减2.93%；检验进口大豆373.8万吨，比上年增29.3%；检验进口木材436.9万立方米，比上年增8.8%；检验进口汽车4302辆，比上年增82.7%；检验进口棉花9.6万吨，比上年减46.1%；检验进口矿产品1772.6万吨，比上年增11.8%；检验进口羊毛17万吨，比上年减11.9%；检验进口葡萄酒3990.7吨，比上年增30.9%；检验进口化工品377.6万吨，比上年增29.9%，其中危化品366.9万吨，比上年增32.8%。检验出口羊毛价值3.6亿美元，比上年增16.6%；检验出口竹木草制品价值4841.5万美元，比上年减6%；检验出口机电产品价值500.8万美元，比上年减23.6%；检验出口食品接触材料820.2万美元，比上年增120.1%；检验出口饲料2.44万吨，比上年减23%。签发各类优惠原产地证书3.2万份，货值17.2亿美元，为企业争取进口国关税减免5.6亿元，帮助企业对外索赔4658.5万元。全年开验指标79项次，完成检测10327批次，获得各类科技奖项20项，完成科研制标类项目8项。11月24日，张家港检验检疫局获评全国科普基地先进集体，是全国检验检疫系统和苏州地区唯一获奖的单位。

【进境动植物疫情截获】 2016年，张家港检验检疫局截获动物疫情35种455次；截获植物疫情881种39313次，其中检疫性疫情83种4952次。新截获植物疫情12种，截获医学媒介生物4种1185批。新截获胸天牛、刺芙里天牛、南非乳鼠、刺萼龙葵、莱豆壳球孢菌、长叶鼠尾草、茨欧鼠尾草、咖啡果小蠹、豚草条纹叶甲、一年生假苍耳等10种有害生物。在赞比亚原木集装箱中发现的南非乳鼠，是传播鼠疫、霍乱、斑疹伤寒等多种烈性传染病的主要媒介。该批进境货物及集装箱经过检疫处理后，携带的有害生物及时得到杀灭。在进口美国大豆中检出刺萼龙葵检疫性有害杂草籽，系张家港口岸首次截获。刺萼龙葵入侵性较强，会危害牧草、棉花、大豆和玉米等农作物，造成作物严重减产。该批大豆经过严密监管，确保货物运输、加工各环节符合检疫要求。

【"紫檀变砖头"欺诈事件截获】 年内，张家港检验检疫局开展"口岸天平行动"和"双查行动"（进出口商品检验鉴定机构工作质量检查和违法违规行为调查专项行动），打击进出口贸易欺诈。全年检出不合格商品3000余批，退运不合格进口商品10余批。获得省级以上警示通报、警示信息24个。10月9日，在永嘉码头对一批出自赞比亚的19立方米、货值3.5万美元的染料紫檀进行开箱检疫时，检出整箱进口木材全部为砖块。检疫人员按照异常情况对箱内砖块实施放射性物质检测，在确定安全和欺诈事实后，如实出具检验检疫证书协助进口木材商对外索赔，维护企业利益。赞比亚是染料紫檀最主要出口地，近期该国严控染料紫檀出口消息导致木材出口以次充好及短重现象频繁发生。此次"紫檀变砖头"恶意欺诈事件尚属全国首例。

【全国首个国家食用植物油检测重点实验室建成】 近年，国内进口食用植物油呈现进口量大、品种丰富、来源国多、质量风险高等特点，而国内检测能力相对滞后。张家港口岸食用植物油进口量占江苏省的45.8%，占全国的18%，连续7年居全国口岸前三位。2016年11月，张家港检验检疫局国家食用植物油检测重点实验室通过验收，这是全国首家。该实验室在全国率先开发甾醇组分和总量、三萜烯二醇、紫外吸光度等检测指标20余项，自主研发技术专利9件，广泛收集国内外标准150余项，引进国际先进检测技术20余种，有效解决中国进口特种植物油检测能力滞后问题。实验室配备荧光定量PCR仪、全自动微生物鉴定仪等高端检测仪器设备200余台套，月均检测进口植物油90批10万吨，检测面积覆盖全省5个市（区）、60余家企业，保障张家港市及周边地区进口植物油食品和消费安全，促进食用植物油市场健康发展。

【国家口岸卫生处理检测重点实验室获批筹建】 12月，国家口岸卫生处理检测重点实验室获国家质量监督检疫总局批准筹建。规划建设面积420平方米，分PCR室、微生物室、医学媒介生物室，已完成硬件设施配置，引进中科院博士1人，计划用三年时间建成国家级重点实验室。致力于开展进口废旧物品、船舶、集装箱消毒效果评价及相关研究，力争覆盖法定检验项目85%以上。利用DNA条形码技术进行外来有害生物物种溯源，扩大病原体检测、媒介生物鉴定项目，实现重大传染病病原体PCR检测及常见医学媒介生物鉴定项目全覆盖。年内参加能力验证，完成CNAS（中国合格评定国家认可委员会）扩项10项。该实验室已开检，并对内出具第一份检测报告。

【“检港同行”服务品牌助力企业发展】2016年，张家港检验检疫局继续开展“检港同行”服务品牌，走访企业46家，征集并解决企业需求33个。9月29日，全省首份“海外仓”优惠原产地证书签发。凭此证书，江苏国泰国贸股份有限公司玩具分公司的货物，在智利海关进口关税由6%降为0，促进外贸综合服务企业发展。11月16日，帮助沙钢集团、永钢集团等27家出口企业，在全省率先打造金属产品质量安全示范区，推动金属产品质量安全示范区建设保障体系、质量安全监管体系等工作落实到位，助力企业质量技术和出口产品竞争力提升。助推永钢集团连续2年名列国家质量监督检验检疫总局“优进优出”原产地重点帮扶企业名录，全省仅3家企业名列该名录。帮助中粮东海粮油工业（张家港）有限公司在全国成功试验性进口油菜籽，安全引进7500万美元油菜籽。（张　亮）

海　事

【概况】2016年，张家港海事局弘扬法治精神，全面落实监管服务与党风廉政责任，坚持政务办理、应急待命和交通组织“三个全天候”工作机制，办理行政许可18.85万件，合规率100%。提供普法宣传、助航信息和政府信息公开等公共服务近40万次。实施海船进出港报告制与内河船舶电子签证，服务19.37万艘次船舶安全进出港，其中大型操纵能力受限船舶1814艘次，实现船载货量2.06亿吨。办理国际航行船舶进出口岸查验6930艘次，完成船载外贸运量5547万吨。征缴港口建设费3.13亿元。维护沪通长江大桥、福姜沙12.5米深水航道、老海坝节点综合整治二期、沙洲电力三期“上大压小”扩建取排水工程、海力码头修复改造等重点涉水工程建设，审批水工作业34项，办理通航作业报备198项，有效保障40余项涉水工程建设。发布航行通告66期。坚持推进“安全畅通文明”航区与“平安文明”渡线创建，出动执法人员1.53万人次、海巡艇7359艘次、执法车辆3075台次，巡航时间16490小时，巡航里程19.8万海里，接受船位报告143659艘次，跟踪船舶146747艘次，重点监控船舶105078艘次，实施水上交通组织46354次，避免险情72起，保障3条渡线580.7万人次、257.1万车次安全渡江。张家港海事局连续第13次获江苏省文明单位称号，获评长航系统文明标兵单位、江苏海事局创建“安全畅通文明”航区先进单位。

【水上安全监管】年内，张家港海事局开展台汛期安全生产“百日行动”、安全生产月、“长江雷霆行动”等12项专项整治行动，查处各类违法违章行为1003起，实施行政处罚321件，罚款78.96万元。利用窗口、网络、现场等多个渠道，做好福姜沙水道航路调整相关宣传引导工作，做好“两会”、春运、G20峰会水上交通安保、防台防汛等水上交通安全监管工作。开展事故隐患排查治理，发现事故隐患19项，发放事故隐患整改通知书16份。切实履行市水上搜救中心办公室职能，完善水上搜救的指挥协调、联动联防和区域合作机制，做好各类突发事件的应急处置工作。加强水上搜救志愿者队伍和专家队伍建设，建立82名水上搜救、危管防污专家人才及94名搜救志愿者档案。组织开展无预案水上应急演练，实施临时交通管制40次、291.89小时，发布灾害性天气预警64期。成功处置各类水上突发事件154起，救助船舶137艘、人员1234人，人命救助成功率超过99%，水上交通安全形势保持稳定。年末，张家港海事局VTS（船舶交通管理）中心获2015—2016年度江苏省水上搜救先进集体称号。

【船舶污染防治】年内，张家港海事局推进船舶水污染综合治理，加强饮用水取水口现场巡航检查与闭路电视系统电子巡查，防止船舶违章锚泊、非法排污，办理船载危险货物申报18718份，有效监管9796万吨危险货物安全进出港，其中易流态散装货物2775.45万吨、散装液体危险货物1486万吨、包装危化品85.5万吨。辖区完成废钢船拆解2艘，保障111万吨船舶压载水无害排放，1.6万吨船舶污染物无害处置。严把船舶进出港手续关，严格防控固体废物非法运输、过驳、手续不全、向江中倾倒固废垃圾等违法行为，查处非法转运建筑垃圾行为1起。自4月1日起实施船舶排放控制区制度，要求船舶在辖区靠岸停泊期间使用硫含量少于每千克5克的燃油，改善港口大气污染现状，推进绿色航运发展和船舶节能减排。辖区36个码头单位、44个船舶代理单位、10个供油作业单位、15家航运公司全面纳入船舶排放控制区制度管理，开展专项培训100余人次、检查船舶228艘次，纠正违规行为100起。

【长江干线水上综合执法改革】7月1日，根据交通运输部、长江航务管理局和江苏海事局关于长江干线水上综合执法改革要求，张家港海事局启动水上综合执法改革试点工作。7月27日，张家港海事局组织开展长江苏锡片区水上综合执法能力培训。8月23日，张家港海事局、江阴海事局、太仓海事局、常熟海事局、长江航运公安局苏州分局、长江上海航道管理处、长江上海通信管理局等7个单位，在张家港海事局“海巡0681”艇上签订《长江苏锡片区水上综合执法改革试点合作备忘录》。根据备忘录内容，成立由各成员单位主要负责人和分管领导组成的长江苏锡片区水上综合执法改革试点领导小组，张家港海事局为组长单位，领导小组下设办公室，由各成员单位职能部门负责人组成，加强长江苏锡片区水上综合执法工作的组织领导。10月20日，张家港海事局印发《水上综合执法内部工作规定（试行）》，将航道、水上无线电通信执法职责按照部门业务分工进一步明确，提高依法行政效能和服务水平。

【江苏海事系统首个船员适任考试远程考点落户】 9月21日，张家港海事局港区海事处船员适任考试远程考点调试完成并通过验收，标志着江苏海事系统首个船员适任考试远程考点落户张家港，江苏海事局首次在基层海事处实现船员远程考试。船员远程考试张家港考点布置9台终端，考试系统主要集成内容包括船员考试软件系统、船员自助服务系统、船员远程培训、考试系统网络系统、考试终端系统、考试监控系统，以实现整个自助服务、远程培训、远程考试、移动服务的计算机化和自动化。年内首批5名船员在该考点完成考试。

（武海鹏　张　新）

边防检查

【概况】 2016年，张家港边防检查站（简称张家港边检站）检查出入境（港）船舶6608艘次、员工12万人次、登轮登陆人员40万余人次，办理登轮许可证33818份，临时入境许可13815份，搭靠证1441份。先后开通“绿色通道”9次，服务救助对象40余次，救助重症船员和遇险群众6人。与9名贫困学生结对助学，与7名空巢老人结对帮扶，义务献血2万毫升。张家港边检站连续9年被评为省文明口岸先进单位，执勤业务一科被公安部边防局表彰为“基层建设标兵单位”。承办公安部边防局经常性思想工作座谈会（沿海片）、省边防总队经常性思想工作座谈会和正规化建设推进会，部队政治建警和正规化管理成效得到与会代表的好评。全年在《中国边防警察报》刊稿33篇，保持全省边防部队前列，其中《群众满意率达100%》《把标准落实到每个细节》被头版头条采用。

【边检勤务创新】 年内，张家港边检站围绕G20峰会等重大边防安保任务，构建高效精细的勤务模式，保证口岸安全稳定。简化船舶出入港手续和停靠特定类型码头期间管理，通关时间缩短30%，有效降低企业运营成本。加强信息化条件下的边检工作，该站被公安部边防局表彰为“十二五”信息化建设先进单位。创新建设的全省边检“V通关”微信服务平台，获公安部边防局科技进步二等奖、改革创新大赛一等奖，入围公安部改革创新大赛。启动海港勤务综合指挥系统二期升级，以建设全国海港系统运维保障中心为契机，完善系统模块功能，提高智能化运转水平。该系统作为全国边检系统唯一代表，获评公安部科技进步二等奖。

【口岸维稳管控】 年内，张家港边检站开展“固边1号”“固边2号”“固边3号”系列专项行动，集中开展“反恐隐患大排查”“重点国家背景核查”等专项行动，掌握辖区内9家危化品码头仓储、运输情况底数，提出整改意见20余条，从源头上堵塞管理漏洞。全年开展限定区域专项整治行动12次，与查验单位开展联合执法6次，化解矛盾纠纷12起，查处违反边防法律法规案件12起，查获不准入境人员2人，破获案值60万元的走私珍稀动物制品案。

（姜钦云）

长江引航

【概况】 2016年，张家港引航站以“三化”（革命化、正规化、现代化）建设和“阳光引航”为统领，抓好安全主线，实现“十三五”期间良好开局。全年引领中外籍船舶10719艘次，引航总吨位17893.9万吨、净吨位9899.4万吨、载重吨30318.8万吨，引航里程122.5万千米。其中，引领国际航行船舶9535艘次，引领总吨位1681.4万吨、净吨位930.7万吨、载重吨2857.9万吨。引领夜航船舶4329艘次，夜航实施率为40.39%。引领危化品船舶3689艘次，占引航总数的34.42%。引航申请受理率100%，没有发生压船舶压港，引航事故率为零。

【引航服务能力提升】 年内，张家港引航站加强技术革新，同步适应长江南京以下12.5米深水航道初通后对引航服务的需求。制定滚装船窄水道调头靠离泊安全机制，精准对接整车进出口业务，全年引领滚装船12艘。克服港新重装码头前沿水深不足的困难，选择合适涨水时机引领船舶靠离码头，解决码头企业生产难题。为进靠港务集团码头的煤炭船开辟“绿色通道”，将5万吨级船型的船舶吃水深度提升至11.2米。在提升引航服务能力的同时，提升张家港港竞争力，全年引领受限船舶（船长大于205米或吃水大于9.7米）1500艘次，比上年增12.4%，其中引领开普敦型船舶165艘次。

（陈玉海）

长航公安

【概况】 长江航运公安局苏州分局下设政治处、纪检监察科（警务督察队）、办公室（指挥中心）、装备财务科、法制科等5个机关职能科室和国内安全保卫支队（出入境管理科）、治安管理支队（水上巡逻警察支队）、刑事侦查支队（经济犯罪侦查支队）、水上消防支队（消防监督科）等4个实战单位及张家港派出所、江阴派出所、常熟派出所、太仓派出所等4个基层派出机构，行使长江苏州、江阴段（上至江阴长山、下至太仓浏河）全长175千米水域公安管理事权，有民警89人。9月，张家港、江阴派出所40米趸船码头建设工程开工建设。两项工程分别位于长江澄通河段浏海沙水道右岸越洋码头下游和江阴水道南岸芦埠港下游。趸船长40米、宽11米、型深2米，主要用于公安艇的停靠、水上服务和应急值班。长航公安苏州分局继续保持“江苏省文明单位”称号。

打击犯罪　年内，长江航运公安局苏州分局坚持严打方针不动摇，以确保长江航运安全为中心，以打击水运物流犯罪为主线，全面提高刑事打击和破案攻坚能力。3月，办理首起由海事部门移交的水上交通肇事案；8月，破获系列盗窃船用油漆案和系列职务侵占木材案，为国家集体挽回经济损失100余万元；12月，侦办公安部督办的污染长江环境案。全年立刑事案件148起，破142起，涉案总价值255万元，抓获犯罪嫌疑人53人，打掉犯罪团伙3个，打击处理各类犯罪嫌疑人56人，追缴赃款79.8万元、赃物100余吨。

公安管理 年内，开展“三保一创”（保畅通、保运输、保安全，创和谐通航环境）、缉枪治爆、G20峰会安保、危险化学品和石油化工品储运企业消防安全专项检查等多个专项行动，有效强化辖区治安管控。共出动警力2500人次，船艇529艘次，车辆510台次，查破各类行政案件1936起，查处违法人员1935人，行政拘留3人。发现并责令整改火灾隐患554起，查处消防行政案件26起，建设工程消防设计审核4起，消防验收工程2起，消防设计备案3起，消防验收备案4起，扑救、处理火灾事故2起。

【沪通大桥水上警务室揭牌】 根据交通运输部《关于深化长江航运行政管理体制改革的意见》文件精神，长江航运公安局苏州分局加强与海事部门的沟通联系，推进长江干线水上综合执法改革。8月23日，共同签署水上综合执法改革试点合作备忘录，标志着长江苏锡片区水上综合执法有了实质性的推进。签约双方依据各自职责，协作配合，共同执法，切实维护长江干线水域的安全畅通。为提升长江干线水上综合执法效能，保障国家重点工程施工，12月30日，长江航运公安局苏州分局与张家港海事局在张家港海事局沪通大桥办事处联合举行沪通大桥水上警务室揭牌仪式。年内，长江航运公安局苏州分局与海事部门开展联合执法行动84次，有力维护辖区平安。 （张　敏）

口岸服务

【概况】 年末，张家港口岸有各类口岸、港口服务企业119家，包括船舶代理、货运代理企业47家，理货企业2家，船舶港口服务企业70家。代理企业主要有中国外运长江有限公司张家港分公司、中国张家港外轮代理有限公司、张家港保税区海捷国际船务代理有限公司、张家港联合国际船舶代理有限公司、张家港保税区中海船务代理有限公司、张家港远东国际船舶代理有限公司、江苏远东物流有限公司张家港分公司等。2家理货企业分别为张家港中理外轮理货有限公司和张家港中联理货有限公司。船舶物料、生活品、淡水供应企业主要有上源外轮船用物资供应有限公司、江苏省外轮供应公司张家港公司、张家港国际海员俱乐部、张家港保税区鼎胜贸易有限公司等。船舶油料供应企业主要有江苏省中油泰富船舶燃料有限公司、江苏中燃油品储运有限公司张家港分公司等。围油栏供应企业主要有江苏海宇航务工程有限公司张家港分公司等。提供船舶污染物接收服务的企业主要有张家港沿江港务服务有限公司、市通江船舶服务有限公司等。经营港口拖轮业务的企业主要有张家港港务集团有限公司船务分公司、张家港保税区港鑫船务有限公司等。

（余佳红）

【电子口岸优化通关环境】 张家港电子口岸有限公司（简称电子口岸）于2007年创立，作为省内首家集电子政务、电子商务一体的一站式公共服务平台，通过集聚商贸信息、智慧流转数据、再造通关流程，降低成本，优化通关环境。公司围绕深化口岸大通关改革、构建区域安全管控体系、提升新外贸服务能力等方面发展，打造关检联合示范区、港口危化品动态监管等多个核心平台产品。其中，关检联合示范区平台融合深化“三个一”“三互”功能，构建口岸联合执法管理新模式，实现快速验放、齐抓共管的新格局；利用大数据物联网技术，打造危化品运输、仓储安全监管平台，成为市信息化工程示范项目；外贸综合服务平台、跨境电子商务综合服务平台完成产品化改造，输出昆明、南京、南通等地。电子口岸已上线各类联网项目30余项，其中27项获得软件产品著作权登记证书，17项通过软件产品认定。公司推进电子口岸标准化建设，通过江苏省级软件企业资质认证、ISO 9001质量管理体系认证、ISO 27001信息安全管理体系认证、CMMI 3级评估认证。电子口岸服务平台被认定为江苏省智慧口岸特色业务、苏州市智慧口岸公共服务平台；公司被认定为省重点物流企业、省中小企业创新能力建设示范单位、省高新技术企业、苏州市技术先进型服务企业、苏州市企业技术中心。2016年，公司获苏州市青年文明号称号、苏州成长型平台企业。客服中心依托8个QQ群和客服热线，全年受理业务咨询1.26万次，受理并协调处理故障195次，出港国际航行船舶近8000艘，供船业务8500余票，验放车辆30余万辆，进口整车1534票6449辆。技术运维保障方面，完成码头与保税区内仓储企业监控升级改造，形成服务标准机制，整体监控故障率下降30%以上，已全面参与港口管理、海关、检验检疫、海事等部门网络硬件、监控平台的运行维护工作。 （张春雨）

【张家港中外运成为阿里巴巴一达通的“一拍档”】 中国外运长江有限公司张家港分公司（简称张家港中外运）是中国外运长航集团在张家港的分支机构，在张家港口岸已有30余年的历史，总部设在金港镇，有员工270余人，拥有卡尔玛大型设备、多台集装箱拖车和各种吨位的叉车、吊车，2.7万平方米仓库和4.5万平方米集装箱堆场。公司保税区仓库被张家港保税区海关评为“五星级保税仓储”，面积6300平方米。海运货代方面，公司依托驳船洋山线，自营日本、韩国航线和内贸航线，全年完成代理集装箱115146标箱，海运散杂货代理152.55万吨；内贸代理集装箱26186标箱；船代方面，全年完成自揽船737艘次，自揽船净吨624.7万吨，自揽船货吨316.2万吨。仓储方面，3月至8月，完成新仓库建设和老仓库的消防改造，新仓库位于金港镇香山南路巫山大桥南侧，总面积8000平方米。拆装箱量4373标箱，仓储吞吐量23.4万吨，货运量8.7万吨，运输行驶里程31.8万千米，周转量467.13万吨千米。空运业务方面，完成空运快件64337票，代理普货632.4吨。一达通是阿里巴巴公司旗下专业服务中小微企业的外贸综合服务平台，一拍档是阿里巴巴一达通通过引入外贸生态链条上的各类第三方服务企业（如货代、外贸进出口代理、报关行、财税公司等）为紧密合作伙伴，为具有出口服务需求的客户，提供本地化、贴身化、个性化的低成本出口流程服务。张家港中外运一拍档团队于2015年年末成立，由销售人员和操作人员共12人组成。2016年学习外贸金融知识，拜访绑定客户，转化物流业务，全年绑定客户数278家，其中75%为生产型或工贸一体型企业。年累计GMV（交易额）3163万美元，累计通关2151票，分得利润40万元。

（郭 娇）

【张家港外代物流能力整体提升】 中国张家港外轮代理有限公司（简称张家港外代）隶属于中国远洋物流有限公司，是中国远洋运输（集团）总公司的下属企业。经营范围包括代理从事国际客、货运输和科学考察、水上工程各类船舶在中国港口及有关水域的服务业务（含对船、货、集装箱、船员的服务），承揽进出口和内贸货物，办理订舱、租船、储运、代运、报关、旅游（专指船员）、海陆空国际多式联运和门到门运输业务，与180余个国家和地区的5000余家航运、商贸、金融、保险企业建有业务联系。公司还从事产品物流、工程物流、租船、危化品仓储及灌装等业务。公司下设9个部门，有员工250余人，拥有3400平方米办公大楼、3300平方米海关监管仓库、8000平方米集装箱堆场及配套的机械设备等硬件设施。2016年，公司全年代理船舶2574艘次，代理散杂货货运量近800万吨，代理集装箱5.09万标箱，代理进出口报关报检2.5万票。其中内贸集装箱业务量增长明显，全年完成5959标箱，比上年增48%。下属苏州中远化工物流基地投资7828万元的二期项目于12月12日竣工投产，建有甲类库3000平方米、丙类库1万平方米、蒸汽热水加热点24个、堆场2400平方米、灌装线2条。弥补了基地甲类库的空白，提升张家港外代整体物流能力。基地规模达到6.67公顷，拥有甲、乙、丙类危化品仓库2.6万平方米，灌装线6条，露天堆场7500平方米，自有危险化学品集卡车辆10辆。

（郭逸洲）

【中理理货获中理系统55周年突出贡献奖】 4月，张家港中理外轮理货有限公司（简称中理理货）被中国外轮理货总公司授予“中理系统55周年突出贡献奖”称号。中理理货自1983年5月成立后，以服务港航生产为宗旨，秉承“严守公正立场，遵循实事求是原则，维护委托方合法权益”从业准则，不断规范内部管理，提高理货科技含量，推动理货行业发展模式、经营模式和生产方式的转变，为张家港口岸物流提供优质理货服务。中理理货主要经营国际、国内航线船舶货物及集装箱的理货、理箱，集装箱装、拆箱理货，货物计量、丈量，船舶水尺计量，监装、监卸，货损、箱损检验与鉴定，出具理货单证及理货报告，理货信息咨询等相关业务。公司下设5个部门、1个分公司及7个办事处，有员工190余人，办公大楼2200余平方米。公司通过ISO 9001:2015质量管理体系认证，具有企业内部管理信息平台，有较先进的件杂货和集装箱业务管理信息系统，并与张家港电子口岸、南京海关物流监管平台联网。2016年，公司共受理船舶4893艘次，完成理货总量1626.53万吨。

（黄春华）

【中联理货打造“理货、检验、公估”三位一体中联品牌】 张家港中联理货有限公司（简称中联理货)由中联理货有限公司控股、张家港港务集团参股组建成立。2016年，公司通过ISO 9001:2015质量管理体系认证，并获2015年江苏省优秀质量管理小组称号。在巩固理货业务的同时，公司加快推进转型发展战略，为客户提供全面、独立、公正的检验鉴定服务，打造成为“理货、检验、公估”三位一体的第三方物流服务公正机构。3月，北京中联海陆商品检验有限公司张家港保税区分公司成立，取得江苏省质量技术监督局颁发的CMA（中国计量认证）资质认定证书，通过了国家质量监督检验检疫总局资质扩项审核认证。公司已开展液化品、燃油、煤炭矿产品的数量和重量检验鉴定、木材检尺、货物残损鉴定、大宗设备丈量、箱检及货物监装监卸等业务。中联理货全年受理船舶11212艘次，受理集装箱91万标箱。

（施科成）

【海员俱乐部年接待海员近4000人次】 张家港国际海员俱乐部位于金港镇长江西路19号，由市总工会代管，隶属于省总工会，是中国工会管理的为国内外海员服务的文化福利事业单位，下设综合科、接待科和经营科3个部门。年内，上船免费赠送海员《中国日报》《中国海员》及《2016年海员日历》等中英文报刊，让海员及时了解中国的方针政策。通过登轮访问、座谈、赠送宣传书报等方式，及时了解船员的动态，每月编写海员简报。2016年接待到港外轮有巴拿马籍赫斯蒂娜轮、硫黄花环轮、东方凤凰轮、化星珍宝轮、化路天空轮、硫黄优雅轮，马绍尔群岛籍化运哥伦布轮，韩国籍贵妃轮、晨阳轮、阳锦轮，新加坡籍奥斯陆商人轮、宝大连轮，菲律宾籍猎狗轮等。全年接待中外海员3889人次，组织海员参观85次，为海员代购物品96次，免费为海员邮寄汇款100余次，送医送药58次，为128艘次船舶提供伙食供应。

（苏 静）

【上源外供年营业额超3000万元】 张家港市上源外轮船用物资供应有限公司（简称上源外供）成立于2000年。公司占地面积2500余平方米，办公面积300平方米。有仓库1000平方米，冷藏柜2台，其中修理场所面积300平方米。有车辆6辆，其中食品专用车1辆。公司在职人员20人，设有5个部门。公司专业从事中、外籍国际航行船舶的航次修理及海洋工程相关的维修安装、船用物料、伙食、船舶配件的供应及劳务等工程。公司通过ISO 9001:2000质量管理体系认证，获得国家质量监督检验检疫总局颁发的出入境口岸食品生产经营单位分级管理A级单位证书，为张家港港创建成国际卫生港口做出贡献。2016年，公司送船456次，其中伙食供应260次，物料供应120次，航修76次，营业额3000余万元。

（周 婷）

【编辑 沈立平】

生态环境

Ecological Environment

暨阳湖　（市住建局　提供）

生态建设

环境保护

绿　　化

景区景点

张家港年鉴(2017)

扫码欣赏

《大爱暨阳湖》宣传视频

生态建设

【概况】 2016年5月，苏州市生态文明建设推进会在张家港市召开。6月，市委、市政府出台《张家港市率先建成全国生态文明建设示范市（县）综合配套改革试点方案》，编制张家港市建设“绿色发展引领区”实施方案，开展乐余镇党政主要领导生态环境责任审计。

生态资源保护 2016年，全市加强城市用地增量控制，强化耕地和基本农田保护，加强生态红线区域建设管理，生态红线区面积占国土面积的20.69%。11月，《张家港市生态补偿意见》出台，发放生态补偿资金10686.31万元。实施最严格的水资源管理制度，全市万元工业增加值用水量完成年度目标任务，农业灌溉水有效利用系数达到0.69，城镇污水处理厂尾水再生利用率20.4%。制定《张家港市2016年生物多样性保护实施方案》，防范和控制外来入侵物种。张家港口岸年度共截获有害生物868种，其中检疫性有害生物80种4458次。实施生态公益林保护工程，重点公益林面积增加到1420公顷，新增森林面积66.67公顷，实施森林抚育面积1000公顷。

产业结构优化 全市关停和淘汰企业140家，实现高新技术产业产值1469亿元，占规模以上工业产值的32.3%，服务业增加值占地区生产总值的46%。强化节能减排，编制《张家港市热电联产规划（2016—2020）》，完成年度控制煤炭消费总量目标，2家企业成功获评“能效之星”。发展循环经济，完成86家年耗能5000吨标准煤以上重点企事业单位的温室气体排放报告，2家企业获评苏州市工业循环经济示范企业，14家重点企业完成强制性清洁生产审核评估。垃圾分类扩面工作持续推进，垃圾分类覆盖全市约20万人口。

环境质量提高 开展大气治理，建立重污染天气预警机制，印发实施《张家港市大气污染防治2016年度工作任务计划》，完成118台燃煤锅炉整治。开展油气回收治理，全年检查2次，抽查6个单位。对有定型机的42家纺织印染企业进行异味整治。实行秸秆禁烧不间断巡查，全市没有发现大面积秸秆焚烧现场、没有发生因秸秆焚烧引起的大气污染事故、没有被上级部门通报的焚烧火点。规模以上建筑工地车辆冲洗率100%，全年查处带泥上路、擅自处置建筑垃圾等案件600起。推进市域水循环体系建设，完成600余条河道疏浚、30余条生态河道建设、46条重污染河道治理。对全市24家钢渣处理企业实施环境专项整治，着重开展废水循环回用不外排、扬尘污染控制、周边被污染环境修复等工作。实施二干河沿线重点排污企业截流接管，新建城镇污水处理厂配套管网14.8千米，新增镇区生活污水收集管网92.5千米，完成382个村庄农村生活污水处理，城市、建制镇生活污水处理率分别达到98%、90%。防治土壤污染，重点监测污染物包括镉、汞、砷、铅、铬等重金属和多环芳烃、石油烃等有机污染物，重点监管包括有色金属矿采选、有色金属冶炼、石油开采、石油加工、化工、焦化、电镀、制革以及农药、铅蓄电池、钢铁、危废利用处置等行业，开展农产品产地土壤重金属污染治理项目，完成博泽机械地块土壤监测。

人居环境品质提升 调整出台《城乡大环境长效管理工作意见》，落实2150万奖补资金专项用于城乡大环境考核，完成验收美丽村庄示范点1个、三星级康居乡村32个，覆盖拉网式农村环境综合整治年度任务完成。新增绿化示范村2个，规划布点村庄绿化覆盖率33.3%。凤凰、金港2个美丽城镇建设示范点45个年度项目全部完成。更新LNG插电式混合动力公交车（国Ⅴ排放）40辆，引导企业自主采购纯电动公交车42辆。全市有新能源车辆共402辆，其中纯电动车辆42辆、气电混合车辆220辆、LNG车辆140辆。城市污水处理厂污泥无害化处理处置率100%。城乡生活垃圾无害化处理率、生活垃圾中转设施覆盖率、镇村生活垃圾集中收运率、农村无害化卫生户厕普及率均为100%。工业固体废弃物处置率99%、危险废弃物处理率100%。

一干河生态廊道 （市住建局 提供）

【工业节能减排】 2016年，围绕到“十三五”期末单位GDP能耗比2015年下降20%的总目标，大力推进结构节能、技术节能、管理节能，健全激励和约束机制，倒逼企业强管理、上水平、增效益。全年规模以上工业企业综合能源消费量为2119万吨标准煤，比上年增1.05%，全市工业主要产品单耗稳定下降率达到70.8%。抓好节能技改，全年实施沙钢集团新增1台135兆瓦发电机组、永钢集团高温高压带中间再热发电机组、沙洲电力2号机组汽轮机脱硫改造等20个节能和循环经济项目，累计完成投资8.2亿元，形成年节能能力11万吨标准煤。抓好节能管理，完成张家港盈鼎气体有限公司、华灿光电（苏州）有限公司、张家港市苏闽金属制品有限公司、张家港美景荣化学工业有限公司等4家新增年综合能耗5000吨标准煤以上重点用能企业的能源审计；张家港沙洲电力有限公司、液化空气（张家港）有限公司等2家企业被评为苏州市“能效之星”三星级企业；国一制纸（张家港）有限公司、张家港富瑞特种装备股份有限公司获评苏州市工业循环经济示范企业。抓好淘汰落后，继续推进“腾笼换鸟”工作，进一步规范工作流程，严格把好新增淘汰落后企业的入门审核关、事后监督关，提高淘汰落后实效，腾出容量优先发展新兴产业和高新技术产业。淘汰落后企业140家，淘汰电动机、风机、水泵等落后高耗能生产设备320台套，完成“腾笼换鸟”土地面积156.52公顷。积极对上争取，沙钢集团烟气余热回收、联合铜业公司阳极炉纯氧燃烧改造等8个项目获得省节能专项奖励资金473万元。积极促进高效节能产品的推广应用，吉泓达永磁同步电动机被列入工信部《节能机电设备（产品）推荐目录（第七批）》和《“能效之星”产品目录（2016）》；张家港星恒电子节能科技有限公司、保定天威集团（江苏）五洲变压器有限公司的节能产品被列入苏州市节能新技术（产品）推荐名单。市经济和信息化委员会获苏州市“十二五”节能工作先进集体称号；澳洋集团有限公司、江苏骏马集团有限责任公司、张家港联合铜业有限公司获苏州市“十二五”节能工作重点企业称号。

（钱秋松 刘 瑾）

苏州市生态文明建设推进会 （市环保局 提供）

环境保护

【概况】 2016年，张家港市环保局承办苏州市生态文明建设推进会，完成G20会议期间的环境质量保障工作，全面完成生态文明建设、大气污染防治、太湖流域水污染治理“三大考核”重点工作。张家港市获首届“中国生态文明奖”先进集体称号。年内，环境空气质量按《环境空气质量标准》（GB3095—2012）评价考核二氧化硫、二氧化氮、可吸入颗粒物PM10、细颗粒物PM2.5、一氧化碳、臭氧6项指标，环境空气质量良好以上天数占比70.5%，地表水好于Ⅲ类水质的比例达到70%以上，7个省控断面全部达到功能区水质要求，化学需氧量、氨氮、二氧化硫、氮氧化物分别减排1076吨、128吨、1557吨、1181吨。年内，实施《张家港市大气污染防治2016年度工作任务计划》，完成118台燃煤锅炉整治，对62家企业开展挥发性有机物治理，对12家码头堆场开展扬尘整治，完成沙洲电力超低排放改造，华昌化工、苏化集团特标改造；开展油气回收治理，全年检查2次，抽查6家单位。完成《苏州市2016年太湖流域水污染防治目标任务》中涉及张家港市的10个重点工程，走马塘工业废水总管线主体工程全部完工，顺利推进吴氏印染排放口综合整治工程、沙钢集团每日15万吨中水回用工程。关停宏图织染、三星乳胶、印氏食品等水污染企业，完成龙潭湾、南中心河、新西河等劣Ⅴ类河道整治。

【环境管理】 年内，市环保部门审批及预审工业企业507个。拒批总投资24亿元的GTM集团年产48万吨人造金红石项目。完成危险固废转移审批事项137厂次、辐射项目审批126家次。制订《张家港市全面清理整治环境保护违法违规建设项目工作方案》和《违法违规建设项目清理工作实施细则》，完成5940个项目验收清理工作；完成233个常规张家港市级建设项目的“三同时”（建设项目中防治污染和其他公害的设施，必须与主体工程同时设计、同时施工、同时投产使用）验收。执行环境现场监督检查共计11503厂次，立案280件，行政处罚208件，罚款1463万元。运用新环保法赋予的按日计罚、查封扣押、限产停产及移送公安机关等措施处理的环境违法案件87件，会同公安机关联合侦办案件23件，申请法院强制执行案件9件，发出教育规范告知21件。督促全市147家重点企业完成突出环境事件风险评估和应急预案备案，对全市28家重大环境风险企业和26家重点危化品生产、使用和仓储企业开展环境安全专项执法检查。对全市27家国控企业及653家市控企业开展企业环保信用等级评价，构建环保信用体系。完成95家企业环境责任险的投保工作。全年受理环境信访3221件，妥善解决信访积案12件。1件人大代表建议和2件政协委员提案全部办结，人大代表、政协委员满意、基本满意率100%。

【环境能力建设】 11月，市环境监测站完成易地搬迁，新建标准化实验大楼，全面配置风智能联动通风控制、中央智能监控、中央纯水、中央高纯气体管道及泄漏报警等系统。新建16个地表水水质自动监测站，改（迁）建李巷桥、港丰公路桥、第四自来水厂水质自动监测子站，新建南丰镇、大新镇、双山岛、沙洲湖空气自动监测站，更新塘桥镇、乐余镇、凤凰镇空气自动监测站。“3+2+1”生态环保大数据平台完成一期工程，内部门户云桌面、数据中心、移动环保通等模块正常使用，300家重点企业的基础信息填报入库。在全国县级市中率先建成移动基站电磁辐射监测子站，在全省县级市中率先完成辐射应急预案修编与发布工作。

【环评审批制度改革】 2016年，张家港市在江苏省率先启动环评审批制度改革，突出“事中事后环境监管”，整合建设项目环评审批、排污许可证申领核发等事项，同步办理排污许可证和环评审批，优化审批流程，实现审批事项一个窗口受理、一次性办结。其中，排污许可证“一证式”管理模式是张家港市环评审批制度改革的亮点，主要以计分的形式，简化审批程序，集中评价排污企业相关信息、污染物排放总量控制要求等内容，并首次明确单个项目的污染物排放量，实现企业排污“一证”许可、总量控制，为事后环境监管提供便利条件。7月，《张家港市建设项目环境影响评价审批制度改革实施方案（试行）》制订出台，探索降等审批、备案管理，建立“区域规划环评‘双控’（区域总量和行业排放标准）+企业承诺+环评备案”相结合的环评审批方式，强化事中事后的监管。对环评审批权限在张家港市的建设项目，根据建设项目污染程度、环境敏感程度不同，实行分类管理，《建设项目环境影响评价分类管理名录》中的报告书和报告表项目实施环评注册，其他项目实施告知性备案。以往张家港企业的环评审批，需经过近10个工作日的“受理公示”，再经5个工作日的听证告知等环节，才能批复。而排污许可证，需等到企业试生产环保验收合格后才能发放。实施改革后，企业只需网上申报，审核通过后提交纸质材料，再经过听证等环节，全部合格后，即可获得“一证式”排污许可证及环境影响评价注册表。环评审批由15个工作日调整为5个工作日，审批效率明显提高。至年末，全市完成建设项目环评注册140件，环保告知性备案25件。

【中央环境保护督察】 7月15日至8月15日，中央第三环境保护督察组对江苏省开展环境保护督察。其间，中央环保督察苏州协调联络组共交办张家港市40件信访件（不包括多地区、多部门2件），收到中央环境保护督察组交办的群众举报环境污染问题后，市委、市政府责成市环保局、住建局、城管局、环境监察大队等相关部门负责人，对中央环保督察组交办的部分案件开展专题督察，详细了解具体的整改措施、进度以及存在问题等相关情况，并围绕中央环保督察组提出的整改要求，逐个对整改单位提出整改意见。督察期间，张家港市办结21件，后续督办案件19件，至年末，督办件基本完成。清理疏浚三节桥河、川港河、香山河等污染河道5条，对沿线居民生活污水实施接管处理，关停污染河道周边畜禽养殖场6家；对31家企业的违法行为进行立案查处，处罚金额265.7万元；对3起环境违法案件进行联合侦办，行政拘留4人；对9名责任人进行约谈，问责4人。

【违法违规项目清理】 年内，市环保部门根据《张家港市全面清理整治环境保护违法违规建设项目工作方案》，按照“关停一批、登记一批、整治一批”的要求，对梳理的违法违规建设项目分类处理，共梳理出违规建设项目5940件，其中未批先建项目5153件、已批未验项目787件。通过集中培训、分片包干、优化流程等措施，推

沙洲湖 （市住建局 提供）

进项目清理工作。7月，市环保局召开全市违法违规建设项目清理工作推进会，会议传达苏州市违法违规建设项目清理工作会议精神，指出清理工作中存在的推进进度缓慢、宣传发动不到位等问题。会议要求各区镇强化宣传发动，在清理过程中发挥村（社区）的力量，确保高标准完成违法违规建设项目清理工作。10月开始，市环保局对未达清理时序进度要求的区镇实行项目限批，至年末，项目清理工作全部完成。同时，全市做好环保大检查“一企一档”申报审核工作，完成审核企业6617家，审核率100%。（钱秋松）

小河坝路绿化　（市住建局　提供）

绿　化

【概况】 年内，全市城市园林绿化依法行政和行业管理工作不断规范，绿化景观效果进一步提升。3月，市风景园林学会换届工作完成，由原市林业园林学会更名为市风景园林学会。选举产生新一届理事会，赵惠良任理事长，路晓伟任秘书长。吸纳单位会员28个，个人会员55人。利用学会平台，开展园林绿化人才技能培训和专业理论研究，城市绿化建设管理水平不断提高。年内，全市共投入财政绿化建设资金6484万元，开工建设绿化项目9项，全部完工。至年末，城市建成区绿地率37.16%，绿化覆盖率40.38%，人均公园绿地面积14.58平方米。全市建有森林覆盖面积15019公顷，林木覆盖率19.54%，实现林业总产值7.29亿元，市农委以区镇造林绿化目标考核为抓手，依托市、镇两级重大建设项目，林业绿化投入1.5亿元，绿化造林66.67公顷，实施森林抚育1000公顷，重点公益林面积增至1420公顷。完成金港镇长江村、乐余镇东林村两个自然村的省级绿化示范村创建。

【绿化建设】 年内，市财政投资1376万元建成五棵松路（老204国道至新204国道）、华昌路西侧、一干河东路与张杨公路互通、职中路（振兴路至长兴路）、市第二职业中学外围等道路绿化。投资194万元完成北二环大桥、走马塘污水管网工程苏虞张公路南侧等绿化修复工程。10月，完成疏港高速绿色通道工程。12月，投资19万元完成杨舍镇天主教堂绿化工程。

【绿化养护】 年内，市绿化部门通过规范流程管理、强化技术指导，提升绿地养护工作的规范化、精细化、创新化水平，应用NFC（近距离无线通信技术）、GIS（地理信息系统）等信息技术，开发绿化养护信息系统，应用现代科技技术，切实加强对养护单位的信息化管理；与市人社局合作，组织开办2016年度园林绿化培训班，全年邀请专家授课8次，培训绿化养护管理人员和一线工作人员580余人次。全年城区公共绿地养护面积647.15万平方米，四季草花面积2.73万平方米，花境面积1.25万平方米，行道树29155棵，景观造型树369棵，花箱1744组。坚持绿地升级管养理念，科学有序推进绿地苗木调整，不断提升绿地景观性。以“百日行动”、文明城市复查等活动为契机，加强城区绿化大环境整治，全年累计整治绿化面积6.32万平方米，清理垃圾2107吨，清理菜地7292平方米。同时，有序开展绿化民生服务工作，办理数字化城管交办的绿化投诉1377件，办理“12345”便民服务中心交办的绿化投诉601件。市农委对市域部分主干道的绿化养护，采取市场化运作与属地管理相结合的方式。政府采购130余万平方米绿化养护服务，在提升养护质量的同时，节约财政资金50余万元。提升养护技术水平，围绕小灌木塑形修剪、水生植物增种、树木支撑维护、树穴边沟整理等绿化养护重点内容，举办现场会7次。提升绿化覆盖率，对华昌路、晨丰公路、滨江公园等地块绿化设施进行翻新维护，对苏虞张公路、西塘公路、沿江高速等局部林地空缺进行修复补种，种植香樟、大叶女贞等500余株。受理绿化移植、占用申请16起。推行绿色生产方式，采购、发放绿化高效低毒农药8.5吨、肥料80吨，推广面积150公顷。加强野生动物保护，完成野生动物疫源病的日常监测报告，办理野生动物驯养繁殖、经营许可审核5件，移送二级以上野生保护动物8只。

【绿化行业管理】 年内，市住建局共完成2家绿化企业资质升级办理工作，完成7家绿化企业资质延续审核上报办理。至年末，全市共有一级城市园林绿化企业3家，二级城市园林绿化企业9家，三级城市园林绿化企业15家。全年共完成188名绿化工程项目负责人备案受理工作。完成绿地率和绿化方案审核18个，项目选址审批14个，土地出让会审15次。出具绿化企业外出招投标诚信证明材料7件。12月，完成全市2017年度绿化预选承包商受理评选工作，入围17家。开展居住区配套绿化验收工作，完成范庄花园、吾悦广场、传麒湾、中港花园等15家单位配套绿化验收工作，新增绿地面积22.4万平方米。

【古树名木保护】 年内，对城区7棵古树名木进行挂牌更新，对斜桥、田垛里3棵古银杏进行围栏加固。落实资金8万元，邀请苏叶绿化养护有限公司对金新城悦府2棵古银杏进行抢救性保护。对横河里、斜桥3棵古银杏采取清理枯枝、疏果、树皮消毒、树根透气、植物"挂水"等复壮措施。

【市第20届菊花展开展】 以"和美金秋，共赏花开"为主题的张家港市第20届菊花展，于10月28日至11月28日在暨阳湖商业街举办。菊花展分室内、室外两部分。室外布展面积2000余平方米，主要分布14个景点，共展出独本菊19906盆，多头菊740盆，小菊花24122盆，菊球123盆，大小悬崖菊393盆，梅花鹿、卧龙、蝴蝶、孔雀、花瓶、花篮等各种造型菊花96盆，大小立柱5盆。室内展示了400余种品种菊及15盆以菊花为主题的艺术插花。该届菊花展突破以往单纯的盆花摆放，通过造园艺术手段和现代园艺技术，将菊花与园林意境有机融合，体现菊花物态文化，普及了菊花知识，提升了市民对"市花"的认知力。菊花展期间，张家港电视台进行专题采访，市摄影家协会举办摄影作品大赛。据不完全统计，参观群众5万余人次。 （施卫东）

景区景点

【概况】 年末，全市有国家AAAA级旅游景区4个，分别是凤凰山景区、香山景区、永联小镇景区、暨阳湖生态旅游区，AAA级旅游景区3个，分别是东渡苑景区、常阴沙生态农业旅游区、梁丰生态园，AA级旅游景区1个，为张家港公园。年内，列入苏州市政府旅游考核的项目有6项，分别为常阴沙生态农业旅游区基础设施配套工程、香山景区环路和望湖路建设工程、飞翔休闲农业园游园步道工程、金沙洲生态农业示范园整体开发工程、黄泗浦生态核心景观区建设工程、双山岛旅游度假区"双山慢镇"推进工程，计划投资16.75亿元，完成投资19.32亿元。年内，暨阳湖生态旅游区成功创建成为国家AAAA级旅游景区。

【凤凰山景区】 年内，凤凰山景区推进智能化建设，完成无线网络全面覆盖、大数据分析及智慧导游系统，实现智慧管理、智慧服务、智慧营销。重新规划布置游客中心，增加景区便捷交通，景区4座厕所进行改造提升。加快莺山旅游综合体项目建设，全面启动北入口、湿地公园、山体修复等工程建设，同步启动温泉度假酒店等项目招商工作。举办凤凰桃花节开幕式暨"穿越千年、寻梦江南"古装女神评选活动、"中新莺山桃花源"摄影联谊赛、凤凰旅游节暨第三届凤凰湖短程马拉松赛活动、水蜜桃采摘文化节、"甜蜜一夏、乐享凤凰"第五届凤凰水蜜桃采摘文化节启动仪式暨文明旅游推荐会、2016年"环球小姐"大赛暨凤凰旅游形象大使选拔活动、2016"桃王"争霸赛及第三届最强吃货系列活动、凤凰温泉美食节"沙洲老味道"凤凰老八样厨艺烹饪PK大赛，扩大了"四季河阳·美丽凤凰"旅游品牌影响力，全年接待游客95万人次。

【香山景区】 年内，香山景区6.66公顷四季花园、0.07公顷芳香植物园景观绿化工程全面竣工，种植有美国紫薇、薰衣草、鼠尾草、马鞭草等紫色花草及造型树、色叶树等珍贵树木，山顶区域景观提升工程开工建设。同时加快浦家湾景观改造、天街项目、竹林休闲地带等基础设施建设，启动香山运动公园方案规划、设计等工作。3月启动门票销售，与网络在线旅行社建立合作，实现线上、线下一体化营销。4月，承办文明旅游倡导工程暨"为中国加分"文明旅游公益行动（江苏）启动仪式，香山景区被表彰为省文明旅游示范景区，香山"绿山军"志愿服务队被表彰为省优秀旅游志愿服务组织。全年推出首届香山梅花节、樱花节、红叶节、健康养生节、爱心义卖、猜灯谜赛、"夺宝奇兵"、最美婚纱秀、廉洁文化演讲、诗歌朗诵会、武韵香山比赛、重阳家庭登高赛、健身运动会、"刘氏三杰"后裔献艺音乐会、香山摄影作品展、"南社红色记忆"展等文化活动，全年接待游客72.79万人次。

【永联小镇景区】 年内，永联小镇景区在游客集中区域，提供免费无线网络供游客使用，实现扫景点二维码语音自动讲解。推进农耕园乡土化改造，布置景观花卉小品、彩色篱笆，打造老作坊意境，提升文化内涵。永联小镇景区获评江苏省休闲观光农业示范村。与大秦珠宝合作合资成立珍珠文化公司，利用20公顷河面养殖珍珠蚌，开发珍珠DIY旅游产品以及永联传奇一日游、江鲜达人一日游、永联

凤凰山一角 （市住建局 提供）

乡村度假二日游旅游线路产品。春季，举办长江鲜美食系列活动、江南民俗巡游、江鲜美食达人赛、农耕园国际大马戏；夏季，开启永联水上乐园“夏夜狂欢”，举办首届萤火虫节；秋季，举办永联杂技艺术节、永联丰收节、永联灯光节和年货节，全年接待游客78万人次。

【梁丰生态园和张家港公园】 年内，市公园管理处投入69万元完成梁丰生态园小木屋及木栈道油漆修补、沙滩、汀步、游客中心改建工程、生命之泉喷泉恢复工程和高压电房检修工程。完成花境整改提升工作，对樱园、戚树园、梅园以及南北入口的花境进行苗木调整、补植修复，初步完成樱花园的整改提升工作，种植椿寒樱、垂枝樱、染井吉野、云南早樱、福建早樱等5个品种150余棵樱花。投入161万元完成张家港公园古建油漆及木结构修复工程和人行桥拆建工程，对老化灌木更新改造，改造面积共2500平方米，改种了红叶石楠、金森女贞、麦冬、枸橘等灌木。全年共开展亲子、义卖、春游、健身跑等各类活动60余次，开展节水、健康教育、便民服务、文明劝阻、卫生保洁等志愿服务活动30余次，2个景区共接待市民游客160万人次。

【黄泗浦生态文化园】 黄泗浦生态文化园规划面积17.7平方千米（张杨公路以南，塘桥镇西环路以西，塘桥镇西塘公路以北，杨舍镇农鹿路、苏虞张公路以东），是张家港市重要的“生态门户”与“城市绿肺”，也是苏州市生态文明建设的“十大工程”之一。由黄泗浦古遗址公园、生态核心区、文化体育公园和生态田园风光区4个部分组成。黄泗浦生态核心区建设于2013年下半年先行启动，占地面积4.7平方千米，水域面积144公顷，绿化面积625公顷，其中西湖面积70.67公顷、东湖面积40.6公顷、河道面积32.73公顷。截至2016年年末，完成项目投资额约30亿元。堆山工程完成9座素土丘陵和4座灰土丘陵，湖体开挖土方500万立方米，完成30座桥梁主体结构和9千米环湖道路底层沥青摊铺，景观方面完成东湖一期景观绿化的30%，自来水、天然气、供电、智能化等各类管线工程项目均有序实施，湖体山形初现形态。

【暨阳湖生态园创建为国家AAAA旅游景区】 2016年，市暨阳湖公司按照AAAA景区规划要求完善游客中心功能，改善提升景区公厕，更换景区标识系统，实现景区内无线网络全覆盖，完成暨阳湖生态旅游区官网改版和景区志愿服务站建设，新增6块户外电子屏等。9月，暨阳湖旅游景区正式成为张家港市第四个国家级AAAA景区。2016年，暨阳湖景区安全有序、水质良好、设备设施完善、卫生保洁到位、环境优美怡人，并开展“3·8”女性大“放价”、2016年暨阳湖赏花季、“约惠春天”、“文明小达人、劳动最光荣”、喜迎中国旅游日、“欢乐端午、粽情粽礼”、“秋游季”等一系列活动，年内进入景区的市民及游客超过300万人次。同时，暨阳湖欢乐世界团队主动开拓市场，利用旅行社资源开辟周边学生游、亲子游，跻身苏州、无锡、上海、泰州、南通等春游、秋游市场。仅春游、秋游4个月期间，欢乐世界共接待周边团队143批，外来游客超10万人次，实现营收1126万元。

黄泗浦生态文化园中的白鹭群 （市住建局 提供）

【暨阳湖金融街投入运营】 暨阳湖金融街全长680米，由12幢不同体量单体建筑构成，总建筑面积超6万平方米，街区既现代时尚，又具江南特色，与湿地景观自然融合。年内，陆续引进精品酒店、实弹射击馆、主题酒吧、高档餐饮、咖啡吧及文化创意办公等各种业态企业34家，正式营业的有24家。完成金融服务中心、企业家俱乐部、金融办公区等规划设计。街区通过组织五一亲子活动、亮灯晚会、十一国际美食节活动、张家港市第20届菊花展、“梦幻平安夜”等活动，不断集聚人气。

【张家港产业资本中心筹建】 年内，市委、市政府决定筹建张家港产业资本中心，规划建设以暨阳湖为中心的7平方千米的暨阳湖产业资本创新小镇，形成以暨阳湖金融街、金融中心、暨阳湖生态园、生态湿地为主的“一湖一中心，一街一湿地”的特色小镇。8月末，《关于建设暨阳湖金融街（产业资本中心）的建议方案》得到市委、市政府主要领导批示，11月成立产业资本中心筹建工作领导小组。至年末，招商工作取得初步成效，与多家国内知名金融企业接洽并达成初步意向，金融小镇规划、金融服务中心设计建设同步推进，修订完善系列投资管理办法及扶持政策，完成“张家港产业资本投资有限公司”的注册，提交张家港产业资本中心管委会和张家港产业资本投资公司的机构设置和人员配备的相关建议等。

（戴志钊 朱亚玲）

【编辑 张 洁】

城乡建设

Urban and Rural Construction

南丰镇美丽城镇建设　（南丰镇　提供）

張家港年鑑(2017)

扫码欣赏

城市e管家宣传视频

城 乡 规 划

【概况】 2016年，市规划局按照“优化城市空间布局，提升城市品质，保障民生福祉”目标，做好全市规划。开展规划编制37项，完成24项。编制完成《张家港市中心城区综合管廊规划研究》，明确综合管廊的空间布局、线位布局、断面形式，制订综合管廊近期和远期实施计划、运营管理办法等。编制完成《张家港市加油（气）站规划及部分点位控制性详细规划》，对2020年和2030年张家港市所需的加油（气）站数量进行预测，确定加油（气）站及水上加油站的设置标准，规划加油（气）站布点。编制完成《张家港市杨舍城区城西5号地块控制性详细规划》《张家港市城北科教生态城控制性详细规划》《张家港铁路综合客运枢纽地区控制性详细规划》《大新老镇区控制性详细规划修编》《张家港市第四水厂地块控制性详细规划》《张家港市赵庄地块控制性详细规划修编》，细化规划范围内的用地性质，优化交通组织，确定地块开发建设的容积率、建筑密度、建筑高度等技术指标。编制完成金港镇长山村、高桥村、小明沙村，凤凰镇油车里、西庄村、苏家角、黄家新桥、周家码头，大新镇新凯村共10项三星级康居乡村规划以及锦丰镇洪桥村1号点、交通村3号点、协仁村4号和5号点、西港村6号点、建设村10号点、乐杨村11号点、鼎盛村12号点、登瀛村18号点共9项村庄规划。

【规划管理】 年内，市规划局贯彻落实《中华人民共和国城乡规划法》和《江苏省城乡规划条例》，严格执行规划委员会制度、规划公示制度、技术论证会制度等。通过规划管理系统流转行政审批项目，规范审批流程，提高行政效率，全年核发规划选址意见书147件、建设用地规划许可证66件、建设工程规划许可证166件。全年完成“一书两证”核发379件，方案审批61个，施工图审核69个。加强规划实施的过程监督，做好规划批中、批后管理，完成规划验线13个、规划核实86个，发现和处理违法违章建设案件7起，实施行政处罚累计2468.2万元，出具规划认定函移交城管局66份。年内，市规划局下属事业单位市规划监察大队被列为参照公务员法管理事业单位，机构规格为正股级，分类定性为公益一类，经费渠道为全额拨款。

【规划服务】 年内，市规划局围绕提升城乡建设品质的目标，指导城区重点项目建设85项，指导区镇控规编制45项。为金港滨江新城、锦丰沙洲新城、凤凰新城、南丰新镇、大新滨江新镇等镇区建设提供规划指导和服务支持。重点做好大新学校、塘桥高中、塘桥中心幼儿园、凤凰文体中心、苏高新（张家港）工业园区等项目的规划管理和服务工作。加强城乡规划信息公开工作，及时按照法律法规规定对各类规划进行公示、公开。全年公开规划方案及“一书两证”84个，回复网站咨询455条，答复公众电话、信件及“12345”热线咨询71件，完成依申请公开46件。认真部署机关干部下基层实践锻炼活动，倾听群众呼声，落实群众需求。4月，开展走进“12345”政风行风直播室活动，答复市民咨询9条。主办人大代表建议、政协委员提案6件，组织第三届市民规划师活动3次。

【城市测量】 年内，市规划局完成双山岛旅游度假区、扶海花苑三期等120个建设项目地块的地形图修测和新测，保证报建选址和规划需要地形图的现势性。开展金运通花园、碧桂园、书院六村二期等146个项目共600余幢的建设工程坐标放样以及金运通花园、碧桂园等20个项目的正负零验线测量。完成吾悦三期、暨阳湖苑一期、暨阳湖苑二期、望江水岸等198个项目竣工总平面和建筑面积测量，为规划核实和绿化验收提供翔实依据。开展135个项目的地下管线选址测量和竣工测量，全年完成管线测量近260千米。12月2日，张家港市城市测量队更名为张家港市基础地理信息中心。

【近期建设规划（2016—2020）编制】 年内，市规划局根据《张家港市城市总体规划（2011—2030）》要求，组织编制《张家港市近期建设规划（2016—2020）》。1月，市规划局开展现场调研，通过走访八镇两区，开展部门座谈，掌握规划基础资料。10月，完成规划成果。11月，市政府组织部门对规划进行论证。该次近期建设规划是对“十二五”期间总体规划实施情况的评估，并结合“十三五”规划对2016—2020年城市建设进行布局和落实，统筹安排市域用地布局、综合交通、产业布局、生态保护等

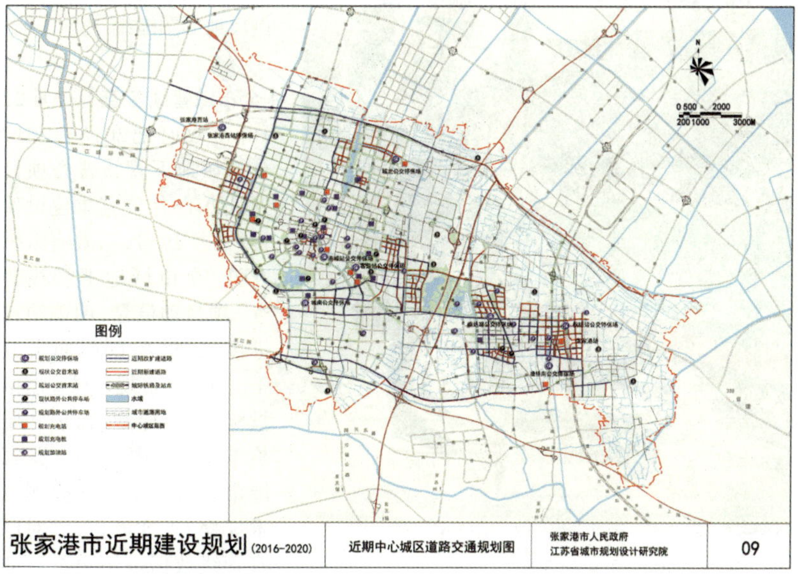

近期中心城区道路交通规划图 （市规划局 提供）

内容，明确各区镇近期建设的目标，落实各区镇近期建设项目，合理安排项目时序。

【中心城区综合管廊规划】 根据《国务院办公厅关于加强城市地下管线建设管理的指导意见》《江苏省政府办公厅关于加强城市地下管线建设管理的实施意见》等文件要求，结合中心城区的发展需要，年内，市规划局组织开展《张家港市中心城区综合管廊规划研究》编制工作。5月，规划编制任务开展公开招标，确定江苏省城市规划设计研究院中标。9月，完成规划成果。10月，规划通过苏州市规划局组织的专家论证。11月，规划通过张家港市政府审议。规划研究确定综合管廊布局体系以及综合管廊建设、运营、管理方面的相关政策和保障制度。《张家港市中心城区综合管廊规划研究》确定2020年中心城区综合管廊建设规模为6.2千米，2030年中心城区综合管廊建设规模为38.93千米。

【城市总体规划评估】 年内，市规划局按照《城市总体规划实施评估办法(试行)》，完成《张家港市城市总体规划(2011—2030)》实施评估。该次评估对全市截至2015年年末的经济规模、人口规模、用地规模、城乡空间体系、城乡交通体系、城乡公共服务体系、城乡生态体系、城乡市政体系、城乡特色体系以及总体规划强制性内容执行情况进行总结。评估得出上版城市总体规划取得的成效：服务城市经济社会发展，引导市域城乡空间建设，协调与周边城市的关系，指导城乡基础设施的完善，促进城市空间特色彰显。同时也指出上版城市总体规划实施存在的局限与不足：对城乡发展新态势应对不足，对产业发展转型引导不够，对中心城区用地引导调控不足，对综合交通条件变化协调不足，规划地位与作用需进一步加强。

工作人员开展基础测绘

(市规划局　提供)

【地形图航测工程】 全市域地形图航测工程2015年启动。航测的航飞资料生成全市域的数字正射影像图，对已有的数字张家港、公共基础地理信息系统中的影像数据进行更新，满足城市快速发展中各行业部门对现势性强的高精度、高分辨率大比例尺基础影像图的迫切需求。2016年，市规划局根据城市基本建设项目要求，继续开展全市域地形图航测工程的实施。完成市域、中心城区和各镇区影像挂图制作以及市区及各区镇建成区1:500比例尺、市域1:1000比例尺数字地形图生产。对各标段用地分类、建筑分类和地名地址进行普查和内部质检。完成各标段1:5000比例尺地形图缩编。

【全市域管线普查】 1月22日，市政府把2016—2017全市域地下管线普查项目列入2016年度基本建设项目。2月29日，市政府组织召开“全市域地下管线普查”项目动员会，明确项目进度安排、各部门职责分工。10月，市规划局开展招投标，确定探测、监理和质检单位。年内，完成《张家港市综合地下管线探测技术规程》七次修订，并对原有管线数据按照更新后的《张家港市综合地下管线数据标准》进行调整。开展试验区探测和试验区成果检查。完成《张家港市地下管线数据库建库标准》，对管线系统进行同步完善升级。

【市基础地理信息中心成立】 12月2日，市城市测量队更名为张家港市基础地理信息中心。市基础地理信息中心为市规划局下属事业单位，机构规格为正股级，分类定性为公益二类，经费渠道为差额拨款。核定单位事业编制8名。主要负责基础地理信息系统的组织、开发、共享、维护和管理等工作，做好城市规划测绘项目的设计、生产、检查和管理等工作，做好规划局信息化建设的技术支持工作，负责规划业务系统和网站的维护更新工作。

(顾维雅)

中心城区建设

【概况】 2016年，中心城区建设共完成投资74.62亿元。城东黄泗浦生态核心区各项单体工程建设继续推进，湖区整体形象初步展现。城南中央商务新城、城北科教新城、沙洲湖科创园初具形态。沙洲湖中央商务大楼、金茂沙洲湖大厦、金城沙洲湖大厦等工程主体建设完成。城区实施房屋搬迁501户(含非住宅91户)，搬迁面积28万平方米。全年安置房在建项目10项，总建筑面积88.53万平方米，其中新开工项目2项(学府花苑、北海花苑四期)，建筑面积13.88万平方米，948套；竣工项目8项(西溪花苑二期、旺西花苑四期、北海花苑三期、塘市花苑四期、包基花苑、兴东花苑三期、南新花苑、福东苑一期)，建筑面积74.65万平方米，3875套。公共建筑项目有4项，分别是闸上幼儿园新建、旺西幼儿园新建、闸上小学改造和城北小学扩建工程。闸上幼儿园新建工程完成地上三层结构工程施工，旺西幼儿园、闸上小学均完成二层结构施工，城北小学扩建工程12月进场施工。市建筑工务处代建政府投资的公共建筑项目29项，建筑面积60.33万平方米，总投资28.12亿元。年内竣工交付职业技能实训基地二期、第四人民医院、第三人民医院门急诊楼、城中老年建设基地、金茂沙洲湖大厦、金城沙洲湖大厦、网球学院、城南派出所、梁丰生态园配套工程、天主教堂装饰工程、常青藤食堂改造等工程项目11项。第一人民医院科教综合楼、国家化工设备质量监督检验中心等实事工程、重点工程顺利推进。

2016年张家港市城区部分重点工程建设情况表

表13

项目名称	工程概况	进展情况
金茂沙洲湖大厦新建工程	占地1公顷,投资概算3亿元,由市金茂公司自筹解决,建筑面积5.29万平方米	2014年3月开工,2016年10月完工
金城沙洲湖大厦新建工程	占地1.14公顷,投资概算4亿元,由市金城公司自筹解决,建筑面积6.28万平方米	2014年3月开工,2016年10月完工
职业技能实训基地二期建设工程	占地13.67公顷,投资概算3.65亿元(其中:征地经费9030万元、建设经费2.44亿元、设备经费3000万元),建筑面积7.4万平方米	2014年10月开工,2016年7月完工
第四人民医院新建工程	投资概算2.1亿元,建筑面积3.6万平方米	2014年10月开工,2016年12月完工
网球学院新建工程	投资概算9000万元,建筑面积1.54万平方米	2015年9月开工,2016年12月完工
城中老年健身基地新建工程	投资概算1650万元,建筑面积5790平方米	2015年11月开工,2016年11月完工
市第一人民医院科教综合楼新建工程	建筑面积3.18万平方米,设地下一层,地上12层,工程概算1.57亿元	2016年9月开工,正在桩基施工
城北派出所新建工程	投资概算5240万元,建筑面积1.3万平方米	2016年9月开工,正在桩基施工

【城东新区建设】 年内,城东黄泗浦生态核心区堆山工程完成9座素土丘陵和4座灰土丘陵,湖体开挖土方500万立方米,完成30座桥梁主体结构和9千米环湖道路底层沥青摊铺,景观方面完成东湖一期景观绿化的30%,自来水、天然气、供电、智能化等各类管线工程项目均有序实施,湖体山形已初现形态。高铁配套工程有序开展,完成塘桥富民路等底层沥青摊铺以及人民路北侧管廊、北京路南侧箱涵施工。

【城南新区建设】 年内,城南新区新开工建设学府花苑、北海花苑四期2个安置房项目,占地面积5.2公顷,建筑面积10.7万平方米,投资6675万元,建设安置房353套;竣工西溪花苑二期、旺西花苑四期、塘市花苑四期、包基花苑4个安置房项目,占地15.33公顷,建筑面积32.9万平方米,投资1.94亿元,竣工安置房1862套。新(改)建新泾路、塘市街、老沙锡路、新丰西路、扬子路等11条市政道路,总长8.22千米。

【城西新区建设】 年内,城西新区建设着力推进西拓北延区服务配套项目的建设。泗港便民服务中心5月开工建设,建筑面积9300平方米,总投资6300万元,至年末主体封顶;泗港实验幼儿园2015年7月开工建设,建筑面积7700平方米,总投资4000万元,8月竣工并交付。

【城北科教新城建设】 城北区域重点推进职工文体中心和国际交流中心2个项目。其中,职工文体中心3月完成方案深化设计与规划方案报批,10月进入主体施工,年末完成主体工程的基准面;国际教育交流中心8月完成规划方案报批,年末完成基坑支护桩施工。杨锦公路西侧绿化提升工程是“931”城市环境综合整治项目,总面积4.2万平方米,总投资600万元,9月下旬开工建设,11月末竣工。谷渎港景观绿化一期工程(锦绣四期南侧及西侧)总面积7000平方米,总投资概算150万元。5月完成初步方案设计,9月开工建设,10月竣工。

(龚健飞 顾维雅 韩 露)

镇村建设

【概况】 年内,各区镇共投入镇村建设资金48.36亿元,新建各类建筑面积34.46万平方米,新建沥青道路27.35万平方米,铺设供水管道31.43万米,铺设排水管道38.47万米,新安装路灯1234杆,整治桥梁45座。全市完成动迁农户协议签订609户计12.65万平方米,建设安置房28.2万平方米,竣工113.92万平方米,农民集中居住度61%。

【金港镇建设】 金港镇有集镇5个,建成区面积36.09平方千米,其中中心镇区面积7.6平方千米。年内,总投资7.5亿元的滨江大厦完成设备调试,投资1500万元的滨江大厦市政配套工程完成主干道底层沥青摊铺,西侧停车场水稳摊铺。投资2480万元的香山环山北路工程完成总量的40%。投资7898万元的香南西路工程交工验收。投资3.5亿元的金港文化中心完成总工程量的44%。全年镇竣工安置房65.64万平方米、4053套,分房1751套,办证333套,安置在外过渡户1500户。动迁安置房工程主要有:投资2.9亿元的镇山二期北侧、邱家港路西侧地块(镇山三期)工程,投资4亿元的镇山路北侧、江海路西侧、镇山一期东侧(镇山四期)工程,投资1.88亿元的金都二期西侧地块安置房工程,投资4.9亿元的晨港路北侧、金港路西侧地块(金都四期）工程，投资12.5亿元的中港路西侧、镇山路南侧地块（金都二村一期）工程，投资9.2亿元的金成三期安置房工程，投资7.4亿元的新塍二村二期工程，投资22.71亿元的香山花苑4号地块工程，投资8.29亿元的香山花苑1号地块工程；投资2140万元的镇山二期沿街商业配套服务用房工程，投资3703万元的金成一期商业用房工程，投资1883万元的金成二期商业用房工程，投资6186万元的金都一期配套服务用房工程。道路、桥梁、停车位工程主要有：投资4000万元的柏林路工程，投资974万元的华达路南延工程，投资3000万元的东华路东延工程，投资2600万元的港华路北延工程，投资507万元的东山路南段改造工程，投资701万元的中华路南延工程，投资509万元的中港路北段改造工程，投资557万元的塍中路与塍西路改造工程，投资5703万元的江海路、望江路、浦家湾路路面黑色化工程，投资700万元的金港路南延（338省道—暨阳西路）工程，投资352万元的袁塍路改造（新塍路—跃新河）工程；投资3200万元的柏林路南横套河桥工程，投资2100万元的张家港大桥改建工程，投资2亿元的镇山大桥新建工程，投资90万元的浦家湾路路灯亮化工程；投资731.98万元新建停车位工程，建设车位2585个。政府实事工程主要有：投资444万元的香山大街街景改造工程三标段，投资2313万元的新城区菜场工程，投资1500万元的中兴小学教学楼扩建工程，投资2700万元的金都社区服务中心装饰工程，投资464万元的金都二村邻里中心工程，投资12.66万元的朱家宕农业示范园门楼工程。全年完成集镇区及农村生活污水纳管1万余户。投资1017万元安置房天然气入户5818户。投资3370万元改造供水管道7.69万米，新建供水管道7.58万米。投资140万元疏浚镇、村河道71条；投资140万元拆坝17条、建桥涵17座；投资1712.67万元建生态河道3条，新建生态砌块挡墙5.76千米，木桩挡墙2600米，石笼挡墙60米，疏浚河道6.76千米；投资2732万元新建排涝闸站2座；整治引（排）水沟道4条；建设高标准农田面积90公顷，新建、改建电灌站11座，新建预制砌块渠道9.8千米，配套机耕道路3.74千米；建设新塍村高效节水灌溉农田面积27.33公顷，新建输水管道3.45千米；投资310万元完成坡岸坍塌整治工程；投资265万元新建钱昌河排涝站，改建排涝站2座，新建圩口闸2座；投资57万元建农桥3座。投资2400万元完成小明沙、高桥等4个三星级康居乡村点位建设，惠及农户483户。村庄环境整治达标率100%，绿化覆盖率41.5%。拆除农户违章搭建67户、企业违建37家。建成空气自动监测站2个，新增绿化面积72.93公顷。年内投资2400万元完成公共建筑面积8000平方米，年末实有建筑面积57.3万平方米；投资1.71亿元完成生产性建筑面积10万平方米，年末实有建筑面积327.9万平方米；市政公用设施投资24.33亿元。是年，生活垃圾集中处理率100%，自来水普及率100%，污水处理率85%，垃圾无害化处理率100%。（邱亚峰）

【锦丰镇建设】 锦丰镇有集镇7个，建成区总面积29.39平方千米，其中中心镇区面积15平方千米。新城区规划建设面积12.46平方千米，建成区总面积7.1平方千米。年内，《冶金工业园（锦丰镇）总体规划（2016—2030年）》《锦丰新城控制性详细规划》《锦丰老镇区控制性详细规划》编制完成，并通过市政府审批。《张家港经济技术开发区（冶金工业园）控制性详细规划》通过苏州市级评审。完成合兴花苑、书院六村二期等35.3万平方米安置小区和交警大队、车管所、安息堂、外校北校区等9万平方米公建项目，沙洲大厦、一干河西岸、樱花河等100公顷绿化景观设计。全镇投入镇村建设资金6.51亿元。年内有锡通高速、沙洲电厂配套线路、城乡一体化等动迁项目9项，完成协议签订465户，拆除农房面积80781.59平方米。在建安置小区2个，建筑面积25万平方米，新开工合兴花苑、书院六村二期2个安置小区，建筑面积20.2万平方米。张家港外国语学校北校区开工，锦丰法庭、合兴派出所及锦丰警署用房工程竣工。一干河西侧长安路、兴南路、滨河路等道路基本建成。沙洲大厦、社会福利中心等公建工程按时序推进。青屏沙路步行桥竣工。环新南路、悦兴南路开工。投资176万元修补道路1.6万平方米、桥梁栏杆32米，全镇乡村道路良好率88.2%。开通全市首条旅游定制班线“游1线”，新增公交候车亭12个。投资560万元完成锦丰新村、房管所、老政府雨污分流工程。投资528万元，疏浚河道113条，长74千米，完成土方42.9万立方米。其中，镇级河道5条，长7.8千米，完成土方6.6万立方米；村组河道108条，长66.2千米，完成土方36.3万立方米。投资590万

美丽村镇建设　　（锦丰镇福利村　提供）

元，完成拆坝建桥33座、建农桥7座。投资660万元，修建、改建排涝站6座，改造圩口闸1座。投资325万元的交通村、建设村、协仁村生态河道工程竣工，包括河道疏浚8.8千米、修坡19.9千米，新建人行桥2座、机耕桥1座，建设生态护岸1.2千米。投资2459万元的中央财政小型农田水利重点县建设工程完成，包括建高标准农田329.33公顷，新建、改建电灌站35座，筑U型农渠25.98千米，建配套建筑物149座，平整土地7.13公顷，清理排水渠道7.91千米，建闸站自动化控制改造及信息化项目1项。建高效节水电灌站8座，输水管道1.07万米，排水渠长1.37千米，渠系建筑物23座，灌溉面积72.67公顷。配套混凝土路长9.21千米。川港整治工程顺利推进。锦丰新村小区绿化改造、悦来路两侧景观绿化工程竣工。沙洲河西侧绿化和樱花河、沙洲大厦景观绿化开工；完成美丽村庄及康居乡村三星点位绿化工程量8000万元，交通村建成苏州市美丽村庄示范点，协仁、南港等6个村建成三星级康居乡村，南港示范点升格为省美丽村庄示范点。处理违章建筑252户，拆除面积6297平方米。涉及8个行政村，166个自然村，农户6828户的农村生活污水治理工程完工。至年末，全镇有公共建筑面积54.86万平方米，生产性建筑面积498.96万平方米。自来水普及率100%，生活用燃气普及率100%，有线电视入户率100%。镇区道路铺设总面积237.1万平方米，排水管道覆盖率100%，污水处理率90%，垃圾无害化处理率100%。

（徐　平）

【塘桥镇建设】 塘桥镇有集镇7个，建成区总面积21平方千米，其中中心镇区面积10平方千米。年内，围绕"城东组团"和铁路枢纽建设发展定位，按照"多规合一"要求，先后编制新城区、老城区和鹿苑、妙桥两个办事处及现代农业示范区等专项规划，为城镇建设、综合开发提供科学依据。先后投入建设资金5亿元，完成安置房、公共用房、事业用房、生产用房等总计建筑面积38.5万平方千米。全年竣工安置房35.18万平方米，安置动迁户1131户、2262套。其中，投入8400万元，完成何桥五期安置房建设，建筑面积6.45万平方米；投入1.1亿元，完成鹿东二期安置房建设，建筑面积8.22万平方米；投入1.24亿元，完成花园三期B区、花园四期安置房建设，建筑面积9.51万平方米；完成妙景小区三期A区安置房建设，建筑面积11万平方米。投入资金6000万元新建和改建道路6条，铺浇黑色路面7万平方米。其中，投入资金540万元改建中心河路，铺浇路面近1万平方米；投入资金1300万元改建镇区维达路，铺浇路面2.94万平方米；投入资金1000万元新建富华路，铺筑路面1.85万平方米；投入资金1050万元改造吹鼓路和镇北路，铺浇路面8400平方米。同时，建设妙桥、鹿苑2个办事处配套设施，鹿苑老街、农贸市场、文化广场改造，妙桥社区卫生服务中心、妙桥环卫所新建等工程顺利推进。完成妙桥集镇700户生活污水改造和2800户生活污水治理工程；完成周巷、巨桥两村美丽村庄改造，铁路沿线、安置小区等地绿化工程，新增绿化面积20余公顷。疏浚镇村河道80条，建成塘桥片区公共自行车系统，完成下达的减排目标任务。至年末，全镇新增公共建筑面积1.2万平方米，累计114.32万平方米；新增生产性建筑面积1万平方米，累计828.18万平方米；新铺道路面积6.62万平方米，累计339.55万平方米。全镇农户楼房入住率100%，自来水普及率100%，生活燃气普及率100%。有线电视入户率100%，在全市率先成为"有线智慧镇"。污水处理率87%，垃圾无害化处理率100%。

（唐林康）

【乐余镇建设】 乐余镇有集镇2个，建成区总面积8.7平方千米，其中中心镇区建成区面积5.8平方千米。年内，全镇共投入镇村建设资金2.8亿元，完成建筑面积7.5万平方米。以沪通铁路、锡通高速、沙电二期等重大项目建设为契机，年内完成动迁130户；扶海花苑二期7万平方米安置房竣工，扶海花苑一期696套安置房、455个地下车位分配到户。乐悦广场牌坊、风雨廊桥等配套工程完成施工；投入2000万元实施红星村康居乡村三星级点位建设；完成扶海花苑一期和文化中心绿化景观配套工程。投资300万元建设的老庙港河排涝站正式投用。投入130万元，新增6辆垃圾清运车、1辆垃圾压缩车，新增农村垃圾收集桶1000个，更换镇区主干道沿线果壳箱50只。投入10万元，解决路面破损、下水道堵塞等各类公共市政设施维修类问题23处。疏浚镇村河道87条、拆坝建桥28座，建设生态河道2条2.1千米。完成农村生活污水管网改造4600余户，完成农村自来水管网改造8400余户；关停畜禽养殖污染9户，改造7户。全年新增生产性建筑8万平方米，累计157.6万平方米。自来水普及率100%，生活燃气普及率99%，排水管道覆盖率96%，垃圾无害化处理率100%。

（秦　香）

【凤凰镇建设】 凤凰镇有集镇6个，建成区总面积16.6平方千米。其中中心镇区面积7.37平方千米。年内，全镇共投入建设资金1.3亿元。完成居民动迁14户，动迁面积3360平方米。启动日新氨纶、港捷金属、凤凰紧固件厂等38家企业动迁，动迁面积3.6万平方米。全年安置动迁户335户516套，6.1万平方米。启动《杨氏宅第国家重点文保单位保护规划》。完成《凤凰新城核心区控制性详细规划调整方案》《恬庄区域控制性详细规划》《凤凰山景区控制性详细规划》《凤凰镇工业园区控制性详细规划》。凤凰镇文化中心、凤凰派出所建成投用。凤凰法庭、检查室完工。杭州绿城、北京中昂房产项目签约。全镇改造道路13千米、7万平方米。完成凤凰大道改造，完成新城区3条主干道绿化、亮化、净化、美化"四化工程"。完成曹庄新村雨污水分流改造，完成嘉泰路、飞翔路污水主管工程。完成全镇小型桥梁维修工程。安庆村塘下庄、魏庄村黄家新桥等5个三星级康居乡村点位通过苏州市级验收。清表土地100公顷，基本实现动迁与安置同步推进。完成西凤路、汉江路、映山路、中山路、望湖路绿化工程，完成文化中心、中心小学、幼儿园、双龙花园四期景观绿化工程。投资5286万元，完成3408户农户农村生活污水管网改造。完成中山路、映山路、望湖路路灯安装，新增路灯203盏。拆坝建桥10座，新建石龙路桥。全年新增公共建筑面积6500平方米，新增生产性建筑面积10.5万平方米。生活用燃气普及率100%，有线电视入户率100%，镇区排水管道覆盖率100%，垃圾无害化处理率100%。

（方天闪）

【南丰镇建设】 南丰镇有集镇6个，建成区总面积9.95平方千米，其中中心镇区面积7.8平方千米。对接沪通高铁、东沙物流园，通用机场及静脉产业园等开发建设，重新启动总规修编，积极服务镇域沪通高铁南丰段、东沙物流园与晨丰公路南丰段等建设。年内，全镇加快推进泗兴佳苑等46.69万平方米、2857套结转安置房的建设。年丰新村一期26.73万平方米建成交付；泗兴佳苑四期1.2万平方米竣工；泗兴佳苑三期室外绿化施工完成，永联小镇西扩三期安置房16.2万平方米974套4月竣工交付。建成民丰五期308套、新联花苑190套、年丰新村1677套、泗兴佳苑960套、永联小镇西扩三期350套安置房，分配3485套。完成动迁59户，建筑面积7900平方米。其中，永联动迁46户，建筑面积4916平方米；农村零星动迁13户，建筑面积2940平方米。实施海坝村、新德村等7个村农村生活污水管网建设，涉及农户3495户。全面推进镇区域景观绿化建设。实施完成四干河景观带、泗兴佳苑等安置小区绿化景观建设；对镇区原南丰小学、民联村等商业待开发地块实施地面整形，种植苗木，铺设草地等工作。投入11万元对永联小镇4座公厕按一类公厕的标准进行提升改造；投入50万元在全市率先建成建农村垃圾分类处理站，添置更换垃圾桶500个，在公交站台增设果壳箱10只，投入10万元分三期对建筑垃圾临时堆放点进行整治。新增自来水用户5682户。应对冰冻天气，对5800个管道井远传水表全部加套水表套，1.4万个埋地水表全部加盖保温板，并对过河管、排气阀、阀门、消火栓等采取保温措施。投入450万元，完成泗兴佳苑三期室外管道及远传系统安装；投入10万元，完成振丰小区管道改造；投入116.8万元，完成瑞景美墅接水工程；投入8.5万元，完成永联公租房接水工程；投入4.7万元，完成镇北桥西直径300毫米管道改造工程。投资2024万元，进行水利项目建设，完成镇村组河道疏浚59条，长度39.77千米，土方26.15万立方米，有效改善全镇水环境质量，提高河道防汛引排能力。东进排涝站新建60米防汛道路和90米隔离栏；长兴排涝站和新杰西排涝站进排水口新建268米挡墙；全镇拆除坝头40座，建人行便桥4座，建板涵31座，建涵洞3座。拆坝建桥11座，新建继新路桥及新德27组桥2座。建设人和雨水泵站，用于改善人和商务楼周边雨水管网排水能力。在东胜圩区新建东胜排涝站1座，改造东胜涵闸及民乐涵闸2座。实施四干河南丰村段生态护岸600米，四干河民联桥至长安路桥，实施岸坡整治900米。推进“美丽村庄”建设，对新德、建农村的4条河道，建设生态木桩护岸500米。投资1426万元，在建永合、新德排涝闸泵站2座。全镇自来水普及率100%，生活燃气普及率99%，镇区排水管道覆盖率100%，垃圾无害化处理率100%。

（徐永方）

【大新镇建设】 大新镇有集镇3个，建成区总面积7.2平方千米，其中中心镇区建成区面积6.7平方千米。年内，完成《大新镇西南片区农村发展研究规划》《大新镇老镇区控制性详细规划》《张家港市大新镇总体规划（2016—2030）》。全镇投入镇村建设资金4.6亿元。新南小区三期A区9万平方米安置房完成分房，安置农户114户；B区11万平方米安置房土建完工；C区12万平方米安置房部分封顶。新南小区一期剩余154套安置房竣工验收并分房。阳光家园五期4号、5号、12号土建和室外配套绿化全部完成，准备分房。新湖南路、新湖北路、新乐路基本完工，新湖东路、新湖西路有序推进。新湖公园建设推进，新湖形态基本成型，湖区景观、绿化工程按序建设。投资2亿元的大新实验学校11月落成。投资1000万元的殡仪服务中心9月启用；投资2600万元完成新乐路改造；投资1000万元启动阳光家园北区改造工程；投资365万元启动新湖西路新建工程；新湖东、南、西、北路通车并亮化，安装路灯238套。激光（装备）产业园主体工程基本完工，园内激光公共服务平台基本建成。投资400万元完成新凯村美丽村庄整治工程，新凯村2个

大新镇镇区　　（庞瑞和　摄）

三星级康居乡村完成建设，农村生活污水治理865户。疏浚村组河道56条，长度25.28千米，开挖土方19.44万立方米。拆坝建桥11座，建设生态河道3条。全镇新增垃圾桶240个，全镇自来水普及率100%，生活燃气普及率99%，镇区排水管道覆盖率100%，垃圾无害化处理率100%。

（蔡　鸿）

【常阴沙现代农业示范园区建设】 常阴沙现代农业示范园区有集镇1个，建成区总面积2.2平方千米。年内共投入建设资金8100万元。主要工程有：禾丰佳苑四期安置房交付使用。投资311.02万元新建珠江小区北区自拆公建房2幢8套，建筑面积1941平方米。珠江路东沿工程开始施工。投资556.5万元新建苏州市三星级康居乡村示范点2个，惠及农户146户，改造社区道路6000平方米，建筑物立面出新3.1万平方米，农户三线入地改造2200米，新增路灯9盏，新增景观绿化建设5000平方米，新增村口标识牌2座。投资2170.47万元完成农村生活污水治理工程，涉及农户1232户，新建污水管网32千米；投资481.6万元完成1363户自来水改造工程，涉及常南、常西、常北、常红、常沙共5个社区20个村组，改造自来水管网2.96千米。投资180万元新建生活垃圾分类预处理站1座，占地面积139平方米，日处理生活垃圾8吨，农村生活垃圾一体化清运、河道、道路保洁市场化运作实现“全覆盖”。投资356.28万元新建常西社区标准型厂房3240平方米，社区共新增经营性建筑3万平方米。投资416万元新建高标准农田86.67公顷，分别新建3米、4米、5米水泥道路520米、450米、380米，新建衬砌灌排渠道5770米和4米农机耕桥1座，建节制闸2座，6月工程完工。新建、改建高标准池塘18.68公顷，高效设施农业面积5.67公顷。投资143万元，新建生态河道3条，长2.02千米；投资121万元疏浚河道40条，长33.9千米，开挖土方15.1万立方米。投资41万元完成拆坝建桥5座 。投资185万元完成常西社区10组、13组生态河道整治，长1.78千米。完成210米北中心河常南排涝站段、北中心河工业区排涝站段岸坡整治。园区新增绿地面积4.44公顷。年度污水处理总量108.95万立方米，生活垃圾处理总量6050吨。自来水普及率100%，生活用燃气普及率100%，有线电视入户率98%。垃圾无害化处理率100%。

（袁　红）

【双山岛旅游度假区建设】 双山岛旅游度假区有集镇1个，建成区面积0.3平方千米。年内，双山岛旅游度假区围绕打造“长江慢岛、沙上绿洲”的规划定位，按照建成华东地区具有一定知名度和美誉度的休闲度假目的地的目标，推进各项工程建设。投入资金1亿元，完成夜景专项规划、导视系统、河网水系专项规划、道路景观现状提升工程方案，启动水上森林及森林活水源景观规划设计、过江（内河）交通工具、现代农业园等项目方案设计工作。启动总投资2.2亿元安置房一期12幢房屋工程建设。投资1800万元，完成双山岛码头两侧湿地景观提升工程；投资2000万元，完成大伯墩湿地景观提升建设工程，通过修建栈桥、处理地形、新增绿化，提升度假区的门户形象和湿地景观效果。全区自来水普及率100%，生活燃气普及率100%，排水管道覆盖率100%，垃圾无害化处理率100%。

（施　恩）

【美丽城镇建设（2016—2020）启动实施】 1月起，苏州市全面推进除城关镇外的50个建制镇的美丽城镇建设工作，此次美丽城镇建设工作时间跨度为5年（2016—2020年），张家港市实施对象为2个先行示范镇（凤凰镇、南丰镇）、其余5个建制镇（金港镇、锦丰镇、塘桥镇、乐余镇、大新镇）以及全市被撤并镇（2016年选定金港镇南沙、凤凰镇港口两个办事处作为试点），力争在“十三五”期间，通过分类指导、分层次建设、分步骤实施，着力实现示范城镇内生动力和发展活力显著增强，实现其余建制镇及被撤并镇综合环境面貌明显改善、活力内涵稳步提升。凤凰和南丰2个示范镇，自2016年1月至2020年12月，继续推进试点示范、优化提升、探索创新，努力探索小城镇建设发展体制机制，创新投融资机制，完善公共服务供给体制，优化产业发展环境等，增强城镇的现代功能。金港、锦丰、塘桥、乐余和大新5个建制镇自2016年1月至2017年12月，为集中整治阶段，在中心镇区范围内实施“九整治、三规范”，切实改善镇容镇貌；自2018年1月至2020年12月，为综合提升阶段，完善配套基础设施、挖潜特色内涵、落实长效管护，增强城镇承载力和竞争力。被撤并镇（办事处）自2016年1月至2020年12月，由试点示范到全面覆盖，结合各自功能定位，到2020年年末基本实现全市被撤并镇（办事处）“环境优化、设施配套、服务完善、管理有序、发展持续”的总体目标任务。年内，凤凰和南丰两个示范镇投资9.9亿元，组织实施项目31项；金港、锦丰、塘桥、大新和乐余5个建制镇投资3.6亿元，组织实施项目114项；南沙和港口两个试点办事处投资3.4亿元，组织实施项目45项。

（龚健飞）

公用事业

【概况】 2016年，全市继续推进以供电、供水、供气、污水处理等重点的基础设施建设。张家港电网完成110千伏北庄变扩建，110千伏新东、文兴、港口变单改双，110千伏扶海、大德变大容量主变改造，110千伏金当巷变易地重建等工程，新增35千伏及以上变电容量19.6万千伏安。全年完成各类电网建设投资11.99亿元。完成新建和改造自来水管网623千米。新增天然气管道144千米。

【供电】 2016年，全市全社会用电量288.81亿千瓦小时，比上年下降0.38%；日最高网供电量8570万千瓦小时（7月28日），比上年日最高网供电量上升270万千瓦小时；最高用电负荷420.79万千瓦（7月28日21时），比上年最高用电负荷增加7400千瓦。年平均负荷率92.18%，比上年下降0.55个百分点；线损率

1.75%，比上年上升0.11个百分点，城网、农网电压合格率均为100%，城市、农村供电可靠率分别为99.99%、99.93%。全市平均电价为每千千瓦小时665.96元，比上年下降49.3元，回收各类电费158.35亿元。全年完成业扩报装户数42445户，完成容量85.52万千伏安。至年末，全市拥有220千伏变电站15座，主变36台，容量720万千伏安；110千伏变电站40座，主变74台，容量399.8万千伏安；35千伏变电站14座，主变29台，容量53万千伏安。35千伏及以上线路217条，共计1538.78千米。其中，220千伏线路51条，回路长度543.77千米，电缆长度1.75千米；110千伏线路90条，回路长度530.38千米，电缆长度77.69千米；35千伏线路76条，回路长度322.23千米，电缆长度62.97千米。10千伏变压器8907台，变电容量387.22万千伏安，线路728条，回路长度5523.6千米，电缆长度2002.59千米；20千伏线路12条，回路长度54.48千米，电缆长度21.29千米。380伏线路6231.68千米，其中电缆2555.41千米；220伏线路26千米，电缆5.19千米。

【供水】 市给排水公司全年完成供水量1.66亿立方米，最高日供水量为52万立方米，供水水质综合合格率达100%，水费回收率99.8%，自来水漏耗率为7.3%。全力推进农村供水管网改造工程建设，加快进度，严管质量，规范验收，共改造完成3.1万户，2014年至2016年累计完成7.83万户。全年完成40个小区84套房屋二次供水设备的勘察设计、安装和调试工作，并做好相关资料的整理归档工作。

【供气】 全市有大型液化石油气中转站1家，管道燃气公司1家，民用液化石油气储罐场8家，工业液化石油气储罐场5家，汽车液化石油气加气站1家，LNG汽车加气站7家，工业用液化天然气站4家，瓶装液化石油气供应站点31家。全年新增天然气管道144千米，新增投资1.5亿元，累计天然气管网长度1486千米；新增工商用户160户；新增居民配套用户3.9万户，全市累计配套用户22.9万户。全年天然气供应总量3.75亿立方米，比上年减200万立方米。全市天然气日均用气量103万立方米，日高峰用气量达到127.8万立方米。

【污水处理】 全市有生活污水处理厂10家，日污水处理能力22.7万吨。其中，市区4座，日污水处理能力为13.5万吨，分别为第一污水处理厂、第二污水处理厂、第三污水处理厂和城南污水处理厂；镇区6座，日污水处理能力为9.2万吨，分别为锦丰片区污水处理厂、金港片区污水处理厂、塘桥片区污水处理厂、乐余片区污水处理厂、常阴沙污水处理厂和双山岛污水处理厂。全年新增污水管道92千米，处理生活污水5439万吨。

【市容保洁】 市市容管理处有各类清扫、清运、洒水、冲洗车195辆，打捞船9艘，快艇2艘，压缩式垃圾中转站9座，职工773人。年内，市城管局在环卫保洁工作上精益求精，持续优化，不断提高保洁标准和水平。研究筹建全市静脉产业园项目，解决各类垃圾终端处置难题，实现城市固废垃圾的生态处理、资源利用；出台《全市城乡环卫保洁一体化工作实施意见》，统一组织架构、保洁模式、管理标准和监管体系，逐步实现全市道路、绿化、河道的“一把扫帚扫到底”；加快农村生活垃圾分类试点，建设完成9个有机垃圾处理站，辐射18个试点村庄，实现农村垃圾源头分类减量；稳步推进餐厨废弃物处理厂、东沙垃圾填埋场二期等环卫工程项目，改造开放式小区（城中村）垃圾房，购置更新环卫设备。全年累计收运、处置生活垃圾48.77万吨和餐厨废弃物2.29万吨，全市生活垃圾无害化处理率持续保持100%。

【市政道路建设】 年内，共实施市政道路建设项目12个，总里程9.49千米，面积31.58万平方米，完成投资3.38亿元。其中，结转市政道路建设工程项目9个（南苑东路东延新建工程、蒋乘路北段改造工程、沈巷路新建工程、镇中路改造工程、职中路北延新建工程、建农路改造工程、景程路新建工程、滨河路新建工程、南庄路新建工程），建造面积29.17万平方米，总里程8千米，共完成投资3.03亿元；新建市政道路工程项目3项（南苑东路一期改造工程、市区交通节点疏导工程、蒋乘路南段改造工程），建造面积2.41万平方米，里程1.49千米，总投资1.99亿元，年内完成投资额3500万元。新建改建新泾路、晨阳路、蒋乘路、东七公路等32条道路，总长26.06千米，其中新丰东路、东黎路、东莱中路、长安北路、集萃路等12条道路共6.2千米交付使用。

【路灯管理】 年内，市路灯管理所圆满完成城建计划，并配合市城投、交通、园林等部门完成港丰公路（疏港高速段）、小城市新村周边道路、电大路、沙洲西路南侧道路、凤凰大道等34项道路照明工程及张家港桥景观照明工程、新沙河（南苑路至南二环路）两侧景观照明工程等5项景观照明工程，新增路灯1486杆、2320盏，景观灯8320套，维修路灯3400余盏；强化管理维护职能，坚持有诉必修、有坏即修、从快抢修的原则，处理“12345”“110”转和市民电话报修843起，维修路灯3400余盏、景观设施3600余套，辖区主、次干道路灯亮灯率达到98%以上，小区路灯设施亮灯率达到90%，路灯设施完好率达到90%。至年末，全市有路灯16898杆、31497盏，景观灯29.8万套。晨丰公路（港城大道—双鹿路）道路照明工程、张家港市S338（鹿苑立交桥—常熟交界）道路照明工程获苏州市市政优质工程称号，沙洲西路、百桥路、西湖苑路、小河坝路照明养护片获苏州市市政优质养护片称号。

【市政养护和管理】 市公用事业管理处全年翻修水泥、沥青路面3500平方米、人行道板9300平方米，维修及增设平侧石3500米，疏通雨污水管道580千米，清疏各类检查井11800座，修复调整窨井设施400座，安装窨井防坠网3262片，城市道路完好率达到99%。完成38座桥梁、100余处损伤的改造、修复工作，完成游园广场大理石、木地板维修4000平方米，为各类构筑物、地板涂刷5200平方米，河道换水22万立方米。全年养护工程资金投入2200万元。受理行政审批申请项目250项，其中占道51项、挖掘72项、城市顶管12项、道口开设46项、管道接入69项。加强城市排水管理，全年共受理排水许可50份，受理餐饮联办661份，审核同意筹建250份。组织实施农村生活污水治理工程、排水系统提升工程（世纪广场西侧、东苑路和悦丰路）、市区部分桥梁拆除重建和加固维修工程（聚丰桥、老龙潭桥、六渡桥、华昌桥）。

【110千伏金当巷变易地重建】 为配合政府重点工程黄泗浦生态园开发建设，市供电公司对110千伏金当巷变电站进行移址重建，1月20日投运。新的金当巷变电站位于东南开发区以东的新泾东路，是一座全新智能化变电站，拥有1台5万千伏安主变、2条110千伏进线、12条10千伏出线。

【110千伏北庄变扩建工程投运】 5月19日，110千伏北庄变电站扩建工程建成投运。该工程位于张家港经济技术开发区南区，采用标准化工艺进行施工。动态总投资1320万元，包括2个单项工程：北庄变电站2号主变扩建工程、七里庙—北庄单回110千伏线路工程。当期扩建工程建设80兆伏安主变1台、新出110千伏出线1回、10千伏出线12回、6兆乏电容器组2组。

【3座110千伏变电站单改双工程投运】 5月23日，110千伏新东变电站2号主变扩建工程建成投运。该工程新扩一台50兆伏安变压器，新建110千伏GIS组合电器一套，新出10千伏出线12回、10千伏电容器2组、接地变消弧线圈1组。6月15日，110千伏文兴变电站变2号主变扩建工程建成投运。该工程新扩一台50兆伏安变压器，新建110千伏GIS组合电器一套，新出10千伏出线12回、10千伏电容器2组、接地变消弧线圈1组。9月23日，110千伏港口变电站2号主变扩建工程建成投运。该工程新扩一台50兆伏安变压器，新建110千伏GIS组合电器一套，新出10千伏出线12回、10千伏电容器2组、接地变消弧线圈1组。

【农村供水改造三年计划全面完成】 为妥善解决农村供水管网年久失修、老化漏水等问题，保障安全供水，提高供水水质，根据张家港市最新保留村庄布点规划，确定加快推进农村供水改造和长效管理工作方案，实施农村供水改造三年计划，列入张家港市重大民生事项，计划用3年时间，对保留村庄（含阶段性保留村庄）统一进行改造，改造后统一由市给排水公司进行直接管理；对非保留村庄，各村提出改造申请，经市、镇两级同意后可参照保留村庄改造方式实施。该工程于2014年6月18日启动，市给排水公司主动与各区镇、村对接，因地制宜制定改造计划，精心组织施工，加强现场管理，严把工程质量，规范工程验收，至2016年年末，共改造完成78262户（含部分非保留村庄），其中金港镇10719户、锦丰镇20914户、塘桥镇8454户、乐余镇14414户、凤凰镇7302户、南丰镇7973户、大新镇3950户、现代农业示范园4536户。同时做好改造后接收管理工作，做到改造一个村接管一个村，实现“同网、同质、同价、同服务”，全面提升农村供水服务质量。

农村生活污水治理工程 （市住建局 提供）

【静脉产业园筹建】 为规范处置全市生活垃圾、工业固废、病死动物等各类废弃物，实现废弃物的协同处置、设施共享、集中管理，12月30日，市委办公室、市政府办公室联合印发《关于成立张家港市静脉产业园筹建工作领导小组的通知》，静脉产业园开始筹建。市人民政府与清华大学环境学院签订《张家港市人民政府与清华大学环境学院关于循环经济项目合作协议》，利用清华大学环境学院在环境保护及资源循环利用方面的技术及科研优势，高标准建设张家港市静脉产业园，打造“资源—产品—再生资源”闭环经济模式，实现生活和工业垃圾变废为宝、循环利用。市城管局与清华大学环境学院团队签署《张家港市资源循环利用产业发展规划研究合作补充协议》及《技术咨询合同书》。

（龚健飞　崔婷婷　徐　霜）

城 乡 管 理

【概况】 2016年，市城管局围绕打造“打造全省最洁美文明城市，打造全省最优秀城管队伍”的目标定位，深化“大城管”机制运作，实施城市网格管理，推动重点工作落地见效，全市城乡环境面貌持续改善，城管执法服务水平不断提高。市级城管、爱卫机构整合后，调整出台《城乡大环境长效管理工作意见》，明确工作标准，强化监管考核，落实2150万元奖励补助资金。年内，市城管局获世界卫生组织

夏季夜间市容环境整治　　（市城管局　提供）

健康城市建设最佳实践奖、江苏省文明单位、苏州市城市环境综合整治先进集体3项荣誉。

【城镇管理】　年内，市城管局城乡环境管理全面推行“网格化”，健全“市、镇、街道、社区（村）”四级网络，搭建城市管理网格219个，实现全市域覆盖。牵头实施省城市环境综合整治接续行动，建设改造城郊接合部、城中村等区域的基础设施，整治车辆乱停放、占道经营等市容秩序，完善公厕等城市家具功能，至年末，共完成整治项目35项。运用物联网技术，推进“城市e管家”二期项目建设，引入“互联网+”概念，在“城市e管家”手机软件端加载公共自行车借还、停车场点和公厕点位引导等公共服务功能；充分利用遥感技术、信息技术，购置6台无人机，建立城区违建“天上看、网上管、地上查”的多维监管体系；优化完善数字化城管平台，全年高效办理各类城市管理案件10万余起，结案率93%，满意率100%。顺利完成公共自行车第二轮运营交接，新增、调整服务网点10个，改造网点管理箱180余只，更新车辆4000余辆；依托区镇、街道社区全面开展露天烧烤、占道经营集中整治，实行“严打严控”，摊贩总数下降50%，区镇建成疏导点9个；全面开展户外广告安全鉴定和整治，清理各类破损陈旧、无主广告800余处；深化城管志愿服务活动，组织开展小区环境清理、便民服务等活动100余次，参与人数3000余人次。

【城管执法】　年内，市城管局完善权力清单和责任清单，细化行政处罚自由裁量权，实施执法监督、执法案卷评查等工作制度，规范行政执法行为，全年行政处罚10万余起，零复议、零诉讼。调整优化管理力量，新建两个违法建设中队，开展实战培训和岗位轮训。健全绩效考核、因公受伤慰问等规章制度，实施协管员岗位晋升和基层干部储备工作，激发队伍“比、学、赶、超”的持续动力。城东中队获苏州市城管执法队伍“十佳中队”称号，队员蒋炯华获苏州市城管执法队伍“十佳队员”称号。活用微信、微博新媒体，加大城市管理宣传力度，建立区镇、街道办事处、村（社区）工作联络微信群，及时发现和解决管理问题，促进部门、基层中队与区镇的三方互动。开展“民生面对面”“双公示”（行政处罚、行政许可）等宣传活动，办结人大代表建议、政协提案23件，接待信访500余人次，反馈满意率100%。

【城市管理“百日行动”开展】　年内，由市城管局牵头，联合相关职能部门，在全市范围开展城市管理“百日行动”，城乡环境得到进一步改善。城市管理“百日行动”重点围绕基础设施、环卫保洁、市容秩序、交通秩序、建设工地、集贸市场、废旧回收、主要道路沿线环境8个方面开展专项整治，“项目化、工程化”完成整治项目731项。同时，针对季节性和阶段性突出问题，以城管中队为单位，会同职能部门开展露天烧烤、“僵尸车”、流动摊贩、建筑工地专项整治。

【公共自行车推行市镇通借通还】　随着城乡一体文明的深入推进，城镇居民对低碳绿色出行的需求日益强烈，南丰、凤凰等乡镇先后开始尝试公共自行车项目建设。为做好公共自行车项目后续发展，张家港市创新提出“政府掌控、设备自购、运营外包、市场运作、部门监管”的建设运行模式，尝试将“软件、硬件、运行”三部分独立实施，即自主研发管理平台，硬件设备自购，运行服务外包，依托统一的服务平台、技术标准和租赁介质，实现一卡通，通借通还。年内，该运营模式开始推广，塘桥镇、杨舍镇的服务系统成功接入全市公共自行车统一管理平台，塘桥镇新建网点18个，投放车辆300辆；杨舍镇新建网点15个，投放车辆240辆。城区与区镇、区镇与区镇之间的公共自行车实现通借通还，最大程度方便市民的绿色出行。至年末，全市公共自行车共投放5580辆，日均使用率3.3%。

【城管防暴队伍成立】　为满足城市管理行政执法、应急保障工作需要，提高城市管理效能，4月，全市各城管中队抽调135名城管执法队员、协管员组成特勤防暴队伍，经过专业培训后上岗工作。城管特勤人员平时参与中队日常城市管理工作，遇集中整治、突击执法、防汛抢险、重要活动、应急事件等特殊需要时，承担应急联动、力量支援和执法保障等工作职责，深化城警联动模式，增强应急机动力量，提高应急管理水平。

（徐　霜）

【编辑　钱永浩】

交通·水利

Traffic & Water Conservancy

常合高速公路张家港段　（市交通运输局　提供）

交通建设

交通运输

交通管理

水利建设

水利管理

張家港年鑑(2017)

扫码欣赏

《共筑港城交通梦，谱写跨越新篇章》交通对外宣传片

交通建设

【概况】2016年，全市完成交通基础设施建设投资41.6亿元。沪通铁路、张家港疏港高速公路、申张线航道（金港段）整治工程等区域大交通项目进展顺利，晨丰公路（双鹿路至老204国道）、永泰路等市属交通工程按计划推进。市交通运输局配合上级交通主管部门，会同市规划部门实施市域内综合交通发展规划，相继完成《张家港市现代交通运输体系研究》《张家港市交通运输"十三五"发展规划》《沪通铁路张家港站站区周围综合客运体系研究》，以及市域快速路网规划研究、申张线航道凤凰段整治项目方案研究等，完善了全市综合交通运输规划体系。

公路建设　年内，张家港疏港高速公路建成投运。港丰公路疏港高速节点改造工程、北二环—干河西路等路口渠化工程、西二环环岛改造工程、张杨公路—干河南匝道工程相继完工通车。沿江公路改造工程（除德积镇区段）基本完成，章卿路及与江阴对接道路城南路工程、港丰公路川港桥工程主体工程基本完成。张皋路（沿江公路—港丰公路段）重启进场准备工作。晨丰公路（国泰路—港华路）进场开展驻地建设。全年市属公路建设项目累计完成投资1.15亿元，全年完成公路养护资金投入1.76亿元，其中国省干线公路养护性投资5500万元、乡村道路大中修投资1.21亿元，完成乡村道路拓宽改造2.89千米。国省干线公路MQI（路况综合指数）为96.67，优良路率100%；县道MQI为94，优良路率98%；乡村道路平均好路率87.5%，比上年提高1%。全年改造加固三类桥梁4座。至年末，境内公路总里程1617.13千米，其中国省干线公路188.85千米、县级公路209.72千米、乡镇公路624.16千米、村级公路594.4千米，公路密度每平方千米2.09千米。按技术等级分，公路总里程中高速公路55.71千米，一级公路231.14千米，二级公路710.34千米，三级公路138.6千米，四级公路481.34千米。另有村组道路3700千米。

铁路建设　年内，完成沪通铁路线路段849户民房、21户非住宅户拆迁及地面清障工作，项目用地获得国土资源部批复。继续配合客运站区的站房建筑和地下空间设计，做好铁路施工衔接，配合地下空间和地面开发等工作。至年末，张家港市境内长江大桥主桥沉井基础按计划施工，南引桥桩基和下部结构完成，3×112米钢桁梁架设完成，节段梁架设39跨，占总量的56%。线路段路基软基处理、桥梁下部结构、连续梁浇筑、箱梁预制及架设全部完成。

航道建设　年内，申张线航道（金港段）整治项目涉及的航道工程、南沙大桥、江海大桥交工验收，袁家桥累计完成工程建设投资2817.8万元。至年末，全市57条航道总里程424.6千米，其中等级航道6条111.1千米，申张线航道金港段为三级，五级航道2条（申张线、锡十一圩线），六级航道2条（澄杨线、老锡十一圩线）、七级航道2条（虞十一圩线、四干河），其余51条均为等外级航道。有通航船闸1座（张家港复线船闸）。

场站枢纽建设　年内，全市新建农村公交候车亭44座，市区公交候车亭2座。改造公交运力140辆，公共财政完成公共交通投资8900万元。至年末，全市有高速公路枢纽2处、互通立交8处，国省干线公路桥梁167座，农村公路桥梁602座，其中跨规划的六横六纵航道桥梁128座。有一级客运站1家（张家港汽车站），二级客运站1家（港城汽车站），公交场站53个，其中公交停车场3个、乡镇客运站5个、公交枢纽站1个、公交中转站2个、公交首末站42个，公交候车亭1456个，公交站牌1184个。

【张家港疏港高速建成运营】11月16日，张家港疏港高速公路正式通车运营。张家港疏港高速公路北起张家港保税区东海路，向东南延伸经张家港晨阳、泗港、江阴新桥后接沿江高速公路。路线全长19.5千米，为双向六车道高速公路，沥青混凝土路面，设计行车速度每小时120千米，设保税区、晨阳、泗港、张家港西、杨舍枢纽5处互通式立交和1处主线收费站，工程概算投资31.8亿元。项目于2012年11月奠基，2013年9月17日正式开工建设，2016年11月建成通车运营。疏港高速公路是张家港市境内第三条高速公路，张家港市高速公路通车里程达到55.71千米，高速公路枢纽或互通11个，市域内所有区镇可15分钟上高速公路。张家港疏港高速公路是苏州港总体规划中张家港港区集疏运体系的重要组成部分，对完善区域干线公路网络，进一步提升张家港港区集疏运条件，推进城乡一体化发展和沿江产业带发展，促进沿线区域经济社会发展具有重要意义。

【交通运输"十三五"发展规划下发】10月26日，张家港市政府批准同意张家港交通运输"十三五"（2016—2020年）发展规划。该规划由张家港市交通运输部门联合东南大学建筑设计院设计，以适度超前发展、统筹协调发展、民生为本发展、改革创新发展、可持续发展为原则，以提质增效、转型升级为发展核心，重点从综合交通网络体系、客运服务体系、货运与物流服务体系、智慧交通运输体系、绿色交通运输体系、平安交通运输体系及交通产业发展等方面制定规划方案，提出"十三五"发展重点任务。规划至2020年，张家港市基本建成现代化综合交通运输体系，交通设施效率和服务能力全面提升，交通安全、绿色交通与交通各领域、发展全过程深度融合，总体达到世界中等发达国家水平。　（吴孙华）

交通运输

【概况】2016年，全市营业性交通运输共完成公路、水路客运量3227.6万人次、客运周转量141506.1万人千米，分别比上年降7.2%、7.6%；完成公路、水路货运量1829.8万吨，货运周转量322073.3万吨千米，分别比上年降3.7%、5.4%。张家港船闸全年开放闸次21854次，放行船舶82689艘，通过量6181.23万吨，比上年降0.4%。

客运　年内，全市新增、更新客运车辆324辆。至年末，共有客运车辆1797辆，其中公交车883辆（含学生公交专线车、定点站线包车134辆）、出租车557辆、长途班车169辆、旅游客车188辆（省、市际，未包含县际）；有客运船舶6艘。有客运企业18家（包括旅游包车企业），其中公交企业1家、长途客运企业3家、出租客运企业5家、水路客运企业2家。开通长途客运省际班线84条、市际班线82条、县际班线14条。开通公交线路63条（均为无人售票线路），日发班次5090.5班，日接送旅客15.6万人次。

货运　年内，全市新增、更新货运车辆2503辆，其中危化品运输车辆200辆。至年末，共有各类货运车辆14085辆，其中集装箱车966辆、危险品运输车1405辆；有船舶47艘，载重吨位50933吨，其中液货运输船舶15艘，载重吨位21773吨。有道路货物运输业户（企业）6530家，其中个体运输业户4589户、专业运输企业251家（含集装箱运输企业134家、道路危险品运输企业46家）。有道路运输服务业（含代理、装卸、仓储等服务）户220家。有水路货物运输企业7家，水路运输服务业户58户（家），内河港口码头企业60家。

交通运输部机动车维修管理工作研讨会在市召开（市交通运输局　提供）

机动车维修及驾驶员培训　年末，全市有机动车维修企业952家。其中，一类维修企业46家（含品牌4S店31家、客车维修企业1家、危险品车辆维修企业3家），二类维修企业166家（含品牌4S店8家），三类维修业户740家。维修企业中，有"江苏快修"企业7家，"绿色汽修"企业3家，连锁汽修企业5家，行业实现年产值24亿元。全市有驾校3家，有教练车432辆，教练员522人，全年培训机动车驾驶员32461人。

【绿色公交体系建设】 市交通运输部门在实施公交优先发展的同时，持续推进绿色公交体系建设。2016年，新建并交付使用公交首末站2座，新建公交候车亭44座，更新公交车140辆，其中LNG插电式混合动力公交车（国Ⅴ排放）40辆，并引导企业自主采购纯电动公交车（6米级车型）42辆，投放在公交316、339线路运行。在金港客运站内建成3座充电桩，以确保车辆的充电需求。至年末，全市运营的公交车共749辆，新能源车辆共402辆，占53.7%。其中纯电动车辆42辆，占5.6%；气电混合车辆220辆，占29.4%；LNG车辆140辆，占18.7%。公交场站体系完善、新能源公交车比例提升。

【汽车维修电子健康档案系统建成】 年内，市机动车维修管理部门根据《江苏省汽车维修电子档案与跟踪服务系统建设工作方案》要求，建设"汽车维修电子健康档案系统"，该系统是以车辆识别代码（VIN码）为身份标识的汽车从购置、使用到报废全寿命周期的汽车电子维修记录的统称。该系统的建成可实现车主对其汽车维修信息的查询，促使维修信息透明化。至年末，全市212家一、二类机动车维修企业中，有201家安装使用该系统，安装使用率95%，基本实现汽车维修作业全过程的远程、动态、电子化监管。

2016年张家港市全行业营业性客货运输量一览表

表14

项　目	单　位	实　绩
客运量	万人次	3227.60
其中：水运	万人次	98.30
公路	万人次	3129.30
旅客周转量	万人千米	121506.10
其中：水运	万人千米	904.50
公路	万人千米	120601.60
货运量	万吨	1829.80
其中：水运	万吨	231.00
公路	万吨	1598.80
货物周转量	万吨千米	322073.30
其中：水运	万吨千米	96619.70
公路	万吨千米	225453.60

【全市首条旅游公交线路开通】 7月20日，张家港市第一条旅游公交线路——市区购物公园至冶金园（锦丰镇）南港村“游1线”正式开通。“游1线”配备纯电动公交车，将城西新区与合兴片区有效衔接，方便市民至锦丰·沙洲新城香草园、玫瑰园、铁皮石斛园游玩及田园风光度假休闲出行。线路沿购物公园首末站—沙洲西路—永安路—人民路——干河东路—合兴清源路，一直到南港村，每天对开4班，全程20千米，沿线站点25个。

（吴孙华）

交通管理

【概况】 市交通运输局机关内设科室8个，下辖公路管理处等事业单位18个。年内，市交通运输部门共办理各类交通行政许可853件，比上年减4.7%。办理道路运输经营户的经营许可证、营运车辆的道路运输证审验22051件。继续实行交通行政执法网上公开透明运行，共查处和纠正各类交通运输违法违章行为8505起。对16个重点项目实施行政指导，全面推进说理式执法文书工作，开展乡镇交通管理综合执法网格化管理试点工作。对14个重点工程开展质量安全监管，召开3个新开工重点工程项目质量监督交底会议，经现场评审核发工地试验室备案3个。对区镇37个项目、42座农桥改造项目进行指导和督察。全年开展质量综合督察5次，专项检查、飞行检查100余次，发出通报46份，其中要求整改的11份。实施安全督察15次，下发督察通报13份，发现并当场指出各类安全隐患200余处。全年在质量管理中实行定人、定点、定线的“三定”管理，监督覆盖率100%。

运政管理 市交管部门全年办理道路运输许可168件，其中机动车维修许可68件。查处道路运输违法行为1571起，其中非法运营行为（黑车）550起，客运违法行为326起（含出租车违规行为2起），货运违法行为695起。查处一、二类维修企业违法经营案件12起，查处三类维修业户无证、超范围经营案件5起，营运车辆二级维护检测超期案件101起，检测营运车辆21583辆次。继续推进市场主体结构和运力调整，发展甩挂运输企业1家，专业化车辆载重吨位比上年提高0.3%。治理列入淘汰范围的营运黄标车32辆，引进LNG插电式混合动力公交车40辆，LNG清洁能源货运车辆72辆。深化运输市场诚信体系建设，至年末，全市信用维修企业183家，其中AAA级企业15家，占一、二类维修企业总数的86%。升级危化品道路运输信息系统，优化运政信息中心，24小时监控“两客一危”（从事旅游的包车、三类以上班线客车和运输危险化学品、烟花爆竹、民用爆炸物品的道路专用车辆）营运车辆的运行情况。基本建成“汽车维修电子健康档案系统”，实现维修作业全过程的远程、动态、电子化监管。

路政管理 市公路管理部门全年办理国省道路行政许可11件、县乡道路行政许可21件。坚持国省干线日巡查全覆盖制，农村公路每周不少于2次巡查覆盖制，全年巡查里程210175千米，组织开展专项检查8次，下发整改通知书14份，清除障碍物87立方米，清除非标悬挂物311块，清除摊点230处；查处超限运输车辆234辆，卸驳载货物793吨。建成张家港市公路信息中心。完成国省干线公路重要公路节点、下穿、桥梁隐蔽部位等82路高清视频监控建设、张家港市公路智能管养系统平台建设、手机“智能巡检”APP终端开发及应用。有效推动现代信息技术与公路管养、执法、许可、收费、应急调度处置、内部管理等工作深度融合，实现公路管养工作的数字化、信息化、流程化、智能化。全面加强公路路域环境综合治理，实施绿色通道和安保工程，深化和巩固文明样板路创建工作，其中国省干线公路全部建成部省级文明样板路，县道全部建成市级文明样板路，全市各区镇均创建为江苏省、苏州市农村公路管养及安保工程示范镇，营造“畅、安、舒、美”的公路出行环境。

内河航政管理 市航道管理部门全年办理航道类许可5件，全年巡航里程17310千米，现场维护航标102座次，收取航道赔（补）偿费75.3万元，干线航道清障扫床300.68千米，干线航道通航保证率100%。在申张线、锡十一圩线等8条航道上完成全市首批标准化航道告示牌的设置工作。这批航道告示牌设置在高等级航道与低等级航道交界处，标明航道的最小通航净高、净宽等尺度信息，确保过往船舶通航安全。开展航道法实施1周年系列法制宣传活动。包括制作航道法宣传贯彻1周年成果展板报；利用张家港航道门户网、“港航e家”微信公众平台宣传《中华人民共和国航道法》实施初步成效。市船闸管理处深入推进安全标准化建设，全年开展专项隐患排查13次，落实整改项目14项，告诫纠正违章船舶83艘，处罚违法违规船舶74艘，开展船舶计费基数丈量复核工作，船舶过闸自动缴费系统ETC建成启用。

内河港政管理 市内河港口管理部门全年办理内河港口经营许可证38份，审批港口危险货物作业2430次，组织港口专项整治3次，组织危险货物码头安全专项检查4次，排查安全隐患20处，整改20处，对全市码头实施内河码头规范化管理，内河码头持证率90%。全面落实安全监管责任，建设内河港口无线视频监控平台，实现内河危化品码头动态监控，全年内河码头未发生有责安全事故。

内河水上交通安全管理 年内，市地方海事管理部门深入开展“海事船检严格执法推进年”活动，全面提升海事船检制度化建设、履职能力建设、规范化建设、标准化建设和服务能力建设水平，继续实行“365全天候”工作制。全年上航1824艇次、5834人次，巡航时间3368小时，巡航里程462626千米，检查船舶19826艘次，查处各类船舶违章运输行为5104起。全市实施交通管制346起，发布航行通告8次。实施“110”处警及船舶报警72次，出警196人次，救助船舶17艘，挽回各类经济损失50万余元，内河水上搜救成功率提升至98.5%。举办内河小型船舶驾驶员培训班，开展船舶污染管理，全市通航水域增设垃圾回收桶120个，实施送交垃圾的各类船舶1100余艘，送交垃圾1.5吨。

【道路运输行业“打非治违”专项行动】根据全市统一部署，市交通运输部门组织开展交通运输行业“打非治违”暨交通运输领域安全生产“百日行动”。专项行动从5月开始到9月末结束。专项行动期间，强化对重点车辆的监管，利用运政监控指挥中心实时监控功能，通过GPS定位系统监控“两客一危”车辆，严格落实凌晨2点至5点休息和停运制度，严厉查处“互联网+私家车”（专车）经营行为，客运班车不按批准的站点停靠、不按规定的线路行驶，客运包车无证经营、异地经营，普通货车无危险品运输资质擅自运输危险品等违法违规行为。强化重点路段监管，落实G204、S338等主干道及其重点卡口巡查制度，重点治理“马路市场”、出租车待客区，维护两个客运站场及周边交通运输秩序。强化重点时段监管，在法定节假日期间开展道路运输市场专项稽查行动，严查违法违规运输行为，保障节日运输安全有序。专项行动期间，共查处纠正道路运输违法行为925起。

【乡镇交通综合执法“网格化”管理】2016年，市交通运输部门在总结乡镇交通管理综合执法改革实践的基础上，实施乡镇交通综合执法“网格化”管理，将全市划为3个片区、若干个网格区域，实现执法区域和执法人员的“全覆盖”。统筹各乡镇交通管理服务所、运政执法、路政执法资源，落实综合执法每月巡查制度，根据片区实际，将执法队员安排在重点区域开展运输市场监管，根据网格的实际情况开展不同规模的整治活动。全年共查处违章1859起，其中综合执法1596起，移交运政108起，移交路政155起。

【“汽车检测与维护I/M制度”推进】市交通运输部门在2015年试点“汽车检测与维护I/M制度”的基础上，深入推进汽车尾气排放治理工作。至2016年年末，市机动车维修管理处联合环保部门累计建成3家尾气检测站（I站）、13家尾气治理站（M站），累计受理1400余辆汽车尾气系统的检测和维修，不合格车辆尾气治理达标率99%，实现2年5万千米内排放达标运行的治理效能，达到国内领先水平。市政府成立市机动车尾气治理工作领导小组，下发《关于建立和实施汽车检测与维护（I/M）制度的实施意见》，将于2017年在全市推广实施I/M制度。据测算，全市所有机动车全面落实I/M制度后，车辆尾气排放每年减少3.6万吨，每年还将节省燃油1.44万吨。（吴孙华）

水利建设

【概况】2016年，市水利局贯彻落实“节水优先、空间均衡、系统治理、两手发力”的治水方针，以全市新一轮生态文明建设三年行动计划（2016—2018年）和水环境综合整治三年行动计划（2015—2017年）为抓手，坚持以人为本、人水和谐的治水理念，深入推进水利现代化及水生态文明建设再上新台阶，实现了水利“十三五”发展良好开局。年内，张家港市在苏州市2015年度实行最严格水资源管理制度考核中获优秀等级，市水利局获2016年度张家港市“综合贡献奖”，市水政监察大队获评江苏省文明单位。

防洪治涝工程　年内，老海坝节点综合整治二期工程全面完工，长江水下冲刷险情得到有效控制；奔辉码头至中东石化码头段、越洋石化码头至十三圩段“百年一遇”江堤升级改造全面完工，“十二五”期间规划建设的13.1千米无企业占用段江堤改造任务全部完成；渡泾港闸站改建完成主体工程建设，通过水下工程验收；防洪包围圈规划项目启动实施，三干河凤凰泵站、三丈浦闸站和奚浦塘闸开工建设；圩区工程建设继续推进，全市新建改建排涝站22座、圩口闸20座，增加排涝流量每秒38.5立方米。至年末，全市共有长江堤防103.45千米，其中主江堤87.52千米（含双山岛洲堤16.11千米）、闸外港堤15.93千米，有沿江节制闸23座、出江（港）涵洞23座，有内河水闸36座，其中内河套闸9座、节制闸18座、泵站9座。有防洪圩区61个，排涝站305座，排涝流量每秒687.8立方米，装机总功率3.29万千瓦，圩口涵闸279座。

城乡水环境整治　三大水循环体系不断构建完善，五节桥港拓浚、太字圩港南延等骨干引排河道工程相继启动。其中，五节桥港拓浚工程完成挡墙4.4千米，疏浚土方1.5万立方米，占总工程量80%；太字圩港南延工程完成初步方案设计。谷渎港北段整治、二支河整治、北新丰河东二环以西段等二级河道整治工程基本完工。农村水系连片治理持续推进，共疏浚各级河道743条，超额完成计划任务，拆坝建桥150座，建设省级农桥42座，建设生态河道38条。大新镇获评“2016年度江苏省水美乡镇”，金港镇袁家桥村肖家庄、塘桥镇牛桥村、锦丰镇协仁

老海坝节点综合整治工程　（市水利局　提供）

渡泾港闸改建工程 （市水利局 提供）

村谐和埭等3个村庄获评2016年度江苏省水美村庄。根据苏州市政府办公室印发的《苏州市城镇黑臭水体整治行动方案》和《加快推进我市城镇黑臭水体整治工作的通知》文件要求，张家港市于2016年7月启动城镇黑臭水体治理工作，开始在全市范围内对黑臭水体进行排查摸底，编制整治方案。2016年度民生实事工程之一全市水环境监测与调度系统实现软件系统上线运行。

农村水利建设　第五批中央财政高标准农田重点县项目（2013—2015年）基本完成项目建设，共完成投资1.6亿元，新建高标准农田1231.3公顷，其中2014年、2015年重点县项目在省水利厅组织的绩效考核中，以全省第一的成绩获得优秀等次。第八批中央财政小型农田水利重点县项目（2016—2018年）稳步推进，位于杨舍镇、塘桥镇、乐余镇、凤凰镇的2016年度重点县项目基本完成，新建排涝闸站10座、涵闸9座，整治沟渠11.25千米，改善排涝面积1100公顷；位于金港镇、南丰镇、常阴沙现代农业示范园区的2017年度重点县项目和乐余镇高效节水灌溉项目抓紧组织实施。

【渡泾港闸站改建工程实现通水目标】 渡泾港闸站改建工程是市域西部以防洪、治涝、引水、调节区域水环境为主要目标的引排控制工程。工程主要包括：拆除老闸、新建渡泾港节制闸，并在此基础上增设一座排涝泵站。渡泾港节制闸规模为单孔，孔宽12米，泵站为单向排涝泵站，设计流量为每秒24立方米，安装2台1950ZGB-12型竖井贯流泵组，单机流量每秒12立方米，电机功率710千瓦。工程概算6218.65万元，工程于2015年12月10日开工，2016年10月通过土建水下工程验收。

【中央财政小型农田水利重点县项目推进】 2015年通过竞争立项，张家港市被列为2016—2018年中央财政小型农田水利重点县之一。建设项目主要包括：新建及改造排涝泵站23座，新建改造引、排水涵闸19座，排水沟道整治25.35千米，农田信息化工程2项，建设高效节水灌溉示范区面积207公顷。总投资1.42亿元，分三批实施。2016年度重点县项目位于塘桥镇、杨舍镇、乐余镇及凤凰镇，项目投资5452万元，全部完工。2017年度重点县项目位于金港镇、南丰镇及常阴沙现代农业示范园区，项目投资4355万元，于2016年10月进入全面施工阶段。 （陈　超）

水利管理

【概况】 2016年，市水利局以水利管理服务体制机制创新为抓手，深化河道管理“河长制”工作，建立完善水利工程管护机制。9月，市政府印发《关于公布张家港市第一批重要河湖名录的通知》，将张家港河等24条河道和暨阳湖等5个湖泊列入张家港市第一批河湖名录，推进重要河湖保护和管理。2016年7月，市城管委印发《关于推进全市城乡环卫保洁一体化工作的实施意见》，开始推进全市城乡环境卫生一体化工作，市水利局将区镇范围内河道保洁移交给所在区镇管理，市级河道管理仍由水利局负责。全市投入河道长效管理经费约900万元，聘用河管员193人（包括巡查员22人，保洁员171人）做好日常巡查管理，发现和制止涉河违章行为26起，送达水事巡查警示书7份，对6个涉河建设项目实施监管。对一干河（沙洲湖）等主干河道开展网具集中清理活动2次，累计清除地笼88口。年内，张家港市获“江苏省2015年度小型农田水利工程管理绩效考评优秀等次和江苏省农村河道长效管护考核优秀等次”。

设施管理　扎实做好防洪工程维修养护是实现全市安全度汛目标的重要保障。省级维修项目方面，投入246万元实施十一圩闸上闸闸室及下游护坦维修加固工程、十一圩闸西港堤护坡整治工程、走马塘江边枢纽节制闸上游护坡整治及导流堤维修工程、沿江水闸机电设备及水工建筑物维修养护项目。岁修工程方面，投入180万元实施老沙码头内坡平台加固、老海坝护坡损坏维修、十三圩闸启闭机房翻建、朝东圩港水利枢纽抛石、走马塘江边枢纽道路护坡加固、沿线江堤路灯拆除及维修安装、沿江水闸水情设备维修及太字圩港闸门滚轮维修等项目。防洪工程观测方面，实施沙洲电力至九五圩段、一干河至海螺水泥、老沙码头至段山港段堤防、沿江18座水闸的变形观测及河床断面观测。加强堤防巡查管理，制止违章行为15起，下发限期整改（停工）通知书7份，铲除违章种植1.44万平方米。加强长江水文勘测，及时掌握长江河势变化，做好通洲沙西水道整治工程潜堤、浅滩、新建航道以及新建圩区的水下测量，完成水下地形测线400条，水下断面840条，圩区断面210条，测量面积约10平方千米，提交各类监测报告12份；完成老海坝节点综合整治工程水下地形监测10次，共计测线2200条，测量面积约

河道管护纳入"村规民约"　　（市水利局　提供）

42平方千米；做好12.5米深水航道工程对张家港市长江岸线稳定分析，完成2次二干河至久盛码头段的深水航道1∶10000测量，共测线746条，测量面积约340平方千米。

水资源管理　积极开展最严格水资源管理、节水型社会建设，扎实做好江苏省水生态文明城市建设试点和水资源现代化管理试点工作。至2016年年末，全市共创建各级节水型学校77所（其中省级节水型学校21所，苏州市级节水型学校45所）、省级节水型企业43个、省级节水型社区16个、省级节水型单位12个，市区三星级以上宾馆全部建成苏州市级以上节水型宾馆。强化年度用水管理，审验取水许可证125份，占发证总数100%，其中地表水88份、浅层水37份。强化取水许可管理，办理取水许可申请7件，其中地表水取水许可申请6件、地下水取水许可申请1件，并全部开展水资源论证。

水政执法　年内，组织日常水事巡查3782人次（含中队），水政执法车1655车次，制止各类涉河违章行为121起，清除地笼网簖236处，清理铁丝网3000米，拆除违章建筑127平方米。加强在建采砂项目现场监管，组织采砂水域水上巡航42航次、陆地巡查124车次。加大长江非法采砂打击力度，与长航公安、海事部门开展联合行动32次，抓获非法采砂船3艘、非法停泊采砂船2艘，现场拆除吸砂设备6台套。全年共查处水事违法案件6起，其中内陆违法案件1起，涉砂案件5起，上缴罚没款28万元。全年共办理行政许可审批9件，其中河道管理范围内建设项目审批7件、取水许可申请审批2件，项目办结率100%。严格落实最严格水资源管理各项制度，提高水资源利用效率，促进水资源可持续利用，全年征收水资源费4804万元，水利工程水费990万元。强化河道堤防占用管理，组织开展河道工程占用证年度审核工作，收缴河道堤防占用费486.51万元。

【防汛防旱】 5月19日，市政府召开全市防汛防旱工作会议，部署2016年度防汛防旱工作。全市共组建防汛抢险队伍230支5414人，长江堤防、沿江涵闸及圩区排涝闸站全部落实责任单位和责任人员。全市共设立市级防汛物资储备点35个，共储备土工布袋55.79万个、防汛木材809.32立方米、土工布14.14万平方米、块石27460吨、柴油125.5吨和救生衣、移动发电设备、电缆等防汛抢险物资。

【"河长制"工作】 2016年12月，中共中央办公厅、国务院办公厅印发《关于全面推行河长制的意见》，并发出通知，要求各地区各部门结合实际贯彻落实。张家港市于2014年3月启动"河长制"工作，由"河长"对河道的水体岸坡建设、污染防治、日常保洁、岸线开发利用负第一责任，确保河道水清、岸美。张家港市28条市级以上骨干河道由市长和市委、市政府分管领导担任"河长"，263条区镇级河道由所在区镇政府（管委会）主要负责人担任"河长"，村组河道由村（社区）主要负责人担任"河长"。各级河道"河长"全部责任到人，形成河道管理责任层层落实、大小"河长"层层负责的管理体系。2016年，市水利局联合市财政局印发《张家港市河道长效管理考核与资金管理办法》，对河道管理职责、监督考核和资金管理进行明确，根据河道功能、地段敏感度等对河道进行分类，并制定相应的河道分级考核标准，实行河道保洁分级考核。推动河道保护纳入"村规民约"，向全市165个村（社区）发放《河道保护纳入村规民约建议书》，逐步形成"政府主管、群众参与"的河道管理模式。根据《张家港市水环境综合治理三年行动计划（2015—2017）》，完成第二批46条重污染河道治理。根据水质监测分析，2016年，全市37个水功能区达标率78.4%，比2015年提高7.8个百分点。

【市水资源科普馆获评"双基地"】 张家港市水资源科普馆通过融科学性、知识性、趣味性一体的展览、演示和体验，开展未成年人节水宣传教育。全馆总占地面积1400平方米、总建筑面积850平方米、总展示面积750平方米，主要包括水资源科普馆（A馆）和水资源科普教育实践馆（B馆）2个展馆。A馆主要以国内外水情教育，水资源节约、保护，水生态建设科普展示，以及全市水利建设成就等内容为主，定位主要针对人群为业内人士、科普教育爱好者、中小学生及社会大众。B馆主要介绍水的特性，水与自然、水与人类的关系，水害及防治，水利工程介绍，水文化培育等内容，针对人群是中小学生和普通大众。2016年8月，获评江苏省节水教育基地。11月，获评苏州市科普教育基地。全年共接待参观100余批，2000余人次。

（陈　超）

【编辑　张　洁】

邮电·信息化

Post and Telecommunications & Informatization

邮务自助终端　（市邮政局　提供）

邮　　政

电　　信

信息基础设施建设

信息技术应用

信息化管理

邮　政

【概况】 市邮政局下设综合管理部、人力资源部、财务核算部、市场经营部5个部室，设金融、函件、发行、集邮、电子商务、包件6个专业公司，24个邮政支局（所）、32个金融网点，从业人员554人，管理人员27人。全市设有信筒（信箱）125处，其中城区36处、农村89处，信报箱48530个，报刊亭48个。有邮运汽车38辆，邮路11条，日均行驶里程907千米，投递段道148条，日均投递里程7300千米，全年完成邮政业务总收入1.86亿元。2016年，市邮政局通过全国用户满意企业（企业类）复评，西张邮政支局被苏州市总工会授予苏州市工人先锋号，万红营业组被张家港市总工会授予“五一巾帼标兵岗”，德积邮政支局被张家港市总工会授予“工人先锋号”。围绕邮政改革发展中心工作，市邮政局加强文明创建，开展“两学一做”学习教育活动，举办“弘扬张家港精神，从我做起”“迎七一、庆建党”“佩党徽、亮身份、树形象”等系列活动，建成“友爱港城”志愿者服务队伍，网站注册志愿者235人，开展志愿服务活动13次，获得2013—2015年江苏省文明单位称号。9月，市妇联、市邮政局与新疆巩留县委宣传部、妇联在库尔德宁镇牧业小学联合举办“让爱不再留守、让爱传递温情”关爱留守儿童圆梦活动。市妇联、市邮政局及爱心企业代表等与留守儿童开展现场联谊互动以及“港城情，姐妹行，走亲戚”活动，面对面入户走访特困留守儿童家庭，并送去价值35万元的慰问物资，捐赠爱心包裹3000个。为持续优化作业流程，提高投递效率，泗港投递并入城区投递部，南沙投递并入后塍支局，东沙投递并入农场支局。开辟张家港至苏州自主小包邮路以及乡区小包两频次邮路，将省内邮政包裹“次日递”互寄服务范围扩大至所有建制镇镇区。提升服务能力，先后完成西张、大新、永联邮政网点改造以及大院食堂、三楼工会职工之家以及南二楼屋顶维修、邮件组混凝土站台改造等项目，完成8000余户老城区信报箱建设工程。加强队伍建设，制定员工退出机制实施办法，优化邮件组、包件操作及报刊零售组人员配置，对金融网点实行动态配员，组织营销工种技能竞赛系列活动，落实营销人员和投递人员网络学习和技能考试工作。

市少儿阅读邮局成立　　（市邮政局　提供）

【全国首家少儿阅读邮局揭牌成立】 4月，全国首家少儿阅读邮局在张家港少儿图书馆正式开业，少儿阅读邮局由市邮政局、文广新局、少儿图书馆共同筹建，是一个体验式、开放式平台。少儿阅读邮局是以阅读为纽带的主题邮局，旨在让学生了解书信文化、邮政知识，在课堂之外受教育，在“邮”乐中长知识。邮局分3个功能区域：“我是小局长”体验区、作品及阅读存折展示区、心愿树区域。主要开展亲子阅读、完成阅读心愿、邮政职业体验、传授集邮知识等活动。一张与银行存折类似的“阅读存折”是少儿阅读邮局的一大亮点。上面可以记录书名、阅读时间、词汇积累、家长评语等阅读情况，以存折的方式为孩子们建立阅读档案，记录阅读历程。每次阅读都作为额度计入存折，达到一定阅读量就会获得奖励。少儿阅读邮局成立后，市邮政局以平台为依托，先后开展“我是小局长”招募、画信公益培训等活动。

【《中国工农红军长征胜利八十周年》邮票首发暨健步行活动】 10月22日，《中国工农红军长征胜利八十周年》纪念邮票首发暨“弘扬长征魂、共圆中国梦”主题健步行活动在凤凰镇文化中心举行。活动由市文明办、凤凰镇人民政府和市邮政局共同举办，包括纪念邮票首发、“弘扬长征魂、共圆中国梦”主题健步行、“弘扬长征魂、共圆中国梦”红色邮展等内容，共展出16部40个国际标准框红色主题邮集。市邮政局为此次活动设计开发了《中国工农红军长征胜利八十周年》主题邮册600册。健步行活动全程约3千米，全市跑步、集邮爱好者和学生代表等400余人参加活动。

【《江南香山》邮折助力文明旅游公益行动】 4月，江苏省“为中国加分”文明旅游公益行动启动仪式在张家港香山风景区举行。市邮政局与市文明办、市旅游局合作，开发制作《江南香山》邮折和纪念封，推广香山景区旅游文化。邮折分印象香山、四季香山、人文香山、文明香山4个主题，内含20枚个性化邮票，以及诗词歌赋套票、《徐霞客诞生400周年》等多套珍贵邮票。市邮政局还为启动仪式设计制作活动纪念封，免费制作一枚纪念戳，现场提供盖戳等服务。共发行500套。　（孙　俊）

电　信

【概况】 年内，各通信运营商完成业务总量21.34亿元。主要经营范围包括移动通信业务、固话业务、宽带业务、互联网专线、数据通信等综合电信业务。至年末，全市有固定电话用户25.19万户，移动电话用户155.65万户、互联网用户112.75万户。

中国电信股份有限公司张家港分公司　简称张家港电信公司，下设办公室、销售部、政企客户部、渠道运营中心、维护安装部及9个支局，员工370人。至年末，公司拥有固定电话用户23.5万户，移动电话用户46.3万户，宽带用户32.9万户。年内，公司获得2013—2015年度江苏省文明单位、江苏省模范职工之家、张家港市文明机关、张家港市先进基层党组织、创建消费放心城市工作先进集体等荣誉称号。

中国移动通信集团江苏有限公司张家港分公司　简称张家港移动公司，下设综合部、市场经营部、集团客户部和技术业务支撑中心4个部门及城北、金港、塘桥、锦丰、城南、乐余6个分局，员工282人，营业网点超100个，缴费网点500余个。2016年，移动电话用户数92.8万户，有线宽带上网用户数18万余户，运营收入9亿余元。公司始终以服务地方经济为导向，深入推进全市信息化建设。以追求客户满意为切入点，不断提高企业经营管理水平和服务质量。公司已建成覆盖范围广、业务品种多、通信质量高的综合通信网络，为用户提供移动话音、数据、宽带等多种服务，是张家港市网络规模、客户规模最大的移动通信运营商。2016年，公司获全国实施卓越绩效模式先进企业、江苏省文明单位、苏州市消费者满意单位、苏州市文明单位、苏州市工人先锋号、苏州市五一文明岗、张家港市文明单位、张家港市优秀安防品牌企业等荣誉称号。

中国联合网络通信有限公司张家港市分公司　简称张家港联通公司，下设综合部、市场部、集团客户部、客户服务部、建设与维护中心5个部门及市区、金港、塘桥、锦丰4个分局，共有员工83人，营业服务网点95个。2016年，公司践行“1513”行动纲领，以“聚焦重点、抢抓机遇、坚定转型、推进创新”为要求，实现企业价值和用户价值共同增长。年末，联通移动电话用户16.53万户，宽带固定用户2.28万户，全年实现综合业务收入1.54亿元。

江苏有线网络发展有限责任公司张家港分公司　简称江苏有线张家港分公司，下辖综合办公室、财务资产部、公众客户部、集团客户部、工程技术部、运维播控中心6个部门，杨舍、金港、城区、塘桥、凤凰、锦丰、乐余、南丰、大新及常阴沙10个广电站，员工390余人。公司经营数字电视、宽带（含无线网络）、数据、监控、户外媒体及其他智能化和信息化业务。年末，有网内数字电视注册用户37万余户，其中高清和互动电视用户10万余户，宽带用户5万余户。全年实现经营创收1.8亿元。

【“互联网+”基地建成】 6月，张家港电信公司“互联网+”基地投入使用，该基地是面向客户的信息化展示平台。“互联网+”基地围绕中国电信战略方向，以“智慧城市，智慧生活”为主题，展示张家港分公司在信息化领域的精彩应用和成功案例。参观者通过工作人员的介绍，对当前通讯企业在大数据应用上取得的成果会有全新的认识，也进一步了解大数据应用的广泛用途和广阔市场前景。参观者可以在展厅里进行互动体验，感受信息化带来的改变和便捷。年内，“互联网+”基地共接待参观人员650人。

【“E路有我—银发e行”党建项目推出】 年内，张家港电信公司推出“E路有我”党建服务品牌，“银发e行——老年人的掌上智能讲堂”是分公司党建项目之一，也是张家港市公益创投项目。该项目持续一年，支部党员开展志愿服务，主要服务于8个社区的老年群体，每个社区4节课，教老年人掌握基本的手机使用方法以及上网浏览、社交互动，帮助他们防范通信信息诈骗。至年末，共开展活动34场，参加培训人员456人。讲师合理安排课程内容并与学员互动，志愿者与学员一对一结对，得到好评。

信息基础设施建设

【概况】 年内，全市投入信息化基础设施建设资金2.38亿元，新增光缆1.49万皮长千米，累计6.38万皮长千米。新建各类基站397个。

电信网建设　张家港电信公司全年完成基础通信建设投资5327万元，敷设光缆线路12850皮长千米，累计3.38亿皮长千米。新铺管道62千米，累计1766千米。新建LTE基站260个，WLAN热点35处，有效保障天翼手机、宽带、固话通信需求。至年末，全市固定电话交换机总容量9.7万门，宽带端口63.8万个，互联网出口带宽930千兆。

移动网建设　年内，张家港移动公司投资1.2亿元，致力于“做广、做深、做厚”4G精品网络，4G站点突破1300个，在三大运营商中率先推出4G的演进版本4G+，最高下载速率每秒350兆，提供VOLTE高清语音服务，通话上网两不误。新建通信管道105沟千米，累计1300沟千米；新敷设光缆700皮长千米，累计7700皮长千米；新建PTN站点35个，新建WLAN无线热点1个，新增驻地网小区覆盖2.96万户，完成7.25万户已有驻地网小区的光改提速工作。完成集团专线三线业务接入600家，完成开通治安监控300个，有效提升全业务网络容量。

联通网建设　年内，张家港联通公司以打造“匠心网络”为目标，聚焦民生工程，投资4000余万元，新开通4G基站68个，累计4G基站774个，新开通3G基站34个，3G基站累计590个。新规划窄带物联网396个，同时关注并重点建设居民小区热点站和楼宇室内分布，提高4G网络的深度覆盖，全年完成建设开通31个小区站点和30个室内分布。配合市政府以及规划局等单位，在张家港市布放光缆450皮长千米，累计7150皮长千米，管道50孔千米，累计975孔千米。同时响应国家智慧城市建设，开展小区驻地网建设工作，新增完成104个小区近10万户的覆盖。下半年，电信、移动、联通三家在行政审批中心成立小区建设办公室合署办公，完善张家港新开发小区的光网到户工作，年内，成功签约6个开发商建设小区。

广电网建设　年内，江苏有线张家港分公司投入2500万元，开展有线电视基础网络建设，完成新建小区有线电视工程87个、管道项目26项、网络优化工程43项。至年末，全市扩容光节点848个，累计光节点9959个；新增光缆900皮长千米，累计4897.5皮长千米；新建地埋管道67千米，累计724千米。对南沙等5个机房进行供配电改造，新建东莱机房，完成7×24小时前端120套电视节目的信号监控系统建设。

【应急广播体系建设】应急广播体系县级试点建设项目是由省新闻出版广电局统一组织、市广电部门具体实施的全省应急广播体系建设试点工程项目，其目的是通过开展县级应急广播体系建设，积累县级应急广播建设、运行的经验和探索县级应急广播分发平台实现的技术路径。1月，张家港市承办《县级应急广播系统技术要求》江苏省宣传贯彻培训班，全省各市县80余人参加培训并参观张家港市应急广播建设情况。3月，江苏有线张家港分公司工程技术人员进行应急广播户外安装培训并确定户外应急广播安装点位。8月，完成应急广播终端安装工程并初验。11月，"江苏省应急广播体系县级试点建设（张家港）"项目通过江苏省新闻出版广电局验收，在全省率先结项。项目总投资200余万元，完成中波数字化改造，新增市镇广播中心机房前端设备10套、户外应急广播音柱800套、太阳能后备电源100套、多通道应急广播智能接收平台10套。（陆玉玲）

信息技术应用

【概况】2016年，张家港政务网注册人数10154人次，点击率265.32万次，公务邮件收发417.91万份，公文交换收18105份、发2425份，发布新闻信息54588条，视频新闻1352期。会议分票系统发送会议票136场。"张家港在线"网点击率11万人次，完成各类图文新闻4.6万余条。其中《城市方圆》已实现电视、客户端同步播出。中国张家港网点击率5132278万次，发布信息13193条。张家港新闻网点击率100万次，发布新闻7200条。张家港人才网网上会员单位2784个，全年发布招聘岗位52712个，入库求职简历33062份，年流量3105万人次。市便民服务网点击率166.07万次，网上咨询、求助4893件（其中通过市便民服务网771件、52kd论坛网上村委会3232件、苏州市便民服务网674件、新浪微博64件、张家港市公安网络监察152件）。全市金融系统取款机比上年减23台，累计452台；新增存取款一体机49台，累计781台；新增自助终端28台，累计409台。

【有线智慧镇（社区）建设】年内，市文广新局和市经信委联合制定《张家港市推进"有线智慧"镇（街道）建设的实施意见》，明确2016年至2020年"有线智慧"的推进实施计划。江苏有线张家港分公司通过升级改造当地信息发布平台，初步构建市、镇、村（社区）三级平台发布体系，市级平台实现社保信息查询、智慧党建、港城交通、智慧旅游等功能。全市首个"有线智慧镇"项目——"有线智慧塘桥"于4月全面启动用户升级覆盖工作，至年末，完成近1.2万户居民用户的升级覆盖和"智慧塘桥"综合信息发布中心建设；乐余镇于3月签约"有线智慧乐余"项目并于7月全面启动用户升级覆盖工作，至年末完成6000余户居民用户的升级覆盖。塘桥镇通过苏州市有线智慧镇先进镇验收，乐余镇通过苏州市有线智慧镇达标镇验收。

【"互联网+教育"合作推进】年内，张家港电信公司和市教育局签署教育信息化战略合作协议，标志着张家港分公司和教育行业的合作关系实现全面提升，双方资源得到深度整合。协议签订后，双方进一步深化合作，共同推进"互联网+教育"在张家港落地，推动电信与教育领域的深度融合和创新发展。随着互联网、4G及云技术的发展与应用，张家港分公司与市教育局将在"三通两平台"建设方面开展更深入的合作。一是推进教育城域网基础网络的建设和升级。张家港电信将充分发挥信息网络资源建设优势，与市教育局共同规划最优区域教育网络拓扑结构和功能布局。在此基础上，通过按需租用的方式，实现全市公办中小学无线网络100%覆盖及交互式多媒体100%覆盖。二是建设数字教育资源及教育服务平台。张家港电信已完成全市中小学数千台云桌面的部署工作，打造全国领先的、具有张家港特色的互联网教育云平台。三是开展教育信息化试点项目。张家港电信将从智慧幼儿园建设着手，利用中国电信"幼儿宝"平台，打造面向幼儿园管理人员、老师、家长，集安全接送、在线视频、家校互动、幼教内容、个人空间、网站建设于一体的整体解决方案。借助微信公众号平台，增强校园信息的时效性。四是开展校园信息安全合作。张家港电信为市区各类学校教育系统、平台提供天翼云盾服务，保障各类学校网络接入安全和重要信息数据安全，有效防范DDOS攻击，提升各类学校的网络安全防护等级。

【治安监控更新项目助力平安城市建设】年内，张家港移动公司在前期为市公安局建设2941个治安监控点位的基础上，继续深化合作，对治安监控进行升级改造，将原标清摄像机更新为高清监控系统，更新高清球机200台，枪机300台，更新设备箱、传输设备、防雷设备、立杆横臂等附件。系统采用IP网络传输，网络接入当地派出所，录像设备采用嵌入式高清硬盘录像机，每台设备满足16路1080P高清实时视频接入，同时具备流媒体转发功能，确保视频流畅。初步建成覆盖各大型聚集场所、治安复杂区域和要害部位的社会面治安监控系统，全面提高公安机关掌握和控制社会面治安局势的能力，为平安城市的建设做出贡献。

【市公安局治安卡口警务终端项目】3月，张家港联通公司为市公安局配备500台华为荣耀6P警务通终端用于交巡警执法。8月，2016年中国杭州G20峰会召开前期，又为公安局配备30台治安卡口警务终端，用于各治安卡口点警务人员对出入张家港市的乘客进行身份信息采集及身份认证。公司针对市公安局的15个市际治安卡口点配备警务终端，这不仅加强了这些卡口点的安全保障力度，也提升了出租车出城查报、嫌疑车辆人员查缉、重大警情堵控和例行治安盘查等工作的效率,为张家港市提供更可靠的安全屏障。

【张家港联通助力"养老智能腕表"项目】 8月,张家港联通公司成功助力市民政局亲情(虚拟)养老院智慧养老平台建设,为张家港市2500名高龄、失智、失能、空巢老人配备"养老智能腕表"。该项目借助联通现代通信技术、网络技术,以云计算、大数据为支撑,搭建智慧养老平台,为老人提供安全防护和健康预警等功能。配备的"养老智能腕表"除了具备拨打电话、接收短信、SOS紧急求助和GPS、LBS定位及电子围栏等正常功能外,还针对紧急情况开发了两项特殊功能:一是当老人按下紧急按钮后,智慧平台跳出红色工单并伴有报警声音提醒,管护人手机同时收到报警信息或手机APP提示信息;二是当健康预警平台检测不到老人的心率或检测数据超过设定数值时,管护人手机和平台同时发出警报。"养老智能腕表"的成功推出是张家港联通在老龄社会福利服务领域新方向的新探索,也是江苏省内的首例。

信息化管理

【概况】 年内,市信息化建设围绕全市"十三五"期间发展总目标,以"紧扣强富美高,全面提升品质"为总抓手,不断加大信息化建设投入,实现"十三五"期间良好开局。2月,市政府确定2016年度政府信息化重点项目建设计划,明确14个信息化项目的建设计划及总投资6.12亿元的资金安排。6月,出台《关于推进软件和集成电路产业发展的若干政策》,进一步优化张家港市软件产业的发展环境。8月,组织、指导全市160余家规模以上企业开展"两化融合"评估诊断和对标引导工作。推进企业"两化融合"(信息化和工业化的高层次深度结合)工作,年内建成国家级"两化融合"示范企业1家,国家"两化融合"管理体系贯标试点企业3家,省级"两化融合"示范区1个、示范企业7家、试点企业50家,省级"两化融合"管理体系贯标试点企业7家,省"两化"深度融合(互联网与工业融合创新)示范工程示范企业1家、试点企业2家,苏州市级"两化融合"示范企业17家、试点企业35家。新增认定软件企业预计5家,新增登记软件产品87个,完成年度目标任务。新增"双软认定"(软件企业认定和软件产品登记)企业5家,累计23家,软件产业全年实现产值12亿元。争取省级工业和信息产业转型升级专向引导资金信息化引领类项目14项,获奖励资金1580万元。

【科技创新积分管理系统上线运行】 12月,张家港市企业科技创新积分管理系统正式投入使用该系统,对新产品、研发机构、知识产权、高新技术企业等16类信息资源进行充分整合。截至12月末,已完成新产品、研发机构、知识产权等14类计分条目的统计评分工作,涉及1128个单位,积分4万余分。企业科技创新积分管理系统的投用,大幅度提升了企业科技创新积分统计工作的效率及统计结果的准确率。

【物联网GIS信息云数据系统获物联网重大应用示范】 江苏盛世华安智能科技股份有限公司通过深度整合物联网、互联网、云计算、大数据的应用优势,凭借公司自主研发的"智慧城市物联网GIS信息云数据安全防范集成系统"("物联网生物识别访客身份采集系统""物联网车辆轨迹管理系统""物联网防攀爬系统"等),对张家港市179个物业社区进行了安防改造升级,从而形成整个城市对人、车、物、路、空中的全方位安防防范管理预警体系。该系统的集成应用获得国家文明办相关专家认可,并获国家发改委授予的物联网重大应用示范荣誉,该系统为张家港文明城市建设增加创新亮点并为新型智慧城市打造安全稳定的环境。

【玖隆仓储运输系统手机APP运行】 年内,玖隆电子商务平台二期项目实施并投入使用。该项目总投资160万元,由杭州高达软件系统有限公司负责开发。项目基于已有玖隆电子商务平台,进一步扩大电商平台与玖隆联盟仓库和加工企业的系统衔接,通过电商交易员的撮合将电商钢材交易的流量转化为仓储和加工的入口,与合作仓储企业通过对接玖隆云仓储系统实现库内钢材资源转化电商平台的交易资源。为完善平台操作功能,同时进行玖隆仓储、运输系统手机APP的开发,用户可更加便捷的登陆APP管理与查看交易状态。至年末,电商平台注册会员13637家,日均浏览量1500次,钢材在线交易量997.48万吨、交易金额260.75亿元,钢材在线交易量日均稳定在1.5万吨;"采购招标"平台完成7328份标书的定标,中标金额153.04亿元,采购标书涉及耐材、合金、油品、五金以及原辅料等品种,收取供应商标书费及会员年费551.42万元;"在线融资"平台完成放款1.5亿元;同时,开发玖隆钢铁指数,真实反映华东地区钢材价格和库存的变动走势,为钢贸客户提供有效钢材资讯。

【永钢集团入选工信部"两化融合"管理体系贯标试点企业】 6月,工业和信息化部办公厅发布《关于公布2016年"两化融合"管理体系贯标试点企业名单的通知》,永钢集团入选。入选的全国600家试点企业中,江苏省共有53家,永钢集团在江苏省排名第四,这也是集团公司继3月末入选江苏省230家"两化融合"贯标试点企业"之后,所取得的又一荣誉。2016年,永钢集团围绕"两化融合"管理体系建设开展工作。1月25日至27日,邀请永钢集团"两化融合"体系推进指导单位江苏金恒信息科技公司开展"两化融合"日标准及钢铁行业信息化解读培训。5月10日,永钢集团召开"两化融合"工作推进会。明确"两化融合"职责,建立灵活的"两化融合"项目机制,建设"两化融合"的人才机制,做好基础管理工作,做好信息化项目推进工作,做好"两化融合"体系建设工作。(陈 玲)

【编辑 张 洁】

开放型经济

Open Economy

国泰金融广场　（市城展馆　提供）

对外及对港澳台贸易

利用外资及港澳台资

对外及对港澳台经济技术合作

江苏国泰国际集团

对外及对港澳台贸易

【概况】 2016年，全市完成对外及对港澳台进出口贸易总额274.17亿美元，比上年减6.32%，其中进口总额132.15亿美元，比上年减8.48%；出口总额142.02亿美元，比上年减4.23%；贸易顺差9.88亿美元，比上年增5.98亿美元。一般贸易进出口仍占主导地位，为220.82亿美元，占全年进出口总额的80.54%，其中出口117.44亿美元，比上年减5.09%，占全市出口总额的82.69%。全市有出口实绩企业2722家。其中，自营出口企业2404家，合计出口81.65亿美元（海关统计数，下同），比上年减5.58%，占全市出口总额的55.61%；三资企业318家，合计出口33.74亿美元，比上年增5.8%，占全市出口总额的22.97%。江苏国泰国际集团出口额31.45亿美元，比上年增2.7%，占全市出口总额的21.42%。张家港保税区、张家港经济技术开发区、扬子江国际冶金工业园出口额分别为27.57亿美元、59.12亿美元和27.27亿美元。

永钢集团出口线材 （黄智强 摄）

2016年张家港市十大出口企业出口情况表

表15

企业名称	主要出口产品	出口总额（万美元）	比上年增长率（%）
江苏国泰国际集团有限公司	纺织、机电、化工产品等	314495	2.70
江苏沙钢集团有限公司	钢材	189020	−31.68
江苏永钢集团有限公司	钢材	86964	−15.42
张家港浦项不锈钢有限公司	钢材	22996	56.40
江苏中核利柏特股份有限公司	管道制品、钢构件	22854	922.76
张家港康得新光电材料有限公司	高分子复合膜材料	20399	4.13
索尔维（张家港）精细化工有限公司	化工	17876	3.50
澳洋集团有限公司	纺织、化纤、金属、医药	17626	−0.53
天宇羊毛工业（张家港保税区）有限公司	纺织	14653	14.72
张家港爱丽塑料有限公司	塑料地板	14012	10.86

【外贸进出口逐季成“V”型反弹】 据张家港海关统计，2016年全市对外及对港澳台贸易进出口值逐季呈“V”型反弹态势：一、二季度进出口值比上年同期分别减7.1%和8.4%，三、四季度进出口值比上年同期分别增0.2%和15.1%。出口产品中，钢材出口值221.6亿元，比上年减20.1%；服装及衣着附件出口值211.4亿元，机电产品出口值158.3亿元，分别比上年增13.7%和17.7%。大豆、煤及褐煤和食用植物油进口增长明显，进口值分别为239亿元、23.1亿元和11.7亿元，分别比上年增67.9%、73.1%和34%。从贸易地区分布看，美国、东盟、欧盟、澳大利亚和巴西为前五大贸易伙伴，分别进出口290.7亿元、172.1亿元、199.3亿元、186.6亿元和174.7亿元，合计占全市进出口总值的56.6%。

【外经贸扶持资金创新高】 年内，市商务局积极组织企业申报各级各类外经贸扶持资金，至年末，争取各类扶持资金12148.23万元。其中，拨付2015年外贸稳增长促发展资金2091.83万元，拨付2015年出口信用保险扶持资金1725.36万元，拨付市级外贸稳增长资金2247万元，拨付国家外经贸发展专项资金2633.13万元，拨付省级商务发展专项资金3451万元。

【贸促会优惠产地证出证翻番】 年内，中国贸促会张家港支会共签发产地证57587份，其中一般产地证50321份，比上年增1.68%。2015年12月20日起，中国—韩国、中国—澳大利亚自由贸易协定正式生效，优惠产地证出证数量剧增，2016年出具优惠产地证7266份，比上年增136.22%。此外，中国贸促会张家港支会出具国际商事证明书2182份，比上年增4.55%；代办领事认证699份，与上年基本持平；新增注册企业185家，累计2336家。 （杨 璐）

利用外资及港澳台资

【概况】 年内，全市新批外商及港澳台商投资项目49项，新增注册外资及港澳台资4.53亿美元，到账外资及港澳台资6亿美元。全年批办增资项目26项，新增注册外资及港澳台资2.44

亿美元，占全市总额的53.9%；新批服务业项目31项，新增服务业注册外资及港澳台资2.07亿美元，到账外资及港澳台资1.71亿美元；新批投资总额超1000万美元项目9项，注册外资及港澳台资3.67亿美元，占全市注册外资及港澳台资总额的81.1%。全年战略性新兴产业和高技术项目实际使用外资及港澳台资2.4亿美元，占全市实际使用外资及港澳台资的49.3%。至年末，全市共有三资企业982家，其中世界500强投资企业55家。

2016年张家港市主要新批（含增资）外资及港澳台资项目情况表

表16 单位：万美元

行业	项目（企业）名称	投资方	投资总额	注册资本	注册外资及港澳台资	外资及港澳台资比例	批准时间
汽配	大一汽配（张家港）有限公司（增资）	韩国	16000.00	6000.00	6000.00	100%	1月
化工	盛禧奥聚合物（张家港）有限公司（增资）	新加坡	6000.00	2000.00	2000.00	100%	3月
化工	泰科迈（张家港）贵金属再生科技有限公司	美国	6000.00	2000.00	2000.00	100%	3月
汽配	张家港新和汽车配件有限公司	韩国	6000.00	2000.00	2000.00	100%	5月
化工	安逸达电解液技术（张家港）有限公司（增资）	美国	—	2550.00	2550.00	100%	5月
化工	东华能源股份有限公司（增资）	中国香港	10545.10	10545.13	3292.20	31.2%	7月
汽配	张家港东恩锻造有限公司	韩国	6000.00	2000.00	2000.00	100%	8月
服务业	艾斯贝（江苏）投资有限公司	瑞士	3000.00	3000.00	3000.00	100%	8月
化工	PPG涂料（张家港）有限公司（增资）	中国香港	4000.00	1150.00	1150.00	100%	8月
服务业	韩凤（张家港）股权投资合伙企业	韩国	2029.70	1182.50	1182.50	100%	9月
汽配	泰林实业（张家港）有限公司	中国香港	7500.00	2500.00	2500.00	100%	10月
化工	盛禧奥石化（张家港）有限公司（增资）	新加坡	4150.00	1400.00	1400.00	100%	12月

说明：表内项目以时间为序排列

【开发区招商引资】 年内，张家港保税区（含工业配套区江苏扬子江国际化学工业园）、张家港经济技术开发区、江苏扬子江国际冶金工业园共完成注册外资及港澳台资3.36亿美元，到账外资及港澳台资5.22亿美元。张家港保税区全年新批外资及港澳台资项目15项，完成注册外资及港澳台资1.39亿美元，到账外资及港澳台资2.51亿美元，分别占全市的30.7%和41.9%。其中新批投资总额超1000万美元项目1项，新增注册外资及港澳台资1.43亿美元（含增资）。全年增资项目12项，新增注册外资及港澳台资1.31亿美元，盛禧奥、东华能源、安逸达等世界知名企业增资扩股。泰科迈等重大项目落户保税区。张家港经济技术开发区全年新批外资及港澳台资项目20项，完成注册外资及港澳台资1.7亿美元，到账外资及港澳台资2亿美元，分别占全市的37.6%和33.3%。其中批办投资总额超1000万美元项目3项，新增注册外资及港澳台资8864万美元（含增资）。全年增资项目10项，新增注册外资及港澳台资4451万美元，神工、锐捷光电、澳洋纺织等企业增资扩股。玄潭、艾斯贝投资、泰林等项目落户开发区。江苏扬子江国际冶金工业园全年新批外资及港澳台资项目4项，完成注册外资及港澳台资2710万美元，到账外资及港澳台资7060万美元，分别占全市的6%和11.8%。新批投资总额超1000万美元项目2项，新增注册外资及港澳台资2400万美元。全年增资项目1项，新增注册外资及港澳台资250万美元。

【镇（区）招商引资】 年内，塘桥镇、乐余镇、凤凰镇、南丰镇、大新镇、双山岛旅游度假区共完成注册外资及港澳台资1.17亿美元，到账外资及港澳台资7801万美元。其中，塘桥镇新批外资及港澳台资企业1家，注册外资及港澳台资100万美元，到账外资及港澳台资2000万美元；乐余镇注册外资及港澳台资340万美元，到账外资及港澳台资1000万美元；凤凰镇新批外资及港澳台资企业7家，注册外资及港澳台资1.12亿美元，到账外资及港澳台资3301万美元；南丰镇到账外资及港澳台资1000万美元；大新镇新批外资及港澳台资企业1家，注册外资及港澳台资2万美元，到账外资及港澳台资500万美元；双山岛旅游度假区新批外资及港澳台资企业1家，注册外资及港澳台资27万美元。

【两家外资功能性机构被认定】 年内，省商务厅认定第六批跨国公司地区总部和功能性机构，佐敦涂料（张家港）有限公司和苏州裕景泰贸易有限公司入选。至此，全市共有7家跨国公司地区总部和功能性机构，分别为中康电力、浦项不锈钢2家跨国公司地区总部，道康宁中国区采购销售中心、马尼托瓦克亚太区研发售后服务中心、陶氏化学中国区采购中心、佐敦涂料（张家港）有限公司和苏州

市外商投资企业迎圣诞主题音乐会　　（市商务局　提供）

裕景泰贸易有限公司5家跨国公司功能性机构。外资地区总部和功能性机构因其要素带动能力、市场辐射能力、价值链递进能力较强、环境友好型特征较高，被视为外资转型升级的“高纬度”象征。

【服务外企外商形式多样】 年内，为使外企外商进一步“了解张家港、感知张家港、融入张家港”，市商务部门不断创新服务外企外商的活动形式。7月，组织“绽放青春遇到爱”市外资企业优秀单身青年联谊会。12月，组织圣诞·新年音乐会。此外，精心策划组织赴韩国、欧洲、美国和中国台湾、中国香港等地的招商和经贸交流活动，先后举办“外商走进保利大剧院”看演出、重点外资企业座谈会等活动。通过活动优化企业服务，让更多外资企业参与到城市建设中。

【贝内克长顺中国事业中心成立】 3月9日，贝内克长顺中国事业中心在张家港保税区成立。该中心由德国大陆康迪泰克集团旗下的贝内克·卡里科集团和中方合作伙伴江苏长顺集团有限公司共同成立，致力于研发和生产环保型、低排放、可定制化的汽车内饰材料。中心包含亚洲设计中心、技术中心、销售中心、市场和宣传中心、质量控制等九大中央职能部门，统一为张家港和常州工厂的发展制定战略规划，还将为贝内克·卡里科全球工厂服务。中心的成立，标志着合作双方将在产品设计、研发、客户服务方面和德国同步发展，更加植根于中国本土，为中国汽车工业和地方经济发展做出更大贡献。贝内克·长顺汽车内饰材料（张家港）有限公司2005年成立，是中国汽车高性能复合装饰性表皮材料、中国汽车内饰行业技术及规模发展的领先者，中国最大的SEV、UEV材料供应商。产品广泛应用于宝马、奔驰、沃尔沃、奥迪、大众、通用等品牌下的几十种中高档车型。

【泰林产业株式会社汽车核心部件项目签约】 5月17日，韩国泰林产业株式会社汽车核心部件项目举行签约仪式。该项目总投资7500万美元，注册资金2500万美元，其中设备投入超3000万美元。韩国泰林产业株式会社成立于1986年，是一家专业从事汽车零部件制造的企业，主要产品为汽车转向轴、汽车转向中间轴以及精密特种钢管、锻件等，主要客户为ZF天合、万都、德尔福、捷太格特（JTEKT）、耐世特（NEXTEER）等。2005年3月，韩国泰林产业株式会社在经开区（杨舍镇）投资设立泰林汽车配件（张家港）有限公司，主要生产万向节总成、齿条壳体子级总成、液压管（油缸）等汽车关键零部件。为提升产品的技术水平和企业的整体盈利能力，韩国泰林产业株式会社决定在经开区（杨舍镇）投资设立新项目，主要生产电动助力转向系统中间轴、精密特种钢管以及精密CNC加工产品及锻件等。泰林产业株式会社将联合核心配套商和韩国有关投资基金共同投资该项目，初定2017年年初开工，新建厂房3.5万平方米，2017年年末竣工投产。项目设计年产600万台套电动助力转向系统中间轴产品，全球市场占有率10%以上。项目达产后，预计年销售可达到10亿元，纳税超4000万元。

【IFF集团香精香料项目落户保税区】 4月8日，国际香料（张家港）有限公司生产基地奠基。该生产基地项目总投资1.5亿美元，用地6.67公顷，分两期建设。项目一期总投资7500万美元，将形成年产2.4万吨食品用香精香料的生产能力，达产后年销售19亿元；项目二期将建成与一期相当的生产规模，预计总投资5000万美元至7500万美元，新增喷雾干燥香精香料的生产能力。项目预计2018年年末竣工。美国香精香料集团（IFF）在全球香精香料行业中排名第三位，是美国最大的香精香料公司，拥有世界上最大的独立研究香气和味觉的研发中心，在38个国家和地区设有工厂、实验室和办事处，是香精香料行业产品的先行者和最主要的制造商。

【英维沃集团动物营养项目落户保税区】 11月25日，法国英维沃集团收购江苏晶标生物科技有限公司签约，标志着双方合作迈出实质性步伐。英维沃集团是法国最大的农业合作集团，其下属的动物营养与保健板块诺奥维集团收购了江苏晶标生物科技有限公司股权。收购后，诺奥维集团上海工厂的产品制造将转移到张家港保税区工厂，并增资500万欧元在保税区工厂内新建动物营养添加剂生产车间，采用国际最先进的喷雾干燥技术，投产后预计每年将增加3亿元销售额。诺奥维集团还计划投资3000万欧元在张家港保税区设立全球第18个研发中心。

【顶级油墨供应商盛威科落户保税区】 12月8日，盛威科国际集团与张家港保税区举行签约仪式。盛威科国际集团计划投资7500万美元，在张家港扬子江国际化学工业园新建生产基地，占地面积10公顷，用于生产溶剂性油墨和水性油墨。盛威科国际集团1830年始建，总部位于德国锡格堡，分支机构遍及全球40个国家和地区，拥有员工5000余人，集团年销售额约11亿欧元，是欧洲历史最悠久的家族企业之一，也是全球第三大专业油墨供应商。其产品主要涉及烟包油墨、食品包装油墨、纸张油墨、标签、软包装油墨等，销量在全球市场一直处于领先地位。 (杨 璐)

埃塞俄比亚东方工业园企业内景 (市城展馆 提供)

对外及对港澳台经济技术合作

【概况】 全年新签境外工程合同额2.78亿美元，完成境外工程劳务营业额2.64亿美元，外派劳务85人。新增服务外包企业11家，累计120余家，年内完成接包合同额3.51亿美元，离岸执行额1.32亿美元。新批对外及对港澳台投资企业（项目）20家，对外及对港澳台投资总额4.63亿美元，其中张家港投资方协议投资额4.61亿美元。新批对外及对港澳台投资500万美元以上项目12项，张家港投资方协议投资额4.51亿美元，分别占项目总数和张家港投资方协议投资总额的60%和97.8%。其中，1000万美元以上项目11项，张家港投资方协议投资额4.42亿美元。埃塞俄比亚东方工业园开发建设稳步推进。至年末，工业园共完成基础设施投资9805万美元，开发完成2.33平方千米基础设施建设，二期1.67平方千米稳步开发。园区入区企业65家，实际投资额2.6亿美元，入区企业完成总产值6.3亿美元，上缴东道国税收5159万美元，为东道国解决就业7340人。

2016年张家港市批设对外及对港澳台投资企业（项目）情况表

表17 单位：万美元

投资企业（项目）	投资目的地	投资总额	张家港投资方出资	投资行业	投资主体
佳缘国际公司增资项目	英属开曼群岛	15860.00	15860.00	广告、服务类	首善财富（张家港）投资管理有限公司
东华能源（新加坡）国际贸易有限公司增资项目	新加坡	5000.00	5000.00	能源类国际贸易	东华能源股份有限公司
华奇控股集团有限公司	中国香港	5000.00	5000.00	化工产品贸易	华奇（中国）化工有限公司
智得国际企业有限公司	中国香港	5000.00	5000.00	预涂膜和光学膜贸易	张家港康得新光电材料有限公司、张家港保税区康得菲尔实业有限公司
华林木业国际有限公司	中国香港	3000.00	3000.00	木材、建材贸易	江苏杰森国际贸易有限公司
金港国际集团（香港）有限公司	中国香港	2307.00	2307.00	进出口贸易	江苏海世腾投资有限公司
银木轻钢结构有限公司	美国	2300.00	2300.00	轻钢结构产品的销售	江苏新思路投资有限公司
埃塞世存钢管有限公司	埃塞俄比亚	2000.00	2000.00	精密焊接钢管生产销售	张家港保税区世存国际贸易有限公司、张家港市中悦冶金设备科技有限公司

续表17

投资企业（项目）	投资目的地	投资总额	张家港投资方出资	投资行业	投资主体
香港景鼎轩集团有限公司	中国香港	1500.00	1500.00	铝型材贸易	张家港保税区国安贸易有限公司
辰佳有限公司增资项目	美国	1273.00	1273.00	报废汽车拆解及废金属回收	江苏辰龙再生资源开发有限公司
顺富国际有限公司	中国香港	1000.00	1000.00	机械、包装研发销售	凯恩斯实业（苏州）有限公司
谢克斯特工程集团公司	新加坡	900.00	900.00	海洋和船舶工程项目咨询、设计	张家港富瑞特种装备股份有限公司
赛康医疗科技有限公司	美国	230.00	230.00	医疗器械研发生产销售	江苏赛康医疗设备有限公司
凯恩斯实业（苏州）有限公司	中国香港	195.00	195.00	机械、包装研发销售	凯恩斯实业（苏州）有限公司
顺富国际有限公司	中国香港	193.50	193.50	机械、包装研发销售	凯恩斯实业（苏州）有限公司
顿装桶包装生产工厂	土耳其	160.00	160.00	塑料制品生产及销售	张家港华丰机械有限公司
香港汇利电子有限公司	中国香港	150.00	150.00	电子元器件贸易	市汇利电子有限公司
慧贸通（香港）企业服务有限公司	中国香港	100.00	100.00	销售、企业管理服务、信息咨询服务	江苏国泰慧贸通企业服务有限公司
国泰华荣有限会社	韩国	98.10	98.10	锂离子电池	市国泰华荣化工新材料有限公司
富华伟业有限公司	中国香港	50.00	50.00	纺织品贸易	江苏国泰国华实业有限公司
GTIG哥伦比亚分公司（机构）	哥伦比亚	—	—	市场开拓	江苏国泰华汇实业发展有限公司
江苏国泰华盛实业有限公司英国办事处（机构）	英国	—	—	市场开拓	江苏国泰华盛实业有限公司

【境外投资企业服务工作升级】 年内，为加强对外及对港澳台投资企业服务工作创新，市商务局对全市走出去企业进行走访调研，梳理了包括一带一路沿线在内的40余个投资热点国家和地区，将各个国家和地区的投资、税务、金融等政策以及市场环境等内容整理汇编，供企业投资参考。从资源类、制造类、贸易类、科技类、创新类等10个角度分类调研90余家企业，在《张家港日报》形成宣传材料10篇，以实地调研、政策宣讲、港城会客厅等形式深挖境外投资潜力、丰富境外投资群体，分享境外投资经验。指导协助埃塞俄比亚东方工业园、东渡集团东南亚服装基地等境外园区提档升级，加快推进国泰东南亚纺织产业园和中非纺织产业园、华芳集团埃塞俄比亚纺织基地等境外园区项目，重点服务万蓬国际集团非洲、南美多国水泥、建材等国际产能合作项目。 （杨　璐）

江苏国泰国际集团

【概况】 2016年，江苏国泰国际集团有限公司（简称国泰集团）实现销售收入460亿元，比上年增6.48%；上缴国税、地税7.62亿元，海关关税和增值税9亿元，总计16.62亿元。在2016年公布的中国企业500强中，位列305位；在中国服务业企业500强中，位列100位。年内，集团获评江苏省优秀企业，“江苏国泰”获评苏州市知名商标。

2016年江苏国泰国际集团主要下属专业外贸子公司经营情况表

表18 单位：万美元

公司名称	出口额	进口额
江苏国泰国际集团国贸股份有限公司	98876	11086
江苏国泰力天实业有限公司	33354	302
江苏国泰华盛实业有限公司	57694	2784
江苏国泰亿达实业有限公司	25653	2146
江苏国泰华泰实业有限公司	13651	8596
江苏国泰汉帛贸易有限公司	33327	1265
江苏国泰国华实业有限公司	41642	2187
江苏国泰国际集团华诚进出口有限公司	6749	49
江苏国泰华博进出口有限公司	—	32105
江苏国泰国际集团上海进出口有限公司	1080	—

说明：表格数据为资产重组完成前的海关统计数

【外贸主业】 经海关统计，国泰集团下辖专业进出口公司全年完成进出口总额37.69亿美元，比上年减1.5%，其中出口31.45亿美元，比上年增2.7%，出口额在全省外贸企业集团中继续居首位；进口6.24亿美元，比上年减18.6%。国泰集团进出口无海关数部分及内销全年合计4.7亿美元。

【投资产业】 房地产方面，国泰润园项目尾盘销售取得突破，总回款近1.7亿元。在张家港市场与碧桂园房产公司联手开发新项目，预计总投入1.7亿元。国泰新天地广场、苏州国泰国际贸易中心、服装工业园创兴大厦等项目稳步推进。内贸和电子商务方面，绿尚和波迪曼公司不断加快业务调整和整合，2016年绿尚公司实现销售收入217万元，波迪曼公司实现销售收入1638万元。慧贸通2016年着力于夯实公司基础，梳理业务流程，同时增强内部的风险防控意识，完成出口2468万美元。酒店宾馆业方面，国贸酒店通过创新服务模式、打造特色餐饮等方式，完成营业收入1.27亿元，其中客房收入3579万元，餐饮收入8308万元，实现综合效益2350万元，比上年增6.8%。南园宾馆继续以网络销售为抓手，以提供优质服务提升客人满意度，实现营业收入8973.5万元，比上年增2.1%，其中客房收入4895.8万元，餐饮收入3459.9万元。新兴产业方面，国泰新点软件公司积极参与国家“互联网+”政务服务标准制定，在大数据、云计算等技术领域取得长足发展，全年实现销售收入6.28亿元，比上年增46.05%，净增员工675人，员工总数超过2700人。江苏国泰华荣化工新材料公司投入1.5亿元，在原有电解液车间的剩余空间内建设新生产线及增加先进设备设施，建设年产2万吨锂离子动力电池电解液扩建项目，全年累计销售电解液比上年增100.1%。金融投资方面，国泰财务公司防控各类风险，不断提高集团资金集中管理水平，至年末有成员单位33个，银行账户162户。在通过提供优惠存贷款利率提高资金集中度的同时，国泰财务公司积极拓展外币资金集中运营、海关税款保付保函和代理进口信用证等业务，丰富服务项目，降低成员单位财务费用。

【国泰集团整体上市获批】 9月28日晚，中国证监会网站公布消息，江苏国泰重大资产重组方案获证监会有条件审核通过。江苏国泰通过发行股份及支付现金的方式，收购控股股东国泰集团旗下11家标的公司的部分股权或全部股权，重组标的资产交易价格51.38亿元。同时，公司还以不低于每股13.52元的价格配套募集资金28.03亿元，主要用于国泰中非、东南亚纺织服装产业基地、增资国泰财务公司等。此次注入的11家标的公司涉及三大类业务，即包括华盛实业公司、国华实业公司、汉帛贸易公司等在内的8家贸易供应链企业，国泰财务公司、紫金科技公司2家为金融投资类企业，以及智慧外贸综合服务商慧贸通公司。交易完成后，江苏国泰对国泰集团旗下贸易供应链业务、互联网电商业务、金融投资业务等核心资源进行全面整合，在此基础上，辅以公司原有新能源、新材料业务，初步形成以金融和资本运作为引擎，贸易和实业为两翼的全方位发展格局。12月6日，江苏国泰发行股份及支付现金购买资产并募集配套资金暨关联交易的重大资产重组事项获得中国证监会核准。

【国泰员工培训开展广泛】 5月，国泰集团邀请中国出口信用保险公司有关专家到集团举办纺织服装企业国际市场开拓与风险防范专题讲座，各专业外贸公司共300余人参加讲座。5月至6月，国泰集团举办2016年度国际商务单证员培训，9家公司98名在职员工参加培训。7月至8月，国泰集团先后邀请上海立信会计师事务所、苏州大学东吴商学院、中信证券、君合律师事务所相关专家、教授到集团举办财务内控、规范运作系列专题培训，提升各公司领导班子及财务人员的财务内控和合法合规意识。10月，国泰集团再次邀请上海立信会计师事务所专家到集团举办上市公司财务专题培训讲座，进一步规范集团财务管理及报表编制。

【“希望之光”爱心助学】 11月，国泰集团“希望之光”国泰奖学金发放，发放总额由往年的32.3万元提升至33.2万元，继续资助全市19所大中小学的114名家境贫寒、学习优秀的学生。自2008年创立起，集团已连续8年发放“希望之光”国泰奖学金209万元，捐助优秀学子996人，资金全部是国泰员工的自愿捐款。

（冯　慧）

国泰大厦　　（国泰集团　提供）

【编辑　朱永平】

民营经济

Private Economy

江苏张家港酿酒有限公司 （何伟明 摄）

民营经济综情

私营企业

个体工商户

利用外地资本

资本市场

民营经济综情

【概况】 2016年，全市民营经济保持平稳发展态势。全市新增私营企业5657家、个体工商户12748户，新增注册资本分别为250.04亿元和15.45亿元。新增“新三板”挂牌企业27家，挂牌企业总数达到60家，其中创新层企业4家，在苏州县市区名列前茅，“新三板”市场“张家港板块”加速集聚，初步形成规模优势和品牌效应。全市规模以上民营企业完成工业总产值3281.74亿元，占全市规模以上工业总产值的72.3%。沙钢集团连续八年入围世界500强，列第314位。4家企业入围中国企业500强，分别是：沙钢集团排名第69位，国泰集团排名第305位，华芳集团排名第443位，澳洋集团排名第465位。6家企业入围中国民营企业500强，比上年增加1家，分别是：沙钢集团排名第9位，永钢集团排名第135位，华芳集团排名第159位，澳洋集团排名第168位，攀华集团排名第220位，爱康实业集团排名325位。沙钢集团、永钢集团、华芳集团、澳洋集团、攀华集团、东渡纺织集团、长江润发集团、骏马集团8家企业入围中国民营企业制造业500强。沙钢集团、永钢集团、康得新集团、澳洋集团、江苏张家港酿酒有限公司、骏马集团、德丰建设集团、海陆重工公司8家企业被授予苏州市优秀民营企业称号；银河电子、新美星公司2家企业被授予苏州市转型升级先进民营企业称号；国泰华荣、海狮机械、斯威森生物公司3家企业被授予苏州市科技型先进民营企业称号；华昌化工、金陵体育公司2家企业被授予苏州市品牌建设先进民营企业称号；物润船联、东渡纺织、梁丰食品公司3家企业被授予苏州市创新型先进民营企业称号。沙钢集团沈文荣、康得新集团钟玉、永钢集团吴耀芳被授予苏州市杰出民营企业家称号。长江润发集团郁霞秋、龙杰化纤公司席文杰、富瑞特装公司邬品芳、长顺集团公司顾仁发、易华塑料公司孙永华、爱康实业集团邹承慧、金帆电气公司彭正雄被授予苏州市优秀民营企业家称号。全市新增授权发明专利1265件，比上年增46.1%，新增数首次超过1000件，再创历史新高。全市有效发明专利达到3776件，比上年增41.5%。东渡集团获评省管理创新优秀企业。新增省科技型中小企业8家；新增省科技小巨人1家，累计5家。节能减排效益明显，新增清洁生产验收企业7家次，新增苏州市“三星级”以上“能效之星”企业2家，累计54家次。新增苏州循环经济示范企业2家。

企业服务 年初，市中小企业局组织中小企业联盟秘书处一行赴太仓、昆山两地服务中心进行考察交流，学习借鉴两地在服务中小企业上的先进做法和经验，扩展思路。1月，联合市青商会、市电子商务商会和佳钰企业管理咨询有限公司，举办“供给侧改革”专题讲座，帮助全市中小企业把握宏观经济的走向和着力点，110余名企业高管获益；3月，联合太平洋保险公司张家港支公司、市广播电视总台召开服务对接座谈会，与联盟联络员共同探讨如何更好地推进“去库存、去产能、去杠杆、降成本、补短板”，引导企业转型升级；6月，帮助全市企业及时了解ISO 9001、ISO 14001新标准的要求，做好换版工作，邀请方圆标志认证中心老师刘立生为全市130位企业体系负责人、内审员进行质量、环境管理体系宣贯培训；10月，对会员单位及部分理事单位进行走访调研，征求联盟服务工作的建议和意见，走访考察潜在会员单位，进一步充实联盟会员单位；11月，联合佳钰企业管理有限公司组织张家港康得新光电材料有限公司等110余家企业高层管理者参加北京大学在张家港市开办的“互联网思维人才开发模式创新”EMBA专题课程；11月至12月，组织市艾尔环保工程有限公司、苏州德凡检测科技有限公司等11家中小企业报名参加“企业进高校”活动，参观高校技术研发平台，听取产业发展前沿技术报告，与高校零距离洽谈深度合作，帮助中小企业提升技术创新能力。帮助民营企业拓市场争订单。年内组织全市20余家企业参加“江苏产品万里行展览会”“2016年中国国际物流科技博览会”“香港创新科技与博览”“世界智

长江润发（东区）工业园 （长江润发 提供）

能制造大会”等10余场各类展会，补贴资金80余万元，帮助企业开拓市场。9月，组织全市4家装备企业参加“苏州名优新产品沈阳展销会”，其中格雷斯机械公司在展会期间，接待到访厂家28家，签订意向订单3个，金额400余万元。为全市中小企业提供服务，年内为宏裕新材料、曙光生物公司等企业办理小微企业认定，协助参加其他省市的政府采购招标。市中小企业局研究国家、省、市相关产业政策，捕捉各类资金信息，准确把握资金投向，谋划筛选上报项目，寻找争取支持的切入点。保丽洁、海宇金属公司等6个单位获得省级工业和信息产业转型升级专项引导资金220万元。阿斯恩在江苏省中小企业创新创业大赛中获优胜奖；薄云塑业等3家企业获苏州市信用管理示范企业称号；江苏化工品交易中心有限公司、张家港出入境检验检疫综合技术中心获省四星级公共服务平台称号；江苏慧贸通等2家企业获评省二星级公共服务平台；张家港市清洁能源装备产业集群获省特色产业集群称号。

企业培训 年内，市中小企业局组织开展市企业家队伍专题培训7期，组织参加“江苏省中小企业竞争力大讲堂”，累计培训企业家2000人次；推荐30名企业家参加“江苏省中小企业管理创新专题研修班”“苏州市中小企业管理创新研修班（浙江大学）”等省市各类专题研修班，以及政策宣讲、节能培训等8大类14期培训班，累计培训人次2530人次。

产业集聚服务 年内，市中小企业局做好对经济一般村的厂房建设帮扶工作，严格规范市集体标准型厂房建设，帮助常阴沙现代农业示范园区常东社区、锦丰镇星火（永盛）村等经济一般村申请资金补贴2675万元。为全市争取到33.33公顷土地指标的奖励，做好2016年度全省高标准厂房建设与使用先进地区申报工作。

2016年张家港市特色产业基地情况表

表19

类　型	基地名称	公布时间
国家级新型工业化产业示范基地	张家港经济技术开发区现代装备制造业（石化）产业基地	2014年
省级新型工业化产业示范基地	张家港保税港区环保新材料产业园	2010年
	江苏・钢铁（精品钢材）产业基地	2012年
	张家港经济技术开发区现代装备制造业（石化）产业基地	2013年
苏州市级特色产业基地	苏州市食品（张家港）特色产业基地	2006年
	苏州市汽车及零部件（乐余）特色产业基地	2006年
	苏州市纺织品毛衫（塘桥）特色产业基地	2006年
	苏州市五金（大新）特色产业基地	2006年
	苏州市氨纶纱（金港）特色产业基地	2006年
	苏州市毛纺织（杨舍）特色产业基地	2006年
	苏州市五金机械（锦丰）特色产业基地	2006年
	苏州市机械（南丰）特色产业基地	2007年
	苏州市装备制造（金港镇）特色产业基地	2009年
	苏州市汽车精密配件（凤凰镇）特色产业基地	2009年
	苏州市塑（饮）机（张家港）特色产业基地	2009年
	苏州市压力容器（张家港）特色产业基地	2009年
	苏州市锂电（张家港）特色产业基地	2011年
	苏州精密机械及锻造（凤凰）特色产业基地	2011年
	苏州新能源材料（张家港经济开发区）特色产业基地	2011年

【市个私协会惠商服务】 年内，市个体私营企业协会（市个私协会）开展四项惠商服务。服务融资。组织张家港农村商业银行、苏州银行、宁波银行、民生银行、中信银行等银行开展走乡镇、进园区、入企业融资服务面对面活动，深化与张家港农村商业银行个体小微企业“阳光信贷”普惠融资服务。结合会议培训、上门服务、年报服务等进行宣传，利用QQ群、短信、微信等方式进行推介，采取会议融资推介、银企面对面洽谈、银行上门量身定做等形式进行融资服务。4218家会员企业通过股权出质、动产抵押、担保、企业联保、阳光信贷、诚信贷等途径融资94.3亿元，其中阳光信贷3914户会员融资12.63亿元。服务素质提升。先后组织会员听取清华大学环境学院教授钱易的“生态文明与绿色GDP”专题讲座、北京大学教授艾学蛟的“企业危机管理与媒体应对”讲座、北京大学教授翟万宝的“工业和信息化融合背景下的企业竞争力”讲座和教授彭剑锋的“突破成长瓶颈，实现持续发展——打造基于价值观的领导力”讲座。服务“和谐企业”评审。5月，参加由市人社局、总工会、经信委、工商联和个私协会联合组织的创建劳动关系和谐企业评审工作，对市天达五金工具有限公司等46家企业进行评审，按照《劳动关系和谐企业评价规范》，对上报资料进行审核，并抽取部分企业实地查看，围绕劳动合同、职工工资、社会保险等10余个方面，通过听企业工会汇报、查看相关台账资料，分别给相关企业打分评定，对符合标准要求的企业进行表彰，授予市劳动关系和谐企业称号。服务就业。3月至4月，组织会员企业参加市政府举办的春季大型招聘和乡镇区域招聘活动。9月，组织全市87家中小企业在市人才市场开展全市中小型企业毕业生就业招聘专场活动，提供就业岗位1800余个，主要涉及电焊、电工、钣金、数控等技术类以及外贸内贸销售、会计、保险、文员类等诸多岗位。到场应聘求职者860余人，其中282人次与企业达成初步就业意向。

（糜岚岚　何建平）

私营企业

【概况】年内，全市新注册登记私营企业5657家，比上年增25.87%。新增注册资本250.04亿元，比上年增53.29%；户均注册资本442万元。原有私营企业新增注册资本87亿元，合计新增注册资本337.05亿元，比上年增39.59%。累计注册私营企业37536家，累计注册资本1674.23亿元。全市经市市场监督管理局登记的私营企业有31045家、注册资本1128.89亿元。按照企业性质分类，有独资企业2407家，注册资本13.25亿元；合伙企业242家，实缴出资金额1.09亿元；有限责任公司28381家，注册资本1114.16亿元；股份有限公司15家。按行业分类，从事农、林、牧、渔业189家，注册资本4.08亿元；从事采矿业2家，注册资本700万元；从事制造业12369家，注册资本363.42亿元；从事电力、热力、燃气及水生产和供应业37家，注册资本3.34亿元；从事建筑业1535家，注册资本70.99亿元；从事批发和零售业9759家，注册资本228.87亿元；从事交通运输、仓储和邮政业1056家，注册资本80.46亿元；从事住宿和餐饮业115家，注册资本2.34亿元；从事信息传输、软件和信息技术服务业372家，注册资本5.43亿元；从事金融业57家，注册资本26.89亿元；从事房地产业323家，注册资本50.81亿元；从事租赁和商务服务业1902家，注册资本132.43亿元；从事科学研究和技术服务业2421家，注册资本140.87亿元；从事水利、环境和公共设施管理业80家，注册资本1.79亿元；从事居民服务、修理和其他服务业540家，注册资本12.13亿元；从事教育63家，注册资本6308.81万元；从事卫生和社会工作50家，注册资本1.39亿元；从事文化、体育和娱乐业175家，注册资本2.94亿元。（糜岚岚）

【长江润发集团多产业齐头并进】年内，长江润发集团有限公司瞄准大健康产业的新引擎作用，借助资本市场正式进军医疗产业。医疗板块方面，7月集团公司并购海南海灵化学制药有限公司获证监会无条件通过，长江润发集团发展成医疗大健康和电梯部件工业双主业格局。工业板块方面，下属长江润发（张家港）机械有限公司投入5000万元，自主研发全球首条超高精度导轨自动化生产线；下属长江润发（张家港）浦钢有限公司投入1.8亿元，新上650轧制线，联合润发机械打造全球最大的高速导轨生产基地；下属长江润发（江苏）薄板镀层有限公司投入5000万元改造升级2号生产线，产品档次进一步升级；下属张家港鑫宏铝业开发有限公司扩大1600吨挤型机出口料，提升订单承接范围；下属宿迁市鑫宏铝业开发有限公司进一步与张家港鑫宏联动，整合资源、开拓市场；下属长江润发（张家港）重工有限公司进一步拓展市场，生产高质量船舶。三产板块方面，下属长江润发（张家港）房地产有限公司“伊顿花园”项目销售形势良好；下属长江润发（宿迁）房地产有限公司“豫园”“郡王府”销售取得好成绩；下属江苏开源润发置业有限公司“润园”项目超计划完成年度销售，完成比例达到125%；下属市长江大酒店有限公司在主流网站评分获市星级酒店首位，网络OTA核心群策略和个性化服务凸显成效。农业板块方面，下属长江润发（东区）园林有限公司培育120公顷苗木种植基地，林养鸡、绿色大米、草莓等绿色农副产品深受市场好评。郁金香花卉种植规模进一步提升到50万株。2016年，集团实现销售超50.8亿元，利税2.64亿元，蝉联中国民营制造业企业500强。

（长江润发集团）

【澳洋集团各板块盈利能力增长】年内，澳洋集团营业收入大幅增长，综合竞争力不断提升，企业运营日趋健康。澳洋顺昌板块，4月收购中国电动工具类锂电池第一品牌天鹏电源公司。入围工信部汽车动力蓄电池名录，全面开展与汽车制造企业的合作，成为众泰、东风、金龙、上汽、北汽等国内主要新能源汽车的供应商。12月与全球LED封装产业龙头木林森合作，确保新增产能全面释放。逐渐降低传统白色家电、IT类用材的配送比率，全年汽车用材配送率超过50%。该板块全年完成营业收入19.93亿元，实现利润2.64亿元，比上年增9%。澳洋科技板块，纤维事业部在确保玛纳斯澳洋公司稳定生产、阜宁澳洋公司吃饱开足的同时，深入推进“大采购、大销售”模式，整合两地资源，防范市场价格波动风险。2月，启动阜宁澳洋三期项目。全年化纤完成产量25.54万吨，实现销售32.08亿元，利润1.6亿元。医疗、康复事业部推进服务改进和管理创新，调整药品结构，严控管理运行成本，全年医疗完成营业收入16.86亿元，实现利润9800万元，分别比上年增11.3%、58.99%。流通事业部着力推动中药保健品业务发展，业务收入和利润比上年分别增11.3%、7.4%。该板块全年完成营业收入48.9亿元、实现利润2.81亿元，分别比上年增28.4%、107.12%。澳洋纺织板块，推进生产体制改革、技术改造、设备更新，在精纺厂试点车间承包制和科室责任制，实行费用总额控制，全年完成精纺面料生产587.4万米，西服32.4万件，衬衫30.37万件。澳洋男装品牌店营销加强河南、新疆等重点区域的拓展，门店总数达到70家，加盟店占比达到75%。该板块完成销售5.28亿元，确保生产稳定。澳洋绿地板块，5月与云南红河州政府签订战略协议，开展项目合作。持续跟进PPP项目，重点开拓云南、北京等地市场，承接3.3亿元的泸西黄草洲项目，成功中标云南开远七星湖项目。继北京雁栖湖项目之后，再次中标2019年北京世园会项目。全年项目中标总额5.79亿元。该板块完成营收3.57亿元，比上年增13.46%，实现利润2106万元。优居壹佰板块，稳步向养老产业转型。置业公司连云港港城一品二期如期开盘，并取得1451套的销售佳绩，累计回收资金6.06亿元。养老公司推动产业连锁模式打造，启动暨阳湖项目建设，形成产业内互补。该板块完成营收1.02亿元，实现利润977万元。如意通动漫在“新三板”挂牌，成为集团第三家进入资本市场的公司。推动文化创意产业的市场化运作，成为央视少儿频道重点供片合作单位，重点拓展省级卫视的发行，推进地方频道的购片发行，授权网络平台代理，共与18家电视台、传媒公司达成发行或播放协议。获中国版权最具影响力企业、江苏十佳电视动画片等荣誉。全年完成原创动画片制作654分钟，产量继续保持苏州前三名。该板块完成营业收入578万元，利润298万元。全年澳洋集团完成利税超15亿元，比上年增29.03%，在中国企业500强排名465位。（澳洋集团）

个体工商户

【概况】 年内，全市新注册个体工商户12748户，比上年增11.36%，新增注册资本15.45亿元，比上年增19.39%。至年末，累计注册个体工商户71446户，累计注册资本60.42亿元。按行业分类，从事农、林、牧、渔业401户、944人，注册资本1.39亿元；从事采矿业2户、2人，注册资本10万元；从事制造业10152户、33507人，注册资本12.39亿元；从事电力、热力、燃气及水生产和供应业11户、32人，注册资本64万元；从事建筑业615户、2745人，注册资本8784.16万元；从事批发和零售业38623户、55507人，注册资本26.56亿元；从事交通运输、仓储和邮政业5358户、5824人，注册资本3.29亿元；从事住宿和餐饮业7558户、20529人，注册资本9.05亿元；从事信息传输、软件和信息技术服务业373户、609人，注册资本2384.5万元；从事房地产业138户、262人，注册资本765.6万元；从事租赁和商务服务业1297户、2141人，注册资本9744.42万元；从事科学研究和技术服务业250户、636人，注册资本2263.3万元；从事水利、环境和公共设施管理业26户、85人，注册资本290万元；从事居民服务、修理和其他服务业7849户、17127人，注册资本6.41亿元；从事教育246户、809人，注册资本3720.5万元；从事卫生和社会工作67户、123人，注册资本662万元；从事文化、体育和娱乐业375户、1826人，注册资本10764.8万元。高校毕业生从事个体经济3人。

【顺馨源酒店业主谢清获全国先进个体工商户称号】 12月，张家港保税区（金港镇）个体工商户南沙顺馨源酒店业主谢清获全国先进个体工商户称号，为张家港市首个获得该称号的个体工商户。顺馨源酒店位于张家港市风景秀丽的香山脚下。从开店以来，他始终坚持“诚信为本、守法经营、优质服务”的理念，不管新老客户、不管生意大小，他守法诚信做人、真诚热情待人，处处为消费者着想，热心社会公益活动，赢得广大消费者和社会各界的一致好评。在经营的同时，谢清时刻关心着个体经济的发展，在担任南沙个体劳动者协会理事、会长后，组织理事组长协助做好相关部门对个体工商户会员的管理服务、做好文明村镇创建，并协助市场监管部门做好个体工商户的年报服务等工作。2013年入党后，谢清积极组织开展党员“两学一做”和非公党员“三亮”行动，发挥党员模范带头作用。多年来，顺馨源酒店先后获得张家港市五星诚信示范店、张家港市旅游定点饭店、江苏省及苏州市“光彩之星”等称号，谢清连续8年被市委、市政府评为先进个人。

（糜岚岚　何建平）

利用外地资本

【概况】 年内，全市新批利用外地资本项目1576项，注册资本98亿元，其中注册外地资本85亿元。总投资158亿元，其中外地资本投资118亿元。项目中，有一产项目2项、二产项目155项、三产项目1419项。注册资本5000万元以上项目37项，总投资58亿元，其中外地资本投资43亿元，注册外地资本32亿元，占总额的38%。

2016年张家港市引进外地资本注册超1亿元以上项目情况表

表20

项目名称	企业名称	来源地	主营业务	注册资本（亿元）
房地产开发	张家港世茂新里程房地产开发有限公司	上海	房地产开发、销售	9
商业贸易	江苏泰富盛国际贸易有限公司	石家庄	预包装食品兼散装食品的批发；工业油脂油料、纺织原料、机械设备、五金交电、矿产品、橡胶及其制品、建筑装饰材料、通信设备、仪器仪表、钢材、家具等的购销及国内货运代理	1
工程施工服务	中铁上海工程局集团张家港开发建设有限公司	上海	公路、市政、环保基础设施的建设与运营；城市综合配套服务的开发与运营；新能源开发等	1
房地产开发	张家港市绿万置业有限公司	杭州	房地产开发，基础设施建设开发、城乡一体化建设；房地产营销策划及咨询服务等	1

【晶台光电拟建成世界级LED封装基地】 6月，苏州晶台光电有限公司自动化LED封装生产线一期项目建成投产。项目位于市经济技术开发区，由中国LED封装产业前十强——深圳市晶台股份有限公司投资。一期项目投资10亿元（其中固定资产投资6亿元），占地5公顷，建设750条自动化LED封装生产线，新建生产车间及研发、办公等配套公辅设施约8万平方米，形成年产960亿个贴片式发光二极管的生产能力。9月，深圳晶台与市经开区签署二期项目投资协议，拟追加投资15亿元，建设1200条自动化LED封装生产线，增加产能1320亿

个发光二极管。两期项目总体规划投资25亿元，计划建成世界级的LED封装基地。

【鸷山区域新型城镇化项目开工建设】 2月，位于凤凰镇的鸷山区域新型城镇化项目开工。项目实施主体中新凤凰（张家港）新城镇开发有限公司于2014年11月落户，注册资本1.2亿元。该项目规划总投资40亿元，占地158公顷，北至凤恬路，南至凤码路，东至汉江路，西至苏虞张公路。项目拟按"桃源奇境"主题和"城市田园综合体、生态休闲体验地"定位，建设"田园社区、鸷山绿核、开心农场"三大重点，配套开发2公顷酒店用地、2.6公顷商业配套用地、34公顷居住用地，并融合"高效公共服务、人文魅力空间、智慧城市管理"，打造新型城镇化典范。其中，田园社区主推"买房送地"居住产品模式；鸷山绿核"绿谷天街"集酒店、商业、亲子、娱乐等功能为一体，打造特色景观核心；开心农场规划田园认养、主题农庄、湿地体验等项目，突出田园特色。至年末，该项目已累计完成投资2亿元。

（谢 兵）

资 本 市 场

【概况】 2016年，全市新增上市企业1家，7家上市公司完成再融资，合计募集资金163.67亿元。至年末，全市上市企业17家，募集资金总额476.9亿元。其中，经开区（杨舍镇）7家：沙钢股份、江苏国泰、澳洋科技、澳洋顺昌、海陆重工、富瑞特装、新美星；保税区（金港镇）6家：保税科技、东华能源、华昌化工、长江润发、天沃科技、康得新；塘桥镇2家：银河电子、鹿港文化；冶金园（锦丰镇）1家：格兰奇；大新镇1家：长城影视。新增辅导企业1家为中环海陆，新增上报首发申请材料企业1家为金鸿顺。全市新增"新三板"挂牌企业27家，新增"新三板"做市企业2家为飞驰环保、协昌科技。至年末，全市"新三板"挂牌企业60家，22家"新三板"挂牌企业完成再融资，募集资金6.09亿元。其中，保税区（金港镇）11家：物润船联、江苏科幸、汉龙科技、华菱医疗、正大富通、江苏神农、氟特电池、华夏检验、浦士达、三星净化、骏昌通讯；经开区（杨舍镇）15家：威孚热能、天乐橡塑、远大信息、瑞铁股份、绿岩生态、金凯达、星贝尔、耐维思通、中讯邮电、爱上网、如意通、东方四通、盛世华安、万诚科技、丰亿港营；冶金园（锦丰镇）8家：保丽洁、中环海陆、荣程股份、爱得科技、迪威高压、荷普医疗、日新医疗、博强能源；塘桥镇7家：佳成科技、薪泽奇、索尔科技、鸿盛科技、广川股份、华程特材、衣之源；凤凰镇7家：瑞腾科技、和乔科技、协昌科技、聚晟科技、飞鸽友联、先锋股份、晶樱光电；乐余镇5家：玉成精机、飞驰环保、辉达股份、永发医用、宝田科技；大新镇4家：嘉成股份、华亚沃顿、九州沃顿、宏宝锻造；南丰镇2家：中孚达、天天鲜；常阴沙现代农业示范园区1家：赛康医疗。

【企业上市、挂牌工作】 2016年，市上市办按照"培育一批、辅导一批、上市一批"的思路，主动靠前服务，持续精准发力，全力推动全市企业加快上市、挂牌步伐。4月，新美星在深交所创业板首发上市；12月，张家港农商行拿到发行批文；金陵体育、金鸿顺已上报首发申请材料；中环海陆接受上市辅导。年内，市上市办会同各区镇分区包干排摸，确定一批重点企业；深入宣传发动，启动一批拟挂牌企业；创新监管，在全省首家开展"新三板"业务中介机构服务质量评价工作；特事特办，会同相关职能部门帮助拟挂牌企业解决土地、房产等历史遗留问题，全力支持和加快企业挂牌。6月，举办债券发行专题讲座，提高企业在债券市场直接融资的能力。7月，举办再融资政策及银行股权融资产品讲座，提升全市上市公司、"新三板"企业董事会秘书和财务总监的业务水平。8月，举办"新三板"企业董事会秘书培训班，提升业务水平。10月，举办首届"港城合伙人"峰会。11月，组织张家港深圳·北大资本市场研修班，提升企业对接资本市场的信心和战略思维水平，提高区镇、部门的服务意识和服务能力。

2016年张家港市企业在国内上市情况表

表21

上市公司	证券代码	主行业归属	主营构成	上市时间	累计募资总额（亿元）	总股本（万股）	流通股（万股）	12月31日股价（元）	市值（亿元）
保税科技	600794	交通运输业	液体化工品的码头装卸及保税仓储业务	1997年3月	16.17	121215.22	107241.42	6.28	76.12
长城影视	002071	信息服务业	电视剧的投资、制作与发行及其衍生业务	2006年10月	20.89	52542.99	32124.86	13.64	71.67
沙钢股份	002075	黑色金属业	优特钢产品的生产与销售	2006年10月	24.84	220677.18	220677.07	16.12	355.73
江苏国泰	002091	商业贸易业	外贸和化工新材料	2006年12月	2.56	54682.81	53050.27	13.26	72.41
澳洋科技	002172	化工业	化学纤维及健康医疗	2007年9月	17.90	73349.45	55291.64	10.23	75.04
东华能源	002221	化工业	生产、销售液化气并提供相关售后服务	2008年3月	74.66	161996.28	127203.92	12.39	200.70

续表21

上市公司	证券代码	主行业归属	主营构成	上市时间	累计募资总额(亿元)	总股本(万股)	流通股(万股)	12月31日股价(元)	市值(亿元)
澳洋顺昌	002245	交通运输业	金属材料的加工、LED业务及小额贷款业务	2008年6月	12.59	97522.89	90852.47	8.92	86.99
海陆重工	002255	机械设备业	余热锅炉、大型及特种材质压力容器和核电产品的制造销售	2008年6月	14.00	62063.45	44187.00	8.73	54.18
华昌化工	002274	化工业	化工原料、化工产品、化肥生产	2008年9月	18.98	63490.98	49033.28	9.06	57.52
长江润发	002435	机械设备业	电梯导轨系统部件的研发、生产、销售及服务	2010年6月	48.12	49077.68	18373.00	20.87	102.40
康得新	002450	化工业	预涂膜和预涂膜覆膜机的研发、生产和销售	2010年7月	99.99	352431.96	287593.63	19.11	673.50
银河电子	002519	家用电器业	数字电视智能终端、智能机电设备和电动汽车关键部件	2010年12月	29.84	67248.78	44372.95	22.40	150.60
天沃科技	002564	机械设备业	非标压力容器的设计、制造	2011年3月	27.10	73971.20	52197.10	10.00	73.97
鹿港文化	601599	纺织服装业	纺织和影视业务	2011年5月	23.84	89491.52	72257.03	9.16	81.97
富瑞特装	300228	机械设备业	低温储运应用设备、重装设备、发动机再制造	2011年6月	12.24	47063.01	38654.19	12.79	60.19
新美星	300509	机械设备	液态食品包装机械的研发、生产与销售	2016年4月	2.64	8000.00	2000.00	57.06	45.65

【首届“港城合伙人”峰会举办】 10月18日,“港城合伙人”峰会暨首期开幕式活动在市暨阳湖大酒店举行,江苏省、苏州市及张家港市相关部门,上市公司、上市后备企业、“新三板”挂牌及拟挂牌企业、创新创业企业、投资机构代表共100余人参加。举办“港城合伙人”峰会是全市顺应大趋势、迎接新挑战的创新之举,也是走“聚焦转型、创新驱动”之路的有力抓手,目的是发挥“规模企业集聚、上市企业资本、人才企业储备”三大优势,让产业、企业、人才、资本从“面对面”走向“肩并肩”,实现优势互补、创新聚合。首届峰会搭建上市公司、“新三板”挂牌企业与创新创业企业交流、分享与合作的平台,以“新经济新常态下资本驱动战略”为主题,主活动环节设置项目路演、合作签约、联盟结对、大咖论道等4个阶段活动,结对首批“港城合伙人”21对,签订10个总规模超40亿元的合作项目。借助峰会这个平台,市产业资本中心(暨阳湖金融街)也首次正式对外公开推介。

“港城合伙人”峰会　　（市上市办　提供）

【“新美星”深交所上市】 4月25日,江苏新美星包装机械股份有限公司在深圳证券交易所创业板正式上市,股票简称“新美星”,股票代码300509。“新美星”当天上市交易的是上网定价公开发行的2000万股A股,发行价每股13.22元。截至当天收盘,每股价格19.04元,涨幅44.02%。江苏新美星包装机械股份有限公司是张家港市经开区的一家骨干企业,是国家火炬计划重点高新技术企业,主营业务为液态食品包装机械的研发、生产与销售。公司在五大液态产品包装领域开创数十项“中国第一”,先后获中国食品装备工业十大贡献企业奖、中国包装机械十强、苏州市转型升级先进民营企业等称号,成为中国高端液体(饮料)包装机械专家与领导者。新美星拥有国内最大的饮料包装机械的研发与制造基地，已成功为可口可乐、雀巢、娃哈哈、康师傅等国内外著名液体（饮料）工厂提供优质的设备和完善的服务，产品覆盖全国并销往全球70余个国家和地区，被中国饮料工业协会评为优秀灌装设备供应商。公司建有江苏省液体包装工程技术研究中心和业内唯一的微生物理化实验室，并建有省企业技术中心、省企业研究生工作站，拥有160余名高素质的研究开发人员；与上海交通大学、苏州大学、江南大学、中国食品发酵工业研究院等科研院校建立长期的战略合作关系。公司承担国家发改委重大装备自主化专项1项、国家发改委产业结构调整专项1项、国家智能制造发展专项1项，主持起草5项国家标准和3项行业标准；申请国家专利600余件，其中229件发明专利，已有45件发明专利及258件实用新型专利获得授权；申请16件PCT（专利合作条约）专利，其中有14件进入国家审核阶段。

【"鹿港科技"更名为"鹿港文化"】 6月7日江苏鹿港科技股份有限公司公告，江苏鹿港科技股份有限公司第三届董事会第22次会议和2015年年度股东大会审议，通过《关于公司变更名称及增加营业范围的议案》，公司的名称由"江苏鹿港科技股份有限公司"变更为"江苏鹿港文化股份有限公司"。6月2日，公司完成工商变更登记手续，并取得由苏州市工商行政管理局换发的营业执照。公司证券简称于6月15日起由"鹿港科技"变更为"鹿港文化"。江苏鹿港文化股份有限公司主要生产各类混纺纱线、高档西服面料为主的大型纺织类企业，于2011年5月在上海证券交易所挂牌上市。自2014年起，公司加快转型升级步伐，陆续以发行股份购买资产和支付现金的形式，收购世纪长龙影视有限公司100%的股权和浙江天意影视有限公司51%的股权，开始涉足影视文化行业。

【七公司再融资】 年内，市上市办推进上市公司再融资，保税科技融资1.38亿元，鹿港文化融资9.99亿元，东华能源融资41亿元，澳洋顺昌融资5.1亿元，长江润发融资43亿元，康得新融资48亿元，银河电子融资15.2亿元，七公司合计融资163.67亿元。保税科技8月以每股6.71元的价格成功实施定向增发2057.8万股，募集资金1.38亿元，所募资金主要用于收购长江时代的固体仓储类资产和偿还银行贷款。鹿港文化3月以每股15.35元的价格成功实施定向增发6514.66万股，募集资金9.99亿元，所募资金主要用于现有影视业务相关的互联网影视剧项目及偿还银行贷款。东华能源8月发行公司债12亿元，所募资金主要用于进一步改善债务结构、拓宽融资渠道、满足资金需求、降低融资成本；10月以每股12.7元的价格成功实施定向增发22834.65万股，募集资金29亿元，所募资金主要用于宁波丙烷资源综合利用项目（二期）、收购张家港扬子江石化有限公司44%股权、曹妃甸页岩气综合利用丙烷脱氢项目（一期）和曹妃甸页岩气综合利用聚丙烯项目（一期）。澳洋顺昌2月发行可转债5.1亿元，所募资金主要用于加快公司发展和改善资本结构。长江润发以每股14.16元和16.47元的价格成功实施定向增发22598.87万股和6678.81万股，合计募集资金43亿元，所募资金主要用于购买长江润发张家港保税区医药投资有限公司100%的股权和标的公司的抗感染系列生产基地建设项目、复方枸橼酸铋钾胶囊生产车间建设项目、卢立康唑系列生产车间建设项目、企业研发技术中心及微球制剂研发中心建设项目、企业信息化建设项目和支付重大资产重组过程中的现金对价、中介机构费用。康得新10月以每股16.32元的价格成功实施定向增发29411.76万股，募集资金48亿元，所募资金主要用于发展高分子膜材料项目和裸眼3D模组产品项目。银河电子10月以每股15.6元的价格成功实施定向增发9743.59万股，募集资金15.2亿元，所募资金主要用于投向新能源汽车关键部件产业化项目、新能源汽车空调系统产业化项目、智能机电设备及管理系统产业化项目和研发中心建设项目。

【首个农业龙头企业挂牌"新三板"】 12月，苏州永联天天鲜配送股份有限公司经全国中小企业股份转让系统审查，同意该公司股票在全国中小企业股份转让系统挂牌，代码天天鲜（870138），是全市首个农业龙头企业挂牌"新三板"。公司成立于2012年，是一家"农产品+互联网"的企业，主要从事生鲜农产品的采购和销售。通过开设社区生鲜超市，开通网上商城、手机客户端，建立直达学校、企事业单位、酒店的生鲜配送网络，构建多元化销售模式。公司拥有53.33公顷绿色蔬菜种植基地、33.33公顷生态家禽养殖基地、26.66公顷长江生态淡水鱼驯化基地、8000平方米配送中心等，是集农产品种植、

市民在永联天天鲜超市选购蔬菜 （黄智强 摄）

采购、加工、配送为一体的综合型生鲜配送公司。公司蔬菜种植严格按照绿色食品标准使用农药，坚持自然生长方式和施用有机肥，在长江滩涂采取传统方式散养家禽，喂食玉米、菜叶等传统饲料，同时建立严格的产品生产采购溯源系统和全检全测标准，确保销售产品绿色健康。开设直营门店，销售基地自制农产品，同时寻找源头有特色、可控、可追溯的农产品，建立“基地—消费者”的直销模式，减少中间环节，让利消费者。建设科学高效的配送中心，自建物流仓储系统，配备大型冷库和冷链车辆，确保农产品从田间到销售端的新鲜度。公司还开设3家生鲜市场、7家社区生鲜直营门店，服务于50余家企事业单位。公司自建天天鲜网站和微商城平台运营，自建物流配送团队，在社区、医院、写字楼等公共场所设置50个生鲜直投站，确保直送与智能柜投递在4小时内配送到家的多元服务。2016年实现主营业务收入4466.14万元。

【27家企业挂牌“新三板”】 2016年，全市新增27家“新三板”企业。其中，先进装备制造企业9家：聚晟科技、中讯邮电、东方四通、飞鸽友联、迪威高压、先锋股份、万诚科技、宏宝锻造、骏昌通讯公司；计算机设备企业1家：盛世华安公司；医疗器械服务企业4家：永发医用、赛康医疗、日新医疗、荷普医疗公司；新材料制造企业5家：广川股份、华程特材、衣之源、晶樱光电、宝田科技公司；现代服务业企业3家：爱上网、丰亿港营、天天鲜公司；软件系统开发企业3家：耐维思通、如意通、博强能源公司；绿色环保企业2家：浦士达、三星净化公司。27家企业全年主营业务收入共24.99亿元。

2016年张家港市“新三板”挂牌企业情况表

表22

公司名称	证券简称	证券代码	主营业务	挂牌时间	总股本（万元）	主营业务收入（万元）
苏州瑞腾照明科技股份有限公司	瑞腾科技	430404	LED照明产品的研发、生产和销售	2014年1月24日	1500.00	4560.98
张家港玉成精机股份有限公司	玉成精机	830895	五金手工具专用机床设计、生产和销售以及机械加工零部件销售	2014年7月25日	1435.00	2403.00
江苏佳成科技股份有限公司	佳成科技	830957	电线电缆专用生产机械的研发、生产与销售	2014年8月12日	3433.33	5512.65
江苏物润船联网络股份有限公司	物润船联	831096	信息服务、在线船舶视频监控服务、撮合交易服务	2014年8月21日	1145.50	16159.27
江苏和乔科技股份有限公司	和乔科技	831279	金融POS终端的设计、研发及各类POS终端的研发、生产和销售	2014年11月4日	2500.00	3839.47
江苏薪泽奇机械股份有限公司	薪泽奇	831424	金属加工机械和纺织机械的研发、制造和销售	2014年12月8日	1520.00	8519.11
江苏索尔新能源科技股份有限公司	索尔科技	831486	锂电池组件及管理系统的研发、生产和销售	2014年12月9日	10800.00	17100.94
江苏科幸新材料股份有限公司	江苏科幸	831473	催化剂、桶装胶、支装胶的研究、开发、生产、销售	2014年12月12日	4706.00	7815.22
张家港汉龙新能源科技股份有限公司	汉龙科技	831521	太阳能铝合金边框的研发、生产和销售	2014年12月16日	2994.07	42097.25
张家港威孚热能股份有限公司	威孚热能	831561	锅炉的制造和销售	2014年12月18日	1781.50	2216.03
张家港天乐橡塑科技股份有限公司	天乐橡塑	831555	汽车用橡胶、塑料产品的开发、生产和销售	2014年12月19日	2400.00	6461.34
张家港嘉成建设材料股份有限公司	嘉成股份	831624	混凝土外加剂、共混型互穿网络热塑性弹性体制造、加工、销售	2015年1月8日	2451.00	2961.25
苏州飞驰环保科技股份有限公司	飞驰环保	831846	水面清洁船及相关配件的研发、生产和销售	2015年1月21日	2639.72	8059.37
张家港华菱医疗设备股份公司	华菱医疗	831826	消毒、灭菌等医疗器械的研发、生产与销售	2015年1月23日	770.00	4079.68

续表22

公司名称	证券简称	证券代码	主营业务	挂牌时间	总股本（万元）	主营业务收入（万元）
江苏远大信息股份有限公司	远大信息	831897	监控系统软件和数据采集设备的研发、生产和销售	2015年1月28日	2300.00	4358.19
江苏正大富通股份有限公司	正大富通	831794	商用车配件销售与技术服务	2015年2月3日	9616.00	41393.18
江苏协昌电子科技股份有限公司	协昌科技	831954	电动车控制器和电机的研发、生产和销售	2015年2月6日	5500.00	28897.79
江苏神农灭菌设备股份有限公司	江苏神农	832369	消毒灭菌设备产品的研发、生产及销售	2015年4月16日	1045.00	3912.95
张家港鸿盛电子科技股份有限公司	鸿盛科技	832481	电子收款机钱箱及其配件的生产与销售	2015年5月19日	2400.00	11134.17
江苏保丽洁环境科技股份有限公司	保丽洁	832802	静电式空气净化设备的研发、生产和销售	2015年7月24日	5210.00	10107.84
江苏瑞铁轨道装备股份有限公司	瑞铁股份	833120	铁路轨道产品及装备的设计、制造、加工、销售和售后服务	2015年8月5日	5000.00	27376.26
江苏绿岩生态技术股份有限公司	绿岩生态	833544	生态环境建设，包括生态恢复和园林景观工程设计、研发、施工	2015年10月14日	2268.00	7163.83
江苏中孚达科技股份有限公司	中孚达	833705	毛纺织品的生产、加工和销售	2015年10月14日	1500.00	3148.09
江苏辉达塑模股份有限公司	辉达股份	833634	新型墙面装饰板的设计、生产、销售	2015年10月23日	1690.00	443.94
苏州金凯达机械科技股份有限公司	金凯达	833950	各类金属圆锯机、圆锯片的研发、制造与销售，以及提供锯片磨齿服务	2015年11月2日	1200.00	7948.30
张家港中环海陆特锻股份有限公司	中环海陆	833879	环形锻件产品的研发、生产	2015年11月3日	7500.00	37505.29
江苏荣程锻造股份有限公司	荣程股份	834305	各类环形锻件的研发、生产和销售	2015年11月13日	6100.00	10978.59
苏州爱得科技发展股份有限公司	爱得科技	834286	医疗器械的研发、生产和销售	2015年11月16日	3168.20	8706.79
苏州华苏亚沃顿医疗科技股份有限公司	华亚沃顿	834423	消毒灭菌设备产品的研发、生产及销售	2015年11月26日	512.00	987.35
苏州市九州沃顿钛业股份有限公司	九州沃顿	834595	钛及钛合金管坯的生产和销售	2015年12月4日	500.00	2967.76
苏州氟特电池材料股份有限公司	氟特电池	834830	锂离子电池用电解质材料的研发、生产和销售	2015年12月9日	2222.22	27.45
苏州星贝尔中空成型科技股份有限公司	星贝尔	834575	中空成型设备及辅助设备研发、生产和销售	2015年12月10日	500.00	2065.90
江苏华夏检验股份有限公司	华夏检验	834958	提供一站式综合化的专业检测检验技术服务	2015年12月16日	1000.00	1109.78
苏州聚晟太阳能科技股份有限公司	聚晟科技	835829	光伏太阳能跟踪支架的技术研发、生产、销售和服务	2016年2月15日	1100.00	246.29
江苏耐维思通科技股份有限公司	耐维思通	836373	研发、生产和销售航海电子产品及数字化港口系统集成服务	2016年3月10日	1430.00	3090.25
张家港中讯邮电科技股份有限公司	中讯邮电	836710	综合邮政器材生产加工	2016年4月13日	2000.00	1536.00
江苏浦士达环保科技股份有限公司	浦士达	836440	净水用椰壳活性炭及其相关产品的研发、生产及销售	2016年4月14日	1780.00	4677.05
苏州爱上网络科技股份有限公司	爱上网	837312	网上广告发布业务、线下活动服务	2016年5月9日	100.00	543.76

续表22

公司名称	证券简称	证券代码	主营业务	挂牌时间	总股本（万元）	主营业务收入（万元）
江苏如意通动漫产业股份有限公司	如意通	837083	动漫作品的制作与授权，动漫衍生品和衍生产业、动漫制作软件	2016年5月16日	3600.00	269.22
江苏东方四通科技股份有限公司	东方四通	837120	开关电源、中高频电源、调压器的研究、开发、生产、销售	2016年5月16日	800.00	9546.20
江苏飞鸽友联机械股份有限公司	飞鸽友联	837328	挤塑设备生产线、吹瓶设备生产线的研发、生产、销售	2016年5月17日	520.00	1772.81
江苏迪威高压科技股份有限公司	迪威高压	837289	高压管件、端塞、分配器等产品的研发、生产、销售和运营维护服务	2016年5月18日	1683.51	3600.19
张家港绿色三星净化科技股份有限公司	三星净化	836923	废气处理、废水处理、运营	2016年6月8日	1000.00	1609.44
张家港先锋自动化机械设备股份有限公司	先锋股份	837660	一次性手套自动化机械设备及配件的研发、生产及销售	2016年7月25日	1500.00	3439.46
江苏广川线缆股份有限公司	广川股份	838177	传统铜包铝线、新型铜包铝线等复合金属线的研发、生产和销售	2016年8月1日	1400.00	10179.33
江苏盛世华安智能科技股份有限公司	盛世华安	838280	基于图像和视频的智能识别设备、智能安防产品的研发、装配、销售	2016年8月5日	3330.00	2689.06
江苏永发医用设备科技股份有限公司	永发医用	838367	医用病床及其他医用配套设备的研发、生产、销售和安装维护	2016年8月17日	1260.00	8772.48
苏州晶樱光电科技股份有限公司	晶樱光电	839604	单晶硅切片、多晶硅切片、太阳能电池片与组件的研发、生产、销售	2016年10月24日	13000.00	88683.22
张家港万诚科技股份有限公司	万诚科技	839588	汽车玻璃升降器的研发、生产、销售	2016年11月8日	3580.00	15084.99
江苏宏宝锻造股份有限公司	宏宝锻造	839652	汽车零部件锻件及工程机械锻件的生产、加工、研发与销售	2016年11月9日	9398.00	26466.96
江苏荷普医疗科技股份有限公司	荷普医疗	839926	骨科医疗植入材料的研发、生产、销售	2016年11月14日	3000.00	2417.50
苏州丰亿港口运营股份有限公司	丰亿港营	839879	提供货物装卸服务	2016年11月24日	500.00	2225.30
苏州骏昌通讯科技股份有限公司	骏昌通讯	839982	连接器组件、手机天线等通信产品零配件的研发、生产与销售	2016年11月28日	2000.00	7916.21
江苏赛康医疗设备股份有限公司	赛康医疗	870098	医疗设备相关的设计、研发、制造、销售、服务	2016年12月16日	2480.00	6589.77
苏州永联天天鲜配送股份有限公司	天天鲜	870138	生鲜农产品和食品的销售和配送	2016年12月20日	600.00	4466.14
江苏日新医疗设备股份有限公司	日新医疗	870391	院前急救设备和康复理疗设备的研发、设计、生产、测试和销售	2016年12月29日	1500.00	6141.32
张家港华程特种材料股份有限公司	华程特材	870365	工业用冷拔无缝异型钢管制造、加工和销售	2016年12月29日	1658.00	9660.56
苏州衣之源新材料股份有限公司	衣之源	870630	毛纺纱线生产、加工和销售	2016年12月30日	5500.00	18823.90
江苏博强新能源科技股份有限公司	博强能源	870607	锂离子电池管理系统（BMS）研发、生产、销售	2016年12月30日	1052.63	3012.93
江苏宝田新型材料科技股份有限公司	宝田科技	870521	PET改性热固性粉末涂料用聚酯树脂的研发、生产和销售	2016年12月30日	6583.00	6435.53

（郁　欢）

【编辑　黄宏庆】

农业和农村工作

Agriculture and Rural Work

万亩桃园 （龚晓东 摄）

农业综情

种植业

养殖业

农业服务业

农业产业化

农村经营管理

张家港年鉴(2017)

扫码欣赏

“舌尖上的安全”张家港市创建国家农产品质量安全县纪实宣传片

农业综情

【概况】2016年，全市完成农、林、牧、渔业总产值61.14亿元，比上年增3.06%；实现农、林、牧、渔业增加值34.93亿元，占地区生产总值的1.51%。农、林、牧、渔业总产值中，农业产值34.49亿元，林业产值7.29亿元，牧业产值5.17亿元，渔业产值6.09亿元，农、林、牧、渔服务业产值8.1亿元。

农业基本建设　全市新建高标准农田997.13公顷，新增设施大棚80公顷，新建标准化池塘115.87公顷，新增农业园区1103公顷，新增苏州市级现代农业园区2个，即保税区（金港镇）朱家宕现代农业示范园区和塘桥镇现代农业示范园区，累计有省级现代农业园区1个、苏州市级7个。新建江苏善港生态农业科技有限公司、江苏梁丰食品集团有限公司2个农业物联网示范基地。落实农机购置各级财政补贴资金4784万元，新增农机具513台（套），粮食烘干能力达到每批次3749吨，农机化综合水平达到92%。

农副产品供给　2016年，水稻与小麦在播种和收获时节均遭遇连阴雨天气。面对自然灾害，全市积极应对，努力将灾害影响和损失程度降到最低。同时，强化政策惠农、科技强农措施，落实现代农业扶持奖励政策，实施农业“四新”技术推广项目25项，全面完成粮食绿色高产高效创建任务，实现粮食生产形势和农副产品自给率总体平稳。小麦单产每公顷4528千克，总产7.41万吨；水稻单产每公顷8874千克，总产14.23万吨。全年出栏生猪6.99万头，上市禽107.53万羽、禽蛋6777吨、牛奶1.99万吨、水产品1.61万吨，蔬菜及食用菌播种1.13万公顷，总产量31.1万吨。

农产品质量安全　年内，全市新增“三品”（无公害、绿色、有机）农产品23种，累计238种，“三品”农产品种植面积占全市种植总面积的90.2%。99种农产品通过绿色食品认证，其中粮油产品9种、蔬菜31种、果品49种、茶叶10种，4种产品通过有机食品认证。严控农兽渔药使用，全市粮食农药、蔬果农药、兽（渔）药集中配送率分别为95%、90%和80%，水稻配方肥集中配送率87%。实行市、镇、村三级监管人员全员培训。纳入监管名录的农产品生产经营主体及种养殖大户的责任告知率、培训率、质量承诺率达到100%。注重发挥蔬菜、水产、生猪等行业协会的作用，开展“绿动港城”优质农产品进社区、优质农产品基地开放日、道德讲堂、科普宣传进社区等系列活动，建成1个农产品质量安全科普教育馆，引导社会各界共同参与农产品质量安全监管。继续落实“三定一考核”（定网格、定对象、定任务和年终考核）网格化管理，将全市2691家生产主体、89家农资经营店纳入监管范围，探索散户监管“入市必检”制。加强农产品质量安全追溯体系建设，推广应用监管平台系统，鼓励带包装、带标识、带证明销售，实施食用农产品产地准出制度，建成监管示范点80个、全程信息化追溯试点单位46个。强化农业投入品、产地环境和农产品质量监测，开展禁限用农药专项整治、农资打假专项整治、“三品一标”专项整治、水产品专项整治、生猪屠宰“扫雷”行动、兽用抗菌药专项整治、生鲜乳专项整治和“瘦肉精”专项整治等八大专项整治，共计执法检查401次，出动执法人员1728人次、执法车辆410次，检查1059户次，检查产品170批次，销毁不合格产品20166.4千克。全市未发生农产品质量安全事故。9月，经江苏省农委核查，张家港市以全省第一名的成绩通过验收，12月被农业部第一批命名为国家农产品质量安全县（市）。

农业部农产品质量安全中心到市核查国家农产品质量安全县创建工作
（市农委　提供）

【两个农业生产系统入选全国农业文化遗产】12月9日，农业部公布2016年全国农业文化遗产普查结果，江苏张家港稻作文化系统、江苏张家港小麦种植系统入选“全国农业文化遗产”名录。张家港稻作文化系统位于保税区（金港镇）东山村文化遗址。该遗址发现的碳化稻谷有7000余年历史，证明张家港地区是水稻种植起源地之一。张家港小麦种植系统以塘桥镇小麦高产经验为主体，包括播种、管理、施肥、治渍、植保等一整套栽培技术。20世纪七八十年代，塘桥三麦高产经验响彻全国。16个省（市、自治区）的领导和各级干部、技术人员41万人次到塘桥考察学习。塘桥镇先后派出有三麦栽培经验的农民700余人次，分赴17个省（市、自治区）的91个县（市）传播种麦经验。2016年，塘桥镇三麦播种面积2230公顷，总产12498吨，每公顷产量5610千克。有鹿北、蒋家2个示范基地。　（蒋广明）

种植业

【概况】 全市种植的粮食作物主要为水稻和小麦。水稻主栽品种为南粳5055、武运粳30号、南粳46号、常农粳8号等，种植方式以机插水稻为主，占90%以上，其余为机条播和人工撒播。小麦主栽品种为扬麦16号，播种方式以机条播、机灭茬人工播种为主。经济作物主要有油菜、蔬菜和果品。油菜品种有沪油16、镇油5号等，主要种植于拾边隙地，种植方式以人工移栽为主、直播为辅。蔬菜冬春季以茄果类、葱蒜类、叶菜类、根菜类等为主，夏秋季以豆类、瓜类、叶菜类为主，生产方式以早春设施提早茬、夏季防虫网、秋冬设施和露地茬生产为主。全市共有5个蔬菜标准园，其中省级4个、苏州市级1个。果品类主栽桃、葡萄、梨、枇杷等，引进猕猴桃、柑橘等新品种。全市共有果品标准园6个、茶标准园1个，其中农业部园艺作物标准园1个、省级园艺作物标准园2个、苏州市级园艺作物标准园4个。年内，全市实现种植业产值34.49亿元，比上年增1.3亿元，占农、林、牧、渔业总产值的56.41%，所占比重比上年增0.46个百分点。

粮食作物　全年粮食作物播种面积33880.8公顷，比上年少578.07公顷，减1.68%；粮食总产量22.17万吨，比上年少2.44万吨，减9.92%。水稻播种面积16031.27公顷，比上年少307.06公顷，减1.92%；总产量14.23万吨，比上年少5100吨，减3.52%；每公顷产量8874千克，比上年减1.66%。夏粮小麦收获面积16374.67公顷，比上年少242.06公顷，减1.46%；总产量7.41万吨，比上年少19132吨，减20.51%；每公顷产量4528千克，比上年减19.33%。全市共有无公害粮油产地7个，分别是江苏善港生态农业科技有限公司、张家港市西张粮油购销有限责任公司、江苏鸿逸泰生态农业科技有限公司、张家港市乐余镇农业服务中心、张家港市塘桥镇农业服务中心、张家港市凤凰镇农业服务中心、张家港市现代农业示范园区农副办公室粮油基地，总面积11781.67公顷；无公害粮食产品有稻谷、大米、小麦3种。

经济作物　全年棉花播种面积30.2公顷，比上年少2.31公顷，减7.15%；总产量27吨，与上年持平；每公顷产量900千克，比上年增7.72%。油菜播种面积1354.47公顷，比上年多108.34公顷，增8.67%；总产量3487吨，比上年增6.15%；每公顷产量2574千克，比上年减2.37%。蔬菜种植面积11338.33公顷，比上年增0.14%；总产量31.1万吨，比上年增1.17%。瓜果种植面积636公顷，比上年增1.97%；总产量5.84万吨，比上年增1.97%。全市共有无公害蔬菜产地5个，总面积446公顷；无公害蔬菜产品有樱桃番茄、菜用大豆、西葫芦、蕹菜等22种。有无公害果品产地7个，总面积164.93公顷；无公害果品有草莓、葡萄、薄皮甜瓜、西瓜、厚皮甜瓜、梨、桃共7种。市神园葡萄科技有限公司的“阳光玫瑰”和“超级女皇”两个优质新品在全国首届“两收”（一年收两季）葡萄创新技术研讨会暨优质冬葡萄鉴评会上，获得全国首届优质冬葡萄评比金奖。市凤凰农业科技有限公司通过农业部园艺作物标准园验收，市永利土地股份专业合作社、市神园葡萄科技有限公司通过省级园艺作物标准园验收。

金港镇金双山果园草莓生产基地　　（市农委　提供）

【测土配方肥财政补贴实施】 近年来，张家港市通过测土化验、配方设计、试验示范和宣传引导，测土配方技术应用面积不断扩大，但稻麦生产中配方肥普及率不高、化肥过量施用等问题依然存在。这些问题与肥料生产经营脱离农业需求、肥料品种结构不合理、施肥技术落后、肥料管理制度不健全、政策扶持力度不够等密切相关。2016年，为改善耕地质量、减轻农业面源污染、实现农业节本增效，市政府从实际出发，按照水稻“控氮、稳磷、补钾”，小麦“控氮、补磷、稳钾”的施肥原则，下发《关于测土配方肥推广的意见》，落实财政补助资金415万元，推广氮、磷、钾比例为15∶13∶17的水稻专用配方肥7243.4吨，氮、磷、钾比例为16∶16∶10的小麦专用配方肥6601.8吨。推广率90%以上，惠及农户1200余户。全市土壤结构得到优化，氮含量比上年下降6.9%。

【金村村粮食生产全程实现机械化】 2016年，金村村种地从翻耕、播种、插秧、植保、收割到后加工一条龙服务，基本实现机械化。在金村村农机仓库里，有100余台套现代农机具，服务全村及周边地区2000余公顷农田。其中，育秧机能在室内立体育秧，占地少，不受外界气候影响；国产先进插秧机一台一天能插4公顷，效率是人工插秧的50倍；两架农药喷洒无人机，每架每小时喷洒农药5.33公顷，效率是人工喷洒的40倍；日本产的“久保田”收割机一天能收割稻、麦6.67公顷至8公顷，效率是人工收割的60倍。金村村还有为农业延伸服务的粮食烘干加工中心和稻谷碾米加工中心。刚收割、脱粒的5000千克稻谷经过烘干加工中心和碾米加工中心的处理，3个小时后全部变成新米。新米再由色选机按好坏自动分拣，剔除劣米，好米经真空包装机包装，成品大米就生产出来了。该村华田家庭农场、承包大户和金村村周边农户得到农业机械化服务，农业生产不再受天气、环境等制约，提高了生产效率，降低了生产成本。年末，在首届江苏优质稻米暨品牌杂粮博览会上，华田家庭农场生产的金村牌大米获“江苏好大米”特等奖。

（蒋广明　唐林康）

金港镇江滩人家畜禽养殖专业合作社绍兴麻鸭养殖基地

（市农委　提供）

养殖业

【概况】 全市实现养殖业总产值11.26亿元，比上年增0.54亿元，占农业总产值的18.42%，比上年增0.35个百分点。其中，畜牧业产值5.17亿元，比上年减0.16亿元，占农、林、牧、渔业总产值的8.46%，比上年减0.53个百分点；渔业产值6.09亿元，比上年增7000万元，占农业总产值的10%，比上年增0.91个百分点。畜牧业主要养殖品种为苏淮猪、苏太猪、黑白花荷斯坦奶牛、山羊、绵羊、鹿苑鸡、罗曼蛋鸡、京红蛋鸡、康贝尔鸭、番鸭、雁鹅等。水产业主要养殖品种为青鱼、草鱼、鲢鱼、鳙鱼、河蟹、青虾、鲫鱼、鳊鱼、甲鱼等。

畜牧业　全年生猪出栏6.99万头，年末存栏5.12万头；羊出栏1.39万只，年末存栏1.08万只；家禽上市107.53万羽，年末存栏71.67万羽；奶牛存栏4349头。新增生猪规模养殖场1个，即大新龙潭养殖场，新建生猪养殖发酵床5824平方米。新增无公害畜禽认证产品2种，即位于大新镇的张家港天源生态养殖有限公司的活鸡和鲜鸡蛋。至年末，全市有无公害畜禽认证产地14个、产品21种，分别是位于杨舍镇的江苏梁丰食品集团有限公司的生鲜牛乳，位于金港镇的健康猪场的生猪、朱家宕村生猪养殖场的生猪、小明沙新沙养殖场的活鸭和鲜鸭蛋、市江滩人家畜禽养殖专业合作社的活鸭和鲜鸭蛋、市王氏禽业有限公司的活鸡和鲜鸡蛋，位于凤凰镇的旺盛奶牛养殖有限公司的生鲜牛乳、市云之兰奶业有限公司的生鲜牛乳，位于大新镇的耕耘家庭农场有限公司活鸡和鲜鸡蛋、天源生态养殖有限公司的活鸡和鲜鸡蛋，位于乐余镇的乐优绿农副产品有限公司的鲜鸭蛋、市畜禽有限公司的活鸡和鲜鸡蛋，位于南丰镇的枫华投资管理有限公司的生猪，位于双山岛旅游度假区的福江资源开发公司的鲜鸭蛋和鲜鸡蛋。

水产业　全年水产养殖面积2670公顷，比上年减2.7%；水产品总产量1.61万吨，比上年减1.2%；每公顷产量5.73吨，比上年增2.7%。捕捞刀鱼526.38千克，产值313万元。全年发放内陆渔业职务船员证书68件，培训内陆渔业普通船员114人，发放内陆渔业普通船员证书104件。12月，开展长江深水航道二期工程渔业资源增殖放流活动，向长江分批投放鱼种77万尾，共53.5吨。

【黄鳝养殖实现工厂化】 位于大新镇的市华阳生态农业科技有限公司是中国水产科学研究院淡水渔业研究中心黄鳝试验基地，占地面积6000余平方米。2016年，公司投资250万元建造钢架连栋温室大棚，发展黄鳝网箱高密度工厂化养殖。温室大棚的水池里放置由一块块带凹槽的塑料板拼装而成的蜂巢式网箱近500个共4200平方米，实施微孔增氧和微流水相结合调控水质。喜阴的黄鳝在网箱中钻来钻去，栖息生长，提高了养殖密度。工厂化网箱养殖方式，不受天气因素干扰，生产标准化、管理精准化，能有效收集和控制养殖废弃物，实现养殖的绿色、可持续发展。黄鳝产量是传统养殖方式的3倍以上，每公顷产值超过450万元。5月，中央电视台农业频道《科技苑》播出《给鳝鱼一个长大个的“家”》，对此作专题介绍。

【异育银鲫新品“中科3号”落户张家港】 4月，市水产站及凤凰镇飞翔土地股份专业合作社从省级水产良种繁育基地金坛区建昌水产养殖场引进“中科3号”异育银鲫小乌仔120万尾。经过48天驯化培育后，引入当地分塘养殖，主养面积2.53公顷，推广面积2.87公顷。主养池塘平均每公顷放苗约16.5万尾，总产量12901千克，平均每公顷产量5099.21千克。“中科3号”是中科院水生生物所通过遗传选育技术培育的异育银鲫第三代新品种，具有生长快、抗病强、肉质好等优势。通过开展“中科3号”异育银鲫的养殖试验和推广，2016年，全市实现产值78.88万元。

【底栖生物培养基应用于河蟹养殖】 年内，市鸿蚓生物科技有限公司引进中国水产科学研究院淡水渔业中心的专利技术，利用牛粪、羊粪、酒糟等常见农副产品废弃物，工厂化生产底栖生物培养基2000吨，销往苏州地区及兴化、泗洪、江都、镇江、高淳等县市，推广面积130余公顷，实现销售额300万元。底栖生物培养基运用于河蟹养殖，可以减少饲料投放，改善池塘水质，促进水草生长，河蟹在草多水清的环境下生长，活力更强，品质更佳，退膏时间延缓，重量损耗减少，综合效益显著。该公司成立于2014年9月，在常阴沙现代农业示范园区水产养殖基地运用底栖生物培养基养殖虾蟹40公顷，年产河蟹55.5吨，每公顷产量1387.5千克，每公顷降低成本1.95万元，产出提高约25%，实现增收138万元。（蒋广明）

农业服务业

【概况】 2016年，全市实现农、林、牧、渔业服务业总产值8.1亿元，比上年增1100万元，占农、林、牧、渔业总产值的13.25%，比上年减0.23个百分点。

农资供应　年内，全市落实水稻良种补贴15857公顷，统一供种950吨。其中，常规粳稻15817公顷，供种949.1吨；杂交粳稻40公顷，供种0.9吨。小麦统一供种面积1.63万公顷，供种2672.06吨。小麦良种统一供种占比99.8%，水稻良种统一供种占比97%。实施农业补贴改革，将原农作物良种补贴、种粮农民直接补贴和农资综合补贴合并为农业支持保护补贴，支持耕地地力保护和粮食适度规模经营。年内，发放农业支持保护补贴（耕地地力保护补贴）4320.06万元、土地适度规模经营补贴1178.93万元、秸秆机械化还田补贴971.98万元、农药配送补贴768.28万元，落实农业支持保护补贴（粮食适度规模经营补贴）805万元。

农业保险　全年完成农业总保费3025.91万元，比上年增68.29万元。其中，高效农业保费1678.36万元，比上年增88.87万元，高效农业保费占农业总保费的比例55.47%，比上年增1.73个百分点。

植保服务　推广主要农作物优质抗耐病品种，广泛应用水稻无纺布覆盖育秧、棚室育秧，以及主要蔬菜基地黄板、防虫网等物理防治技术，稳定增加奥绿1号、艾绿士、短稳杆菌等一批生物农药应用面积，高效低毒低残留农药使用占比逐年上升。年内，建成国家级绿色防控与统防统治融合示范区1个，示范面积666.67公顷，建成蔬菜病虫害绿色防控技术示范区1个，面积13.33公顷。市植保植检站参与完成的“主要农作物农药减量控害技术集成与推广”项目获全国农业技术推广成果奖二等奖。

农机服务　全年农机总投入7131万元，其中市级以上财政投入2557万元，镇、村级投入2227万元，经营主体投入2347万元。全市农机总动力29.99万千瓦，农机原值6.37亿元、净值4.19亿元。全年新增各类农机具513台（套），其中大中型拖拉机40台、高速插秧机110台、粮食烘干机74台（全市粮食烘干能力达到每批次3749吨）、育秧播种机组27套、旋耕机113台、开沟机9台、联合收割机54台（含半喂入式20台）、自走喷杆式高效植保机17台、其他机具70台套。至年末，全市共有大中型拖拉机881台，大中拖配套机具2700台，配套比为1∶3，水稻播种机械982台，其中插秧机815台；各类联合收割机686台，谷物烘干机284套，手扶拖拉机510台；植保机5389台，鱼塘增氧机和投饵机2314台。全市水稻机插秧面积14585公顷，机插率92%，夏季秸秆机械化还田15694公顷，还田率99%。建成标准化农机场库23家、农机综合维修服务中心9家。全市经工商部门登记的农机专业合作社有56家。农机综合机械化水平92%，主要作物农机化水平98%，高效设施农业机械化水平70%。推进粮食生产全程机械化示范镇建设，杨舍镇、锦丰镇、常阴沙现代农业示范园区通过示范镇考核验收。

农技培训　年内，全市举办各类农民培训班22期，培训职业农民1633人。其中，省级农业职业技能培训班14期1093人，农产品电子商务培训班3期130人，基层农技推广人员培训班1期60人，市新型职业农民培训班5期350人。培训对象包括家庭农场主、种养大户、农业企业负责人、农民合作社带头人、农村经纪人、统防统治植保员、村级动物防疫员和大学生村干部等，发放各类教材3500本。

南丰镇永联米业有限公司水稻收割场景　（市农委　提供）

【新型职业农民认定管理】 为贯彻落实科教兴农、人才强农战略，5月，市农委召开新型职业农民工作座谈会，对全市新型职业农民进行摸底调查。8月，市政府印发《张家港市新型职业农民认定管理办法》。12月，经过自愿申请、区(镇)核实、专家评审、社会公示,全市共认定新型职业农民206人。其中,生产经营型164人、专业技能型31人、专业服务型11人,杨舍镇32人、金港镇27人、凤凰镇23人、锦丰镇25人、塘桥镇25人、乐余镇27人,南丰镇16人、大新镇19人、常阴沙现代农业示范园区12人。经认定的新型职业农民优先享受政府在教育培训、土地承包、社保补贴、科技推广等方面的扶持。

【"以奖代补"兴建粮食烘干中心】 随着土地规模经营和粮食机械化收割的发展,大批粮食需要在收获季节集中干燥,而自然干燥不仅天气因素不可控,而且占道晾晒安全隐患严重。为加快发展粮食干燥机械化,提升粮食品质,保证粮食安全,市政府实行"以奖代补"在全市推进区域性粮食烘干中心建设。全市下发"以奖代补"资金298.2万元,新建、扩建区域性粮食烘干中心11个,其中金港镇、杨舍镇、锦丰镇、塘桥镇、凤凰镇各2个,乐余镇1个。至年末,全市有烘干机284台,烘干能力每批次3749吨。

(蒋广明)

农业产业化

【概况】 2016年,全市有各级农业产业化龙头企业63家,其中国家级1家、省级8家、苏州市级15家、张家港市级39家。农业龙头企业实现销售收入270.36亿元,利税14.4亿元,创汇1.99亿美元,科研投入1.66亿元。其中,省级以上农业龙头企业实现销售收入235.8亿元,利税11.4亿元,创汇2019.7万美元,科研投入4750.9万元。

【3家企业(园区)获评全国休闲农业与乡村旅游星级示范企业(园区)】 12月19日,农业部农村社会事业发展中心公布2016年全国休闲农业与乡村旅游、星级示范企业(园区)名单。市金沙洲生态乐园获评四星级园区,江苏鸿逸泰农业科技有限公司和市启园专业合作社获评三星级企业。金沙洲生态乐园位于锦丰镇沙洲新城一干河两侧,北至港丰公路,南至晨丰公路,占地796公顷,总投资58亿元。园区依托区域内丰富的农业资源、生态资源,开展农业生态保护、农村景观改造、文化挖掘展示、农耕体验休闲业务,投资建成快乐田园、香草园、玫瑰园、铁皮石斛种植基地、樱花湖、锦上添花园、田园风光国际度假村等休闲农业项目,2016年实现营业收入314万元。江苏鸿逸泰生态农业科技有限公司是一家集规模化蔬果稻麦种植、畜禽水产养殖、农产品加工、销售配送、农业科技和休闲观光服务为一体的省农业产业化重点龙头企业,致力于为现代家庭高品质生活提供原生态的优质农产品和休闲舒心的农业慢生活。公司在张家港锦丰镇和乐余镇建设生产基地500余公顷,其中稻麦基地400公顷,蔬果基地66.67公顷,水产养殖基地66.67公顷,建立"禾稻香"优质稻米、"兆丰园"绿色蔬果、"临江鲜"天然水产、"七公喜"特色畜禽、"满庭芳"秀美花卉等五大产业品牌体系。2016年,公司通过有机产品认证5项、GAP产品认证12项,实现销售额4300余万元。市启园专业合作社位于塘桥镇欧桥村,占地面积53.33公顷,成立于2013年1月,是集观光旅游、休闲娱乐、农事体验于一体的现代化新型休闲观光农庄,总投资2000余万元。设休闲垂钓、果品种植、畜禽养殖和餐饮服务功能区,有果园26.67公顷,瓜果蔬菜和粮食种植基地13.33公顷,池塘13.33公顷。合作社生产的翠冠梨在2016年张家港市果品品鉴会上获一等奖,2016年实现营业收入300万元。

【2个村入选全省首批休闲观光农业示范村】 12月,省农委公布全省首批休闲观光农业示范村名单,南丰镇永联村和锦丰镇南港村榜上有名。永联村积极发展以农业观光、农事体验、生态休闲、自然景观、农耕文化为主的休闲观光农业,形成集长江水产养殖、加工、销售,休闲果园、传统作坊生产、现代粮食生产、鲜切花、苗圃种植于一体的休闲观光农业链。2016年年末,休闲观光农业占地面积460余公顷,其中,现代粮食基地330公顷,特种水产养殖场66.67公顷,工厂化养殖温室和标准化鱼池5.5公顷,江南农耕文化园33.33公顷。南港村以农业产业为基础,打造独特的沙上田园风貌,开发垂钓、采摘、科普教育、田园生活体验、亲子度假、地方婚俗体验等农业休闲观光和旅游项目,推出粽情端午节、六一风车节、风筝艺术节、樱花节、薰衣草节、菊花展、啤酒节、七夕节、龙虾节等特色节庆。建有金南港蔬菜科普园、铁皮石斛产业基地。年末,休闲观光农业占地面积234公顷,其中金南港蔬菜基地面积80公顷、铁皮石斛产业基地26公顷。

(蒋广明)

农村经营管理

【概况】 2016年,全市农村村级集体稳定性收入157268万元,比上年增加8982万元,增5.8%,村均集体稳定性收入925万元(不含涉农社区),增5.8%。新增超1000万元村级经营项目35项,总投资21.1亿元,建设面积65.2万平方米。开工建设"一村二楼宇"项目1项,建设面积9262平方米,占地5567平方米,总投资1800万元。对符合奖励条件的14个村,每村发放上台阶奖励20万元,共计280万元。完善村级经济惠民增长机制,切实提高村级集体经济对农民增收的带动能力,全市村集体用于村民的生活补贴、养老帮困、助学奖优、医疗保险等惠民补贴总计2.34亿元,比上年增2400万元,村级经济惠民增幅为11.4%。

农村集体资产管理 年内,市委农工办围绕制度建立和执行、银行开户、合同管理、债权债务管理、工程管理、票据管理、固定资产管理、费用开支等内容,全面开展村级集体资产管理、村务公开和财务管理工作检查,整改纠正基层在集体资产管理和财务管理中存在的问题和疏漏。据年报统计,全市农村集体资产总额504.89亿元,负债350.13亿元,净资产154.76亿元。其中,镇级集体资产总额319.68亿元,净资产68.52亿元;村级集体资产总额185.21亿元,净资产86.24亿元。全市完成村级阳光综合审计项目270项，完成审计金额60亿元，提出审计建议18条，被采纳16条，发出整改意见书25份，被审计单位制定整改措施8项。深化农村集体“三资”（资产、资金、资源）管理信息系统，组织“三资”管理信息系统培训，提高监管能力。

农村财务和村级公益事业建管　年内，市委农工办健全村级集体资产管理、村务公开和财务管理检查制度，开展村组财务检查工作2次，抽查8个镇、22个村，网上抽查150个村次，全市村组财务公开率100%。市委农工办出台《张家港市村级集体经济组织财务（资产）管理制度》，进一步规范村集体经济组织财务运行机制，维护村集体资产所有者的合法权益。年初，市委农工办会同市财政局联合出台《张家港市村级公益事业建设一事一议财政奖补项目和资金管理办法》，对乡村道路工程、健身广场修建和路灯更新等公益事业实行财政奖补。全年村级公益事业一事一议项目共涉及6个镇的34个村，项目总预算2744.88万元，奖补资金1200万元，其中省级850万元、张家港市级350万元。

土地承包管理　全市加强土地适度规模经营管理，注重各类新型农业经营主体培育，共申报国家级示范合作社1家、省级示范合作社4家、省级示范家庭农场3家。年内发放新型农业经营主体奖励资金346万元，申报省新型农业经营主体项目扶持资金180万元。加强农村土地承包经营权流转管理，全市流转土地39起，交易面积7327.47公顷，成交金额8280.28万元。市委农工办对农地确权颁证工作建立健全信访登记制度，制定全套农村土地承包经营权仲裁工作制度和规范，为农地确权后续工作提供维稳服务。全市应开展农地确权的122个村中，完成权属调查的122个，完成审核公示的121个，完善合同的121个，建立登记簿的121个，完成数据入库的121个，全市农村土地承包经营权证书有序发放。

农民增收工作　市委农工办规范完善合作经济，提高农民利益联结机制。全面调查合作组织运转情况，进一步规范完善“三会”（理事会、监事会、成员代表大会）运作制度和收益分配制度，提高社员分配比例。农村社区股份合作社股权固化改革工作继续推进。至年末，全市完成社区股份合作社股权固化的村165个，占总任务的97%。全市有89个社区股份合作社进行分配，分配总额21902万元，其中各项福利分配额16540万元、股金分红额5362万元。109家土地股份合作社分红总额2.11亿元，4家富民合作社投资1.47亿元主要用于建设标准型厂房、商业用房，分红金额772万元。全面推行农村资源资产交易市场化，拓展交易覆盖范围、扩大交易种类，通过引入市场机制确定资源交易价格，提高农民土地流转收益和村级资产租赁收益。全年市、镇两级农村资源交易所共交易409起，成交金额13047.75万元。其中，土地流转309起，涉及面积7327.47公顷，成交金额8280.28万元；厂房招租26起，成交金额811.42万元；门面房招租25起，成交金额235.80万元；农村道路工程19起，涉及金额948万元。

乐余镇科技创业园　（市委农工办　提供）

【村级集体经济扶持政策出新】 4月，为加快村级集体经济发展，增加农民收入，推进城乡一体化进程，市委、市政府出台《“十三五”期间全市村级集体经济发展的政策意见》，创新实施农村公共服务综合补助、收入上台阶奖及公益事业配套奖补，设置专项和重大项目补助，创新实践联合、异地、多元发展方式。75个机关企事业单位与60个经济相对一般的村开展结对帮扶，全年帮扶投入资金811.32万元，实物帮扶、公益事业帮扶折款29万元。至年末，全市共组建村级集体经济联合发展有限公司16家，总注册资金5.34亿元，村级经营性载体面积超500万平方米，有62个村集体经济总收入超1000万元，形成全省最大的强村群体。年末，“十三五”村级经济发展政策获全省农业农村政策创新成果奖。

【集体土地承包经营权抵押融资开展】 年内，为加大对新型农业经营主体的金融支持，探索农地融资方式，张家港市积极开展村集体经营土地承包经营权抵押担保融资试点。市沿江枇杷专业合作社、张家港市绿博苑生态农林有限公司分别融资10万元、50万元，凤凰镇双塘村、清水村分别融资110万元和130万元，实现了土地承包经营权抵押的“零突破”。积极对接浙江泰隆商业银行，推行“整村授信”，落实普惠金融。至年末，在杨舍、塘桥、大新、乐余等镇共开展“整村授信”活动25场，授信行政村43个，发放授信证书10282张，共计授信12亿元。　（侯立涛）

【编辑　陆正芳】

工业

Industry

张家港联合铜业有限公司　（联合铜业公司　提供）

工业综情

冶金工业

纺织工业

粮油食品工业

机电工业

化学工业

建材工业

其他工业

新兴产业

江苏沙钢集团

张家港年鉴(2017)

扫码欣赏

电影《钢铁是这样炼成的》宣传视频

工业综情

【概况】2016年，全市工业紧扣“聚焦转型”路径，以“提档升级、提质增效”为中心，突出政策引导和协调服务，工业产业向中高端迈进。全年完成工业总产值5120.5亿元，比上年减2.6%。按轻重工业分，轻工业产值1195.73亿元，重工业产值3924.77亿元；按企业规模分，大型企业产值2874.31亿元，中型企业产值744.62亿元，小型企业产值940.06亿元，微型企业产值561.51亿元。规模以上工业企业（全部国有及年主营业务收入500万元以上非国有工业企业，下同）1078家完成工业产值4571.66亿元，比上年减0.7%，主营业务收入4683.67亿元，完成利税261.64亿元。规模以上工业企业按轻重工业分，轻工业企业468家，产值1067.57亿元；重工业企业610家，产值3504.09亿元。按企业规模分，大型企业36家，产值2874.31亿元；中型企业122家，产值744.62亿元；小型企业892家，产值940.06亿元；微型企业28家，产值12.67亿元。按登记注册类型分，国有企业1家，产值2.76亿元；集体企业2家，产值2.85亿元；股份合作制企业2家，产值5884万元；有限责任公司140家，产值2232.67亿元；股份有限公司37家，产值145.37亿元；私营企业640家，产值661.17亿元；港澳台投资企业74家，产值664.24亿元；外商投资企业181家，产值861.2亿元；其他企业1家，产值8158万元。全市工业用电量264.91亿千瓦小时，比上年减1.2%。充分发挥规模企业支撑作用，全市百家骨干企业中的79家工业企业销售收入占全市规模以上工业销售收入的71.2%，其中九大工业集团销售收入占79家骨干工业企业销售收入的62.9%。

2016年张家港市九大工业集团一览表

表23

企业名称	所在地	企业名称	所在地
江苏沙钢集团有限公司	冶金园	张家港浦项不锈钢有限公司	冶金园
江苏永钢集团有限公司	南丰镇	澳洋集团有限公司	经开区
江苏康得新复合材料股份有限公司（张家港康得新光电材料有限公司）	保税区	华芳集团有限公司	塘桥镇
		道康宁（张家港）有限公司	保税区
中粮东海粮油工业（张家港）有限公司	保税区	江苏华昌（集团）有限公司	保税区

2016年张家港市70家重点工业企业一览表

表24

企业名称	所在地	企业名称	所在地
张家港沙洲电力有限公司	冶金园	江苏银河电子股份有限公司	塘桥镇
佐敦涂料（张家港）有限公司	保税区	江苏新芳科技集团股份有限公司	大新镇
江苏现代威亚有限公司	凤凰镇	中船圣汇装备有限公司	保税区
江苏骏马集团有限责任公司	经开区	麦尔（张家港）传动技术有限公司	经开区
张家港富瑞特种装备股份有限公司	经开区	张家港保税区保点标签有限公司	经开区
陶氏化学（张家港）有限公司	保税区	康维明工程薄膜（张家港）有限公司	凤凰镇
长江润发集团有限公司	保税区	苏州欣荣博尔特医疗器械有限公司	冶金园
苏州天沃科技股份有限公司	保税区	攀华集团有限公司	经开区
张家港保税区长源热电有限公司	保税区	江苏东渡纺织集团有限公司	经开区
江苏张家港酿酒有限公司	保税区	盛禧奥聚合物（张家港）有限公司	经开区
张家港华兴电力有限公司	经开区	张家港新东旭纺织印染有限公司	保税区
苏州海陆重工股份有限公司	经开区	江苏鹿港科技股份有限公司	保税区
江苏爱康实业集团有限公司	经开区	张家港海锅新能源装备股份有限公司	经开区
液化空气（张家港）工业气体有限公司	冶金园	张家港欣欣高纤股份有限公司	保税区
江苏艾迪尔医疗科技股份有限公司	冶金园	华奇（张家港）化工有限公司	凤凰镇
江苏长顺集团有限公司	保税区	张家港市广大机械锻造有限公司	大新镇

续表24

企业名称	所在地	企业名称	所在地
江苏沙印集团有限公司	塘桥镇	江苏金陵体育器材股份有限公司	南丰镇
江苏永能光伏科技有限公司	大新镇	张家港恩斯克精密机械有限公司	经开区
张家港中集圣达因低温装备有限公司	保税区	江苏华程工业制管股份有限公司	塘桥镇
天宇羊毛工业(张家港保税区)有限公司	保税区	日触化工(张家港)有限公司	保税区
苏州龙杰特种纤维股份有限公司	经开区	双狮(张家港)精细化工有限公司	保税区
张家港市易华塑料有限公司	经开区	张家港伸兴机电有限公司	经开区
苏州金鸿顺汽车部件有限公司	经开区	江苏海狮机械集团有限公司	乐余镇
江苏金帆电气集团有限公司	经开区	张家港统清食品有限公司	保税区
索尔维(张家港)精细化工有限公司	凤凰镇	江苏申港锅炉有限公司	经开区
张家港爱丽塑料有限公司	冶金园	张家港中环海陆特锻股份有限公司	锦丰镇
江苏新美星包装机械股份有限公司	经开区	泰柯棕化(张家港)有限公司	保税区
江苏梁丰食品集团有限公司	经开区	江苏联宏纺织有限公司	塘桥镇
东熙汽车配件(张家港)有限公司	经开区	江苏华盛精化工股份有限公司	保税区
丰田合成(张家港)科技有限公司	保税区	丰田合成(张家港)塑料制品有限公司	保税区
南港(张家港保税区)橡胶工业有限公司	保税区	江苏华大离心机股份有限公司	经开区
马尼托瓦克起重设备(中国)有限公司	经开区	华灿光电(苏州)有限公司	经开区
瓦克化学(张家港)有限公司	保税区	张家港联合铜业有限公司	冶金园
江苏飞翔化工股份有限公司	凤凰镇	张家港协鑫集成科技有限公司	经开区
江苏宏宝集团有限公司	大新镇	张家港扬子江石化有限公司	保税区

【工业投入】 2016年,张家港市工业投入总量继续保持苏州各市(区)第一,完成工业投入工作量385.7亿元,比上年减1.1%。其中,传统产业完成投入工作量113.1亿元,占全市工业投入总量的29.3%;新兴产业完成投入工作量272.6亿元,占全市工业投入总量的70.7%。在建1亿元以上项目78项,完成投入工作量213.3亿元,占全市工业投入总量的55.3%。其中,5亿元以上项目16项,完成投入工作量112.2亿元,占全市工业投入总量的29.1%。内资项目562项,完成投入工作量350亿元,占全市工业投入总量的90.7%;外资项目41项,完成投入工作量35.7亿元,占全市工业投入总量的9.3%。张家港保税区、张家港经济技术开发区和江苏扬子江国际冶金工业园完成投入工作量292.6亿元,占全市工业投入总量的75.9%;其他镇完成投入工作量93.1亿元,占全市工业投入总量的24.1%。全年竣工项目504项,累计完成投入工作量284.4亿元,其中当年完成投入工作量250.3亿元。投资趋向不断优化,全市工业实施技术改造503项,完成投入工作量274.4亿元,占全市工业投入总量的71.1%。

江苏金陵体育器材股份有限公司车间 (王苗苗 摄)

【转型升级】 年内,张家港市出台《张家港市先进制造产业领跑计划实施意见》,加快推进冶金、纺织、机电、化工、食品等优势传统产业调整改造、提档升级,增强产业核心竞争力和可持续发展能力。加快发展新兴产业,新材料、现代装备、新能源等新兴产业投入占全市工业投入的70.5%。加快“两化融合”步伐，全年新增国家级“两化融合”管理体系贯标企业2家；江苏省“两化融合”管理体系贯标企业7家、互联网与工业融合创新示范工程示范企业1家、互联网与工业融合创新示范工程试点企业2家；苏州市“两化融合”示范、试点企业各4家，江苏省“双软”（软件企业和软件产品）认定企业5家。推进淘汰落后产能，全年实施沙钢集团新增135兆瓦发电机组、永钢集团80兆瓦高温高压中间带再热发电机组、张家港沙洲电力有限公司2号机组汽轮机通流改造及冷端优化等20个节能和循环经济项目，完成节能投入8亿元；淘汰电动机、风机、水泵等落后高耗能生产设备320台套；全年完成清洁生产审核企业7家。推进“腾笼换鸟”，累计关停落后企业140家，盘活利用存量土地156.52公顷。

【市智能制造现场推进会举行】 6月13日，市智能制造（机器换人）现场推进会在江苏银河电子股份有限公司举行，全市机械装备行业理事单位，有智能化改造项目的企业负责人共50余人齐聚一堂，现场交流“两化融合”、智能制造等方面的经验和做法。会上，银河电子公司作主旨发言。近年，在国内广泛使用高清数字机顶盒的时候，银河电子以智能化为方向，投入巨资，引进人才，布局智能机顶盒及操作系统的研发。并且通过兼并、重组同智机电、福建骏鹏、嘉盛电气等企业，将创新的触角延伸到军工装备、新能源、智能制造等多个领域，已形成数字电视智能终端、军用智能机电设备及管理系统、新能源汽车智能充电桩设备及系统三大业务板块。至2016年，研发的新一代智能家居机顶盒，通过连接手机、电视机等显示设备，在收看电视节目的同时，可以实现网上购物、银行支付、游戏互动及家庭安全防范等功能。研发的电动汽车智能充电桩，可以通过配套的管理系统进行资源整合，实现就近查找充电桩、实时充电、收缴费等一条龙服务。在智能化车间，50余台智能设备电控系统由研发的机器人操作，代替人工操作，速度快、效率高、质量好，克服了人工操作存在的安全隐患。智能制造、机器换人，成为银河电子抢占市场的重要保障。

（邵　玲　唐林康）

冶金工业

【概况】 2016年，全市规模以上冶金工业企业完成工业总产值2169.15亿元，比上年减4.8%，占全市规模以上工业总产值的48%。其中，黑色金属冶炼及压延加工企业36家，完成工业总产值2048.95亿元；有色金属冶炼及压延加工企业26家，完成工业总产值120.2亿元。有4家企业年销售收入超100亿元。沙钢集团（本部）全年完成销售收入1043.7亿元，比上年增2.81%；实现利税52.84亿元，比上年减26.23%。永钢集团全年完成销售收入289.28亿元，比上年增27.65%；实现利税16.69亿元，比上年增105.13%。张家港浦项不锈钢有限公司完成销售收入144.39亿元，比上年增4.73%。张家港联合铜业有限公司完成销售收入213.81亿元，比上年增98.3%。全年冶金工业完成投资26.9亿元，占全市的7%，比上年下降59.4%。

2016年张家港市规模以上冶金企业主要产品产量情况表

表25

产品名称	年产量（万吨）	比上年增长率（%）
钢材	3352.70	−5.80
其中：钢筋	722.15	−8.60
线材	747.06	3.60
冷轧薄宽钢带	303.13	36.40
铜材	2.97	−20.70
铝材	7.07	−1.00

2016年张家港市冶金企业投入1亿元以上竣工项目情况表

表26

企业名称	项目内容	项目类别	总投资（万元）	竣工时间
张家港市润邦铝业有限公司	工业用铝型材生产线改造项目	内资技改	23300	8月
江苏沙钢集团有限公司	每日15万吨中水回用项目	内资技改	13900	12月
江苏沙钢集团有限公司	产品结构调整项目	内资技改	117200	12月

【永钢集团转型升级推进】 近年，永钢集团围绕发展钢铁主业，着力拓展多元产业，提升综合竞争力及行业地位，形成物流、建设、金融、旅游等产业板块协调发展的业务格局。2016年，永钢集团完成炼钢744万吨，轧钢718万吨。旗下的江苏永联精筑建设集团有限公司实现产值18.9亿元，利税近2亿元；旅游餐饮板块接待游客78万人，产值近9000万元。在冶金工业规划研究院的钢铁企业竞争力排名中，永钢集团被评为竞争力特强的A级企业。年内，永钢集团围绕产品结构调整，提出“普转优、优转特”的发展思路。减少螺纹钢产销量，国内市场主要向国家基础建设和轨道交通项目倾斜，相继被用于田湾核电站、连镇铁路等重大工程；加强国外市场开拓力度，取得螺纹钢出口同行业欧洲市场第一、韩国第二的成绩。优特钢总产销占比接近30%，全年共有109种新产品投放市场。其中，弹簧钢、工具钢、合金结构钢等新品，销售量比上年增380%，应用到汽车、铁路、桥梁斜拉索、工程机械等领域；新开发的H13模具钢销售价格为每吨1.12万元，实现钢产品售价每吨1万元的突破；磨球钢进入澳大利亚、西

班牙市场。特钢产品已覆盖核电、风电、压力容器、石油管道、海洋钻井平台、汽车等领域。永钢集团策划建立产销研一体化项目、科研项目、质量攻关项目等三个创新激励平台,按照项目化管理流程和运作模式,加强过程管理和激励引导,推动转型升级。全年集团获得授权专利167件,其中发明专利89件。评出“创新奖”项目47项,评出吴海宝、吴海彬、朱爱华等10位“发明创造之星”。电机修理工蔡均自行设计制作多个电机拆卸工具,电动机漆包线的快速拆线装置等7项装置获国家发明专利。集团全年参加连铸圆管坯等9项国家、行业标准的修订,参与27项国家、行业标准的讨论审定。电炉大棒车间获评江苏省示范智能车间,“钢筋混凝土用热轧带肋钢筋HRB400”等4种产品获冶金产品实物质量“金杯奖”。能源事业部等多个部门,在精细管控电力需求量、发挥发电装备能力、优化节约使用煤气等方面协作,自发电量比上年增加2.1亿千瓦小时,自发电比例提高8.7个百分点,达到52.3%。外购动力能源费用比上年降低近2亿元。集团加强27项费用管控,全年实现降低成本10亿元的目标。

【联合铜业公司成为“中国工业企业能效促进项目”示范企业】 6月28日,张家港联合铜业有限公司被工业和信息化部、世界银行、全球环境基金确定为“中国工业企业能效促进项目”示范企业。此次确定的示范企业全国共有8家,江苏省仅有1家。自2014年起,该公司加大对节能减排科技攻关的力度,通过对阳极炉炉体结构进行优化,将原先的两台阳极炉合并为一台,单炉和日产量较改造前提升一倍以上。研制出国内首个重油全氧燃烧工艺,吨铜重油单耗由77千克下降到34千克。阳极炉燃烧阀组全部采用DCS控制系统,阳极炉烟气、氧气均实现在线控制,提高阳极炉工艺技术和自动化控制水平,大幅改善现场环境和环保效果,减少岗位员工三分之一以上。该公司通过建立企业能源管理体系,狠抓能源体系建设,制定和完善能效对标管理办法,对主体运行设备实施在线监测,并进行单系统、单炉次考核,集成化管控,实现科学用能的精细化管理。为切实加强能源管控中心建设,该公司对能源输送、生产和应用等控制系统进行升级改造,发挥能源中心的电力、动力等专业调度台作用,使生产过程中的能源消耗进行实时管控分析,全公司综合能耗指标在同行业处于领先水平。该公司结合PC电解一期工程建设,废除4台燃煤锅炉,将生产供热系统改由沙洲电力公司余热供汽。该公司已成为工业和信息化部第三批符合铜、铅、锌行业准入规范条件企业。此外,该公司按照现代化工厂的标准,水、电、风、汽等综合管网及配套设施进行规范化整治,有效遏制跑冒滴漏现象。厂区道路按人行横道线进行规范性标识,实行人车分流,实施美化亮化工程;对管网进行地面桥架综合管网规划和改造;对全厂排水系统统一改造,雨污和清污彻底分流,水循环利用率97%以上,污水实现闭路循环。2016年年末,随着阳极炉精炼尾气脱硫系统的运行,年可回收二氧化硫832.2吨,使该公司阳极炉烟气低空污染问题得到彻底解决。

(丁卫刚　黄伟城　何增丁　徐永方　杨学文)

纺织工业

【概况】 2016年,全市规模以上纺织工业企业完成工业总产值675.7亿元,比上年减2.7%,占全市规模以上工业总量的14.7%。其中,棉纺织、毛纺织、丝织、印染等纺织企业231家,完成工业总产值392.48亿元;纺织服装、服饰制造企业57家,完成工业总产值69.25亿元;化学纤维制造企业29家,完成工业总产值213.92亿元。全年有10家企业销售收入超10亿元。其中,华芳集团超100亿元,全年完成销售收入128.15亿元,居榜首;其次为澳洋集团82.83亿元、骏马集团81.35亿元、张家港欣欣高纤股份有限公司22亿元、江苏东渡纺织集团有限公司21.67亿元、江苏鹿港科技股份有限公司20.69亿元、江苏沙印集团有限公司19.58亿元、天宇羊毛工业(张家港保税区)有限公司18.27亿元、张家港新东旭纺织印染有限公司13.72亿元、苏州龙杰特种纤维股份有限公司12.14亿元。全年纺织工业投入30.4亿元,占全市的7.9%,比上年下降30.3%。

2016年张家港市规模以上纺织企业主要产品产量情况表

表27

产品名称	单位	年产量	比上年增长率(%)
化学纤维	万吨	68.95	-8.30
纱	万吨	44.41	-5.40
布	万米	23091.30	6.80
印染布	万米	43139.75	10.40
帘子布	万吨	9.29	20.30
毛机织物(呢绒)	万米	8536.48	-5.60
服装	万件	17937.39	-13.70

2016年张家港市纺织企业投入1亿元以上竣工项目情况表

表28

企业名称	项目内容	项目类别	总投资(万元)	竣工时间
江苏骏马集团有限责任公司	年产3万吨差别化聚酯帘子布项目	内资技改	35300	6月

【华芳集团实施四大纺织工业园项目】 华芳集团有限公司是一家以纺织为主业，棉纺为核心，集棉纺、色织、织染、毛纺织染于一体，兼有酒店、物流、房地产业的大型股份制企业。近年，结合中国纺织行业产业升级趋势，以产业转型带动产品升级，华芳集团实施四个大型纺织工业园项目。2003年，在山东夏津投资建设华芳夏津工业园，形成6个棉纺车间、1个织布车间、45万棉纺纱锭、350台喷气织机的规模能力，装备F1508细纱机、德国苏拉气流纺机、意大利自动络筒机和日本丰田织机等高档纺织设备，可年产各类精梳棉纱8万吨、棉布3500万米。2006年，在新疆石河子经济技术开发区建设大型棉纺企业，已形成24万环纺纱锭、2880头气流纺的规模能力，全面装备清梳联、1520（带自动落纱装置）细纱机、日本村田托盘式全自动络筒机、进口立信蒸纱机等高档纺织设备。该项目是中国纺织产业升级和存量西移背景下西部地区规模最大、装备档次最高的纺织项目。2010年9月，在河南省修武县工业集中区投建华芳修武纺织有限公司，项目全部采用行业一流的纺织设备，配备瑞士格拉夫针布清梳联、德国施尔锡林精梳机以及日本村田NO21C无纱库自动络筒机。2011年4月，投资25亿元在安徽省五河县经济开发区建设总规模41万纱锭的大型棉纺项目，项目全面采用先进的纺纱设备组合，其中核心设备采用世界一流的细络联。至“十二五”期末，集团资产总额超过100亿元，主营业务销售收入200.51亿元。该集团拥有中国名牌产品2种、国家免检产品3种，“华芳”商标被认定为中国驰名商标。集团综合实力在全国同行业中具有领先地位，其中棉纺产业规模处于世界第二，毛纺织产业规模位居世界第一。2016年，下属金田纺织公司引进一套新型立达精梳系统配置——立达条并卷联合机E36和精梳机E86；毛纺织染公司开发的“万花筒”、色织公司开发的色纺弹力印花布获评中国流行面料优秀奖；在中国毛纺织行业协会举办的全国毛纺面料名优精品推荐活动中，毛纺织染公司开发的华芳牌“毛涤纬弹哔叽”被评选为优质产品奖。

【龙杰化纤公司获评全国纺织工业先进集体】 6月28日，全国纺织工业先进集体劳动模范和先进工作者表彰大会在北京人民大会堂召开。会议表彰8家全国纺织工业先进集体，苏州龙杰特种纤维股份有限公司列在第一位。苏州龙杰特种纤维股份有限公司是专业生产差别化涤纶长丝的大型民营高科技企业。公司的主营业务是差别化聚酯纤维的研发、生产和销售，已形成差别化FDY、差别化POY、差别化DTY、差别化涤纶工业丝、新型聚酯纤维（PTT纤维、PBT纤维）等五大系列产品100余个品种。主要产品包括FDY海岛复合纤维、DTY海岛复合纤维、DTY环保型立体复合有色纤维、FDY扁平丝系列产品、单组分潜在可控卷曲纤维、PTT纤维等多品种差异化民用纤维产品；高强型、高强低收缩型、高强耐磨型、活化型、抗芯吸型、细旦型等多种涤纶工业长丝。作为高新技术企业，研发的高去湿、高仿真涤纶FDY差别化长丝和单组分潜在可控卷曲丝分别被列入国家火炬计划项目。公司拥有从日本TMT公司、德国巴马格公司引进的最新型差别化涤纶生产线等具有国际先进水平的生产设备。公司与大连合成纤维研究设计院、苏州大学等科研院所保持长期合作。公司与苏州大学合作成立江苏省高技术差别化纤维工程技术研究中心、江苏省企业研究生工作站。是中国化学纤维工业协会常务理事单位，被中国化学纤维工业协会授予“中国精细化涤纶长丝研发和生产基地”，是科技部“化纤产业技术创新战略联盟”成员企业。公司荣获中国纺织工业联合会产品开发贡献奖，被中国化学纤维工业协会授予“化纤行业‘十一五’新产品贡献奖”称号。主持参与海岛涤纶牵伸丝、海岛涤纶低弹丝、异形有光涤纶牵伸丝、涤纶卷曲丝等多项产品行业标准的制定。

（丁卫刚　黄伟城　何增丁　唐林康　戴玉兴）

苏州龙杰特种纤维股份有限公司车间　（王苗苗　摄）

粮油食品工业

【概况】 2016年，全市规模以上粮油食品工业企业完成工业总产值202.27亿元，比上年增8.9%，占全市规模以上工业总量的4.5%；完成销售收入209.67亿元，比上年增15.3%；实现利税7.21亿元，利润4.81亿元，比上年分别增6.2%和减3.8%。其中，有规模以上农副食品加工企业7家，完成工业总产值179.72亿元；食品制造企业3家，完成工业总产值15.83亿元；饮料制造企业1家，完成工业总产值6.72亿元。全市食品行业中，销售收入超1亿元企业7家，其中4家企业的销售收入超过10亿元，中粮东海粮油工业(张家港)有限公司销售收入超过148亿元,路易达孚(霸州)饲料蛋白有限公司张家港分公司销售收入26亿元,益江(张家港)粮油工业公司销售收入13亿元,梁丰食品集团有限公司销售收入12.5亿元。

2016年张家港市规模以上粮油食品企业主要产品产量情况表

表29

产品名称	单位	年产量	比上年增长率(%)
食用植物油	万吨	98.44	15.50
小麦粉	万吨	20.86	-4.60
饲料	万吨	97.14	28.10
乳制品	万吨	2.72	-28.20
巧克力	吨	5274	12.00
黄酒	万升	5701.30	0.80

【梁丰食品集团上线“三同”公共信息平台】 江苏梁丰食品集团有限公司是一家涵盖奶牛养殖、乳制品深加工、糖果制造等多领域的综合性集团,先后通过ISO 9001、ISO 22000、欧盟BRC等质量体系认证,是全市食品行业的龙头企业。“同线同标同质”(简称“三同”)是国家质量监督检验检疫总局和国家认证认可监督管理委员会推进出口食品企业供给侧改革的重要举措,指出口企业在同一条生产线以相同的标准生产出口和内销产品,从而使供应国内和国际两个市场的产品达到相同质量水平。9月,江苏梁丰食品集团有限公司作为张家港地区唯一一家企业,参与江苏检验检疫局召开的出口食品企业内外销“三同”工程推进会,并展示麦丽素、麦乳精及巧克力饼干等经典食品。至年末,江苏梁丰食品集团获得中国质量认证中心颁发的HACCP证书,上线国家认证认可监督管理委员会“三同”公共信息服务平台。全省仅4家企业上线该平台。

【张家港酿酒公司董事长黄庭明获仪狄奖】 4月8日,根据中国酒业协会公布的第二届中国仪狄奖个人奖公示结果,江苏张家港酿酒有限公司董事长、总经理黄庭明成为唯一一位获“卓越成就奖”的黄酒企业家。黄庭明大学毕业于淮阴工学院发酵系,是江南大学食品学院研究生。他坚持传承与革新,把黄酒的传统工艺和现代科技相结合,在行业中首先应用黄酒热灌装技术,使公司每年节约大量能源,并确保产品品质如一;率先研发清爽型黄酒品种,推动清爽型黄酒规模化生产并主导制定清爽型黄酒纳入国家标准;主导研发国内领先的黄酒大容量厢式发酵工艺和设备,把黄酒酿造生产效率提高70%以上,获得两项发明专利及2013年度中国酒业协会科学技术进步奖;应用黄酒大罐陈酿技术,逐步替代传统陶坛陈酿,使黄酒基酒质量更加稳定,获得2014年度中国酒业协会科学技术进步奖。2015年,黄庭明领导新建一条每小时3.6万瓶的黄酒生产线,从整体上提高沙洲优黄产品质量、生产效率和员工劳动生产率。自2001年起黄庭明任董事长、总经理起,张家港酿酒有限公司取得飞速发展,2016年实现销售收入6.26亿元,入库税金1.59亿元,黄酒年生产能力10万吨,基酒储备超12万吨,清爽型黄酒产量全国第一。

(赵晓菲)

机电工业

【概况】 2016年,全市规模以上机电工业企业完成工业总产值654.83亿元,比上年增7.7%,占全市规模以上工业总量的14%。行业中主要涉及化工压力容器制造、锅炉及锅炉附件制造、汽车及零部件、输变电设备、机床及精密机械制造、建筑机械、吊装机械、环保机械、洗涤及分离机械制造、纺织机械、医疗机械、电子类等门类。通过多年发展,全市机电行业已形成明显的集群特色,主要有以保税区(金港镇)和经开区(杨舍镇)为中心的高端机械制造工业园,以乐余镇为中心的汽车及汽车零配件生产集群地,以冶金园(锦丰镇)三兴办事处为主的塑机、饮机生产集群地,以大新镇为中心的五金工具生产集群地和以塘桥镇为中心的纺机生产集群地等特色较为明显的产品和企业集群。全年有11家企业销售收入超10亿元,其中江苏爱康实业集团有限公司56.91亿元、张家港其辰光伏科技有限公司45.28亿元、江苏长江润发集团

华灿光电(苏州)有限公司车间　　(经开区　提供)

有限公司28.77亿元、威亚汽车配件（张家港）有限公司25.16亿元、江苏永能光伏科技有限公司14.83亿元、市广大机械锻造有限公司13.96亿元、华灿光电（苏州）有限公司13.09亿元、东熙汽配（张家港）有限公司12.75亿元、江苏宏宝集团有限公司11.61亿元、江苏银河电子股份有限公司11.5亿元、苏州海陆重工股份有限公司10.7亿元。全年机电工业累计完成投资188亿元，占全市的48.7%，比上年增18.8%。

2016年张家港市规模以上机电企业主要产品产量情况表

表30

产品名称	单位	产量	比上年增长率（%）	产品名称	单位	产量	比上年增长率（%）
改装汽车	辆	735	−39.20	塑料机械	台	8694	−8.30
电力电缆	千米	14979	34.60	电动手提式工具	万台	147.56	7.60
滚动轴承	万套	13593	2.80	自行车	万辆	11.46	−42.60

2016年张家港市机电企业投入1亿元以上竣工项目情况表

表31

企业名称	项目内容	项目类别	总投资（万元）	竣工时间
张家港保税区天翔电气有限公司	年产5000台太阳能逆变器扩建项目	内资技改	33000	6月
张家港高力特医疗器械有限公司	医用滤器生产设备改造项目	内资新建	23500	6月
江苏绿伟锂能有限公司	动力锂电池及模组项目	内资技改	35795	8月
江苏维斯顿生物医疗科技有限公司	二三类医疗器械生产项目	内资新建	41060	10月
张家港保税区多元机械设备制造有限公司	扩建年产200台建筑机械生产车间项目	内资技改	45600	12月
苏州克利亚环保科技有限公司	年产4000套环保设备建设项目	内资新建	42000	12月
张家港市盛达冶金吊具制造有限公司	年产3000台套冶金吊具建设项目	内资技改	36000	12月
张家港市旭日科技有限公司	废气处理成套设备生产线改造项目	内资技改	34500	12月
张家港市广大机械锻造有限公司	高端模具钢锻坯和耐高低温精密合金新材料项目	内资技改	25400	12月
苏州晶樱光电科技股份有限公司	扩产太阳能电池硅片项目	内资技改	18200	12月
张家港市嘉瑞制药机械有限公司	灭菌机械设备生产线扩建项目	内资技改	38400	12月

【中核利柏特公司核电石化装备模块项目开工】 3月18日，江苏中核利柏特股份有限公司核电石化装备模块项目开工奠基仪式在江苏扬子江重型装备产业园举行。该公司于2006年10月成立，由中国核工业二三建设有限公司、中国香港东侨国际有限公司、上海利柏特投资有限公司共同投资。投资控股有上海利柏特工程技术有限公司、上海利柏特建设有限公司和上海亨旭科技发展有限公司，所投资控股的企业形成工程建设产业链的上下游，也是中国民营企业中唯一贯穿该产业链的集团化企业，客户遍及30余个国家和地区。公司主要产品包括工业模块的制造、压力容器的制造、管道预制以及其他非标产品的制造，产品远销欧洲、中东及亚洲等地区。2015年销售额突破15亿元，实现全产业链经营的战略目标。该公司顺应国家支持制造业产业做强的发展政策，投资新建核电石化装备模块项目，总投资11.5亿元，包括重装车间、轻装车间和研发楼等，建筑面积7.7万余平方米，2016年11月竣工。装备模块项目每个模块的重量可以从几十吨到上千吨不等，可应用在核电、石化、医药等领域，大大缩短建设周期，提高工程的安全和质量，解决边远地区劳动力不足等问题。

【麦尔传动技术公司新厂开业】 5月6日，麦尔（张家港）传动技术有限公司举行新厂乔迁开业仪式暨10周年庆典。德国麦尔（Mayr）公司是德国家族企业的典型代表，是全球领先的动力传动技术研发者和制造商，已有120年历史，是世界第一的电梯制动器供应商。2006年5月，麦尔公司在张家港建立麦尔（张家港）传动技术有限公司，成为麦尔在全球的第三大工厂。2015年1月，麦尔公司在经开区投资685万美元易地新建精密电梯制动器生产基地，10个月后实现项目投产。至2016年年末，公司从设立初期的6名员工增长到120人，厂房面积由2000平方米增长到2万平方米，其中生产区面积1.5万平方米，制动器生产能力达到20万套。

【天沃科技公司参加国际重大项目建设】 8月18日，苏州天沃科技股份有限公司制作的4台大型超限设备滚装上船。这是该公司首次向印度尼西亚出口超大型塔器，用于中国五环工程有限公司承建的印尼PKG公司合成氨尿素项目。承建该项目的中国五环工程有限公司，是中国化学工程集团公司的全资子公司，也是中国化学工业领域重点骨干科技型企业。印尼PKG

公司合成氨尿素项目是五环公司在印尼的首个氮肥EPC总承包工程，合同总金额4.35亿美元。天沃科技承接该项目二氧化碳吸收塔、二段转化炉及高、低压闪蒸塔等核心设备的制作任务。这批核心设备属大型超限设备，合同产品总吨位近1400吨，总制作周期5个月。设备尺寸大，结构复杂，尤其是二段转化炉采用夹套形式，材料种类多，施工工艺复杂，技术难度高。11月7日，该公司和中广核工程有限公司组成的联合体与国际核聚变组织（简称ITER）签署合同，为ITER提供4台不锈钢蒸汽冷凝罐。这是国内企业首次中标国际核聚变实验堆项目。国际核聚变组织是为彻底解决能源问题而成立的国际机构，主要由欧盟、美国、中国、俄罗斯、印度、日本、韩国七方组成。ITER项目是全球规模最大、影响最深远的国际科研合作项目之一，项目总投资150亿欧元，建造期超过10年，以超导托克马克装置实现大规模受控热核聚变反应，俗称“人造太阳”。ITER项目集成国际上受控磁约束核聚变的主要科技成果，首次建造可实现大规模聚变反应的聚变实验堆，是人类受控核聚变研究走向应用的关键一步。

（丁卫刚　黄伟城　何增丁　邱亚峰　戴玉兴）

化学工业

【概况】 2016年，全市规模以上化学工业企业完成工业总产值651.18亿元，比上年增9.82%，占全市规模以上工业总量的14.1%。其中，石油加工、炼焦企业2家，完成工业总产值1亿元；化学原料及化学制品制造企业118家，完成工业总产值554.47亿元；橡胶和塑料制造企业65家，完成工业总产值95.71亿元。全年有16家企业销售收入超10亿元，其中江苏华昌（集团）有限公司71.45亿元、东华能源股份有限公司32.83亿元、道康宁（张家港）有限公司28.89亿元、张家港扬子江石化有限公司25.08亿元、索尔维（张家港）精细化工有限公司21.26亿元、盛禧奥聚合物（张家港）有限公司20.58亿元、佐敦涂料（张家港）有限公司20.11亿元、江苏长顺集团有限公司18.54亿元、道康宁（张家港）有机硅有限公司16.72亿元、泰柯棕化（张家港）有限公司15.06亿元、张家港保税区康得菲尔实业有限公司15.01亿元、陶氏化学（张家港）有限公司14.26亿元、江苏丽天新材料有限公司13.8亿元、瓦克化学（张家港）有限公司12.39亿元、张家港国泰华荣化工新材料有限公司10.68亿元、南港（张家港保税区）橡胶工业有限公司10.09亿元。全年化学工业累计完成投资57.9亿元，占全市的15%，比上年增3.3%。

2016年张家港市规模以上化工企业主要产品产量情况表

表32

产品名称	单位	年产量	比上年增长率（%）	产品名称	单位	年产量	比上年增长率（%）
硫酸	万吨	185.44	5.70	化学农药原药	吨	8895.70	−0.10
纯碱（碳酸钠）	万吨	62.14	3.00	化学试剂	万吨	3.47	19.10
合成氨（无水氨）	万吨	64.15	8.80	塑料制品	万吨	38.19	0.70
化肥（折纯）	万吨	32.91	4.00	橡胶轮胎	万条	480.45	−2.40

2016年张家港市化工企业投入1亿元以上竣工项目情况表

表33

企业名称	项目内容	项目类别	总投资（万元）	竣工月份
张家港楚人新材料科技有限公司	年产5000吨电子级硅溶胶生产线扩建项目	内资技改	30000	5月
润英联（中国）有限公司	年产10万吨润滑油复合添加剂项目	外资新建	35458	10月
泰柯棕化（张家港）有限公司	年产15万吨表面活性剂扩建项目	外资技改	31984	10月
张家港扬子江石化有限公司	建设年产120万吨丙乙烯项目	内资技改	361400	12月

【润英联公司开业】 3月17日，位于张家港保税区的润英联（中国）有限公司润滑油添加剂项目开业，这是全球顶级润滑油添加剂制造商——润英联在中国的第一个独资生产加工工厂。润英联张家港生产基地2014年开建，这次开业的是一期项目——年产10万吨的高档润滑油复合添加剂项目，预计年销售收入26亿元以上。润英联公司是润滑油添加剂行业的全球四大顶级生产商之一，在添加剂工业已有80年以上的生产经验。润英联公司的两大股东埃克森美孚和壳牌都是世界500强企业，两个股东各占50%的股权。润英联在美洲、欧洲、中东以及亚洲的新加坡设有生产基地，全球每3辆汽车中就有1辆汽车的内燃机油在使用润英联添加剂。

【陶氏益农公司除草剂复配项目奠基】 3月14日，陶氏益农农业科技（江苏）有限公司年产1万吨高效安全友好型除草剂复配项目举行奠基仪式。公司是由陶氏益农农业科技荷兰有限公司出资，在江苏扬子江国际化学工业园内设立的外商独资企业。该项目总投资2000万美元，位于陶氏公司张家港基地内，新建一条复配

霍尼韦尔特性材料和技术（中国）有限公司　　（王　佩　摄）

生产线，引进一条瓶装线和一条桶装线，用于复配产品的包装。项目计划2017年年初试车、开工投产。项目建成后，公司具备年产1万吨高效安全环境友好型除草剂的复配和包装的生产能力。

【迪爱生公司二期项目开业】 7月6日，张家港迪爱生化工有限公司举行二期项目开业典礼。日本迪爱生集团是以印刷油墨、有机颜料、合成树脂为核心，在全球64个国家和地区生产精细化学产品的高科技集团公司。作为迪爱生集团在中国华东地区的生产基地，张家港迪爱生化工有限公司于2005年开始生产合成树脂，并于2014年新建合成树脂第二工厂。公司投资建设的二期项目，包括增设PPS（聚苯硫醚）复合物生产线、水性树脂工厂、成立高分子技术中心。年产2.13万吨合成树脂及1.32万吨聚苯硫醚项目竣工投产，总投资2569万美元。为减轻环境负荷，公司增设环境友好型的水性树脂项目，年产量为3280吨。高分子技术中心整合分散在张家港、中山、常州3家公司的高分子技术机构，进行一体化运营及管理，从而共享技术信息，提高研发效率。

【霍尼韦尔煤制烯烃催化剂生产线开工】 5月23日，霍尼韦尔特性材料一体化生产基地的新催化剂项目——煤制烯烃催化剂生产线开工。霍尼韦尔张家港生产基地于2015年投入运营，主要生产用于霍尼韦尔UOP丙烷脱氢制丙烯工艺以及生产高辛烷值汽油的连续催化重整（CCR）工艺所需的高性能催化剂产品。这次新催化剂项目生产线计划2017年投产，生产霍尼韦尔UOP突破性甲醇制烯烃（MTO）工艺中所需的高性能催化剂。霍尼韦尔UOP的甲醇制烯烃工艺，可以将煤或天然气中提取的甲醇高效转化为塑料生产所需的关键化学原料乙烯和丙烯。全球范围内对乙烯和丙烯的需求以每年4%至5%的速度增长。预计到2020年，中国在煤化工技术领域的投资超过1000亿美元。

【庄信万丰公司开业】 10月20日，庄信万丰（张家港）贵金属材料科技有限公司开业。庄信万丰是国际上仅有的拥有贵金属催化剂生产、回收、激活、提炼等全套技术企业，其贵金属催化剂广泛应用于汽车尾气三元催化剂、制药和化工行业。庄信万丰张家港工厂是庄信万丰集团在中国的第6个工厂，主要经营贵金属催化剂的回收和精炼。公司总投资3600万美元，占地2.67公顷，建有催化剂仓储、贵金属评估车间和贵金属精炼车间，每年回收3000吨失效催化剂，年产出贵金属16吨。作为霍尼韦尔的全球战略伙伴，该项目是霍尼韦尔催化剂产业链的一个重要环节。霍尼韦尔催化剂的客户是张家港扬子江石化有限公司及国内同类企业，该项目的建成形成一个完整的产业链。

【泰柯棕化公司二期项目开业】 11月2日，泰柯棕化（张家港）有限公司举行三乙酸甘油酯及基础油脂化学品工厂二期竣工投产庆典，标志公司在打造世界级的油脂化学工厂方面迈出坚实的一步。泰柯棕化（张家港）有限公司成立于2004年1月，由马来西亚吉隆坡甲洞集团投资建立，2006年年初投产，生产规模30万吨。公司总部2012年6月增资建设年产2万吨三醋酸甘油酯项目。该产品广泛应用于烟草、日化产品和金属加工等行业。2015年3月，公司总部再次增资8730万美元建设二期年产15万吨表面活性剂扩建项目。其中，高纯脂肪酸10万吨，油酸2万吨，多元聚合脂肪酸3万吨。公司形成完整的基础油脂化学品产业链，成为中国乃至全世界单厂能力最大的油脂化工企业。

【华昌集团3个大项目开工】 2016年，江苏华昌（集团）有限公司“十三五”规划确定的转型升级项目陆续开工建设。3月27日，由该集团公司下属核心企业江苏华昌化工股份有限公司、市华瑞危险废物处理中心有限公司、市恒昌投资发展有限公司、市华昌建筑工程有限公司共同投资组建的淮安华昌固废处置有限公司一期年处理1.65万吨危险废物焚烧项目在淮安（薛行）循环经济产业园开工建设。10月28日，总投资100亿元的华昌新材料产业园二期项目奠基仪式在淮安（薛行）循环经济产业园举行。此次奠基的年产35.45万吨水性树脂及助剂系列产品和年产16.5万吨环保型增塑剂及功能性材料两个项目，全部建成投产后，可形成超过49亿元的年销售收入，每年可上缴税收2.5亿元。下属苏州和鑫电气股份有限公司漕湖新工厂已完成电机生产线的建设，并投入生产，其他3条生产线在加紧建设中。江苏华昌化工股份有限公司原料结构调整二期、新戊二醇项目立项工作得到批复。收购湖南华萃化工有限公司和苏州奥斯汀新材料科技有限公司，进军化工新材料的产业链布局初步形成。响应国家“一带一路”发展战略，加快“走出去”国际合作步伐，与马来西亚盛立农业科技有限公司合作，成立马来西亚华昌盛立农业科技有限公司，为马来西亚提供优质复合肥和专业的农化服务，促进中国复合肥走向国际市场。

（丁卫刚　黄伟城　何增丁　邱亚峰　陈饶忠）

建材工业

【概况】 2016年，全市规模以上建材工业企业完成工业总产值34.07亿元，比上年减13.2%，占全市规模以上工业总量的0.8%。张家港海螺水泥有限公司年产水泥300.01万吨，比上年减5.1%；销售收入5.68亿元，比上年减6.71%。全年完成投资4亿元，占全市的1%，与上年持平。

2016年张家港市规模以上建材企业主要产品产量情况表

表34

产品名称	单位	年产量	比上年增长率（%）
水泥	万吨	300.01	-5.10
新墙材（非黏土质）	亿标块	2.96	-29.19
其他墙材	亿标块	0.13	-40.91

2016年张家港市建材企业投入1亿元以上竣工项目情况表

表35

企业名称	项目内容	项目类别	总投资（万元）	竣工时间
江苏建发科技有限公司	年产2万吨防火复合板建设项目	内资技改	28800	10月

【PPG公司电泳漆混合中心投产】 1月8日，PPG涂料（张家港）有限公司电泳漆混合中心项目投产，该项目总投资4500万美元，一期投资2000万美元。美国PPG工业公司是全球性油漆、涂料等产品的制造商，在全球近70个国家设有生产基地及附属机构。PPG涂料（张家港）有限公司位于江苏扬子江国际化学工业园，一期年产4万吨用于水性汽车涂料的树脂产品，项目于2011年6月投入运营。PPG工业公司2013年追加投资4500万美元，设立年产5万吨底漆和3万吨工业涂料项目。该项目投产后，可实现年销售收入24.35亿元，纳税1.95亿元。电泳漆混合中心项目投产后，PPG张家港工厂由此成为PPG工业公司在中国生产基地中唯一同时具有树脂和涂料生产能力的工厂，拥有从树脂到涂料的完整产业链。

【新型墙材生产】 2016年，全市有新型墙体材料生产企业19家，主要企业有江苏亿大新型墙体材料有限公司、市华诚新型建筑材料有限公司、市港强新型建材厂、市新乘建材制造有限公司、张家港恒安轻质墙体材料厂、市富丽康建材科技有限公司等。墙体材料年生产能力11.16亿块标砖，实际产量3.09亿块标砖，其中新型墙体材料产量2.96亿块标砖，占墙材总量的95.8%。生产新型墙体材料与生产传统的烧结黏土砖相比，相当于节约土地34公顷，节约能源1.92万吨标准煤，减少二氧化硫排放430吨，减少二氧化碳排放4.94万吨。全年生产新型墙体材料共利用工业固体废渣35.74万吨。全年城镇房屋使用新型墙体材料建筑竣工面积252.4万平方米，新墙材建筑比例为94.56%。

（丁卫刚　黄伟城　何增丁　施洪清　邱亚峰）

其他工业

【概况】 2016年，全市工业除冶金、纺织、机电、化工、建材行业外，还有其他行业类别的规模型企业69家，全年完成工业总产值180.9亿元，占全市规模以上工业总量的4%。其中，有造纸及纸制品企业10家，完成工业总产值13.48亿元；皮革、毛皮、羽毛及其制品和制鞋企业4家，完成工业总产值2.34亿元；家具制造企业5家，完成工业总产值2.43亿元；文教体育用品制造企业20家，完成工业总产值53.62亿元；印刷业和记录媒介复制企业13家，完成工业总产值12.17亿元；废弃资源综合利用企业5家，完成工业总产值4.64亿元；燃气生产和供应企业2家，完成工业总产值44.04亿元；水的生产和供应企业3家，完成工业总产值3.91亿元；电力、热力生产和供应企业6家，完成工业总产值44.02亿元；其他企业1家，完成工业产值2500万元。全年完成投资78.6亿元，占全市的20.4%，比上年增24.9%。

【电力工业】 2016年，全市共有省调电力生产企业2家，装机运行容量2040兆瓦；地方（热）电力生产企业13家，装机运行容量932.65兆瓦；分布式光伏发电容量42.47兆瓦。运行的2家省调电力生产企业中，张家港沙洲电力有限公司两台630兆瓦机组完成发电量72.91亿千瓦小时，上网电量69.3亿千瓦小时，供电标准煤耗为每千瓦小时307.12克，实现售电收入22.5亿元，利润3.45亿元，入库税金1.8亿元；张家港华兴电力有限公司两台390兆瓦燃气机组完成发电量24.97亿千瓦小时，上网电量24.29亿千瓦小时，实现售电收入11.54亿元，利润1.23亿元，入库税金1.2亿元。全市地方热电生产企业（含分布式光伏发电项目）拥有供热管网402.6千米，供热量4843.58万吉焦，发电量67.2亿千瓦小时，其中上网电量7.71亿千瓦小时，自发自用电量52.05亿千瓦小时，综合厂用电量7.43亿千瓦小时。

2016年张家港市其他工业投入1亿元以上竣工项目情况表

表36

企业名称	项目内容	项目类别	总投资（万元）	竣工时间
张家港华兴电力有限公司	供热管道铺设	内资技改	37900	6月

2016年张家港市（热）电力企业基本情况表

表37

（热）电厂名称	发电机组			锅　炉		
	单机功率（兆瓦）	台数	合计（兆瓦）	额定蒸发量（吨/小时）	台数	合计（吨/小时）
张家港沙洲电力有限公司	630.00	2	1260.00	1913	2	3826
张家港华兴电力有限公司	390.00	2	780.00	280	2	560
张家港保税区长源热电有限公司	35.00	2	70.00	220	4	880
张家港永兴热电有限公司	15.00	2	30.00	100	3	300
张家港市印染厂（合兴热电厂）	6.00	2	12.00	50 65	1 2	180
江苏沙钢集团资源综合利用热电厂	50.00	4	200.00	220	4	880
	50.00	4	200.00	78	4	312
	135.00	1	135.00	400	1	400
	16.20	2	32.40	120	2	240
江苏中鼎化学有限公司	0.75	1	0.75	20	1	20
江苏富淼科技股份有限公司	4.50	1	4.50	75	2	150
张家港浩波热电有限公司	6.00	1	6.00	35	2	70
张家港骏马涤纶制品有限公司热电厂	15.00	2	30.00	130 150	2 1	410
双狮（张家港）精细化工有限公司	50.00 3.00	2 1	103.00	165 26	2 1	356
张家港市大新热电有限公司	6.00	1	6.00	35	2	70
江苏苏化集团张家港有限公司热电厂	6.00 12.00	1 3	42.00	75	4	300
江苏华昌化工股份有限公司热电厂	12.00 25.00	2 1	49.00	75 130	3 2	485
张家港金州再生能源有限公司	6.00	2	12.00	24	3	72
分布式光伏发电项目	—	—	42.47	—	—	—

【沙洲电力公司二期建设】 张家港沙洲电力有限公司二期建设两台100万千瓦超超临界燃煤发电机组项目，2013—2016年连续4年列入省、苏州市及张家港市三级重点建设项目。项目于2015年5月获批，6月开工建设。工程建设进展顺利，2016年共完成22个里程碑节点，各节点都按照计划要求或提前实施，尤其在部分设备材料招标、到货都超常规滞后的情况下，全年总的工程进度仍处于受控状态。至2016年年末，全部主辅机设备均安装完毕，进入分系统调试阶段。工程完成投资53.8亿元，完成总投资的76%。主要建筑方面，1月5日烟囱外筒壁施工到顶，5月30日集控楼交付安装，4月30日3号主厂房屋顶封闭，6月26日4号主厂房屋顶封闭；3号机组10月22日开始分部试运，4号机组12月5日开始分部试运工作；500千伏升压站设备安装完成；输煤系统11月15日开始分部试运，完成80%设备机的试运。码头工程于1月5日开工，11月15日施工完成，并通过交工验收；卸船机调试完成，其他附属设备安装完成，具备上煤条件。送出工程7月22日开工，工程的拆迁、施工等工作进展顺利，共58处塔基全部施工完成，并立塔22处，架线工作开展中。

【华瑞危废处理中心三期建设】 随着张家港市各重要化工项目的建成投用及环保管理要求愈加严格，全市危险废物产生量不断增大且种类复杂，为满足全市产废企业处置需要，4月，张

华瑞危险废物处理中心　　（华昌集团　提供）

家港市华瑞危险废物处理中心有限公司推进三期项目建设，第一阶段建设一套年处理1.5万吨的焚烧处置装置，同时新建一套年处理2640吨的医疗废物高温蒸煮装置。在第一阶段项目建设达产后，第二阶段推进该公司一期项目的升级改造，将原有一期设施及厂房全部拆除，新建一条年处理2.16万吨的焚烧生产线。项目两阶段完成后，将形成年处理4.56万吨的危险废物焚烧处置能力及年处理2640吨的医疗废物高温蒸煮能力。该项目被列为苏州市生态文明建设“630工程”项目，年内完成项目环评报告、社会稳定风险评估报告的专家评审工作。该公司成立于2003年，注册资金1000万元，由江苏华昌（集团）有限公司、张家港保税区金港资产经营有限公司、江苏七洲绿色化工股份有限公司联合投资建设，是列入《全国危险废物和医疗废物处置设施建设规划》的31个危险废物集中处置中心之一。一期年处理6000吨危险废物焚烧处置项目于2003年6月环保立项，2005年1月经环保部批准实施，2005年7月完成项目核准，2006年11月建成并投入试运行。二期年处理9000吨危险废物焚烧工程项目于2014年7月通过苏州市环保局环评审核，2014年11月完成项目核准，2015年5月建成并投入试运行。

（丁卫刚　黄伟城　何增丁　崔婷婷　陈饶忠）

新兴产业

【概况】2016年，全市413家规模以上新兴产业企业实现工业产值2029.7亿元，比上年增2.7%，占全市规模以上工业总产值的44.7%，比上年提高1.8个百分点。全年新兴产业投入总量继续保持苏州各市（区）第一，新兴产业在建项目408项，完成投资272.6亿元，比上年增10.6%，占工业总投资的70.7%，比上年提高7.5个百分点。其中，新材料完成投资81.2亿元，达到全市新兴产业投资比重的29.8%，投资比重为全市第一；新型平板显示完成投资17.2亿元，比上年增134.4%。保税区（金港镇）依托已有产业基础，打造页岩气新材料综合利用、光学膜产业、有机硅产业、新能源锂电、临港装备等产业基地。光学膜产业的领军企业江苏康得新复合材料股份有限公司预涂膜及光学膜两大主业稳步增长，已成为全球产能最大的预涂膜产品供应商。企业2016年实现销售收入74.6亿元，比上年增29.8%；实现利润25.2亿元，比上年增47.1%；入库税收6.3亿元，比上年增26.9%。经开区（杨舍镇）重点打造智能装备、新能源、LED等产业基地。张家港协鑫集成科技有限公司，是一家专业研发、生产、销售太阳能光伏组件产品的企业，致力于为国内外一流太阳能光伏企业提供优质光伏组件产品。该企业项目于2015年下半年建成投产，2016年实现销售收入45.3亿元，实现利润5792万元，入库税收2790万元。冶金园（锦丰镇）依托冶金、医疗器械等产业集群优势，发展精品钢材、新医药产业等基地。江苏艾迪尔医疗科技股份有限公司是全市医疗器械的骨干企业。该企业2016年实现销售1.75亿元，比上年增16.8%，实现利润9671万元，比上年增14.9%，入库税收3924万元，比上年增10.8%。

2016年张家港市新兴产业分行业产值完成情况表

表38

产业分类	企业数（家）	产值（亿元）	比上年增长率（%）
新材料	154	1333.67	-1.70
新能源	55	301.95	40.10
新装备	145	221.81	-14.40
智能电网及再生利用	37	150.71	20.30
新医药及其他	22	21.61	16.80

【康得新公司光学膜二期项目开工】4月6日，江苏省重点项目、总投资120亿元的江苏康得新复合材料股份有限公司光学膜二期项目奠基开工。康得新公司光学膜二期项目占地面积32.67公顷，涵盖年产1.02亿平方米的先进高分子膜材料和年产1亿片的裸眼3D模组。其中，高分子膜项目包括隔热膜、高档装饰膜、水汽阻隔膜等。作为国内唯一一家国际窗膜协会制造商，康得新公司的汽车窗膜供应宝马公司、北汽集团等全球知名整车商。裸眼3D模组计划配套三星公司、华为公司、TCL公司等全球知名消费

电子企业。康得新持续加大自主研发和国际资源整合，通过连续的技术、产品和产业升级，实现从产业链到生态链、从单一材料生产到提供模块化和系统化解决方案、从单一实体经营到实体经营和资本运营并举的跨越，将公司打造成基于先进高分子材料的世界级企业。

【戴铂新材料公司开业】 6月15日，戴铂新材料（张家港）有限公司新型复合材料项目在张家港保税区举行开业典礼。瑞典戴铂集团成立于1950年，作为世界著名的芯材制造商，以泡沫芯材为主的“三明治”夹芯复合材料占据材料市场的主导地位，以高强度、低重量、阻燃、抗腐蚀、绝缘、隔音降噪等性能及可回收再利用被广泛应用于风能—风力发电、航空、船舶、交通运输、建筑、工业等各种领域。自2005年在中国设立生产企业起，戴铂集团已成为IPN（互穿聚合物网络结构）发泡产品领域领先的供应商。该集团张家港公司占地面积2.5万平方米，投资2500万美元，年产3800吨复合芯材、4800吨轻木轮廓板。

【国泰超威公司起草超级电容器电解液标准】 4月8日，江苏国泰超威新材料有限公司起草的《超级电容器用有机电解液规范》（计划号2015—0675T-SJ）通过行业标准审定会。此标准是中国超级电容器材料方面的第一个行业标准。该公司注册成立于2011年12月，前身为张家港保税区超威电化技术服务有限公司。致力于专业的电子化学品研发、生产及贸易，具体包括锂离子电池电解质及添加剂、超级电容器电解质及电解液、锂离子电容器电解液、铝电解电容器电解质及电解液、抗静电剂、离子液体以及特种氟化学品等领域，自2015年年初标准立项后，该公司组织成立标准编制组，结合公司多年研发、生产、销售超级电容器电解液的经验，对超级电容器电解液国内外技术现状展开展深入调研，研究并开发超级电容器电解液的检测技术，征求并满足超级电容器用户对电解液的技术指标要求，一年内先后完成讨论稿、征求意见稿及送审稿，并通过标准审定。《超级电容器用有机电解液规范》可作为行业指导性标准，指导中国超级电容器电解液领域的研发、生产和质检工作，有助于超级电容器电解液的规范化，推动中国超级电容器产业的技术进步。该标准自9月1日起正式实施。　　（朱力夫　邱亚峰）

江苏沙钢集团

【概况】 江苏沙钢集团有总资产1500余亿元，职工3万余人。年生产能力炼铁3365万吨、炼钢4150万吨、轧材3865万吨，为江苏省重点企业集团、国家特大型工业企业、国家创新型企业、全国最大的民营钢铁企业。主导产品为宽厚板、热轧卷板、冷轧卷板、高速线材、大盘卷线材、带肋钢筋、特钢大棒材等，已形成60余个系列、700余个品种、近2000个规格。带肋钢筋获得CARES认证，优质高速线材获中国名牌产品和出口免验商品称号，优线生产总量和出口量连年名列全国第一，热轧板卷通过欧盟CE认证，船板钢通过10个国家船级社认证。产品远销东亚、南亚、欧洲、美洲、大洋洲、非洲等70余个国家和地区，出口量连续多年名列全国同行前茅，并获“中国出口质量安全示范企业”称号及“江苏省出口企业优质奖”。沙钢集团拥有江苏沙钢集团有限公司、江苏沙钢集团淮钢特钢股份有限公司、沙钢集团安阳永兴钢铁有限公司、江苏沙钢集团鑫瑞特钢有限公司、江苏沙钢集团锡兴特钢有限公司、沙钢投资控股有限公司、沙钢国际贸易有限公司、沙钢物资贸易有限公司、玖隆钢铁物流有限公司、沙钢物流运输管理公司、沙钢财务有限公司、沙钢农村小额贷款公司等12家子公司。7月20日，美国《财富》杂志公布2016年世界500强企业排名，沙钢集团列第314位，连续8年入围世界500强。全年完成炼铁3020万吨、炼钢3325万吨、轧材3254万吨，实现销售收入1983亿元、利税79.54亿元、利润50.51亿元；出口钢材581.96万吨，实现出口创汇20.36亿元。年内，沙钢集团全面开展“降本节支、创新挖潜增效”活动，推动负面清单降损攻关，对工序降本、高效益品种钢开发生产、购销联动、降电费支出、降财务费用等五大板块设立288个“降本节支、创新挖潜增效”支撑项目，全年完成210项，共实现挖潜增效68亿元，完成效益目标的143%。在世界钢铁协会发布的《世界钢铁统计数据2016》中，沙钢集团以2015年3493.8万吨粗钢产量居世界钢铁企业第6位；在2016年中国民营制造业500强、中国民营企业500强以及中国企业500强排名中，沙钢集团分别列第6位、第9位和第69位；在2016年中国民营外贸500强企业排名中，沙钢集团有限公司居第3位；在由中国品牌建设促进会、中央电视台、中国国际贸易促进委员会等单位联合发布的2016年中国品牌价值评价结果中，沙钢企业品牌强度913、品牌价值52.38亿元，分别比上年递增13个强度和10.38亿元。桥梁用结构钢板、弹簧钢盘条等2种产品获冶金产品实物质量“金杯奖”；沙钢牌桥梁用结构钢和沙钢牌钢热轧带肋钢筋被评为2016年度“全国用户满意产品”；冷轧连续镀锌钢带产品获“冶金行业品质卓越产品”称号。

【沙钢集团开发新品52种】 年内，沙钢集团围绕“产品结构优化、产品档次提升”，开展“两高两提”（开发高端目标用户和高附加值产品，提升高附加值产品销量和效益）攻关，全面推进新品开发工作，全年开发高强抗震螺纹钢筋T63E、耐候结构钢Q355NHB、汽车车轮钢490CL、饮料罐用电镀锡板MR-T-5CA、工业电机用50W800硅钢等新品52种。其中，开发的高强抗震螺纹钢筋T63E，达到国际先进水平，不仅丰富沙钢高级别抗震钢筋的产品结构，并填补国内空白。开发的桥梁钢Q370qE和Q370qD，分别供货给沪通大桥、平滩大桥等政府重点建设工程，提升沙钢集团在桥梁钢市场中的影响力和竞争力。开发的低成本、抗时效的MR-T-2.5CA镀锡板，弥补沙钢集团连退线难以生产耐时效性镀锡板的不足，为该类产品的生产奠定良好的基础。开发的饮料罐用镀锡板MR-T-5CA，应用于旺仔牛奶罐和红牛饮料罐，标志沙钢集团镀锡板迈进高端饮料罐市场。2016年，沙钢集团新产品累计销售162.4万吨，累计销售收入55.2亿元，新增效益1.05亿元。

【国内首条工业化超薄带生产线项目启动】 年内，沙钢集团加快转型升级步伐，全面推进转型升级重点项目建设。8月1日，正式宣布启动国内首条工业化超薄带生产线建设项目。超薄带技术是由美国纽柯钢铁公司及其合作伙伴联合开发的一种双辊铸轧带钢的生产技术。该项目预计投资7亿元，生产线规划设计总长度为50米，能够生产热轧带厚度为0.7毫米至1.9毫米，最大产品宽度为1590毫米的品种规格产品。项目由美国纽柯钢铁公司提供核心设备和电气自动化设备，中冶京诚工程技术有限公司提供技术转化及非核心设备。借助纽柯钢铁公司Castrip生产线成功运行的经验，Castrip LLC公司向沙钢集团提供超薄带生产线各类机械及电气自动化设备的各项技术参数以及设备的采购、制作和安装指导，并帮助沙钢集团进行超薄带生产线的调试生产工作。由于不需要铸坯火焰切割、加热炉及热连轧机组，燃料消耗减少95%；生产热轧薄带的水耗减少80%，电耗减少90%。该生产线投产后，通过借助超薄带生产技术，沙钢大大降低超薄规格热卷产品的生产成本，并大幅提高超薄规格热卷产品的市场竞争力。

【沙钢集团信息化系统建设】 年内，沙钢集团坚持走“两化融合”发展道路，加快企业信息化系统建设。1月5日，沙钢ERP集成系统上线运行，实现财务一日关账。该系统是按照“系统全面集成，实现自动抛账”的设计理念，根据“纵向一体化管理”与“横向集成化运营”的要求，围绕财务业务一体化，通过对已建、在建和新建信息系统的全面整合集成，实现数据就源录入、单点采集、全局共享，通过业务系统向财务系统的自动抛账，实现以财务为中心的整体集成。通过大数据管理，可支持不同业务环节之间、业务与财务之间、业务与管理决策之间的一体化管理，促进以流程为导向的跨部门、跨层级协同工作和信息共享，促进各类资源的优化配置和成本费用的持续压降，进一步规范业务管理，强化过程控制，降低运营风险，推动管理创新，促使管理更精细，决策更高效。8月24日，公司决策支持与综合管理系统一期项目启动。该系统是辅助决策者通过数据、模型和知识，以人机交互方式进行半结构化或非结构化决策的计算机应用系统，以信息技术为手段，应用管理学、计算机科学及相关学科的理论和方法，通过调用各种信息资源和分析工具，帮助决策者提高决策水平和质量，同时将过去深藏在各种应用系统中的数据挖掘出来，并以透明的方式实时反馈到各个决策和管理环节，使企业的战略执行得到有效控制。持续实施智能化发展战略，推广应用机器人代替人工项目，对重要岗位实施机器人、机械手操作，降低现场工人劳动强度，提高岗位安全系数。年内共投入机械手8台。

国内首条工业化超薄带生产线项目启动仪式　　（沙钢集团　提供）

【沙钢集团企业文化提升工程】 年内，沙钢集团坚持以人为本，大力实施企业文化提升工程。4月至11月，集中开展“降本节支、创新挖潜增效”和“沙钢精神”两大主题宣传教育活动，先后组织开展“降本增效”专题宣讲、“降本增效”感言征集、“降本增效在现场”为主题的小故事征集、“我谈降本增效”演讲比赛、电影《钢铁，是这样炼成的》观看及观后感征集、《沈文荣的钢铁梦》阅读及读后感征文，以及“沙钢企业发展史知识问答竞赛和互动”7项活动。共有620人参加“降本增效”感言征集活动，最终通过公司微信公众平台评选出10条获奖标语；有305人参与“降本增效在现场”为主题的小故事征集活动，经挑选、归类整理58个小故事制作成小册子；有162人参与观后感征集和读后感征文活动，分别评选出15篇优秀征文。10月至12月，沙钢集团联合市企业文化交流协会、市总商会共同举办《钢铁，是这样炼成的》影片观后感征文大赛活动，得到10余家大型企业的参与支持，征集到影片观后感145篇，经专家评委会评审出34篇参赛作品，分别获一、二、三等奖。11月9日，全国工商联冶金商会、市委宣传部主办的《沈文荣的钢铁梦》首发式在沙钢宾馆举行。该书由资深媒体人沈石声撰写，全国政协原副主席、全国工商联原主席黄孟复作序，记录沙钢集团40年的创业历史、发展历程以及创始人沈文荣的故事。

（顾彩红）

【编辑　沈立平】

建筑业·房地产业

Architecture & Real Estate

建设中的香山花苑　（市建管处　提供）

建 筑
装 潢
房地产

建　　筑

【概况】 2016年，全市建筑业积极应对国家宏观经济增速放缓、传统房建市场投资下滑等不利形势影响，加快转型升级步伐，努力拓展市场空间，房屋施工面积累计1435.4万平方米，其中新开工房屋建筑面积340.47万平方米，共完成建筑业总产值156.28亿元，竣工产值185.24亿元。共实现利税总额14.8亿元。江苏德丰建设集团有限公司获评2015年度江苏省建筑业竞争力百强企业，江苏兴港建设集团有限公司获评省最具成长性百强企业。江苏金厦建设集团有限公司等9家企业获评2016年苏州市"优秀企业"。继续组织开展并完成建筑施工企业资质换证工作，年内，评审上报企业资质172家。至年末，全市建筑业资质企业总数373家，其中设计与施工一体化资质企业19家；施工总承包企业97家、专业承包企业208家、劳务分包企业49家，企业主、兼营（增项）涉及专业24个。全市拥有建设工程勘察甲级资质企业1家；拥有建筑设计资质企业3家，其中甲级2家、乙级1家；拥有工程监理企业11家，包含甲级6家、乙级4家、丙级1家；拥有工程造价咨询企业9家，包含甲级3家、乙级6家；拥有招标代理企业6家，包含甲级1家、乙级3家、暂定级2家。全市建筑业企业从业人员3.5万人，其中技术经济人员8685人，有国家一级注册建造师677人、国家二级注册建造师2806人，有国家注册监理工程师216人、省注册监理工程师283人，有国家注册造价工程师191人、造价员1215人，有国家一级注册结构师19人、一级注册建筑师18人、注册岩土工程师3人、注册设备工程师13人，全市具备招标代理上岗证的86人。

【建筑市场管理】 2016年，市建设审批服务窗口简化办事环节，优化过程服务，方便群众办事。全年受理各类行政服务事项1596项，上门指导服务228次，办结率和满意率均为100%。全年发放施工许可证353项，建筑面积528.33万平方米，投资金额90.18亿元（含保税区）。市行业管理部门按照省建筑市场监管一体化平台及信用信息交互共享要求，做好项目登记、施工合同备案、施工许可及数字化监管等平台系统的开发维护，实现数据信息的自动推送和获取。并加大信用信息的应用力度，促进信用主体诚信执业。全年核发企业信用管理手册196件，对在张家港市从事施工的342家建筑业企业开展信用评价。加强招投标过程监督和标后管理，强化"两场联动"，严厉打击串通投标、弄虚作假等违法违规行为。查处2家施工企业在招投标活动中的不良投标行为。共计完成发包694个标段，建筑面积482.67万平方米，总合同金额为92.93亿元（含保税区）。建筑业从业人员信息卡制度扎实推进，累计入库企业189家，入库人员4.89万人。加强对施工企业及工程项目的管理，结合新的项目部主要管理人员配备办法，强化对现场的随机抽查，加强项目部的人员管理，促进主要管理人员到岗到位和履职。全年累计检查考评项目378项次，开具整改通知书29份，涉及项目经理213人，对3家施工企业进行诫勉谈话，暂停在全市施工合同备案企业1家，暂停项目经理执业资格18人。围绕规范咨询市场、强化计价管理、提升服务水平，加强造价管理与服务，组织行业企业签订咨询服务承诺书，开展造价咨询行业的网上公开测评，针对性抓好咨询质量专项检查，实施差别化管理。组织全市造价人员参加"营改增"培训，帮助适应"营改增"新要求。全年发布主要材料指导价信息12期，完成2次全市劳务用工的价格测报，发布材料价格预警1次，全年受理计价解释和争议调解130余次。积极组织参加省、苏州市工程造价技能竞赛，2家企业分获省技能竞赛苏州赛区团体二、三等奖，2名选手获苏州赛区优秀选手称号，并代表苏州市参加全省竞赛。咨询机构全年共编制清单、标底及结算审核项目183项、投资额约37.4亿元，其中项目结算审核220项，总造价约74.2亿元，核减金额11.2亿元，核减率10.29%。定人定岗定期巡回开展违建专项督察，严防、严控新增违法建设。加强与区镇的纵向联系，强化系统各部门及系统外规划、国土等相关部门的横向联动，共受理各类违法违规建设行为138起、立案查处138起，立案查处比例100%。坚持案件受理、立案、审理三分离制度，以制度化推进执法全过程规范化。防范化解结合，全力做好清欠工作，组织开展2轮农民工工资支付管理检查，扎实做好日常接待调处，共受理调处农民工工资投诉26件，未发生重大群体性越访事件。

【工程建设管理】 2016年，市管理部门继续抓好工程质量治理两年行动，突出重点，关注民生，保证工程质量。年内，共组织监督巡查（考评）181次，巡查工程186项，建筑面积239万平方米。深入开展住宅工程质量问题专项治理，专门组织当地施工企业、监理单位和房产公司质量负责人观摩张家港市优质住宅工程——阳光锦程23号房，提高基层企业施工技术和质量管理水平。坚持对各镇（区）拆迁安置房专项巡查，共巡查拆迁安置房项目102个，面积142万平方米。根据在建住宅工程高层建筑多、单体体量大、小区规模大的特点，严格实行住宅工程质量分户验收，住宅工程质量分户验收住宅工程437幢，建筑面积235万平方米，住宅分户验收率100%。全年完成原材料检测73537组，合格数量72790组，合格率99%。依托张家港电子招投标交易平台和江苏省建筑市场监理信用管理系统，对监理从业人员信息和项目信息进行智能化管理。年内，获评省级示范监理项目1个，苏州市示范监理项目5个，并评选出张家港示范监理项目15个。开展勘察设计综合考评，涉及勘察设计企业10家，项目46项。完成12家勘察设计资质初审和资质换证申请工作。累计完成施工图审查项目541个，建筑面积502.6万平方米，查纠违反强条1030条，查纠违反强标3693条。开展工程创优活动，通过复查张家港市优质结构工程101项；获得苏州市"姑苏杯"优质工程50项，获得

"扬子杯"工程2项。全年质量监督项目1827个（单件），监督面积1403万平方米。大力推进可再生能源建筑应用，8个国家可再生能源建筑应用示范项目顺利建成，5月，顺利通过2012年度国家可再生能源建筑应用示范县验收工作。稳步推进省级绿色建筑示范县工作，已有包括工务处代建、房产开发在内的项目约150万平方米的民用建筑开展绿色建筑标识评价和申报。组织申报2016年度市级绿色建筑和建筑节能专项引导资金，并会同市经信委、市财政局组织专家评审，发放补助资金218万元，能耗分项计量装置安装、既有建筑节能改造等工作得到有效开展。抓好墙改、散装工作，积极推广应用材性稳定、生产质量容易控制、产品质量稳定的蒸压灰砂砖产品和烧结自保温淤泥砌块，以满足全市建筑工程对墙体材料的需求。贯彻执行《张家港市发展预拌砂浆实施办法》，做好新型墙体材料工程应用的现场指导工作，将绿色施工、节能减排、保护环境的理念融入工程建设方方面面。围绕"安全第一、预防为主、综合治理"的工作方针，强化安全监管，全年受监工程项目330个，建筑面积573万平方米，造价约89.69亿元，实现全年建筑生产安全事故总量和死亡人数双下降的目标。贯彻落实《全市重点行业领域实行安全总监制度工作方案的通知》（张安办〔2016〕4号）要求，年内42家建筑施工企业任命了安全总监。开展"落实企业主体责任"专项行动，普查辖区内建筑施工企业安全生产基本情况，推进企业安全生产主体责任落实。加强安全生产目标责任考核工作，对19家企业进行通报、4家企业进行约谈警示及行政处罚，并记录不良行为。加强从业人员安全教育培训，新申领安全生产考核合格证921人，申请安全生产考核合格证书延期的2627人。举办施工企业"三类人员"继续教育培训班，累计培训6876人。开展"安全生产月"活动，征订发放《江苏省建筑工程安全文明标准化图集》120册，进工地放映安全事故警示教育影片20场。开展建筑施工安全生产和建筑工地整治"百日行动"，抓好重点时段安全管控，确保雨季汛期、重大活动、重要节日期间建筑施工安全。强化危大工程安全管理，深化隐患排查治理，年内共抽检各类工程项目450个，开具《建设工程施工安全隐患整改通知单》75份、《建设工程局部停工整改通知单》32份。深入开展施工安全专项整治，重点开展春季复工、施工扬尘、深基坑、高支模、建筑起重机械、脚手架和施工消防的专项整治，起重机械产权注销65台，报废塔吊15台，核发起重机械使用登记证247台。推进安全标准化、信息化建设，42个项目通过苏州市级标准化文明示范工地考评，22个项目通过省级标准化文明示范工地考评。大力开展扬尘治理工作，规模以上建筑工地车辆冲洗率100%，有效减少扬尘污染对空气质量的影响。在有条件的工地安装视频监控系统，进一步提升文明施工水平。积极应对基层需求，加强行业党建工作，管理部门在城北金城、金茂大厦项目"虹筑之家"积极开展各项常态化志愿服务项目，并在城东江中集团汇金中心项目部开设新的"虹筑之家"服务点位，争取全市范围的志愿服务资源入驻，使"虹筑之家"服务功能更加完善。年内，共组织免费体检、法律服务、文艺表演、迎端午等大型志愿服务活动近10次，服务行业从业人员近万余人次，受到从业人员的欢迎，市建筑业管理处党支部被评为苏州市先进基层党组织。

在"虹筑之家"举行全市职工包粽子比赛

（市建管处　提供）

【国家可再生能源建筑应用示范县（市）通过省厅验收】 5月25日，省住建厅在张家港市召开国家可再生能源建筑应用农村地区县级示范项目验收评估会议，经评估专家项目现场实地检查、审查相关资料以及现场质询，一致认为张家港市已完成示范县（市）建设任务目标，通过验收。自2012年被列为国家可再生能源建筑应用示范县（市）以来，张家港市因地制宜，坚持政策引导、市场推动，完善工作机制，健全管理网络，制定完善的项目管理和资金管理政策，健全示范项目全过程管理流程，采用合同能源管理模式开展既有建筑可再生能源应用，对所有项目开展建筑能效测评，按要求对项目进行专项验收评估，初步建立了推进可再生能源建筑应用长效机制。8项可再生能源建筑应用示范项目全面建成，总建筑面积60.25万平方米，折算面积54.77万平方米，其中太阳能光热项目1项、地源热泵系统项目7项，可再生能源建筑应用实际面积超过中央财政补助资金对应的示范面积要求，示范应用取得显著效果，带动了可再生能源在张家港市的应用。至年末，全市实际应用可再生能源建筑应用面积逾400万平方米。

【建筑企业实行走出去战略】 受国家宏观调控影响以及张家港市工程建设量的逐步回落，当地市场开工量日渐萎缩，面对严峻的市场形势，各建筑企业及时调整经营策略，在巩固当地、苏州、上海等传统市场的基础上，积极走出去，努力在外阜市场寻找新机遇、承接新任务，取得较好的成效。江苏金厦建设集团有限公司先后在四川成都、吉林延边、山西寇村、江苏宿迁等地承接了40余万平方米的工程。市后塍建筑安装工程有限公司新设立滁州分公司和合肥分公司2个基地，先后在连云港、徐州、淮安、五河等地洽谈多个项目，年内中标开工项目3

个。还有一些企业抢抓"一带一路"机遇，走出国门，承接海外业务，市兆丰城建有限公司与山东电力基本建设总公司建立长期业务联系，在巴基斯坦承接8000万元的合同业务，年内又新开辟了摩洛哥市场。江苏德丰建设集团有限公司成功承接新加坡17层警察公寓项目，下属混凝土公司还通过新加坡TUV体系认证，可以直接承接欧盟装配式工程项目。2016年，全市施工企业外出施工面积157万平方米。

（徐荣华）

2016年张家港市建筑工程获省"扬子杯"优质工程奖情况表

表39

奖项	工程名称	承建（参建、监理）单位	项目经理
江苏省"扬子杯"优质工程奖	张家港市职业技能实训基地办公及培训区工程培训楼10号图书馆	江苏德丰建设集团有限公司 江苏兴安建设集团有限公司 江苏佑典建设工程有限公司 江苏众信工程投资项目管理咨询有限公司	张　建
	富瑞特装研发及办公用房项目土建施工总承包工程	张家港市晨阳建筑工程有限公司	蒋益峰

装　潢

【概况】 2016年年末，全市在市场监管部门登记注册的装潢企业约400家。市装饰装修行业协会（商会）共有会员131个，其中企业会员119家、个人会员1人。企业会员中，装饰企业83家（公装44家、家装39家）。装饰材料生产与经销商33家，室内环境检测单位2个，景观装饰1个，院校、媒体及有关管理部门11家。当地会员施工企业中具有国家施工资质的23家，其中具有一级施工资质的4家，二级施工资质19家。据不完全统计，会员装饰企业累计完成装饰装修施工产值11.85亿元（其中公装6.7亿元、幕墙9000万元、家装4.25亿元）。建材生产销售商销售额约10亿元。3月，市装修装饰行业协会（商会）举行换届选举大会，并召开三届一次全体会员大会。4月，协会组织张家港市"梁丰杯"装饰优质工程评比活动。24家企业申报33项工程，27项工程获"梁丰杯"优质工程奖（其中建筑装饰9项、幕墙工程6项、家庭工程12项）。协会推荐13个项目（公装4个，幕墙5个、家装4个）申报苏州"姑苏杯"评选。其中创佳、恒立、攀杰特等6家会员企业的2个公装项目、4个幕墙项目（张家港市澳洋优居壹佰老年公寓、曼巴特购物广场、张家港市国泰金融广场、张家港永钢小区、张家港市二中北校区、张家港湖西商业配套用房）申报并获2015年度苏州市"姑苏杯"（装饰类）优质工程奖。4个家装工程获苏州市家庭示范工程奖。2个项目获得省"扬子杯"优质工程奖。市创佳装饰公司承建的港通路桥仓储及配套办公用房和远鹏装饰承建的市第一人民医院妇幼医疗服务用房9至17层内装获2015—2016年度中国建筑工程装饰奖。这两项国优工程的获得，实现张家港市建筑装饰行业创建国优工程零的突破。

【2016年中国设计星张家港赛区"十强设计星"竞选活动】 5月10日，由张家港市新中源陶瓷、张家港市装修装饰行业协会（商会）主办的"2016年中国设计星·张家港赛区十强设计星竞选活动"的启动发布会在沙洲湖大酒店召开。各装饰企业设计精英、新中源陶瓷总部代表、专家评委等约80人参加此次启动仪式。中国设计星是2016年面向80后年轻设计师发起的中国设计首个大型演讲"真人秀"活动。启动仪式上新中源厂方代表、总经理胡海军介绍"2016—2017年中国设计星"的由来和历程，详细解读"中国设计星"的报名要求和赛事流程。2016年"中国设计星"启动仪式发布后，各装饰企业积极参与。5月18日，各位参赛设计师在市华芳金陵大酒店以演讲形式介绍自己的参赛作品。最后评委以公平、公开、公正的评审原则，评出2016年"中国设计星"张家港赛区"十强设计星"，获得前三名的分别为苏州奥维设计公司戚玉丹的"国泰哥伦比亚办公室"、堡诺装饰公司张烁的"一缕炊烟"、苏州雅集设计公司徐珂磊的"中昊檀宫联排别墅"，三项获奖作品评委会推荐参加2016年"中国设计星"第二阶段的华东赛区（常州）竞选。市堡诺装饰公司张烁的"一缕炊烟"入围华东赛区"四十强设计星"。

【"行行出状元"张家港市第四届职业技能（室内装饰设计）大赛】 10月22日，受市住房和城乡建设局、市总工会委托，协会组织装饰行业设计师成功举办2016年"行行出状元"张家港市第四届职业技能（室内装饰设计）大赛。全市有23位室内设计师申报25项参赛作品，其中公装9项，家装16项。大赛聘请苏州职业技术学院艺术系2位老师，沙洲职业工学院建工系建筑装潢专业2位老师和张家港装饰行业设计界有名望的3位设计总监担任评委。经初赛、复赛两轮评审，10月23日，大赛领导小组根据专家评委的评审意见和评审资料，评出2016年张家港市第四届职业技能（室内装饰设计）大赛获得一、二、三等奖的单位和设计师。其中一等奖获得者为苏州雅集室内设计有限责任公司徐柯磊，二等奖获得者为广东星艺装饰集团张家港分公司聂权和苏州奥维建筑装饰设计有限公司方贤波，三等奖获得者为苏州雅集室内设计有限责任公司张友宝、张家港恒大装饰罗明新工作室罗明新、张家港市典石装饰工程有限公司石在玉。 （钱　翎）

2016年张家港市装修装饰工程获苏州市级以上奖项情况表

表40

奖项	承建单位	项目名称
苏州市"姑苏杯"优质工程奖	江苏创佳装饰设计工程公司	张家港市澳洋优居壹佰老年公寓内装
	苏州金螳螂建筑装饰有限公司	曼巴特(张家港)购物广场内装
苏州市"姑苏杯"幕墙装饰优质工程奖	苏州柯利达光电幕墙公司	国泰金融广场幕墙工程(A+B座)
	江苏恒立装饰工程公司	南丰永钢小区6号至8号房铝板幕墙工程
	江苏承志装饰有限公司	湖西商业配套用房(锦绣邻里汇)
	江苏创佳装饰设计工程公司	市第二中学北校区幕墙工程
苏州市第二十届家庭装饰示范工程奖	张家港天成文业装饰设计公司	君临新城5幢703室
	苏州雅集室内设计有限责任公司	中昊檀宫33—104号别墅
	张家港市大拇指装饰装潢有限公司	中联皇冠20—206号
	张家港金鼎装饰设计工程有限公司	锦绣花园49幢1014室
2015—2016年度江苏省"扬子杯"建筑工程装饰奖	江苏创佳装饰设计工程有限公司	江苏港通路桥集团有限公司仓储用房及配套办公用房办公楼1至5层装饰、水电
	深圳远鹏装饰工程有限公司	张家港第一人民医院妇幼医疗服务用房9至17层内装
2015—2016年度中国建筑工程装饰奖	江苏创佳装饰设计工程有限公司	江苏港通路桥集团有限公司仓储用房及配套办公用房办公楼1至5层装饰、水电
	深圳远鹏装饰工程有限公司	张家港第一人民医院妇幼医疗服务用房9至17层内装

房地产

【概况】 2016年,面对经济发展新常态,供给侧改革等宏观环境,市房管部门全力推动高位求进、加快发展。至年末,全市共有房地产开发企业69家,其中一级资质企业2家,二级资质企业10家,三级资质企业3家,暂定资质企业54家。全市完成房地产开发投资119.32亿元,比上年增23.05%;商品房施工面积685.93万平方米,比上年减14.27%。新开工面积105.04万平方米,比上年减16.23%。竣工商品房面积183.23万平方米,比上年增34.42%。市区预销售面积170.05万平方米,比上年增57.07%。新核准预售商品房10317套、156.03万平方米,预售面积比上年减1.74%。新建商品房成交18239套、248.71万平方米,成交面积比上年增51.07%,二手住房成交10984套、127.66万平方米,成交面积比上年增35.76%。全市新建商品房成交均价每平方米9068元,比上年增7.54%,其中市区成交均价每平方米10541元,比上年减8.93%。

2016年张家港市主要竣工楼盘情况表

表41

楼盘	所在镇	开发公司	竣工日期
廊桥美墅1幢至11幢	金港镇	张家港保税区金科置业发展有限公司	1月4日
金科廊桥雅苑三期一批次	金港镇	张家港保税区金科瑞丰房地产开发有限公司	1月4日
龙庭华府住宅小区一期3幢至7幢、11幢、商业C-D及一期地下车库	锦丰镇	江苏越洋置业有限公司	1月8日
望江水岸1幢至8幢、商业用房	锦丰镇	江苏宏宝置业有限公司	1月29日
新珑湾小区1幢至10幢,13幢,16幢	杨舍镇	张家港市南城房地产有限公司	2月1日
范庄花苑拆迁安置房17幢、22幢、28幢至30幢	杨舍镇	张家港城投置业有限公司	2月17日
钻石广场二期1-18号	塘桥镇	张家港市新世界置业有限公司	3月16日
澳洋国际广场办公楼及地下室	杨舍镇	江苏澳洋置业有限公司	3月22日
湖畔钰园住宅项目1幢至31幢	塘桥镇	张家港市中源置业有限公司	3月25日
暨阳湖1号99幢至101幢	杨舍镇	江苏沙钢集团宏润房地产开发有限公司	3月30日
玖隆花苑一期1幢至5幢住宅楼、商业1幢、2幢及地下车库	锦丰镇	张家港玖隆房地产开发有限公司	3月31日
瑞景美墅1幢至14幢及2号地下室、服务用房	乐余镇	张家港市联峰房地产开发有限公司	4月21日
市金城投资发展有限公司商务用房项目	杨舍镇	张家港市金城投资发展有限公司	5月11日

续表41

楼　　盘	所在镇	开发公司	竣工日期
联峰雅园二期5幢至7幢、9幢至11幢房、地下室工程B项目	乐余镇	张家港市联峰房地产开发有限公司	5月26日
景尚家园1幢至4幢、商业1幢、2幢、地下车库	杨舍镇	张家港市东盛房地产开发有限公司	5月26日
郦景澜湾1幢至12幢、14幢至36幢及地下室	锦丰镇	张家港市联峰房地产开发有限公司	5月30日
江帆花苑扩建C1号、C2号房	杨舍镇	张家港城投置业有限公司	6月1日
廊桥美墅18幢至21幢及对应地库和人防地库	金港镇	张家港保税区金科置业发展有限公司	6月8日
吾悦广场二期15幢至17幢	杨舍镇	张家港鼎盛房地产有限公司	6月12日
新珑湾小区22幢、29幢	杨舍镇	张家港市南城房地产有限公司	6月17日
金科廊桥雅苑二期16号楼、23号楼及二区地库(含人防)、三期一批次一区地库	金港镇	张家港保税区金科瑞丰房地产开发有限公司	6月24日
骏马唐郡商住小区1号商业楼、1号住宅楼	杨舍镇	张家港市骏马房地产开发有限公司	6月24日
锦绣江南三期1幢至12幢	杨舍镇	张家港市骏马房地产开发有限公司	6月24日
金新城悦府1号至8号楼及地下架空层车库	杨舍镇	金新城置业集团有限公司	7月14日
暨阳湖苑1幢至10幢、12幢到17幢、19幢、20幢、22幢、23幢、25幢、29幢至34幢、36幢至38幢、42幢、43幢、45幢、46幢、48幢、51幢及地库、52幢至56幢、58幢、59幢、62幢、63幢、64幢至65幢及地库、67幢至72幢、74幢至78幢、81幢、84幢、86幢至89幢、91幢、95幢、99幢、102幢至104幢	杨舍镇	张家港世茂房地产开发有限公司	7月29日
前溪锦苑1幢、2幢、5幢及地下车库	杨舍镇	张家港城投置业有限公司	8月1日
锦绣花苑1幢至5幢及地下车库	杨舍镇	张家港城投置业有限公司	8月1日
仓基花苑1幢(社区用房)、2幢至12幢、地下汽车库	杨舍镇	张家港城投置业有限公司	8月1日
吾悦广场三期18-2号(E-T轴),吾悦广场三期18-2号(A-E轴)	杨舍镇	张家港鼎盛房地产有限公司	8月10日
暨阳湖苑11幢、18幢、26幢、28幢、35幢、39幢至41幢、47幢、57幢、61幢、66幢、73幢、79幢、80幢、83幢、85幢、92幢	杨舍镇	张家港世茂房地产开发有限公司	8月23日
张地2012-B34地块商住房(东莱农贸市场)	杨舍镇	张家港东盛房地产开发有限公司	8月26日
农联家园1幢至16幢(安置剩余部分)	杨舍镇	张家港市农联城乡一体化发展有限公司	9月12日
暨阳湖苑21幢、24幢、27幢、49幢、50幢、82幢、93幢、94幢、96幢至98幢、100幢、101幢	杨舍镇	张家港世茂房地产开发有限公司	9月20日
暨阳湖苑44幢	杨舍镇	张家港世茂房地产开发有限公司	9月28日
玉景天筑1幢至6幢、7幢-1、南区地下室一期、二期、三期	塘桥镇	苏州金宾士房地产开发有限公司	9月28日
中港花苑三期19幢至23幢、25幢、26幢及服务用房29幢	杨舍镇	张家港城投置业有限公司	10月19日
廊桥雅苑二期二批次(17幢、22幢高层及附属商业)	金港镇	张家港保税区金科瑞丰房地产开发有限公司	11月29日
吾悦广场三期7幢至13幢、S3-S6、半地下室	杨舍镇	张家港鼎盛房地产有限公司	12月16日
风景世家4幢至8幢、商业用房A区、商业用房B区及地下室工程	锦丰镇	张家港市联峰房地产开发有限公司	12月22日
暨阳湖苑北地块1幢至7幢及地库	杨舍镇	张家港世茂房地产开发有限公司	12月22日
张地2006-A25-C-a地块8号房	杨舍镇	张家港保税区国泰朗诗置业有限公司	12月27日
国泰新天地广场	杨舍镇	江苏国泰东方天地置业有限公司	12月30日

【房政管理】 6月20日,市房产交易产权登记中心房屋登记经办职能正式移交市国土资源管理局不动产登记中心,更名为市房产交易中心,着力做好房产交易监督管理。年内,市房产交易中心以改革为契机,突出"改革、创新"两大主题,着眼"扎实工作、创新服务"的突破方向,依托"规范高效、廉洁便民"的管理手段,全年共完成各类房产交易18055笔、建筑面积254.98万平方米、成交金额109.73亿元。办理增量房交易11268处、建筑面积132.3万平方米、成交金额46.5亿元,分别比上年减28%、32%、52%。其中,商品房住宅交易3812套、建筑面积55.81万平方米、成交金额47.17亿元,分别比上年减20.45%、17.51%、26.65%;拆迁安置住房交

易4126套、建筑面积50.97万平方米、成交金额9.54亿元,分别比上年减44.46%、42.9%、39.20%。办理存量房交易6621处、建筑面积96.99万平方米、成交金额42.02亿元,分别比上年减29.10%、46.31%、33.65%。其中,二手房住宅交易5982套、建筑面积70.90万平方米、成交金额40.16亿元,分别比上年减26.8%、23.47%、23.29%;交易管理效能不断提升,力推便民服务新举措。在原有实施绿色通道和提供短信告知领取证等便民基础上,强化周六窗口受理机制,增设房产资讯服务值班岗。办证职能移交前,共发证17523处、面积682.37万平方米,完成房产抵押登记11322处、面积628.52万平方米、担保金额154.80亿元。助力实体经济,为企业降成本。在加大企业兼并重组支持力度、清理规范涉企收费等方面取消和降低了几项收费,全年免收费554.24万元,减轻了企业和社会负担。主动衔接,提前介入,确保不动产登记改革顺利实施。重塑业务流程,建设房产交易业务系统。

【物业管理】 市房管部门贯彻落实《江苏省物业管理条例》,结合"物业基础服务年"工作目标,以提升业主满意率为落脚点,督促物业企业诚信履约,规范企业运作,提高物业管理水平。年内,新核准10家物业企业取得三级暂定资质。至年末,全市共有物业企业121家,其中一级3家、二级18家、三级(含三级暂定)99家。新增物业服务项目10个,面积113.36万平方米。指导新成立和换届业主委员会17个。明晰新建物业用房产权33个,面积28670平方米,均达到7‰以上的规定比例。实施新建房屋白蚁防治面积250万平方米,灭治面积880平方米。归集住宅专项维修资金24342万元,受理248起房屋维修申报,核准使用维修资金836万元。举办上岗(继续教育)、项目经理培训、质量体系认证等培训班,累计培训800余人次。开展2012—2013年度前期物业服务项目专项督察。指导金城大厦、江南十二府、阳光怡庭、尚城国际4个物业项目成功创建苏州市优秀物业管理项目。开展动迁安置小区物业管理工作调研,重点对属地管理、物业用房、维修资金缴存标准、考核机制等方面提出参考建议。开展市区老宅维修基金机制调研,就"探索建立市区无维修基金住宅小区建立维修基金机制"课题与经开区(杨舍镇)社会事业局进行专题研讨,探索建立老住宅房屋维修资金的可行性方案。开展全市物管工作专题调研,就当前物业管理中的诸多问题剔除具有针对性的对策和建议。根据政协委员提案,结合相关条例法规和张家港市实际情况,起草《张家港市物业服务企业信用信息管理办法》,在全市物业行业引入诚信管理制度。在承接查验、满意度调查、质量纠纷等物业相关事项中引入第三方评估机制,做到公平、公正、公开,维护和保障各方权益。与城东派出所联动合作,试点平安星级小区创建,指导并提升小区秩序维护员的安放技能,提升物业小区安保水平。

【住房保障】 为了扩大张家港市住房保障覆盖面,做好2016年度住房保障申请受理审核工作,市房管部门对住房保障收入控制标准进行相应调整。一是将低收入家庭收入标准从人均月收入1954元以下调整到人均月收入2109元以下,二是将中等偏低收入家庭收入标准从人均月收入3092元以下调整到人均月收入3375元以下,三是将中低收入家庭收入标准从家庭年收入11.15万元以下调整到11.3万元以下。年内,通过公共租赁住房保障方式已保障中等偏下收入家庭164户,发放住房租金补贴900588元;通过共有产权经济适用住房保障方式保障31户家庭。同时,为了做好住房保障信息公开工作,及时出台《张家港市住房保障信息公开实施细则》,建立健全了以保障政策、房源建设、申请审批、住房分配等信息公开政策,进一步完善全市住房保障政策体系。5月,被誉为"最美保障房"的南桥花苑竣工交付。2016年,张家港市的公租房建设任务为2000套,永联公租房项目2200套基本竣工,超额完成任务目标。

【商品房成交量创新高】 2016年,市房产部门围绕房地产"去库存、稳房价"目标,深入贯彻落实国家、省、苏州市关于房地产工作的各项决策部署,坚持科学调控房地产市场,全市房地产市场在保持总体健康稳定发展的同时,市场信心进一步提振,去化周期明显缩短,体现出"量升价稳,库存速降"的特征。全市商品房累计成交18239套,成交金额228.81亿元,面积248.71万平方米,成交面积比上年增51.07%,创历年新高。全市新建商品住房成交均价每平方米9068元,比上年涨7.54%,按2016年商品房月均成交量20.73万平方米测算,全市商品房去库存周期为11个月(其中住宅6个月),较2015年年末缩短12个月,去库存成效明显。

【物业服务引进"O2O"营销模式】 年内,市房管中心深入开展"互比、互看、互促、互学"活动,提出"外学上市物业公司,内学金新城物业",组织物业公司经理以现场会的形式,观摩学习,查漏补缺。以创优为导向,培育优秀物业企业,通过学习优秀物业企业的管理经验和服务模式,对各物业企业的服务品质提档升级,帮助全市的物业服务企业提高业务水平。以提升业主满意率为目标,督促物业企业扎实做好各项基础性服务工作,引入业主满意度评估、承接查验评估、重大维修方案和质量纠纷评估等第三方评估机制,市房管中心在苏州物业企业诚信管理办法的基础上,结合政协提案和全市物业行业的实际情况,起草《张家港市物业服务企业信用信息管理办法》,建立物业企业诚信档案,旨在通过企业诚信奖惩制度,规范物业服务企业经营行为,促进物业服务行业健康有序发展。同时,促进物业行业转型创新,将物业服务企业打造成业主的"美好生活服务商"。拓展物业衍生服务,给业主生活带来更多便利,加快"乐居生活"等"O2O"物业电商服务平台的落地。年内,全市在各物业小区引入自助洗车场42个、净菜配送点70个。 (戴高乐)

【编辑 张 洁】

服务业

Service Industry

“爱在桃花源”公益活动暨第五届凤凰水蜜桃采摘文化节开幕式　（市旅游局　提供）

服务业综情

商　　业

电子商务

供　　销

粮　　食

专营专卖

旅　　游

张家港年鉴(2017)

扫码欣赏

《不一样的精彩》
旅游宣传视频

服务业综情

【概况】 2016年，全市按照现代化建设的战略部署，落实省、苏州市加快发展服务业的总体要求，强化服务业工作组织领导，突出改革创新，优化部门服务，实现服务业增加值1071.72亿元，比上年增6.19%，高于地区生产总值增速2.27个百分点。服务业增加值占全市地区生产总值比重为46.23%，比上年提高约1个百分点。服务业对地区生产总值增长的贡献率超过70%。服务业入库税收135.89亿元，占全市税收总额的42.8%；服务业公共财政预算收入68.06亿元，占全市总量超35%。年内，全市实现社会消费品零售总额535.16亿元，比上年增8.1%。其中，城镇零售总额461.65亿元，农村零售总额73.51亿元，分别比上年增8.13%和8.2%。社会消费品零售总额按行业分：批发业67.76亿元，比上年增3.96%；零售业389.78亿元，比上年增7.97%；住宿业5.86亿元，比上年增10.15%；餐饮业71.76亿元，比上年增13.26%。

【服务行业发展】 全市服务业分行业发展状况良好，继续呈现健康、规范、有序的发展态势。其中，交通运输、仓储、邮政业年末有在册企业（含个体工商户）7030家，比上年增20.52%；注册资金185.98亿元，比上年增22.05%；从业人员23513人，实现利税6.41亿元。信息传输、计算机服务业年末有在册企业（含个体工商户）915家，比上年增8.03%；注册资金12.42亿元，比上年增29.55%；从业人员4474人，实现利税5515万元。批发和零售业年末有在册企业（含个体工商户）55412家，比上年增11.12%；注册资金563.76亿元，比上年增15.79%；从业人员173986人，实现利税36.31亿元。住宿和餐饮业年末有在册企业（含个体工商户）7578家，比上年增16.14%；注册资金17.09亿元，比上年增11.48%；从业人员22747人，实现利税1.02亿元。金融保险业年末有在册企业（含个体工商户）563家，比上年增5.83%；注册资金127.97亿元，比上年增23.43%；从业人员1076人，实现利税41.77亿元。房地产业年末有在册企业（含个体工商户）638家，比上年增7.95%；注册资金165.7亿元，比上年增16.67%；从业人员6749人，实现利税29.37亿元。租赁和商务服务业年末有在册企业（含个体工商户）4212家，比上年增27.87%；注册资金833.03亿元，比上年增45.07%；从业人员27398人，实现利税12.66亿元。其他服务业年末有企业（含个体工商户）12972家，比上年增22.34%；注册资金551.31亿元，比上年增141.38%；从业人员71401人，实现利税7.78亿元。

【服务业投资】 年内，全市服务业投资339.09亿元，占全市固定资产投资的比重为46.79%。其中生产性服务业投资140亿元。新批外资及港澳台资服务业项目31项，新增服务业注册外资及港澳台资2.07亿美元，到账外资及港澳台资1.71亿美元，分别占全市总额的45.7%和28.5%。至年末，全市经认定的苏州市级以上现代服务业集聚区达到10个，其中省级服务业集聚区3个，在苏州各县市中名列前茅。随着现代服务业集聚区基础设施和服务功能逐渐完善，一批行业知名企业纷纷入驻，部分集聚板块初步形成规模化、集约化发展态势。全市省级服务业名牌累计6个、苏州市级服务业名牌累计10个，4家企业被确定为省级服务业标准化试点单位，5家企业入选江苏省服务业创新示范企业，7家企业入选苏州市服务业创新示范企业，1家服务业企业获张家港市市长质量奖。

【6家企业位列中国服务业企业500强】 9月，由中国企业联合会、中国企业家协会按国际通行方式，经专家委员会审定后排出的2016年中国服务业企业500强公布，全市有6家服务业企业入选，列全省县（市）第一。分别为：江苏国泰国际集团有限公司（第100位）、玖隆钢铁物流有限公司（第111位）、张家港保税区旭江贸易有限公司（第233位）、张家港百维物贸有限公司（第450位）、东华能源股份有限公司（第470位）、张家港保税区荣德贸易有限公司（第492位）。

【“12345”热线评出十佳优秀服务商】 年内，市便民服务中心从“12345”热线加盟服务商中评比十佳优秀服务商，获评者年派单总量需超过500件，每个服务类别最多取两名。最终，市杨舍西城同创锁业服务部（开锁服务类）、市杨舍西城宇航信息服务部（开锁服务类）、市杨舍西城胜利便民服务部（管道疏通类）、市杨舍西城乐百帮搬家家政服务部（搬家送货类）、市杨舍东城便民电脑维修服务中心（硬件维修类）、市杨舍东城卫军便民服务部（水电维修类）、市锦丰镇三兴港饰水电维修部（水电维修类）、市杨舍西城吉利水暖五金商店（管道疏通类）、市悦顺家政服务有限公司（大家电维修类）、张家港交广汽车俱乐部有限公司（汽车救援）获评“十佳优秀服务商”。

（魏春兵）

商　业

【概况】 2016年，市商贸业呈现整体平稳发展态势。全市实现社会消费品零售总额535.16亿元，比上年增8.1%。其中，城镇零售总额461.65亿元，比上年增8.13%；农村零售总额73.51亿元，比上年增8.2%。全市20家重点商贸企业实现零售额48.48亿元，比上年减3.5%。16家重点市场成交额2754.02亿元，比上年增11.51%，其中属全省50强商品交易市场的5家市场实现成交额2627.06亿元，比上年增11.98%。4月2日，2016年张家港长江鲜美食节在南丰镇永联小镇美食街开幕，活动持续至5月5日，全方位多角度展示江鲜美食独特魅力。由于受网店影响，实体商家销售额在上年基础上继续回落。市第一人民商场有限责任公司（包括市新百信超市连锁经营有限公司）、市凯丽百货有限公司、市国际购物中心有限责任公司、市商业大厦有限责任公司四大骨干商场及青岛润泰事业有限公司张家港分公司（大润发市区店）实现销售21.77

亿元，比上年减10.88%。其中，四大骨干商场及其连锁店实现销售17.33亿元，比上年减12.05%；大润发市区店实现销售4.44亿元，比上年减6%。9月27日，长江三角洲城市市场信息协作网第十六次联席会议在泰州召开，张家港市入选“2016年长三角县域商业十强县（市）”，这是张家港市连续第八次获得该项荣誉。

【酒类行业“诚信经营示范单位”创建】 4月，市商务局、市酒类行业协会联合下发《张家港市酒类行业“诚信经营示范单位”创建活动方案》，决定于4月至10月在全市酒类行业开展“诚信经营示范单位”创建活动。此次创建活动旨在弘扬诚信兴商精神，提升酒类行业文明经营水平，培育树立诚信经营典型，推进全市酒类流通秩序规范，带动行业健康发展。方案明确创建主体为市酒类行业协会会员，在张家港市从事酒类的生产经营需具备相应证照和经营场所，按照《中华人民共和国食品安全法》有关要求开展经营活动，服务规范，明码标价，无销售假冒伪劣商品记录、无商业欺诈记录。销售酒类商品有合法进货渠道，可以全过程追溯。创建活动通过材料审核、实地查验、媒体公示等，严把评审关，最终评选出全市酒类行业“诚信经营示范单位”22个。

【肉菜流通追溯体系建设进入运行阶段】 市肉菜流通追溯体系2012年开始建设，累计投入708万元，采用BTO（建设—移交—运营）方式，建成覆盖9家生猪屠宰场、13家农贸市场、6家超市、103个团体消费单位、2家产销对接企业的肉菜追溯体系。2015年11月，系统验收完成，初步形成“来源可查、去向可追、责任可究”的猪肉追溯体系。2016年，主要加强系统运行维护，确保系统运行正常，并制定考核奖励方案。至年末，系统运行维护完成招标，由江苏智慧港城投资发展有限公司中标，负责全市肉菜流通追溯体系的运行维护工作。

【餐饮行业健康发展】 市商务局联合市烹饪技术协会，推动餐饮企业改造，提升服务质量，积极建立品牌意识，全市餐饮行业发展健康有序。年内，张家港双山宾馆有限公司、我爱我家餐饮公司华建店、江南花园酒店3家餐饮企业获评江苏餐饮名店，南丰镇江鲜大酒店获评苏州餐饮业特色名店，曹建林、陆平等15人分别获评注册中国烹饪大师和注册中国烹饪名师的荣誉称号。市商务局还设立商务发展专项资金，对中华餐饮名店、江苏餐饮名店、苏州市餐饮业著名品牌企业及个人荣誉称号获得者予以资金奖励，以支持和引导餐饮企业引进现代经营方式和先进质量管理模式，推动行业持续健康发展。至年末，全市累计有中华餐饮名店4家、江苏餐饮名店15家、苏州市餐饮业著名品牌企业7家。

【沙洲新城大润发项目签约】 12月28日，冶金园和大润发购物广场有限公司签订沙洲新城大润发购物广场项目投资协议。沙洲新城大润发购物广场选址在大南路北侧，华昌路西侧，占地面积1.67公顷，建筑面积4.87万平方米。总投资近3亿元，在大润发大型连锁卖场的基础上配套建设为沙洲新城中高端商业体。经营面积3.6万平方米，其中超市面积1.43万平方米。将引进餐饮零售、休闲娱乐、影视文化等业态。 （杨　璐）

电子商务

【概况】 依托港口、产业和政策优势，全市电子商务企业经过多年的发展，至2016年年末初具规模，电子商务应用能力得到提高，电商产业发展环境得到优化，发展氛围逐步形成。年内，江苏化工品交易中心成交量3178.29万吨，成交额1666.87亿元，有签约交易商1233家，获评省级转型升级示范市场。玖隆电子商务平台交易量452.22万吨，交易额127.07亿元，有会员13752家，获评省级电子商务示范企业。4月，市电子商务产业园正式运营，至年末入驻企业60余家，使用面积近3万平方米，凌巨网络科技公司、亿柏嘉软件技术公司、南商汇互联网科技公司、帷幄网络技术公司等一批优质电子商务企业入驻，初步形成集聚效应，年内市电子商务产业园获评省级电子商务示范园区。8月18日，在苏州工业园区举办江苏一达通运营启动仪式暨江苏跨境电子商务生态峰会。10月13日，在市电子商务产业园举办市电子商务产业园招商推介暨跨境电子商务宣讲活动，通过活动，鼓励支持中小外贸企业发展跨境电子商务，支持外贸综合服务平台，加快电商产业园二期招商工作。

【跨境电子商务】 1月，国务院批复苏州等12个地区设立跨境电子商务综合试验区，张家港市积极参与建设，张家港保税港区被列入苏州跨境电子商务综合试验区首批线下园区名单。依托阿里巴巴、中国制造网、慧聪网等国内知名B2B平台，全市外贸企业积极开展跨境电子商务业务，并形成纺织服装、塑料饮料机械、五金工具等一批特色产业。全市企业在阿里巴巴国际站和中国制造网分别注册会员企业800余家和400余家。一达通、国泰慧贸通等外贸综合服务平台，潘朵电子商务出口B2C业务，全球街进口B2C业务，大洋彼岸跨境电子商务平台、海豚西选进口商品保税店等跨境电子商务平台、企业加快发展。国泰慧贸通公司在南京、上海、苏州、南通、贵阳等地布点，深度参与跨境电商政务和商务等平台开发、仓储物流配送、跨境电子商务综合服务等体系建设，海豚西选开设门店6家，合计1500平方米，线上线下经营品类超2万种，全球街积极推进海外买手制、跨境仓，全年进口销售超1000万元。

【电子商务协会活动】 1月21日，市电子商务协会在沙钢玖隆电子商务公司举行2015年年会，市电子商务协会、市电子商务商会、市电子商务产业园、高校及电子商务企业代表等40余人参会。4月，协会组织市电子商务企业参加在苏州举行的第五届长三角电子商务高峰论坛，鼓励市电子商务企业与国内知名电子商务企业、专家就电子商务热点问题展开交流研讨。10月，协会受市商务局委托，组织开展张家港市级电子商务人才培训

市电子商务产业园 （市商务局 提供）

基地、培训机构资质认定工作，并参与承办市电子商务产业园招商推介暨跨境电子商务宣讲活动。

【电子商务商会活动】 2016年，市电子商务商会新吸收19名企业会员，商会会员增至86名。6月18日，商会举办市电子商务论坛，向商会成员及相关企业普及电子商务知识。7月12日，举办张家港电子商务商会"营改增"专业知识培训，帮助企业应对"营业税改征增值税"政策的重大变革，有效规避税务风险。10月13日，商会协助举办市电子商务产业园招商推介暨跨境电子商务宣讲活动。商会全年走访企业27家，通过会员企业间互相交流，为会员搭建实质交流平台，得到广大会员赞许。

【电商人才培育】 2016年，为加快推进全市电子商务人才培育，正面引导电子商务人才培训基地、培训机构建设，市商务局会同市电子商务协会开展市级电子商务人才培训基地、培训机构资质认定工作。经评审，沙洲职业工学院、张家港开放大学、江苏科技大学苏州理工学院获评市级电子商务人才培训基地，苏州凌巨网络科技有限公司获评市级电子商务人才培训机构。沙洲职业工学院全年培训跨境电子商务人才200余人，其中协议对口就业近70人。张家港开放大学开设有电子商务专业，与市老车电子商务公司、凌巨网络科技公司等企业建立长期合作关系，与南京瀚海企业管理有限公司就跨境电子商务人才培训开展深度合作。年内，张家港开放大学与市老车电子商务公司合作，组织29名学生参加电子商务美工培训，24名学生以电子商务美工专业实现就业。

（杨 璐）

供 销

【概况】 市供销合作总社下辖18个基层单位，其中公司7家、工厂2家、学校1所、基层供销社8个，有在职职工（包括转制企业职工）358人。2016年，完成工商企业销售收入92.81亿元，消费品零售额24.82亿元，工商企业入库税费992万元，市场成交额61.62亿元。探索开展基层供销社恢复重建工作，与乐余镇联合成立乐源农业社会化服务合作联社，吸收改造乐余供销社，作为创建"三体两强"（自主经营实体、农民社员主体、合作经济联合体，综合实力强、为农服务能力强）基层社的试点。乐源农业社会化服务合作联社由乐余镇政府和市供销合作总社各持股65%和35%，注册资本500万元，与乐余供销社实行一套班子两块牌子管理，年内完成工商登记注册和人事、财务归并工作。2016年，市供销合作总社在苏州市供销社年度目标考核中获评优胜单位，总社机关被张家港市委、市政府评为文明机关，下属青草巷农副产品批发市场被评为市先进文明单位，3个基层单位被评为市文明单位。

【为农服务】 年内，市供销合作总社对原建三星级为农服务社进行改造提升，完成改造提升2家。做好农药集中配送工作，重新核准种植信息，确保集中配送准确率；完善电子信息平台管理，确保信息完整性；加强百分制考核，确保配送规范运行。全年完成农药配送销售3759.04万元，其中粮食作物农药2813.05万元、果蔬作物农药803.6万元、园林绿化用药142.39万元，粮食作物和果蔬作物农药配送率分别超97%和90%。兽（渔）药、爱卫消杀用药集中配送正常进行。围绕全市"增产、经济、环保"施肥策略和水稻"控氮、稳磷、补钾"、小麦"控氮、稳钾、补磷"施肥原则，开展测土配方肥推广的研究、论证、实施各项准备工作。2月，市政府印发《关于测土配方肥推广的实施意见》。3月，市农委、财政局、物价局和供销总社联合印发《张家港市测土配方肥推广实施细则》，规定配送肥统一按市场价每吨下浮300元销售给农户，并将配送工作纳入农业先进镇考核指标范围。4月，完成水稻测土肥招标；5月，开始实施测土肥配送工作，配送水稻基肥7243.4吨。下半年，顺利实施小麦基肥招标、配送工作，配送量6607.8吨。此举为科学、精准、减量施肥，改善耕地质量，减轻农业面污染，促进农业节本增效，提升农业综合生产能力。加快"智慧农资"建设，推进和完善农资仓储物流基础设施建设，完善1个农资物流储备配送中心，强化8个基层中心配送点，优化23个基层配送站点，依托各村为合作伙伴逐步建设农资连锁配送网络体系。

【青草巷市场抓农产品质量获市委书记批示】 年内，市青草巷农副产品批发市场以创建农产品质量安全示范市为抓手，强化农产品质量安全监管。加大对市场商户宣传教育引导工作，严格履行食品索证索票制度和台账登记制度。加强农产品质量检测，扩大检测覆盖面，提高抽检率，确保不合格农产品及时发现，及时销毁。全年累计检测样品43304批次，合格43286批次，不合格18批次，其中夜间10批次、白天8批次，总合格率99.96%；速测48899批次，不合格2批次。销毁不合格农产品910千克，涉及9个品种、8个当事人。加大食品安全知识宣传力度，通过自办与联办相结合等多种方式做好农产品安全知识普及推广工作，共发放《中华人民共和国农产品质量安全法》《江苏省农产品质量安全条例》《农副产品安全知识100问》等宣传资料3000份，义务检测100余批次，接受市民现场咨询300余人次。3月15日，市委书记姚林荣对市场农产品质量联合执法管理五年中的工作给予充分肯定，并作出批示："联合执法工作成效明显，食品安全社会高度关注，望不断创新做法，提升监管水平，争创依法治理、综合治理个案经验"。

【青草巷市场农副产品交易突破60亿元】 年内，市供销合作总社以"新网工程"为抓手，推进市青草巷农副产品批发市场建设。完善市场服务功能，根据市场搬迁后运营情况，对市场经营布局作出科学、合理调整。重点加强市场商贸街的功能定位和零售菜市场经营结构布局配置与调整，拓展进口海鲜销售业务，理顺肉类批发业务，丰富农副产品种类。其中，3月鲜猪肉批发业务开始营业，起初交易清淡，经不断调整改进完善，至年末日均销售400余头，约占全市猪肉批发业务三分之一，成为青草巷市场较为成熟的批发业务之一。农产品配送工作求突破，探索常阴沙现代农业示范园区农产品配送网络建设，实现市场农产品配送业务零突破。市场全年实现农副产品市场交易额61.62亿元，比上年增13.11%，实现利润2536万元。其中，张家港当地农产品市场交易额完成13.34亿元，比上年增1.34%。

（张　健）

粮　食

【概况】 年末，全市粮食系统有独立核算单位16个，在岗职工190人，其中市粮食局机关有干部职工21人。年内，市粮食部门稳收购，强储备，全面落实粮食安全责任制，筑牢粮食安全防线。全市粮油工业列入统计的企业共11家，主要为东海粮油工业（张家港）有限公司、路易达孚（霸州）饲料蛋白有限公司张家港分公司、益江（张家港）粮油工业有限公司、市恒泰面粉制品有限公司、市华丰油脂有限公司等。其中，省级龙头企业2家，外商投资企业1家，苏州市级龙头企业4家。全市粮油工业完成总产值180亿元，完成产品销售收入189亿元，实现利税2.7亿元，大米总产量4.4万吨，面粉总产量17.5万吨，油脂总产量124万吨，豆粕总产量210万吨，饲料总产量14.8万吨。市粮食局获评江苏省粮食行业安全生产先进集体，在苏州市粮食系统目标管理考核中名列首位，在张家港市市级机关绩效考核中获评综合贡献奖，系统内4个单位被评为市文明单位。市粮食购销总公司获第六届中国粮油榜主奖项"中国百佳粮油企业"称号。

【粮食收购储备】 2016年，市粮食部门科学谋划收购方案，落实各项措施，严格执行国家和地方粮食收购政策，发挥国有粮企收购主渠道作用，较好完成两季收购工作。全年收购入库粮食13.32万吨，其中小麦4.5万吨、水稻8.82万吨，总量列苏州县市第一。为应对市场风险，保护粮农利益，启动稻谷最低价收购预案，收购托市稻谷2.35万吨。继续落实小麦、稻谷收购价外补贴政策，收购价外补贴小麦2.27万吨、稻谷7.12万吨。按照《苏州市地方储备粮管理办法》规定，完成5.6万吨地方储备粮（原粮）收储及轮换工作，全面推广绿色储粮新技术，保障储备粮品质良好。新增并落实2590吨地方成品粮储备计划。指导地方储备粮承储企业规范运作，保障粮食数量、质量双重安全。

【粮安工程】 年内，粮安工程持续推进。4月，总投资443万元的沙洲中心粮库信息化、智能化升级项目开工建设，项目包括智能仓窗控制系统、多功能粮情检测系统、库区智能安防系统、综合布线控制系统及低温储粮控制系统在内的"五位一体"信息化系统。同时，市粮食局对港口储备库、乘航储备库同步进行信息化粮库改造，在此基础上，建成覆盖全市骨干粮库的市级粮食流通监管平台，实现粮库数据采集和监管实时化、网络化、精准化。至年末，项目全部完成，计划2017年实现与苏州市级平台全面对接。该项目获评江苏省粮库智能化市级示范项目。11月21日，市政府第32次常务会议集体讨论审议通过《张家港市粮食安全保障体系建设"十三五"规划》，12月9日，市政府印发该规划。

【收储库点详规公布】 年内，为更好适应全市社会、经济发展和城市总体规划调整变化需要，市粮食局联合南京城市与交通规划设计研究院共同制定《张家港市粮食物流收储供应库点规划及部分点位控制详细规划（2016—2030）》。11月14日，《市　政府关于同意张家港市粮食物流收储库点规划及部分点位控制性详细规划的批复》下发，规划对锦丰沙洲中心粮库（三期）、周家桥粮库、新妙桥粮库和港口粮库等建设项目进行重新布局，形成全市粮食物流收储供应库点近期规划（2016—2020年）和远期规划（2020—2030年）。规划合理调整原有仓储结构，制订新建库点建设计划，进一步引导和推广使用低温烘干、数字保粮等现代收储技术，提升粮食仓储物流科技水平。

（严景阳　孙　颖）

专营专卖

【烟草经营】 2016年，市烟草专卖局（苏州市烟草公司张家港分公司）围绕"规范、创新、发展"工作主线，深入实践"楷模"战略，在营销服务、市场监管、内部管理等方面取得较好成绩，获得省文明单位、市文明单位、市劳动和谐企业等荣誉。全年实现卷烟销售5.23万箱，销售收入17.24亿元，利税5.99亿元、利润4.85亿元，利税、利润分别比上年增6.44%和5.46%。严厉打击卷烟贩假售假行为，强化与公检法的联合打假力度，查处案件131起，查获违法卷烟40478.9条，总案值962.16万元，罚没变价款109.52万元。查获并查证5万元以上案件46起，其中50万元以上案件4起。移送司法机关案件中，被判刑7人、拘留4人。上报2015年“9·23”、2014年“9·25”、2014年“7·7”三起假烟网络案，其中2014年“9·25”案件被确认为2016年度国标假烟网络案件，市烟草专卖局获省烟草专卖局嘉奖4次。受理新办卷烟零售许可证申请574份、延续1143份、变更30份、恢复18份、注销525份，复查新办证32起，正常持证户5292户，无1起行政许可撤销或败诉。

（封晓庆）

【盐业经营】 2016年，江苏省苏盐连锁有限公司张家港分公司（市盐务管理局）紧扣“加快转型发展”工作主题，积极推进市场化改革，被评为市文明单位。全年销售小包装食盐6702吨，品种盐结构占比90%。以食盐安全为首要责任，坚持以维持市场秩序稳定为根本出发点，主动强化与公、检、法以及市场监管、卫生等部门联动协作，“4·29”张家港工业盐入侵食盐市场案完成判决。发挥管销结合作用，重点对企事业单位食堂、餐饮团膳公司、卤菜腌制加工点进行重点检查，开展“元旦春节”“五一端午”“中秋国庆”等两节期间的雷霆行动，打击食盐违法违规行为。全年出动执法人员1034人次，出动执法车辆412辆次，检查单位9954个，查处涉盐违法案件97起，收缴违法盐产品4.06吨。

（张 磊）

【石油经营】 2016年，全市有中国石化销售有限公司江苏苏州张家港石油分公司、中国石油天然气股份有限公司江苏苏州张家港分公司、省中油泰富石油集团有限公司等石油经营单位110个。中国石化销售有限公司江苏苏州张家港石油分公司年末有加油站33家，全年实现成品油销售总量25.78万吨，比上年减7.13%。其中，加油站零售量21.84万吨，比上年减7.79%；直分销3.94万吨，比上年减3.24%；润滑油2100吨，比上年增5%；实现非油品销售总额5380万元，比上年增9%。年内，为完善零售网络布局，先后与兆丰站、大新站、常阴沙站、华芳站达成五年合作经营协议，并于7月、8月、12月先后完成贯标改造并正式营业。中国石油天然气股份有限公司江苏苏州张家港分公司年末有加油站8家，全年实现加油站油品销售2.6万吨，实现非油品收入442万元。中油泰富石油集团有限公司年末有加油站11家，实现油品销售4.96万吨。

【中海油与中油泰富石油集团启动战略合作】 3月3日，中海油销售江苏有限公司与中油泰富石油集团有限公司全面推进战略合作启动仪式在张家港市举行。2014年6月18日，中海油销售江苏公司与中油泰富公司在北京签署《加油站合作经营管理合同》，这是中油泰富公司正式面向社会开展中国海油加油站特许经营。此次合作是双方进一步全面深度的战略合作。至2016年2月末，中油泰富公司先后分三批将张家港及周边的16座加油站纳入合作经营范围，中海油销售公司对合作经营加油站采用最严格的管理制度，实行统一标识、全额配送、专库储存、专车配送，确保高质量油品供应油站。 （顾 艳 郭建平）

旅 游

【概况】 2016年，全市旅游业接待游客913.57万人次，旅游总收入138.29亿元，比上年增11.9%。暨阳湖欢乐世界、江南农耕文化园、凤凰山景区、香山景区和双山岛旅游度假区5个收费景区门票收入2673.27万元，景区营业收入10407.88万元。年内，全市在建涉旅项目8项，计划投资33.75亿元，完成投资35.32亿元。以全域旅游的发展思路，坚持融合发展，推动旅游业发展与文化、科技、体育、健康养生、现代工农业等相关产业融合发展，丰富景区内涵，提升景区品质，打造景区个性品牌，提升旅游产业实力和竞争力。4月，张家港幸运金属工艺品有限公司金属錾刻工艺品镀银三件套咖啡杯获2015年苏州市旅游商品实物大赛金奖。6月，暨阳湖生态旅游区创建成国家AAAA级旅游景区。加大政策保障力度，《旅游业全面提升三年行动计划（2016—2018年）》和《旅游业发展奖励补助办法》出台。加大旅游产品开发：春季，编制“游花海、品江鲜”春游乡村精品线路；夏季，打造“清凉一夏”旅游概念；秋季，开展以“金秋港城、鲜来乐”为主题的旅游活动。强化依法治旅，整治破坏旅游市场违法违规行为。下半年，联合市公安、交通、城管、市场监督、物价、住建、民宗等部门组成联合督察组，开展为期半年的旅游市场秩序专项整治活动。落实旅行社旅游服务质量“红黑榜”名单公示制度，建立健全旅游市场秩序长效管理机制，全年受理旅游投诉14起。拓展投融资渠道，成立市旅游发展有限公司，初步实现对全市旅游项目作全方位策划、包装和运营。坚持文明与旅游同行，常态化融入文明旅游引导和志愿服务活动，提升旅游从业者和游客的道德文明素养和诚信守法意识。4月11日，省文明旅游倡导工程暨“为中国加分”文明旅游公益行动（江苏）及省文明旅游工作推进会在张家港市举行。

【星级饭店建设】 年内，锦港宾馆、机关宾馆和华芳园酒店被取消三星级旅游饭店资格，凯悦大酒店更名为汀悦大酒店。至年末，全市有旅游星级饭店9家，其中五星级3家、四星级3家、三星级3家。全年累计接待人数33.84万人次，比上年增11.35%，其中境外游客3.54万人次，比上年减2.68%；营业收入46763.81万元，比上年减3%；客房平均出租率49.39%，比上年提高2.4个百分点。6家星级饭店通过星级复评。市旅游局组织宾馆饭店开展“温馨港城——酒店客房试睡”活动，18家酒店推出22种试睡房型，共4116人报名，31位试睡员参与酒店客房试睡，6932人参与“十佳特色客房”投票评选活动，产生11个十佳特色客房，整个活动微信平台总关注量超过7万人次。

2016年张家港市星级旅游饭店一览表

表42

单位名称	星级	总经理	地址	电话
国贸酒店	五星级	孙岩纹	杨舍镇人民中路42号	58817788
馨苑度假村		金建亚	杨舍镇长安南路279号	58818888
华芳金陵国际酒店		张 燕	杨舍镇长安路388号	58811888
沙洲宾馆	四星级	王义东	杨舍镇暨阳中路170号	58810888
江南花园酒店		毛惠成	金港镇长江中路132号	58709999
长江大酒店		陈秋霞	金港镇长江西路99号	56908588
兴塍苑宾馆	三星级	顾建忠	金港镇后塍文星路2号	58771688
景海宾馆		郭争峥	杨舍镇海关路2号	58695777
汀悦大酒店		李 新	金港镇江海北路5号	58336688

【旅行社建设】 年内，全市新增运通旅行社、震宇旅行社、嬉悦旅行社等3家旅行社。至年末，有旅行社37家，其中国际旅行社2家，在册导游187人。有星级旅行社10家，其中省四星级旅行社2家，为国泰国际旅行社和华泰旅行社，省三星级旅行社8家，星级旅行社总数和质量均排在苏州县级市前列。全年累计组团人数12.51万人次，比上年增4.77%；地接人数7.47万人次，比上年增9.33%；旅游业营业总收入1.95亿元，比上年减5.54%。年内，市旅游局安排导游员（讲解员）到香山景区、凤凰山景区、永联景区进行为期1天的实地体验，并举办“行行出状元”市第四届职业技能导游员（讲解员）风采展示大赛暨“张家港好导游”评选活动。

2016年张家港市旅行社一览表

表43

旅行社名称	星级	地址	法人代表	公司电话
国泰国际旅行社	四星级	杨舍镇人民中路国泰时代广场底楼A座	邱 敏	58796855
华泰旅行社	四星级	杨舍镇人民中路50号恒隆大厦C座	张德华	58683999
永安国内旅行社	三星级	杨舍镇长安南路84号	季德元	58231100
山水假日旅行社	三星级	杨舍镇城北路178号华芳国际大厦721室	袁志军	58181820
亚博旅行社	三星级	杨舍镇湾士岸一村一幢4号门面	卢亚娟	58283665
康辉旅行社	三星级	杨舍镇南环路115号	朱敏华	58159511
观光世界旅行社	三星级	杨舍镇龙潭路259号	钱 胜	58234062
华夏旅行社	三星级	杨舍镇环城南路18号	陈叶华	58179960
园林旅行社	三星级	杨舍镇公园路160号	陈建红	58177200
环宇旅行社	三星级	杨舍镇港城大道150号	刘碧云	35007577
金港国内旅行社	—	杨舍镇花园浜141号	孙 健	58339850
风光旅行社	—	杨舍镇龙潭路241号	陈浩荣	58225613
新华旅行社	—	杨舍镇暨阳东路131号	刘亚芹	58156720
东方旅行社	—	杨舍镇通运新村59幢4号	陆彩芹	58911186
金辉旅行社	—	杨舍镇沙洲东路202号	许鸽亮	58152260
康泰旅行社	—	杨舍镇暨阳中路13号	余 健	58156366
中青旅旅行社	—	杨舍镇长安中路290号	许梦华	58177581
梁丰旅行社	—	杨舍镇杨舍西街102号港发商场618室	王 娜	58231111
沙洲旅行社	—	杨舍镇暨阳东路205号	蔡丽娜	58791622
中航假日旅行社	—	杨舍镇东环路华夏银行对面百信超市二楼	徐 伟	56303060
江南旅行社	—	杨舍镇新农路131号	张 炜	58792558
阳光假日会务旅行社	—	杨舍镇玉兰路186号	邱洁萍	56356801

续表43

旅行社名称	星 级	地 址	法人代表	公司电话
长江润发（张家港）旅行社	—	金港镇长江西路98号	郁小芳	58318515
永联旅行社	—	南丰镇永联小镇	张广密	58906586
天天旅游集散旅行社	—	杨舍镇人民中路50号恒隆大厦	张德华	58683999
港城旅行社	—	杨舍镇河西南路18号	徐 刚	58261950
东渡旅行社	—	杨舍镇华昌南路3号	黄建强	56901668
光大旅行社	—	杨舍镇南环路沙洲中学北斜对面	陆 锋	58118680
港中旅旅行社	—	杨舍镇市游泳馆底楼东侧	李 成	58233133
春秋旅行社	—	大新镇假日宾馆对面	孔 静	35005288
国贸旅行社	—	杨舍镇人民路2幢	孙岩纹	58817187
海天旅行社	—	杨舍镇锦绣阳光公寓3、4幢商铺	柳新江	58125885
万豪旅行社	—	杨舍镇暨阳中路426号	姚娟芬	58911753
华辰旅行社	—	杨舍镇永安路994-996号	张 敏	58981096
运通旅行社	—	杨舍镇南苑新村253幢2号门面	袁中廷	58288815
震宇旅行社	—	乐余镇交通新村	黄海兵	56715001
嬉悦旅行社	—	杨舍镇华昌路3号美居酒店4009室	张 樊	58551992

【农业生态旅游】 年内，全市结合美丽乡村建设，将改善乡村环境与带动旅游、休闲等产业发展有机结合，将现代农业、现代工业、特色产业与旅游发展有机融合，因地制宜，分类打造特色旅游乡村，形成“四季河阳，美丽凤凰”乡村游、“翩蝶舞花海，春满常阴沙”油菜花节、“金秋田野，稻菽飘香”采摘节、香山梅花节、江鲜美食节等系列乡村旅游品牌。田园风光亲子度假村、启园农庄创建城省四星级乡村旅游区，初见香草园、雅农生态园创建为省三星级乡村旅游区，凤凰休闲农业园创建为省自驾游基地。至年末，全市有省四星级乡村旅游区7个、省三星级乡村旅游区4个、省工业旅游点2个、省级自驾游基地3个、苏州市五星级农家乐4个。年内，凤凰山景区主打“四季河阳·美丽凤凰”旅游品牌，先后开展2016年凤凰桃花节开幕式暨“穿越千年，寻梦江南”古装女神评选活动、“中新·莺山桃花源”摄影联谊赛、凤凰旅游节暨第三届凤凰湖短程马拉松赛活动、“甜蜜一夏、乐享凤凰”第五届凤凰水蜜桃采摘文化节、2016年“环球小姐”大赛暨凤凰旅游形象大使选拔活动、2016年“桃王”争霸赛及第三届最强吃货系列活动、“凤凰水蜜桃杯”2016年张家港优质农产品资源（南京）博览会、凤凰温泉美食节“沙洲老味道”凤凰老八样厨艺烹饪PK大赛等，全年接待游客95万人次。常阴沙生态农业旅游区举办以船游花海、亲子拓展游戏、田园风情马拉松赛为主要内容的第四届油菜花节和以“金秋丰收季”为主题的第五届金秋乡村欢乐游，全年接待游客41万人次。凤凰休闲农业园（原飞翔休闲农业园）集教学、采摘、旅游、休闲、度假、服务于一体，占地166.67公顷，内有休闲垂钓区、精品梨园等景点，所有景观设施采用开放式建筑设计，园内绿化率90%。年内投入200余万元，新建凤凰豆腐生产基地、战狼户外拓展基地、自驾游露营基地及相关配套设施。开展凤凰蜜梨采摘节、户外拓展训练等活动，全年接待游客18.2万人次，旅游收入542万元。金沙洲生态乐园举办庆六一、烤全羊节、薰衣草节、啤酒节和短程马拉松、千人健身跑、音乐会等活动，全年接待游客10万人次。启园生态农业观光园是集观光旅游、农家餐厅、休闲垂钓、水果采摘、农事体验于一体的现代化新型休闲观光农庄，年内开展以垂钓采摘为主的活动，全年接待游客3万人次。雅农生态园以餐饮、住宿、垂钓、观光休闲为主，全年接待游客8万人次。七彩莲园是集九品香莲生态种植等为主的乡村旅游观光景点，年内举办垂钓、亲子捕鱼、射箭、书院书法比赛、花海摄影等活动，全年接待游客6000人次。静湖驿马术俱乐部隶属于江苏尚杰贸易有限公司，是苏州地区最具规模、最专业的马术培训俱乐部，致力推广英式马术运动文化，主要开展马术骑乘体验的特色人文旅游项目，全年接待游客2万人次。梦田生态农庄田以垂钓、养殖、餐饮等项目为主，年内开展帐篷节、青少年拓展、游泳节、相亲会等系列特色活动，全年接待游客1万人次。朴墅庭院通过改造，成为一家集原创主题咖啡体验馆、主题派对设计策划、文艺书吧、各类文创艺术培训沙龙分享会于一体的文艺创意休闲社区，全年接待游客1万人次。

（戴志钊）

【大南水街开街】 1月1日，位于锦丰·沙洲新城核心地段的大南水街正式开街。水街紧邻中央公园、滨河公园以及湖滨世家等大型商住小区，占地5.2公顷，全长700余米，总建筑面积5.2万平方米，其中地下室1万平方米，停车位约300个，是以大南河为依托，由27幢江南古典特色的建筑单体组成，融入滨水廊桥、街巷里弄等元素，集特色餐饮、娱乐、观光、休闲、文化于一体的园林化滨水休闲商业街，规划定位为沙洲新城的重要城市名片。2014年3月启动招商，至2015年年末，有中影国际影城、银河洗浴中心、A8酒吧、聚丰茶楼、旺角小馆、沈家门渔港、中华清真馆、欢乐频道动漫城、一品皇家美食城、一品皇家快捷酒店、上海嘉年华游乐城等30余家主力商家入驻，涵盖餐饮、酒店、影院、KTV、洗浴、儿童娱乐、早教、酒吧、茶楼等多种业态，满足消费者“吃喝玩乐”一站式休闲娱乐需求。2016年，大南水街新增经营单位6个，累计28个，年营业额2090万元。

（徐　平）

【苏州江南农耕文化园搭车“互联网+”】

苏州江南农耕文化园2010年开园，是按照“缩小比例的江南水乡，功能丰富的休闲农庄，农耕主题的文化走廊”总体设想进行建设的。农耕园分为十大功能区域，有农耕历史区、土地整理区、江南养殖区、农家休闲区、江南作坊区、农耕谚语区、农户设施区、生肖区、儿童游乐区、水上乐园等，是包括了休闲游乐、生活体验、观光游览等多功能的乡村旅游综合体，为国家AAAA级景区，也是一家省四星级乡村旅游区。在旅游呈现散客化、“私人订制”趋势下，单一化的旅游产品将被多元化、个性化旅游产品替代。旅游大数据技术、“互联网+”智慧旅游应用建设平台，可以整合行业上下游产业链资源，打造以“苏式生活”为导向的休闲旅游，全力推进全域旅游。2016年2月，苏州江南农耕文化园与广州骇特商务咨询有限公司“驴迹智慧旅游综合平台”签署战略合作协议，开启休闲旅游新时代，提升游客的旅游舒适度和满意度，为游客创造更好的旅游体验。全年通过该平台向游客推介苏州江南农耕文化园及永联小镇的特色旅游项目，同时游客可以在该平台订票并取得门票优惠。至年末，借助平台农耕文化园增加游客3.2万人，增收200万元。（徐永方）

2016年年末张家港市省级以上旅游景区一览表

表44

类　别	景区名称	景区级别	地　　址	电　话
国家A级以上旅游景区	凤凰山景区	AAAA	凤凰镇金谷路9号	58451336
	永联小镇景区（含苏州江南农耕文化园）	AAAA	南丰镇永联村	58906066
	香山景区	AAAA	金港镇望江路	58379500
	暨阳湖生态旅游区	AAAA	杨舍镇金港大道	58268697
	东渡苑景区	AAA	塘桥镇鹿苑办事处	58112400
	常阴沙生态农业旅游区	AAA	常阴沙现代农业示范园区通江路3号	58633707
	梁丰生态园	AAA	杨舍镇沙洲东路	56992302
	张家港公园	AA	杨舍镇金港大道	56992302
省工业旅游点	江苏大唐纺织有限公司	省工业旅游示范点	塘桥镇花园开发区	58351128
	江苏永钢集团有限公司	省工业旅游示范点	南丰镇永联村	58906066
省星级乡村旅游区	苏州江南农耕文化园	省四星级	南丰镇永联村	58906060
	震宇生态园	省四星级	常阴沙现代农业示范园区常西社区	58640502
	金麦穗生态农庄	省四星级	杨舍镇河头村	58166385
	常阴沙生态农业度假区	省四星级	常阴沙现代农业示范园区通江路3号	58633707
	凤凰（飞翔）休闲农业园	省四星级	凤凰镇高庄村	58406023
	启园农庄	省四星级	塘桥镇欧桥村	58412515
	田园风光亲子度假村	省四星级	锦丰镇光明村	56962290
	梁丰生态牧业文化园	省三星级	常阴沙现代农业示范园区走马塘工程七干河闸旁	58180120
	福满源生态农庄	省三星级	金港镇朱家宕村	58543312
	初见香草园	省三星级	锦丰镇环新北路	58518128
	雅农生态园	省三星级	塘桥镇妙丰路	58417068
省级旅游度假区	双山岛旅游度假区	省级	金港镇长江中路177号	58305066
省自驾游基地	凤凰山景区	省自驾游基地	凤凰镇金谷路9号	58451336
	震宇生态园	省自驾游基地	常阴沙现代农业示范园区常西社区	58640502
	凤凰休闲农业园	省自驾游基地	凤凰镇高庄村	58406023

【编辑　朱永平】

市场·物流

Markets & Logistics

玖隆钢铁物流园外景　（冶金园　提供）

市　场
物　流

市　场

【概况】 2016年年末，全市有经张家港市市场监督管理局核准登记的各类市场85家，其中消费品市场69家、生产资料市场13家、生产要素市场3家。全年成交额183.32亿元，消费品市场成交额超1亿元的有20家。各类市场中，有国家级农村文明集市（市场）1家，为塘桥综合市场；有省级文明诚信集市（市场）5家，分别为塘桥综合市场、江南建材商贸城、市人才市场、城北菜场、万红新区集贸市场；有苏州级文明诚信集市（市场）20家。年内，市市场监督管理局共举办市场负责人培训2场次，开展市场专项整治4次。

消费品市场 全市有消费品市场69家。占地总面积45万平方米，建筑总面积41万平方米，经营户4580户。全年成交额145.27亿元，其中农副产品综合市场成交额128.96亿元，工业品市场成交额16.31亿元。成交额超1亿元的有20家，与上年持平。

生产资料市场 市生产资料市场主要经营化工、钢材、建材、汽车、木材、纺织原料、粮油、五金、家具、小商品及国际消费品等。成交额超100亿元的有4家，分别为玖隆物流园、江苏化工品交易中心、保税区纺织原料市场和保税区进口消费品市场，成交额分别为1250.2亿元、2239.06亿元、332.84亿元和318.49亿元；在张家港市市场监督管理局登记的13家市场成交额2284.89亿元（不含市木材市场和盐铁塘钢材交易市场数据）。

生产要素市场 市生产要素市场分别为市人才市场、市技术市场、市人力资源市场和市房地产市场。其中，市人才市场全年举办固定人才集市71期，进场设摊单位3546个，提供就业岗位62216个，平均每场提供就业岗位876个。进场求职44879人次，达成招聘意向8万人次。全年接收人事档案5575份，新增人事代理单位103个，新增人事代理1864人，为73家企业派遣各类人才1111人。“张家港人才网”新增网上会员单位2467个，全年发布招聘岗位57453个，入库求职简历33090份，网站平均每天流量8.5万人次，年流量3109万人次。市技术市场全年认定备案技术贸易合同181个，技术贸易合同额4.01亿元，比上年增17.9%。市人力资源市场全年登记用人单位1017个，提供岗位65241个，求职登记19462人，推荐介绍18817人次，成功就业人13925次。举办“劳动力交流洽谈会”72期，组织5065个单位进场招聘，为求职者提供岗位71626个，进场求职42293人，达成意向29616人。多媒体自助求职系统点击率12309人次，自助求职7935人。市房地产市场全年完成各类房产交易18055笔、建筑面积254.98万平方米、成交金额109.73亿元。办理增量房交易11268处、建筑面积132.30万平方米、成交金额46.5亿元，分别比上年减28%、32%、52%（其中商品房住宅交易3812套、建筑面积55.81万平方米、成交金额47.17亿元，分别比上年减20.45%、17.51%、26.65%；拆迁安置住房交易4126套、建筑面积50.97万平方米、成交金额9.54亿元，分别比上年减44.46%、42.9%、39.20%）；办理存量房交易6621处、建筑面积96.99万平方米、成交金额42.02亿元，分别比上年减29.10%、46.31%、33.65%。其中，二手房住宅交易5982套、建筑面积70.9万平方米、成交金额40.16亿元，分别比上年减26.8%、23.47%、23.29%；全年完成不动产登记发证17523处、面积682.37万平方米，完成房产抵押登记11322处、面积628.52万平方米、担保金额154.8亿元。

2016年张家港市成交额超1亿元消费品市场一览表

表45

市场名称	主办者	营业地址	建办时间（年）	投资额（万元）	固定经营户（户）	年成交额（亿元）
第一集贸市场	张家港市第一集贸市场有限公司	杨舍镇梁丰路270号	1979	3600	334	18.70
塘市农贸市场	杨舍镇资产经营公司	杨舍镇塘市办事处镇中路	2005	300	118	1.06
东莱农贸市场	杨舍镇农贸市场有限公司	杨舍镇东莱办事处电厂路	2005	180	98	1.70
金港农贸市场	葛顶峰	金港镇双龙南路	1983	480	217	3.27
后塍综合市场	季叶清、周清	金港镇后塍西墩路	1985	800	160	1.25
中兴农贸市场	张家港保税区金港资产经营有限公司	金港镇中兴办事处	2005	300	78	1.38
元丰菜场	个人独资	金港镇德积办事处	2005	3000	169	2.35
张家港市青草巷农副产品批发市场	张家港市土产果品总公司	锦丰镇洪桥村	1995	8000	289	61.70
合兴集贸市场	锦丰镇资产经营公司	锦丰镇合兴办事处	2005	500	105	1.02
三兴农贸市场	锦丰镇资产经营公司	锦丰镇三兴办事处	2005	138	65	1.30

续表45

市场名称	主办者	营业地址	建办时间（年）	投资额（万元）	固定经营户（户）	年成交额（亿元）
张家港市新天地市场	华建房地产开发有限公司	锦丰镇锦店路新天地2幢	2007	3000	308	4.06
塘桥综合市场	塘桥镇资产经营公司	塘桥镇镇中路5至7号	1985	480	385	4.84
塘桥镇妙桥综合市场	塘桥镇资产经营公司	塘桥镇妙桥办事处市场街	2005	380	110	2.30
鹿苑综合市场	塘桥镇资产经营公司	塘桥镇鹿苑人民北路	2005	800	58	1.98
西张农副产品综合市场	凤凰镇资产经营公司	凤凰镇金谷小区	2005	500	65	1.92
凤凰农副产品综合市场	凤凰镇资产经营公司	凤凰镇凤凰办事处	2005	420	45	1.60
港口农副产品综合市场	凤凰镇资产经营公司	凤凰镇港口办事处	2006	360	64	1.61
乐余农贸商城	乐余镇资产经营公司	乐余镇乐富路	2005	1300	130	1.69
兆丰农贸市场	张家港市市场服务中心有限公司	乐余镇育才西路	2005	350	53	1.08
南丰集贸市场	南丰镇资产经营公司	南丰镇	2005	110	150	1.75

2016年在张家港市市场监督管理局登记的生产资料市场一览表

表46

市场名称	主办者	营业地址	建办时间（年）	投资额（万元）	年成交额（亿元）
张家港市木材市场	金沙村经济合作社	杨舍镇晨阳街道	1997	19.00	—
张家港市化工原料交易市场	张家港保税区金港资产经营有限公司	金港镇香山北侧	2001	598.90	2239.06
张家港市盐铁塘钢材交易市场	张家港市恒泰港务有限责任公司	杨舍镇东二环路	2002	541.20	—
张家港市新世纪建筑装饰材料批发市场	张家港市金泰建筑装饰材料贸易有限公司	凤凰镇港口街道	2002	1280.00	1.69
张家港九洲家居装饰城市场	九洲家居装饰城（市场）有限公司	杨舍镇金港大道	2003	2030.00	7.20
江南建材商贸城	滩上村工贸实业总公司、金港镇滩上村民委员会	金港镇后塍办事处袁家桥村	2005	8500.00	10.84
鑫香山金属材料市场	江苏丰立集团有限公司、江苏鑫香山金属材料有限公司	金港镇南沙办事处	2006	5000.00	0.40
张家港市安吉旧机动车交易市场	袁卫民、袁卫华、袁向华	杨舍镇长安北路	2007	200.00	3.50
张家港市金源世纪家居市场	陈礼水、林光贤、顾瑜洁、陈超	杨舍镇金港大道633号	2008	500.00	1.18
梁丰五金机电城市场	江苏梁丰集团置业发展有限公司	杨舍镇南二环路西路口	2008	7000.00	3.65
新红星家具建材市场	云南东成投资发展有限公司、江苏澳洋置业有限公司、张家港市新城置业有限公司、上海红星美凯龙企业管理有限公司、张家港宝利威金属材料有限公司	杨舍镇南二环路南侧	2010	350000.00	7.53
地方义乌小商品市场（香港城）	—	杨舍镇乘航西路北侧	2010	1000.00	9.80
张家港市富城小商品市场	周轶、周立新	锦丰镇锦中路	2010	65.00	0.04

说明：保税区与金港镇实施区镇合一体制后，市化工原料交易市场成为江苏化工品交易中心的分区，表格中的年成交额为中心总成交额

【江苏化工品交易中心获评“十大公共服务平台”】 年内，江苏化工品交易中心作为长三角最为活跃的液体化工品中转中心、亚太地区最大的化工品集散中心，获评苏州“十大公共服务平台”。新增入驻客户127家，其中注册资金5000万元以上的3家，分别是江苏泰顿商贸有限公司、重庆繁盛机电技术进出口有限公司、贵州盘江贸易有限公司，3000万至5000万元的2家，1000万至3000万元的共计35家，500万至1000万元（不含）的企业有19家，500万元以上客户占比达到46.46%。累计入驻客户1791家。交易中心总出租数415间，总面积52093.16平方米，已经出租344间，已经出租30834.29平方米，出租率83.61%。在租实租企业241家，挂靠企业716家，在租企业957家。新增注册资本11.1282亿元，比上年增65%；完成成交额572.2亿元，比上年减12%；入库税收46380万元，比上年增40%（其中所得税26638.16万元，比上年增130%）；营业收入2135.63万元。江苏化工品交易中心长江国际电子交易平台注册电商客户累计1233家，其中企业户321家，个人户912家，比上年增336家，累计成交量3178.29万吨，成交额1666.87亿元。

【纺织原料市场建设棉花电商平台】 年内，纺织原料市场大力发展以棉花为主的大宗商品电子交易，建设以现货纺织原料为主的现代金融服务平台，不断延伸拓展纺织原料产业链，全力打造集交易、展示、信息、物流、配送为一体的纺织原料交易中心、信息中心和价格中心。年初，成功引进国内知名棉花电商企业——棉庄。市场整合自身已有的硬件资源和前期信息化探索经验，把棉花智能衡重系统以及海关、商检进口棉花质量、数量数据库等保税区纺织原料大数据收集、存储和分析，初步实现互联互通，为客户提供全面真实和实时动态数据，打造集合国产棉和进口棉于一体的棉花电商平台。年内，纺织原料市场克服纺织行业制度调整、行情低迷等考验挑战，新增入驻客户123家，成交金额333亿元，比上年增7%；税收收入1.94亿元，比上年增5%。

【2016年进口车产业链优化升级高峰论坛举办】 3月24日，由张家港保税区管委会、中国恒天集团联合主办的2016年进口车产业链优化升级高峰论坛暨中国恒天、张家港进口车产业链服务商联盟成立仪式在国贸酒店举行。张家港保税区汽车整车进口口岸经过3年运作，吸引恒天集团、庞大集团、力帆集团、红太阳集团等上市公司和央企、国企以及250余家国内知名贸易经销商、汽车物流商、改装厂商开展业务。中美仕家、星客特、斯达泰克、巴博斯、中天行房车等一批改装商陆续入驻进口汽车物流园改装基地。完成汽车进出口业务近6万台，成为国务院新批口岸中业态发展势头较好的口岸之一。论坛以发挥张家港口岸优势，促进长江经济带整车进出口市场繁荣为宗旨，联合中国恒天集团从进口车产业链优化升级角度，与进口车商和汽车企业嘉宾共同探讨在“结构调整、增速放缓”和市场竞争持续加剧的形势下，如何发挥区位、渠道、市场集聚等优势，打造进口车产业链服务商战略联盟。全国各地100余家进口汽车经销商，以及海外供应、金融、物流、电商等近20家相关平台合作企业参加活动。张家港保税区汽车整车进口口岸办公室与恒天创业投资有限公司签订战略合作协议，中国恒天、张家港进口车产业链服务商联盟成立。

【海豚西选进口商品直销中心开业】 1月1日，全市首家海豚西选进口商品保税店在保税区化工品交易中心开业。海豚西选进口商品直销中心由张家港保税区、市第一人民商场集团、江苏国泰国际集团联合打造，通过实体店经营，建设进口商品溯源机制，解决消费者对正品的存疑及购买体验的时效性和安全性；同时，海豚西选构筑跨境电商平台，直接与海外品牌商、大型贸易商合作，通过自贸仓和海外直邮的方式发货给消费者，商品价格低于中国专柜30%至40%。消费者只需在手机、电脑上动动手指，就有进口商品送货到家。海豚西选进口商品直销中心有保税区政策扶持和国企注资，以连锁直营实体门店的模式运行，解决中国“海淘”风潮背后凸显的信任危机，市民无须出国就能购买到质优价平的进口商品。至年末，海豚西选直营店向无锡、泰州、宿迁等地扩展，连锁直营实体门店达到6家。

【张家港保税港区与苏粮集团深化合作】 2月23日，张家港保税港区与江苏省粮食集团有限公司签订战略合作协议。“十二五”期间，苏粮集团全力推进张家港粮油码头发展，加大项目投入力度，特别是2015年重点推进张家港粮油码头一体化改革，组建江海粮油（张家港）产业园有限公司，实现服务粮食安全和加快自身发展的双促进。“十三五”期间，苏粮集团将完善张家港粮油产业园功能，增强码头靠泊能力、中转输送能力、油脂加工能力、综合盈利水平，打造全国最大的省属油脂生产、储存、流通基地和有领先地位的现代化粮油产业基地，连接张家港粮库、昆山粮库、宜兴粮库、吴中米厂等企业成线成片成面，成为苏南地区保障江苏省粮油安全、维持市场稳定强有力的载体和抓手。该协议的签订，将4号泊位及相邻土地纳入到张家港保税港区西扩和汽车整车进口口岸发展的整体规划中，围绕整体规划要求选择最适合双方经营的品种和项目共同进行合作开发，保障张家港粮油产业园总规划的完整性和持续性。

【市人力资源市场就业“春风行动”开展】 2月1日至3月20日，市人力资源市场在全市范围内开展“春风行动”就业服务。“春风行动”以搭建供需平台服务就业创业为主题，依托覆盖城乡的基层公共就业服务平台，采取上下联动方式，根据大学生、失业人员、失地农民等不同群体的特点，实施有针对性公共就业服务，为求职者们提供就业扶持，为他们创业提供政策扶持和免费技能培训。活动期间，全市共举办招聘会52场，有1705家用工企业进场招聘，提供就业岗位55455个，帮助13134人实现就业。

【市人力资源市场毕业生公益性就业双选】 年内,市人力资源市场举办两场毕业生公益性就业双选会,助力高校毕业生就业。1月30日,举办“张家港市2016年春季高校毕业生公益性就业双选会”,300个用人单位累计提供毕业生就业岗位5554个。其中,研究生需求17人,本科1254人,专科4283人。进场求职者3000人次左右,达成初步意向2322人次。7月30日,举办张家港市2016年夏季高校毕业生公益性就业双选会,大会设摊位320个,提供毕业生就业岗位4835个。其中,研究生需求26人,本科1097人,专科3712人。进场求职者2800人次左右,达成初步意向3134人次左右。成功举办小型毕业生招聘专场8场,累计进场单位455个,提供岗位6963个,吸引求职者近2000人,达成初步意向841人次。

(柳一虹　朱海婷　郝红亮　戴高乐　肖　晋　邱亚峰)

物　流

【概况】 2016年年末,全市共有A级以上物流企业33家,其中有张家港港务集团有限公司、张家港玖隆钢铁贸易有限公司2家AAAAA级物流企业,有江苏高兴达物流有限公司、张家港保税区金港物流中心有限公司、江苏欧宇物流仓储有限公司、江苏澳洋医药物流有限公司、张家港市金港物流中心有限公司、众益物流有限公司、张家港沿江国际物流有限公司等20家AAAA级物流企业,有大正信(张家港)物流有限公司、张家港保税区沿江运输有限公司、张家港捷通中石化工物流有限公司、张家港沿江国际物流有限公司、张家港保税区安平运输有限公司、市虎翼车业服务有限公司等11家AAA级企业。有省级企业物流技术中心3家,分别为江苏澳洋医药物流有限公司技术中心、江苏正大富通汽配连锁有限公司技术中心、张家港港务集团有限公司技术中心;有苏州市级企业物流技术中心3家,分别为市虎翼车业服务有限公司技术中心、苏州市特种守押保安服务有限公司张家港分公司技术中心、张家港电子口岸有限公司技术中心;有省重点物流企业11家。全市有在苏州市邮政管理局登记备案的快递企业22家,其中登记法人企业16家、备案分支机构6个。市快递行业登记从业人员1186人、运营车辆380辆、计算机282台、手持终端556台。快递业务量3158.92万件,其中同城业务量476.38万件、异地业务量2562.43万件,全市快递业务收入4.58亿元。其中,苏州工业园区顺丰速运有限公司(顺丰速运)和中国邮政速递物流股份有限公司江苏省张家港市分公司(EMS)业务量最大。顺丰速运张家港地区全年快递业务量735.19万件,业务收入1.43亿元。EMS有从业人员233人,一线员工190人,有大专以上学历141人,具备公司职业技能鉴定初级以上的员工179人,持证上岗率76.8%(一线员工持证上岗率100%);有运营车辆123辆,其中汽车88辆、邮政速递专用电瓶车35辆;全年揽收邮件298.76万件、投递邮件251.75万件,实现业务收入8215万元。仅次于顺丰速运和EMS的是市申通快递有限公司,从业人员200人,车辆105辆,计算机78台,手持终端152台,全年业务量276万件,营业额2176.63万元。全年市物流业增加值128.24亿元,各项指标位列苏州市前茅。有5家物流企业年营业收入超10亿元,其中有1家超100亿元,分别是张家港玖隆钢铁贸易有限公司、张家港保税物流园区东华能源股份有限公司、张家港保税物流园区华芳物流有限公司、江苏澳洋顺昌股份有限公司和江苏澳洋医药物流有限公司,营业收入为604亿元、31.28亿元和16.91亿元、16.6亿元和10.2亿元。

2016年张家港市省重点物流企业一览表

表47

企业名称	营业地址	建办年份(年)	营业收入(万元)	比上年增长率(%)
张家港港务集团有限公司	金港镇长江中路252号	1968	65543	5.21
江苏省江海粮油港务有限公司	金港镇宝岛路1号	1990	4892	-38.00
张家港保税区长江国际港务有限公司	张家港保税物流园区西区南京路	2001	23876	1.06
张家港市金港物流中心有限公司	杨舍镇东二环路1号	2002	24010.70	-1.80
江苏澳洋顺昌股份有限公司	杨舍镇新泾中路10号	2002	58878.62	-3.00
张家港市虎翼车业服务有限公司	张家港经济技术开发区金塘东路103号	2002	27045	0.60
苏州市特种守押保安服务有限公司张家港分公司	张家港经济技术开发区	2004	5692	25.00
江苏正大富通股份有限公司	张家港经济技术开发区长兴西路2号	2006	53000	4.40
张家港电子口岸有限公司	张家港保税区长乐大厦	2007	1841.5	29.93
江苏澳洋医药物流有限公司	凤凰镇凤凰大道19号	2008	130386.54	11.20
张家港保税区金港物流中心有限公司	金港镇江海中路森源大厦	2008	25500	60.00
江苏物润船联网络股份有限公司	张家港保税区保税科技大厦	2011	16114.05	436.00

2016年在苏州市邮政管理局登记备案的张家港市快递企业一览表

表48

类　别	企业名称	经营品牌	通信地址
省邮政局发证企业	苏州工业园区顺丰速运有限公司	顺丰	苏州工业园区星港街283号中园大厦七楼
省邮政局发证企业	市申通快递有限公司	申通	杨舍镇中兴路5-1号
省邮政局发证企业	张家港江通速递有限公司	圆通	张家港经济技术开发区中房路2号
省邮政局发证企业	市明俊中通速递服务有限公司	中通	杨舍镇长泾东路城东工业城
省邮政局发证企业	市常氏物流有限公司	百世	杨舍镇乘航办事处蒋乘路
省邮政局发证企业	张家港寒西物流有限公司	百世	锦丰镇向阳三村
省邮政局发证企业	市好韵达快件有限公司	韵达	杨舍镇长安北路
省邮政局发证企业	市希伊艾斯贸易有限公司	国通	杨舍镇长兴路19号
省邮政局发证企业	市宇通航空货运代理有限公司	速尔	张家港经济技术开发区中兴路19-2号
省邮政局发证企业	张家港天顺速递有限公司	天天快	杨舍镇塘市办事处河南村
省邮政局发证企业	市迪思快运有限公司	宅急送	杨舍镇塘市办事处国际针纺城15幢10号
省邮政局发证企业	张家港优速货运有限公司	优速物流	张家港经济技术开发区中兴路1号
省邮政局发证企业	张家港优一速货运有限公司	优速物流	杨舍镇长兴路8号
省邮政局发证企业	市快捷快速递有限公司	快捷	杨舍镇西门新村59号
省邮政局发证企业	市宏峰速递有限公司	港中能达	张家港经济技术开发区长兴路17号B座
省邮政局发证企业	张家港全运通快递有限公司	全一	杨舍镇长泾路261至263号
省邮政局发证企业	市龙邦货运代理有限公司	龙邦	杨舍镇长安北路
省邮政局发证企业	市鑫飞鸿速递服务有限公司	其他	杨舍镇长安北路
国家邮政局发证企业	苏州霞丰国际货运代理有限公司	ZCE	杨舍镇港城大道168号
国家邮政局发证企业	张家港顺捷国际货运代理有限公司	其他	杨舍镇华昌路148号
备案分支机构	中国邮政速递物流股份有限公司张家港分公司	EMS	杨舍镇东二环路
备案分支机构	杭州百世网络技术有限公司苏州分公司张家港营业部	百世汇通	杨舍镇振兴路3号梁丰机械园1幢
备案分支机构	中外运—敦豪国际航空快件有限公司张家港分公司	DHL Express	杨舍镇新泾西路5号
备案分支机构	嘉里大通物流有限公司张家港分公司	嘉里大通	金港镇晨港路99号
备案分支机构	中国外运长江有限公司张家港分公司	其他	金港镇长江中路45路
备案分支机构	上海佳吉快运有限公司张家港分公司	佳吉快运	杨舍镇农联村

说明：顺丰速运张家港不单设分支机构，业务归属苏州工业园区顺丰速运有限公司统一管理

【江苏郑明（张家港保税区）温控产业园开工】 7月13日，江苏郑明（张家港保税区）温控产业园开工典礼在张家港保税区举行。江苏郑明（张家港保税区）温控产业园是由上海郑明投资集团2014年在保税区出资6000万元成立的江苏郑明供应链有限公司投资建设。产业园位于张家港保税区外的华达路与长山路交界处（港丰公路以南，华达路以东），规划用地面积为8公顷，总建筑面积为7.8万平方米。总容量25万立方米。产业园设计总体思路以特色农产品、标准食材、品牌食品为主，实现商务功能、信息功能、交易功能、物流功能、结算功能、金融功能。产业园建设成为集产品展示、大宗食品、中远期交易、O2O电子商务、冷链仓储、冷链配送、保税监管、保税加工、供应链金融、进出口服务支持、食品检验检疫等产业核心技术的研发等功能于一体的供应链公共服务平台，覆盖肉类、水产品、水果、粮油、奶制品、酒类等全温控产业链。产业园总投资6亿元，年收入40亿元，创造直接就业岗位500余个，间接带动就业人员3000余人。

【中远物流二期项目竣工】 12月12日，苏州中远物流二期项目竣工暨开业典礼举行。苏州中远物流一期项目于2011年7月建成投产，5年初步形成灌装、仓储、堆存、货代、运输等相关业务连为一体的大物流格局，取

得经济效益与社会效益的“双丰收”。二期项目占地共3.33公顷，投资1.08亿元，建成丙1类仓库、甲类仓库、甲类灌装车间以及蒸汽加热堆场。其中，公共甲类仓库是商业仓储业、交通运输业、物资管理部门的危险品库，储量大、品种多，所以危险性大。建设这样的仓库，对于仓库面积、防火分区、可燃气体排放等很多方面都有着极为严格的要求。这类仓库的建成是中远化工战略平台建设的新亮点，填补苏州地区无公共型甲类仓库的空白，进一步完善物流服务功能，缓解化工制造企业、贸易商对物流的需求，为扬子江园区内化工物流安全发展提供资源保障。

【华泰化工新建化工仓储设备投入运营】 7月4日，张家港保税科技股份有限公司控股子公司张家港保税区华泰化工仓储有限公司新建的31.58万立方米化工仓储工程试生产准备工作全部到位，投入运营。华泰化工新建仓储工程系张家港保税科技股份有限公司2013年度非公开发行股票募投项目，于2014年8月开工建设，2016年5月全部施工完工。随着工程进入启动生产，张家港保税科技股份有限公司拥有的化工储罐总量提升至106万立方米，成为华东地区最大的液体化工仓储基地。保税科技储罐总量的提升，为仓储业务的拓展、打造大宗商品供应链一体化集成商提供坚实的基础保障。

【进口汽车物流园首个项目开业】 1月8日，张家港保税区进口汽车物流园第一个汽车项目龙之宝宝马旗舰店的开业。全新一代宝马7系旗舰轿车、豪华全能轿跑车第二代宝马 X6、创新宝马 2系运动旅行车、全新宝马 5系插电式混合动力车型等新车型一应俱全。张家港保税区进口汽车物流园是江苏省重点培育项目，位置紧靠保税区南大门，占地面积179公顷，一期启动面积85.87公顷。园区主要分整车分拨区、4S店集群、汽车配件交易中心等七个区域。张家港龙之宝宝马4S旗舰店项目总投资2亿元，占地2.33公顷，是德国宝马汽车集团和华晨宝马汽车有限公司特许授权的华东地区宝马汽车4S旗舰店，主要提供德国宝马特许进口和华晨宝马全系产品的汽车销售、售后服务及原厂配件销售和项目配套等服务。龙之宝宝马4S旗舰店在保税区进口汽车物流园的率先开业，不仅能为区内及周边客户提供更加优质高效的专业服务，更能帮助保税区加快优化提升汽车产业形态，推动区域服务经济加快转型发展。

【金港物流中心服务企业超2000家】 金港物流中心是国家级AAAA物流企业、中国物流实验基地、江苏省重点物流企业、江苏物流企业50强、苏州市重点物流企业、苏州市服务业发展集聚区。年内，依托整体搬迁的契机，金港物流中心通过整合“物流服务（中小物流企业）、物流设施设备（社会车辆）和物流需求（货源信息）”三大资源，推动物流行业社会化、标准化和信息化的服务水平，形成“物流园区服务于中小物流企业群、中小物流企业群和社会车辆服务于工商企业群”的产业服务链，服务全市及周边城市具一定规模的制造企业和商贸企业2000余家，降低物流成本近35%。中心涉足电子商务领域，参与“阳光E购”电子商务公司，注册拥有自主品牌“阳光米恋”。加强物流门户网站建设，尝试开发扩展经营业主信息展示、业务联络等功能，进一步完善物流管理系统，顺应物联化发展趋势。2016年，金港物流中心共完成营收20.38亿元，实现利税2.08亿元。

【玖隆钢铁物流园获评国家首批示范物流园区】 7月8日，张家港玖隆钢铁物流园获评国家首批示范物流园区。此次评选由国家发改委、国土资源部、住房和城乡建设部三部委委托中物联组织，以园区的区位交通条件、建设发展规划、运营效率、经营业绩等方面为标准，从全国近万家申报单位中层层筛选，首批仅评出29个国家级示范物流园区。玖隆钢铁物流园2011年开工建设，已打造成年营业收入超1200亿元，入驻企业1800家，注册资本176亿元，集仓储运输、延伸加工、电子商务、金融服务、外贸保税、商务服务于一体的现代化钢铁物流园区。年内，玖隆钢铁物流园完成开票金额1250亿元，入库税收3.2亿元，全年入驻企业250余家。

【东沙物流园PPP项目推进】 东沙物流园PPP项目由东沙物流园管委会与中交集团第二航务工程勘察设计院、永钢集团三方以公私合营模式（PPP模式）合作，总投资20亿元，综合利用3.6千米长江岸线及666.67公顷岸线腹地建设东沙作业区物流园区。物流园区以“前港中园后产业”为发展目标，依托LNG清洁能源，综合开发利用上下游产业链，打造以休闲旅游、商贸服务为特色的智慧物流园区。至2016年年末，东沙物流园PPP项目已取得项目建议书批复，完成工程调研、初步设计、地块勘测、PPP项目社会投资人招标等工作，签订项目合作协议。总投资5亿元的沿江公路南延线工程推进，园区产业规划、项目融资等工作同步开展。

【华电张家港综合能源项目开建】 东沙物流园华电张家港综合能源项目计划总投资80亿元，选址铁黄沙地区张家港区域。其中，一期投资52亿元，以江苏华电能源有限公司控股、永钢集团和南丰镇参股的形式组建项目公司共同投资建设，建设内容主要包括100万吨LNG分销站和热电联产项目，项目投产后可实现销售收入超10亿元，入库税收超1亿元。年内，物流园出台《液化天然气码头设计规范》和《内河液化天然气加注码头设计规范》，完成《LNG分销站项目预可研报告》审查和修改汇总。并将项目纳入苏州市及张家港市相关规划，已申报《江苏省2017年度重大项目投资计划》，与常熟市、沿江经济技术开发区、水利局达成共同推进铁黄沙地区主江堤验收工作的合作意向。

（王　辉　魏春兵　徐　璐
邱亚峰　吴孙华　徐　健
徐　平　徐永方）

【编辑　钱永浩】

金融

Finance

张家港农商银行无锡分行开业　（张家港农商银行　提供）

金融监管

【概况】 2016年，全市有市政府金融工作办公室（简称市金融办）、中国人民银行张家港市支行（简称市人民银行）、中国银行业监督管理委员会苏州监管分局张家港监管办事处（简称市银监办）、国家外汇管理局张家港市支局（简称市外汇管理局）4家金融监管机构，有从业人员55人，其中市金融办12人、市人民银行38人（含市外汇管理局）、市银监办5人。

市金融办　年内，制定《张家港市2016年供给侧改革去杠杆行动计划》，按照“有保有扶、有控有压、有序推进”的思路推动供给侧结构性改革去杠杆工作。加大对实体经济和创新驱动发展的支撑作用。按照“信贷总量不降、实体占比提升”的目标，制定《2016年度全市金融系统绩效考核办法》，分解下达148亿元信贷投放指标，引导金融机构扩大投放总量。全市银行业金融机构年末本外币贷款余额2044.19亿元，融资总额3248.13亿元。年内引进银行业金融机构2家（浙商银行、江西银行），累计32家，其中银行30家、财务公司2家，新增保险公司2家、证券营业部2家。协助市政府举办苏州·张家港政银企恳谈会，签约融资项目18项，协议融资额227.9亿元。实施金融服务“百·千·亿”工程，启动投贷联动工作。市政府与国开行苏州分行签订“十三五”合作备忘录，11个拟合作项目融资总量500亿元。出台领军人才合作银行绩效考核办法，引入“政银保”融资合作模式，帮助企业获3400万元融资，比上年增54%。加强金融风险防控。制定全市金融风险调控方案，要求银行压增量，减存量。完善债权人委员会制度，强化“联合授信、银团支持”等方式，推动债权银行精准发力、分类施策；督促金融机构降息、减费、让利，年内为市华菱化工机械有限公司等6家帮扶企业减免利息约7500万元。制定全市不良风险防控方案，用足用好核销政策，加快核销进度，做到应核尽核。建立月跟踪、季通报制度，督促全市银行业不良贷款分批、有序释放和处置；合资成立江苏联嘉资产管理公司，以市场化方式加速商业银行不良资产处置，年末全市银行不良贷款率下降至2.43%。深入开展预防和打击非法集资系列活动，实施“三网”（“面对面”织密“宣传网”、“点对点”夯实“联动网”、“实打实”构建“整治网”）攻坚行动。5月，配合公安机关破获港润信贷涉嫌诈骗案。7月，开展为期半年的全市互联网金融风险专项整治工作，细化8个不同领域排查整治方案，完成452家企业现场摸底排查，重点关注机构156家，有力遏制非法集资案件高发频发态势。年末，“三网”攻坚行动先后获评苏州市、张家港市社会治理创新优秀项目。9月，市金融办与北京大学合作举办金融创新思维提升专题研修班，全市金融系统和区镇共48人参加培训。培训班开展宏观经济、政策解读及风险防控等课程，着重提升新常态下传统金融机构应对挑战、创新发展的能力。

市人民银行　年内继续执行国家稳健货币政策，引导社会融资规模和信贷投放保持平稳增长。围绕城乡一体化建设等重点领域，推动政银企对接，协助市政府举办苏州·张家港政银企恳谈会。鼓励金融机构创新信贷产品，推广直接债务融资工具。对接“810工程”，提升金融支持经济发展的有效供给能力。深入开展金融支持制造业提质增效行动，完善金融支持产业转型升级信贷政策导向效果评估体系，向市政府上报的《张家港市银行业对实体经济信贷投放情况的报告》获市领导批示肯定。6月，指导张家港农商银行开发资金头寸短信预警系统，提高流动性风险应对能力；开展防范非法集资和存保制度宣传月活动；联合市政府有关部门现场督导不良资产较重的金融机构，加快不良资产处置。9月，建立贷款投放行业按季统计分析制度，加强对实体经济信贷投放的监测研究。11月，开展金融生态环境预评估，向市委提交《关于我市金融生态创建及预评估工作的汇报》。走访反洗钱义务机构14家，加强与检察院、法院等信息沟通，进行有效对接和信息共享，强化反洗钱协调机制。加强个人银行账户实名制和三类账户分类管理。做好国库、会计核算工作，全年办理会计业务1360笔；办理国库业务278.4万笔；完成三级预算收入502.61亿元，办理财政支拨业务298.03亿元，办理退库业务123.6亿元。查询个人信用报告24589份，企业信用报告1497份，受理并处置金融消费投诉81起，群众电话投诉5起，均在规定时间内办结。完成浙商银行张家港支行、江西银行张家港支行的开业受理审批工作。继续开展人民币流通满意工程，全年为公安部门开展假币鉴定业务72笔，鉴定特殊残损币5笔；指导、组织银行机构开展反假宣传，发放宣传资料3.4万份，接受群众咨询1万余人次。收缴并向人民银行苏州市中心支行上解假人民币8394张，计64.73万元。做好冠字号码查询管理工作，完善假币纠纷举证机制。9月，与总工会联合举办市第四届“行行出状元”暨市第六届银行业机构现金服务安全知识与技能竞赛；与张家港农商银行及市人社、交通等部门就改造经费、清算途径、刷卡优惠等诸多问题反复协调，向市政府上报《关于加快实现金融IC卡在我市公交领域应用的报告》，提出分步实施金融IC卡公交应用和其他第三方支付方式公交应用的方案，获市领导重视和批准。金融IC卡在市公交领域闪付应用初步完成专线试行。

市银监办　面对国内外复杂的经济与金融形势，落实各项监管政策。加强窗口指导，引导辖内银行业改善金融服务，增加有效信贷投放，支持中小企业融资需求。全市银行业金融机构年末贷款总额2044.19亿元，比上年增60.49亿元。鼓励金融创新，满足实体经济多层次的金融需求。服务“三农”、服务小微企业，推进社区普惠金融服务。督促辖内银行业金融机构合规收费，以质定价，公开透明，减费让利。要求辖内银行业金融机构强化风险防控意识，守住不发生区域性系统性金融风险底线。动态监测辖内银行业资产质量变动情况。推动大额授信风险处置工作，推动成立债权委员会，多次召开不良贷款处置工作会议，加大存量不良贷款处置力度，特别是加快对丰立集团的不良贷款处置工作，配合政府召开丰立集团涉贷银行约谈会。至年末，丰立集团不良贷款减少60.34亿元。持续开展风险监测预警工作，定期监测统计不良贷款情况，分析不良贷款双升原因，督促相关金融机构采取措施做好不良贷款清收、核销等处置压降工作，全年累计处置不良贷款97.38亿元，比上年增94.76%。至年末，不良贷款余额49.73亿元，比上年减少32.17亿元；不良贷款比例2.43%，比上年降1.7个百分点，完成全市银行业不良贷款率控制在3%以内的目标。切实履行监管职责。配合苏州银监分局完成对张家港农商银行、渝农商村镇银行非现场监管，参加分局执法监察和对张家港相关银行业金融机构的调研、安全抽查等工作。继续做好案件防控和专项治理工作，防范民间借贷风险向银行蔓延。全年辖内银行业未发生案件风险及职务犯罪。加强金融消费者权益保护工作，年内受理群众各类信访、投诉10余起，办结率100%。督促辖内银行业金融机构开展预防和打击非法集资集中宣传教育活动，加强通信网络诈骗防范宣传。开展第四届小微企业金融服务宣传月活动和"金融知识进万家"主题教育活动。配合市金融办做好互联网金融风险专项整治工作。

市外汇管理局　全年办理外债登记86笔、6.13亿美元，外债变更登记70笔，外债注销登记44笔；境外放款登记5笔，放款变更登记2笔，注销3笔；对外担保登记3笔、5.55亿美元；外商投资企业存量权益登记860家，境外投资企业存量权益登记106家。办理企业收付汇名录新增692笔（其中保税区企业210家）、修改101笔、注销313笔，办理贸易信贷报告新增4694笔、修改2202笔、删除195笔，办理差额报告新增206笔，办理登记业务40笔，完成308家企业的辅导期报告审核。组织辅导期企业培训47场504人次，现场核查企业培训8场104人次。完成特殊机构赋码业务30笔，受理并完成广发银行张家港支行、中国银行张家港金港支行金融机构标识码申领，以及27家银行网点金融机构标识码变更维护工作。全年完成国际收支各类核查32104笔，审核单位基本情况表855份。完成一季度至二季度贸易信贷抽样调查，7月起抽样调查由季查改为月查，辖内有月度调查样本企业28家，每月均及时完成调查，并建立样本企业微信群用于企业交流与咨询。集中力量开展"控流出、扩流入"工作，加强窗口指导和政策宣传，开展大额购付汇及异常购付汇监测工作。开展流出项下专项核查、出口收汇不一致核查、股权转让业务溢价核查等，对财务公司直接申报业务现场核查，完成两次货物贸易"控流出"专项核查，完成跨国公司净流出、净售汇核查。检查中国银行张家港分行外汇业务，查出各类违规问题76笔，金额675.07万美元，处罚50万元。开展"异常大额预付"核查，核查2家异常大额预付企业，涉及预付款1.22亿美元。开展出口不收汇专项核查，核查5家企业，核查金额45493.54万美元。处理履职投诉3起和行政诉讼案件2起。加强进出口企业事后监测与分类管理，全年非现场核查企业512家，经核查恢复正常企业186家，列入现场核查企业106家；现场核查企业106家，其中中大型企业占比80%，经核查列入B类企业12家、列入C类企业1家，经专项核查列入C类企业2家。开展资本项目事后核查，处理信息系统滞留数据27笔，处理合规性与异常指标数据228笔；核查重点企业、重点业务，累计筛选企业重点业务142笔，重点核查企业13家，向苏州外管局报送典型案例3个；核查14家企业19笔外债，未发现违规。推动全口径跨境融资宏观审慎管理政策实施，为10家企业办理19笔全口径外债登记，计9.44亿元。宣传推广《中国人民银行南京分行关于扩大苏州市跨境人民币创新业务试点的通知》，6月15日，建设银行张家港港城支行为江苏沙钢集团有限公司办理一笔跨境贷合同及提款登记，向建设银行新加坡分行借入5亿元贷款，期限3个月。推进张家港保税区外债宏观审慎管理试点工作。至年末，20家区内企业参与外债宏观审慎政策试点，累计办理外债签约登记38笔，签约登记金额折37068.09万美元。《金融时报》《第一财经》对张家港保税港区外债宏观审慎管理试点情况作专题报道。推进跨国公司外汇资金集中运营管理和双向人民币资金池业务发展，全市有试点资格企业5家，占苏州的25%；双向人民币资金池备案企业4个，占苏州的19%。年末归集境内成员资金77.18亿美元，境外成员资金1.89亿美元，从通道借入外债0.65亿美元，境外放款50万美元。配合跨境电子商务试点，制订并上报《跨境直购进口外汇支付结算及非现场监测方案》；与市商务局等部门联合制订苏州跨境电子商务试验区张家港园区方案。配合服务贸易试点，开展重点行业重点企业统计监测，组织召开服务贸易出口前十名企业座谈会，听取企业需求和贸易便利化建议。

【金融服务"百·千·亿"工程】 2016年，市金融办创新实施金融服务"百·千·亿"工程。即精选银行、保险、担保、券商、风创投、专业中介等投融资机构超100家，为企业提供个性化金融服务产品；完善企业数据库，建立健全平台准入门槛和退出渠道，确保入库优质企业数超1000家，优化线上线下互动服务模式；年度平台贷款实际投放金额超40亿元，切实缓解中小企业融资难、融资贵问题。至年末，苏州金融服务平台授信394.15亿元，放款271.15亿元，均位列苏州市第一。1774项融资需求得到解决，受益企业744家。

【投贷联动工作启动】 为解决创新型企业资金需求，创新融资供给方式，10月12日，全市启动投贷联动工作。投贷联动通过财政出资设立市级投贷联动引导基金，引进和吸收社会资本成立投贷联动子基金，子基金联合商业银行以"股权+贷款"的形式向企业提供"股权+债权"的资金支持。出台《张家港市投贷联动引导基金管理办法》，市政府首期设立4000万元投贷联动引导基金，以"一行一基金"和"引导基金+创投+跟贷"两种合作方式，以1∶4比例吸收社会资本成立投贷联动子基金3家，注册资本2亿元。

（程　鑫　徐　莉
赵　静　徐　伟）

银　行

【存贷业务】 至年末，全市银行业金融机构本外币各项存款余额2632.06亿元，比上年增6.24%。其中，人民币各项存款余额2508.27亿元，比上年增5.74%；外币各项存款余额17.84亿美元，比上年增10.12%。在存款余额中，人民币住户存款余额1018.23亿元，比上年增6.2%，占全年人民币存款的40.59%；外币住户存款余额18993万美元，比上年增57.81%。全市银行业金融机构本外币贷款余额2044.19亿元，比上年增3.05%。其中，人民币各项贷款余额1994.4亿元，比上年增9.3%；外币各项贷款余额7.18亿美元，比上年减70.68%。

【货币投放】 全市现金投放与回笼情况与经济发展速度保持一致。2016年现金收支轧差101.25亿元，呈净投放态势。全市现金投放193.2亿元，比上年增4.97%；回笼现金91.95亿元，比上年减16.64%。

2016年年末张家港市银行机构网点一览表

表49

单位＼类别	二级分行（家）	一级支行（家）	二级支行（家）	分理处（家）	储蓄机构（家）	合计（家）	从业人员（人）
农业发展银行	—	1	—	—	—	1	18
工商银行	1	—	25	—	—	26	435
农业银行	—	1	28	13	—	42	644
中国银行	1	26	—	—	—	27	539
建设银行（含港城支行）	1	—	21	6	1	29	435
交通银行	1	—	9	—	—	10	147
中信银行	—	2	1	—	—	3	60
光大银行	—	1	1	—	3	5	59
华夏银行	—	2	—	—	—	3（含社区支行1家）	50
招商银行	—	1	2	—	—	3	50
浦发银行	—	1	1	—	2	4	6
民生银行	—	1	2	—	—	3	102
兴业银行	—	1	—	—	—	1	28
广发银行	—	1	—	—	—	1	18
恒丰银行	—	1	—	—	—	1	32
平安银行	—	—	1	—	—	1	21
江苏银行	—	1	3	—	—	4	60
宁波银行	—	1	—	—	—	1	—
上海银行	—	1	—	—	—	1	24
南京银行	—	1	—	—	—	1	23
苏州银行	1	—	7	—	—	8	92
浙江泰隆商业银行	—	1	1	—	—	2	40
张家港农商银行	2	40	1	57	—	100	1705
常熟农商银行	—	1	—	—	—	1	78
渝农商村镇银行	—	1	—	—	—	1	21
邮政储蓄银行	—	1	7	—	32	40	310
友利银行	—	1	—	—	—	1	14
汇丰银行	—	1	—	—	—	1	7
浙商银行	—	1	—	—	—	1	27
江西银行	—	1	—	—	—	1	19
小　计	7	91	110	76	38	323	5064

2016年年末张家港市银行机构存款情况表

表50

单位 \ 类别	人民币存款		其中 对公存款		其中 居民储蓄存款		外币存款	
	年末余额（万元）	比上年增长率（%）	年末余额（万元）	比上年增长率（%）	年末余额（万元）	比上年增长率（%）	年末余额（万美元）	比上年增长率（%）
市农发行	27103.00	259.41	27103.00	259.41	—	—	—	—
市工行	1941198.33	8.58	1137529.43	18.35	764087.49	-1.03	7942.11	59.64
市农行	5504122.00	-6.38	2729692.00	-15.58	2774430.00	4.87	28170.00	-15.74
市中行	2115525.00	-7.32	1093568.00	-16.19	1021957.00	4.52	38408.00	40.95
建行张家港分行	1707462.00	16.42	1050558.00	25.96	656904.00	3.84	14882.00	-40.75
建行港城支行	698537.00	11.73	333688.00	14.59	364849.00	9.24	11853.00	-5.26
市交行	890799.00	0.71	559645.00	0.58	331153.00	0.94	5053.00	7.03
中信银行张家港支行	487981.00	28.53	446772.00	51.49	41210.00	-17.66	943.00	-94.59
中信银行保税区支行	79491.00	12.12	63686.00	18.25	15804.00	-7.25	121.00	-72.12
市光大银行	282820.13	25.73	211993.55	38.76	70826.58	-1.86	489.34	121.01
市华夏银行	409153.81	20.55	366946.99	18.16	42153.67	46.33	1934.68	157.27
市招商银行	194906.00	-33.33	157852.00	-34.20	37054.00	-29.35	1481.00	48.84
市浦发银行	607832.00	11.39	567514.00	12.29	40318.00	0.09	2279.00	-57.88
市民生银行	585154.00	10.11	457468.00	1.13	127672.00	61.39	—	—
市兴业银行	284214.61	14.26	269444.64	13.70	14769.97	25.64	1190.22	-84.97
市广发银行	109221.00	380.79	107288.00	405.88	1933.00	28.10	—	—
市恒丰银行	324401.48	8.35	302509.27	11.81	21853.90	-23.97	14.12	33.71
市平安银行	122231.00	662.61	113541.00	648.90	8690.00	902.31	132.00	13100.00
市江苏银行	571078.00	14.55	520517.00	14.31	50561.00	17.02	309.00	-90.84
市宁波银行	145208.00	28.43	128315.00	24.92	16892.00	63.30	5476.00	270.50
市上海银行	209923.00	29.77	195410.00	31.22	14513.00	12.92	361.00	622.00
市南京银行	271905.00	22.30	248654.00	21.54	23251.00	31.10	—	—
市苏州银行	472891.00	21.29	393370.00	46.07	79521.00	12.51	12.00	—
市泰隆银行	34420.00	-18.23	15837.00	-20.78	18565.00	-16.00	—	—
张家港农商银行	6228582.47	14.77	3034342.78	21.57	3112587.84	9.21	12019.12	35.76
常熟农商银行	32654.00	46.88	18660.00	15.46	13994.00	130.51	—	—
渝农商村镇银行	8753.35	90.62	7370.00	95.38	1383.35	68.72	—	—
市邮储银行	869813.00	11.21	146090.00	15.87	723722.00	10.31	70.00	-85.10
市友利银行	22173.01	15.99	14366.09	19.39	7806.92	10.21	401.47	82.49
市汇丰银行	10565.64	-7.07	10565.64	-7.07	—	—	983.12	44.68
市浙商银行	67588.00	—	66254.00	—	665.00	—	—	—
市江西银行	40896.16	—	40500.97	—	395.19	—	—	—

2016年年末张家港市银行机构贷款情况表

表51

单位	人民币贷款 年末余额（万元）	人民币贷款 比上年增长率（%）	其中 短期贷款 年末余额（万元）	短期贷款 比上年增长率（%）	中长期贷款 年末余额（万元）	中长期贷款 比上年增长率（%）	外币贷款 年末余额（万美元）	外币贷款 比上年增长率（%）
市农发行	124769.00	43.23	33169.00	-19.31	91600.00	99.13	—	—
市工行	2119335.67	13.72	966906.04	-3.36	1152429.64	33.53	2272.28	-46.42
市农行	4107080.00	1.74	1732831.00	-5.92	1820727.00	2.33	26875.00	-76.00
市中行	1763117.00	-11.82	675781.00	-39.90	354219.00	-59.52	3589.00	-75.71
建行张家港分行	1492879.00	28.53	395404.00	46.88	1124044.00	25.97	3823.00	-83.20
建行港城支行	495385.00	-31.84	214261.00	-50.54	205186.00	-30.12	11750.00	-41.98
市交行	793879.00	-10.85	478628.00	-22.61	236969.00	3.86	4408.00	-46.65
中信银行张家港支行	506468.00	10.42	262710.00	-6.39	148256.00	-9.38	2630.00	-89.65
中信银行保税区支行	139228.00	25.08	87977.00	-10.29	49352.00	272.61	531.00	-34.93
市光大银行	352548.02	7.29	214404.18	-16.21	138143.84	93.47	73.57	-97.46
市华夏银行	328659.56	59.93	103939.75	21.31	224707.61	88.96	50.00	-99.55
市招商银行	436320.00	27.92	324654.00	3.75	111666.00	296.47	494.00	92.22
市浦发银行	483025.00	14.04	291558.00	2.01	191467.00	46.16	1968.00	59.09
市民生银行	344606.00	28.96	225409.00	8.86	117200.00	94.78	—	—
市兴业银行	293032.35	5.86	111467.21	36.29	181565.14	-6.90	—	—
市广发银行	32098.00	114.64	30000.00	1435.31	2098.00	-83.86	—	—
市恒丰银行	305558.26	69.59	227127.93	51.65	76774.22	178.17	—	—
市平安银行	98037.00	108.59	62000.00	520.00	36000.00	-2.70	—	—
市江苏银行	440301.00	20.27	295241.00	8.22	139771.00	49.83	986.00	-24.56
市宁波银行	149553.00	50.53	88553.00	70.11	61000.00	28.97	5215.00	-3.43
市上海银行	255866.00	36.18	199788.00	50.39	54730.00	-0.56	—	—
市南京银行	268190.00	138.79	102743.00	15.42	165447.00	610.16	—	—
市苏州银行	516363.00	3.88	371863.00	-6.89	144500.00	64.77	—	—
市泰隆银行	41130.00	37.05	35712.00	24.11	4640.00	275.26	—	—
张家港农商银行	4244563.80	12.50	2592292.17	3.57	1199294.81	44.60	4252.10	-37.56
常熟农商银行	119143.00	78.80	59004.00	55.53	58079.00	102.39	—	—
渝农商村镇银行	27674.10	-48.81	19532.74	-56.96	8141.36	-6.15	—	—
市邮储银行	372938.65	1.39	66188.13	-73.73	306750.52	164.73	—	—
市友利银行	19583.11	285.01	11360.00	1041.71	2320.64	14.86	200.00	—
市汇丰银行	69093.43	17.46	66565.26	25.07	—	—	2692.29	93.45
市浙商银行	41060	—	41060	—	—	—	—	—

说明：因江西银行张家港支行12月开业，贷款业务尚未展开，暂无数据

【政策性银行】 全市有政策性银行1家，为中国农业发展银行张家港市支行。2016年，该行按照"至诚服务、有效发展、以人为本、构建和谐"的核心理念，履行农业政策性银行职责，继续对接苏州"三优三保"行动计划，保障粮食收购、储备安全，支持农业产业化经营与农业生产基础项目，推进新型城镇化与农业基金项目建设。年度投放支农贷款9.13亿元，其中粮食储备贷款1.08亿元、整体城镇化建设资金6亿元、产业化龙头企业2亿元。发放农业重点建设基金2.28亿元。至年末，企业存款余额27103万元，比上年增259%。贷款余额124769万元，比上年增43%。全年国际结算量112万美元，比上年减99%。实现中间业务收入1.45万元，比上年减88%。实现利润2172万元，比上年增99%。 （侯新亚）

【国有商业银行】 2016年，全市有5家国有商业银行（工商银行、农业银行、中国银行、建设银行、交通银行）的分支机构。

中国工商银行股份有限公司张家港分行（简称市工行） 创新运用特色产品，满足客户金融需求。研发推广工银二维码支付，改变传统支付习惯；逐步实现融资全程网络化，提高审批效率。3月，办理全国工行系统内首例BPO（银行付款责任）业务。8月，办理江苏省分行辖内首笔网银利率互换业务。11月，办理江苏省分行辖内首笔代客棉花商品交易业务。持续加大信贷投放力度，助力地方经济发展。全年新增信贷投放11亿元；加大对"810工程"、战略性新兴产业的信贷投入力度，为长江润发集团发放产业转型并购贷款8.8亿元；扶持小企业发展，推出"小微企业创业贷""财服贷""信保贷"等产品，全年发放"小微企业创业贷"4笔、1200万元，"财服贷"2笔、400万元。积极参加公益活动，履行社会责任。设立市工行爱心帮困基金，开展"3·15"消费者权益保护日、金融知识普及月等系列宣传活动，赢得消费群体的认可。全年国际结算量60.49亿美元，比上年增29.92%。外汇交易量21.66亿美元，比上年减2.79%。发放各类银行卡92182张。代理保险销售5.38亿元、基金销售9.93亿元。中间业务收入32352万元，比上年增18.11%。全年实现拨备前利润71373万元，比上年增10.95%。

中国农业银行股份有限公司张家港分行（简称市农行） 以"创新、营销、服务、管理"为主题，支持地方经济转型升级，年内项目批准金额83.6亿元。扶持中小企业和践行"服务三农"使命，中小企业贷款余额231.53亿元、涉农贷款余额345.43亿元。在做好常规信贷业务外，创新表外和投行业务，帮助企业拓宽融资渠道，降低融资成本，办理农行苏州分行系统内首笔加速远期购汇期权业务、普通欧式期权业务，为沙钢集团、东华能源办理跨境人民币资金池业务。全年国际结算量234亿美元，比上年减1.27%。外汇交易量32.94亿美元，比上年减46.36%。代理保险销售4.63亿元、基金销售2.6亿元。中间业务收入4.37亿元，比上年减8.75%。全年实现拨备前利润12亿元，比上年减6.18%。年内，市农行获评2013—2015年度江苏省文明单位。

中国银行股份有限公司张家港分行（简称市中行） 持续服务实体经济，不断加大有效投入。年内完成沙钢集团10亿元超短期融资发行；结合"扩流入、控流出"的严峻形势，引导企业进行跨境人民币项下的股权投资业务3.8亿元，得到监管部门肯定。办理全国首笔铁矿石的商品远期保值交易；办理铜、镍等有色金属商品远期保值业务，成为苏州全辖首家且唯一开展此类业务的分支行；办理辖内首笔企业自主通过电子交易平台叙做即远期外汇买卖业务；办理辖内首笔CCS业务，并在苏州辖内保持该业务的领先优势。全年国际结算量82.66亿美元，比上年减17.06%。代理保险销售5.78亿元、基金销售2.75亿元。中间业务收入1.99亿元，比上年减14.4%。全年实现利润5.94亿元，比上年减15.38%。年内，市中行获评2013—2015年度江苏省文明单位。

中国建设银行股份有限公司张家港分行（简称市建行） 个人贷款业务发展获佳绩，年末个人贷款余额比年初增13.06亿元，新增占比40.98%，连续两年列建行苏州分行系统第一，全年发放个人贷款比上年翻一番。在推进业务发展的同时，高度重视资产质量的把控。年末个人贷款逾期率、不良率均实现双降。年内与28个机关、企事业单位达成党建共建意向，以党工团联建等形式开展金融志愿服务进社区、警示教育、书法比赛、烘焙活动、转复军人座谈会等共建活动。全年国际结算量24.52亿美元，比上年增17.58%。外汇交易量10.15亿美元，比上年增42.43%。中间业务收入2.28亿元，比上年减2.5%。全年

市农行工作人员为客户服务 （市农行 提供）

实现拨备前利润4.87亿元，比上年增10.43%。

交通银行股份有限公司张家港分行（简称市交行） 着重推动新项目储备落地和实质性贷款投放，信贷资源主要向张家港地区实体支柱产业和科技型中小企业倾斜。全年新增小微客户22户，实质性贷款投放2.53亿元，贴现投放9.8亿元。对市重点骨干增长型企业加大信贷投放，创新开展业务，提供综合化、国际化服务。对服务业加大投放，在全市十大专业市场内优选客户，采用信贷投放和非信贷服务相结合的方式服务各专业市场，为企业解决部分资金需求。为上市公司和大型企业提供非信贷业务配套，年内完成沙钢集团20亿元超短期融资、康得新公司11亿元和东华能源6亿元短期融资发行。科技型中小企业方面，借助苏州自主创新金融综合平台、张家港市银政合作风险分摊项目制，利用平台发布的项目库，对名录内企业信贷全覆盖走访，实现快速申报、逐笔跟踪。同时，面向“新三板”“四板”及拟挂牌优质小微企业，挖掘多层次资本市场业务。优化零售信贷行业投向结构，投放更多可提升小企业经营能力的贷款，扶持小企业健康可持续发展，并重点扶持医疗卫生、文化教育、科技金融、自主创新等领域小微客户。全年国际结算量28.5亿美元，比上年减1.14%。外汇交易量14.68亿美元，比上年减4.05%。代理保险销售1.49亿元、基金销售5483万元。中间业务收入1.09亿元，比上年增12.2%。全年实现拨备前利润3.06亿元，比上年减2.86%。年内，市交行被交通银行总行评为小微业务拓展先进经营单位，辖属锦丰支行被评为交通银行总行级“青年文明号”、“江苏银行业普惠金融文明规范服务五星级网点”。

【市农行办理苏州分行首笔加速远期期权业务】 5月，市农行为联峰钢铁有限公司成功办理1000万美元的美元看涨人民币看跌普通欧式期权业务，并与该公司签约苏州分行首笔1000万美元的加速远期（购汇）组合式期权业务，满足企业套期保值的需求，加强市农行在即、远期结售汇业务市场的报价竞争力。

【市农行跨境人民币业务服务企业】 农行跨境人民币业务拥有全面成熟的产品体系，包括贸易结算、贸易融资、直接投资、境外借款、双向资金池等跨境人民币产品；拥有单证中心、贸易融资中心、外汇交易中心三位一体的专家服务团队，能随时满足客户对跨境人民币结算业务的各项需求；拥有便捷高效的清算系统，是CIPS系统首批19家直接参与行之一，一点接入，支付网络覆盖一带一路沿线国家，并延伸至亚、非、美和大洋洲。年内，市农行走进企业为客户解析跨境人民币业务，并帮助企业通过人民币进行跨境结算，规避汇率风险，降低财务成本。

【市建行推出智能跨行收款】 年内，市建行推出智能跨行收款业务，该业务主要服务对象是公司客户，突破了绝大多数国内银行仅支持支付系统内代扣的限制，具有“一次签约，长期受益，资金便捷归集”的服务优势，被收款对象只需提供一张银联借记卡或信用卡，收款企业即可通过建行企业网银在线发起扣款，资金T+1个工作日到达收款账户，有效解决企业必须与多家银行合作的问题，帮助企业搭建全国范围内的快速、高效回款通道，提供电子化、自动化的账户授权登记、收款、对账、清算，加快企业资金流动，提高收款管理能力。该项服务还适用于水、电、气等公共事业费，通信费及有线电视等费用的收缴。

（张永峰　汪少波　李蓉蓉
黄　雯　陆红燕）

【股份制商业银行】 年内新增浙商银行张家港支行、江西银行张家港支行，全市累计有12家全国性股份制商业银行（中信银行、光大银行、华夏银行、招商银行、浦发银行、民生银行、兴业银行、广发银行、恒丰银行、平安银行、浙商银行、江西银行）的分支机构。中信银行股份有限公司张家港支行加大政府平台信贷支持，投行发债项目金额超50亿元；支持“810工程”项目建设，先后完成国泰集团、澳洋集团、富瑞特装、华昌化工、长江润发、海陆重工等企业的贷款审批发放。继续实施“银医通”项目，支持全市卫生医疗系统发展，为市中医医院、澳洋医院提供低成本融资。全年国际结算量5.87亿美元、外汇交易量4.78亿美元，代理保险、基金销售1.95亿元。中间业务收入4506万元。实现利润1.15亿元。光大银行股份有限公司张家港支行支持科技型企业发展，先后为汉龙新能源、弘扬金属制品、普兴机械、中孚达、阿尔特空调、卓尔诺新材料6家科技型企业办理“信保贷”授信；支持高新技术企业发展，新增特锐机械、华天药业、日新通运3家授信企业；服务全市“810工程”，新增金城投资、金茂投资、开发区悦丰投资、南丰城建、南丰美丽镇村等授信项目。全年国际结算量1.35亿美元，外汇交易量1.62亿美元。代理保险、基金、理财销售41.93亿元。中间业务收入1342.8万元，实现利润6700万元。华夏银行股份有限公司张家港支行落实苏州分行“美丽乡村建设”计划，以“支持三农，服务三农”为目标，借助融信通平台，与当地政府对接，搭建镇级平台项目。5月25日，南丰镇资金支付管理系统正式上线，26日实现第一笔放款9600万元，该款项全部用于南丰镇新农村建设，也标志着华夏银行全国范围第一个镇级平台项目落地。全年国际结算量2.97亿元，结售汇2.47亿美元，代理保险、基金销售分别为106万元、2561.3万元，中间业务收入1570.04万元，实现利润8300万元。招商银行股份有限公司张家港支行年内加强不良资产处置，化解不良资产、降低不良率，完成丰立集团4.67亿元不良资产的核销工作。多措施新增表内外贷款投放，支持张家港地区实体企业发展，对上市公司发展和并购业务给予资金支持。为长江润发集团提供1.3亿元贷款，解决企业并购大健康产业的紧缺资金问题；为富瑞特装新增5000万元投放。支持重要服务业项目发展，为澳洋医院办理融资租赁3亿元，为双山项目融资4亿元等。支持全市高新技术企业、战略性新兴产业发展，为康得新公司新增6亿元贷款、为银河电子发行10亿元可交换私募债券；为沙钢集团海外并购提供18亿元并购融资。全年新增大中型授信客户17户、小型企业20户。人民币表内贷款投放余额43.63亿元，比上年增9.52亿元。全年国际结算量6亿美元，外汇交易量3.4亿美元。代理保险销售745万元、基金销售165万元。中间业务收入8000万元。上海浦东发展银行股份有限公司张家港支行加大推广直接融资工具，推进股债贷联动、发放债券、自营资金投资等业务，承销债务融资工具66.7亿元，占全市全年总额的18.5%。办理一笔2400万美元的"区间赢"期权组合产品，完成一笔跨境双向人民币资金池业务系统签约，以上两笔业务均为苏州分行同类型首单。交易银行特色业务量74.64亿元，其中在岸交易银行特色业务总量66.64亿元，离岸国际结算业务量7.99亿元。代理保险、基金、信托、黄金销售1.29亿元。中间业务收入6990万元，实现利润1.08亿元。

【2家股份制商业银行新增落户】 10月，浙商银行股份有限公司张家港支行开业，营业地址为市区城北路华芳国际大厦，是浙商银行在苏州分行辖内开设的第五家县域支行。浙商银行在服务小微企业和互联网金融业务方面处于行业领先水平，张家港支行主要探索张家港市场的小企业银行业务和投资银行等特色业务，有助于缓解全市小微企业融资难问题。12月，江西银行张家港支行开业，营业地址为市区人民东路国泰东方广场9号，是江西银行在苏州分行辖内开设的第二家县域支行。江西银行由原南昌银行、景德镇市商业银行合并更名而来，以"服务地方经济，服务小微企业，服务社区居民"为市场定位，打造以"两小金融"(小微金融、小区金融)为核心的特色金融体系，形成集"银行、投资、租赁、基金"为一体的综合金融服务提供商。张家港支行的入驻为缓解小微企业融资、践行普惠金融增添新动力。

(徐玮瑶　张　洁　赵晓娟
周　华　赵　璇)

【城市商业银行】 2016年，全市有6家城市商业银行(江苏银行、宁波银行、上海银行、南京银行、苏州银行、浙江泰隆商业银行)的分支机构。江苏银行股份有限公司张家港支行加大对全市居民和中小企业的信贷支持力度，持续推广"金E融""税E融"等"E融"系列产品，该产品以其方便、快捷、创新的操作模式获得市场认可。全年国际结算量4.61亿美元，比上年增13.55%。外汇交易量2.02亿美元，比上年减5.61%。代理保险、基金销售962万元。中间业务收入543万元，比上年减19.79%。全年实现利润0.53亿元，比上年减49.04%。上海银行股份有限公司张家港支行支持实体经济发展，对地方重点工程项目加大信贷投入，全年在各级政府平台授信余额19亿元。着力转型发展，首次为城投公司发行中期票据业务。支持科技型小企业发展。针对企业特征，形成以"便捷贷"等为基础，科技、绿色、文化金融为特色的"1+3"专属金融产品系列。年末有小企业授信客户22户，授信余额3.56亿元。利用"信保贷""股权质押贷""合同能源贷"等特色产品，重点支持苏州综合金融服务平台内企业，全年在综合金融服务平台发放贷款12笔、2.31亿元。服务企业跨境投融资需求，利用该行沪港台"三地上行"平台和自贸区平台优势，邀请重点企业参加总行"海纳百川，智赢未来——上海银行自贸及跨境产品苏州地区发布会"，为企业搭建跨境融通平台。多元化化解与处置信贷风险，年内通过现金回收、核销等形式化解不良贷款12795万元。全年国际结算量3.27亿美元，比上年减9.67%。外汇交易量1913万美元。代理基金销售15万元。中间业务收入803万元，比上年减29.31%。全年实现利润8405万元，比上年增43.06%。南京银行股份有限公司张家港支行加强政银合作，以各开发区、乡镇为主要发展方向，有针对性地营销拓展优质客户，扩大贷款规模。支持重点行业发展，为市城投公司城建项目发放贷款5亿元，为江苏爱康能源开发有限公司发放贷款1.3亿元。在资产业务中，小企业贷款业务增幅较大，投放11.15亿元，比上年增84.34%。全年理财销售32亿元，代理基金销售1600万元。实现拨备前利润10804.01万元，比上年增193.32%。

12月16日，江西银行张家港支行开业　(江西银行张家港支行　提供)

【江苏银行"E融"系列产品获市场认可】 "金E融"是江苏银行苏州分行与苏州市住房公积金管理中心联合推出的一款无抵押、无担保、纯信用的公积金网贷产品。正常缴纳公积金的市民通过在线申请即可获贷款额度，实现"在线申请、网上支用、按日计息、随借随还"。"税E融"产品由省国税局与江苏银行总行联合推出，凡正常缴税两年以上，且前12个月缴税总额（含增值税、企业所得税、消费税）大于2万元，无不良信用记录及欠缴税记录，纳税信用为B级（含）以上的纳税人无须担保即可申请最高100万元的融资。年内，江苏银行张家港支行新增“金E融”客户1187户，贷款余额12634万元；新增“税E融”客户95户，贷款余额4236万元。

（姜　辉　张品芳　郭儒超）

【农村商业银行】 2016年，全市有2家农村商业银行（张家港农商银行、常熟农商银行）的分支机构。江苏张家港农村商业银行股份有限公司下辖2家分行，1家营业部、39家支行，57家分理处、1家社区支行，机构网点总数100家。其中，年内新设海门支行、昆山支行、无锡分行和南通分行4家异地机构。5月6日，首发上市申请材料获中国证监会证券发行审核委员会审核通过。12月9日，首发申请获证监会核准通过，取得发行批文。年内组建投资银行部，启动投行项目预审及业务模式设计工作；成立企业自主创新金融支持中心，通过苏州综合金融平台解决317项客户需求，授信53.43亿元，发放贷款19.35亿元；成功发放张家港地区首笔土地承包经营权抵押贷款。年内本外币存贷款总量首次突破1000亿元。全年国际结算量19.43亿美元，比上年增23.29%。外汇交易量35.7亿美元，比上年增200.25%。代理人寿保险、基金销售18.55亿元。实现中间业务收入13647.66万元，比上年增35.7%。全年实现净利润6.79亿元，比上年增1.8%。年内，该行获“全国十佳创新服务三农银行”称号。在英国《银行家》杂志发布的全球商业银行1000强中排名第638位。常熟农商银行股份有限公司张家港支行坚持服务“三农两小”（农村、农业、农民，小额贷款、小企业贷款），特别是服务小微企业，探索差异化、特色化发展之路。年内推出信保贷、创融贷、精英人生等信贷产品，其中信保贷产品以专业担保公司担保或贷款保证保险为主要增信保障，由信用保证基金公司提供再担保，面向有成长性、轻资产的企业发放本外币贷款。该产品手续简便，还款灵活，支持大批个体工商户创业、发展与成长。年内新增信保贷客户31家，新增授信8650万元。至年末，该行小微企业贷款余额90006万元，比上年增138.56%。投放对象均为小微企业或业主个人，贷款投向行业分布于纺织业、农业、批发零售业等。全年实现净利润4543万元，比上年增359.35%。

【张家港农商银行首次设立异地分行】 2月5日和4月8日，张家港农商银行先后获准筹建南通分行和无锡分行，此为该行首次设立异地分行，标志着该行在省内苏中、苏南两大重要城市获得新的战略支点，并开启跨区域发展的新篇章。其中，无锡分行于10月18日获得开业批复，11月18日正式对外营业。至年末各项存款余额11.29亿元，各项贷款余额6.73亿元。异地分行成立后，该行在省内沿江地区的机构网络布局更加完善，有利于增强服务“三农”和小微企业发展的能力，以及化解地区和行业风险。

（沈　阳　杨新竹）

【村镇银行】 2016年，全市有村镇银行1家。江苏张家港渝农商村镇银行股份有限公司重点支持辖内小微企业、个体工商户等客户群体，助推地方经济发展，全年发放贷款13829万元。严格落实支农支小的市场定位，新增贷款全部控制在200万元以内，并严格落实贷款三查制度，在贷前调查、贷款审查、贷后管理方面严格把控。年内通过现金清收、司法诉讼、贷款重组及核销处置等手段加大不良贷款的处置力度，全年累计现金收回表内不良贷款本息5917万元。资产质量稳步提升，至年末，本息逾期贷款比年初减60.84%；本息逾期90天以上不良贷款比年初减61.02%。全年实现总收入9377万元。

（袁蓓钰）

【邮储银行】 2016年，全市有邮政储蓄银行1家。中国邮政储蓄银行张家港市支行聚力服务地方经济，实现小企业投放4.09亿元，其中涉农贷款3.15亿元，投放“新三板”企业资金760万元，消费类贷款规模扩大至31.42亿元，新增市场占有率24.5%。融资业务覆盖面持续增大，实现福费廷业务2.01亿元、信用证议付11.34亿元、美元贷款2700万元。持续引入上级行资金22亿余元投放于沙钢集团、沙洲电力和华兴电力，其中沙洲电力二期“上大压小”火力发电项目新增投放5亿元。新增税贷通+、网贷通+的产品组合模式以及电商贷、白领贷产品，提升企业融资额度，开拓线上贷款渠道。邮储银行市民卡工程成功上线，实现苏州市内集交通、消费一体化服务。全年国际结算量2.56亿美元，比上年增98.45%。外汇交易量536万美元，比上年减34%。代理保险、基金销售1.7亿元。实现中间业务收入992万元，比上年增28%。全年实现利润1.06亿元，比上年增14%。年内，该行获评总行级国际业务特色支行。

【邮储银行“农业保险贷”助力农户】 年内，邮储银行张家港市支行推广“农业保险贷”产品。该产品是江苏首个由财政、银行、保险三方联合打造的金融信贷产品，由省财政厅牵头，邮储银行省分行、人保财险省分公司具体运作，以财政补贴型农业保险为基础开发，旨在通过财政资金增信带动金融机构为农业生产经营主体提供易获得、低成本的惠农金融服务。服务对象为已投保农业保险并有贷款需求的农业经营主体，包括农民合作社、家庭农场、专业大户及农业企业。该产品推出后，张家港市支行向全市各乡镇全面推广，同时加强与人保财险公司对接，并在全行为该产品开辟绿色信审通道，保证农户贷款及时到位。至年末，共发放“农业保险贷”3笔，共90万元。

（夏　云）

【外资银行】 2016年，全市有2家外资银行（友利银行、汇丰银行）的分支机构。友利银行（中国）有限公司张家港支行主营存贷款业务、票据业务、外汇等重点业务，年内推广友安汽车贷款、韩元清算业务、韩元存款业务等。全年国际结算量17685万美元,比上年增55.05%。外汇交易量9735万美元,比上年增85.36%。实现中间业务收入135万元,比上年减11.76%。全年净亏损375万元。汇丰银行(中国)有限公司张家港支行内设工商金融服务部、贸易与供应链部、柜台服务部,有员工6人。该行秉承可持续发展理念,扩大贷款规模,降低企业融资成本,支持张家港实体经济发展。深层次挖掘客户需求,信贷规模稳步扩张,"810工程"企业年末贷款余额6.63亿元,比年初增2.03亿元。办理银票贴现业务58笔,金额4290.5万元,开立信用证7笔,金额4633.09万美元。

(石晓霞 王亚超)

保 险

【概况】 2016年,全市有保险公司43家,有保险经纪公司1家、保险代理公司2家。全年完成保费收入453665万元,其中财产险收入163491万元、人身险收入290173万元。全年理赔支出155071万元,其中财产险支出105797万元、人身险支出49274万元。

2016年张家港市主要保险公司经营情况表

表52

项目公司		保费收入(万元)	比上年增长率(%)	理赔支出(万元)	比上年增长率(%)
财产险公司	中国人民财产保险公司	70030.00	7.07	44792.00	12.52
	太平洋财产保险公司	46264.31	3.48	29465.21	11.47
	平安财产保险公司	34212.00	7.23	20328.38	20.66
	紫金财产保险公司	4861.00	2.87	3035.29	55.28
	中国人寿财产保险公司	4693.00	-8.36	3340.00	19.23
	长安责任保险公司	4477.00	390.36	1412.00	467.70
	太平财产保险公司	2639.00	35.37	1250.00	73.06
	阳光财产保险公司	2557.00	75.47	779.00	141.01
	大地财产保险公司	1470.00	36.66	703.00	41.29
	中华联合保险公司	1327.00	-26.36	1178.00	-21.96
人身险公司	中国人寿保险公司	79849.61	18.04	2606.03	-70.28
	平安人寿保险公司	75551.00	39.00	7415.00	8.69
	太平洋人寿保险公司	66936.00	35.20	1800.00	24.91
	太平人寿保险公司	61763.00	37.23	6715.00	-11.81
	富德生命人寿保险公司	24242.00	10.14	4538.00	84.95
	东吴人寿保险公司	6250.00	1108.90	138.00	711.76
	美国友邦保险公司	5912.00	104.39	283.00	80.25
	中国人民人寿保险公司	4980.00	66.24	615.00	-23.46
	利安人寿保险公司	2144.00	186.00	—	—
	泰康人寿保险公司	1623.00	166.94	—	—

【中国人民财产保险股份有限公司张家港中心支公司】 2016年,公司下设城中、金港、塘桥、大新等7个营业部和26个营销服务部。有从业人员639人,比上年增95人。年内新增诉讼财产保全责任保险、港城惠民、和谐家园、家福安康、幸福满屋、"食全食美"食品安全责任保险、农村个人建房保险7个险种,累计设险种十类200余种。全年保费收入70030万元,比上年增7.07%。其中,车险收入55433万元,农险收入1513万元,非车非农险收入13084万元。保费收入中,车险占比最大,为79.16%。全年累计处理赔案63882件,理赔支出44792万元,赔付率71.55%,其中车险理赔支出34760万元、农险理赔支出2523万元、非车非农险理赔支出7509万元。理赔支出中,车险占比最大,为77.6%。 (宋伯珂)

【中国人寿保险股份有限公司张家港支公司】 2016年,公司下设综合部、客户服务中心、个险销售部、团体业务部及银行保险部,下辖塘桥、乐余、金港、杨舍4个营业部和7个营销服务部。有从业人员1192人,比上年增357人。年内新增险种3个,分别为国寿鑫福赢家年金保险、国寿鑫福赢家年金保险(分红型)、鑫福一生两全保险(分红型),累计设险种两大类334种。全年完成保费收入7.98亿元,比上年增18.04%。处理赔案7466件,理赔支出2606.03万元。

(庞 沁)

【中国太平洋财产保险股份有限公司张家港中心支公司】 2016年,公司下设总经理室、综管部、财务部、销管部、客服部、业务部等部门,下辖1个支公司、8个营销服务部。有从业人员422人,比上年增107人。1月12日,签署苏州市首单网络食品安全责任保险,入围苏州市十大保险新闻。4月8日,与市东渡实验学校签订苏州首单校园食堂食品安全责任保险。全年保费收入46246.31万元,比上年增3.48%。其中,非车险收入9368.55万元,机动车辆险收入36877.76万元。机动车辆险占比79.74%。全年累计处理赔案56985件,比上年减6.29%;理赔支出29465.21万元,比上年增11.47%,赔付率66.18%。理赔支出中,非车险支出5329.07万元,机动车辆险支出24136.14万元。机动车辆险占比81.91%。实现利润2609万元,市场占有率25.3%。 (刘 恺)

【中国太平洋人寿保险股份有限公司张家港中心支公司】 2016年,中国太平洋人寿保险股份有限公司张家港中心支公司下设个人业务部、法人渠道业务部、营运部、财务会计部及行政人事部。下辖市区营业部和金港、塘桥、凤凰、乐余、锦丰、杨舍6个营销服务部。有从业人员1967人，比上年增714人。年内新增险种5种，分别为安行宝2.0两全保险、爱无忧两全保险A款、附加爱无忧防癌疾病保险A款、东方红·状元红（尊享版）两全保险（分红型）、东方红·满堂红（尊享版）两全保险（分红型），累计共设险种五类114种。全年保费收入66936万元，比上年增35.2%。其中，个险期缴18590万元、意外险2278万元、金融合作期缴131万元、金融合作趸缴2445万元、续期37865万元。保费收入中，续期占比56.57%。全年处理赔案4877件，理赔支出1800万元，赔付率36.86%，其中意外险支出240万元、健康险支出565万元、传统寿险支出995万元。理赔支出中，传统寿险理赔支出占比55%。（魏　娟）

【中国平安财产保险股份有限公司张家港支公司】 2016年，公司设总经理室、综合管理部、业务管理部、客服理赔部等部门，有从业人员119人。公司严格执行"快、易、免"承诺服务，先赔付，再修车；1万元以下赔案如资料齐全3个工作日之内赔款到账，并上门代收索赔资料；人伤案件在线服务、省心调解服务；免费提供24小时"百公里"道路救援服务。全年完成保费收入34212万元，比上年增6%。全年理赔支出20328.38万元，比上年增20.66%，其中车险支出17812.27万元、财产险支出2227.59万元、意健险（意外险、健康险）支出288.52万元。（邢鑫焜）

【紫金财产保险股份有限公司张家港支公司】 2016年，公司设总经理室、综合管理部、业管部、客服部、3个业务部以及车行业务部。有从业人员52人。全年完成保费收入4861万元，其中车险收入3106万元、财产险收入1355万元、意健险收入400万元。保费收入中，车险占比为63.89%。全年累计处理赔案3945件，理赔支出3035.29万元。全年道路救助基金共垫付费用92笔，垫付金额320余万元。（邵丽君）

【苏州首单网络食品安全责任保险签约】 1月12日，在市市场监督管理局牵头下，太平洋财产保险张家港中心支公司与苏州金麦穗食品有限公司签署苏州市首单网络食品安全责任保险。根据保单内容，在保险期间或追溯期内，在约定的承保区域内，由于被保险人生产加工、销售的食品存在缺陷，导致第三方食用后出现食物中毒、其他食源性疾病，或因食物中混杂异物导致受伤、残疾或死亡的，且被保险人在保险期间首次收到赔偿请求，依法应由被保险人承担的经济赔偿责任，保险人将按约定负责赔偿。张家港市在食品生产、流通领域及餐饮行业等推广食品安全责任保险制度，探索建立政府、保险机构、企业等多方参与、互动共赢的激励约束机制和风险防控机制。（刘　恺）

证券·期货

【概况】 2016年，全市新增2家证券公司营业部，分别为中国银河证券股份有限公司张家港东环路证券营业部、光大证券股份有限公司张家港杨舍东街营业部。全市有证券营业部18家，期货营业部6家。

【东吴证券股份有限公司张家港分公司】 2016年，公司下设总经理室、综合部、财务部、信息技术部、业务管理部、财富管理中心等6个部门，下辖杨舍、金港、锦丰、塘桥、杨舍沙洲中路5个证券营业部。该公司及营业部有从业人员63人。分公司提供IPO、中小企业私募债、财务顾问、新三板等综合金融业务。各营业部开设沪深A股、B股、权证、期权、港股、期货、国债、企业债券、国债回购、封闭式基金等交易品种，提供融资融券、股票质押回购、小贷宝等融资服务，提供现场交易、电话委托交易、网上交易、手机炒股等交易方式，并与中国银行、农业银行、工商银行、建设银行、交通银行等13家银行建立客户保证金三方存管业务。营业部客服中心实行客户经理制，为客户提供一对一服务，并提供电话咨询、在线咨询、短信、盘中提醒等多种咨询服务，帮助投资者把握投资方向。全年完成交易额1688亿元，实现利润5863万元。（肖　贝）

【华泰证券股份有限公司张家港杨舍东街证券营业部】 2016年，营业部有员工25人。开设A股、B股、债券、基金、权证、三板、H股、融资融券、IB业务等交易品种，提供网上交易、电话委托、磁卡委托、手机炒股、网上页面委托等交易方式，与工商银行、农业银行、中国银行、建设银行、交通银行、浦发银行、招商银行、中信银行、农商行等多家银行建立三方存管业务，提供"涨乐财富通"等综合理财服务。营业部在全国范围内累计基础市场份额0.76‰，张家港市场占有率36.6%。年内股基证券开户4561户，有效户1006户，新增融资融券客户713户。全年实现交易额605.3亿元，理财产品销售12.04亿元。实现利润7312.1万元。（夏良亮）

【南京证券股份有限公司张家港步行街证券营业部】 2016年，营业部设有散户区、中户区、大户区及贵宾区，从业人员8人。开设A股、B股、港股通、债券、基金、权证、新三板等传统通道业务以及期货IB、融资融券、股票质押式回购融资、各类金融产品代销、个股期权等业务。设有期货交易专区。提供现场开户、见证开户、网上开户、手机开户多种开户方式，提供现场交易、电话委托交易、网上交易，手机委托交易等方式，与工商银行、农业银行、中国银行、建设银行、交通银行、招商银行、民生银行、浦发银行、光大银行、华夏银行、江苏银行、兴业银行、中信银行、南京银行、上海银行、宁波银行、平安银行、广发银行、邮储银行等建立三方存管转账业务。营业部依托公司的"快乐阳光"网上营业厅、金罗盘掌厅、微信微厅等客户服务平台及"95386"全国统一客服热线为客户提供便捷服务。全年交易额510.05亿元，比上年减43.5%，其中手续费收入1612.52万元，比上年减61.68%。实现利润695.68万元。（钱文娟）

【江苏东华期货有限公司张家港营业部】 2016年，营业部设有经理室、技术信息部、业务部、财务部等部门，有从业人员7人，均持有期货从业资格证书。公司配备文华财经、博易大师、掌上财富、博易五档深度行情、文华高速行情五套行情系统。金仕达、灾备、CTP三套主用交易系统及多套个性化下单系统，为投资者提供互联网交易、互联网转账、电话报单、临柜书面委托、手机下单、程序化交易、第三方API接入等多种交易方式。公司与五大国有银行开通银期转账业务，并与国内四家期货交易所实时联网。至年末，拥有固定客户963人，成交额679亿元，实现客户保证金收入3876万元。（陆丽华）

其他金融机构

【小额贷款公司】 全市有农村小额贷款公司13家，分别为张家港昌盛农村小额贷款公司、市华芳农村小额贷款公司、张家港保税区锦泰农村小额贷款公司、市国泰农村小额贷款公司、市广大农村小额贷款公司、市沙钢农村小额贷款公司、市南丰农村小额贷款公司、市亚泰农村小额贷款公司、市中昊农村小额贷款公司、市金生科技小额贷款公司、市长江农村小额贷款公司、市金城泰农村小额贷款公司、苏州港口张家港保税区科技小额贷款公司。年内累计发放贷款3626笔，金额76.2亿元，融资余额7.2亿元。年末贷款余额43.3亿元。市金融办指导6家符合条件的小贷公司申请到省级财政引导资金484.49万元。张家港昌盛农村小额贷款公司获评全国优秀小贷公司，公司的微小贷业务获评全国优秀商业模式。

【融资租赁公司】 全市有融资租赁公司2家，分别为江苏金茂融资租赁有限公司和华晟融资租赁有限公司。全年办理租赁业务189笔，余额21.39亿元，比上年增43.65%，累计租赁14.39亿元，比上年增75.27%。其中，江苏金茂融资租赁公司成立于2012年12月，是由国有股东张家港市金茂集体资产经营管理中心控股，江苏永钢集团、张家港酿酒集团、锦昇泰投资公司等民营企业共同出资设立的台港澳与大陆合资有限责任公司，为企业更新设备、技术改进、产业升级提供服务，注册资本3.47亿元。全年办理租赁业务90笔，余额18.08亿元，累计租赁13.23亿元。

【财务公司】 全市有财务公司2家。沙钢财务有限公司于2010年登记成立，注册资金10亿元。年末本外币存款余额56.82亿元，本外币贷款余额30.99亿元。江苏国泰财务有限公司由江苏国泰国际集团有限公司和江苏国泰国际集团国贸股份有限公司共同出资成立，注册资金5亿元。年末本外币存款余额22.98亿元，本外币贷款余额3.85亿元。

【创业（风险）投资公司】 创业（风险）投资公司主要向优质中小企业提供股权投资，参股企业成长后退出获利。至年末，全市有创业（风险）投资公司23家（其中5家在省发改委备案），注册资本总额40亿元，实收资本36亿元。共投资76个项目，投资总额30.28亿元。其中投资张家港25个项目，投资总额4.08亿元。

【担保公司】 至年末，全市有融资性担保公司6家（含2家分公司），注册资本累计10.51亿元，全年为455户企业提供547笔担保业务，担保金额31亿元，年末在保余额31.44亿元。其中，市金港投资担保有限公司是由市直属公有资产经营有限公司等12家股东共同出资组建的国有担保机构，注册资本6.5亿元，实收6.5亿元。公司经营担保业务、投资及管理、信息咨询服务。收费标准为固定费率制，年担保费率为1.6%。2016年在保余额20.05亿元，在保企业282余家。年内，经自愿申报，市中小企业局及市财政局联合审核并报经市政府批准，市金港投资担保有限公司、市农业担保有限公司、市金茂机械担保投资有限公司3家担保公司获市风险补偿金604.24万元，同时获省级促进金融业创新发展专项扶持资金675.23万元。

【典当公司】 全市有典当机构12家，分别为市锦泰典当有限公司、苏州广聚源典当有限公司、市鸿笙典当有限公司、市金生典当有限公司、张家港保税区宝盛典当有限公司、市盈祥典当行有限公司、苏州鼎丰典当有限公司、苏州东鑫典当有限公司、市永盛典当有限公司、市铭达典当有限公司、苏州亿通典当有限公司、苏州华富典当有限公司。实际开展业务的典当企业10家。年末累计典当总额7.59亿元，比上年减13%；典当余额2.43亿元，比上年增3.5%。

【拍卖公司】 全市有正常开展业务的拍卖机构5家，分别为苏州天润拍卖有限公司、苏州市富城拍卖有限公司、江苏广聚源拍卖有限公司、苏州泓泰拍卖有限公司、苏州正泰拍卖有限公司。全年共举办拍卖会99场，拍卖成交额44394.98万元。苏州市富城拍卖有限公司2016年有员工10人，其中国家注册拍卖师4人，注册土地评估师2人（兼职），中级职称8人。公司提供法律咨询、营销策划、信息发布、对外招商等系列服务，主要经营国家法律法规和政策允许的物品拍卖、拍租业务，全年举办拍卖会42场，成交额1.57亿元。

【保理公司】 全市有商业保理公司2家。江苏金茂商业保理有限公司成立于2014年2月，主营业务为以受让应收账款的方式提供贸易融资，应收账款的收付结算、管理与催收，销售分户账管理，与公司业务相关的信用风险担保等。至2016年年末，累计保理49笔，保理金额111910万元，保理余额28038万元，实现保理收入5234万元。江苏华程商业保理有限公司成立于2014年9月，业务对象主要是央企、大型商业超市、其他上市公司、保税区仓储。至2016年年末，累计保理314笔，保理金额54451万元，保理余额11177万元，实现保理收入2600万元。

（程　鑫　糜岚岚　杨　璐
柳一虹　朱丹华　徐　芳）

【编辑　陆文琰】

市便民服务中心

2016年，市便民服务中心围绕全市“十三五”发展总目标，以“紧扣强富美高，全面提升品质”为总抓手，统筹安排便民服务各项工作，全面落实从严治党各项要求，凝神聚力、务实创新、拼搏争先、开拓进取，各项工作取得新成效。

市便民服务中心全年帮助市民解决各类咨询、生活求助1740681件，协调各部门、各单位处理群众投诉建议7.67万件，办结率100%，综合回访满意率99.9%，市民满意度99%以上。3月，中心整体搬迁至电大路101号市报业大厦14层、15层办公，“12345”热线话务大厅可接通台席由39席增至60席，满足了中心接线需求并留出发展空间。年内，中心成为政府热线国家标准的起草和试点单位，对“12345”热线服务项目、服务流程、软硬件建设等进行标准化改造，提高热线规范化服务水平。开发完成“张家港12345”微信公众服务平台，为市民和12345平台搭建新的沟通桥梁，提供更为畅通的诉求渠道。开展“两学一做”学习教育活动，创新“互联网+”网络学习平台，利用党员微信群，搞活“指尖上的课堂”；开展“党员先锋岗”争创、“学党章、守党纪、强党性”、“佩党徽、亮身份、树形象”、“好家风好家训”宣讲等系列活动，引导党员立足岗位做贡献。开展五四趣味运动会、廉政警示教育、“中秋团圆·感恩有你”员工慰问、“情系新市民·爱满中秋时”关爱未成年人、“健康生活·你我同行”健步走等活动。市便民服务中心被命名为苏州市“职工读书站”示范点，被市委、市政府授予综合贡献奖。

1 市委常委、常务副市长卞东方调研便民服务工作

2 7月，苏州市便民服务系统县市平台半年度工作会议在张家港召开

3 9月，中心开展“中秋团圆·感恩有你”慰问一线员工活动

4 9月，中心赴市老年公寓开展“我们的节日·重阳”慰问老兵活动

5 市便民服务中心成为政府热线国家标准的起草和试点单位

市商务局

2016年，市商务局主动适应经济新常态，着力增强改革新动力，推动全市商务经济实现平稳健康发展。加快推进“两新一高”产业招商，不断提高服务业利用外资及港澳台资水平，全年新批外资及港澳台资项目49项，实际利用外资及港澳台资6亿美元。深化关检合作，实现“检商贸”三证合一，通过“一窗受理、互联互通、信息共享”，提升贸易便利化水平；促成阿里巴巴重组江苏一达通，助推中小企业提高接单能力。全年张家港市实现进出口总额1808.8亿元，其中出口总额935.9亿元，比上年增1.9%。市商务局强化服务引导，积极开展境外合作主体培育。全年新批境外投资项目20项，实现中方出资额4.61亿美元，完成新签境外工程合同额2.78亿美元，境外工程劳务营业额2.64亿美元。持续加强商品交易市场运行监测及协调服务，推动全市商贸业态转型提升，曼巴特、吾悦广场、汇金中心等重点项目进展良好，全年社会消费品零售总额535.16亿元。市电子商务产业园4月正式运营，至年末入驻企业超过60家。

1 市电子商务产业园开园典礼
2 阿里巴巴江苏一达通启动运营仪式
3 市招商队伍能力建设专题培训班
4 市重点外资企业座谈会
5 市外商投资企业迎圣诞主题音乐会

市粮食局

2016年，市粮食局扎实做好稳收购、强储备、惠民生工作，全面落实粮食安全责任制，各项工作取得新的成绩。粮食行业发展完成顶层设计，《粮食安全保障体系建设“十三五”规划》正式发布，《张家港市粮食物流收储供应库点近期规划（2016—2020）和远期规划（2020—2030）》制定完成；粮食安全责任制考核“首考”成绩优异，以苏州各县市总分第一的好成绩顺利通过苏州市现场考核，考核结果为优秀；粮食宏观掌控能力显著增强，两季收购总量苏州第一，地方粮食储备更加科学合理，军粮供应水平得到提升；粮食产业经济实力不断攀升，国有粮企改革持续深化，实现年销售收入3.5亿元，粮油加工业量质齐增，粮食行业凝聚力不断增强；部门行政管理水平得到提升，粮食市场稳定有序，粮食经营者守法诚信，放心粮油供应网络全面建成，市级粮食流通监管平台圆满实现对接，安全生产工作落实到位，市粮食局获评2016年度全省安全生产先进集体，市粮食购销总公司获评市安全生产三星企业；党建精神文明多点开花，形成了党建引领、多元参与、资源共享、服务惠民的党建新模式，市粮食购销总公司员工获苏州市第二届粮食行业职业技能竞赛一等奖、三等奖。

1

2

1 省粮食局局长陈一彬调研粮食工作

2 市委副书记、市长黄戟调研粮食工作

3 参加苏州技能竞赛

4 粮库开放日活动

5 世界粮食日宣传活动

3

4

5

市民族宗教事务局

2016年，市民宗局围绕全市中心工作，持续巩固全市民族宗教领域和谐稳定的局面。深化民族宗教事务网格化管理。年初与各区镇签订《2016年度民族宗教工作目标管理责任书》，下发《2016年度民族宗教工作考核细则》《区镇“民族宗教工作”扣分项目监测细则》和年度网格化管理工作专项资金；及时调整充实市民宗工作领导小组成员单位，细化明确各成员单位职责；对各区镇民宗事务管理网格建设持续指导、检查，深化长效管理机制。完善“五个平台”建设。做强宣传教育平台，开展民族宗教政策法规学习宣传月活动，在《张家港日报》刊登民族宗教工作巡礼专版，市民族主题教育馆先后被命名为“江苏省民族团结进步主题教育馆”“全国民族团结进步教育基地”。做优联谊活动平台，相继开展少数民族才艺、体育比赛和民族文艺会演等活动，向省民委申请到“少数民族文化事业发展”资金10万元。做实示范创建平台，开展“张家港市示范拉面店”创建活动，评选表彰15家“示范拉面店”。做精政策服务平台，为全市高考和对口单招、中考少数民族学生审核民族成分，做好少数民族更改民族成分初审，为民品企业申请贴息贷款，为外来少数民族群众申请积分者增加基础分3分。做大扶贫济困平台，利用市少数民族救助专项资金及“宗教慈善周”等平台资助少数民族困难群众，指导成立市佛教慈善协会，定期开展困难家庭学生资助及其他济困、养老、助残等慈善活动。深化宗教事务规范化、法治化建设。指导宗教界开展宗教政策法规学习，做好春节期间“文明进香”及复活节期间各项安全稳定工作，加强全市宗教场所消防宣传教育和安全隐患排查整治工作，开展宗教团体、场所星级创建，长安寺、永昌寺达到省三星级标准。兴教寺、永昌寺、长安寺被评为省三星级宗教活动场所。市佛教协会通过AAA级社会团体评估。加快宗教场所建设，杨舍基督教堂新建工程开工，杨舍天主教堂新堂建设稳步推进。

1

2

3

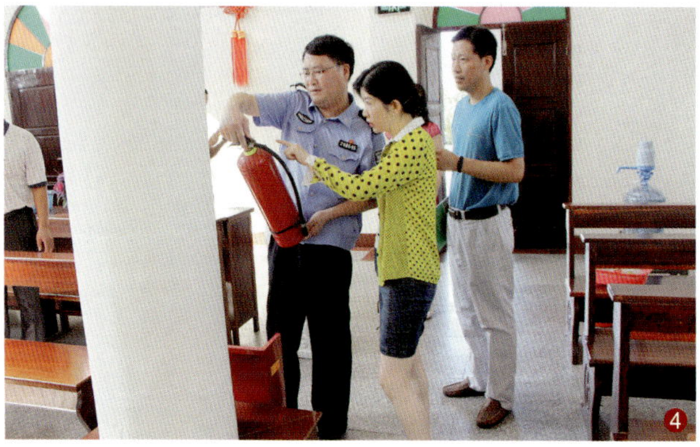
4

1 全市民族宗教工作领导小组成员单位（扩大）会议
2 局领导走访调研示范拉面店创建工作
3 全市民族宗教界人士法律知识讲座
4 宗教活动场所安全检查
5 市第五届民族文艺会演

5

市人民政府口岸办公室、市港口管理局

2016年，张家港市人民政府口岸办公室（港口管理局）围绕全市"十三五"发展总目标，贯彻"强富美高"新江苏建设总要求，团结口岸各单位加强通关协作，优化服务举措，加强长江经济带港口间合作，合力推进"大船大港大物流"战略。全年完成货物吞吐量2.86亿吨，继续保持全国县域口岸领先，位居全省港口首位；外贸进出口量6102.6万吨，集装箱运量98.3万标箱，在长江沿线港口位列前茅。稳步推进港口资源整合和功能调整，突出抓好港口重点工程推进，福南水道12.5米深进港航道治理工程取得阶段性成果。港口基础设施建设扎实推进，口岸承载能力进一步提升，新增10万吨级泊位1个，新增开放泊位4个。口岸、港口综合保障能力进一步增强，平安港口建设不断深化，建设港口危险货物动态监管系统平台。持续推进绿色低碳港口建设，港口节能减排取得实效。深入推进口岸大通关建设，率先推出"三互"监管中心模式，全面实现船舶监管"单一窗口"。文明共建内涵进一步深化，协作服务水平进一步提升，实现"江苏省文明口岸"四连冠；张家港口岸通过国家质量监督检验检疫总局口岸核心能力复核。

1 省交通运输厅厅长游庆仲、副厅长陆留生调研港口一体化改革工作

2 2016年张家港口岸工作会议

3 11月3日，市委副书记、代市长黄戟，副市长邵军民调研口岸工作

4 市港口突发事故应急救援综合演练

5 张家港口岸"港新重装杯"体育运动会开幕式

市委党史地方志办公室

2016年，市委史志办发挥“存史、资政、育人”的重要功能，以“十三五”期间开好局为动力，做好史志编纂、史志宣传、史志研究等工作。年末，市委史志办获张家港市“综合贡献奖”。突出主业，史志鉴编纂优质高效。全市123篇党史专题有70篇编入专题集第一、第二卷，进入印刷出版程序。编纂完成《红色光影》主题宣传册。《张家港市（沙洲县）改革开放执政纪事（1979—2012）》《张家港纪事2016》出版发行。征编改革开放口述史9篇。全市启动编纂村志近60部。推进乡镇志、部门志编纂，《后塍镇志》等3部镇志完成终审，《杨舍镇志》等4部镇志进入出版程序。《张家港市工会志》启动编纂，《张家港市宗教志》出版。5部入选中国名镇志丛书的名镇志初稿完成。年鉴编纂创新创优，《张家港年鉴》2014卷以全国县市区第一名的优异成绩获得全国地方志优秀成果特等奖。首次对区镇史志工作开展绩效考核。注重创新，载体建设业绩斐然。在市青少年社会实践基地建成市青少年史志教育馆。在全市各区镇设立市史志馆区镇分馆，实现镇全覆盖。在区镇史志分馆举办专题讲座9场，“这就是我们的张家港”地情展板巡展10次，受益群众、学生5000余人，向区镇赠送史志书籍2000余册。加强宣传，资政育人深入人心。组织党史地情宣讲队伍，在镇、村（社区）、机关、企业、学校宣讲张家港党史和地情文化20余场。开展党史、地方志征文活动。开展撤县建市30周年党史、地情知识竞赛。全年编辑出版《张家港史志》杂志4期，发行4800册。市委史志办在苏州市地方志论文评比中囊获一、二、三等奖和优秀奖及组织奖。获评苏州市二轮修志工作先进集体。

1 省委党史工办主任张亚青参观沙洲县抗日民主政府纪念馆
2 省地方志办主任漆冠山为市青少年史志教育馆揭牌
3 苏州市委党史工办主任邓正发参观综合展示馆
4 中国名镇志苏州片部分镇志研讨会在冶金园举行
5 年鉴编纂业务培训会议召开
6 口述史首次采访原兆丰文化站站长金少章
7 张家港史志办在江苏名镇名村志编纂会上做交流发言
8 集中研讨年鉴
9 《张家港市人民法院志》终审会
10 到大新镇调研参观桥头村村史馆
11 召开“两学一做”学习教育座谈会
12 开展“走基地、看变化、聚力量”主题活动

5

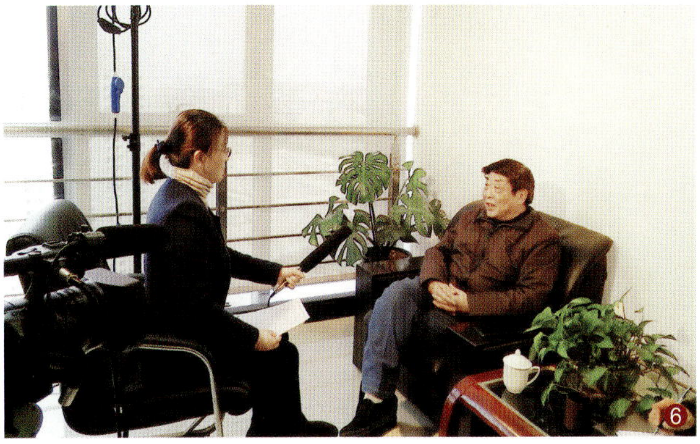

6

7

8

9

10

11

12

市档案局

1

2

3

4

2016年，市档案局围绕全市经济社会发展大局，凝心聚力，创新突破，荣获综合贡献奖，实现了张家港市档案事业“十三五”的良好开局。全市档案事业依法治理水平继续得到加强，“横向到边、纵向到底、不留空白”的“大档案”格局得到新的发展。制订并实施《张家港市重大行政决策档案管理意见（试行）》；全市61项重大建设项目档案管理纳入依法管理轨道；《确权档案服务三农专项行动》获评市“关爱民生法治行”十大优秀项目；全年累计有131个单位档案工作通过省星级规范测评或复查。全市档案资源继续得到有效整合，“覆盖全面、科学合理、富有特色”的“大信息”体系得到新的拓展。市档案馆馆藏资源建设实现“新增长”，全年接收各类档案47757卷、60975件，高效完成地情资料库建设工作；社会档案资源建设充满“新活力”，45个非遗代表性传承人家庭完成建档，南丰镇建农村和丰埭33户农民家庭集体建档，成为全市农村精神文明建设的重要亮点。全市档案资源开发利用继续得到深化，“方便快捷、内涵丰富、群众满意”的“大服务”品牌得到新的提升。年内新增民生档案基层查阅点2个，民生档案信息继续丰富；市档案馆全年提供档案服务10479人次，群众满意度99.98%；全年5361名中小学生走进市档案馆参加档案主题教育实践活动，《张家港市影像记忆丛书》之《金港影像》《杨舍影像》《塘桥影像》顺利发行。全市档案科技工作继续得到发展，“安全可靠、功能齐全、技术先进”的“大智慧”模式得到新的突破。杨舍档案馆、锦丰档案馆通过江苏省AAAAA数字档案室测评；市档案馆电子档案校验系统完成开发并投入使用；“基于智慧云的档案馆管理体系研究”项目通过国家档案局专家组评审。

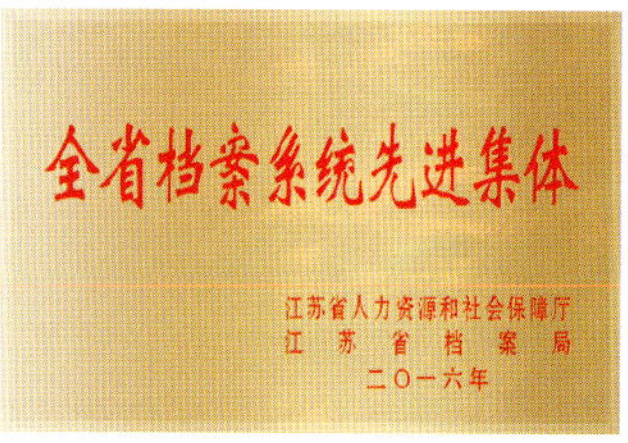

1 11 月 16 日，华东地区档案工作座谈会代表参观南丰镇家庭建档工作

2 5 月 26 日至 27 日，全省档案整理编目研讨会在张家港市召开

3 11 月 18 日，省档案局副局长欧阳旭明为大新档案馆揭牌

4 11 月 18 日，苏州市档案局局长肖芃在永联档案馆检查工作

5 6 月 9 日，市档案局在乐余镇开展国际档案日主题活动暨非遗项目传承人家庭建档工作推进会

6 12 月 26 日，市档案局“基于智慧云的档案馆管理体系研究”项目通过国家档案局专家组验收

7 11 月 5 日，非遗代表性传承人家庭建档成果在第二届中国（张家港）长江流域民间艺术博览会上展出

8 3 月 8 日，市档案局非物质口头文化语音资料库建设香山山歌录制现场

9 7 月 12 日，市档案局开展“确权建档服务三农专项行动”督察活动

10 12 月 22 日，钱昌照档案捐赠仪式在市档案局举行

市总工会

2016年，全市各级工会围绕市委、市政府中心工作，以深入开展“两学一做”学习教育活动为动力，牢固树立和强化主业主责意识，以维护职工合法权益为根本，以服务经济社会发展为重点，锐意进取、真抓实干、积极作为，各项工作不断取得新进展。

凝心聚力，广泛开展劳动竞赛，深化创新创优活动，着力提升职工素质，工人阶级主力军作用有新发挥。依法维权，深化厂务公开民主管理，强化劳动争议调处，加强工会劳动保护，和谐劳动关系有新发展。完善机制，加大困难职工帮扶力度，满足职工精神文化需求，抓好职工服务平台建设，服务职工群众有新成效。强基固本，基层组织和会员数进一步增长，工会组织规范化建设进一步推进，工会干部队伍素质进一步提高，工会组织基础有新加强。转变作风，“两学一做”落地见效，作风建设破立并举，信息化建设持续推进，自身建设水平有新提升。

1 省总工会副主席马永青调研市职工读书站建设
2 市职工文体中心开工仪式
3 工资集体协商现场观摩会
4 “金秋助学”对象扫码进入所在区域的“微助群”
5 “行行出状元”职业技能大赛之一银行柜员点钞识假技能比赛
6 职工联谊活动
7 向全市环卫工人发放新春大礼包
8 “永远的旗帜”全市职工纪念建党95周年大型诗歌朗诵音乐会

5

6

7

8

共青团张家港市委

2016年，张家港市共青团按照群团改革的精神，认真贯彻落实“两学一做”学习教育工作要求，坚持围绕中心、服务大局、锐意创新、开拓进取，为全市经济社会发展做出了积极贡献。承办第三届“创青春”江苏青年创新创业大赛暨第三届“创业张家港”青年精英创业大赛，推报的项目取得一等奖1个、三等奖2个、优秀奖2个的成绩，实现10个创新创业项目落地发展，其中4个项目已入选市领军人才计划。推报项目参加“创青春”全国青年创新创业大赛，1个项目获得商工组创意类金奖。专门组建经营团队精心打造“青春张家港”微信公众平台，当好“党政的麦克风”“青年的扩音器”，“青春张家港”微信公众平台吸引11万人关注。服务青少年健康成长，全年新建“两新”团组织32家，新建“青年之家”综合服务平台3个。“青年商圈”覆盖和联系的商家近1000户，建成党团组织17个。该模式项目被列入2016年全市十大党建项目之一，并被《中国青年报》头版报道。

1 团省委副书记蒋敏等调研吾悦商圈阵地

2 第三届“创业张家港”青年精英创业大赛

3 “希望之光”国泰奖学金发放仪式

4 市青年商会赴韩国浦项市进行友好访问

5 暑期青少年维权岗活动

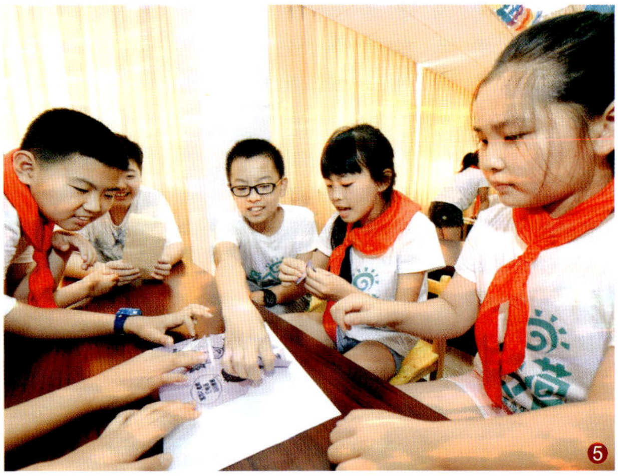

市工商业联合会

2016年，市工商联深入贯彻中央统战工作会议精神和中共中央总书记习近平在全国政协十二届四次会议民建工商联委员联组会上的讲话精神，紧扣“两个健康”工作主题，紧密团结会员企业，全心全意强化服务，为促进全市民营经济转型发展做出了新贡献，获评全省“五好”工商联和全国“五好”县级市工商联。

强化组织建设，激发基层商会的向心力。延伸商会组织网络，先后成立4家村级商会和4家行业商会，工商联完成换届，会员队伍结构和整体素质双优化，15家商会获评全市“五好商会”，“队伍过硬、网络健全、机制完善、作用凸显”的商会建设大格局形成。**贴近企业所需，突出经济服务的实效力。**搭建各类平台，营造亲商、促商、利商的良好发展环境。与21个职能部门共建为企服务工作圈，力促政企互通；推进校企合作，组织专家教授“进企业、解难题”10余项，组织“企业家讲师团”进校园开设“企业家大讲堂”，在5家行业商会建立大学生实习就业基地，实现院校人才培养与企业人才招聘无缝对接；积极促进内引外联，先后组织5批企业家考察团组赴新疆、宁夏、江西、浙江等地考察交流。**强化“四信”引导，扩大宣传教育的感召力。**开播《成功路上》年度企业家励志专题电视节目，先后采访播出沙钢集团沈文荣、永钢集团吴耀芳等40名优秀本土企业家的创业守业经验，在社会各界引起较大反响。会刊《张家港商会》采访刊登优秀企业家、企业精英50人，成为展示正能量、引领新发展的重要载体。举办各类专题培训，提振企业发展信心。开展“百企帮百村”精准扶贫，引领企业投身光彩事业，树塑商会公益新形象。后塍商会建成全市首家企业党建联盟展示馆，成为基层商会党建的一个缩影。**紧扣素质提升，增强新生代企业家队伍的战斗力。**举办“传承、发展、创新”青年企业家交流活动和张家港市非公经济代表人士浙江大学培训班，组织青年企业家代表赴井冈山接受革命传统教育，不断发掘和树塑优秀青年企业家典型。

1 11月30日，市工商联第十次会员代表大会召开

2 3月25日，市工商联举办“中国梦，中华复兴之梦”专题报告会

3 12月19日，市工商联举办企业创新工作座谈会

4 3月12日，经开区（杨舍镇）南新村商会成立

5 5月24日，市工商联举办市非公经济代表人士浙江大学培训班

市科学技术协会

1

2

3

4

2016年，市科协立足“四服务一加强”（服务科技工作者、服务创新驱动发展战略、服务公民科学素质提高、服务党委政府科学决策、加强科协自身建设）工作，以创新驱动战略为指引，以全民科学素质提升工作为载体，彰显科协蓬勃活力。聚力创新，服务经济转型发展。积极参与2016年中国国际创新创业大会，举办“海外专家港城行”活动，有17位海外专家到张家港市进行项目洽谈，7个项目参加市领军人才项目申报。与旅美科协会长宋云明、英国学生联谊会博士刘玉菲等签订海外合作框架协议。聚焦惠民，提升全民科学素质。举办第28届科普宣传周暨首届青少年科技创意嘉年华活动、全国科普日等全市性大型科普活动。台湾元智大学科学秀、万人科普游、首席科技传播专家进五区、科普剧展演等系列活动覆盖全市各社区、学校。搭建共享式科普信息化资源共享平台，大力宣传科普知识。举贤荐才，优化服务。举荐唐海娣获评省优秀科技工作者，徐永亮、董宜平等获评省创新创业大赛海智分赛二等奖及优胜奖等。市科技工作者之家积极为全市企事业单位进行科技查新、科技文献资料下载，举办萃智创新工程师培训、中小企业精益转型讲座、苏州市科技魅力人物联谊会等。年内，张家港市获评2016—2020年度全国科普示范市，张家港市科协获评全国“十二五”全民科学素质纲要实施先进集体，经开区（杨舍镇）金塘社区获评全国科普示范社区，张家港出入境检验检疫局获评全国科普工作先进集体。

1 3月，省科协党组书记、副主席陈慧娟考察张家港出入境检验检疫局科普馆

2 3月，副市长黄雪元受邀出席中国科协科普工作会议并上台受牌

3 5月，市第二十八届科普周开幕

4 青少年在张家港出入境检验检疫局木材馆进行科普体验

5 市机关幼儿园科普剧《虫虫的微电影》登上全省首届少儿春晚舞台

5

市文学艺术界联合会

2016年，市文联团结引导全市广大文艺工作者，扎实开展一系列文艺创作和展示展演活动，为繁荣和发展全市文艺事业做出积极贡献，各项工作取得新突破。主题文艺活动有声有色。围绕纪念建党95周年、撤县建市30周年、纪念红军长征胜利80周年等主题，突出中国梦和中国精神，举办劳动颂全市职工书画影大赛、市文艺家创作交流中心首展暨书画院建院25周年书画精品展、纪念红军长征胜利80周年——长江流域“中国书法之乡”主题书法交流展、第五届长江杯文学评论奖暨第四届扬子江诗学奖等主题文艺创作和展示展演活动。文艺精品创作成果丰硕。全年国家级入展入选（获奖）29件，省级36件，登记版权作品超过1200件。新增国家级会员16人，省级会员15人，苏州市级会员79人。累计拥有国家级会员104人、省级267人、苏州市级339人、张家港市级1154人，数量和质量在苏州县市中位列第一方阵。文艺阵地建设明显加强。10月启用市文艺家创作交流中心，面向全市文艺工作者开放共享、提供公益性服务。成立“中国作家•雨花读者俱乐部”。加强书画院的建设，设立创研部和专业画室，新增15名特聘书画师。文艺惠民活动不断深化。持续打造“文艺进万家”品牌活动，集中开展作家进校园、书法进万家、戏剧进社区等活动。9月启动“同圆中国梦•共创文明城”文艺志愿服务活动，在市特殊教育学校、白鹿小学开展公益培训班活动。12月举行 “庆元旦•迎新春”书画社区行公益巡展活动。

1

2

3

1 市文艺家创作交流中心开馆揭牌
2 长江流域“中国书法之乡”主题书法交流展
3 书画文化社区行
4 “同圆中国梦，共创文明城”文艺志愿服务启动仪式
5 张家港市和浦项市书画家交流座谈

4

5

市归国华侨联合会

2016年，市侨联落实市委第十一次党代会的决策部署，围绕“强富美高”新江苏建设总要求及全市“十三五”发展总目标，扎实履行“群众工作、参政议政、维护侨益、海外联谊”四项基本职能，团结带领广大侨界群众，为推动经济社会发展不断迈上新台阶、统筹做好改革发展稳定各项工作做出了积极贡献。

积极开展侨务引智工作，拓展与海外侨团和华侨华人的联络合作。举办2016年海外侨界专家张家港行活动，美国、德国、英国等11个国家和地区的侨界专家共30余人参加，达成近30个合作意向。依托各类侨务渠道，搜集海外高层次人才项目信息近80条。为进一步宣传新侨创新创业精神、搭建交流和合作平台，组织江苏能华微电子公司、多维科技公司等6家新侨企业，参加中国侨联新侨创新创业成果展。

深化侨界特色品牌建设，组织开展第五届侨界运动会，全市有16个代表队230位侨界人士参加；先后开展留学生家属座谈会、侨界人士庆元宵、侨界人士中秋联谊活动等侨界活动；组织3场北美留学生经验交流分享会；举办苏州市侨界庆祝中国侨联成立60周年暨迎新年书画展，广泛发动海内外华侨华人书画家、市归侨侨眷书画爱好者等近200人共同参与，拓展侨界文化阵地。

强化侨联基层组织建设，指导基层侨联及各侨之家开展各项工作，相继建立沙洲职业工学院“侨之家”和经开区“侨之家”。为高新技术产业园（凤凰镇）申报并成功获评“江苏省侨界人才创新创业基地”。市侨联被首批评为全省“双‘五有’侨联组织”。

1 市侨界人士庆元宵茶话会
2 海外侨界专家张家港行活动
3 江苏省侨界人才创新创业基地揭牌仪式
4 市第五届侨界运动会
5 “翰墨侨韵，印象沙洲”苏州侨界庆祝中国侨联成立 60 周年暨迎新年书画展

市残疾人联合会

2016年，市残联以强化残疾人保障体系和服务体系建设为抓手，进一步优化残疾人康复、救助、就业、精神文化等服务机制，不断提升残疾人工作服务水平。全面落实救助福利政策。全年为3993名重残人员发放生活补贴2906万元，为858名低保重残对象发放重残补贴金103.3万元，为511名无业精神（智力）残疾人发放救助金265.9万元，为690名符合灵活就业残疾人办理社会保险救助412万元。切实抓好就业服务举措。开展残疾人需求调查，7月至8月，市残联对全市19415名残疾人进行需求情况调查，入户调查18945人，入户调查率98.77%；组织开展就业招聘会8场，132名残疾人参加就业招聘，55人当场与单位达成就业意向。优化机构康复服务水平。市儿童康复基地完成功能筛查6万余人次，发现功能障碍儿童2379人，提供康复服务110人，转介服务802人，已完全康复34人，发放康复补贴80余万元；市视力残疾康复中心为新农村合作医疗参保患者免费实施白内障复明手术1200余例，市特殊教育学校收训智障学生123人、自闭症儿童42人，市听力言语康复中心有在训聋儿62人；全年为下肢重度残疾人发放轮椅300余辆，23个辅具借用点提供借用服务600余人次。优化残疾人发展环境。4月至10月，组织57名运动员参加苏州市第十四届体育运动会残疾人组比赛；举办"有爱无碍"全国助残日特别展活动，6名自闭症儿童和10名听障儿童在市特教学校和美术馆老师指导下历时一年完成80余件绘画，在美术馆进行展览；9月9日，在锦丰镇召开市志愿助残服务现场推进会，各区镇残联交流助残志愿服务好的做法和成功经验。

1 9月9日，张家港市助残志愿服务推进会召开

2 5月13日，"有爱无碍"全国助残日特别展活动现场

3 残疾人学生画展

4 盲人定向行走培训班

5 残疾人门球比赛

张家港海事局

2016年，张家港海事局大力弘扬法治精神，全面落实监管服务与党风廉政责任，第13次获得江苏省文明单位称号，获评江苏海事局创建“安全畅通文明”航区先进单位，夺得江苏省首届船舶交通管理技能竞赛和长江海事系统“两学一做”知识竞赛两个团体冠军，“法润江海”法治文化基地建成省级法治文化建设示范点，“十三五”发展开局良好。

优质服务助力口岸发展。办理行政许可18.85 万件，服务船舶安全进出港19.37万艘次，其中大型船舶1814艘次、国际航行船舶6930艘次。完成船载货量2.06亿吨、集装箱吞吐量98.3万标箱。保障40余项涉水工程的施工、通航与安全。成功救助船舶137艘、人员1234人，人命救助成功率99.69%。**多措并举稳定安全形势。**发布督促落实主体责任通告23个，开展水上安全管理约谈80余次，提出要求建议近500项。巡航里程19.85万海里，维护横江渡运14.7万班次，保障580.7万人次、257.1万车次安全渡江。统计分析在港船舶14万艘次，实施交通组织4.64万次，行政处罚78.96万元。**齐抓共管防治船舶污染。**监管9796万吨危险货物安全进出港，111万吨船舶压载水无害排放，1.6万吨船舶污染物无害处置。

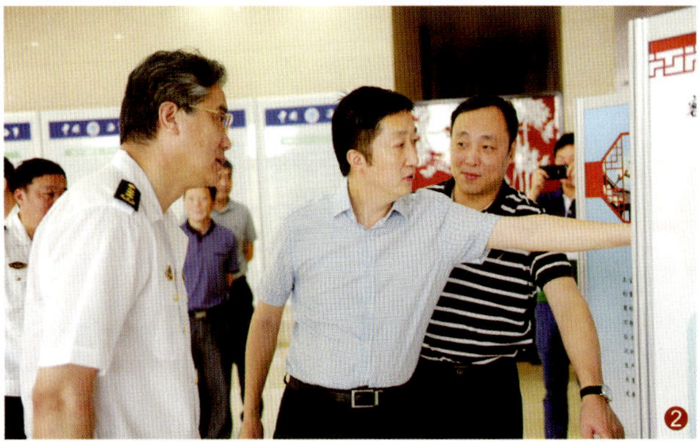

1 长江海事局局长阮瑞文到张家港海事局调研
2 长江航务管理局副局长朱汝明到张家港海事局调研
3 交通运输部水运局局长李天碧到张家港海事局调研
4 江苏海事局副局长王秀峰慰问张家港海事局干部职工
5 市委副书记、代市长黄戟到张家港海事局调研

6 张家港海事局接受地方媒体采访高温天服务国家重点工程沪通铁路大桥建设情况

7 港区海事处成立党员突击队

8 船舶排放控制区现场检查

9 水上安全生产法律法规咨询和宣传

10 世界环境日防污染演习

11 锦丰海事处开展船舶排放控制区专项检查

市国家税务局

2016年，市国税系统围绕组织收入中心不动摇，发挥税收职能，服务经济发展，为全市经济社会发展提供财力保障。年内，全市组织税收收入194.33亿元，比上年增12.67%；完成公共预算收入60.03亿元，比上年增60.93%；落实各项税收优惠政策94.96亿元，比上年增7.46%。顺利实施对生活服务、建筑、房地产、金融四大行业的“营改增”全面扩围，实现增值税对货物和服务的全覆盖。上线“金税三期”新系统，首个申报月完成纳税申报83948户次，申报率达到99.2%，实现新老征管系统的平稳过渡。构建国地税深度合作新机制，实现国地税合作“办税一个窗口、服务一个标准、管理一个模式、数据一个平台、执法一个尺度、评价一个体系”。拓宽和推行“互联网+”等多种办税渠道及办税方式，首批创建为全省税收管理改革综合示范点。全系统先后荣获2013—2015年度江苏省文明单位、江苏省税收管理改革综合示范点、江苏省法治税务示范基地、张家港市服务地方奖和优秀文明机关等多项荣誉。

1 苏州市国税局局长柏立云，苏州地税局局长唐晓鹰等参观联合自助办税服务厅

2 市国税局在江苏科技大学开展“税收助力创客行”毕业季主题活动

3 国税干部走进福利企业宣传税收优惠政策

4 国税干部开展政务广场咨询活动，为纳税人讲解“营改增”相关政策

5 2016 年 5 月 1 日零时 8 分，全市首份生活服务业增值税专用发票开具成功

6 忙碌的大厅景象

7 全市国税工作会议暨党风廉政建设工作会议

8 “诚信纳税，铸就发展”2016 年张家港市税收遵从合作协议签订仪式

9 组织开展“电子税务局”推广和操作培训

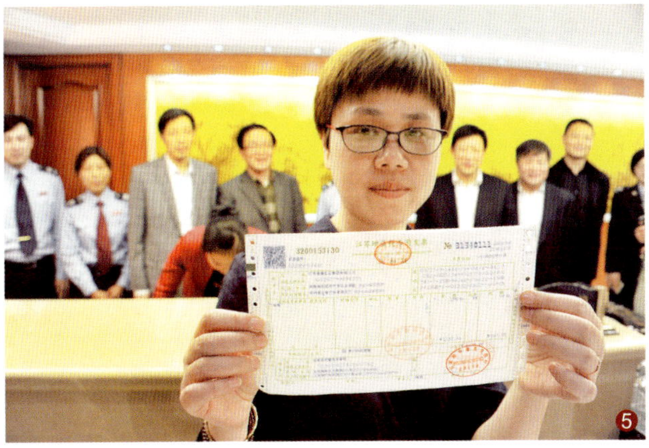

2016年度 全市国税工作 党风廉政建设工作 会议

诚信纳税 精税发展

张家港市国家税务局"电子税务局"操作培训

张家港地方税务局

2016年，全市地税系统立足经济发展大局，践行“改革创新、合作共享”发展理念，认真落实各类税收优惠政策，以税收“减法”赢得企业发展和经济结构转型的“加法”。全年组织各项收入160.93亿元，其中，税收收入113.3亿元、非税收入47.64亿元；实现公共财政预算收入71.3亿元，比上年增5.8%。助推转型升级，兑现优惠15.61亿元，为高新技术企业减免所得税2.01亿元，落实金融资本市场税收优惠5.52亿元，落实小微企业税收优惠2964万元，落实二手房新政减免契税2.4亿元，落实改善民生、支持三农、节能环保等其他方面优惠5.38亿元。拓展“税银合作”的广度和深度，为184户纳税信用良好的企业提供4.78亿元授信额度，缓解小微企业融资难问题。持续推进“便民办税春风行动”，围绕“聚焦营改增试点，助力供给侧改革”主题，开展税企座谈会、“助力大学生创业”、税法宣传“微直播”等系列活动。张家港地税局被评为2013—2015年度江苏省文明单位，创建为全省地税系统“法治税务示范基地”，被评为苏州地税系统绩效考核先进单位，以垂直部门绩效考核第一名的成绩获张家港市“服务地方奖”。

6

1 拓展税银合作，推出“纳税信用贷”
2 重大税务案件听辩式审理
3 国地税税法宣传走进沙洲湖科创园
4 备战“营改增”
5 走进企业开展涉税风险提醒，宣传辅导优惠政策
6 纪念建党 95 周年“入党故事”演讲比赛
7 市级机关首家“妈妈驿站”成立
8 地税干部参观廉政教育基地
9 “税花连线”服务沪通大桥

7

8

9

市城市投资发展集团有限公司

2016年，市城投集团以“两学一做”学习教育为引领，坚持与时俱进，创先争优，圆满完成全年目标任务。

助力新城区开发。城东以黄泗浦生态核心区建设为主线，周边道路南苑路、新泾路、塘桥西环路竣工通车，湖体山形初现形态。城北重点推进职工文体中心和国际交流中心两个项目，职工文体中心完成至正负零，国际教育交流中心完成基坑支护桩施工。城西着力推进西拓北延区和服务配套功能建设。安置房工程有8个在建项目，总建筑面积83.44万平方米。年内竣工5项，总建筑面积45.77万平方米，完成分房项目3个共1954套房。全年签订销售合同2865套，开票金额14.25亿元。市政道路12个在建项目总里程9.5千米，建造面积31.58万平方米，完成投资额3.38亿元。

稳步实施中心工作的同时，集团党委坚持围绕“两学一做”总体要求，把握重点，突出特色，扎实开展党建工作，组织和参与了“立家规、传家训、正家风”“身边的预防职务犯罪”主题征文、宜兴芙蓉监狱参观警示教育、美丽港城研究兴趣小组首届辩论赛、“走基层、看变化、聚力量”等系列主题活动，增强全体党员干部的政治意识、大局意识、核心意识、看齐意识，进一步坚定道路自信、理论自信、制度自信、文化自信，为城建中心工作圆满完成提供坚强组织保障。

1 苏州市生态文明建设推进会与会领导调研黄泗浦生态核心区项目
2 开展“两学一做”学习教育专题党课
3 党员冬训大会
4 沙洲湖酒店夜景鸟瞰
5 金厦阳光锦程效果图
6 范庄花苑
7 中港花苑
8 南苑路
9 塘桥西环路

5

6

7

8

9

市第三人民医院

市第三人民医院始建于1958年，2004年在原址东新建，占地面积3公顷，总建筑面积2.5万平方米，主楼高15层。2013年，经上级专家组验收合格评定为二级甲等医院。2015年，经市政府批准，在主楼对面新建门、急诊大楼，作为市政府2015年度民生实事工程之一。市三院作为一家集医疗、教学、科研、康复、保健为一体的现代化综合医院，是全市东城区的医疗服务中心，肩负着辖区内近30万人的医疗保障任务。2016年，医院固定资产2亿余元，开放床位413张，职工541人，其中卫技人员466人。其中有高级职称48人、中级职称147人、硕士研究生22人；苏州市级专业委员会常委及委员5人，张家港市级专业委员会副主委、委员58人，张家港市学科带头人及技术骨干10人。医院开设23个门诊科室，15个专业临床科室，6个医技科室，科室齐全，功能完善。

经过50余年发展，医院已成为一所基础管理扎实、技术力量雄厚、综合效益显著的综合性医院，先后获世界卫生组织健康城市合作中心健康单位，科技部、卫生部创新医疗器械产品应用示范工程示范医疗机构，江苏省卫生应急工作示范市创建活动先进集体，苏州市文明单位和苏州市卫生系统先进集体等荣誉。

1 市第三人民医院外景（效果图）
2 市委书记朱立凡考察门急诊大楼建设情况
3 11月，医院“二甲”等级复核评审会召开
4 医务人员无偿献血
5 大病困难群众家庭护理技能培训

市塘桥高级中学

市塘桥高级中学位于塘桥集镇南部，其前身是创办于1913年的常熟县立第三高等小学校。学校几易其址，数更其名，历经变迁。1995年，学校易地新建成为独立设置的普通高中，由著名科学家李政道亲笔题写校名。1998年，被确定为江苏省重点中学。2004年，被评为江苏省三星级重点高中。2009年4月，晋升为江苏省四星级重点高中。

2016年，学校占地7.3公顷，有教学班30个，在校学生1300余人，教职工148人。专任教师中，具有高级职称的55人、研究生学历的14人。学校依托百年老校深厚的文化底蕴和优良的办学传统，秉持笃行求真、科学严谨、开拓创新的办学精神，教育、教学水平不断提高，创造了优异的办学效益。学校连续9年获张家港市高中教育、教学质量综合评估一等奖，先后获全国青少年足球特色先进学校，江苏省德育先进学校、江苏省实施“两个条例”先进集体、江苏省绿色学校、江苏省科技教育先进学校、江苏省健康促进学校、江苏省优秀家长学校、江苏省军训工作先进学校、苏州市文明单位、苏州市德育示范学校、苏州市依法治校先进学校、苏州市教育科研先进单位、苏州市教育信息化示范学校、苏州市“五五”普法先进学校等荣誉。

1 塘桥高级中学外景
2 校园一景——方塘园
3 美丽教师颁奖仪式
4 唱响班歌、树班魂活动
5 学校运动会

市鹿苑中学

市鹿苑中学位于塘桥镇鹿苑集镇，始建于1948年8月，1997年易地新建。2016年年末，学校占地4.74万平方米，建筑面积1.42万平方米，拥有配套齐全的现代化教学设施和设备。有17个教学班，在校学生700余人，在职教职工60人。教师本科以上学历比例96.7%，其中市级以上骨干教师9人。

学校以“弘毅、自省”为校训，以鉴真大师东渡文化长廊、鹿苑名人专栏、东渡风碑、师生励志格言牌、班级励志文化布置、励志小故事匾等为载体，营造励志文化氛围，有效推进励志教育，为学生终身发展打好基础。学校秉承“以人为本，教有特色，学有所长，全面发展”的办学理念，积极开展以“纸艺课程”为特色的综合实践活动，激发学生学习兴趣，培养学生动手和创新能力。全校师生优秀纸艺作品有1000余件。学校先后获江苏省绿色学校、江苏省现代教育技术实验学校、苏州市教育现代化学校、苏州市教育信息化先进学校、苏州市德育先进学校等荣誉。

1 鹿苑中学外景
2 校长朱明华
3 校园一景
4 鹿苑名人展
5 学生纸艺作品陈列室

市妙桥幼儿园

市妙桥幼儿园坐落于塘桥镇妙桥集镇永进街，始建于1974年，2003年易地新建，占地面积1.08万平方米，建筑面积6034平方米。园内环境优美，设活动区、养殖区、采摘区、种植区等，教育教学设施齐全。2007年创建为江苏省优质幼儿园。2016年年末，有教学班22个，在园幼儿817人，教师51人，其中市级以上骨干教师13人。

幼儿园以“智•爱”为核心文化，以“让每个孩子快乐成长”为目标，以“以智启人，以爱育人”为理念，以“爱工作、爱幼儿、爱生活”为职业追求，以“小火柴行动”和“小火柴课程”为载体，全力培养“乐智、益智、灵智，爱他人、爱社会、爱自然”的新时代幼儿。

妙桥幼儿园先后被评为苏州市节水型学校、张家港市行风建设先进学校、张家港市美丽校园建设合格学校和课程改革深化工程合格学校，其团队7次被评为张家港市幼儿教科研先进团队。

1 幼儿园外景
2 承办全市数学学科研讨活动
3 “小火柴”志愿者行动
4 幼儿探索活动
5 校园一景

市青草巷农副产品批发市场

市青草巷农副产品批发市场始建于1995年，隶属于市供销合作总社，2014年11月搬迁至锦丰镇兴南路8号。新市场投资6.28亿元，占地面积20.47公顷，建筑面积15万平方米，注册资本5400万元。市场设有冷冻品、水产、蔬菜、家禽、鲜肉、副食、粮油、水果等交易区，商铺（商位）超1000家，满足市民农副产品一站式采购服务需求。配套有农副产品检测中心、客户服务中心、信息中心、安全监控中心、电子结算中心、消防控制中心及1万吨冷库、综合楼、商业街等。2016年，市场农副产品成交额61.6亿元，交易量57万吨，销售当地农副产品12.5亿元，已成为推动全市农业产业化发展，促进带动农民增收致富，保障城市供给的重要集散平台、服务平台。市场先后获得农业部定点市场、全国诚信经营示范市场、国家AAAA级物流仓储型企业、“全国供销社系统百强企业”、全国农产品专业领军市场、江苏省服务业名牌、江苏省农业产业化重点龙头企业称号等。

1 省农委专家组对张家港市创建国家农产品质量安全县（市）工作进行验收

2 省农委派员到青草巷市场调研

3 水产品采购

4 2016年新春年货一站式采购节宣传

5 2016年诚信经营示范户评选活动

张家港中联理货有限公司

张家港中联理货有限公司由中联理货有限公司控股、张家港港务集团参股组建成立。2016年，公司为进一步提升服务质量和中联品牌影响力，通过了ISO 9001：2015质量管理体系认证。在巩固理货业务的同时，公司加快推进转型发展战略，实施“理货、检验、公估”三位一体的战略目标。3月，北京中联海陆商品检验有限公司张家港保税区分公司成立，为中联系统发展提供技术支持。张家港中联理货有限公司努力打造成为“理货、检验、公估”三位一体的第三方物流服务公正机构，为客户提供全面、独立、公正的理货与检验鉴定服务。

荣誉证书

授予：张家港中联理货有限公司

二〇一六年度文明单位荣誉称号

张家港市精神文明建设委员会

二〇一七年二月

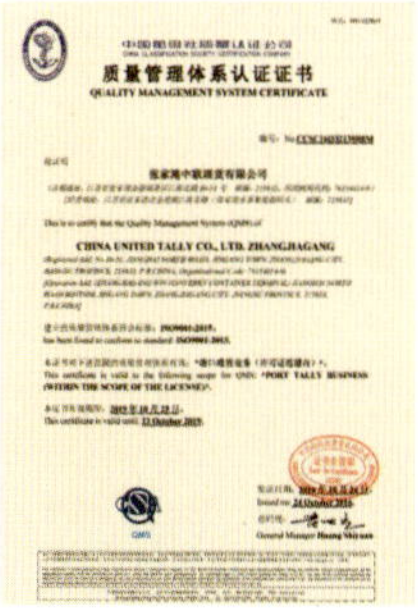
质量管理体系认证证书

QUALITY MANAGEMENT SYSTEM CERTIFICATE

检验检测机构

资质认定证书

1 中联理货有限公司董事长黄小文与副市长邵军民会谈

2 2016年中联系统江苏区域检验业务工作会代表合影

3 北京中联海陆商品检验有限公司张家港保税区分公司揭牌成立

4 CUIC（中联检验）张家港实验室揭牌成立

5 张家港中联理货质量管理体系文件发布会

江苏华昌（集团）有限公司

2016年，华昌集团“十二五”期间规划确定的转型升级浓硝酸项目、新型生态肥料涟水项目、原料结构调整技术改造项目、多元醇项目，与东华能源、飞翔化工共同投资的丙烯一期项目，华瑞二期焚烧、综合利用项目，恒盛药业多功能医药活性成分生产装置项目，华昌药业新医药和生物制药项目，超临界水氧化项目，七洲连云港、湖北生产基地建设项目等10余个转型升级重大项目先后建成并投产。这些项目累计投资近30亿元，初步形成基础化工、精细化工、农药、兽药、生物医药化工、石油化工、装备制造并举的产业发展新格局。核心企业华昌化工位列中国化肥业百强第48位，主要产品合成氨、纯碱、尿素、硝酸、多元醇的单位产品能耗继续保持国内能效领跑者标杆，获评“2016年农民信赖的肥料品牌50强”、“十二五”期间石油和化工行业环境保护先进单位、中国磷复肥工业协会“沃土耕耘奖”。下属七洲绿色化工进入中国农药行业19强，果全用、曲文欣两种产品获“中国植物生长调节剂销售10强”，“七洲惊天地”被中国农药工业协会授予“忠诚伙伴奖”。恒盛药业凭借综合实力，获中国医药行业科技创新十大影响力企业和中国最具公信力诚信示范企业两项殊荣。江南锅炉位列中国化工装备百强第48位。华昌集团获江苏省管理创新示范企业称号。

1 华昌集团第十次党代会召开
2 华昌化工新型生态肥料涟水项目
3 华昌化工多元醇生产装置
4 30吨优质复合肥助力阜宁县灾区人民农业重建与恢复工作
5 华昌集团代表队获金沙洲杯“学准则条例，做勤廉表率”知识竞赛总决赛三等奖和“最佳风采奖”

财政·税务

Public Finance & Taxation

苏州市首家国地税联合办税服务厅启用　（市国税局　提供）

财政
国税
地税

财　　政

【概况】 2016年，市财政局围绕全市中心工作，以推进供给侧结构性改革为主线，立足稳增长、调结构、惠民生，着力促改革、强管理、防风险，加强财源建设，规范支出管理，深化财政改革。2016年，全市完成全口径财政收入428.56亿元，比上年增13.7%；完成公共财政预算收入190亿元，比上年增9.1%，税收占财政收入的84.3%。市财政局被评为省文明单位、省财政标准化建设先进单位，在市级机关年度绩效考评中获评“突出贡献奖”。

财源建设　支持全市供给侧结构性改革，落实“三去一降一补”（去产能、去库存、去杠杆、降成本、补短板）任务，制定配套政策促进钢铁冶金行业去产能、商品房去库存，清理降低部分涉企行政事业性收费，暂停征收防洪保安资金，下调失业保险费率，支持企业降本减负。为中小企业办理贷款周转业务437笔，累计周转金53亿元。支持产业转型升级，修订完善促进商务、旅游、服务业发展及科技创新、人才领域的各项政策，兑现市级各项扶持资金超10亿元。推进张家港市产业资本中心建设，提出筹建产业资本中心的建议方案和总体构想，起草扶持政策，拟定《张家港市新兴产业引导基金管理办法》和《张家港市产业投资基金管理办法》。

政府采购管理　推进政府购买公共服务增点扩面，制定《张家港市2016年政府集中采购目录》，将政府购买的服务类项目扩展为27类，新增市区景观灯2016—2017年度维修维护、地下管线探测监理、移动数据服务、合同能源管理服务等4类。全年完成政府购买公共服务项目36项，采购金额8449.06万元。加强对重点民生项目部门采购的监督，对交通运输部门采购140辆公交车、市供销社和市农委5500万元的农药、兽药集中配送议标、市住建局“农村生活污水治理项目排水管”等采购项目进行现场采购监督。2016年，全市政府采购金额52363万元，比预算节减资金5868万元，节减率11%。

财政管理　加强制度建设，夯实财政管理基础。出台《关于进一步加强政府性债务管理的实施意见》，建立规范的政府举债融资机制，防控政府债务风险，加强政府债务规模控制和预算管理。制定《张家港市财政投资项目过程跟踪评审实施办法》和《张家港市政府投资项目协审单位考核办法》，完善财政投资项目评审机制，强化对市级财政投资项目的全过程跟踪监管。出台《关于全面推进预算绩效管理的意见》，明确财政预算资金绩效目标管理、绩效跟踪、绩效评价、结果应用的工作程序和责任。

2016年张家港市公共财政预算收入情况表

表53

项　　目	实绩（万元）	比上年增长额（万元）	增长率（%）
国税	600333	86640	16.87
地税	713007	39239	5.82
保税区	317013	49761	18.62
财政	269666	-17809	-6.19
合　计	1900019	157831	9.06

2016年张家港市公共财政预算支出情况表

表54

项　　目	实绩（万元）	比上年增长额（万元）	增长率（%）	项　　目	实绩（万元）	比上年增长额（万元）	增长率（%）
一、一般公共服务	167369	29775	21.64	八、环境保护	63178	8593	15.74
二、公共安全	110122	26856	32.25	九、城乡社区事务	476626	-1033	-0.22
三、教育	308908	34182	12.44	十、农林水事务	139596	-938	-0.67
四、科学技术	104941	1031	0.99	十一、交通运输	69216	-22606	-24.62
五、文化体育与传媒	30192	131	0.44	十二、工业商业金融等事务	111249	17838	19.10
六、社会保障和就业	146264	27500	23.16	十三、其他支出	14845	11873	399.50
七、医疗卫生	105553	1415	1.36	合　计	1848059	134617	7.86

【会计管理】 市财政部门加强会计从业资格管理和会计中介机构的监督，全年办理会计从业证3017张。推行网络化会计继续教育，全市参加继续教育25361人次。拓展会计培训模式，开办农村财会人员政策培训，参训171人。鼓励会计人员参加专业技术资格考试，分别组织全国会计人员中级、初级职称考试1282人次和1775人次，共通过2003人次。至年末，全市登记拥有会计从业证的人员33211人。

【财政惠民】 市财政部门整合农业扶持政策，先后出台《关于加快“十三五”期间全市村级经济发展的政策意见》《关于全市“十三五”期间高标准化农田建设的实施意见》《张家港市生态补偿政策及资金管理办法》。用足用好上级财政支农政策，争取扶持资金28663万元。落实惠农强农政策，2016年共发放耕地激励保护补贴4320万元，供种补贴646万元，农机补贴1688万元，秸秆返田补贴535万元，规模经营补贴1414万元，农药配送补贴768万元，测土配方肥补贴483万元。持续提高企业退休人员、社会养老保险退休人员、老年农(居)民等各类人群社会养老保险待遇，涉及11万人，将低保、五保等弱势群体救助标准从每年每人760元提高到810元。稳步提高居民基本医疗保障水平，继续完善医疗保险制度，扩大结算病种数量，发放困难家庭大额医疗费用救助金2422万元，提高人均基本公共卫生经费，规范基本、重大公共卫生服务项目化管理；支持公共卫生均等化水平保持领先。

【财政助推公共文化服务】 4月，为推进张家港市基层公共文化服务，保障广大群众的基本文化权益，丰富群众的文化生活，提高公共文化服务能力；市财政部门设立公共文化服务专项资金，并出台《张家港市公共文化服务专项资金使用管理办法》。2016年市财政安排公共文化服务工程经费800万元，用于基层图书流转、文艺团队创作评优、网格文化活动等。安排实事工程“数字美术馆”建设经费450万元，对美术馆实施线上线下相结合的数字化建设，开展数字互动体验。安排实事工程“书场(戏台)建设”经费120万元，对全市基层12家重要书场进行改造，对部分镇(区)、村(社区)文化站活动室进行改造。安排“文化育民”常规经费120万元，用于开展“群文大讲堂”、民间专业文化团队的相关活动经费。支持重点文化工程和重大文化活动，2016年财政安排重点文化工程和活动经费近5000万元，主要用于保利大剧院运营和演出补贴、“长江文化艺术节”等重大文化活动保障、“文化数字化服务”工程建设、“文化育民”等项目支出。

(黄　超)

国　税

【概况】 2016年，市国税局围绕税收现代化目标，抓中心、促改革、强征管、优服务、带队伍，坚持依法征收、堵漏增收、挖潜增收。全市国税部门累计组织收入194.33亿元，比上年增加21.86亿元，增12.67%，创历史新高。其中，完成公共预算收入60.03亿元，比上年增收22.73亿元，增60.93%。全系统通过宣传辅导、“一对一”上门、监控提醒等举措，累计为纳税人办理涉税优惠减免退税94.96亿元，比上年增7.46%。年内，全系统先后获2013—2015年度江苏省文明单位、江苏省税收管理改革综合示范点、江苏省法治税务示范基地、张家港市“服务地方奖”和“优秀文明机关”等多项荣誉。

2016年张家港市国税入库税收情况表

表55

税　　种	金额(万元)	比上年增长率(%)
增值税	1469355	14.81
消费税	3831	11.50
企业所得税	415843	8.68
车辆购置税	54305	-7.69
个人储蓄利息所得税	1	-66.67
合　计	1943335	12.67

【国税征收管理】 2016年，全市国税系统深化《江苏省国家税务局税收风险应对工作模板(试行)》(以下简称《模板》)和《江苏省国家税务局税收风险应对法律指引(2015版)》(以下简称《指引》)两个省级文件的应用，通过编写《纳税评估指南》、开展实战演练、组织业务比武、案例交流等多种形式，提升国税干部正确运用《模板》和《指引》的能力。强化过程监控，制定《风险应对任务限时办结工作制度》，明确各环节的完成时限和工作要求，加强风险应对任务的进度控制和管理。加强对评估应对案件的跟踪质疑，按季开展纳税评估案卷会审，依托税源管理平台及时审阅纳税评估开展情况，提升涉税风险应对质量。加大重大涉税风险防控力度，通过关口前移、完善监控模型、充实监控指标、加强稽查移送等举措，有效防范虚开风险。全年累计完成纳税评估407户，查补入库税款8299.66万元，加收滞纳金1372.63万元。

【国税税收法治】 市国税部门加强执法风险预警，全年累计对3398条执法督察数据、137条执法疑点数据开展逐一排查，并督促责任部门认真落实整改。完善内控机制，强化执法监督，结合税收管理改革情况，开展对纳税服务、税收执法等重点事项执法风险的梳理排查并纳入重点监控范围。完善内部防控指标体系，通过定期采集、定期通报考核，确保内部风险防控常态化、长效化。规范执法行为，落实执法责任，强化税务重大案件审理监督。年内对35起重大案件进行集体审理。其中，查处市形象广告公司失控发票一案被评为全市行政执法十大优秀案例之一。推进“智慧稽查”建设，提高案件查办质效，结案率比上年提高8个百分点。突出做好查处打击虚开发票案件和骗取出口退税工作，全年累计对212户次企业开展各类税收检查工作，入库税款4671万元，增长20.14%，查补入库率超过95%。

【国税纳税服务】 2016年，市国税部门持续推广“互联网+线上”办税。拓展线上办税功能，升级网上办税厅，开通八大类48项申请功能，提升非接触业务比重。推广移动终端办税，强化微信公众号建设，先后推出微信预约办税、实时查询办税厅业务量两项新功能，关注用户22696人。拓展自助办税渠道，首次将自助办税终端进驻邮政网点，提升社会化办税水平。完善涉税咨询体系，发挥"96888740"纳税特服号主体作用，全年接听咨询80504户次，接通率94.56%，居苏州各市（区）第一。打造"国地税+"合作新模式，通过落实领导小组、联席会议、合作清单、干部交流四项重点保障举措，推动国地税深层次、全方位合作，形成国地税合作"办税一个窗口，服务一个标准，管理一个模式，数据一个平台，执法一个尺度，评价一个体系"的合作新模式，得到国家税务总局批示。持续推进纳税信用体系建设，加快落实"实名制"办税，累计完成纳税人信息采集27000余户；完成"三证合一""一照一码"22466户，转换比例66.89%。严格实施企业纳税信用等级评定、定期公布纳税信用"红黑榜"，征基础准确性不断提高。

【四大行业全面"营改增"】 根据国务院和国家税务总局统一部署，自5月1日起，全面推开部分行业营业税改征增值税的税制改革（简称"营改增"）。市国税、地税系统结合张家港市经济结构特点和行业产业实际，制定"营改增"试点实施方案和任务分解表，从宣传动员、核实确认、数据录入、教育培训等方面落实各项工作。全面优化流程，有效整合税控发行、CA办理、一照一码转换、实名信息采集等纳税服务环节，主动整合办税资源，组建苏州首个国地税联合办税服务厅，为"营改增"企业办理地税发票缴销、一般纳税人登记、实名认证、税收资格认定、防伪税控设备发行、申领发票等全流程业务，通过统筹协调内外关系、加大宣传辅导力度、重点企业上门服务、密切监控工作进度等举措，逐一攻克开好票、报好税、分析好、改进好四大关卡，实现税户接收一户不漏、培训辅导逐户落实、发票发售衔接有序、系统开票培训到位的既定目标。全市四大试点行业（建筑业、房地产业、金融业和生活服务业）11136户纳税人共计减税7.57亿元，比上年下降41.57%。全面开展房地产和建筑行业的清查，累计清理房地产项目421项、建筑项目10087项，补缴税款2.22亿元。国税累计接收营改增纳税人11136户，顺利开具二手房交易和私房出租增值税发票并代征增值税税款。

【"金税三期"系统上线】 "金税三期"系统整合了全国国税、地税征管应用系统版本，搭建统一纳税服务平台，实现全国税收数据大集中。根据国家税务总局要求，2016年10月1日起"金税三期"正式全面上线运行。为实现新旧征管系统的平稳衔接，市国税局通过《张家港日报》、张家港电视台、"张家港税务"微信公众号、短信通知、办税服务厅告示等，加大宣传力度，争取相关部门和广大纳税人的理解、配合、参与。同时，制订应急预案、组建业务团队、强化操作培训、实施办税分流，做深做细数据清理、发票盘库、票证汇总、信息补录等各项前期准备，建立"收集整理—分析研究—处理反馈—持续跟踪"的管理机制，严格执行"多级审核"与"一天一通报"制度，最大程度降低"金税三期"上线对纳税人正常经营和办税带来的不利影响，先后克服新系统自身运行磨合、工作人员人操作新系统磨合、纳税人应用新系统磨合、停止服务积压业务量暴增、突发性事件的应急处置、10月申报大月等困难，运行首月，国税申报率达到98.67%、地税申报率达到98%。 （戴昌龙）

地　　税

【概况】 2016年，张家港地税局立足全市经济发展大局，践行"改革创新、合作共享"发展理念，圆满完成各项目标任务。全年组织各项收入160.93亿元，其中税收收入113.3亿元、非税收入47.64亿元；实现公共财政预算收入71.3亿元，比上年增5.8%（扣除营改增基数）。年内，张家港地税局被评为2013—2015年度江苏省文明单位，创建为全省地税系统"法治税务示范基地"，获苏州地税系统绩效考核先进单位，以垂直部门绩效考核第一名的成绩获张家港市委、市政府表彰的"服务地方奖"。

2016年张家港市地方税（费）收入情况表

表56

项　　目	金额（万元）	比上年增长率（%）
收入合计	1609315	-11.54
一、地方税收收入	1132926	-16.40
1.省级	39161	-58.86
2.市（县）级	1093765	-13.19
其中：营业税	151774	-41.44
企业所得税	139182	-26.77
个人所得税	488292	-8.65
城市维护建设税	77752	2.09
契税	38980	57.60
耕地占用税	4354	-46.19
其他各税	193431	15.70
二、非税收入	476389	2.62
1.社会保险费	390857	4.50
2.教育费附加	41956	1.01
3.地方教育费附加	27969	1.04
4.其他基金（费）	15607	-25.72

说明：以上数据均不含张家港保税区地税局

【税源管理】 全市加强重点税源管理，落实重点税源联络员制度。254户重点企业全年入库地方个税31.68亿元。加强两项所得税（企业所得税、个人所得税）管理。积极应对所得税申报管理、营改增及优惠政策等带来的新变化，加强预缴管理、优化汇缴辅导模式，5560户企业汇缴补报企业所得税4.68亿元。扎实推进年所得12万元以上个人所得税申报，申报人数1.68万人，比上年增8.5%，其中自主申报16605人，自主申报率达99.11%，位居苏州地税系统首位。通过互联网采集上市公司相关信息，人机结合开展分析，2016年，入库股权转让个人所得税3.35亿元。加强土地增值税管理，不断规范预征、清算和审核，全年入库土地增值税5.77亿元，比上年增51.2%，其中预征土地增值税3.66亿元，比上年增37.85%；全年清算审核、复审项目30项，补征土地增值税1800万元；清算申报项目87项，清算比率35.22%，名列苏州各县市第一。发挥风险管理支撑作用，全年按户推送中等风险1642户，消除风险点7826个，补缴税费及滞纳金5.82亿元，中等风险应对贡献率5.1%。

【纳税服务】 张家港地税局围绕“最大限度便利纳税人、最大限度规范税务人”的目标，推进便利化改革，将传统的办税流程搬到网上，增设24小时自助办税服务机，99%以上的纳税人实现了网上申报纳税，70%以上的事项即时办结。持续推进“便民办税春风行动”，围绕“聚焦营改增试点，助力供给侧改革”主题，开展税企座谈会、“助力大学生创业”“地税开放日”、税法宣传走进科创园等系列活动。建立兼并重组、股权转让等复杂业务专家团队，推出专家（团队）服务，帮助企业消除涉税风险。开展纳税信用等级评定，评出A级纳税信用等级纳税人4936户。落实各类税收优惠政策，全年兑现税收优惠15.61亿元，其中高新技术企业减免企业所得税2.01亿元，小微企业税收优惠2964万元，支持金融资本市场税收优惠5.52亿元，落实二手房新政减免契税2.4亿元，落实改善民生、支持“三农”、节能环保等其他方面优惠5.38亿元。持续拓展“税银合作”的广度和深度，为184户纳税信用良好的企业提供4.78亿元授信额度，缓解企业融资难、融资贵的问题。

【张家港地税局创建为全省地税系统“法治税务示范基地”】 年内，张家港地税局运用法治思维和法治方式，提升地税工作水平和税收治理能力，成功创建全省地税系统“法治税务示范基地”，展示坚实的治税基础。加大执法力度，依法对涉税失信纳税人进行公示，对101户次欠税企业采取强制执行措施，发起社保费强制催缴流程50户。注重柔性执法，开展涉税风险提醒服务，全年呼出电话提醒1.75万个，发送短信17.83万条。继续推行“首违免罚”，给纳税人纠错整改的机会，年内累计免罚1670户。定期组织法律专题学习，创建“谈税说法”栏目，开办“张税官说税”专栏，为纳税人讲解税收政策法规，法治税务能力不断提升。创新引入重大案件“听辩式”审理模式，充分保障纳税人的陈述、申辩权，征纳双方在互动、协商和理解中凝聚共识。充分发挥督察内审查错纠弊的职能，对37户企业开展风险应对质量检查，有效防范税收执法风险。充分发挥税务稽查震慑职能作用，切实加强高风险应对、举报、移送、交办案件查处，共计办案39起，入库税款6113.22万元，办结全市首件国家税务总局督办案件，稽查案例“匿名微信藏玄机，税警协作齐打假”获省、苏州市地税系统年度稽查优秀案例。

【国地税合作】 年内，为方便纳税人，市国税、地税部门积极合作，逐步实现纳税服务、税收执法、税收信息三大类38小类60项合作事项。4月1日，张家港市国地税联合办税服务厅正式启用，实现“进一个厅、办两家事”。这也是苏州市首家国地税联合办税服务厅。国税、地税部门联合注册应用“张家港税务”微信公众号，并开展税收政策辅导“在线直播”。率先创新实践“联合+集中”注销登记模式，户均注销时间压缩80%，让纳税人不再“开门容易关门难”。国税、地税部门相互委托代征税款，有效加强地方零散税收和自然人二手房增值税收入的管理。累计代征增值税9265万元。对14户企业进行联合风险提示，对7户纳税人开展联合稽查。按月、按季交换关键涉税信息，通过增值税、消费税的数据比对，补交地税（费）1026.5万元。及时分享对外支付信息，强化非居民纳税人企业所得税征收管理，补税1660万元。国地税合作成效得到国家税务总局的批示肯定。12月5日，苏州市国地税合作推进会在张家港市召开，推广张家港市经验。（王　卓）

上门服务福利企业，积极落实优惠政策　（张家港地税局　提供）

【编辑　陆正芳】

综合管理

Comprehensive Administration

组织食品安全管理人员开展“明厨亮灶”现场观摩交流会（市市场监管局 提供）

宏观经济管理

国有资产经营管理

国土资源管理

市场监督管理

物价管理

审　　计

统　　计

安全生产监督管理

住房公积金管理

扫码欣赏

"探索新路径，整出新天地"通洲沙西水道土地综合整治工程巡礼

宏观经济管理

【概况】 2016年，市发改委聚力供给侧结构性改革，坚持扩大有效投入，培育发展动能，协调生态民生，全市发展改革工作取得积极进展。全年完成地区生产总值2317.24亿元，比上年增7%，其中服务业增加值1071.72亿元，比上年增10.5%，占地区生产总值46.2%，比上年提高0.8个百分点。完成新兴产业产值2029.7亿元，比上年增2.7%，占规模以上工业产值44.7%，比上年提高1.8个百分点。完成全社会固定资产投资724.77亿元，总量、增幅继续位居苏州县市前列，其中服务业投资339.09亿元，生产性服务业投资占比41.3%。完成社会消费品零售总额535.16亿元。全社会用电288.81亿千瓦小时，其中工业用电264.91亿千瓦小时。年内，市发改委获市级机关绩效考核“优胜贡献奖”。

规划实施与研究　按市政府要求，牵头相关部门围绕工农科教文卫等18个领域制定专项规划，构建全市“十三五”规划体系。围绕“十三五”规划实施，紧扣聚焦转型、创新驱动、绿色发展、文明引领，科学规划年度指标。推进“多规合一”试点工作，完成规划文本初稿。以重点实施“流通先导、智慧引领、消费升级、城乡一体”四大战略，完成服务业“十三五”发展规划编制。围绕综合利用、绿色增长，编制热电联产“十三五”规划，研究制订煤炭消费总量控制方案。紧扣经济社会发展重点热点，完成重大课题研究8期，其中“张家港推进‘三去一降一补’初步思考”“张家港发展创投基金产业的思考”“‘两新一高’产业发展报告”等多个课题研究报告得到市委、市政府领导批示。协调开展双山高尔夫球场清理整治，年内通过国家验收。完成国家开发区目录上报（张家港保税区、张家港保税港区、张家港经济技术开发区、张家港高新区），完成15处天然气长输管道安全隐患整治。推进供给侧结构性改革工作督察，协助出台《市政府关于落实供给侧结构性改革的实施意见》和《市政府关于进一步降低实体经济企业成本减轻企业负担的若干意见》。配合国家碳排放权交易市场建设，2批8个行业22家企业拟列入国家碳交易市场。12月，开展打击“地条钢”和查处违法违规钢铁产能工作，取缔企业3家，按照“五个彻底”要求整治到位。对全市经济运行情况逐月进行分析，形成分析报告，跟踪全市落实供给侧结构性改革五大任务进展情况。

政策编订及落实　先后开展10余次调查摸底，研究制订钢铁去产能政策意见，落实压减实施方案，推进沙钢压减83万吨产能（75吨电炉）工作。鉴于全省压减粗钢产能超额完成年度目标任务，经争取，省发改委同意将沙钢本部83万吨产能（75吨电炉）作为下一步压减产能后备资源。降低企业用能成本，新增“直购电”试点企业8家，累计14家企业直接交易电量56.07亿千瓦小时，减少电费支出1.57亿元。组织企业参与省电力直接交易集中竞价，成交电量8.91亿千瓦小时，节约电费1915万元。聚焦民生实事项目，构建民生实事项目库，年度14项民生实事项目总体推进顺利，完成投资9.5亿元；列入省“补短板”项目的澳洋健康产业（总投资3.5亿元）、金沙洲生态农业（总投资15亿元）、农村水污染治理（张家港市投资7.3亿元）等3个项目推进顺利，其中金沙洲项目累计完成投资12亿元。

项目推进与储备　8个省级、24个苏州市级和50个张家港市级重点项目，分别完成投资56.3亿元、218.1亿元、252亿元，基本完成年度目标，重大产业项目投入占比35%。50个张家港市级重点项目中，30项在建项目推进正常，13项进入前期报批。4月，组织总投资494亿元共117个项目的“集中开工投产月”活动，其中开工62项，总投资358亿元，竣工55项，总投资136亿元，项目数和投资总规模均居苏州第一。康得新二期、中核利柏特、凤凰中新鸷山新型城镇化等重大项目奠基开工，润英联润滑油添加剂、澳洋电子商务产业园等一批项目竣工投产。项目申报实现突破。沙洲电力二期煤炭等量替代加快落实，送出工程有序推进，计划2017年3月投产发电。沙钢资源综合利用135兆瓦发电机组、华兴二期等项目成功核准。紧盯国家专项建设基金项目申报，棚户区改造、南丰创新小镇等4个项目获批5.13亿元。

项目报批与审核　对上报批方面，沙洲电力二期煤炭等量替代加快落实，送出工程有序推进，2017年3月计划投产发电。沙钢资源综合利用135兆瓦发电机组、华兴二期等项目成功核准。紧盯国家专场建设基金项目申报，棚户区改造、南丰创新小镇等4项获批5.13亿元。对内审核方面，全年发改委窗口备案项目1009项，总投资270亿元。审批项目238项，总投资197亿元，其中土地储备20项，总投资15亿元。内资核准项

国家再制造汽车零部件产品质量监督检验中心　（包伟斌　摄）

目28项,总投资126亿元。外资核准项目41项,总投资46亿元。所有项目在市行政服务中心平台上运行,提前率、办结率均为100%。

【市发改委争取各类扶持资金8.7亿元】年内,市发改委争取国家专项建设基金4.53亿元,国家电力需求侧城市综合试点项目奖励7281.34万元,国家资源节约循环利用重点工程项目资金1285万元,省级以上服务业国债、服务业引导资金1270万元,太湖流域水环境综合治理切块资金7048万元,省级战略性新兴产业专项资金1000万元,省级水利专项资金281万元,省替代发电补贴5525万元,连同"直购电"节约电费1.76亿元,全年共争取各类资金扶持8.7亿元。为华芳、国泰等棉纺企业争取棉花进口配额2.33万吨,为东海粮油等企业争取小麦配额4267吨、玉米配额7465吨、大米配额309吨。（高振宇）

国有资产经营管理

【概况】2016年,国资工作以做大做强做优国企、促进国有资产保值增值为出发点和落脚点,推进国资国企改革,完善国资监管制度体系,优化国有资产管理,提升国资服务水平。编制市国资国企发展"十三五"规划,推进国有企业信息化管理平台建设。推进上市公司江苏国泰重大资产重组事项,逐步实现国泰集团整体上市。优化国资行业布局,推进经济结构调整和产业转型升级。出台市国企资产损失责任追究暂行办法,国企资产管理责任制度得到完善。做好产权登记、资产评估等基础性工作,促进国有产权规范流转,严格国企投资审核,完成国有资本经营收益收缴。推进经营业绩考评,完善薪酬激励机制。出台市国企资金存放管理指导意见,规范市属国企资金存放行为。至年末,全市有一级国资公司16家、二级国资公司54家,总资产1730.84亿元、净资产640.73亿元,实收资本154.98亿元。全年全市国资公司总营业收入436.93亿元,营业利润25.7亿元,实现净利润24.42亿元。（黄　超）

2016年张家港市一级国资公司主要经济指标一览表

表57　　单位:亿元

企业名称	资产总计	净资产合计	实收资本	营业总收入	营业利润	净利润
市通洲沙西水道综合整治有限公司	35.54	5.83	6.00	—	-0.37	-0.20
市城市投资发展集团有限公司	315.24	74.07	20.00	1.19	-0.34	0.07
市给排水公司	24.43	13.19	0.45	5.76	0.42	0.30
市金厦房地产开发公司	61.72	10.41	1.10	6.95	0.29	0.20
市直属公有资产经营有限公司	227.90	49.07	16.04	0.14	-0.36	-0.34
江苏华昌(集团)有限公司	87.51	43.43	0.94	43.72	2.91	2.83
江苏省张家港经济开发区实业总公司	139.80	84.59	17.00	3.84	-0.91	0.01
市悦丰投资开发建设有限公司	48.61	17.73	10.00	15.27	-0.01	—
张家港保税区金港资产经营有限公司	385.10	146.54	54.66	17.25	2.31	4.00
市粮食购销总公司	4.68	1.90	0.20	3.54	-0.25	—
市金城投资发展有限公司	116.55	54.74	8.50	11.54	5.14	3.49
市交通控股有限公司	25.94	19.37	4.10	0.02	0.20	0.18
市暨阳湖开发发展有限公司(集团)	62.65	52.33	1.20	0.15	-0.50	-0.51
市沙洲宾馆	3.97	3.84	3.77	0.43	-0.14	-0.06
市金茂投资发展有限公司	44.70	15.02	3.00	3.84	2.06	1.31
江苏国泰国际集团有限公司	146.51	48.68	8.00	323.30	15.24	13.15

【城投集团资产总额超300亿元】2016年,市城市投资发展集团有限公司(简称市城投集团)发挥城建事业主力军作用,落实国有资产保值增值和资产经营责任,实现产值13.57亿元,资产总额达到315.23亿元。新城区开发方面,城东黄泗浦生态核心区建设推进顺利,年内堆山工程完成素土丘陵9座和灰土丘陵4座,湖体开挖土方500万立方米,完成30座桥梁主体结构和9千米环湖道路底层沥青摊铺,景观方面完成东湖一期景观绿化的30%,自来水、天然气、供电、智能化等各类管线工程项目均有序实施,湖体山形初现形态,完成投资额约30亿元。城北区域重点推进职工文体中心和国际交流中心2个项目,职工文体中心3月完成方案深化设计与规划方案报批,10月进入主体施工,至年末完成至正负零(主体工程的一个基准面,在主体工程基准面下工程完成,该进行主体地上工程施工时,主体工程达到正负零)。国际教育交流中心8月完成规划方案报批,至年末完成基坑支护桩施工。杨锦公路西侧绿化提升工程年内竣工,总面积4.2万平方米,完成投资额600万元。谷渎港景观绿化一期工程(锦绣四期南侧及西侧)年内竣工,总面积7000平方米,完成全部投资额150万元。安

投资建设的沙洲湖酒店外景 （市城投集团 提稿）

置房建设方面，在建结转项目有范庄花苑、前溪锦苑、中港花苑三期等8项，总建筑面积83.44万平方米，4708套房；新开工小菜巷二期、泗港便民服务中心、丽新花苑二期等3个项目，总建筑面积11.13万平方米，608套房。中港花苑三期、前溪锦苑局部、新航花苑一期等5个项目完成竣工，总建筑面积45.77万平方米，2758套房；中港三期、前溪锦苑、新航一期等3个项目完成分房，总建筑面积32.8万平方米，1954套房。全年签订销售合同2865套，总建筑面积35.83万平方米，开票金额14.25亿元。年内结转南苑东路东延新建工程、蒋乘路北段改造工程、沈巷路新建工程等市政工程项目9项，总里程8千米，面积29.17万平方米，完成投资3.03亿元。新建南苑东路一期改造工程、市区交通节点疏导工程、蒋乘路南段改造工程等道路工程项目3项，总里程1.49千米，面积2.41万平方米，总投资1.99亿元，完成投资额3500万元。

（韩 露）

【金茂公司连续三年纳税超5000万元】 2016年，市金茂投资发展有限公司（简称市金茂公司）以控制风险、规范运作、努力增效、树立品牌为工作方向，调整业务重点，加快投资方式转型。全年公司国有资产保值增值率107.34%，投资收益率7.36%，实现入库税金9525万元，连续三年进入全市纳税超5000万元企业行列。至年末，公司系统总资产78.31亿元、净资产29.26亿元，其中本部总资产35.6亿元、净资产13.93亿元。对外投资结构得到优化，下属创投、风投公司拓展项目资源收集渠道，挖掘优质企业储备项目，加大市领军人才（项目）天使投资基金、市工业转型扶持资金“两大基金”项目考察力度，全年考察项目59项，均形成调查报告和项目概况表。完成投资项目12项，金额1.25亿元，累计在投项目（不含上市定增项目）60项，总金额5.87亿元。创投、风投公司担当引导基金主力，联合苏州银行和张家港保税区、张家港经济技术开发区、扬子江国际冶金工业园“两区一园”发起设立金茂新三板基金，注册资本2亿元。还参与国弘智能制造、韩投二期、以诺二期、大唐汇金等4个基金的设立。担保业务稳妥推进，下属3家担保公司把履行国资担保职责放在首位，通过优化客户结构降低集中度、强化抵质押物反担保举措、拓展担保业务新模式、合理压降高风险行业担保等方式，较好发挥金融生态稳定器作用，全年为500余家中小企业提供融资担保30.6亿元。融资租赁加速推进业务模式调整，加大对上市企业、政府平台、国企央企的业务拓展，重点投放中科建设、江苏国力电力、天沃科技、富瑞特装、华兴电力等10余个项目共8.6亿元，全年投放业务56项，金额19亿元。金茂沙洲湖大楼1月1日实现主体结构封顶。金茂大厦年内新增销售面积1919平方米、租赁面积5258平方米，总租售面积6.32万平方米，大楼入驻率超60%。此外，通过追偿、诉讼、破产等法律手段，全力避免国有资产流失和减损，基本完成牡丹股份资产重组工作，稳妥推进盛隆光电公司破产清算相关事宜。 （邵振峰）

【金城公司新增投资8.5亿元】 2016年，市金城投资发展有限公司（简称市金城公司）发挥市属国资公司在产业发展、转型升级、城市建设和服务民生方面重要作用，新增投资8.5亿元，实现投资收益2.8亿元，上缴国资收益超1亿元，实现全口径税金2.12亿元。至年末，公司总资产116.5亿元，净资产54.7亿元。股权管理持续稳固，对张家港沙州电力公司二期项目新增投资1.75亿元，市金城公司在沙洲电力公司的总投资达到5.7亿元。推进所持北京国利能源股份公司（注册资本3亿元）10%股权挂牌转让工作，年内完成第三轮报价。配合市外国语学校股份制改革，完成资产审计与评估工作。先后出资800万元、2000万元组建江苏华兴热力公司、苏州华兴电力销售公司，各占股20%。拓展创新投资，出资10745万元认购鹿港文化第二轮非公开发行股票700万股。出资2.5亿元认购东华能源非公开发行股票1968.5万股。出资165万元认购苏州市捷远动力科技有限公司13.15万股，占股比例3.09%。出资570万元认购江苏云上电力科技有限公司380万股，占股比例15.83%。出资1400万元认购江苏瑞铁轨道装备股份有限公司200万股，占股比例4%。抛售鹿港文化第一轮解禁股份150万股，实现收益1572万元。10月，市金城公司在“港城合伙人”峰会上，与中植资本管理有限公司达成合作意向，签订战略合作及设立产业投资基金合作框架协议，基金总体规模30亿元至50亿元。出资300万元与中植康邦投资基金管理公司（常州）有限公司合作设立张家港市中植金城投资管理有限公司，占股30%，具体负责该产业基金运作管理。布局金融产业领域，认缴出资4亿元，与江苏资产管理公司合资组建江苏联嘉资产管理公司，占注册资本80%，完成首期出资2亿元。联嘉公司主动在张家港地区开展不良资产包收购业务，年内完成不良资产包收储10.8亿元，实现利润800万元。全力支持金城泰农业小贷公司开展融贷业务，全年放贷582笔、投放资金14.7亿元，至年末贷款余额4.4亿元，实现营业收入5000万元、净利润2000万元，分别获市小贷公司行业协会颁发的优秀风控一等奖、优秀投放二等奖。有序推进置业项目，金城大厦完成内装及配套工程交付使用，落实租售面积1.5万平方米，达成意向租售面积1万平方米。9月，市金城公司入驻金城大厦。金城沙洲湖大厦年内竣工。投资3000万元与凤凰镇政府合资组建张家港绿万置业公司，开发“绿城凤凰桃李春风”休闲度假项目。金城物业以打响服务品牌为首要任务，主动拓展市场，年内新增客户4家。天然气应用持续扩面，产业链项目有序推进。完成全市天然气配套3.96万户，其中完成乡镇集中居住老住宅区天然气改造4015户。新增点火用户2.3万户。铺设中低压管网144千米，启动疏港高速二期、保税区高中压调压站扩建项目的方案报批等前期工作。新增签约工商业用户160家，累计实现供气3.76亿立方米。帮助煤改气、油改气企业实施改造，新增锅炉气量60蒸吨。逐步拓展LNG（液化天然气）点供市场及工业客户批发业务，全年累计销售LNG1万吨。苏虞张公路LNG加气站项目3月启动施工，年末投入试运行。大新镇港城大道加气站完成项目设计及手续报批，年底具备开工条件。创新融资手段，巩固政府融资平台作用，落实沙洲湖项目贷款1亿元，完成两期共10亿元私募债发行工作（总额度25亿元），启动发行公司债和小公募债前期资料申报工作。全年新增财政委托贷款7亿元、融资担保69.6亿元。着力保障双山存量债务周转，年内落实融资授信额度47.55亿元，完成放款13亿元，为双山管委会提供融资担保1.3亿元，全年完成存量债务周转14.2亿元。（曹网云）

国土资源管理

【概况】 2016年，市国土资源局始终坚守资源保护红线，提升节约集约水平，规范服务管理，推进改革创新，各项工作推进有序。以土地利用总体规划调整完善为契机，梳理重大基础设施和民生项目建设需求，合理安排规划控制指标，推进落地上图工作。年内，张家港市获评省国土资源节约集约利用模范市，获得33.33公顷（500亩）新增建设用地奖励指标，为双山岛旅游度假区争取到旅游用地综合改革试点政策。完成土地利用总体规划一般性调整，涉及允许建设区面积137.13公顷，全年报批总面积439.67公顷。落实供地129宗、362.6公顷，出让金额48.31亿元，出让（流转）供地65宗、183.13公顷，存量供地占比59%。在出让供地中，工业仓储用地31宗、89.13公顷，出让金额3.67亿元；房地产及其他经营性项目用地25宗、78.87公顷，出让金额43.61亿元；安置房用地6宗、13.6公顷，出让金额1亿元。

耕地保护　分解落实镇、村耕地保护责任，下达保护目标任务，层层签订基本农田保护目标责任书。完成城镇周边永久基本农田划定工作，累计划定基本农田2.84万公顷，生态屏障作用得到强化。立足“行政+市场”方式，动员社会力量，挖掘后备耕地潜力，合理安排开发序时，实现区域耕地数量不减少、质量有提升，通过实施增减挂钩复垦项目和占补平衡项目实现新增耕地48.93公顷。继续推进耕作层剥离再利用，完成剥离耕作层土壤约8万立方米，全年建成高标准基本农田796.67公顷。

集约用地　发挥市场在资源配置中的基础作用，推动土地指标有偿使用，不断细化点供返还、竞价规则等办法，全年97.6公顷计划指标通过交易平台实现有偿使用，成交均价每公顷465万元。推进“三优三保”行动，各区镇不同程度启动规划编制工作，乐余、凤凰、锦丰三镇专项规划通过苏州市级审核。38.67公顷工业用地按照“6+24”模式实行弹性出让，占全年工业用地成交总面积43%，初步形成国有工业用地30年、50年出让，集体建设用地流转三位一体的土地多元供给体系。对批而未供、供而未用土地情况按月公布，季度通报，同时上报市政府及各区镇政府。全年办理开工申报48宗，竣工验收167宗，延期开竣工32宗，收取开竣工违约金44万元、工业用地履约保证金282万元。全年盘活存量建设用地114宗、244.6公顷。年内，张家港市获评2015年度省国土资源节约集约利用模范市。

土地执法　清理国土资源行政权力和责任清单，明确行政职责，梳理

深入土地整治现场踏勘项目进展　（市国土局　提供）

排查权力148项，初步实现清单之外再无权力。严格执行净地出让规定，通过现场踏勘，确保挂牌前发函真实性、严肃性。强化设施农用地管理，办理设施农用地备案13宗、7.2公顷。加强对土地违法案件审查，查处违法用地123宗，处罚款626.3万元，到位249.8万元，处没收9.3万平方米，处拆除7.8万平方米。移交市法院19宗，移交市财政69宗。互联网+科技理念贯穿土地管用全过程，全面启用“慧眼守土”工程，全市借助移动基站布点202个能360度旋转的高清探头，由专人负责定时利用监管系统对违法用地易发地等重点区域实现全覆盖、全天候、全过程监控。

权益维护 全面推行不动产统一登记，8个分局（所）全部实现接件发证功能，各发证窗口均有契税征收点，向房管部门开放证明打印功能。全年办理不动产登记超2万件，数量位居全省前列。结合全市国土资源管理实际，推进全流程优化审批、全区域便民服务、全业务网上办理、全节点效能监管的“四全”服务模式，构建管理规范、业务全面、运转协调、便捷高效的国土资源服务体系。免收诚信企业履约保证金2683万元。落实《张家港市征地补偿和被征地农民社会保障办法》，预收征地补偿安置费2.96亿元，下达被征地农民安置数2894人。为29.07公顷划拨安置房用地办理补出让手续，确保农民得到完全产权。

2016年张家港市一级类土地利用详细构成情况表

表58 单位：公顷

土地类别	年初面积	年末面积	变化情况	
			净增面积	净减面积
耕地	30156.04	30186.84	30.80	—
园地	3492.67	3470.49	—	−22.18
林地	204.98	203.87	—	−1.11
草地	—	—	—	—
城镇村及工矿用地	29591.50	29735.87	144.37	—
交通运输用地	6136.40	6256.39	119.99	—
水域及水利设施用地	28673.92	28402.72	—	−271.20
其他土地	417.03	416.36	—	−0.67
总面积	98672.54	98672.54	295.16	−295.16

说明：全市一级类土地利用构成情况为隔年确认数据

【土地储备交易】 市土地储备中心紧扣经营城市主线，科学推进土地储备、土地交易、拆迁安置等各项工作开展。全年储备经营性用地46宗，总面积111.33公顷。按收储区域划分，市区储备19宗，面积36.87公顷；镇区储备27宗，面积74.47公顷。全年出让经营性用地41宗，总面积149.92公顷，成交总价102.82亿元，规划总建筑面积292.2万平方米。其中，市区出让15宗，面积56.31公顷，成交价63.27亿元，规划建筑面积110.77万平方米；镇区出让26宗，面积93.61公顷，成交价39.54亿元，规划建筑面积181.43万平方米。另通过公开挂牌、拍卖方式出让工业用地27宗，总面积80公顷，成交总价3.64亿元；出让仓储、公共设施等其他类型用地7宗，总面积24.88公顷，成交总价1.01亿元。全年共完成中港花苑三期365套安置房、张高中西侧地块62套安置房分房工作，338户群众得到安置。委托代建单位启动小莱巷二期160套，共2.7万平方米安置房项目建设。通过举办多层次、广领域的土地推介活动，吸引诸多优质房企到市参加土地竞拍，中梁地产首次进驻张家港，碧桂园集团相继拿下5个项目。

【不动产登记启动】 6月27日13时40分，市民服务中心内，市民徐军拿到编号为苏（2016）张家港市不动产权第0000001号的不动产权证书，这标志不动产登记工作在全市推开。是月，市不动产登记局、市不动产登记中心挂牌成立。不动产统一登记，是将分散在国土、住建、农办、农业等部门的不动产登记职能整合到一个部门，由其按照国家统一要求进行不动产登记发证工作，实现登记机构、登记簿册、登记依据和信息平台四统一。全市各类不动产登记业务均由市不动产登记中心办理，颁发不动产权证书和不动产登记证明。按照“不变不换”原则，之前依法颁发的各类不动产权属证书继续有效，权利不变动，证书不更换；在依法办理变更、转移等登记时，更换新的不动产权证书。6月27日不动产登记工作首日，市不动产登记中心受理各类不动产登记业务240余件，颁发不动产权证书5本、不动产登记证明1本。

【节约集约评价正向激励作用显著】 年内，全市2015年度国土资源节约集约利用评价结果揭晓，根据评价结果和有关奖励规定，常阴沙现代农业示范园区、大新镇、凤凰镇分别获得3.33公顷（50亩）、2.67公顷（40亩）、2公顷（30亩）用地指标奖励。节约集约综合考评先进区镇获得的奖励指标，通过有偿交易，能较大幅度增加财政收入。其中，常阴沙现代农业示范园区、大新镇将获得奖励计划进行有偿交易，分别获得指标收益1715万元和1312万元。土地指标有偿使用一方面使得资源的经济价值凸显，配给更加优质的招商项目；另一方面可以保障复垦补助的资金来源。

【3.5亿元资金奖励建设用地复垦】 年内，全市运用市场激励机制，对年初立项并经上级部门验收确认的城乡建设用地增减挂钩指标按每公顷750万元的标准进行奖励。全年38.9公顷新增农用地通过验收，共发放补助资金2.92亿元。对凤凰、乐余两镇在实施“三优三保”行动中拆旧地块，按照增减挂钩建库和验收标准进行预建库和

预验收。通过验收的19.53公顷新增农用地,按每公顷300万元标准拨付资金5858万元。通过加大绩效考核力度,强化宣传指导,在全市范围有效构建起土地复垦的循环机制。

(黄 喆 王翠翠)

市场监督管理

【概况】 2016年,市市场监督管理局坚持用质量思维谋划工作,服务质量、监管质量、队伍质量、创建质量实现新的提升,被评为2013—2015年度江苏省文明单位、2016年度苏州市食品药品监管系统稽查执法先进单位和苏州市食品药品监管系统监督抽样先进单位,在苏州市工商系统、食药监系统综合考核中被列为优秀等第。

企业登记管理 年内,全市登记各类新设市场主体18288户。其中,新登记内资企业515户,注册资本106.56亿元;新登记私营企业4620户,注册资本258.89亿元;新登记个体工商户13101户,资金数额16.14亿元;新登记农民专业合作社23户,资金数额2227万元。新登记外资投资企业29户,投资总额26516.71万美元,注册资本14632.47万美元,其中外方认缴14120.94万美元。15家外资企业办理增资手续,增加投资28714.89万美元,注册资本12434.49万美元,其中外方认缴11984.49万美元。12家外商投资企业办理注销登记手续。至年末,全市登记有内资企业2985家,注册资本890.83亿元;私营企业31162家,注册资本1297.55亿元;个体工商户72743户,资金数额62.78亿元;农民专业合作社672家,资金总额12.24亿元。外商投资企业864家,投资总额114.97亿美元,注册资本60.09亿美元,其中外方认缴43.8亿美元。全市主体数量突破10万户。强化简政放权、优化服务,推进"一照一码""五证合一""两证整合"等新政落地,将注册资本500万元以下公司的登记、变更、备案下放至所有基层分局。与工商银行合作,完成全程电子化核准登记试点工作,试点实施企业、个体简易注销工作,出台《张家港市企业简易注销登记管理办法(试行)》《张家港市个体工商户简易注销登记管理办法(试行)》。推动市场监管信息平台6月1日运行,实现纵向延伸省、市、县审批部门和横向联通同级审批及行业主管部门功能,为全面履行"双告知"、实现登记注册部门与审批部门工作有序衔接、建立事中事后协同监管机制奠定基础。

合同管理 年内,市市场监督管理局办理动产抵押登记377件,帮助企业融资106.46亿元。累计建立农村合同帮农指导站127个。拍卖监管101场,拍卖成交金额4.48亿元。办理合同案件3件。落实合同格式条款行业2个。公示国家守合同、重信用企业5家,江苏省守合同、重信用企业39家,苏州市级重合同、守信用企业169家,张家港市级重合同、守信用企业3051家。

商标和广告管理 加大商标注册、运用、管理、保护工作力度,年内新增中国驰名商标1件(江苏正大富通股份有限公司的正大富通ZHENGDAFUTONG以及图形)、省著名商标16件、苏州市知名商标20件,全市累计拥有中国驰名商标20件、省著名商标152件、苏州市知名商标143件,位居全省前列。新增商标申请量3034件,核准注册商标2087件,累计有效注册商标22810件,国际(境外)马德里注册商标60件,基本达到"一企一标"目标。集中开展"双打"专项整治行动,市"双打"办由市文广新局调整至市市场监管局,全年立案查处侵权和假冒伪劣商品案件39件。加大对媒体广告监测和后续监管力度,全年监测媒体广告10.9万条次,查处虚假违法广告案件22件。先后开展互联网金融广告及以投资理财名义从事金融活动风险专项整治、房地产和医疗广告等专项整治。针对媒体、房地产、医疗、教育培训机构、互联网等重点行业和领域,分类实施教育引导,发放广告宣传册3000本、广告宣传折页1.5万份。

特种设备安全监管 先后开展节前特种设备、电厂特种设备、气瓶安全、场内机动车辆、电梯、大型游乐设施等专项检查,出动检查人员2800人次,检查570家特种设备使用企业,27个气瓶充装单位、20个制造单位。发出特种设备安全监察指令书186份,消除各类隐患1077起。联合中国人保张家港分公司全面推广电梯安全责任保险,投保电梯4200余台。会同市旅游、教育、安监、消防大队等相关部门开展2016年度特种设备安全应急演练,提高特种设备使用单位安全生产意识和特种设备事故应变能力。

标准化工作 市政府对2014年实施技术标准战略的86家企业奖励598.8万元。全年完成采标42项,2项国家标准、3项行业标准制定工作组落户张家港市。澳洋顺昌IT金属材料物流服务业标准化试点通过省质量技术监督局验收,市神园葡萄公司制定的省地方标准《鲜食葡萄品种小辣椒生产技术规程》通过评审。市市场监督管理局组织11家企业参与"新兴产业(苏州)标准化协作平台",推动实现标准化工作与科技创新、产业发展快速响应、协同融合。

计量工作 开展专项检查80次,检定流通领域结算用电子计价秤215件,合格率100%。"五统一"农贸市场电子计价秤1902台,受检率75%,合格率100%。眼镜配置用计量器具检定26件,受检率100%,合格率90%。推进诚信计量体系建设,与商家签订诚信计量承诺书,着力培育苏州市级、江苏省级诚信计量示范单位。

药品、医疗器械安全监管 推动药械规范化建设,28家药品零售企业通过GSP认证。至年末,全市药品生产企业通过GMP认证14家,药品零售企业通过GSP认证360家。完成全市3家保健品生产企业和9家化妆品生产企业换证工作。开展"药械安全放心行动"专项整治,组织开展无菌植入物、医疗器械经营企业冷链管理、义齿生产企业等多项专项检查。对染发、美容美发类专营店开展洗发类用品专项监督检查,检查单位177个。推进药品不良反应、医疗器械不良事件监测与上报工作,全年上报药品不良反应报告病例1094例、医疗器械不良事件557例。

2016年张家港市企业创江苏省名牌产品情况表

表59

企业名称	商　标	产品（产业）名称
江苏梁丰食品集团有限公司	金莎牌	巧克力及巧克力制品
江苏联宏纺织有限公司	雪兰牌	羊绒针织品
顺德工业（江苏）有限公司	SDI牌	文具
索尔维（张家港）精细化工有限公司	FENTACARE牌	阳离子表面活性剂
张家港欣欣高纤股份有限公司	天欣牌	涤纶牵伸丝
张家港中集圣达因低温装备有限公司	圣达因sanctum牌	低温液体贮罐
张家港中集圣达因低温装备有限公司	圣达因sanctum牌	低温液体运输车
江苏永钢集团有限公司	联峰牌	碳素钢
长江润发机械股份有限公司	捷星牌	电梯空心导轨
骏马化纤股份有限公司	骏马牌	锦纶6轮胎浸胶帘子布
南港（张家港保税区）橡胶工业有限公司	NNANKANG牌	子午线轮胎
江苏海狮机械集团有限公司	海狮牌	熨平机
江苏七洲绿色化工股份有限公司	七洲牌	丙环唑三唑杀菌剂农药
张家港富瑞特种装备股份有限公司	富瑞特装FURUISE牌	液化天然气汽车供气系统
江苏华程工业制管股份有限公司	华程牌	钢管
华芳集团有限公司	华芳牌	色织布
华芳集团有限公司	华芳牌	普梳纱线
华芳集团有限公司	华芳牌	精纺呢绒
华芳集团有限公司	华芳牌	精梳纱线
市易华塑料有限公司	金鼠牌	PVC塑料地板
市幸运金属工艺品有限公司	幸运牌	刻花镀银（金）餐具
江苏澳洋医药物流有限公司	—	医药仓储物流
江苏国泰国际集团有限公司	—	外贸流通业

【执法和维权】 市市场监管局强化综合执法配置，综合执法大队升格为副科级建制，下设4个中队及1个综合办公室。先后集中开展“放心市场”、走私冻肉、公用企业集中治理、“双打”等专项行动，全年办理各类案件331件，案值总金额1355.07万元，涉嫌犯罪移送公安机关处理18件。其中，食品违法案件100件，药品、医疗器械违法案件27件，特种设备案件26件。开展“双随机、一公开”（随机抽取检查对象，随机选派执法检查人员，抽查情况及查处结果及时向社会公开）试点工作。按区域科学设置执法人员库，制作随机匹配软件，利用“2015年度年报公示信息抽查”作为抽查事项开展“双随机”试点，有效杜绝权力寻租、任意执法、监管不严等问题。张家港市被国家工商总局列为深化商事制度改革加强事中事后监管成效明显予以激励支持的全国15个县（市、区）之一，并报国务院备案。依托省工商局“一中心一平台”，加大搜索研判力度，开展网上检查1638次、实地检查145次，其中对平台商检查32次，删除违法商品信息21条，责令整改网站21个，被省工商局评为2016年度网络市场监管专项行动先进单位。在消费维权监督站、消费者满意单位、零投诉企业中全面推广“苏州消费维权通‘点点3·15’”手机APP客户端，开启互联网+消费维权新模式，为消费者提供更便捷高效的维权服务。落实“三快”（受理分流快、到达现场快、调解处理快）原则，认真处理“12315”“12331”“12365”等平台的申投诉举报信息，法定期限内有效消费申诉举报办结率100%，为消费者挽回经济损失23.58万元。

【质量管理】 市市场监管局牵头起草出台《张家港市创建全国质量强市示范城市工作实施方案》和《张家港市“十三五”质量工作意见》，对创建工作进行全面任务分解，按照创建计划逐项推进，先后筹备召开全市动员会、联系创建专家组、组织观摩验收活动、邀请专家授课、全面开展创建宣传。推动塘桥镇创建精品呢绒“全国知名品牌创建示范区”，培育国泰集团申报省长质量奖，推进国家化工设备监督检验中心、国家化学电源检测中心、国家再制造汽车零部件产品质量监督检验中心建设。依托“质量月”加大宣传力度，发表倡议书，举行现场宣传咨询活动，开展有奖知识问答，有效提升公众知晓度。建设质量强市主题展览馆，验收点位准备工作稳步进行。加强许可证监管，对全市150余家许可证企业，开展质量自我声明工作，促进生产许可证获证企业树立主体意识，主动履行主体责任。夯实质量基础工作，先后组织机动车安检机构检验检测实际操作能力培训、卓越绩效评价准则培训和“首席质量官”培训班，提升企业质量管理水平。

【食品安全监管】 承担省食品药品监督管理局“五常（5C）法学校食堂管理”研究课题并顺利结题，将由省食品药品监督管理局和省教育厅联合向全省学校食堂推广。以“明厨亮灶”示范点为引领，将特大型、大型餐饮服务单位和学校食堂食品加工制作的关键场所和重要环节通过透明玻璃窗、监控视频、隔断矮墙的方法展示给消费者，实现阳光操作、透明化管理，68家学校食堂安装视频监控及显示器，国贸酒店等6家大型重点餐饮单位完成改造。规范农村集体聚餐备案管理，对845名民间厨师免费健康体检，统一发放工作服、餐具消毒剂，从服务价格、食材采购、运输、储藏、餐具消毒到宴席加工操作、留样等环节全程进行专业指导。塘桥镇探索成立民间厨师工会协会，建立民间厨师积分制管理。治理食品小作坊，《江苏省食品小作坊和食品摊贩管理条例》出台后，5月率先启动食品小作坊专项整治及登记工作，调整公布食品小作坊目录及登记验收细则，对各类别小作坊进行摸底普查。完成63家小作坊整改发证，劝导16家小作坊停业。建立第三方食品安全审计机制。建立食品安全专家库，依托专家库成员，运用审计方法和手段，用第三方视角对高风险食品生产等行业进行评估，为精准监管提供参考。完成4家食用油生产企业现场审计，发现需要完善项目30余项，全部落实整改。加强网络食品监管，约谈美团、饿了么、百度外卖三家网络食品平台驻张家港负责人，督促履行入网餐馆许可审查义务。对照摸底名单完成28家入网餐饮单位现场抽查核对，对环境脏乱差的督促限期整改，对无证经营的联合公安等职能部门予以查处。加大监测力度，健全风险防控体系。食品生产经营环节法定抽检食品8678批次（含食用农产品法定抽检618批次），合格率96.38%；集贸市场快检农产品87.12万批次，合格率99.88%；对农产品平价商店和蔬菜基地直销店开展流动快检2083批次，合格率99.9%。全市抽检量为每千人8.8批次。

【市检验检测中心成立】 2015年11月，市检验检测中心成立，为市政府直属公益二类事业单位，机构规格相当于正科级，经费渠道为差额拨款。中心核定事业编制43人，编外合同用工85人。内设办公室、综合业务科、综合检验检测科、质量技术科、组织人事教育科、规划财务科、督察科等7个内设机构，均为正股级建制。市检验检测中心的主要工作职能为负责统一规划、建设和管理全市食品、药品、农产品、工业产品及粮油饲料等相关公共检验检测资源配置和公共技术服务平台；对全市食品、药品、农产品、工业产品及粮油饲料等产品提供公共检验检测服务；对全市计量器具开展检定、校准等业务工作；建立和保存全市最高社会公用计量标准，具体负责全市量值传递和溯源工作；开展有关产品质量安全检验技术研究，参与国家、行业和地方食品、药品、农产品、工业产品及粮油饲料等产品标准及方法标准的制修订工作，参与计量检定和校准规范制修订工作；承担产品质量安全重点事故与纠纷的鉴定和评价，承担公正计量测试、计量仲裁检定和产品仲裁检验等工作。至2016年年末，中心有在职工作人员126人，其中专业技术人员94人。专业技术人员中，有研究员级高级工程师1人、高级工程师10人。

【市检验检测中心完成年业务量4700万元】 2016年，市检验检测中心坚持“组建与运行两不误、两促进”原则，围绕服务民生热点诉求和企业转型升级主线，扎实开展检验检测工作，加强检验检测服务体系建设，有序完成中心组建，全年实现业务量4700万元，获评市先进文明单位。强化质量管理，提升检验检测品质。中心成立质量技术管理委员会，根据计量器具检验检测、产品质量检验检测不同特点，高标准制定中心第一版质量管理体系文件，涵盖相关管理要素和技术要素25项，制定相应工作程序49个，质量记录格式113个。制定《2016年度检验检测工作质量考核试行办法》，突出证书报告、质量计划及落实情况、体系运行情况和外部审核体系四方面内容，在全年绩效考核中权重占比20%。提升服务水准，打造优质高效服务。拓展检验检测项目，涉及民生的农产品类从12种产品扩项到16种，粮食类从18种产品扩项到20种，增加8个参数。计量检定在全省率先完成LNG加气机建标工作，可全省范围开展检定工作。开设不分工作时间与非工作时间、不分工作日与节假日的检验检测绿色通道，得到受检企业欢迎。

【市场监管信息平台上线】 6月1日起，全市统一的市场监管信息平台启用，实现各部门间证照管理信息实时共享，对市场主体许可信息、监管信息和行政处罚信息实现无缝衔接。该平台是依托政府电子政务专网，在各级政务服务中心应用的并联审批平台基础上，建立的信息归集与共享交换平台。平台具有3种主要功能，即实现市场监管信息归集与共享，支撑建立协同监管机制；归集失信当事人信用信息，推进实施跨部门联合惩戒；市场监管管理局可依托平台履行“双告知”职责。平台运行后，各部门每天都能通过登录平台查看市场监管部门的发照信息，认领工作任务、履行监管职责，并将各自许可、审批、处罚、监管、司法信息上传至平台。全市将建立定期通报制度，由联席会议办公室对各部门登陆市场监管信息平台情况、及时向平台提供相应信息情况、落实联动监管职责情况进行督察监测，加大跟踪问责。

【学校食堂食品安全责任险全覆盖】 2016年，市市场监督管理局坚持“政策引导、政府推动、市场运作、分步推广”原则，在中小学校（幼托机构）食堂和部分大型食品生产、经营企业推动食品安全责任保险试点工作，全力保障在试点范围内因食品安全而导致人身伤害的情况。根据保单内容，在保险期或追溯期内，由于学校工作人员疏忽或过失致使学生食物中毒、感染食源性疾病或食物中有异物造成的人身损害和财产损失时，保险公司将承担相应经济赔偿。其中，中小学校（幼托机构）食堂保费来源由市镇二级财政同学校按比例支付：市属学校、幼托机构，由市食安办、学校按照各自50%的比例承担；镇属学校，由镇财政、学校按照各自50%的比例承担。食堂外包的由承包单位承担，民办学校的由学校承担。保费标准为每人2元，受害者每人每次最高可获20万元赔偿，每校累计赔偿限额200万元。至年末，全市169家学校食堂全部参保，为17万名学生、教职工提供保障，缴纳保费34万元，总保额3.6亿元。此外，5家食品生产企业、3个餐饮单位、1家流通企业参加食品安全责任保险。

【苏州首家市场监管基层创新实践基地挂牌】 9月19日，苏州市首家市场监督管理基层创新实践基地在张家港市市场监督管理局金港分局挂牌成立。为适应县区工商、质监、食药监三合一机构体制改革的新形势、新挑战，作为工商行政管理基层创新实践基地的延伸，苏州市市场监督管理学会出于综合考虑，率先在张家港市市场监督管理局金港分局启动市场监督管理基层创新实践基地建设，通过搭建高层次的理论研究平台，加强基层建设队伍与业务融合，加快基层监管实践的理论探索。根据共建框架协议，双方计划在4个方面开展合作。每年至少召开一次由市市场监督管理局所属基层分局代表参加的基层创新实践基地座谈会，研究部署年度创新调研课题；每年合作开展一项调研课题，双方积极为课题研究提供经费支持；苏州市市场监督管理学会加强对挂牌基地理论研究方面的指导，挂牌基地每年至少推荐2篇有特色有亮点的理论调研文章；双方根据实际需要开展跟班式学习。

【苏州市食品安全事故应急演练在张家港举行】 10月21日上午，苏州市食品安全事故应急演练在张家港市少年宫梦想剧场举行。此次演练不仅是新修订的食品安全法颁布实施后，苏州市组织的一次高标准、示范性食品安全事故演练，也是全市食品药品监管体制改革后举办的一次全方位实战化练兵。演练以张家港十六中学发生集体中毒后启动Ⅳ级食品安全应急响应为主要内容，采取前期录制与现场演练相结合方式，旨在对全市食品安全应急工作进行检阅和练兵，进一步规范处置流程、明确处置职责、磨合工作机制，达到锻炼工作队伍、提升应急能力、教育公众的预期效果。省食品安全委员会办公室专家对演练情况进行简要点评。苏州市食品安全委员会办公室主任、食品药品监督管理局局长陈建民对演练组织和效果予以充分肯定。

【首张食品生产加工小作坊登记证颁发】 7月1日，市市场监管局局长谷晓晖向凤凰镇高庄豆制品厂负责人颁发食品小作坊登记证，这是《江苏省食品小作坊与食品摊贩条例》实施首日，全市颁出的首张食品小作坊登记证，标志着全市食品小作坊登记工作启动，食品小作坊进入持证时代。食品小作坊是与百姓生活密不可分的食品产业组成，安全状况关系百姓民生。一些食品小作坊环境卫生差，生产设施简陋，由于法规不完善一度游离于监管之外。市市场监管局以《江苏省食品小作坊和食品摊贩管理条例》实施为契机，提早谋划，4月与市食品安全委员会办公室联合出台《张家港市食品小作坊专项整治方案》，市食品安全委员会及时调整公布食品小作坊生产加工食品目录。通过治理整顿，摸清食品小作坊底数，掌握小作坊食品安全状况，完善食品小作坊产品目录和监管机制，引导帮扶一批具备条件的食品小作坊达到“布局合理，设施齐全，制度完善，安全保障”的目标并进行规范登记，集中查处取缔一批生产条件恶劣、制售假冒伪劣食品的黑作坊、黑窝点。同时，市市场监管局细化食品小作坊登记条件、程序、管理要求和便民举措等，确保条例实施后可以正式开展食品小作坊登记工作。

（柳一虹　杨志伟）

全市首张食品小作坊登记证颁发　　（市市场监管局　提供）

物价管理

【概况】 2016年，市物价部门落实上级关于推进价格机制改革要求，坚持市政府领导下的价格调控目标责任制，研究制定全市2016年价格调控目标责任制实施意见，并与13个单位签订责任书。全年15家农产品平价商店销售蔬菜328万千克，销售金额1357.6万元，为市民节约开支217.2万元。年内，列入价格调控的12种主要商品价格和服务收费水平低于预期目标，完成价格调控任务。

价格管理　年内，经市政府批准调整污水处理费，非居民、特种行业用水污水处理费每吨上调0.4元，居民生活用水暂不调整，从2017年1月1日开始实施。执行煤热联动政策，通过每月采集、比对热电企业煤炭采购数量、价格等数据，依据煤价上涨实情，两次调整蒸汽销售价格至每立方米186元。严格平价商店准入、监测、巡查、考核、退出制度，开展“平价商店规范年”活动，规范和提升15家平价商店质量。10月起，遵照苏州市政府《关于进一步加强全市房地产市场调控的意见》，规范执行商品房价格申报制度，引导企业合理申报，严格执行相关价格数据日报等制度，实时动态监测房地产市场价格。

收费管理　落实普遍性降费政策，共取消16项、免征2项、降低8项涉企收费项目，放开41项经营服务性收费项目，全年累计减轻企业负担3330万元。实施收费项目动态管理制度，开展涉企收费清理情况专项检查、清费降本减负政策落实情况专项督察，重点对12个主要收费系统开展收费巡访，按时完成2015年收费统计分析工作，及时将相关数据录入全国收费监管系统。健全收费目录清单制度，定期梳理涉企收费单位、收费目录清单。5月25日，会同市财政局公布2016年市行政事业性收费目录清单。6月28日，公布涉企收费项目目录清单。11月8日，公布2016年市政府定价、政府指导价管理的经营服务性收费目录清单和中介服务收费目录清单。调整放开部分教育收费标准，落实省有关放开部分教育收费价格政策，对非普惠制民办幼儿园实行市场调节价管理，收费标准自主制定，取消收费标准备案要求。按程序规范，先后调整蓝天学校、红蕾学校、外国语学校、常青藤学校学费标准。通过召开座谈会，听取社会各界意见建议，修订完善具体方案，出台香山景区门票价格。

成本监审　完善成本监审工作制度，先后开展出租车运价、管道天然气定价等成本监审调查项目6项，上报成本26.84亿元，审核成本25.2亿元，核减率6.23%。完成上级布置的农户种植意向、小麦成本收益等专项调查及分析。

价格检查　构建市场价格大监管格局，先后开展教育收费、商品房明码标价、药品市场、景区门票价格、涉企收费减免政策落实情况等专项检查及节假日、中考期间等市场专项巡查，配合苏州市物价局做好对张家港移动公司、联通公司、电信公司等部门的专项检查。全年立案查处9件，罚没款9.8万元。全面对接国家“12358”价格举报管理信息系统，畅通门户网站、信访等各类价格维权通道，维护群众合法价格权益。全年受理举报、咨询397件，约谈单位4个，行政警示单位32个，退还消费者16.7万元，按期办结率100%。

价格服务　持续优化“张家港相知价格N+”服务品牌，发布《重要民生商品价格采集公布简报》48期，公示各类民生信息7.4万条，发布微信157条，引导市场价格合理形成。依托张家港重要民生商品价格监测公布预警系统，加强粮油等与群众生活密切相关的主副食品价格监测，做到“日有报价、周有价情、月有分析、年有综述”，预防价格异动。搜集上报各类常规价格监测432篇，上报月度监测分析12篇，动态分析55篇。重点开展青菜、鸡毛菜等6种绿叶菜市场零售价格监测，为“夏季保淡绿叶菜价格指数保险”出险、理赔提供数据准备。年内有8个蔬菜基地投保，总投保面积51公顷，承担保险金额246.92万元，保险费用24.69万元，其中农户自负保费49383.5元、出险面积18.1公顷、理赔金额10.12万元。健全价格信息发布和舆情引导手段，继续在《张家港日报》开设《价格视窗》专栏，解读价格政策，引导社会价格预期。推进价格认定工作转型，8月1日，市价格认证中心更名为市价格认定中心，并于9月1日起按照价格认定行为规范和价格认定文书格式规范开展工作。全年完成刑事涉案财物价格认定3699件，认定金额2.3亿元；完成涉纪财物价格认定1件，认定金额5.8万元；完成涉税财物价格认定818件，认定金额43.7亿元；完成涉及政府征收价格认定18件，认定金额3.4亿元。

市居民生活用管道天然气阶梯式价格听证会　　（市物价局　提供）

【居民生活用管道天然气实施三档阶梯计价】 为落实上级决策部署，促进节能减排，在深入调研、成本监审基础上，10月25日，市居民生活用天然气阶梯式气价听证会召开。按程序，经市政府同意后，三档阶梯计价的新方案计划于2017年1月1日起实施。以户籍人口4人（含4人）为计价单位，拟定第一阶梯户年用气量为0立方米至300（含）立方米，价格为每立方米2.48元；第二阶梯户年用气量为300立方米至600（含）立方米，价格为每立方米2.97元；第三阶梯户年用气量为600立方米以上，价格为每立方米3.72元。对户籍人口4人（含4人）以上的居民用户，每增加1人，相应增加75立方米年用气量基数。用户凭户口簿或居住证经燃气公司确认后执行。

【价格诚信体系建设】 年内，市物价部门继续推进价格诚信体系建设。健全经营者价格信用档案，参与市信用平台建设，及时依法公开经营者价格信用信息，推动企业信用信息互联共享。开展价格诚信单位创建，根据省物价局要求，按照规定程序，从37个申报2015年度至2016年度张家港市价格诚信单位的企业中择优14个单位进行命名表彰。推荐5个市级价格诚信单位参评2015年度至2016年度江苏省价格诚信单位，大拇指装饰装潢有限公司、保意电器有限公司、塘桥江南华府酒店等3个单位成功获评。

（张亚蓉）

审　　计

在市合力能源发展有限公司开展生态环境责任现场审计

（市审计局　提供）

【概况】 2016年，市审计局完成财政审计项目14项、经济责任审计项目14项，基建工程项目定案数258项，送审29.4亿元，核减2.5亿元，核减率8.5%，跟踪审计送审2.5亿元，核减工程进度款810万元，核减率3.23%。审计发现问题172个，出具审计决定书12份、移送问题线索2条，查出管理不规范资金20.08亿元，违规金额29万元，提出审计建议181条。12月21日，修改完善《张家港市审计局审计现场管理办法》，完善审计现场管理流程，编制审计现场管理主要环节清单、审计现场管理职责分工清单、审计项目时限清单、审计任务清单、审计任务完成清单、审计发现问题清单、审计现场管理人员出勤清单等7张清单，将审计现场管理划分为前期准备、现场实施、形成报告3个阶段，每个环节明确工作内容、时限要求和责任人。年内，市审计局获市级机关绩效考核“优胜贡献奖”等荣誉。

财政审计　同级财政审计以新《中华人民共和国预算法》为导向，重点关注财政部门在“稳增长、促改革、惠民生”等方面所采取的政策措施和取得成效，以及全口径预算管理、预算法落实等方面内容。借助审计数据平台，对年初预算明细数据与执行指标、计划、支出数据进行比对分析，核查预算安排到位率、支出进度情况等，指出国有资本经营预算编制准确性不高且未细化编制等薄弱环节。对照审计建议，市财政局制订系列整改措施。即将市属国资企业纳入国有资本经营预算编制范围；提前做好国有资产收益专户汇缴入库准备工作，根据审计决定要求将利息解缴入库；对财政专户结转超两年资金进行分类清理。财政同级审报告得到市人大常委会充分肯定。对南丰镇、凤凰镇开展财政决算审计，对镇级预算管理、内部控制等进行研究和分析，更加关注体制机制性问题，提出宏观性、前瞻性、针对性审计建议。对照审计建议，张家港保税区、张家港经济技术开发区、江苏扬子江国际冶金工业园在分析原因基础上，加强预算法学习，制定收缴预算外资金、完善担保程序等整改措施。市城投集团出台《办公用品采购管理规定》等制度完善内控机制。

经济责任审计　受苏州市审计局授权对市法院、市检察院开展经济责任审计，运用全国企业信用信息公示系统、审计信息系统等平台，破解取证难点，取得良好审计成效，均获评优秀项目。市法院主要领导经济责任审计不仅摸清常规财务家底，而且结合行业特点对该部门管理系统、业务流程和信息系统进行全面梳理。针对审计报告反映问题，市法院把整改问题与建章立制相结合，先后印发《关于规范诉讼费收退及执行款收付的通知》和《关于进一步规范司法救助及扣押款物管理的通知》。对市检察院主要领导经济责任审计中，延伸监督触角，关注涉案款物管理情况。根据审计建议，市检察院加强对案件审判及上诉、撤诉情况后续跟踪，确保规定时限对涉案款物做出处理。对南丰镇、凤凰镇、乐余镇主要领导开展经责审计，指出工程、财务、资产管理方面存在薄弱环节。对市国土局、市安监局、市财政局、市教育局、市委农工办进行三责联审，审计发现对使用财政资金的培训机构支付考务费、讲课费存在标准不一、管理参差现象，财政部门计划对使用财政资金的培训中心对外承接培训、论坛、学术研讨会等聘请专家学者的讲课费、考务费支出，制定相关制度，并严格审批程序、统一费用标准，加强过程管理。

工程审计 对政府工程项目加大监督，实现纠错和预防效果，规范工程建设管理，有效控制和防范投资项目风险，保证政府投资资金安全、合理、有效使用。重点开展金茂大厦工程、市第一人民医院妇儿大楼工程决算审计、张杨公路（华昌路至锡张高速段）绿化提升工程决算审计，同时对通洲沙西水道河道整治工程、老海坝节点综合整治工程、农村生活污水治理工程等开展跟踪审计。

【区镇党政领导生态环境责任审计】年内，市审计局以乐余镇为试点镇，开展区镇党政主要领导干部生态环境责任审计，揭示自然资源管理开发利用和生态环境保护中存在问题，以及影响自然资源和生态环境安全的风险隐患，促进建立完善自然资源开发利用和生态环境保护的管理、监管、追究等制度及考核评价体系。在对区镇党政主要领导生态环境责任落实情况审核方面，注重与市环保局等其他主管部门对接互动，着手调整优化审计指标，完善审计方法，实现审计成果共享共用。生态责任审计试点工作得到市委主要领导批示和肯定，省审计厅、苏州市审计局要求上报试点总结材料。 （陆 维）

统 计

【概况】2016年，市统计部门在深化统计改革、提高数据质量、优化统计服务、严格依法行政、推进农业普查等方面主动作为。在苏州市统计系统综合考评中获得第二名，获张家港市级机关绩效考核“优胜贡献奖”。

统计监测 强化新常态下经济形势监测预判，探索对“强富美高”的综合监测分析。围绕“经济强”，开展“蹲点百企”活动，选派业务骨干蹲点重点行业和企业开展深入监测；围绕“百姓富”，做好住户调查工作，开展居民人均可支配收入监测分析，做好劳动力调查工作，开展就业、用工监测分析；围绕“环境美”，加强部门统计管理，利用部门大数据，在《张家港统计月报》新增空气质量指数等监测指标；围绕“文明程度高”，主动筛选热点，开展社情民意专项调查。打造统计智库，研究并提出包括人均GDP、居民人均可支配收入、注册志愿者人数占城镇人口比例等23个指标的张家港“强富美高”评价指标体系。全年完成统计分析、动态450余篇，其中40余篇被省级以上统计信息网录用，250余条被苏州统计信息网录用。《压力下稳中有进，转型中“危机”并存——2015年全市经济运行情况》《煤炭消费反弹，节能压力犹存——2016年上半年张家港市能源消费简析》等文引起市委书记、市长重视并批示。《统计的中庸与高调》被《江苏统计》录用。

国家统计局农村司综合研究处调研员范小玉指导全市农业普查遥感测量工作 （市统计局 提供）

统计法制宣传和执法 按照“四有三化”标准（有主管领导、有工作机构、有统计人员队伍、有必要工作条件，统计管理活动法制化、业务活动制度化、数据处理信息化）对江苏扬子江冶金工业园进行基层基础建设对标检查，现场抽取14家企业，对其统计数据质量和统计基层基础建设进行实地检查。随机抽取63家“四上企业”（规模以上工业企业、资质等级建筑业企业、限额以上批发零售业和住宿餐饮业企业、限额以上服务业企业）开展统计执法检查，立案查处企业9家，对企业违法行为进行曝光。建立法律顾问制度，全面提升依法行政能力和水平。完善统计执法普法骨干人才库，加大统计执法队伍培训。启动“七五”统计普法，结合全国第三次农业普查，联合市交通局、共建社区等单位，推动统计法律进机关、进社区，扩大统计工作社会影响力。

统计基层基础 围绕全市“四位一体、整体推进”工作目标，深化区镇、企业、部门和村（社区）等调查对象的统计基层基础建设。构建基层统计工作管理平台，完善统计基层基础规范化建设各项制度和规范。强化统计行政指导，综合运用告知、建议、提示、警示、约谈、回访、辅导、示范等非强制方式，规范全市3000余家“四上”企业统计基础工作。全市统计基层基础建设受到省统计局调研组高度评价。

【第三次全国农业普查开展】 年内，全市推进第三次全国农业普查工作，先期完成市镇两级农业普查“三落实”工作，组建一支由273名指导员、1422名普查员的队伍，对全市169个村的普查区图、普查小区图进行划分绘制，完成全市20.79万户农户及1075个农业经营单位的摸底登记。5月和9月，开展第三次全国农业普查农作物面积遥感测量工作，分别对20个遥感抽中村的100个样方3600余个小地块进行实地调查。全国农业普查每十年进行一次，时间跨度为3年，普查的主要内容包括农业从业者基本情况、农业土地利用与流转情况、农业生产与结构情况、新型农业经营主体与农业规模化、产业化发展情况、新农村建设情况以及农村人居环境与农民生活方式变化情况。（陈 莉）

安全生产监督管理

【概况】 2016年，市安全生产监督管理局以事故压降为总目标，严格落实企业安全生产主体责任，工矿商贸领域（含建筑）生产安全事故件数比上年降8%，死亡人数降11.5%，未发生较大及以上事故，全市安全生产形势保持平稳。市安监局获评省危化品安全监管先进集体、省“安全生产月”活动优秀单位、市文明机关，获市级机关绩效考核“综合贡献奖”。

安全监察 年内，市安监局强化落实企业安全生产主体责任，督促和推进全市所有企业落实“一必须五到位”（必须做到安全责任到位、安全投入到位、安全培训到位、安全管理到位、应急救援到位）。持续开展企业安全生产告知承诺行动，发放告知书7472份，签订承诺书7472份，告知书承诺书签订率100%。市安监系统全年监督检查企业6113家次，发现和整改隐患4342处，开具责令改正通知书1382份，实施事前处罚159起，受理安全生产信访举报133起。规模以上企业完成创建安全生产标准化二级企业7家、三级企业31家，小微企业完成创建标准化1111家。在化工生产及储存、冶金、涉爆粉尘、危化品道路运输等重点行业领域推行安全总监制度，年内完成配备安全总监企业248家。会同相关部门完成68个三级政府挂牌督办重大隐患整治工作，投入整改资金1.44亿元。在市级重点企业安全监督检查服务外包试点基础上，将市级服务范围扩大到120家。

宣传教育 全年开设企业法人、安全管理员和特种作业人员培训班256期，培训各类人员16847人。组织市、镇全体安监干部100余人，分两批赴中国矿业大学脱产培训，提升安监干部业务水平。与中国安培网合作，成立张家港安全培训学院，对安监干部、企业安全总监和全市网格员600余人开展网上培训。制定印发《江苏省安全生产条例》宣传贯彻方案，在做好安监执法人员培训基础上，邀请专家为安委会成员单位领导、区镇监管人员和网格监管员作专题讲座，利用电视、报纸、电台、网络、微信等平台，对条例进行社会化宣传。建成安全生产警示教育馆，以鲜活生动的形式展示安全知识，面向企业员工和社区居民开展警示教育。结合“安全生产月”活动，组织开展广场咨询、应急技能比武、安全文艺下乡、知识竞赛等活动，在主要道路旁投放公益广告，并在各类媒体广泛宣传安全知识，提升社会安全意识。

应急救援 市安监局协调各应急联动部门，先后开展冶金行业、港口码头、居民社区火灾、燃气、旅游等领域突发性事件的市级综合演练，督促指导区镇、企业开展应急演练748家次。在50支企业专业应急队伍中，开展全市应急技能大赛。在保税区（金港镇）、南丰镇、凤凰镇明确10支市级应急处置专业队。成功处置“5·25”戊烷罐车爆燃、“8·7”槽罐车爆炸等突发事故应急抢险。

【重点领域专项整治】 市安监局狠抓重点领域专项整治，开展安全生产大检查。在危化品生产领域，对全市排查的危化品安全隐患进行红、黄、蓝企业分色分类建档，完成隐患“四签字”（班长、组长、负责人、责任人签字）。将41家企业列为蓝色，限期整改；11家企业列为黄色，全面停产整顿；4家企业列为红色，全面停止生产经营活动。全市危化品企业（单位）自查隐患958条，整改完成946条。企业自查自纠同时，安监系统组织开展专项核查，共检查企业（单位）1037家，排查隐患1299条。在涉爆粉尘领域，开展除尘系统、涉爆粉尘作业现场等重点部位专项整治，检查企业164家次，发现隐患325条，对7家企业实施行政强制措施，突出铝镁制品、木质品、粮食饲料、纺织亚麻纤维粉尘等重点企业，推进粉尘涉爆企业安装视频监控，完成40家粉尘涉爆企业安装工作。组织专家对粉尘涉爆企业进行检查，完成6家企业集中除尘系统整改并通过专家验收。在金属冶炼领域，邀请专家对沙钢集团、永钢集团煤气安全管理开展专项检查，突出对冶金冶炼、铸造企业高温熔融金属（液态金属）的生产、吊装、运输等重点环节隐患整治工作，共检查企业224家次，发现隐患244条，督促企业全部制订整改计划，落实整治责任。在职业卫生领域，加大企业职业卫生工作检查力度，重点检查企业130家，提出检查意见416条，行政处罚7起。督促全市所有存在职业病危害因素的企业开展职业病危害申报，

冶金行业突发事故应急救援综合演练（市安监局 提供）

共申报企业5504家。完成30家职业卫生管理示范企业创建工作。在烟花爆竹领域，市安监局与市公安局、市市场监管局等部门开展联合行动，对各类烟花爆竹零售店及市场烟花爆竹经营情况开展专项检查，重点查处无证无照经营点、非法储存烟花爆竹行为以及非法销售非正规渠道烟花爆竹违法行为，检查单位97个次，提出整改意见66条，查处烟花爆竹非法储存点10余个，行政拘留5人，收缴非法产品5000余箱，并集中销毁非法烟花爆竹，及时消除安全隐患。

（侯 燕）

住房公积金管理

【概况】 2016年，苏州市住房公积金管理中心张家港分中心应对宏观经济环境与房地产市场带来的双重考验，坚定发展信心，持续有效发力，业务指标稳步增长。推进公积金扩面职能进镇工作，在经开区（杨舍镇）、凤凰镇、乐余镇3个区镇社保所开设公积金服务点，实现区镇公积金扩面工作平台覆盖率超50%，加强网点公积金业务指导，引导单位就近办理业务。做实做优特色服务，创新提升服务保障。创新宣传载体，积极推广微信公众号，印制“苏州公积金”二维码宣传卡、宣传海报和鼠标垫，摆放在服务大厅、各业务网点和区镇社保中心公积金柜面显著位置，引导职工“扫一扫，加关注”，拓宽品牌传播渠道。与市政务服务中心合作，建成智慧政务平台及智慧叫号互动系统，方便办事职工通过微信平台进行业务预约和查看业务办理进度。围绕“一柜受理、并联审批”目标，全面再造贷款服务流程，8月29日起全面上线“一柜式”贷款服务模式，贷款办理得到有效提速，其中办理单笔纯公积金贷款30分钟左右，公、商组合贷款1小时左右。建立集业务办理、政策解答、自助查询、客户分流、困难求助五位一体的大厅综合咨询服务平台，并与贷款业务一柜式办理制度相结合，实现公积金业务办理与“互联网+”功能深度融合，提升服务便捷度和职工群众满意度。按照上级指示要求和房地产形势变化，两次调整贷款政策，综合运用调整贷款额度计算公式，调整二套房首付、利率、最高贷款额度等手段，保护自住型刚性需求，鼓励改善性需求，抑制投机性需求。

公积金归集　全市新增缴存公积金开户职工25806人，净增缴存职工1975人，年末缴存人数22.52万人。全年实现归集住房公积金26.29亿元，比上年增2.09亿元。历年累计归集180.88亿元，归集余额73.47亿元。年均归集率100.95%，职工人均月缴存972.84元，月归集额2.19亿元。

公积金使用　全年张家港住房公积金中心发放公积金贷款5351户、20.6亿元，户均38万元，职工提取公积金20.67亿元。全年为全市职工家庭购建房消费直接注入资金37.92亿元。全市历年累计发放贷款119.45亿元，4.85万户家庭得到公积金优惠政策支持；历年累计提取106.94亿元。

【住房公积金政策调整】 年内，张家港住房公积金中心准确把握住房保障内涵，把满足市民基本住房需求摆在突出位置，两次调整贷款政策，引导市场理性消费。根据苏州市住房公积金管理中心《关于调整住房公积金个人住房贷款有关规定的通知》，8月12日起取消按月公积金缴存额（还款能力）计算贷款额度的公式，执行按个人账户余额倍数计算贷款额度的公式。借款申请人第二次使用公积金贷款购买自住住房的，首付比例从不低于住房总价的20%调整为30%，增加贷款利率按首次使用公积金贷款利率1.1倍计算。为贯彻落实苏州市政府关于进一步加强房地产市场调控的意见精神，10月4日起再次对公积金贷款政策作出调整。借款申请人第二次使用公积金贷款购买自住住房的，首付款比例从不低于住房总价的30%调整为50%，可贷额度计算公式由按借款人（含参与计算可贷额度的共同借款申请人）个人账户余额之和乘以10倍调整为个人账户余额之和乘以6倍；借款申请人及共同借款申请人中有两人（含）以上共同参与计算可贷额度的，贷款最高限额从70万元调整为50万元；仅借款申请人参与计算可贷额度的，贷款最高限额从45万元调整为30万元；暂停受理借款申请人申请个人住房公积金贴息贷款（增量公转商）业务。为更大程度满足缴存职工住房公积金个人住房贷款需求，1月18日起，对职工购买存量成套住房（二手房）申请的贷款（含此前已审批未发放的贷款），取消自贷款审批通过日起轮候2个月放款的规定。5月3日起，调整新建住房贷款轮候放款期限，职工购买新建住房申请贷款的，自贷款审批通过日起由轮候6个月放款调整为轮候3个月放款。为进一步体现公积金制度的公平性和互助性，2月21日起对长期未使用住房公积金的职工实行补贴，补贴比例根据职工未使用住房公积金的年限分为两个档次：未使用年限在五年以上（含五年）至十年的，补贴比例为4.75%与一年期定期存款基准利率之差；未使用年限在十年以上（含十年）的，补贴比例为4.75%上浮20%后与一年期定期存款基准利率之差。11月1日起，经苏州市住房公积金管理委员会批准，对两个档次补贴比例进行调整：未使用年限在五年以上（含五年）至十年的，补贴比例为五年期以上个人住房公积金贷款利率与一年期定期存款基准利率之差；未使用年限在十年以上（含十年）的，补贴比例为五年期以上个人住房公积金贷款利率上浮20%后与一年期定期存款基准利率之差。7月上旬，全市住房公积金缴存基数调整和单位年检工作启动，2016年度缴存基数从7月起执行。缴存基数调整按职工本人2015年度月平均工资收入（工资总额）核定。缴存基数最高不得超过1.81万元，职工月平均工资高于最高限额的按最高限额计算，不到最高限额的按实计算；调整后的职工缴存基数不得低于全市社保最低缴费基数。企业缴存比例仍为单位和职工各8%至12%，不到各12%的可继续上调。对于7月至调整当月之间少缴部分的住房公积金，单位在调整汇缴时做一次性补缴。（李 玲）

【编辑 朱永平】

科学技术

Science and Technology

张家港保税区科创园　（王　佩　摄）

科技培育

科技载体

科技人才

高新技术产业

科技项目

科技成果

知识产权保护

科普工作

气象科技

防震减灾

张家港年鉴(2017)

科 技 培 育

【概况】 2016年，市委、市政府先后制定出台《关于实施聚焦转型创新驱动行动计划的决定》《张家港市创新驱动能力提升计划实施意见》《张家港市企业科技创新积分管理办法》《张家港市企业科技创新积分管理计分标准》等政策文件，全力推进科技创新工作。全市财政科技投入10.49亿元，比上年增2.06亿元，增长27.8%，占市级财政一般预算支出的9.1%。全市新增高新技术产品390种，新增高新技术企业75家，新增省级以上企业创新平台48家，获评苏州市级以上科学技术奖励27项，评定张家港市科学技术奖励57项，万人发明专利拥有量30.13件。全市新增国家国际科技合作计划2项，实现零突破；新增省国际科技合作计划1项，累计17项；新增产学研合作项目222项；累计有768家企业与260所（家）高校、科研院所建立科技合作关系。7月，第八批“科技镇长团”结束挂职。挂职期间，共促成签订产学研合作项目30项，合同金额1.3亿元。8月，第九批“科技镇长团”10名成员到市挂职，其中第八批“科技镇长团”成员中留任2人，新派8人，出自省内外高等院校和省级机关。张家港市在2015年度国家知识产权示范市考核中，名列全国县市第二，获评国家知识产权示范城市工作先进集体；张家港保税区、张家港经济技术开发区同批高分通过国家知识产权试点园区验收，张家港市成为全国唯一两个园区同批入围国家知识产权示范园区的县市。

【科技活动周】 7月1日至8日，以“科技引领转型，创新驱动发展”为主题的2016年市科技活动周举办。其间，举办半导体芯片产业发展论坛、科技活动周开幕式、企业科技创新访谈、市技术转移联盟成立大会暨智能制造技术报告会、重点高校（院所）高新技术成果项目路演、企业科技创新积分政策宣讲会、产业技术研究院暨众创空间创新项目推介会、锂电产业技术交流对接会等活动10余场。科技部火炬计划中心主任张志宏、创新发展司副巡视员吴向，省科技厅副厅长蒋洪、省知识产权局副局长施蔚，苏州市科技局副局长吴伟澎、苏州市知识产权局副局长施卫兵等出席开幕式。活动周共达成合作项目81项，计划总投资7.18亿元。

【企业科技创新积分管理】 6月，根据《张家港市企业科技创新积分管理办法（试行）》，市科技局、市财政局联合发文，对2015年度获得科技创新积分的企业进行资助，有1230家企业获得37692.55个创新积分，按照每分资助2000元的标准，合计资助7538.51万元。由此，张家港市在全国率先实施企业科技创新积分管理首年的资助金发放到位。7月，在市科技活动周开幕式上，为全市积分排名在前的江苏沙钢集团有限公司、张家港康得新光电材料有限公司、江苏国泰国际集团有限公司、张家港富瑞特种装备股份有限公司、江苏永钢集团有限公司等12家标兵企业进行荣誉表彰。下半年，市科技局会同积分管理领导小组其他成员单位对2015年度积分管理工作进行回顾与总结，对积分管理办法及其计分标准提出若干修改意见，同时启动企业科技创新积分管理办法修订程序。12月，市政府出台《张家港市企业科技创新积分管理办法》《张家港市企业科技创新积分管理计分标准》等新修订的积分政策文件。 （肖　晋）

科 技 载 体

【概况】 年内，沙洲湖科创园、保税区科创园获批国家级科技企业孵化器。新增国家级众创空间2家。国家火炬张家港精细化工产业基地和国家火炬张家港节能环保装备特色产业基地通过验收，全市国家火炬特色产业基地累计4个。5家企业在省重点企业研发机构绩效评价中取得优秀成绩，累计8家。新增省级科技服务骨干机构能力提升项目2项，累计3项。新增省级优秀研究生工作站4家，累计6家。新增省企业研究生工作站24家，累计213家。新增省工程技术研究中心6家，累计101家。新增省级众创空间4家，累计6家。新增苏州市级众创空间3家，累计5家。新增苏州市企业研究院1家，累计3家。新增苏州企业重点实验室1家，累计3家。新增苏州市工程技术研究中心24家，累计272家。新增苏州科技服务机构绩效补助项目3项，累计5项。新增张家港市企业研究院1家，累计7家。新增张家港市工程技术研究中心25家，累计228家。至年末，全市累计建有省级以上科技企业孵化器9家，省重点实验室2家、省重点企业研发机构30家、省外资研发机构24家、省科技公共服务平台4家、省企业院士工作站12家；有苏州市内外资研发机构73家、苏州市企业院士工作站8家。

市科技活动周开幕式 （市科技局　提供）

2016年张家港市新增张家港市级以上科技载体平台一览表

表60

类　　别	载体平台名称	承担单位
国家级科技企业孵化器	张家港沙洲湖科创园	张家港沙洲湖科创园发展有限公司
	张家港保税区科技创业园	张家港保税区科技创业发展有限公司
国家级众创空间	今园1号	苏州今园科技创业孵化管理有限公司
	集成光电谷	千人计划(张家港)集成光电研究院有限公司
江苏省众创空间	智能装备与再制造之家	南京理工大学张家港工程院有限公司
	香樟树众创空间	张家港市香樟树众创空间服务中心
	南丰智慧中心	张家港市东大工业技术研究院
	金丰众创空间	张家港市金丰生态农业发展有限公司
江苏省工程技术研究中心	江苏省高光效LED外延与芯片工程技术研究中心	华灿光电(苏州)有限公司
	江苏省可持续生物制造工程技术研究中心	苏州汉酶生物技术有限公司
	江苏省大型石化装备模块工程技术研究中心	江苏中核利柏特股份有限公司
	江苏省功能高分子聚酯材料工程技术研究中心	苏州博云塑业有限公司
	江苏省鸿盛卡扣滑轨结构工程技术研究中心	张家港鸿盛电子科技股份有限公司
	江苏省高强度汽车用钢工程技术研究中心	江苏联峰能源装备有限公司
江苏省优秀研究生工作站	江苏省优秀研究生工作站	张家港保税区灿勤科技有限公司
	江苏省优秀研究生工作站	张家港富瑞特种装备股份有限公司
	江苏省优秀研究生工作站	苏州同大机械有限公司
	江苏省优秀研究生工作站	江苏合丰机械制造有限公司
江苏省企业研究生工作站	江苏省企业研究生工作站	江苏中核利柏特股份有限公司
	江苏省企业研究生工作站	张家港市华孚实业有限公司
	江苏省企业研究生工作站	张家港市金纱纺织有限公司
	江苏省企业研究生工作站	张家港英瑞实业有限公司
	江苏省企业研究生工作站	贝内克—长顺汽车内饰材料(张家港)有限公司
	江苏省企业研究生工作站	张家港倍恩特磁塑科技有限公司
	江苏省企业研究生工作站	江苏协昌电子科技股份有限公司
	江苏省企业研究生工作站	苏州爱康光电科技有限公司
	江苏省企业研究生工作站	苏州金凯达机械科技股份有限公司
	江苏省企业研究生工作站	江苏绿岩生态技术股份有限公司
	江苏省企业研究生工作站	江苏百易得医疗科技有限公司
	江苏省企业研究生工作站	张家港市普信机械有限公司
	江苏省企业研究生工作站	和和机械(张家港)有限公司
	江苏省企业研究生工作站	张家港海锅新能源装备股份有限公司
	江苏省企业研究生工作站	苏州市康力骨科器械有限公司
	江苏省企业研究生工作站	江苏广川线缆股份有限公司
	江苏省企业研究生工作站	苏州苏南捷迈得医疗器械有限公司
	江苏省企业研究生工作站	张家港市亿利机械有限公司
	江苏省企业研究生工作站	江苏宝田新型材料科技股份有限公司
	江苏省企业研究生工作站	江苏天翔电气有限公司
	江苏省企业研究生工作站	江苏双盈纺织科技有限公司

续表60

类　　别	载体平台名称	承担单位
江苏省企业研究生工作站	江苏省企业研究生工作站	张家港市三联化工科技有限公司
	江苏省企业研究生工作站	江苏天鹏电源有限公司
	江苏省企业研究生工作站	张家港市光学仪器有限公司
苏州市众创空间	香樟树众创空间服务中心	张家港市香樟树众创空间服务中心
	金丰众创空间	张家港市金丰生态农业发展有限公司
	今园1号	苏州今园科技创业孵化管理有限公司
苏州市企业研究院	苏州市光学薄膜研发与产业化企业研究院	张家港康得新光电材料有限公司
苏州市重点实验室	苏州市清洁型水溶性聚合物技术开发重点实验室	江苏富淼科技股份有限公司
苏州市工程技术研究中心	苏州市砷化镓半导体芯片的研发及产业化研究中心	苏州矩阵光电有限公司
	苏州市汽车动力锂电池（系统）工程技术研究中心	江苏索尔新能源科技股份有限公司
	苏州市高效太阳能电池组件工程技术研究中心	张家港协鑫集成科技有限公司
	苏州市摩擦材料工程技术研究中心	张家港大塚化学有限公司
	苏州市环保粉末涂料工程技术研究中心	江南载福粉末涂料（张家港）有限公司
	苏州市安全防护用非织造材料工程技术研究中心	张家港骏马无纺布有限公司
	苏州市椎体成形微创手术系统工程技术研究中心	苏州爱得科技发展有限公司
	苏州市互惠光伏发电站工程技术研究中心	张家港市互惠光电有限公司
	苏州市LNG低温装卸设备工程技术研究中心	江苏长隆石化装备有限公司
	苏州市轨道交通车辆工程技术研究中心	江苏瑞铁轨道装备股份有限公司
	苏州市华益特种锅炉设备工程技术研究中心	张家港华益特种设备有限公司
	苏州市高强钢管焊接成组设备工程技术研究中心	江苏薪泽奇机械股份有限公司
	苏州市船用阀门工程技术研究中心	江苏沙洲阀门有限公司
	苏州市工业烟气与粉尘控制工程技术研究中心	苏州宇洋环保设备制造有限公司
	苏州市智能脉动真空灭菌设备工程技术研究中心	苏州华苏亚沃顿医疗科技股份有限公司
	苏州市赛康医用电动床工程技术研究中心	江苏赛康医疗设备有限公司
	苏州双盈新型面料工程技术研究中心	江苏双盈纺织科技有限公司
	苏州市全数字化电动汽车充电机工程技术研究中心	张家港市华为电子有限公司
	苏州市矿山地质环境恢复工程技术研究中心	江苏绿岩生态技术股份有限公司
	苏州市农药中间体工程技术研究中心	张家港市三联化工科技有限公司
	苏州市高性能铝材先进制备加工成型及配送工程技术研究中心	张家港润盛科技材料有限公司
	苏州市槽式加热熨平机工程技术研究中心	张家港市江南沙洲化工机械有限公司
	苏州市生态制革工程技术研究中心	张家港宏国化学工业有限公司
	苏州市超精密级高校冲灌旋三联机工程技术研究中心	江苏金荣机械有限公司
张家港市众创空间	香樟树众创空间	张家港市香樟树众创空间服务中心
	今园1号	苏州今园科技创业孵化管理有限公司
	张家港互联网众创园	张家港市海纳电子商务产业园管理有限公司
	金丰众创空间	张家港市金丰生态农业发展有限公司
	清研慧谷	张家港清研首创再制造科技有限公司
	3D打印医学技术云平台	苏州市康力骨科器械有限公司
张家港市企业研究院	张家港市中空挤出吹塑成型装备企业研究院	苏州同大机械有限公司

续表60

类　别	载体平台名称	承担单位
张家港市工程技术研究中心	张家港市贝利导电聚合物工程技术研究中心	贝利化学（张家港）有限公司
	张家港市PMMA光学材料工程技术研究中心	苏州双象光学材料有限公司
	张家港市高蓄热密度高稳定性相变储能产品工程技术研究中心	江苏启能新能源材料有限公司
	张家港市工业有机化工原料工程技术研究中心	张家港市华昌新材料科技有限公司
	张家港市通讯电子连接器工程技术研究中心	苏州骏昌通讯科技股份有限公司
	张家港市特种织物工程技术研究中心	江苏格玛斯特种织物有限公司
	张家港市实心电梯导轨专用设备工程技术研究中心	张家港市张运机械制造有限公司
	张家港市智能防夹汽车玻璃升降器工程技术研究中心	张家港市万诚科技有限公司
	张家港市高强度超细高碳钢丝工程技术研究中心	张家港市骏马钢帘线有限公司
	张家港市高性能铝基复合材料工程技术研究中心	江苏广川线缆股份有限公司
	张家港环宇特种制药灭菌设备工程技术研究中心	张家港市环宇制药设备有限公司
	张家港市和和数控弯管机工程技术研究中心	和和机械（张家港）有限公司
	张家港市智能包装工程技术研究中心	张家港市德顺机械有限责任公司
	张家港市差别化环保型涤纶毛条工程技术研究中心	张家港市荣昌涤纶毛条有限公司
	张家港市（捷达）离心机工程技术研究中心	江苏捷达离心机制造有限公司
	张家港市高安全性高压管件工程技术研究中心	张家港迪威高压科技股份有限公司
	张家港市医药中间体（合成樟脑）工程技术研究中心	苏州优合科技有限公司
	张家港市大功率核电站用钛无缝钢管工程技术研究中心	张家港市宏大钢管有限公司
	张家港市温和无刺激化妆品原料工程技术研究中心	张家港格瑞特化学有限公司
	水污染控制与生态修复工程技术研究中心	江苏澳洋园林科技发展有限公司
	张家港市巨鸿超细纤维工程技术研究中心	江苏巨鸿超细纤维制造有限公司
	张家港市LNG液位测量装置工程技术研究中心	苏州赛智达智能科技有限公司
	张家港市汽车精密钢管工程技术研究中心	江苏立万精密制管有限公司
	张家港市（天源）水性防腐涂料工程技术研究中心	张家港市天源制漆涂装有限公司
	张家港市电动车智能控制器工程技术研究中心	江苏协昌电子科技股份有限公司

【沙洲湖科创园】 年初，沙洲湖科创园晋升为国家级科技企业孵化器。该园位于市城北科教新城，占地面积约12公顷，总建筑面积约32万平方米，总投资约25亿元。园区分科技研发、生活服务、办公展示、商务活动4个功能区，主要引进高端装备制造、新材料、新能源、节能环保、新一代信息技术等产业。至年末，该园有清华大学江苏华东锂电技术研究院、哈尔滨工业大学（张家港）智能装备及新材料技术产业化研究院、西北工业大学（张家港）智能装备技术产业化研究院、轻工业化学电源研究所（苏州大学化学电源研究所）、中科院大连化学物理研究所张家港产业技术研究院等研发机构7家，成立产业化公司80余家；有自主培育国家“千人计划”人才2人，省高层次创新创业人才5人，姑苏创新创业领军人才5人，张家港市领军人才（团队）22人；获评国家级、省级项目及荣誉14项。

【国家高新技术创业服务中心】 年内，国家高新技术创业服务中心新增落户企业19家，孵化面积3300平方米，注册资金9450万元，行业领域涵盖电子信息、智能装备、节能环保、新材料及生物医药等。新入驻企业创造就业岗位208个，吸纳本科以上科技人员152人，其中硕士22人、博士19人。新增省高新技术企业2家，申请专利257件。新增省高层次创新创业人才3人，姑苏创新创业领军人才5人，张家港市领军人才（团队）15人。累计孵化企业255家，毕业企业105家，孵化大楼实现入驻率95%。年末，有在孵企业102家，其中留学生企业47家，在孵企业实现技工贸总收入4亿元。

【产业技术研究院建设】 年内，全市加快推进产业技术研究院建设和发展，张家港智能电力研究院获评2016年度省创新创业团队。至年末，全市13家产业技术研究院共集聚人才614人，其中博士211人、硕士287人，累计引进（培育）国家“千人计划”人才6人、省高层次创新创业人才14人、姑苏创新创业领军人才10人、张家港市领军人才（团队）42人；建成各类各级技术研发平台52个，其中国家及省部级以上重要技术平台11个；自主获批省级以上科技项目45项，其中国家级14项、省级31项；申报专利995件，其中发明专利642件；累计有57个研发项目进入产业化阶段，孵化公司53家。

【众创空间建设与培育】 年内，众创空间今园1号、集成光电谷2家企业被认定为国家级众创空间，成为全市首批入选的国家级众创空间。金丰众创空间、智能装备与再制造之家、香樟树众创空间、南丰智慧中心4家众创空间获评省级众创空间。新增苏州市级众创空间3家，培育张家港市级众创空间6家。今园1号确立的孵化产业方向聚焦于以工业设计为重点的创意设计产业。至年末，该众创空间聘请创业导师27人，服务创业团队42个，服务初创企业30家，主讲电台创业栏目3次，举办创新创业活动12场，开展创业教育培训15场，传播创新创业资讯800余篇，提炼出12项主要服务内容，形成“以创客孵化型为主，兼具培训辅导型、专业服务型、投资促进型”的复合型孵化服务模式，参与2个孵化项目的投资。金丰众创空间立足基层，扎根农村，聚焦青年大学生、归国留学生以及失地农民等3类群体，聚力构建“品牌教育”“留学生创意”“微商电商”三大产业联盟。至年末，该众创空间聚集创业导师12人，累计孵化项目37项，开办创业宣讲培训及主题活动20余次，传播影响范围远至浙江、新疆等地。香樟树众创空间情况参见第313页〖香樟树众创空间〗。 （夏观亮）

科技人才

【概况】 年内，全市组织4批市领军型创新创业人才项目评审，引进人才项目87项，累计552项；新增自主培育国家“千人计划”人才1人，累计13人；新增自主培育国家“万人计划”人才1人，实现零的突破；新增科技部科技创新创业人才2人，累计5人；新增省高层次创新创业人才引进计划14人，累计96人；新增省双创团队3个，累计6个；新增省企业博士集聚计划创新类1人；新增姑苏创新创业领军人才计划24人，累计137人；新增姑苏科技创业天使计划20人，累计37人。

【省创新团队培育】 年内，全市坚持产业引才导向，紧密围绕产业转型升级需求，创新评审方式，更大力度培育、引进创新创业人才团队。一改以往只在最后一批受理创新人才项目申报的做法，转变为常年受理创新人才项目申报，拓宽人才落户渠道。全年新增省双创团队3个，双创团队累计入选数6个。张家港智能电力研究院的“中低压能量交换与路由关键技术创新项目”团队入选省科技创新团队；苏州矩阵光电有限公司的“镓砷锑双极晶体管及其微波集成电路的研发和产业化”项目由美国科学院院士Pallab Kumar Bhattacharya领衔，该团队入选省外国院士团队；江苏能华微电子科技发展有限公司的“大功率GaN功率电子器件的研发及产业化”项目团队入选省战略新兴产业团队。6个双创团队累计获省级项目资助额2400万元，有效促进全市重点创新项目加速发展。 （张金岱）

2016年张家港市新增苏州市级以上高层次创新创业人才一览表

表61

类　　别	姓　名	引才（或创办）企业
国家“万人计划”	毛桂林	苏州紫光伟业激光科技有限公司
	吴江峰	德朗能（张家港）动力电池有限公司
科技部科技创新创业人才	沈　彬	江苏沙钢集团有限公司
	冯虎田	张家港斯克斯精密机械科技有限公司
省高层次创新创业人才计划	滕大勇	贝内克-长顺汽车内饰材料（张家港）有限公司
	陈树军	苏州赛智达智能科技有限公司
	李亦衡	江苏能华微电子科技发展有限公司
	朱　林	苏州美高立电气有限公司
	王路明	苏州弗莱明磁力技术有限公司
	夏建华	博裕纤维科技（苏州）有限公司
	田　原	苏州长鼎兴智能科技有限公司
	于良耀	苏州汇琨菁华电子科技有限公司
	吕伟新	苏州睿牛机器人技术有限公司
	李　键	张家港英华材料科技有限公司
	高任峰	苏州峰通光电有限公司
	肖石琴	张家港阿斯恩表面工程科技有限公司
	胡文闯	张家港万众一芯生物技术有限公司
	李新功	福仕德（苏州）板材科技有限公司

续表61

类　别	姓　名	引才（或创办）企业
省双创团队	刘文华	张家港智能电力研究院
	朱廷刚	江苏能华微电子科技发展有限公司
	Pallab Kumar Bhattacharya	苏州矩阵光电有限公司
省企业博士集聚计划创新类	王　喆	江苏沙钢集团有限公司
姑苏创新创业领军人才计划	陈　平	苏州思源科安信息技术有限公司
	王路明	苏州弗莱明磁力技术有限公司
	史　进	苏州赛森电子科技有限公司
	卢红亮	苏州复纳电子科技有限公司
	夏建华	博裕纤维科技（苏州）有限公司
	樊晓华	苏州沿芯微电子科技有限公司
	夏增华	苏州禾研生物技术有限公司
	井然哲	苏州纽酷输送机械有限公司
	贡雪南	张家港市新邦电力科技有限公司
	黄胜明	苏州瑞铬优电子科技有限公司
	浦晓峰	苏州华意铭铄激光科技有限公司
	高　宇	顺达康（苏州）农业科技发展有限公司
	柯　锐	苏州阿洛斯环境发生器有限公司
	滕大勇	贝内克-长顺汽车内饰材料（张家港）有限公司
	田兆硕	苏州云瑞光电科技有限公司
	刘马和	张家港市意航科学仪器有限公司
	李　键	张家港英华材料科技有限公司
	姜宇华	江苏七洲绿色化工股份有限公司
	肖石琴	张家港阿斯恩表面工程科技有限公司
	周青春	张家港市广大机械锻造有限公司
	刘　维	苏州探海海洋科技有限责任公司
	薛　山	苏州虎伏新材料科技有限公司
	史惠元	张家港市四元机械有限公司
	义理林	张家港初恒激光科技有限公司
姑苏科技创业天使计划	吴松坚	张家港绿锂动力技术有限公司
	邬苏焕	张家港锐思拓工程材料有限公司
	朱胜武	张家港彩蝶新材料有限公司
	李祥村	张家港众拓环保科技有限公司
	方　正	江苏飞航工大科技有限公司
	傅永耀	苏州高砆米微电子有限公司
	罗　寅	苏州锴威特半导体有限公司
	杨　波	苏州闰宁电子技术有限公司
	蒋林华	苏州睿存信息科技有限公司
	施　伟	苏州博立联管理信息技术有限公司
	宁　昕	苏州本森机器人技术有限公司
	李明轩	苏州云上电力科技有限公司
	郭　辉	江苏天晟永创电子科技有限公司
	袁　帅	张家港智波微系统有限公司

续表61

类　别	姓　名	引才(或创办)企业
姑苏科技创业天使计划	苏　旭	张家港九力新材料科技有限公司
	段　然	张家港悟波嘉成电子科技有限公司
	刘　斌	苏州飞尔普电子有限公司
	张海风	苏州福格纳机电有限公司
	钟海政	张家港海纳至精新材料科技有限公司
	黄　健	张家港丰裕德农业科技有限公司

高新技术产业

【概况】 年内，全市加强高新技术产品的研究与开发，新增高新技术产品390种，累计2892种；推进高新技术企业申报工作，认定高新技术企业133家。至年末，全市有高新技术企业387家，占苏州市高新技术企业总数的9.36%，位列苏州市县市第二；新确认省民营科技企业117家。

【高新技术产品申报通过率创历史新高】 全市以加强供给侧结构性改革为契机，着力发展高新技术产业，优化产业结构。坚持引导企业自主创新，鼓励企业加大具有自主知识产权和自有品牌的高新技术产品开发。年内，共申报省高新技术产品500种，涉及申报企业190家，其中高新技术企业占52%，最终通过认定高新技术产品390种，认定通过率达到78%，超出上年18个百分点，创历年全市高新技术产品认定通过率新高。从新认定的高新技术产品领域分布看，涵盖新能源、新材料、半导体、生物技术、环保等新兴领域，改变了以往高新技术产品结构单一、领域分布窄的情况。

（李裕芬）

2016年张家港市认定高新技术企业一览表

表62

序号	企业名称	序号	企业名称
1	苏州汉酶生物技术有限公司	23	江苏新特变科技股份有限公司
2	中船圣汇装备有限公司	24	江苏新羽信息技术有限公司
3	贝利化学(张家港)有限公司	25	江苏友邦精工实业有限公司
4	江苏艾迪尔医疗科技股份有限公司	26	苏州爱吉亚电子科技有限公司
5	江苏宝德新材料有限公司	27	苏州爱上网络科技股份有限公司
6	江苏创基新能源有限公司	28	苏州博云塑业有限公司
7	江苏多维科技有限公司	29	苏州东方金汇通智能科技有限公司
8	江苏方圣机械有限公司	30	苏州菲镭泰克激光技术有限公司
9	江苏富淼科技股份有限公司	31	苏州恒嘉晶体材料有限公司
10	江苏港星方能超声洗净科技有限公司	32	苏州吉美瑞医疗器械有限公司
11	江苏赫夫特齿轮制造有限公司	33	苏州矩阵光电有限公司
12	江苏宏宝电子有限公司	34	苏州克利亚环保科技有限公司
13	江苏宏宝工具有限公司	35	苏州赛森电子科技有限公司
14	江苏华鹿纺织有限公司	36	苏州双象光学材料有限公司
15	江苏佳成科技股份有限公司	37	苏州同力生物医药有限公司
16	江苏金荣机械有限公司	38	苏州星贝尔中空成型科技股份有限公司
17	江苏培达塑料有限公司	39	苏州优合科技有限公司
18	江苏普格机械有限公司	40	苏州洲盛非晶科技有限公司
19	江苏润桐数据服务有限公司	41	张家港保税区纳莱凯斯汽车配件有限公司
20	江苏天昇光伏科技有限公司	42	张家港保税区天翔电气有限公司
21	江苏天翔节能科技有限公司	43	张家港倍恩特磁塑科技有限公司
22	江苏通全球工程管业有限公司	44	张家港长力机械有限公司

续表62

序号	企业名称	序号	企业名称
45	张家港富瑞重型装备有限公司	84	江苏朗信电气有限公司
46	张家港固耐特围栏系统有限公司	85	江苏赛康医疗设备股份有限公司
47	张家港国龙光伏科技有限公司	86	江苏盛世华安智能科技股份有限公司
48	张家港和升数控机床制造有限公司	87	苏州金鸿顺汽车部件股份有限公司
49	张家港汇普光学材料有限公司	88	苏州赛尔科凌空调有限公司
50	张家港康得新光电材料有限公司	89	苏州声光达水下探测仪器有限公司
51	张家港朗亿机电设备有限公司	90	张家港华日法兰有限公司
52	张家港润山针织机械有限公司	91	张家港巨盛数控设备科技有限公司
53	张家港润通海洋工程科技有限公司	92	张家港科伦斯汽车配件有限公司
54	张家港市超声电气有限公司	93	张家港青尼罗河曼迪科机械有限公司
55	张家港市德顺机械有限责任公司	94	张家港市繁昌机械有限公司
56	张家港市宏基铝业有限公司	95	张家港市格雷斯机械有限公司
57	张家港市弘扬金属制品制造有限公司	96	张家港市品杰模具材料有限公司
58	张家港市华程异型钢管有限公司	97	张家港市泰克软件有限公司
59	张家港市华申工业橡塑制品有限公司	98	张家港市永和金属制品有限公司
60	张家港市华为电子有限公司	99	张家港市中南化工机械有限公司
61	张家港市惠氏电器有限公司	100	张家港天工机械制造有限公司
62	张家港市金腾化工机械制造有限公司	101	张家港威孚热能股份有限公司
63	张家港市锦明环保工程装备有限公司	102	张家港先锋自动化机械设备股份有限公司
64	张家港市科华化工装备制造有限公司	103	张家港意发功率半导体有限公司
65	张家港市科兴碳纤维制品有限公司	104	张家港中环海陆特锻股份有限公司
66	张家港市科宇信超声有限公司	105	张家港中天精密模塑有限公司
67	张家港市兰航机械有限公司	106	江苏澳洋园林科技发展有限公司
68	张家港市力源输送机械有限公司	107	江苏保丽洁环境科技股份有限公司
69	张家港市隆旌汽车零部件有限公司	108	江苏和腾热工装备科技有限公司
70	张家港市明华机械制造有限公司	109	张家港协鑫集成科技有限公司
71	张家港市清源水处理有限公司	110	江苏艾锐泰克无人飞行器科技有限公司
72	张家港市荣达建筑机械制造有限公司	111	江苏安培网教育科技发展有限公司
73	张家港市润禾橡塑制品有限公司	112	江苏奥能光电科技有限公司
74	张家港市三兴医疗器械有限公司	113	江苏富祥新材料科技有限公司
75	张家港市通达电梯装潢有限公司	114	江苏华夏检验股份有限公司
76	张家港市亿利机械有限公司	115	江苏吉泓达电机科技有限公司
77	张家港市振方化工有限公司	116	江苏荣程锻造股份有限公司
78	张家港玉成精机股份有限公司	117	江苏天翔电气有限公司
79	张家港瀚康化工有限公司	118	江苏舞之数码动画制作有限公司
80	张家港孚冈汽车部件有限公司	119	江苏中孚达科技股份有限公司
81	江苏荷普医疗科技股份有限公司	120	杰莱特(苏州)精密仪器有限公司
82	江苏恒创软件有限公司	121	张家港保税区亚鑫精密制管有限公司
83	江苏科奥流体科技有限公司	122	张家港保税区卓尔诺新材料科技有限公司

续表62

序号	企业名称	序号	企业名称
123	张家港燎原环保科技有限公司	129	张家港市联鑫塑料机械有限公司
124	张家港神港医疗用品有限公司	130	张家港市清泉水处理有限公司
125	张家港市博格机械有限公司	131	张家港市荣昌涤纶毛条有限公司
126	张家港市大新毛纺有限公司	132	张家港市天源制漆涂装有限公司
127	张家港市德宝化工有限公司	133	张家港智能电力研究院有限公司
128	张家港市帝达机械有限公司		

科技项目

【概况】 年内，全市有27个项目列入省级以上科技计划。其中，国家级国际科技合作计划项目2项，实现零的突破；省重大科技成果转化项目1项，累计22项；省重点研发计划11项；省产学研合作计划项目2项；省国际科技合作计划项目1项，累计17项；省自然科学基金项目3项，累计14项。组织实施市科技计划项目128项。

【两项目入选国家重点专项】 12月，国家科技部重点研发计划“政府间国际科技创新合作”重点专项公布，苏州矩阵光电有限公司的“磷酸铁锂电池及智能传感电源管理芯片联合研发”项目、张家港康得新石墨烯应用科技有限公司的“智能气体检测有机石墨烯薄膜传感器及其印刷工艺”项目分别入围第二、第三批计划。“磷酸铁锂电池及智能传感电源管理芯片联合研发”项目，通过对砷化镓高灵敏度电流传感芯片及电源管理系统芯片的研发、生产及系统集成，解决了已有磷酸铁锂电池系统一致性差、成本高、低温性差的问题，大力推进了国内电动汽车、离网太阳能移动电源等行业的发展。“智能气体检测有机石墨烯薄膜传感器及其印刷工艺”项目，通过对材料、传感器设计稳定化到实际应用可量产化的研究，实现了对传统传感器的补充及部分特性改良，填补了国内石墨烯薄膜气体传感器发展的空白。两个项目共获中央财政经费527万元，实现全市国家级国际科技合作专项零的突破。

（肖　晋）

2016年张家港市新增省级以上科技计划项目一览表

表63

项目类别	项目名称	承担单位
国家国际科技合作计划项目	智能气体检测有机石墨烯薄膜传感器及其印刷工艺	张家港康得新石墨烯应用科技有限公司
	磷酸铁锂电池及智能传感电源管理芯片联合研发	苏州矩阵光电有限公司
省重点研发计划项目	食品安全加工过程控制科技示范	江苏梁丰食品集团有限公司
	高功效密集漂浮物推拖设备的关键技术研究与产业化	苏州飞驰环保科技股份有限公司
	食源性致病菌毒力非靶向筛查技术研究及其在乳品监管中的应用	张家港出入境检验检疫局综合技术中心
	基于AIS的船舶大数据应用平台开发	江苏物润船联网络股份有限公司
	20英寸蓝宝石晶体自动化节能生长技术开发	苏州恒嘉晶体材料有限公司
	新型高强度精密冲压成型多工位级进模具的研发	苏州金鸿顺汽车部件股份有限公司
	5G基站用大功率介质腔体滤波器关键技术研究与开发	张家港保税区灿勤科技有限公司
	高强度超细高碳钢丝连续拉拔成型的关键技术研究	张家港市骏马钢帘线有限公司
	高效接触钝化N型晶体硅太阳能电池研究	张家港协鑫集成科技有限公司
	高性能油气管道阀门零件复合轧制先进技术和装备研发	张家港中环海陆特锻股份有限公司
	高效连续式节能型过热蒸汽灭菌干燥技术研究及装置开发	江苏神农灭菌设备股份有限公司
省科技成果转化项目	超清高亮裸眼3D立体显示用液晶光学模组的研发与产业化	张家港康得新光电材料有限公司
省产学研合作计划项目	拓扑结构热塑性弹性体的可控合成	苏州大学张家港工业技术研究院
	锂硫电池用长循环寿命锂负极材料产业化技术研究	江苏华东锂电技术研究院有限公司
省国际科技合作计划项目	磷酸铁锂电池及智能传感电源管理芯片联合研发	苏州矩阵光电有限公司

续表63

项目类别	项目名称	承担单位
省自然科学基金项目	铝-锰-钛准晶中间合金调控原位自生铝基复合材料组织及其机理研究	张家港江苏科技大学产业技术研究院
	高炉内多相流动的CFD-DEM耦合并行算法及数值仿真	张家港江苏科技大学产业技术研究院
	α-生育酚通过肥大细胞PI3K-PKB通路对变应性鼻炎转归的实验性研究	张家港市第一人民医院
省重点企业研发机构绩效评价后补助项目	江苏省重点企业研发机构绩效优秀项目	苏州海陆重工股份有限公司
	江苏省重点企业研发机构绩效优秀项目	江苏新美星包装机械股份有限公司
	江苏省重点企业研发机构绩效优秀项目	张家港富瑞特种装备股份有限公司
	江苏省重点企业研发机构绩效优秀项目	江苏海狮机械集团有限公司
	江苏省重点企业研发机构绩效优秀项目	苏州金鸿顺汽车部件股份有限公司
科技服务骨干机构能力提升项目	江苏华东锂电技术研究院有限公司能力提升项目	江苏华东锂电技术研究院有限公司
	江苏物润船联网络股份有限公司能力提升项目	江苏物润船联网络股份有限公司

科技成果

【概况】 年内，全市新增省科学技术奖4项，累计104项；新增苏州市科学技术奖励23项，其中苏州市创新创业市长奖1项、技术发明奖1项、科技进步奖21项。全年评定张家港市科学技术奖励57项，其中科技创新创业市长奖5项、科技合作贡献奖2项、技术发明奖2项、科技进步奖48项。在张家港市科技进步奖中，获一等奖的7项、二等奖的16项、三等奖的25项。

【一项目获省科学技术奖二等奖】 年内，江苏沙钢集团有限公司的“洁净钢冶炼技术开发”项目获得省科学技术奖二等奖。该项目开发具有特色的转炉高效脱磷技术和无氟氧化钙—氧化铝渣炉深脱硫技术，能够将钢水中的硫脱除至百万分之十以RH前期强制脱碳工艺下。相关生产技术已在生产中推广应用，近3年生产各类低磷钢种53万吨、管线钢类低硫钢113万吨、超低碳钢类65万吨，同时还推广应用在类似钢种上，降低了生产成本。两年累计实现新增利润2.65亿元。该项目还能够大量减少石灰、萤石等炼钢原辅料的使用，并减少冶金渣的排放，大量减少危害人身健康和污染环境的氟化物的使用。

（薛冠愚）

2016年张家港市获苏州市级以上科学技术奖励一览表

表64

获奖项目名称（获奖人）	申报（参与）单位	获奖类别	等级	授奖部门
洁净钢冶炼技术开发	江苏沙钢集团有限公司	科技进步奖	二等奖	省政府
高比容量锂离子电池电解液	张家港市国泰华荣化工新材料有限公司	科技进步奖	三等奖	省政府
玻镁板成型工艺及高效加工成套装备	张家港市玉龙科技板材有限公司	科技进步奖	三等奖	省政府
环保轻量化瓶装饮用水吹灌旋一体化关键技术装备及应用	江苏新美星包装机械有限公司	科技进步奖	三等奖	省政府
郁霞秋	长江润发集团有限公司	科技创新创业市长奖	—	苏州市政府
牦牛绒纤维高支纯纺精梳面料关键技术与产业化	江苏中孚达科技股份有限公司、沙洲职业工学院	技术发明奖	二等奖	苏州市政府
高比容量锂离子电池电解液	张家港市国泰华荣化工新材料有限公司	科技进步奖	一等奖	苏州市政府
光功能高分子改性UV色母材料的研究与产业化	苏州博云塑业有限公司	科技进步奖	二等奖	苏州市政府
环保型低游离苯酚橡胶补强树脂制备关键技术	华奇（中国）化工有限公司	科技进步奖	二等奖	苏州市政府
玻镁板精准配方及高效成型加工系统	张家港市玉龙科技板材有限公司、江苏科技大学	科技进步奖	二等奖	苏州市政府
余热锅炉用离散布管螺旋折流板换热器的研发与产业化	江苏普格机械有限公司	科技进步奖	三等奖	苏州市政府

续表64

获奖项目名称(获奖人)	申报(参与)单位	获奖类别	等级	授奖部门
前收前卸式全自动清漂船	苏州飞驰环保科技股份有限公司	科技进步奖	三等奖	苏州市政府
一种带有平行度调整补偿装置的气动摇架	张家港市广大纺机有限公司	科技进步奖	三等奖	苏州市政府
BFB(鼓泡流化床)污泥焚烧锅炉国际合作研发及示范应用	苏州海陆重工股份有限公司	科技进步奖	三等奖	苏州市政府
高性能环保加工棉研究与产业化	江苏双盈纺织科技有限公司	科技进步奖	三等奖	苏州市政府
马氏体不锈钢无缝钢管的研发与产业化	江苏宏宝集团有限公司	科技进步奖	三等奖	苏州市政府
高效节能中空成型自动化成套装备的研发与产业化	苏州同大机械有限公司	科技进步奖	三等奖	苏州市政府
高精度、超高精度电梯导轨关键技术研发及产业化	长江润发机械股份有限公司	科技进步奖	三等奖	苏州市政府
砷化镓半导体芯片的研发及产业化	苏州矩阵光电有限公司	科技进步奖	三等奖	苏州市政府
高灵敏度、低功耗TMR磁传感器芯片	江苏多维科技有限公司	科技进步奖	三等奖	苏州市政府
染色同浴耐还原清洗多功能整理剂的研发及产业化	张家港市德宝化工有限公司	科技进步奖	三等奖	苏州市政府
多功能智能户用光伏发电控制系统的研发及示范	苏州爱康光电科技有限公司	科技进步奖	三等奖	苏州市政府
恒温防爆电动汽车动力锂电池组(系统)	江苏索尔新能源科技股份有限公司	科技进步奖	三等奖	苏州市政府
大功率风电机组回转轴支承用巨型环锻件的关键技术研发及产业化	张家港海锅新能源装备股份有限公司、南京工程学院、江苏永钢集团有限公司	科技进步奖	三等奖	苏州市政府
大口径高性能管线钢开发及绿色制造	江苏沙钢集团有限公司	科技进步奖	三等奖	苏州市政府
沪通长江大桥用新一代Q370qE桥梁钢开发	江苏沙钢集团有限公司	科技进步奖	三等奖	苏州市政府
板带高效高品质轧制关键技术及应用	江苏省(沙钢)钢铁研究院有限公司	科技进步奖	三等奖	苏州市政府

知识产权保护

【概况】 年内,在对2015年度国家知识产权示范市考核中,张家港市位列全国县市考核第二名,获评国家知识产权示范城市工作先进集体。张家港保税区、张家港经济技术开发区同批高分通过国家知识产权试点园区验收,张家港市成为全国唯一同批2个园区入围国家知识产权示范园区的县市(该批共有全国16家、江苏3家园区被确认为国家知识产权示范园区)。全市申请专利8889件,其中申请发明专利4246件;新增授权专利4162件,其中发明专利授权1265件,创历年新高;申请国外专利(PCT)144件,名列苏州市县市第一;每1万人发明专利拥有量达到30.13件,较上年提高8.67件。张家港固耐特围栏系统有限公司和江苏骏马集团有限公司被确定为国家知识产权优势企业,国家知识产权优势企业累计5家。新增省企业知识产权战略推进计划1项,累计10项;列入苏州市企业专利导航指导性计划12项,累计15项,名列苏州市县市第一;首次新增苏州市知识产权公共服务平台计划1项,新增苏州市知识产权密集型企业3家,累计23家。27家企业新列入省企业知识产权管理标准化示范创建备案单位,创历史新高,累计104家;苏州金凯达机械科技股份有限公司、江苏省浦士达环保科技股份有限公司、江苏华大离心机制造有限公司、张家港康得新光电材料有限公司、张家港美景荣化学工业有限公司、张家港市创基机械设备制造有限公司、云顶科技(江苏)有限公司、苏州海陆重工股份有限公司、江苏千里马袜业有限公司等9家企业通过《企业知识产权管理规范》(GB/T29490-2013)认证,创历史新高。新增中国专利优秀奖7项,创历史新高,蝉联全省县市第一,累计18项;新增苏州市优秀专利奖3项,累计16项。苏州润桐专利运营有限公司成功为30件专利投保专利执行险,成为张家港市首家开展专利保险业务的企业。市知识产权局协助省知识产权局政策法规处、苏州知识产权维权援助中心办理专利侵权纠纷案件3件。组织贯标辅导、专利运营、专利布局专利信息分析等“知识产权主题沙龙”、实战培训12期,超过400家企业的知识产权工作人员参加培训或沙龙。首次举办苏州知识产权工程师培训班张家港专场,92名学员取得结业证书。新增全国专利信息实务人才1人、省知识产权总裁和总监培训结业3人、省知识产权工程师3人。开展半导体产业专利预警分析活动,编制印发《知识产权服务指导手册》500份,建成张家港专利监控系统,开展“服务零距离,沟通面对面——知识产权服务进基层活动”。

【新增中国专利优秀奖蝉联全省县市第一】 年内,张家港市政府积极发动全市企业参与中国专利奖的评选,鼓励有条件的单位通过行业协会或者院士推荐参评,共有张家港中环海陆特锻股份有限公司“一种高合金钢大型环件细晶轧制成形方法(ZL201110444759.5)”、苏州同大机械有限公司“纳米叠层复合挤出设备(ZL201410135993.3)”、江苏澳洋纺织实业有限公司“可机洗抗静电运动毛精纺面料(200910181900.X)”、张家港市德宝化工有限公司“用于聚酯纤维的改性剂及其制备方法和应用(ZL200810244319.3)”、张家港固耐特围栏系统有限公司“围栏柱及具有该围栏柱的围栏系统(ZL201110403257.8)”、江苏新美星包装机械股份有限公司“一种吹瓶机(ZL201310088020.4)”、江苏启能新能源材料有限公司“一种新型相变式储热装置(ZL201520570336.1)”等7项专利荣获中国专利优秀奖,获奖数创历史新高,蝉联全省县市第一。

【知识产权执法维权】 年内,张家港市知识产权局紧扣国家知识产权示范市建设要求,深入开展专利行政执法工作,不断强化全市企事业单位知识产权保护意识。组织2期企业知识产权维权能力培训、1期“美国337调查”主题沙龙活动。开展知识产权执法维权“护航”专项行动。4月,协助省知识产权局在张家港市开展医疗器械产品“337调查案件”调研工作,为涉案企业提供专业指导和帮助。下半年,分别3次协助省知识产权局政策法规处、苏州知识产权维权援助中心在张家港市开展联合专利行政执法行动,检查商品300余件,查获涉嫌假冒专利97件。 (彭 程)

科普工作

【概况】 年末,全市有区镇科协9个、街道科协21个、村(社区)科协83个、企业科协87个;有市级学会25个,科普志愿者队伍5100余人;有科普教育基地47个,其中国家级3个、省级8个、苏州市级9个。有科学教育特色学校24所,其中省级4所、苏州市级9所。年内,张家港市被中国科协评为2016—2020年度全国科普示范市,张家港市科协被评为全国“十二五”全民科学素质纲要实施先进集体。

科学普及 年内,举办第28届科普宣传周暨首届青少年科技创意嘉年华、全国科普日活动,总参与人数突破1万人。举办科普志愿者培训,组建“科普零距离”志愿者总团,人数达到5100余人。开展“科普新干线”巡展100场,惠及10万余人次。启动“百名科技传播讲师团进五区”(进校区、进社区、进街区、进园区、进营区)活动,编印《科普零距离》一书。组织开展农夫市集、水肥药自动灌溉技术培训、绿色蔬菜栽培标准探讨会等活动。推荐永联村参加全国农民科学素质论坛并作交流发言。青少年科技活动丰富多彩,举荐4人分获苏州市青少年科技创新市长奖、市长提名奖、耕耘奖、摇篮奖。举办市第六届科普剧比赛。承办省第23届科技模型竞赛、苏州市青少年机器人比赛。引进台湾科普秀活动,惠及3000名小学生。成立“青少年科技创新联盟”等3个科普志愿者团队。开展科技馆进校园活动,服务5万名学生;扶持市第八中学“大科技教育”校本课程实践研究、乐余中心小学STEM 3D创客课程活动、实验小学进入全省STEM教育创新体系。张家港出入境检验检疫局获评全国科普工作先进集体;杨舍镇金塘社区获评全国科普示范社区;杨舍镇获评江苏省《全民科学素质行动计划纲要》“十二五”实施工作先进集体;南丰镇永合社区获评江苏省科普示范社区;张家港市神园葡萄科技有限公司、常阴沙现代农业示范园区常西社区2个单位获评江苏省科普惠农服务站;张家港梦幻海洋王国、张家港水资源教育科普馆等4个单位获评江苏省科普教育基地。“科普零距离”微信荣登科普中国微信移动互联科学传播季度榜并入围年度榜。

学术交流 年内,开展全市自然科学优秀学术论文评审工作,评选出优秀论文192篇;另有1篇获苏州市优秀论文一等奖,17篇获三等奖。市医卫学会承办国家级学术交流活动“认知行为治疗在精神科的应用”;市装修装饰行业协会举办2016年中国设计星(张家港)海选活动;市档案学会召开2016年档案年会暨学术研讨会;市烹饪技术协会实现“秘书处实体化、秘书长职业化”。市档案学会等5个单位获市政府认可成为具备承接政府转移职能和购买服务资质的社会组织。市电气技师协会等4个单位理事会制度实现规范化。

科技服务 市科协积极探索在线科技工作者之家服务,科技工作者微信群、QQ群等信息交流频繁。全年完成科技查新419项,科技文献资料下载3.2万页。举办“话创新,展梦想”科技服务征询会、“中小企业精益转型”等讲座5场。举荐唐海娣获评江苏省优秀科技工作者;徐永亮、董宜平分别获评江苏省创新创业大赛海智分赛二等奖及优胜奖。建成江苏培达塑料有限公司、长江润发集团有限公司等2个协同创新、全员创新示范单位。组织市电视台对优秀创新创业人才进行采访并报道。中国科协、中央电视台联合拍摄的《创新强国》纪录片摄制组多次到张家港市拍摄取景,张家港市是唯一入选的县级市。

【海智基地】 年内,张家港市实现海智视频国际连线5次,分享海外人才、项目信息900余条。积极参与2016年中国国际创新创业大会,并举办“海外专家港城行”活动,对接53个项目、17位海外专家到张家港市进行项目洽谈,有7个项目确定参加张家港市领军人才项目申报,有2个项目确定落户,获得苏州市表彰及资助。与旅美科协会长宋云明等签订海外合作框架协议。邀请中国科协海智专家高继明到张家港市,对接南丰镇、冶金园(锦丰镇)等地现代农业企业及观光农业,并作“智慧农业”报告。

【科普宣传周】 围绕创新驱动发展战略,贴近百姓需求,5月14日至21日举办以“创新引领、共享发展”为主题的市第28届科普宣传周暨首届青少年科技创意嘉年华活动。首次将国内外青少年科技创新成果引入张家港市,与“青少年名师工作室”携手打造全市首届青少年科技创意嘉年华。开幕式上,市委组织部部长致辞,并向首席科技传播专家代表颁发聘书,向青少年科技创新联盟志愿者团队和儿童趣味科学志愿者团队授旗,赠送社区《科普零距离》500册;进行儿童科普剧、机器人舞蹈、乐高机器人足球、3D打印、地震工作坊、金字塔奇观、神奇小厨房等近30个科技创意互动展台表演，表演项目创意与时尚相结合，激情与碰撞同产生，带给市民一场科普盛宴，吸引众多孩子及家长参加，使他们享受科技试验的魅力和乐趣。开幕式当天，有近1万人参加活动。科普周期间，举办"台湾元智大学科学秀""万人科普游""首席科技传播专家进五区""科普剧展演""科普新干线巡展"等系列科普活动。（姜　科）

气象科技

【概况】　年内，市气象局继续推进气象现代化进程，提高气象服务能力和标准，开展气象依法行政，强化气象社会管理，优化气象政务服务，完成气象信息化年度建设任务，基层气象事业稳定发展。3月，在结对社区老宅社区广场与乘航第一区域联合党委共同举办纪念"3·23"世界气象日暨学雷锋活动，开展"直面更热、更旱、更涝的未来"主题宣传。5月12日，参加市民政局、张家港保税区社会事业局民政办在香山风景区东门广场组织的保税区（金港镇）2016年"防灾减灾日"活动宣传。8月，组织张家港市气象业务工作人员参加苏州市气象局组织的气象业务竞赛并获得团体第一名，张家港市气象局被授予"优秀组织奖"。这是该局连续3年保持此项荣誉。另在各分项目比赛中，张家港市气象局获得3人次第一名，谢洁、余佐励在个人全能评比中分获第一、第三名。年内，由张家港市气象局承办的苏州市级课题"县级气象信息化平台建设及方案研究"被苏州市气象局评为2015年科技开发奖二等奖，全局在省级及以上刊物上发表气象业务及防雷业务科技文章8篇，其中在核心刊物上发表2篇；参加中国气象学会和长三角气象学会及第三届江浙两省七地技术学术交流会。

气象监测　5月，完成风廓线雷达的安装并投入使用，至此，"十二五"期间的气象现代化项目全面完成。11月3日，对自动站主站已满2年的各传感器进行有序更换。是月25日，对主站、备站的能见度观测仪进行校验，确保各观测仪器规范、正常使用。年内完成人影作业车辆技术设备升级改造和年检工作，完成生态环境监测站改造工程。

气象科普　市气象局充分利用重要节日，积极开展气象科普宣传。分别在"3·23"世界气象日、安全生产咨询日、防灾减灾日开展广场科普宣传，向市民发放宣传册，接受居民咨询。利用气象科普体验馆开展"探索天气的奥秘""小小气象员职业体验""外国语学校学子参观气象科普馆"等气象科普志愿活动。3月，市气象局建成张家港校园气象网，并在开通之际，在与市教育局联合召开的建有校园气象自动站的9所学校负责人参加的气象科普进校园研讨会上推广校园气象网，要求充分发挥网站对校园气象科普宣传的作用。

行政执法　全年受理防雷设计审核250件，防雷竣工验收265件；施放气球活动许可248件，开具气象证明74份，开展行政指导单位27家。利用重点行业领域安全生产大检查行动、危化品安全专项整治行动、安全生产百日行动、打非治违、安全生产月等活动组织企业开展自查自纠，强化企业主体责任，逐步建立健全防雷安全事中事后监管机制、行政执法检查机制、信用体系建设等工作。按照"四不两直"（不发通知、不打招呼、不听汇报、不用陪同接待）、"双随机"（随机抽取被检查对象、随机选派检查人员）等原则，与政府相关职能部门开展联合执法检查，分别与安监、环保、消防、住建等部门开展粉尘涉爆企业联合执法督察，参加由市经信委牵头的针对加油站的抽查和督察，与市文广新局联合对全市各级文物保护单位进行防雷安全检查，积极履行防雷安全监管职责。10月17日，市气象局组织对全市危化品企业进行防雷安全专项执法检查，对检查中发现的问题，执法检查小组现场开具防雷（静电）安全生产现场执法检查意见书，要求相关企业在规定期限内整改到位，消除安全隐患，确保企业安全生产。至年末，完成对549家次危化品企业、石油化工码头、加油加气站和粉尘涉爆企业等危险爆炸场所的防雷安全检测和隐患排查，发现隐患112处，进行行政处罚1家，开展行政指导单位15家，减少了防雷安全隐患，避免了经济损失。依法对全市易燃易爆场所、危险化学品企业、加油加气站、棉纺织企业等重点行业、企业以及危险品场所和人员密集型场所进行防雷设施的安全检测。全年共检测各类企业524家，发出整改通知书110份，整改关闭率100%。

【气象预报】　年内，市气象局共向地方政府发送天气信息36份，重要天气公报10份，专题气象服务75份，气象为农服务专报4份；发布气象灾害预警信号62次，其中蓝色预警信号9次、黄色预警信号46次、橙色预警信号7次，主汛期6月至8月发布预警信号38次。利用气象短信平台，为全市各级党政领导、农村气象信息员、沿江气象信息员、各类种植大户及森林防火、地质灾害责任人等提供及时准确的气象信息服务，提供对象总人数4466人，发送各类气象预报、预警短信550余次，气象预警短信受众235万余人次。全年土壤水分工作基数为978.8。

【防雷减灾体制改革推进】　为落实国务院《关于优化建设工程防雷许可的决定》，从5月1日起，在防雷装置设计审核和竣工验收行政许可项目中，不再要求申请人进行建（构）筑物防雷装置设计施工图审核和提供建（构）筑物防雷装置检测报告，改由气象部门委托有资质的中介机构进行相关技术服务，并承担费用。12月31日，市气象局与市住建局完成相关交接工作，市气象局原承担的房屋建筑工程和市政基础设施工程防雷装置设计审核、竣工验收许可，整合纳入建筑工程施工图审查、竣工验收备案，统一由市住建局监管；油库、气库、弹药库、化学品仓库、烟花爆竹、石化等易燃易爆建设工程和场所，雷电易发区内的矿区、旅游景点或者投入使用的建（构）筑物、设施等需要单独安装雷电防护装置的场所，以及雷电风险高且没有防雷标准规范、需要进行特殊论证的大型项目，其防雷装置设计审核和竣工验收许可，仍由市气象局负责。

【施放气球安全生产检查专项行动】根据苏州市气象局《关于在全市集中开展施放气球安全生产检查专项行动的通知》要求，5月至8月末，张家港市气象局对施放气球活动开展安全生产检查专项行动。5月26日，执法人员在例行执法检查时，对塘桥御景天成售楼处的违法施放系留气球的施放人员，按照执法程序对违法行为进行立案查处。8月23日，结合G20峰会安保工作要求，召开全市施放气球安全生产管理工作会议。会议要求进一步严格执法，全面加强G20峰会期间执法巡查。对未履行审批手续、施放单位无资质、施放活动现场无人值守、违法操作规程、安全保障措施不到位的，一律责令停止违法活动并给予行政处罚。同时，加强市政务服务中心气象行政服务窗口与市城管部门的沟通联系，加强G20峰会期间的联合执法检查，分别对全市5家施放气球企业进行现场执法检查，查处违法施放气球案件2件。 （张育萍）

防 震 减 灾

【概况】 年末，张家港市域有地震微观监测站3个，宏观监测站10个，数字地震台1个，强震台4个，其中省属强震台1个。年内，市地震局获全省强震动观测运行维护第三名、苏州市防震减灾先进单位等荣誉。

地震监测　年内，市地震局强化地震监测基础，加强对前兆台站、测震台站、强震台站的管理，定期巡查，及时排除隐患和故障，每季度检测台站接地电阻，确保各项地震监测手段的正常运行。全年人工前兆观测台站观测完整率100%，数字测震、强震台站连通率100%，位居苏州各市（区）第一。1月，制订地震监视和短临跟踪方案。3月，与台站工作人员签订工作责任状。4月，对拟建地下流体监测台站选址——南丰镇建农村周边进行水文地质勘探。8月，监测台站选址水文地质勘探报告通过省地震局专家组评审。是月，设于三兴学校、凤凰徐市小学的强震台完成台基改造和围栏更换工程；开展凤凰山地震台防雷电接地网改造工程，挑土10立方米上山，建电阻终端堆体，历时1月，解决了电阻值超标的问题。

地震应急　继续指导各地、各部门修订地震应急预案，张家港市编制、修订地震应急预案数量居全省前列。通过QQ群，向各学校发送应急演练操作规范以及应急演练脚本资料，直接指导全市中小学开展地震应急演练活动，全市中小学地震应急意识和能力明显提升，应急演练质量上新台阶，市第二中学等学校将地震应急演练与大课间活动结合，每月定期开展地震应急演练活动。维护、更换梁丰生态园、暨阳湖生态园、张家港公园、沙洲公园4个应急避难场所标识标牌80块。

震害防御　“5·12”防灾减灾日活动周、“7·28”唐山地震纪念日期间，走上街头、走进社区，开展防震减灾科普宣传活动。4万名在校师生进入市青少年社会实践基地防震减灾科普馆接受教育。市地震局工作人员在百度网站注册，解答网友提问，全年帮助近1000人次解惑，受到省地震局领导表彰。

【地下流体观测站选址可行性研究通过省级评审】 市政府批准市地震局在张家港市北西向的一条地震断层上新建一个地下流体观测站。经前期研究，地下流体观测站初步确定选址于南丰镇建农村。4月初，委托专业机构对选址及周边场地进行可行性研究——地质勘查评价。地质勘查评价工作包括：拟建场地自然地理、基础地质、地质构造、水文地质条件，对观测场地适宜性作出评价；野外地球物理勘查，了解拟建场区地层、地质构造条件；流体观测井施工技术设计，提出观测井井深、井孔结构、洗井及抽水试；水文地质参数计算等技术要求等。经过半个月的勘察工作，专业机构所提交的工作报告认为，建农村拟建流体井选址位于断层上盘，其观测层水文地质条件良好，是建设400米观测深井的理想场所。8月，勘查报告通过省地震局专家组评审。

【凤凰山地震台防雷电地网电阻值成功下降】 市凤凰山地震台位于凤凰山主峰半山腰。由于山体土壤覆盖层薄，2004年，凤凰山地震台防雷电地网建设时遇到极大困难，虽然采用扁铁长距离引到山下，在山脚平地增加接地点位的措施，但地网防雷电效果极差。凤凰山年均雷暴日达到52天，每当夏季来临，频繁的雷电导致台站经常性跳闸断电，严重影响地震观测工作。经市气象局推荐，市地震局委托专业机构改造防雷电地网。专业机构邀请资深专家，一起制订地网改造设计方案，最终确定的改造方案：一是在台站旁建池子，从山下挑土填池，将地网增加的设备埋入土池中，从而达到大幅降阻的目的，这是改造的关键环节；二是两条引到山下的扁铁继续沿着山脚向两边延伸，同时增加接地点；三是由台站继续向旁边新接扁铁，并且增加接地点。由于山上无路，10立方米泥土及其他施工材料，均由人工搬运上山，施工所需用水也由人工提上山。另由于山上杂木丛生，且施工期间天气酷热，加大了施工难度，延长了施工时间，历时1个月，投资3万元的防雷电地网改造工程完成。经市气象局验收，地网电阻值由改造前的8欧姆左右降至1欧姆，低于行业规定的4欧姆。

【QQ群成为防震减灾科普宣传大平台】 为加强对全市10万余名在校中小学生普及防震减灾科普知识，市地震局积极拓展教育途径。4月，组建中小学骨干地理教师QQ群，全市所有中小学共118名教师入群。随后，编写校园宣传指导意见以及适合小学、初中、高中不同学习阶段的宣传课件、科普竞赛试题，购买针对不同年龄阶段的视频宣传电子材料，统一发送到QQ群，并提出明确的宣传要求及激励措施。各中小学利用市地震局提供的资料，采用教师或者学生上课、知识竞赛等多种形式，广泛开展科普宣传活动，打破了过去市地震局单一的宣传模式，将校园防震减灾科普宣传推上了新高度。 （向家林）

【编辑　卢德兴】

教育

Education

第32个教师节“美丽教师”事迹宣讲会　（市教育局　提供）

教育事业　　　　高等教育

基础教育　　　　社会教育

职业教育　　　　教师队伍

扫码欣赏

“美丽教师”
评选活动图片

教育事业

【概况】 2016年,有各级各类学校150所(包含国际学校1所,民办新市民子女学校9所),其中高等院校2所、普通高中9所(含完中2所)、职业院校6所、初中34所、小学38所、幼儿园60所、特殊教育学校1所。全市教育经费总投入37.26亿元,其中公共财政教育经费支出30.89亿元。招收新生5.04万人,毕业生4.56万人。年末,在校学生18.84万人,比上年增5732人,吸纳新市民子女8.15万人。市教育局获评全国安全教育实验区示范单位、全国社区教育示范区,江苏省文明单位、江苏省教育工作先进集体、江苏省中小学校责任督学挂牌督导创新县(市、区)、江苏省学生资助绩效评价优秀单位、江苏省教育宣传工作先进单位。全市教育工作的综合满意度99.2%。

教育均衡化建设　年内,全市编制《张家港市教育设施专项规划(2016—2030)》,完成大新实验学校、凤凰镇中心幼儿园、凤凰镇中心小学、鹿苑幼儿园、崇真小学、第二职教中心、七里庙幼儿园、崇真幼儿园等8所学校的新建工程,完成沙洲小学、乐余高级中学、晨阳学校、中兴小学等4个学校的加固和改扩建工程。资助家庭经济困难学生8156人次,资助金额910.3万元。中等职业教育免学费10415人次,免学费财政补助2348.86万元。普通高中特困学生免学费82人,免学费金额6.97万元。发放生源地信用助学贷款31人次,贷款金额24.22万元。累计为新市民子女提供起始年级公办学位3.7万个,完善新市民子女积分入读公办学校制度,公办吸纳率持续保持在75%以上,残疾儿童义务教育入学率100%。

优质教育资源配置　巩固"美丽学校"建设成果。梁丰教育集团、扬子江职业教育集团、实验小学教育集团和14个学校联盟均开展内部教师交流、师徒结对、跟岗学习等师资水平提升活动。衔接教育研究、"数字化+小组讨论"课堂模式研究等研究项目深入开展。深化"县管校用"制度改革,分派90名2016年录用的教师在市区或有导师资源学校跟岗培养,分派74名2015年录用的教师赴农村学校顶岗培训,跟踪管理83名2014年录用的教师继续农村学校顶岗培训。建立健全教师校长交流长效机制,教师交流比例占符合交流条件人数的15.7%。崇真中学、乐余高级中学成功晋升为省四星高中,全市公办高中实现四星级全覆盖。

教育内涵提升　积极探索基于学生核心素养培养的中小学学业质量阳光评价体系,以学生综合素质评价记录表为手段,对学生全面发展进行写实性评价。统筹招生改革一体化推进。围绕贯彻落实《3—6岁儿童学习与发展指南》,着力推进幼儿园课程改革。实施初中课程系类展示"三年行动计划",计划要求自2016年至2019年,市教育局以课堂教学观摩、校本课程拓展活动(社团)展示、集中交流研讨与展板相结合的形式,对初中学校在课程设计、课程开发与实践等方面进行全方位的展示,原则上每学期组织4至5所学校展示,计划全市初中三年内均有一次展示机会。2016年,市二中、张家港新加坡外国语学校、塘市初中、市一中、凤凰中学进行展示。中小学有境外友好学校的比例31%。全市15所中小学459名学生、58名教师参加美国、德国、法国等海外短期游学等出访交流活动,7个批次130名外国学生、22名外国教师到市考察交流。实验小学举办2016年"STEM"课程教学研讨会,该校入选中美"千校携手"项目。崇真中学被推荐为苏港澳中小学姊妹学校合作平台项目学校。

文体美教育　深入推进"三大球联赛"(足球、排球、篮球)。全市年内举办班级联赛近2000场,片级联赛220场(足球99场、排球46场、篮球75场)。中等专业学校等2所学校的3支男女代表队分获苏州市中学生篮球赛第一名,凤凰中心小学、徐市小学、第三职业高级中学等3所学校的4支男女代表队分获苏州市"市长杯"校园足球总决赛第一名,凤凰中心小学获中国足协第十九届"贝贝杯"青少年足球赛第五名。梁丰高级中学承办2016年"省长杯"校园足球苏南赛区决赛和总决赛。全市累计有14所学校创建成为全国青少年校园足球特色学校。市舞蹈学校加入全国国际标准舞协会,增设国标舞专业,并与新加坡莱佛士音乐学院ODE舞蹈系签署合作办学协议。万红小学学生李瀚宇、李瀚儒、王子安和白鹿小学学生殷梓原设计的全自动智能课桌椅在第一届小学师生创新项目设计观摩研讨活动中获全国总决赛一等奖、华东地区第一名。市第八中学的两个团体项目在第十八届"飞向北京·飞向太空"全国青少年航空航天模型教育竞赛中获总决赛金牌。

【智慧教育建设】 "智慧教育云"二期项目于4月完成招标采购。至年末,初步完成云门户的UI设计,资源、微课、教研、课题、评选等教育综合管理核心应用的版块开发。依托"乐教乐学"平台开展"人人通"应用,完成实名登记学生信息88376条、教师信息5758条,首批20所学校完成培训并启用。继续加大智慧校园建设,新建未来教室5个。塘桥中心小学、凤凰中心小学等学校基本实现校园无线网络全覆盖。新增和改造班级多媒体766套(其中具有交互式电子白板功能的多媒体698套),全市多媒体网络课堂班级覆盖率100%,交互式多媒体班级覆盖率74%。组织安排2500余名教师参加网上"教育技术应用"在线培训。在苏州市信息技术应用技能大赛活动中,全市有59人次获奖,其中14人次获一等奖,市电教馆获优秀组织奖。

(水　华)

基础教育

【概况】 全市有基础教育类学校141所,含特殊教育学校1所。累计创建成全国青少年校园足球特色学校14所(新增3所),国家级绿色学校(幼儿园)1所,江苏省绿色学校48所(新增2所),江苏省语言文字规范化示范学校2所(新增1所),江苏省中华经典诵读基地学校1所,江苏省规范汉字书写教育特色学校1所,江苏省优质幼儿园39所(新增3所),江苏省科技教育特色学校5所,江苏省体育传统项目学校3所,江苏省青少年校园篮球特色学校1所,江苏省艺术特色学校2所(新增1所),江苏省健康促进金奖学校1所、银奖学校14所(新增1所)、铜奖学校63所,苏州市科技教育特色学校12所,苏州市艺术特色学校4所(新增1所),苏州市艺术教育项目学校7所,苏州市体育传统项目学校24所,苏州市德育先进学校68所,苏州市优质幼儿园42所(新增5所),苏州市绿色学校102所,苏州市语言文字规范化示范学校31所,苏州市中华经典诵读基地学校3所(新增2所),苏州市规范汉字书写教育特色学校7所。

学前教育　全市有幼儿园60所(新增崇真幼儿园)。在园幼儿41273人(含新市民子女18093人),比上年增2844人。其中,0周岁至3周岁婴幼儿入园(所)人数500人,适龄幼儿入园率100%。市镇(中心)公办幼儿园中江苏省优质园和苏州市优质园的比例分别为94.7%和97%。年内,金港中心幼儿园分园、机关幼儿园东园、万红幼儿园云盘分园等3所幼儿园创建成为江苏省优质幼儿园。

小学教育　全市有小学38所(含村校1所)。在校学生80146人(含新市民子女44740人),比上年增2104人。小学适龄儿童入学率、巩固率、跟踪毕业率、升学率均为100%。年内,白云学校创建成为田家炳基金会苏州学校改进计划项目学校。中兴小学创建成全国青少年校园足球特色学校,实验小学创建成江苏省艺术特色学校。

中学教育　全市有中学43所,其中初中34所、普通高中9所(含完中2所)。在校学生42275人,其中初中生30769人、高中生11506人。初中生年度巩固率、毕业率、升学率分别为100%、99%和99%。暨阳高级中学课程建设项目列入2016年江苏省课程基地建设项目,崇真中学、塘市初级中学、锦丰初级中学课程建设项目列入苏州市初高中课程基地建设项目,第八中学课程建设项目列入2016年江苏省薄弱初中课程建设项目。沙洲中学课程建设项目被评为2016年苏州市课程视导示范项目,乐余高级中学、合兴初级中学课程建设项目被评为2016年苏州市课程视导优秀项目。第二中学被评为苏州市有效教学实践研究实验项目学校,合兴初级中学的“无线电遥控插座的研究”被评为2016年苏州市初中综合实践活动优秀学生成果展评一等奖。

【首期小学“暑期创意作业”现场展示】 9月28日在市实验小学南校区举行。实验小学教育集团、云盘小学联盟、万红小学联盟、白鹿小学联盟、暨阳实验小学联盟、东渡实验学校联盟等小学分管校长、教导及骨干教师150人参加活动。活动围绕“让作业变得好玩”主题,各联盟分别提供创意作业1份,共6份,分别从环境考察、旅游见闻、劳动体验、健身养心、方言文化、阅读写作等维度,进行多样化、个性化、自主化、开放化的成绩汇报。全市所有小学校66258名学生参加“暑期创意作业”活动。其中,万红小学联盟开展的“根与芽”之水地图调查研究项目获2016年度“根与芽”(国际性环保组织)项目成就奖。

【苏派名校长高层论坛】 12月2日至3日,苏派名校长高层论坛暨张家港市首期“‘美丽学校’校长说·大家看”活动在市实验小学南校区举行。江苏省教育领域部分专家和苏派名校联盟会员单位的校长350余人参加活动。代表们先后参观市实验幼儿园、实验小学、梁丰初级中学、梁丰高级中学。南通高等师范学校附属小学帅宁华、南京金陵中学附属小学何义田、海门东洲中学滕玉英、苏州工业园区第八中学焦晓骏等4位校长分别作《核心素养校本解读与大生课程再造》《无限能量无限可能——金葵花隐喻下的校本课程思考》《丰富课程成就美好》《核心素养与科技类校本课程再构》报告。4位校长就聚焦人文底蕴、科学精神、学会学习、健康生活、责任担当、实践创新等六大核心素养的落地生根,阐述学校课程变革目标“人的全面发展”和具体的建构策略。张家港市实验小学校长刘慧、常州市武进区星河小学校长庄惠芬、丹阳市华南实验学校校长王旭平、徐州高级中学校长秦晓华作为特约嘉宾,围绕“校本课程建设与学生核心素养发展”主题进行发言。省教育厅基础教育处处长马斌在会上作题为《课程基地:凸显核心素养发展的优势路径》的报告。

【首届市中小学美术教师视觉艺术双年展】 4月8日至21日在市文化中心美术馆举行。展览由市委宣传部、市教育局、市文化中心、市文联主办,市教育局教学研究室、张家港美术馆、市书画院、市美术家协会承办。展览作品于2015年11月启动筹备,全市中小学校236名美术老师全员参与,作品涵盖国画、油画、水彩、水粉、粉画、书法、工艺等7个大项累计236件。江苏省美术家协会副主席、苏州美术家协会主席徐惠泉担任评审组长,苏州市教科院美术教研员沈南强、苏州市吴作人艺术馆馆长丁建中、张家港市书画院副院长侯晓云,张家港美术馆副馆长陈三石担任评委。专家对展览作品进行评选,评出一等奖14件,二等奖28件,三等奖76件,获奖作品全部入选画册。该活动是市教育局推动素质教育向纵深发展,深化美术教育改革,鼓励美术教师提高业务素质,进一步提高战略眼光,展示教师风采的平台。

【首届全国双语教学展评活动】 4月26日至27日在市东渡实验学校举行。活动由华东师范大学双语教学研究中心发起,由华东师范大学双语教学研究中心和张家港市教育局主办。山东省、河南省、广东省、上海市、江苏省、湖南省的教育科研机构以及学校的领导专家和教师代表285人参加展评活动。全国17位青年教师在会上进行数学、英语、音乐、美术等学科的教学展评。东渡实验学校是张家港市唯一参加活动的学校,共有8位教师参加教学展评。其中,许欢、刘晓薇、张泓、丁婷等4人在展评活动中获一等奖，钱丹、郁晓芳、徐芳等3人获二等奖，郁晓芳获板书设计特别优秀奖，许欢获英语口语特别优秀奖，刘晓薇、丁婷获跨学科专业素养特别优秀奖。

【外校北校区奠基】 11月28日奠基开工。张家港外国语学校（简称外校）北校区由张家港外国语学校和江苏扬子江国际冶金工业园合作建办，位于锦丰·沙洲新城南部，华昌路西侧、书院路南侧、悦兴南路东侧、环新南路北侧，占地面积8.67公顷，建筑面积6.2万平方米，总投资3.8亿元。该校规划设置小学10轨、60个教学班，初中10轨、30个教学班，满额学生近3000人，教职工人数约300人。外校北校区是股份制非营利性民办学校，学费按办学成本收取，与本部统一管理，师资统一调配，财务独立核算。至年末，桩基工程完成50%。2018年秋季面向全市招生。

【高考达线率居苏州县市第一】 2016年，全市普通高考实考人数3342人，本一达线902人，达线率26.99%；本二以上达线2354人（不含保送生和体艺类达本科学生），本二以上达线率70.44%，稳居苏州各县市区第一，其中梁丰高级中学、常青藤实验中学本二上线率超95%，沙洲中学、张家港外国语学校本二上线率接近90%，暨阳高级中学本二上线率突破80%，张家港高级中学、塘桥高级中学、崇真中学和乐余高级中学的梁丰教育集团实验班本二上线率均为60%。400分以上人数25人，其中，梁丰高级中学学生陈妤桐以419分获苏州市文科状元、全省第三名，梁丰高级中学学生方朱海以421分名列苏州市理科第二名。2016届高三学生中，有22人获省、苏州市三好学生和优秀学生干部称号，4人获全国学科竞赛一等奖，41人获江苏省一等奖。常青藤实验中学国际部、梁丰高级中学国际部、张家港新加坡外国语学校共148名学生分别被美国加州大学、日本东京大学等国外大学录取。

（水　华　徐　平）

职业教育

【概况】 全市有职业类院校6所，其中公办职业院校5所，民办职业院校1所。年内，职业院校招收新生90个班3866人，普职比1∶1。全市职业院校在校生12251人，毕业生2428人。年内，市第二职业中学、张家港工贸学校、沙洲职业工学院新设“3+3”中高职衔接专业3个，市第三职业中学新设“3+3”中高职衔接专业1个。有1286人报名参加对口单招、注册入学、转段升学，其中注册入学188人、转段升学318人。780名中职学生参加2016年江苏省普通高校对口单招考试，本科达线人数407人，达线率52.18%。6月末，完成2013级中高职衔接班级与常熟理工学院、沙洲职业工学院的交接工作，900余学生进入常熟理工学院、沙洲职业工学院的职业院校学习。在江苏省职业教育技能大赛中，获一等奖10个。在全国职业院校技能大赛中，获一等奖2个、二等奖3个、三等奖1个，并实现国家、省级师生技能大赛苏州市县（市、区）团体一等奖九连冠。

【第二届职业教育活动周】 5月8日至14日，第二届职业教育活动周举办。5月10日，由市教育局、总工会、团市委、市妇联、人社局、市委两新办、经开区（杨舍镇）、社会事业局等单位联合组办的2016年张家港市第二届职业教育活动周启动仪式在张家港中等专业学校举行。活动周期间，张家港中等专业学校、市第二职业中学、工贸职业中学志愿者服务队到杨舍镇清水湾社区、花园社区和包基社区，分别为居民进行家电维修、空调检测、传授中式传统面点制作、理发服务、服装缝补、法律咨询和非机动车维护与保养等志愿服务活动，服务群众600人次。

【“四位一体”现代学徒制培养模式】 5月11日，“四位一体”现代学徒制校企合作研讨会在江苏联合职业技术学院张家港分院举行。“四位一体”是指由政府主导，学校、企业、德国职教深度合作培养学生，学制3年。培训对象为江苏联合职业技术学院张家港分院五年制化工专业的学生，学生从三年级开始接受中德合作培训，第一年80%的时间在学校学习，20%的时间在企业岗位实践；第二年60%的时间在学校学习，40%的时间在企业岗位实践；第三年20%的时间在学校学习，80%的时间在企业顶岗实习，做到专业理论教学、实验室操作训练、模拟工厂实训、企业岗位训练、企业顶岗实习有机结合，学生培训合格可获得江苏联合职业技术学院大专文凭、化工高级工职业资格证书、德国BBIW培训合格证书、德国化工技能证书。毕业后由张家港保税区管委会推荐进入扬子江国际化工园的优秀企业就业。

【江苏联合职业技术学院张家港分院挂牌成立】 5月11日，江苏联合职业技术学院张家港分院挂牌仪式在张家港中等专业学校举行。张家港中等专业学校增列入江苏联合职业技术学院，升格为江苏联合职业技术学院张家港分院。张家港中等专业学校将以举办五年一贯制高职教育为主，实现从中职教育向高职教育的新跨越，为全市职业教育探索出一条新的发展之路。至年末，学校五年一贯制高职教育设置有机电、机械、计算机、汽修、会计、服装、国际商务、化工等8个专业，有54个班级2144名学生。

（水　华）

高等教育

【概况】 2015年，全市有沙洲职业工学院、江苏科技大学张家港校区、江苏科技大学苏州理工学院、张家港开放大学4所高校。其中，江苏科技大学张家港校区和江苏科技大学苏州理工学院实行统筹管理，即两块牌子、一套班子。年内，4所高校在校学生16767人、毕业学生5331人。4所高校教职工846人，专任教师594人，其中教授20人、副教授147人、讲师308人、助教56人。

沙洲职业工学院　简称沙工，设有建筑工程、纺织工程、电子信息工程、机电工程、机械动力工程、经济管理、基础科学、思想政治理论教研部等8个系（部）29个专业。有教职工323人，其中专任教师238人，包括教授12人、副教授96人、讲师109人、助教8人，江苏省“333高层次人才培养工程”培养对象3人，江苏省“青蓝工程”培养对象15人。2016年，学院录取全日制新生1132人，实际报到1047人，实际报到率92.5%。年内，学院有全日制毕业生1429人，全日制在校学生4489人，成教在籍学生4151人，毕业生年终就业率96.3%。学院教师主持的米晶材料的制备与机理研究项目入选省高校自然科学基金项目，机械类专业“三方联动”人才培养模式的研究与实践项目获苏州市教学成果奖一等奖，“赛考点面结合，师生互促相长”提升高端技能型人才培养质量的探索与实践入选苏州市高职院校教学成果培育项目。沙工—和昊激光研发中心和沙工—云之道网络科技分别成功申报“姑苏领军人才”项目和“张家港领军人才”项目。学院全年申报专利80件、授权69件（其中授权发明专利14件）。师生在全国职业院校技能大赛、信息化教学大赛中共获一等奖2项、二等奖2项，在江苏省高等职业院校技能大赛、信息化教学大赛、微课教学比赛中共获一等奖7项、二等奖11项、三等奖10项。“电子信息专业群实训平台”被确定为江苏省高等职业教育产教深度融合实训平台建设项目。2016年，学院被教育部职成司指定为沂蒙老区职业院校信息化教学精准帮扶的支持单位，获评2013—2015年度江苏省文明校园。全年开展社会培训4000余人次，组织各类考试126场次。

江苏科技大学张家港校区和苏州理工学院　简称江科大张家港校区和苏州理工学院，设二级学院6个。江科大张家港校区有冶金工程一级学科硕士点1个，本科专业8个；苏州理工学院有本科专业25个。2016年，江科大张家港校区实际录取新生500人，录取硕士研究生10人。苏州理工学院实际录取新生1640人，文理科各批次投档分数线均高于省控线，总报到率达96.91%。年末两校有在校学生7821人，其中江科大张家港校区学生2026人、苏州理工学院学生5795人。两校有教职员工327人，其中专任教师194人，包含教授8人，副教授38人，讲师117人，助教32人。江科大张家港校区2016届毕业生765人，毕业率90.2%，学位授予率99.86%，年终总就业率98.19%。苏理工毕业生1470人，毕业率94.42%，学位授予率99.71%，年终总就业率92.05%。考取研究生282人。2016年，学生参与各类学科竞赛获全国团体赛一等奖9项，二等奖14项，三等奖9项；省团体赛一等奖3项、二等奖15项、三等奖12项；全国单项一等奖6项，二等奖5项，三等奖8项；省级单项一等奖28项，二等奖41项，三等奖72项。年内，接待美国、加拿大等国外大学代表团9次，对国外高校友好访问3次。2016年获得教育部科学技术进步二等奖1项、江苏省科学技术二等奖1项、镇江市哲学社会科学二等奖1项、镇江市科技进步二等奖1项。获批国家自然基金1项、全国学校共青团研究课题重点课题1项，省自然科学基金2项、省高校自然科学基金3项、省高校哲学社会科学基金2项、省社科应用研究精品工程1项。年内申请专利25项，专利授权31项，其中，授权发明专利22项、实用新型专利9项。不断开展与地方企业深度合作，签订产学研合作项目10余项，纵向项目合同经费近200万元。9月，张家港籍中国科学院院士薛永祺到院作《“天眼”看地球——光电遥感技术》专题讲座。全年开展社会培训400人次，组织各类考试50余场。

张家港开放大学　同时挂“江苏城市职业学院张家港办学点”校牌。2016年开设专业40个，有各类学历教育班164个，其中全日制班50个。年内，招收新生843人，其中全日制新生389人。毕业学生1762人，其中全日制毕业生652人。年末有在籍生4457人。全年开展社会培训1.3万人次，组织各类考试517场次。有教职员工196人，其中专任教师162人，包括副教授13人、讲师82人、助教16人。年内，开展实验项目、通讯员写作等社区培训90人次，开展“企业家进校园”系列活动和“职业教育日”活动，组织297人次参加电工、数控等中高级考证，总通过率98%。参加第十二届全国职业院校“新道杯”沙盘模拟经营大赛江苏省决赛获一等奖，参加省职业学校技能大赛获沙盘模拟经营项目三等奖。全年参加苏州市级、省级、国家级技能比赛共获奖64人次。学校有市级“三星”以上志愿者27人，有“暖心夕阳红”“英语课堂送到家”“倡导文明出行、洁美城市环境”“保护母亲河、共饮长江水”4个志愿服务项目，全年在友爱港城网发布活动33次，参与人数1082人次，被评为张家港市“2015年度优秀志愿者团队”，有1名教师获苏州市“十佳青年志愿者”称号。微视频《志愿成长》被江苏省教育厅选送参加第十二届全国中等职业学校“文明风采”决赛，获二等奖。全年发放国家助学金45.15万元，国家励志奖学金12.5万元。为贫困学生提供校内勤工俭学岗位28个，发放助学金5.5万元。学生毕业就业率始终保持99%以上。

【沙工—美国荷晶大学合作班首届毕业】　2012年，为适应张家港国际化港口城市发展需要，培养具有国际化视野的高素质商务与管理人才，沙工与美国荷晶大学签约合作举办国际经济与贸易专业，学制3年，录取学生21人。专业开设5个模块40门课程，其中中方教授25门课程。高级英语、国际商务管理、国际商务谈判等15门课程由4位外籍教授授课，计690学时。国际商务谈判、市场营销、国际市场营销实务等核心课程10门，中方外方各教授5门。2016年3月11日，举行毕业典礼，首届21名学生毕业，并获得国际经济与贸易专业副学士学位。

【沙工“跨境电商实战训练营”】　12月12日开营。沙工国际经济与贸易专业、市场营销专业三年级133名学生参加培训。培训由沙工、江苏帷幄网络科技有限公司、江苏凌巨网络科技有限公司和大洋彼岸网共同组织实施。其中沙工负责教育管理、学生组织以及教学场所与设施设备，企业负责实训课程准备、实训操作指导。依据企业需求，训练营开设适应电商工作的跨境电商进口商品微营销训练与实战和跨境电商B2B出口训练与实战两大模块4门课程。学生自主选择1至2个模块进行训练，训练时间7周。培训结束由双方共同进行考核，对优秀学员进行奖励并推荐到电商相关岗位就业。

【香樟树众创空间】 2015年12月成立，位于长兴中路8号，江苏科技大学张家港校区及张家港产业技术研究院母体区域内，毗邻沙洲湖科创园。香樟树众创空间利用高校、研究院和地方经济优势，形成“教育—科研—创新创业”三位一体发展模式，建立完善的“联络员+辅导员+创业导师”的孵化体系，与江苏科技大学签约创业导师51人，其中副高以上高级职称导师33人，博士29人。至年末，成立苏州小太阳模型科技有限公司，苏州无影力量网络科技有限公司和张家港科米克精密机械有限公司等3家企业，入驻创业团队24个，创业人员56人，营业面积近2000平方米，吸引投资110万元。成功孵化的项目有全自动青枣去核机、基于zigbee的用电数据监测与管理系统、水下船体柔性自动清扫机器人、二代可变双体气垫船、新型安保机器人、新型极地两栖科考船等。2016年7月，认定为苏州市级众创空间，10月，认定为江苏省级众创空间。

【开放大学“美丽课堂”展示】 11月15日至16日，开放大学向全市职业学校开展“美丽课堂”展示活动。组织10名专业课教师和13名文化基础课教师参加，其中12名骨干教师作示范引领展示，11名青年教师作提升汇报展示。展示课程立足适应经济发展新常态的社会需求，涵盖物流、电子商务等重点建设专业，共展示“仓库选址”“存货的核算”“OTL功率放大电路的调试”等23节课，体现出“教、学、做”相结合的教学理念，利用“雨课堂”、慕课等现代化信息教学手段。全市职业学校有98名老师听课评课，听课学生920人次，好评率100%。

（陈　琛　葛舒菲　叶　虹）

社会教育

【概况】 2016年，全市社会教育坚持“需求驱动、服务惠民”的原则，强化全民终身学习服务意识，推动社区教育治理体系改革创新，呈现蓬勃发展的态势。张家港市获评教育部“全国社区教育示范区”称号。

社区教育　年内，社区教育培训活动全面开展。在职劳动年龄成人中专学历班2013级541名学员毕业。市教育局联合市妇联开办农村妇女“网上行”基础技能培训，注册参训学员626人，其中421人获“江苏省社会教育公民素质荣誉证书”。市镇18所老年大学年内共开设书画摄影、舞蹈体操、音乐戏曲、医学保健、文学语言、综合运用等6个大类32个专业240个班级，在读老年学员1.92万人。全面推行社区教育项目化运作机制，启动社区教育公益服务项目164项，经费投入预算125万元，直接受益对象15万人。全市社区（村）居民接受社区教育服务的人数占全体成员的比例60%。乐余镇孙雁群、金港镇丁品森获评2016年度苏州市学习之星，杨舍镇暨阳大讲堂获评苏州市终身学习品牌项目，大新镇老年大学、杨舍镇东莱老年大学获评苏州市教育现代化镇街老年大学，乐余镇、凤凰镇获评苏州市学习型乡镇（街道）；杨舍镇社区教育中心、金港镇社区教育中心获评江苏省标准化社区教育中心，凤凰镇社区教育中心获评江苏省教育服务三农高水平示范基地。全市新增江苏省标准化居民学校16所；金港镇社区教育中心入选联合国教科文组织农村社区学习中心（全国仅9家）。

成人高考和自学考试　全市有3040人报名参加全国成人高校招生考试，其中免试720人（含二学历、成绩转入、推荐考核），占23.68%；退役士兵43人，占1.41%；专科起点升本科1758人，占57.83%；高中起点升本科6人，占0.2%；高中起点升专科1276人，占41.97%。全市设81个考场。应考人数2277，实际参加考试2091人，参考率91.83%。录取2684人，录取率88.29%，其中专科起点升本科录取1531人，高中起点升本科录取6人，高中起点升专科录取1147人。全年有2316人报名参加江苏省自学考试，全年毕业75人，其中专科毕业16人、本科毕业59人。参加全国计算机等级考试人数7617人，通过3186人；参加全国公共英语等级考试人数471人，177人取得证书；参加江苏书法水平等级证书考试人数15094人，14318人取得证书；参加教师资格证笔试1094人，面试425人。

校外教育　年内，市教育部门新审批民办非学历教育机构15家，累计94家。通过年检64家，限期整改10家，依法注销办学资格5家（张家港市成功教育培训中心、张家港市博文专修学校、张家港市金之宝早教中心、张家港市光明学校、张家港市乐喜教育培训中心）。组织开展全市第七批民办非学历教育机构星级诚信单位评估，评选出四星级单位2个（张家港市智毅教育培训中心、张家港市长三角教育培训服务中心），累计11个；三星级5个（张家港市韦博语言进修中心、张家港市龙之门教育培训中心、张家港市锦艺阳光教育培训中心、张家港市一加一教育培训中心、张家港市英华教育培训中心），累计12个；二星级5个（张家港市学晟教育培训中心、张家港市易达教育培训中心、张家港市启潜教育培训中心、张家港市世纪阳光教育培训中心、张家港市蓝精灵教育培训中心），累计10个。全年校外培训11万人次。市少年宫开展器乐、舞蹈、语言表演、声乐等48个项目的培训，年培训2.99万人次。组织学员个人或社团参加各类艺术赛事，获国家级一等奖55个、二等奖53个、三等奖60个、优秀奖2个；获省级一等奖32个、二等奖64个、三等奖29个；苏州市级一等奖9个、二等奖11个、三等奖6个。参加中央音乐学院音乐考级937人次，通过812人次，优秀29人；参加中央音乐学院基础知识考级185人次，通过121人次；参加中国舞蹈家协会的舞蹈考级1936人次，全部通过。

【苏州市全民终身学习活动周在张家港市举行】 10月28日，苏州市全民终身学习活动周开幕式暨社区教育项目化改革现场推进会在崇真中学举行，520人参加会议。开幕式为获2016年苏州市学习之星、首届苏州市社区教育教学优秀成果奖和苏州市第三批学习型乡镇（街道）等荣誉的单位及个人进行颁奖。金港镇、锦丰镇入选江苏“3D”社区教育发展联盟成员单位，张家港市入选全国社区教育示范区。开幕式上播放金港镇社区教育项目化改革实践专题片，举办金港镇社区教育乡土读本《谜话金港》首发仪式。张家港市选送的文艺节目《多姿多彩美夕阳》串烧等4个居民终身学习成果进行展演。会议设置金港镇南沙社区、乐余镇社区教育中心、锦丰镇悦来社区等3个现场参观点和张家港社区教育项目化改革、一镇一品等两大专题展区。 （水 华）

教师队伍

【概况】 年内，全市教育系统教职员工9376人，专任教师9016人。专任教师中，普通高中1321人，职业学校909人，初中2197人，小学3427人，幼儿园1061人，特殊教育学校38人，市少年宫、青少年社会实践基地等校外教育机构63人。全市幼儿园、小学教师大专及以上学历比例分别为99.72%和98.13%，初中、高中教师本科及以上学历比例分别为98%和99.47%，高中教师中具有研究生学历、教育硕士学位（含在读）的比例为23.77%。全市有江苏省名教师1人；正高级职称教师新增1人，累计10人；“江苏省人民教育家培养工程”培养对象4人；省特级教师新增6人，累计33人；“姑苏教育人才”15人；苏州市名校长名教师41人；苏州市学科教改带头人新增17人，累计120人。张家港市学科教改带头人、教学能手、教坛新秀及以上骨干教师新增233人，累计2728人，占专任教师总数的30.25%。职业类学校“双师型”教师占专业专任教师的比例76.16%。

【名师队伍建设】 年内，市教育局第二届“特级教师工作室”建成，13个领衔人吸收、培养111名工作室成员。3月，举办蔡明和他的生态团队教育思想研讨会。常态化开展名师讲堂活动，组织2016年市级骨干教师评审工作，完善骨干教师梯队，新评市级教坛新秀75人、教学能手252人、学科带头人121人。丁祖元等3人被评为省教学名师，金艳等6人被评为省特级教师，任小文被评为苏州市第三届教育名家，陈惠芳、徐芳等2人被评为苏州市第二届教育领军人才，陈礼林等4人被评为姑苏教育紧缺人才，张平等2人获省优秀教育工作者称号，34人被评为苏州市中小学学科带头人。2人获评苏州市中等学校第七届青年教师“双十佳”，2人获评苏州市第十三届小学青年教师“双十佳”，2人获评苏州市第十一届幼儿园青年教师“双十佳”。

【江苏省特级教师新增6人】 年内，全市新增江苏省特级教师6人。姚建萍，从教中学数学26年，先后在双桥初级中学、崇实初中任教，历任备课组长、年级组长、教研组长、教务处副主任、副校长，获苏州市数学学科带头人、苏州市先进教育工作者、江苏省教学创新能手等荣誉。王宝斌，从教中学化学21年，一直在市第六中学工作。其间，2007年9月至2009年6月在宿迁市宿豫区来龙初中支教，2009年9月出版个人专著《心路》，获江苏省优秀支教教师、张家港市首届“十佳百星”教师、张家港市十大杰出青年等荣誉。蔡道平，从教中学数学35年，先后在句容市下蜀中学、梁丰高级中学任教，是苏州市数学学科中心副秘书长、苏州市教育学会数学分会理事、苏州市中学数学教学讲师团成员、苏州市教材教法中心组成员、苏州市高三数学中心组成员等。葛文山，从教中学英语19年，先后在南丰中学、塘桥高中、张家港外国语学校、梁丰高级中学任教，2016年调入市教育人才服务中心。教学成果先后获2013年江苏省人民政府教学成果奖（特等奖）、2014年教育部国家级教学成果奖。庞燕，从教小学体育29年，先后在梁丰小学、实验小学任教，是首届全国双十佳体育教师、江苏省体育教学能手、苏州市优秀教育工作者。金艳，从事幼儿教育23年，先后在实验小学幼儿园、东湖苑幼儿园、杨舍中心幼儿园、梁丰幼儿园、实验幼儿园任教，主持或参与省、苏州市级等多个课题的研究，50余篇论文发表，40余篇论文获奖，进行市级以上公开教学10余次，获得苏州市名校长、苏州市学科带头人等荣誉。

【“美丽教师”评选】 7月，第四届“美丽教师”评选启动，活动面向全市在职中小学、幼儿园教师。在学校初评、评审委员会评选的基础上产生候选人，通过集中展示、公众投票、专家评审等环节，最终选出“优秀校长”10人，分别为梁丰高级中学王柳军、梁丰初级中学刘向东、东渡实验学校郑建忠、第二中学顾逸飞、常阴沙学校王坚、南沙中学卢清、实验小学刘慧、白鹿小学阚晓茵、万红幼儿园许晓蓉、南丰幼儿园吕燕；“优秀班主任”10人，分别为张家港高级中学杨宏胜、第二职业中学费伯平、开放大学任秋芳、港口学校王标、南丰中学王丽亚、南沙中学孙国强、白鹿小学李晓燕、特殊教育学校潘丽芳、泗港小学唐雯、凤凰中心小学朱玉珍；“美丽教师”10人，分别为梁丰高级中学施坚、第二职业中学刘春燕、塘桥高级中学樊志姜、外国语学校徐艳霞、凤凰中学许春红、实验小学苏丽娅、福前实验小学陈雪莲、泗港小学唐黎、凤凰中心幼儿园花蓓蕾、后塍幼儿园许和霞；优秀教辅人员10人，分别为梁丰高级中学潘敏雅、第二中学缪文龙、塘桥初中徐萍、合兴初级中学宋春霞、实验小学杨俊荣、暨阳实验小学高婷、福前实验小学陆兴华、妙桥小学田晓华、城北幼儿园许国刚、金港中心幼儿园章建。 （水 华）

【编辑 景力颖】

文化·新闻

Culture & News

全国首个按分级阅读理念布馆的少儿图书馆　（市文广新局　提供）

文化事业

文物博物·图书·遗产保护

文化市场

文学艺术

社科工作

文化中心

广播·电视·电影

张家港日报社

中国（张家港）长江文化艺术节

扫码欣赏

《听见你的声音》
张家港市对外宣传片

文化事业

【概况】 年内，市文广新系统围绕提升公共文化服务水平、打造地方文化特色品牌、开展文化志愿服务、完善文化设施网络体系、丰富文化民生品牌活动、促进艺术生产繁荣发展、加强文化遗产保护传承等工作，推进各项文化事业建设。张家港市被中国文联、中国曲艺家协会评为全国第二家、江苏省首家、县域第一家“中国曲艺名城”。江苏省曲艺创作研究基地在市设立。市群众文化学会首批创建成江苏省群众文化理论研究基地。市少儿图书馆作为全国首个按分级阅读理念布馆的少儿图书馆重新对外开放。新建成24小时图书馆驿站1家，累计31家。凤凰、乐余文化中心启用，全市累计开放镇及镇办事处文化中心19家。至年末，全市人均公共文化设施面积0.41平方米。加大政府购买公共文化服务力度，全年购买文艺演出服务20场。全市拥有市锡剧艺术中心、市评弹艺术传承中心、市文化馆东方艺术团3个专业艺术团体，有成员170人，其中国家一级演员（编剧）6人、国家二级演（奏）员10人、二级编剧1人、二级作曲1人，具有中级以上职称58人。三个团体围绕“中国梦”、社会主义核心价值观创作文艺作品近200件，涵盖戏剧、曲艺、音乐、舞蹈、美术等门类，包括评弹开篇《一串河豚子》、评弹开篇《故乡行》、评弹专场《忠魂》、锡剧《江边新娘》、小锡剧《小鸟在前面带路》、微情景剧合集《誓言永恒》、器乐合奏《劳动最光荣》、情景诗朗诵《劳模就在我们身边》、沙龙剧《港城梦工厂》、小品《牛二进城》、表演唱《江边渔歌》等一批优秀文艺作品。评弹《牵手》获中国曲艺牡丹奖，锡剧《一盅缘》入选2016年度国家艺术基金传播交流推广资助项目，小品《牛二进城》入选2016年度国家艺术基金小型剧（节）目和作品创作资助项目，锡剧《三三》入选2016年梅花奖数字电影工程和2016年度省级现代服务业（文化）发展专项资金项目；评弹《一串河豚子》、小品《生日聚会》获第十二届江苏省“五星工程奖”金奖；评弹《兰考情》、群舞《芦花红》、小戏曲《留学风波》、合唱《沙上号子》、小品《一条红丝巾》、舞蹈《沙上秧歌》入选江苏艺术基金2016年度小型剧（节）目和作品创作资助项目；小品《二叔快跑》入选江苏艺术基金2016年度小型剧（节）目和作品创作资助项目；表演唱《莳秧歌》参加“第四届东方工艺美术之都博览会暨江苏民间文艺‘迎春花奖’·民间工艺美术作品评奖活动”开幕式表演。“长江文化艺术节”、文化馆东方艺术团和邹毅、贾健分获江苏省首批群众文化“百千万”工程优秀文化活动、优秀群文团队和优秀文艺骨干。至年末，全市有专职群文工作人员127人，业余创作骨干200人，业余演出骨干500余人，群众文艺团队545个。

【公共文化服务】 7月，市政府出台《关于全面构建现代公共文化服务体系的实施意见》，意见提出到2020年，基本建成普惠均等、覆盖城乡、便捷高效、保基本、促公平的现代公共文化服务体系，为全市现代公共文化服务体系建设提供政策保障。市文化馆总分馆体系建设项目入选2016年度国家文化创新工程重点项目，获2015年度全省宣传思想文化工作创新奖提名奖。4月，开展2016年全民读书月活动。6月，张家港市发布全国首个0岁至3岁婴幼儿阅读能力发展测评标准，在全省率先开展学龄儿童阅读理解监控能力研究，填补了国内0岁至3岁婴幼儿阅读能力发展测评的空白。11月，张家港市入选国家2016年“书香城市（区县级）”发现活动名单。12月，《张家港市书场运行管理和扶持奖励办法》出台。办法分别从设施和环境、服务对象和开放时间、演出内容和服务管理等方面对全市书场的运行管理提出明确要求，同时要求完善书场考核评估和扶持奖励制度，按演出场次和上座率等指标对优秀书场给予表彰奖励。书场（戏台）繁荣工程被列为政府实事项目。至年末，全市有书场（戏台）35个，长春园书场获评苏州市优秀书场。全年开展村村演266场、天天说2500场、周周演108场、月月映4200场，开展“群文大讲堂”110课时。各级各类群众文化活动超过1万场。市文化馆老年大学获评江苏省2016年度文化系统老年大学规范化建设试点单位。市文化馆获评全国优秀文化馆并成为江苏省县级文化馆总分馆制建设试点单位（全省仅3家）。市文广新局获评第六届全国“服务农民、服务基层”文化建设先进集体、第五届江苏省“服务农民、服务基层”文化建设先进集体荣誉奖。

【群众文化】 全市深化“幸福港城”网格文化系列活动，全年开展“汇聚·港城”文化相约你我、“激情·港城”文化点燃青春、“温暖·港城”文化关爱民生、“创意·港城”文化引领风尚、“接力·港城”文化传承薪火等五大主题20项活动。举办“幸福网格乐翻天”星级团队比赛、“中国梦·港城梦·我的梦”全市小戏小品大赛、“沙洲故事汇”故事讲演大赛、“唱响中国梦”第二届青年歌手大赛、“书画港城·最美童心”少儿书画篆刻大赛、“话人生·剧百态”首届小剧场话剧季、金沙洲音乐汇等活动。2016年市文化馆举办演出活动300余场，市锡剧艺术中心举办演出活动250余场，市评弹艺术传承中心举办演出活动2500余场，市巨星影演文化有限公司承办各类专场演出300场次，各区镇举办文化活动近3000场，参与群众150万人次。

【文化志愿服务】 年初，市文广新局、市文明办联合出台《2016年张家港市文化志愿服务活动实施方案》，围绕“艺传万家·百姓舞台”（文艺演出类）、“开卷有益·书香人生”（阅读推广类）、“文化之旅·共享经典”（文化传播类）、“精彩人生·筑梦未来”（艺术培训类）、“志愿为你·卓越生活”（文化惠民工程）、“幸福使者·情牵你我”（关爱重点群体）、“欢乐节日·温馨港城”（节日纪念日）、“艺术陪伴·志愿同行”（项目、团队孵化培育类）八大主题开展22大项文化志愿活动。至年末，全市有文化志愿服务团62个，其中社会团队35个，在册文化志愿者3000人，超过苏州大市范围内文化志愿者总数的五分之一。全年开展52个重点特色服务项目1500场活动，受益群众15万人次。市文化志愿者协会作为全省唯一的县（市）级团队获评文化部2016年文化志愿服务团队。"'我是你的眼' 我带盲人看电影" 获评第四届 "张家港慈善奖" 最具影响力公益慈善项目。"诗语少年" 诗词进校园、"绽放在港城" 公益艺术培训进校园、"小作家苗圃" 3个项目获评2015年度市优秀志愿服务项目。"我的玩具去新家" 获第三届中国青年志愿服务项目大赛银奖、首届江苏志愿者交易会铜奖、江苏省志愿者大赛一等奖。

【凤凰、乐余文化中心开放】 凤凰文化中心位于凤凰大道滨水景观南侧，投资2亿元，占地面积22526.45平方米，建筑面积21982.09平方米。2013年11月开工，2016年9月竣工，10月正式启用。文化中心设有大戏院、全民健身中心、展示厅、书画展廊、民间文化展厅、大活动室、少儿活动室、科普活动室、音乐排练室、音乐辅导室、乐器辅导室、舞蹈排练厅、计算机网络辅导室、多媒体辅导室、美术书法辅导室、电子阅览室、24小时阅览室、文化器材室等配套功能室。其中图书馆面积7239.26平方米，图书阅览区面积2000平方米，有图书5.7万册。乐余文化中心位于乐丰路北侧、乐园路西侧，投资3500万元，占地面积1.67万平方米，建筑面积6980平方米。2013年3月开工，2015年12月竣工，2016年4月正式启用。文化中心含有2个单体建筑，分别是综合楼和体育馆。综合楼中设有426座小型剧院1个、小影厅2个及便民服务中心、图书馆、综合展示馆等，总面积6766平方米。其中，图书馆面积236平方米，图书阅览区面积40平方米，有图书2.5万册。

（陆玉玲）

【金沙洲艺术团在江苏综艺节目比赛中获奖】 4月15日，金沙洲艺术团参加江苏电视台综艺频道举办的真人秀节目 "主播爱上广场舞" 的决赛，获第二名。"主播爱上广场舞" 是江苏电视台综艺频道2016年开年大戏。2015年12月至2016年4月，金沙洲艺术团通过选拔，代表苏州市地方群众团队，8次登上江苏电视台综艺频道舞台。先后有健美操《炫舞青春》、交谊舞《爱的华尔兹》、广场舞《中国美》等13个不同类别、风格的舞蹈节目参赛，与南京、扬州、徐州、常州等地的7支代表队竞技切磋。该团成立于2009年，是一支由锦丰地区文艺骨干组成的业余文艺团队，有成员近200人，拥有 "梨园飘香" 票友会、"飞跃旋律" 创作团队、"激情飞扬" 乐队等6支特色团队。艺术团每年自编、自导、自演节目近300个，多次代表锦丰镇参加大型活动，享有 "张家港市五星级团队" 之誉。（徐　平）

2016年张家港市文化产品主要获奖情况表

表65

获奖项目	主创部门（人员）	获奖情况	颁发机构
中篇评弹《牵手》	市评弹艺术传承中心	获第九届中国曲艺牡丹奖节目奖	中国文学艺术界联合会、中国曲艺家协会
		获2015年 "中国精神·中国梦" 优秀曲艺作品奖	中国曲艺家协会
论文《创新发展升级农家书屋功能 打通图书馆服务最后一公里》	市图书馆	获全国中小型公共图书馆联合会2016年研讨会征文一等奖	全国中小型公共图书馆联合会、中国知网·中国知识资源总库编委会
动画片《天池水怪重现江湖》	江苏天艺兄弟动漫有限公司	获 "新光奖" 中国西安第五届国际原创动漫大赛最佳动画影院片奖入围奖	中国西安国际原创动漫大赛组委会、丝绸之路国际艺术节动漫创意文化周执行委员会
锡剧《江边新娘》	市锡剧艺术中心	获江苏第三届文化艺术节 "特别奖"	江苏省委宣传部
		入选江苏艺术基金2016年度大型舞台剧和作品创作资助项目	江苏艺术基金管理中心
法治故事作品《不吃你吃谁》	市文化馆、于天泊	获 "身边的法治故事 我们的法治中国" ——"法宝杯" 中国法治好故事讲演大赛银奖	上海市法宣办、上海市群众艺术馆、上海市曲艺家协会、上海市故事家协会
"悦读先锋" 进社区文化志愿服务项目	陈世海、许　晔、蒋　燕、左　贞	获江苏省第七届公共图书馆优秀服务成果奖一等奖	江苏省文化厅
未成年人分级阅读推广项目	陈世海、缪建新、徐梦华	获江苏省第七届公共图书馆优秀服务成果奖二等奖	江苏省文化厅
论文《张家港市少儿阅读现状及 "亲子阅读" 推广研究》	市图书馆、李建华	获第五届江苏省图书馆学情报学学术成果论文类一等奖	江苏省文化厅
论文《文化馆总分馆制体系建设中人才保障模式研究》	市文化馆、李立群	获江苏省文化馆总分馆制建设群众文化理论研究成果评奖活动一等奖	江苏省群众文化学会、江苏省文化馆
表演唱《苏州好风光》	市评弹艺术传承中心辅导	获第六届江苏省少儿曲艺大赛三等奖	江苏省曲艺家协会

续表65

获奖项目	主创部门（人员）	获奖情况	颁发机构
动画片《星际炮兵团之拯救色彩》	江苏如意通动漫产业有限公司	获2015年度江苏优漫杯江苏十佳电视动画片	江苏省影视动漫协会、省优漫卡通频道
动画片《酷宝家族之小兔西欧2》	江苏舞之数码动画制作有限公司	获2015年度江苏优漫杯江苏十佳电视动画片	江苏省影视动漫协会、省优漫卡通频道
对口快板《天安门广场看升国旗》、单口快板《花唱绕口令》	市文化馆	获江苏省首届快板大赛入围奖	江苏省曲艺家协会
金属抬凿錾刻《锦上添花》	张家港幸运金属有限公司	获江苏民间文艺“迎春花奖”	江苏省文学艺术界联合会、江苏省民间文艺家协会、江苏省工艺美术行业协会、江苏省工艺美术学会

（陆玉玲）

文物博物·图书·遗产保护

【博物馆】 2016年，张家港博物馆征集藏品35件（套），包括陶瓷器17件、书画8件、墓志5件、石构件2件、书籍1套、漆木器1件以及旧打字机1台。至年末，有藏品19610件。全年举办展览12个，接待观众11万人次。其中，引进“紫气东来，圣旨驾到——徐州圣旨博物馆馆藏圣旨精品展”“周恩来与文化名人展”“晷运时成——古代钟表展”“如意猴——南京博物院藏猴文物展”等省级精品展4个，“陶美瓷韵——张家港博物馆馆藏陶瓷展”“石说——张家港博物馆馆藏碑刻拓片展”“细数国宝家珍·守住港城根脉——张家港市第一次全国可移动文物普查成果展”“史前探秘——张家港博物馆馆藏化石展”“黄泗浦考古遗址成果展”等原创性展览5个，与社会各界联合举办“开始的梦——全国名家美术作品邀请展”“清睿斋珍藏——近现代名人手迹暨古籍文献展”“翰墨侨韵，印象沙洲——苏州侨界庆祝中国侨联成立60周年暨迎新年书画展”展览3次。博物馆结合“我们的节日”“国际博物馆日”“国际古迹遗址日”，开展“汉韵中秋”“遗址在哪儿”等主题活动10余场。暑期开展“博物馆奇妙夜”“秀手艺——传统手工艺传承月”等活动。全年持续开展“小小历史讲解员”培训活动100余次，服务3000余人。与南京博物院考古研究所、市文管办联合出版《东山村新石器时代遗址考古发掘报告》。编辑出版《文明溯源——张家港文物精粹》一书，发行1000册。编印《张家港文博》2期，发行600册。年内，张家港博物馆获评2013—2015年度江苏省文明单位。

【图书馆】 至年末，全市有市级公共图书馆1个、市少年儿童图书馆1个，总藏书量2170089册；全市有镇、村公共图书馆（室）255个，藏书102万册。市图书馆采购新书7万册、音像制品1011盘，订阅报刊2061种。新办借阅证19678张，持证读者总数18.5万人，年到馆读者196.62万人次，外借书籍211.95万册次。市图书馆和少儿图书馆年举办读书活动1607场，其他公共图书馆年举办读书活动1287场。沧江市民大讲堂举办报告会（讲座）35次，参与5100人次。举办面向社会的各类培训班45期。编印《决策参考》24期3600册，编印《港城读书》6期6000册，出刊《静观》6期3000册。根据读者需求，年解答咨询1095例，收集服务成果18例。“科技工作者之家”为企事业单位提供科技查新服务540例。4月23日，市少儿图书馆完成改造对外开放。全国首家以“阅读”为主题的少儿阅读邮局在市少年儿童图书馆成立。“悦读先锋”文化志愿服务项目开展各类公益活动67场，出动志愿者145人次，提供志愿服务447小时。市图书馆《未成年人分层级阅读推广》案例获评中国图书馆学会第二届全国图书馆未成年人服务论坛案例征集活动二等奖、江苏省第七届公共图书馆优秀服务成果奖二等奖，“悦读先锋”进社区文化志愿服务获江苏省第七届公共图书馆优秀服务成果奖一等奖。市图书馆累计获国家级、省级、苏州市级、张家港市级荣誉31项，个人获荣誉20项。

【新华书店】 2016年，新华书店完成图书销售1108.07万册，比上年增4.76%；销售额13162.52万元，比上年增9.54%；实现利润679万元，比上年增5.14%。配合全市“两学一做”学习教育活动，全年发行《习近平总书记系列重要讲话读本》《中国共产党廉洁自律准则》《中国共产党纪律处分条例》等政治类读物3.2万册，销售金额48.9万元。全年在张家港书城举办周末故事会50余次、举行店堂节日活动4次、开展“品味人生、阅读精彩”之“最美童画大赛”活动，200余名小朋友参赛，4000余户家庭参与网上投票。发挥国有书店在全民阅读中的助推作用，邀请著名儿童文学作家杨红樱、梅子涵、谷清平以及张家港籍作家徐玲等4名作家到市各中小学校举行校园阅读公益巡回讲座9场，听众5000余人次。引领家庭亲子阅读风尚，全年举行家长读书沙龙6次；举办社区、企事业单位家庭教育文化建设公益讲座6次；举办校园家庭阅读公益讲座24次。年内，新华书店被评为2013—2015年度江苏省文明单位。

【两大古遗址保护】 黄泗浦遗址位于杨舍镇庆安村与塘桥镇滩里村交界处，遗址大体为东西长，南北窄的不规则长方形，总面积1.03平方千米。2008年至2013年年初，经过两轮考古发掘，发现大规模港口城镇遗迹和大量精美出土文物。2016年5月，黄泗浦遗址新一轮考古发掘工作正式启动，在遗址及周边开展测绘、勘探工作，完成1平方千米勘探，新发现古井、古河道等遗迹200余处，基本掌握黄泗浦古河道的走向和平面布局情况。12月，《黄泗浦遗址保护规划》获国家文物局批复同意。东山村遗址位于金港镇南沙办事处，遗址总面积0.25平方千米，2013年公布为全国文物保护单位。南京博物院等单位对其进行两次抢救性考古发掘，发掘总面积2000余平方米，主要揭露出一处崧泽文化时期的聚落，包括房址和墓地。2016年，完成东山村遗址保护与展示设施建设方案，并上报国家文物局。12月，《东山村新石器时代遗址考古发掘报告》出版，为研究长江下游社会文明化进程提供新的考古学资料。

【非物质文化遗产保护】 全市有非遗名录项目87项，其中国家级项目4项、省级项目11项、苏州市级项目13项。年内，针对全市累计公布的5批87个非遗代表作名录项目和4批51位非遗代表性传承人（已去世6人，健在45人），开展非遗数据库标准化建设和非遗代表性传承人家庭建档工作。至年末，完成苏州评弹、河阳宝卷、金村庙会、河阳山歌、沙上宝卷、后塍竹编、沙洲哨口板式类风筝、陆氏中医儿科、锡剧等9个省级非遗项目的数字化信息采集和视频制作，其中苏州评弹、河阳宝卷、金村庙会、河阳山歌也是国家级非遗代表性项目。完成51位非遗代表性传承人的数字化建档工作。利用"文化遗产日"、传统民俗节日，举办"传承薪火·守望家园"张家港市非物质文化遗产进社区进校园活动、"文化力量·民间精彩"张家港市非物质文化遗产展示展演等非遗宣传活动10余次。

【全国首个分级阅读图书馆开馆】 2014年9月，市少年儿童图书馆投资1000万元，进行全面改造，2015年6月1日对外试运行，2016年4月正式对外开放。改造后的市少儿图书馆建筑面积1.25万平方米，藏书35万册，实行免证入室、免费阅览、免费办证。突出四大特点：一是分级阅读。按照0至3岁、3至6岁、小学生、中学生等不同年龄段读者特点，相应设置芽芽园、梦想小舞台、绘本馆、小学生借阅室、中学生借阅室等。二是动静结合。在为读者提供舒适安静的阅读环境的同时，开设不同活动区域和服务内容，如芽芽园内的宝宝爬行道、育婴室、布书阅读，绘本馆内的绘本阅读、交流分享、手工制作，小学生借阅室内的"电子书工坊"等。还设立梦想小舞台、多元阅读区、数字体验区等，丰富少儿阅读形式。三是借阅一体。少儿图书馆采用"大开间"设计方式，实现"藏、借、阅、导"一体化的开放式空间布局。四是环境激励。在芽芽园，以"森林读书会"为主题，设置可爱的动物元素来活跃空间氛围；在小学生借阅室，以浅绿色为主，设计台阶式书架；中学生借阅室则布置得古色古香，给读者以浓烈的传统文化气息。6月1日，市少年儿童图书馆与南京师范大学全民阅读研究中心建立战略合作关系。1月至12月，到馆读者66.66万人次，外借13.52万册次，举办各类读书活动1089场。市少年儿童图书馆绘本馆获评2016年全国最美绘本馆。市少年儿童图书馆获评"全国少年儿童国学经典故事大赛"优秀组织奖、2016全国少年儿童阅读年系列活动——"爱国情·中国梦"少儿诵读大赛优秀组织奖、2016年"童声里的红色记忆"全国少年儿童故事大赛优秀组织奖、第二届全国少年儿童名著新编短剧大赛优秀组织奖等荣誉。 （陆玉玲　田亚明）

文化市场

【概况】 年内，全市新增文化经营单位81个，比上年增46个，其中互联网上网服务营业场所24个，比上年增11个；娱乐场所经营单位20个，比上年增11个；电影放映单位5个，比上年增4个；印刷复制等其他经营单位7个，比上年减3个；营业性文艺表演团体1个，和上年持平；音像、书报刊等出版物经营单位7个，比上年增7个；美术品备案单位17个，比上年增17个。至年末，经市文广新局许可或备案登记的文化市场、新闻出版经营单位929个，其中音像、书报刊经营单位222个、印刷企业（含打字复印）360个、娱乐场所经营单位171个、网吧134家、电影放映单位14个、演出经营单位1个、演出经纪机构5个、营业性文艺表演团体6个、艺术品经营单位备案17个。市文化市场行业协会下辖印刷、出版物、网吧、歌舞娱乐、电影演艺、版权6个分会，团体会员1000余个，经营单位入会率超90%。2016年市文化馆东方礼仪演艺中心完成各类大中型演出活动254场，礼仪活动50余次，营业收入122.95万元。

【文化产业】 至年末，全市有文化产业单位3432个，比上年增164个，主要为网吧、电子游戏游艺、歌舞娱乐、出版物零售、印刷、影视、广告、相关文化用品设计、生产、销售等内容的文化产业单位，从业人员7.5万人。政府拨款1500万元用于补贴2015年度文化产业发展引导项目和奖励动漫播出。年内，市金沙洲生态农业旅游观光、黄泗浦生态园、银河龙芯大厦、大唐丝绸文化产业园、《酷宝家族之小兔西欧》系列、《塔奇》和《星际炮兵团》等6个项目列入苏州市文化产业重点项目。张家港市有苏州市重点文化企业和文化产业示范基地13个，苏州市文化产业重点项目22项，江苏省重点文化科技企业2家，国家影视网络动漫实验园1个。江苏如意通动漫产业股份有限公司获评苏州市优秀新兴业态文化创意企业，江苏舞之数码动画制作有限公司被认定为江苏省高新技术企业。锡剧《三三》获2016年度江苏省级现代服务业（文化）发展专项资金补助，市北斗星数字科技图像设计有限公司和江苏金陵体育器材股份有限公司参加第五届中国苏州文化创意设计产业交易博览会。2016年全市原创动画片制作片长2758分钟。其中，江苏如意通动漫产业股份有限公司制作的《酷宝家族之小兔西欧2》《如意酷宝之菲力牛》及苏州市磐石卡通有限公司制作的《小主人之正义联盟》等3部动画片在中央电视台播出。江苏舞之数码动画制作有限公司制作的《香菇特勤队之逆袭香菇镇》获苏州市第十届精神文明建设“五个一工程”入选作品奖,江苏如意通动漫产业股份公司制作的《酷宝家族之小兔西欧2》和舞之数码动画公司制作的《星际炮兵团之拯救色彩》等两部动画片获2015年度优漫杯江苏十佳电视动画片,《星际炮兵团之拯救色彩》获第四届苏州市影视文艺“金茉莉奖”。

【市场管理】 年内,市文化部门开展打击侵权盗版、“扫黄打非”(“护苗”“清源”“秋风”“剑网”)等行动,严厉整治打击网上、网下侵权盗版行为。全年立案查处行政处罚案件127起,出动执法人员4200余人次,共检查文化经营单位3600余个次,取缔“黑网吧”、无证游戏厅、无证歌舞娱乐场所、无证印刷企业320家,收缴电脑112台,收缴非法音像制品3.01万张,没收非法出版物1.1万册。张家港市获评2016年江苏省“无小耳朵”标兵市,市文广新局获评2015年度全国查处侵权盗版案件有功单位二等奖,市文化行政综合执法大队获评2015年全国“扫黄打非”先进集体和2015年度全国查处侵权盗版案件有功单位三等奖,打击侵权盗版杂志专项行动系列案专案组人员获2015年度全国查处侵权盗版案件有功个人二等奖。查办的张家港“风雨文学网”侵犯著作权案列入全国“扫黄打非”工作小组办公室和国家版权局办公厅联合挂牌督办案件,入选全国“剑网2016”专项行动首批网络侵权盗版案件。

【版权工作】 1月,《张家港市版权示范单位、示范园区和优秀版权工作站评审奖励办法》和《张家港市软件正版化示范企业评审奖励办法》修改出台,对在智力成果的创造和运用等方面取得优异成绩,并在产业发展、版权管理和守法维权中表现突出的市企事业单位、人民团体、经营市场和其他社会组织,对在全市具有示范效应的产业园区和产业集群以及优秀版权工作站进行奖励。经国家、省、苏州市认定的版权示范单位,分别奖励5万元、3万元和2万元;经国家、省、苏州市认定的版权示范园区,分别奖励10万元、8万元和6万元;优秀版权工作站奖励标准为2万元。年内新建张家港软件(动漫)产业园、张家港市文化馆、张家港市少年儿童图书馆等版权工作站3个,全市版权工作站总数增至17个。全市受理一般作品著作权登记21789件,版权作品登记量位居全省县市第一,版权综合指标考核位列苏州县市区首位。围绕“4·26世界知识产权日”,开展骑行宣传活动、青少年版权创意作品大赛、“创意园区版权兴业”知识竞赛等活动。组织开展青少年版权创意作品大赛,报名参赛作品3000余件,关注人员13万人次。张家港软件(动漫)产业园创建成为江苏省级版权示范园区。市广播电视台、江苏舞之数码动画制作有限公司和张家港固耐特围栏系统有限公司等3个单位创建成为江苏省级版权示范单位。江苏皆悦文化影视传媒有限公司、张家港金典软件有限公司、江苏展望文化传媒有限公司、江苏远大信息股份有限公司、张家港编织人生网络科技有限公司等5家企业入选苏州市版权工作示范单位推进指导性计划项目。江苏如意通动漫产业股份有限公司获评2015年中国版权最具影响力企业。在第六届中国国际版权博览会上,张家港幸运金属工艺品有限公司获“CICE金慧奖·优秀企业奖”,市版权局获“CICE金慧奖·最佳组织奖”。

【“风雨文学网”侵犯著作权案告破】 2015年9月,市文广新局接到上海玄霆娱乐信息科技有限公司举报,其所在公司网站起点中文网(网址:www.qidian.com)的1000余部小说被风雨文学网(www.44pq.com)侵权发布。上海玄霆娱乐信息科技有限公司是腾讯公司的全资子公司,旗下有起点中文网、创世中文网等网文品牌。2015年9月1日,该公司在张家港市租用云主机。后发现该公司起点中文网发布的很多小说在风雨文学网也有发布,其中1000余部是存储在张家港市的云主机里的,该公司对这些小说拥有著作权,并没有授权风雨文学网发布。经查,风雨文学网自2013年5月起擅自将起点中文网、创世中文网上的付费文学作品,复制到风雨文学网供他人阅读,并通过在网站上发布百度广告联盟和37wan广告联盟的广告赚取费用。2015年10月,办案人员赴北京百度广告联盟的总部调取风雨文学网收取广告费的交易记录等相关数据,并锁定嫌疑人张某(男,重庆人,34岁)。2015年12月16日,市文广新局和市公安局在重庆抓获嫌疑人张某。2016年12月16日,市法院作出判决。 (陆玉玲)

文学艺术

【概况】 至2016年年末,市文学艺术界联合会(简称市文联)下设作家协会、书法家协会、摄影家协会、美术家协会、戏剧家协会、音乐家协会、舞蹈家协会、影视家协会、曲艺家协会、民间文艺家协会、国标舞工作者协会11个专业协会,1个艺术指导委员会,市书画院1个事业单位和塘桥、金港、锦丰、南丰、凤凰和永联6个镇(村)文联。有国家级会员106人,比上年增18人;省级会员278人,比上年增26人;苏州市级会员349人,比上年增30人;张家港市级会员1197人。年内,市文联及各协会举办各类比赛、展览、展示及文艺惠民活动80余项。其中,“文艺进万家”惠民活动涵盖全部艺术门类以及镇村文联,参与艺术家5000余人次,惠及群众30余万人次。“春联大放送”公益活动自1997年开始已连续开展19年,累计开展活动近百次,送出春联1.6万对。

【书画类活动】 4月,市中小学美术教师视觉艺术作品大赛暨首届市中小学美术教师视觉艺术双年展开展,展出作品120件。4月26日,举办“苦行探道——中央美院贾又福山水画工作室师生优秀作品展”暨学术研讨会,展出作品200件,张家港市也是2016年贾又福山水画巡回展览的第一站。5月，举办劳动颂全市职工书画影大赛。7月，市书法家协会走进市消防大队开展“迎八一·送文化”书画进消防活动。9月2日，“中国梦·盛世情”——政协书画作品展（张家港）开展，展出作品113件。12月6日，举办纪念红军长征胜利80周年长江流域“中国书法之乡”主题书法交流展暨长江流域书法发展研讨会，展出作品70件。全年书画考级共有3400名考生参加8个科目的考试，全部通过。

【文学类活动】 4月，市作家协会承办第七届“我们的节日·清明”诗歌朗诵会，创作以“香山有约·文明同行”为主题的诗歌作品68首。7月，举办周清长篇小说《大学梦》作品研讨会。11月，召开张家港小说散文诗歌作品点评会。全年开展作家进校园系列活动，先后走进乐余高级中学、凤凰中学、塘桥小学、青龙小学等10余所中小学，开展活动近20次。举办公益大讲堂8期，组织会员走进塘桥花园村、滩里村、鹿苑社区，凤凰双塘村等地，开展阅读讲座、历史文化讲座等12场。年内与浙江省天台县作协、江苏省句容市作协、云南省洱源县作协进行文学交流。

【文艺创作】 市文艺工作者全年在市级以上报刊发表文艺作品2100余件（幅），国家级入展入选（获奖）29件、省级36件。出版文艺图书及画册近30部320万字。文学创作上，有160件作品在苏州市级以上公开期刊发表。书法创作上，刘山林的作品入展纪念中国共产党95周年全国书法名家邀请展，陆华的作品入展全国第四届草书作品展。8人入展江苏省第十届新人书法篆刻作品展，李斌、肖永录获优秀奖。美术创作上，3件美术作品获首届苏州群众文化繁星奖金奖，名列苏州县市第一。

【第五届“长江杯”江苏文学评论奖在市开评】 11月25日举行，由江苏省委宣传部、江苏省作家协会、张家港市政府主办，张家港市委宣传部、市文联承办。“长江杯”江苏文学评论奖已连续在张家港市举办5届。此届“长江杯”文学评论奖首次将报纸纳入参评范围，最终入围参评作品33篇（部）。参评作者呈现年轻化趋势，出现90后评论者，研究领域更为广泛多样，既有对文学现象、地域文学、创作手法的宏观研究，也有对具体作家作品的深入解读。16篇（部）作品获奖，其中小海的《韩东诗歌论》、方岩的《“个人经验”与“小说新闻化”——以2015年的几部长篇小说为例》两篇论文获一等奖，王晖的《纪实文学的非虚构叙事及其主体诉求——以“故宫三部曲”为例》、叶炜《诗性的学者和学者的诗性》等5篇（部）作品获二等奖，朱红梅《南方之惑——苏州当代小说与地域文化研究综述》、周根红《影视化想象与小说的影像摹写》等9篇（部）作品获三等奖，其中张家港籍作家翟诚的《根植土地，梦想发芽》获三等奖，系张家港市作家首次获奖。

【文艺家创作交流中心启用】 10月18日正式启用。位于市文联二楼，总投资100万元，建筑面积约500平方米，是集作品展览、学术研究、精品典藏、社会教育、创作服务于一体的文艺创作综合性服务场所，也是向全市文艺工作者开放共享、提供公益性服务的多功能文艺创作交流平台。10月18日，“不忘初心·砥砺创新”市文联文艺家创作交流中心展馆竣工首展暨张家港市书画院建院25周年书画精品展开展，展出作品85件。至年末，创作交流中心举办作品展4场，展出作品400余件，收藏优秀作品32件。

（翟　诚）

2016年张家港市文艺创作主要成果一览表

表66

类别	作品名称	形式	主创人员	出版、入选、展出、获奖情况
文学	《我要发芽》	儿童文学	孙丽萍	发表于《儿童文学》
	《雨点、歌声和纸飞机》	儿童文学		发表于《儿童文学》
	《雨国的秘密》	儿童文学		发表于《儿童文学》
	《躲猫猫》	儿童文学		发表于《儿童文学》
	《根植土地，梦想发芽》	文学评论	翟　诚	获第五届“长江杯”江苏文学评论奖三等奖
	《辽阔小于我》（外一首）	诗歌	陈忠海（笔名：中海）	发表于《星星诗刊》
	《穿堂风》（外二首）	诗歌		发表于《扬子江诗刊》
	《中海的诗》	诗歌		发表于《雨花》《诗歌月刊》
	《多年前的回乡之路》（组诗）	诗歌		发表于《中国作家》
	《天赋隘》（组诗）	诗歌		获《星星诗刊》三等奖
	《乙未夏梦游临夏》（组诗）	诗歌		获中国诗歌学会、《民族文学》优秀奖
	《像红豆一样留在尘世》（组诗）	诗歌		获《星星诗刊》优秀奖
	《朝着梦想的方向》	诗歌		获《扬子江诗刊》优秀奖
	《视界》（组诗）	诗歌		获黄河口金秋诗会优秀奖
	《青春梦》	长篇小说	周　清	现代出版社出版

续表66

类别	作品名称	形式	主创人员	出版、入选、展出、获奖情况
书法	创作手记《自然书写显真意》及国展获奖作品	行草	刘山林	发表于《书法报》
	扇面书法作品	行草		发表于《书法报》
美术	《“粤派崛起的启示”——兼论明清之际岭南印人的美学风格》	美术评论	安昌礼	发表于《中国书法》
	小议中国画创作中气韵蓄养	论文	陈三石	发表于《美术界》
	《擦肩而过》	国画		入选首届“写意·苏州”中国画双年展
	《烈火雄心》	国画		入选第三届《八荒通神——哈尔滨美术双年展(中国画)》
	《欲佛纷纷》	国画	侯晓云	获“滕王阁杯”第12届文学艺术大奖赛三等奖
	《春雨添新韵》	国画	刘正负	入选花鸟画研究会成立30周年优秀作品展
	《青藤》	国画	刘素远	入选花鸟画研究会成立30周年优秀作品展
	《起航》	水彩	周胜宇	获“滕王阁杯”第12届文学艺术大奖赛三等奖
	《采菱角》	装饰画	欧阳乐	获“中国梦·画乡情”江苏省第八届农民画大赛入围奖
	《江南情韵》	装饰画	李素艳	获“中国梦·画乡情”江苏省第八届农民画大赛入围奖
	《民居之三》	油画	计明礼	入选“江苏省首届青年油画展”
	《阎家印农家小院》	油画		入选“2015吴冠中艺术馆全国油画作品展”
摄影	《梦之荷》《水墨云雾》组照	摄影图片	肖顺清	入展首届“郎静山杯”中国新画意摄影双年展
	《仙境在人间》	摄影图片		入选“美丽乡村锦绣德清”全国摄影艺术大展
	《穿越》	摄影图片	何伟明	获第22届江苏省摄影艺术展艺术类优秀奖
	《对弈》	摄影图片	周　军	获第22届江苏省摄影艺术展艺术类优秀奖
	《柿香晚景》	摄影图片	季绍秦	获第22届江苏省摄影艺术展艺术类优秀奖
	《水上环卫工》	摄影图片	苏玉琦	入选“美丽中国”一带一路(苏州篇)全国摄影大展

(翟　诚)

【《公羊寿文集》出版】 12月,在纪念孙中山先生诞辰150周年之际,市沙上文化研究会组织编辑的《公羊寿文集》,由凤凰出版社出版发行。文集收录49篇公羊寿原文著述、64份旁征史料,是从清末至民国时期公开发表的报刊上、公开出版的书籍中,深入挖掘、搜集、整理出来的,并附照片195幅。公羊寿(1889—1940),原名寿文,字石年,号段庵、段庐、又号带沙闲人、江左顽石,常熟西北乡沙洲三圩岸人(今属锦丰镇悦来村),当地习惯以“羊石年”称之。先后就读上海龙门师范学校、北京高等师范学校,留学日本。辛亥革命爆发后,公羊寿在上海加入光复会及上海光复军,参加光复上海之役攻打制造局的战斗。后任吴淞光复军军需处军官。因反对袁世凯窃取辛亥革命胜利果实,遭到通缉,赴日本留学,并与孙中山见面。公羊寿善诗文,是“南社”“东社”社员,在《南社丛刻》《东社》发表过诗文;先后在《亚东丛报》《雅言》《中华新报》《欧洲战事》等刊物发表过众多著述;出版《孙子兵法哲理研究》等专著。章士钊称其为“江左才俊”;将军戴戟称其为“中宏而识远,学渊而行矩,以能文章而闻于江左。凡与之识者,咸重其为人,而乐与之交”。共和国将军、中国孙子兵法研究会副会长于汝波评介公羊寿所著《孙子兵法哲理研究》“有超越时空的特征”。公羊寿曾先后参加“一二八”淞沪抗战、反蒋抗日的“福建事变”。公羊寿返乡后,民国8年(1919)当选为沙洲教育会会长,后创办《南沙报》,在当地很有威望。 (徐　平)

社科工作

【概况】 市哲学社会科学界联合会(简称市社科联)下辖社科群众学术团体42个,涵盖政治、经济、教育、文化、哲学、法律、金融、工商、财税等领域。2016年,全市确立市级哲学社会科学研究课题60项,其中立项课题48项,重点立项课题12项。“江苏建设具有全球影响力的产业科技创新中心之标准、途径和机制研究”课题纳入江苏省社科应用研究精品工程课题。“苏州推进新型城镇化的思路与创新举措研究”“苏州纺织服装业供给侧改革的微观模式研究”“基层公共文化设施‘建管用’新途径研究——以张家港‘公共文化驿站’模式为例”3个课题纳入苏州市社科规划课题(应用对策类)。“诚信张家港与企业社会责任建设研究”课题获评2015年度江苏省思想政治工作课题研究优秀成果二等奖。“短平快+多样化,着力打造社科普及微平台”课题获评2016年度江苏省社科联系统工作创新奖。“县域公共文化服务协同创新研究——以江苏省张家港市为例”课题获评苏州市第十三次哲学社会科学优秀成果二等奖，“打造24小时图书馆驿站，提升公共阅读服务效能”“暨阳家风”课题获评苏州市第十三次哲学社会科学优秀成果三等奖。全市先后举办张家港市第七届哲学社会科学优秀成果评比、第十一届社科普及周活动。编印《张家港市社科应用研究成果选编（2015年度）》500册。

【第七届哲学社会科学优秀成果评比】 8月至11月举办。活动期间，收到参评成果100余份，共评出一等奖4项、二等奖7项、三等奖10项、决策咨询奖5项。一等奖分别是沙洲职业工学院沈静芳论文《全球价值链视角下外贸生产型企业转型升级的路径探》，市委党校魏欣专著《第三只眼看港城：中国文明城市张家港精彩解读》，市文广新局陈世海、江苏省文化馆戴珩论文《中国当代戏剧：突破历史隘口的机遇和选择》，市政府法制办范一明、章志远专著《法治与文明同行——张家港市践行国务院〈全面推进依法行政实施纲要〉十周年巡礼》。

【民生讲堂巡讲】 5月至9月举办。活动以“深学讲话精神，聚焦‘强富美高’共建共享共融”为主题，由市社科联和市级机关工委共同主办。活动从涉及民生的重点改革部门，选拔29名政治素质强、理论修养高、表达能力好的理论宣讲志愿者，分赴基层开展政策理论、文明法治“五进”宣讲。宣讲内容围绕习近平总书记系列重要讲话精神、“强富美高”新江苏建设要求，以及张家港“十三五”发展规划和决策部署，与群众紧密相关的民生类理论难点、热点和重点问题。课程包括“学习贯彻习近平总书记系列重要讲话精神、‘强富美高’新江苏建设及张家港市‘十三五’规划”“培育和践行社会主义核心价值观”“新市民积分管理”“张家港市社保政策、就业政策、计生政策、公积金政策、民生保险政策解读”“和谐家庭构建”“儿童膳食与儿童健康”“公共营养卫生知识、高血压的防治、心脑血管疾病的预防、常见急诊的处置、急救知识普及”等。全年组织巡讲39场，2万余人次听讲。（余亦维）

文化中心

【概况】 市文化中心2009年9月对外开放，占地面积20公顷，由综合展示馆、科技馆、美术馆、城展馆、大剧院、图书馆、文化馆、档案馆“七馆一院”以及综合科、业务科、物管科3个内设科室组成，讲解员19人，其中15人达到讲解员国家职业资格中级水平，4人达到国家职业资格初级水平。2016年，接待中纪委、中宣部、中国日报社等各类参观团队976批36318人次，中国（张家港）长江文化艺术节、市纪念建党95周年暨先进表彰大会以及广场文艺“周周演”等293场次活动保障。承办江苏省获奖科普剧巡演，组织“小小讲解员”暑期夏令营暨“文明张家港小小讲解员”比赛、百名小画家百米长卷绘港城、千名环卫工人走进文化中心、万人科普游、“爱我家乡·知我港城”志愿宣讲团巡讲、“我们都是传承人”非物质文化遗产保护等主题活动。持续开展“自闭症儿童绘画治疗项目”，累计开课96次144小时，美术馆被市残疾人工作委员会授予“有爱无‘碍’张家港市视觉艺术教育基地”。举办“爱上一座城”——纪念张家港撤县建市30周年摄影展、有爱无“碍”·2016年全国助残日特别展等美术、摄影、科普展览28场。创办市首届“话剧节”，引进陈佩斯《戏台》、曹禺“人生三部曲”《原野》《雷雨》《日出》等话剧，组织“打开艺术之门”儿童剧、音乐会、传统戏剧等多类型自营剧目61场，上座率86%。年内，市文化中心获评全国科普日特别活动组织单位、2013—2015年度江苏省文明单位、江苏省巾帼志愿服务示范基地、张家港市2016年度优胜贡献奖。

【保利大剧院第二期委托经营管理合同签约】 12月8日，在北京保利剧院举行签约仪式。第二期合同期自2018年1月1日起至2023年12月31日止。第一期委托经营管理合同自2011年9月始。至2016年年末，张家港保利大剧院年均组织自营演出58场，平均上座率87%，平均票价每张96.4元，观众满意度99.9%。其间开展公益活动保利艺术大讲堂26场、艺术进校园42场，通过门票义卖筹集保利微基金11.38万元，实现了经济和社会效益的同步提升。

【纪念张家港撤县建市30周年摄影展开展】 12月2日，在保利大剧院举行开展仪式。展览由市委宣传部、市文广新局、市档案局、市文化中心联合举办。摄影展由实力之城、宜居之城、幸福之城、文明之城、美丽之城等5个部分组成，收到作品6000余幅，最终有136幅作品参展，展示了张家港政

“百名小画家百米长卷绘港城”主题活动在城展馆举行

（市文化中心　提供）

治、经济、文化、社会各领域的亮点和新貌。在保利大剧院展出3天后，移至城市展示馆一楼公示厅继续展出至2017年1月12日，参观2300人次。举办方选取150余幅优秀作品编印成册，发行600册。（茆玉月）

广播·电视·电影

【概况】年内，市文广新局完成杭州G20峰会、春节、国庆节等重要保障期的安全播出，实现全年安全播出无事故、无差错。技术装备全面升级，广播完成调频及数字中波无线发射自动监测系统建设以及媒资库和新闻文稿系统建设。电视高清新闻演播室和高清非编媒资网两大技术工程项目投入使用，实现电视节目采编、制作、存储的高清化。完成“无线张家港”手机客户端的阶段性改版，新增网络直播功能和活动技术平台。完成“中国·张家港”网站的升级改版和安全等级评估工作。12月，全市首个无线地面数字电视频点开机试播。在2016年度苏州市广播电视节目技术制作质量奖评比中，电视节目《张家港新闻》《春满港城——2016年张家港市春节电视文艺晚会》和广播节目《看啊，亲情树》《良宵引》获一等奖，电视节目《骑行的意义》《一座桥，一座城》和广播节目《钢铁是这样炼成的》《城市下午茶》获二等奖。市广播电视台全年策划推出《开局十三五，港城再出发》《聆听长征的声音》《2016中国（张家港）长江文化艺术节专题报道》等主题系列报道50组600余集，“张家港在线”网站策划制作“两学一做”学习教育、贯彻落实习总书记系列重要讲话精神等专题网页12个。13名广播电视一线新闻工作者和工程技术人员获评2016年度广播电视“首席记者（编辑）、主持人和工程师”。加强宣传管理，组织开展自办新闻节目质量抽查和广播电视节目评比活动各4次。对首批三家（大新、塘桥、乐余）镇级公益电影室内放映点进行授牌，105个室外固定放映点进行验收。全年编印节目评议内刊《监评互通》6期，汇总评议意见建议850条7万字。

【广播】年内，张家港市广播电视台广播传媒中心有编辑记者11人、播音员21人。具有中高级职称23人，其中，中级工程师4人、高级工程师6人、记者编辑6人、主任编辑3人，一级播音员2人，政工师1人、会计师1人。推出《人勤春早开新局》《供需对接在行动》《“两学一做”在港城》《走进转型一线，感受创新力量——触摸港城经济新脉动》《东渡扬帆踏浪行》等挂牌专栏和策划栏目29个。全年外发稿录用204件，其中中央级48件、省级156件。获省级政府奖3件，获苏州市级政府奖26件。《张广新闻》推出的系列报道《春风化雨润心田》获2016年度苏州重大报道特别奖和2016年度苏州市新闻战线“走转改”活动优秀项目优秀奖。3件广告作品在2015年首届CRI环球公益广告大赛中获奖，世界水日主题公益广告被水利部新闻宣传中心推广。9篇论文在省级和苏州市级刊物上发表，《全媒体时代广播旅游节目的品牌化运作——以张家港电台〈行走江南〉为例》获市社科应用研究课题立项。“张家港交通广播”微信号综合指数稳居全国县级电台前三甲。全年策划举办市第二届青歌赛系列赛事、市第五届重阳健康养生文化节等各类品牌活动近30个，“童心里的诗篇”少儿诗歌朗诵展播活动获市未成年人思想建设工作创新案例一等奖。开展“我是你的眼——我带盲人看电影”等文化志愿服务活动16次。单炜炜入选“江苏好记者讲好故事”成员库，刘玲被评为苏州市优秀新闻工作者。

【电视】年内，张家港市广播电视台电视传媒中心有各类专业技术人员168人，其中记者86人、编辑21人、电视主播15人，具有中高级职称62人，分别是中级工程师12人、高级工程师22人、主任记者25人、主任编辑3人、一级播音员1人。开设新闻综合、民生等自办专业频道和《张家港新闻》《第一视线》等新闻类栏目。《张家港新闻》播出《开局十三五，港城再出发》等挂牌专栏31组；《第一视线》推出《超越亲情的爱》等系列报道32档；《城市方圆》摄制大型文史纪录片《张家港骄子》等专题节目138集。全年策划举办“红色记忆·燃情岁月·薪火相传”全市党员年代秀等大型活动10余项。制作裸眼3D城市形象片《听见你的声音》等各类宣传片35部580分钟。全年被中央电视台录用新闻37条（次），其中《新闻联播》5条（次），被省电视台录用新闻468条（次）；获省政府奖和国家级协会奖9件（次），获苏州市政府奖34件（次）。系列报道《关注快递实名制》获中央电视台中国电视新闻协作网优秀节目一等奖，裸眼3D城市形象片《听见你的声音》获2016年第五届中国先进影像作品奖优秀奖。全年举办“我的玩具去新家”等大型公益活动10余项。公益广告《尊重知识，保护版权》获2015—2016年度国家新闻出版广电总局广播电视公益广告专项资金扶持项目知产类二类项目。张璇获第32届江苏电视奖电视主持人类优秀奖。（陆玉玲）

2016年张家港市主要广播电视作品获奖情况表

表67

作品名称	主创单位（人员）	获奖情况	颁发机构
广播新闻《骑车看文明，开会求实效》	严小娟、陈红霞、董　平	中国广播影视大奖广播电视节目奖广播消息类提名	中国广播电影电视社会组织联合会
公益广告《尊重知识，保护版权》	朱珊萍、朱荣祥、张秋岳、尹　伟、张志刚	2015—2016年度广播电视公益广告专项资金扶持项目（知识产权专项作品电视二类奖）	国家新闻出版广电总局

续表67

作品名称	主创单位(人员)	获奖情况	颁发机构
系列报道《关注快递实名制》	市广播电视台	2015年中央电视台中国电视新闻协作网优秀节目一等奖	中央电视台
宣传片《听见你的声音》	王敬朝、陈新洲、徐学渊、戴建东、陈楼会、伊　伟、黄秀英、师　恒	中国先进影像作品奖(3D电视)优秀奖	中国电影电视技术学会
公益广告《母亲节,你给婆婆打电话了吗》	孙钦敏	(首届)CRI环球公益广告创意大赛二等奖	中国国际广播电台
公益广告《我骄傲我是中国人》(多语种版)		(首届)CRI环球公益广告创意大赛优秀奖	中国国际广播电台
公益广告《尊崇自然,敬畏生命》		(首届)CRI环球公益广告创意大赛优秀奖	中国国际广播电台
儿童情景广播剧《中国兔子德国草》	市广播电视台	江苏省优秀版权奖三等奖	江苏省新闻出版广电局(版权局)
特别节目《行走江南》	庞　玲、陈红霞、毛晓梅、金　婵、俞丽萍、袁　媛、苏　珊、东　琪	2015年度江苏广播社教节目奖二等奖	江苏省新闻出版广电局、江苏省广播电影电视协会
特别节目《极限挑战渔山岛》	俞　剑、丁海斌、应敏娟	2015年度江苏电视社教节目奖三等奖	江苏省新闻出版广电局、江苏省广播电影电视协会
少儿节目《我是你的眼》	陈　型、余晓燕、赵　剑、朱晋原	2015年度江苏电视社教节目奖三等奖	江苏省新闻出版广电局、江苏省广播电影电视协会
原创歌曲《舌尖上的港城》	陈永泽、刘　征、庞晓丹、杜冬松	2015年度江苏电视文艺奖特别奖	江苏省新闻出版广电局、江苏省广播电影电视协会
戏曲《较量》	陈永泽、刘　征、陈　静、杜冬松、周啸宇、张　贤	2015年度江苏电视文艺奖一等奖	江苏省新闻出版广电局、江苏省广播电影电视协会
春满港城——2016年张家港市春节电视文艺晚会	陈永泽、刘　征、陈　静、张　璇、庞晓丹、李　华、马　炜、杜冬松	2015年度江苏电视文艺奖三等奖	江苏省新闻出版广电局、江苏省广播电影电视协会
广播节目《穿越明代领略苏州工艺之美》	邱岚岚、吴　昊、朱珊萍	2015年度江苏广播电视彩虹奖三等奖	江苏省新闻出版广电局、江苏省广播电影电视协会
广播节目《石磊和他的朋友》	孙钦敏	2015年度江苏广播电视播音与主持作品奖三等奖	江苏省新闻出版广电局、江苏省广播电影电视协会
语言类节目《看啊,亲情树》	陶利国、刘　胜	江苏省广播节目技术质量奖二等奖	江苏省广播电影电视协会
音乐类节目《良宵引》	陶利国、季玲燕、许　平	江苏省广播节目技术质量奖三等奖	江苏省广播电影电视协会
春满港城——2016年张家港市电视春节文艺晚会	宋亚平、张　平、邵晓春、黄　颖、张　贤、李　华	江苏省电视节目技术质量奖二等奖	江苏省广播电影电视协会
新闻类节目《张家港新闻》	宋亚平、张　平、刘　琳、殷　璎	江苏省电视节目技术质量奖三等奖	江苏省广播电影电视协会

【电影】 年内,全市新增影院5家,分别是锦丰镇巨星大南影城、塘桥镇巨星塘桥影城、金港镇巨星金科影城、市区巨星沙洲湖影城和中影巨星电影城。全市14家影院有银幕84块、座位10823张。影院数量在全省各县市中位列前三。深入推进江苏省农村电影提升工程,对塘桥文化中心、乐余文化中心、凤凰文化中心3个室内固定放映点进行授牌。2016年,全市年放映电影12.77万场,观影272.25万人次,实现票房收入7661.86万元,比上年增8%。继续组织开展"千场优秀电影进社区"活动,全年走进社区263个、敬老院9家、工地30余处,免费放映4900余场次。

【网络媒体】 年内,"张家港在线"网站采集发布各类新闻资讯、音视频4万余条,制作"2016张家港两会""两学一做"等大型新闻专题12个,完成原创公益视频16部,投放公益广告97个。"无线张家港"手机客户端全面改版升级,强化网络视频直播和网友互动功能,用户在收听收看广电节目的同时,可通过手机进行节目预约、点赞、评论和分享。承建的市政府官方微信号"张家港城事"在腾讯大苏网公布的苏州市政务微信排行榜位居前三位,43条资讯突破1万阅读量,2篇稿件获苏州市级优秀新闻作品奖。"中国文明网"张家港站在全国县级联盟网站的排名稳居第一。(陆玉玲)

张家港日报社

【概况】《张家港日报》为对开彩报，每周出报6期，每期8版，日发行量4万份。日报社有专职编辑记者71人，其中助理记者41人、记者16人、主任记者3人。2016年，头版推出“供给侧改革的港城样本”“党建项目进行时”“创新驱动，积分引领”“港城人才企业巡礼”“民生实事项目巡礼”“人才引擎驱动创新发展”“两学一做・知行合一”“走进转型一线，感受创新力量”等专栏，为全市争当“强富美高”新江苏建设排头兵提供良好的舆论支撑。弘扬和宣传社会主义核心价值观，推出“机关标兵风采”“‘编外村官’的日记”“致敬劳模”“身边好人张闻明”“践行社会主义核心价值观”“慈善楷模”“家风传承”等专栏及“成风化人”专版，宣传报道各类先进典型、模范人物300余位。策划推出“港城会客厅”主题专版，围绕全市热点、重点、难点工作进行挖掘、探讨，先后推出《创客空间・让梦想起航》《根植港城・花开世界》《大众旅游时代，张家港准备好了吗？》《以“归零心态”，持续进行颠覆性创新》等主题专版。制定《张家港日报社关于学习贯彻市第十一次党代会精神的实施方案》，组织开展“落实新精神・迈向‘十三五’，张报君新风貌新作为”主题实践活动、“危中求机・砥砺前行，我与张报共进共荣”绩效比拼活动、“不忘初心・继续前进，张报君年度杰作”系列评选活动等主要活动20项。8月，打造“张报大讲堂”，邀请资深记者、专家学者到社作讲座和鼓励报社干部职工登台演讲。年内，共举办4场。11月21日至11月30日，开展读者用户调查问卷活动，收集整理读者意见建议近千条。12月26日，启动《张家港日报》综合改版工作，促进报纸传播与新闻网、微信、微博、《张家港政务》杂志传播的交汇融通，培育形成新传播、新品格、新力量的品牌集群。年内，在江苏省、苏州市、张家港市新闻作品评选中，获奖60篇次，其中省级以上11篇次。在2016年度江苏省广告行业服务品牌紫金奖（系列）评选活动中入选江苏紫金奖“诚信榜”。

【主题特刊】 年内，张家港日报社做好重要纪念日、节庆日主题宣传，推出《清明祭》《力量——庆祝五一劳动节特刊》《先锋颂——庆祝中国共产党成立95周年》等特刊。其中，4月1日A5版至A12版特刊《清明祭》，通过“片段回放”和“亲友思念”的方式，讲述纪检干部施忠华、最美书记汪明如、中国好人朱付妹、阳光少年徐志刚的故事。4月30日A5版至A12版特刊《力量——庆祝五一劳动节特刊》，通过采访劳模、先进工作者、工会等，弘扬劳模精神、劳动精神。7月1日A9版至A15版特刊《先锋颂——庆祝中国共产党成立95周年》，通过“星火燎原”“红色光影”“峥嵘岁月”“党员风采”“激情岁月”主题，讲述波澜壮阔的革命故事、英勇豪迈的革命人物。

【市十一次党代会宣传】 7月25日至28日，中共张家港市第十一次代表大会召开。《张家港日报》头版开设“喜迎党代会・港城这五年”栏目，先后推出《改革潮涌・港城扬帆》《凝聚发展“最强动力”》《成就百姓“幸福梦”》等9篇重点报道。会中，刊发67个主题专版进行全面报道，连续刊登《美好蓝图，让我们充满期待——朱立凡所作的工作报告在我市干部群众中引起强烈反响》《期待“强富美高”的现实模样——倾听党代表的心里话》等重头稿件。同时“张家港日报”公众微信号权威发布会议内容，并开辟留言通道，其间共推出6条原创微信，点击量超过5万人次。会后，组织5篇系列评论，重点从聚焦转型、创新驱动、绿色发展、文明引领等方面领会精神，明确目标，创新前行。开设“争当排头兵，开启新征程——贯彻党代会精神访谈”栏目，进一步贯彻落实市第十一次党代会精神，筑起党代会精神宣传高地。

【“张葆平”评论员队伍】 “张葆平”评论员是一支评论员队伍，是“暨阳谈”栏目的主要撰稿人。11月17日组建，成员有19名热心读者和8名报社记者。任务为关注市主要领导和重要会议活动节点，策划撰写“张葆平”评论文章，打造头版的“点睛之笔”。年内共推出评论文章14篇。在纪念撤县建市30周年期间，连续推出《三十而立潮头立》《三十而立从头越》《三十而立奋勇干》3篇评论，引起社会各界好评。《“创新现场”话“创新”》《三十而立从头越》《从严是最负责任的关爱》3篇评论被新华网转载。

【纸媒与新媒互动融合】 年内，推进《张家港日报》纸媒与新媒互动交融，在立足报纸主阵地的同时，运营好“张家港日报”“文约周末”“舌尖上的港城”“汽车周刊”“奔跑吧小记者”5个公众微信矩阵。在2016年度全市网络主题宣传优秀作品中，有5篇稿件获奖，其中《三高+三铁+两个通用机场！张家港未来交通这么霸气，你知道吗？》《嘿，了不起的张家港，30周岁生日快乐》获一等奖。至年末，微信矩阵群的粉丝量18万，其中“张家港日报”微信粉丝达到15万，稳居张家港新媒体粉丝数量的第一方阵。2016年，以“张家港日报”公众微信号为载体，先后组织举办“我要上车展”港城首届车模评选及现场摄影大赛、张家港“旧物新生”绿色环保公益行动、“最美妈妈”、“1平方米未来，困境儿童成长激励计划活动”、“最美微笑”评选等活动，有效地提升微信号的影响力。

【凤凰文化公司新出版6种9本图书】 张家港日报社下属单位张家港凤凰文化发展有限公司，年内与凤凰出版社合作出版图书6种9本。6月，出版《青藤风骨》1000册，计21万字；出版《海事行政法律文书制作与规范指南》1000册，计30.3万字。10月，出版《长河云影》2000册，计37.8万字。11月，出版《沙上文化丛书（第四辑）》1200套，一套3本，分别为《公羊寿文集》《何伟钦传记》《蒹葭风生录》，计110.7万字。12月，出版《三石文丛》2000套，一套2本，分别为《陈述》《隔着窗棂看风》，计44万字；出版《筑梦巩留》1000册，计21.2万字。

2016年张家港日报社新闻作品获省级以上奖项一览表

表68

作品标题	作　者	体裁	获奖情况
《张家港用“积分制”引领企业创新发展》(2015年12月18日1版)	余继峰、陆　欢	消息	江苏省报纸优秀作品三等奖 江苏省县市报新闻奖三等奖
《80后父亲昨成功割肝救女》(2015年11月28日1版)	浦　江	消息	江苏省报纸优秀作品三等奖
《一个孤寡老人的“全家福”》(2015年8月10日1版)	高　燕、周晓艳	通讯	江苏省报纸优秀作品三等奖 江苏省县市报新闻奖二等奖
《乡村小学承揽世界级赛事》(2015年6月20日2版)	庞瑞和	图片	江苏体育优秀新闻作品二等奖 江苏省县市报新闻奖二等奖
《邵建国、龚龙英:“半路夫妻”一世情缘》(2015年8月29日2版)	陈　红、浦　江	通讯	江苏省县市报新闻奖一等奖
《港城由“送文化”迈入“种文化”时代》(2015年11月16日1版)	余继峰、李　燕	消息	江苏省县市报新闻奖二等奖
《一份市民建议引发政府“大动作”》(2015年11月24日1版)	徐卫峰	消息	江苏省县市报新闻奖二等奖
《村民直选“当家人”》(2015年8月15日2版)	庞瑞和	图片	江苏省县市报新闻奖二等奖
《“小候鸟”归乡》(2015年7月24日1版)	庞瑞和	图片	江苏省县市报新闻奖二等奖
《他用双眼“点亮”别人的明天》(2015年4月2日1版)	井维娥、余继峰	消息	江苏省县市报新闻奖三等奖
《“海归”陆涛筑梦双山岛》(2015年5月29日9版)	王敏悦、钱超新	通讯	江苏省县市报新闻奖三等奖

（杨　洁　任星海）

中国(张家港)长江文化艺术节

【概况】 长江文化艺术节于10月末至11月中旬举行。由文化部公共文化司、文化部全国公共文化发展中心、中国戏剧家协会、中国群众文化学会、江苏省委宣传部、省文化厅、省文学艺术界联合会、沿江各省(区、市)戏剧家协会、沿江各省(区、市)群文学会、沿江各省(区、市)民间文艺家协会、中共张家港市委员会、张家港市政府等单位支持,活动包括第七届(张家港)长江流域戏剧艺术节、第二届长江流域民间艺术博览会、“群众文艺创作大家谈”座谈会、长江流域群众文化学会座谈会和戏剧家协会座谈会、纪念张家港撤县建市30周年文学摄影作品征集展示活动、“美丽中国·聚焦张家港”专题宣传等。10月31日晚,2016年中国(张家港)长江文化艺术节暨第七届(张家港)长江流域戏剧艺术节开幕式在张家港保利大剧院举行,上海沪剧艺术传习所(上海沪剧院)表演大型原创沪剧《邓世昌》。11月16日晚举行闭幕式,市锡剧艺术中心表演现代锡剧《江边新娘》。10月30日至11月16日,第七届(张家港)长江流域戏剧艺术节在保利大剧院和各区镇文化中心进行大戏展演16场,2台精品折子戏进基层巡演,观众1.7万人次。

【第二届长江流域民间艺术博览会】 11月5日至7日举行。博览会由中国长江文化促进会、沿江各省(区、市)民间文艺家协会支持,江苏省民间文艺家协会、长江文化基金会和张家港市政府共同主办,包括“创新,让民间艺术融入现代生活”主题展、“传承技艺·传递匠心”创意手工艺大赛、“长江经济带与长江文化”研讨会、“文化力量·民间精彩”中国民间艺术之乡张家港非遗项目展示交流活动、“工匠精神”传承人讲述长江非遗传奇故事、长江流域民间艺术金菊奖评选颁奖等活动。博览会展出长江流域12个省(区、市)的247位民间艺术家和非遗传承人的2万件民间工艺品和约1500件非遗作品,其中126件民间艺术品参加长江流域民间艺术金菊奖评比,13件作品获金奖。

【“繁荣群众文艺创作大家谈”暨长江流域群众文化学会座谈会】 11月1日举行。座谈会由中国群众文化学会、张家港市政府主办,江苏省群众文化学会、张家港市委宣传部、张家港市文广新局、张家港市群众文化学会承办,沿江12省(区、市)的群众文化学会(群艺馆)协办。中国群众文化学会、江苏省群众文化学会以及沿江流域12个省(区、市)的群众文化学会领导和入选论文作者代表参加活动。会议公布和表彰“繁荣群众文艺创作征稿活动”优秀文章。活动自5月至9月累计征集到全国20个省(区、市)群众文化学会及单位会员推荐的稿件近150篇,最终评出45篇优秀文章,并整理出版《繁荣群众文艺创作大家谈》优秀论文汇编。

【纪念张家港撤县建市30周年文学、摄影作品征集展示活动】 由市委宣传部、市文广新局主办,《沙洲文艺》编辑部承办。3月20日至10月31日,面向全市市民公开征集文学、摄影作品,其中文学作品共征集到56件,在诗歌、散文、小说三种文体中各评出一、二、三等奖与入选作品奖24件;摄影作品共征集到120件(组),评出一、二、三等奖和入选作品奖15件。获奖作品择优刊登于《沙洲文艺》。12月2日下午,“诗歌里的城”纪念张家港撤县建市30周年诗歌朗诵会在保利大剧院举行。活动以诗歌朗诵为主,并搭配歌曲、舞蹈、视频短片等。获奖诗歌和部分获奖摄影作品在朗诵会上展示。　　（陆玉玲）

【编辑　景力颖】

卫生和计划生育

Health and Family Planning

学校红十字应急救护大赛　（市红十字会　提供）

卫生计生事业

医　　疗

预防保健

人口计生

卫生监督

环境卫生

红十字救护

扫码欣赏

卫计事业和医护人员
一天工作情况宣传视频

卫生计生事业

【概况】 年末，全市有卫生计生机构429个，其中医院40个、卫生单位5个、社区卫生服务机构227个、企事业单位卫生所52个、个体诊所84个、门诊部11个、计生指导（服务）站10个；卫生计生机构人员总数11258人，比上年增加426人，增3.93%。张家港市创建成为全国妇幼健康优质服务示范市、国家计划生育优质服务先进单位、“十二五”江苏省人口协调发展先进市、江苏省幸福家庭项目县（市）。公立医院在苏州市绩效考核中名列前茅，出院患者满意度继续在苏州各县市保持领先。市卫生和计划生育委员会连续三届蝉联江苏省文明单位，获评张家港市级机关综合贡献奖。

医药体制改革 深化公立医院改革。开展医疗机构“转型升级绩效大比拼”，完善第三方绩效考核机制。制定出台《张家港市公立医院薪酬分配制度改革实施意见》，完善绩效工资总量、院长年薪核定办法。持续改善医疗服务，打造“一站式”医疗服务新模式。全年门诊人次比上年增0.8%，出院人次增4.4%，药占比下降0.8%，平均住院日下降0.4天。启动基层卫生改革。出台《关于深化全市基层医疗卫生运行机制改革的实施意见》。将南丰、凤凰、大新镇医院上划市管，整合镇级卫生计生行政管理职能，优化社区卫生运行机制。深化医联体建设，建立协作专科8个、联合病房26个、合作科室20个。推进区域医疗资源共享中心建设，心电、影像会诊中心建成启用，临床检验、病理诊断、集中消毒供应中心不断完善。

社区卫生 全市新改扩建社区卫生服务机构20家，其中15家投入使用。统一规范204家服务站的标识标牌和上墙资料。8家服务站创建成“江苏省示范村卫生室”。全年社区卫生服务机构完成门急诊总量330.63万人次，占全市门急诊总量的34.33%。落实12大类45项基本公共卫生服务项目，累计建立健康档案103.04万份，组建全科服务团队115个、全科医生工作室63个。全面上线运行电子处方系统，21家社区卫生服务机构接入市级心电远程会诊系统。推进基层社区卫生服务机构中医药能力建设，南丰、凤凰社区卫生服务中心完成国家级基层医疗机构中医诊疗区（中医馆）服务能力建设项目，设立6个基层特聘中医专家工作室，特聘6名中医专家开展师承教学和诊疗工作。

科教兴卫 全年各医疗卫生单位获批省自然科学基金项目1项、省卫计委妇幼科研项目1项、苏州市级科研项目26项，获评省新技术引进奖1项、苏州市医学新技术引进奖3项、张家港市科技进步奖6项、张家港市医学新技术引进奖28项。全年累计发表论文503篇，市中医医院康复科主任党宝齐的论文《相互作用参与大鼠蛛网膜下腔出血后早期脑损伤的病理过程》获苏州市自然科学优秀学术论文一等奖。全市举办国家级学术活动4项、省级学术活动8项、苏州市级学术活动37项。

公共卫生 2016年，全市人均基本公共卫生经费70元，比上年增加20元。全力做好人感染H7N9流感、诺如病毒等传染病防控工作，升级全市老年人免费健康体检，通过“国家慢性病综合防控示范区”第三方评估和“江苏省卫生应急工作规范市”复核评估。启动精神卫生综合管理试点，开展严重精神障碍患者联合排查，推进严重精神障碍社区康复机构建设，精神病防治康复工作持续走在苏州市前列。整合卫生计生监督执法资源，在苏州市率先建设综合监督执法体系。合理调整无偿献血服务模式，落实无偿献血获奖者“三免”（免费游览景区、免交普通门诊诊察费、免费乘坐市内公交车）优惠政策。全市符合条件的获奖献血者共373人，其中360人是无偿献血奉献奖获得者、13人是成功捐献造血干细胞的志愿者。深入推进健康促进“三百”（百家健康沙龙、百场健康大讲堂、百家健康家庭）行动。全年共开展“健康大讲坛”203场，服务群众1.5万人次，发放健康宣教资料1万余份。

计划生育 实施“全面两孩”政策，优化落实计生奖扶政策。落实妇幼健康项目分级服务，完成5家基层医疗卫生机构妇幼保健规范化门诊建设。深入开展生育关怀行动，提前超额完成免费孕前优生健康检查省定任务。调整完善新市民卫生计生积分管理政策，推出流动人口基本公共卫生计生均等化“十免”（免费建立健康档案，免费环情、孕情监测服务，免费计划生育宣传、咨询服务，免费提供避孕药具，免费提供妇女病普查，免费提供优生健康检查，免费提供生育登记，免费提供产后访视，免费提供儿童保健和4次科学育儿体验，免费提供流动儿童一类疫苗预防接种）服务，完成全市流动人口信息核查及动态监测调查。

行风建设 推出12项便民惠民新举措和250余项细节服务，开展“改善窗口服务态度整治、优化导医导诊服务、环境卫生整治”三大专项行动。开展推荐、宣传、学习“好医生·好护士”和“寻找最美社区医生”活动，评选表彰“德技双馨标兵”和“五十佳”卫生计生工作者。举办“无偿献血关爱健康”大型公益巡诊活动45场，开展义诊服务9126人次，免费发放药品价值3.83万元。

【大病困难群众家庭医生签约服务实事项目实施】 大病困难群众家庭医生签约服务项目是市政府2016年1号民生实事项目，为张家港户籍大病困难群众免费提供“四个一”（签约一个由社区医生、二级医院专科医生组成的家庭医生团队；提供一张健康服务卡，凭卡在指定医院免费享受1000元门诊医疗服务和优先预约就诊、检查、住院等便捷服务；开具一张个性化健康处方；教学一套家庭护理技能）的个性化服务。全年共签约2194户，签约率97.9%。社区医生开展家庭访视17826户次，二级以上医院专科医生提供面对面服务5223人次，医院组织家庭护理培训159场，提供优先预约就诊1829人次、检查1387人次、住院162人次，市级专家参与会诊233人次，健康指导569人次；健康服务卡刷卡5201次，免除门诊医疗费用121.48万元。（朱光华 卢 敏）

医 疗

【概况】 2016年,全市有综合性医院25个、中医医院1个、中西医结合医院1个、专科医院11个、护理院2个,三级医院2个、二级医院6个、二级医院创建单位3个、社区卫生服务中心9个、社区卫生服务站218个、企事业单位卫生所52个、个体诊所84个、门诊部11个。全年各级各类医疗机构总诊疗人次1135.74万人次,比上年减少0.24%;出院病人31万人次,比上年增长5.08%;病床使用率87.41%;平均住院日9.1天;平均门诊人次费用198元,平均住院人次费用8584.4元。全年“120”急救体系出车25803车次,救治各类伤病员18839人次、危重患者1481人次。年内,乐余医院、锦丰医院晋升为二甲医院,市第一人民医院、张家港澳洋医院分别通过三乙、二甲医院周期评审,市第三人民医院通过二甲医院复评。

医疗队伍 年末,全市有卫生技术人员9283人,其中医疗人员3810人、护理人员3723人、药剂人员508人、医技人员449人,高级职称741人、中级职称2137人,社区医生667人。按常住人口计算,每千人口卫生技术人员8.98人、执业(助理)医师3.04人、注册护士2.97人。加大高层次人才引进力度,年内全市引进副高以上高层次人才13人、硕士以上学历44人。创新柔性引才机制,外聘专科学术主任17人。继续推进卫生高层次人才培养工程,培养“姑苏卫生重点人才”1人(市中医医院王利红)、张家港市名医5人(市第一人民医院沈祥、陈丽娟、谢虹、高锦萍,市中医医院孟浩)、张家港市学科带头人6人(市第一人民医院朱晓珏、高艳平、浦利军、蒋锋,市中医医院李红、施海伟)。市中医医院王利红成为省“333”高层次人才培养工程培养对象,赵伟东、叶红华、徐丽霞、苏永高等21人获评省“基层卫生骨干人才”。市中医医院中药师钱伟入选全国中药特色技术传承人才培训项目培养对象。

医疗设施 年内,市卫计委批准设置民营医疗机构9家,其中康复医院1家、门诊部2家、诊所6家。市一院科教综合楼开工建设,市四院易地新建工程、市三院门急诊楼工程主体竣工,金港医院新建工程住院楼主体封顶,中心医院、合兴医院一期、常阴沙医院康复护理病区竣工启用,港城康复医院、合兴护理院等社会办医建设项目有序推进。年末,全市实际开放床位9601张,常住人口千人床位数7.66张。全年审批采购10万元以上医疗设备102台。

重点专科 年内,市第一人民医院骨科建成全市首个江苏省临床重点专科,市中医医院肾内科建成江苏省中医重点专科,市第一人民医院神经内科建成苏州市临床重点专科,市第一人民医院神经外科学、血液病学和市中医医院中医骨伤科学、市疾控中心传染病防制学4个学科建成张家港市级医学重点学科,市第一人民医院泌尿外科、市中医医院脑病科、市第三人民医院眼科、市第四人民医院临床心理科等10个市级临床重点专科通过复评。全市累计建成苏州市级以上重点专科16个、重点学科1个。

行业监管 市卫计委严格落实12项医疗行业服务行为监管制度,每季度开展“三合理”(合理用药、合理检查、合理治疗)检查。严肃处理不符合规定的医疗机构26家(注销8家、暂缓校验5家、限期整改3家,注销诊疗科目10家)。市卫生、人社部门建立联合监管机制,定期公示各医院主要运行指标、医疗机构不良执业行为和记分情况。依托6大市级医疗质量控制中心,开展专项督导检查25次。实施医疗纠纷档案管理,召开医疗纠纷评析会,提高医疗纠纷预警调处能力。受理医疗纠纷及投诉109起,妥善处理率100%;引导进行医疗事故技术鉴定32起,调结率95%以上。

【健康市民“531”行动计划启动】 年内,为深化医疗改革,形成分级防治体系,进一步降低致残率和死亡率,按照“急病要急、慢病要准”理念,全市启动实施健康市民“531”行动计划(建立胸痛、卒中、创伤、危重孕产妇和危重新生儿五大“急病”协同救治体系,建立肿瘤、心脑血管病、高危妊娠三类疾病高危因素筛查机制,成立一个市民综合健康管理服务平台)。各区镇均设立健康管理综合办公室,并逐步向市民健康管理综合服务平台转型。启动胸痛、卒中、创伤、危重孕产妇和危重新生儿救治中心建设,开展心脑血管、肿瘤、高危妊娠三大高危因素筛查干预,设置定点医院多学科联合筛查门诊。建立完善高危对象双向转诊衔接机制。至年末,全市共完成心脑血管疾病高危人群筛查7863人,发现高危对象1265人,转诊至定点医院进一步检查200人;完成肿瘤高危人群筛查3811人,发现高危739人,转诊到定点医院进一步检查17人;完成高危妊娠筛查1798人,发现高危妊娠763人,转诊116人,进一步诊治31人。

(卢 敏 郭 浩)

预防保健

【概况】 2016年,全市人均期望寿命82.58岁。继续推进科技重大专项江苏省防治艾滋病、病毒性肝炎和结核病等重大传染病综合示范区建设项目,完成“十二五”目标任务。疾病防控、妇幼卫生主要指标在全省持续领先,重性精神病防治工作走在苏州市前列。创建成首批“国家级妇幼健康优质服务示范市”,顺利通过“国家慢性病综合防控示范区”第三方评估和“江苏省卫生应急工作规范市”复评。

疾病预防控制 全年报告乙、丙类传染病5018例,传染病总发病率每10万人310.84例,全市未发生重大传染病疫情。全年累计发现活动性肺结核400例,报告伤害监测病例29665人、慢性病22148例、肿瘤5009例,报告死亡7249例。开展企业退休人员和非社会化管理65岁以上老年人健康体检21.8万人,高血压健康管理13.7万人,糖尿病健康管理3.9万人。完成扩大免疫规划疫苗免费接种36.3万人次,一类疫苗接种率、乙肝疫苗合格接种率均在95%以上。完成职业病危害因素企业监测201家（次），职业健康监护1.9万人次。市疾病预防控制中心通过省职业健康检查机构和放射卫生技术服务机构资质续展评审，建成“传染病防制学”市级医学重点学科。实施江苏省食品安全风险主动监测项目，完成食品污染物监测五大类606份，合格率为99.8%。定期开展生活饮用水采样监测，水样检测合格率100%。开展40家医疗机构、10家托幼机构消毒效果监测，合格率分别为96.4%、98.4%。组织全市中小学校完成学生体检11.4万人，规范学生因病缺课监测网络直报工作，监测学校、学生覆盖率保持100%。继续实施江苏省儿童口腔疾病干预项目，2015—2016学年共对59所小学（含分校）10034名三年级学生进行口腔检查和窝沟封闭。

妇幼健康　全市孕产妇死亡率每10万人0例，婴儿死亡率2.71‰，5岁以下儿童死亡率4.22‰，围产儿死亡率3.46‰，0至3岁儿童系统管理率98.42%，7岁以下儿童保健覆盖率98.74%，孕产妇系统管理率97.53%。婚前医学检查率95.02%、产前检查率98.63%、新生儿疾病筛查率98.87%，新生儿听力筛查率98.21%，出生缺陷率3.68‰。加强危重孕产妇和危重新生儿救治能力建设，组织开展全市危重孕产妇救治技能竞赛。落实妇幼健康服务项目分级管理，6个项目实现基层首诊。在4家医院试点开展高危妊娠筛查和干预项目，并逐步扩大到全市二级及以下助产机构。在苏州全市率先启动基层医疗机构妇幼保健门诊规范化建设，5家医院达到省级建设标准。落实妇幼重大公共卫生服务项目，全年孕产妇住院分娩补助8486人。发放叶酸3232人，叶酸发放率100%。在锦丰镇试点开展HPV（人乳头瘤病毒）检测，全年妇女“两癌”（宫颈癌、乳腺癌）检查34721人，其中宫颈HPV检测3249人，HPV阳性278人，发现宫颈癌20人、乳腺癌13人、宫颈癌前病变139人、宫颈上皮内低级别瘤变187人。预防艾滋病、梅毒、乙肝母婴传播，全年免费检测14694人，实施艾滋病母婴阻断4人，梅毒母婴阻断12人，新生儿免费注射乙肝免疫球蛋白612人。开展新生儿疾病筛查10959人，确诊异常18例。推进妇儿健康工程，全年共服务44万人次，投入资金3014万元。开展0至6周岁儿童免费脑发育初步筛查8523人，转诊作进一步筛查724人。与复旦大学附属儿科医院协作开展新生儿先天性心脏病筛查，全年共筛查9533人，发现异常330人，转诊5人。

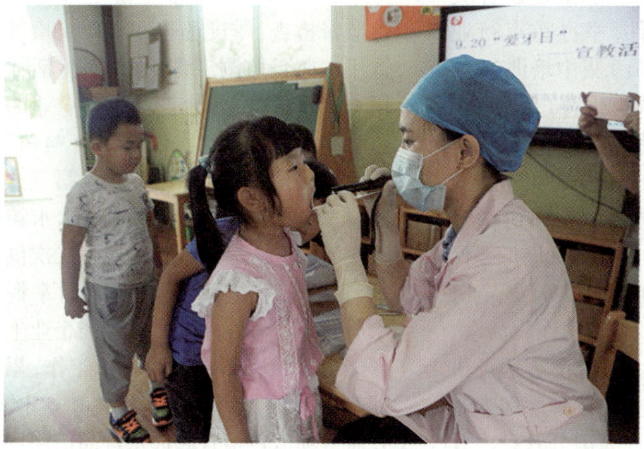
实施儿童口腔疾病干预　　（市卫计委　提供）

【国家精神卫生综合管理试点开展】为探索创新精神障碍预防、治疗和康复综合管理模式，年内，张家港市全面启动精神卫生综合管理试点工作。市政府成立由分管市长为组长的试点工作领导小组，建立多部门联动机制，印发《关于进一步做好我市肇事肇祸等严重精神障碍患者救治救助工作的通知》《张家港市实施以奖代补政策落实严重精神障碍患者监护责任的工作方案》《关于做好全市精神障碍社区康复机构建设工作的通知》等文件，加强严重精神障碍患者管理服务，落实精神障碍患者监护责任，推进精神障碍社区康复机构建设。全市开展严重精神障碍患者联合排查，共上报疑似患者1232例，复核诊断447例，确诊354例。至年末，全市共登记严重精神障碍患者5700人，检出率4.5‰，管理患者5412人，管理率95.0%。应急医疗处置11人次。加强严重精神障碍患者信息管理，上报门诊确诊患者信息76例、出院信息387例、发病报告8例。实施大病困难患者家庭医生签约服务，为386户贫困精神障碍患者家庭提供1000元门诊免费健康服务卡，面对面服务876人次，开具个性化健康处方783张，组织家庭护理教育培训9场。举办社区医师增加精神卫生执业范围培训，通过考核并增加注册17人。继续落实严重精神障碍患者免费服药、免费体检等优惠政策。免费服药4843人，免费服药率89.5%；免费体检3941人，体检率72.8%。继续深化“心语桥工作室”心理健康服务，全年提供免费讲座18次，免费心理咨询和治疗158人次，1500余人次受益。

（卢　敏　郭　浩）

人口计生

【概况】2016年，全市户籍出生人口9865人，出生率10.35‰，人口自然增长率3.25‰；常住人口出生政策符合率为99.3%，其中户籍人口出生政策符合率为99.9%，流动人口出生政策符合率为98.02%；常住人口出生性别比年均106.16，其中户籍人口出生性别比为104.46，流动人口出生性别比为109.84。全年市、镇两级财政共投入人口计生事业经费9932.41万元，人均64.8元。张家港市创建成国家计划生育优质服务先进单位、“十二五”全省人口协调发展先进市、江苏省幸福家庭项目县（市）。

计生指导服务　落实人口计生目标责任制，严格执行计划生育“一票否决”制度，全年审核543人次，否决1例。全市兑现2016年农村部分计划生育家庭奖励金1401.6万元，企业退休人员一次性奖励金3859.56万元，计划生育特别扶助金1180.13万元；发放生育关怀基金167.42万元，其中发放计生特扶家庭二项补贴（社会保险补贴、养老保险补贴）86.92万元。

人口和家庭公共服务　全年完成

免费孕前优生健康检查6951人次，免费优生优育疾病基本保险覆盖8715户，开展孕产期保健服务300249人次。推进“0—3岁科学育儿、宝贝启蒙”行动，全年完成科学育儿指导服务19979人次。创新实施全市计生特殊困难家庭免费体检，1036名特困对象参与体检。开展计生特困对象春节走访慰问，走访计生特殊困难家庭805户，发放慰问资金80.5万元。“连心家园”建设实现镇级全覆盖，锦丰镇“连心家园”被评为苏州市级示范点。实施计生特扶家庭住院护工保险，投入金额47.82万元，受益1708人。倡导商业保险模式，推广独生子女健康保险，累计5万余户独生子女家庭参与。

流动人口计生服务　创新推出流动人口基本公共卫生计生均等化“十免”服务，完成全市流动人口信息核查及动态监测调查，全市流动人口计生管理服务率97.5%，流动人口对基本公共卫生计生服务项目的满意率99.5%。开展“同城一脉，共沐春风”行动，设置计生宣传服务点342个，免费发放宣传资料6万余份、避孕药具3万余份，提供政策咨询2万余人次。为19672名申请继续加入居民基本医疗保险的新市民出具接受居住地管理服务证明表，完成9732名新市民申请积分入医和9929名新市民申请积分入学的计划生育审核评分。

【“二孩”政策实施】 3月30日，江苏省十二届人大常委会第二十二次会议通过《关于修改〈江苏省人口与计划生育条例的决定〉》，提倡一对夫妻生育两个子女，全面实施“二孩”政策。市人口计生委积极加强政策宣传引导，做好实施前后的政策衔接。全市建立健全出生人口监测预警机制，跟踪分析新政实施情况，科学研判生育政策调整影响与效果。实行生育登记制度，全面推行首问负责制、全程告知制、限时办结制、婚育承诺制、免费办理制五项服务制度，优化生育登记服务流程，规范再生育审批程序。全年开展生育登记8014例，再生育审批236例。全市“二孩”出生6527人，其中流动人口“二孩”2426人，“二孩”出生率占新生人口的44.84%。

【流动人口社会融合与健康促进】 全市以流动人口权益保障和民生服务需求为导向，推进流动人口基本公共卫生计生服务均等化。杨舍镇金塘社区“同享发展成果，共建和合金塘”针对社区拆迁安置人口和流动人口的构成模式，开展“家门口的再就业”，青少年“5+2”课堂，“好人帮”邻里互助等活动，实现社区内不同层面人群大融合，淡化流动人口标签，增强新市民的社区认同感。金港镇后塍中心社区开展青塍筑梦活力社区、银塍时光幸福社区、紫塍巾帼魅力社区、蓝塍祥和平安社区、赤塍荣光合力社区“五彩五区你我共享”系列活动，提升流动人口基本公共服务均等化水平。锦丰镇以“生育关怀，服务到家”活动为抓手，启动“新市民生殖健康万人行”的健康普查，按照每两年一次妇女病普查以及三年一次“两癌”筛查节点，开展生殖健康普查服务。塘桥镇以企业集团为基点，以外来务工者为服务对象，在普坤集团推出“一路阳光”健康促进项目，建立政府引导、部门联动、社工参与的流动人口健康促进工作新模式，促进外来务工人员家庭健康发展，增强他们的获得感和认可度。　（卢　敏　郭　浩）

卫生监督

【概况】 2016年，全市发放各类公共场所卫生许可证1351张，组织开展各类执法检查、整治27次，检查相关单位7982户次，查处各类违法案件142起，罚没款22.7万元，处置各类卫生投诉举报57件，举办重点行业单位负责人（管理员）集中培训20场次1430人次。完成再生育（服务）审批236例，发放再生育证236张，核发“独生子女父母光荣证”8847份，发放《人口计生行政指导书》36份。

医疗机构监管　全市开展母婴保健和计划生育专项技术服务、规范医疗机构名称、打击“医托”诈骗活动、医疗机构临床用血、医疗美容服务机构等重点监督检查，实行季度巡查制度，严格不良执业行为记分管理。开展新颁布的《职业健康检查管理办法》执行情况检查，督促指导本级发证医疗机构开展职业病危害项目预评价和控制效果评价工作，从源头上控制职业病危害。全年组织对一级以上医疗机构专项巡查6次，查处问题单位3家。对个体诊所进行口腔消毒隔离、医院感染等专题培训，处罚个体诊所2家。联合市环保局加强医疗卫生机构污染防治工作，5家污水处理不力单位被通知整改。

公共场所监管　引入第三方检测机制，进一步扩大检测覆盖面，覆盖13个行业、370个公共场所。开展游泳场所卫生“333”（三落实、三合格、三公示）治理专项行动，推行游泳池水质在线监测，实施高峰期水质每周定期抽检，共开展5轮抽检，监测水样148份，合格率100%。引导集中空调通风系统管理单位加强自我管理，推行清洗消毒备案和联合验收制度，开展集中空调“大清洗行动”，全市30家集中空调使用单位全部完成清洗消毒备案工作。

学校卫生、集中餐饮具监管　开展春、秋两季学校卫生专项执法检查，做好学校教学环境卫生、传染病防控和生活饮用水监管工作。调研学校饮用水供水方式，开展学校饮用水监测，提高学校饮用水卫生安全质量。共检查学校295所，监测饮用水样品35份，合格率100%。对餐饮具集中消毒企业进行量化分级评定，评定A级单位2个、B级单位1个、C级单位1个。引导资源整合，新建规模型餐饮具集中消毒企业1家，占地面积3000余平方米。

生活饮用水监管　规范开展日常监督检查、季度巡查和水质快检等饮用水监督监测工作，强化对生活饮用水供水单位、涉水产品生产企业的监管。深入推进二次供水单位“4+1”（快检、法检、处罚、信息公示+第三方监督）监管模式，落实二次供水水箱清洗消毒工作，建立市政供水、二次供水监测点，实施季度监测，及时掌握水质动态。做好涉水产品生产企业生产能力审核和行政许可初审工作，累计对21种涉水产品进行审核和初审。开展专项监督检查和涉水产品信用评价创建活动，规范涉水产品产销单位生产经营行为。佐敦涂料（张家港）有限公司获评江苏省2014—2015年度涉水产品“卫生信用诚信企业”。

【非法行医整治】 全年共组织非法行医集中整治活动2次，共检查各类非法行医场所242户次，取缔无证行医点47个，没收药品144箱、器械5件，案值5.38万元。立案查处无证行医29起，罚没款7.18万元。抄告公安机关被两次行政处罚非法行医者信息8人次，移送公安机关涉嫌非法行医3人，对1名非法行医缓刑期间仍非法行医的顽固人员抄告市司法局建议撤销缓刑执行实刑。加强对非法“微整形”医疗美容巡查打击力度，开展生活美容单位巡查2次，联合公安部门开展专项检查2次，取缔涉嫌“微整形”非法行为3户（次），移送公安机关非法医疗美容案件1起。设计制作打击非法行医宣传品、宣传版面，以新市民为重点宣传对象，走进全市11所新市民子弟学校，开展“小手拉大手——珍爱生命，远离非法行医”主题宣传活动。张家港市卫生监督所成为苏州市卫生监督系统打击非法行医教育培训基地。

【消毒产品监督】 市卫生监督所对一级以上医疗机构消毒质量进行监督监测，降低医院感染风险。开展以内镜诊疗室、消毒供应室、注射室等消毒隔离执行情况为重点的传染病防治专项检查，开展口腔诊所压力蒸汽灭菌器生物监测，立案查处灭菌器械监督检测不合格的单位5个，罚款1万元。抽检妇女卫生用品、儿童卫生用品等一次性卫生用品样品129份，合格率96.9%。立案查处标签说明书不符合规定的消毒产品11起，罚款1.8万元。

（卢 敏 郭 浩）

环境卫生

【概况】 2016年，市城乡环境卫生指导中心从满足人民群众对优质环境和健康生活品质的需求出发，坚持爱国卫生运动和健康城市建设融合并重的工作思路，因地制宜建设美丽乡村，大力开展全民健康促进活动，巩固提升创卫成果。全市建成江苏省美丽乡村建设示范村1个、苏州市美丽村庄示范点1个和三星级康居乡村32个。张家港市健康城市建设工作被编入4集大型纪录片《健康中国》，在中央电视台第九套纪录频道播出。健康城市建设经验被省爱卫办推广，并在《新华日报》上刊登。张家港市作为全省唯一的县级市，受邀参加11月21日至24日在上海举行的第九届全球健康促进大会并获世界卫生组织健康城市最佳实践奖。

城乡环境卫生管理 8月，市政府明确市城管局监督考评科为城乡环境管理责任部门，理顺城乡大环境长效管理工作体系。市政府先后出台《张家港市城乡大环境长效管理工作意见》《关于城乡大环境卫生长效管理卫生网格化管理的工作意见》，建立城乡大环境卫生长效管理监管网和城乡大环境卫生长效管理作业网。在每月组织城乡大环境督察的基础上，先后开展对口督察、部门联合督察、四套班子领导专项督察活动3次，及时解决管理问题。在苏州市组织的月度暗访、季度明察中，张家港市总分均名列各市（区）第一。

病媒生物防制 年内，市城乡环境卫生指导中心以毒饵站、捕蝇笼等基础设施建设和规范化管理为着力点，加强“清、防、灭”三个环节的工作力度，添置新式座式捕蝇笼300余只及成品诱蝇素100千克。完成第二轮毒饵站建设，在缇香世家等7个社区添置600余座陶瓷毒饵站，配套警示贴1000余张，基本实现市区内社区全覆盖。针对病媒生物生态习性、季节消长等特点，适时组织开展春季灭鼠及露头蚊蝇消杀、夏秋季灭蚊、灭蝇、灭蟑等季节性专项统一消杀活动。清理各类垃圾、清除鼠类和蚊蝇滋生栖息场所200余处，投放投溴鼠灵毒饵2.59吨，溴敌隆毒饵2.25吨，各类拟除虫菊酯、有机磷等卫生杀虫剂2吨。邀请省疾控专家，组织开展专项技术培训，培训区镇技术人员60人次。继续推进防制员岗位资格论证制度，7名基层业务骨干完成省职业资格中级鉴定。

【美丽乡村建设】 年内，市美丽村庄办公室结合农村生活污水治理、村庄布局、农村道路和桥梁改造等，会同市财政、规划、住建等部门及各区镇多次实地查看，着力在村庄基础条件较差、群众整治意愿强烈且与周边环境不相协调的重点村、特色村中选取建设点位，力求更大力度、更有成效地推进美丽乡村建设。所选点位尽量在已建成的美丽乡村建设点位周边区域并尽可能相邻，且与农村生活污水处理、农村道路、桥梁改造等推进点位相结合，以实现环境的连片整治。在锦丰镇、常阴沙现代农业示范园区等整村推进三星级康居乡村建设。在完成镇级评审的基础上，3月29日、4月1日，市政府两次召开市级规划方案评审会，确保规划编制方案的科学性和合理性。以区（镇）为实施主体，委托资质雄厚的设计单位规划，严格对照各类建设标准，以及群众需求和村庄特色。坚持“一村一品”的思路，实施美丽乡村“五个一”文化提升工程（设置一批公益广告、形成一批志愿服务项目、培育一批身边好人、创建一批文明家庭、开展一批主题文化活动），挖掘村域特色，提升村庄文化氛围。年内，全市建成江苏省美丽乡村建设示范村1个（南丰镇和平村）、苏州市美丽村庄示范点1个（锦丰镇交通村）和三星级康居乡村32个。

【健康城市建设】 市健康办以全国首批健康城市试点市建设为契机，在完成健康城市建设评价试点的基础上，制订全市爱国卫生和建设健康城市“十三五”规划，启动新一轮健康城市建设。依托各类新闻媒体、公共场所电子显示屏等，强化健康知识宣教，发放新版《健康素养66条》1万本，制作一批运动腰（臂）包、控油壶、三角雀按摩器、环保袋等健康指导工具，引导群众逐步养成健康生活方式。以“贴近群众、贴近生活”为原则，推进室外健康阵地建设，新建健康主题公园2座（锦丰镇滨河健康主题公园、乐余镇红星村健康主题公园），建设健康步道36条。结合爱国卫生月、健康城市月开展咨询活动，会同市卫计委、市级机关工委，启动实施2016年“健康教育进机关”活动，抽调市级医疗卫生专家组建健康教育宣讲团，走进机关单位，强化干部职工健康理念更新。组织开展城乡居民健康素养监测，每个区镇抽取3个村（社区），每个村（社区）抽取70户，共调查1350人。加强公共场所控烟力度，统一制作禁烟标志，10月15日至22日，招募10名控烟志愿者，开展公共场所控烟工作督察，实地走访医院、学校、车站、机关、网吧等11类116个重点场所，将暗访情况及时通报给相关行政主管部门，加强整改落实。杨舍镇梁丰社区、锦丰镇书院社区建成WHO健康城市合作中心，凤凰镇建成江苏省健康镇，杨舍镇梁丰社区、金港镇塍丰社区、南丰镇建农村、常阴沙现代农业示范园区常南社区建成省健康社区，市出入境检验检疫局、市社会福利服务中心建成省健康单位。（陈　敏　徐　霜）

红十字救护

【概况】 2016年，全市新增杨舍实验学校基层红十字组织，发展会员30人，累计有会员30628人。开展红十字博爱送万家活动，组织志愿者走访慰问贫困家庭740户次，发放慰问物资价值22万元；救助白血病、肿瘤等大病患者6人，发放救助款3.7万元；资助贫困学生115人，发放助学款33.3万元；发放各类救助金和慰问物资价值56.9万元，募集各类捐款和物资价值59万元。实施公益性应急救护百万培训项目，在社区居民、高一新生、企业职工、机关干部、警务人员等群体中组织应急救护知识培训，培训初级救护员2318人，完成省培训计划的156%，普及培训13908人，完成省培训计划的110%。积极参与政府应急管理体系建设，加强与有关部门的联系沟通，制定出台《张家港市红十字会自然灾害救助应急预案》。创新培训方式，依托门户网站开发启用救护培训网络平台，实现救护培训线上和线下联动，提高培训的系统性和效率，培训视频年点击量达到3.15万次。组织开展红十字救护培训师集训，有67名救护培训师参加。选送培训救护师资45人，复训师资4人。积极推动无偿献血和造血干细胞、遗体、器官捐献工作，贯彻落实《苏州市献血条例》，联合相关部门出台《张家港市荣获国家无偿献血奉献奖献血者享受“三免”政策待遇实施办法》，拍摄制作“献血达人”系列报道，宣传无偿献血知识，传播无私奉献精神。全年无偿献血1.42万人次，机采血小板879单位治疗量。采集造血干细胞血样162份，累计采样2289份。33名入库志愿者与患者初配相合，高分辨检测9例，成功捐献3例。遗体（器官、角膜）捐献工作取得进展。遗体捐献登记13人，累计117人；成功捐献6人，累计18人。眼角膜捐献登记9人，累计80人；成功捐献4人，累计20人。器官捐献登记5人，累计34人。建立志愿服务信息化管理系统，志愿服务团队通过网络平台发布活动信息、志愿者实行网上预约报名、系统自动统计志愿者服务时间，完成全部志愿者网上注册。制定出台《张家港市红十字志愿者星级评定和管理办法（试行）》，举办年度星级证章颁发仪式，有71名志愿者分别获得一至五星级志愿者证章。组织2014—2015年度成功捐献造血干细胞志愿者参加苏州市红十字会举办的保健疗养活动，举办张家港市成功捐献造血干细胞志愿者联谊会。“‘救’在身边、爱心相‘髓’”红十字志愿服务品牌等志愿服务项目实现自主化、常态化运作。在苏州市应急救护技能竞赛中，张家港市救护师代表队获团体二等奖。与市教育局联合开展学校红十字工作先进集体和优秀红十字青少年评选表彰。联合市教育局、市总工会举办学校红十字应急救护大赛。新增中小学校红十字救护培训师资38人，助力平安校园建设。组织开展救护培训师教学观摩活动以及教学法比赛，提高救护培训师队伍整体教学能力。组织开展“红十字博爱周”宣传，举办“纪念第69个世界红十字日活动暨塘市小学学生十岁成长仪式”、红十字青少年主题教育、防灾避险知识宣传等活动，弘扬红十字精神。编印《应急救护知识读本》，结合广场、社区等宣传活动，依托基层红十字会和志愿者，向市民发放，将应急救护知识送到千家万户。在市区主要街道的公交站台、步行街等公共空间投放救护培训、献血捐髓等红十字公益广告，开展红十字运动知识宣传。

【红十字博爱周活动】 5月6日，市红十字会、市教育局在塘市小学举办“纪念第69个世界红十字日活动暨塘市小学学生十岁成长仪式”。400余名四年级学生成为红十字新会员。5月12日，市民政局、市气象局、市地震局、市消防大队、市红十字会在香山广场举办“防灾减灾日”广场主题宣传活动，现场讲解火场逃生和灭火器材的使用方法，演示应急救护要领，开展人工呼吸、心肺复苏演练等急救培训。市红十字会拍摄制作《超越亲情的爱》造血干细胞捐献系列宣传片，宣传捐献造血干细胞工作的重要意义。市红十字会还组织开展社区爱心义诊、义卖、应急救护互动体验、现场无偿献血和捐献造血干细胞登记血样采集等志愿服务活动，向社区居民发放《造血干细胞捐献知识》《遗体捐献知识》《角膜捐献知识》等宣传资料1000余本。市红十字会救护培训师到各学校举办急救知识专题培训十余场，培训学生5000余人。

【学校红十字应急救护大赛举行】 9月的第二个星期日为世界急救日。为推广和普及应急救护知识与技能，提高学生应对自然灾害和突发事件的能力，建设和谐校园，市红十字会联合市教育局、市总工会在全市小学中开展“儿童学急救，急救为儿童”学校红十字应急救护大赛。全市15所小学的50名师生参加比赛，6个学校代表队进入决赛。9月22日，决赛在市广电大厦演播厅举行。通过理论知识竞答和心肺复苏、创伤救护等技能操作比赛，乘航小学代表队获得一等奖，常阴沙学校代表队和暨阳实验小学代表队获得二等奖，塘市小学代表队、港区小学代表队、后塍小学代表队获得三等奖。（孙　雯）

【编辑　陆正芳】

体育

Sports

全民健身大联赛　（市体育局　提供）

体育事业

青少年体育

群众体育

竞技体育

体育产业

扫码欣赏

《贝贝起源地，足球特色镇》宣传片

体育事业

【概况】 2016年2月，市政府召开全市体育工作会议，谋划“十三五”发展思路，提升全市公共体育服务体系建设水平。5月，市政府印发张家港市“十三五”体育发展规划。9月，市体育局在年度省县级体育总会重点工作督察中获第一名。10月，市体育局获苏州市第十四届体育运动会“优秀组织奖”。11月，市体育中心获省第七届全民健身运动会最佳竞赛组织奖（乒乓球）。12月，市政府印发《张家港市全民健身实施计划（2016—2020年）》，市体育中心游泳馆被评为“2014—2016年度苏州十佳游泳场所”，市体育局被国家体育总局社会体育指导中心授予全国健身秧歌腰鼓手拍鼓比赛优秀组织奖、2016年中国桌式足球比赛优秀组织奖。市少年业余体校被命名为江苏省高水平体育后备人才单项训练基地（田径），市体育中心被省体育局和教育厅命名为“江苏省青少年足球校外活动中心”。

【体育设施】 全年更新全民健身路径140套、篮球架40副。至年末，全市有公共体育健身场地设施2741个，其中以健身路径为主的健身工程610个、全民健身活动站点1020个、社区体育健身俱乐部273家，全市村（社区）实现“两室一场一路径”全覆盖，80余个村（社区）达到省定一类标准，体育设施万人拥有量30.2个，人均占有体育场地面积3.58平方米。城中老年体育健身综合基地年末投入使用，新建和改建杨舍李巷、西溪花苑、金塘，金港镇山、袁家桥、山北，乐余镇中，塘桥黄金湾、妙桥等10个多功能运动场，新建便民健身步道35条共计73.1千米。至年末，全市健身步道281条，合计429.45千米。全市“城市5分钟、中心镇区10分钟”体育健身圈进一步完善。

【业余训练】 全市体育业余训练格局由少年业余体校、体育特色项目学校、传统项目学校、训练基地学校组成。至年末，全市有市少年业余体校1所，省体育传统项目学校3所、苏州市级传统体育项目学校24所，举重国家级体育后备人才基地1个，省青少年奥林匹克体育俱乐部5个、省青少年校园篮球特色学校1所、市级单项业余训练基地12个，有苏州市手球学校5所、苏州市足球学校6所。全市业余训练项目为田径、篮球、足球、排球、乒乓球、棋类、举重、游泳、武术、航模、羽毛球、自行车、跆拳道、网球、柔道、击剑、手球。市少年业余体校在训学生318人，教练员21人。

【人才培养】 年内，市少年业余体校招生52人，涉及田径、游泳、武术、羽毛球、乒乓球、跆拳道、网球、手球、足球等项目。举办5期三级裁判员培训班，有106人通过考核，项目涉及网球、羽毛球、乒乓球、足球、体育舞蹈等。选派人员参加主管部门组织的等级裁判员培训班，有1人通过国家级网球裁判员考试，6人被批准为国家一级裁判员。至年末，全市累计有国家级裁判员5人，一级裁判员77人次。全年向省体校输送30人，项目涉及排球、举重、田径、足球、摔跤、游泳、武术、手球等。向苏州市级体校输送32人，涉及足球、游泳、网球、跆拳道等项目。

【“十三五”体育发展规划】 年内，市政府出台“十三五”体育发展规划，提出“十三五”时期将规划“12210”民生工程建设，优化“城区5分钟、中心镇区10分钟”体育健身圈，均衡配置城乡公共体育设施。一是做大体育场地设施增量。均衡配置市、区镇、村（社区）三级体育设施，完善提升城区东、南、西、北四个体育公园功能，推广笼式足球场、社区灯光篮球场、户外多功能运动场等新型场地设施，新增健身步道超200千米，办事处健身中心不少于15个，80%以上行政村（社区）达到省定“农民体育健身工程”一类以上标准，全市公办学校体育场地开放率达85%。二是激活体育社会组织潜能。新增市级体育协会10个以上，市级体育类民办非企业单位30个以上。推进晨（晚）练健身站点建设，新增站点100个，每万人拥有量不少于12个。每年新增等级社会体育指导员800人以上，每万人拥有量超80人。三是创新全民健身活动模式。支持各区镇特色健身活动，鼓励创新举办各类群众性体育活动。利用全民健身大联赛、全民健身大展示、全民健身大比拼、青少年阳光体育等活动载体，做大足球、篮球、排球三大球单项赛事规模和层级，打造大型群众徒步活动和标准马拉松、短程马拉松和路跑系列品牌赛事。完善国民体质监测服务，建立5所市体质测定与运动健身指导站（国家级）镇（区）分站，预计到2020年，体质测试合格率达到98%以上，经常性参加体育锻炼人口不少于58%。

（倪志国）

【市首位职业围棋手诞生】 蔡文鑫，2002年2月出生，6岁时接受围棋训练，悟性高，有一定的围棋天赋。2010年慕名转入塘桥业余围棋学校接受正规学习，一年后开始在学习之余走上职业生涯之路。他先后到过上海清一道场、北京葛道、天津陈瑞道场深造。2014年至2016年，在杭州围棋学校接受正规训练。学习求道期间，得到刘轶一、胡煜清等名师指点，他刻苦钻研，棋艺进步很快，先后获全国108位少年围棋高手大赛第四名、环渤海湾地区少儿围棋赛第五名、全国“梦百合”围棋公开赛第六名和连续两届全国少年围棋赛第二名。2016年7月25日，在全国围棋定段赛中，以12轮9胜的成绩提前进入升段名额，从业余棋手成功晋级为职业初段。是年末，他进入国家围棋少年队，师从唐卫星、芈昱廷和辜梓豪等世界冠军和围棋国手。蔡文鑫是塘桥镇1984年开展围棋运动后诞生的第一位职业棋手，填补了张家港市职业棋手的空白。（唐林康）

青少年体育

【概况】 全市中小学继续围绕两个“百分之百”的目标（百分之百的中小学生实施国家学生体质健康标准，百分之百的中小学生每天锻炼一小时)开展体育活动。所有中小学均施行《国家学生体质健康标准》。各校充分利用课间操(跑)时间,结合大课间活动和课外文体活动时间开展阳光体育活动。全市报考高中学段学校(普高和中等职业类学校)的应、往届初中毕业生共9078人参加升学体育考试,其中7898人得到满分30分,占总人数的87%。年内,承办苏州市级竞赛4项(举重、武术套路、足球、跆拳道)、张家港市级竞赛7项。参加苏州市级竞赛方面,个人获111金117银76铜,团体获8金。

【苏州校园足球联赛总决赛在市举行】 2015年,由苏州市教育局、体育局主办,苏州市青少年校园足球管理办公室、苏州市足球协会承办的苏州市"市长杯"青少年校园足球联赛开赛。约有1000余名注册队员参赛。联赛采用跨年赛制,设置昆山和太仓,张家港和常熟,吴江区和苏州工业园区,高新区和姑苏区,吴中区和相城区十个赛区,各赛区决出晋级队伍参与第二年的总决赛。2016年3月16日至20日,苏州市"市长杯"青少年校园足球联赛(小学甲组)总决赛在张家港中等专业学校举行。苏州各市(区)的31支代表队近600名运动员参赛。男子组决赛中,张家港凤凰贝贝足球队以3:1战胜太仓新区第二小学获得男子组冠军。女子组决赛中,张家港凤凰小学获女子组冠军,张家港梁丰小学获女子组季军。

【省青少年阳光体育运动联赛在市开幕】 4月29日,2016年江苏省青少年阳光体育运动联赛在张家港市开幕。4月29日至5月2日,由江苏省体育局、省教育厅主办,张家港承办的2016年江苏省县组田径比赛(第一赛区)在体育中心田径场举行。作为省青少年阳光体育运动联赛的系列活动之一,县组田径赛(第一赛区)由全省排名前35名的县级市组队参赛,共有全省的近600名选手参加。比赛设置6大组别、85个单项。经过角逐,张家港代表队获奖牌数第一名、高中组(沙洲中学)团体总分第二名、混合团体总分第二名。昆山市、张家港市、宜兴市、丹阳市、太仓市获得第一赛区混合团体总分前五名。

【第十九届"贝贝杯"青少年足球赛举行】 7月8日至14日,由中国足协、中国宋庆龄基金会、张家港市政府主办,江苏省足球协会、凤凰镇人民政府、张家港市体育局承办的2016中国足协第十九届"贝贝杯"青少年12岁男子足球赛在凤凰镇、市体育中心田径场举行。张家港市委副书记、代市长黄戟宣布比赛开幕,江苏省体育局副局长、中国足协执委刘彤为揭幕赛开球。全国各省市、自治区的24支足球队共336名运动员参赛。比赛分小组单循环、交叉淘汰赛两个阶段,共计96场比赛。经过角逐,上海市足球队荣获冠军,青岛市、重庆市一队分获亚军和季军,山东省、张家港贝贝足球队、武汉市、天津市、大连市足球队获得比赛第四至第八名。张家港贝贝足球队、上海市足球队获体育道德风尚奖。

【省青少年校园足球联赛总决赛在市举行】 7月18日至29日,由江苏省教育厅、省体育局主办的2016年"省长杯"江苏省青少年校园足球联赛总决赛在梁丰高级中学、张家港中等专业学校举行。省政府办公厅主任、省足协主席谢润盛宣布比赛开幕,省体育局副局长刘彤、苏州市政府副市长王鸿声共同为比赛开球。省各市(区)有35支代表队、710人参加总决赛。比赛分初中组和高中组两个阶段。经过角逐,江阴市第一初级中学、南京市弘光中学、常州实验初级中学天宁分校获初中男子前三名;南通市越江中学、江苏省江阴第二中学、徐州市东苑中学获初中女子前三名;江苏省江阴第二中学、南通市第二中学、南京市建邺高级中学获高中女子前三名;南通市第二中学、南京市雨花台中学、江苏省海州高级中学获高中男子前三名。

【中国桌式足球公开赛暨全国青少年桌式足球赛在市举行】 11月11日至13日,由国家体育总局社会体育指导中心主办,江苏省社会体育管理中心、张家港经济技术开发区(杨舍镇)、张家港市体育局承办的"杨舍杯"2016年中国桌式足球公开赛暨全国青少年桌式足球赛在张家港福前小学举行。国际桌式足球联合会主席Farid Lounas,国家体育总局社体中心副主任刘北剑、江苏省体育局社体中心主任刘陶,张家港副市长邵军民等出席活动,全国各省、市43支代表队、300余名运动员参赛。福前小学获团体亚军(3金4银6铜),被国际桌式足球联合会授予"特殊贡献奖"。中国深圳选手梁雅丽获成人组女子公开单打冠军,日本选手冈村广美获成人组男子公开单打冠军。

群众体育

【概况】 全年承办一期苏州市二级社会体育指导员(张家港)培训班,完成晋升二级社会体育指导员287人,举办三级社会体育指导员培训班11期,完成审批注册581人。全市有社会体育指导员6135人,全年向上送训国家级社会体育指导员18人,一级30人。全年为1000名区镇机关工作人员和1000名骨干企业领导和职工代表进行体质跟踪监测,全年累计体质监测人数1.1万人。各区镇均完成对1000名居民的体质测试。年内,组织队伍参加第四届国际武术节、全国国际象棋棋协大师赛、"体育大篷车、健康江苏行"、苏州市第十六届"门协杯"门球比赛、"多彩凤凰"凤凰湖绕圈赛、全民健身大联赛和全民健身大展示健身秧歌比赛等活动。2016年,"凤凰镇杯"第六届全民健身大联赛共吸引163个俱乐部、2930名注册运动员参加足球、篮球、乒乓球、羽毛球、网球5个项目,全部赛程超过1450场比赛,活动历时6个月,超过5万人次参与。年内,启动市级短程马拉松系列赛事,常阴沙花海、凤凰湖、沙洲新城3站赛事,直接参与人数6000人次。继续开展市第三届全民健身大展示活动(健身秧歌、柔乐球、太极拳、体育舞蹈、健身气功、柔力球等6个展示项目),5月25日在锦丰镇（柔力球）、6月10日在杨舍镇（健身秧歌）、6月23日在沙洲新城（柔乐球）、8月2日在金港镇（太极拳）、9月25日在塘桥镇（体育舞蹈）、11月9日在南丰镇（健身气功）举行，每期直接参与人数均在1000人以上。12月份，中央电视台体育频道播放张家港广场舞活动开展情况。

【省风筝精英赛在市举行】 5月28日至29日，由省委宣传部、省委省级机关工委、省体育局等14个单位共同主办的江苏省第七届全民健身运动会龙腾华夏大赛（风筝分站）暨2016年江苏省风筝精英赛在凤凰镇举行。全省各市（县、区）的22支代表队、200余名运动员参赛。比赛设置传统风筝、运动风筝等项目，有龙串类、硬串类、软串类、板子类、硬翅类、软翅类、盘旋类、长串类等组别。张家港市乐余镇、无锡市等4支风筝队获软体造型风筝优胜奖，扬州市、常熟市碧溪新区等3支代表队获运动风筝（双线双人）优胜奖，张家港乐余镇、镇江市等4支代表队获板子类风筝优胜奖，淮安市、南通市等3支风筝队获盘旋类风筝优胜奖，常州市、无锡市等4支风筝队获龙串类风筝优胜奖，张家港乐余镇等7支风筝队获体育道德风尚奖。

【中国业余网球公开赛在市举行】 5月28日至29日，由中国网球协会、江苏省体育局、张家港市政府主办，张家港体育局、体育总会承办的2016年中国业余网球公开赛（CTA-OPEN）"港华燃气杯"张家港白金赛在市体育中心网球场举行。全国各省市近200名业余网球爱好者报名参赛，其中张家港有20名选手参赛。比赛设置男单、女单，青年男双、混双，常青男双、女双、混双7个项目。经过角逐，深圳选手叶子豪获男单冠军，南京选手吴逸菲获女单冠军。青年组中，杭州的王强、南京的陈嘉麟组合获男双冠军，南京的吴逸菲、深圳的邢华琨组合获混双冠军。常青组中，北京的高滨、北京的孔承范组合获男双冠军，南京的朱敏、佛山的黄秋华获女双冠军，南京的朱敏、厦门的颜六亿获混双冠军。

【全国健身秧歌、健身腰鼓及手拍鼓大赛在市举行】 5月13日至15日，2016年全国健身秧歌、健身腰鼓及手拍鼓大赛在市体育馆举行。全国相关省市的38支代表队共483名运动员参赛。项目设置健身秧歌、健身腰鼓、手拍鼓展示，有自编及规定套路及老、中、青等年龄组别。山东省青岛市、吉林省长春市等16支代表队获健身秧歌、健身腰鼓和手拍鼓项目规定套路及自编套路一等奖。张家港杨舍镇、天津市河东区等17支代表队获健身秧歌、健身腰鼓和手拍鼓项目规定套路及自编套路二等奖。常熟理工学院、张家港金港镇等13支代表队获健身秧歌、健身腰鼓和手拍鼓项目规定套路及自编套路三等奖。

【第十届围棋文化节开幕】 9月9日，金塘桥第十届围棋文化节暨2016年中国围棋甲级联赛"金塘桥专场"在塘桥中心小学开幕。10日，全国围棋甲级联赛塘桥镇专场山东景芝酒业队对阵河北新奥围棋队在塘桥中心小学设下快慢棋局。八段棋手华以刚、初段棋手陈盈等与塘桥棋友展开多面打角逐。"金塘桥杯"市百户家庭围棋邀请赛等活动随后举行。张家港市塘桥镇与上海市浦东新区街道对弈赛——"双塘桥杯"第五届苏沪两地围棋友谊赛同时举行，由于塘桥队主将失利，上海市浦东新区街道代表队以8∶8战胜张家港市塘桥镇代表队。10日下午，快慢棋赛落幕，因山东队主将失利，河北队以2∶2战胜山东队。其间，中国棋院前院长华以刚与中央电视台讲解员陈盈就棋赛做现场点评。

【省第七届全民健身运动会乒乓球赛在市举行】 9月24日至26日，由省全民健身运动会组织委员会主办，省社体中心、省乒协、张家港市政府承办的江苏省第七届全民健身运动会"塘桥杯"乒乓球赛在市体育馆举行。比赛设置老年组、中年甲组、中年乙组、青年甲组、青年乙组、少年组6个组别。全省33支代表队共324人参赛，其中张家港有16支队伍111人参赛。经过角逐，南京市、省级机关代表队分获老年组男子、女子组冠军；南京市、徐州乒协、常州市分获中年组甲组男团、甲组女团、乙组男团冠军；南京市、常州市、徐州乒协分获青年组甲组男团、乙组男团、乙组女团冠军；苏州少儿、苏州市代表队分获少年组男团、女团冠军。张家港有4支队伍获优胜奖、2人获优秀奖。

【中国广场舞民间争霸赛暨市第二届广场健身操（舞）赛举行】 12月4日，由国家体育总局社体中心、中央电视台体育频道、中国社会体育指导员协会主办，张家港市体育局、经开区（杨舍镇）、广场健身舞协会承办的"谁是舞王"中国广场舞民间争霸赛暨"苏州银行杯"2016张家港市第二届广场健身操（舞）比赛在梁丰高中举行。全市各区镇、街道（办事处）、村（社区）的20支代表队，近500名不同年龄段的健身爱好者参赛。塘桥镇、杨舍镇城北街道、金港镇晨阳村等代表队获最佳表演奖，锦丰镇、凤凰镇、杨舍镇城西街道等代表队获最佳展示奖，南丰镇、乐余镇、大新镇等代表队获最佳组织奖。其间，中央电视台体育频道《谁是舞王》栏目走进张家港，对广场健身舞赛事和一线社会体育指导员代表进行采访。

竞技体育

【概况】 2016年，全市承办国际级比赛3项、国家级比赛2项、省级比赛4项。张家港籍运动员在国际级、国家级各类比赛中均获得佳绩。其中，5月18日，在国家体育场举行的2016年国际田联世界挑战赛北京站中，袁琦琦以11.29秒的成绩获女子100米第五名，创造个人最好成绩，达到奥运会报名标准。2016年年初，中国国家短跑队将袁琦琦调入队中试阵，在5月8日的川崎站4×100米接力赛中，袁琦琦与队友们跑出42.83秒的成绩，在5月14日上海站跑出43.04秒的成绩，在北京挑战赛中，袁琦琦与队友们以42.65秒的成绩夺冠。8

月13日，在2016年里约奥运会女子100米预赛中，袁琦琦以11.56秒的成绩位列小组第六。8月18日，在2016年里约奥运会女子4×100米接力赛预赛中，袁琦琦与队友们以42.70秒的成绩获第九名。4月23日至24日，在市体育中心壁球馆举行的2016年中国壁球巡回赛“鑫诺智能杯”张家港站中，张家港外国语学校的沈枫晋级男子乙组八强。7月8日至10日，在市体育馆举行的2016年“永联村杯”国际男篮四国邀请赛中，中国队获季军。

【国际网联(ITF)男子巡回赛张家港站赛事举行】 4月2日至10日，由国际网联、中国网球协会、江苏省体育局、张家港市政府主办，张家港市体育局承办、张家港中联置业有限公司冠名的2016国际网联(ITF)男子巡回赛“中联铂悦杯”张家港站赛事在市体育中心举行。有60余名选手参加，包括7个国家和地区的13名外籍选手。比赛历时9天，单双打正选赛事于4日至5日进行，8日、10日分别举行双打和单打决赛。在双打决赛中，中国台北的谢政鹏、彭贤伊组合对阵印度的BALAJI与日本的SEKIGUCHI组合，最终谢政鹏组合以7:6、6:3获双打冠军。10日，单打决赛由中国台北的王宇佐对阵韩国选手李德喜，王宇佐以7:5、6:3获单打冠军。南京体院副院长、中国网球学院院长蒋宏伟，中国网球学院副院长鲍勤等嘉宾为选手颁奖。

【亚洲东区女子排球锦标赛在市举行】 7月19日至24日，由亚洲排球联合会、中国排球协会、江苏省体育局、张家港市政府主办的2016年亚洲东区女子排球锦标赛(中国张家港)在市体育馆举行。中国、日本、韩国、朝鲜、蒙古等国家和中国港澳台地区的参赛队共179名运动员参赛。比赛采用小组循环交叉赛制，19日至21日举行预赛，23日、24日举行半决赛和决赛。最终中国台北队以3:1战胜日本队夺冠，日本队获亚军，中国队以3:0战胜韩国获季军。朝鲜队、中国香港、蒙古、中国澳门分列第四至第八名。中国台北队的吴韦华获最佳运动员、主教练林明辉获最佳教练员。

体育产业

【概况】 全年新增4家民办非企业俱乐部，至年末，全市共有25家体育社团、43家民办非企业俱乐部。年内，江苏金陵体育器材股份有限公司的科技研发中心用房二期建设项目获2016年度省级体育产业发展专项资金项目补助100万元，并获2016年度国家级体育产业示范单位、2016年度“省十佳体育用品制造企业”称号。江苏永钢集团有限公司获评2016年度江苏省体育产业示范单位。张家港市双山休闲运动俱乐部有限公司获省体育健身俱乐部专项资金50万元。年内，全市17家游泳场馆取得高危许可证。组织68名救生员进行培训，79名游泳救生员年审，33名教员上岗培训。全市各游泳场所实行救生员从业资格全覆盖。采取政府购买服务形式对391名体育从业人员安全救护知识培训。开展群众喜爱的星级游泳场所复评工作，市体育中心游泳馆被评苏州十佳游泳场所。协调市统计局发布全市体育及相关产业统计报告。5月，召开市游泳场所开放工作会议。7月至8月，与卫监、公安等单位联合执法，对9个单位下发限期整改通知书。2015年体育及相关产业增加值33.53亿元，较上年增3.9%，占GDP的1.5%。市体育中心在承办各项大型赛事的同时，协助各级机关部门开展公益性活动，推出体育场馆免费、低收费开放优惠措施。11月28日，省体育局局长陈刚一行走访了张家港双山高尔夫球场、锦丰镇一干河生态健身休闲廊道，就未来高尔夫项目联办落户以及推广以竞赛训练、大众参与为一体的水上运动等事宜交流座谈。

【体彩销售】 年内，全市有体育彩票销售网点220家，其中竞彩专营店31家、传统销售站点189家。按照省体彩中心《关于开展2016年江苏体彩销售网店星级评定工作的通知》要求，共评定星级站点89家，指导14家网店进行形象更新。全年体育彩票销售收入3.2亿元，其中电脑型销售收入9184万元、“11选5”销售收入9270万元、竞彩型销售收入10274万元、即开型销售收入2782万元。2月24日，大乐透第16021期在凤凰镇05769站点开出一注一等奖，奖金1000万元；6月19日，传统足彩第16092期在大新镇05735站点开出一注一等奖，奖金247万元；11月21日，大乐透第16137期在乐余镇05799站点开出一注一等奖，奖金1000万元；11月29日，体彩七位数第16187期在锦丰镇55796站点开出3注特等奖，合计奖金1500万元；12月21日，大乐透第16150期在金港镇55779站点开出一注一等奖，奖金800万元。

【安全救生救护技能培训】 为普及提高系统工作人员安全知识与救生救护技能水平，年内，全市举办两次安全救生救护技能培训。1月13日，由张家港市体育局主办、体育中心和市翔宇救援社联合承办的首届安全救生员救生救护技能培训班在张家港中联铂悦游泳馆举行。市体育局50余人接受培训。此活动包括水上救生摸底演练和陆上急救知识技能培训两个项目，其中，救生摸底演练包括25米速度游、20米潜泳、现场赴救及解脱技术演练，陆上急救培训包含心肺复苏技能和止血、包扎、固定等基本方法讲解。7月31日，由市体育中心组织的第二次安全救生救护技能培训在市游泳馆举行。市体育中心83人接受培训。培训内容包括现场心肺复苏(CPR)技术；应急救护四项技术(创伤止血、现场包扎、现场骨折固定、伤员搬运等)；陆上颈托佩戴技术、陆上急救板使用技术，包括救护新概念、常见急症和意外伤害的现场救护等应急救护知识和技能。通过定期组织达标测试与技能交流，利于提高教练员工技能、身体素质以及应对突发事件处置能力，保障场馆安全开放。

(倪志国)

【编辑 宋佳辰】

人力资源和社会保障

Human Resources and Social Security

就业双选会　（市人社局　提供）

人才开发

人事管理

劳动就业

劳动维权

社会保障

扫码欣赏

《创未来，等你来》
张家港招才引智宣传片

人才开发

【概况】 年内，全市人才工作树立绩效理念，坚持产业导向，突出创新生态，进一步提升人才项目引进、培育和发展的质量与内涵，人才工作取得新的成效。全年共举办四批市领军人才（项目）评审活动，新增市领军人才（项目）87个，总数达到548个；新增国家“千人（万人）计划”专家1人（张国臻），总数达到13人。新增省“双创计划”人才（含团队）17人，总数达到102人。新增苏州“姑苏计划”人才24人，总数达到156人。新增4家“新三板”挂牌人才企业，累计8家。至年末，全市销售超1千万元人才企业有48家，其中销售超1亿元人才企业有5家。易修强项目获评中国青年创新创业大赛金奖；苏州矩阵光电有限公司获评2016年度全国“最具成长潜力的留学人员创业企业”，成为苏州唯一获此殊荣的企业。至2016年年末，全市人才总量超30万人，高层次人才达到2.3万人。全年新增省级以上引智计划项目13个、省级引智示范单位4个；13个项目、17名专家入选苏州“海鸥计划”。新增聘专单位8个，全市聘专单位总数达到51个。1月，出台《进一步推进领军人才企业信贷融资工作的实施细则》，拓宽融资担保渠道，构建“政银保”融资保证保险新模式，鼓励金融机构加大对人才企业的信贷投放，领军人才企业信贷融资总额超1亿元。5月，组建“领军人才社会化服务联盟”，遴选知识产权、财务、法务、风创投、股权激励、保险等13家社会服务加盟商，通过定制服务和费用补贴，为人才企业提供更加优质便捷的服务资源。6月，组团赴美国纽约、波士顿、旧金山、加拿大温哥华等地开展招才引智对接交流活动，累计与50余名海外人才、20余家海外协会代表进行对接洽谈，与加拿大温哥华中国大专院校校友会签订合作协议。赴澳大利亚和新西兰参加“赢在苏州”国际精英创业大赛澳洲赛区总决赛，举办系列海外高层次人才项目对接交流暨招才引智推介会。11月，在北京1898咖啡馆，与教育部留学服务中心联合举办高层次人才创新创业洽谈会，40余名高层次人才与张家港市创业载体代表进行深入对接交流。12月，积极贯彻落实国家、省和苏州市人才工作政策精神，研究出台《张家港市人才引领智汇港城计划实施意见》，实施“磁石聚才、创业小巨人、筑巢引凤、无忧保障”四大工程，建设区域性产业人才高地。

【职业水平】 2016年，全市新增教育、卫生、文化等领域“港城英才计划”人才11人，累计76人。有290人通过全国社会工作者职业水平考试，累计持证社会工作者1912人。全年共评定各级各类职称资格5032人。其中，初定及评审建设、档案、新闻等初级职称资格人员3418人；推荐评审工程、新闻、卫生、高校教师等高级资格608人，其中正高47人。推荐申报中级资格1006人。至年末，全市有管理、专业技术人才297950人。其中，研究生12647人，本科135820人，大专142196人，中专、高中及以下7287人。高级职称11287人，中级职称51973人，初级职称88848人。

【苏州国际精英创业周张家港分会场系列活动】 7月10日至12日，张家港市成功举办2016年（第八届）苏州国际精英创业周张家港分会场系列活动。自2009年至2015年，张家港市已连续七届举办苏州国际精英创业周分会场活动，累计邀请1200余名海内外高层次人才前往现场考察和深度对接，共落户项目327项，其中创业类296项，创新类31项，博士256人，硕士71人，项目主要分布于高端装备制造、电子信息、新材料、新能源、生物医药、现代农业等产业领域，注册资本总计19亿元，项目年度总销售达到5.7亿元。依托项目引进、培养市领军人才193人、苏州“姑苏计划”人才58人、江苏省“双创计划”人才33人、国家“千人计划”专家22人。苏州国际精英创业周已成为张家港市招才引智的重要平台和渠道。2016年，活动以“汇聚全球智慧，打造创业天堂”为主题，活动期间，先后举办2016年（第八届）苏州国际精英创业周张家港分会场开幕式，海外高层次人才项目创新创业合作洽谈会，2016年度第三批领军人才项目评审会，装备制造、集成电路（芯片）产业高层次人才项目精细化对接活动，2016年全国知名高校“莘莘学子看港城”等特色活动。至年末，落户项目78个。

【4个单位和2个项目获评省引智示范单位和国家外国专家项目】 2月，江苏省人社厅分别发文公布2015年度、2016年度省级引进国外智力成果示范单位名单。张家港康得新光电材料有限公司、江苏能华微电子科技发展有限公司、苏州汉酶生物技术有限公司和江苏贝尔机械有限公司被命名为省引进外国智力示范单位。7月，国家外国专家局正式发文公布2016年度国家引进境外技术、管理人才项目计划名单，张家港市江苏多维科技有限公司的“采用TMR线性传感器的高灵敏度、低功耗的电流传感器”项目列为国家高端外国专家项目，江苏省沙钢钢铁研究院有限公司的“基于超薄带生产技术的取向硅钢的开发”项目列为国家重点外国专家项目。

【矩阵光电公司获评中国最具成长潜力的留学人员创业企业】 12月，张家港市领军人才企业苏州矩阵光电有限公司获2016年度最具成长潜力的留学人员创业企业。全国共有18家留学人员企业入选，苏州大市范围仅此一家。苏州矩阵光电有限公司由国家千人计划专家、美国海归博士朱忻于2012年9月在市凤凰镇成立。企业专注于国内紧缺的砷化镓、镓砷锑等III-V族化合物半导体芯片的研发及产业化。在凤凰科创园投资逾6000万元，拥有员工50余人，其中多人入选国家重点外国专家项目、江苏省博士集聚计划、苏州“海鸥计划”等上级计划。公司还聘请美国工程院院士帕勒布·巴特查亚、日本学术振兴会主任和田修2位国际顶尖专家为技术顾问，科研团队创新实力雄厚，承担了多项国家、省市科技项目。矩阵光电产品技术水平处于国内、国际领先。近几年企业销售呈爆发式增长,公司总资产以每年超30%的增长率增长。计划到2018年,芯片销售额将达到8000万元,至2020年达到年销售额1.5亿元,并计划在创业板上市,拥有良好的成长性。

人事管理

【概况】 年内,市人社局贯彻落实《中华人民共和国公务员法》和《事业单位人事管理条例》,依法规范人事管理服务。修订完善《张家港市中层干部管理办法》《关于市、镇级机关干部确定正、副股级的意见》。坚持公开平等竞争择优,共录用公务员94人,招聘事业单位工作人员370人。完善事业单位岗位设置及聘用管理操作办法,提升岗位设置和人员聘用规范化水平。推进机关事业单位收入分配制度改革,全面实施公务员规范津贴补贴和推行事业单位绩效工资,并调整津贴补贴和绩效工资水平。组织实施全市入额法官、检察官工资制度改革工作,完成74名入额法官和43名入额检察官工资套改。

【首批职级晋升审批完成】 年内,市人事部门采取"先易后难、分批推进"的办法,积极稳妥做好公务员职务与职级并行工作,专门成立工作小组,开展摸底统计调查,制订实施方案,专题召开动员部署会,统一思想认识,解读政策规定,明确纪律要求,开展业务培训。对照上级政策规定,逐条梳理分析,结合实际细化明确,统一各类特殊人员晋升办法,制订下发操作细则,避免因标准尺度不一致引起相互攀比。严格规范操作流程,坚持审核关口前移,指定专人负责。单位组织测评考核和公示前必须先送组织人事部门初审,经初审无误后方可进入下一环节。拟制下发各阶段工作表格,统一规范填写格式和内容;按照干部管理权限和分工,采取查阅档案、集体讨论、交叉互审等方式,对拟晋升人员任职年限、工资级别、年度考核等信息逐一进行审核把关,建立一人一档。加强与财政部门的协调配合,及时兑现工资待遇。4月,完成首批1391人职务与职级并行集中审批。

【纪念公务员法实施10周年活动开展】 为提高公务员运用法治思维和法治方式推动工作的能力,推动公职人员带头尊法、学法、守法、用法,3月至11月,市人事部门会同市委组织部、市司法局联合开展纪念《中华人民共和国公务员法》实施10周年学习宣传系列活动。专门开设《中华人民共和国公务员法》及相关法律法规培训课程,印制下发公务员学法用法手册,充分利用单位门户网站、宣传橱窗等,通过开设专栏、悬挂标语、张贴海报、举办讲座等形式,大力宣传《中华人民共和国公务员法》和公务员精神。安排一次知识竞答。依托市人社局微信平台,以《中华人民共和国宪法》《中华人民共和国公务员法》《中国共产党廉洁自律准则》和《中国共产党纪律处分条例》等为主要内容,采取实名注册管理的方式,全员开展法治知识测试竞答。组织一次格言征集。鼓励广大公务员结合平时工作、学习、生活体会,提炼法治格言,自写廉政警句;邀请专家评委对征集到的格言警句进行评选,并将优秀格言警句刻牌展示在法治文化主题公园。举行一次集体宣誓。组织学唱《公务员之歌》,参观反腐倡廉警示教育基地、法治文化主题公园,重温公务员宣誓誓词,引导广大公务员牢记使命和责任,进一步增强宗旨意识、法治意识、廉洁意识和表率意识。

劳动就业

【概况】 2016年,市人社局深入实施积极的就业政策,促进城乡劳动力高质量就业,就业形势保持稳定。全年共提供就业岗位7.3万个,城镇登记失业率1.88%,开发就业援助岗位1.1万个,开发公益性岗位1260个,帮助就业困难人员就业6218人,特困家庭劳动力就业率99.86%,被征地农村劳动力就业率99.14%。张家港市户籍高校毕业生就业率达到99%以上,特困家庭高校毕业生就业率达到100%。在全省第三届技能状元大赛中,张家港市6名选手参赛,4名选手获奖,获奖人数居苏州各县(市)之首。1名选手获评苏州市"青年创业之星"。

【创业就业新政策出台】 6月,《关于进一步做好新形势下创业就业工作的实施意见》出台,推出28条扶持就业新举措。针对经济新常态下就业面临的新形势、新变化,把创业和就业结合起来,推动扩大就业与提升质量并重、创业带动与促进就业并举,最大限度激发全民创业潜力、释放创业活力,催生经济发展新动力。支持创业带动就业,优化创业创新环境、落实税费优惠政策、加大对创业人员扶持力度、完善创业创新公共载体平台、拓宽创业投融资渠道、鼓励发展电子商务创业、支持创业担保贷款发展,鼓励利用农村资源创业。鼓励企业吸纳就业,坚持就业规模和就业质量并重、壮大吸纳就业能力强的产业、发挥小微企业吸纳就业的重要作用、积极预防和有效防控失业风险。统筹重点群体就业,推动高校毕业生多渠道就业、实施困难人员就业援助、统筹做好重点人群的岗位帮扶工作。深入开展职业教育培训,完善劳动者终身培训机制、建立职业培训项目开发机制、健全职业培训成果购买机制、完善职业培训服务管理机制。加强就业服务,加强人力资源市场建设、促进人力资源服务业发展、提高公共就业服务能力、完善就业失业登记制度。健全创业就业工作机制,进一步加强组织领导、落实工作目标责任、强化资金保障、健全监测体系、强化舆论引导。至年末,全市共发放各类社会保险补贴、创业补贴、稳岗补贴1.2亿元。

【离校未就业高校毕业生就业】 年内,市人社局组织各区镇对离校未就业高校毕业生全面摸底调查,落实生源跟踪服务。对于调查核实未就业的高校毕业生开展上门实名登记制度,掌握他们的求职信息,录入系统,根据其就业愿望和专业特长,提供职业培训、创业培训、小额担保贷款、就业援助等专项就业服务,对每一位离校未就业高校毕业生的就业动态以及享受就业扶持政策、接受公共人才服务情况进行跟踪服务。实行毕业生工作月报制度,实现离校未就业高校毕业生实名登记率、就业服务率两个100%。

【特困家庭劳动力就业】 年内,市人社局实行特困家庭劳动力就业目标管理责任制,将就业援助工作任务分解到各社区(村),责任落实到人。在部分基层公共就业服务平台开设就业指导窗口,为就业困难群体提供就业形势、求职技巧、转变择业观念等方面的指导,设立援助困难群体就业的绿色通道,开展"一对一"的职业指导。进一步推广就业援助"EMS"工作,开发就业援助岗位,帮扶特困家庭劳动力就业。全市认定就业援助单位400个,开发就业援助岗位1.1万个,援助岗位安置就业困难人员2098人。全市特困家庭劳动力就业率99.86%,其中单位就业率60.89%。

【失业保险支持企业稳岗】 7月,为进一步减轻企业负担,更好地发挥失业保险预防失业、促进就业的作用,市人社局出台《关于失业保险支持企业稳定岗位工作的实施意见》,凡依法参加失业保险并足额缴纳失业保险费,且上年度未裁员或裁员率低于张家港市城镇登记失业率的各类企业,均可申请稳岗补贴。同一企业一年申报一次,稳岗补贴标准按该企业及其职工上年度实际缴纳失业保险费总额的50%给予补贴。稳岗补贴主要用于企业职工生活补助、缴纳社会保险费、转岗培训、技能提升培训等相关支出。此项补贴政策将执行到2020年年末。年内,对符合条件的44家企业发放失业保险稳定岗位补贴462.91万元。

【第四届行行出状元职业技能大赛】 10月12日至31日,"行行出状元"张家港市第四届职业技能大赛举行。经选拔,全市有123家企事业单位,5个职业院校的397人参加总决赛。比赛项目设职工组11个,学生组5个。丛世宇等11人获得"张家港市职业技能状元"称号。江苏沙钢集团等12个单位获得"优秀高技能人才培养先进单位"。锦丰镇、塘桥镇、杨舍镇获得"优秀组织奖"。4月22日至25日,张家港市6名选手代表苏州市参加江苏省第三届"技能状元大赛",4名选手获得三等奖,被省人民政府授予"江苏省技术能手"。

"行行出状元"技能竞赛 (市人社局 提供)

劳动维权

【概况】 年内,市人社局针对职工诉求逐年增多,从单纯的工资诉求向社保、经济补偿、带薪休假等多种诉求延伸的新形势,积极推进举报投诉联动平台建设,畅通渠道、加强监管,全年共处理举报、投诉劳资纠纷683件、信访80件,群体事件53起,立案查处168家违法企业,行政处罚案件30件,因涉嫌拒不支付劳动报酬向公安部门移送案件26件,其中处理工资纠纷594件,涉及职工8312人,追发拖欠工资3823万元。对6600家企业进行书面审查,督促企业及时签订劳动合同,全市规模以上企业劳动合同签订率为99.9%;推动劳动监察"两网化"管理,全市三级网格划入网格企业数7000余家;开展专项行动6次,组织排查用人单位7800余家,涉及职工30余万人。市人社局充分利用江苏省劳动人事争议调解网上服务平台,开展劳动争议调解。年内,调解运行平台案件数291起,占全年立案案件的25.75%,案件调解成功率97.94%。

【完善劳动保障监察三色预警制度】 年内,市人社局进一步强化日常排查预警。将7000余家企业划入劳动监察网格管理,各镇(区)重点对连锁企业、租赁型企业、厂中厂企业、三高企业(高污染、高能耗、高排放)、四欠企业(欠房租、欠物业费、欠水费、欠电费)开展常态化排查,实行分级监控、分色预警。健全重大事项报告、群体纠纷快报、维稳信息周报、预警信息月报制度。与各镇(区)、信访、经信、政法等部门共享突发性群体纠纷信息,对预警企业实施风险评估、预警监管和分级跟踪。全年共发布预警简报9期,预警企业111家次,其中红色预警企业83家次,黄色预警企业28家次。

【劳动保障诚信体系建设】 年内,市人社局依据省人社厅等五部门《建立严重欠薪失信行为联动惩戒的工作意见》和苏州市《关于试行劳动保障监察严重失信黑名单社会公布工作的通知》等相关意见,研究制定用人单位诚信管理办法,完善诚信评价具体指标,以及单位劳动保障守法诚信档案。利用公共信用信息发布平台、市场监管信息平台及时发布行政许可和行政处罚相关信息,通过市文明办诚信"红黑榜"平台发布两期,黑榜公布企业17家、个人6名,联合银行和公安、交通、市场监管等部门,构建信息互通共享、平台同步发布、公示打击一体的惩戒失信网络,切实提升劳动保障诚信评价的社会认同度。

【劳资纠纷处理】 年内，针对经济下行、劳资纠纷多发的情况，市人社局综合利用日常巡查、定期走访、调研普查、书面审查、专项检查、平台监控、举报投诉等多种执法方式加强对劳资纠纷的跟踪处理。发挥乡镇、网格、企业调解组织作用，采用电话调解、约见调解等多种调解方式，使劳资矛盾在基层得到化解，各区镇共调处简单劳资纠纷980起。抓好群体性纠纷的预警和调处工作，会同各区镇和相关部门及时调处亚细亚化工、美星三和机械、荣达渣土、斯贝瑞等突发性群体纠纷42起，未发生越级群体上访和重大影响的群体性劳资纠纷。全年因涉嫌拒不支付劳动报酬向公安部门移送案件26件，维护职工的合法权益，确保劳动关系总体和谐稳定。

【基层仲裁庭实体化建设】 年内，市人社局积极推进基层劳动争议仲裁庭实体化建设。杨舍、金港、锦丰、凤凰、塘桥等5个基层仲裁庭选拔配备仲裁员、书记员。各区镇组织仲裁员参与省劳动人事争议仲裁院的仲裁员资格培训和市人社局组织的岗前培训。5月起，镇（区）仲裁员开始独立办案，受理并处理辖区内的用人单位与劳动者发生的劳动争议，负责日常劳动法律、法规的宣传、咨询工作。年末，各区镇仲裁庭自有仲裁员办理辖区内劳动人事争议案件数共77起，占年度立案案件数目的6.81%。

社会保障

【概况】 年内，全市继续健全社会保障体系，推进社保惠民工程，社会保险参保人数持续增加，待遇水平稳步提高。全市城镇职工养老、医疗、工伤、生育、失业五大社会保险及居民医疗保险参保覆盖率均保持在99.4%以上。5月，在全面实施医保结算总额控制工作基础上，推进住院按病种结算。印发《市人力资源和社会保障局、市卫生和计划生育委员会关于调整张家港市社会基本医疗保险按病种结算病种和标准的通知》，住院按病种结算由原来的10种增加至42种。5月，调整2016年度居民医保筹资标准为每人1250元，其中个人缴费250元，财政补助1000元。指导各镇（区）在6月末完成2016年度居民医保个人保费征缴工作，及时上划个人保费至市社保基金专户。7月起，按苏州市人社局规定的标准，上调一到四级工伤职工的伤残津贴（不包括已享受基本养老保险待遇的工伤职工）、生活护理费和工亡职工的供养亲属抚恤金，总体比上年增9.26%，共上调伤残津贴189人，人均增加284元；生活护理费88人，人均增加200元；供养亲属抚恤金478人，人均增加130元。从7月1日起按规定计发工伤保险相关待遇涉及的职工月平均工资按6025元执行。市人社局有序组织企业职工基本养老保险、失业保险缴费比例调整。从2016年1月1日起至2018年12月31日，全市失业保险费率由2%降至1.5%。从2016年5月1日起至2018年4月30日止，企业职工基本养老保险单位缴费比例由20%降低至19%，为企业减负近1亿元。12月24日，《张家港市人民政府关于贯彻落实国务院、省政府关于机关事业单位工作人员养老保险制度改革的决定和实施意见的通知》正式发文。

2016年张家港市参加社会保险情况表

表69

项目		参保单位数（个）	比上年增长率（%）	参保人数（人）	比上年增长率（%）	人员参保率（%）	比上年增长率（%）	基金收缴率（%）	比上年增长率（%）	支付情况（万元）	比上年增长率（%）
城镇养老保险	机关事业	550	0.55	9111	2.77	100.00	—	100	—	11119	10.85
	城镇企业	33373	9.49	733571	3.06	99.60	—	99	—	477246	12.38
医疗保险		33389	9.33	750340	2.81	100.00	—	100	—	207945	3.25
失业保险		33337	9.34	643270	4.07	100.00	—	100	—	21966	174.92
生育保险		33361	9.50	649045	4.09	100.00	—	100	—	13888	28.27
工伤保险		33373	9.34	649590	4.04	100.00	—	100	—	26860	-14.85

【强化“十五分钟”社保服务圈建设】 年内，市人社局全面下延灵活就业人员参保缴费业务和农转城退休待遇核定业务，引导群众就近办理个人社保缴费业务。灵活就业人员参保缴费业务下延至全市9个劳动保障所、杨舍和金港等乡镇下属的14个办事处。农转城参保人员退休待遇核定业务全面下延到各镇劳动保障所，并由村（社区）社保协管员按月将《友情提醒函》发放到即将到龄退休的农转城参保人员手中，告知办理退休手续的时间、地点及相关注意事项，为农转城人员提供精准、贴心的服务。2016年度，各镇劳动保障服务平台共办理灵活就业人员参保缴费业务16501件，农转城退休业务1720件。

【新一代社保和市民卡更换工作启动】 2月，新一代社保卡和市民卡更换工作启动，这次换卡，主要是将原有的一张“社会保障·市民卡”换成A、B两张卡，A卡为全省统一的省社保卡，B卡为与张家港农村商业银行联通的张家港市市民卡，社保卡主要用于医保的结算和养老金的发放。原有的市民卡将于2018年年末停止使用，而在这之前，原有市民卡的各项功能还将保留。更换市民卡遵循自愿的原则，市民可持本人身份证和原有的社会保障市民卡至市民卡各服务网点自愿申请办理。至年末，A卡发卡量为62774张、B卡发卡量为63054张。

（朱海婷）

【编辑 张 洁】

社会民生

People's Livelihood

梁丰生态园敬老文化园　（市民政局　提供）

居　　民

民政事务

村居社区

民族宗教

老龄事业

关心下一代工作

残疾人事业

新市民服务

便民服务

社会调解服务

张家港年鉴(2017)

居　民

【概况】 全市有居民329524户，比上年减2297户；户籍总人口926592人，比上年增3835人。其中，有女性472551人，小学阶段在校儿童80146人，60周岁以上老年人23.9万人，持证残疾人21103人。有常住人口125.55万人，其中城镇人口85.07万人，另有外来暂住人口67.68万人。户籍人口中，姓氏以陈姓数量为最，有62802人，其次分别是张姓53445人、王姓43829人、徐姓37845人、朱姓36556人、李姓33259人、钱姓30141人。全年出生9865人（户籍人口），出生率10.34‰，其中一孩生育5644人、二孩生育4101人、多孩生育120人，二孩生育率比上年提高42.59%；金港镇、杨舍镇、大新镇出生率高于平均水平，分别高1.71、1.27、0.8个千分点，常阴沙现代农业示范园区出生率最低，为8.88‰。死亡6767人，其中交通事故死亡82人、火灾事故死亡3人，疾病死亡中以恶性肿瘤为最，占比31.68%，其次为脑血管病，占比23.73%。平均期望寿命82.58岁，其中男性79.87岁、女性85.32岁。有农村从业人员313759人，其中第一产业33059人、第二产业218557人、第三产业62143人。有城镇非私营单位从业人员271053人，其中企业单位239190人、事业单位21655人、机关单位9801人、其他407人。从业人员平均工资77580元。按机构类型分，机关平均工资最高，为121562元；事业其次，为117616元；企业最低，为72127元。按行业分，教育从业人员平均工资最高，为134967元；信息传输、软件和信息技术服务业人员其次，为119265元，居民服务、修理和其他服务业最低，为36765元。居民全年用电108086万千瓦小时，比上年增11.6%，每日人均生活用电2.4千瓦小时。人均住房面积62.6平方米，其中城镇居民60.1平方米、农村居民66.4平方米，主要炊用能源为天然气和液化石油气，占比93.2%，余下的使用电。年末住户存款1031.4亿元，比上年增7.58%。

【居民可支配收入】 城镇居民人均可支配总收入54602元，比上年增7.9%。其中，工资性收入36108元、经营净收入5689元、财产净收入6259元、转移净收入6546元，分别比上年增6.97%、6.36%、10.49%、11.94%。农村居民人均可支配总收入27849元，比上年增8.3%。其中工资性收入15703元、经营净收入5785元、财产净收入2791元、转移净收入3570元，分别比上年增8.07%、5.74%、9.58%、12.76%。

【居民生活消费支出】 城镇居民人均消费支出31590元，比上年增6.49%。其中食品烟酒支出9025元、衣着支出1907元、居住支出6035元、生活用品及服务支出1660元、交通和通信支出6565元、教育文化娱乐支出4344元、医疗保健支出1011元、其他支出953元，分别比上年增6.11%、减1.17%、增2.58%、4.01%、8.58%、10.18%、减9.59%、增48.26%。农村居民人均消费支出18687元，比上年增12.41%。其中，食品烟酒支出5286元、衣着支出1170元、居住支出3922元、生活用品及服务支出1132元、交通和通信支出2916元、教育文化娱乐支出2562元、医疗保健支出1253元、其他支出446元，分别比上年增12.09%、11.57%、11.41%、12.04%、13.73%、12.49%、12.29%、20.23%。

【居民耐用消费品拥有量】 每百户居民拥有家用汽车72辆，比上年增3%，其中城镇居民拥有82辆、农村居民拥有57辆，分别比上年增3%、7%。拥有摩托车15辆，比上年减28%，其中城镇居民拥有13辆、农村居民拥有18辆，分别比上年减28%、30%。拥有电冰箱（柜）109台，其中城镇居民拥有110台、农村居民拥有108台，均比上年增1%。拥有微波炉93台，其中城镇居民拥有73台、农村居民拥有87台，分别比上年减22%、增5%。拥有洗衣机107台，其中城镇居民拥有110台、农村居民拥有101台，分别比上年增2%、1%。拥有热水器112台，其中城镇居民拥有113台、农村居民拥有109台，分别比上年增2%、6%。拥有空调238台，其中城镇居民拥有262台、农村居民拥有199台，分别比上年增1%、2%。拥有彩色电视机214台，其中城镇居民拥有224台、农村居民拥有196台，分别比上年增2%、3%。　（统计局）

民政事务

【概况】 市民政局全年处理信访函58件，答复率100%。7月1日起，城乡低保标准由每月750元调整为每月810元。年末，全市在册低保对象2858户、4435人，低保边缘对象944户、1005人，“五保”对象493户、495人，全年发放低保（含低保边缘、“五保”）补助金4874.11万元，为低保对象发放水费补贴98.42万元。配合市委组织部对3855户低保、低保边缘户、孤儿等困难对象发放党员关爱基金530.45万元。及时落实困难群众补贴机制，为全市困难群众和优抚对象发放物价补贴551.77万元；在劳动节、国庆节前为低保、低保边缘户、孤儿等困难对象1.46万人按每人100元发放“节日红包”，共计发放146.58万元；落实孤儿、重残人员和特殊残疾人救助标准自然增长机制，实施少儿大病和临时救助制度，累计发放各类救助金3354.91万元。继续开展“困难家庭儿童托管、贫困生生涯发展”项目，委托暨阳青少年服务社为全市贫困学生和社会散居孤儿提供资源资助、心理辅导。继续落实好国务院《社会救助暂行办法》，在实现社会救助“一门受理”平台全覆盖的基础上，整合资源、落实政策。市居民家庭经济状况核对中心与公安、人社、国税、地税、工商、交通、公积金、车管、房管、婚姻登记处、天府苑11个部门和单位建立比对通道，同时对接苏州核对系统，扩大核对渠道。年内全市共核查低保、低保边缘户、“五保”、重残、特残等各类救助申请11072户、19146人，产生预警1493户，检出375户。继续实施困难群众安居工程，全年为58户困难家庭补助安居资金182.22万元，其中帮建（修）户51户，拆迁（预拆迁）安置户7户。自然灾害民生保险全年理赔因雷击、龙卷风等自然灾害和溺水、火灾造成的人身、房屋损毁事件1095人次，赔付666.76万元。乐余镇永利村创建成全国综合减灾示范社区。完成2016年春节向困难群众“送温暖”慰问活动，惠及19类困难群体近9万户困难群众，慰问总资金1.31亿元。开展“街面主动救助”“寒冬送温暖”等活动，救助生活无着的流浪乞讨人员634人次。启动“数字化寻亲”项目，通过DNA信息比对，成功查实5名滞留五年以上人员的身份信息。

【双拥活动】 春节、八一建军节期间，市委、市政府走访慰问17个驻军部队，发放慰问金273.38万元。与“远望三号”船官兵开展双拥共建座谈会。启用“张家港双拥”微信公众号。组织开展烈士公祭活动，继续实施“军民共建鱼水情”公益创投项目，为张家港籍立功现役军人家属登门送喜报。市人武部、张家港边防检查站、市消防大队等驻军部队勇于承担抢险救灾等各种急难险重任务，妥善处置突发事件，开展军警民联防联治活动及植树造林、义务献血、爱心捐赠等活动。年内，张家港市获评全国双拥模范城，实现“六连冠”。南丰镇永联村党委书记吴惠芳被评为江苏“最美复转军人”。

【优抚安置】 全市有享受抚恤补助的优抚对象2908人，在乡复员军人遗属622人。重点优抚对象抚恤补助标准实行自然增长机制，年内共发放抚恤补助金2879.8万元，节日慰问金和物价补贴321.5万元。为758户义务兵家庭发放优待金2206.6万元。接收安置2016年秋冬季退役士兵357人，发放一次性经济补助金2809万元。119名退役士兵自愿报名参加免费职业教育与技能培训，18名退役士兵预登记参加学历教育。组织开展烈士纪念日纪念活动。落实优抚对象精神抚慰制度，组织18名烈士遗属、新中国成立后老复员军人等重点优抚对象赴无锡荣军医院疗养。启动实施“关爱老兵——优抚服务进社区”公益创投项目。军队离退休干部“两个待遇”落实到位，“幸福来敲门”军休干部居家保洁服务持续推进。

【慈善事业】 年内，市慈善总会（基金会）共募集善款6273.67万元，其中衣物2.44万件，折合73万元；捐出善款5244.99万元，其中衣物2.41万件，折合121.69万元。“共享阳光”慈善助学项目为1737名贫困学生发放慈善助学金476.47万元。“阳光慈善，血脉相连”贫困血液病患者慈善救助项目为47名血液病患者提供45.4万元的救助。市慈善基金会与港城康复医院继续实施“走在阳光下”脑瘫儿童慈善援助项目，为18名脑瘫儿童提供26.2万元的康复援助。1月26日至27日，全省慈善总会会长座谈会在永联小镇召开。为纪念9月1日《中华人民共和国慈善法》正式施行和9月5日首个“中华慈善日”，9月1日至7日，市慈善总会（基金会）开展系列慈善宣传活动，举办以普及慈善法、文艺会演、“为爱行走”公益慈善项目展为内容的大型公益广场活动。其间，在全市140辆公交车LED广告屏、6块户外大型电子屏上滚动宣传首个“中华慈善日”。11月，开展“为爱行走·悦动港城”大型徒步公益活动，13439人次参与爱心捐赠，累计募集善款72万余元。至年末，全市有基层慈善组织279家，覆盖率100%。梁丰慈善工场开展活动85场，服务周边群众2300余人次。

【社会福利】 全市有养老机构47家，床位1.02万张。有五保对象495人，其中集中供养475人，分散供养20人；有机构供养孤儿76人，散居孤儿9人。继续实行五保对象、孤儿供养标准自然增长机制，五保对象供养标准由每月1050元调整为1134元，儿童福利机构集中供养孤儿供养标准由每月1920元调整为2080元，社会散居孤儿供养标准由每月1340元调整为1460元。安排200万元作为儿童福利和未成年人保护工作经费，用于落实省民政厅“合力监护、相伴成长”专项行动，并联合市妇联开展关爱农村留守儿童专项活动。开展第二届“童心同行，为爱护航”亲子嘉年华，促进1000余名儿童与家长沟通。与长沙民政学院举办首次儿童福利社会工作研修班。开办“儿童福利和未成年人保护训练营”，组织300余名儿童社工及村（社区）儿童福利督导员业务培训，提高全市儿童保护能力。推动各区镇儿童福利载体建设，为43个儿童福利载体发放补助金。建立困境儿童关爱中心和平台，启动困境儿童个案管理试点工作。1月11日至15日，市民政局联合市安监局、市市场监管局、市消防大队对全市社会福利机构开展安全检查。全年销售福利彩票42863万元，完成苏州下达任务数的107%，居苏州市第二位。年末全市有福利企业69家，职工6472人，其中安置残疾职工1909人，安置比例29.49%。

【婚姻和儿童收养登记】 市民政局婚姻登记处全年办理结婚登记6645对，离婚登记2279对。补发婚姻登记证2079对，撤销婚姻登记1对。查档服务2724人次。2月1日起执行新《婚姻登记工作规范》，依法对婚姻登记流程进行完善，提高依法行政能力。群众满意率100%。关注个性需求，提供婚姻家庭辅导，对离婚情况开展劝导269对，劝和成功204对，劝和率75.8%。为倡导文明节俭的婚礼新风，婚姻登记处于“七夕节”当天举办“缘定七夕·文明婚约”首届集体“婚礼式”颁证活动。活动设置领导致辞、幸福求婚、宣读结婚誓言、颁证合影、签字承诺等环节。6对新人参加颁证仪式。年内依法办理收养登记58件，对57个家庭的收养申请开展评估，51家通过评估并签订回访协议，初审不符合3家。全年婚姻、收养登记无违法登记事件发生，登记合格率100%。

【殡葬管理】 3月，市民政局出台《2016年清明安全工作的通知》，从2016年清明节起在全市实行“两禁两集中”，即禁止随地焚烧祭祀用品、禁止随地燃放烟花爆竹，实行祭祀用品集中焚烧、烟花爆竹集中燃放。清明节期间，全市殡葬服务场所累计接待祭扫市民85万人次，车流20余万辆，祭扫管理继续保持零事故。5月至7月，为破解殡葬改革进程中的瓶颈问题，在全市开展殡葬改革调研，形成专题调研报告呈报市委、市政府。8月，组织市文明办及锦丰、大新、杨舍等镇赴浙江长兴、安吉考察文明集中办丧做法。9月起，联合国土部门对全市殡葬设施用地进行测绘。12月，向市政府递交《关于推进我市殡葬改革的调研报告》，出台《关于印发张家港市推行集中文明办丧实施办法的通知》。年内，完成经营性公墓年检工作，境内累计整治散坟30.4万穴，整治搬迁率92%，经财政核定下发殡葬设施建设及散坟搬迁以奖代补资金181.17万元。免除6616具遗体基本殡葬费885.73万元。继续推进殡仪服务中心建设，10月，大新镇殡仪服务中心建成。该中心总投资942.2万元，建筑面积2398平方米，建有3个独立守灵区域和1个多功能餐饮服务区。守灵区域可供3家丧户同时办丧守灵，每个守灵区为单层3间，设灵堂、接待区、休息区；多功能餐饮服务区为1栋3层，每层可同时容纳20桌丧宴。至年末，全市累计有殡仪服务中心7个，其中镇级殡仪服务中心5个。

【烈士陵园管理】 市烈士陵园纪念馆内陈列展示革命烈士英雄事迹470人，其中大革命和土地革命战争中牺牲46人、抗日战争中牺牲115人、解放战争中牺牲96人、社会主义建设时期牺牲213人。全年接待瞻仰团体161个1.2万人次、烈士生前亲属及战友150批1200人次。

【地名勘界】 2月，《关于加快推进第二次全国地名普查工作的通知》下发，明确地名普查工作内容、要求和时间节点。3月，在《张家港日报》专版宣传市第二次地名普查工作；吴文化地名初稿完成编纂，进入专家审核阶段；苏州市民政局在张家港市召开苏泰线联检工作启动会议。7月，与常熟市签订常张线镇级平安边界建设协议书。9月，与江阴市签订锡苏线镇级平安边界建设协议书。10月，《张家港市加强地名文化保护清理整治不规范地名工作实施方案》出台。11月，《张家港市第二次全国地名普查成果转化规划（2015—2020）》出台。全年完成道路命名20条，小区命名16个、调整归属5个，商务楼、广场、大厦命名8个，桥梁命名21座、更名3座。完成地名普查数据13082余条；完成全部普查地名的位置调查和图片采集工作，其中地名照片2.8万张，录像录音345条，预填地名标志登记表1100余份。至年末，全市行政区域界线界桩及标志物均完好无损。

【社工队伍建设】 年内，全市有290人通过全国社会工作者职业水平考试。至年末，全市持证社会工作者1912人，其中社会工作师509人、助理社会工作师1403人。每万人拥有持证社工15.2人。选拔本土社工督导培养对象35人赴深圳研修。1月，市社会工作者协会召开第二届三次理事会议暨专委会工作会议。3月，举办“国际社工日”系列活动。8月，首期投入近5万元为250名一线社工投保人身保险，此举在省内属首创。12月，对全市持证社会工作者开展网上问卷调查，回收问卷984份，为市社会工作人才队伍建设与发展相关制度政策的出台提供依据。年内新增专业社工机构6家，累计40家，服务涵盖青少年、老人、社区矫正、医务、禁毒等十余个领域。

【社会组织管理】 年内新核准登记社会团体42个，新核准登记民办非企业单位59个，新核准登记基金会1个（市社区发展基金会）。采取社会组织年度检查与办理“三证合一”（社会组织登记证书、组织机构代码证、税务登记证）相结合方式，颁发具有统一社会信用代码的新证书，社会组织统一社会信用代码赋码率100%，基础信息入库率100%，参检合格率91.2%。至年末，全市有登记注册社会组织947个，其中社会团体490个（行业性社团61个，学术性社团55个，联合性社团71个，专业性社团303个），民办非企业单位439个（教育类122个，卫生类9个，文化类4个，科技类8个，体育类43个，人社类18个，社区服务类152个，其他类83个），基金会15个（公募基金会5个，非公募基金会10个），异地商会3个。备案的社区社会组织2144个，每万人（户籍人口）拥有登记社会组织10.3个。年内，开展优秀社区社会组织评选，评出优秀社区社会组织100个。持续开展社会组织公益创投，投入650万元资助社会组织服务项目108个。委托第三方评估机构——市至诚社会组织评估中心对社会组织开展评估，评估机构成立评估专家组对申评组织进行资料审核、实地查勘、抽样调查，对参评单位进行业务培训，指导帮助参评单位做好等级评估的自评和申请，共动员163家社会组织参评，参评数是上年的2.9倍；116家获评等级，是上年的2.2倍。全市有等级社会组织343个，其中AAAAA级1个、AAAA级24个、AAA级102个、AA级75个、A级141个，占应评总数的53.4%。全市有10家社会组织入围“江苏省示范性社会组织”，市暨阳青少年发展事务所开展的“城市小主人精英计划”入选2016年度江苏省社会组织十佳公益服务项目。

2016年张家港市新核准登记社会团体一览表

表70

社会团体名称	法定代表人	业务主管部门	登记日期
南丰镇永联社会文明建设联合会	陈华斌	市文明办	2015年12月29日
经开区（杨舍镇）体育总会	肖　敏	市体育局	2015年12月30日
凤凰镇莺山村老年协会	徐卫龙	凤凰镇	2015年12月30日
塘桥镇社会工作者协会	朱志良	市民政局	2016年1月12日

续表70

社会团体名称	法定代表人	业务主管部门	登记日期
凤凰镇魏庄村老年协会	彭仲贤	凤凰镇	2016年1月12日
市文化艺术业商会	王苏华	市工商联	2016年1月17日
市公益组织联合会	梁　菲	市民政局	2016年2月4日
南丰镇永联商会	张爱芹	市工商联	2016年3月2日
乐余镇社会工作者协会	张　建	市民政局	2016年3月18日
塘桥镇胡同社区志愿者协会	毛远超	塘桥镇	2016年3月31日
经开区(杨舍镇)南新村商会	东国平	市工商联	2016年4月7日
市红星公益义工协会	张佐铭	市民政局	2016年4月29日
经开区(杨舍镇)田垛里村商会	郭世春	市工商联	2016年4月29日
市香港城商贸商会	袁正华	市工商联	2016年6月14日
塘桥镇横泾村老年协会	谈建江	塘桥镇	2016年6月15日
塘桥镇刘村村老年协会	陈正江	塘桥镇	2016年6月15日
塘桥镇鹿苑社区老年协会	钱震杰	塘桥镇	2016年8月1日
市幸福杨舍志愿者协会	查　英	市文明办	2016年8月4日
锦丰镇建设村老年协会	朱美芳	锦丰镇	2016年8月4日
锦丰镇镇北社区老年协会	陈惠华	锦丰镇	2016年8月29日
市沙洲青年文艺协会	张　楠	市文广新局	2016年9月14日
经开区(杨舍镇)社会体育指导员协会	钟月华	市体育局	2016年10月27日
经开区(杨舍镇)老年体育协会	童　勤	市体育局	2016年10月27日
经开区(杨舍镇)广场舞协会	王　莉	市体育局	2016年10月27日
经开区(杨舍镇)农民体育协会	季董磊	市体育局	2016年10月27日
经开区(杨舍镇)棋类协会	苏　洁	市体育局	2016年10月27日
经开区(杨舍镇)空竹协会	黄小红	市体育局	2016年10月27日
经开区(杨舍镇)乒乓球协会	曹　嫣	市体育局	2016年10月27日
经开区(杨舍镇)柔力球协会	顾晓婷	市体育局	2016年10月27日
经开区(杨舍镇)篮球协会	肖　敏	市体育局	2016年10月27日
经开区(杨舍镇)体育舞蹈协会	全颖洁	市体育局	2016年10月27日
经开区(杨舍镇)门球协会	郭宝英	市体育局	2016年10月27日
经开区(杨舍镇)武术协会	程　亚	市体育局	2016年10月27日
经开区(杨舍镇)羽毛球协会	朱　湘	市体育局	2016年10月27日
市人民调解协会	倪永祥	市司法局	2016年11月2日
塘桥镇胡同社区老年协会	顾建刚	塘桥镇	2016年11月24日
塘桥镇蒋家村老年协会	田建东	塘桥镇	2016年11月24日
市商业供配商会	张建华	市工商联	2016年12月15日
市佛教慈善协会	秋　林	市民宗局	2016年12月15日
金港镇金都社区老年协会	范　莉	金港镇	2016年12月15日
塘桥镇妙桥社区老年协会	朱建江	塘桥镇	2016年12月29日
乐余镇永利商会	陆志聪	市工商联	2016年12月30日

说明：因登记时间与核准时间存有滞后性，故部分社会团体登记时间为2015年

2016年张家港市新核准登记民办非企业单位一览表

表71

单位名称	法定代表人	业务主管部门	登记日期
凤凰镇湖滨家庭综合服务中心	徐娅芳	凤凰镇	2016年1月4日
市老伙伴健康生活服务中心	廖志君	市民政局	2016年1月12日
凤凰镇恬源社区居家养老服务站	钱静芳	凤凰镇	2016年1月12日
南丰镇社会组织服务中心	尤江峰	市民政局	2016年1月12日
市阳光助学服务中心	徐　光	市民政局	2016年2月5日
塘桥清华幼儿园	刘　义	市教育局	2016年2月18日
市启航水上运动俱乐部	张友平	市体育局	2016年2月19日
市枝叶儿童青少年视力保健中心	汪春枝	市残联	2016年2月22日
市康德社会服务社	陈　静	市民政局	2016年2月25日
金港镇殡葬服务站	薛志健	市民政局	2016年2月29日
市风暴铁人三项运动俱乐部	朱正球	市体育局	2016年3月2日
市申港航模俱乐部	李惠忠	市体育局	2016年3月18日
塘桥镇社会组织服务中心	张瑜轩	市民政局	2016年3月18日
塘桥镇殡葬服务站	钱　玮	市民政局	2016年3月18日
乐余镇兆丰社区居民慈善互助社	张　军	乐余镇	2016年3月28日
大新镇妇女社会组织服务指导中心	陈礼霞	市妇联	2016年4月12日
市启明星家庭教育服务社	徐　燕	市妇联	2016年4月12日
市英之杰语言培训中心	张丽芬	市教育局	2016年4月20日
南丰镇老倪调解事务所	倪永祥	市司法局	2016年4月29日
大新镇新东社区暖心服务社	陈　佳	大新镇	2016年4月29日
市麒麟教育培训中心	邹一中	市教育局	2016年5月16日
市英之孚语言培训中心	沈汉春	市教育局	2016年5月23日
市金思维教育培训中心	顾　飞	市教育局	2016年5月24日
市阳光学堂教育培训中心	陈　昭	市教育局	2016年5月30日
市亲民社会工作服务中心	杨　玭	市民政局	2016年6月12日
长安大学汽车工程研究院	陈　涛	市科技局	2016年6月14日
市睿明凤凰教育培训中心	叶建英	市教育局	2016年6月22日
锦丰镇书院社区常春藤益读书服务中心	冯艳阳	锦丰镇	2016年6月30日
市锦澄教育培训中心	季小燕	市教育局	2016年7月4日
乐余镇闸西村居家养老服务站	陈忠明	乐余镇	2016年7月29日
锦丰镇新善佑公益服务社	马　颜	锦丰镇	2016年7月29日
乐余镇乐怡志愿者服务社	张　伟	市文明办	2016年7月29日
锦丰镇圆爱公益服务社	姚震宇	锦丰镇	2016年8月1日
市禅武太极文化推广中心	马贵鹏	市体育局	2016年8月4日
市锦丰镇心益社会服务社	倪小领	锦丰镇	2016年8月15日
市华夏启创公益服务发展中心	郑丽芳	市民政局	2016年8月15日
杨舍镇乐邻公益服务社	许　娟	杨舍镇	2016年8月15日
市惠邻社会工作服务中心	陈华斌	市民政局	2016年8月23日
市困境儿童关爱中心	杨　玭	市民政局	2016年8月23日
市文联文艺家创作交流中心	侯晓云	市文联	2016年8月29日

续表71

单位名称	法定代表人	业务主管部门	登记日期
常阴沙居家养老服务中心	司黎敏	市民政局	2016年8月29日
乐余镇兆丰社区居家养老服务站	吴　燕	乐余镇	2016年8月29日
乐余镇红星村居家养老服务站	闻　彬	乐余镇	2016年8月29日
市司法行政社会组织发展指导中心	赖怡念	市司法局	2016年9月28日
锦丰镇金沙洲社会工作事务所	龚　健	锦丰镇	2016年10月10日
市活力奔跑运动俱乐部	李晓达	市体育局	2016年11月10日
市德益成教育培训中心	卞向前	市教育局	2016年11月14日
金港镇元丰社区邻里知音互助社	曹　俊	金港镇	2016年11月21日
市泛英教育培训中心	韩　林	市教育局	2016年11月22日
市精略教育培训中心	余黎君	市教育局	2016年11月22日
市爱乐乐享教育培训中心	赵鑫艺	市教育局	2016年11月22日
市海澜教育培训中心	惠　祎	市教育局	2016年11月24日
市韶华青年公益事务所	王雯倩	市民政局	2016年12月8日
凤凰镇杏市村居家养老服务站	张志强	凤凰镇	2016年12月15日
市田汉剧社	于天洎	市文广新局	2016年12月27日
凤凰镇杨家桥村居家养老服务站	唐月忠	凤凰镇	2016年12月29日
大新镇社会组织服务中心	陈礼霞	市民政局	2016年12月29日
金港镇朝南村惠民社会服务社	陆惠芳	金港镇	2016年12月29日
凤凰镇高庄村居家养老服务站	冯建东	凤凰镇	2016年12月30日

【社会救助信息公示服务平台投用】 1月，在整合市人社局政务信息自助服务平台的基础上，市社会救助信息公示服务平台投入使用。该平台在全市10个区镇、287个村（社区）进行社会救助网络公示及互动，实现社会救助信息村（社区）全覆盖。平台主要提供救助政策查询及救助对象信息公示两类服务。通过救助政策查询可在线了解最低生活保障、临时救助等相关政策，通过救助对象信息公示可筛选区镇、村（社区）和救助类别等选项，查询全市所有在册的低保户、低保边缘户、五保户、重残和特殊残疾人及临时救助对象的姓名、年龄、收入、保障金额等情况，并可实现实时举报。

【亲情（虚拟）养老院管理软件获著作权】 5月17日，由市亲情（虚拟）养老院自主开发的“亲情（虚拟）养老院管理系统软件V1.0”被授予“中华人民共和国国家版权局计算机软件著作权登记证书”。6月2日，经中国版权保护中心审核，市亲情（虚拟）养老院被认定为该软件法定著作权人。该软件于2015年5月31日开发完成，主要应用于居家养老服务管理和服务质量监督，具有工单管理、服务卡管理、统计报表、一键通管理、定位服务、基本信息管理、便民服务、系统管理、手机刷卡等功能。著作权的获得为该软件向全国市场推广起到保护作用。

【市困境儿童关爱中心成立】 8月，市儿童福利指导中心和暨阳青少年发展事务所联合发起成立市困境儿童关爱中心。该中心是注册社工服务类社会服务平台组织，是全省首家用个案管理的工作方法提供服务的机构。中心实施“政府主导、社会协同”运行机制，以困境儿童“健康发展、融入社会”为目标，梳理社会有效资源，实现资源最优配置，达到专业精准服务。12月15日，市困境儿童关爱中心启动暨“困境儿童关爱服务系统”正式上线。经排查梳理，全市1156名困境儿童纳入“困境儿童关爱服务系统”，系统运用个案管理专业工作方法，根据儿童发展需求设定八大类48项服务，运用4个平台+1个APP方式对困境儿童实行信息化管理，将需求与资源、服务相对接，以政府通过购买服务的方式为困境儿童提供精准帮扶。

（尹　娴）

村居社区

【概况】 年末，全市有村委会153个，比上年增1个（撤销锦丰镇海沙社区，成立锦丰镇久生村）；有社区居委会135个，比上年增10个（乐余镇乐海社区，塘桥镇馨塘社区，杨舍镇通桥社区、农鹿社区、福新苑社区、青草巷社区、新旺社区、陈东庄社区、戴巷社区，金港镇廊桥社区）。3月，市政府组织对《张家港市乡镇社区布点规划》进行技术论证。布点规划致力于构建布局合理、规模适度、基础设施更加完备、服务功能更加完善的乡镇社区格局。6月，市政府下发批复同意规划。4月11日至15日，2016年度社区治理实务能力培训班举办，全市"三社联动"及村居民自治工作领先的村（社区）主任、各区镇社区办主任、民政局"三社"（社区、社会组织和社会工作者）工作相关人员共80余人参加培训。8月，市社区发展基金会成立，该基金会成立有利于提高政府资金使用效率，引导社会公益力量进入社区基层，做强政府职能转移的承接主体，激发社区内部活力。年内，杨舍镇获评"江苏省和谐社区建设示范（乡镇）街道"，杨舍镇善港村、西湖苑社区、老宅社区、福前村，塘桥镇巨桥村，金港镇南沙社区、巫山村、高桥村，锦丰镇悦来社区，南丰镇新德村，大新镇新南社区，凤凰镇双塘村，乐余镇常丰村，锦丰镇南港村14个村、社区获评江苏省和谐社区建设示范社区。至此，全市共建成"全国和谐社区建设示范单位"3个、"江苏省和谐社区建设示范单位"61个。

【村民自治工作全面推进】 自2015年7月起，以经开区（杨舍镇）为试点推进以协商民主为内涵的村居民自治工作，创新构建"村居民议事会"平台，实现由"替民作主"到"由民作主"的转变。2016年，依托开展"以农村社区为基本单位的村民自治工作"全国试点、"全省社区治理和服务创新实验区建设"等创建工作，村民自治工作在全市深入推进。6月，《张家港市关于建设全省社区治理和服务创新实验区实施意见》印发。下半年，全市确定37个村（社区）为先期试点单位。11月4日，省社区治理和服务创新实验区现场会召开，市委副书记、市长黄戟部署实验区工作，分解部门责任，制定三年计划，要求持续稳步推进"党建引领、村（居）民自治、多元共治、智慧平台"建设。年内，农业部、民政部等部委批复张家港市以农村社区为基本单位的村民自治试点列入国家新增改革试验区试验任务。张家港市制定详细实施方案及细则，成立由市长任组长的工作领导小组，试点工作周期为2年，确定首批试点22个村，试点工作有序开展。12月，"社区协商——基层治理法治化的新探索"项目获评第四届"中国法治政府奖"第一名。

【村（社区）换届选举完成】 年内，市第十一届村委会和第六届社区居委会换届选举工作同步进行。全市151个村和126个社区居委会开展换届选举。在该届村委会选举中，除杨舍镇七里庙村、南丰镇永联村不再进行换届选举外，其余151个村统一采用"无候选人一次性直接投票选举"的办法，选举产生新一届村委会成员797人，其中主任151人、副主任205人、委员441人。在社区居委会换届选举中，除城西社区因故延期外，其余125个社区居委会统一采用"有候选人全体选民一人一票直接选举"的办法，选举产生新一届社区居委会成员584人，其中主任125人、副主任156人、委员303人。村委会、社区居委会选举一次成功率均为100%。 （尹　娴）

【全市首个"家文化"主题公园开园】 11月8日上午，历时半年多改造的乘航公园以崭新的面貌向市民开放，成为全市首个以"家文化"为特色的主题公园。公园位于乘航集镇东部，总面积6700平方米，初建于1993年，因年久失修而功能渐失。为弘扬乡贤文化，传承优秀家风，丰富居民精神生活，提升社会幸福指数，2016年年初，经开区（杨舍镇）投入250万元对公园改建修缮。园名"乘园"由社会学家费孝通题写。园门东西两侧分别是"人人微文明"和"新二十四孝"手绘墙。公园内部仍以清风池、明月池为背景，保留藕香轩、洗月榭、凝香亭等8座亭子，新增幸福书吧、庆安堂、德馨苑、道德讲堂、乘航书场、乘航书画苑、乘航志愿者V站等文化服务阵地。藕香轩和庆安堂分别集中展示乘航乡贤文化和庆安历史文化；德馨苑为家风家训主题文化广场，其中墙面及花坛内布置杨舍地区名门望族的宗训家规。乘航"家文化"主题公园开园后，周边居民在此做操健身、读书看报、听书下棋、散步赏景，深受"家文化"气氛熏陶。

（戴玉兴　蔡惠兴　苏仁兴）

民族宗教

【概况】 年末，全市有常住少数民族人口3486人，比上年增123人，含少数民族成分37个，与上年持平；有暂住少数民族人口14208人，比上年增2315人，含少数民族成分41个，与上年持平。有宗教活动场所25处，其中佛教14处、道教1处、天主教3处、基督教7处，有宗教教职人员110人（备案82人），与上年持平。

【民族工作】 2月，开展"迎新春、送温暖"走访慰问活动，慰问少数民族贫困家庭88户，发放慰问金8.8万元。3月，举办市第三届"尝尝我的拉面"才艺比赛。4月，市民宗局和市场监管局联合下发通知，在全市开展示范拉面店创建活动，创建标准含合法经营、遵章守纪、环境卫生、服务质量四个方面、17项内容。创建活动为期9个月，全市130余家拉面店中有15家被评为首批示范拉面店。5月，市民宗局、市体育局、东城第三区域联合党委、市民族团结进步促进会在东城体育公园举行市第十一届民族体育比赛，121名运动员（含15个民族成分）参加乒乓球、中国象棋、台球、跳绳、踢毽子、定点投篮、板鞋竞速7个项目的比赛。6月，省民族工作专题片摄制组到市拍摄民族工作开展情况，先后在市民族团结进步主题教育馆、"心语之家"活动室、"梦园工作室"、青海化隆县驻张家港办事处及部分拉面店取景。9月，市民宗局、塘桥镇、市民促会联办"民族情中国梦——张家港市第五届民族文艺会演"。10月，省民委副主任成坚一行4人到市调研城市民族工作，先后参观塘桥镇民族工作宣传长廊、塘桥展示馆、塘桥书画文化展馆和市舞蹈学校。年内，市民宗局向省民委申请到少数民族文化事业发展资金10万元。全年为28名高考和对口单招、81名中考少数民族学生审核民族成分，为1名更改民族成分的少数民族进行初审。为全国民族特需商品定点生产企业——大新毛纺有限公司申请到银行贴息贷款1.08亿元、中央财政贴息208万元。与新市民事务中心协商，为外来少数民族群众申请积分者增加基础分3分，为获市民宗局表彰的外来少数民族群众给予适当的社会贡献分。与教育部门协调解决46名外来少数民族子女就近入学问题。7月，市民族团结进步主题教育馆被省民委首批命名为江苏省民族团结进步主题教育馆，12月被国家民委命名为“全国民族团结进步教育基地”。

【宗教工作】 1月，市民宗局邀请市公安消防大队在河南禅寺开展全市佛教场所冬季防火消防演练活动。春节前，市政府办组织召开全市宗教场所春节期间安全工作协调会，市民族宗教工作领导小组办公室、市民宗局联合向各区镇下发《关于做好2016年春节期间宗教活动场所安全工作的通知》，制定《春节期间全市佛教场所安全工作联系表》。向各区镇、市佛协、各佛教活动场所下发通知。春节期间，全市14个佛教活动场所、约8.2万名信众的烧香活动安全有序。协助乐余镇、塘桥镇做好长安寺、金村庙会相关工作，指导天主教、基督教场所做好复活节期间相关工作。继续完善朝圣工作常态化管理措施，确保5月天主教朝圣工作圆满完成。6月，指导宗教界举办教职人员道风培训班、座谈会等宗教政策法规学习活动。8月，协同安监、消防和各区镇对全市25个宗教场所进行消防安全排查，除后塍基督教堂因房屋年久老化、无消防通道问题无法整改到位，其余隐患全部整改到位。年内，长安寺、永昌寺档案工作通过省三星级测评。兴教寺、永昌寺、长安寺被评为省三星级宗教活动场所。市佛教协会通过AAA级社会团体评估。9月，指导宗教界开展“宗教慈善周”活动，各宗教团体、宗教场所募集善款27万余元，善款用于资助贵州铜仁市沿河县希望童园5万元，同时开展其他济困、养老、助残等慈善活动，1300人受益。

【民族宗教事务网格化管理】 根据苏州市统战工作会议精神和市民宗局2015年制定的《关于进一步推进民族宗教事务网格化管理工作的实施意见》，下发2016年度网格化管理工作专项资金15万元，用于区镇落实属地管理责任，开展优秀民宗网格、优秀民宗网格员评选等工作。市民宗局与各区镇签订《2016年度民族宗教工作目标管理责任书》，下发《2016年度民族宗教工作考核细则》《区镇“民族宗教工作”扣分项目监测细则》，对区镇民宗网格管理工作开展监督指导。各区镇落实属地管理责任，及时调整充实民族宗教工作领导小组成员单位，与村（社区）签订责任书，各级网格定期召开民宗工作例会。5月，全市开展主题为“增强民宗事务法治观念，共谱港城和谐稳定篇章”的民族宗教政策法规学习宣传月活动。8月，市民族宗教工作领导小组将市人社局、市市场监督管理局纳入成员单位；在全市推广冶金园（锦丰镇）“强化领导，健全机制全面提升民族宗教事务网格化管理工作水平”工作经验。

【市佛教慈善协会成立】 11月28日，市佛教慈善协会成立大会暨第一次代表会议召开，全市107名代表参会。会议听取市佛教慈善协会筹委会筹备工作报告，审议通过《张家港市佛教慈善协会章程》，选举产生第一届理事会、常务理事会及新的领导班子，并礼请香山寺法禅大和尚为名誉会长。永庆寺秋林大和尚当选为市佛教慈善协会会长，演风、法源、定慎、昌贵、寂慧、李金海为副会长，海文为秘书长，选举常务理事19人。现场举行捐款仪式，单位会员和个人会员共捐善款27.56万元。 （马为军）

老龄事业

【概况】 年末，全市有60周岁及以上老年人23.9万人，比上年增7181人，占全市户籍总人口的25.8%。其中，60周岁至69周岁老年人133185人，比上年增2311人，占全市老年人口的55.72%；70周岁及以上老年人105840人，比上年增4870人，占全市老年人口的44.28%；80周岁及以上老年人34975人，比上年增1388人，占全市老年人口的14.63%；90周岁及以上老年人4913人，比上年增330人，占全市老年人口的2.06%。全市有百岁（虚百岁）老人215人，比上年增29人。年内，市政府出台《关于加快发展养老服务业完善社会养老服务体系的实施意见》，明确到2020年构建以居家为基础、社区为依托、机构为补充、医养融合发展的养老服务体系的总体目标。市亲情（虚拟）养老院的“基于云平台的智慧养老服务”入选2016年度国家新型智慧城市发展报告优秀实践案例，市老龄办获评2016年度省老龄宣传工作先进单位和省“安康关爱行动”先进单位。

【养老服务体系建设】 年内，全市养老机构新增床位600张，累计10015张，每千名老人养老机构床位数为41.9张。4月，启动市老年活动中心梁丰生态园分中心改造工程。12月，金港镇华青老年公寓建成。该工程始建于2013年，建筑面积6650平方米，内设床位300余张，总投资2400余万元，是集医养、文体、娱乐为一体的民营养老机构。同时，全市新改建居家养老服务中心（站）24家、日间照料中心48家、助餐点47家，为2家居家养老服务中心提供辅具配套。市亲情（虚拟）养老院增设医养结合类服务，新增血压血糖测量、氧疗、按摩理疗等16个服务项目。至年末入院总人数19514人，总服务133.21万人次，综合满意度99.79%。“养老机构能力提升专项行动”列入市政府重大行政决策目录，通过推进全市16家养老机构的消防、医疗康复、无障碍等安全和适老性改造，办理消防、环保、房屋安全、产权等方面的许可证照，使之成为符合设立许可条件的养老机构。

【养老服务保障】 市财政全年为80周岁及以上老人发放尊老金2991.76万元。其中，发放百岁老人敬老金15万元，尊老金95.85万元；发放90周岁以上不满虚百岁老年人尊老金1106.8万元；发放80周岁至89周岁老年人尊老金1774.11万元。由政府投保的“三项惠老”保险年内赔付

339.96万元。其中，全市70周岁及以上老人意外伤害险接报案1001件，结案779件，赔付337.17万元；养老机构综合责任险接报案5件，结案3件，赔付2.78万元。60周岁及以上老人团体意外伤害险共理赔1067件，总赔付301.44万元。社会组织参与开展公益创投活动，以购买服务形式委托社会组织开展为老服务类项目24项，内容涵盖老年人心理慰藉、安全教育、健康管理等方面。加强养老机构安全管理，委托市老龄工作服务中心开展2016年度公益创投"守护夕阳"养老机构安全能力提升项目和养老机构安全状况评估项目，定期对全市养老机构进行安全生产检查，发现问题及时督促整改，印发《张家港市社会福利机构安全工作台账》，指导养老机构建立安全管理长效机制。市老龄办组织全市养老服务人员参加各类为老服务培训，年内免费培训初级养老护理员87人，组织全市养老机构、组织工作人员以及养老护理员代表参加苏州市养老机构管理技能、老年营养员、康复保健员、助浴员及苏州市养老服务组织安全管理等专项培训232人次。9月起，与市心理协会合作，在杨舍镇云盘社区和锦丰镇悦来社区开展老年人精神关爱试点，为社区老年人提供心理咨询、精神慰藉等关爱项目。

【敬老月活动】 10月，全市开展以"关爱老人、关注健康"为主题的敬老月活动。市老龄办举办市老龄工作先进表彰仪式暨庆祝第29个老年节文艺演出，第五届重阳健康养生文化节主题活动，"中国梦我的梦——重阳圆梦微心愿"，全市老年书画、摄影、剪纸、诗词等作品展，老年人乒乓球大赛等活动，举办两场"关爱老人，关注健康"大型传统锡剧专场演出，与市退休教师协会联合举办"食品与营养——健康从吃开始"宣讲和参访医院活动，与市军休所联合举办"健康军休，让军休老干部尽享温馨"系列活动，与市老年体育协会联合举办老年人返老还童传统体育项目运动会和广场舞大赛，与市老年协会联合开展"夕阳红"阅读征文比赛。市妇联开展"情系重阳、爱溢港城"女性社会组织公益行系列活动，市法院开展老年人法律讲堂等活动，市老干部局开展"夕阳映港城，共圆中国梦"文艺会演等活动，市人社局退管中心开展退管人员文体艺术节等活动。各区镇均走访慰问高龄、失能、失智、困难老人和敬老院老人，开展文娱演出、趣味运动会、法律咨询、送戏下乡、义诊、重阳节茶话会、空巢老人一日游、集体生日会等活动。敬老月期间，全市慰问老年人11.54万人，发放慰问金1347万元，4729名为老志愿者参与服务。

【智慧养老项目实施】 年内，智慧养老项目作为市政府民生实事项目在全市实施。智慧养老援助对象为具有张家港市户籍，经第三方机构评估的60周岁以上空巢失智、70周岁以上空巢失能老人，由政府配置智能腕表、无线呼叫器等智能设备，通过升级后的市亲情（虚拟）养老院平台，实现GPS定位、突发事故报警、健康实时监控、日常用药提醒等功能。经市民政部门前期筛查，1329名老人符合援助对象条件。至年末，共发放智能腕表1243个，成功救助案例5例。

（陈　瑶）

关心下一代工作

【概况】 2016年，全市有关心下一代工作委员会（简称关工委）组织1129个，其中区镇、办事处（街道办事处）29个，村（社区）265个，教育系统73个，民企系统711个，市直机关（系统）51个。从事关心下一代工作的"五老"及志愿者6410人。2月，市委办转发《张家港市关心下一代工作委员会2016年工作意见》。3月，召开全市关心下一代工作会议。市关工委全年编印《关工委工作简讯》12期，关工委网站运行正常，设置关工园地、关爱工作等8个栏目。苏州关工简讯和网站全年录用市关工委稿件近百篇。市非公经济关工委对上年新成立的66家企业关工委加强组织建设，动员并组织企业老师傅、老技师开展传帮带活动，及时将技术和实践经验传授给青年员工，提高青工综合素质。西城非公企业关工委于6月组织20余家企业在百信物流园开展关工工作进企业活动，通过典型引路，提高企业关工工作水平。年内，市文明办等3个集体和姚章华等6人受到省关工委表彰，市非公经济关工委被评为江苏省关工系统先进集体，杨舍镇关工委等11个集体、潘锡文等23人受到苏州市关工委表彰。

【"学党史、学国史，听党话、跟党走"主题教育活动】 根据中国关工委和省关工委要求，全市开展"学党史、学国史，听党话、跟党走"主题教育活动。4月，市文明办下发文件，明确"两史"教育系列活动开展校园巡讲、知识竞赛等五项内容，并与南丰镇联合举行启动仪式。6月，市文明办、市关工委联合举办学"两史"专题培训班。全市学"两史"活动期间，各级关工委注重挖掘和利用本地资源，市委史志办编印的《红色印记》《红色光影》等资料成为"两史"教育本土教材。年内新建的"阳光之路"青少年党建教育场馆、青少年史志教育馆以及原有的革命遗址纪念地成为各中小学校引导青少年了解全市历史和发展的窗口。各级关工委结合纪念中国共产党成立95周年、红军长征胜利80周年等节日，编写宣讲材料157篇，组织451名宣讲员开展宣讲；组织2.4万人参加征文活动，组织演讲比赛175场，并举办诗歌朗诵等活动。市文明办组织评选2016年度未成年人思想道德建设工作创新案例，收到59个案例，评出一等奖3个、二等奖6个，三等奖10个。全市首届"童心里的诗篇"少儿诗歌朗诵大赛收到371个参赛节目，35名入围选手录制120首获奖诗篇在电台《美丽校园》栏目中展播，该项目获评2016年度苏州市未成年人思想道德建设工作创新案例一等奖。各基层和市直机关（系统）关工委把学"两史"教育活动与"三爱一践行""八礼四仪""学雷锋做美德好少年"等主题活动相结合，各中小学校将文明礼仪养成教育作为"开学第一课"的重要内容并形成制度，将文明礼仪养成教育读本《礼约》纳入德育课程。市常青藤实验中学闵家熙等9名学生获评第四届苏州市"百名美德少年",其中三兴学校学生茅迅依获评苏州市"十大美德少年标兵"。

【校外教育辅导站建设】 全市各校外教育辅导站以寒暑假和双休日为重点,在加强常规教育活动的同时创出品牌。金港镇成立"徐玲公益书屋"10家,辐射15所中小学校,服务学生2万余人。杨舍镇锦绣"育心读书会"以诵读《大学》《论语》等17种国学经典为内容,共办班169期,参与学生3000余人次。读书会获苏州市优秀阅读推广组织称号,6月在省关工委举办的校外教育辅导站培训班上作专题介绍。年内共开设四点半学校30所,参加学生1169人,负责组织和教学的在职教师282人,退休教师和其他"五老"124人,各类志愿者277人。市关工委撰写的《让四点半学校成为双职工孩子的精神乐园》于12月1日在苏州市关工委成立25周年纪念大会上作交流发言。

【未成年人零犯罪社区(村)创建】 年内,各中小学校共配备143名"五老"和优秀政治干警兼任法制副校长。市公安局精选92名社区民警常年协助学校法制宣传教育。市检察院全年进学校开展法制宣讲21场。市司法局为全市68所中小学校和幼儿园配备法制顾问,筛选全市执业三年以上经验丰富的律师,建立中小学校法律顾问人才资料库,形成"学校与律师双向选择,司法与教育联手协作"的工作模式,为学校、学生和教职工提供法律咨询服务;承办"青少年法治故事大赛",征集法治故事534篇。全市有法制教育报告团56个,参加宣讲的"五老"414人,共宣讲438场。全市各级关工委组织"五老"协助有关部门对社区(村)失足青少年矫正对象,失业闲散青少年,失管、失学有不良行为青少年,服刑在教人员的未成年子女和失亲流动儿童等五类青少年群体排查摸底,建立档案,落实帮教措施。全市以"五老"为主体的帮教小组有184个,1171名"五老"参与重点青少年帮扶,141名帮教对象有明显转化,转化率96%。继续开展扶贫助学、爱心助教等活动,共筹集助学助困资金945.35万元,资助2702人。其中,市民政局关工委"共享阳光"慈善助学项目全年发放慈善助学金476万元,惠及困难家庭学生1737人;锦丰镇定向捐赠95人,捐款20万元,依托困难儿童公益创投项目,为270余名困境儿童捐资73万元。对网吧、游戏机房等文化娱乐场所加强监督检查,全市130余家网吧有"五老"义务监督员308人,其中持省、市义务监督证的172人。年末,有15名优秀文化市场义务监督员在全市文化市场监督员工作会议上受表彰,有263个社区(村)实现未成年人零犯罪,占总数的99%。

(陆玉生)

残疾人事业

【概况】 2016年年末,全市有持证残疾人21103人,其中肢体残疾11366人,视力残疾2256人,听力残疾1598人,言语残疾139人,智力残疾2688人,精神残疾2212人,多重残疾844人。7月起,市残联对全市19415名残疾人进行需求情况调查。入户调查18945人,入户调查率98.77%。通过调查,动态掌握残疾人就业、社会保障等方面的需求。

【康复服务】 市儿童康复基地(市妇幼保健所)全年开展听力、视力、脑功能、髋关节等功能筛查6万余人次,对检测出有功能障碍的儿童给予康复治疗,并提供转介服务和康复救助。通过筛查发现功能障碍儿童2379人,提供康复服务110人,转介服务802人,已康复34人,发放康复补贴80余万元。市肢体残疾人康复中心收治患者109人,已康复82人。市残疾人智力康复指导中心收训智障残疾人123人,自闭症儿童康复中心在训儿童42人。市听力言语康复中心有在训聋儿62人。市视力残疾康复中心年内为新农村合作医疗参保患者免费实施白内障复明手术1200余例,开展白内障筛查600余人次。开展辅具借用适配服务,全年为200余户残疾人家庭进行无障碍改造,23个辅具借用点提供借用服务600余人次,为20人安装假肢、矫形器,3人适配助听器,1人安装人工耳蜗予以费用补贴共计17万元。

【志愿助残服务】 9月9日,市志愿助残服务现场推进会在锦丰镇召开,各区镇残联交流助残志愿服务的做法和经验,有力推动助残志愿服务的规范化。杨舍镇根据残疾人生活救助、康复指导、就业培训、文体活动和维权服务等方面,分别策划"爱你在心头"残疾人理发服务、"关爱残疾儿童成长"脑瘫儿童康复关爱行动等助残志愿服务项目;锦丰镇打造助残服务项目品牌,先后开展"巧手工作坊""特别的幸福""户外直通车""小手牵大手""成就未来星"五个子项目及"爱之翼"残疾儿童家庭及残疾人家庭儿童关爱项目等。年内,市残联与爱心义工协会合作,组织开展"萤火虫"困境儿童成长计划,为20名贫困残疾儿童提供心理健康咨询、学习、救助等跟踪服务;与金话筒志愿者合作,组织开展"我是你的眼"盲人"看"电影6期,120余名盲人参加。在5月15日第26次"全国助残日",全市举办"有爱无碍"特别展活动。展览作品是6名自闭症儿童和10名听障儿童在市特殊教育学校和美术馆老师指导下,历时一年完成的80余件绘画作品。

【残疾人活动】 4月至10月,组织57名运动员参加苏州市第十四届体育运动会残疾人组比赛,34人获名次,其中第一名共有17项。参赛人数、参赛项目均比上届提升。11月,聋人舞蹈《青春韵律操》在苏州市残疾人文艺表演中获第二名。同月,在第59届国际聋人节苏州市聋人哑剧小品比赛中,张家港市选送的作品《斗志斗勇》《有兴趣的魔术》分别获二、三等奖。12月,在苏州市第三届残疾人社区型兴趣团队(小组)展评活动中,张家港市智障儿童的健美操节目《You Are My Sunshine》获一等奖。

【残疾人补贴发放】 2016年，全市为3993名重残人员发放生活补贴2906余万元，为858名低保重残对象发放重残补贴金103.3万元，为511名无业精神（智力）残疾人发放救助金265.9万元，为690名符合灵活就业残疾人办理社会保险救助412万元，为118名贫困残疾家庭子女发放助学金11.7万元，为241名残疾学生发放助学金33.8万元。春节和“全国助残日”期间走访慰问特殊贫困残疾人440人，发放慰问金85.95万元。

（陆云松）

新市民服务

【概况】 2016年年末，全市登记出租房屋8.61万户，流动人口（新市民）67.68万人。其中，就业人数49.98万人，流动党员1244人。发放居住证5.86万张，新增登记15.22万人，年审36.14万人，变更41.18万人次，注销59.16万人次。市新市民事务中心协助破获治安案件588起、刑事案件255起，协助抓获行政处罚人员1200人，抓获刑事拘留以上人员358人，配合公安部门抓获涉恐对象2人；提供线索取缔黑网吧、黑诊所、黑作坊等场所112家，协助处理计划外怀孕390起。1月至3月，市新市民事务中心联合人社部门开展“春风行动”新市民就业大型公益活动，发放宣传资料3万份，为6026人提供免费职业介绍。8月，联合市新市民共进协会开展“关爱流动花朵、共享法治阳光”新市民子女暑期安全进社区系列活动，重点普及未成年人保护、交通安全、消防安全、防溺水等内容。10月，联合市卫计委举办第五届新市民体育运动会。比赛设拔河、乒乓球、象棋等9个传统项目及羊角球竞速、平板支撑等5个趣味项目，全市9支代表队500余名新市民运动员参加比赛。11月，开展“传承经典、共筑梦想——新市民走近长江流域戏剧艺术节”活动，1000余人次新市民共享艺术盛会。12月，举办市首届新市民厨艺争霸赛。全年救助特困新市民56人，发放救助金18.9万元。为20户在张家港市工作的盐城“6·23”龙卷风受灾情况较为严重的新市民家庭发放救助金5.65万元。组建协管员志愿者服务队开展法律援助，调处各类矛盾1160起，帮助追讨拖欠工资249.7万元。修订完善新市民积分管理办法，全市7000名新市民子女获得积分参加张家港市居民基本医疗保险资格、19672名新市民子女获得继续参加张家港市居民基本医疗保险资格，5585名新市民子女获得积分入读公办学校资格，90名新市民获得积分入户准入资格。

2016年张家港市流动人口分布表

表72　　　　单位：人

区镇名	流动人口登记数	16周岁及以上男性登记数	16周岁及以上女性登记数	未满16周岁人数	就业总人数	第一产业人数	第二产业人数	第三产业人数	投资经商人数	无业人员数
保税区（金港镇）	139498	71996	49242	18260	107828	637	76272	25484	5435	801
经开区（杨舍镇）	254852	123480	96609	34763	183086	947	114394	59441	8304	1471
冶金园（锦丰镇）	63390	34198	19150	10042	46349	1089	34034	8286	2940	69
塘桥镇	91285	40444	36937	13904	68952	888	55928	10722	1414	1439
乐余镇	17776	8789	5821	3166	12428	687	8990	2293	458	81
凤凰镇	54542	26072	20968	7502	42510	538	36704	3942	1326	898
南丰镇	21079	10205	6890	3984	14035	553	10085	2904	493	28
大新镇	30825	14311	11175	5339	21610	380	17711	2525	994	359
常阴沙现代农业示范园区	3556	1795	1191	570	2982	240	2243	378	121	4
合计	676803	331290	247983	97530	499780	5959	356361	115975	21485	5150

【新市民意外险优化升级】 4月，新市民意外保险在原有基础上增加保障项目，提高理赔标准。见义勇为身故的赔付由原来每人10万元提高到20万元，普通意外身故由原来每人3万元提高至4万元，另外在原有意外身故、意外残疾、意外烧伤、意外伤害医疗4个保障内容的基础上，新增每人1000元的意外丧葬补贴。张家港市从2013年起在全省率先推出新市民意外保险项目，由政府出资，为办理居住证满一年、年龄在16周岁至60周岁的新市民投保。3年累计理赔130例，赔付312.39万元，其中2016年理赔34例，赔付89.52万元。

【利用互联网实施新市民服务管理】 5月至12月，全市召开新市民居住登记企业网上申报推广会9场，宣传出租房屋二维码管理和居住信息自主申报平台，引导新市民、用工单位、房东配合做好信息采集、申报等工作。全年共收到自主申报信息24.45万条，自主申报人次占新增、变更总人次的43.2%。1月起，在全市协管员中推广微信群管理模式，以协管员为单位建立辖区新市民微信群，在群内发布通知、法律法规以及安全防范知识，并提供积分管理、租房及招聘咨询等服务。同时建立“专职协管员微信群”“新市民服务站微信群”“辖区出租户房东微信群”等，高效有序开展服务管理工作。至年末，全市建立新市民业务微信群863个，54960名新市民成为群成员。全年不间断组织协管员开展拉网式、滚动式排查，摸清全市

"群租房"底数、掌握实情,将信息分类录入"群租房"治理信息管理系统内,流转至相关职能部门进行处理,建立健全预防、发现、化解、整治"群租"现象长效机制,共排查出"群租房"6111户、安全隐患7928处。

【多措施强化出租房屋管理】 年内,市住房出租管理协会继续加强对出租房屋和流动人口的双重管理,经开区(杨舍镇)成立房东义务工作小组、冶金园(锦丰镇)建立安居联盟、凤凰镇组建"和谐调解坊",通过建立奖惩机制、积分机制和考核评比机制,激发房东参与管理出租房屋的热情。至年末,全市住房出租管理协会会员共协助破获治安案件78起、破获刑事案件16起,抓获行政处罚人员131人、刑事处罚人员19人,提供线索协助取缔黑诊所、黑网吧等12家,协助发现计划外怀孕人员41人,调处各类矛盾纠纷209起。 (王 依)

便民服务

【概况】 市便民服务中心暨"12345"便民服务热线全年帮助市民解决各类咨询、生活求助1777763件,协调各部门、各单位处理群众投诉建议73174件,办结率100%,综合回访满意率99.9%。编发《"12345"便民服务热线工作周报》50期、《"12345"便民服务热线民情专报》1期,市委、市政府主要领导批示6次。3月21日,市便民服务中心整体搬迁至电大路101号。5月,中心组织开展"飞扬青春·激情五月"五四趣味运动会。年内,中心创新"两学一做"学习教育活动,开展一创(创建党员先锋岗)、二亮(亮身份、亮职责)、三比(比业绩、比作风、比服务)、四评(个人自评、党员互评、群众测评、组织考评)、五提升(提升思想境界、工作效率、服务水平、自律能力、引领示范作用)的"共产党员先锋岗"创建活动,评选出"政治思想先进、业务技能精通、工作业绩突出、作风纪律过硬、群众反映良好"的党员先锋6人。年内,中心被命名为苏州市"职工读书站"示范点。

【"12345"热线受理电话1915274个】 年内,"12345"便民服务热线共受理电话(含网络邮件)求助1915274个,平均每天5233个,正式受理1850937个,占总量的96.6%,其余为重复和骚扰电话。受理电话中,咨询类606906个,占32.8%,主要为住房公积金政策、新市民积分、公共服务信息、行政许可办理、社保和其他相关政策等方面的咨询;生活求助类1168083个,占63.1%,主要是家庭生活服务、出租车电召、预约挂号、居家养老、订餐订票等方面的求助;监督投诉类73174个,占4%,主要是动迁、征地补偿、环境污染、物业管理、劳资纠纷、公共设施维修、违章搭建等方面的意见和投诉;其他建议类2774个,占0.1%,主要是一些个人纠纷及对公共服务单位提出的相关建议。至年末,电话求助事项办结1850596件,办结率100%,回访综合满意率99.9%。

【开展政府公共服务平台标准化改造】 市便民服务中心自2015年5月成为全国社会管理和公共服务综合标准化试点单位后,持续开展相关工作。年内,中心按国家标准完成"12345"政府公共服务平台标准化体系编写工作;全面落实标准体系的运行及优化,对"12345"热线服务项目、服务流程、软硬件建设等进行标准化改造,提高热线规范化服务水平;对标准实施情况和标准体系的运行情况进行监督检查和评价,落实项目自评估,制定持续改进措施,对存在问题及时整改,保障标准体系有效运行,为项目申请国家标准化管理委员会评估验收做好准备。

【"张家港12345"微信公众服务平台上线】 年内,中心为市民和"12345"平台搭建新的沟通桥梁和诉求渠道,"张家港12345"微信公众服务平台上线运行。平台开设"市民求助""特色服务""关于我们"3个一级板块,下设12个二级板块。其中,"市民求助"板块分"自助提交""人工服务""便民咨询""我的求助"4项子模块,"特色服务"板块中的"预约挂号""长途客运"2项向市民开放,"关于我们"板块中,市民可查询到全市各政府部门、主流媒体的微信平台。至年末,微信公众平台共受理群众各类诉求339件,市民通过平台自助咨询1126次,便民信息查询480次。 (肖 敏)

社会调解服务

【概况】 2016年,市社会调解服务中心以"依法调解、以德协商"为原则,调解矛盾纠纷,保障当事人合法权益,维护社会和谐稳定。年内接待群众到访222批383人次,批次比上年减0.89%,人次比上年减19.37%。其中个访214批278人次,集体上访8批105人次。登记受理96批237人次,其中当面答复24批48人次;自办40批133人次,交办6批15人次,转办26批41人次。司法调处71起483人次,涉及金额1645.39万元。矛盾纠纷调处率100%,调处成功率91.4%。全年市级党政领导到中心接访群众28批64人次。

【医患纠纷调解办公室年化解医患矛盾46起】 自2007年探索建立市医患纠纷调解办公室起,全市医患纠纷得到妥善调解,化解了一批矛盾隐患,维护了社会安定。2016年,市医患纠纷调解办公室共调处医患纠纷46起424人次,涉及金额305.54万元。1月1日,调解办公室接到市中医医院求助电话,患者蒋某因前一天上腹部不适伴纳差1周至该院治疗,入院后行系列检查和补液治疗,其间患者有乏力等症状,输液完毕回家途中出现呕吐等症状,由家属送医院抢救无效死亡。患者家属质疑诊疗过程,并要求医院给予不合理补偿,在得不到应允的情况下组织大批人员堵门,造成交通阻塞,严重影响医院正常医疗秩序。调解办公室工作人员第一时间赶赴现场,及时了解情况并积极与家属沟通,宣传法律法规,阐述解决纠纷的途径,最终患方选择调解解决,纠纷成功化解,避免了可能引发的信访事件。 (张 丽)

【编辑 陆文琰】

区镇发展

Development of Zones and Towns

沙洲新城大南水街　（庞瑞和　褚珊珊　摄）

保税区（金港镇）

经开区（杨舍镇）

冶金园（锦丰镇）

塘 桥 镇

乐 余 镇

凤 凰 镇

南 丰 镇

大 新 镇

常阴沙现代农业示范园区

双山岛旅游度假区

扫码欣赏

《创新驱动强后劲》

冶金园（锦丰镇）2016

全年工作回顾视频

保税区（金港镇）

【概况】 保税区（金港镇）位于市域西部，是张家港港和张家港保税港区所在地。总面积131.62平方千米（统计指标含双山岛旅游度假区），耕地面积3028公顷。10月，新增廊桥社区。年末，辖3个办事处、26个行政村、25个社区（其中9个为“村社合一”体制）。有户籍67716户，户籍人口180003人，另有外来暂住人口139498人。全年实现地区生产总值628.72亿元。一、二、三产业增加值分别为3.8亿元、312.86亿元、312.06亿元。完成全口径财政收入84.02亿元，其中公共财政预算收入41.58亿元，入库税收81.32亿元。完成全社会固定资产投入167.63亿元，其中工业投入106.9亿元、新兴产业投入82.09亿元、服务业投入60.73亿元。

经济建设 年末，有企业12879家，其中工业企业1982家。311家规模以上工业企业全年实现工业总产值1010.12亿元，主营业务收入1047.23亿元，工业利税82.36亿元。销售收入超1亿元企业125家，其中超10亿元企业22家、超30亿元企业6家；税收超5000万元企业31家。商品销售总额3848.99亿元，外贸进出口总额116.83亿美元，其中出口总额27.29亿元。页岩气制烯烃及环氧丙烷、康得新光学膜、华昌加氢新材料3个项目入围省重点产业项目。投资1.1亿美元的润英联一期、投资4000万美元的PPG涂料二期等52个项目竣工投产，投资120亿元的康得新二期、投资1亿美元的霍尼韦尔MTO等56个项目开工建设，投资1.5亿美元的IFF香精香料、投资1亿美元的盛威科高档油墨、投资12.5亿元的玛顿重工等7个重大项目签约落户。有3家企业在“新三板”挂牌，上市公司再融资78亿元。落实各类产业扶持、税费减免资金16亿元。汽车整车进口口岸完成整车进口6000辆，进口消费品中心扩大跨境电子商务，化工品交易中心在国内率先启动甲醇期货保税交割，获评“省转型升级示范市场”，纺织原料市场打造亚麻交易中心和国际棉花超市，粮油交易市场推进电子交易，名贵木材市场上线运行“尚木网”，六大专业市场实现交易额3020.5亿元，税收11.15亿元。其中，化工品交易中心线上线下交易额2239.06亿元，税收4.64亿元。引入阿里巴巴推动“一达通”服务平台，长江航运交易中心实现税收1.2亿元。物润船联在省内首批获得无船承运人资格，正式上线长江经济带多式联运平台。博恩大宗在线融资业务新增二甘醇等3个货种，公司获评“中国大宗商品服务创新示范企业”。区（镇）年内完成“腾笼换鸟”地块8宗，腾出土地23.87公顷。引进“千人计划”人才1人，累计27人；获评省“双创计划”人才2人，累计24人；获评姑苏创新创业领军人才3人，累计28人；获评张家港市领军型创新创业人才18人，累计126人。累计列入国家“863”计划项目6项，国家级科技项目11项，新增省级科技项目5项，新增省高新技术企业15家，累计91家。张家港康得新光电材料有限公司成立的苏州市光学薄膜研发与产业化企业研究院成为张家港市首家苏州市级企业研究院。张家港保税区科技创业园获评“国家级科技创业孵化器”，全年引进阅维科技等科创项目20项。重点人才企业产业化销售总额6亿元，纳税额2000万元。新兴产业年产值661亿元，新兴产业产值占工业产值的59.77%。新增私营企业1647家，其中外地资本企业905家，新增注册资本98.88亿元，其中外地资本54.92亿元。新增个体工商户2418户，新增注册资金3.09亿元。新批外资及港澳台资企业15家，注册外资及港澳台资1.39亿美元，到账外资及港澳台资2.51亿美元。实现农林、牧、渔业总产值7.72亿元，粮食、棉花、油菜籽、蔬菜、肉类和水产品年产量分别为22493吨、6吨、737吨、19743吨、2356吨和1316吨。完成199.5公顷标准化农田建设，新增高效农业88.75公顷，大棚设施栽培种植35.02公顷。土地规模经营面积1306.67公顷。农业基地认定总面积102.03公顷。有无公害农产品7种，绿色食品12种，苏州市级以上名牌农产品2种。

社会事业 年末，有中小学、幼儿园26所，其中高中1所、初中4所、小学11所（其中村小1所、新市民子女学校2所）、幼儿园11所，教师1123人，高中、初中、小学、幼儿园学生分别为1324人、4306人、14362人和7553人。社区教育中心成为联合国教科文组织的农村社区学习中心（CLC）项目实验点，金港镇获评全国社区教育示范乡镇。崇真小学、崇真幼儿园竣工，后塍学校教学楼教育资源优化工程启动建设。疏浚镇村河道78条，关闭畜禽养殖场18家，化学需氧量排放削减278吨，氨氮排放削减32吨。投入2400万元，完成小明沙、高桥等4个三星级康居乡村点位建

市崇真小学外景 （市崇真小学 提供）

设，整改67户违章建筑及37家企业违法行为，惠及农户483户。园区建成2个空气自动监测站，新增绿化面积72.93公顷。区（镇）承办江苏省文明旅游倡导工程启动仪式，成立中国南社"刘氏三杰"研究中心，开展"文明金港行、欢乐进万家"文艺巡演20场。村、社区有篮球场54个、3.25万平方米，有健身房34个，在长江东区、新塍二村等地新建健身步道4条。整体转换数字电视72604户，整转率99.97%，有线电视机顶盒116166台。金港医院易地新建，完成12个大类45项基本公共卫生服务，组建20个医疗团队，为区（镇）402户大病困难群众提供家庭医生服务。有医疗卫生机构55个，其中医院5家、社区卫生服务站35个。所有社区卫生服务站均创建成市慢性病防治社区卫生服务站，18家卫生服务站创建成苏州市示范社区卫生服务站，2家卫生服务站创建成江苏省示范村卫生室。构建15分钟健康服务圈，服务人数32.9万人。

福民工程　农民年人均纯收入3.48万元。村均可用财力1329万元。总投资7亿元的五大类年度实事工程有序推进，竣工安置房65.64万平方米，安置在外过渡户1500户，完成分房3000余套、安置房办证800余户。完成集镇区及农村生活污水纳管1万余户，安置房天然气入户5818户。区（镇）春节慰问3.38万户9万人次，发放慰问金3600万元。发放低保（含低保边缘重病困难对象、一户多残）补助金、临时救济金83.17万元，财政补贴1000万元，保障563户、875名低保人员及177名低保边缘重病困难对象等困难群众基本生活。有养老服务机构4家，床位1124张，居家养老服务中心4家，居家养老服务站23家，老年关爱之家5家。年内发放尊老金472.53万元。张家港亲情（虚拟）养老院金港分部服务政府援助对象2919户，"智慧养老"服务对象178人。举办区（镇）第二届公益创投活动，创投公益项目27个。打造香里乡亲生活馆，成立民主议事会、新乡贤参事会。全年提供就业岗位12650个，开发公益岗位181个，推荐就业2650人，录用2230人。新增老年农（居）补贴75人，住房公积金扩面5420人。年末参加居民基本医疗保险69117人，其中新市民入医3411人。全年个人基金缴纳1729.43万元，市、镇两级财政补贴69177万元。就医门诊结报54.07万人次，报销1361.92万元；住院结报14684人次，报销7073.3万元；救助22189人次，救助金额480.92万元。建成"爱心接力站"16家，校园"爱心屋"7个。为1户贫困户修建房屋2间，市、镇补贴金额2万元；"安居工程"动迁户2户，补贴金额11.64万元。市、镇两级慈善助学236人，发放助学补助金73.3万元。

2016年张家港保税区（金港镇）办事处基本情况表

表73

名　称	所在集镇面积（平方千米）	党工委书记	主　任	党工委副书记	副主任
南沙办事处	2.05	孙永华	孙永华（11月免） 朱启彦（11月任）	姚金荣（5月免） 朱启彦（12月任） 谭晓维（12月任）	柳志兵　谭晓维（5月任）
后塍办事处	3.80	陈　磊	陈　磊（11月免） 毛东兴（11月任）	毛东兴（12月任） 李杏珍（女）	孟　伟　卢玉秀（女，5月免） 许永华
德积办事处	1.98	龚锦乾	龚锦乾（11月免） 丁萍芬（女，11月任）	施芬琴（5月免） 丁萍芬（女，12月任）	王　演（女）　丁向阳 毛东兴（5月任，12月免） 宋　波（女，12月任）

2016年张家港保税区（金港镇）各村（社区）基本情况表

表74

村（社区）名	面　积（平方千米）	户数（户）	人口数（人）	集体经济总收入（万元）	可用财力（万元）	总资产（万元）	村（社区）党委（总支、支部）书记	村（社区）主　任
长江村	5.20	2676	7387	3396	2774	18450	郁霞秋（女）	黄忠和
巫山村	2.62	1751	4824	3407	2986	22941	李跃进	杨惠忠
张家港村	1.53	1691	4520	2371	501	2019	施忠法	丁秀琴（女，12月免） 朱阿云（12月任）
滩上村	4.15	2249	5932	7858	7701	21166	戴丽君	郁　兴
长山村	6.90	2743	7743	4254	3947	21674	郁江清	陈　强
山北村	4.20	2121	6010	1960	1226	5517	庞建华	冯建明（12免） 孙瑞龙（12月任）
柏林村	4.70	2877	7886	1305	1237	13637	殷品龙	谢建兴

续表74

村(社区)名	面　积(平方千米)	户数(户)	人口数(人)	集体经济总收入(万元)	可用财力(万元)	总资产(万元)	村(社区)党委(总支、支部)书记	村(社区)主　任
占文村	2.41	1390	4236	1647	1388	8039	顾建民(1月免) 顾凯洪(1月任)	何国富(12月免) 何　华(12月任)
东山村	3.21	1208	3277	1028	646	6262	向　一	蒋建新(12月免) 邬曦忠(12月任)
港西村	2.60	1151	3544	893	804	4632	顾永仁	许国平
新塍村	3.01	1601	4581	840	790	10343	陆建新	李永娟(女,12月免) 肖云星(12月任)
高桥村	4.80	2214	6120	1281	935	4379	孙　亮	张阿堂(12月免) 陈　良(12月任)
袁家桥村	3.50	1773	5132	1563	742	3006	孙跃进(9月免) 李永奇(9月任)	张　海
晨阳村	8.54	3419	8607	1572	1339	10954	袁达新(9月免) 刘荷英(女,9月任)	顾东良(12月免) 黄　轩(12月任)
朱家宕村	2.36	1123	3249	774	547	4769	刘荷英(女,8月免) 许海东(8月任)	缪海平
封庄村	4.30	1678	4625	612	442	3027	朱启彦	沈网良
三角滩村	4.50	1569	4099	742	648	3092	尤正良	唐献忠
学田村	4.30	1862	4775	696	488	7333	唐向阳	严金华(12月免) 吴品良(12月任)
福民村	5.24	1844	4815	1332	1305	12302	陈兰清	张亚华
小明沙村	4.50	2005	5250	856	563	4027	朱兴荣(6月免) 赵新浩(6月任)	姚金全
朝南村	5.64	2212	5901	740	606	3952	陈国平	黄剑锋
新套村	3.06	754	1876	797	647	5894	朱松山	李云才
德积村	3.24	1223	3138	930	594	6157	陈春芬(女)	陆晓峰
永兴村	2.90	1303	3547	783	589	3718	黄学贤	黄照平
双丰村	2.92	1483	3983	627	554	2152	陈永法	王巧芬(女)
北荫村	2.18	1486	3740	633	554	6738	陈　娟(女)	朱卫国
中德社区	0.18	1706	4641	283	207	2672	黄秀娟(女)	李　兰(女)
中港社区	0.42	1260	3360	300	248	1782	李国柱	顾国平(12月免) 朱建龙(12月任)
中南社区	0.15	1548	4252	305	188	2080	李增宝	李增宝
中苑社区	2.55	2088	4159	386	231	1928	朱建刚	居正平(12月任)
中兴社区	0.05	632	2003	262	141	1130	顾永建	顾永建(12月任)
安定社区	0.08	1098	3818	229	127	1101	凌国良	黄建忠(12月任)
中圩社区	0.40	1752	5053	425	340	2608	朱建良	朱建良(12月免) 何晓东(12月任)
海港社区	0.06	1026	2650	—	—	—	徐相兰(女)	徐相兰(女)
金润社区	0.58	4623	12338	—	—	—	陈　勇(8月免) 宋国芳(8月任)	陈　勇(12月免) 宋国芳(12月任)
金都社区	0.33	2800	8400	—	—	—	高燕晓	沙　尧(12月任)
南沙社区	0.80	1260	4370	—	—	—	张丽琴(女)	张丽琴(女)
后塍中心社区	4.00	2961	9945	475	234	1881	封　皎(女)	陶　慧(女)

续表74

村（社区）名	面　积（平方千米）	户数（户）	人口数（人）	集体经济总收入（万元）	可用财力（万元）	总资产（万元）	村（社区）党委（总支、支部）书记	村（社区）主　任
塍丰社区	0.79	2462	7986	—	—	—	孙　清	陈　玲（女，12月免） 孙　清（12月任）
元丰社区	0.30	2185	9600	580	192	2075	陈勤才（5月免） 曹　俊（5月任）	陈勤才（12月免） 曹　俊（12月任）
德丰社区	0.65	4550	13560	—	—	—	丁萍芬（女）	丁萍芬（女）

说明：表格中数据为农村调查数，其中新建的廊桥社区尚未有统计

2016年张家港保税区（金港镇）投资1亿元以上开工项目情况表

表75

投资企业名称	项目名称	投资金额（万元）
张家港康得新光电材料有限公司	年产1.02亿平方米先进高分子膜材料生产项目	62745
张家港康得新光电材料有限公司	年产1亿片裸眼3D模组产品项目	19262
霍尼韦尔特性材料和技术（中国）有限公司	扩建年产4000吨催化剂项目	16965
江苏晶华新材料科技有限公司	年产6亿平方米功能型胶带及5万吨新型胶水项目	10786
陶氏益农农业科技（江苏）有限公司	年产1万吨高效安全环境友好型除草剂项目	10127

【高端显示材料项目填补国内空白】 年初，中航国际旗下的香港航日化学出资收购某日系一流化学品公司的高端黏合剂事业部，并由其下属基金联合新光集团等战略合作伙伴共同成立上海航日化学有限公司，作为项目的经营主体。上海航日化学有限公司的核心产品包括高端光学胶、水胶和半导体UV膜等，这些产品是黏结光学器件和半导体工艺过程中的特殊材料，可广泛用于半导体、手机、平板电脑、工业控制、医疗终端以及自动取款机等领域。5月8日，上海航日化学有限公司与张家港保税区管理委员会签署高端显示材料项目投资协议。公司在张家港保税区成立苏州凡赛特材料科技股份有限公司，项目一期投资2亿元，建设年产360万平方米生产线，2016年12月末投产，产品填补国内高端光学胶和半导体UV膜供应的空白。投产后借助中航的全产业链资源，2017年预计实现销售2亿元，税收2379万元。

【金港人民医院易地新建工程奠基】 1月18日，金港人民医院易地新建工程奠基仪式举行。医院位于张杨公路以南、江南建材城东侧，占地面积6.11公顷，投资2.5亿元。金港人民医院成立于1958年，长期担负着保税区（金港镇）地区百姓的医疗保健任务。随着社会经济的发展和外来人口的大量涌入，群众的健康需求不断增长，医院狭小的地域、陈旧的环境已不能满足群众的医疗健康需求。张家港市委、市政府将金港人民医院易地新建工程列入2014年市政府基本建设项目计划、2015年政府城建计划。金港人民医院一期建设床位300张，建筑面积3.7公顷，新建门诊急诊楼、住院楼、后勤楼各1幢，项目两年时间内完成。项目建成后，将呈现给患者一个医疗保健为主、科研教学配套、生活设施齐全、人车分流合理的诊疗环境，不仅有效改善金港人民医院就医环境，为周边群众提供优质的医疗、预防、保健、康复服务，也为张家港市卫生事业发展注入新的活力。

【338路公交线开通】 10月28日，338路环行保税区（金港镇）的公交线路上路运行。338路公交首末班营运时间为6时至17时40分，投入车辆4辆，班次间隔30分钟至70分钟，全程票价4元，线路全长19千米。338路从金港客运站发车，途经香山南路、镇山路、江海路、中港南路、金港路、长江路等路段，停靠香山批发市场、崇真中学、金都花苑东门、保税区管委会、保税区北大门等30余个站点，串连区（镇）新建的动迁安置小区、学校、医院、购物点等地，方便居民生活。至此，保税区（金港镇）共有8条公交线路通往市区和其他乡镇，有3条线路在区（镇）内运行。

【蒋永明获评“中国好人”】 3月，保税区（金港镇）后塍中心社区居民蒋永明当选“中国好人”。2013年4月29日，蒋永明途经保税区（金港镇）柏林村附近时，看到一辆装满蔬菜的三轮车撞上小河边的树干，车上的菜农被撞得浑身都是鲜血，已经处于半昏迷状态。蒋永明立即掏出手机拨打“120”“110”，并安慰受伤者，直到救护车到后他才放心离开。事后有人跟他说：“小心人家最后把责任都推到你身上。”蒋永明却说：“我才不怕，我救人凭的是良心！”2015年1月24日，蒋永明到后塍粮管所后的河边菜地准备浇水时，他听到河对面轧花厂的工人大呼：“快救人，有小孩子落水了……”他赶紧拿浇水用的一把长柄料勺奔向河边，看到一个小女孩在河里双手乱舞，当时已经呛到水。他把长柄料勺伸向小女孩，费尽全力将她拖到岸边，把她抱上岸，并脱下自己的棉衣披在小女孩身上，让小女孩的同伴带她回家换衣服。

（邱亚峰）

经开区（杨舍镇）

【概况】 经开区（杨舍镇）位于市域西南部，是市委、市政府所在地。总面积153.09平方千米，其中城区面积34平方千米，耕地面积3516公顷。10月19日，新增泗港办事处通桥社区，乘航办事处农鹿社区，东莱办事处福新苑社区、青草巷社区，城南街道新旺社区，城北街道陈东庄社区、戴巷社区。年末，辖城郊5个办事处、城区4个街道办事处、29个行政村、76个社区。有户籍98543户，户籍人口284768人，另有外来暂住人口254852人。全年实现地区生产总值676.06亿元，比上年增3.9%。一、二、三产业增加值分别为4.99亿元、229.72亿元和441.35亿元。完成全口径财政收入103.54亿元，比上年增10.5%，其中公共财政预算收入45.79亿元。入库税收100.85亿元，比上年增10.65%。完成全社会固定资产投入211.71亿元。年内，经开区获批国家知识产权试点示范园区，杨舍镇获评苏州市第十届双拥模范镇、江苏省和谐社区建设示范乡镇、省创新型试点乡镇、省社会治安综合治理先进集体、全国乡级计划生育协会工作先进单位，列全国综合实力千强镇前三甲。

经济建设　年末，有企业8140家，其中工业企业3634家。279家规模以上企业全年实现工业总产值652.62亿元，主营业务收入645.07亿元，工业利税42.44亿元。有销售收入超1亿元工业企业61家，其中5亿元至10亿元的11家、10亿元至40亿元的8家、40亿元至70亿元的1家、超70亿元的2家。百家骨干企业销售收入537.21亿元，比上年增11.76%，占区（镇）经济总量的72.48%。全年外贸进出口总额68.46亿美元，其中出口总额59.3亿美元。全年新批办外资及港澳台资企业20家、增资项目9项，新增注册外资及港澳台资1.7亿美元，到账外资及港澳台资2亿美元。新批办个体工商户4968户，新增注册资本6.1亿元；新批办私营企业2213家，新增注册资本75.65亿元，完成工业技改投入103.89亿元。总投资15亿元的晶台LED封装二期项目、总投资30亿元的银河电子充电桩项目、总投资45亿元的大连机床智能装备和再制造及孵化基地项目、总投资3000万美元的德国艾斯贝投资公司项目、总投资6000万美元的瑞韩汽车废气再循环电磁阀核心部件项目、总投资7500万美元的泰林实业汽配项目等6个大项目签约。第一家外资投资性公司——德国南方毛业投资的艾斯贝投资有限公司批办。晶台光电LED封装一期、锐捷光电LED蓝宝石衬底精加工及图形化衬底2个项目顺利投产，玄潭汽车油泵、能华微电子氮化镓功率器件及其材料、合志锂电池正极材料3个项目新开工建设，维斯顿医用金属及非金属植入物和医用高分子制备套装、百易得骨科医疗机械2个项目土建竣工。完成服务业投资107.83亿元，比上年增2.6%，其中完成生产经营性服务业投资47.25亿元，社会消费品零售总额343亿元。软件（动漫）产业园累计入驻企业80家。电子商务产业园于4月15日正式开园，海纳创客空间、物流际平台营业，饿了么有菜网冷链物流配送中心、跨境电商服务商帷幄科技等企业入驻，累计入驻企业55家。张家港经济技术开发区通过省级服务外包示范区考核验收、张家港软件（动漫）产业园通过省版权示范园区考核验收。张家港市虎翼车业服务有限公司被认定为AAAA级物流企业，苏州金麦穗食品有限公司、张家港普悦商贸有限公司被认定为AAA级物流企业，江苏绿岩生态技术股份有限公司入选苏州市服务业创新型企业。银河龙芯科技大厦建设项目被列入2016年度苏州市文化产业重点项目，如意通动漫、爱上网科技在“新三板”挂牌。如意通公司的原创动画《如意酷宝之菲力牛》登陆央视少儿频道，动画片《大猩星》在韩国SBS电视台播出。全年完成14个村369个村民小组土地确权登记，42个社区股份合作社股权固化，实现农、林、牧、渔业总产值8.41亿元，粮食、蔬菜、肉类、牛奶、水产品总产量分别为18446吨、154吨、23912吨、1128吨、14571吨和1511吨。

社会事业　年末，有学校54所，教师6058人，在校学生79787人。启动新建闸上幼儿园、暨阳湖幼儿园和暨阳实验小学新校区，完成城北小学改造扩建工程，18所学校设备更新添置。新建、改造11家社区卫生服务站点，新建社区居家养老服务站4家，建设、改造书场12家、戏台4个，新增全民阅读站点2个、健身路径32条、篮球架10副、乒乓球桌17张，完成旺西花苑二期、福东花园、西溪花苑健身步道及新沙河健身廊道4条，总长10千米。累计有医疗卫生机构185个、体育场馆32个，建成阅读站点64个、全民健身点19个，有各类健身项目100余项，全年举行文化体育活动100余场。福东苑一期、新庄花苑等8个安置小区先后交付使用，东湖苑等13个小区改造维修，新建、改建晨阳路等道路32条26千米。增设小区停车位1200余个，在塘市建成城郊公共自行车点。全年实施节能项目3个，新增清洁生产企业5家，淘汰落后企业26家。完成土地综合整治7公顷，盘活存量土地18.8公顷。完成11家燃煤锅炉、10家印染异味、2家VOC排放不达标企业的治理，中丹科技生态城通过省级建筑节能和绿色建筑示范区验收。新建污水主管网11.5千米，完成2579户用户生活污水接管。整治黑臭河道5条，疏浚河道146条，创建生态河道8条，实施汤桥路等28个地块的绿化工程。民主自治效果显著，村居民议事会开展议事活动485场，帮助解决社区难点问题323个，其中涉及信访隐患问题77个，全年受理群众信访30件，人大建议、政协提案20件，“民生面对面”处理问题20件，物业纠纷协调12件，信访答复率100%。技防设施防控面扩大，“党政同责，一岗双责”安全生产要求全面落实。深入开展“天安行动”，加强食品监管，新增30辆两轮、26辆四轮警用电瓶车，投入110万元补装高清治安监控50个，开展“七五”普法广场集中宣传30余场，发放宣传资料2万余份。开展重点地区排查整治活动120余次、大型专项清查整治活动12次、日常检查活动100余次。抓获违法嫌疑人员10余人，行政拘留3人，解决治安问题30起。

福民工程　城镇居民年人均可支配收入54602元，农村居民年人均可支配收入33100元，分别比上年增7.8%和5.9%。提供就业岗位20825个，开发就业援助岗位3446个，困难家庭大学生就业率100%。新增社保扩面19362人，居民基本医疗统筹资金标准提高到年人均1250元，累计参保94502人。新市民子女享受医保2132人，4706名新市民子女办理续保。帮助79户贫困家庭申领廉租房补助，实施安居工程3户，预拆迁110户。建成标准型居家养老服务中心11家、居家养老服务站38家，有3966人享受虚拟养老服务。为3826名老年人办理老年卡，发放80周岁及以上老人尊老金662.4万元。春节慰问群众4万余户，发放慰问金4100万余元。给低保户460户739人、低保边缘户223户241人、五保户86人发放补助金931万元，为855名重残人员发放救助金、临时救助金715.2万元，为760名优抚对象及各类民政对象发放补助金1023.12万元，为97户受灾户发放民生险90万元，发放各类民政资金6859万元。走访慰问区（镇）参战人员、现役军人和优抚对象中的困难家庭，为77名困难优抚对象和203名参战人员发放节日慰问金16.31万元。举行“爱满港城”慈善劝募活动，募集善款12129051元，用于扶贫济困、助学、赈灾413.77万元。区（镇）慈善基金会获张家港市最具影响力公益慈善组织称号。

2016年张家港经济技术开发区（杨舍镇）办事处和街道办事处基本情况表

表76

名　　称	所在集镇（街道）面积（平方千米）	党工委书记	办事处主任	党工委副书记	办事处副主任
塘市办事处	2.50	黄玉琪（11月免） 魏　立（11月任）	黄玉琪（5月免） 邹丽萍（女，10月任）	王丽春（女，5月免）	蒋　炜（5月免） 秦剑洋（10月免）
乘航办事处	1.50	郭广益	刘　忠（10月任）	沈　敏（女，10月免）	徐　一　刘　忠（10月免） 葛卫荣
东莱办事处	2.00	叶丽娜（女，4月免） 徐建军（兼，5月任）	秦剑洋（10月任）	邹丽萍（女）	丁同兴（5月免） 张浩科（12月免） 王　蕾（女，7月任）
泗港办事处	2.10	徐建军（5月免） 蒋　炜（5月任）	徐建军（5月免） 宋海忠（10月任）	徐　波（女）	吕　浪　宋海忠（10月免）
晨阳办事处	0.80	薛　平	—	葛敏卫（9月免）	倪小品（5月免）　金　忠 丁伟民（7月任）
城东街道办事处	6.68	杜永健	沈　敏（女，10月任）	—	耿永红（女）　曹　峰（女） 陈　静（女）　孙惠英（女）
城南街道办事处	7.00	赵琦萍（女）	赵琦萍（女，5月免）	丁伟民（9月免）	孙金方　王　献 徐燕萍（女）
城西街道办事处	6.30	金　鑫（兼，4月免） 许志贤（5月任）	唐　宏（10月任）	薛　燕（女） 蔡　健	梅丽玉（女）　葛　苏（女） 王　英（女，7月任）
城北街道办事处	13.17	郭建锋（5月免） 周　军（5月任）	—	—	许利刚　周　军（5月免） 钱得栋　朱忠莲（女）

2016年张家港经济技术开发区（杨舍镇）各村（社区）基本情况表

表77

村（社区）名	面　积（平方千米）	户数（户）	人口数（人）	集体经济总收入（万元）	可用财力（万元）	总资产（万元）	村（社区）党委（总支、支部）书记	村（社区）主　任
旺西村	1.82	644	2100	1802	1628	11363	顾建平	徐国华
斜桥村	3.91	1737	4719	2612	542	10881	许利刚	许立东
田垛里村	5.96	2192	6103	4587	3508	30752	郭建锋	陈希超
闸上村	2.41	848	2520	1801	1407	8277	唐　宏	李　华
章卿村	5.08	1675	5491	1868	1198	8167	吴　坚	赵兴华
善港村	7.17	2459	7237	3686	2407	18802	葛剑锋	宋海忠
百家桥村	4.71	1417	4251	1235	669	8724	王利明	惠晓东
七里庙村	4.41	1228	2544	4241	2236	15295	张建春	—
李巷村	7.01	1818	6419	2615	1534	8106	孟雪春	李　成
河北村	5.23	1362	4085	897	767	10419	钱　旻（女）	陆惠良

续表77

村(社区)名	面　积(平方千米)	户数(户)	人口数(人)	集体经济总收入(万元)	可用财力(万元)	总资产(万元)	村(社区)党委(总支、支部)书记	村(社区)主　任
南庄村	2.30	208	574	1274	532	10588	徐海栋	徐　达
棋杆村	2.96	430	1312	1834	841	8851	陈　云	陈　云(兼)
河南村	2.22	400	1374	868	553	7756	缪永高	吴国洪
汤联村	1.92	242	681	1248	736	7206	季　健	李金城
蒋桥村	3.09	801	2120	1512	1088	18852	钱建飞	支益明
庆安村	6.23	1715	5097	2977	1255	13697	刘　忠	魏春雷
农义村	2.41	553	1750	839	359	3482	周正星	虞建石
双鹿村	3.29	832	2430	532	316	4480	季建飞	陈海江
新民村	3.44	917	3072	836	728	4239	徐建达	陆正东
民丰村	5.24	1369	4171	7533	1029	19692	孟建东	陈卫佳
农联村	6.02	2140	6215	5249	5057	17685	赵建军	钱文伟
东莱村	6.89	2516	6993	2154	766	9110	季　刚	刘　兵
福前村	6.37	2257	6258	1706	1309	22281	赵国忠	张　园
徐丰村	1.46	682	1736	835	702	9258	唐永德	季安平
西闸村	3.55	1267	3654	712	491	5094	戴晓华	徐显法
黎明村	4.9	1500	4351	577	510	8547	季祖德	徐　益
晨新村	4.37	1432	3816	1080	602	9086	卢向华	陆建东
晨南村	3.94	1326	3621	596	543	4312	丁耀平	刘　华
南新村	6.14	1967	5357	847	579	4752	东国平	朱永安
城东社区	1.63	132	352	2082	1645	21503	郭冠平	郭新贤
花园社区	1.50	1508	3963	—	—	—	许品洁(女)	许品洁(女,兼)
新城社区	0.86	1382	3973	—	—	—	张彩英(女)	张彩英(女,兼)
梁丰社区	1.30	1998	5443	—	—	—	丁凤英(女)	陶润珂(女)
东苑社区	1.40	1310	3699	—	—	—	赵　英(女)	赵　英(女,兼)
向阳社区	1.20	1501	4201	—	—	—	陈瑗瑗(女)	陈瑗瑗(女,兼)
园林社区	1.00	1611	4354	—	—	—	周　艳(女)	周　艳(女,兼)
前溪社区	1.50	395	1302	915	759	21998	唐建新	葛惠强
振丰社区	0.56	1185	3298	—	—	—	王晓英(女)	王晓英(女,兼)
明珠社区	0.62	1829	5318	—	—	—	李　忠	李　忠(兼)
中昊社区	0.30	569	1599	—	—	—	陈宇红(女)	陈宇红(女,兼)
勤丰社区	0.05	879	2413	—	—	—	钱雪峰	钱雪峰(兼)
帝景社区	0.80	256	717	—	—	—	潘艳丽(女)	潘艳丽(女,兼)
范庄社区	1.64	616	1740	933	810	6976	杜永健	缪立新
君临新城社区	0.35	34	92	—	—	—	朱卫平(女)	朱卫平(女,兼)
城南社区	3.65	647	1714	2863	2807	26734	陶振祥	陆晓峰
沙工社区	0.60	1575	4464	—	—	—	苏　洁(女)	常　磊
聚龙社区	0.40	1337	3868	—	—	—	陈红静(女)	陈红静(女,兼)
惠丰社区	0.30	1214	3251	—	—	—	陆彩萍(女)	陆彩萍(女,兼)
东湖苑社区	0.82	1733	5587	—	—	—	张晓红(女)	张晓红(女,兼)
西湖苑社区	0.20	912	2916	—	—	—	许　娟(女)	许　娟(女,兼)
南苑社区	0.80	3570	10612	—	—	—	徐　强	徐　强(兼)
清水湾社区	0.52	1126	3205	—	—	—	杜汉妹(女)	杜汉妹(女,兼)

续表77

村(社区)名	面　积(平方千米)	户数(户)	人口数(人)	集体经济总收入(万元)	可用财力(万元)	总资产(万元)	村(社区)党委(总支、支部)书记	村(社区)主　任
暨阳湖社区	0.65	980	2693	—	—	—	徐　敏(女)	徐　敏(女,兼)
绿洲社区	0.34	427	1169	—	—	—	徐　炜(女)	徐　炜(女,兼)
江联社区	0.41	527	1454	—	—	—	殷红燕(女)	殷红燕(女,兼)
馨港社区	0.22	183	555	—	—	—	蔡文娅(女)	蔡文娅(女,兼)
小城市社区	2.25	276	573	1427	1059	11115	陶建刚	朱　磊
包基社区	2.06	441	1372	811	750	4585	惠　扬	叶　文
赵庄社区	3.85	478	1260	1516	1384	20974	赵琦萍(女,兼)	徐金宝
悦杨社区	0.19	278	708	—	—	—	陆美红(女)	陆美红(女,兼)
城西社区	1.93	924	2313	7141	6602	23696	蔡　健	顾国兴
邵巷社区	0.22	1269	3687	—	—	—	匡卫祥	刘　卫(女)
龙潭社区	0.18	1243	3528	—	—	—	葛　新(女)	葛　新(女,兼)
庆丰社区	0.35	1346	4074	—	—	—	王雅芳(女)	王雅芳(女,兼)
长安社区	0.12	891	2622	—	—	—	路　敏(女)	路　敏(女,兼)
西门社区	0.25	1689	4630	—	—	—	夏军芬(女)	夏军芬(女,兼)
暨阳社区	0.45	1396	3894	—	—	—	张玉妹(女)	张玉妹(女,兼)
云盘社区	0.32	2046	5919	—	—	—	汪秀琴(女)	汪秀琴(女,兼)
万红社区	1.61	2257	6828	637	566	8721	潘永华	潘永华(兼)
汇景社区	0.32	1004	2700	—	—	—	王佩华(女)	王佩华(女,兼)
四季社区	0.31	612	1683	—	—	—	石扣萍(女)	石扣萍(女,兼)
金城社区	0.32	614	1572	—	—	—	沈丽红(女)	沈丽红(女,兼)
悦盛社区	0.28	207	741	—	—	—	陈　亮	王季芳
城北社区	1.88	794	2066	1398	544	11193	许国兴	任建刚
通运社区	1.20	1098	2917	—	—	—	庄丽萍(女)	庄丽萍(女,兼)
横河社区	2.25	631	1850	730	688	3783	钱志杰	陈文晓
东渡社区	1.50	1358	3618	—	—	—	徐　虹(女)	徐　虹(女,兼)
扬帆社区	1.38	1447	4870	—	—	—	陈　洁(女)	陈　洁(女,兼)
锦绣社区	1.50	644	1987	—	—	—	许颂艳(女)	郭仕标
悦丰社区	0.90	774	2356	—	—	—	钱蔡荣	钱蔡荣(兼)
体育社区	0.53	424	1419	—	—	—	李晓晓(女)	李晓晓(女,兼)
仓基社区	2.50	489	1571	259	213	7131	孙　斌	许春芳(女)
泗港社区	1.20	226	500	—	—	—	黄　琴(女)	张　徐(女)
七里庙社区	0.35	488	1690	—	—	—	瞿　芳(女)	瞿　芳(女,兼)
白鹿社区	0.11	577	1811	—	—	—	惠志芳(兼)	刘静华(女)
景巷社区	0.17	473	1585	—	—	—	徐　浩	朱　萍(女)
塘市社区	1.50	547	1534	—	—	—	徐立峰	徐立峰(兼)
北海社区	0.13	319	1216	—	—	—	孙　艳(女)	徐　惠(女)
南湖苑社区	0.23	555	2044	—	—	—	戴　宇	顾彩云(女)
东兴苑社区	0.34	703	2704	—	—	—	程　亚(女,兼)	钱彬慧(女)
金塘社区	0.24	419	1668	—	—	—	高丽萍(女)	高丽萍(女,兼)
香蜜湖社区	0.26	81	187	—	—	—	陈　琳(女)	张炜浩
乘航社区	1.50	1251	3396	—	—	—	钱建刚	钱　红(女)
老宅社区	1.70	1133	3455	—	—	—	李文艳(女)	李文艳(女,兼)

续表77

村(社区)名	面　积（平方千米）	户数（户）	人口数（人）	集体经济总收入（万元）	可用财力（万元）	总资产（万元）	村(社区)党委（总支、支部）书记	村(社区)主　任
江南社区	0.41	123	498	—	—	—	徐宇洲(女)	徐宇洲(女,兼)
东莱社区	1.60	274	569	—	—	—	姚雪青(女)	张小燕(女)
江帆社区	0.29	774	1956	—	—	—	季　宇	季利本(兼)
晨阳社区	0.80	333	781	—	—	—	匡浩博	丁　静(女)
通桥社区	—	—	—	—	—	—	惠晓东	—
农鹿社区	—	—	—	—	—	—	钱晓红	—
福新苑社区	—	—	—	—	—	—	黄海峰	—
青草巷社区	—	—	—	—	—	—	翟梓均(女)	—
新旺社区	—	—	—	—	—	—	苏　洁(女)	—
陈东庄社区	—	—	—	—	—	—	黄　芳(女)	—
戴巷社区	—	—	—	—	—	—	周海燕(女)	—

说明：表格中数据为农村调查数

2016年张家港经济技术开发区（杨舍镇）投资1亿元以上开工项目情况表

表78

投资企业名称	项目名称	主要产品	投资金额（万元）
张家港富瑞特种装备股份有限公司	氢能源装备基地项目	高压储氢瓶	120000
江苏金帆电气集团有限公司	金帆箱柜精密钣金项目	精密钣金	22000
江苏能华微电子科技发展有限公司	大功率GaN功率电子器件及其材料产业化项目	外延片	20215
江苏合志新能源材料技术有限公司	磷酸铁锂项目	锂电池正极材料	20000
张家港市澳洋呢绒有限公司	高档粗纺呢绒项目	粗纺呢绒	15700

【79个项目集中开竣工】 4月15日上午，张家港经济技术开发区（杨舍镇）举行总投资217亿元的79个项目集中开竣工活动。其中，工业项目21项，总投资100.6亿元；服务业项目21项，总投资82.6亿元；社会事业项目12项，总投资24.5亿元；科技合作项目10项，总投资3.6亿元；科技人才项目15项，总投资5.7亿元。竣工项目张家港市电子商务产业园一期，开工项目汇金商务中心、学府花苑和乘航小学易地新建工程为其中的四大重点项目。张家港市电子商务产业园一期设有电商孵化器、互联网众创空间、商务运营中心等，建有信息技术、金融服务、创新孵化等六大电子商务公共服务平台，集电子商务创业、办公、人才培训、仓储物流、餐饮住宿等功能于一体，总投资2亿元，年内有30余家电商企业落户园内。汇金商务中心涵盖国际品牌酒店、购物中心等多种业态，占地7.5公顷，总投资约44亿元，为全市地标性综合体项目，计划于2018年12月竣工投用，2016年有万豪五星国际酒店等多个单位签约入驻。学府花苑是集休闲健身、学习娱乐、餐饮购物、便民服务等功能于一体的社区综合服务中心，占地3.6公顷，总投资2.7亿元。易地新建的乘航小学规模为6轨36班，占地3.3公顷，总投资约5000万元，计划于2019年8月竣工投用。

“中国好人”杨建平与动迁户亲切交谈　　（经开区　提供）

【杨建平获评“中国好人”】 11月30日，全国道德模范与身边好人现场交流活动在上海长宁区举行，现场发布11月中国好人榜，经开区（杨舍镇）信访办主任杨建平榜上有名。57岁的杨建平常年扎根基层，自2012年接手信访工作后，大力改革工作方式，建立区（镇）、街道、村（社区）三级信访工作网络，确保第一时间了解并及时帮助困难群众。一个个看似无解的信访难题在他手里迎刃而解。杨舍镇赵庄村身患乳腺癌的村民徐萍离婚后带着10岁的女儿回娘家与父母共同生活，其母双目失明，父亲因车祸而成植物人，为支付高额医护费，住房被迫抵押，全家生活陷入绝境。杨建平闻讯后，立即联系有关部门为徐萍办理低保，并与市、镇残疾人联合会等部门协调予以救助。杨舍镇有对夫妇因一起民事纠纷，10年间进京上访近百次，因始终不肯放弃而影响正常生活。杨建平了解情况后，两个月中登门劝导82次，终于使他们决定放弃常年流浪信访，回归正常生活。随后，杨建平会同区（镇）有关部门帮助他们创业，使其成为养鸡专业户。杨建平用真诚和热心化民怨、解民愁、帮民困，先后化解重大信访疑难杂症70余起，信访积案化解率达到90%。在其不懈努力下，信访案件“存量”化解、“增量”下降。4年中，区（镇）信访总量下降15%以上，非法进京上访案例保持“零纪录”。杨建平连年被评为苏州市和张家港市信访工作先进个人、张家港市优秀共产党员和身边好人。10月，他获评江苏省最美信访干部。他所在的信访办被市委、市政府记集体三等功。

【经开区（杨舍镇）获批省创新型试点乡镇】 2月1日，省科技厅发文公布第五批江苏省创新型试点乡镇名单，经开区（杨舍镇）榜上有名。创新型试点乡镇是区（镇）产业创新能力和综合竞争力强的象征。经开区（杨舍镇）有国家高新技术服务中心、中国产学研合作示范基地等国家级平台11个。有省级以上博士后工作站16家、省产业技术研究院1家、省院士工作站7家、省研究生工作站52家、省工程技术研究中心25家。累计自主培养国家“千人计划”专家7人、省“双创计划”人才33人、姑苏领军人才44人、市领军型创新创业人才团队172个，承担省级以上科研项目176项。其中，2016年自主培育科技部创新人才2人，省“双创”团队2个、“双创”人才6人，姑苏领军人才7人，市领军型创业人才团队30个；获批高新技术企业40家，累计105家，新增国际科技合作项目7项，列入国家重点研发计划项目1项、省重点研发计划项目6项，累计46项。新增授权发明专利421件，累计1311件。人才企业全年完成销售4.5亿元，入库税收2600万元。

【闸上慈善基金会10年募善款千万元】 8月20日，闸上慈善基金会在闸上村村部举行以“阳光慈善·爱满港城”为主题的第十次募捐活动，市民政局局长黄祥亮、张家港经济技术开发区社会事业局局长凌洁、泗港办事处党工委书记蒋炜、闸上村党委书记唐宏以及村委全体成员、15家企业负责人和社会各界爱心人士100余人参加。爱心人士当场捐款80余万元。闸上慈善基金会是省民政厅评定的张家港市首家AAAA级社会组织，该基金会于2007年年初创办，始终践行“扶贫、济困、助残、慈孤、助学、赈灾”的宗旨，每年举行一次募捐活动。累计募集资金1180余万元，主要用于村内扶贫济困，60岁及以上老年人每年的节日慰问、旅游，探望病人和支援四川汶川、青海玉树、新疆新源等灾区和贫困地区。10年中，基金会累计支付各类善款1100余万元，其中2016年支出71万元。全村先后有800余名生活困难的党员和群众获得资助。国家级贫困县安徽潜山县是闸上基金会的重点扶持对象，受资助的学生从2006年的7人增加到2016年的150人。闸上慈善基金会还组织120余人的爱心助学队伍与他们开展结对帮扶活动，累计提供助学金61万元。基金会还向张家港市爱满港城慈善基金会捐款134万元，创办的“爱心超市”每月为村内贫困边缘户每户发放购物券100元。基金会的工作先后被中国文明网、苏州电视台、张家港电视台和《张家港日报》等媒体报道。

【暨阳家风传承】 2015年6月，市暨阳文化研究会组织编纂的《暨阳家风》由广陵书社出版。全书19万字，收录杨舍地区15个家族的家规家训和家族概况，汇编爱国、忠义、孝老、善行、关爱、教子、廉洁、睦邻、诚信、节俭等十个方面的家风故事60个。该书出版后，为传承好家风、汇聚正能量，2016年5月，经开区（杨舍镇）宣传文明办、妇联在万红广场举行“树家风·传家训·织幸福”主题活动暨“幸福住我家”家庭文化展示，表彰“最美家庭”10户，并举行《暨阳家风》首发式。10户最美家庭代表出自不同的岗位，有不同的生活背景，但他们的家庭都有良好的家风家训。活动现场还举办“幸福杨舍”家庭民俗文化展、“幸福家庭”图片展、“好家风、好家训”故事展等。

（戴玉兴　蔡惠兴　苏仁兴）

冶金园（锦丰镇）

【概况】 冶金园（锦丰镇）位于市域北部，与南通如皋市、通州市隔江相望，有沿江岸线13.8千米，是中国首家省级特色工业产业园区，是以钢铁冶炼为核心，加工、贸易、仓储、物流全面发展的新型工业基地。总面积114.32平方千米，耕地面积4749公顷。8月，海沙社区撤销，久生村复建。11月，建设村升格为党委村。至年末，园（镇）辖2个办事处，24个行政村、8个社区。有户籍43150户，户籍人口114546人，另有外来暂住人口63390人。全年实现地区生产总值544.85亿元，比上年增6.8%。一、二、三产业增加值分别为4.25亿元、400.52亿元、140.08亿元，按户籍人口计算，人均生产总值47.57万元。完成全口径财政收入45.94亿元，其中公共财政预算收入27.22亿元，比上年增25%；入库税金50.16亿元，增5.2%。完成全社会固定资产投资117.91亿元。年内，完成镇党委及下属基层组织、镇人大和村民（社区居民）委员会换届选举工作，先后获评第十届苏州市双拥模范镇、苏州市档案工作和第二轮修志工作先进集体，通过江苏省文明镇复查，联兴村、店岸村、星火村、书院社区被授予江苏省文明村（社区）称号。

经济建设　年末，有企业3139家，其中工业企业1500家。89家规模以上企业全年实现工业总产值1941.8亿元，主营业务收入2020.4亿元，工业利税80.19亿元。有销售收入超1亿元企业32家，入库税收超5000万元企业5家。年内投资超1亿元项目32个，完成工业技改投入82亿元、新兴产业投资28亿元。实现新兴产业产值550亿元。新批外资及港澳台资企业4家，累计97家。新增注册外资及港澳台资2710万美元，累计12.65亿美元。到账外资及港澳台资7060万美元，累计12.77亿美元。外贸进出口总额46.08亿美元，其中出口总额27.3亿美元。新批办私营企业563家，累计3751家，新增注册资本45.43亿元，比上年增58.62%。新批个体工商户1040户，累计6430户，新增注册资本1.1亿元。服务业投入36.09亿元，比上年降34.7%。新增产学研合作项目25项、国际科技合作项目4项，新增省民营科技企业14家，累计82家。有省级以上企业创新平台4个，苏州市级以上科技项目及奖励项目11项，新增国家高新技术企业7家，累计46家。新增授权专利402件，其中授权发明专利130件。有院士工作站2家、省企业研究院1家、省级工程技术中心16家，新增研究生工作站3家，累计26家。江苏迪威高压科技股份有限公司、江苏荷普医疗科技股份有限公司、江苏日新医疗设备股份有限公司挂牌"新三板"，"新三板"挂牌企业增至8家。全年淘汰落后企业29家，腾出可利用土地28.4公顷。新增国家"万人计划"人才1人（全市首个）；新增省"双创计划"人才1人，累计9人；新增姑苏领军人才1人，累计10人；新增张家港市领军型创新创业人才（团队）13人，累计63人。引进培育各类人才（团队）项目12项。锦丰科技创业园创建成为苏州市创业孵化基地，德柏亚（张家港）众创空间落户沙洲新城沙洲大厦。园（镇）实现农、林、牧、渔业总产值8.69亿元，粮食、棉花、油菜籽、蔬菜、水产品总产量分别为31586吨、6吨、701吨、58003吨、1745吨。无公害、绿色、有机农产品种植面积占比92%。投入702万元，添置各类农机57台套。有粮食烘干设施32台套，年烘干能力1.15万吨。秸秆综合利用率100%，其中机械化还田率95%。推广使用商品有机肥1350吨，配方肥配送率92%。小麦受灾理赔556.1万元，涉及农户1960户。

社会事业　年末，全园（镇）有学校10所，其中新市民子女学校1所。有教师826人，在校学生10909人，其中新市民子女8140人。另有幼儿园4所。张家港外国语学校北校区开工，锦丰中心小学二期工程交付使用。有大型休闲广场5个，体育场馆4座，晨、晚练健身点140个，健身步道29.4千米。有文体团队70个，社会体育指导员698人。承办2016年张家港短程马拉松系列赛（第三站）等市级赛事4次。11月10日，在苏州市玄妙观广场举行"家在苏州·魅力锦丰"特色文明成果"三进城"展示活动，展示沙上秧歌、沙上号子等民俗节目和竹编、年糕、香水莲花等百余种特色产品。园（镇）全年举办文体活动近120场。《公羊寿文集》《何伟钦传记》出版，《中国名镇志丛书·锦丰镇志》通过省级终审。版权作品登记1200件。新发展有线电视用户5506户，宽带用户4872户。园（镇）有医疗卫生机构42个，其中医院4家，执业医师312人，床位815张。计划免疫门诊接种3.51万人次。484个餐饮单位和168个公共场所单位有效卫生许可证持证率100%，109名民间厨师持证上岗率100%。悦来六村、大南六村竣工，总建筑面积20.2万平方米的合兴花苑、书院六村二期两个安置小区开工建设。在建安置房建筑面积40万平方米，年内竣工安置房19.89万平方米，安置1073户1435套。一干河西侧长安路、兴南路、滨河路等道路基本建成。严格落实"初信、初访"制度，调解各类矛盾纠纷456件，调解成功率100%。对25家危险性较大的重点企业实施外包服务专项检查，完成三级政府挂牌隐患整改13处，安全生产形势稳定可控。沙洲电力2号机组超低排放、润达金属等7家燃煤锅炉、沙印集团等3家印染企业减排设施改造完成。全年减排化学需氧量129.9吨、氨氮15.3吨、二氧化硫368吨、氮氧化物334吨。完成沙钢集团每日15万吨中水回用工程，废水"零排放"工程、川港整治工程有序推进。新建苏州市美丽村庄示范点1个、三星级康居乡村6个，苏州市三星级康居乡村南港示范点升格为省美丽村庄示范点。

福民工程　农民年人均纯收入33730元，比上年增9%。社区股份合作社股权固化工作结束，完成农村土地承包经营权确权登记颁证工作。农村集体总资产94326万元，净资产39908万元，年实现村级可支配收入10522万元，比上年增9.6%，全年发放土地规模经营、秸秆还田补贴275.87万元，农业耕地地力保护费708万元，生态补偿资金1616.77万元。新增城镇职工养老保险参保人数565人，累计62469人，参保率99.8%；参加居民基本医疗保险47912人；新增住房公积金扩面2100人，累计40497人。新增享受老年补贴13人，累计9938人，享受率100%。组织沙钢集团等企业进行岗位培训10735人，职业技能培训2936人；举办创业培训3期，培训250人，扶持创业143人。举办招聘会24场，提供就业岗位11889个；帮助817名就业困难人员申领政策性补贴，117名特困劳动力实现就业。投入39.49万元帮助15户困难户建房。有养老床位1283张，千名老人拥有床位数42张。护理床位763张，占总床位的59%。亚兰老年公寓、静玉老年公寓、合兴老年公寓一期入住率均超90%，民营资本投资4500万元兴建的合兴老年公寓二期基本结束。持证社会工作者223人，其中社工师54人、助理社工师169人。有在册低保户486户680人、低保边缘重病困难对象151户158人、五保户82人、重残救助对象654人、贫困学生246人，发放保障金、救助金等1430.06万元。有优抚对象178人，发放抚恤金428.62万元，退役士兵44人、退役士官1人，发放一次性补助费343.95万元。发放慰问金881.05万元，惠及困难群众1.5万余户。80周岁及以上老年人5158人，发放尊老金712.69万元。受理民生保险62起，理赔金额102.5万元。发放计划生育奖励、补助金1045.54万元，15398人受益。

2016年江苏扬子江国际冶金工业园（锦丰镇）办事处基本情况表

表79

名　　称	所在集镇（街道）面积（平方千米）	党工委书记	主　任	党工委副书记	副主任
三兴办事处	2.20	陈建明（5月免） 惠正刚（10月任）	陈建明（5月免）	吴亚芳（女，4月免）	陈卫菊（女，兼，5月免） 惠正刚（10月免）
合兴办事处	2.80	周勇敏（5月免） 陈　英（女，10月任）	周勇敏（5月免）	李晓平（5月免）	钱　军（兼，5月免）

2016年江苏扬子江国际冶金工业园（锦丰镇）各村（社区）基本情况表

表80

村（社区）名	面　积（平方千米）	户数（户）	人口数（人）	集体经济总收入（万元）	可用财力（万元）	总资产（万元）	村（社区）党委（总支、支部）书记	村（社区）主　任
店岸村	8.23	2192	6705	1228	943	5839	毛桂法	朱才明
联兴村	9.96	2162	4983	1664	1561	19160	李卫忠（兼）	杨德芳
向阳村	4.21	1077	3093	496	400	5096	郭　建	丁　浩
郁桥村	2.31	653	1938	355	291	2143	张正清	姚理伟
建设村	5.01	1821	4906	875	718	5791	刘　兵	蒋卫良
协仁村	4.32	1355	4103	518	377	3366	张小平	陆　林
西港村	3.97	1304	3693	456	232	2274	巩谆贤	邵燕军
福利村	5.72	1648	4666	678	426	5039	肖正才	蒋正华
交通村	4.94	1413	4061	606	413	2912	叶海平（兼）	蔡正平
厚生村	4.29	1841	4736	489	405	4394	陆　杰	倪玉琴（女）
新港村	4.00	1409	4145	563	364	2427	黄卫平	陈　键
西界港村	3.63	1285	3732	616	434	2388	朱嘉喜	杜建林
登瀛村	4.36	1491	4196	419	201	2060	姚恒峰	袁　洁（女）
耕余村	3.24	1162	3019	396	305	2462	孙晓平	王　飞
鼎盛村	4.97	1646	4517	485	269	2278	姚兴兵	朱建华
乐杨村	4.74	1737	4782	512	407	1895	吴建清	陈建华
星火村	6.01	1676	5288	2231	942	11479	杨志高	丁建军
洪桥村	4.00	1098	3426	641	321	2702	毛　虎	李卫京（女）
洪福村	5.19	1603	4224	453	329	2845	奚　健	奚　健（兼）
悦来村	3.34	1019	2692	430	291	4744	沈晓燕（女）	高成龙
光明村	3.63	1161	3065	361	240	2558	聂恩峰	倪春军
南港村	4.02	1279	3565	374	240	2891	许天明	赵　锋
常家村	4.14	1295	3800	625	413	12111	张　涛	张剑平
久生村	4.50	1280	3363	367	291	1696	金　荣	陶小贤（女）
镇北社区	1.59	710	1770	315	190	1841	樊　红（女）	费　红（女）
滨江社区	—	2163	4252	—	—	—	钱　萍（女）	钱　萍（女，兼）
三兴社区	—	1087	2253	—	—	—	朱　毅	朱　毅（兼）
合兴社区	—	2423	5320	—	—	—	陆　静（女）	陈晓敏（女）
永新社区	—	401	1106	—	—	—	沈连明	沈连明（兼）
书院社区	—	76	176	—	—	—	徐　萍（女）	徐　萍（女，兼）
大南社区	—	—	—	—	—	—	张　涛	张　涛（兼）
悦来社区	—	—	—	—	—	—	沈晓燕（女）	沈晓燕（女，兼）

说明：表格中数据为农村调查数

2016年江苏扬子江国际冶金工业园（锦丰镇）投资1亿元以上开工项目情况表

表81

投资企业名称	项目名称	总投资额（万元）
江苏扬子江国际冶金工业园投资发展有限公司等	汽车生活广场项目	110000
江苏保丽洁环境科技股份有限公司	环保设备生产项目	45000
江苏远闻科技有限公司	三类医疗器械生产项目	30000
江苏国立医疗科技有限公司	三类医疗器械生产项目	20000
江苏艾迪尔医疗科技股份有限公司	年产200万件骨科康复医疗器械技术技改项目	15000
张家港田园风光旅游发展有限公司	田园风光项目	15000
苏州吉美瑞医疗器械有限公司	三类骨科医疗器械生产项目	14000
苏州瑞海泽纺织科技有限公司	纱线、面料生产项目	10000
张家港沙洲森禾观赏植物有限公司	玫瑰园项目	10000

【从严管理党员干部30条负面清单出台】 10月，冶金园党工委根据党章、纪律处分条例、相关党内法规和党风廉政建设责任制的规定，以开列负面清单的形式为全园（镇）基层党组织和党员干部划定不可为的“边界线”，从政策执行、督促落实、队伍管理、作风建设等方面限定30条“不可为”的内容：在公开场合丑化党和国家形象，破坏班子团结，不正常开展党的组织生活，在民主推荐、组织考察、党内选举中拉票、助选，个人重大事项不报告，未按议事规则民主决策，违反规定处置集体资金，违反公务接待管理规定，参与高利贷等。通过对负面清单内容的细化和问题的具体化，为党员领导干部和普通党员八小时内外工作生活划定“红线”。年内，园（镇）先后查处各类违纪案件42起，有19名党员干部主动报告个人重大事项。

【91个志愿服务项目发布】 3月3日，冶金工业园（锦丰镇）举行第二届“十佳志愿者”表彰大会暨2016年度“学雷锋·志愿服务伙伴计划”启动仪式，“礼遇榜样”“四点半学校”等36个志愿服务项目公开发布，寻求社会爱心企业和爱心人士的资助。近年，冶金园（锦丰镇）推动志愿服务常态化、制度化，完善《锦丰镇志愿服务积分管理办法》《礼遇道德好人实施办法》，探索村（社区）志愿服务机制，打造服务品牌。中央文明办专职副主任徐令义等多位领导先后到锦丰志愿服务中心和合兴社区、书院社区志愿服务站等地考察指导，“七彩假日”等各类志愿服务活动蓬勃开展。至2016年年末，园（镇）有志愿者1951人，志愿服务时间41970个小时，面向社会发布志愿服务项目91个。

【21个项目集中开竣工】 4月28日，冶金园（锦丰镇）举行重点项目集中开竣工暨汽车后市场产业园项目奠基仪式。集中开竣工的21个重大项目总投资103亿元，涉及新能源、新材料、新装备产业以及现代服务业等。其中总投资4.5亿元的沙钢集团“135兆瓦富余煤气发电机组项目”竣工，该项目占地面积8公顷，安装2台135兆瓦汽轮发电机组，年发电19.4亿千瓦小时。新开工的主要项目汽车后市场产业园是市服务业综合改革试点项目，一期占地面积20公顷，引进市行政服务中心、车管分中心、车辆检测线、通用4S汽车城等项目，总投资5亿元，建筑面积8万平方米，全部建成后可实现销售10亿元，年利税超1亿元。新兴产业园占地面积16.67公顷，一期引进江苏天鹏电源有限公司动力锂电池、盛安新材料（江苏）有限公司超微硅粉、苏州爱得科技发展股份有限公司医疗器械等高新技术企业项目，项目总投资12.5亿元，每公顷投资7500万元，项目建成达产后可实现销售收入30亿元、新增税收1.5亿元。

【十佳最美家庭评比宣讲】 3月中旬，冶金园（锦丰镇）开展以立家规、正家风、传家训为主题的“最美家庭”系列寻访活动。各村（社区）、学校、各单位推荐了35个家庭事迹。通过宣讲比赛，选出10个最美家庭。同时，举

“5·15”国际家庭日演出 （褚珊珊　摄）

办“最美家庭、温暖瞬间”摄影比赛，参赛作品67件，评选出优秀作品16件。5月13日晚，“立家规、正家风、传家训”园（镇）庆祝“5·15”国际家庭日暨金沙洲艺术团参加省台“主播爱上广场舞”节目汇报演出在沙洲新城中央公园举行。歌曲《幸福家家有》《中华美德》，小品《家有密码》，歌伴舞《家和万事兴》等系列节目诠释了整场晚会的主题。活动现场展示十佳“最美家庭”故事宣传版面，并为十佳“最美家庭”及“最美家庭、温暖瞬间”摄影比赛的获奖代表颁奖。

【冶金园与《人民日报》文化传媒韩国代表处签订合作协议】 12月14日，冶金园与《人民日报》文化传媒韩国代表处在韩国首尔签订战略合作协议。结合园区产业发展实际，采取中介招商模式，聘请韩国代表处作为园区驻韩招商代理，从事项目招商的联络、考察、谈判等服务，协助在韩举办招商推介会，宣传园区投资环境、主导产业和招商项目，为冶金工业园在韩开展招商活动提供帮助支持，主动对接韩国先进产业项目，实现精准招商。《人民日报》文化传媒有限公司2015年就在韩国设立代表处，已积累大量会员单位，为中韩两国企业经济交流、经贸合作提供顶层设计、全案策划、品牌传播、活动运作、市场营销、项目考察等“一站式”服务。

（徐　平）

塘桥镇

【概况】 塘桥镇位于市域东南部，与常熟市海虞镇交界。总面积94.26平方千米，耕地面积3895公顷。10月，新增馨塘社区。年末，辖2个办事处、14个行政村、7个社区（其中3个为“村居合一”社区）。有户籍28948户、人口92300人，另有外来暂住人口91285人。全年实现地区生产总值165.96亿元，一、二、三产业增加值分别为3.36亿元、90.43亿元和72.17亿元。按户籍人口计算，人均生产总值17.98万元。完成全口径财政收入16.6亿元，其中公共财政预算收入8.99亿元，全口径入库税金16.09亿元。完成全社会固定资产投资42.65亿元。年内，塘桥镇获中国老区建设促进会宣传工作优秀奖，被评为中国纺织行业统计工作优秀集体、江苏省文明镇、江苏省关心下一代工作先进集体。

经济建设　年末，有企业2135家，其中工业企业1557家。107家规模以上企业全年完成总产值276.82亿元，主营业务收入278.31亿元，利税总额14.22亿元，利润总额8亿元，资产总计263.15亿元。有高新技术企业28家，销售收入超1亿元的企业33家。华芳集团开票销售收入77.48亿元，鹿港科技28.76亿元，银河电子、普坤纺织、新东旭纺织、华鹿毛纺、华程钢管、联宏纺织、逸臣钢管等7家企业超过5亿元，新沪毛纺、巨桥毛纺、友诚科技等19家企业超过1亿元。全年完成工业投资19.8亿元，加快企业创新发展步伐。苏高新科技产业园完成项目立项、工商登记、园区道路等基础工作，一期16.67公顷土地完成“招拍挂”，已签约医疗、新能源、环保设备等产业项目11个。联宏纺织公司通过兼并欧美企业进入国际市场；大唐纺织丝绸文化产业园基本建成，加速实施工业旅游项目；友诚科技公司由中国宝安出资2.72亿元收购，致力建成为电动汽车、机器人产业提供充电设备及方案解决领域的明星企业；康力科技公司100%控股上海晟实医疗器械和湖南恒大生物两家公司；索尔新能源抓住国家发展新能源汽车激励政策的机遇，配套电动物流汽车电池组件；银河电子新能源汽车关键部件产业化项目、上工申贝缝纫机生产基地项目进展顺利。全镇完成技改投入19.84亿元。新兴产业投入14.34亿元，年产值72.1亿元，占规模以上企业产值的26.22%。新增国际科技合作项目3项、省级高新技术企业6家、省级以上创新平台2家，拥有有效发明专利245件。广川电缆“新三板”上市，累计挂牌“新三板”企业5家。新增外资企业1家，新增注册外资100万美元，实际到账外资2000万美元。新批办私营企业358家，注册资本7.78亿元；新批办个体工商户1484户，注册资本1.94亿元。全年完成服务业投资22.81亿元，服务业税收26179万元，其中国税7530万元、地税18649万元。社会消费品零售总额26.18亿元，进出口总额8.82亿美元，其中出口总额7.22亿美元。重点商贸企业大润发塘桥店销售收入2.74亿元，华芳金陵国际酒店1.05亿元，塘桥·国际针纺城市场成交额6.85亿元，塘桥综合市场成交额4.84亿元。推进农业现代化进程，完成妙桥片区工厂育秧中心建设、顾家村千亩标准化农田改造。村级经济抱团发展，全年累计投入5000万元，回购土地约7公顷、厂房2万余平方米。土地规模经营率超过95%，农业机械化率92%，稻麦秸秆机械化还田率、农作物秸秆综合利用率90%。全镇农、林、牧、渔业总产值7.05亿元，粮食、棉花、油菜籽和蔬菜产量分别为30491吨、8吨、275吨和15021吨；肉类、水产品、禽蛋、牛奶产量分别为1235吨、1370吨、440吨和1080吨。

社会事业　年末，全镇有公办学校10所，在职教师680人，在校学生12293人；新市民子女学校4所，在校学生4331人。另有幼儿园5所。投入8000万元易地新建的塘桥中心小学和投入6000万元新建的鹿苑幼儿园竣工启用，投入500万元的私立幼儿园清华幼儿园建成开园。投入300万元改建或扩建塘桥中心幼儿园教室、妙桥中学师生餐厅、鹿苑中学实验大楼、妙桥中学教学大楼、塘桥初中体育器材室，投入100万元为中小学添置26套多媒体电子白板、11台电脑、10台扫描仪、15台实物投影仪、110套学生课桌椅、32套教师办公桌、8套直饮水机设备和一批室外体育器材、大型玩具。有医疗卫生机构41个，其中医院4家、社区卫生服务站24家，执业（助理）医师526人，床位675张。顾家、滩里两个卫生服务室创建成省级示范卫生室。深化社区卫生服务中心（站）与市三院一体化改革，推进公共服务体系建设向社区延伸、向流动人口延伸。妙桥、金村2个社区卫生服务站新建工程顺利推进，鹿苑社区接入心电远程会诊。全年社区卫生服务站门急诊诊疗30.9万人次，开展大病困难群众签约263户。新建居民电子健康档案648份，累计11.33万份，其中动态记录6.83万份；规范管理高血压患者9374人、糖尿病患者2479人、重度精神疾病患者501人。全年为3周岁以内婴幼儿健康体检3926人，其中外地婴幼儿1120人；为1周岁以下儿童免疫接种1621人，其中外地儿童795人；为1周岁及以上儿童生物制品加强接种38820人，其中外地儿童1320人；为妇女病防治“两癌”筛查13573人，其中外来妇女726人。全年查出肝炎、伤寒、痢疾、肺结核等传染病人数345人，及时组织治疗。开展65周岁老人中医体质评估10433人，接受健康管理老人1.26万人。全年接诊孕产妇1355人，住院分娩率100%。年内，建成无锡文化艺术学校实训演出基地，开辟民族文化宣传长廊，完成革命烈士谢恺故居布馆，建成市史志馆塘桥分馆，启动钱昌照故居（望江楼）建设。实施“周末大舞台”演出惠民计划，发挥三大文体中心平台作用，邀请江苏省锡剧团、安徽黄梅戏剧团、苏州市评弹团、苏州市滑稽剧团、无锡文化艺术学校等文艺团体，举办京剧、越剧、锡剧、评弹、滑稽剧等30余场演出；承办江苏省欢歌笑语曲艺演出、第七届长江流域戏剧艺术节曲艺系列专场演出和市第五届民族文艺会演、市第三届全民健身体育舞蹈大展示、市星级群众文艺团队比赛、市“舞动港城、绽放风采”老年舞蹈大赛、市“唱支山歌给党听”民族音乐专场等文艺演出。镇文艺团队在2016年公益文艺巡演中演出20场，受惠观众2万余人。举办“百花迎春，新苗吐芳”少儿文艺展示、“善美塘桥，百花争艳”迎春文艺演出、“红红火火过大年”系列文化活动、中华经典诵读暨青少年朗诵比赛、书画摄影展览等活动。戏曲协会自编自演的锡剧小戏《留学风波》获2016年江苏省艺术基金资助项目，入选苏州市首届“文华奖”比赛，在全市进行26场巡演。塘桥少年宫2016年培训学员5000余人，600余人通过全国书画、舞蹈、器乐类考级，在第七届全国校园艺术周暨未来星第十三届中国优秀特长生展示活动中获17个一等奖、

划菱桶精英赛　（王苗苗　摄）

34个二等奖。全镇有体育场馆4个，公共体育设施面积1.6万平方米。年内，建成妙景小区全民健身工程点，包括配备5人制足球场1片、800平方米以上健身运动场1个和成人健身路径1套。新建或更新全民健身路径9套，建成妙桥文化广场、沁园一村、黄金湾小区3条健身步道，完成1000人国民体质检测，完善“10分钟体育健身圈”电子地图。先后举办元宵节门球友谊赛、2016年全民健身节、第十届围棋节、庆“五一”羽毛球友谊赛、迎国庆趣味运动会等活动，承办2016年中国围棋甲级联赛、“金塘桥杯”全省乒乓球锦标赛、市全民健身（体育舞蹈）大展示、“碧桂园杯”市第二届划菱桶赛、市首届气排球比赛等活动，开办由300余名健身骨干参加的广场舞、体育舞蹈、健身气功、太极拳、柔力球、健身秧歌等各类培训班。深化平安创建，完善技防工程，筑牢城区、公共场所、城郊接合部、安置小区、乡间小道5张技防人防网。加强危化品存储运输、涉爆粉尘、工程建设、人员密集场所等领域防范力度，巩固安全生产“百日行动”成果。严把食品、药品安全关，在全市率先成立民间厨师协会暨民间厨师行业工会，探索厨师行业自律和政府指导相结合的新机制。

福民工程　农民年人均纯收入34792元，比上年增10.2%。全年新增城镇职工养老参保人数1564人，累计32706人；新增住房公积金缴纳人数1172人，累计12162人；参加居民基本医疗保险人数44562人，新市民参加医疗保险2619人，年上缴个人社保、医保基金1065.08万元，市、镇两级财政补贴4260.3万元。全镇成立农民专业经济合作组织25家，完成社区股份合作社股权固化试点工作，17个村（居）总股份77212股，每股资产3253.47元；完成农村土地承包经营权确权登记、颁证工作；累计组建7家村级经济发展联合体，新增经营性资产5亿元，村级可用财力超过1.1亿元。市、镇两级发放农民购置农机具补贴357.7万元、秸秆还田补贴127.39万元、动物防疫补贴40.35万元、其他涉农补贴64.72万元。开展春风行动，促进就业创业。全年举办各类就业招聘会26场，提供就业援助岗位1133个，开发公益性岗位122个，安置就业困难人员254人。开展领导干部“天天听民声”“民生面对面”活动，全年23名镇机关人员分30批深入基层调研，召开座谈会24个，走访困难家庭183户，征集意见、建议68条。登记、受理群众信访152件，办理率98%；受理“12345”便民服务热线2265件，办结率100%。开展企业工资支付、用工情况、保费代缴等专项检查，调解企业劳动纠纷1089起。全年为332户农村低保户和低保边缘户发放最低生活保障金423.21万元，为43户城镇居民低保和低保

边缘户发放最低生活保障金53.61万元，为196名优抚、奖励人员发放优抚或奖励金484.58万元，为172名贫困生发放助学金46.45万元，为7名退休工人发放定补款53.83万元，为135名重病人员发放救助金32.08万元，为3338名80岁以上老人发放尊老金312.33万元，为39154位老年人发放老年补贴421.12万元。年末，走访、慰问特困家庭、特困职工、特困党员、残疾人员、拆迁户、低保户、优抚人员、精简退休老职工，发放慰问金571.89万元。累计创办养老机构5家、养老服务站（中心）12家、关爱之家5家、助餐点3个。有镇村慈善基金会3家，全年募集资金473.28万元，其中包括银河电子集团130万元定向捐存救助款。

2016年塘桥镇办事处基本情况表

表82

名　称	所在集镇面积（平方千米）	党工委书记	党工委副书记	主　任	副主任
鹿苑办事处	4.00	薛祖民（4月免） 曹　健（4月任）	邹海兵	—	孙剑敏（12月免）　钱　益 李定康（12月任）
妙桥办事处	5.00	卢建刚（5月免）	徐惠芳（女，5月免）	卢建刚（5月免） 朱俊峰（5月任）	张萍华（女）

2016年塘桥镇各村（社区）基本情况表

表83

村（社区）名	面　积（平方千米）	户数（户）	人口数（人）	集体经济总收入（万元）	可用财力（万元）	总资产（万元）	村（社区）党委（总支、支部）书记	村（社区）主　任
周巷村	7.03	2828	8989	1439.00	1383.00	2353.41	欧义光（8月任）	李　刚（11月免） 王晓峰（11月任）
何桥村	7.31	2115	7126	1745.00	1227.00	7791.70	钱腾冰	蒋卫新
青龙村	3.88	1433	4603	980.00	952.00	4465.36	郑启伟	马卫峰
韩山村	5.22	1473	4780	1460.00	1280.00	8617.86	顾惠明	黄　伟
顾家村	4.46	1093	3818	626.00	483.10	1572.16	言建国	陈　波（11月任）
横泾村	7.60	2064	7111	860.00	746.00	10191.40	陆学军	姜卫义
金村村	10.32	2235	7931	1301.00	1050.00	33245.80	殷建刚	卞晓平（8月免） 钱颂扬（11月任）
欧桥村	7.01	1736	6090	1175.00	1021.00	5880.75	张小飞	田建林
蒋家村	5.58	1302	4613	575.00	305.00	1094.59	曹晓明	曹晓明（11月免） 田建东（11月任）
花园村	5.59	1508	5158	1632.00	1190.00	4332.74	钱　益	钱伟东
滩里村	6.79	1903	5974	1884.00	1469.00	12775.10	秦朝华（女）	钱再飞
牛桥村	6.20	1559	4618	1076.00	728.00	1831.94	王爱国	郑卫兵
巨桥村	5.84	1770	5431	1196.00	750.00	3251.51	李志新	李志新（11月免） 钱国群（11月任）
刘村村	4.88	1187	3618	598.00	520.00	3854.73	孙剑敏	陈正江
镇中社区	1.70	694	2447	676.00	302.00	4343.43	庞利新	朱颂伟
妙桥社区	3.76	797	2960	626.00	400.00	1238.53	朱建江	朱建江（11月免） 卢宏伟（11月任）
鹿苑社区	1.25	673	1683	810.00	258.00	2060.47	钱惠新	钱震杰

说明：表格中数据为农村调查数，其中新建的馨塘社区尚未有统计

【“有线智慧镇”率先建成】 2015年12月，塘桥镇与江苏有线张家港分公司签订协议，启动“江苏有线智慧镇”建设。市委常委、宣传部部长杨芳，江苏有线苏州分公司总经理吴国良，市文广新局局长陈世海和塘桥镇领导王文伟等出席了启动仪式。“有线智慧塘桥”是张家港有线智慧镇项目的实地应用，是在全市率先推进的文化惠民项目。该项目以强化当地信息服务为主导，通过搭建“当地信息发布、系统集成、互动点播和智慧家庭”四大平台，将全镇居民用户家庭的机顶盒升级为高清互动智能终端，为塘桥镇党委、政府和居民提供新闻舆论

传播、政务文化民生信息发布、社区综合治理、智慧家庭应用等多功能服务。其中，当地的信息发布平台规划有“走进塘桥、塘桥要闻、公告通知、文明之窗、文化风采、党风廉政、志愿服务、好人模范”等栏目。通过菜单式点播，让电视荧屏成为镇党委、政府和人民群众沟通联系的平台，成为不同受众享受戏曲、歌唱、健身操、广场舞、围棋、书画等高清视觉盛宴的载体。至2016年年末，塘桥镇先后投资2000万元，把全镇2.5万户居民家用机顶盒全部升级为高清互动智能终端，实现对各村（居）的全覆盖，成为全市首个有线智慧镇。

【272人无偿献血7.27万毫升】 3月1日和2日上午，市红十字血站无偿献血宣传招募活动在塘桥镇胡同社区举行。社区、工厂、街道、居委会、机关等不同岗位的爱心市民踊跃献血。何桥村南塘10组村民庄志强已无偿献血10余次，累计献血量4000余毫升，当天再次献血400毫升。逸臣钢管公司员工王卫星献血400毫升，圆了多年献血梦。佳成科技公司员工李运中曾多次无偿献血及捐献血小板，2005年10月，他与一名患者配对成功，成为塘桥镇第一例造血干细胞捐献者，2010年加入中华骨髓库，此次也献血300毫升。该次活动共有272人无偿献血7.27万毫升，其中一次献血300毫升至400毫升的有136人。

【水环境治理工程】 年内，塘桥镇继续推进区域水生态文明建设，强化水环境治理，提高防汛防洪能力，打造民心工程。建设两条镇级河道，浏泾塘北拓工程投入1300余万元，施工不采用传统的浆砌块石护底护坡，而选用生态格宾块石护底护坡，且使石块之间留有缝隙，可以让水土交换，帮助河道自由“呼吸”，同时在北京路节点设涵洞，让南侧与北侧河道全线贯通，直通盐铁塘；袁家河建设工程投资1200万元，采用同样工艺，竣工后可与市级河道三丈浦相通。加强圩区建设，根据塘桥地区东部顾家村、南部胡同新村、华芳雅筑等地地势低洼、逢雨必淹的情势，建成大陈浦排涝站和南横塘、浏泾塘两座大功率排涝站，并将排水不畅的管涵改造成过水量更大的箱涵，以增加河道的排水和蓄水能力。至年末，全镇新（改）建2个圩区、5座排涝站、6座圩口闸、2.5千米防洪围堤。强化圩区信息化管理。塘桥水利站于2014年就在全市率先建成圩区信息化管理系统，2016年又开发基于安卓系统的手机移动平台，实现排涝站现场运行情况及农田水利设施完好情况的监控，及时掌握泵机、内外河水位、雨量参数，随时统计汛情、雨情、水情信息，实现远程操控泵机系统，提高应急反应能力。

【LOVE大姐舞团在全国比赛获奖】 塘桥镇LOVE大姐舞团成立于2014年，成员为18名女性，平均年龄超过40岁。她们中有上班族、家庭主妇、生意人，大家自费购置演出用的道具、服装。舞团成立三年中，在队长庞菁带领下，自编、自导、自演《蜕变》《奔跑》《小苹果》等20余个节目，经常参加镇村、社区、企业、敬老院公益文化巡演，参加过张家港市、苏州市、江苏省的演出和比赛。舞团先后获张家港市第二届万人广场舞电视大赛金奖、苏州市第六届广场舞大赛银奖，两次被江苏卫视综艺频道“震撼一条龙”节目组邀请参加全省社区才艺表演。2016年11月，舞团在海南参加全国广场舞大赛总决赛，广场舞《奔跑》获季军。 （唐林康）

乐余镇

【概况】 乐余镇位于市域东北部，与南通市隔江相望，有全市唯一保存完好的民国老街。全镇总面积78.58平方千米，沿江岸线17.84千米，新建西水道江堤16.25千米，耕地面积4624公顷。3月，新增乐海社区。年末，辖1个办事处、21个行政村（场）、4个社区。有户籍25921户，户籍人口72106人，另有外来暂住人口17776人。全年完成地区生产总值42.16亿元，比上年增7%。一、二、三产业增加值分别为3.05亿元、22.76亿元、16.35亿元。按户籍人口计算，人均生产总值5.85万元。完成全口径财政收入6.36亿元，其中公共财政预算收入3.21亿元，比上年增11.3%。入库税收6.16亿元，比上年增2%。完成全社会固定资产投资14.86亿元。年内，乐余镇首批成为苏州市“三优三保”规划编制乡镇，获评苏州市学习型乡镇、江苏省和谐社区建设示范镇、江苏省文明乡镇。

经济建设 年末，有企业1530家，其中工业企业1210家。新兴产业产值40亿元，比上年增15.7%。66家规模以上企业全年完成总产值69.34亿元，主营业务收入68.87亿元，工业利税4.37亿元。全镇完成进出口总额2.78万美元，其中出口额2.7万美元。新批办私营企业243家，新增注册资本4.91亿元；新批办个体工商户708户，新增注册资本8872万元。引进市领军人才团队4个，获评姑苏领军人才4个，省“双创计划”人才1人。新增高新技术企业3家，新增省级以上创新平台3家，新增“新三板”挂牌企业2家，新增孵化面积1.2万平方米。新增发明申请279件，授权发明专利102件，至年末累计拥有发明专利352件。乐余科技创业园一期1.7万平方米厂房投用。市长安大学汽车工程研究院揭牌。总投资2.2亿元的海狮高端洗涤装备基地二期项目、总投资8800万元的曼瑞高速电梯项目开工，总投资2亿元的苏州飞驰水域环保清洁特种船舶生产项目、总投资1.05亿元的乐余建筑高强度预制结构件项目完成土地出让公告。鸿昌特种车辆专用车项目、牡丹汽车扩建客车车身总装项目、宝田新材料二期项目、江泽石化成品油项目等有序推进；友谊汽车与上海瑞华集团展开资本合作，益茂客车与浙江富来森合作签约。组建农业社会化服务联社1家，新建农机、植保等“四大”服务组织5家；投入600万元新建种苗育秧、农机维修和农业社会化三大服务中心；投入338万元新增水稻插秧机、收割机等农机具24台，完成水稻机插秧集中育秧点5个，集中育供秧面积546.67公顷。完成19个村411个小组19055户农村土地承包经营权确权登记颁证工作。全年粮食、棉花、油菜籽、蔬菜和水产品总量分别为37486吨、3吨、

4月，乐余文化中心启用　　　　(田亚宇　摄)

820吨、41143吨和1868吨，实现农、林、牧、渔业总产值6.19亿元。

社会事业　年末，有公办学校4所，高中、初中、小学和九年一贯制学校各1所，教师466人，在校学生5660人，其中新市民子女2771人。另有幼儿园3所。全镇投资300万元用于购置学校电教设备，100%吸纳新市民子女入公办学校就读。学校全部创建成“美丽校园”合格以上学校，乐余高级中学通过省教育厅四星级高中考核验收。全镇新增国家级、一级、二级社会体育指导员2人、5人、25人。完成乐余社区多功能运动场建设，新建兆丰社区门球场。有医疗卫生机构29个，其中医院3家、社区卫生服务分中心1家、社区卫生服务站21家。乐余人民医院创建成为国家二级甲等医院，获评全国卫生系统先进集体。4月，投资6000万元的乐余文化中心及配套图书馆启用。6月，镇便民服务中心投用。乐余镇举办“阅读，让乡风更文明”第十届阅读节，获“2016年第十一届苏州阅读节优秀活动奖”。“小作家苗圃”志愿服务项目获评2016年度市优秀志愿服务项目。“书箱故事汇”志愿服务项目获评市“大手牵小手”社科普及扶持活动项目。原创音乐说唱《十二月花名唱乐余》获首届苏州市群众文化“繁星奖”铜奖。苏州市级非遗传承人冯太根制作的5个沙洲哨口风筝被苏州市非物质文化遗产主题馆永久性收藏。乐余风筝队两次代表张家港市参加省级风筝赛，获优胜奖、地方特色风筝第一名、翅串类第三名、“体育道德风尚奖运动队”等多个奖项。联合“大港城网”举办“2016年吾悦广场首届风筝节暨乐余沙洲哨口风筝展”系列活动。率先完成非遗传承人家庭建档工作并成功承办全市非遗代表性传承人家庭建档推进会暨非遗家庭档案展示活动。组织沙洲哨口风筝、乐余木杆秤制作技艺、箍桶以及剪纸等非遗项目参加第二届中国(张家港)长江流域民间艺术博览会暨“港城绝技”第四届张家港市非物质文化遗产技艺传承大赛，获一金一银两铜。新培育乐余社区“乐在书吧沙龙会”、兆丰学校“品书时光沙龙会”、乐余小学“名师孵化读书沙龙会”、司法所“法制读报团”等民间阅读组织。“临江福地，乐而有余”微信公众号开通。

福民工程　农民年人均纯收入33808元，比上年增9%。各村(场)可用财力合计6740.8万元。全镇发放涉农补贴和奖励资金91.58万元，惠及农户29232户。参加居民基本医疗保险28560人，其中新市民785人，住房公积金扩面501人，完成率143.14%。举办招聘会20场，提供就业岗位2582个，开发就业援助岗位695个，其中公益性岗位126个，免费技能培训399人次。组织30家企业法人参加市社保局劳动法律法规培训，组织10家企业法人参加镇社保所劳动法律法规培训。为15080名社会化退休人员和8044名65周岁及以上老年人免费体检。新增3个居家养老服务站，提供虚拟养老服务91479人次。开展全科医生团队活动400余次，完成大病困难家庭签约414户。开展户外广告、停车秩序、流动摊贩专项整治。全年共举办“民生面对面”活动19场，答复和解决群众诉求70余件。年内，永利社区创建成“全国综合减灾示范社区”。

2016年乐余镇办事处基本情况表

表84

名　　称	所在集镇面积(平方千米)	党工委书记	主　任	党工委副书记	副主任
兆丰办事处	1.80	季　忠	陈利民	—	—

2016年乐余镇各村(社区)基本情况表

表85

村(社区)名	面　积(平方千米)	户数(户)	人口数(人)	集体经济总收入(万元)	可用财力(万元)	总资产(万元)	村(社区)党委(党委、支部)书记	村(社区)主　任
乐余村	4.00	1644	4380	612.12	462.39	4419.93	李红芳(女)	张兴祥
乐西村	1.00	815	2327	556.37	180.77	2118.36	吴玉平	张　宇(11月任)
永利村	4.00	1023	3062	1594.23	1251.83	9219.52	许文生	许文生(兼)

续表85

村（社区）名	面　积（平方千米）	户数（户）	人口数（人）	集体经济总收入（万元）	可用财力（万元）	总资产（万元）	村（社区）党委（党委、支部）书记	村（社区）主　任
永乐村	2.50	737	2214	812.42	600.05	3551.05	陆志平	姚叶平
庙港村	2.25	825	2464	631.24	203.55	3001.38	印忠良	黄锦贤（11月任）
扶海村	2.50	1110	3311	753.52	294.18	3257.79	杨冠华	茅福祥
向群村	2.30	902	2739	573.55	265.50	3349.98	周建兴	闻忠贤（11月任）
双桥村	6.80	1727	4867	837.73	304.86	3017.75	余　刚	沙小康
闸西村	3.00	1044	2877	334.95	216.30	1944.68	张永清	马　泉（11月任）
登全村	2.10	733	2109	280.47	252.97	2325.79	俞亚峰（3月任）	王　征
东兴村	6.20	1340	3854	380.13	396.01	3152.59	周晓洪	张晓波（11月任）
齐心村	7.20	1772	5034	768.43	307.73	3730.74	周　峰	司　健
常丰村	5.00	1557	4452	719.08	658.68	3838.03	朱裕忠	张　勇（11月任）
庆丰村	5.20	1181	3234	463.01	237.38	1930.00	钱耀华	龚利平
联丰村	4.40	1274	3628	526.86	176.74	1625.15	黄冠法	樊益东
红闸村	3.50	1081	2895	571.35	227.41	2732.70	张　涛（3月任）	严　超（11月任）
红星村	4.00	1368	3831	475.26	201.95	1166.88	胡志明	闻　彬
红联村	5.20	1576	4298	392.89	247.49	1261.17	黄利明（3月任）	曹亚忠
东林村	4.80	1495	4117	532.38	302.67	2721.89	俞　萍	俞　萍（11月兼任）
稻麦良种场	1.00	326	821	332.67	277.72	1840.01	陈　峰	—
畜禽良种场	0.46	65	164	328.90	248.72	949.13	周品才	—
乐余社区	5.80	1785	4285	—	—	—	李红芳（女）	李红芳（女，兼）
兆丰社区	1.80	556	1099	—	—	—	张　军（3月免）	李　民（11月任）
乐江社区	1.10	50	208	—	—	—	周建兴	朱卫祥
乐海社区	—	—	—	—	—	—	徐文龙（4月任）	徐文龙（11月兼任）

说明：表格中数据为农村调查数，其中新成立的社区尚未成熟，数据未统计

2016年乐余镇投资1亿元以上开工项目情况表

表86

投资企业名称	项目名称	总投资额（万元）
江苏海狮机械集团有限公司	微粒子全自动洗涤脱水机和隧道式连续大型洗涤机组生产基地项目	50000
张家港市宝韵新型材料有限公司	PET聚酯12万吨/年综合再生利用项目	30000
江苏鸿昌特种车辆有限公司	年产900辆专用汽车项目	10000
牡丹汽车股份有限公司	年产10000辆高档客车、新能源车、房车项目	30000
张家港市乐余建筑工程有限公司	高强度预应力水泥预制构件生产项目	10500
苏州飞驰环保科技股份有限公司	水域环保清洁船舶生产基地项目	14000

【文化中心和便民服务中心启用】 4月28日，乐余文化中心正式对外开放。文化中心位于乐余镇204国道西侧，乐丰路北侧，占地1.67公顷，建筑面积7000平方米。2014年1月开工，2016年4月竣工。包括2座单体建筑，1座是三层的综合楼，含多功能报告厅、影视厅、便民服务中心、综合展示馆、图书馆和24小时图书驿站、排练厅、亲子活动室、书画室等功能；1座为教学实验楼，并配有占地面积约3600平方米的风雨操场。体育馆内有1个篮球场和2个羽毛球场地，教学实验楼主要由乐余中心小学使用。6月，乐余镇便民服务中心投用。服务中心紧邻文化中心西侧，大厅面积500平方米，采用低柜台人性化设计，全开放式办公，进驻计生、新市民、司法、民政、残联、城管、市场监督管理、个私办、政府采购及工程招投标等部门10个，根据受理事项开设窗口12个。各服务窗口由相关部门指派专人进驻大厅集中办公，一律挂牌上岗，接受群众咨询和监督。实行双重管

理，便民服务中心负责对窗口人员的标准化管理和考核，各派出部门负责对窗口人员的业务指导和考核。启用至年末，服务中心日均办理事项100余件，按期办结率100%，群众满意率99.8%以上。

【12个重大项目集中开竣工】 5月9日，乐余镇12个项目集中开竣工，总投资13.7亿元，用地19.25公顷。其中，开工项目8个，总投资10.84亿元；竣工项目4个，总投资2.86亿元。主要开工项目有：总投资2.2亿元、占地3.81公顷的海狮机械高端洗涤机组生产基地项目二期；总投资1.9亿元，占地3.53公顷的牡丹汽车扩建年产1万件客车车身总装项目；总投资8800万元、占地1.66公顷的曼瑞精密机械年产800台高速电梯及3万吨精密高速电梯导轨项目；总投资1.2亿元、占地2.61公顷的飞驰机械水面环保清洁船舶生产基地项目；总投资1.05亿元、占地2公顷的乐余建筑公司年产30万吨高强度预应力预制结构件项目；总占地12.2公顷、一期占地4.11公顷、投资3亿元的乐余生活广场商住项目。竣工项目分别是：总投资5250万元的市“810”十大科技载体乐余科技创业园项目，总投资1.23亿元的鸿昌特种车辆年产900辆专用车和2万个LNG车用气瓶、50台套LNG中大型储罐、天然气成套设备制造项目，总投资3亿元的宝田科技公司年产PET聚酯12万吨综合再生利用项目，总投资6000万元的江泽石化公司10350立方米成品油批发油库项目。

【曼瑞精密机械公司入驻临江绿色科技创新园】 8月31日上午，曼瑞精密机械（张家港）有限公司奠基仪式在临江绿色科技创新园举行，这是首家入驻临江绿色科技创新园的企业。公司位于科技创新园乐中路东侧，占地1.66公顷，总投资8800万元，新建年产800台高速电梯及3万吨精密高速电梯导轨项目，预计2017年3月竣工投产，达产后预计年销售额3亿元、利税2000万元。

（秦　香　徐　娅）

凤凰镇

【概况】 凤凰镇位于市域南部，总面积78.79平方千米，耕地面积2802公顷。年末，辖2个办事处、15个行政村、6个社区。有户籍20963户，户籍人口66422人，另有外来暂住人口54542人。全年实现地区生产总值100.01亿元，比上年增5.3%。一、二、三产业产值分别为3.66亿元、57.3亿元、39.05亿元。按户籍人口计算，人均生产总值15.06万元。完成全口径财政收入16.77亿元，其中公共财政预算收入8.62亿元，比上年增22.19%；入库税金16.26亿元，增4.1%。完成全社会固定资产投资47.42亿元，其中服务业投资18.51亿元、新兴产业投资17.31亿元。年内，凤凰镇获评中国美丽乡村建设示范镇、江苏省文明乡镇、苏州市特色镇——贝贝足球小镇、苏州市美丽城镇建设先进单位、苏州市城乡一体化先进集体。

经济建设　年末，有企业2102家，其中工业企业1515家。131家规模以上工业企业全年实现产值227.85亿元，主营业务收入229.48亿元，工业利税15.75亿元。52家超1亿元企业完成开票销售195.6亿元，比上年增7.49%，主营业务收入182.5亿元，工业利税12.1亿元。有销售超1亿元企业52家，其中超10亿元企业4家、超20亿元企业2家。规模企业经济总量占全镇总量的75.4%。全镇新批办私营企业233家，注册资本5.07亿元；新批办个体工商户1001户，注册资本8827万元。广大锻造精加工、珍迎机电、大一汽配离合器核心部件、武汉三工太阳能电池、优利新材料等一批重点项目竣工投产。新和汽配、东恩锻造等一批新兴产业重点项目落地。新批外资企业7家，注册外资1.12亿美元，到账外资3301万美元，累计有外资及港澳台资企业124家。全镇完成进出口总额11.79亿美元，其中出口总额7.04亿美元。全年引进省“双创计划”人才3人、姑苏领军人才3人、市领军型创业人才3人，累计有博士及市级以上领军人才110人，科技型企业年产出规模超过100亿元。新挂牌“新三板”企业4家，累计挂牌7家。新增省高新技术企业13家、省级以上创新平台5家，获苏州市级以上科技项目及奖励项目14项，新增创新创业载体面积3100平方米。累计拥有发明专利295件。实现农、林、牧、渔业总产值8.6亿元，粮食、油菜籽、蔬菜、水产品总产量分别为20920吨、105吨、9176吨、2873吨。新增高效设施农业面积41.51公顷，累计711.51公顷，增加农业机械45台，农业机械化率达到95%。全镇无公害农产品累计13种；新增绿色食品3种，累计13种；苏州知名商标累计2个；新增苏州名牌农产品1种，累计15种；“三品”种植面积达到3500公顷。凤凰水蜜桃品牌被评为全国名优果品区域公用品牌，凤凰水蜜桃商标被认定为苏州市知名商标。《凤凰水蜜桃种植省级标准》完成修订。

社会事业　年末，有公办中小学校6所，教师400人，在校学生6520人；有新市民子女学校1所，教职工51人，在校学生1100人。另有幼儿园4所。公办学校接纳新市民子女就读中小学3116人，就读幼儿园826人。学校拥有市级以上骨干教师比例达到25%。全镇中小学经费总投入1.55亿元，其中投入6500万元用于购置电子教学设备及房屋改造修缮。文化中心、中心小学、幼儿园建成投用，所有学校均创建成张家港市美丽学校。与同济大学联合开展留学生看凤凰活动。设立“文明旅游V站”和志愿者之家。镇文艺团队参演的《江边渔歌》获省“五星工程群星奖”金奖（第一名），相声双簧《学说凤凰话》获苏州市“繁星奖”铜奖。全镇新增国家级、一级、二级、三级社会体育指导员1人、5人、26人、30人，累计有三级以上体育指导员501人。承办央视少儿频道大型文艺活动《大手牵小手》栏目走进张家港录制特别节目；恢复举办“贝贝杯”青少年12岁男子足球赛，全国有24支青训中心足球队参赛；举办江苏省风筝精英赛；举办2016年张家港凤凰桃花节系列活动，包括短程马拉松赛、“凤凰好风光”——“中新骜山桃花源”摄影比赛、"河阳诗会"诗歌朗诵、"凤凰百姓看凤凰"凤凰出土文物展；举办第五届"飞翔杯"乒乓球、羽毛球比赛。完成"非遗之声"系列《赵圣关还魂》抢救性保护录音工程。金凤凰艺术团、港口社区艺术团、恬庄古街民乐团获五星级团队称号，河阳山歌艺术团、港口保衡艺术团获四星级团队称号。镇总工会拍摄的《守望幸福》获全国企事业单位微电影摄影大赛优秀奖。依托港口区域党建工作站，建立港口区域团建工作指导站。投资300万元新建凤凰花苑、程墩花苑、凤凰文化中心3个24小时自助图书馆。新增恬源社区书场。全镇有医疗卫生机构19个，其中公立医院1家、民营医院2家，执业医师123人。全年改建凤凰、莺山、高庄、程墩等社区卫生服务站4个。全年新增预防接种卡1499份，一类疫苗接种22722人次，其中强化免疫703人次。建立居民健康档案78528份，其中新建341份。为11308名老年人开展健康评估。全镇产妇798人，新生儿805人，早孕建卡率96%，孕妇建卡率、住院分娩率、42天检查率、儿童建卡率均为100%。在凤凰花苑社区卫生服务站试点开展社区医生个性化家庭签约服务试点。关停高能耗、高污染企业2家，淘汰燃煤锅炉42台，实施环保整改项目49个。对科伟钢管、嘉泰合成革等14家企业进行固体废物专项整治。对吴氏印染、可隆科技特等4家企业进行挥发性有机物整治。对贝贝印染、吴氏印染、可隆科技特、浩泰毛纺公司进行总量控制整治。投资5286万元开展农村生活污水接管改造3408户，关停畜禽养殖场28家，整治重污染河道5条，拆坝建桥10座，疏浚镇村组河道108条，总长22.2千米，土方41.4万立方米。新增绿化11.13公顷。安庆村塘下庄、魏庄村黄家新桥、西参村苏家角、凤凰村油车里、双塘村肖家巷等5个三星级康居乡村点位通过苏州市级验收。启动《杨氏宅第国家重点文保单位保护规划》《凤凰文化旅游发展概念性规划》编制。完成《凤凰新城核心区控制性详细规划调整方案》《恬庄区域控制性详细规划》《凤凰山景区控制性详细规划》《凤凰镇工业园区控制性详细规划》。凤凰派出所新办公楼建成投用。总投资2.3亿元的凤凰中心小学国际标准足球场建成启用。凤凰法庭、检查室封顶。完成凤凰大道改造，完成新城区3条主干道绿化、亮化、净化、美化"四化工程"。完成全镇小型桥梁维修工程。完成曹庄新村雨污水分流改造，完成嘉泰路、飞翔路污水主管工程。总投资13亿元的杭州绿城、北京中昂房产项目签约。动迁农户14户、企业38家，清表土地100公顷，基本实现动迁与安置同步推进。新增社区绿化4.84公顷。完成西凤路、汉江路、映山路、中山路、望湖路绿化工程，完成文化中心、中心小学、幼儿园绿化工程，完成双龙花园四期景观绿化工程。整改城市基础配套设施项目5项，开展集中专项整治150余次，完成综合执法数字化指挥平台升级改造。完成全镇治安监控网络建设，基本建成"技防+人防"网格化治安综合防控体系。开展社会治安专项整治十余项，刑事案件发案率下降15.12%。公众安全感和法治满意度92%以上。成立苏州市首家镇级行政审批局，开设服务窗口51个，年办理量15.75万件，办结率99.97%。完成招标采购项目110项，交易额9107.89万元，节减资金1526.43万元，节减率14.35%。全镇有杏市、恬庄、双塘、凤凰、金谷、安庆、双龙、清水等8个村实行卫生管理公开招标，由具备资质的物业公司接管，实行市场化运作，农村环卫市场化运作率53.33%。204国道、恬庄古街、凤凰湖风景区、河阳山歌馆、文化中心、栏杆桥集镇等区域实现环卫市场化运作。新增快速化保洁车20台。湖滨社区试点物业管理市场化运作。调处矛盾纠纷628件，镇党政干部接访、下访192人次，化解社会矛盾和群众诉求事项206件。完成村（社区）换届选举。开展法官、律师"进村驻企"活动。建成全市首家新市民普法教育阵地，基本建成"15分钟公共法律服务圈"。

凤凰镇便民服务中心　　（凤凰镇　提供）

福民工程　农民年人均纯收入34230元，比上年增6.3%。完成1120公顷到期土地集中流转，土地适度规模经营比例提升至96%。村级净资产5.76亿元，资产性收入13361万元，村均可用财力891万元，增长7%。全年发放各类涉农补贴1478万元，农业保险581.76万元。村级联合发展平台累计投入1.36亿元，港鑫公司投资3.7万平方米标准型厂房完成项目入驻。农村土地承包经营权确权登记颁证工作、社区股权固化改革基本完成。完成莺山村城市田园综合体项目工程清表工作。完成2016年中央财政小型农田水利重点县建设工程。全镇新增就业岗位14327个，开发就业援助岗位842个。帮助特困家庭解决劳动就业79人，组织开展各类培训407人。开展专场招聘活动12次，提供岗位4283个。企业吸纳就业2946人，提供职业指导和推荐大学生就业99人。应届高校毕业生首次就业率和在岗职工城保参保率均超99%。为1735名灵活就业人员办理自主选择险种和交费。调解劳资纠纷166起，涉及412人、753.18万元。组织1.23万名城镇退休人员免费体检。农村参加居民基本医疗保险30281人。为2905名80周岁及以上老人发放尊老金242.16万元。安置退伍军人26人，兑付安置费201.21万元。为72户家庭办理民生保险，获理赔金43.93万元。发放春节慰问金709.59万元，惠及全镇各类困难户9188户、3.2万人。发放慈善助学金40.2万元，惠及贫困学生123人。走访慰问90周岁及以上老人和入住敬老院人员491人，发放物资6.37万元。补助35万元，帮助10户危房修建。对206名优抚人员发放补助金244.14万元。实现村（社区）慈善组织全覆盖，“爱满港城”募集善款448.3万元。运行儿童福利载体4个，开展公益创投项目16个。开展首届社会组织公益创投。

2016年凤凰镇办事处基本情况表

表87

名　称	所在集镇面积（平方千米）	党工委书记	主　任	党工委副书记	副主任
凤凰办事处	1.33	郭其胜（12月免）	郭其胜（12月免）	罗金翠（女，5月免）	张　平（12月免） 阚建华（5月免）
港口办事处	0.89	徐丹芸（女，7月免）	徐丹芸（女，5月免） 徐国平（5月任）	徐国平（5月免）	顾春明（5月免） 顾建新（5月免）

2016年凤凰镇各村（社区）基本情况表

表88

村（社区）名	面　积（平方千米）	户数（户）	人口数（人）	集体经济总收入（万元）	可用财力（万元）	总资产（万元）	村（社区）党委（总支、支部）书记	村（社区）主　任
金谷村	6.30	1355	4463	912	792	5617	陆惠东	徐　卫
双龙村	8.36	1532	5043	2446	1460	20798	章建新（6月免） 许建江（6月任）	郭永康（8月免） 许建江（12月任）
西参村	3.28	857	2882	1384	704	2989	钱仲刚	钱仲刚
魏庄村	4.30	969	3288	911	744	4363	程建华	彭仲贤
安庆村	4.42	1366	4443	856	793	3678	周　忠	肖弟良
凤凰村	5.42	1331	3972	2178	1090	7673	陆建东	周文进
莺山村	6.12	1334	4220	1041	585	4082	徐云飞	徐卫龙
夏市村	2.95	655	2107	676	391	4418	钱丽芬（女）	钱敏刚
高庄村	7.33	1519	4921	1434	209	4668	肖　安	冯建东
杨家桥村	5.83	1186	4040	690	402	4817	卢月萍（女）	唐月忠
程墩村	5.10	964	3122	1421	915	8941	徐国平（8月免） 吕亚平（10月任）	吕亚平
清水村	6.60	1170	3723	738	520	5204	杨正元	张志强（10月免） 周建平（12月任）
杏市村	2.13	462	1601	522	270	2554	李祥保（8月免） 张志强（10月任）	李祥保（兼，8月免） 张志强（兼，12月任）
恬庄村	5.16	1099	3697	1702	827	3648	陈利新	陈海荣
双塘村	5.51	1012	3287	1490	804	6907	顾建峰（8月免） 夏丽萍（女，10月任）	夏卫东（8月免） 陆志斌（8月任）
凤凰社区	4.48	926	1716	—	—	—	杨月明	杨月明（兼，12月免） 陈　芳（女，12月任）
港口社区	4.48	1226	2819	—	—	—	徐新华（8月免） 顾建峰（8月任）	徐新华（兼，8月免） 顾建峰（兼，8月任）

续表88

村(社区)名	面积(平方千米)	户数(户)	人口数(人)	集体经济总收入(万元)	可用财力(万元)	总资产(万元)	村(社区)党委(总支、支部)书记	村(社区)主任
西张社区	7.13	1200	2551	—	—	—	贡林福(4月免) 孙志明(8月任)	贡林福(兼,4月免) 孙志明(兼,8月任)
湖滨社区	—	—	—	—	—	—	夏丽萍(女,8月免) 肖春霞(女,8月任)	夏丽萍(女,兼,8月免) 肖春霞(女,兼,8月任)
桃源社区	—	—	—	—	—	—	徐卫东(2月免) 孙丽萍(女,2月任)	徐卫东(兼,2月免) 孙丽萍(女,兼,2月任)
恬源社区	—	—	—	—	—	—	钱静芳(女)	钱静芳(女,兼)

说明:表格中数据为农村调查数

2016年凤凰镇1亿元以上开工项目情况表

表89

投资企业名称	项目名称	投资额(万元)
大一汽配(张家港)有限公司	年产80万套离合器核心部件项目	80000
张家港市绿万置业有限公司	凤凰桃李春风房地产开发项目	80000
苏州中昂地产有限公司	普通商品房及配套商业项目	50000
张家港市港鑫投资发展有限公司	抱团发展工业开发项目	11360
张家港市中昊房地产有限公司	桃主题公园项目	10000

【省级风筝精英赛在凤凰开赛】 5月28日,江苏省第七届全民健身运动会龙腾华夏大赛(风筝分站)暨2016年江苏省风筝精英赛在凤凰镇开幕。比赛历时2天,有全省各市(县、区)的22支代表队、近200名运动员参赛。赛事设置传统风筝、运动风筝等项目,设有龙串类、硬串类、软串类、板子类、硬翅类、软翅类、盘旋类、长串类等组别。乐余镇代表队获板子类风筝优胜奖。

【河阳山歌与宝卷首秀唱响南京博物院】 6月28日下午,"吴音雅韵"——南博·苏州非遗项目展示周首场展演——河阳山歌、河阳宝卷专场在南京博物院上演。凤凰镇抽调河阳山歌、河阳宝卷代表性传承人组建演出阵容,表演男女对唱《栀子花开》、宝卷讲唱《纯阳卷》选段、原生态河阳山歌曲目《磨豆腐》、女声独唱《摇船歌》、原生态山歌对唱《盘歌》、山歌互动《斫竹歌》、男声独唱《桃花园中观桃花》、原生态山歌演唱《姐女想夫》、女声独唱《凤凰美》、宝卷讲唱《孟姜女宝卷》选段、女声独唱《河阳情歌花中唱》、原生态山歌演唱《结识私情》、新编河阳山歌表演唱《莳秧歌》等12个节目,展示了张家港市河阳山歌、河阳宝卷的文化底蕴和艺术美感。

【李健获评江苏见义勇为新市民】 8月2日,由江苏省见义勇为基金会举办的第七届苏宁环球杯"江苏见义勇为新市民"颁奖仪式在南京举行,凤凰镇新市民李健获评"江苏见义勇为新市民"称号。李健,安徽六安人,2014年起到位于凤凰镇程墩村的富士金属制品有限公司从事数控折弯工作。2016年4月11日,在凤凰镇程墩村发生一起落水事件,租住在程墩村9组的李健不顾个人安危,连续三次跳入河中,将4名落水者全部成功救上岸。回忆起救人的事,李健说,"毕竟人命关天,当时只有一个念头,就是救人,以后再遇到这样的事,肯定还会这样做。"

【凤凰镇行政审批局成立】 11月,张家港市首家乡镇行政审批局——凤凰镇行政审批局正式挂牌。凤凰镇是江苏省20个行政管理体制改革试点镇之一,镇行政审批局主要负责管理、监督、协调全镇的行政审批和公共服务工作,直接受理和自主办结赋予凤凰镇政府的行政审批权和公共服务事项。凤凰镇行政审批局办公面积1500余平方米,其中服务大厅面积1000余平方米,设有51个对外服务窗口,以及20个后台岗位,可以对外承接办理涉及市场监管、税务、发改等24个市级部门120余项许可服务事项,月办件量在1.3万件。年内,凤凰镇以深化行政管理体制改革为契机,积极推进行政审批局由"物理集中"向"化学整合"的转变,全力实现"一枚公章管审批",探索实施由前台窗口进行一口式受理、后台专项审批组进行现场踏勘、专项审批分管领导审核、局领导完成最终审批,并盖章、出证的模式。凤凰镇行政审批局设有项目投资组、城乡建设组、民生服务组等3个专项审批组和企业登记组1个专项登记组,开展组团式审批服务,从而提升服务效率。

(方天闪)

南丰镇

【概况】 南丰镇位于市域东北部。总面积62.47平方千米,耕地面积2366公顷。辖1个办事处,12个行政村,4个社区。年末有户籍22048户,人口

57694人，另有外来暂住人口21079人。全年实现地区生产总值115.66亿元。一、二、三产业增加值分别为3.83亿元、77.47亿元、34.36亿元。按户籍人口计算，人均生产总值20.05万元。全口径财政收入12.59亿元，其中公共财政预算收入6.43亿元；入库税金12.19亿元。完成全社会固定资产投资48.65亿元。南丰镇创建成国家卫生镇和江苏省文明镇。

经济建设　年末，有企业867家，其中工业企业627家。40家规模以上企业全年实现工业总产值339.36亿元，主营业务收入346.14亿元，工业利税17.55亿元。全镇有销售收入超1亿元的工业企业16家。新兴产业投入20.45亿元。新批办私营企业180家，注册资本6.09亿元；新批办个体工商户484户，注册资本7397万元；到账外资1000万美元。全镇完成进出口总额17.81亿美元，其中出口总额9.81亿美元。在供给侧改革和钢铁去产能的大背景下，服务永钢集团转型升级，永钢集团完成球团竖炉烟气脱硫设施、污水综合治理、电炉检化验室扩建等工程。加大高端人才引进和高端产品研发合作，全镇“普转优，优转特”取得进展，产品产销顺畅，利税比上年大幅增长。东沙化工区关停转型步伐加快，推进8家企业关停进程，9家企业进入评估阶段。张家港海锅重型锻海锅锻件有限公司（简称海锅锻件）高端锻件深加工项目完成下料车间工程，重型锻件车间建设顺利推进。金陵体育智慧篮球装备项目实施土建工程。东沙物流园PPP项目沿江公路南延线工程，完成初步设计、地块勘测、项目公司组建等前期工作。华电综合能源项目有序推进。物流园引进物流贸易类项目80个，总投资约1800万美元海洋装备制造及研发项目签约落户。全年南丰镇获批市领军型人才项目4项、姑苏领军人才项目2项、省“双创计划”人才项目1项，3个落户科技人才项目销售超1000万元。南丰智慧中心获评省级众创空间，已申报国家级众创空间。助推企业发展，落实争取上级扶持企业发展资金1500余万元。全镇实现农、林、牧、渔业总产值6.23亿元，粮食、棉花、油菜籽、蔬菜和水产品总产量分别为21244吨、2吨、325吨、15657吨、963吨。制定南丰镇现代农业发展规划，建设标准化农田750.2公顷，农业机械化率97.2%，镇现代农业示范园区获批苏州市第二批现代农业园区。新增苏州市名牌产品4种，“三品”认证19个，引进种养新品39种。发展农产品网络和实体配送，永联天天鲜年销售额1.2亿元，并于年内在“新三板”上市。农村土地管理三维地理信息系统建成，农村集体资源交易平台成立。

社会事业　年末，有中小学校2所，教师234人，在校学生3717人，另有幼儿园3所。新市民子女入学率100%。南丰小学承办主题为“携手走在课改之路上”的“三名”（挂钩名校、结对名师、聘请名家）教育论坛活动，向苏州市友好学校和张家港市各小学展示课程改革成果，学校获评张家港市“课程改革深化工程”示范学校；永联校区管弦乐团组建50余人的合唱队，举办高雅艺术进校园汇报演出，在10月全市中小学器乐演奏比赛中获一等奖；语文团队在苏州市第五届“试题‘命、解、评’教师团队竞赛”活动中获一等奖；4人通过年度骨干教师考核，2人获评苏州市和张家港市学科带头人，1人成为苏州市教坛新苗。南丰中学与苏州立达中学、胥江实验中学、梁丰初中结成联盟学校，深入实施“三名工程”，聘请省特级教师与青年教师结对，助推青年教师成长；1人晋升苏州市学科带头人，2人晋升市学科带头人，2人晋升市教学能手。南丰幼儿园永联园区在省优创建中取得“A”级的好成绩。全镇有医疗卫生机构17个，其中医院2所、社区卫生服务站15个，执业医师70人。南丰医院实施市中医医院全面托管，开设市中医医院血透中心、肛肠病诊疗中心南丰分中心；建成集中医诊断、中药调配、中医治疗、中医养生保健、中医特色疗法于一体的中医综合诊疗区（国医馆），于10月投入运营。永联医院规划启动，全镇改（扩）建社区卫生服务站9家，全科医生进社区实现常态化。试点社区服务社会化，充分发挥社区卫技人员“健康守门人”作用，推进社区中医深度服务，落实中医适宜技术激励制度，推广传统的推拿、刮痧、红外线理疗、拔火罐、颈椎牵引和神灯等技术治疗。为满足群众就近就医，兼顾患重大疾病并需要后续治疗、康复的困难群众，实施大病困难群众家庭医生免费签约159户、个性化家庭医生有偿签约37户。实施高血压、糖尿病免费服药，累计投入资金约80万元，提供17种可选药物（高血压13种，糖尿病4种），惠及高血压、糖尿病患者2626人。建立医疗、康复、护理“三位一体”的医养模式，村（社区）居家养老服务站实现全覆盖，虚拟养老服务实行市场化运作。推进出生人口素质提升工程，进一步提升居民对基本公共卫生服务的获得感。永丰社区卫生服务站创建为省示范村卫生室。南丰被世界卫生组织评为健康社区。坚持绿色发展理念，苏化集团、苏州优合、海锅锻件等企业完成环保项目投入或整治，清理违法违规建设项目242个。新建农村生活污水纳管约3300户，完成全年水污染减排目标。落实G20峰会环境质量保障和环保督察，开展农作物秸秆还田，严格禁止焚烧。深入开展美丽乡村建设和健康城市建设，实施农村环境长效管理，建农村在全市率先实施农村生活垃圾分类处理。推进“河长制”工作，完成村组河道疏浚59条，改善水环境质量。开展政社互动，实施三社联动，完成村（居）委会换届选举。举办“民生面对面”活动12场，收集意见、建议110条，解决率95%。综合型政务刊物《南丰之窗》发行8期，累计69期。公共文明指数常态化测评位列全市第一。开展家风家训、家风故事征集，新五星文明家庭、最美邻里、最美婆媳评比活动。制定镇“居民公约”，推进移风易俗。丰富文体阵地，建成南丰书场、东沙文体活动中心和自助图书馆等。开展文化体育志愿活动20余场。启动“幸福南丰”文化惠民实事工程，举办各类群众文体活动、培训100余场。

福民工程　农民年人均纯收入35431元，比上年增6.5%。村级年可支配收入均超过300万元。农村综合改革扎实推进，农村承包土地确权登记完成，农村社区股份合作社股权固化推行。全镇实施农村资源公开交易，推行民生清单，发放2016年度市、镇、村三级涉农补贴1.6亿元。通过举办招聘会、技能培训班等解决群众就业问题。组织8931名退休人员免费健康体检。居民基本医疗参保23965人。市、镇、村补贴资金2600.33万元。新建居民电子健康档案488份，累计61051份。精准扶贫方案出台，建立民生资金公开平台比对系统，发放低保金、困难残疾补助金、退役士兵安置费、尊老金1116.2万元。组织走访慰问17次，发放慰问金或慰问品989万元，为117名贫困学生发放助学金31.55万元。群众幸福感测评得分在全市名列前茅。成立镇级社工协会，新增社会组织49家、持证社工63人，实施公益创投项目30项。建立社区联席会议制度，推行“三约三会”民主管理机制，完善村民公约，建农村推行村民积分管理，永合社区试点开展社区服务社会化。永联村、建农村、新德村获评省文明村，新丰社区获评省文明社区。

建农村一景 （庞瑞和　摄）

2016年南丰镇办事处基本情况表

表90

名　称	所在集镇面积（平方千米）	党工委书记	主　任	副主任
东沙办事处	0.70	朱建明	陈　波	曹志忠　陈洪斌

2016年南丰镇各村（社区）基本情况表

表91

村（社区）名	面　积（平方千米）	户数（户）	人口数（人）	集体经济总收入（万元）	可用财力（万元）	总资产（万元）	村（社区）党委（总支、支部）书记	村（社区）主任
民乐村	3.01	1136	2964	941	268	3847	匡亚军	顾慧华（女）
南丰村	4.96	1815	4875	721	548	3753	徐　晋	陆　琴（女）
民联村	3.02	1104	3033	573	337	3854	马亚萍（女）	陈　健
东港村	3.38	1736	4644	676	362	3275	曹　红（女）	蔡东平
海坝村	3.75	1558	4072	610	287	3354	方荣胜	顾吴洪
建农村	2.76	929	2485	888	793	4733	施建章	钱晓萍（女）
和平村	5.08	2249	6077	636	374	4343	耿晓斌	展　军
永丰村	5.08	1614	4322	516	319	4200	蒋丽萍（女）	盛黎燕（女）
新德村	3.71	1455	3880	580	304	3051	赵　君	陆　军
永联村	10.50	3422	8209	15144	14511	519638	吴惠芳	—
东风村	7.06	1686	4677	751	371	3428	王春华（女）	周　华
东联村	2.63	1033	2810	778	341	2500	张　琪（副书记）	陈海琴（女）
振兴社区	2.20	1069	2058	—	—	—	杨　芹（女）	姚　军
新丰社区	—	87	267	—	—	—	龚伟专（女）	陈栋梁
永合社区	—	987	2970	—	—	—	王在栋	周志岗
东沙社区	0.70	168	351	—	—	—	王春华（女）	陈　燕（女）

说明：表格中数据为农村调整数，东联村含畜牧场、水产养殖场

【建农村“四德”积分为村风民风立“标杆”】“四德”积分是建农村年初在全村推行的积分管理考核制度，是在村民公约基础上的一种探索和创新。“四德”积分管理以各家庭户为单位，将家庭成员的日常表现归纳为“个人品德、社会公德、家庭美德、职业道德”4个大项22个小项，每一项都量化赋分，每月一积分，每季一张榜，年终根据得分情况结合村里的股权固化分红进行表彰。在操作上，建农村将打架斗殴、不赡养父母、铺张浪费等纳入考核中。“四德”可以是家庭和谐，也可以是邻里团结；可以是爱岗敬业，也可以是遵规守矩等。村民如发生不遵守“四德”行为的，村民福利将被酌情扣除。如果村民积极参与各类志愿服务活动、被评为镇级以上先进、积极参与无偿献血等，都能获得加分。按照“四德”积分管理考核实施办法，每月15日，全村22个村民小组长都要记录好小组每个家庭日常得分，并上报到村委会进行统计。村民对自家得分情况十分重视，因为积分成绩不仅关系到家庭的“脸面”，更关系到经济利益。通过积分考核，吵嘴、打架、邻里和婆媳矛盾等现象大量减少，村民孝老爱亲，环境整洁卫生，村风民风比以前更好。“四德”积分管理使建农村找到一把衡量村民道德建设水平的标尺，人人感受到道德的力量。

【吴惠芳获江苏“最美复转军人”称号】 8月，省委宣传部、省军区政治部联合授予南丰镇永联村党委书记吴惠芳“最美复转军人”称号。吴惠芳1980年入伍，上校军衔，参加过对越自卫还击战，率领部队参加过1998年抗洪抢险。2005年回家乡永联村工作。10余年中，他始终坚持以为民造福、服务群众为宗旨，在建设社会主义现代化永联村的道路上砥砺前行。为实现老书记吴栋材提出的“城里人有的我们也要有”，他与班子成员研究后，拆除田间地头的3600户杂乱农房，投资建设占地40余公顷的永联小镇，在小镇上配套建起了农贸市场、医院、商业街、学校等现代化设施，并向上级政府申请，引入城管、工商、卫生、交通、治安等政府机构，实现了城乡公共管理、公共服务的均等化；为维护和增加村民的经济利益，他与班子成员讨论决策，把农民手中的土地承包经营权集中流转到村经济合作社，实行规模化、集约化、市场化经营管理，不仅搞活永联小镇的人气，还带动大量村民就业；为提高村民的文化素养，他带头注册成立永联为民基金会，在永联区域内募集资金，进行慈善帮扶，同时培育永联爱心互助志愿者联合会、永联社会文明建设联合会等社会组织，逐渐提升村民的公民意识。在实践过程中，吴惠芳总结提炼出了居住方式城镇化、生产方式产业化、就业方式多元化、生活方式市民化、管理方式规范化、收入方式多样化的新农村建设“六化”标准，并探索形成了“党建引领、区域协同、群众参与、依法办事”的永联村治理新模式，为全国新农村建设发展提供了新鲜经验。吴惠芳先后获得全国乡村旅游致富带头人、江苏省优秀共产党员、省劳动模范等荣誉称号。

【永联村被评为“中国十大国际名村”】9月24日，第十六届全国“村长”论坛在四川省宝山村举行，永联村被评为“中国十大国际名村”，永联村老书记吴栋材被评为“中国功勋村官”。永联村曾是原来沙洲县最小、最穷的一个村。1978年，吴栋材作为第七任工作组组长、第五任党支部书记被南丰镇派驻到永联村工作。从此，他扎根永联一干就是37年，带领永联人将一个30万元的作坊式小工厂建设成为年销售收入380亿元、利税20亿元的大型联合钢铁企业。永联村在全国60余万个行政村中，经济总量排名前三、上缴税收排名前二、全面建设名列前茅。近年，永联村立足国际视野，坚持“双创”驱动，不仅村“产”深度融入国际，钢铁产品远销100余个国家，并且村“貌”展现“国际化”，实现以人为本的城镇化，更为重要的是村民素质也呈现国际水准，文明礼貌、爱心互助、诚实守信、民主法治等逐步成为每个百姓的自觉行为。

（徐永方）

大新镇

【概况】 大新镇位于市域北部江滨，与南通如皋市隔江相望，有长江岸线7.9千米。总面积40.48平方千米，耕地面积1246公顷。辖10个行政村、4个社区（其中1个为“村居合一”社区）。有户籍14373户，户籍人口38450人，另有外来暂住人口30825人。全年实现地区生产总值34.52亿元，一、二、三产业增加值分别为1.97亿元、19.26亿元、13.29亿元。按户籍人口计算，人均生产总值8.93万元。完成全口径财政收入4.35亿元，其中公共财政预算收入2.38亿元；入库税金4.5亿元。完成全社会固定资产投资14.29亿元，其中工业投资6.24亿元，服务业投资8.06亿元。8月，获评江苏省文明镇。

经济建设　年末，有企业745家，其中工业企业643家。35家规模以上企业全年完成总产值43.53亿元，主营业务收入38.94亿元，工业利税4.33亿元。全镇有销售收入超1亿元企业6家，税收超5000万元企业1家。完成进出口总额1.2亿美元，其中出口总额1.16亿美元。新批外资企业1家，注册外资2万美元，实际到账外资500万美元。新批办私营企业161家，注册资本3.43亿元；新批办个体工商户478户，注册资本4770万元。新批省高新技术企业6家，新增产学研合作项目13项，新增授权专利123件，其中授权发明专利27件。新增高效设施农业面积27.93公顷，添置各类农机具12台套，秸秆综合利用率100%，发放涉农补贴和奖农资金1697.8万元，惠及农户7928户，全镇实现农、林、牧、渔总产值3.37亿元，粮食、棉花、油菜籽、水产品总产量10610吨、2吨、271吨、1499吨，有蔬菜业示范基地4个，无公害农产品占全镇农产品的92%，有以行政村为经营主体的土地股份合作社10家，组建农民专业合作社2家，累计规模经营面积733.3公顷。

社会事业　年末，有学校4所，教师267人，在校学生4189人。大新实验学校落成，中心小学创建成美丽校园建设示范点，中心幼儿园科技小五金、中心小学魔方等特色项目受好评，社区教育"阳光少年"快乐驿站、"幸福夕阳"移动课堂被主流媒体专题报道。全镇有医疗卫生机构16个，其中医院1所、村卫生室9个、社区卫生服务站6个，执业医师56人，建立家庭健康档案44059份。大新医院完成一级甲等综合性医院评审，启用新南分中心，长新社区、大新社区卫生服务站改造，大新医院中医康复病区、手足外科（骨科）病区特色打造专科品牌。新市民积分管理深化，积分入医485人，入学516人，入户6人。企业工资发放信息平台建立，调处各类劳资纠纷41起，涉及职工279人。全年办结群众信访65件、市长信箱25件、"12345"便民服务任务单634件、民生工作岗问题18件。疏浚村组河道56条，拆坝建桥11座，建设生态河道3条，新增林地面积6.8公顷，关停畜禽养殖户16家，整治1家。开展环境保护违法违规建设项目清理专项行动，立案查处环境违法企业15家，关停企业4家。

福民工程　城镇职工养老保险参保16446人，参保率99.6%；农民参加居民基本医疗保险17916人，覆盖率100%。全镇举办创业培训、免费技能培训353人次，新增就业岗位4584人，特困家庭，高校毕业生就业率100%，被征地劳动力就业率99.1%。全镇为188户低保户、71户低保边缘户家庭发放低保补助308.9万元，为179名贫困学生发放补助39.37万元，为32名现役军人发放优待金补助89.75万元，为19名退役士兵发放自谋职业和自主就业补助金137.75万元，发放各类优抚对象经费204.9万元。开展安居工程、儿童大病医疗救助等专项救助，发放补助资金1800万元。

2016年大新镇各村（社区）基本情况表

表92

村（社区）名	面积（平方千米）	户数（户）	人口数（人）	集体经济组织总收入（万元）	可用财力（万元）	总资产（万元）	村（社区）党委（支部书记）	村（社区）主任
新凯村	3.84	1325	3644	386	186.60	3827	钱正初（8月免） 李　萍（女，8月兼任）	钱正初（8月免） 朱耀祥（8月任）
长丰村	3.90	1861	5332	420	317.10	3435	李忠华	王国平
桥头村	3.41	1274	3533	631	166.80	2504	谢　玲（女）	孙浩明
段山村	4.15	1343	3587	447	309.00	5035	张小平	严亚新
朝东圩港村	4.10	1346	3563	494	353.70	3571	陆　军	陈　建
新闸村	2.54	849	2189	252	175.20	2224	严志萍	张国强
大新村	3.53	1215	3079	812	767.80	12430	肖　斌（8月任）	王晓勇
新海坝村	3.10	559	1381	671	634.50	4458	顾官兴	蒋　军
中山村	4.91	1593	4593	511	298.50	3462	刘　钧	刘　钧
龙潭村	4.78	1535	4205	555	300.80	3698	秦燕军	顾　惠（女）
大新社区	1.30	1282	3261	—	—	—	张玉丽（女）	张玉丽（女，兼）
新东社区	0.21	62	156	—	—	—	闵振宇（10月免）	薛建强
新南社区	—	50	127	—	—	—	李　萍（女）	李　萍（女，8月免） 陈冬梅（女，8月任）

说明：表格中数据为农村调查数

【先进激光（装备）产业园建成】 张家港先进激光（装备）产业园地处张家港保税区、张家港经济技术开发区和江苏扬子江冶金工业园之间，处于沿江工业带核心位置。产业园是江苏省科技企业孵化器，占地3.33公顷，总投资2亿元，总建筑面积约6万平方米，建有近2000平方米千级工业超净间12间，拥有多台套高档检测仪器的公共检测实验室。同时，建立公共检测中心，购置包括光谱仪、光束质量分析仪、射频分析仪、探测器等高端检测仪器，搭建高标准的激光技术研发与测试平台，优惠提供给入驻企业使用。园区发展定位是引进和培育激光（装备）产业、现代装备制造、精密机械等领域的国内外高层次人才团队和科技型企业。年内与中科院上光所南京先进激光研究院签订了激光产业链建设备忘录，并成立南京航空航天大学技术转移中心张家港分中心。

【大新殡仪服务中心投用】 为进一步推进文明殡葬，倡导社会文明新风，大新镇政府投入1000余万元新建镇殡仪服务中心。9月，殡仪服务中心正式投入使用。中心位于大新镇老年过渡房以北、港城大道西侧，占地0.47公顷，建筑面积2398平方米，是集守灵、休息、用餐等功能为一体的集中办丧场所。属于政府非营利性惠民实事工程，聘请有资质的物业公司负责，并进行24小时运行托管。建有3个独立守灵区域和1个多功能餐饮服务区，守灵区域可供3家丧户同时办丧守灵，每个守灵区为单层3间，设守灵室、接待室、休息室；多功能餐饮服务区为一栋三层，每层可同时容纳20桌。

【大新实验学校落成】 11月19日，大新镇举行第六届全民运动会开幕式暨大新实验学校落成仪式。大新实验学

大新实验学校　　（大新镇　提供）

校是一所九年一贯制学校，占地面积8.67公顷，建筑面积4.6万平方米，总投资近2亿元，有在编教师110人，其中张家港市级骨干教师24人。学校有400米标准田径场、2000平方米的室内操场、可容纳3200人同时就餐的食堂、可容纳近500人的报告厅，同时高标准配备科技馆、生物标本馆、陶艺教室、书法教室、历史教室、地理教室、绣房、理化生数字化综合实验室等专业教室。2016年有50个班级，学生总数超过2500人。（蔡　鸿）

常阴沙现代农业示范园区

【概况】常阴沙现代农业示范园区位于市域东部，东临长江，与南通市隔江相望。有沿江岸线9.7千米。总面积37.45平方千米，其中耕地面积2323公顷。区辖7个社区、1个居委会。有户籍7862户，户籍人口20303人，另有外来暂住人口3556人。全年实现地区生产总值9.3亿元。一、二、三产业增加值分别为2.42亿元、4.38亿元、2.5亿元。按户籍人口计算，人均生产总值46180元。完成全口径财政收入1.18亿元，其中公共财政预算收入0.62亿元，入库税收1.13亿元。完成全社会固定资产投资2.05亿元。园区被评为苏州市农村生活污水治理先进集体，常沙社区被评为2015年度江苏省绿色社区。

经济建设　年末有企业228家，其中工业企业175家。20家规模以上企业全年完成工业总产值10.2亿元，主营业务收入9.22亿元，工业利税4203万元。有销售收入超1亿元企业1家。新兴产业投资1亿元，新兴产业总产值占规模型企业工业总产值64%。园区完成工业技改投入1亿元。新批办私营企业59家，注册资本2.79亿元；引进外地资本2800万元；新批办个体工商户167户，注册资本2356万元。园区完成进出口总额2096万美元，其中出口总额2065万美元。江苏赛康医疗设备股份有限公司完成“新三板”挂牌，成为园区首家挂牌“新三板”的企业。完成腾笼换凤土地面积2.17公顷。获评“省信用贯标企业”3家，创成“省科技型中小企业”1家，建成“清洁生产企业”1家。创建农业部水产养殖健康示范场1家、省级蔬菜标准园2家，小麦高产创建示范方通过苏州市验收。获批省高新技术企业1家、省级民营科技企业3家，苏州市工程技术研究中心1家，入选苏州市小微科技培育企业3家。认定高新技术产品5种。获批张家港市科技计划项目6项，苏州市级科技计划项目2项、苏州市科学技术进步奖1个。获批市领军型创新创业人才（团队）4个，累计18个。落户苏州国际精英创业项目2项、获评姑苏领军人才项目1项，新增博士2人。申报专利156件，其中申请发明专利70件，授权发明专利15件，拥有有效发明专利50件。全年完成服务业投资额1.02亿元，服务业入库税金1128万元。推广农业实用技术4项，其中高效栽培新技术3项。推广农业种植新品种28种。新增绿色食品3种，总数达到19种，新增无公害农产品1种。“三品”种植面积占食用农产品面积比重为93.45%。“常绿牌”大米获评苏州名牌产品。新增家庭农场2家，专业合作社1家。建成电子商务平台3家。新增农业机械84台套，农机化总投入781万元。全年实现农、林、牧、渔业总产值4.89亿元，粮食、油菜籽、瓜果、蔬菜、水产品总产量分别为23889吨、99吨、8380吨、22838吨、925吨。秸秆还田率保持100%。

社会事业　年末，有九年一贯制学校1所，教师80人，在校学生902人，其中新市民子女484人。义务教育学龄人口入学率100%，初中升学率100%。另有幼儿园1所，教师24人，幼儿323人，其中新市民子女115人。有医疗卫生机构10个。其中，民营医院1家，医师30人；社区卫生服务站9家，医师9人。社区卫生服务站全年诊疗26799人次。新建预防接种卡138份。一类接种疫苗3617人次，其中强化免疫106人次。建立居民健康档案19713份，完成老年人健康评估3647人。全年有产妇189人，新生儿193人，孕妇建卡率97.9%，住院分娩率、儿童建卡率均为100%。启动家庭医生个性化签约服务。幸福家庭创建工程深入推进。成立常东社区“五位一体”综治中心，建立健全治保、调解、巡逻、普法、帮扶“五位一体”的综治网络。开展企业安全生产检查189家次，发现并督促整改隐患328条。

福民工程　农民年人均纯收入29539元。新增城镇职工养老保险人数218人，累计5388人。农村居民基本医疗参保人数3610人。新增住房公积金交费企业6家，累计交费企业92家，住房公积金扩面142人，累计2059人。年内新增就业岗位1044个，其中公益性岗位41个，帮助5名特困家庭劳动力实现就业。实施“老有颐养，幸福晚年”惠民工程，启动虚拟养老服务项目，对园区籍84周岁及以上老年人进行援助服务，累计4923人次。惠民保险实现全覆盖。全年发放农业支持保护补贴395.5万元、农机购置补贴415.67万元；农业保险粮油、高效设施农业参保率均达到100%，出险定损理赔498.76万元。全年对13个大类27个小类困难户进行慰问，发放慰问金110万元，惠及1443户困难群众。为103户、142名低保对象及19户、19名低保边缘对象落实最低生活保障，为1030名80周岁及以上老人发放尊老金93万元。资助贫困学生44名9.45万元，临时性救助困难家庭19户2.8万元，为33户发放民生两险理赔款22.5万元，发放惠老保险45起12万元、港城惠民保险6.6万元。24名特困家庭劳动力就业率100%。对45名重残人员发放重残救助金39.3万元，31名低保重残对象发放低保重残补贴3.24万元，9名智力残疾人发放补助金4.27万元，发放残疾人及残疾人子女助学金1.45万元，办理残疾人意外保险258人，办理重残医疗实时救助45人次，白内障复明手术2人次，组织辖区4名适龄盲人参加盲人定向行走培训、1名残疾人职业技能培训，发放残疾人公交“爱心卡”392张。

常阴沙花海 （王苗苗 摄）

2016年常阴沙现代农业示范园区各社区（居委会）基本情况表

表93

社区（居委）名	面积（平方千米）	户数（户）	户籍人口数（人）	集体经济总收入（万元）	可用财力（万元）	总资产（万元）	社区（居委会）党总支书记	社区（居委会）主任
常东社区	4.60	872	2283	579.80	438	2285.60	范兴华	陈　东
常南社区	5.48	1380	3626	1237.50	445	1921.10	陶洪祥	—
常西社区	4.11	848	2186	576.70	412	2247.50	虞伟明（8月免） 丁益宇（8月任）	刘青松（8月任）
常北社区	5.20	1106	2893	1006.80	370	2393.90	徐卫华	沈维良
常红社区	4.89	1134	2937	536.70	402	1860.80	陈金发	盛振清
常兴社区	5.19	747	1985	555.30	447	2336.10	陈志华	茅建红（女，1月任）
常沙社区	4.98	1234	3203	766.00	412	1807.20	李　平	朱金法
集镇居委会	—	475	1027	—	—	39.90	—	瞿　伟（副书记主持工作）

说明：表格中数据为农村调查数

【“互联网+”开启“金种子”党建项目】 年内，常阴沙现代农业示范园区将“互联网+”引入党建工作，打造“指尖上的党建”。开通“美丽常阴沙”微信公众号，设立田园微党建和“两学一做”子栏目。力推“一社一品”，基层党建实现“多点开花”。园区“金种子”项目根植于常西社区种子协会党支部。常西社区以发展农业为主，有耕地面积294.62公顷，其中常年稻、麦种植面积213.33公顷，近年虽然在农业发展方面取得一定成效，但由于几十年传承下来的传统耕作方式根深蒂固，新兴科技、品种、农机在推广时存在阻力，现代农业发展优势未得到完全释放。种子协会党支部针对农民的实际情况，发挥党建引领作用，以新品种培育、试种、推广为抓手，带领农民转变耕作方式，推动传统农业向现代农业转变。常西种子协会“金种子”党建项目，在苏州市“两新党建好项目”评比中名列综合评分第二名，并被选送至省级评选。

【常阴沙“田园风光”马拉松绕圈赛】 3月20日，2016年张家港短程马拉松系列赛（第一站）常阴沙“田园风光”马拉松绕圈赛在风景秀美的常阴沙花海中激情开跑。比赛以“跑出精彩人生，跑向美好未来”为主题，共设短程马拉松（10千米）、健身跑（5千米）两个比赛项目，其中短程马拉松设有男、女两个组别，吸引1000余人参加。山东的朱林涛和辽宁的谢佩华两位运动员分别获短程马拉松男女组冠军。 （袁　红）

双山岛旅游度假区

【概况】 双山岛旅游度假区位于市域西北郊、地处张家港作业航道与长江主航道之间,与苏州、无锡、泰州和南通四市的长江水域相连接,与张家港保税区隔江相望。区域总面积约20平方千米,其中堤坝外滩涂湿地面积约4平方千米,堤坝内面积16平方千米,环岛岸线长16.8千米,耕地面积400公顷,土地规模经营面积272.9公顷。辖4个行政村、1个社区居委会(为"村社合一"体制)。区内主要以农业和服务业为主,无工业,主要发展特色种养业和旅游业。全年完成服务业固定资产投资6561万元。

经济建设　年内,全区实现农业总产值3300万元(因统计口径原因,经济指标大多未做单独统计)。新批外资企业1家,注册外资27万美元。粮食、水产品产量分别为1843.7吨、420吨。农产品中,实现大米种植、包装和销售一条龙服务。4个村获粮食价外补贴36.9万元,土地规模经营补贴40.8万元。有以村为经营主体的土地股份合作社4家,全区土地规模经营率100%。

社会事业　9月,社区卫生服务站完成翻新改造并启用,总面积380平方米,有医务人员4人,病床6张。度假区管委会协调派出所、交通、交管等部门,增设交通、交管执法人员,在加强长效管理上下功夫,持续加大岛内综合管理力度。针对黑车、小摊小贩、乱停乱放、无序经营等违法、违章行为,多次组织集中整治。根据假日景区管理工作要求,做好假期运营安保工作,完善高峰客流接待应急机制,确保节假期景区管理文明、有序。交通运输上,6月,2辆电动观光大巴正式投入使用,12月,添置江岛3号渡轮。区内有注册志愿者206人,年内开展志愿活动39次,参与348人次。

福民工程　全年村均可用财力303万元。为162户低保户、低保边缘户及困难党员发放党员关爱基金17.2万元,为80周岁及以上的348名老年人发放尊老金28.48万元,为60户低保户及33户低保边缘户发放低保救助金93.6万元,为39户重残、特残户发放救助金16.88万元,为14名五保老人发放救助金16.34万元,为60名优抚对象发放抚恤金63万元,为167户困难家庭发放临时救助金16.8万元。

2016年双山岛旅游度假区各村基本情况表

表94

村　名	面　积(平方千米)	户数(户)	人口数(人)	集体经济总收入(万元)	可用财力(万元)	总资产(万元)	村党支部书　记	村主任
渡口村	2.08	972	2424	596	370	3671	杜国平	王建芳(11月任)
双中村	3.73	981	2610	347	281	2262	高金荣	孙新华(11月免) 杜　琳(11月任)
老圩村	3.71	1111	2991	430	290	2273	夏龙华	丁修德
新圩村	3.28	891	2429	321	271	4187	陈建强	陶进良(11月任)

说明:表格中数据为农村调查数

【双山岛旅游度假区入选首批省高层次创新创业人才休养活动基地】 7月18日,省人才创新创业促进会发布《关于申报首批江苏省高层次创新创业人才休养活动基地的通知》后,双山岛旅游度假区积极组织申报。经过申报、现场答辩、专家评审等一系列环节,12月,度假区凭借其优越的地理位置、原始的生态环境、完善的旅游配套服务以及双山高尔夫酒店星级标准等优势入选,成为首批18家江苏省高层次创新创业人才休养活动基地之一。

【鸟中"大熊猫"安家双山岛】 1月15日,江苏省野鸟会会员、绿羽生态工作室负责人、苏州湿地自然学校志愿者范如宇和队友在双山岛进行沿江湿地鸟类调查时,发现约10只震旦鸦雀。震旦鸦雀在地球上有4.5亿年历史,是鸟类中的"活化石",被誉为鸟中"大熊猫"。在双山岛,志愿者还发现有国宝级的中华秋沙鸭、国家二级保护动物鹗及游隼等许多珍稀濒危禽鸟类。　(施　恩)

震旦鸦雀　(史志办　提供)

【编辑　汪丽菁】

人物·先进集体

Personages & Advanced Collectives

江苏省劳动模范朱建石（左）　（市总工会　提供）

新任市领导

新闻人物

先进个人

先进集体

张家港年鉴(2017)

扫码欣赏

《劳动筑梦》
劳模宣传视频

新任市领导

朱立凡

1971年12月出生，江苏省昆山市人，研究生学历，中共党员。中共张家港市委书记、张家港保税区党工委书记兼市委党校（市行政学校）校长。

1993年8月参加工作。1993年8月至1994年11月，任昆山市会计师事务所注册会计师。1994年11月至1997年9月，任昆山市财政局综合科干部。1997年9月至1998年12月，任昆山市财政稽查大队副大队长。1998年12月至1999年12月，任昆山市城北财政所副所长、所长（其间：1999年9月至2001年6月，在南京大学商学院企业管理研究生课程班学习）。1999年12月至2001年1月，任昆山市财政局会计事务管理科科长。2001年1月至2001年3月，任昆山市财政局局长助理、会计科科长。2001年3月至2001年7月，任共青团昆山市委副书记、市青联副主席。2001年7月至2002年12月，任昆山市石浦镇党委副书记、副镇长。2002年12月至2006年3月，任昆山市张浦镇党委副书记、镇长（其间：2003年9月至2006年3月，在江苏省委党校政治经济学专业研究生班学习）。2006年3月至2007年11月，任昆山市锦溪镇党委书记。2007年11月至2008年11月，任常熟市副市长。2008年11月至2009年4月，任常熟市副市长，常熟东南经济开发区党工委副书记、管委会副主任。2009年4月至2011年2月，任常熟市委常委，常熟东南经济开发区党工委副书记、管委会副主任。2011年2月至2012年2月，任常熟市委常委，常熟东南经济开发区党工委副书记、管委会主任。2012年2月至2013年8月，任苏州市商务局局长、党组书记。2013年8月至2014年1月，任张家港市委副书记、市政府副市长、代理市长、党组书记，张家港保税区党工委副书记、管委会副主任兼市政府口岸办公室主任、市机构编制委员会主任。2014年1月至2014年9月，任张家港市委副书记、市政府市长、党组书记，张家港保税区党工委副书记、管委会副主任，市政府口岸办公室主任、市机构编制委员会主任。2014年9月至2016年6月，任张家港市委副书记、市政府市长、党组书记，张家港保税区党工委副书记、管委会主任，市政府口岸办公室主任、市机构编制委员会主任。2016年6月至2016年7月，任张家港市委书记、张家港保税区党工委书记。2016年7月起，任张家港市委书记、张家港保税区党工委书记兼市委党校（市行政学校）校长。（市委组织部）

黄　戟

1964年3月出生，安徽省安庆市人，大学学历（硕士），中共党员。中共张家港市委副书记、市政府副市长、代理市长、党组书记，张家港保税区党工委副书记、管委会主任，市政府口岸办公室主任、市机构编制委员会主任。

1985年7月参加工作。1985年7月至1991年2月，任苏州市市政府办公室教卫科科员（其间：1988年9月至1991年7月，在江苏省委党校干部函授学院行政管理专业本科班学习）。1991年2月至1991年3月，任苏州市政府办公室教卫科副科级秘书。1991年3月至1996年4月，任苏州市市政府办公室综合一科（处）副科（处）长［其间：1995年10月至1997年6月，在苏州大学管理学院政治学理论（行政管理）专业研究生课程进修班学习］。1996年4月至1998年3月，任苏州市市政府办公室综合一处处长。1998年3月至2001年2月，任苏州市市政府副秘书长、市政府办公室党组成员。2001年2月至2002年4月，任吴中区委副书记。2002年4月至2006年6月，任吴中区委副书记，苏州太湖国家旅游度假区党工委副书记、管委会主任。2006年6月至2011年2月，任吴中区委常委，苏州太湖国家旅游度假区党工委副书记、管委会主任（其间：2008年1月至2011年9月，在同济大学经济与管理学院EMBA专业学习）。2011年2月至2011年4月，任苏州市科技局党组书记兼高新区管委会副主任。2011年4月至2016年2月，任苏州市科技局党组书记、局长兼高新区管委会副主任。2016年2月至2016年6月，任苏州市科技局党组书记、局长。2016年6月至2016年7月，任张家港市委副书记、市政府副市长、代理市长，张家港保税区党工委副书记、管委会主任。2016年7月起，任张家港市委副书记、市政府副市长、代理市长、党组书记，张家港保税区党工委副书记、管委会主任，市政府口岸办公室主任、市机构编制委员会主任。（市委组织部）

新闻人物

张国臻

1973年12月出生，山西省闻喜县人，日本名古屋大学工学博士。江苏省张家港康得新光电材料有限公司研发总监。第十二批国家“千人计划”人选。

1997年毕业于北京理工大学精细化工专业。1998年至2004年,在名古屋大学攻读结晶材料工学专业,获工学硕士、博士学位。2004年至2005年,以日本科学技术振兴事业机构(JST)特别研究员身份,在东京都立大学进行光催化剂的研发工作。2005年入职日本凸版印刷公司,作为研究员先后从事显示用光学薄膜、触控用透明导电薄膜以及医疗用机能性薄膜的开发与生产工作。2010年,作为主事研究员入职日本JSR公司,从事透明导电薄膜及光电用机能材料的研发与量产工作。2015年回国后,加盟康得新光电材料有限公司,被聘任为研发总监,从事光电机能薄膜的研发、规模生产工作。张国臻共发表论文10余篇,申请专利50余项,其中获得日本及国际授权的专利20余项,编写出版相关书籍1部。回国之后,主导开发透明导电薄膜用基材,实现大规模的量产,打破该基材在中高端市场为国外垄断的局面。与此同时,研发的光学薄膜材料,通过国际大客户的认证。张国臻获2016年"张家港市创新创业市长奖"。2016年3月,入选中组部第十二批国家"千人计划"。 (殷立华)

蔡东林

1980年11月出生,张家港市南丰镇人,大学学历,中共党员,张家港市农业机械技术推广站站长、党支部书记。全国农业先进个人。

2002年7月,进市农业机械技术推广站工作,历任技术员、站长助理、副站长、站长。参加工作后,蔡东林坚持以基本实现农业机械化为己任,刻苦钻研,勤勉履职,推进农机与农艺融合、生产与管理协调发展,全市农机化水平连续五年全省第一。2015年后,通过典型培育、以点带面,在全市构建了以市农机推广站为龙头、以镇级农机维修中心为主体、以村级农机合作社为补充的农机维修服务网络,开创了政府购买农机服务的先河。该成果先后获得全国农牧渔业丰收奖农业技术推广成果奖二等奖、江苏省农业技术推广二等奖。他先后获得江苏省农机化工作先进个人、苏州市农机化工作先进个人、张家港市"创先争优"优秀共产党员、张家港市机关服务标兵等称号。2016年年末,被农业部表彰为全国农业先进个人。 (蒋广明)

陆 彦

1965年4月出生,张家港市塘桥镇人,大专学历,中共党员,张家港市植保植检站站长、党支部书记。全国农牧渔业丰收奖获得者。

1982年7月参加工作,任张家港市鹿苑镇农技站技术员。1982年9月,到张家港市植保植检站工作。2002年3月至2012年2月,任张家港市植保植检站副站长;2012年3月起,任张家港市植保植检站站长、党支部书记。陆彦参加工作,一直从事病虫测报、防治、植检工作,系统掌握全市主要农作物病虫草害发生规律和防治技术,在植保领域具有丰富的理论知识和实践经验,曾主持和参加各类攻关项目,项目获江苏省政府农业技术推广奖、江苏农业丰收奖、苏州市科技进步奖及张家港市科技进步奖等。2016年12月,参与的"主要农作物农药减量控害技术集成与推广"项目获2014—2016年度全国农牧渔业丰收奖农业技术推广成果奖二等奖。她三十余年如一日,全身心倾注植保植检工作,埋头苦干,开拓进取。在她的带领下,市植保植检站主要农作物病虫害预测预报准确率始终保持在90%以上,多次承担省市级农业科研项目,获全国植保信息暨农药药械推广工作先进集体、省农作物病虫防治工作先进集体、省专业化统防统治先进集体等多项荣誉,6次被评为"省十佳植保站"。张家港市成为农业部水稻病虫害绿色防控示范县、水稻绿色防控与专业化统防统治融合示范县。2016年6月,获得农业部全国农牧渔业丰收奖。 (蒋广明)

倪 祥

1973年5月出生,张家港市乐余镇人,中共党员。江苏海狮机械集团有限公司项目组经理。江苏省劳动模范。

1991年参军。1994年11月,进入江苏海狮机械集团有限公司工作。2008年5月12日,四川汶川发生8.0级大地震。5月21日,倪祥带领由十名技术人员组成的保障组全力以赴参加抗震救灾工作,共为部队官兵洗涤衣物10万余件。2009

年，集团决定研发隧道式连续大型洗涤机组，倪祥担任洗衣龙电气控制系统的带头人。面对一系列困难，倪祥利用自己在电气控制方面的深厚功底逐一解决。凭着苦干加巧干的实干精神，在没有任何外来技术的情况下，使隧道式大型洗涤机组联合调试一次成功，展示了海狮机械集团雄厚的技术研发和制造能力，得到国内外同行的高度赞赏。该机组填补国内空白，主要技术性能指标达到国际先进水平，被列为国家科技支撑计划项目，入选国家火炬计划，国家重点新产品、江苏省首台套重大装备产品、连续两届获评中国专利优秀奖。倪祥先后获苏州市劳动模范、姑苏高技能重点人才、张家港市科技系统先进个人等称号。2016年5月，被江苏省委、省政府评为江苏省劳动模范。（吴　吉）

张焕涛

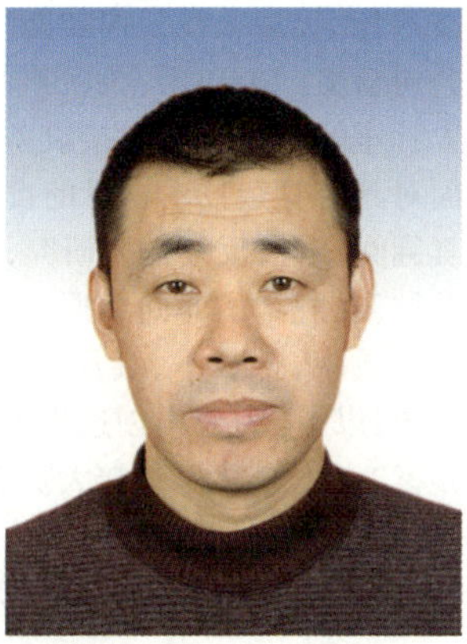

1972年10月出生，河北省保定市唐县人，中共党员。张家港沙洲电力有限公司专业技术工程师兼经理助理。江苏省劳动模范。

1996年，进入张家港华宇电力有限公司检修部锅炉辅机班工作。2004年，进入张家港沙洲电力有限公司工作，历任检修部锅炉班技术员、维护部锅炉专业工程师、生技部锅炉专业工程师、维护部锅炉专业工程师兼经理助理。进入沙洲电力公司后，他在锅炉专业技术岗位上勤奋学习、刻苦钻研、爱岗敬业、无私奉献、任劳任怨。周到、细致、扎实做好锅炉“四管泄漏”（锅炉的水冷壁管、省煤器管、过热器管、再热器管这四种管子因各种原因导致管子爆破、裂纹、砂眼等而产生管内工质向外泄漏的现象）工作，2015年沙洲电厂两台超临界锅炉“四管泄漏”次数为零，取得自2006年投产来的年度最好成绩。提出并实施两台机组空预器柔性密封改造，每千瓦小时降低供电煤耗0.64克，节约标煤4578.7吨，节省燃煤费用228.9万元。开展磨煤机石子煤排放治理工作，治理后排放量仅为治理前的三分之一，全年减少排放石子煤4000吨。提出并实施锅炉尾部烟道加装水冲洗排水管路改造，解决尾部烟道受热面积灰清理难题，恢复尾部受热面的换热效率，降低锅炉排烟温度。2016年5月，被江苏省委、省政府评为江苏省劳动模范。

（吴　吉）

朱荣章

1973年9月出生，江苏省睢宁县庆安镇人。张家港逸臣钢管有限公司车间工段长。江苏省劳动模范。

1990年，进入张家港市塘桥镇韩山钢厂工作。2001年，进入张家港逸臣钢管有限公司。参加工作后，朱荣章严格遵守公司各项规章制度，各方面表现突出，从一名普通工人到班组长、调度员、工段长，成长为一名管理干部。平时的工作中，朱荣章从不停歇，哪里需要就冲在哪里；哪个工序出现技术问题，他就在哪里解决；哪个工种上任务重，他就在哪个工种上干；哪里有员工请假了，他就在哪里顶上。只有车间生产第一线，才见到他的身影。每年公司招收部分新工人，朱荣章都会将自己掌握的技术和经验不断传授给新工人，直到他们逐步学会和掌握为止。日复一日年复一年，朱荣章培养了不知多少个生产骨干和技术能手。朱荣章还十分关心员工，谁有困难了，他都会慷慨解囊，进行帮助。2003年，一名员工子女患重病，在募捐活动中，他捐的资金相当于厂级领导的捐款。不管是哪种献爱心，他都会在第一时间内体现自己的爱心精神。2016年5月，被江苏省委、省政府评为江苏省劳动模范。

（吴　吉）

朱建石

1965年1月出生，张家港市锦丰镇人，中共党员。江苏沙钢集团动力总厂董事长助理。江苏省劳动模范。

1985年，进入江苏沙钢集团工作，先后任动力科科长助理，永新总师办主任助理，润忠设备科副科长，润忠炼钢副工段长，项目指挥部办公室副主任，动力信息部主任，生产准备部处长，沙钢如皋物流公司董事长助理、主任，董事长助理、项目指挥部办公室主任，董事长助理、沙钢集团动力总厂厂长。进厂31年中，朱建石凭着脚踏实地、虚心好学、敢抓敢管的工作作风和严谨求实、以身作则的工作态度，荣获各类荣誉称号41次。2013年调任动力总厂厂长后，他抓好精细管理，先后实施中层干部绩效考评、条线区域负责制、运行与检修分离等管理制度。2014年，动力总厂发电量首次完成公司下达目标，创历史纪录。在设备管理方面，他提出“做设备的主人，不做设备的奴隶”的观念，加快“四化”改造，不断提升设备管理水平，大大降低职工劳动强度，并亲力亲为抓好供配电系统隐患消缺，确保了能源介质的正常供给和供配电系统的安全运行。在抓队伍建设方面,先后开展3个月、12个批次的班组长培训,全面提升班组长在班组管理中作用的发挥。他身体力行抓作风建设,大部分时间都深入车间现场,了解一线车间的安全生产、设备运行情况,主动与职工做好沟通交流,协调解决问题。他主张领导带头学习,做学习模范,用责任鞭策自己、用职责强化自己、用效率要求自己。在事故应急、抢修过程中,都能第一时间到场指挥协调、攻坚克难,充分发挥了党员干部的先进性。2016年5月,被江苏省委、省政府评为江苏省劳动模范。

(吴　吉)

蔡小桃

1961年6月出生,张家港市杨舍镇人,中共党员。张家港市国际购物中心有限责任公司董事长、总经理。江苏省劳动模范。

1980年,进入市第一人民商场工作,先后任营业员、会计、副经理。1993年至1995年,进入市商业大厦百货商场任经理。1995年至2000年,任市国际购物中心党支部书记、总经理。2000年后,任市国际购物中心有限责任公司董事长、总经理、党支部书记。参加工作后,蔡小桃一直在商业一线工作,潜心学习经营管理知识,勤劳创业,以独树一帜的品牌意识,独辟蹊径的促销手段,使公司在激烈的市场竞争中牢牢站稳了脚跟。她关爱员工,关心社会弱势群体,热心社会公益事业。她以人为本,努力塑造企业的道德文化、价值观和企业文化。30年中,蔡小桃通过品牌策略、调整策略,潜心经营,使公司实现从传统百货到现代商业的变革。她靠500万元贷款白手起家,带领员工艰苦创业,奋力开拓,将一个小型零售企业发展成营业面积1.5万平方米、总资产近4亿元的大型综合性商业企业。30年中,市国际购物中心有限责任公司累计实现销售30亿元、利税1亿元,提供800余个工作岗位,解决了近500名下岗女工就业问题。蔡小桃热心公益事业,以实际行动回报社会,主动承担相应的社会责任,已先后投入600余万元用于公司扶贫帮困及社会爱心事业。她在贵州省石阡县和江口县分别捐赠两所"张家港希望小学";她还捐资50万元在沙洲职业工学院设立"国际购物中心助学基金"和"慈善基金",帮助贫困大学生完成学业。每年在公司开展"大手拉小手,党心助童心"活动,捐资帮助结对共建的贵州山村孤贫学生,累计资助贫困学生达到500余人。蔡小桃先后获全国三八红旗手、苏州市劳动模范等称号。2016年5月,被江苏省委、省政府评为江苏省劳动模范。

(吴　吉)

泮延镇

1984年12月生,山东省茌平县人。江苏申港锅炉有限公司工段长。江苏省劳动模范。

2003年,在上海锅炉厂学习焊接后,进入江苏申港锅炉有限公司工作。工作后,泮延镇努力专研技术,理论联系实际,解决生产中的技术难题,快速掌握了焊接领域中多种焊接技术,成为一位技术全面的技术骨干,多次在公司技能考核中获得优秀技能状元,被公司嘉奖。2009年,为了产品制造的需要,公司添置一台大管座的马鞍型的焊接设备。该焊接操作复杂,难度大,面对具有复杂技术含量的设备,泮延镇主动接受任务,认真翻阅资料,反复揣摩研究,需找规律,调整数据,不断地总结,在规定的时间掌握了设备的操作技能,发挥该设备的高效率、低成本、高质量的功能,质量焊接合格率达到99.5%以上,为公司创造极大的经济效益。泮延镇先后获张家港市技能大赛焊接大赛第一名,苏州市技能大赛状元、江苏省技能大赛焊接大赛第七名,获评苏州市劳动模范。2016年5月,被江苏省委、省政府评为江苏省劳动模范。

(吴　吉)

董建祥

1956年9月出生,张家港市常阴沙现代农业示范园区人。常阴沙现代农业示范园区常南社区种养殖专业户。江苏省劳动模范。

1973年初中毕业后,董建祥一直从事农业生产劳动。近四十年中,他努力学习农业科学种田知识,不断摸索致富门路,实现了种田致富、勤劳致富的梦想。董建祥继1990年开始大胆承包农田尝到甜头后,逐年增加承包面积。在日常生产管理中,董建祥勤学肯钻,除了经常参加张家港市、常阴沙现代农业示范园区举办的农业技术培训外,他还坚持学习农业科技书籍及其他类型的书刊,主动请教农技人员,提高科学种田水平。他积极推广肥药减量使用技术和测土配方施肥技术,减少肥药对土壤和农作物的污染,有效实现粮食作物“降本、优质、增效”的管理目标。在作物栽培技术、防病治虫技术等方面,他提出统防统治管理模式,为粮食丰收打下扎实基础。他注重新品种的推广和使用,提高市场的竞争力。2011年承包耕地120公顷,当年小麦平均每公顷产6750千克、水稻平均每公顷产7200千克以上,年纯收入近60万元。他承包的粮田也被市常丰种子公司确立为稻、麦良种繁殖基地。董建祥致富不忘乡邻,左邻右舍的有困难都慷慨帮忙,周围群众前来讨教种田经验,他毫不保留传授经验。2008年,被张家港市农业局评为“市农业(稻麦)科技入户工程科技示范户”。2009年,被评为张家港市劳动模范。2016年5月,被江苏省委、省政府评为江苏省劳动模范。

(吴 吉)

章建新

1956年3月出生,张家港市凤凰镇人,中共党员。张家港市凤凰镇双龙村党委书记。江苏省劳动模范。

1974年至1975年,在西张乡工作队工作。1975年至1978年,在双龙村农科队工作。1978年至1980年,任双龙村综合厂助理会计。1980年至1983年,任双龙村塑印厂厂长。1983年至1991年,任双龙村经济合作社副社长。1991年至1994年,任双龙村党总支副书记。1994年至2004年,任双龙村党总支书记。2007年至2011年,任凤凰镇人大副主席兼双龙村党委书记。2011年起,任双龙村党委书记。作为村党委书记,章建新致力于发展村级经济和提高村民民生水平。在他带领下,双龙村2015年实现工业开票销售收入48亿元,入库税金9600万元,村级可用财力1400万元,农民人均可支配收入达到2.9万元。双龙村先后获得江苏省社会主义新农村建设先进村、江苏省创建文明先进村,苏州市先锋村、苏州市村级经济发展百强村及张家港市文明村标兵、张家港市创先争优先进基层党组织等荣誉称号。章建新先后获苏州市劳动模范、苏州市社会主义新农村带头人、“吴仁宝式优秀村书记”。2016年5月,被江苏省委、省政府评为江苏省劳动模范。

(吴 吉)

郁霞秋

1963年9月出生,张家港市金港镇人,中共党员。中共金港镇长江村党委书记、长江润发集团有限公司总裁。江苏省劳动模范。

1986年,进入无锡市妇幼保健医院工作。2001年至2005年,任长江润发集团有限公司副总经理。2005年,任长江润发集团总裁。2007年任长江润发机械股份有限公司董事长。2013年任金港镇长江村党委书记。2001年5月,郁霞秋弃医从商,成为长江润发集团一名女企业家和长江村“村官”。2001年,她策划筹建了全国首家村级企业科协组织——长江润发科学技术协会,并先后组建院士专家工作站、博士后科研工作站。2004年长江润发科协荣获“中国非国有企业先进科协”荣誉称号,她本人也被吸纳为中国科协七大、八大委员,江苏省科协兼职副主席。2010年6月18日,在以郁霞秋为首的上市团队三年的不懈努力下,集团下属企业长江润发机械股份有限公司成功挂牌上市,成为苏州市首家上市村企。集团经济的稳步发展也赢得了各界的一致认可,长江润发集团蝉联“全国民营企业制造业500强”,长江村荣获“全国文明村”“全国民主法治示范村”等荣誉,国际编号为5384的小行星命名为“长江村星”。在企业发展的同时,郁霞秋十分注重企业工会等组织建设,定期召开职代会听取员工的声音,制定相关章程保障员工的利益,组织开展各项职工活动,丰富员工的文化生活。多年中,集团工会组织在企业发展中发挥了重要作用,荣获国家、省级、市级“职工模范之家”“工人先锋号”等称号。郁霞秋先后获评“全国三八红旗手标兵”“十大经济女性年度人物”“全国杰出创业女性”“江苏省优秀民营女企业家”等荣誉称号。2016年5月,被江苏省委、省政府评为江苏省劳动模范。

(吴 吉)

李国乾

1963年3月出生,张家港市锦丰镇人,中共党员。张家港地方税务局第八税务分局副分局长。江苏省先进工作者。

1979年,进入悦来中学当代课教师。1985年至1995年,进入市税务局晨阳税务所工作,任专管员。1995年进入市地方税务局后,历任晨阳税务所副所长、后塍分局副分局长、第七税务分局副分局长、第六税务分局分局长、第三税务分局分局长、第一税务分局分局长、第六税务分局分局长、第八税务分局副分局长(主持工作)。参加税务工作31年中,李国乾用自身行为谱写了一位普通劳动者对劳动的热爱和追求。他每到一个分局任职，都能把那里的税收工作做得红红火火，累计征收入库税款120余亿元。他在第三税务分局任分局长时，分局被评为江苏省创建群众满意基层站所示范单位；他在第六分局任分局长时，分局被评为江苏省文明单位；他到第八分局任副分局长（主持工作）后，分局荣获苏州市2012—2014年度文明单位。他本人先后获评2011年苏州市劳动模范、2010—2012年度苏州市创先争优优秀共产党员、苏州地税系统“我身边十佳好税官”、张家港市“十佳人民满意公务员”、“张家港好人”，2次荣立三等功，8次受到嘉奖。2016年5月，被江苏省委、省政府评为江苏省先进工作者。（吴　吉）

周　兵

1962年5月出生，张家港市乐余镇人，中共党员。张家港市财政局党组书记、局长。江苏省先进工作者。

1982年，在兆丰税务组工作，任税务专管员。1982年至1984年，在东沙税务组工作，任税务组长。1984年至1985年，在兆丰税务所工作，任副所长。1985年至1993年，进入市税务局工作，任科长。1993年至2011年，进入市财政局工作，任党组副书记、副局长。其中，1998年至2008年，兼任市资本经营办公室主任；2010年至2011年，任市土地储备中心党组书记。2011年起，任市财政局党组书记、局长。任职后，他始终保持奋发有为的精神状态，紧紧围绕市委、市政府的中心工作，团结带领全体财政干部，千方百计克服经济下行中的挑战和压力，狠抓收支管理，锐意推进财政改革，创新机制支持经济发展，全力落实改善民生各项政策，财政各项工作迈上新台阶。2013年，市财政局获评2010—2012年度江苏省文明单位标兵；2011年至2013年连续三年获评全省法治财政建设先进单位；2011年至2015年，在全市机关年度绩效考评中连续五年获评最高级别奖项“标兵机关”“突出贡献奖”“特别贡献奖”。2015年2月，市财政局成功创建为江苏省财政系统唯一的全国文明单位。周兵先后获张家港市优秀公务员、苏州市劳动模范等称号。2016年5月，被江苏省委、省政府评为江苏省先进工作者。（吴　吉）

先　进　个　人

2016年张家港市获国家级和国家条线表彰的先进个人一览表

表95

姓　名	荣誉名称	授予单位	工作单位
孙敏彪	全国农业先进个人	农业部	市委农工办
蔡东林	全国农业先进个人	农业部	市农业机械技术推广站
陆　彦	全国农牧渔业丰收奖	农业部	市植保植检站
蒋永明	中国好人	中央文明办	金港镇
杨建平	中国好人	中央文明办	杨舍镇
陈世海	2016年全国“扫黄打非”先进个人	全国“扫黄打非”工作小组	市文广新局
	2015年度查处侵权盗版案件有功个人二等奖	国家版权局	市文广新局
谢　洁	2015年度重大气象服务先进个人	中国气象局	市气象局
尹　军	质检系统援藏援疆先进个人	国家质检总局	张家港出入境检验检疫局
邱建德	质检系统援藏援疆先进个人	国家质检总局	张家港出入境检验检疫局
陈旭东	质检总局优秀共产党员	国家质检总局	张家港出入境检验检疫局
孙钦敏	水环保公益人物提名奖	中国光彩事业基金会	市文广新局
侯宇峰	2015—2016中国纺织行业优秀统计工作者	中国纺织工业联合会	塘桥镇
程　烨	2015—2016年度全国海关特殊监管区域统计工作先进个人	中国保税区出口加工区协会	张家港保税区发改局

2016年张家港市获省级和省条线表彰的先进个人一览表

表96

姓　名	荣誉名称	授予单位	工作单位
倪　祥	江苏省劳动模范	江苏省委、江苏省人民政府	江苏海狮集团
张焕涛	江苏省劳动模范	江苏省委、江苏省人民政府	张家港沙洲电力有限公司
朱荣章	江苏省劳动模范	江苏省委、江苏省人民政府	张家港逸城钢管有限公司
朱建石	江苏省劳动模范	江苏省委、江苏省人民政府	江苏沙钢集团
蔡小桃	江苏省劳动模范	江苏省委、江苏省人民政府	市国际购物中心
章建新	江苏省劳动模范	江苏省委、江苏省人民政府	凤凰镇双龙村
泮延镇	江苏省劳动模范	江苏省委、江苏省人民政府	江苏申港锅炉有限公司
董建祥	江苏省劳动模范	江苏省委、江苏省人民政府	常阴沙现代农业示范园区
郁霞秋	江苏省劳动模范	江苏省委、江苏省人民政府	金港镇长江村
李国乾	江苏省先进工作者	江苏省委、江苏省人民政府	张家港地税局
周　兵	江苏省先进工作者 全省财政系统先进工作者	江苏省委、江苏省人民政府 江苏省人力资源和社会保障厅、江苏省财政厅	市财政局
吴惠芳	江苏省“优秀共产党员” 最美复转军人	江苏省委 江苏省委宣传部	南丰镇永联村
沈文荣	江苏省优秀企业家	江苏省人民政府	江苏沙钢集团
徐龙斌	2015年度全省信息工作先进个人	江苏省委办公厅	市委办公室
陆银佳	个人二等功	江苏省公安厅	市公安局乘航派出所
高洪铁	2015年度驻京信访工作先进个人	江苏省驻京信访工作领导小组	市公安局治安大队
赵庆华	全省公安机关执法示范岗位	江苏省公安厅	市公安局城北派出所
王忠硕	2015年全省打击食品药品环境犯罪“利剑行动”成绩突出个人	江苏省公安厅政治部	市公安局治安大队
程　毅	优秀基层主官	武警江苏省总队	武警苏州支队张家港中队
毛永林	全省民防系统先进工作者	江苏省人力资源和社会保障厅、江苏省民防局	市民防局
范一明	2016年度政府法制工作成绩突出个人	江苏省人民政府法制办公室	市政府法制办
陆惠忠	2015年度江苏省文明口岸先进个人	江苏省口岸办公室	市政府口岸办
杨　玭	第二批江苏省社会工作领军个人	江苏省民政厅	市暨阳青少年发展事务所
刘建荣	第三届“江苏慈善奖”最具爱心的行为楷模	江苏省民政厅	市爱心义工协会
孙利婵	江苏省《全民科学素质行动计划纲要》“十二五”实施工作先进个人	江苏省科协、省委组织部、省委宣传部、省教育厅、省科技厅、省财政厅、省人社厅、省农委、省发改委	市科协
季丽清	江苏省优秀教育工作者	江苏省委教育工委	市塘桥中心小学
张　平	江苏省优秀教育工作者	江苏省委教育工委	市金港中心小学
陈　芳	江苏省教学名师	江苏省教育厅	市东渡实验学校
郭静娟	江苏省教学名师	江苏省教育厅	张家港高级中学
丁祖元	江苏省教学名师	江苏省教育厅	市教育局教学研究室
童霞红	江苏省优秀共产党员	江苏省教育厅	江苏省梁丰高级中学

续表96

姓　名	荣誉名称	授予单位	工作单位
沙豫华	2016年度全省公路系统先进工作者	江苏省交通运输厅	市公路管理处
周　敏	江苏省交通运输厅“十二五”镇村公交发展工作先进个人	江苏省交通运输厅	市交通运输管理处
陈亚娟	江苏省青年志愿者服务春运“暖冬”行动先进个人	共青团江苏省委等	港城公共交通有限公司
顾秋燕	江苏省交通技术能手	江苏省交通运输厅	市公路管理处
钱春艳	江苏省交通技术能手	江苏省交通运输厅	市公路管理处
鲍建农	江苏省交通技术能手	江苏省交通运输厅	江苏港城汽车运输集团公司
张劲松	江苏省交通技术能手	江苏省交通运输厅	江苏港城汽车运输集团公司
范丽平	江苏省交通技术能手	江苏省交通运输厅	江苏港城汽车运输集团公司
葛卫中	江苏省交通技术能手	江苏省交通运输厅	江苏港城汽车运输集团公司
魏茂坤	2014—2015年度江苏省青年岗位能手	江苏省交通运输厅、共青团江苏省委	市航道管理处
蔡晓华	2014—2015年度江苏青年岗位能手	江苏省交通运输厅、共青团江苏省委	市铁路建设办公室
陈世海	江苏省基层文联工作先进个人	江苏省文学艺术界联合会	市文广新局
季静娟	“深入生活、扎根人民”主题实践活动先进个人	江苏省文学艺术界联合会	市文广新局
张　璇	第32届江苏电视奖电视节目主持人类优秀奖	江苏省文学艺术界联合会	市文广新局
李　明	2016年江苏省“扫黄打非”先进个人	江苏省“扫黄打非”工作领导小组	市文广新局
韩冰青	江苏省第一次全国可移动文物普查先进个人	江苏省文物局	市文广新局
贾　健	江苏省首批群众文化“百千万”工程优秀文艺骨干	江苏省委宣传部、江苏省文化厅、江苏省新闻出版广电局、江苏省文联	市文广新局
张　毅	全省扶贫办系统先进工作者	江苏省委农办、省扶贫办	市委农工办
陶广成	2011—2015年全省普法工作先进个人	中共江苏省委宣传部、江苏省法制宣传教育工作领导小组办公室、江苏省司法厅	市司法局
胡耀鹏	2011—2015年全省普法工作先进个人	中共江苏省委宣传部、江苏省法制宣传教育工作领导小组办公室、江苏省司法厅	杨舍镇司法所
殷志兰	第一届江苏省文明家庭	江苏省精神文明建设指导委员会	南丰镇新德村一组
曹　峥	全省住房和城乡建设行业优秀共产党员	中共江苏省住房和城乡建设行业委员会	市住房和城乡建设局
孙宝权	“十二五”全省建筑节能与绿色建筑工作先进个人	江苏省住房和城乡建设厅	市建筑业管理处
杜国明	江苏省疾病预防控制工作先进个人	江苏省卫生和计划生育委员会	市疾病预防控制中心
韩文杰	“健康卫士杯”优秀个人	江苏省卫生监督协会	市卫生监督所
沈新娣	江苏省“百名医德之星”	中共江苏省委宣传部、江苏省文明办、江苏省卫生和计划生育委员会	市第四人民医院
秦淑娟	2016年度全省档案宣传工作先进个人	江苏省档案局、江苏省档案学会	市档案局
肖维贤	江苏省国税系统优秀共产党员	中共江苏省国家税务局党建工作领导小组	市国家税务局
吴次青	江苏省国税系统优秀党务工作者	中共江苏省国家税务局党建工作领导小组	市国家税务局

续表96

姓　名	荣誉名称	授予单位	工作单位
韦　锋	全省系统十佳勤政廉政优秀干部 2015年度江苏省文明口岸先进个人	江苏出入境检验检疫局 江苏省口岸办公室	张家港出入境检验检疫局
刘　刚	全省系统优秀党务工作者	江苏出入境检验检疫局	张家港出入境检验检疫局
秦天斐	江苏省渔业科技入户工作优秀指导员	江苏省海洋渔业局	塘桥镇农业服务中心
孙益军	2013—2016年度江苏省森林防火工作先进个人	江苏省森林防火指挥部	市农委
钱　平	2016年度长江珠江流域禁渔期执法管理工作先进个人	长江流域渔业资源管理委员会、珠江流域渔业管理委员会	市渔政监督大队
杨正锋	"十二五" 全省渔业科技入户工作优秀个人	江苏省海洋与渔业局	市水产技术指导站
秦　洁	2016年渔业科技入户工作优秀指导员	江苏省海洋与渔业局	市水产技术指导站
张凤侠	江苏省水产技术推广系统先进个人	江苏省渔业技术推广中心	市水产技术指导站
杨正锋	省水产技术推广系统信息工作先进个人	江苏省渔业技术推广中心	市水产技术指导站
缪晓霖	2016年度江苏省农机推广信息宣传先进个人	江苏省农业机械技术推广站	市农业机械技术推广站
徐巡军	江苏省第五期 "333高层次人才培养工程" 第三层次培养对象(中青年学术技术带头人)	江苏省人才工作领导小组	市土肥技术指导和农产品检测站
周俊峰	省级机关优秀团干部	南京海关直属机关党委、江苏省省级机关团工委	张家港保税港区海关
韩　静	青年岗位能手	南京海关	张家港海关
任小文	2015年度社会服务工作先进个人 民盟江苏省委成立60周年先进个人	江苏民盟	江苏省梁丰高级中学
朱长明	民盟江苏省委成立60周年先进个人	江苏民盟	市计划生育协会
侯蔚枫	民盟江苏省委成立60周年先进个人	江苏民盟	市民宗局
高冰峰	民盟江苏省委成立60周年先进个人	江苏民盟	市沙洲中学
蔡惠芳	民盟江苏省委成立60周年先进个人	江苏民盟	市第一人民医院
周萃阶	组织建设先进个人	九三学社江苏省委员会	市第一人民医院
苏　勇	参政议政先进个人	九三学社江苏省委员会	市中医院
沈　彬	2016苏商十大年度经济人物	江苏省苏商发展促进会	江苏沙钢集团
向家林	江苏省十佳应急志愿者	江苏省志愿者协会、江苏省城市应急协会、江苏省地震学会	市住房和城乡建设局

2016年张家港市获苏州市级表彰的先进个人一览表

表97

姓　名	荣誉名称	授予单位	工作单位
庞天舒	2015年度苏州市生态文明建设工作先进个人	苏州市委、市政府	市财政局
徐巡军	2015年度苏州市生态文明建设工作先进个人	苏州市委、市政府	市土肥技术指导和农产品检测站
曹　峥	苏州市农村生活污水治理先进个人	苏州市委、市政府	市住房和城乡建设局
吴惠芳	苏州市优秀共产党员	苏州市委	南丰镇永联村
郁霞秋	苏州市优秀共产党员	苏州市委	金港镇长江村
许文生	苏州市优秀共产党员	苏州市委	乐余镇永利村

续表97

姓　名	荣誉名称	授予单位	工作单位
施建刚	苏州市优秀共产党员	苏州市委	江苏飞翔化工集团
徐道娟	苏州市优秀共产党员	苏州市委	市发改委
潘金凤	苏州市优秀共产党员	苏州市委	市普坤纺织实业有限公司
黄　强	苏州市优秀共产党员	苏州市委	张家港港务集团有限公司
张建华	苏州市优秀党务工作者	苏州市委	经开区(杨舍镇)
肖　峰	苏州市优秀党务工作者	苏州市委	市委组织部
张　婷	苏州市优秀党务工作者	苏州市委	市纪委
袁　勋	苏州市优秀党务工作者	苏州市委	市委宣传部
袁海燕	苏州市优秀党务工作者	苏州市委	市锦丰科技创业园
路蕴芳	苏州市优秀党务工作者	苏州市委	张家港港务集团
谢蓉玉	苏州市拥军优属先进个人	苏州市委	市民政局
黄惠珍	二等功	苏州市政府	市档案局
张敏君	2015年度“中国苏州”政府门户网站内容保障工作先进个人	苏州市政府	市文广新局

先　进　集　体

2016年张家港市获国家条线表彰的先进集体一览表

表98

获奖单位	荣誉名称	授予单位
张家港市	中国生态文明奖	环保部
	全国双拥模范城	全国双拥工作领导小组、民政部、中央军委政治工作部
	国家卫生城市(重新确认)	全国爱国卫生运动委员会
	中国法治政府奖	中国法治政府奖组委会、中国政法大学法治政府研究院
	2011—2015年全国法治宣传教育先进单位	中宣部、司法部
	全国社区教育示范区	教育部
	国家农产品质量安全县	农业部
	全国科普示范市(2016—2020年)	中国科学技术协会
	全国妇幼健康优质服务示范市	国家卫生和计划生育委员会办公厅
	国家计划生育优质服务先进单位	国家卫生和计划生育委员会办公厅
	中国曲艺名城	中国曲艺家协会
	2016年“书香城市(区县级)”发现活动书香城市	中国图书馆学会
市公安局	全国公安机关执法示范单位	公安部
市公安局看守所	2015年度全国一级看守所	公安部
市公安局交警大队车管所	2014—2015年度全国一等县级车辆管理所	公安部

续表98

获奖单位	荣誉名称	授予单位
市文广新局	第六届全国服务农民、服务基层文化建设先进集体	中宣部、文化部、国家新闻出版广电总局
	2015年度查处侵权盗版案件有功单位二等奖	国家版权局
市文化行政综合执法大队	2015年度查处侵权盗版案件有功单位三等奖	国家版权局
	2015年度全国“扫黄打非”先进集体	全国“扫黄打非”工作小组
市文化志愿者协会	2016年文化志愿服务团队	文化部
市教育局	安全教育实验区“全国示范单位”	中国教育学会
市少年儿童图书馆	2015年全民阅读先进单位奖	中国图书馆学会
市暨阳青少年发展事务所	第二批全国社会工作服务示范单位	民政部
市亲情（虚拟）养老院	全国商贸流通业典型统计企业	商务部
	全国第二届敬老文明号	全国老龄办
市植保植检站	全国农牧渔业丰收奖	农业部
市畜牧兽医站	2016年基层畜牧（草原）技术推广示范站	全国畜牧总站
市水产技术指导站	全国基层水产技术推广示范站	全国水产技术推广总站
市科协	《全民科学素质行动计划纲要》“十二五”实施工作先进集体	中国科协、中组部、中宣部、教育部、科技部、财政部、人社部、农业部、国家发改委
市工商联	全国“五好”县级工商联	中华全国工商业联合会
民盟张家港市委	《群言》优秀发行奖	民盟中央
金港镇	国家卫生镇（重新确认）	全国爱国卫生运动委员会
	全国社区教育示范乡镇	中国成人教育协会社区教育专业委员会
张家港保税区管委会	2015—2016年度全国海关特殊监管区域统计工作先进单位	中国保税区出口加工区协会
金港镇德丰社区	全国社会工作服务示范社区	民政部
锦丰镇	国家卫生镇（重新确认）	全国爱国卫生运动委员会
	全国文明村镇	中央精神文明建设指导委员会
塘桥镇	国家卫生镇（重新确认）	全国爱国卫生运动委员会
	2015—2016年度中国纺织行业统计工作优秀集体	中国纺织工业联合会
乐余镇	国家卫生镇（重新确认）	全国爱国卫生运动委员会
乐余镇永利社区	全国综合减灾示范社区	民政部
凤凰镇	国家卫生镇（重新确认）	全国爱国卫生运动委员会
大新镇	国家卫生镇（重新确认）	全国爱国卫生运动委员会
大新镇滨江社区	第二批全国社会工作服务示范社区	民政部
南丰镇	国家卫生镇（重新确认）	全国爱国卫生运动委员会
江苏永钢集团有限公司职工服务中心	全国工人先锋号	中华全国总工会
市国泰华荣化工新材料有限公司	“十二五”轻工业科技创新先进集体	中国轻工业联合会
	中国轻工业价值能力百强企业	中国轻工业联合会
江苏港城汽运集团机驾人员培训中心	全国行业自律先进驾校	中国交通运输协会

2016年张家港市获省级和省条线表彰的先进集体一览表

表99

获奖单位	荣誉名称	授予单位
张家港市	2015年度全省综治工作(平安建设)先进县(市、区)	江苏省社会治安综合治理委员会
	2015年度平安县(市、区)	江苏省社会治安综合治理委员会
	全省人民防空先进城市(县、市、区)	江苏省国防动员委员会
	江苏省“幸福家庭项目县(市)”	江苏省卫生和计划生育委员会
	“十二五”全省人口协调发展先进市	江苏省人民政府办公厅
	全省畜牧工作先进县	江苏省农业委员会
	2016年度江苏省“无小耳朵社区”创建工作标兵县(市、区)	江苏省新闻出版广电局
	江苏省2016年度文化系统老年大学规范化建设试点	江苏省文化厅
	江苏省平安校园建设示范县(市、区)	江苏省教育厅、省综治办、省公安厅
	江苏省中小学责任督学挂牌督导创新县(市、区)	江苏省人民政府督导委员会
	江苏省公众参与行政程序建设示范单位	江苏省全面推进依法行政工作领导小组办公室、省人民政府法制办公室
	2015年度全省福利彩票销售十强县(市)	江苏省福利彩票发行中心
	江苏省曲艺创作研究基地	江苏省曲艺家协会
市检察院	2013—2015年度江苏省文明单位	江苏省精神文明建设指导委员会
市法院	2013—2015年度江苏省文明单位	江苏省精神文明建设指导委员会
市财政局	2013—2015年度江苏省文明单位	江苏省精神文明建设指导委员会
	2015年全省政法经费保障绩效考核优秀单位	江苏省财政厅
	2015年度江苏全省农村河道长效管护考核第一等次	江苏省财政厅、省水利厅
	2015年度江苏省小型农田水利重点县项目绩效考评优秀	江苏省财政厅、省水利厅
	2015年度江苏省小型农田水利工程管理绩效考评优秀	江苏省财政厅、省水利厅
	2015年度江苏省农产品质量安全绩效考评第一等次	江苏省农业委员会、江苏省财政厅
	2015年度预算绩效管理工作考核优秀	江苏省财政厅
	2015年度县(市)政府采购监管工作考核一等奖	江苏省财政厅
	全省财政“六五”法治宣传教育先进单位	江苏省财政厅
	2015年度法治财政标准化建设先进单位	江苏省财政厅
	2010—2015年度全省法治财政标准化建设示范点	江苏省财政厅
	2015年度农业综合开发资金决算编报工作先进单位	江苏省财政厅
市公安局	全省县级公安机关执法质量考评优秀单位	江苏省公安厅
	全省公安机关打击侵财犯罪质效提升年活动成绩突出集体	江苏省公安厅
市文广新局	2013—2015年度江苏省文明单位	江苏省精神文明建设指导委员会
	第五届江苏省服务农民、服务基层文化建设先进集体荣誉奖	江苏省委宣传部、省文化厅、省新闻出版广电局
	2016—2018年度江苏省新闻出版广电(版权)依法行政示范点	江苏省新闻出版广电局
	江苏省文联嘉奖(因获第九届中国曲艺牡丹节目奖)	江苏省文学艺术界联合会

续表99

获奖单位	荣誉名称	授予单位
市住建局	2013—2015年度江苏省文明单位	江苏省精神文明建设指导委员会
市市场监督管理局	2013—2015年度江苏省文明单位	江苏省精神文明建设指导委员会
市卫计委	2013—2015年度江苏省文明单位	江苏省精神文明建设指导委员会
市教育局	2013—2015年度江苏省文明单位	江苏省精神文明建设指导委员会
	江苏省社会教育宣传工作先进单位	江苏省教育厅
市交通运输局	2013—2015年度江苏省文明单位	江苏省精神文明建设指导委员会
市交通运输管理处	江苏省交通运输厅“十二五”镇村公交发展工作先进集体	江苏省交通运输厅
市国土资源局	2013—2015年度江苏省文明单位	江苏省精神文明建设指导委员会
市政府口岸办	2013—2015年度江苏省文明单位	江苏省精神文明建设指导委员会
市文化中心	2013—2015年度江苏省文明单位	江苏省精神文明建设指导委员会
	江苏省节水型单位	江苏省水利厅、江苏省机关事务管理局、江苏省节约用水办公室
市国税局	2013—2015年度江苏省文明单位	江苏省精神文明建设指导委员会
	全省国税系统法治税务示范基地	江苏省国家税务局
张家港地税局	2013—2015年度江苏省文明单位	江苏省精神文明建设指导委员会
	2016年“法治税务示范基地”	江苏省地方税务局
市气象局	2013—2015年度江苏省文明单位	江苏省精神文明建设指导委员会
市烟草专卖局	2013—2015年度江苏省文明单位	江苏省精神文明建设指导委员会
市供电公司	2013—2015年度江苏省文明单位	江苏省精神文明建设指导委员会
农行张家港分行	2013—2015年度江苏省文明单位	江苏省精神文明建设指导委员会
中国银行张家港分行	2013—2015年度江苏省文明单位	江苏省精神文明建设指导委员会
市新华书店	2013—2015年度江苏省文明单位	江苏省精神文明建设指导委员会
市公安局交通警察大队	2013—2015年度江苏省文明单位	江苏省精神文明建设指导委员会
市城市管理行政执法大队	2013—2015年度江苏省文明单位	江苏省精神文明建设指导委员会
市水政监察大队	2013—2015年度江苏省文明单位	江苏省精神文明建设指导委员会
张家港博物馆	2013—2015年度江苏省文明单位	江苏省精神文明建设指导委员会
张家港出入境检验检疫局	2013—2015年度江苏省文明单位	江苏省精神文明建设指导委员会
	江苏省文明口岸先进单位	江苏省口岸办公室
	全省系统十佳文明窗口	江苏省出入境检验检疫局
张家港海关	2013—2015年度江苏省文明单位	江苏省精神文明建设指导委员会
	2015年度口岸先进单位	江苏省口岸办公室
	2011—2015年度省级机关普法工作先进单位	江苏省委宣传部、省委省级机关工作委员会、省司法厅
张家港海事局	2013—2015年度江苏省文明单位	江苏省精神文明建设指导委员会
	江苏省节水型单位	江苏省水利厅、江苏省机关事务管理局、江苏省节约用水办公室
长江航运公安局苏州分局	2013—2015年度江苏省文明单位	江苏省精神文明建设指导委员会
中国电信张家港分公司	2013—2015年度江苏省文明单位	江苏省精神文明建设指导委员会

续表99

获奖单位	荣誉名称	授予单位
中国移动张家港分公司	2013—2015年度江苏省文明单位	江苏省精神文明建设指导委员会
中国邮政张家港分公司	2013—2015年度江苏省文明单位	江苏省精神文明建设指导委员会
张家港港务集团	2013—2015年度江苏省文明单位	江苏省精神文明建设指导委员会
市国际购物中心	2013—2015年度江苏省文明单位	江苏省精神文明建设指导委员会
市委办公室	2015年度全省信息工作先进单位	江苏省委办公厅
市委宣传部	2015年度全省宣传思想文化工作创新奖提名奖	江苏省委宣传部
市委农工办	全省农工办工作先进集体	江苏省委农工办、省扶贫办、省人社局
	全省农业农村政策创新成果奖	江苏省委农工办
市政府法制办	2016年度政府法制工作成绩突出单位	江苏省人民政府法制办公室
市司法局	2011—2015年全省普法工作先进单位	江苏省委宣传部、省法制宣传教育工作领导小组办公室、省司法厅
	2015年度全省司法行政系统宣传工作先进集体	江苏省司法厅
	2015年度绩效评价优秀单位	江苏省司法厅
市救助管理站	2015—2016年度省青少年维权岗	共青团江苏省委等11家
市法律援助中心	2015年“法润江苏”系列专项活动先进集体	江苏省司法厅
保税区石化业商会	江苏省示范性社会组织	江苏省民政厅
市老年人体育协会	江苏省示范性社会组织	江苏省民政厅
市老年协会	江苏省示范性社会组织	江苏省民政厅
市家庭服务业协会	江苏省示范性社会组织	江苏省民政厅
市爱心义工协会	江苏省示范性社会组织	江苏省民政厅
市门球协会	江苏省示范性社会组织	江苏省民政厅
市公益组织培育中心	江苏省示范性社会组织	江苏省民政厅
市优博特教育培训学校	江苏省示范性社会组织	江苏省民政厅
市文华教育培训中心	江苏省示范性社会组织	江苏省民政厅
市亲情(虚拟)养老院	江苏省示范性社会组织	江苏省民政厅
	江苏省第二届“敬老文明号”	江苏省老龄工作委员会
市民政局	2016年度“安康关爱行动”先进单位奖	江苏省老龄工作委员会办公室
市老龄办	2015—2016年度全省老龄宣传工作先进单位	江苏省老龄工作委员会办公室
市文化馆东方艺术团	江苏省首批群众文化“百千万”工程优秀群文团队	江苏省委宣传部、省文化厅、省新闻出版广电局、省文学艺术界联合会
市文化馆	江苏省县级文化馆总分馆制试点单位	江苏省文化厅
市文化行政综合执法大队	2015年度江苏省文化行政综合执法先进集体	江苏省文化厅
	江苏省执法办案有功集体	
张家港博物馆	江苏省第一次全国可移动文物普查先进集体	江苏省文物局
市评弹艺术传承中心	江苏省文联嘉奖(因获第九届中国曲艺牡丹节目奖)	江苏省文学艺术界联合会
市曲艺家协会	江苏省文联嘉奖(因获第九届中国曲艺牡丹节目奖)	江苏省文学艺术界联合会
市文联	江苏省基层文联工作先进单位	江苏省文学艺术界联合会
市广播电视台	江苏省版权示范单位	江苏省新闻出版广电局(版权局)

续表99

获奖单位	荣誉名称	授予单位
江苏舞之数码动画制作有限公司	江苏省版权示范单位	江苏省新闻出版广电局(版权局)
张家港固耐特围栏系统有限公司	江苏省版权示范单位	江苏省新闻出版广电局(版权局)
张家港软件(动漫)产业园	江苏省版权示范园区	江苏省新闻出版广电局(版权局)
市人民广播电台	2016年度向省台发稿优秀单位	江苏省广播电视总台(集团)广播传媒中心
张家港电视台	2015年度江苏电视新闻繁荣奖 2015年度优秀通联编辑	江苏省广播电视总台
市疾病预防控制中心	全省疾病预防控制工作先进集体 江苏省免疫规划(预防接种)工作先进集体	江苏省卫生和计划生育委员会
锦丰镇西界港村社区卫生服务站	江苏省示范村卫生室	江苏省卫生和计划生育委员会
市计生协会	江苏省先进集体奖	江苏省计生协会
市建筑业管理处	"十二五"全省建设科技工作先进集体	江苏省住房和城乡建设厅
市建设工程质量监督站	全省工程质量监督机构考核优秀单位	江苏省住房和城乡建设厅
市建筑安全监督站	全省工程安全监督机构考核优秀单位	江苏省住房和城乡建设厅
市地震局	全省强震动观测运行维护三等奖	江苏省地震局
市残联	江苏省节水型单位	江苏省水利厅、江苏省机关事务管理局、江苏省节约用水办公室
	江苏省巾帼志愿服务示范基地	江苏省妇女联合会
市政府口岸办	2015年度江苏省文明口岸先进组织者	江苏省口岸办公室
张家港水运口岸	2015年度江苏省文明口岸	江苏省口岸办公室
市林业局	2016年度江苏省林业统计工作先进单位	江苏省林业局
市植保植检站	2015年度全省"新农药、新技术"推广工作先进集体	江苏省植物保护站
	2016年全省农作物病虫害绿色防控工作先进集体	江苏省植物保护植物检疫站
市农业机械技术推广站	2016年度农机推广工作先进单位 2016年度江苏省农机推广信息宣传先进集体	江苏省农业机械技术推广站
市土肥技术指导与农产品检测站	江苏省新型肥料试验示范基地	江苏省耕地质量与农业环境保护站
市水产技术指导站	江苏省水产技术推广系统先进单位	江苏省渔业技术推广中心
市渔政监督大队	江苏省2016年度长江、淮河干流渔政执法先进单位	江苏省渔政监督总队
市农业行政执法大队	2016年农业行政执法信息系统应用优秀单位	江苏省农业行政执法总队
市水利局	江苏省2015年度小型农田水利重点县项目建设优秀 江苏省农村河道长效管护考核优秀	江苏省财政厅、江苏省水利厅
市物价局	2012—2015年度全省价格系统先进集体	江苏省人力资源和社会保障厅、江苏省物价局
市大拇指装饰装潢有限公司	2015—2016年度江苏省价格诚信单位	江苏省物价局
市保意电器有限公司	2015—2016年度江苏省价格诚信单位	江苏省物价局

续表99

获奖单位	荣誉名称	授予单位
市塘桥江南华府酒店	2015—2016年度江苏省价格诚信单位	江苏省物价局
市档案局	全省档案系统先进集体	江苏省人力资源和社会保障厅、江苏省档案局
	全省档案宣传工作先进集体特等奖	江苏省档案局、江苏省档案学会
	2015—2016年度江苏省青年文明号	共青团江苏省委
市供销合作总社	2016年度创新工作优胜单位	江苏省供销合作总社
	2016年度二十强县级供销合作社	
市乐余供销合作社	2016年度千个乡镇基层供销社推进为农服务工作先进单位	江苏省供销合作总社
市科协	县级科协创新发展能力提升计划优秀单位	江苏省科学技术协会
	江苏省2016年全国科普日优秀组织单位	
市工商联	江苏省“五好”县级工商联	江苏省工商业联合会
民盟市委医卫二支部	民盟江苏省委成立60周年先进基层组织	民盟江苏省委员会
九三学社张家港市委	参政议政先进集体	九三学社江苏省委员会
杨舍镇	2013—2015年度江苏省文明乡镇	江苏省精神文明建设指导委员会
	江苏省和谐社区建设示范乡镇(街道)	江苏省民政厅
杨舍镇农联村	2013—2015年度江苏省文明村	江苏省精神文明建设指导委员会
杨舍镇田垛里村	2013—2015年度江苏省文明村	江苏省精神文明建设指导委员会
杨舍镇李巷村	2013—2015年度江苏省文明村	江苏省精神文明建设指导委员会
杨舍镇金塘社区	2013—2015年度江苏省文明社区	江苏省精神文明建设指导委员会
杨舍镇善港村	江苏省和谐社区建设示范社区	江苏省民政厅
杨舍镇西湖苑社区	江苏省和谐社区建设示范社区	江苏省民政厅
杨舍镇老宅社区	江苏省和谐社区建设示范社区	江苏省民政厅
杨舍镇福前村	江苏省和谐社区建设示范社区	江苏省民政厅
金港镇	2013—2015年度江苏省文明乡镇	江苏省精神文明建设指导委员会
	江苏省节水型单位	江苏省水利厅、江苏省机关事务管理局、江苏省节约用水办公室
	2011—2015年全省普法工作先进单位	江苏省委宣传部、江苏省法制宣传教育工作领导小组办公室、江苏省司法厅
张家港保税区国家税务局	纳税服务示范点	江苏省国家税务局
	国税系统先进基层党组织	中共江苏省国家税务局党的建设工作领导小组
香山风景区	江苏省文明旅游示范景区	江苏省旅游局
金港镇塍丰社区	远程教育示范点	中共江苏省委组织部
金港镇长江村	2013—2015年度江苏省文明村	江苏省精神文明建设指导委员会
金港镇长山村	2013—2015年度江苏省文明村	江苏省精神文明建设指导委员会
金港镇柏林村	2013—2015年度江苏省文明村	江苏省精神文明建设指导委员会
金港镇德丰社区	2013—2015年度江苏省文明社区	江苏省精神文明建设指导委员会

续表99

获奖单位	荣誉名称	授予单位
金港镇南沙社区	江苏省和谐社区建设示范社区	江苏省民政厅
金港镇巫山村	江苏省和谐社区建设示范社区	江苏省民政厅
金港镇高桥村	江苏省和谐社区建设示范社区	江苏省民政厅
江苏化工品交易中心	江苏省转型升级示范市场	江苏省商务厅
锦丰镇	2013—2015年度江苏省文明乡镇	江苏省精神文明建设指导委员会
锦丰镇星火村	2013—2015年度江苏省文明村	江苏省精神文明建设指导委员会
锦丰镇联兴村	2013—2015年度江苏省文明村	江苏省精神文明建设指导委员会
锦丰镇店岸村	2013—2015年度江苏省文明村	江苏省精神文明建设指导委员会
锦丰镇书院社区	2013—2015年度江苏省文明社区	江苏省精神文明建设指导委员会
锦丰镇悦来社区	江苏省和谐社区建设示范社区	江苏省民政厅
锦丰镇南港村	江苏省和谐社区建设示范社区	江苏省民政厅
市公安局锦丰派出所	全省公安机关执法示范所队	江苏省公安厅
锦丰镇法律服务所	2012—2015年度江苏省优秀基层法律服务所	江苏省司法厅、江苏省基层法律服务工作者协会
塘桥镇	2013—2015年度江苏省文明乡镇	江苏省精神文明建设指导委员会
	江苏省关心下一代先进集体	江苏省精神文明建设指导委员会、省关心下一代工作委员会
塘桥镇花园村	2013—2015年度江苏省文明村	江苏省精神文明建设指导委员会
塘桥镇花园社区	江苏省平安家庭创建活动示范社区	江苏省妇女联合会
塘桥镇刘村村巾帼农业合作组织	江苏省巾帼示范专业合作组织	江苏省妇女联合会、省妇女“双学双比”竞赛活动领导小组
塘桥镇巨桥村	江苏省和谐社区建设示范社区	江苏省民政厅
塘桥镇何桥村	江苏省民主法治示范村	江苏省依法治省领导小组
乐余镇	2013—2015年度江苏省文明乡镇	江苏省精神文明建设指导委员会
乐余镇乐余村	2013—2015年度江苏省文明村	江苏省精神文明建设指导委员会
乐余镇永利村	2013—2015年度江苏省文明村	江苏省精神文明建设指导委员会
乐余镇常丰村	江苏省和谐社区建设示范社区	江苏省民政厅
凤凰镇	2013—2015年度江苏省文明乡镇	江苏省精神文明建设指导委员会
凤凰镇程墩村	2013—2015年度江苏省文明村	江苏省精神文明建设指导委员会
凤凰镇双龙村	2013—2015年度江苏省文明村	江苏省精神文明建设指导委员会
凤凰镇双塘村	江苏省和谐社区建设示范社区	江苏省民政厅
南丰镇	2013—2015年度江苏省文明乡镇	江苏省精神文明建设指导委员会
	江苏省节水型单位	江苏省水利厅、江苏省机关事务管理局、江苏省节约用水办公室
南丰镇永联村	2013—2015年度江苏省文明村	江苏省精神文明建设指导委员会
南丰镇建农村	2013—2015年度江苏省文明村	江苏省精神文明建设指导委员会
南丰镇新德村	2013—2015年度江苏省文明村	江苏省精神文明建设指导委员会
南丰镇新丰社区	2013—2015年度江苏省文明社区	江苏省精神文明建设指导委员会

续表99

获奖单位	荣誉名称	授予单位
南丰镇新德村	江苏省和谐社区建设示范社区	江苏省民政厅
南丰镇司法所	江苏省优秀司法所	江苏省司法厅
南丰镇永丰社区卫生室	江苏省示范村卫生室	江苏省卫生和计划生育委员会
大新镇	2013—2015年度江苏省文明乡镇	江苏省精神文明建设指导委员会
大新镇新海坝村	2013—2015年度江苏省文明村	江苏省精神文明建设指导委员会
大新镇朝东圩港村	2013—2015年度江苏省文明村	江苏省精神文明建设指导委员会
大新镇新东社区	2013—2015年度江苏省文明社区	江苏省精神文明建设指导委员会
大新镇新南社区	江苏省和谐社区建设示范社区	江苏省民政厅
江苏国泰国际集团有限公司	江苏省优秀企业	江苏省委、省人民政府
江苏永钢集团有限公司	第三届“江苏慈善奖”最具爱心慈善捐赠企业或单位	江苏省人民政府
江苏沙钢集团有限公司	第三届“江苏慈善奖”最具爱心慈善捐赠企业或单位	江苏省人民政府
江苏国泰新点软件有限公司	江苏省首批服务业领军企业	江苏省发展和改革委员会

2016年张家港市获苏州市级表彰的先进集体一览表

表100

获奖单位	荣誉名称	授予单位
市住房和城乡建设局	苏州市城乡发展一体化先进集体	苏州市委、市政府
	苏州市美丽城镇建设先进单位	苏州市委、市政府
	苏州市农村生活污水治理先进集体	苏州市委、市政府
凤凰镇	苏州市美丽城镇建设先进单位	苏州市委、市政府
	苏州市城乡一体化先进集体	苏州市委、市政府
市人民检察院机关党委	苏州市先进基层党组织	苏州市委
市建筑业管理处党支部	苏州市先进基层党组织	苏州市委
经开区(杨舍镇)善港村党委	苏州市先进基层党组织	苏州市委
保税区(金港镇)德丰社区党总支	苏州市先进基层党组织	苏州市委
大新镇新东社区党总支	苏州市先进基层党组织	苏州市委
江苏沙钢集团有限公司党委	苏州市先进基层党组织	苏州市委
市人社局	苏州市拥军优属先进单位	苏州市委
杨舍镇	苏州市双拥模范镇(街道)	苏州市委
金港镇	苏州市双拥模范镇(街道)	苏州市委
锦丰镇	苏州市双拥模范镇(街道)	苏州市委
塘桥镇	苏州市双拥模范镇(街道)	苏州市委
乐余镇	苏州市双拥模范镇(街道)	苏州市委
张家港边防检查站	苏州市拥政爱民先进单位	苏州市委

【编辑　钱永浩】

统计资料

Statistics

梁丰生态园　（侯一华　摄）

2016 年张家港市行政区划、面积、人口一览表
2016 年张家港市地区生产总值一览表
2016 年张家港市平均每日数据表
2016 年张家港市农、林、牧、渔业总产值和增加值一览表
2016 年张家港市农作物播种面积和产量一览表
2016 年张家港市工业总产值一览表
2016 年张家港市规模以上工业企业主要经济指标一览表
2016 年张家港市规模以上工业企业主要产品产量一览表
2016 年张家港市规模以上工业企业分行业能源消费情况表
2016 年张家港市外向型经济主要指标一览表
2016 年张家港市社会消费品零售总额一览表
2016 年张家港市全社会固定资产投资完成情况表
2016 年张家港市交通、邮电基本情况表
2016 年张家港市预算内财政收入、支出情况表
2016 年张家港市金融机构信贷收支情况表
2016 年张家港市保险业务情况表
2016 年张家港市科技基本情况表
2016 年张家港市人才、人事情况表
2016 年张家港市学校基本情况表
2016 年张家港市群众文化、广播电视、体育事业基本情况表
2016 年张家港市卫生机构基本情况表
2016 年张家港市前十位疾病死因以及比重一览表
2016 年张家港市城镇非私营单位从业人员及平均工资情况表
2016 年张家港市居民人均可支配收入情况表

2016年张家港市行政区划、面积、人口一览表

表101

项　目	单　位	数　值	项　目	单　位	数　值
一、行政区划			全市人口当年出生数	人	9865
镇人民政府	个	8	出生率	‰	10.34
常阴沙现代农业示范园区	个	1	全市人口当年死亡数	人	6767
双山岛旅游度假区	个	1	死亡率	‰	7.09
村民委员会	个	153	自然增长率	‰	3.25
社区居民委员会	个	135	年内迁入人口	人	3235
二、全市总面积	平方千米	986.73	其中：省内迁入	人	1326
不含长江水域面积	平方千米	791.05	省外迁入	人	1909
三、全市总户数	万户	32.95	年内迁出人口	人	1463
全市总人口	万人	92.66	其中：迁往省内	人	760
			迁往省外	人	703

2016年张家港市地区生产总值一览表

表102　　单位：亿元

项　目	2016年	按可比价计算比上年增长率（%）	项　目	2016年	按可比价计算比上年增长率（%）
地区生产总值（当年价）	2317.24	7.00	信息传输、软件和信息技术服务业	38.28	5.40
一、按产业分			金融业	118.30	11.60
第一产业	31.34	0.40	房地产业	87.65	18.50
第二产业	1214.70	4.30	租赁和商务服务业	54.99	4.70
第三产业	1071.20	10.50	科学研究和技术服务业	9.13	12.60
二、按行业分			水利、环境和公共设施管理业	7.76	15.40
农、林、牧、渔业	34.93	0.30	居民服务、修理和其他服务业	52.06	6.10
工　业	1155.30	4.10	教　育	40.28	15.30
建筑业	59.66	7.80	卫生和社会工作	22.22	16.50
批发和零售业	411.29	9.00	文化、体育和娱乐业	9.61	5.30
交通运输、仓储和邮政业	131.89	12.60	公共管理、社会保障和社会组织	45.84	7.90
住宿和餐饮业	38.07	15.10			

2016年张家港市平均每日数据表

表103

项　目	单　位	数　值	项　目	单　位	数　值
一、每天创造的财富			其中：出口总额	万美元	3891
地区生产总值（当年价）	万元	63486	全社会用电	万千瓦小时	7913
工农业总产值（当年价）	万元	141963	城乡居民人均生活用电	千瓦小时	2.40
其中：农业总产值	万元	1675	固定资产投资完成额	万元	19857
工业总产值	万元	140288	商品房销售面积	平方米	5387
公共财政预算收入	万元	5206	二、每天主要产品产出		
社会消费品零售总额	万元	14662	钢　材	吨	91855
进出口总额	万美元	7511	铜　材	吨	81

续表103

项　　目	单　位	数　值	项　　目	单　位	数　值
水泥	吨	8219	出栏生猪	头	192
农用化肥	吨	902	出栏家禽	羽	2946
食用油	吨	2697	三、每天人口变动		
乳制品	吨	75	出生人数	人	27
饮料酒	吨	156	死亡人数	人	19
粮食	吨	607	迁入人数	人	9
水产品	吨	44	迁出人数	人	4

2016年张家港市农、林、牧、渔业总产值和增加值一览表

表104　　单位：万元

项　　目	总产值	增加值	项　　目	总产值	增加值
合　计	611401	349348	其中：水果	65899	—
一、农业	344889	219894	二、林业	72895	39006
1. 谷物及其他作物	70618	—	三、牧业	51737	22037
其中：谷物	61957	—	其中：牲畜饲养	11398	—
豆类	3066	—	猪饲养	24668	—
油料	2655	—	家禽饲养	14799	—
棉花	67	—	四、渔业	60876	32502
2. 蔬菜园艺作物	207321	—	其中：鱼类	31924	—
其中：蔬菜	157964	—	甲壳类	27621	—
3. 水果、茶作物	66574	—	五、农、林、牧、渔服务业	81004	35909

2016年张家港市农作物播种面积和产量一览表

表105

作物名称	面　积（公顷）	总产量（吨）	作物名称	面　积（公顷）	总产量（吨）
农作物总播种面积	775364	—	其中：花生	2049	306
一、粮食作物	508212	221652	油菜籽	20317	3487
1. 夏收粮食	248221	74582	3. 甘蔗	330	942
其中：小麦	245620	74129	4. 药材	393	411.5
蚕豌豆	2466	408	5. 蔬菜	170075	310969
2. 秋收粮食	259991	147070	其中：叶菜类	47685	78658
其中：稻谷	240469	142250	白菜类	14280	31075
薯类	2574	1134	甘蓝类	2025	7149
豆类	14344	2668	块茎类	18330	37929
玉米	2604	1018	瓜菜类	19785	38821
二、经济作物	218637	—	6. 瓜果	24540	59379
1. 棉花	453	27	三、其他作物	48515	—
2. 油料	22846	3833	其中：青饲料	364	—

2016年张家港市工业总产值一览表

表106　　单位:万元

项　目	数　值	项　目	数　值
一、全部工业合计	51205000	重工业	35040908
1. 按轻重工业分		2. 按登记注册类型	
轻工业	11957332	国有企业	27575
重工业	39247668	集体企业	28496
2. 按企业规模分		股份合作制企业	5884
大型企业	28743082	有限责任公司	22836705
中型企业	7446170	国有联营	—
小型企业	9400625	股份有限公司	1453729
微型企业	5615124	私营企业	6611692
二、规模以上工业	45716594	港澳台投资企业	6642356
1. 按轻重工业分	45716594	外商投资企业	8611998
轻工业	10675686	其他企业	8158

2016年张家港市规模以上工业企业主要经济指标一览表

表107　　单位:万元

项　目	数　值	项　目	数　值
工业总产值	45716594	资产总计	47468072
主营业务收入	46836662	其中:流动资产	25096696
利税总额	2616436	应收账款	5594599
利润总额	1770787	负债总额	27774820

2016年张家港市规模以上工业企业主要产品产量一览表

表108

产品名称	单　位	数　值	产品名称	单　位	数　值
发电量	亿千瓦小时	160.22	服装	万件	17937.39
小麦粉	万吨	20.86	农用氮、磷、钾化学肥料(折纯)	万吨	32.91
大米	万吨	3.89	化学农药原药(折有效成分100%)	吨	8895.70
饲料	万吨	97.14	化学纤维	万吨	68.95
精制食用植物油	万吨	98.44	橡胶轮胎外胎	万条	480.45
乳制品	万吨	2.72	水泥	万吨	300.01
饮料酒	万千升	5.70	钢化玻璃	万平方米	352.26
纱	万吨	44.41	钢材	万吨	3352.70
布	万米	23091.30	锂离子电池	万只	12727.41
印染布	万米	43139.75	自来水	万立方米	16594

2016年张家港市规模以上工业企业分行业能源消费情况表

表109

单位:吨标准煤

行业名称	数值	行业名称	数值
总计	21190373	非金属矿物制品业	471708
农副食品加工业	150439	黑色金属冶炼和压延加工业	15659628
食品制造业	11607	有色金属冶炼和压延加工业	47601
酒、饮料和精制茶制造业	3814	金属制品业	117158
纺织业	395185	通用设备制造业	72102
纺织服装、服饰业	23133	专用设备制造业	15507
皮革、毛皮、羽毛及其制品和制鞋业	4605	汽车制造业	47242
木材加工和木、竹、藤、棕、草制品业	294	铁路、船舶、航空航天和其他运输设备制造业	10395
家具制造业	812	电气机械和器材制造业	44242
造纸和纸制品业	28612	计算机、通信和其他电子设备制造业	18956
印刷和记录媒介复制业	12045	仪器仪表制造业	1133
文教、工美、体育和娱乐用品制造业	83249	其他制造业	181
石油加工、炼焦和核燃料加工业	20	废弃资源综合利用业	16493
化学原料和化学制品制造业	2140327	电力、热力生产和供应业	1629084
医药制造业	1330	燃气生产和供应业	771
化学纤维制造业	441708	水的生产和供应业	5231
橡胶和塑料制品业	160385		

2016年张家港市外向型经济主要指标一览表

表110

项目	单位	数值	项目	单位	数值
一、进出口总额	万美元	2741674	其中:保税区	万美元	13891
其中:三资企业	万美元	766941	五、到账外资及港澳台资	万美元	60001
保税区	万美元	1168311	其中:保税区	万美元	25139
二、出口总额	万美元	1420227	六、当年投产企业	家	21
其中:三资企业	万美元	337353	七、新签境外工程、劳务合同额	万美元	27800
保税区	万美元	272918	八、完成境外工程、劳务营业额	万美元	26400
三、新批三资企业	家	49	九、新派境外劳务人员	人	85
其中:保税区	家	15	十、逐年累积批办三资企业	家	982
四、注册外资及港澳台资	万美元	45295	十一、年末实有开业三资企业	家	931

2016年张家港市社会消费品零售总额一览表

表111

单位:万元

项目	数值	项目	数值
社会消费品零售总额	5351641	二、按行业分	
一、按消费地区分		其中:批发业	677616
1. 城镇	4616515	零售业	3897828
其中:城区	2664246	住宿业	58566
2. 农村	735126	餐饮业	717631

2016年张家港市全社会固定资产投资完成情况表

表112　　单位：万元

项　　目	合　计	项目投资	房地产
总　计	7247656	5609540	1638116
其中：当年开工	3376601	3101302	275299
一、按产业性质分			
第一产业	—	—	—
第二产业	3856723	3856723	—
其中：工业	3856723	3856723	—
第三产业	3390933	1752817	1638116
二、按建设性质分			
新建	3763866	2125750	1638116
扩建	2312450	2312450	—
改建	1061143	1061143	—
其他	110197	110197	—
三、按工程构成分			
建筑工程	3682147	2453035	1229112
安装工程	428762	300456	128306
设备工器具购置	2572817	2565846	6971
其他	563930	290203	273727

2016年张家港市交通、邮电基本情况表

表113

项　　目	单　位	数　值	项　　目	单　位	数　值
一、交通基本情况			二、邮政基本情况		
1. 公路总里程	千米	1617	1. 邮政局所总数	处	34
其中：高速公路	千米	56	其中：设在农村的局所	处	28
一级公路	千米	231	2. 邮路总条数	条	15
二级公路	千米	710	邮路总长度（单程）	千米	897
其中：国道	千米	68	农村投递路线（单程）	千米	5301
省道	千米	121	3. 邮政业务总量	万元	15445
县道	千米	210	三、电信基本情况		
2. 公路桥梁	座/米	769/55947	1. 电信业务总收入	万元	71238
3. 航道通航里程	千米	425	2. 电话交换机总容量	门	282387
4. 张家港口岸吞吐量	万吨	28677	其中：软交换总容量	门	—
其中：外贸货物吞吐量	万吨	6103	3. 固定电话用户	户	235199
港口集装箱运量	万标箱	98	4. 移动电话用户	户	463195
5. 机动车总计	辆	359096	其中：移动互联网电话用户	户	410037
其中：汽车	辆	336502	5. 互联网用户	户	328550
农用车	辆	17	其中：用3G业务的互联网用户	户	321052
摩托车	辆	19005	四、移动公司移动通信用户数	万户	92.80
6. 张家港籍年检小货轮	艘/吨位	2/4500	五、联通公司移动通信用户数	万户	16.53

2016年张家港市预算内财政收入、支出情况表

表114 单位:万元

项　　目	数　值	项　　目	数　值
一、财政收入合计	4285645	(12)罚没收入	18560
1. 公共财政预算收入	1900019	(13)专项收入	149846
(1)增值税(25%部分)	641286	(14)国有资产经营收益	—
(2)营业税	134111	(15)行政性收费收入	62299
(3)企业所得税(40%部分)	242947	(16)其他收入	68243
(4)个人所得税(40%部分)	231038	2. 基金收入	800275
(5)城市维护建设税	94390	3. 中央级财政收入	1571267
(6)房产税	66872	(1)一般消费税	3831
(7)印花税	29582	(2)增值税(75%部分)	829740
(8)城镇土地使用税	44440	(3)企业所得税(60%部分)	364421
(9)土地增值税	59204	(4)个人所得税(60%部分)	346557
(10)车船税	11714	二、财政支出合计	4285645
(11)耕、契两税	45487	1. 公共财政预算支出	1848059
其中:耕地占用税	5235	2. 基金支出	760969

2016年张家港市金融机构信贷收支情况表

表115 单位:万元

项　　目	数　值	项　　目	数　值
一、各项存款	25082720	1. 住户贷款	3779776
(一)境内存款	25032996	(1)短期贷款	674793
1. 住户存款	10182254	消费贷款	269946
(1)活期存款	2869252	经营贷款	404846
(2)定期及其他存款	7313002	(2)中长期贷款	3104983
2.非金融企业存款	9729186	消费贷款	2848569
(1)活期存款	3085930	经营贷款	256414
(2)定期及其他存款	6643256	2. 非金融企业及机关团体贷款	16162031
3. 广义政府存款	4667811	(1)短期贷款	9432858
(1)财政性存款	285950	(2)中长期贷款	5408559
(2)机关团体存款	4381861	(3)票据融资	1275026
4. 非银行业金融机构存款	453754	(4)融资租赁	—
(二)境外存款	49723	(5)各项垫款	45588
二、各项贷款	19944046	3. 非银行业金融机构贷款	—
(一)境内贷款	19941806	(二)境外贷款	2240

2016年张家港市保险业务情况表

表116 单位：万元

项目	数值	项目	数值
一、保险收入	377525	二、赔款和给付	130316
1. 财产险	157311	1. 财产险	91024
其中：企业财产险	13420	其中：企业财产险	5184
机动车辆险	127199	机动车辆险	77184
货物运输险	1954	货物运输险	419
家庭财产险	567	家庭财产险	191
2. 人身险	220214	2. 人身险	39292
其中：寿险	187379	其中：寿险	31080

2016年张家港市科技基本情况表

表117

项目	单位	数值	项目	单位	数值
一、科技经费			（1）国家科学技术奖	项	—
科学技术支出	万元	94757	（2）省级科技进步奖	项	4
占财政支出比重	%	9.10	（3）苏州市科学技术奖	项	23
二、高新技术			（4）张家港市科学技术奖	项	57
1. 高新技术企业	家	387	2. 专利情况		
2. 当年认定高新技术企业	家	133	（1）申请专利	件	8889
3. 当年认定省级高新技术产品	只	390	（2）授权发明专利	件	1265
4. 新增省科技支撑计划（工业）	项	8	四、技术贸易		
5. 新增省科技成果转化资金项目	项	1	1. 签订各类技术合同	项	181
三、科研成果			2. 技术贸易成交额	万元	40100
1. 科学技术奖					

2016年张家港市人才、人事情况表

表118 单位：人

项目	数值	项目	数值
一、管理、专业技术人才	355279	二、工人岗位人才	
1. 人才文化结构		（1）本科	1399
（1）研究生	12647	（2）大专	9748
（2）本科	135820	（3）中专	147154
（3）大专	142196	三、公务员	
2. 人才职称结构		（1）研究生	338
（1）高级	11287	（2）本科	2650
（2）中级	51973	（3）大专	694
（3）初级	125181	（4）中专及以下	102

2016年张家港市学校基本情况表

表119

项　　目	学校(所)	毕业人数(人)	招生人数(人)	在校学生(人)	教职工(人)	专任教师(人)
合计	90	32715	36277	147104	10502	9153
高校	2	3691	3161	1815	832	588
电大	1	587	389	1815	168	135
中等专业学校	5	3076	3138	10436	904	786
普通中学	43	13361	15331	42275	3976	3525
其中:高中	9	3473	4151	11506	1472	1314
小学	38	11977	14217	80146	4583	4083
特殊教育学校	1	23	41	198	39	36
附:幼儿园	60	12898	14114	41273	1969	1582

2016年张家港市群众文化、广播电视、体育事业基本情况表

表120

项　　目	单　位	数　值	项　　目	单　位	数　值
一、群众文化			二、广播电视		
1. 机构数	个	9	电视覆盖率	%	100
群众文化馆	个	1	电视节目	套	1
文化部门文化站	个	8	有线电视用户	万户	34.95
2. 职工数	人	127	广播电台	座	1
群众文化馆	人	65	广播节目	套	1
文化部门文化站	人	62	广播覆盖率	%	100
3. 创作艺术作品数	件	890	三、体育事业		
群众文化馆	件	40	体育系统体育场(馆)数	个	8
文化部门文化站	件	850	举办运动会次数	次	12
4. 组织文艺活动次数	次	2750	年内达到等级标准运动员	人	—
群众文化馆	次	350	年内输送运动员	人	64
文化部门文化站	次	2400	其中:国家队	人	2
5. 举办培训班结业人数	人次	68000	省队、省体校	人	30
群众文化馆	人次	32000	苏州市级训练单位	人	32
文化部门文化站	人次	36000	在全国比赛中获得金牌	枚	1
6. 藏书	万册	78	在省级比赛中获得金牌	枚	20
文化部门文化站	万册	78	在苏州市级比赛中获得金牌	枚	111

2016年张家港市卫生机构基本情况表

表121

项　　目	单　位	数　值	项　　目	单　位	数　值
一、卫生机构数	个	429	执业助理医师	人	552
1. 医院	个	40	（2）注册护士	人	3723
综合医院	个	25	（3）药师	人	508
中医医院	个	1	（4）技师	人	449
中西医结合医院	个	1	其中：检验师	人	335
专科医院	个	11	（5）其他	人	793
护理院	个	2	三、卫生机构床位数	张	9601
2. 基层医疗卫生机构	个	375	1. 医院	张	9262
3. 专业公共卫生机构	个	13	其中：综合医院	张	7151
4. 其他卫生机构	个	1	中医医院	张	838
二、卫生机构人员数	人	11258	中西医结合医院	张	460
其中：卫生技术人员	人	9283	专科医院	张	648
（1）医生	人	3810	护理院	张	165
其中：执业医师	人	3258	2. 基层医疗卫生机构	张	339

2016年张家港市前十位疾病死因以及比重一览表

表122

位　次	合　　计		男　　性		女　　性	
	死　因	构成比（%）	死　因	构成比（%）	死　因	构成比（%）
	总　计	96.15	小　计	96.35	小　计	96.38
1	恶性肿瘤	31.68	恶性肿瘤	38.08	脑血管病	27.02
2	脑血管病	23.73	脑血管病	20.99	恶性肿瘤	23.73
3	心脏病	10.20	呼吸系统疾病	8.52	内分泌代谢疾病	10.71
4	损伤和中毒	9.09	损伤和中毒	8.20	心脏病	12.07
5	内分泌代谢疾病	7.62	心脏病	8.65	损伤和中毒	10.16
6	呼吸系统疾病	6.64	内分泌代谢疾病	5.05	呼吸系统疾病	4.37
7	精神障碍	3.39	消化系统疾病	1.64	精神和行为障碍	4.47
8	消化系统疾病	1.48	精神和行为障碍	2.50	消化系统疾病	1.29
9	神经系统疾病	1.38	神经系统疾病	1.50	其他疾病	1.42
10	其他疾病	1.09	泌尿生殖系统	1.05	神经系统疾病	1.23

2016年张家港市城镇非私营单位从业人员及平均工资情况表

表123

行　业	平均工资(元/人)	行　业	平均工资(元/人)
总　计	77580	10. 金融业	89390
1. 农、林、牧、渔业	42000	11. 房地产业	51350
2. 采矿业	—	12. 租赁和商务服务业	78686
3. 制造业	75480	13. 科学研究、技术服务业	110963
4. 电力、燃气及水的生产和供应业	95657	14. 水利、环境和公共设施管理业	70604
5. 建筑业	49120	15. 居民服务、修理和其他服务业	36765
6. 批发和零售业	80138	16. 教育	134967
7. 交通运输、仓储及邮政业	74137	17. 卫生和社会工作	95784
8. 住宿和餐饮业	48108	18. 文化、体育和娱乐业	105890
9. 信息传输、软件和信息技术服务业	119265	19. 公共管理、社会保障和社会组织	114864

2016年张家港市居民人均可支配收入情况表

表124

单位:元

项　目	全体居民	城镇居民	农村居民
可支配收入合计	44977	54602	27849
一、工资性收入	28767	36108	15703
1.工资	27467	34720	14562
2.实物福利	389	349	459
3.其他	911	1039	682
二、经营净收入	5724	5689	5785
1.第一产业净收入	1154	961	1496
2.第二产业净收入	2026	2000	2072
3.第三产业净收入	2544	2728	2217
三、财产净收入	5011	6259	2791
其中:利息净收入	736	844	544
红利收入	969	1271	432
转让承包土地经营权租金净收入	157	69	314
出租房屋净收入	1307	1261	1389
自有住房折算净租金	1504	2349	—
四、转移净收入	5475	6546	3570

【编辑　钱永浩】

附 录

Appendix

大新镇双杏寺　（庞瑞和　摄）

媒体聚焦

文件选录

張家港年鑑(2017)

扫码欣赏

《凤凰，有梦的地方》视频

媒体聚焦

张家港：从“制造”到“智造”

刘巍巍

新常态下，中国制造进入结构调整阵痛期，智能化成为工业经济新的突破口。然而，关键技术缺失、专业人才匮乏、融资渠道窄、市场掌控力弱等现实问题将传统制造企业推入不想改、不会改之困境。江苏省张家港市坚持“智能化升级传统产业+发展高端装备制造业”双轮驱动，夯实技术支撑，拓宽融资渠道，助力企业智能化转型初显成效。从“制造”到“智造”，一字之差的奥秘耐人寻味。

锁定两大战略支点

张家港是全国制造业重镇，拥有冶金、纺织、机电、化工、食品等传统支柱产业，电气机械和器材、仪器仪表、化学制品等先进制造业，初步形成具有较强竞争力的现代工业体系，2014年工业总产值5630.85亿元。近年来，受产能过剩等宏观经济因素影响，制造业面临日渐紧迫的转型压力。

张家港市委书记表示，张家港发展智能制造既有良好的产业基础，亦有刻不容缓的现实需求。政府和企业要协同推进传统支柱产业智能化升级，同时发展高端智能装备，构建蓝海产业，刷新张家港制造业图谱。

创建于1956年的江苏东渡纺织集团是张家港传统支柱产业智能化升级的缩影。“只要找到路，就不怕路遥远。”东渡纺织集团党委副书记徐艳说，过去企业采用手工排料制板，效率低、能耗大；自从引进智能设计软件后，效率提高10%至15%，能耗降低10%。

采用先进技术研发设计，生产制造出具有智能化、自动化、数字化的高端智能装备，是张家港推进智能制造的另一主攻方向。从事液体食品包装的江苏新美星包装机械股份有限公司总经理何建锋介绍，企业的无菌包装数字化车间涵盖了全球液体食品尖端智能化包装技术，推动我国高速PET瓶液态奶无菌包装技术实现质的飞跃，缩短了我国高端液体包装装备与国际一流设备的差距。

凭借高端、高质的智能化产品，新美星相继成为可口可乐、达能、雀巢、娃哈哈、康师傅等国内外知名饮料企业的战略合作伙伴。目前，新美星生产的饮料、酒类等系列液体冷热灌装生产线，已获得30余项“中国第一”，推动整个行业由手工、半手工时代向全自动时代过渡。

政府变身“梦想保姆”

发展智能制造是推动制造业转型升级的现实需求，而其中，政府作用的界定和发挥至关重要。对此，姚林荣打了一个形象比喻，张家港市政府如同企业身边的“梦想保姆”，助力企业实现“数字车间”“智能工厂”“智慧企业”梦想。

缺资金、缺技术、缺人才是大多企业推进智能制造面临的拦路虎，张家港为企业提供三大嫁妆，破解智能化升级“三缺”难题。

嫁妆一：张家港市中小企业发展与服务联盟。2014年8月，张家港市中小企业发展与服务联盟成立，为全市中小微企业提供政务代理、科技创新、技术检测、融资担保、法律咨询、商务平台建设等服务，发挥“娘家”作用。

嫁妆二：高水平产业共性技术服务平台。围绕全市智能装备、智能电网、节能环保、锂电等新兴产业，张家港推动建设十大产业技术研究院，打造全国领先的高水平产业共性技术服务平台，为企业破解技术难题。

嫁妆三：合作交流平台。张家港印发了《2014年产业技术研究院产业化项目对接信息汇总》《2014年张家港市相关产业上下游企业合作需求汇总》和《科技成果项目选编》，为8家产业技术研究院的68项产业化项目、相关产业上下游企业的70项产品、26家国内重点高校院所的166项最新科技成果项目和107项企业的技术需求搭建合作交流平台。

张家港还引进了哈尔滨工业大学张家港研究院、清华大学智能电力研究院、苏大工研院等机构，实现产业、企业需求与研究院技术优势的精准对接。“2014年10月，由我院自主研发的拉丝模清洗分选自动化改造系统交付骏马集团，这一系统利用机器人视觉技术，改变了人工辨别模具代码的传统做法，实际生产中减少人工30%以上。”哈尔滨工业大学（张家港）智能装备及新材料技术产业化研究院项目部副部长陆源说，双方合作的钢帘线物流自动化改造项目正在论证中，同时开展智能装备相关技术合作的企业还有张家港宏宝集团、张家港国泰集团和沙钢集团等。

人才资源锻造技术竞争力

张家港始终将人才培育与产业发展“捆绑”在一起，该市立足产业智能化转型需求，引进创新型人才和先进技术，形成技术武装人才、人才引领产业、产业集聚人才的良性循环。

在推进智能制造过程中，企业往往陷入不会改的技术困境。张家港围绕重点产业，搭建“检测——标准——研发”三位一体的产业共性技术服务平台。

位于沙洲湖科创园的哈尔滨工业大学（张家港）智能装备及新材料技术产业化研究院，2014年投运以来，依托哈工大的学科优势和张家港市政府的资源优势，先后孵化出哈工药机、哈工机器人等高新技术企业，并与骏马集团、国泰酒店就智能装备相关技术达成合作协议。“研究院开展企业关键性技术难题、智能制造关键共性技术攻关，为企业发展智能制造提供技术支撑的同时，也增强了研究院的研发实力。”张家港经济技术开发区管委会副主任张跃说。

以人才引领社会经济发展，这是人才引进的题中之意。2013年，张家港在全国率先推出“人才项目绩效评估”指标体系，打破人才数量崇拜，形成“人才项目引进—筛选优良种子—培养产业转型升级活力因子”的科学生态系统。截至目前，张家港自主培育“千人计划”人才11人，引进“千人计划”专家产业化项目82项。到2015年底，全市新增领军人才团队85个以上、“姑苏”以上人才25名左右、“千人计划”专家产业化项目35项。

张家港还注重企业与高校、科研院所之间的合作，建立“订单式培养”“研究生工作站”等人才对接机制，实现人才与企业“嫁接”式发展。东渡纺织集团与苏州大学、河海大学、江南大学、东华大学等高校深度合作，建立企业研究生合作站，共同开展纺织服装精细化智能生产管理系统的研究。2013年东渡纺织集团与苏州大学纺织与服装工程学院共同建立的生态纺织服装研发检测中心，已实现发明专利8项，其中双方共同研发的荧光面料投入生产后取得较好效果。

（摘自2016年2月24日《半月谈内部版》第1期）

张家港：“三问”勾勒文化繁荣图

苏　雁　彭旌轩

4月23日，张家港少年儿童图书馆正式对外开放。这个建筑面积1.25万平方米，藏书35万册的少儿图书馆，按不同年龄阶段共分设芽芽园、绘本馆、梦想小舞台、数字体验区等25个服务窗口和区域，是江苏省首家按照分级阅读理念布馆的少儿图书馆，一经开放就人气爆棚，预计全年将接待读者60万人次。

近年来，江苏省张家港市在文化建设中从供给端发力，以“怎么干、谁来干、干什么”三大问题为导向，创新文化发展机制，建设高水平文化设施，激发群众文化活力，交出了一份“完美答卷”。

怎么干
实体和数字文化阵地“比翼齐飞”

今年清明节前，在河南工作的王敬刚回到老家祭祖时，意外地发现一片白墙黛瓦的江南风建筑。这是张家港凤凰镇投资两亿多元建设的科文中心、中心小学和中心幼儿园。

凤凰科文中心建筑面积达到2.5万平方米，具备综合展览、影视放映、健身休闲、图书阅览、少儿培训等功能。如此布局在完善新城配套功能的同时，优化整合了科教文化资源，对丰富居民文化生活，促进全镇社会文化事业发展将起到重要作用。

文化阵地如何合理建设？秉承文化与教育资源共建共享的思路，张家港最大限度将文化阵地建设与学校新改建同步规划，同步投建。2015年9月竣工的塘桥镇文化中心紧邻中心小学，建筑面积1.2万平方米，设有四层室内文化活动场所，其中有包括24小时自助图书馆等项目的图书中心；有排练厅、书画展览、剧场等文化场馆；有围棋宫等特色文化阵地；有书画、摄影、文学、国标、戏曲等文化社团专业活动室。

早在2006年，张家港就大力推进镇（区）文化设施“五个一”工程、村（社区）“八个一”工程建设，实现了镇、村文化阵地全覆盖。2013年，开展文化民生工程三年行动计划，形成了“十分钟文化圈”。目前，全市人均公共文化设施面积0.41平方米，在全国属于领先水平。

“为群众提供更加便捷、快速、丰富的公共文化服务，仅有文化场馆是远远不够的，我们必须依靠技术手段，为群众提供海量的数字化文化服务。”张家港市委宣传部副部长、市文广新局局长陈世海说。

2015年，数字图书馆、数字文化馆、数字博物馆、实体数字文化体验馆相继建成。数字文化体验馆400多平方米大厅分为舞蹈、摄影、音乐、书画等互动教学体验区以及儿童娱乐体验区、视听下载区、公共休闲区。张家港市文化馆党支部书记李立群说，舞蹈区、摄影区分别设置了录播系统，可以通过录播系统实现门户网站的“在线直播”，各区镇文体中心可在当地在线开展辅导，文艺爱好者们足不出户就能获得艺术培训。

“实体设施的‘十分钟文化圈’和数字文化场馆的‘零距离’，虚实相合，两翼齐飞，标志着张家港现代公共文化服务体系全面建成。”张家港市市长朱立凡表示。

谁来干
文化志愿者和网格文化员“共同发力”

今年3月，张家港市推出了“文化志愿服务集中行”和“文化志愿服务基层行”两大主题活动。短短30天内，22支文化志愿者队伍、300余名志愿者，开展了40余项文化服务活动，惠及群众近2万名。

“志愿服务”与“文化惠民”的有机结合，是张家港市打造公共文化服务共享的“妙招”。“无论是繁荣文化，还是文化惠民，依靠政府和少数的专业人员都只是一条腿走路，只有群众动员起来了，自发加入到文化建设队伍中来，才算两条腿都迈开了。”张家港市委常委、宣传部部长杨芳说。

2013年7月，张家港市文化志愿者协会成立，这是江苏省首家正式注册的文化志愿者协会，并在全国率先实施文化志愿者资格认证。两年多来，张家港市通过文化志愿组织孵化基地，文化志愿服务团已达55个，2600多名注册文化志愿者作为专业文化团队的补充力量，把文化惠民举措落实到城乡每个角落。

如果说文化志愿者将文化服务的触角伸到了社会的各个角落，那么遍布城乡的网格文化员就是基层群众文化的催化剂。

张彩萍是南丰镇新丰社区的网格文化员，已连续三年报名参加“幸福港城”网格文化系列活动。作为舞蹈队的一员，她为团队创排了《家乡好》《最炫民族风》等舞蹈；作为网格文化员，她是社区的“文化向导”，为团队联络专业指导。

张家港市在全国率先探索实施网格化公共文化服务模式。四年来，1075名网格文化员活跃在城乡社区，带动了群众文化的繁荣。全市群众文艺团队新增300支，总数超过500支，各文化网格新创作文艺节目超过500个，累计编排剧（节）目超过3000个。

干什么
机制创新和模式探索“共创活力”

“评弹一直是张家港观众喜爱的艺术。但如何在曲目上拓宽，如何在说唱艺术上提高？”张家港评弹团的青年演员陈美东时常冥思苦想。直到4月8日，陈美东按传统礼仪拜国家级非遗传承人邢宴芝为师，才令他一直忐忑的心情略为平静。

陈美东的苦恼来自于群众日益提高的艺术审美需求。为适应传统艺术的发展，张家港市将两个专业团体从市艺术团剥离，成立评弹艺术传承中心和锡剧艺术中心。两年来，评弹艺术传承中心从最初的14人发展至26人，先后创排了中篇评弹《兰考情》《忠魂》等优秀剧目。锡剧《杨家碾坊》、评弹《牵手》获得2015年国家艺术基金项目资助。

张家港在全国县级市中率先探索建立文化馆总分馆体系，总分馆体系以市文化馆为总馆，以各区镇、镇办事处文化站为分馆，以文化网格为服务点，形成三级节点、一体运行的服务体系。通过这个体系，张家港市还探索建立起“政府购买岗位、擂台公开招贤、派遣分馆助理”的制度。

获得国际艺术基金个人资助的贾健到任凤凰分馆馆长助理后迅速进入角色：“我专业是舞蹈编导，我最主要的任务就是提升凤凰地区的舞蹈水平。”2015年，10名市文化馆专职文艺人才被任命为各区镇分馆馆长助理。今年，为适应基层文化需求，分馆馆长助理由1名增加到2名。

张家港首创了网格化公共文化服务模式和“书香城市”建设模式。在书香城市建设中，24小时图书馆驿站应运而生，深受群众欢迎，月均读者3万人。24小时图书馆驿站为文化服务走进群众提供了借鉴，公共文化驿站呼之欲出。公共文化驿站采用24小时无人值守、智能化管理、志愿者参与服务等方式运行，市民仅凭一张“市民卡”即可进入。目前已推行试点建设。

“我们将进一步推进文化建设的供给侧改革，不断通过机制创新和模式探索，更加精准地满足市民的文化需求，持续放大‘文化张家港’的品牌效应。”张家港市委书记姚林荣说。

（摘自2016年5月4日《光明日报》头版）

精耕细作打造创新创业“生态圈”

王乐飞

数据显示，张家港市目前拥有自主培育国家“千人计划”人才12名，累计入选省“双创计划”人才82名、苏州“姑苏计划”人才144名。2015年，张家港市科技人才企业实现产业化总销售超20亿元，其中，3家超亿元，38家超千万元。

从人才洼地变身创业高地、创新福地，从传统产业“大块头”独领风骚到新兴产业“小巨人”茁壮成长，主动适应经济“新常态”，张家港市牢牢抓住创新这个“牛鼻子”，出政策、搭平台、优服务，巧“筑巢”善“引凤”，构建起人才集聚的“强磁场”，激活了人才“原动力”，打造出一个生机勃勃的创新创业“生态圈”。

“嫁接”妙招化解人才创业“痛点”——
58个项目成功“牵手”，撬动本土企业投入超10亿元

一个U盘大小的低能耗功率开关，国内九成以上依赖进口。近期，张家港意发功率半导体有限公司的同类产品将实现量产，完全可以替代进口产品，而价格仅为进口产品的一半。

这个“高大上”的小开关夺人眼球，其背后的创业故事则不同寻常。国家“千人计划”专家周炳博士带领的创业团队不是“单干”，而是选择和张家港本地骨干企业骏马集团“联手”。不可思议的是，双方成立的张家港意发功率半导体有限公司注册资金1000万元，而周炳仅以100万元现金和技术入股，就占了51%的股份。

“这样的股权结构，不仅体现了张家港本土企业转型升级的迫切，也表明了张家港本土企业家对人才的重视和广阔的胸襟。”张家港市人才办负责人说。

这样的“联姻”，无疑消除了周炳创业的后顾之忧。“半导体企业投资大、周期长，如果由我们团队自己创办，风险较大。”他说。“牵手”实力雄厚的本土巨头，人才创业的资金、管理等“短板”迎刃而解。

不仅如此，手握尖端技术的周炳团队，还引来国企上海贝岭半导体公司主动上门合作，联合骏马集团共同投资成立同冠微电子有限公司，专业生产低能耗功率半导体芯片。江苏富森科技股份有限公司同样是人才项目与本土企业“牵手”成功的典范。该公司由省“双创人才”魏星光及其团队与江苏飞翔集团各出资1000万元成立，魏星光团队的技术、研发优势与飞翔集团的销售、产业化生产能力实现优势叠

加，迅速产业化。目前，公司已成为张家港市销售额最多的人才企业，年销售超5亿元。张家港市人才办负责人说，我们要将本土企业集群作为最大的引才优势，全力推进领军人才与本土企业"嫁接式"合作创业，将领军人才的"科技、视野、人脉"优势与本土企业的"资金、管理、市场"优势对接起来，化解外来人才"要素不足、水土不服"的创业"痛点"。2015年，张家港市通过本土企业引进12个"嫁接式"合作创业项目，撬动本土企业投入超1亿元。目前，该市累计成功配对58个"嫁接"项目，撬动本土企业投入超10亿元。

不仅"筑巢引凤"也要"引凤筑巢"——
以才引才"吸粉"，"群链式"引才圈起"朋友圈"

苏州菲镭泰克激光技术有限公司是一家专注激光3D应用解决方案的企业，创办人杨海青"情定"张家港，缘于一张A4纸。

杨海青说，来张家港考察，这里没有像其他地方一样的各种口头承诺和厚厚的招商手册，相关负责人只拿出来一张A4纸，纸上写的都是他们创业团队最关注的内容。特别是一句"这是我能想到的你所需要的，如果你还有其他顾虑和需要，请尽管提出来"，让我们感受到了张家港的真诚和务实。"在落地和发展过程中，每当遇到资金、人员招聘、高级人才引进等问题，地方政府和部门都会积极出面协调和对接资源，帮助我们迅速解决问题。"杨海青说。

一张A4纸的故事，也成了张家港的"吸粉"的利器。在杨海青的引荐和影响下，目前已有4家科技型企业落户港城。"另外，我的清华同学从飞利浦辞职，来到张家港创业；就职于工信部的同学，作为公司的特别人才引进，全职来张家港创业。"杨海青说。

有人才帮助张家港"吸粉"，还有人才圈起了"朋友圈"。国家"千人计划"专家朱忻创办的苏州矩阵光电有限公司，主要进行砷化镓聚光太阳能电池及半导体芯片的研发生产。今年预计可完成销售6000万元-8000万元，创造就业岗位近百个。在朱忻的引荐下，已有2家公司拥有了较为完善的产品研发、销售和售后服务团队。此外，他牵头组建的千人计划（张家港）集成光电研究院已集聚10余家企业，形成了从半导体材料生产、外延片制作、芯片设计、芯片制造等上下游环节，覆盖通讯、光伏、监控、汽车电子等各领域的全产业链"集成光电谷"。

2015年，张家港市从已落户人才企业中，确定"集成光电、汉酶生物"等17家"群链式"引才平台，全年引进"群链"项目超过10个。

政策"大礼包"叠加制度创新——
创新创业有支持，人才生活有待遇，"532"呵护创业全生命周期

不久前，江苏耐维思通科技股份有限公司董事长唐海娣获评国家科技创新创业人才。耐维思通成立3年多，其研发的航海电子产品、智能型港口产品，已成功覆盖国内46个大中型港口。2015年，企业销售超2000万元。

说起在张家港的创业环境，唐海娣倍感贴心，特别是几乎没有为钱发过愁。"刚落户，张家港市人才办就提供启动资金100万元，还帮我们申报上级政策，先后兑现超过500万元项目资助。张家港市针对科技创业企业设立的天使投资基金，为我们提供了300万元天使投资。"唐海娣说，"我们1000平方米的办公场所是免费的，三室两厅两卫的人才公寓拎包即能入住。"

为激励人才创新创业，近年来，张家港市先后出台了《关于引进领军型创新创业人才实施意见》《关于进一步推进领军人才企业信贷融资工作的实施细则》《张家港高层次人才享受生活待遇暂行办法》等政策"大礼包"。目前，该市已初步构建起从"项目启动资助"到"产业化金融支持"，从"创新创业支持"到"人才生活待遇"等覆盖创业全生命周期的"532"人才政策体系，即："5"是指"最高500万政策性融资担保支持"；"3"是指"3个300万"（最高300万项目启动资助、最高300万天使投资支持和最高300万购房安家补贴）；"2"是指"最高200万银行贷款利息补贴"。"对入选国家'千人计划'、省'双创'、苏州'姑苏'的项目，获得上级资助的同时，叠加享受全市资助政策，单一项目最高可获得900万元累加资助。"张家港市人才办负责人说。

制度创新助推科技创新。该市在全国创新推出"科技创新积分管理"制度和"才有所居"政策，根据人才企业"科技创新积分"兑现创新奖励，还可最高按照市场价的七折购买"人才房"。2015年，126家人才企业获得科技创新积分，兑现积分奖励873万元，落实"人才房"27套。

此外，张家港市遴选出一批投融资合作机构，与数十家银行及风创投机构建立领军人才投融资合作关系，帮助人才企业破解资金要素不足的难题。目前，39家人才企业获得社会风创投7.11亿元，57家获银行信贷资金超3亿元，8家已在"新三板"挂牌。

（摘自2016年8月16日《苏州日报》头版）

港城书写"强富美高"新篇章

——写在张家港撤县建市30周年之际

王乐飞

今年是张家港撤县建市30周年。步入而立之年的张家港，不仅"体格健魄"——综合实力长期稳居国内同类城市前三位，而且"风度翩翩"——全国文明城市"四连冠"、获评首届"中国生态文明奖"。

百尺竿头，更进一步。站在新的起点，肩负争当“强富美高”新江苏建设排头兵的时代使命，已经兼具实力、智慧和内涵的张家港，令人产生了更多的期待。

锁定“四大路径”，绘出转型升级“路线图”，书写“强富美高”新篇章

日前，21对“港城合伙人”新鲜出炉。该市上市公司、“新三板”挂牌企业和创新创业企业之间有了一个交流合作的平台，“小伙伴”们可以共享成长红利。产业、企业、人才、资本从“面对面”走向“肩并肩”、从“握手”走向“牵手”。

产业是资本的“土壤”，资本是产业的“血液”。为了实现产业和资本的“无缝对接”，张家港还重磅抛出了“产业资本中心”，将打造“创业投资中心”“资本交易中心”“金融服务中心”“财富管理中心”，构建“股期汇债市场信息交易平台”“增发减持项目信息发布平台”“并购重组项目信息需求平台”。“这好像就是张家港人自己的‘华尔街’。”一位企业老总说。

今年7月举行的张家港市第十一次党代会，明确提出聚焦转型、创新驱动、绿色发展、文明引领的转型升级“路线图”，书写“强富美高”新篇章。无论是推出“港城合伙人”，还是建立“产业资本中心”，都是“聚焦转型、创新驱动”路径的有力抓手。

近年来，张家港转型升级呈现良好势头，但产业结构仍然偏重。打造张家港经济“升级版”，“两新一高”成为重中之重。

以页岩气综合利用、光学膜、半导体为支柱的新材料，以锂电、LNG利用、绿色能源为主体的新能源，以智能装备、再制造为代表的高端装备产业，全力打造一个2000亿级、两个1000亿级新兴产业集群。同时，积极拓展集成电路、新能源汽车、生物医药、氢能等产业，形成新的产业优势。

绿色发展成为“城市底色”。张家港在全省率先启动生态文明建设示范市（县）综合配套改革，加快“排放减量化、产业替代化、经济循环化”进程。探索推行企业“绿色发展领跑者”制度，激励企业争当行业绿色标杆。深化生态环保“党政同责、齐抓共管”制度，注重生态环境责任审计结果的运用，既算好“发展账”，更要算好“生态账”。

文明引领是坚实保障。坚持“一把手抓两手、两手抓两手硬”，引导文明自觉，促进全面发展，为改革发展提供思想保证、精神力量和道德滋养，放大“文明张家港”的品牌效应。

“我们将与时俱进弘扬张家港精神，不断放大文明城市的影响力，完成好高水平全面建成小康社会的‘答卷’，奋力谱写‘中国梦’的张家港篇章。”张家港市委书记朱立凡说。

生态文明领跑全国，铁路枢纽呼之欲出，提档城市品质提升城市能级

今年6月，张家港荣获首届“中国生态文明奖”，是我省唯一获此殊荣的城市。据悉，这也是我国生态文明建设领域的首个政府奖项。

生态文明建设，张家港一直是全国标杆。该市走出了一条生产发展、生活富裕、生态良好的绿色发展之路，先后荣获全国首个“环保模范城市”、首批“国家生态市”等荣誉，还成为全国第一个荣膺“联合国人居奖”的县级市。“我们要坚定不移走绿色发展之路，赋予生态港城美丽新内涵，提升城市整体品质。”张家港市委副书记、代市长黄戟说。

在张家港，绿色发展已成为政府、企业和居民的自觉共识。数据显示，该市近5年累计关停污染企业274家。化学需氧量、氨氮、二氧化硫、氮氧化物排放总量，以及万元GDP能耗累计分别下降20%以上，PM2.5均值比2013年下降13.85%。集中式饮用水源地水质达标率100%。村庄环境整治在全省率先100%达标，建制镇实现国家级生态镇“满堂红”，通过国家最严格水资源管理制度试点验收和国际卫生港口、国家卫生城市、国家卫生镇及省级卫生村复核验收。

城市提档升级中，张家港的绿色底色愈发厚重。同时，一个呼之欲出的铁路枢纽，将助推张家港快速迈进“大城时代”。

深秋时节，长江水面冷风瑟瑟，而沪通铁路长江大桥建设工地上，却是一片热火朝天的景象。放眼望去，一个个桥墩巍然矗立，画面壮观。这些“巨无霸”将托举起世界上跨度最大、载重量最高的公路、铁路两用桥。

“沪通铁路跨长江大桥总长11.08公里，按四线铁路和六车道高速公路的标准合建，集国铁、城际铁路和高速公路三项功能于一体。”张家港市铁路建设办公室负责人说。

一个创下多项世界纪录的跨江大桥，势必成为张家港新一轮大发展、大进步的强力“支点”。作为沿海铁路大通道的组成部分，沪通铁路通车后，将一举改写张家港不通铁路的历史，使该市从铁路零起点成为沪通铁路、沿江城际铁路、通苏嘉城际铁路三线交会的区域性铁路枢纽城市。与此同时，重大基础设施项目疏港高速通车在即，长江12.5米深水航道建设积极推进。

铁路、公路、水路“大交通”格局逐步成型，将进一步提升张家港的区位优势，提升城市能级。

“戴帽”曲艺名城，升级“书香城市”，以文化人塑造文明新高度

今年10月，在第九届中国曲艺牡丹奖颁奖仪式上，张家港市评弹艺术传承中心创作的弹词《牵手》荣获牡丹奖节目奖第一名。而在4年前举行的第七届中国曲艺牡丹奖评选中，弹词《牵手》的主要演员季静娟曾荣获牡丹奖表演奖。一个县级市，盛开两朵“牡丹”，张家港足够惊艳。

曲艺之花的盛开，离不开文化“沃土”的滋养，而这其中，连续十多年举办的长江文化艺术节功不可没。近年来，该市牢固确立以文化人、文化惠民的理念，文化事业取得蓬勃发展。张家港相继获评“中国曲艺之乡”“中国小戏小品之乡”“中国宝卷之乡”等，今年7月，又创建成全国第二家、江苏省首家“中国曲艺名城”。

"接地气"才有生命力。在张家港，文化资源不断向基层"下沉"。该市文化中心、评弹艺术馆、河阳宝卷馆等成为文化地标，人均公共文化设施面积达0.41平方米，居全国领先地位。

文化成最闪耀的"城市名片"，文明是最鲜明的"城市气质"。"要通过文明习惯传承八礼四仪，通过全民阅读促进文化自觉，让文化浸润整座城市，让文明滋养每个市民。"朱立凡说。

深化文明城市创建中，该市紧盯"小切口"，力求见实效。今年，张家港通过随机问卷、有奖征集等形式，查找汇总红白喜事、奢靡低俗、逾矩失范等不文明行为90余种，形成专题调研报告。对此，该市成立移风易俗工作协调小组及其办公室，推出"婚礼新风""文明乡风""文明殡葬""党员示范""文明家庭"和"舆论引导"六大移风易俗专项行动。"这些文明新风，正是广大群众的真实呼声。"该市文明办负责人说。

在培育和践行社会主义核心价值观中，张家港的"书香城市"建设成为有力抓手。如今，一个个"最美悦读空间"创意正在升级"书香城市"。"最美悦读空间"是指具有阅读文化特色、能够提供阅读服务、注重阅读体验和乐趣的文化活动场所。"十三五"时期，张家港将通过建设形态各异、特色鲜明、覆盖城乡的"最美悦读空间"，满足市民个性化阅读需求。"我们通过精致打造、精准服务，努力使文明张家港具有更多的读书人、更美的读书地、更浓的书卷味。"张家港市委常委、宣传部长杨芳说。

（摘自2016年11月2日《苏州日报》头版）

张家港："四大路径"校准发展航向

李仲勋

10月31日，2016年中国（张家港）长江文化艺术节将隆重登场，并举办一系列文化经贸活动。借助这个长江流域的年度盛会，张家港携手沿江12个省市区，推动长江文化互动与交流，用"文化之力"助推长江经济带建设，为张家港发展注入新动力。

"正值张家港撤县建市30周年，我们提出不忘初心、继续前进，在新征程中再创新辉煌。"张家港市委书记朱立凡说，张家港将围绕"聚焦转型、创新驱动、绿色发展、文明引领"四大路径，全力打造现代产业集聚区、民生幸福先导区、生态宜居样板区和文明法治示范区，为高水平全面建成小康社会、争当建设"强富美高"新江苏先行军排头兵作出更大贡献。

对标高水平全面建成小康社会，张家港既有自身优势，也存在"短板"。不久前，张家港市召开常委市长联席会议，梳理下一步发展的"切入点"。比如，产业结构调整压力大，传统产业迫切需要提升核心竞争力；公共服务的均衡化和普惠程度有待提高；环境容量和资源空间持续收窄，节能减排压力前所未有；社会治理进入调整期，累积性矛盾交织叠加，社会治理难度不断加大。

张家港市提出，以"四大路径"形成发展新优势，其中，加快转型成为核心任务。张家港市聚焦关键节点，制定实施产业领跑、创新驱动、智汇港城"三大行动计划"，在传统产业改造提升、新兴产业培育壮大、人才项目辐射带动等方面持续发力，全面提升转型升级质效，着力打造两千亿级新材料基地、千亿级新能源基地和千亿级高端装备基地。

在张家港保税区，深化转型不断催生发展新动能。随着膜产业基地、有机硅生产基地、锂电池电解液生产基地等纷纷崛起，化工品、纺织原料、粮油、名贵木材、进口汽车、进口消费品六大市场日趋稳固，张家港保税区正崛起为长江流域重要的港口物流中心和先进临港产业基地。今年6月，张家港保税区获批成为国家长江经济带转型升级示范开发区。

"区域发展根本上靠创新驱动，而如何驱动创新，离不开资金、技术和人才等创新要素集聚。"张家港市代市长黄戟说，创新"活"，则满盘"活"，张家港必须大力推进创新资源向产业集聚，为深化创新驱动、持续增强自主创新能力、加快打造产业"升级版"提供新动力。

10月18日，张家港举行首届"港城合伙人"峰会，为全市上市公司、"新三板"挂牌企业和创新创业企业搭建合作共享平台，汇聚和发挥全市资本力量，让上市公司和各类创新创业企业搭档合伙、抱团发展，加速资本和产业共生共融。依托"港城合伙人"计划，张家港发力"资本+"，将培育100家"新三板"挂牌企业，为创新型企业发展开辟快车道。

瞄准高水平全面建成小康社会，张家港不断"校准"发展路径。设计加减分系统，分析经济贡献与环保压力、安全压力之间的正负相关，对全市现有企业的投入产出进行综合评价，鼓励先进、淘汰落后；下放审批权限、简化审批流程，以行政审批的减法，推动投资创新的加法。

"优化发展路径，必须发挥好张家港在精神文明建设上的优势，擦亮'文明城市'这个金字招牌，让文明引领作用更加突出。"张家港市委常委、宣传部部长杨芳认为，长期的文明城市创建，塑造了张家港独特的城市气质，人的素质显著提升。今年以来，张家港继续丰富文明创建内涵，推出婚礼新风、文明殡葬、文明家庭等六大移风易俗专项行动，并纳入文明创建考核；通过"文明旅游+志愿服务"模式，使文明引导和志愿服务融合形成常态。

"四大路径"徐徐铺开，为张家港率先全面建成高水平小康社会积蓄力量。以张家港精神为特质、以港产城融合为支撑、以协调均衡为目标、以文明和谐为根本，一个充满活力和魅力的城市现实模样正不断成型。

（摘自2016年11月8号《新华日报》第2版）

文 件 选 录

张家港市供给侧结构性改革去产能行动计划

（2016—2018年）

一、总体要求

全面落实国家、省、苏州市关于供给侧结构性改革“去产能”有关要求，针对本市以传统产业为主、行业产能过剩、供给效率偏低的局面，以优化公共服务供给为手段，营造良好区域决策环境，进一步降低企业成本负担，提高要素投入综合效率，提振企业发展信心；以提高经济质量效益为核心，坚持市场需求导向，推动产品结构优化和产业链延伸，根据上级有关要求和本市实际加以推进。重点针对产能过剩企业、低端低效企业、生存困难企业和“僵尸企业”、产业转移及“走出去”发展企业四种类型，按照“分类施策、稳步推进、注重实效”的原则，确定三年工作总目标和年度分解目标。围绕重点任务，制定完善和贯彻实施相关政策措施，深入开展“去产能”工作，确保工作目标全面完成。

二、工作目标

三年总体目标：完成苏州市下达的化解钢铁产能任务；化解产能过剩平板玻璃1000万重量箱；完成苏州市下达的关停及实施低效产能淘汰企业任务；实施兼并重组、困难企业脱困企业30家；实施产业转移、“走出去”发展项目15个。

年度工作目标：

1.2016年，完成苏州市下达的化解钢铁产能任务；关停及实施低效产能淘汰企业125家；实施兼并重组、困难企业脱困企业12家；实施产业转移、“走出去”发展项目7个。

2.2017年，完成苏州市下达的化解钢铁产能任务；关停及实施低效产能淘汰企业80家；实施兼并重组、困难企业脱困企业10家；实施产业转移、“走出去”发展项目5个。

3.2018年，完成苏州市下达的化解钢铁产能任务；化解产能过剩平板玻璃1000万重量箱；关停及实施低效产能淘汰企业70家；实施兼并重组、困难企业脱困企业8家；实施产业转移、“走出去”发展项目3个。

三、工作措施

（一）摸清家底，完善企业数据库。各镇（区）要全面深入排查辖区内企业，建立和完善目标企业数据库。重点对资源消耗量过大且利用效率底下、环境污染严重、安全隐患突出、工艺装备落后、市场需求不足、经营管理不善、产品销量滞后、常年亏损严重的企业，进行行业分类排查汇总，建立和完善企业数据库，为顺利完成“去产能”工作夯实基础。

（二）增强意识，依法淘汰落后产能。继续深化对生产、环评、排污、安监等不达标企业的依法关停工作，扎实推进对落后产能、低端产能的淘汰工作，坚决关停不具备安全生产和不能稳定达标排放的企业。各镇（区）、各部门要加强排查，对列入安全、环保等整治名单的企业，要积极督促企业限期整改达标。对限期整改无望或无法达标的企业，坚决依法实施关停；对属于国家、省产业政策已经明令淘汰的设备、工艺和产品，依法予以淘汰。同时，要及时建立长效管理机制，对淘汰落后产能情况进行后期跟踪，巩固工作成效。

（三）优化资源，引导企业有序退出。高度重视困难企业的解困脱困工作，通过分析研究，帮助企业查找症结，对症施策。对解困有望的企业，各镇（区）、各部门要加大支持力度，充分调动企业内在动力，帮助企业走出困境；对已停产、半停产、连年亏损、资不抵债、脱困无望的企业，按照“企业主体、政府推动、市场引导、依法处置”的原则，综合运用市场机制和经济手段。通过兼并重组、债务重组、破产清算等方式，积极稳妥引导企业退出。各镇（区）、各部门要优化服务流程、提高办事效率，组织专门力量有序引导、稳步推进。为企业重组提供优质服务。加强对企业和职工合法权益的保护，采取有力措施做好职工分流安置工作，全力维护社会和谐稳定。

（四）政策引导，鼓励企业配套发展。加强本土企业间产业链对接配套服务力度，支持本地相关企业参与政府投资的重大项目和实事工程的配套，组织地产优质产品推荐对接活动；鼓励本地企业，尤其是龙头骨干企业扩大地产工业品的采购比例；引导企业在实施技改项目时，积极采用地产高端装备；通过扩大地产工业品的本地配套使用范围和提高使用程度，有效提升企业的产能利用率，达到“去产能”的效果。

（五）节能降耗，推进企业结构升级。促进能源资源集约利用，引导企业积极发展国家、省和苏州市重点节能、循环经济项目，严格贯彻落实新环保法，加快建立“排污者付费，治污者受益”的机制，优化环保专项资金补助办法，重点支持改善环境质量重大减排领域、企业和工程，激发企业治污减排和改善环境的内在动力；鼓励资源利用率、产出率低下以及产品缺乏市场竞争力的企业，加大技术改造力度，淘汰落后设备工艺，提升装备水平和智能化程度，实现产业层次提升和转型发展。

(六)对外合作,实施“走出去”战略。抢抓国家“一带一路”战略机遇,积极引导企业实施产业转移,鼓励有条件的企业“走出去”,有效利用两个市场、两种资源、改善产品供给,有效化解本地过剩优势产能,拓展产能发展新空间;鼓励企业积极拓展“一带一路”沿线市场,根据当地实情和市场需求,通过研发创新不断提升产品竞争力,拓展、扩大市场占有率;引导企业积极实施产业梯度转移,尤其要加强与本市对口帮扶、合作地区的产业转移。各镇(区)、各部门要积极为企业参与产业梯度转移做好沟通引导、牵线搭桥工作。同时,要加强与行业协会等社会组织的合作,定期组织有需要、有意向的企业赴相关地区开展实地考察。

——摘自《关于印发张家港市供给侧结构性改革去产能行动计划(2016—2018)的通知》(张政发〔2016〕70号)

张家港市全民健身实施计划

(2016—2020年)

(一)统筹建设场地设施。均衡配置市、镇(区)、村(社区)三级体育场地设施,推进“12210”民生工程建设[一个综合体育设施、两个体育公园(香山、凤凰)、两条休闲健身生态廊道(朝东好港、一干河)、十个多功能运动场所]。建成完善城区东、南、西、北四个体育公园。全市新建居住区和社区按室内人均建筑面积不低于0.1平方米或室外人均用地不低于0.3平方米的标准配套群众健身相关设施,新增健身步道超200千米。推广笼式足球场、社区灯光篮球场、户外多功能运动场等新型场地设施,鼓励基层社区文化体育设施共建共享。加大公办学校体育设施向社会开放力度。

(二)激活社会组织潜能。制定政府购买体育服务目录,鼓励、引导社会力量承接公共体育服务。加快青少年体育俱乐部、社区体育俱乐部等备案制俱乐部和城乡基层体育健身组织建设,推动体育社会组织向村(社区)和不同行业、人群覆盖延伸,提高有组织参加体育锻炼人群比例。探索具有一定发展规模的俱乐部公司化、实体化运营模式。加强星级健身站点建设,规范晨(晚)练健身站点管理,充分发挥其综合功能。

(三)提升赛事活动影响。积极申办承办省级以上高规格、高水平群众体育赛事。立足本地传统体育文化,着力打造具有鲜明地域特色的群众性赛事活动。围绕“全民健身日”活动主题,举办形式多样、内容丰富的全民健身活动,创新全民健身大联赛、全民健身大展示、全民健身大比拼、青少年阳光体育等群众性体育赛事的运营开发,打造大型群众徒步活动、全程马拉松、半程马拉松以及路跑等系列品牌赛事。举办好张家港市第七届体育运动会。大力发展社区体育,各镇(区)以全民健身中心、社区健身工程以及辖区单位体育设施为阵地,以社会体育指导员为骨干,组织开展具有地域文化和人文传统的特色体育活动。高度重视老年人体育,在健全市镇二级老年人体育协会和老年人单项体育组织的基础上,开展适合老年人特点的体育健身项目和活动。充分发挥体育社会组织以及工、青、妇等群团组织作用,定期举办职工、学生、妇女、农民等各类人群喜闻乐见的体育健身和比赛活动。关爱残疾人体育康复,积极培养能为残疾人提供服务的体育社会指导员和志愿者,组织开展适合残疾人身心特点的运动项目和体育康复保健服务。

(四)合理引导科学健身。完善国民体质监测服务体系,建立国民体质监测数据库,为群众提供个性化运动健身指导。充分发挥张家港市一苏州大学体育研究生工作站、国家级体质测定和运动健身指导站作用,加强市科学健身(社会体育指导员)讲师团师资配备,定期举办科学健身大讲堂、健身知识讲座、健身技能传授、新优项目培训等活动,组织编撰《张家港市社会体育指导员培训教程》以及“十三五”市全民健身实施计划系列重点图书。

(五)强化基拙队伍建设。探索完善社会体育指导员工作机制,健全社会体育指导员注册制度,依法对社会体育指导员工作进行管理、指导和监督,确保社会体育指导员工作健康发展。全市每个村(社区)配备10名以上等级社会体育指导员和1名以上社会体育管理员。继续为二级以上高等级社会体育指导员发放服装和为一线社会体育指导员购买办理保险服务。继续在全市设立以骨干社会体育指导员名字命名的晨(晚)练健身点,各健身站点均配备5名以上等级社会体育指导员。

(六)促进产业融合发展。依托规划引领,加强张家港市沿江、环湖、环山等体育景观建设,整合双山岛、香山风景区、凤凰山风景区、暨阳湖、沙洲湖、一干河风景带、永联江南水乡、沿江湿地等区域资源,促进体育与旅游相结合,建成特色鲜明、功能多样的全民健身中心和体育主题公园,打造具有张家港文化特色的群众体育示范基地、全民健身休闲基地和体育旅游品牌。加快培育体育健身休闲、赛事开发、场馆服务等体育产业圈和健身产业群,打造集体育休闲和体育生态为一体的现代化运动之城。

(七)注重体育文化宣传。健全体育信息发布机制,利用“互联网+”的全媒体平台,积极与主流媒体合作,全方位展示全民健身风采和体育赛事活动。编撰《张家港体育》《全民健身报告书》《全民健身大联赛回眸》等宣传资料。推动群众体育对外交流,加强与先进地区的沟通,大力拓展民间体育交流领域和社会体育交流范围。发展与国际友好城市的交往,多方位开展全民健身互动与协作,每年定期开展对外交流的体育赛事活动。

——摘自《关于印发张家港市全民健身实施计划(2016—2020年)的通知》(张政发〔2016年〕85号)

张家港市征地补偿和被征地农民社会保障办法

第一章　总则

第一条　为维护被征地农民和农村集体经济组织的合法权益，保障被征地农民的生活和长远生计，规范征地补偿安置工作，根据《中华人民共和国物权法》《中华人民共和国土地管理法》《中华人民共和国社会保险法》《江苏省征地补偿和被征地农民社会保障办法》（江苏省人民政府令第93号）等法律法规，结合本市实际，制定本办法。

第二条　本办法所称征地补偿和被征地农民社会保障，是指国家将农民集体所有的土地征收后，依法给予被征地农民和农村集体经济组织补偿，安排被征地农民社会保障费用，将被征地农民纳入城乡社会保障体系的行为。

第三条　本市行政区域内的征地补偿和被征地农民社会保障工作适用本办法。

第四条　被征地农民社会保障遵循即征即保、应保尽保、分类施保、逐步提高的原则，与促进就业相结合，将被征地农民纳入城乡社会保障体系，确保被征地农民原有生活水平不降低，长远生计有保障。

第五条　被征地农民应当从被征地的农村集体经济组织成员中产生，原土地承包经营权人享有优先权。

被征地农民的名单由被征地的农村集体经济组织商定后提出，并在被征地农村集体经济组织所在地公示后，报镇（区）人民政府（管委会）确定。

第六条　市人民政府统一负责本行政区域内的征地补偿和被征地农民社会保障工作。

市有关部门按照各自职责，共同做好相关工作。

镇（区）人民政府（管委会）应当配合做好征地补偿和被征地农民社会保障的相关工作。

第七条　市国土资源、人力资源和社会保障、财政部门负责征地补偿和被征地农民社会保障管理工作；市委农工办、市监察、农业、民政、审计、统计等部门按照各自职责，共同做好征地补偿和被征地农民社会保障相关工作。

第二章　征地补偿

第八条　征收农民集体所有的土地，应当依法足额支付征地补偿费用，安排被征地农民的社会保障费用。征地补偿费用包括土地补偿费、安置补助费、青苗补偿费和农田基础设施补助费。

第九条　农民集体所有的土地按照用途分为农用地、建设用地和未利用地。

征收农用地的土地补偿费，按照被征收土地的面积计算。

征收建设用地的土地补偿费，按照征收农用地土地补偿费计算。

征收未利用地的土地补偿费，按照征收农用地土地补偿费的0.5倍计算。

第十条　征收农用地应当支付安置补助费。安置补助费按照需安置的被征地农民人数计算。需安置的被征地农民人数，按被征收的农用地面积除以征地前该农村集体经济组织人均农用地面积计算。

征收建设用地和未利用地的，不支付安置补助费。

第十一条　征收土地涉及房屋及其他建（构）筑物、地上附着物的，按照本市搬迁的相关政策标准给予补偿。

第十二条　征地补偿标准在不低于省人民政府规定的最低标准的基础上，应当根据经济社会发展水平、物价变动和被征地农民社会保障标准等情况适时调整，由市国土资源、财政、人力资源和社会保障部门提出调整方案并报市人民政府批准后实施。

征地补偿标准调整后批准征地的，应当按照调整后的征地补偿标准执行。

第十三条　大中型水利、水电工程建设的征地补偿标准，按照本市征地补偿标准执行，国务院或者省人民政府规定的标准高于本市标准的，执行国务院或者省人民政府规定的标准。

第十四条　土地补偿费归被征地的农村集体经济组织所有，但应当将70%的农用地土地补偿费支付给16周岁以上被征地农民。

安置补助费用于16周岁以下被征地农民的生活补助和16周岁以上被征地农民的社会保障。16周岁以下被征地农民安置补助费支付其生活补助费后有余额的，余额部分转入被征地农民社会保障资金专户统筹账户。

青苗补偿费和农田基础设施补助费归其所有者所有。

第十五条　征地补偿费用没有足额到位的，被征地农村集体经济组织及其成员有权拒绝交地；征地补偿费用足额到位的，被征地农村集体经济组织及其成员应当按期交地。

第十六条　被征地农村集体经济组织和被征地农民对征地补偿安置方案有争议的，由市人民政府协调；协调不成的，由批准征收土地的人民政府（管委会）裁决。征地补偿安置方案争议不影响征收土地方案的实施。

第三章　被征地农民社会保障

第十七条　以征地批准之日为界限，将被征地农民划分为下列三个年龄段：

（一）16周岁以下（未成年年龄段）；

（二）16周岁以上至60周岁（劳动年龄段）；

（三）60周岁以上（养老年龄段）。

镇（区）人民政府（管委会）确定的被征地农民每个年龄段人员比例，应当与被征地前被征地单位各该年龄段人员比例基本相同。

第十八条　未成年年龄段的被征地农民一次性领取生活补助费，不再作为被征地农民参加城乡社会养老保险。

生活补助费标准由市国土资源部门会同财政、人力资源和社会保障等部门提出意见报市人民政府确定。

第十九条 符合《江苏省企业职工基本养老保险规定》(江苏省人民政府令第36号)参保条件的劳动年龄段被征地农民,在用人单位就业的,应当参加企业职工基本养老保险;从事非全日制工作或者自由职业(灵活就业)的,可以按照灵活就业人员的规定参加企业职工基本养老保险。

第二十条 养老年龄段被征地农民从征地批准次月起按月领取养老补助金。养老补助金按照不低于本市农村居民人均可支配收入20%(按月折算)的1.1倍计算,具体标准由市人力资源和社会保障、民政、国土资源、财政、统计部门提出意见报市人民政府确定。

被征地前已经参加城乡居民基本养老保险的人员,同时享受省人民政府规定的最低标准基础养老金。

第二十一条 被征地农民征地时已按月享受企业职工基本养老保险待遇的,其被征地农民保障资金专户个人分账户中的资金一次性退还本人。

劳动年龄段被征地农民符合按月领取养老金条件时,其被征地农民保障资金专户个人分账户中的资金本息余额一次性退还本人。

被征地农民死亡的,其被征地农民保障资金个人分账户的本息余额可以依法继承。

第二十二条 被征地农民社会保障资金包括安置补助费、政府安排的被征地农民社会保障费用及其增值收益。被征地农民社会保障资金不足的,由市财政负责解决。

16周岁以上被征地农民社会保障资金的标准,按照不低于本市农村居民人均可支配收入20%(按月折算)的1.1倍乘以190计算,具体标准由市人力资源和社会保障部门会同民政、国土资源、财政、统计部门提出意见报市人民政府确定。

市人民政府按照以支定收、收支平衡、不留缺口的原则筹集被征地农民社会保障资金,从土地有偿使用收益中优先安排被征地农民社会保障费用。

第二十三条 市财政、人力资源和社会保障部门应当设立被征地农民社会保障资金专户,管理、核算被征地农民社会保障资金。

保障资金专户由个人分账户和统筹账户组成。

16周岁以上被征地农民的社会保障资金一次性划入保障资金专户,并建立个人分账户。个人分账户的资金由不低于本市农村居民人均可支配收入20%(按月折算)的1.1倍乘以139计算的资金组成。统筹账户的资金由不低于本市农村居民人均可支配收入20%(按月折算)的1.1倍乘以51计算的资金以及安置补助费支付给16周岁以下被征地农民生活补助费后的余额等组成。

第二十四条 被征地农民家庭人均收入低于本市最低生活保障标准的,可以按照规定申请最低生活保障。

第二十五条 市人力资源和社会保障部门应当加强对劳动年龄段被征地双民的就业培训和指导,创造就业条件,促进被征地农民就业。

第四章 资金管理

第二十六条 实行征地补偿安置资金预存制度。征地报批前,所在地(区)人民政府(管委会)或划拨用地单位应当将征地补偿费用和政府(管委会)安排的被征地农民社会保障费用存入市财政部门指定的征地预存款账户(以下简称“预存款账户”)。

征地报批时,市国土资源、财政部门应出具征地补偿费用和被征地农民社会保障费用落实的相关凭证。

市人民政府批准征地补偿安置方案前,市人力资源和社会保障部门应对被征地农民社会保障费用落实情况提出审核意见。经国务院批准征地的,市人力资源和社会保障部门应对被征地农民社会保障费用落实情况报省人力资源和社会保障部门审核。未经审核同意的,市人民政府不得批准、实施征地补偿安置方案。

第二十七条 市国土资源部门应在征地补偿安置方案批准之日起15个工作日内,从预存款账户中将属于集体经济组织和被征地农民的土地补偿费、16周岁以下被征地农民生活补助费、青苗补偿费、农田基础设施补助费支付给被征地所在的镇(区)财政,由镇(区)财政按规定与被征地集体经济组织和被征地农民进行结算管理;将被征地农民社会保障资金、16周岁以下被征地农民安置补助费支付其生活补助费后的余额一次性划入保障资金专户。

第二十八条 市人力资源和社会保障部门应当在被征地农民社会保障资金到账后10个工作日内,按照以下方式处理:

(一)将养老年龄段被征地农民社会保障资金中个人分账户部分记入其在保障资金专户中的个人分账户,用于逐月发放养老补助金。养老补助金先从个人分账户中支付,个人分账户资金不足支付的,从保障资金统筹账户列支。

(二)将劳动年龄段被征地农民的社会保障资金中个人分账户部分记入其在保障资金专户中的个人分账户,用于逐期代缴其参加社会养老保险的个人缴费部分。

第二十九条 被征地农民社会保障资金参照社会保障基金有关规定管理,单独记账、核算,实现保值增值。

第三十条 依法属于农村集体经济组织的部分土地补偿费,纳入农村集体资产管理,用于农村集体经济组织发展生产和公益性事业以及历史遗留问题的处理,不得挪作他用。

第五章 政策衔接

第三十一条 劳动年龄段被征地农民征地时,已参加企业职工基本养老保险(已享受待遇的除外)或为在校学生的,经本人申请,可一次性申领被征地农民保障资金个人分账户中安置补助费标准的资金,其个人分账户余额用于逐期代缴其参加社会养老保险的个人缴费部分。

第三十二条 劳动年龄段被征地农民参保后符合《江苏省企业职工基本养老保险规定》规定的,可以办理退休手续,从次月起享受企业退休人员基本养老金待遇。

第三十三条　征地时女性满55周岁不满60周岁的劳动年龄段被征地农民，未享受企业职工基本养老保险待遇的，可享受养老年龄段被征地农民社会保障待遇。

第三十四条　劳动年龄段被征地农民征地时被鉴定为完全丧失劳动能力的，享受养老年龄段被征地农民社会保障待遇。

——摘自《关于印发张家港市征地补偿和被征地农民社会保障办法的通知》（张政发规〔2016〕3号）

关于加快发展养老服务业完善社会养老服务体系的实施意见

一、总体思路和发展目标

（一）总体思路

深入贯彻落实党的十八大和十八届三中、四中、五中全会精神，通过机制改革创新，在确保兜底型养老、扩大普惠型养老的同时，进一步转变政府职能，充分发挥政策引领作用，支持社会化养老，激发市场活力，引导社会力量向养老服务业集聚，整合提升社会各类养老资源，不断满足老年人多样化、多层次的养老服务需求，努力使养老服务业成为积极应对老龄化、保障和改善民生的重要举措，成为推动供给侧改革、促进服务业发展和经济转型升级的重要力量。

（二）发展目标

到2020年，努力建成以居家为基础、社区为依托、机构为补充、医养融合发展的养老服务体系，形成功能完善、设施先进、服务优良、覆盖城乡、适度普惠、事业与产业协调发展的养老服务新格局。

——服务体系更加健全。到2020年，每千名老人拥有养老机构床位数达到50张、护理型床位数占养老机构床位总数70%以上；60%以上的城市社区以及有条件的农村社区建有适老康复场所。城市和农村社区标准化居家养老服务中心建成率分别达到80%、40%；建成市老年活动中心城东、城南、城西、城北4处分中心；每个镇（区）建有1家养老综合服务中心；养老护理员岗前培训率达到100%、持证上岗率达到95%以上。

——保障功能更加有力。建立面向所有老年人的基本养老服务供给制度以及面向80周岁以上老年人的养老援助服务补贴制度，持续加大对养老服务业的投入。统筹规划各类养老服务资源，充分发挥政府、社会、家庭、个人作用，促进基本养老服务均衡发展，确保人人享有基本养老服务。

——产业规模显著扩大。努力推动以老年产品用品、老年健康服务、老年体育健身、老年文化教育、老年金融服务、老年旅游等为主的养老服务业全面发展，养老服务业增加值在服务业中的比重显著提升，从业人员规模不断扩大，培育一批产业链长、覆盖领域广、经济社会效益好的知名品牌。

——发展环境不断优化。进一步完善养老服务监管体系和人才培养、标准评估体系，健全规划、土地、税收、财政、金融、投资、价格等制度措施，推动为老志愿服务活动持续深入开展，尊老、敬老、爱老、助老的社会氛围不断浓厚。

——运行机制充满活力。创新养老公共服务供给方式，加大政策支持和引导力度，激发各类市场主体开展养老服务的积极性，形成市场化、多元化、社会化的养老服务机制。到2020年，社会力量举办或经营的养老机构床位数占比达到70%以上。

二、全面提升养老服务能力

（一）推进公办养老机构改革

1. 明确职能定位。优先保障“五保”对象和符合条件的低收入老人、经济困难的失能半失能老人的养老服务需求，发挥面向社会示范、专业培训、对口支援、调控养老服务市场、化解民办养老机构因暂停或终止服务导致的老年人安置风险等作用，履行政府在养老服务业发展中保基本、兜底线的职能。

2. 提高服务效能。充分利用、整合现有公办养老机构资源，通过改（扩）建提升医疗、康复、护理、安全等综合服务能力。镇（区）原则上不再异地新建敬老院，鼓励村（社区）建设嵌入式养老机构和养老综合服务中心。镇（区）改（扩）建敬老院及村（社区）建设养老机构，由市财政按审计后建筑安装工程造价的25%给予补贴。

3. 加快社会化运营步伐。鼓励社会力量投资运营公办养老机构。除市社会福利服务中心以外，到2018年底，镇级敬老院均实行公建民营、社会组织和企业运营等社会化运营方式，政府从直接服务转变到重点购买服务和监管服务上。

公办养老机构社会化运营后，均可享受与民办养老机构同等的建设补贴、运营补贴、特岗补贴和养老机构综合责任保险等相关鼓励政策。

（二）加大社会兴办养老机构扶持力度

1. 对社会力量以自建产权用房兴办的养老机构，新增养老床位的，按每张2万元给予建设经费补贴。

2. 对社会力量以租赁用房兴办且租期5年以上的养老机构，新增养老床位的，按每张1万元给予建设经费补贴。

3. 养老机构收住本市户籍老人的，按入住6个月以上的老人数，分介护、介助和生活能自理三类分别给予每月不低于200元、150元和100元的床位补贴。

对市场化运营并服务本市户籍老人的民办养老机构，给予与非营利性养老机构同样的建设和运营补贴。

以上养老机构补贴资金除明确由市财政承担的以外，其他由市财政承担30%、镇（区）承担70%。养老机构建设经费补贴从养老机构取得设立许可当年起，分两年各按50%的比例拨付（本意见实施前已取得设立许可的养老机构，按原标准给予补贴）。

（三）发展居家养老服务网络

1. 新建、改（扩）建养老综合服务中心，达标的标准化（AAA级）、示范性（AAAA级）居家养老服务中心，老年人日间照料中心，中央厨房。一次性给予每平方米600元的建筑安装费补贴，补贴总额不超过60万元；对日常运行经费，根据其规模大小、服务质量、服务人数，按照不超过每年10万元的标准给予补贴。

2. 新建、改（扩）建达标的普通型（AA级）居家养老服务站。对其建筑安装费实行以奖代补，城区二环路以内的村（社区）按照不超过10万元的标准给予奖励，其余村（社区）按照不超过5万元的标准给予奖励；对日常运作经费，按照不超过每年3万元的标准给予补贴。

3. 新建、改（扩）建达标的老年助餐点。一次性给予2万元至4万元的建筑安装费补贴；对开办时间在一年以上的，按服务人数多少，给予每年1万元至5万元的运营补贴。

4. 对专门为老年人助餐点提供膳食，月平均数量每天在1500份〔含以下的集体用餐配送膳食加工基地（中央厨房）〕，按照每天每份1元的标准补贴（具体操作办法另行制定）。补贴时间至2019年3月31日结束。

以上补贴资金由市财政承担，镇（区）应按不低于市补标准进行配套。

（四）提高养老援助服务标准

养老援助服务对象及养老援助服务标准：

A：对年满60周岁，日常生活需要介助或介护的“五保”对象、低保、低保边缘和特困职工孤寡老人、重点优抚对象、市级以上劳模、归国华侨、“二无”（无子女、无劳动能力）困难老人以及其他因特殊原因无人照料的困难老人，按介助、介护两类每人每月提供不超过850元、1140元的养老援助服务。其中独生子女伤（病）残、死亡后未再生育或收养子女，且享受计生特别扶助金的无人照料的困难老人，在上述服务标准上再提高20%。

B：对年满80周岁，独生子女伤（病）残、死亡后未再生育或收养子女，享受计生特别扶助金且日常生活能自理的老年人，每人每月提供不超过200元的养老援助服务。

C：对年满80周岁，日常生活能自理的“五保”对象、低保、低保边缘和特困职工孤寡老人、重点优抚对象、市级以上劳模、归国华侨、“二无”（无子女、无劳动能力）困难老人以及其他因特殊原因无人照料的困难老人，每人每月提供不超过150元的养老援助服务。

D：除上述三类外，其他年满80周岁及以上的老年人，每户每月提供不超过70元的养老援助服务。

以上养老援助服务经费由市财政承担30%、镇（区）承担70%，今后随着张家港市最低工资标准的增长实行自然增长机制。

对签约市亲情（虚拟）养老院的社会服务加盟商，按规定价格提供居家养老服务，且每年固定服务（连续服务时间超过6个月）达到20户老年人家庭，经考核合格给予每年4000元的补贴；服务老年人家庭每增加10户，增加每年2000元的补贴，补贴总额不超过每年5万元。以上补贴资金由市财政承担。

（五）推进医养融合发展

加强养老机构医疗服务能力建设，大力拓展医疗机构为老服务功能。卫生计生部门要为养老机构和日间照料中心按有关规定申请设立医疗机构提供便捷服务；人社部门要为养老机构和日间照料中心申请医保定点单位提供便捷服务，支持将符合基本医疗保险定点协议管理标准的医疗机构纳入医保协议管理范围，促进医疗资源与养老服务的无缝对接，实现医疗卫生与养老服务的融合发展。全市原则上按照每千名老人配备35张护理型床位的标准来规划设置，到2020年，全市老年病床位数达到1500张以上；家庭病床数达到2000张以上，并建立与之相适应的结报机制；所有养老机构按照标准内设相应的医疗机构或与医疗卫生机构签订医疗服务合约。探索日间照料中心按标准设立护理站，对在日间照料中心内设置护理站的，市财政按审计后设施设备投入的50%给予一次性补贴，补贴总额不超过30万元。

不断提升社会养老服务水平和医疗保障水平，满足老年人日益增长的医疗护理需求。到2017年末，全市60岁以上老年人家庭医生签约率要达到70%以上，65岁以上老年人健康管理率保持在80%以上，力争到2020年实现全覆盖。

三、完善养老服务制度

（一）建立养老服务评估制度

采取政府购买服务的方式，引入第三方专业机构，对初次申请和已经享受政府养老援助的老年人，以及入住养老机构的老年人的日常生活能力、经济状况等进行评估，评估结果作为民政部门确定老年人服务需求类型、照料护理等级和养老服务补贴标准的依据；同时，对依法登记的养老机构及居家养老服务组织运行状况、服务质量等开展评估，作为民政等部门确定相关补贴的依据。到2016年底，全面建立科学合理、运转高效的长效评估机制，实现养老服务评估科学化、常态化和专业化。

（二）完善专业技术人员激励制度

凡持有《养老护理员职业资格证书》的服务人员，在同一养老机构或居家养老服务组织工作1年以上，每月给予100元岗位补贴；工作年限每增加1年，岗位补贴每月增加100元，工作年限在10年以内（含10年）的，每月最高补贴不超过500元；工作年限在10年以上的，每月补贴800元。鼓励引入社会工作者开展为老服务，养老机构和居家养老服务组织吸纳社工专业资质人员从事为老服务的，对具有助理社会工作师、社会工作师、高级社会工作师资质的社会工作者每月分别给予100元、300元、500元的补贴。凭用人单位与从事养老服务人员签订的劳动合同、社保缴费证明进行补贴。同时持有社工专业资格证和《养老护理员职业资格证书》的服务人员，按就高原则不重复享受补贴。以上补贴除市属养老机构和居家养老服务组织由市财政承担外，其他由养老机构和居家养老服务组织所在镇（区）财政承担。已享受公益性岗位补贴的，不再享受为老服务岗位补贴口取得《养老护理员职业资格证书》初级工、中级工、高级工、技师的人员，给予每人500元、1000元、2000元、3000元的一次性奖励，一次性奖励经费由市福彩公益金承担。

（三）健全人才培养和就业扶持制度

加大政府奖励扶持力度，鼓励社会力量建立养老服务研发和实训基地；鼓励张家港市院校培养和培训老年服务管理、医疗保健、护理康复、营养调配、心理咨询等各类养老服务人才，形成人才培养体系；鼓励综合医院和专科医院中具有一定工作年限、职称的执业医生和注册护士到养老机构中开设内设医疗机构或护理站；鼓励公立医院医师到养老服务的医疗机构中多点执业，并给予相应的岗位补贴。养老机构内设医疗机构及其医护人员纳入卫生计生部门统一管理，在资格认定、职称评定、技术准入和推荐评优方面，与其他医疗机构同等对待。社会办养老机构和养老服务企业在技术职称评定、继续教育、职业技能培训等方面与公办养老机构享受同等待遇。鼓励高学历、高资质、创新型养老服务人才与团队落户本市。鼓励大中专院校和护士专科学校毕业生到养老机构和居家养老服务组织从事养老服务工作。

（四）优化老年人政策性保险制度

按照机构投保、保险公司运作、政府支持的原则。优化养老机构综合责任险、居家养老服务组织综合责任险和60周岁及以上老年人团体人身意外伤害保险制度。积极关注老年人长期护理保险、老年人住房反向抵押保险等险种。

（五）强化养老服务监管制度

市发改、人社、卫计、民政、财政、审计等部门通过联合检查、财务审计、社会公示等方式，加强对养老机构和居家养老服务组织日常运行的管理，建立信用体系和信息披露制度，对服务质量和运营情况定期开展监督检查。接受政府资助的养老机构和居家养老服务组织，必须建立健全规范的会计核算制度和财务管理制度，实行年度会计报表审计报告制度。对骗取补贴、补助、奖励的，由民政部门责令退回，处骗取补贴、补助、奖励数额二倍以下罚款；构成违反治安管理行为的，由公安机关依法予以处罚；构成犯罪的，依法追究刑事责任。

（六）实行养老服务行业管理制度

成立养老服务行业协会，健全养老服务行业规范和管理制度，明确服务内容、服务形式，规范收费标准，完善养老服务业投诉、奖惩等机制。建立养老机构和居家养老服务组织建设质量和等级评估规范，通过协会加强行业自律和自我管理。加强养老机构和居家养老服务组织服务队伍建设，制定岗位专业标准和操作规范，加大服务人员职业道德教育和专业知识、岗位技能培训力度。

（七）完善老年人精神关爱制度

鼓励、支持发展养老服务志愿组织，开展“老年精神关爱行动”，重点实施“温暖空巢”“心灵茶吧”“舞动夕阳”“校园争辉”等老年精神关爱项目。倡导邻里互助养老，鼓励低龄、健康老年人为高龄、独居、空巢老年人服务；探索老年人心理援助体系建设，加强老年人生活和思想交流，开展心理讲座和培训，提供专业心理咨询、辅导和康复服务。

四、发展养老服务产业

（一）支持社会力量举办养老服务业

各部门要进一步简化手续、优化政策，鼓励各类社会主体以独资、合资、合作、联营、参股、租赁等方式举办或经营养老机构、社区居家养老服务机构等为老服务实体，引导社会力量参与养老服务体系建设。养老机构服务收费实行分类管理，除公办养老机构床位费、护理费实行政府定价外，公建（公办）民营养老机构服务收费依据委托协议合理确定；民办养老机构实行市场调节价，由经营者自主确定。对获得省级以上专项资金支持的项目，市财政按照不少于50%的资金比例予以配套（含建设和运营补贴）。

（二）创新养老服务供给模式

鼓励信息化产品和服务的开发与推广，依托电子网络技术整合各类社会养老存量资源，建立养老服务“大数据”平台，着力提高居家养老的信息化水平。全面推进医疗卫生与养老服务融合发展，积极构建养老、医护、康复、临终关怀服务相互衔接的服务模式，实现养老机构与医疗卫生机构的便捷对接。鼓励养老服务企业积极进入居家生活、医疗保健、紧急救助、文化娱乐、体育健身、教育培训、休闲旅游、健康服务、精神慰藉、法律援助等养老服务业新门类。引导民办非企业养老机构向企业化转型，有效缓解民非模式经营管理中普遍面临的制度困境。

（三）积极培育专业社会组织

着力在养老产品研发、服务管理和专业培训等领域培育一批专业社会组织，开展服务质量评估、服务行为监督、从业资质认定等事务，充分发挥在行业自律、监督评估、沟通协调、服务中介、风险分担等方面的作用。通过政府购买服务、公益创投等方式，积极引导专业化社会组织和家政、物业等企业开展各类养老、助老服务。

五、强化保障措施

（一）编制养老服务业规划

将养老服务业发展纳入张家港市国民经济和社会发展总体规划，列为现代服务业重点发展领域，制定和组织实施养老服务业发展专项规划，明确发展思路、发展目标、发展重点、空间布局、土地供应、设施建设、项目选择、资金投入、政策保障等内容。

（二）加大养老经费投入

根据经济社会发展水平和老龄事业发展需要，加大对养老事业的资金投入。按上年度60周岁以上的户籍老年人数，以每人每年260元的标准安排养老服务事业经费（不含“五保”老人的保障经费），列入政府年度财政预算。用于社会福利事业的彩票公益金，要将50%以上的资金用于支持发展养老服务业，并随老年人口的增加逐步提高投入比例；体育彩票公益金要为本地区老年人配备健身器材。

（三）加大财政金融支持力度

凡列为张家港市城乡居民创业小额贷款扶助对象的人员兴办养老机构、居家养老服务组织，可以申请30万元小额担保贷款，并享受张家港市城乡居民创业小额贷款有关优惠政策。积极争取国债资金、保险资金、慈善捐赠资金等投资养老服务基础设施和重大项目。

（四）落实税费优惠政策

认真落实好国家现行支持养老服务业的税收优惠政策。对经市民政局设立许可的养老机构提供的养老服务，件合相关规定的，免征增值税。对非营利性养老机构和居家养老服务组织自用房产、土地免征房产税、城镇土地使用税，对符合条件的非营利性养老机构和居家养老服务组织的收入，按规定免征企业所得税。对企业事业单位、社会团体和个人通过公益性社会团体或者县级以上人民政府及部门向非营利性养老机构的捐赠，符合相关规定的，准予在计算其应纳税所得额时按税法规定比例扣除。对非营利性养老机构和居家养老服务组织减免城市基础设施配套费、土地登记费、土地复垦费、土地闲置费、耕地开垦费、房屋登记费、白蚁防治费、防空地下室易地建设费、规划技术服务费，对营利性的减半征收。对新建养老机构和居家养老服务组织减半收取城建档案服务费、建筑工程和市政工程施工图审查费、建设工程交易综合服务费、新建住宅有线数字电视入户工程费等服务性收费，非营利性的减免绿地占用费。养老机构和居家养老服务组织用水、用电、用气、用热按居民生活类价格执行，安装电话、有线(数字)电视、宽带互联网免收一次性接入费，有线(数字)电视基本收视维护费按当地居民用户终端收费标准减半收取。其他收费执行国家、省、苏州市及张家港市相关优惠政策。

(五)优先养老用地供应

在符合城乡总体规划和土地利用总体规划等相关规定前提下，按照人均用地不少于0.2平方米的标准，制定张家港市养老服务设施专项规划，按年度落实相应的建设用地计划。鼓励各类主体利用存量建设用地、闲置房屋按照养老服务设施专项规划，开办养老机构和居家养老服务组织，规划、国土、消防等相关部门积极配合和支持。社会力量举办的非营利性养老机构与政府举办的养老机构享有相同的土地使用政策，可以依法使用国有划拨土地或者农民集体所有的土地。对社会力量提供的床位数在200张以上的养老机构，其投资项目可列入市服务业重点项目；500张和1000张以上的养老机构，其投资项目可分别推荐上报苏州市和省级服务业重点项目，优先给予用地保障。社区居家养老服务设施建设应纳入城市和农村社区配套用房建设范围，新建住宅小区按每百户30平方米配套建设社区居家养老服务用房，已建成的住宅区域在2016年底之前要按每百户20平方米的标准调剂解决。严禁养老设施建设用地改变用途、容积率等土地使用条件搞房地产开发。

——摘自《关于加快发展养老服务业完善社会养老服务体系的实施意见的通知》(张政发规〔2016〕9号)

2016年中共张家港市委部分文件目录

1月28日	张委发〔2016〕1号	关于授予小品《幸福指数》等作品和苗壮同志第六届"张家港文学艺术奖"的决定
2月3日	张委发〔2016〕2号	关于表彰2015年度先进单位及条线先进集体、先进个人的决定
2月5日	张委发〔2016〕3号	关于印发《关于进一步加强全市农村基层党建工作的实施意见》的通知
2月17日	张委发〔2016〕4号	关于转发《市人大常委会2016年度工作要点和工作安排》的通知
2月17日	张委发〔2016〕5号	关于转发《政协张家港市第十一届委员会常务委员会2016年度作要点》的通知
3月23日	张委发〔2016〕8号	关于印发《2016年全市党委(党组)中心组专题学习计划》的通知
4月1日	张委发〔2016〕10号	关于苏州市对我市落实党风廉政建设责任制检查考核反馈意见的整改落实方案
4月13日	张委发〔2016〕11号	关于认真做好镇党委换届工作的通知
4月13日	张委发〔2016〕12号	关于印发《张家港市生态文明建设三年行动计划(2016—2018)》的通知
4月29日	张委发〔2016〕13号	中共张家港市委落实党风廉政建设主体责任评议质询意见建议整改落实工作方案
5月12日	张委发〔2016〕14号	关于同意召开中国共产党杨舍镇第十三次代表大会的通知
5月12日	张委发〔2016〕15号	关于同意召开中国共产党塘桥镇第十二次代表大会的通知
5月12日	张委发〔2016〕16号	关于同意召开中国共产党金港镇第八次代表大会的通知
5月12日	张委发〔2016〕17号	关于同意召开中国共产党锦丰镇第十一次代表大会的通知
5月12日	张委发〔2016〕18号	关于同意召开中国共产党乐余镇第十一次代表大会的通知
5月12日	张委发〔2016〕19号	关于同意召开中国共产党凤凰镇第十二次代表大会的通知
5月12日	张委发〔2016〕20号	关于同意召开中国共产党南丰镇第十一次代表大会的通知
5月12日	张委发〔2016〕21号	关于同意召开中国共产党大新镇第十一次代表大会的通知
5月27日	张委发〔2016〕23号	关于召开中国共产党张家港市第十一次代表大会的请示
5月27日	张委发〔2016〕24号	关于印发市委十届十二次全会《关于召开中国共产党张家港市第十一次代表大会的决议》的通知
6月6日	张委发〔2016〕25号	关于印发《张家港市率先建成全国生态文明建设示范市(县)综合配套改革试点方案》的通知
6月6日	张委发〔2016〕26号	关于印发《张家港市关于建设全省社区治理和服务创新实验区实施意见》的通知
6月28日	张委发〔2016〕27号	关于表彰市"十佳共产党员""十佳党务工作者"和"十佳基层党组织"的决定

6月30日	张委发〔2016〕28号	中共张家港市委落实党风廉政建设主体责任评议质询意见建议整改落实工作情况汇报
7月6日	张委发〔2016〕29号	关于市委常委分工的通知
7月19日	张委发〔2016〕30号	关于确定张家港市出席中国共产党苏州市第十二次代表大会代表候选人预备人选的报告
7月19日	张委发〔2016〕31号	关于做好移风易俗工作深化文明城市建设的实施意见
7月20日	张委发〔2016〕32号	关于召开中国共产党张家港市第十一次代表大会的通知
8月2日	张委发〔2016〕33号	关于市委常委分工的通知
8月8日	张委发〔2016〕34号	关于认真学习贯彻市第十一次党代会精神的通知
9月9日	张委发〔2016〕35号	关于调整市领导班子成员基层联系点的通知
9月14日	张委发〔2016〕40号	关于印发《关于在全市公民中开展法治宣传教育的第七个五年规划（2016—2020年）》的通知
9月21日	张委发〔2016〕41号	关于转发《中共张家港市人大常委会党组关于做好市、镇两级人民代表大会换届选举工作的意见》的通知
9月26日	张委发〔2016〕42号	关于印发《张家港市贯彻落实〈法治政府建设实施纲要（2015—2020年）〉实施方案》的通知
12月7日	张委发〔2016〕46号	关于印发《关于实施聚焦转型创新驱动行动计划的决定》的通知
12月7日	张委发〔2016〕47号	关于印发《张家港市先进制造产业领跑计划实施意见》的通知
12月7日	张委发〔2016〕48号	关于印发《张家港市创新驱动能力提升计划实施意见》的通知
12月13日	张委发〔2016〕49号	关于印发《张家港市人才引领智汇港城计划实施意见》的通知
12月29日	张委发〔2016〕51号	关于印发《中共张家港市委关于开展市委巡察工作的实施办法（试行）》的通知

2016年张家港市人民政府部分文件目录

1月4日	张政发〔2016〕1号	关于对我市24家重大事故隐患单位实行挂牌督办整改的通知
1月11日	张政发〔2016〕2号	关于表彰张家港国际卫生港口创建工作先进单位和先进个人的决定
1月11日	张政发〔2016〕5号	关于公布张家港市行政规范性文件制定主体的通知
1月11日	张政发〔2016〕6号	关于公布张家港市行政执法主体的通知
1月22日	张政发〔2016〕7号	关于印发2016年度基本建设项目计划及资金安排的通知
1月23日	张政发〔2016〕9号	关于认真做好2016年春运工作的通知
2月3日	张政发〔2016〕13号	关于认真做好第三次全国农业普查工作的通知
2月3日	张政发〔2016〕15号	关于公布张家港市第三批城市紫线的通知
2月18日	张政发〔2016〕18号	关于印发《张家港市国民经济和社会发展第十三个五年规划纲要》的通知
3月1日	张政发〔2016〕20号	关于落实供给侧结构性改革的实施意见
3月1日	张政发〔2016〕21号	关于进一步降低实体经济企业成本减轻企业负担的若干意见
3月15日	张政发〔2016〕23号	关于印发《张家港市“十三五”质量工作意见》的通知
3月15日	张政发〔2016〕24号	关于印发《张家港市创建全国质量强市示范城市工作实施方案》的通知
3月18日	张政发〔2016〕25号	关于落实粮食安全责任制的实施意见的通知
3月28日	张政发〔2016〕26号	关于表彰2015年度全市金融系统绩效考核先进单位的决定
3月29日	张政发〔2016〕27号	关于成立张家港市东沙物流园的通知
4月18日	张政发〔2016〕29号	关于表彰2015年度张家港市劳动关系和谐企业的通报
5月11日	张政发〔2016〕31号	关于印发《张家港市农村宅基地和农房统一调查登记发证试点工作实施方案》的通知
5月16日	张政发〔2016〕34号	关于授予尹敏等同志第十二届张家港市“十大”杰出青年的决定
5月26日	张政发〔2016〕37号	关于印发《张家港市“十三五”体育发展规划》的通知
5月26日	张政发〔2016〕38号	关于印发《张家港市开放型经济“十三五”发展规划》的通知
6月12日	张政发〔2016〕40号	关于表彰第四届张家港慈善奖获得者的决定
6月30日	张政发〔2016〕51号	关于印发《张家港市G20峰会环境质量保障工作方案》的通知

7月1日	张政发〔2016〕48号	关于颁发2016年度张家港市科技创新创业市长奖和科技合作贡献奖的决定
7月8日	张政发〔2016〕50号	关于印发推进“先照后证”改革后加强事中事后监管的实施意见的通知
7月14日	张政发〔2016〕56号	关于印发《张家港市水污染防治工作方案》的通知
7月20日	张政发〔2016〕57号	关于印发《张家港市2016年供给侧结构性改革去杠杆行动计划》的通知
7月21日	张政发〔2016〕55号	张家港市人民政府、张家港市人民武装部关于表彰2015年度全市征兵工作先进单位和先进个人的通报
7月28日	张政发〔2016〕59号	关于印发2016年张家港市市级政府购买公共服务项目表的通知
8月9日	张政发〔2016〕62号	关于印发《张家港市旅游业全面提升三年行动计划(2016—2018年)》的通知
9月12日	张政发〔2016〕67号	关于印发张家港市钢铁行业化解过剩产能实施方案的通知
9月12日	张政发〔2016〕68号	关于印发《贯彻落实钢铁行业化解过剩产能若干政策的意见》的通知
9月22日	张政发〔2016〕65号	关于公布张家港市第一批重要河湖名录的通知
10月10日	张政发〔2016〕70号	关于印发《张家港市供给侧结构性改革去产能行动计划(2016—2018)》的通知
10月24日	张政发〔2016〕71号	关于印发《关于进一步促进房地产市场平稳健康发展的意见》的通知
11月1日	张政发〔2016〕74号	关于印发《进一步调整完善生态补偿政策的意见》的通知
11月4日	张政发〔2016〕75号	关于印发《深化全市基层医疗卫生运行机制改革的实施意见》的通知
11月14日	张政发〔2016〕76号	关于印发《张家港市社会信用体系建设三年行动计划(2016—2018年)》的通知
11月21日	张政发〔2016〕81号	关于《印发张家港市民政事业发展“十三五”规划》的通知
11月24日	张政发〔2016〕82号	关于贯彻落实《国务院、省政府关于机关事业单位工作人员养老保险制度改革的决定和实施意见精神》的通知
11月24日	张政发〔2016〕80号	关于印发下放凤凰镇行政管理权限项目一览表的通知
12月4日	张政发〔2016〕83号	关于印发《关于进一步加强政府性债务管理的实施意见》的通知
12月4日	张政发〔2016〕84号	关于印发《张家港市粮食安全保障体系建设“十三五”规划》的通知
12月4日	张政发〔2016〕85号	关于印发《张家港市全民健身实施计划(2016—2020年)》的通知
12月11日	张政发〔2016〕86号	关于表彰“行行出状元”张家港市第四届职业技能大赛优秀选手和先进单位的决定
12月24日	张政发〔2016〕89号	关于印发《张家港市全民科学素质行动计划纲要实施方案(2016—2020年)》的通知
12月26日	张政发〔2016〕90号	关于颁发2016年度张家港市技术发明奖和科学技术进步奖的决定
12月26日	张政发〔2016〕91号	关于印发《张家港市安全生产“十三五”规划》的通知
12月26日	张政发〔2016〕92号	关于印发《张家港市“十三五”知识产权发展规划》的通知
12月26日	张政发〔2016〕93号	关于印发《张家港市行政规范性文件制定管理办法》的通知
12月29日	张政发〔2016〕96号	关于颁发张家港市第七届哲学社会科学优秀成果奖的决定
1月21日	张政发规〔2016〕1号	关于印发《张家港市版权示范单位、示范园区和优秀版权工作站评审奖励办法》的通知
1月21日	张政发规〔2016〕2号	关于印发《张家港市软件正版化示范企业评审奖励办法》的通知
1月25日	张政发规〔2016〕3号	关于印发《张家港市征地补偿和被征地农民社会保障办法》的通知
5月26日	张政发规〔2016〕4号	关于印发《张家港市市民卡管理办法》的通知
8月7日	张政发规〔2016〕5号	关于印发《张家港市临时救助实施细则》的通知
8月9日	张政发规〔2016〕6号	关于印发《张家港市新市民积分管理办法(2016年修订)》的通知
8月9日	张政发规〔2016〕7号	关于印发《张家港市旅游业发展奖励补助办法》的通知
11月1日	张政发规〔2016〕8号	关于印发《关于在市区推行住宅房屋征收(协议搬迁)房票补偿的实施办法(试行)》的通知
11月1日	张政发规〔2016〕9号	关于印发《关于加快发展养老服务业完善社会养老服务体系的实施意见》的通知
12月26日	张政发规〔2016〕10号	市政府《关于印发张家港市企业科技创新积分管理办法》的通知
12月26日	张政发规〔2016〕11号	市政府《关于印发张家港市服务业发展与改革引导资金管理办法》的通知

【编辑　宋佳辰】

索引

Index

香山梅岭　（邱亚峰　摄）

条目索引

表格索引

随文图片索引

说　　明

一、索引采用主题分析法编制，大部分选用关键词。

二、索引设有条目索引、表格索引、随文图片索引三个分目，按标引词首字的汉语拼音音序排列，首字相同按第二字音序排列，以此类推。

三、由类目、分目提取的索引用黑体字标明。标引词后的阿拉伯数字表示内容所在的页码，数字后面的a、b、c分别表示从左至右第一、二、三栏。标引词后第二个页码起，表示该索引参见内容所在位置。

四、为便于读者检索，张家港市的企事业单位以及在张家港市发生的事件名称，除易产生歧义者外，省略“张家港市”或“张家港”。

条目索引

G

K

L

M

N

P

Q

R

S

Z

表格索引

随文图片索引

【编辑　陆文琰】

主审人员名单

（按姓氏笔画排序）

丁中群	丁　波	卜荣江	于年中	马天明	马正阳	王少波
王文军	王世峰	王建明	王彦文	王留声	王新法	韦　锋
牛建平	石冬萍	龙大华	朱　林	朱龙友	朱洪春	朱桂明
朱晓敏	朱敏燕	任黎明	刘　学	刘中平	刘玉梅	刘东兴
刘会荪	刘国华	刘　俭	刘晓戎	汤卫华	许兴达	许　健
许海萍	孙　杰	孙利婵	孙浩龙	孙　海	严　忠	严红艳
严国华	严景阳	杜思梅	李　军	李小虎	李云昌	李秋菊
李剑龙	李　峰	李维兵	李　雄	李群慧	杨　勇	杨伟才
杨惠亚	杨满平	肖维贤	吴云峰	吴永兵	吴金虎	吴彦刚
邱月花	邱晶嘉	何中元	何正贤	何启明	何　俊	邹利明
汪晓帆	张立新	张　进	张秀兰	张君华	张金珠	张莉莎
张　辉	张惠锋	张　蓉	张新华	张新建	张满兴	张耀明
陆益新	陆盘忠	陆新玉	陈　刚	陈　华	陈　宇	陈　晔
陈小茹	陈仁昌	陈向东	陈　丽	陈秋萍	陈饶忠	陈洪泉
陈　强	陈　磊	陈　霞	邵红江	邵明佳	邵继东	季　珍
季洪良	金善开	周炳芳	周耀忠	郑大勇	屈纪妹	赵　军
赵　瑜	赵志刚	赵国锋	赵剑锋	赵　敢	俞　萍	施卫东
施亦涛	郭文谦	秦国平	秦洪祥	袁　勋	顾　博	顾海斌
顾彩萍	顾　新	钱凤娟	钱东东	钱忠明	钱根祥	钱晓东
钱淑贞	倪雅萍	徐　晨	徐云龙	徐　伟	徐志斌	徐丽花
徐　沂	徐　铭	唐雷刚	展玉明	陶彦斌	黄　越	黄新波
黄耀平	曹丽萍	龚向东	程　毅	谢正国	蓬　元	蔡克荣
蔡福如	管长兴	潘晓忠	薛　平	薛　奇	衡泽志	瞿医蕾

张家港经济技术开发区（杨舍镇）

张家港经济技术开发区（杨舍镇）是市委、市政府所在地，全市政治、经济、文化、交通中心。2016年年末总面积153.09平方千米，其中城区面积34平方千米。辖城郊5个办事处、城区4个街道办事处、29个行政村、76个社区。有户籍98543户，户籍人口284768人，另有外来暂住人口254852人。全年实现地区生产总值676.06亿元，比上年增3.9%。一、二、三产业增加值分别为4.99亿元、229.72亿元和441.35亿元。按户籍人口计算，人均生产总值23.74万元。完成全口径财政收入103.54亿元，比上年增10.5%，其中公共财政预算收入45.79亿元。入库税收100.85亿元，比上年增10.65%。完成全社会固定资产投入211.71亿元。年内，经开区获批国家知识产权试点示范园区,杨舍镇获评苏州市第十届双拥模范镇、江苏省和谐社区建设示范乡镇、江苏省创新型试点乡镇、江苏省社会治安综合治理先进集体、全国乡级计划生育协会工作先进单位，列全国综合实力千强镇前三甲。

1 苏州市委书记周乃翔在区（镇）调研

2 苏州市委副书记、市长曲福田在区（镇）考察

3 市电子商务产业园开园

4 国家再制造汽车零部件产品质量监督检验中心揭牌仪式

5 杨舍镇第十七届人民代表大会五次会议在馨苑度假村举行

大连机床集团华东基地项目
签约仪式
签约席

校企合作基地揭牌仪式
产学研基地
研究生培养基地
卓越工程师培养基地

1 全球新能源企业 500 强之一爱康集团
2 大连机床集团华东基地项目签约仪式
3 新美星股票在深交所创业板挂牌上市
4 国家级科技企业孵化器沙洲湖科创园
5 江苏申洲毛纺有限公司与西安工程大学校企合作基地揭牌
6 善港草莓喜获丰收
7 南新村丰产方
8 吾悦广场
9 汇金商务中心二期开工典礼
10 学府花苑开工典礼
11 百家桥新村
12 “杨舍杯”2016 年中国桌式足球公开赛暨全国青少年桌式足球赛在福前小学举行

张家港经济技术开发区（杨舍镇）

1 软件动漫产业园
2 全国百强医院之一澳洋医院
3 江苏省校园篮球特色学校泗港小学
4 乘航公园一角
5 经开区（杨舍镇）"美丽村庄，幸福家园"宅基文化繁荣工程启动
6 市道德模范身边好人先进事迹宣讲暨"杨舍故事汇"讲故事PK赛总决赛
7 市幸福杨舍志愿者协会成立暨经开区（杨舍镇）2016年度首批志愿服务项目发布活动
8 市史志馆经开区（杨舍镇）分馆揭牌
9 经开区（杨舍镇）妇女第十三次代表大会召开
10 欢送新兵入伍大会
11 诵读经典《橘颂秋吟》
12 经开区（杨舍镇）"国际社工日"宣传周启动仪式暨城南街道首届社工节开幕式

7

张家港市史志馆
经开区（杨舍镇）分馆

8

经开区（杨舍镇）妇女第十三次代表大

9

为建设一支听党指挥能打胜仗作风优良的人民军队而奋斗！

10

11

"国际社工日"宣传周启动仪式
暨城南街道首届社工节开幕式

12

章卿村

章卿村位于杨舍镇泗港办事处辖区西南部，境内有1700余年历史的章卿寺，村随寺名。该村由原章卿村和西新村于2012年合并而成。村域东与泗港集镇和七里庙村相连，南与百家桥村为邻，西与金港镇后塍办事处朱家宕村和江阴市华士镇域交界，北靠闸上村、东横河，总面积5.08平方千米。村委会驻乐家园自然村北侧。2016年，辖33个村民小组，有户籍1675户、在籍人口5491人。耕地156公顷。村党总支设5个党支部，有党员250人。全村集体经济总收入1868万元，总资产8167万元，村可用财力1198万元，村民人均纯收入25878元。有私营工业企业100余家，形成纺织、服装、电子、建材、电镀五大支柱产业，实现工业销售收入12.48亿元。现代农业发展迅速，产业结构有序调整，开发出西瓜、奶油草莓、黑蕃茄、美国金瓜等特色农产品。在村级经济不断壮大的同时，章卿村党建、社会事业、文明创建等同步推进，先后获评江苏省卫生村，江苏省生态村，苏州市先锋村，苏州市加强农村基层组织建设、加快农村现代化建设示范村等荣誉。

1 村党总支书记吴坚
2 村委办公楼
3 农家住宅
4 千年古刹章卿寺
5 港洋集团

棋杆村

棋杆村位于杨舍镇塘市办事处辖区北部，由原棋杆村和芦庄村1999年合并而成，2006年建立村管社区东兴苑社区。村域东与汤联村、新民村为邻，西与白子港、旺西村交界，南与河北村、南庄村毗邻，北至南二环与孙家湾、北窑泾接壤，总面积2.96平方千米。村委会驻新沙河东侧西溪花苑小区内。2016年，辖24个村民小组，有户籍430户、在籍人口1312人。村党总支设4个党支部，有党员168人。全村集体经济总收入1834万元，总资产8851万元，村可用财力841万元，村民人均纯收入32568元。全村有私营工业企业60余家，涉足房地产、纺织、服装、建材、电子、汽配等众多领域，第三产业发展潜力巨大，不仅有麦德龙、红星美凯龙、九洲国际家具城等大型商场，汤联路、勤星路商业一条街也渐趋成熟。棋杆村党建文化、自治文化、居民戏曲文化、西溪历史文化为村级各项事业发展平添助益。棋杆村曾先后获评苏州市民主法治村、苏州市绿色村（社区）、张家港市学习型村（社区），连续多年被评为张家港市文明村。

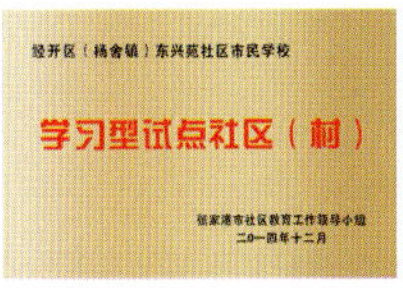

1 村党总支书记陈云（左一）带领班子成员对拆迁过渡房进行安全检查
2 村委办公楼
3 村工业区
4 东兴苑小区
5 古桥新前桥

张家港保税区（金港镇）

张家港保税区于1992年经国务院批准设立，2008年转型升级为保税港区，并与金港镇实施一体化管理。2016年，保税区（金港镇）围绕“强富美高”新坐标和争当全市“三个排头兵”新定位，自觉落实“五大理念”，努力践行“四大路径”，经济社会继续保持良好发展态势。全年完成地区生产总值628.72亿元，工业开票销售收入1115.12亿元，全社会固定资产投资167.63亿元，公共财政预算收入41.58亿元，外贸进出口总额116.83亿美元，商品销售总额3848.99亿元，获评长江经济带转型升级示范区，跻身全国千强镇第六名。

转型优势有效彰显。年内3个项目入围省重点产业项目，润英联一期等52个项目竣工投产，康得新二期等56个项目开工建设，IFF香精香料等7个项目签约落户。盘活存量土地43.33公顷，“新三板”挂牌3家，上市公司再融资78亿元。江苏化工品交易中心在国内首家启动甲醇期货保税交割，获评省转型升级示范市场。六大市场完成交易额（含电子交易）3020.5亿元。新引入国家“千人计划”人才1人，市领军人才18人。新增高新技术企业15家，获评省级以上企业创新平台10个。

城市品质有效提升。滨江大厦等新城标志性建筑完成建设，保税区（金港镇）文化中心美术馆、档案馆结构封顶，文化馆、少年宫、图书馆工程过半。香山景区四季花园建成开放，香南西路、景区环路基本竣工，特色小镇启动规划申报，香山大街完成立面改造，运动公园方案优化调整。镇山大桥结束桩基工程，疏港高速、张家港大桥建成通车。华达路南延、黄泗浦路改造等一批道路新建改建扩建工程有序推进，交通体系更加完善。

民生福祉有效增进。区（镇）村均可用财力1329万元，农民人均纯收入3.48万元。总投资7亿元的实事工程有序推进。金港医院易地新建。全年区（镇）竣工安置房65.64万平方米，完成分房3000余套、安置房办证800余户。教育、社保、医疗、养老等公共服务水平不断提升。成为联合国教科文组织“农村社区学习中心（CLC）”项目实验点，获评全国社区教育示范乡镇和苏州市唯一一家省级“六五”普法先进乡镇。

1 7月6日，江苏省委书记李强考察江苏康得新复合材料股份有限公司

2 3月7日，润英联（中国）有限公司开业庆典

3 10月20日，庄信万丰（张家港）贵金属材料科技有限公司开业典礼

4 11月2日，泰柯棕化（张家港）有限公司三乙酸甘油酯及基础油脂化学品工厂二期竣工投产庆典

5 12月9日，温控产业园推介会召开

6 张家港保税港区汽车整车进口口岸

7 4月11日，江苏省文明旅游倡导工程暨"为中国加分"文明旅游公益行动（江苏）启动仪式在香山景区举行

8 6月6日，保税区（金港镇）全面健身节健身团队展示

9 滨江新城

10 香山景区

封庄村

封庄村位于保税区（金港镇）东南部，东连后塍集镇，南靠袁家桥村，西接柏林村，北依学田村。2004年2月由曹场巷村、封庄村合并而成。辖区内张杨公路与中华路、金港路交会贯通。西距国家AAAA级景区——香山风景区1.5千米。2016年，区域面积4.3平方千米，其中耕地面积70公顷，下辖34个村民小组，居民1678户4625人。实现村级可用财力442万元，总资产3027万元。

近年，封庄村紧紧围绕建设“文明、平安、洁美、健康、和谐”的新封庄，科学谋划，凝心聚力，开拓创新，加快发展村级经济。2014年筹建“金丰生态农业发展有限公司”，申请注册“老雷沟”系列农副产品商标，并进行绿色食品标志认证。建办保税区（金港镇）“金丰青创•众创空间”，孵化的项目获得江苏省大学生村官创业大赛优胜奖。“金港园艺大世界”占地面积1万平方米，开发花卉种植、盆景栽培等基地。2015年11月，域内增设金丰社区居民委员会，由封庄村托管，金丰社区与封庄村委合署办公。金丰社区将围绕“建设和美金丰”主题，充分发挥居民自治，凝聚力量，群策群力，利用“互联网+党建”模式，创新服务平台，争创“智慧金丰”社区，更加便捷地服务辖区内的基层群众。

封庄村先后获得江苏省卫生村、苏州市“实践科学发展、推进‘两个率先’先锋村”、张家港市文明村等称号，村农民专业合作社被评为苏州市农民专业合作示范社。

1 金丰社区居委会挂牌
2 封庄村新乡贤参事会第一次会议
3 党建社工服务项目“为爱绽放，流动志愿超市”
4 “金丰青创 • 众创空间”之金港园艺大世界项目
5 村委办公大楼
6 金丰社区

小明沙村

小明沙村位于保税区（金港镇）东部，是德积办事处所在地。东与太字圩港为界，南与新套村、福民村毗邻，西与永兴村、双丰村相连，北濒长江。2004年2月，由德丰村、小明沙村合并而成，是年成立党总支。2007年，小明沙村党总支升格为党委村。2016年，区域总面积4.5平方千米，下辖27个村民小组，居民2005户5250人。村党委下设13个支部，党员211人。

近年，小明沙村牢固树立“以人为本、和谐发展”的理念，全村党员干部凝心聚力、开拓创新，以“富民强村、求真务实、创新争先”为目标，科学谋划，抢抓机遇，攻坚克难，三个文明建设取得丰硕成果。2016年，全村有村属民营企业40家，全年完成工业生产总值11.8亿元，销售收入11.5亿元，利税总额2200万元，村级可用财力563万元。

小明沙村先后被评为江苏省卫生村、江苏省生态村、苏州市先锋村、苏州市健康教育先进村、张家港市文明村、“张家港市十佳卫生村”“保税区（金港镇）十佳文明村”等称号，村党委获评保税区（金港镇）十佳基层党组织。

1 村党委书记赵新浩与困难党员交流
2 小明沙村委办公楼
3 法治广场
4 美丽乡村一角
5 张家港市众美氨纶纱线厂

港西村

港西村位于保税区（金港镇）南部，东临张家港运河，南与江阴市周庄镇隔东横河相望，西与占文村相邻，北依东山村，距镇区5千米。江海路纵贯其中。总面积2.6平方千米，下辖27个村民小组，居民1151户3544人。2016年，实现村级可用财力804万元，总资产4632万元。

港西村下辖香山社区，实行村居合一管理。社区占地面积13.5万平方米，建筑面积9万平方米，联建住宅楼67幢，居民472户1512人，流动人口125人。曾多次获“保税区（金港镇）十佳文明社区”、示范型社区和市文明社区等称号。

近年，港西村始终围绕“稳定、繁荣、和谐”的发展理念，积极寻求经济增长突破点，吸引了一批以纺织业、轻工业、机械制造业为主的民营企业入驻，积极帮助“调结构、促转型、上规模”，不断引导企业转型升级、做大做强。

港西村先后获江苏省卫生村、苏州市先锋村、苏州市建设新农村示范村、苏州市亿万农民健康促进行动示范村、张家港市文明村等称号。

1 村党总支书记顾永仁
2 港西村党员大会、村民代表大会暨党员冬训会议
3 村太极拳队表演
4 香山社区
5 江苏凤凰船舶装备制造有限公司

张家港玖隆钢铁物流园

张家港玖隆钢铁物流园由江苏沙钢集团于2010年牵头发起，2014年由中央企业中船集团公司和沙钢集团公司合资重组建立。园区立足于传统钢铁产业通过发展现代物流业实现转型升级，打造具有全国示范意义的“规模化集聚、网络化布局、供应链集成、智能化管理、一体化服务、平台化运作”第三方钢铁专业物流平台，重点打造华东地区钢材物流的“信息中心、交易中心、结算中心、价格中心、加工中心”五大中心，“钢材仓储、物流配送、延伸加工、金融服务、电子商务、保税物流”六大综合性服务平台。在中船、沙钢两大股东的鼎力支持下，玖隆物流园发挥混合所有制特色优势，充分体现了钢铁物流对钢铁行业转移的承接能力和产业集群效应，经济指标在全国物流园区中名列前茅。2016年年末，累计入驻企业1600余家（包含贸易、仓储、加工、金融等企业），注册资本160亿元，园区实现营业收入1600亿元。

1 总经理张历

2 玖隆商务大厦

3 钢材仓储俯瞰

4 钢材仓储内景

5 延伸加工中心

6 玖隆钢铁物流园物流配送

江苏扬子江国际冶金工业园（锦丰镇）

冶金园（锦丰镇）位于市域北部，与南通如皋市、通州市隔江相望，有沿江岸线13.8千米，是国内首家省级特色工业产业园区，也是以钢铁冶炼为核心，加工、贸易、仓储、物流等全面发展的新型工业基地。总面积114.32平方千米，耕地面积4749公顷。2016年年末，园（镇）辖2个办事处，24个行政村、8个社区。有户籍人口11.45万人，另有外来暂住人口6.34万人。全年冶金工业园完成地区生产总值544.85亿元，规模以上工业总产值1941.8 亿元，工业开票销售收入2020.4亿元，公共财政预算收入27.22亿元，入库税金50.16亿元，固定资产投资117.91亿元，全镇村级可用财力1.05亿元，农民人均纯收入33730元。

冶金工业园依托沙钢、浦项等核心企业，整合资源综合优势，以优化经济结构为主线，以改革创新为动力，突出集约发展、多元发展、协调发展，着力提高经济增长质量和综合竞争能力，形成了以钢铁冶炼为核心，加工、贸易、仓储、物流等全面发展的新型工业基地。区域内有各类企业4278家，其中有外资企业97家，累计到账外资12.65亿美元；有世界500强企业沙钢集团、韩国浦项等5家，形成冶金、机械装备、医疗器械等产业板块。园区已形成炼铁3365万吨、炼钢4150万吨、轧材3865万吨、不锈钢110万吨、电解铜30万吨的年生产能力。总投资300亿元的集现货和期货交易、剪切加工、运输配送、进出口保税、电子商务及金融担保质押为一体的玖隆物流园已具一定规模，被列入省级重点物流园，是江苏省服务业“十二五”期间重点项目。

1 3月24日，江苏省民政厅厅长侯学元到园（镇）调研

2 12月15日，江苏省委党史工办主任张亚青到园（镇）调研

3 7月8日，苏州市委常委、纪委书记周广智到园（镇）调研

4 7月11日，苏州市委常委、宣传部部长徐明到园（镇）调研

5 10月25日，苏州市副市长盛蕾调研书院社区

- **6** 特色民俗文化、农副产品、文明成果进苏城
- **7** 九三学社（张家港）医疗专家锦丰服务站揭牌
- **8** 园（镇）重点项目开竣工仪式暨汽车后市场产业园奠基
- **9** 2016浙大——冶金工业园资本市场发展专题研修班开班
- **10** 园（镇）召开企业“新三板”挂牌推进工作座谈会
- **11** 沙洲新城大润发购物广场项目签约
- **12** 柏林亚太孵化器与德柏亚众创空间落户冶金园

江苏扬子江国际冶金工业园（锦丰镇）

1 园（镇）环境保护、安全生产、城市管理三大百日行动开展
2 张家港市外国语学校北校区奠基
3 园（镇）经济工作座谈会召开
4 冶金园（锦丰镇）获“金沙洲”杯“学准则条例、做勤廉表率”知识竞赛第一名
5 园（镇）“百名书记讲党课”决赛
6 “沙上先锋”上线
7 智慧养老腕表首发式暨志愿者牵手空巢老人活动

8 大南水街开街

9 森禾·金沙洲玫瑰园开园

10 “沙洲新城”杯公开水域游泳比赛

11 新年音乐会举办

12 金沙洲玫瑰园花梯

13 香草园日出

江苏扬子江国际冶金工业园（锦丰镇）

1

2

3

4

1 园（镇）庆五一“工人先锋号”颁奖暨全市十大企业文艺汇演
2 “沙上风情，沙上激情”地方特色文艺演出
3 “立家规、正家风、传家训”庆祝国际家庭日活动
4 滨江艺术团舞蹈《Toxic》获省电视台“主播爱上广场舞”栏目比赛亚军
5 沙上文化研究会年会举行
6 沙上特色民俗文化在苏州观前街表演

5

6

福利村

福利村位于锦丰镇西南侧，东濒油车港，南靠港丰公路，西与光明村接壤，北临南中心河。华昌路、水厂路和一干河穿越其境。2004年3月，由福利村、福安村和悦丰村3村合并而成。2016年区域面积5.72平方公里，其中耕地面积325.34公顷。有村民小组53个村，在册总户数1648户人口4666人，流动人口500余人。村党总支部下设3个支部，有党员153人。

福利村有办公、议事、医疗卫生、农技等公共服务设施建筑面积732平方米，文化广场1处，健身路径4处。近年，村先后投入500余万元，改造道路、涵洞，新建公共医疗卫生室、生态广场和生态林地，创建三星级点位一个，实施高标准农田改造107公顷，新建电灌站18座、灌（排）渠道10.8公里、机耕道路3公里，安装一干河西侧村组路灯300盏，657户农户生活污水纳入城市污水管网处理，疏浚河道12.11公里。村民自来水、卫生户厕、有线数字电视、光缆、移动网络覆盖率达100%。辖区绿化率达到35%。福利村先后获张家港市文明村、计划生育先进集体、人民调解先进集体和苏州市充分就业村、三星级康居示范村等荣誉。其党总支被评为张家港先进基层党组织。

1 村党总支书记肖正才陪同上级领导调研
2 水美乡村
3 生态文化广场
4 清洁的乡村公路
5 福利书场

建设村

建设村位于锦丰镇工业东区。东依老三干河，南靠锦西河，西濒二干河，北临北中心河。由原来建设村、锦西村、元兴村3村合并而成，人民路、锦乐路穿越境内。2016年，村总面积5.01平方千米，耕地面积199公顷，有38个村民小组，1821户，户籍人口4906人，流动人口3200余人。村级可用财力718万元。12月，村党总支升格为党委，下设9个支部，有党员193人。

自2004年新建村办公楼后，逐步完善基础设施建设，建立占地面积3000余平方米的社区服务中心，设有“一站式”服务大厅、“五位一体”综治、警务于一体的服务大厅、志愿者服务站、卫生服务中心、党员活动中心、健身室、乒乓室、老年活动室、棋牌室、图书阅览室等。“一站式”服务大厅开设计生服务、党员管理、环境卫生、农技服务、社会保障、民政优抚等服务窗口，完善社区服务管理服务平台。近年，村先后投入近2000万元新建标准型厂房、农机综合服务中心和农机加油站、福满楼商务房，为村级经济发展增加了后劲。村农机服务专业合作社被农业部首批认定为全国农机专业合作社示范点，被江苏省农机局命名为五星级示范农机合作社。建设村扎实开展文明村、卫生村、平安社区、书香家庭等创建工作，助推文明创建协调发展，先后被评为江苏省文明村，省管理民主示范村，苏州市实践科学发展、推进“两个率先”先锋村，“苏州市三十佳卫生村”，张家港市文明村标兵等，其党组织获市先进基层党组织称号。

1 上级领导到村调研
2 建设村党委揭牌
3 村党委书记刘兵与班子成员商处村务
4 村委办公楼
5 村健身广场
6 举行建党95周年纪念活动

镇中社区

镇中社区居委会前身是始建于1963年9月的塘桥居民委员会。1995年更名为镇中居委会。2003年2月改称镇中社区居委会。2004年3月杨园村并入镇中社区，该社区成为村居合一的行政单位。社区地处塘桥集镇中心地区，人民路、南京路、北京路、镇中路最繁华的地段交汇于此，塘桥古街也位于其域区南部。2016年，辖区面积1.7平方千米，下设41个居民小组，户数694户，在籍人口2447人。另有流动人口5500余人。有工业企业25家，完成产品销售收入2.3亿元，利税总额2628万元。社区集体总资产4343.43万元，经济总收入676万元，可用财力302万元。近年，镇中社区先后获江苏省绿色社区、苏州市安全社区、苏州市绿色社区等荣誉。

1 社区党总支书记庞利新
2 社区服务中心大楼
3 社区健身活动
4 辖区主干道路——北京路
5 东海明珠小区
6 社区义工为老人理发

1

2

3

4

5

6

塘桥镇

1

2

塘桥镇位于张家港市东南部，东与常熟市海虞镇交界，南连凤凰镇，西接杨舍镇，北靠南丰镇，是中国棉纺织毛衫名镇、中国民间文化艺术之乡、中国围棋之乡。2016年全镇总面积94.26平方千米，耕地面积3895公顷。年末，辖2个办事处、14个行政村、7个社区（其中3个为“村居合一”社区）。全镇有户籍人口92300人，另有外来人口91285人。全年实现地区生产总值165.96亿元，一、二、三产业增加值分别为3.36亿元、90.43亿元和72.17亿元，完成全口径财政收入16.6亿元，入库税金16.09亿元，完成全社会固定资产投资42.65亿元，农民年人均纯收入34792元。全镇有工业企业2135家，其中高新技术企业28家、“新三板”挂牌企业5家，全年实现工业总产值318.47亿元。107家规模以上企业完成总产值276.82亿元，完成销售收入278.31亿元，实现利税总额14.22亿元。加快企业创新发展步伐，全镇完成工业投资19.8亿元。苏高新科技产业园完成道路等基础建设，签约医疗、新能源、环保设备等产业项目11项。塘桥镇被评为江苏省文明镇。

1 塘桥镇十六届人大二次会议召开
2 塘桥文化中心落成
3 苏高新科技节能环保创新园落户塘桥镇
4 苏高新科技节能环保创新园奠基
5 金村村室内育秧车间
6 获首届江苏好大米金奖的金村大米包装车间
7 高新企业江苏索尔新能源科技股份有限公司生产车间
8 市广川电子公司生产车间
9 江苏银河电子公司生产车间

3

4

5

6

7

8

9

塘桥镇

1 塘桥镇区夜景
2 西环路
3 三干河塘桥镇区段
4 走马塘金村段
5 建设中的新城区
6 塘桥镇区一瞥
7 易地新建的塘桥中心小学
8 鹿苑幼儿园
9 华芳金陵国际酒店

在灿烂阳光下
塘桥镇纪念中国共产党成立95周年文艺汇演

华以刚八段 曹大元九
围棋多

“双塘桥杯”第五届苏沪两地围棋友谊赛
上海市塘桥街道队

6

7

1 塘桥镇纪念建党 95 周年文艺汇演
2 百户家庭围棋邀请赛
3 中国棋院院长华以刚下指导棋
4 塘桥镇首位围棋职业选手蔡文鑫一对四友谊赛
5 "双塘桥杯"苏沪两地围棋友谊赛
6 省第七届全民运动会"塘桥杯"乒乓球大赛
7 2016 年全民健身节启动仪式
8 2016 年公益文艺巡演启动仪式
9 舞蹈《黑白棋子》参加苏州市"繁星奖"演出
10 "身边好人"文艺作品创作大赛

8

9

10

花园村

花园村位于塘桥集镇西北部，西邻黄泗浦生态园，老204国道、三干河和锡张高速在域区交会。境内有徐家湾新石器时代遗址，2004年，由徐湾村、花园村合并而成。2008年，花园村升格为党委村，下设12个党支部，有党员228人。2016年，全村总面积5.59平方千米，下辖42个村民小组。年末，有户数1508户，在籍人口5158人，外来人口6230人。

近年，花园村坚持以科学发展观为导向，调整产业结构，加速推进企业“腾笼换凤”“退二进三”、回购企业等计划，形成三产、二产齐头并进、你追我赶的经济发展模式。2016年，有各类工业企业100余家，其中销售收入超20亿元的上市企业1家、超1亿元的企业3家、超5000万元的企业10家。村级可用财力1190万元。花园村先后获江苏省文明村、苏州市先锋村、苏州市文明村等荣誉。

1 村党委书记钱益
2 花园村社区服务中心
3 花园村“两学一做”暨党建专题教育活动
4 和鑫花园三村
5 徐家湾古遗址
6 穿村而过的三干河

1

2

3

4

5

6

欧桥村

欧桥村位于塘桥镇，东与常熟市海虞镇毗邻，北接南丰镇永联村，338省道和妙丰公路穿村而过。2004年3月，由欧桥、西旸、立新合并而成。2016年，全村总面积7.01平方千米，下辖57个村民小组。年末，有户数1736户，在籍人口6090人，欧桥小区、菜场小区、场角小区3个村民集中居住点设施完善。村党委下设10个支部，有党员219人。

欧桥村发扬艰苦创业的优良传统，以再现排头兵的雄风，提速加快富民强村步伐，经济和社会事业发生显著的变化。2016年，全村工业开票销售额4.28亿元，利税3929万元，村级可用财力1021万元。欧桥村先后被评为江苏省生态村、苏州市文明村、苏州市农业现代化建设示范村、苏州市先锋村。

1 村党委组织开展植树活动，倡导绿色发展理念

2 开展“两学一做”学习教育交流

3 欧桥村“家风家训”专题课堂

4 夏季送清凉活动

5 党员活动

1

2

3

4

5

周巷村

周巷村位于塘桥集镇南侧。2004年3月，由原周巷村、李王村、金巷村、禄荡村合并而成。境内有明代古桥萧家桥，位于境域南端，是市级文物保护单位。有明代古建筑钱厅，位于金巷自然村，属市级控保单位。2016年，辖区面积7.03平方千米，下设69个村民小组。年末，有户数 2828户，在籍人口8989人。周巷村党委下辖34个党支部，党员总数465人。辖区内有新沪毛纺有限公司、俊锋玻璃制品有限公司、民政福利制条厂、天友毛纺有限公司等企业百余家，全年完成产品销售19.5亿元，利税8000万元。村集体总资产2353万元，集体经济总收入1439万元，村级可用财力1383万元。周巷村先后获得全国敬老模范村、江苏省卫生村、江苏省生态村、江苏省社会主义新农村建设示范村等称号。

1 村党委书记欧义光
2 周巷书场
3 村党建服务项目——端午包粽子慰问乡亲
4 村爱国教育主题活动
5 居民元宵亲子活动
6 村委组织安全知识宣讲

乐余文化中心

乐余文化中心位于乐余镇204国道西侧，乐丰路北侧，占地面积1.67公顷，建筑面积7000平方米，2014年1月开工，2016年4月竣工并正式投用。乐余文化中心包括两个单体建筑：一座三层综合楼含多功能报告厅、影视厅、便民服务中心、综合展示馆、图书馆和24小时图书驿站、排练厅、书画室等功能的综合建筑；一座教学实验楼，并配有占地面积约3600平方米的风雨操场。在服务学校之余，可以兼顾对外。近年，乐余镇文化设施日益完善，文化品味日益凸显，哨口风筝、全民阅读、国际象棋成为三大文化亮点，镇风筝队在省级以上风筝赛事中屡获殊荣，乐余镇连续举办十届“阅读，让乡风更文明”阅读节活动，乐余小学成为江苏省少儿国际象棋培训基地。全镇有民族小乐队、乐乐炫舞团、夕阳红艺术团、风筝协会等60余个社会团体，常年各类文化活动方兴未艾，2016年全年举办广场文化活动90余场。

1 乐余文化中心

2 乐余文化中心图书馆

3 “乐余杯”华东协作区第八届少儿国际象棋冠军赛

4 沙洲哨口板式类风筝永久性入驻苏州非遗馆

5《摸壁鬼》参加苏州市非物质文化遗产文艺类项目专场展演

6 乐余镇第三届广场舞大赛

乐余镇

乐余镇位于市域东北部，与南通市隔江相望，有全市唯一保存完好的民国老街。全镇总面积78.58平方千米，沿江岸线17.84千米，新建西水道江堤16.25千米，耕地面积4624公顷。2016年年末，辖1个办事处、21个行政村（场）、4个社区。全镇总户数25921户，户籍人口7.21万人，另有外来暂住人口1.78万人。全年完成地区生产总值42.16亿元，比上年增7%。一、二、三产业增加值分别为3.05亿元、22.76亿元、16.35亿元。按户籍人口计算，人均生产总值5.85万元。完成全口径财政收入6.36亿元，其中公共财政预算收入3.21亿元，比上年增11.3%。入库税收6.16亿元，比上年增2%。完成全社会固定资产投资14.86亿元。乐余镇首批成为苏州市“三优三保”规划编制乡镇、获评苏州市学习型乡镇、江苏省和谐社区建设示范镇、江苏省文明乡镇。

1 10月28日，中国成人教育协会、江苏省成人教育协会领导参观考察乐余镇社区教育中心

2 6月13日，省综改办处长张淳参观沪通铁路长江大桥施工现场

3 6月13日，省综改办处长张淳参观农业合作联社

4 10月18日，苏州经济和信息化委员会主任周伟参观乐余文化中心

5 8月10日，市委书记朱立凡调研乐余文化中心

6 7月1日，乐余镇“两学一做”学习教育报告会

7 10月8日，乐余镇紧扣“四大路径”冲刺全年目标大会

8 4月14日，全市建制镇示范试点工作推进会在镇政府召开

9 乐余镇第十届阅读节启动仪式暨“文明百村欢乐行”专场演出

10 8月27日，“社会妈妈”22周年纪念暨妇女儿童活动中心挂牌启用仪式

11 6月8日，乐余镇承办2016年国际档案日主题活动暨非遗项目传承人家庭建档工作现场推进会

乐余镇“两学一做”
学习教育报告会
6

乐余镇紧扣“四大路径”冲刺全年目标大会
7

建制镇示范试点工作推进会
8

乐余镇第十届阅读节启动仪式
暨“文明百村欢乐行”专场演
9

乐余镇
“社会妈妈”二十二周年纪念
妇女儿童活动中心
江苏·妇联
10

2016年国际档案日主题活动暨
遗项目传承人家庭建档工作现场推进会
11

乐余镇

海狮高端洗涤装备（二期）项目奠基
暨乐余镇重大项目集中开竣工仪式
二〇一六年五月
海狮高端洗涤装备(二期)项目
奠基

1

曼瑞精密机械（张家港）有限公司高速电梯导轨及整梯项目
开工奠基典礼

2

长安大学张家港市战略合作签约仪

3

长安大学张家港汽车工程研究院

4

牡丹汽车股份有限公司
Mudan Auto Company Limited

5

1 5月9日，海狮高端洗涤装备（二期）项目奠基暨乐余镇重大项目集中开竣工仪式举行

2 8月31日，曼瑞精密机械（张家港）有限公司项目奠基

3 1月15日，长安大学张家港市战略合作签约仪式举办

4 7月18日，长安大学张家港汽车工程研究院揭牌仪式举行

5 牡丹汽车股份有限公司

6 江苏海狮机械集团有限公司

7 张家港临江绿色产业园

8 江苏鸿昌特种车辆有限公司

9 乐余镇区俯瞰

乐余镇

1 “民生面对面”活动

2 8 月 4 日，乐余镇举办“建功十三五，奉献新乐余”青年干部演讲比赛

3 10 月 9 日，乐余镇举办最美保洁员颁奖典礼

4 10 月 13 日，乐余镇召开人大换届选举工作会议

5 5 月 5 日，太极拳爱好者在瓷器馆广场晨练

6 境内 204 国道沿线风光

7 扶海花苑一期

8 老街新门楼

9 东林农田灌溉设施建设

6

7

8

9

永乐村

永乐村是乐余镇的西南大门，东南与庙港村为邻，西与锦丰镇建设村交界，北与永利村接壤。2003年4月，由原乐丰村和永乐村两村合并而成。2016年，全村总面积2.5平方千米，其中耕地面积87.33公顷。年末，下辖18个村民小组，有居民737户2214人。村党总支下设6个支部，有党员112人。

永乐村始终坚持全面发展，强化经济结构。近年，建立10公顷的永乐工业集中区，建造标准型厂房达到2.1万平方米，招商引入企业52家，2016年村级可用财力600.05万元。

永乐之名，意在“永远快乐”。永乐村的服务宗旨是让村民们实实在在感受到永乐村经济发展带来的大实惠。在完成各项村级基础设施的前提下，村注重惠民工程建设。全村对合作医疗、生活用自来水进行补助，实行免费理发及免费洗浴等惠民政策，为70岁及以上的老年人、60岁及以上的老党员、重残人员提供各项帮困服务。2013年，投资1000万元，通过“腾笼换凤”的经济发展模式，将经济效益低下的收棉站改造成为“永乐佳宴”，为村民及周边镇村提供了便利。

1 村党总支书记陆志平
2 村委办公楼
3 村企座谈会
4 永乐村工业园
5 永乐村工厂化育苗基地

南丰镇

新德村

新德村位于南丰镇东侧，东与永丰村相连，北与民乐、民联村接壤。2004年3月，由继新村和新德村合并而成。2016年，有27个村民小组，区域面积3.71平方千米，年末，总户数1455户，在籍人口3880人，有可耕地面积164.93公顷。全年农民人均纯收入3.63万元。新德机电工业园有方凌制管、久屹机械、彩色波纹瓦厂等20余家企业，使村级经济得到长足发展。同时，全村大力发展大棚蔬菜、葡萄园基地等现代农副业。新德葡萄园占地面积4.33公顷，生产有机无公害优质葡萄，拥有夏黑、红玫瑰、金手指、黄玫瑰等优良品种。新德村建有200余平方米的南丰镇公民道德教育馆，展示道德模范的先进事迹和好人风采。全村有张家港市道德模范3人，南丰镇道德模范9人。其中2013年殷志兰获评苏州市文明市民标兵提名奖，2016年殷志兰家庭获评首届江苏省文明家庭。2014年，新德村成功创建省"美丽乡村"建设示范点，并获评苏州市美丽村庄建设先进单位。2013年至2015年连续3年获评张家港市文明村标兵，2015年获评苏州市文明村，2016年获评江苏省文明村。新德村还先后获江苏省卫生村、江苏省民主法制示范村、江苏省和谐社区建设示范村、苏州市健康教育示范村、张家港市廉洁文化建设示范村等荣誉。

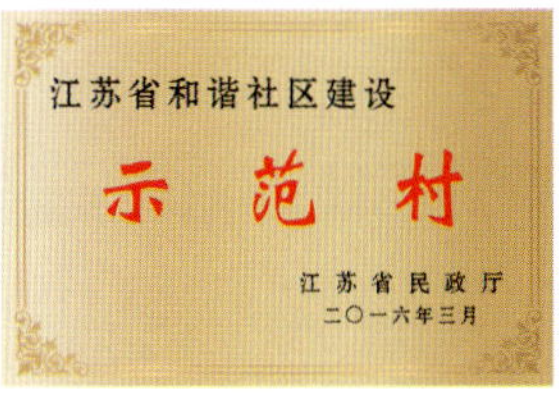

1 南丰镇新德村委
2 新德村美丽乡村入口
3 南丰镇公民道德教育馆
4 新德葡萄园
5 殷志兰志愿服务队精准帮扶低保老人

1

2

3

4

5

南丰镇

南丰镇位于张家港市东北部。区域面积62.47平方千米，耕地面积2366公顷。2016年年末辖1个办事处，12个行政村，4个社区。有户籍22048户，人口57694人，另有外来暂住人口21079人。境内有企业867家，其中工业企业627家，其中销售收入超1亿元的工业企业16家。全年实现地区生产总值115.66亿元。入库税收12.19亿元。公共财政预算收入6.43亿元。规模以上工业总产值339.36亿元，主营业务收入346.14亿元。农民人均纯收入35431元。年内，创建成江苏省文明镇。先后获国家卫生镇、国家生态镇、国家园林小城镇、江苏省水美乡镇、江苏省创新型试点乡镇、苏州市文明标兵镇、张家港市文明区镇标兵等称号。

1 高楼林立的南丰镇区北部
2 年丰新村安置小区
3 金陵体育新研发大楼
4 海陆锅炉公司锻件热处理车间
5 繁忙的东沙物流园码头
6 组织开展“我们的节日・元宵”活动
7 召开 2017 年经济工作会议
8 吴惠芳获江苏最美人物称号
9 美丽教育专题汇报演出
10 “美丽南丰，快乐骑行”全民健身活动

5

"我们的节日·元宵"
龙狮闹金宵 民俗大联欢"暨"情暖邻里 亲如一家"趣味运动会

6

南丰镇2017年经济工作会议

7

江苏最美人物

8

南丰镇庆祝第32个教师节暨优秀教师表彰活动
南丰镇教师节文艺演出

9

10

永联村

永联村位于南丰镇东部，2016年区域面积10.5平方千米，在籍人口8209人。村党委下设3个党总支，29个党支部，共有党员880人。全年实现销售收入310亿元，利税18亿元，村级可支配收入1.45亿元，村民人均纯收入42499元。全村以建设“强富美高”高水平现代化永联为目标，创新发展、砥砺前行，实现“十三五”良好开局。集体经济稳中向好。永钢集团坚持创新发展、绿色发展、多元发展道路，推动产业高端化、高新化、智能化，全年获得授权专利167件，参与“连铸圆管坯”等9项国家、行业标准的制修订，电炉大棒车间获评江苏省示范智能车间。自主培育的苏州永联天天鲜配送股份有限公司成功在“新三板”挂牌。区域乡村旅游蓬勃发展，全年旅游、餐饮板块接待游客78万人，产值8920万元。乡村治理改革持续深化。整合资源，打造永钢集团职工服务中心和永合社区服务中心两个“一站式”服务平台。成立市惠邻社会工作服务中心，承接永合社区计生、综治等72项居民服务职能，探索社会组织承接社区行政服务和综合服务的社区治理模式。统筹协调，推动服务资源下沉，构建起社工服务、物业服务、党员服务、居民监督“四网合一”的社区网格化服务模式。文明建设齐头并进、深入人心。永钢集团文明单位创建形成共识；文明家庭奖形成联动考核、扎口管理的格局；社会文明建设联合会深化公厕文明、交通文明创建成效，开展餐饮文明、祭祀文明、旅游文明创建。全村爱心互助蔚然成风，全年志愿服务累计时长7.7万小时，90余名志愿者获评苏州市一星志愿者称号。 村民幸福指数稳步提升。深入开展“两学一做”学习教育，党员身份意识、服务意识、责任意识、担当意识不断增强。退休党员考核机制运作成熟，老党员带头参与志愿服务、走访居民职工。家庭文化节、好家风培育、“最美家庭”评选，有效弘扬了社会正能量。工青妇等群团组织开展“家筑永钢”兴趣班、巾帼悠扬合唱团、葫芦丝演奏团、健步达人等文体活动，极大丰富了村民生活。

5

6

7

8

1 村党委按照“两推一选”程序，完成村党委换届选举工作

2 永联旅游发展研讨会召开

3 永钢集团打造一站式职工服务大厅

4 永合社区一站式社区服务大厅

5 永合社区社会化项目签约仪式

6 省示范智能车间永钢电炉大棒车间

7 天天鲜“新三板”挂牌

8 永联荷风管弦乐团汇报演出

9 永联村老党员佩戴党徽

10 永联小镇航拍图

9

10

凤凰镇

凤凰镇位于市域南部，2016年总面积78.79平方千米，耕地面积2802公顷。年末，辖2个办事处、15个行政村、6个社区。有户籍人口66422人、外来暂住人口54542人。全年实现地区生产总值100.01亿元，一、二、三产业产值分别为3.66亿元、57.3亿元、39.05亿元。按户籍人口计算，人均生产总值15.06万元。完成全口径财政收入16.77亿元，其中公共财政预算收入8.62亿元，入库税金16.26亿元。完成全社会固定资产投资47.42亿元，其中服务业投资18.51亿元，占固定资产投资的39.03%。新兴产业投资17.31亿元，占工业投资的59.9%。完成工业开票销售收入289.78亿元。年末有企业2102家，其中工业企业1515家。131家规模以上工业企业全年产值227.85亿元。有销售超1亿元企业52家，其中超20亿元企业2家，超10亿元企业4家，52家超1亿元企业完成开票销售195.6亿元，主营业务收入182.5亿元，工业利税12.1亿元，规模企业经济总量占全镇总量的75.4%。全镇完成进出口总额11.79亿美元，其中出口总额7.04亿美元。新批外资企业7 家，注册外资1.12亿美元，到账外资3301亿美元。累计有外资及港澳台企业124家。引进省“双创计划”人才3人，姑苏领导人才3人，市领军型创业人才3人，累计有博士及市级以上领军人才110人，全年科技型企业产出规模超100亿元。新挂牌“新三板”企业4家，累计挂牌7家。新增省高新技术企业13家，省级以上创新平台5家，苏州市级以上科技项目及奖励14项，新增创新创业载体面积3100平方米。累计拥有发明专利295件。全年实现农、林、牧、渔业总产值8.6亿元。无公害农产品累计达到13种；新增绿色食品3种，累计13种；苏州知名商标累计2个；新增苏州名牌农产品1种，累计15种；三品种植面积3500公顷。年内，凤凰镇被评为中国美丽乡村建设示范镇、江苏省文明乡镇、苏州市特色镇——贝贝足球小镇、苏州市美丽城镇建设先进单位、苏州市城乡一体化先进集体。

1 3月4日，省委常委、组织部部长王炯考察凤凰镇
2 4月22日，苏州市委常委、统战部部长朱民考察凤凰镇
3 8月15日，市委书记朱立凡到凤凰镇调研
4 7月7日，市委副书记、代市长黄戟到凤凰镇调研

5 凤凰镇文化中心

6 4月1日，东恩锻造投资项目签约仪式

7 4月16日，中新·鹭山新型城镇化项目奠基仪式

8 6月28日，河阳山歌、河阳宝卷节目在南京博物院演出

9 7月8日，2016中国足协第十九届“贝贝杯”青少年12岁男子足球赛在凤凰镇开幕

10 11月13日，中央电视台少儿频道“大手牵小手——童心里的诗篇”节目在凤凰镇录制

鸷山村

鸷山村位于凤凰镇西南部，北靠韩国工业园区，南邻张家港塘，西接江阴市，苏虞张公路贯穿南北，凤恬路、凤码路穿越东西，省级水道张家港塘（申张线）经村南部流过，水陆交通便捷，境内千年红豆古树、凤凰水蜜桃闻名遐迩。2016年，全村区域面积6.12平方千米，下辖鸷山、西庄、珠村3个社区，47个村民小组，总户数1334户，在籍人口4220人，外来人口1480人。村党总支下设9个支部，其中企业支部5个、农村支部3个、农业特色支部1个，有党员200人。村级集体总资产4082万元，拥有标准型厂房3万平方米。共有企业102家，主要以精细化工、五金、铝材为主。全村年实现开票收入5.63亿元，村级可用财力585万元，农民人均可支配收入2.58万元。全村可耕地总面积225公顷，其中水蜜桃种植实现全覆盖，是凤凰镇水蜜桃种植核心区。

2012年，村接手管理占地面积23.6万平方米、总建筑面积28.5万平方米的拆迁安置小区凤凰花苑，共有71幢2184套安置房。2013年，村投入253万元用于建设新村委办公场所及社区服务用房。2015年4月，成立桃源社区居民委员会，对凤凰花苑进行管理。鸷山村党总支以整合资源、壮大村级集体经济为抓手，以创新思路、确保桃农增收致富为主导，以抓好民生、提高居民幸福指数为目标，积极开展各项工作，鸷山村先后多次获评张家港市文明村、文明社区。桃源社区于2016年获评市文明社区。

1 村党总支书记徐云飞
2 村委办公楼
3 江苏新港星科技有限公司内景
4 市级文保单位——邓家宕红豆树
5 万亩桃园

双塘村

双塘村位于凤凰镇中东部，东邻清水村，南至张家港塘，西至凤凰山，北至新西河，沿江高速公路横跨东西，204国道、奚浦塘、三丈浦、三干河南北穿村而过，村辖区内有港口工业区和凤凰山风景区，与上海、苏州、无锡、常州、南通形成一小时交通圈。2004年3月由原双塘、吴湖、新桥、小山4个村合并而成。2016年，全村总面积5.51平方千米，下辖41个村民小组，年末有村民1012户，在籍人口3287人，外来务工人员约3600人，耕地119.6公顷。双塘村党委下设11个党支部，有党员210人。全村拥有民营企业70余家，形成以冶金、机械为主的工业产业。全年，实现工业开票销售收入16.57亿元，完成入库税金7121万元，村级可用财力804万元，农民人均可支配收入2.9万元。

近年，双塘村坚持“腾笼换凤”，加大对土地资源的整合力度，对小山社区、新桥社区部分土地重新整理，拆旧建新，累计投入资金174万元，新建、改建道路1万余平方米，投入60万元建成约2000平方米的村文化休闲广场、党员活动中心，累计投入350万元建成三星级康居乡村、二星级康居乡村各1个，一星级康居乡村2个，围绕“村庄美、环境美、村民富”目标，着重打造集休闲、垂钓、采摘、种植于一体的肖家巷绿色生态农家乐。双塘村先后获江苏省卫生村、江苏省生态村、苏州市农村现代建设示范村、张家港示范村、张家港市双文明单位、先进基层党组织等称号。

1 村委办公大楼
2 村“两委”班子研究工作
3 三星级康居乡村——肖家巷
4 市通达电梯装潢有限公司
5 凤凰山茶场

1

2

3

4

5

大新镇

大新镇位于张家港市西北部，北濒长江，东邻江苏扬子江国际冶金工业园（锦丰镇），西邻张家港保税区（金港镇），南接张家港经济技术开发区（杨舍镇），2016年全镇总面积40.48平方千米，境内有7.9千米长江岸线。年末，下辖10个行政村、4个社区（其中“村居合一”社区1个），户籍人口38450人，外来暂住人口30825人。境内有销售超1亿元的企业6家，税收超5000万元的企业1家。全年镇实现地区生产总值34.52亿元，人均生产总值8.93万元。完成全社会固定资产14.29亿元，入库税金4.5亿元。实现工业产品销售收入61.06亿元。年内，大新镇被评为2013—2015年度江苏省文明镇、江苏省社会教育宣传工作先进集体。

1 环境优美的新镇区
2 大新镇全民运动会
3 大新实验学校
4 先进激光（装备）产业园入驻企业
5 生态黄鳝工厂化养殖
6 江苏宏宝集团机械加工车间

大新社区

大新社区成立于2005年12月，区域面积1.3平方千米，由阳光家园、新茂花园、府前新村、园艺新村、锦江新村、滨江花园和泰富花园7个小区组成，2016年年末有常住人口3261人。其中阳光家园是按照市委、市政府加快农村“三集中”、实现城乡统筹发展战略部署，重点建设的动迁农民集中居住示范区。年内，大新镇政府投入1000万元，对社区服务中心办公楼及阳光家园北区基础设施进行全面改造，全面提升社区服务功能，改善居住环境，提高了居民群众的幸福指数。大新社区坚持干部走下去、问题带上来，以新茂花园小区为试点，探索“党建引领居民自治”工作模式，成立居民自管委员会，开创了社区治理新局面。社区连续多年获江苏省绿色社区、江苏省和谐社区建设示范社区、张家港市文明社区标兵等称号。

1 社区党总支书记张玉丽
2 大新社区办公楼
3 改造后的阳光家园北区
4 “体验·成长”关爱青少年成长教育活动
5 社区干部开展听民声活动
6 新茂花园“文明楼道”评比总结表彰大会

1

2

3

4

5

6

新凯村（新南社区）

新凯村地处大新镇新镇区，港丰公路、国泰路和港城大道穿村而过。全村总面积3.84平方千米，2016年年末有28个村民小组，户籍人口3644人。自2012年起，新凯村投入2000万元先后分3个阶段对村内6个自然埭进行美丽村庄改造。至2016年完成美丽村庄整村推进，全村面貌焕然一新，人居品质大幅提升。同时，通过盘活存量资产，新建标准型厂房，挖掘新镇区发展资源，加强结对帮扶等多方渠道，不断提升经济服务能力，村级可用财力得到连年提升。新南社区是一个纯拆迁安置小区，位于大新镇新镇区，规划用地面积41公顷，总建筑面积86万平方米，计划总投资15亿元，整体分为一、二、三期，共93幢11层小高层，可容纳1万人居住。自2014年4月起至2016年末，已分房66幢，住宅套数3614套，入住居民8000余人。新南社区坚持以社区党建为核心，积极引导多元共治，努力打造特色社区、文明社区、和谐社区。在新凯（新南）党总支合并成立的基础上，创新实施村居一体化管理，以村居党员共管共学共进为目标，立足实际打造“1+2+8”党建惠民体系，不断探索品牌服务促多元共治的服务体系，先后创出“老沙货”巧手坊、“新南大喇叭”“电影周周放”“红色听书亭”“幸福相伴”“好孕妈咪”等一系列富有特色的服务项目品牌。

1 村（社区）党总支书记李萍
2 村（社区）党总支成立大会
3 新凯村美丽村庄——日字圩埭
4 新南社区
5 新南社区“红色听书亭”活动

张家港双山岛旅游度假区

张家港双山岛旅游度假区位于张家港市西北郊，地处长江中下游张家港作业航道与长江主航之间，全岛总面积20平方千米，其中江堤外滩涂4平方千米，环岛岸线16.8千米，四周水域与无锡、苏州、泰州和南通四市的长江水域相连接。岛上以农业为主，百年中无任何工业进驻，是长江中下游地区原始生态环境保持最完好的“生态岛”之一。与张家港保税区隔江相望，距张家港市中心约20千米，疏港高速的建设开通实现沿江高速至双山码头十分钟交通圈。双山岛原有住户4000余户，2010年年初至2012年年末，张家港市委、市政府投入近30亿元实施“离岛上岸”，对岛内进行整体搬迁。2011年年末成立张家港双山岛旅游度假区党工委、管委会，2012年9月创建“江苏省级旅游度假区”，2016年12月度假区被首批确定为江苏省高层次创新创业人才修养活动基地。双山岛立足打造“长江慢岛、沙上绿洲”的规划定位，以绿色生态为根本，以“慢、静、雅，禅、养、趣”为休闲度假理念，建设集度假休闲、康体养生、禅静文艺、旅游地产、江鲜餐饮等于一体的长江慢岛，最终将建设成为华东地区乃至长三角区域具有一定知名度和美誉度的休闲度假目的地。

1 双山岛总平面图
2 城楼
3 双山慢岛小镇效果图
4 水上森林效果图
5 湿地休憩亭
6 湿地公园

1

2

3

4

5

6

常阴沙现代农业示范园区

常阴沙现代农业示范园区位于市域东部，东临长江，与南通市隔江相望。有沿江岸线9.7千米。2016年，园区总面积37.45平方千米，其中耕地面积2323公顷。区辖7个社区、1个居委会。年末，有户籍7862户，人口20303人，另有外来暂住人口3556人。全年实现地区生产总值9.3亿元。一、二、三产业增加值分别为2.42亿元、4.38亿元、2.5亿元。按户籍人口计算，人均生产总值46180元。完成全口径财政收入1.18亿元，其中公共财政预算收入0.62亿元，入库税收1.13亿元。完成全社会固定资产投资2.05亿元。园区被评为苏州市农村生活污水治理先进集体，常沙社区被评为2015年度江苏省绿色社区。

1 8月16日，市委书记朱立凡到园区调研沃华水培蔬菜基地
2 7月5日，中国水科院“牵手”常阴沙——淡水渔业研究中心产学研示范基地揭牌
3 11月28日，江苏赛康医疗设备股份有限公司成功挂牌“新三板”
4 8月1日，常阴沙居家养老服务中心正式运行
5 常阴沙花海
6 苏州市三星级康居乡村——常东社区长江埭
7 苏州市三星级康居乡村——常西社区
8 3月20日，2016年张家港短程马拉松系列赛（第一站）在常阴沙花海中激情开跑
9 10月25日，2016年常阴沙现代农业示范园区第二届职工运动会在常阴沙学校举行
10 社区党群服务中心
11 6月29日，“赞歌献给党，情牵常阴沙”文艺汇演

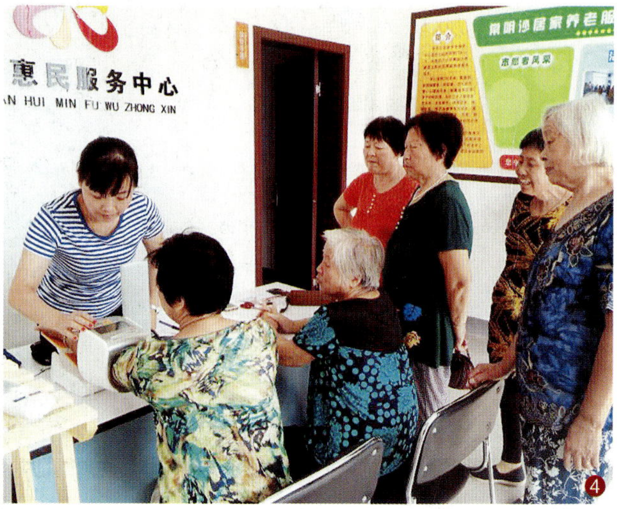

5

6

7

1234
2141
2017
1239
1035

8

阴沙第二届职工运动会
主 办：常阴沙现代农业示范园区管委会
承 办：常阴沙现代农业示范园区工会

9

关键在做
党群活动室
四点半党员爱心辅导站
常西社区服务中心

10

赞歌献给党 情牵常阴沙
文艺汇演

11

全国创建文明城市工作经验交流会在张家港市召开

2017年4月7日，全国创建文明城市工作经验交流会在张家港市召开，中共中央政治局委员、中央书记处书记、中宣部部长、中央文明委副主任刘奇葆出席会议并讲话，强调要深入学习贯彻习近平系列重要讲话精神和治国理政新理念、新思想、新战略，贯彻落实新发展理念，全面推进创建文明城市工作，着力提升市民文明素质，着力提升城市文明程度，着力提升城市文化品位，着力提升群众生活质量，不断提高创建文明城市工作水平。

刘奇葆强调，创建文明城市工作已经进入需要在经济、政治、文化、社会、生态文明建设和党的建设各方面全面推进的阶段。要坚持以社会主义核心价值观为引领，增强市民文明意识，规范市民文明行为，营造城市文明氛围，建设崇德向善的城市。要注重发挥文化的滋养涵育作用，用建筑风格提升城市品位，用人文精神增添城市魅力，用文化生活打造城市气质，建设文化厚重的城市。要贯彻以人民为中心的发展思想，打造合理城市空间，提供良好公共服务，创造干净整洁环境，建设和谐宜居的城市。要做好第五届全国文明城市评选表彰，以创建文明城市的优异成绩和丰硕成果，为中共十九大胜利召开营造良好社会环境。

江苏省省委书记、省人大常委会主任李强在会上致辞。中宣部常务副部长、中央文明办主任黄坤明主持会议。中央文明办专职副主任夏伟东，江苏省委常委、宣传部部长王燕文，江苏省委常委、苏州市委书记周乃翔，江苏省副省长蓝绍敏，苏州市委常委、宣传部部长盛蕾，张家港市委书记朱立凡，张家港市委常委、宣传部部长杨芳等出席会议。

会上，张家港市、安徽省、杭州市、厦门市、成都市、包头市、许昌市作了文明城市创建交流发言。会议期间，与会代表到张家港市文化中心、梁丰社区、步行街、暨阳湖生态湿地公园、博物馆、塘市小学、金塘社区、梁丰生态园等地进行现场考察。

全国创建文明城市经验工作交流会会场